· 2022年注册会计师执业准则培训用书

中国注册会计师执业准则应用指南

中国注册会计师协会　制定

图书在版编目（CIP）数据

中国注册会计师执业准则应用指南 / 中国注册会计师协会制定 . -- 上海：立信会计出版社，2020.1（2022.1 重印）
ISBN 978-7-5429-6404-5

Ⅰ.①中… Ⅱ.①中… Ⅲ.①注册会计师—会计准则—中国—指南 Ⅳ.① F233.2-62

中国版本图书馆 CIP 数据核字 (2020) 第 027580 号

责任编辑：蔡伟莉

中国注册会计师执业准则应用指南

出版发行	立信会计出版社
地　　址	上海市中山西路 2230 号
电　　话	（021）64411389
网　　址	www.lixinaph.com
网上书店	www.shlx.net
经　　销	各地新华书店

邮政编码	200235
传　　真	（021）64411325
电子邮箱	lxaph@sh163.net
电　　话	（021）64411071

印　　刷	北京鑫海金澳胶印有限公司
开　　本	787 毫米 ×1092 毫米　1/16
印　　张	52.5
字　　数	1244 千字
版　　次	2020 年 1 月第 1 版
印　　次	2022 年 1 月第 2 次
书　　号	ISBN 978-7-5429-6404-5/F
定　　价	126.00 元

如有印订差错，请与本社联系调换

中国注册会计师协会关于印发《〈中国注册会计师鉴证业务基本准则〉应用指南》等 15 项应用指南的通知

各省、自治区、直辖市注册会计师协会：

为了贯彻落实《国务院办公厅关于进一步规范财务审计秩序 促进注册会计师行业健康发展的意见》（国办发〔2021〕30 号）中"持续提升审计质量"和"完善审计准则体系"的要求，保证准则体系的内在一致性，我会对《〈中国注册会计师鉴证业务基本准则〉应用指南》等 15 项应用指南进行了一致性修订。本次修订对其他相关应用指南涉及会计师事务所质量管理准则、特殊目的审计准则以及中国注册会计师职业道德守则的相应条款作出文字调整，不涉及实质性修订。现予发布，于发布之日起施行。

本批应用指南生效实施后，我会于 2007 年 11 月 29 日发布的《关于印发〈中国注册会计师执业准则指南（2007 年修订）〉的通知》（会协〔2007〕89 号）、2010 年 11 月 1 日发布的《关于印发〈《中国注册会计师审计准则第 1101 号——注册会计师的总体目标和审计工作的基本要求》应用指南〉等 38 项应用指南的通知》（会协〔2010〕94 号）、2017 年 2 月 28 日发布的《关于印发〈《中国注册会计师审计准则第 1504 号——在审计报告中沟通关键审计事项》应用指南〉等 16 项应用指南的通知》（会协〔2017〕11 号），以及于 2019 年 3 月 29 日发布的《关于印发〈《中国注册会计师审计准则第 1101 号——注册会计师的总体目标和审计工作的基本要求》应用指南〉等 24 项应用指南的通知》（会协〔2019〕13 号）中，相应的 15 项应用指南同时废止。

执行中有何问题，请及时反馈我会。

附件：
1.《中国注册会计师鉴证业务基本准则》应用指南
2.《中国注册会计师审计准则第 1101 号——注册会计师的总体目标和审计工作的基本要求》应用指南
3.《中国注册会计师审计准则第 1111 号——就审计业务约定条款达成一致意见》应用指南
4.《中国注册会计师审计准则第 1131 号——审计工作底稿》应用指南
5.《中国注册会计师审计准则第 1142 号——财务报表审计中对法律法规的考虑》应用指南
6.《中国注册会计师审计准则第 1151 号——与治理层的沟通》应用指南
7.《中国注册会计师审计准则第 1201 号——计划审计工作》应用指南
8.《中国注册会计师审计准则第 1211 号——通过了解被审计单位及其环境识别和评估重大错报风险》应用指南
9.《中国注册会计师审计准则第 1301 号——审计证据》应用指南
10.《中国注册会计师审计准则第 1321 号——审计会计估计（包括公允价值会计估计）

和相关披露》应用指南

11.《中国注册会计师审计准则第 1411 号——利用内部审计人员的工作》应用指南

12.《中国注册会计师审计准则第 1421 号——利用专家的工作》应用指南

13.《中国注册会计师审计准则第 1501 号——对财务报表形成审计意见和出具审计报告》应用指南

14.《中国注册会计师审计准则第 1504 号——在审计报告中沟通关键审计事项》应用指南

15.《中国注册会计师审计准则第 1521 号——注册会计师对其他信息的责任》应用指南

中国注册会计师协会
2022 年 1 月 17 日

《中国注册会计师鉴证业务基本准则》应用指南（2022）…… 001

《中国注册会计师审计准则第 1101 号——注册会计师的总体目标和审计工作的基本要求》应用指南（2022）…… 029

《中国注册会计师审计准则第 1111 号——就审计业务约定条款达成一致意见》应用指南（2022）…… 042

《中国注册会计师审计准则第 1121 号——对财务报表审计实施的质量管理》应用指南（2021）…… 057

《中国注册会计师审计准则第 1131 号——审计工作底稿》应用指南（2022）…… 079

《中国注册会计师审计准则第 1141 号——财务报表审计中与舞弊相关的责任》应用指南（2019）…… 084

《中国注册会计师审计准则第 1142 号——财务报表审计中对法律法规的考虑》应用指南（2022）…… 104

《中国注册会计师审计准则第 1151 号——与治理层的沟通》应用指南（2022）…… 111

《中国注册会计师审计准则第 1152 号——向治理层和管理层通报内部控制缺陷》应用指南（2010）…… 123

《中国注册会计师审计准则第 1153 号——前任注册会计师和后任注册会计师的沟通》应用指南（2019）…… 128

《中国注册会计师审计准则第 1201 号——计划审计工作》应用指南（2022）…… 136

《中国注册会计师审计准则第 1211 号——通过了解被审计单位及其环境识别和

评估重大错报风险》应用指南（2022）……………………………………… 143

《中国注册会计师审计准则第 1221 号——计划和执行审计工作时的重要性》
应用指南（2019）……………………………………………………………… 171

《中国注册会计师审计准则第 1231 号——针对评估的重大错报风险采取的应对
措施》应用指南（2019）……………………………………………………… 175

《中国注册会计师审计准则第 1241 号——对被审计单位使用服务机构的考虑》
应用指南（2010）……………………………………………………………… 185

《中国注册会计师审计准则第 1251 号——评价审计过程中识别出的错报》
应用指南（2019）……………………………………………………………… 194

《中国注册会计师审计准则第 1301 号——审计证据》应用指南（2022）………… 200

《中国注册会计师审计准则第 1311 号——对存货、诉讼和索赔、分部信息等
特定获取项目审计证据的具体考虑》应用指南（2019）…………………… 209

《中国注册会计师审计准则第 1312 号——函证》应用指南（2010）…………… 213

《中国注册会计师审计准则第 1313 号——分析程序》应用指南（2010）……… 219

《中国注册会计师审计准则第 1314 号——审计抽样》应用指南（2010）……… 223

《中国注册会计师审计准则第 1321 号——审计会计估计（包括公允价值会计
估计）和相关披露》应用指南（2022）……………………………………… 230

《中国注册会计师审计准则第 1323 号——关联方》应用指南（2019）………… 252

《中国注册会计师审计准则第 1324 号——持续经营》应用指南（2007）……… 262

《中国注册会计师审计准则第 1331 号——首次审计业务涉及的期初余额》
应用指南（2017）……………………………………………………………… 275

《中国注册会计师审计准则第 1332 号——期后事项》应用指南（2017）……… 281

《中国注册会计师审计准则第 1341 号——书面声明》应用指南（2019）……… 285

《中国注册会计师审计准则第 1401 号——对集团财务报表审计的特殊考虑》
应用指南（2019）……………………………………………………………… 291

《中国注册会计师审计准则第 1411 号——利用内部审计人员的工作》
应用指南（2022）……………………………………………………………… 315

《中国注册会计师审计准则第 1421 号——利用专家的工作》应用指南（2022）… 323

《中国注册会计师审计准则第 1501 号——对财务报表形成审计意见和出具审计

报告》应用指南（2022）……………………………………………… 332

《中国注册会计师审计准则第 1502 号——在审计报告中发表非无保留意见》
应用指南（2019）……………………………………………………… 350

《中国注册会计师审计准则第 1503 号——在审计报告中增加强调事项段和
其他事项段》应用指南（2019）……………………………………… 365

《中国注册会计师审计准则第 1504 号——在审计报告中沟通关键审计事项》
（2022）………………………………………………………………… 373

《中国注册会计师审计准则第 1511 号——比较信息：对应数据和比较财务报表》
应用指南（2017）……………………………………………………… 384

《中国注册会计师审计准则第 1521 号——注册会计师对其他信息的责任》
应用指南（2022）……………………………………………………… 395

《中国注册会计师审计准则第 1601 号——审计特殊目的财务报表的特殊考虑》
应用指南（2021）……………………………………………………… 420

《中国注册会计师审计准则第 1602 号——验资》应用指南（2007）………… 432

《中国注册会计师审计准则第 1603 号——审计单一财务报表和财务报表特定
要素的特殊考虑》应用指南（2021）………………………………… 490

《中国注册会计师审计准则第 1604 号——对简要财务报表出具报告的业务》
应用指南（2021）……………………………………………………… 503

《中国注册会计师审计准则第 1611 号——商业银行财务报表审计》
应用指南（2020）……………………………………………………… 513

《中国注册会计师审计准则第 1612 号——银行间函证程序》应用指南（2007）… 541

《中国注册会计师审计准则第 1613 号——与银行监管机构的关系》
应用指南（2007）……………………………………………………… 551

《中国注册会计师审计准则第 1631 号——财务报表审计中对环境事项的考虑》
应用指南（2007）……………………………………………………… 565

《中国注册会计师审计准则第 1632 号——衍生金融工具的审计》
应用指南（2007）……………………………………………………… 591

《中国注册会计师审计准则第 1633 号——电子商务对财务报表审计的影响》
应用指南（2007）……………………………………………………… 625

《中国注册会计师审阅准则第 2101 号——财务报表审阅》应用指南（2007） …… 646

《中国注册会计师其他鉴证业务准则第 3101 号——历史财务信息审计或审阅以外的鉴证业务》应用指南（2007）…………………………………………… 697

《中国注册会计师其他鉴证业务准则第 3111 号——预测性财务信息的审核》应用指南（2007）………………………………………………………………… 722

《中国注册会计师相关服务准则第 4101 号——对财务信息执行商定程序》应用指南（2007）………………………………………………………………… 754

《中国注册会计师相关服务准则第 4111 号——代编财务信息》应用指南（2007）……………………………………………………………………………… 768

《会计师事务所质量管理准则第 5101 号——业务质量管理》应用指南（2021）… 780

《会计师事务所质量管理准则第 5102 号——项目质量复核》应用指南（2021）… 823

《中国注册会计师鉴证业务基本准则》应用指南

（2022 年 1 月 17 日修订）

第一章 总　　则

《中国注册会计师鉴证业务基本准则》(以下简称本准则)第一章(第一条至第四条)，主要说明本准则的制定目的和适用范围、鉴证业务要素，以及注册会计师执行鉴证业务的总体要求。

一、本准则的制定目的

本准则第一条指出，为了规范注册会计师执行鉴证业务，明确鉴证业务的目标和要素，确定中国注册会计师审计准则、中国注册会计师审阅准则、中国注册会计师其他鉴证业务准则（分别简称审计准则、审阅准则和其他鉴证业务准则）适用的鉴证业务类型，根据《中华人民共和国注册会计师法》，制定本准则。

二、本准则的适用范围

（一）应当遵守本准则的情况

本准则第二条指出，鉴证业务包括历史财务信息审计业务、历史财务信息审阅业务和其他鉴证业务。注册会计师执行历史财务信息审计业务、历史财务信息审阅业务和其他鉴证业务时，应当遵守本准则以及依据本准则制定的审计准则、审阅准则和其他鉴证业务准则。

如图 1 所示，中国注册会计师业务准则体系由鉴证业务准则和相关服务准则所构成。

鉴证业务准则由鉴证业务基本准则统领，按照鉴证业务提供的保证程度和鉴证对象的不同，分为审计准则、审阅准则和其他鉴证业务准则。其中，审计准则是整个业务准则体系的核心。

审计准则用以规范注册会计师执行历史财务信息的审计业务。在提供审计服务时，注册会计师对所审计信息是否不存在重大错报提供合理保证，并以积极方式提出结论。

审阅准则用以规范注册会计师执行历史财务信息的审阅业务。在提供审阅服务时，注册会计师对所审阅信息是否不存在重大错报提供有限保证，并以消极方式提出结论。

其他鉴证业务准则用以规范注册会计师执行历史财务信息审计或审阅以外的其他鉴证业务，根据鉴证业务的性质和业务约定书的要求，提供有限保证或合理保证。其他鉴证业务主要包括预测性财务信息的审核、内部控制鉴证等。

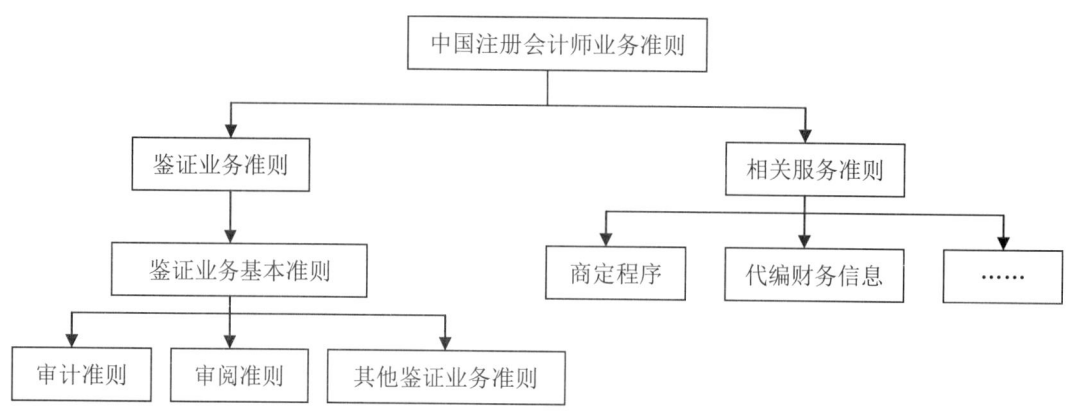

图 1　中国注册会计师业务准则体系

相关服务准则用以规范注册会计师执行除鉴证业务外的其他相关服务业务。相关服务业务主要包括对财务信息执行商定程序、代编财务信息、税务咨询和管理咨询等。在提供相关服务时，注册会计师不提供任何程度的保证。注册会计师对相关服务业务出具报告时，应当与鉴证报告明确区分。为避免使用者混淆，相关服务业务报告应当避免出现如下情形：（1）暗示遵循本准则或审计准则、审阅准则和其他鉴证业务准则；（2）不适当地使用"审计""审阅""鉴证"等术语；（3）含有可能被合理误认为是鉴证结论的陈述。

（二）部分适用本准则的情况

一项鉴证业务可能是某项综合业务的构成部分。例如，与企业并购相关的业务可能包括对历史财务信息和预测性财务信息发表鉴证意见的要求。在这种情况下，本准则仅适用于该业务中与鉴证业务相关的部分。

（三）不存在除责任方之外的其他预期使用者的情况

如果某项业务不存在除责任方之外的其他预期使用者，但在其他所有方面符合审计准则、审阅准则或其他鉴证业务准则的要求，注册会计师和责任方可以协商运用本准则的原则。在这种情况下，注册会计师的报告中应注明该报告仅供责任方使用。

三、注册会计师的含义

本准则第三条第一款指出，本准则所称注册会计师，是指取得注册会计师证书并在会计师事务所执业的人员，有时也指其所在的会计师事务所（如在承接业务时）。

中国注册会计师执业准则要求，鉴证报告要由注册会计师签名、盖章，并载明会计师事务所的名称和地址，加盖会计师事务所公章。

四、鉴证业务要素

鉴证业务旨在增进某一鉴证对象信息的可信性。注册会计师通过收集充分、适当的证据来评价某个鉴证对象是否在所有重大方面符合适当的标准，并出具鉴证报告，从而提高该鉴证对象信息的可信性。

本准则第三条第二款指出，本准则所称鉴证业务要素，是指鉴证业务的三方关系、鉴证对象、标准、证据和鉴证报告。

1. 三方关系。三方关系人分别是注册会计师、责任方和预期使用者。注册会计师对由责任方负责的鉴证对象或鉴证对象信息提出结论，以增强除责任方之外的预期使用者对鉴证对象信息的信任程度。

2. 鉴证对象。鉴证对象具有多种不同的表现形式，如财务或非财务的业绩或状况、物理特征、系统与过程、行为等。不同的鉴证对象具有不同特征。

3. 标准。标准即用来对鉴证对象进行评价或计量的基准，当涉及列报时，还包括列报的基准。

4. 证据。获取充分、适当的证据是注册会计师提出鉴证结论的基础。

5. 鉴证报告。注册会计师应当针对鉴证对象信息（或鉴证对象）在所有重大方面是否符合适当的标准，以书面报告的形式发表能够提供一定保证程度的结论。

本准则的第四章至第八章分别对鉴证业务的五要素进行详细说明。

五、与鉴证业务相关的职业道德和质量管理要求

本准则第四条规定，注册会计师执行鉴证业务时，应当遵守相关职业道德要求和会计师事务所质量管理相关准则。

（一）遵守相关职业道德要求

相关职业道德要求通常是指中国注册会计师职业道德守则。

中国注册会计师职业道德守则要求注册会计师在执业过程中，遵循诚信、客观公正、独立性、专业胜任能力和勤勉尽责、保密、良好职业行为等职业道德基本原则，保持职业怀疑，并始终牢记维护公众利益的宗旨。中国注册会计师职业道德守则要求注册会计师运用职业道德概念框架识别、评价和应对对职业道德基本原则的不利影响。

（二）遵守质量管理相关准则

会计师事务所质量管理相关准则包括《会计师事务所质量管理准则第5101号——业务质量管理》《会计师事务所质量管理准则第5102号——项目质量复核》以及《中国注册会计师审计准则第1121号——对财务报表审计实施的质量管理》。

根据《会计师事务所质量管理准则第5101号——业务质量管理》的规定，会计师事务所应当设计、实施和运行质量管理体系，为下列方面提供合理保证：

（1）会计师事务所及其人员按照适用的法律法规和职业准则的规定履行职责，并根据这些规定执行业务；

（2）会计师事务所和项目合伙人出具适合具体情况的报告。

项目质量复核是会计师事务所质量管理体系中的一项应对措施。《会计师事务所质量管理准则第5102号——项目质量复核》规范了项目质量复核人员的委派和资质要求，以及项目质量复核人员在实施和记录项目质量复核方面的责任。

针对财务报表审计业务，《中国注册会计师审计准则第1121号——对财务报表审计实施的质量管理》规定了注册会计师在项目层面实施质量管理的具体责任以及项目合伙人的相关责任。

第二章 鉴证业务的定义与目标

本准则第二章（第五条至第八条），主要说明鉴证业务与鉴证对象信息的定义、鉴

证业务与相关服务的区别，并区分不同类型的鉴证业务。

一、鉴证业务的定义

本准则第五条第一款对鉴证业务的定义进行了界定。鉴证业务是指注册会计师对鉴证对象信息提出结论，以增强除责任方之外的预期使用者对鉴证对象信息信任程度的业务。

上述定义可从以下几个方面加以理解：

（1）鉴证业务的用户是"预期使用者"，即鉴证业务可以用来有效地满足预期使用者的需求；

（2）鉴证业务的目的是改善信息的质量或内涵，增强除责任方之外的预期使用者对鉴证对象信息的信任程度，即以适当保证或提高鉴证对象信息的质量为主要目的，而不涉及为如何利用信息提供建议；

（3）鉴证业务的基础是独立性和专业性，通常由具备专业胜任能力和独立性的注册会计师来执行，注册会计师应当独立于责任方和预期使用者；

（4）鉴证业务的"产品"是鉴证结论，注册会计师应当对鉴证对象信息提出结论，该结论应当以书面报告的形式予以传达。

二、鉴证对象信息的定义

本准则第五条第二款对鉴证对象信息的含义进行了界定。鉴证对象信息是按照标准对鉴证对象进行评价和计量的结果。如责任方按照会计准则和相关会计制度（标准）对其财务状况、经营成果和现金流量（鉴证对象）进行确认、计量和列报（包括披露，下同）而形成的财务报表（鉴证对象信息）。对内部控制有效性的认定（鉴证对象信息）是将评估内部控制有效性的框架（标准），例如美国COSO的"内部控制：整合框架"或"企业风险管理：整合框架"、中华人民共和国财政部制定的内部控制准则、证券交易所制定的上市公司内部控制指引，应用到内部控制过程（鉴证对象）而形成的信息。

本准则第六条规定，鉴证对象信息应当恰当反映既定标准运用于鉴证对象的情况。如果没有按照既定标准恰当反映鉴证对象的情况，鉴证对象信息可能存在错报，而且可能存在重大错报。例如，某企业的财务报表未能按照会计准则和相关会计制度的要求在所有重大方面公允反映其财务状况、经营成果和现金流量，或者某企业未能根据中华人民共和国财政部制定的内部控制准则或者证券交易所制定的上市公司内部控制指引对其内部控制有效性的所有重大方面进行公允表述，则鉴证对象信息便可能存在错报，而且可能存在重大错报。

三、鉴证业务与相关服务的区别

注册会计师提供的专业服务包括鉴证业务和相关服务，两者的区别主要体现在以下几个方面：

1. 业务涉及的关系人不同。相关服务通常只涉及两方关系人，即客户和提供相关服务的注册会计师；而鉴证业务通常涉及三方关系人，即责任方、预期使用者以及提供鉴证业务的注册会计师。

2. 业务关注的焦点不同。相关服务关注的焦点主要是信息的生成、编制或对如何利用信息作出决策提供建议；而鉴证业务关注的焦点是适当保证和提高鉴证对象信息的质量，通常不涉及信息的利用。

3.工作结果不同。相关服务的工作结果不对信息提供可信性保证；而鉴证业务的工作结果是注册会计师以书面形式提出结论，该结论能对鉴证对象信息提供某种程度的可信性保证。

4.独立性要求不同。相关服务通常不对提供服务的注册会计师提出独立性要求；而鉴证业务要求注册会计师必须独立于鉴证业务中的其他两方。

下面，我们以财务报表审计作为鉴证业务的例子，以代编财务信息作为相关服务的例子，对两类业务进行比较（见表1）。

表1 鉴证业务与相关服务的区别例解

区别 \ 业务类型	相关服务 （以代编财务信息为例）	鉴证业务 （以财务报表审计为例）
业务关系人	只涉及注册会计师和责任方（管理层）两方关系人	涉及注册会计师、责任方（管理层）和预期使用者三方关系人
业务关注的焦点	财务信息的收集、分类和汇总	财务信息的质量
保证程度	不对财务信息提供任何程度的保证	对财务报表不存在重大错报提供合理保证
独立性要求	不对独立性提出要求，但如果不独立，应当在代编业务报告中说明这一事实	要求注册会计师从实质上和形式上保持独立
报告	如果注册会计师的姓名与代编财务信息相关联，需要出具代编业务报告，但在报告中不提出鉴证结论	以书面形式提供审计报告，并在报告中就财务报表是否存在重大错报提出鉴证结论

注册会计师在确定某项业务是适合作为鉴证业务还是适合作为相关服务时，应当根据执业准则的要求，着重考虑客户寻求服务的目的。如果客户的要求只涉及信息的编制和利用或就某一事项寻求建议或意见，那么，注册会计师将此业务作为相关服务是恰当的。但是，如果客户需要注册会计师对特定事项以书面报告的形式提供保证，则此业务应当作为鉴证业务。

四、基于责任方认定的业务和直接报告业务

本准则第七条第一款指出，鉴证业务分为基于责任方认定的业务和直接报告业务。这是按鉴证对象信息是否以责任方认定的形式为预期使用者所获取来分类的。本准则第七条的第二款和第三款分别对这两类业务进行了说明。

第七条第二款指出，在基于责任方认定的业务中，责任方对鉴证对象进行评价或计量，鉴证对象信息以责任方认定的形式为预期使用者获取。如在财务报表审计中，被审计单位管理层（责任方）对财务状况、经营成果和现金流量（鉴证对象）进行确认、计量和列报（评价或计量）而形成的财务报表（鉴证对象信息）即为责任方的认定，该财

务报表可为预期使用者获取，注册会计师针对财务报表出具审计报告。这种业务属于基于责任方认定的业务。

第七条第三款指出，在直接报告业务中，注册会计师直接对鉴证对象进行评价或计量，或者从责任方获取对鉴证对象评价或计量的认定，而该认定无法为预期使用者获取，预期使用者只能通过阅读鉴证报告获取鉴证对象信息。如在内部控制鉴证业务中，注册会计师可能无法从管理层（责任方）获取其对内部控制有效性的评价报告（责任方认定），或虽然注册会计师能够获取该报告，但预期使用者无法获取该报告，注册会计师直接对内部控制的有效性（鉴证对象）进行评价并出具鉴证报告，预期使用者只能通过阅读该鉴证报告获得内部控制有效性的信息（鉴证对象信息）。这种业务属于直接报告业务。

基于责任方认定的业务和直接报告业务的区别主要表现在以下四个方面：

（一）预期使用者获取鉴证对象信息的方式不同

在基于责任方认定的业务中，预期使用者可以直接获取鉴证对象信息（责任方认定），而不一定要通过阅读鉴证报告。

在直接报告业务中，可能不存在责任方认定，即便存在，该认定也无法为预期使用者所获取。预期使用者只能通过阅读鉴证报告获取有关的鉴证对象信息。

（二）注册会计师提出结论的对象不同

在基于责任方认定的业务中，注册会计师提出结论的对象可能是责任方认定，也可能是鉴证对象。此类业务的逻辑顺序是：首先，责任方按照标准对鉴证对象进行评价和计量，形成责任方认定，注册会计师获取该认定；其次，注册会计师根据适当的标准对鉴证对象再次进行评价和计量，并将结果与责任方认定进行比较；最后，注册会计师针对责任方认定提出鉴证结论，或直接针对鉴证对象提出结论。

在直接报告业务中，无论责任方认定是否存在、注册会计师能否获取该认定，注册会计师在鉴证报告中都将直接对鉴证对象提出结论。

（三）责任方的责任不同

在基于责任方认定的业务中，由于责任方已经将既定标准应用于鉴证对象，形成了鉴证对象信息（即责任方认定）。因此，责任方应当对鉴证对象信息负责。责任方可能同时也要对鉴证对象负责。例如，在财务报表审计中，被审计单位管理层既要对财务报表（鉴证对象信息）负责，也要对财务状况、经营成果和现金流量（鉴证对象）负责。

在直接报告业务中，无论注册会计师是否获取了责任方认定，鉴证报告中都不体现责任方的认定，责任方仅需要对鉴证对象负责。

（四）鉴证报告的内容和格式不同

在基于责任方认定的业务中，鉴证报告的引言段通常会提供责任方认定的相关信息，进而说明其所执行的鉴证程序并提出鉴证结论。

在直接报告业务中，注册会计师直接说明鉴证对象、执行的鉴证程序并提出鉴证结论。

下面，我们以预测性财务信息审核作为基于责任方认定的业务的例子，以IT系统鉴证作为直接报告业务的例子，对两类业务的区别进行比较（见表2）。

表2 基于责任方认定的业务与直接报告业务区别例解

区别＼业务类型	基于责任方认定的业务 （预测性财务信息的审核）	直接报告业务 （IT系统鉴证）
预期使用者获取鉴证对象信息的方式	预期使用者不通过预测性财务信息的审核报告便可获取责任方认定，即企业的预测性财务信息	可能不存在责任方认定（公司管理层关于IT系统可应用性、安全性、完整性和可维护性等方面控制有效性的评价报告），或虽然存在，但该认定无法为预期使用者获取；预期使用者只能通过鉴证报告获取上述信息
提出结论的对象	鉴证对象信息，即所审核的预测性财务信息	鉴证对象，即IT系统可应用性、安全性、完整性和可维护性等方面控制的有效性
责任方的责任	责任方对鉴证对象信息负责，即对预测性财务信息负责	责任方对鉴证对象负责，即对IT系统可应用性、安全性、完整性和可维护性等方面控制的有效性负责
鉴证报告	以书面形式提供预测性财务信息的审核报告，明确提及责任方认定 例如："我们审核了后附的ABC股份有限公司（以下简称ABC公司）编制的预测（列明预测涵盖的期间和预测的名称）……"	以书面形式提供鉴证报告。直接提及鉴证对象和标准，无需提及责任方认定 例如："我们对ABC公司20×1年×月×日至20×2年×月×日期间IT服务系统可应用性、安全性、完整性和可维护性等方面控制有效性进行了审查……"

五、鉴证业务的目标

本准则第八条指出，鉴证业务的保证程度分为合理保证和有限保证。合理保证的保证水平要高于有限保证的保证水平。

合理保证的鉴证业务的目标是注册会计师将鉴证业务风险降至该业务环境下可接受的低水平，以此作为以积极方式提出结论的基础。如在历史财务信息审计中，要求注册会计师将审计风险降至该业务环境下可接受的低水平，对审计后的历史财务信息提供高水平保证（合理保证），在审计报告中对历史财务信息采用积极方式提出结论。这种业务属于合理保证的鉴证业务。

有限保证的鉴证业务的目标是注册会计师将鉴证业务风险降至该业务环境下可接受的水平，以此作为以消极方式提出结论的基础。如在历史财务信息审阅中，要求注册会计师将审阅风险降至该业务环境下可接受的水平（高于历史财务信息审计中可接受的低水平），对审阅后的历史财务信息提供低于高水平的保证（有限保证），在审阅报告中对历史财务信息采用消极方式提出结论。这种业务属于有限保证的鉴证业务。

六、合理保证的鉴证业务与有限保证的鉴证业务的区别

合理保证的鉴证业务和有限保证的鉴证业务的区别主要表现在以下几个方面：

(一)目标不同

合理保证的目标是将鉴证业务风险降至具体业务环境下可接受的低水平,以此作为以积极方式提出结论的基础,并对鉴证后的信息提供高水平的保证。

有限保证的目标是将鉴证业务风险降至具体业务环境下可接受的水平,以此作为以消极方式提出结论的基础,并对鉴证后的信息提供低于高水平的保证。但该保证水平应当是一种有意义的保证水平,即能够在一定程度上增强预期使用者对鉴证对象信息的信任。

(二)证据的收集程序不同

在合理保证的鉴证业务中,为了能够以积极方式提出结论,注册会计师应当通过一个不断修正的、系统化的执业过程,获取充分、适当的证据。其证据收集程序包括五个阶段:(1)了解鉴证对象及其他的业务环境事项,在适用的情况下也包括了解内部控制;(2)在了解鉴证对象及其他的业务环境事项的基础上,评估鉴证对象信息可能存在的重大错报风险;(3)应对评估的风险,包括制定总体应对措施以及确定进一步程序的性质、时间和范围;(4)针对已识别的风险实施进一步程序,包括实施实质性程序,以及在必要时测试控制运行的有效性;(5)评价证据的充分性和适当性。

与合理保证的鉴证业务相比,有限保证的鉴证业务在证据收集程序的性质、时间、范围等方面是有意识地加以限制的,主要采用询问和分析程序获取证据。

(三)所需证据的数量和质量不同

注册会计师需要获取充分、适当的证据作为其对鉴证对象提供某种水平保证的基础。相对于有限保证的鉴证业务而言,合理保证的鉴证业务提供的保证程度相对较高,相应地,对证据数量和质量的要求也就更为严格。

(四)鉴证业务风险不同

鉴证业务风险通常体现为重大错报风险和检查风险。重大错报风险是指鉴证对象信息在鉴证前存在重大错报的可能性。对同一个鉴证对象与鉴证对象信息进行鉴证,不管注册会计师提供的是合理保证还是有限保证,其重大错报风险均不存在差异。但检查风险则不然,它是指某一鉴证对象信息存在错报,该错报单独或连同其他错报是重大的,但注册会计师未能发现这种错报的可能性。检查风险的高低显然取决于注册会计师所实施的证据收集程序的性质、时间和范围。由于有限保证的鉴证业务的证据收集程序在上述方面受到有意识的限制,因此,其检查风险高于合理保证的鉴证业务。相应地,有限保证的鉴证业务的风险水平高于合理保证的鉴证业务的风险水平。

(五)鉴证对象信息的可信性不同

与有限保证的鉴证业务相比,注册会计师在合理保证的鉴证业务中实施的证据收集程序更为系统和全面,收集的证据更充分,提供的保证水平更高,相应地,鉴证后的鉴证对象信息也更为可信。

(六)提出结论的方式不同

合理保证和有限保证提供的保证水平不同,鉴证后鉴证对象信息的可信性也不同,为了使预期使用者能够清楚地了解两者的区别,两者提出结论的方式也不同。合理保证的鉴证业务要求注册会计师以积极方式提出结论,有限保证的鉴证业务要求注册会计师以消极方式提出结论。

下面,我们以财务报表审计作为合理保证鉴证业务的例子,以财务报表审阅业务作为有限保证鉴证业务的例子,对两类业务的区别进行比较(见表3)。

应当指出的是,不管是合理保证的鉴证业务还是有限保证的鉴证业务,其保证水平一般都是事先约定好的,而不是根据注册会计师的工作执行情况再确定是提供高水平的保证还是提供低水平的保证。当然,如果业务环境变化影响到预期使用者的需求,或预期使用者对该项业务的性质存在误解时,注册会计师也可以应委托人的要求,考虑同意变更业务的保证水平。

在实务中,保证水平的确定本身是一个相当复杂的问题,它在很大程度上取决于法律法规和执业准则的要求,以及注册会计师的职业判断。

表3 合理保证的鉴证业务与有限保证的鉴证业务区别例解

区别\业务类型	合理保证的鉴证业务（财务报表审计）	有限保证的鉴证业务（财务报表审阅）
鉴证业务目标	在可接受的低审计风险下,以积极方式对财务报表整体发表审计意见,提供高水平的保证	在可接受的审阅风险下,以消极方式对财务报表整体发表审阅意见,提供有意义水平的保证。该保证水平低于审计业务的保证水平
证据收集程序	通过一个不断修正的、系统化的执业过程,获取充分、适当的证据,证据收集程序包括检查记录或文件、检查有形资产、观察、询问、函证、重新计算、重新执行、分析程序等	通过一个不断修正的、系统化的执业过程,获取充分、适当的证据,证据收集程序受到有意识的限制,主要采用询问和分析程序获取证据
所需证据数量	较多	较少
鉴证业务风险	较低	较高
鉴证对象信息的可信性	较高	较低
提出结论的方式	以积极方式提出结论。例如:"我们认为,ABC公司财务报表已经按照企业会计准则和《××会计制度》的规定编制,在所有重大方面公允反映了ABC公司20×1年12月31日的财务状况以及20×1年度的经营成果和现金流量。"	以消极方式提出结论。例如:"根据我们的审阅,我们没有注意到任何事项使我们相信,ABC公司财务报表没有按照企业会计准则和《××会计制度》的规定编制,未能在所有重大方面公允反映被审阅单位的财务状况、经营成果和现金流量。"

第三章 业 务 承 接

本准则第三章(第九条至第十三条),主要说明注册会计师承接鉴证业务的条件,对于不能完全满足鉴证业务要求的业务应当如何处理,以及已承接鉴证业务的变更。

一、承接鉴证业务的条件

本准则第九条至第十一条是对注册会计师承接鉴证业务条件的总体说明。

本准则第九条规定，在接受委托前，注册会计师应当初步了解业务环境。业务环境包括业务约定事项、鉴证对象特征、使用的标准、预期使用者的需求、责任方及其环境的相关特征，以及可能对鉴证业务产生重大影响的事项、交易、条件和惯例等其他事项。

在初步了解业务环境后，注册会计师应当考虑承接该业务是否符合独立性和专业胜任能力等相关职业道德规范的要求。例如，注册会计师是否独立于该项鉴证业务的委托人和责任方，是否具备与所承接的鉴证业务相适应的专业胜任能力等。

需要指出的是，注册会计师并非所有方面的专家，鉴证业务涉及的特殊知识和技能可能会超出注册会计师的能力，此时，注册会计师可以考虑利用专家的工作。例如，当鉴证对象是信息技术系统的运营情况时，注册会计师可以利用信息技术专家的工作；当鉴证对象是法律法规的遵循情况时，注册会计师可以利用法律专家的工作。

本准则第十条规定，在初步了解业务环境后，只有认为符合独立性和专业胜任能力等相关职业道德规范的要求，并且拟承接的业务具备下列所有特征，注册会计师才能将其作为鉴证业务予以承接：

（1）鉴证对象适当；

（2）使用的标准适当且预期使用者能够获取该标准；

（3）注册会计师能够获取充分、适当的证据以支持其结论；

（4）注册会计师的结论以书面报告形式表述，且表述形式与所提供的保证程度相适应；

（5）该业务具有合理的目的。如果鉴证业务的工作范围受到重大限制，或者委托人试图将注册会计师的名字和鉴证对象不适当地联系在一起，则该项业务可能不具有合理的目的。

本准则第十一条规定，当拟承接的业务不具备上述鉴证业务的所有特征，不能将其作为鉴证业务予以承接时，注册会计师可以提请委托人将其作为非鉴证业务（如商定程序、代编财务信息、管理咨询、税务咨询等相关服务业务），以满足预期使用者的需要。

二、标准不适当时的处理方式

如果拟承接的鉴证业务所采用的标准不适当，注册会计师一般应当拒绝承接该项业务。但这并不是绝对的。本准则第十二条规定，如果某项鉴证业务采用的标准不适当，但满足下列条件之一时，注册会计师可以考虑将其作为一项新的鉴证业务：

1. 委托人能够确认鉴证对象的某个方面适用于所采用的标准，注册会计师可以针对该方面执行鉴证业务，但在鉴证报告中应当说明该报告的内容并非针对鉴证对象整体。例如，鉴证对象是企业运营情况（包括企业的内部控制），对运营情况的评价缺乏相关的标准，但可以确信的是，评价企业内部控制情况可以以权威的内部控制规范作为标准。

2. 能够选择或设计适用于鉴证对象的其他标准。例如，鉴证对象是某一都市报的运营情况，其本身可能缺乏相关的评价标准。在这种情况下，注册会计师可以选择报纸发行总量、所在城市每百户平均订阅量，以及报纸的广告收入等行业协会发布的有关报社效率或效果的关键指标作为标准。

三、已承接鉴证业务的变更

本准则第十三条第一款规定，对已承接的鉴证业务，如果没有合理理由，注册会计师不应将该项业务变更为非鉴证业务，或将合理保证的鉴证业务变更为有限保证的鉴证业务。

在实务中，注册会计师一般是应委托人的要求来变更业务类型的。委托人要求变更业务类型主要有以下三方面的原因：

（1）业务环境变化影响到预期使用者的需求；

（2）预期使用者对该项业务的性质存在误解；

（3）业务范围存在限制。

上述第（1）点和第（2）点原因通常被认为是变更业务的合理理由。本准则第十三条第二款规定，当业务环境变化影响到预期使用者的需求，或预期使用者对该项业务的性质存在误解时，注册会计师可以应委托人的要求，考虑同意变更该项业务。

但如果有迹象表明该变更要求与错误的、不完整的或者不能令人满意的信息有关，注册会计师不应当认为该变更是合理的。

如果没有合理的理由，注册会计师不应当同意变更业务。如果注册会计师不同意变更业务，委托人又不同意继续执行原鉴证业务，注册会计师应当考虑解除业务约定，并考虑是否有义务向有关方面（例如，委托单位董事会或股东会）说明解除业务约定的理由。

本准则第十三条第二款还规定，如果发生变更，注册会计师不应忽视变更前获取的证据。

此外，注册会计师还需考虑变更业务对法律责任或业务约定条款的影响。如果变更业务引起业务约定条款的变更，注册会计师应当与委托人就新条款达成一致意见。

第四章　鉴证业务的三方关系

本准则第四章（第十四条至第二十条），主要说明鉴证业务涉及的三方关系，分别是注册会计师、责任方和预期使用者，以及与之相关的责任方声明和确定业务条款的问题。

一、三方关系概述

本准则第十四条规定，鉴证业务涉及的三方关系人包括注册会计师、责任方和预期使用者。责任方与预期使用者可能是同一方，也可能不是同一方。

三方之间的关系是，注册会计师对由责任方负责的鉴证对象或鉴证对象信息提出结论，以增强除责任方之外的预期使用者对鉴证对象信息的信任程度。

鉴证业务以提高鉴证对象信息的可信性为主要目的。由于鉴证对象信息（或鉴证对象）是由责任方负责的，因此，注册会计师的鉴证结论主要是向除责任方之外的预期使用者提供的。在某些情况下，责任方和预期使用者可能来自同一企业，但并不意味着两者就是同一方。例如，某公司同时设有董事会和监事会，监事会需要对董事会和管理层提供的信息进行监督。责任方和预期使用者之间的关系需要根据特定业务进行考察，且可能不同于传统意义上的责任人。例如，一个企业的高层管理人员（预期使用者）可能聘请注册会计师对该企业中由下一级管理人员（责任方）直接负责的特定经营管理活动执行鉴证业务，但高层管理人员对其承担最终的责任。

由于鉴证结论有利于提高鉴证对象信息的可信性，有可能对责任方有用，因此，在这种情况下，责任方也会成为预期使用者之一，但不是唯一的预期使用者。例如，在财务报表审计中，责任方是被审计单位的管理层，此时，被审计单位的管理层便是审计报告的预期使用者之一，但同时预期使用者还包括企业的股东、债权人、监管机构等。

因此，是否存在三方关系人是判断某项业务是否属于鉴证业务的重要标准之一。如果某项业务不存在除责任方之外的其他预期使用者，那么，该业务不构成一项鉴证业务。

鉴证业务还会涉及委托人，但委托人不是单独存在的一方，委托人通常是预期使用者之一，委托人也可能由责任方担任。

二、注册会计师

前已述及，本准则第三条第一款指出，本准则所称注册会计师，是指取得注册会计师证书并在会计师事务所执业的人员，有时也指其所在的会计师事务所。

本准则第十五条规定，注册会计师可以承接符合本准则第十条规定的各类鉴证业务。

如果鉴证业务涉及的特殊知识和技能超出了注册会计师的能力，注册会计师可以利用专家协助执行鉴证业务。在这种情况下，注册会计师应当确信包括专家在内的项目组整体已具备执行该项鉴证业务所需的知识和技能，并充分参与该项鉴证业务和了解专家所承担的工作。

三、责任方

对责任方的界定与所执行鉴证业务的类型有关。本准则第十六条第一款指出，责任方是指下列组织或人员：

1. 在直接报告业务中，对鉴证对象负责的组织或人员。例如，在系统鉴证业务中，注册会计师直接对系统的有效性进行评价并出具鉴证报告，该业务的鉴证对象是被鉴证单位系统的有效性，责任方是对该系统负责的组织或人员，即被鉴证单位的管理层。

2. 在基于责任方认定的业务中，对鉴证对象信息负责并可能同时对鉴证对象负责的组织或人员。例如，企业聘请注册会计师对企业管理层编制的持续经营报告进行鉴证。在该业务中，鉴证对象信息为持续经营报告，由该企业的管理层负责，企业管理层为责任方。该业务的鉴证对象为企业的持续经营状况，它同样由企业的管理层负责。再如，某政府组织聘请注册会计师对某企业的持续经营报告进行鉴证，该持续经营报告由该政府组织编制并分发给预期使用者。在该业务中，鉴证对象信息由该政府组织负责，该政府组织为责任方。该业务的鉴证对象为企业的持续经营状况，责任方即该政府组织却无需为它负责。

本准则第十六条第二款指出，责任方可能是鉴证业务的委托人，也可能不是委托人。

四、责任方声明

本准则第十七条第一款规定，注册会计师通常提请责任方提供书面声明，表明责任方已按照既定标准对鉴证对象进行评价或计量，无论该声明是否能为预期使用者获取。

在基于责任方认定的业务中，注册会计师对责任方认定出具鉴证报告，责任方通常会提供有关该认定的书面声明。

本准则第十七条第二款规定，在直接报告业务中，当委托人与责任方不是同一方时，注册会计师可能无法获取此类书面声明。

五、预期使用者

本准则第十八条第一款指出，预期使用者是指预期使用鉴证报告的组织或人员。责任方可能是预期使用者，但不是唯一的预期使用者。

如果鉴证业务服务于特定的使用者或具有特殊目的，注册会计师可以很容易地识别预期使用者。例如，企业向银行贷款，银行要求企业提供一份与贷款项目相关的预测性财务信息审核报告，那么，银行就是该鉴证报告的预期使用者。

本准则第十八条第二款规定，注册会计师可能无法识别使用鉴证报告的所有组织和人员，尤其在各种可能的预期使用者对鉴证对象存在不同的利益需求时。此时，预期使用者主要是指那些与鉴证对象有重要和共同利益的主要利益相关者，例如，在上市公司财务报表审计中，预期使用者主要是指上市公司的股东。第十八条第二款还规定，注册会计师应当根据法律法规的规定或与委托人签订的协议识别预期使用者。

第十八条第三款规定，在可行的情况下，鉴证报告的收件人应当明确为所有的预期使用者。需要说明的是，虽然鉴证报告的收件人应当尽可能地明确为所有的预期使用者，但在实务中往往很难做到这一点。原因很简单，有时鉴证报告并不向某些特定组织或人员提供，但这些组织或人员也有可能使用鉴证报告。例如，注册会计师为上市公司提供财务报表审计服务，其审计报告的收件人为"××股份有限公司全体股东"，但除了股东之外，公司债权人、证券监管机构等显然也是预期使用者。

六、鉴证业务约定条款的确定

本准则第十九条和第二十条对确定鉴证业务约定条款进行了说明。

本准则第十九条第一款规定，在可行的情况下，注册会计师应当提请预期使用者或其代表，与注册会计师和责任方（如果委托人与责任方不是同一方，还包括委托人）共同确定鉴证业务约定条款。这样做的目的是避免相关各方对鉴证业务的理解产生分歧。鉴证业务约定条款的内容一般包括鉴证业务目标、范围、相关各方的责任以及报告格式等。

在实务中，如果委托人与责任方不是同一方，那么，委托人可以被视为预期使用者或预期使用者的代表。如果委托人与责任方是同一方，考虑到可操作性的问题，在确定鉴证业务约定条款时，注册会计师仅需要提请预期使用者或其代表参与即可。原因之一在于某些鉴证业务的预期使用者并不确定。例如，在财务报表审计中，公司的中小股东都是鉴证报告的预期使用者。原因之二在于即便预期使用者是确定的，也不一定愿意参与共同确定鉴证业务约定条款。例如，银行给企业贷款，需要了解企业的财务状况，可以将银行视为贷款企业审计报告的预期使用者，但银行通常不会去参与贷款企业对审计业务约定条款的确定。

本准则第十九条第二款规定，无论其他人员是否参与，注册会计师都应当负责确定鉴证业务程序的性质、时间和范围，并对鉴证业务中发现的、可能导致对鉴证对象信息作出重大修改的问题进行跟踪。

本准则第二十条规定，当鉴证业务服务于特定的使用者，或具有特定目的时，注册会计师应当考虑在鉴证报告中注明该报告的特定使用者或特定目的，对报告的用途加以限定。

第五章 鉴证对象

本准则第五章（第二十一条至第二十三条），主要说明鉴证对象与鉴证对象信息的形式，鉴证对象特征以及适当的鉴证对象应当具备的条件。

一、鉴证对象与鉴证对象信息的形式

在注册会计师提供的鉴证业务中，存在多种不同类型的鉴证对象，相应地，鉴证对象信息也具有多种不同的形式。本准则第二十一条指出，鉴证对象与鉴证对象信息具有多种形式，主要包括：

（1）当鉴证对象为财务业绩或状况时（如历史或预测的财务状况、经营成果和现金流量），鉴证对象信息是财务报表；

（2）当鉴证对象为非财务业绩或状况时（如企业的运营情况），鉴证对象信息可能是反映效率或效果的关键指标；

（3）当鉴证对象为物理特征时（如设备的生产能力），鉴证对象信息可能是有关鉴证对象物理特征的说明文件；

（4）当鉴证对象为某种系统和过程时（如企业的内部控制或信息技术系统），鉴证对象信息可能是关于其有效性的认定；

（5）当鉴证对象为一种行为时（如遵守法律法规的情况），鉴证对象信息可能是对法律法规遵守情况或执行效果的声明。

以财务业绩或状况为对象执行鉴证业务是注册会计师的传统业务领域。注册会计师在此类业务中培育的良好职业形象和专业能力，有力地推动了注册会计师职业向其他鉴证业务领域的拓展。那些以非财务信息形式体现出来的鉴证对象，对注册会计师的专业胜任能力也提出了更高的要求。

二、鉴证对象特征

本准则第二十二条第一款规定，鉴证对象具有不同的特征，可能表现为定性或定量、客观或主观、历史或预测、时点或期间。这些特征将对下列方面产生影响：

（1）按照标准对鉴证对象进行评价或计量的准确性；

（2）证据的说服力。

例如，当鉴证对象为遵守法规的情况时，它的特征是定性的；当鉴证对象为企业的财务业绩或状况时，它的特征就是定量的。当鉴证对象为企业未来的盈利能力时，它的特征是主观的、预测的；当鉴证对象为企业的历史财务状况时，它的特征就是客观的、历史的。当鉴证对象为企业注册资本的实收情况时，它的特征是时点的；当鉴证对象为企业内部控制过程时，它的特征就是期间的。

通常，如果鉴证对象的特征表现为定量的、客观的、历史的或时点的，评价和计量的准确性相对较高，注册会计师获取证据的说服力相对较强，相应地，对鉴证对象信息提供的保证程度也较高。

本准则第二十二条第二款规定，鉴证报告应当说明与预期使用者特别相关的鉴证对象特征。所谓特别相关，是指如果不在鉴证报告中说明鉴证对象的这一特征，将可能导致预期使用者对鉴证业务产生误解。例如，企业在首次公开发行股票时，其招股说明书

中的预测性财务信息可能需要经注册会计师审核，提供有关拟上市公司预计收益的情况，那么，该鉴证对象的预测性特征对于预期使用者来说就是特别相关的。

三、适当的鉴证对象应当具备的条件

鉴证对象是否适当是注册会计师能否将一项业务作为鉴证业务予以承接的前提条件。本准则第二十三条规定，适当的鉴证对象应当同时具备下列条件：

（1）鉴证对象可以识别；

（2）不同的组织或人员对鉴证对象按照既定标准进行评价或计量的结果合理一致；

（3）注册会计师能够收集与鉴证对象有关的信息，获取充分、适当的证据，以支持其提出适当的鉴证结论。

不适当的鉴证对象可能会误导预期使用者。如果注册会计师在承接业务后发现鉴证对象不适当，应当视其重大与广泛程度，出具保留结论或否定结论的报告。

不适当的鉴证对象还可能造成工作范围受到限制。如果注册会计师在承接业务后发现鉴证对象不适当，应当视工作范围受到限制的重大与广泛程度，出具保留结论或无法提出结论的报告。

在适当的情况下，注册会计师可以考虑解除业务约定。

第六章　标　　准

本准则第六章（第二十四条至第二十七条），主要说明标准的定义、类型，适当的标准应当具备的特征，以及预期使用者获取标准的方式。

一、标准的定义

本准则第二十四条第一款指出，标准是指用于评价或计量鉴证对象的基准，当涉及列报时，还包括列报的基准。在本准则和相关准则中，列报包括披露。

标准是鉴证业务中不可或缺的一项要素。运用职业判断对鉴证对象作出评价或计量，离不开适当的标准。如果没有适当的标准提供指引，任何个人的解释甚至误解都可能对结论产生影响，这样一来，结论必然缺乏可信性。也就是说，标准是对所要发表意见的鉴证对象进行"度量"的一把"尺子"，责任方和注册会计师可以根据这把"尺子"对鉴证对象进行"度量"。

需要指出的是，对同一鉴证对象进行评价或计量并不一定要选择同一个标准。例如，要评价消费者满意度这一鉴证对象，某些责任方或注册会计师可能会以消费者投诉的次数作为衡量标准；而另外的一些责任方或注册会计师可能会选择消费者在初始购买后的三个月内重复购买的数量作为衡量的标准。

二、标准的类型

本准则第二十四条第二款指出，标准可以是正式的规定，如编制财务报表所使用的会计准则和相关会计制度；也可以是某些非正式的规定，如单位内部制定的行为准则或确定的绩效水平。

正式的规定通常是一些"既定的"标准，是由法律法规规定的，或是由政府主管部门或国家认可的专业团体依照公开、适当的程序发布的。例如，编制财务报表时，

其标准是权威机构发布的会计准则和相关会计制度；编制内部控制报告时，标准可能是已确立的内部控制规范或指引；编制遵循性报告时，标准可能是适用的法律、法规或者合同。

非正式的规定通常是一些"专门制定的"标准，是针对具体的业务项目"量身定做"的，包括企业内部制定的行为准则、确定的绩效水平或商定的行为要求，例如，某专门委员会在一年内开会的次数等。

标准的类型不同，注册会计师在评价标准是否适合于具体的鉴证业务时，所关注的重点也不同。

三、适当的标准应当具备的特征

本准则第二十五条第一款规定，注册会计师在运用职业判断对鉴证对象作出合理一致的评价或计量时，需要有适当的标准。标准是否适当、是否适用于具体的鉴证业务同样离不开注册会计师的职业判断。如果使用的标准不适当或不适用于具体业务，发表的鉴证结论便毫无意义。同样，如果没有适当的标准所提供的参考框架，任何结论都将是开放性的，人们可以根据自己的意愿做出解释，或者会被误解。适当的标准应当与特定业务及其环境相关，因此，同一个业务对象可能存在不同的业务标准。例如，某责任方可能会选择顾客投诉的处理数量作为顾客满意度这一对象事项的评价标准；而另一责任方则可能选择顾客在初次购买之后的三个月内重复购买的次数作为顾客满意度的评价标准。第二十五条第二款规定，适当的标准应当具备下列所有特征：

（1）相关性：相关的标准有助于得出结论，便于预期使用者作出决策；

（2）完整性：完整的标准不应忽略业务环境中可能影响得出结论的相关因素，当涉及列报时，还包括列报的基准；

（3）可靠性：可靠的标准能够使能力相近的注册会计师在相似的业务环境中，对鉴证对象作出合理一致的评价或计量；

（4）中立性：中立的标准有助于得出无偏向的结论；

（5）可理解性：可理解的标准有助于得出清晰、易于理解、不会产生重大歧义的结论。

本准则第二十五条第三款规定，注册会计师基于自身的预期、判断和个人经验对鉴证对象进行的评价和计量，不构成适当的标准。

四、评价标准的适当性

本准则第二十六条第一款规定，注册会计师应当考虑运用于具体业务的标准是否具备本准则第二十五条所述的特征，以评价该标准对此项业务的适用性。在具体鉴证业务中，注册会计师在评价标准各项特征的相对重要程度时，需要运用职业判断。

第二十六条第二款指出，标准可能是由法律法规规定的，或由政府主管部门或国家认可的专业团体依照公开、适当的程序发布的，也可能是专门制定的。采用标准的类型不同，注册会计师为评价该标准对于具体鉴证业务的适用性所需执行的工作也不同。

对于公开发布的标准，注册会计师通常不需要对标准的"适当性"进行评价，而只需评价该标准对具体业务的"适用性"。例如，在我国，会计标准由国家统一制定并强制执行。注册会计师无需评价会计标准是否适当，只需要判断责任方采用的标准是否适用于被鉴证单位即可（如小企业可以采用《小企业会计制度》）。

对于专门制定的标准，注册会计师首先要对这些标准本身的"适当性"加以评价，否则，注册会计师连自己所用的"尺子"是否适当都无法判断，又如何用这把"尺子"去"度量"要发表意见的鉴证对象。

五、预期使用者获取标准的方式

本准则第二十七条第一款规定，标准应当能够为预期使用者获取，以使预期使用者了解鉴证对象的评价或计量过程。标准可以通过下列方式供预期使用者获取：

（1）公开发布；
（2）在陈述鉴证对象信息时以明确的方式表述；
（3）在鉴证报告中以明确的方式表述；
（4）常识理解，如计量时间的标准是小时或分钟。

第二十七条第二款规定，如果确定的标准仅能为特定的预期使用者获取，或仅与特定目的相关，如行业协会发布标准可能仅能为本行业内部的预期使用者获取，合同条款仅能为合同双方获取，且仅适用于合同约定事项，在这种情况下，鉴证报告的使用也应限于这些特定的预期使用者或特定目的。

第七章 证 据

本准则第七章（第二十八条至第四十九条），主要说明与注册会计师获取证据相关的内容，包括获取证据的总体要求、职业怀疑态度、证据的充分性和适当性、影响证据可靠性的因素、重要性、鉴证业务风险、证据收集程序、合理保证与绝对保证的区别、可获取证据的数量和质量以及记录。

第一节 总体要求

一、保持职业怀疑态度

本准则第二十八条第一款规定，注册会计师应当以职业怀疑态度计划和执行鉴证业务，获取有关鉴证对象信息是否不存在重大错报的充分、适当的证据。

在计划和执行鉴证业务时，注册会计师保持职业怀疑态度十分必要。例如，它有助于降低注册会计师忽视异常情况的风险，有助于降低注册会计师在确定鉴证程序的性质、时间、范围及评价由此得出的结论时采用错误假设的风险，有助于避免注册会计师根据有限的测试范围过度推断总体实际情况的风险。

二、及时作出记录

本准则第二十八条第二款规定，注册会计师应当及时对制定的计划、实施的程序、获取的相关证据以及得出的结论作出记录。

三、考虑重要性、鉴证业务风险以及可获取证据的数量和质量

本准则第二十九条规定，注册会计师在计划和执行鉴证业务，尤其在确定证据收集程序的性质、时间和范围时，应当考虑重要性、鉴证业务风险以及可获取证据的数量和质量。

第二节 职业怀疑态度

一、职业怀疑态度的含义

本准则第三十条指出，职业怀疑态度是指注册会计师以质疑的思维方式评价所获取证据的有效性，并对相互矛盾的证据，以及引起对文件记录或责任方提供的信息的可靠性产生怀疑的证据保持警觉。

职业怀疑态度代表的是注册会计师执业时的一种精神状态，它有助于降低注册会计师在执业过程中可能遇到的风险。这些风险通常包括：忽略了可疑的情况；在决定证据收集程序的性质、时间和范围时使用了不恰当的假设；对证据进行了不恰当的评价等。

职业怀疑态度并不要求注册会计师假设责任方是不诚信的，但是，注册会计师也不能假设责任方的诚信就毫无疑问。职业怀疑态度要求注册会计师凭证据"说话"。

职业怀疑态度意味着，在进行询问和实施其他程序时，注册会计师不能因轻信管理层和治理层的诚信而满足于说服力不够的证据。相应地，为得出鉴证结论，注册会计师不应使用责任方声明替代应当获取的充分、适当的证据。

职业怀疑态度要求，注册会计师不应将鉴证业务过程中发现的舞弊视为孤立发生的事项。注册会计师还应当考虑，发现的错报是否表明在某一特定领域存在舞弊导致的更高的重大错报风险。

职业怀疑态度要求，如果从不同来源获取的证据或获取的不同性质的证据不一致，可能表明某项证据不可靠，因此注册会计师应当追加必要的程序。

职业怀疑态度要求，如果责任方的某项声明与其他证据相矛盾，注册会计师应当调查这种情况。必要时，注册会计师应重新考虑责任方作出的其他声明的可靠性。

二、鉴证业务通常不涉及鉴定文件记录的真伪

注册会计师只是会计、审计领域的专家，不能保证他们精通所有的领域。由于注册会计师没有受过鉴定文件记录真伪方面的训练，他们不应被视为这方面的专家。本准则第三十一条第一款规定，鉴证业务通常不涉及鉴定文件记录的真伪，注册会计师也不是鉴定文件记录真伪的专家，但应当考虑用作证据的信息的可靠性，包括考虑与信息生成和维护相关的控制的有效性。可作为证据的信息包括复印件、传真、胶卷、数字文档或者其他电子文档等，它们都是很容易被篡改、伪造的。注册会计师在考虑与信息生成和维护相关的控制的有效性时，尤其应当考虑治理层或管理层凌驾于控制之上的可能性，并意识到，可以有效发现错误的证据收集程序未必适用于发现舞弊导致的重大错报。

本准则第三十一条第二款规定，如果在执行业务过程中识别出的情况使其认为文件记录可能是伪造的或文件记录中的某些条款已发生变动，注册会计师应当作出进一步调查，包括直接向第三方询证，或考虑利用专家的工作，以评价文件记录的真伪。

第三节 证据的充分性和适当性

注册会计师对鉴证对象信息提供可信性保证是建立在获取充分、适当证据的基础上的。证据的充分性和适当性分别是对证据数量和证据质量的衡量。本准则第三十二条至第三十六条分别对证据的充分性和适当性作出了说明。

一、证据的充分性

本准则第三十二条第一款指出,证据的充分性是对证据数量的衡量,主要与注册会计师确定的样本量有关。

第三十二条第二款指出,所需证据的数量受鉴证对象信息重大错报风险的影响,即风险越大,可能需要的证据数量越多;所需证据的数量也受证据质量的影响,即证据质量越高,可能需要的证据数量越少。

二、证据的适当性

本准则第三十二条第一款还指出,证据的适当性是对证据质量的衡量,即证据的相关性和可靠性。

在考虑证据的相关性时,注册会计师应当能够认识到:

(1)特定的程序可能只为某些认定提供相关的证据,而与其他认定无关;

(2)针对同一项认定,可以从不同来源获取证据或获取不同性质的证据;

(3)只与特定认定相关的证据并不能替代与其他认定相关的证据。

证据的可靠性受其来源和性质的影响,并取决于获取证据的具体环境,我们将在下文进一步说明注册会计师分析证据可靠性时可以遵循的原则。

本准则第三十二条第三款规定,尽管证据的充分性和适当性相关,但如果证据的质量存在缺陷,注册会计师仅靠获取更多的证据可能无法弥补其质量上的缺陷。

三、证据可靠性的影响因素

本准则第三十三条第一款规定,证据的可靠性受其来源和性质的影响,并取决于获取证据的具体环境。

第三十三条第二款规定,注册会计师通常按照下列原则考虑证据的可靠性:

(1)从外部独立来源获取的证据比从其他来源获取的证据更可靠;

(2)内部控制有效时内部生成的证据比内部控制薄弱时内部生成的证据更可靠;

(3)直接获取的证据(如观察控制活动的实施)比间接获取或推论(如询问控制活动的实施)得出的证据更可靠;

(4)以文件记录形式(无论是纸质、电子或其他介质)存在的证据比口头形式的证据更可靠(如会议期间的笔录比会议后的口头陈述更可靠);

(5)从原件获取的证据比从传真或复印件获取的证据更可靠。

本准则第三十三条第三款规定,在运用本条第二款第(1)项至第(5)项所述原则评价证据的可靠性时,注册会计师应当注意可能出现的重大例外情况。例如,当证据是从某个独立的外部资料提供者那里获取的时候,如果该资料提供者学识有限(如未接受过系统正规的教育、刚介入某一行业、或对被鉴证单位的情况不知情等),那么该证据也不一定可靠。

本准则第三十四条指出,如果针对某项认定从不同来源获取的证据或获取的不同性质的证据能够相互印证,与该项认定相关的证据通常具有更强的说服力。例如,从企业外部独立来源获取的信息可以增强注册会计师对责任方提供认定的信任程度。相反,如果从不同来源获取的证据或获取的不同性质的证据不一致,则可能表明某项证据不可靠,注册会计师应当追加必要的程序予以解决。

四、鉴证对象特征对证据的充分性和适当性的影响

证据的充分性和适当性还会受到鉴证对象特征的影响。本准则第三十五条规定，针对一个期间的鉴证对象信息获取充分、适当的证据，通常要比针对一个时点的鉴证对象信息获取充分、适当的证据更困难。针对过程提出的结论通常限于鉴证业务涵盖的期间，注册会计师不应对该过程是否在未来以特定方式继续发挥作用提出结论。

五、判断证据充分性和适当性时的决策

注册会计师在判断证据充分性和适当性的时候，常常还会面临这样一种决策：增加成本能否给证据数量和质量带来相当的效益。由于不同来源或不同性质的证据可以证明同一项认定，因此，本准则第三十六条规定，注册会计师可以考虑获取证据的成本与所获取信息有用性之间的关系，但不应仅以获取证据的困难和成本为由减少不可替代的程序。在评价证据的充分性和适当性以支持鉴证报告时，注册会计师应当运用职业判断，并保持职业怀疑态度。

第四节 重 要 性

一、重要性的含义

本准则第三十七条第一款指出，在确定证据收集程序的性质、时间和范围，评估鉴证对象信息是否不存在错报时，注册会计师应当考虑重要性。

所谓重要性，是指鉴证对象信息中存在错报的严重程度。重要性取决于在具体环境下对错报金额和性质的判断。如果一项错报单独或连同其他错报可能影响预期使用者依据鉴证对象信息作出的经济决策，则该项错报是重大的。

重要性概念是基于成本效益原则的要求而产生的。由于现代社会日趋复杂，注册会计师执行鉴证业务所面对的信息量日益庞大，在这种情况下，要求注册会计师去审查有关鉴证对象的全部信息，既无必要也无可能，因此只能采取选择性测试的办法。为此，注册会计师需要抓住鉴证对象信息的重要方面和重要事项加以审查，并收集证据予以证实。

在考虑鉴证对象信息中的错报是否构成重大错报时，注册会计师应当考虑已识别但未更正的单个或累计的错报是否对鉴证对象信息整体产生重大影响。

本准则第三十七条第一款还规定，在考虑重要性时，注册会计师应当了解并评估哪些因素可能会影响预期使用者的决策。例如，特定标准允许鉴证对象信息的列报方式存在差异，那么，注册会计师就应考虑采用的列报方式会对预期使用者产生多大的影响。

二、重要性包括数量和性质两方面的因素

重要性包括数量和性质两方面的因素。本准则第三十七条第二款规定，注册会计师应当综合数量和性质因素考虑重要性。如相对数量，对鉴证对象所产生影响的性质和范围，以及预期使用者的利益。在具体业务中评估重要性以及数量和性质因素的相对重要程度，需要注册会计师运用职业判断。

数额大小毫无疑问是判断重要性的一个重要因素，同样类型的错报，数额大的显然

比数额小的更严重。

在考虑性质因素时，注册会计师需要重点关注以下几个方面：

1. 错报属于错误还是舞弊，后者通常被认为更为严重。

2. 错报是否涉及履行合同义务。例如，某项错报使企业营运资金虚增几千元，从数量上看并不重要，但该错报可能使得企业营运资金从不满足贷款合同的要求变为达到贷款合同的要求。

3. 错报是否影响收益趋势。例如，错报使经营成果由亏损变为盈利，利润变动趋势由下降变为增长。

重要性与鉴证业务风险之间存在直接的关系，这种关系是一种反向关系。重要性水平越高，鉴证业务风险越低；重要性水平越低，鉴证业务风险越高。注册会计师在确定证据收集程序的性质、时间和范围、评估鉴证对象信息是否不存在错报时，应当考虑这种反向关系。

第五节　鉴证业务风险

一、鉴证业务风险的含义

本准则第三十八条指出，鉴证业务风险是指在鉴证对象信息存在重大错报的情况下，注册会计师提出不恰当结论的可能性。

在直接报告业务中，鉴证对象信息仅体现在注册会计师的结论中，鉴证业务风险包括注册会计师不恰当地提出鉴证对象在所有重大方面遵守标准的结论的可能性。

应当说明的是，鉴证业务风险并不包含下面这种情况，即鉴证对象信息不含有重大错报而注册会计师错误地发表了鉴证对象信息含有重大错报的结论的风险，也不包括如下的一些风险，如败诉损失风险、负面宣传风险，或者其他与鉴证对象有关的风险等。

二、不同类型鉴证业务中可接受的鉴证业务风险水平

本准则第三十九条规定，在合理保证的鉴证业务中，注册会计师应当将鉴证业务风险降至具体业务环境下可接受的低水平，以获取合理保证，作为以积极方式提出结论的基础。

在有限保证的鉴证业务中，由于证据收集程序的性质、时间和范围与合理保证的鉴证业务不同，其风险水平高于合理保证的鉴证业务；但注册会计师实施的证据收集程序至少应当足以获取有意义的保证水平，作为以消极方式提出结论的基础。

当注册会计师获取的保证水平很有可能在一定程度上增强预期使用者对鉴证对象信息的信任时，这种保证水平是有意义的保证水平。

三、鉴证业务风险的内容

本准则第四十条指出，鉴证业务风险通常体现为重大错报风险和检查风险。

重大错报风险是指鉴证对象信息在鉴证前存在重大错报的可能性，由固有风险和控制风险组成。所谓固有风险是指假设不存在相关内部控制时，鉴证对象信息存在重大错报的可能性；所谓控制风险是指内部控制不能及时防止、发现或纠正重大错报的可能性。由于内部控制在设计和运行时的固有局限，控制风险始终存在。

检查风险是指某一鉴证对象信息存在错报，该错报单独或连同其他错报是重大的，但注册会计师未能发现这种错报的可能性。

注册会计师对重大错报风险和检查风险的考虑受具体业务环境的影响，特别受鉴证对象性质，以及所执行的是合理保证鉴证业务还是有限保证鉴证业务的影响。

不同保证程度的鉴证业务，要求注册会计师将鉴证业务风险降至不同的水平。合理保证的保证程度高于有限保证的保证程度，因此，注册会计师在合理保证鉴证业务中可接受的风险水平要低于有限保证鉴证业务中可接受的风险水平。

第六节　证据收集程序的性质、时间和范围

一、证据收集程序的总体要求

本准则第四十一条至第四十四条是对证据收集程序的总体说明。

本准则第四十一条指出，证据收集程序的性质、时间和范围因具体业务的不同而不同。从理论上说，即便是针对同一项业务或同一个认定，也可能存在多种不同的证据收集程序。在实务中，尽管对证据收集程序进行明确而清晰的表述非常困难，但本准则第四十一条规定，注册会计师应当清楚表达证据收集程序，并以适当的形式运用于合理保证的鉴证业务和有限保证的鉴证业务。

有时鉴证对象信息包含很多方面，注册会计师可能对每个方面发表不同的意见。尽管对每个方面发表的意见不一定涉及同样的证据收集程序，但都应根据与合理保证的鉴证业务或有限保证的鉴证业务相适应的方式发表意见。

本准则第四十四条第一款规定，合理保证的鉴证业务和有限保证的鉴证业务都需要运用鉴证技术和方法，收集充分、适当的证据。证据收集过程是一个不断修正的、系统化的过程，包括理解鉴证对象及其业务环境。与合理保证的鉴证业务相比，有限保证的鉴证业务在证据收集程序的性质、时间、范围等方面是有意识地加以限制的。对于某些鉴证对象的有限保证业务，可能有相关的特定准则为其收集充分、适当的证据提供标准和指南，如针对有限保证的财务报表审阅业务，《中国注册会计师审阅准则第2101号——财务报表审阅》就为注册会计师在财务报表审阅业务中如何收集充分、适当的审阅证据建立了标准和提供了指南。该准则规定，在该业务中，注册会计师主要通过询问和分析程序来获取充分、适当的证据。如果没有相关的准则，收集充分、适当的证据的程序就根据业务环境的不同而不同，尤其是需要考虑鉴证对象、预期使用者和委托方的需求、相关时间和成本的约束等。第四十四条第二款规定，无论是合理保证还是有限保证的鉴证业务，如果注意到某事项可能导致对鉴证对象信息是否需要作出重大修改产生疑问，注册会计师应当执行其他足够的程序，追踪这一事项，以支持鉴证结论。

二、合理保证鉴证业务的证据收集程序

合理保证是一个有关注册会计师收集必要的证据以便对鉴证对象信息整体提出结论的概念。本准则第四十二条规定，在合理保证的鉴证业务中，为了能够以积极方式提出结论，注册会计师应当通过下列不断修正的、系统化的执业过程，获取充分、适当的证据：

（1）了解鉴证对象及其他业务环境事项，在适用的情况下包括了解内部控制；

（2）在了解鉴证对象及其他业务环境事项的基础上，评估鉴证对象信息可能存在

的重大错报风险；

（3）应对评估的风险，包括制定总体应对措施以及确定进一步程序的性质、时间和范围；

（4）针对已识别的风险实施进一步程序，包括综合运用检查、观察、函证、重新计算、重新执行、分析程序及询问等。适当时，进一步程序还包括实质性程序，如在适当时获取来源于责任方之外的独立的确证信息，进一步程序还包括根据鉴证对象的性质所实施的控制程序执行有效性的测试；

（5）评价证据的充分性和适当性。

三、合理保证不等于绝对保证

正确理解鉴证业务准则中的保证概念，首先要将它们与"绝对保证"的概念作一区分。这里，对绝对保证、合理保证和有限保证作一界定是有必要的。绝对保证是指注册会计师对鉴证对象信息整体不存在重大错报提供百分之百的保证。合理保证是一个与积累必要的证据相关的概念，它要求注册会计师通过不断修正的、系统的执业过程，获取充分、适当的证据，对鉴证对象信息整体提出结论，提供一种高水平但非百分之百的保证。与合理保证相比，有限保证在证据收集程序的性质、时间、范围等方面受到有意识的限制，它提供的是一种适度水平的保证。可以看出，三者提供的保证水平逐次递减。前文已经区分过合理保证与有限保证，因此，这里关键是要区分绝对保证与合理保证。正确理解合理保证与绝对保证的关系，有助于减轻注册会计师承担不必要的责任的风险。

本准则第四十三条规定，合理保证提供的保证水平低于绝对保证。由于下列因素的存在，将鉴证业务风险降至零几乎不可能，也不符合成本效益原则：

1. 选择性测试方法的运用。注册会计师要在合理的时间内以合理的成本完成鉴证任务，通常只能采用选取特定项目和抽样等选择性测试的方法对鉴证对象信息进行检查。选取特定项目实施鉴证程序的结果不能推断至总体，抽样也可能产生误差，在采用这两种方法的情况下，都不能百分之百地保证鉴证对象信息不存在重大错报。

2. 内部控制的固有局限性。例如，在决策时的人为判断可能出现错误和由于人为失误而导致内部控制失效；内部控制可能由于两个或更多的人员进行串通或管理层凌驾于内部控制之上，而使内部控制被规避。小型企业拥有的员工通常较少，限制了其职责分离的程度，业主凌驾于内部控制之上的可能性更大。

3. 大多数证据是说服性而非结论性的。证据的性质决定了注册会计师依靠的并非完全可靠的证据。不同类型的证据，其可靠程度存在差异，即使是可靠程度最高的证据也有其自身的缺陷。例如，对应收账款进行函证，虽然提供的证据相对比较可靠，但受到被询证者是否认真对待询证函、是否能够保持独立性和客观性、是否熟悉所函证事项等诸多因素的影响。尽管注册会计师在设计询证函时要考虑这些因素，但是很难能百分之百地保证函证结果的可靠性。

4. 在获取和评价证据以及由此得出结论时涉及大量判断。在获取证据时，注册会计师可以选择获取何种类型和何种来源的证据；获取证据之后，注册会计师要依据职业判断，对其充分性和适当性进行评价；最后依据证据得出结论时，更是离不开注册会计师的职业判断。

5. 在某些情况下鉴证对象具有特殊性。例如，鉴证对象是矿产资源的储量、艺术品的价值、计算机软件开发的进度等。

第七节　可获取证据的数量和质量

一、可获取证据的数量和质量

本准则第四十五条规定，可获取证据的数量和质量受下列因素影响：

1. 鉴证对象和鉴证对象信息的特征。例如，鉴证对象信息是预测性的而非历史性的，预计可获取证据的客观性就比较弱。

2. 业务环境中除鉴证对象特征以外的其他事项。例如，注册会计师接受委托的时间和要求出具鉴证报告的时间相距较近，预计可获取的证据相对就较少；被鉴证单位内部资料的保管政策、责任方对鉴证业务施加的限制等也可能会使注册会计师无法获取原本认为可以获取的证据。

通常，可获得的证据是说服性的而非结论性的。

二、注册会计师工作范围受到重大限制时的处理

本准则第四十六条规定，对任何类型的鉴证业务，如果下列情形对注册会计师的工作范围构成重大限制，阻碍注册会计师获取所需要的证据，注册会计师提出无保留结论是不恰当的。

（1）客观环境阻碍注册会计师获取所需要的证据，无法将鉴证业务风险降至适当水平；

（2）责任方或委托人施加限制，阻碍注册会计师获取所需要的证据，无法将鉴证业务风险降至适当水平。

注册会计师应当视受到限制的重大与广泛程度，出具保留结论或无法提出结论的报告。在适当的情况下，注册会计师还可以考虑解除业务约定。

第八节　记　　录

一、记录重大事项

本准则第四十七条规定，注册会计师应当记录重大事项，以提供证据支持鉴证报告，并证明其已按照鉴证业务准则的规定执行业务。

至于某一事项是否属于重大事项，需要注册会计师根据具体情况进行判断。重大事项通常包括：

（1）引起特别风险的事项；

（2）实施鉴证程序的结果，该结果表明鉴证对象信息可能存在重大错报，或需要修正以前对重大错报风险的评估和针对这些风险拟采取的应对措施；

（3）导致注册会计师难以实施必要程序的情形；

（4）导致提出非无保留结论的事项。

本准则第四十八条规定，对需要运用职业判断的所有重大事项，注册会计师应当记录推理过程和相关结论。如果原则的应用以及判断方面遇到过困难，注册会计师还应当记录得出结论时已知悉的有关事实。

二、编制和保存工作底稿

本准则第四十九条规定,注册会计师应当将鉴证过程中考虑的所有重大事项记录于工作底稿。

在运用职业判断确定工作底稿的编制和保存范围时,注册会计师应当考虑,使未曾接触该项鉴证业务的有经验的专业人士了解实施的鉴证程序,以及作出重大决策的依据。

有经验的专业人士,是指对下列方面有合理了解的人士:
(1)鉴证过程;
(2)相关法律法规和鉴证业务准则的规定;
(3)被鉴证单位所处的经营环境;
(4)与被鉴证单位所处行业相关的会计、审计等问题。

其他专业人士可能只有通过与编制工作底稿的注册会计师讨论才能了解该业务的细节方面。

第八章 鉴证报告

本准则第八章(第五十条至第五十七条),主要说明注册会计师出具鉴证报告的总体要求、鉴证结论的两种表述形式、提出鉴证结论的积极方式和消极方式、不能出具无保留结论报告的情况以及签名。

一、出具鉴证报告的总体要求

本准则第五十条对注册会计师出具鉴证报告提出了总体要求。

第五十条第一款规定,注册会计师应当出具含有鉴证结论的书面报告,该鉴证结论应当说明注册会计师就鉴证对象信息获取的保证。

第五十条第二款规定,注册会计师应当考虑其他报告责任,包括在适当时与治理层沟通。

注册会计师应当考虑就执行业务过程中注意到的与治理层责任相关的事项与治理层沟通的适当性。"与治理层责任相关的事项"是指在鉴证业务中发现的,与治理层相关并且重大的事项。相关事项仅包括执行鉴证业务过程中引起注册会计师注意的事项。如果委托人并非责任方,注册会计师直接与责任方或责任方的治理层沟通可能是不适当的。

应当指出的是,如果业务条款对与治理层沟通的事项没有特殊要求,注册会计师不必设计专门的程序以识别与治理层责任相关的事项。

二、鉴证结论的两种表述形式

本准则第五十一条规定,在基于责任方认定的业务中,注册会计师的鉴证结论可以采用下列两种表述形式:
(1)明确提及责任方认定,如"我们认为,责任方作出的'根据×标准,内部控制在所有重大方面是有效的'这一认定是公允的";
(2)直接提及鉴证对象和标准,如"我们认为,根据×标准,内部控制在所有重大方面是有效的"。

在直接报告业务中，注册会计师应当明确提及鉴证对象和标准。

在基于责任方认定的业务中，由于可以获取责任方认定，注册会计师是针对鉴证对象信息进行评价并出具报告的，鉴证对象信息也可以以责任方认定的形式为预期使用者所获取，注册会计师在鉴证报告中显然可以明确提及责任方认定。另外，直接提及鉴证对象和标准，也不会给预期使用者带来误解。因此，注册会计师的鉴证结论采用上面的第（1）种和第（2）种表述形式均可。如果决定采用第（1）种表述形式，即在鉴证结论中提及责任方认定，注册会计师可以将该认定附于鉴证报告后，在鉴证报告中引述该认定或指明预期使用者能够从何处获取该认定。

在直接报告业务中，注册会计师可能无法从责任方获取其对鉴证对象评价或计量的认定。即便可以获取这种认定，该认定也无法为预期使用者获取，预期使用者只能通过阅读鉴证报告获取鉴证对象信息。很显然，在直接报告业务中，提及责任方认定没有意义。因此，注册会计师应当直接对鉴证对象进行评价并出具鉴证报告，明确提及鉴证对象和标准，鉴证结论只能采用上述第（2）种表述形式。

三、提出鉴证结论的积极方式和消极方式

提出鉴证结论的方式有两种——积极方式和消极方式，它们分别适用于合理保证的鉴证业务和有限保证的鉴证业务。区分两种鉴证结论提出方式，有助于向预期使用者传达不同业务的保证程度存在差异这一事实，以积极方式提出结论提供的保证水平高于以消极方式提出结论提供的保证水平。

本准则第五十二条第一款规定，在合理保证的鉴证业务中，注册会计师应当以积极方式提出结论，如"我们认为，根据×标准，内部控制在所有重大方面是有效的"或"我们认为，责任方作出的'根据×标准，内部控制在所有重大方面是有效的'这一认定是公允的"。在这种情况下，注册会计师通过对鉴证对象和相关业务环境实施证据收集程序来获得充分适当的鉴证证据以将鉴证风险降至可接受的低水平。

第五十二条第二款规定，在有限保证的鉴证业务中，注册会计师应当以消极方式提出结论，如"基于本报告所述的工作，我们没有注意到任何事项使我们相信，根据×标准，×系统在任何重大方面是无效的"或"基于本报告所述的工作，我们没有注意到任何事项使我们相信，责任方作出的'根据×标准，×系统在所有重大方面是有效的'这一认定是不公允的"。这种情况下，注册会计师提供的是与证据收集程序相应的有限保证。

四、注册会计师不能出具无保留结论报告的情况

本准则第五十三条规定，当存在本准则第五十四条至第五十六条所述情况时，注册会计师应当对其影响程度作出判断。如果这些情况影响重大，注册会计师不能出具无保留结论的报告。这些情形包括：

（一）工作范围受到限制

工作范围受到限制可能导致注册会计师无法获取必要的证据以便将鉴证业务风险降至适当水平。本准则第五十四条规定，对任何类型的鉴证业务，如果注册会计师的工作范围受到限制，注册会计师应当视受到限制的重大与广泛程度，出具保留结论或无法提出结论的报告。在某些情况下，注册会计师应当考虑解除业务约定。

（二）责任方认定未在所有重大方面作出公允表达

本准则第五十五条规定，如果注册会计师的结论提及责任方的认定，且该认定未在所有重大方面作出公允表达，注册会计师应当视其影响的重大与广泛程度，出具保留结论或否定结论的报告。

（三）鉴证对象信息存在重大错报

本准则第五十五条还规定，如果注册会计师的结论直接提及鉴证对象和标准，且鉴证对象信息存在重大错报，注册会计师应当视其影响的重大与广泛程度，出具保留结论或否定结论的报告。

（四）标准或鉴证对象不适当

标准或鉴证对象不适当可能会误导预期使用者。本准则第五十六条第一款规定，在承接业务后，如果发现标准或鉴证对象不适当，可能误导预期使用者，注册会计师应当视其重大与广泛程度，出具保留结论或否定结论的报告。

标准或鉴证对象不适当还可能造成注册会计师的工作范围受到限制。本准则第五十六条第二款规定，在承接业务后，如果发现标准或鉴证对象不适当，造成工作范围受到限制，注册会计师应当视受到限制的重大与广泛程度，出具保留结论或无法提出结论的报告。

在某些情况下，注册会计师应当考虑解除业务约定。

五、注册会计师姓名的使用

本准则第五十七条第一款规定，当注册会计师针对鉴证对象信息出具报告，或同意将其姓名与鉴证对象联系在一起时，则注册会计师与该鉴证对象发生了关联。如果注册会计师并未以此种方式发生关联，则不应负相应的责任。

第五十七条第二款规定，如果获知他人不恰当地将其姓名与鉴证对象相关联，注册会计师应当要求其停止这种行为，并考虑采取其他必要的措施，包括将不恰当使用注册会计师姓名这一情况告知所有已知的使用者或征询法律意见。

第九章 附 则

本准则第九章（第五十八条至第六十条），主要说明注册会计师遇到司法诉讼中涉及的鉴定业务的处理、符合鉴证业务的定义但注册会计师无需遵循本准则的情况。

一、可参照执行本准则的司法鉴定业务

注册会计师在执行司法诉讼的过程中可能会涉及会计、审计、税务或其他事项的鉴定业务。司法诉讼虽然具有一定的特殊性，但本准则规定的一些基本原则对注册会计师执行此类业务具有原则性的指导意义。

本准则第五十八条指出，注册会计师执行司法诉讼中涉及会计、审计、税务或其他事项的鉴定业务，除有特定要求者外，应当参照本准则办理。

二、不必遵守本准则的情况

本准则第五十九条指出，某些业务可能符合本准则第五条鉴证业务的定义，使用者可能从业务报告的意见、观点或措辞中推测出某种程度的保证，但如果满足下列所有条件，

注册会计师执行这些业务不必遵守本准则：

(1) 注册会计师的意见、观点或措辞对整个业务而言仅是附带性的；

(2) 注册会计师出具的书面报告被明确限定为仅供报告中所提及的使用者使用；

(3) 与特定预期使用者达成的书面协议中，该业务未被确认为鉴证业务；

(4) 在注册会计师出具的报告中，该业务未被称为鉴证业务。

《中国注册会计师审计准则第 1101 号——注册会计师的总体目标和审计工作的基本要求》应用指南

(2022 年 1 月 17 日修订)

一、财务报表审计

（一）审计范围（参见本准则第十八条）

1.注册会计师对财务报表是否在所有重大方面按照适用的财务报告编制基础编制发表审计意见，这样的意见普遍适用于所有财务报表审计。但是，审计意见不是对被审计单位未来生存能力或管理层经营效率、效果提供的保证。此外，适用的法律法规可能要求注册会计师对其他特定事项（如内部控制的有效性、管理层报告与财务报表的一致性）发表意见。虽然审计准则及应用指南可能从这些事项与形成财务报表审计意见相关的角度提出一些要求并提供指引，但是当注册会计师负有额外责任对这些事项发表意见时，注册会计师还需要执行进一步工作。

（二）财务报表的编制（参见本准则第十九条）

2.法律法规可能规定了管理层和治理层（如适用）与财务报告相关的责任。尽管不同的国家或地区对这些责任的范围或表述方式的规定可能不尽相同，但注册会计师按照审计准则的规定执行审计工作的前提是相同的，即管理层和治理层（如适用）已认可并理解其应当承担下列责任：

（1）按照适用的财务报告编制基础编制财务报表，并使其实现公允反映（如适用）；

（2）设计、执行和维护必要的内部控制，以使财务报表不存在由于舞弊或错误导致的重大错报；

（3）向注册会计师提供必要的工作条件，包括允许注册会计师接触与编制财务报表相关的所有信息，向注册会计师提供审计所需的其他信息，允许注册会计师在获取审计证据时不受限制地接触其认为必要的内部人员和其他相关人员。

3.管理层和治理层（如适用）在编制财务报表时需要：

（1）根据相关法律法规的规定确定适用的财务报告编制基础；

（2）根据适用的财务报告编制基础编制财务报表；

（3）在财务报表中对适用的财务报告编制基础作出恰当的说明。

编制财务报表要求管理层根据适用的财务报告编制基础运用判断作出合理的会计估计，选择和运用恰当的会计政策。

4.财务报表可以按照某一财务报告编制基础编制，旨在满足下列需求之一：

（1）广大财务报表使用者共同的财务信息需求（即通用目的财务报表的目标）；

（2）财务报表特定使用者的财务信息需求（即特殊目的财务报表的目标）。

5.适用的财务报告编制基础通常指会计准则（财务报告准则）和法律法规的规定。此外，其他文件可能对如何应用适用的财务报告编制基础提供指引。在这种情况下，适用的财务报告编制基础可能还包括下列文件：

（1）与会计事项相关的法律法规、司法判决和职业道德要求；

（2）准则制定机构发布的具有不同权威性的会计解释；

（3）准则制定机构针对新出现的会计问题发布的具有不同权威性的意见；

（4）得到广泛认可和普遍使用的一般惯例或行业惯例。

如果会计准则与提供指引的文件存在冲突，或者构成财务报告编制基础的文件之间存在冲突，以具有最高权威性的文件为准。

6.适用的财务报告编制基础的规定决定了财务报表的格式和内容。尽管财务报告编制基础可能并没有对所有交易或事项的处理或披露作出具体规定，但通常包含具有普遍适用性的一般原则，这些原则可作为制定和运用会计政策的基础，从而使制定的会计政策与财务报告编制基础中的规定所依据的概念相一致。

7.特殊目的的编制基础包括公允列报的编制基础和严格遵循的编制基础。

如果特殊目的的编制基础是公允列报的编制基础，在遵循该编制基础要求的同时，为达到公允列报的目的，管理层和治理层（如适用）有可能采取以下两种变通措施：（1）提供该编制基础具体要求之外的其他披露；（2）在极其特殊的情况下，偏离该编制基础的某项具体要求，前提是该编制基础明确允许这种偏离。

如果特殊目的的编制基础是严格遵循的编制基础，管理层和治理层（如适用）必须遵守该编制基础的所有要求，不能采取上述任何一种变通措施。

8.适用的财务报告编制基础的规定也决定了整套财务报表的构成。就许多财务报告编制基础而言，财务报表旨在提供有关被审计单位财务状况、经营成果和现金流量的信息。对这些财务报告编制基础，整套财务报表通常包括资产负债表、利润表、现金流量表、所有者权益（或股东权益）变动表和相关附注。

对另外一些财务报告编制基础，单一财务报表和相关附注也可能构成整套财务报表。例如，国际公共部门会计准则理事会发布的《国际公共部门会计准则——基于现金基础会计的财务报告》指出，如果一个公共部门实体依据该准则编制财务报表，则主要的财务报表是现金收支情况表。再如，下列单一财务报表（可能包括相关附注）也可能构成整套财务报表：

（1）资产负债表；

（2）利润表或经营状况表；

（3）留存收益表；

（4）现金流量表；

（5）不包括所有者权益的资产和负债表；

（6）所有者权益变动表；

（7）收入和费用表；

（8）产品线经营状况表。

9.《中国注册会计师审计准则第1111号——就审计业务约定条款达成一致意见》及

其应用指南对如何确定适用的财务报告编制基础的可接受性提出要求并提供指引。《中国注册会计师审计准则第1601号——审计特殊目的财务报表的特殊考虑》规范了注册会计师对按照特殊目的编制基础编制的财务报表审计的特殊考虑。

10. 由于执行审计工作的前提的重要性，注册会计师需要就管理层和治理层（如适用）认可并理解本指南第2段提及的责任与管理层和治理层（如适用）达成一致意见，作为承接审计业务的前提。

对公共部门实体审计的特殊考虑

11. 对公共部门实体财务报表审计的要求可能比其他实体审计更广。相应地，执行公共部门实体财务报表审计的前提涉及的管理层责任可能还包含额外的责任，如按照法律法规和其他监管要求执行交易和事项的责任。

（三）审计意见的形式（参见本准则第二十三条）

12. 注册会计师对财务报表是否在所有重大方面按照适用的财务报告编制基础编制发表审计意见。注册会计师发表审计意见的形式取决于适用的财务报告编制基础以及相关法律法规的规定。大多数财务报告编制基础包括与财务报表列报相关的规定，对于这些财务报告编制基础，在提到"按照适用的财务报告编制基础编制财务报表"时，编制包括列报。

二、定义

财务报表（参见本准则第四条）

13. 某些财务报告编制基础可能用其他术语表述经济资源或义务。例如，经济资源或义务可能被表述为被审计单位的资产或负债，这二者的差额被表述为所有者权益。

14. 适用的财务报告编制基础要求包含于财务报表中的解释性或描述性信息也可能通过交叉索引包含于另一文件，如管理层报告或风险报告。"通过交叉索引包含于"是指从财务报表交叉索引至其他文件，而不是从其他文件交叉索引至财务报表。如果适用的财务报告编制基础没有明确禁止通过交叉索引提及解释性或描述性信息且交叉索引适当，这些信息将构成财务报表的组成部分。

《中国注册会计师鉴证业务基本准则》第五条中已提及财务报表的列报包括披露。适用的财务报告编制基础就财务报表列报可能有具体解释，例如，《企业会计准则第30号——财务报表列报》应用指南指出，列报，是指交易和事项在报表中的列示和在附注中的披露。其中，"列示"通常反映资产负债表、利润表、现金流量表和所有者权益（或股东权益）变动表等报表中的信息，"披露"通常反映附注中的信息。

三、与财务报表审计相关的职业道德要求（参见本准则第二十七条）

15. 注册会计师受到与财务报表审计相关的职业道德要求（包括与独立性相关的要求）的约束。相关的职业道德要求通常是指中国注册会计师职业道德守则（以下简称职业道德守则）中与财务报表审计相关的规定。

16.《中国注册会计师职业道德守则第1号——职业道德基本原则》和《中国注册会计师职业道德守则第2号——职业道德概念框架》规定了与注册会计师执行财务报表审计相关的职业道德基本原则，并提供了应用这些原则的概念框架。根据职业道德守则，注册会计师应当遵循的基本原则包括：

（1）诚信；

（2）客观公正；

（3）独立性；

（4）专业胜任能力和勤勉尽责；

（5）保密；

（6）良好职业行为。

《中国注册会计师职业道德守则第3号——提供专业服务的具体要求》和《中国注册会计师职业道德守则第4号——审计和审阅业务对独立性的要求》说明了注册会计师执行审计和审阅业务时如何在具体情形下应用概念框架。

17. 就审计业务而言，注册会计师独立于被审计单位是符合公众利益的，因此，职业道德守则对独立性作出要求。职业道德守则规定，独立性包括实质上的独立性和形式上的独立性。注册会计师独立于被审计单位，能够保护其形成审计意见的能力，使其在发表审计意见时免受不当影响。独立性能够增强注册会计师诚信行事、保持客观和公正以及职业怀疑的能力。

18. 《会计师事务所质量管理准则第5101号——业务质量管理》规范了会计师事务所设计、实施和运行质量管理体系的责任，以合理保证会计师事务所及其人员按照法律法规和职业准则的规定履行职责，并根据这些规定执行业务。作为质量管理体系的一部分，该准则要求，会计师事务所应当针对相关人员按照相关职业道德要求（包括独立性要求）履行职责设定质量目标。《中国注册会计师审计准则第1121号——对财务报表审计实施的质量管理》规范了项目合伙人与相关职业道德要求（包括独立性要求）有关的责任。《〈中国注册会计师审计准则第1121号——对财务报表审计实施的质量管理〉应用指南》进一步阐述了为在项目层面管理和实现业务的高质量，审计项目组在何种情况下可以依赖会计师事务所的政策或程序。

四、职业怀疑（参见本准则第二十八条）

19. 职业怀疑要求对诸如下列情形保持警觉：

（1）存在相互矛盾的审计证据；

（2）引起对作为审计证据的文件记录和对询问的答复的可靠性产生怀疑的信息；

（3）表明可能存在舞弊的情况；

（4）表明需要实施除审计准则规定外的其他审计程序的情形。

20. 注册会计师有必要在整个审计过程中保持职业怀疑，以降低下列风险：

（1）忽视异常的情形；

（2）当从审计观察中得出审计结论时过度推而广之；

（3）在确定审计程序的性质、时间安排和范围以及评价审计结果时使用不恰当的假设。

21. 职业怀疑对于审慎评价审计证据是必要的。审慎评价审计证据包括质疑相互矛盾的审计证据、文件记录和对询问的答复以及从管理层和治理层获得的其他信息的可靠性。同时包括考虑已获取的审计证据在具体情形下（例如，存在舞弊风险因素的情况下，易于发生舞弊的某一文件，是支持某一财务报表重大金额的唯一证据）的充分性和适当性。

22. 除非存在相反的理由，注册会计师可以将文件和记录作为真品。尽管如此，注册会计师仍需要考虑用作审计证据的信息的可靠性。在怀疑信息的可靠性或存在舞弊迹象时（例如，在审计过程中识别出的情况使注册会计师认为文件可能是伪造的或文件中的某些条款可能已被篡改），审计准则要求注册会计师作出进一步调查，并确定需要修改哪些审计程序或实施哪些追加的审计程序以解决疑问。

23. 注册会计师可以考虑过去对管理层和治理层诚实、正直形成的看法。然而，即使注册会计师认为管理层和治理层是诚实、正直的，也不能降低保持职业怀疑的要求，不允许在获取合理保证的过程中满足于说服力不足的审计证据。

五、职业判断（参见本准则第二十九条）

24. 职业判断对于适当地执行审计工作是必不可少的。其理由是，如果没有将相关的知识和经验运用于具体的事实和情况，就不可能理解相关职业道德要求和审计准则的规定，并在整个审计过程中作出有依据的决策。职业判断对于作出下列决策尤为必要：

（1）确定重要性和评估审计风险；

（2）为满足审计准则的要求和收集审计证据的需要，确定所需实施的审计程序的性质、时间安排和范围；

（3）为实现审计准则规定的目标和注册会计师的总体目标，评价是否已获取充分、适当的审计证据以及是否还需执行更多的工作；

（4）评价管理层在应用适用的财务报告编制基础时作出的判断；

（5）根据已获取的审计证据得出结论，如评估管理层在编制财务报表时作出的估计的合理性。

25. 社会公众期望的职业判断是由具有胜任能力的注册会计师作出的。注册会计师具有的技能、知识和经验有助于形成必要的胜任能力以作出合理的判断。

26. 注册会计师在各种特定情况下作出的职业判断都是基于其知悉的事实和情况。在审计过程中，按照《中国注册会计师审计准则第1121号——对财务报表审计实施的质量管理》的规定，在项目组内部，或者项目组与会计师事务所内部或外部的其他适当人员之间就疑难问题或争议事项进行咨询，有助于注册会计师作出知情和合理的判断。

27. 评价职业判断是否适当可以基于下列两个方面：

（1）作出的判断是否反映了对审计和会计原则的适当运用；

（2）根据截至审计报告日注册会计师知悉的事实和情况，作出的判断是否适当，是否与这些事实和情况相一致。

28. 注册会计师需要在整个审计过程中运用职业判断，并作出适当记录。对此，审计准则要求注册会计师编制的审计工作底稿，应当使未曾接触该项审计工作的有经验的专业人士了解在对重大事项得出结论时作出的重大职业判断。如果有关决策不被该业务的具体事实和情况所支持或者缺乏充分、适当的审计证据，职业判断并不能成为作出决策的正当理由。

六、审计证据和审计风险（参见本准则第二十条和第三十条）

（一）审计证据的充分性和适当性

29. 审计证据对于支持审计意见和审计报告是必要的。审计证据在性质上具有累积性，主要是在审计过程中通过实施审计程序获取的。然而，审计证据还可能包括从其他来源获取的信息，如以前审计（前提是注册会计师已确定自上次审计后是否已发生变化，这些变化可能影响这些信息对本期审计的相关性）或会计师事务所在客户关系和具体业务的接受与保持过程中获取的信息。除从被审计单位内部其他来源和外部来源获取的信息外，会计记录也是重要的审计证据来源。同样，被审计单位雇用或聘请的专家编制的信息也可以作为审计证据。审计证据既包括支持和佐证管理层认定的信息，也包括与这些认定相矛盾的信息。在某些情况下，信息的缺乏（如管理层拒绝提供注册会计师要求的声明）本身也构成审计证据，可以被注册会计师利用。在形成审计意见的过程中，注册会计师的大部分工作是获取和评价审计证据。

30. 审计证据的充分性和适当性相互关联。充分性是对审计证据数量的衡量。注册会计师需要获取的审计证据的数量受其对重大错报风险评估的影响（评估的重大错报风险越高，需要的审计证据可能越多），并受审计证据质量的影响（审计证据质量越高，需要的审计证据可能越少）。然而，注册会计师仅靠获取更多的审计证据可能无法弥补其质量上的缺陷。

31. 审计证据的适当性是对审计证据质量的衡量，即审计证据在支持审计意见所依据的结论方面具有的相关性和可靠性。审计证据的可靠性受其来源和性质的影响，并取决于获取审计证据的具体环境。

32. 注册会计师是否已获取充分、适当的审计证据，以将审计风险降至可接受的低水平，并由此能够得出合理的审计结论，作为形成审计意见的基础，是一项职业判断。《中国注册会计师审计准则第1301号——审计证据》和其他相关审计准则对注册会计师在整个审计过程中获取充分、适当的审计证据时的考虑作出了具体规定，并提供了进一步指引。

（二）审计风险

33. 审计风险取决于重大错报风险和检查风险。风险评估建立在为实现其目的获取必要信息所实施的审计程序和整个审计过程中所获取的审计证据的基础上。风险评估是一项职业判断，而不是一项能够精确计量的事项。

34. 在审计准则中，审计风险不包括财务报表不存在重大错报，而注册会计师发表的审计意见认为财务报表存在重大错报的风险。这种风险通常可以忽略不计。审计风险是一个与审计过程相关的技术术语，并不是指注册会计师的业务风险，如因诉讼、负面宣传或其他与财务报表审计相关的事项而导致损失的可能性。

重大错报风险

35. 重大错报风险可能存在于下列两个层次：

（1）财务报表层次；

（2）各类交易、账户余额和披露的认定层次。

36. 财务报表层次的重大错报风险，是指与财务报表整体存在广泛联系并潜在影响多项认定的重大错报风险。

37. 评估认定层次的重大错报风险的目的，是确定所需实施的进一步审计程序的性质、时间安排和范围以获取充分、适当的审计证据。这种证据使注册会计师能够在审计风险处于可接受的低水平时对财务报表发表意见。注册会计师使用多种方法评估重大错报风险。例如，注册会计师可以利用风险模型（即用数学术语表达审计风险各要素之间一般关系的模型），得出可接受的检查风险。这种模型可能有助于计划审计程序。

38. 认定层次重大错报风险由固有风险和控制风险两部分组成。固有风险和控制风险是被审计单位的风险，独立于财务报表审计而存在。

39. 某些认定及相关类别的交易、账户余额和披露，固有风险较高。例如，复杂的计算或者金额来源于具有高度不确定性的会计估计的账户，固有风险较高。外部环境引起的经营风险也可能影响固有风险，例如，技术进步可能导致某项产品陈旧，进而导致存货易于高估。被审计单位及其环境的某些因素，可能与多个或所有类别的交易、账户余额或披露相关，也可能影响与某一具体认定相关的固有风险。例如，这些因素可能包括缺乏持续经营的营运资本或由于大规模的经营失败而表现出的产业衰退。

40. 控制风险取决于内部控制设计、执行和维护的有效性。管理层采用内部控制，旨在应对识别出的影响被审计单位实现与财务报表编制相关的目标的风险。然而，由于内部控制的固有限制，无论内部控制设计和运行如何有效，也只能降低而不能消除财务报表的重大错报风险。内部控制的固有限制包括诸如人为差错的可能性，因串通舞弊或管理层不适当地凌驾于控制之上而使内部控制被规避的可能性。因此，控制风险始终存在。审计准则规定了在确定拟实施的实质性程序的性质、时间安排和范围时，注册会计师需要测试或可以选择测试内部控制运行有效性的情形。

41. 审计准则通常不单独提及固有风险和控制风险，而仅提及重大错报风险（即两者综合评估的结果）。然而，注册会计师可以根据其偏好的审计技术或方法以及实务的考虑，单独或综合评估固有风险和控制风险。重大错报风险的评估结果可以用定量术语（如百分比）或非定量的术语表达。在任何情况下，作出适当的风险评估，要比评估所采用的具体方法更重要。

42. 《中国注册会计师审计准则第1211号——通过了解被审计单位及其环境识别和评估重大错报风险》及其应用指南对识别和评估财务报表层次和认定层次重大错报风险作出规定并提供指引。

检查风险

43. 在既定的审计风险水平下，可接受的检查风险水平与评估的认定层次重大错报风险成反向关系。例如，注册会计师认为重大错报风险越高，可接受的检查风险越低，相应地，注册会计师需要获取更具有说服力的审计证据。

44. 检查风险与注册会计师为将审计风险降至可接受的低水平而确定的审计程序的性质、时间安排和范围相关。因此，它取决于审计程序及其执行的有效性。下列措施有助于提高审计程序及其执行的有效性，降低注册会计师选取不适当的审计程序、错误执行适当的审计程序或错误解释审计结果的可能性：

（1）制定恰当的计划；
（2）为项目组分派合适的人员；
（3）保持职业怀疑；
（4）监督和复核已执行的审计工作。

45. 《中国注册会计师审计准则第1201号——计划审计工作》及其应用指南和《中国注册会计师审计准则第1231号——针对评估的重大错报风险采取的应对措施》及其应用指南对计划财务报表审计工作和应对评估的风险作出规定并提供指引。然而，由于审计的固有限制，检查风险只能降低而无法消除。因此，检查风险始终存在。

（三）审计的固有限制

46. 不应期望注册会计师将审计风险降至零，事实上注册会计师也不可能将审计风险降至零,因此不能对财务报表不存在由于舞弊或错误导致的重大错报获取绝对保证。这是由于审计存在固有限制,导致注册会计师据以得出结论和形成审计意见的大多数审计证据是说服性而非结论性的。审计的固有限制源于:

(1)财务报告的性质;

(2)审计程序的性质;

(3)在合理的时间内以合理的成本完成审计的需要。

财务报告的性质

47.管理层编制财务报表,需要根据被审计单位的事实和情况运用适用的财务报告编制基础的规定,在这一过程中需要作出判断。此外,许多财务报表项目涉及主观决策、评估或一定程度的不确定性,并且可能存在一系列可接受的解释或判断。因此,某些财务报表项目的金额本身就存在一定的变动幅度,这种变动幅度不能通过实施追加的审计程序来消除。例如,某些会计估计通常如此。即便如此,审计准则要求注册会计师特别考虑在适用的财务报告编制基础下会计估计是否合理,相关披露是否充分,会计实务的质量是否良好(包括管理层判断是否可能存在偏向)。

审计程序的性质

48.注册会计师获取审计证据的能力受到实务和法律上的限制。例如:

(1)管理层或其他人员可能有意或无意地不提供与财务报表编制相关的或注册会计师要求的全部信息。因此,即使实施了旨在保证获取所有相关信息的审计程序,注册会计师也不能保证信息的完整性;

(2)舞弊可能涉及精心策划和蓄意实施以进行隐瞒。因此,用以收集审计证据的审计程序可能对于发现舞弊是无效的。例如,舞弊导致的错报涉及串通伪造文件,使得注册会计师误以为有效的证据实际上是无效的。注册会计师没有接受文件真伪鉴定方面的培训,不应被期望成为鉴定文件真伪的专家;

(3)审计不是对涉嫌违法行为的官方调查。因此,注册会计师没有被授予特定的法律权力(如搜查权),而这种权力对调查是必要的。

财务报告的及时性和成本效益的权衡

49.审计中的困难、时间或成本等事项本身,不能作为注册会计师省略不可替代的审计程序或满足于说服力不足的审计证据的正当理由。制定适当的审计计划有助于保证执行审计工作需要的充分的时间和资源。尽管如此,信息的相关性及其价值会随着时间的推移而降低,所以需在信息的可靠性和成本之间进行权衡。这在某些财务报告编制基础中得到认可。要求注册会计师处理所有可能存在的信息是不切实际的,基于信息存在错误或舞弊除非能够提供反证的假设而竭尽可能地追查每一个事项也是不切实际的。正是因为认识到这一点,财务报表使用者的期望是,注册会计师在合理的时间内以合理的成本对财务报表形成审计意见。

50.为了在合理的时间内以合理的成本对财务报表形成审计意见,注册会计师有必要:

(1)计划审计工作,以使审计工作以有效的方式得到执行;

(2)将审计资源投向最可能存在重大错报风险的领域,并相应地在其他领域减少审计资源;

(3)运用测试和其他方法检查总体中存在的错报。

51. 对于本指南第 50 段提及的方法，审计准则对计划和实施审计工作作出了规定，并要求注册会计师执行下列工作（包括但不限于）：

（1）实施风险评估程序和开展相关活动，以作为识别和评估财务报表层次及认定层次的重大错报风险的基础；

（2）运用测试和其他方法检查总体，从而为注册会计师针对总体得出结论提供合理的基础。

影响审计固有限制的其他事项

52. 对某些认定或审计事项而言，固有限制对注册会计师发现重大错报能力的潜在影响尤为重要。这些认定或审计事项包括：

（1）舞弊，特别是涉及高级管理人员的舞弊或串通舞弊（参见《中国注册会计师审计准则第 1141 号——财务报表审计中与舞弊相关的责任》）；

（2）关联方关系和交易的存在和完整性（参见《中国注册会计师审计准则第 1323 号——关联方》）；

（3）违反法律法规行为的发生（参见《中国注册会计师审计准则第 1142 号——财务报表审计中对法律法规的考虑》）；

（4）可能导致被审计单位无法持续经营的未来事项或情况（参见《中国注册会计师审计准则第 1324 号——持续经营》）。

相关审计准则规定了具体审计程序，这些程序有助于减轻固有限制的影响。

53. 由于审计的固有限制，即使按照审计准则的规定适当地计划和执行审计工作，也不可避免地存在财务报表的某些重大错报可能未被发现的风险。相应地，完成审计工作后发现由于舞弊或错误导致的财务报表重大错报，其本身并不表明注册会计师没有按照审计准则的规定执行审计工作。尽管如此，审计的固有限制并不能作为注册会计师满足于说服力不足的审计证据的理由。

注册会计师是否按照审计准则的规定执行了审计工作，取决于注册会计师在具体情况下实施的审计程序，由此获取的审计证据的充分性和适当性，以及根据总体目标和对审计证据的评价结果而出具审计报告的恰当性。

七、按照审计准则执行审计工作

（一）审计准则的性质（参见本准则第三十一条）

54. 审计准则作为一个整体，为注册会计师执行审计工作以实现总体目标提供了标准。审计准则规范了注册会计师的一般责任以及在具体方面履行这些责任时的进一步考虑。

55. 每项审计准则都明确了规范的内容、适用的范围和生效的日期。除非在准则中另有说明，注册会计师可以在规定的生效日期之前执行这些准则。

56. 在执行审计工作时，除遵守审计准则外，注册会计师可能还需要遵守法律法规的规定。审计准则并不超越规范财务报表审计的法律法规。如果法律法规与审计准则之间存在差异，仅按照相关法律法规的规定执行审计工作，将不会被视为自动地遵守了审计准则。

57. 注册会计师也可能同时按照中国注册会计师审计准则和某一国家或地区的审计准则执行审计工作。在这种情况下，除遵守与审计工作相关的每项中国注册会计师审计准则外，注册会计师可能有必要实施额外的审计程序，以遵守该国家或地区的相关准则。

对公共部门实体审计的特殊考虑

58.审计准则与公共部门实体审计业务相关。然而，受托从事公共部门实体审计业务的注册会计师的责任，可能受到与公共部门实体审计相关的法律法规或其他监管要求的影响。这些规定涵盖的范围可能比按照审计准则执行审计工作更为广泛。注册会计师承担的额外责任在审计准则中并未涉及，可能在政府审计机关颁布的准则或指南中予以规定。

（二）审计准则的内容（参见本准则第三十二条）

59.每项审计准则通常包括总则、定义、目标、要求（在审计准则中，对注册会计师提出的要求以"应当"来表述）和附则。总则提供了与理解审计准则相关的背景资料。每项审计准则还配有应用指南。每项审计准则及应用指南中的所有内容都与理解该项准则中表述的目标和恰当应用该准则的要求相关。

60.应用指南对审计准则的要求提供了进一步解释，并为如何执行这些要求提供了指引。特别是，应用指南可以更为清楚地解释审计准则要求的确切含义或所针对的情形，并举例说明适合具体情况的程序。应用指南本身并不对注册会计师提出要求，但与恰当执行审计准则对注册会计师提出的要求是相关的。应用指南提供了审计准则所涉及事项的背景资料。

61.附录构成审计准则或应用指南的组成部分。附录的目的和预定用途在相关审计准则或应用指南的正文或在附录的标题和自身说明中作出解释。

62.总则可能包括对下列事项的说明：

（1）审计准则的目的和范围，包括与其他审计准则的关系；

（2）审计准则涉及的审计事项；

（3）就审计准则涉及的审计事项，注册会计师和其他人员各自的责任；

（4）审计准则的制定背景。

63.审计准则以"定义"为标题单设一章，用来说明审计准则中某些术语的含义。提供这些定义有助于保持审计准则应用和理解的一致性，而非旨在超越法律法规为其他目的对相关术语给出定义。除非另有说明，这些术语在所有审计准则中具有相同的含义。

64.在适当的情况下，应用指南还包括对小型被审计单位和公共部门实体审计的特殊考虑。这些考虑有助于注册会计师在审计这些实体时执行审计准则的要求，但并不限制或减轻其执行和遵守审计准则要求的责任。

对小型被审计单位的特殊考虑

65.在审计准则中，小型被审计单位是指在性质上具有下列典型特征的实体：

（1）所有权和管理权集中于少数个体（通常是指一个个体——既可以是一个自然人，也可以是一个拥有该小型被审计单位所有权的其他实体，但前提是该所有者具有相关的定性特征）；

（2）具有下列一项或多项特征：

①从事简单的交易；

②会计记录简单；

③业务类别较少并且业务类别中产品较少；

④内部控制较少；

⑤较少层级的管理层负责广泛的控制活动；

⑥较少职员,其中多数人承担广泛的职责。

以上并未完全列举出小型被审计单位的特征,这些特征并不为小型被审计单位所独有,小型被审计单位也未必具有所有这些特征。

66.审计准则中包含的对小型被审计单位的特殊考虑主要是针对非上市实体制定的。然而其中的一些考虑也可能对审计小型上市实体有所帮助。

67.在审计准则中,参与小型被审计单位日常经营管理的所有者称为"业主兼经理"。

(三)每项审计准则规定的目标(参见本准则第三十四条)

68.每项审计准则均包含一个或多个目标,这些目标将审计准则的要求与注册会计师的总体目标联系起来。每项审计准则规定目标的作用在于,使注册会计师关注每项审计准则预期实现的结果。这些目标足够具体,可以帮助注册会计师:

(1)理解所需完成的工作,以及在必要时为完成这些工作使用的恰当手段;

(2)确定在审计业务的具体情况下是否需要完成更多的工作以实现目标。

69.注册会计师需要将每项审计准则规定的目标与本准则第二十五条所述的总体目标联系起来进行理解。与注册会计师的总体目标一样,注册会计师实现某项目标的能力同样受到审计固有限制的影响。

70.在运用每项审计准则规定的目标时,注册会计师需要考虑各项审计准则之间的相互关系。这是因为,如本指南第 54 段所述,审计准则在某些情况下规范了注册会计师的一般责任,而在另外一些情况下,则规范了如何在具体方面履行这些责任。例如,本准则要求注册会计师保持职业怀疑,这一点在计划和执行审计工作的所有方面都是必要的,但并未在每项审计准则中作重复要求。在更具体的层次上,《中国注册会计师审计准则第 1211 号——通过了解被审计单位及其环境识别和评估重大错报风险》和《中国注册会计师审计准则第 1231 号——针对评估的重大错报风险采取的应对措施》分别对与注册会计师识别和评估重大错报风险,以及设计和实施进一步审计程序以应对这些评估风险的责任相关的目标和要求作出了规定,而这些目标和要求适用于整个审计过程。对审计的具体方面作出规范的某一审计准则(如《中国注册会计师审计准则第 1321 号——审计会计估计(包括公允价值会计估计)和相关披露》),可能对如何将其他审计准则(如《中国注册会计师审计准则第 1211 号——通过了解被审计单位及其环境识别和评估重大错报风险》和《中国注册会计师审计准则第 1231 号——针对评估的重大错报风险采取的应对措施》)规定的目标和要求,应用于该准则(如《中国注册会计师审计准则第 1321 号——审计会计估计(包括公允价值会计估计)和相关披露》)规范的内容作出进一步扩展,但不是对其他准则的重复。因此,在实现该准则(如《中国注册会计师审计准则第 1321 号——审计会计估计(包括公允价值会计估计)和相关披露》)中表述的目标时,注册会计师需要同时考虑其他相关准则中的目标和要求。

运用"目标"决定是否需要实施追加的审计程序〔参见本准则第三十四条第(一)项〕

71.审计准则的要求,旨在使注册会计师能够实现审计准则规定的目标,进而实现注册会计师的总体目标。因此,注册会计师恰当执行审计准则的要求,预期会为其实现目标提供充分的基础。然而,由于各项审计业务的具体情况存在很大差异,并且审计准则不可预想到所有的情况,注册会计师有责任确定必要的审计程序,以满足准则的要求和实现目标。针对某项业务的具体情况，可能存在一些特定事项，需要注册会计师实施审计准则要求之外的审计程序，以满足审计准则规定的目标。

运用"目标"以评价是否已获取充分、适当的审计证据［参见本准则第三十四条第（二）项］

72. 在注册会计师的总体目标下，注册会计师需要运用审计准则规定的目标以评价是否已获取充分、适当的审计证据。如果根据评价的结果认为没有获取充分、适当的审计证据，那么注册会计师可以采取下列一项或多项措施以满足本准则第三十四条第（二）项的要求：

（1）评价通过遵守其他审计准则是否已经获取或将会获取进一步的相关审计证据；

（2）在执行一项或多项审计准则的要求时，扩大审计工作的范围；

（3）实施注册会计师根据具体情况认为必要的其他程序。

如果上述措施在具体情况下均不可行或无法实施，注册会计师将无法获取充分、适当的审计证据。在这种情况下，审计准则要求注册会计师确定对审计报告或完成该项业务的能力的影响。

（四）遵守相关要求

相关要求（参见本准则第三十五条）

73. 在某些情况下，某项审计准则（包括该准则所有的要求）可能与业务的具体情况不相关。例如，如果被审计单位没有设立内部审计部门、岗位或人员，《中国注册会计师审计准则第1411号——利用内部审计人员的工作》的所有内容都不相关。

74. 在相关的某项审计准则中，有些要求可能存在适用条件。只有当要求中设定的情形存在且条件满足时，这些要求才适用。一般来说，要求的适用条件既可能是明确的，也可能是隐含的，例如：

（1）如果审计范围受到限制，对注册会计师发表非无保留意见的要求，即为条件明确的要求；

（2）对注册会计师向治理层通报审计过程中识别出的值得关注的内部控制缺陷的要求，取决于是否存在识别出的值得关注的内部控制缺陷；对注册会计师针对分部信息的列报是否符合适用的财务报告编制基础获取充分、适当的审计证据的要求，取决于该编制基础要求或允许作出的列报，上述两种要求均为条件隐含的要求。

在某些情况下，审计准则的某项要求可能以适用的法律法规为条件。例如，如果适用的法律法规允许注册会计师解除审计业务约定，审计准则可能要求注册会计师解除审计业务约定；除非法律法规禁止，审计准则可能要求注册会计师采取某些措施。在不同的国家或地区，法律法规允许或禁止的行为可能以明确或隐含的方式表述。

对要求的偏离（参见本准则第三十六条）

75. 《中国注册会计师审计准则第1131号——审计工作底稿》规定了在注册会计师偏离某项审计准则的相关要求的极其特殊的情况下，对审计工作底稿的要求。审计准则并不要求遵守与审计业务具体情况不相关的规定。

（五）不能实现目标（参见本准则第三十七条）

76. 某一目标是否已经实现，需要注册会计师作出职业判断。这种判断需要考虑根据审计准则的规定实施的审计程序的结果，注册会计师对是否已获取充分、适当的审计证据的评价，以及注册会计师对是否根据审计业务的具体情况还需执行更多的工作以实现

审计准则规定的目标的评价。相应地,可能导致不能实现某一目标的情况包括:

(1)妨碍注册会计师遵守相关审计准则相关要求的情况;

(2)由于在可获得的审计证据方面受到的限制等原因,注册会计师不能或无法实施追加的审计程序或者获取进一步的审计证据,而注册会计师按照本准则第三十四条的要求运用规定的目标时认为这些程序和证据是必要的。

77.如果审计工作底稿符合《中国注册会计师审计准则第1131号——审计工作底稿》的规定和其他相关审计准则中具体的记录要求,则为确定是否已实现注册会计师总体目标的结论提供了证据。虽然注册会计师没必要分别记录每个目标已经实现(如采用核对表),但对不能实现某一目标的记录,有助于注册会计师评价该情况是否妨碍注册会计师实现其总体目标。

《中国注册会计师审计准则第 1111 号——就审计业务约定条款达成一致意见》应用指南

（2022 年 1 月 17 日修订）

一、本准则的范围（参见本准则第一条和第二条）

1.《会计师事务所质量管理准则第 5101 号——业务质量管理》规范了会计师事务所在客户关系和具体业务的接受与保持方面的责任。《中国注册会计师审计准则第 1121 号——对财务报表审计实施的质量管理》规范了注册会计师在承接审计业务时与相关职业道德要求（包括独立性要求）有关，并且在其控制范围内的责任。本准则规范了在被审计单位控制范围内的，且对注册会计师和管理层而言有必要达成一致意见的事项（或前提条件）。

二、审计的前提条件

（一）财务报告编制基础［参见本准则第六条第一款第（一）项］

2. 承接鉴证业务的条件之一是，《中国注册会计师鉴证业务基本准则》中提及的标准适当，且能够为预期使用者获取。标准是指用于评价或计量鉴证对象的基准，当涉及列报时，还包括列报的基准。适当的标准使注册会计师能够运用职业判断对鉴证对象作出合理一致的评价或计量。就审计准则而言，适用的财务报告编制基础为注册会计师提供了用以审计财务报表（包括公允反映，如相关）的标准。

3. 如果不存在可接受的财务报告编制基础，管理层就不具有编制财务报表的恰当基础，注册会计师也不具有对财务报表进行审计的适当标准。在多数情况下，注册会计师可以按照本指南第 8 段和第 9 段所述，假定适用的财务报告编制基础是可接受的。

确定财务报告编制基础的可接受性

4. 在确定编制财务报表所采用的财务报告编制基础的可接受性时，注册会计师需要考虑下列相关因素：

（1）被审计单位的性质（例如，被审计单位是商业企业、公共部门实体还是非营利组织）；

（2）财务报表的目的（例如，编制财务报表是用于满足广大财务报表使用者共同的财务信息需求，还是用于满足财务报表特定使用者的财务信息需求）；

（3）财务报表的性质（例如，财务报表是整套财务报表还是单一财务报表）；

（4）法律法规是否规定了适用的财务报告编制基础。

5. 许多财务报表使用者不能要求"量身定做"财务报表，以满足其特定的财务信息需求。尽管不能满足财务报表特定使用者的所有信息需求，但广大财务报表使用者仍存在共同的财务信息需求。按照某一财务报告编制基础编制，旨在满足广大财务报表使用者共同的财务信息需求的财务报表，称为通用目的财务报表。

6. 按照特殊目的编制基础编制的财务报表，称为特殊目的财务报表，旨在满足财务报表特定使用者的财务信息需求。对于特殊目的财务报表，预期财务报表使用者对财务信息的需求决定适用的财务报告编制基础。《中国注册会计师审计准则第1601号——审计特殊目的财务报表的特殊考虑》规范了如何确定旨在满足财务报表特定使用者财务信息需求的财务报告编制基础的可接受性。

7. 在承接审计业务后，注册会计师可能发现，适用的财务报告编制基础存在的缺陷表明该编制基础是不可接受的。如果法律法规规定采用该财务报告编制基础，本准则第十九条和第二十条的规定适用。如果法律法规未规定采用该财务报告编制基础，管理层可能决定采用另一种可接受的财务报告编制基础。在这种情况下，由于以前达成一致意见的业务约定条款不再准确，根据本准则第十六条的规定，注册会计师应当与管理层就新的审计业务约定条款达成一致意见，以反映财务报告编制基础的变更。

通用目的编制基础

8. 如果财务报告准则由经授权或获得认可的准则制定机构制定和发布，供某类实体使用，只要这些机构遵循一套既定和透明的程序（包括认真研究和仔细考虑广大利益相关者的观点），则认为财务报告准则对于这类实体编制通用目的财务报表是可接受的。这些财务报告准则的例子有：

（1）国际会计准则理事会发布的国际财务报告准则；

（2）国际公共部门会计准则理事会发布的国际公共部门会计准则；

（3）某一国家或地区经授权或获得认可的准则制定机构，在遵循一套既定和透明的程序（包括认真研究和仔细考虑广大利益相关者的观点）的基础上发布的会计准则。

在规范通用目的财务报表编制的法律法规中，这些财务报告准则通常被界定为适用的财务报告编制基础。

法律法规规定的财务报告编制基础

9. 根据本准则第六条第一款第（一）项的规定，注册会计师需要确定管理层在编制财务报表时采用的财务报告编制基础是否是可接受的。法律法规可能为某类实体规定了在编制通用目的财务报表时采用的财务报告编制基础。通常情况下，注册会计师认为这种财务报告编制基础对这类实体编制通用目的财务报表是可接受的，除非有迹象表明不可接受。如果认为财务报告编制基础是不可接受的，则注册会计师需要遵守本准则第十九条和第二十条的规定。

不存在准则制定机构或法律法规未规定财务报告编制基础的国家或地区

10. 如果某一国家或地区不存在经授权或获得认可的准则制定机构，或者法律法规未规定采用的财务报告编制基础，当被审计单位在该国家或地区注册或经营时，管理层需要确定在编制财务报表时采用的财务报告编制基础。本指南附录3为在这种情况下确定财务报告编制基础的可接受性提供了指引。

（二）就管理层的责任达成一致意见［参见本准则第六条第一款第（二）项和第二款］

11. 按照审计准则的规定执行审计工作的前提是管理层已认可并理解其承担本准则第六条第二款规定的责任。审计准则并不超越法律法规对这些责任的规定。然而，独立审计的理念要求注册会计师不对财务报表的编制或被审计单位的相关内部控制承担责任，并要求注册会计师合理预期能够获取审计所需要的信息（在管理层能够提供或获取的信息范围内，包括从总账和明细账之外的其他途径获取的信息）。因此，管理层认可并理解其责任，这一前提对执行独立审计工作是至关重要的。为避免误解，在按照本准则第九条至第十二条的规定就审计业务约定条款达成一致意见并予以记录的过程中，注册会计师需要与管理层就管理层认可并理解其责任达成一致意见。

12. 财务报告责任如何在管理层和治理层之间划分，因被审计单位的资源（如人员素质和数量）和组织结构、相关法律法规的规定以及管理层和治理层在被审计单位各自角色的不同而不同。在大多数情况下，管理层负责执行，而治理层负责监督管理层。在某些情况下，治理层负有批准财务报表或监督与财务报告相关的内部控制的责任。在大型实体或公众利益实体中，治理层下设的组织，如审计委员会，可能负有某些监督责任。

13. 按照《中国注册会计师审计准则第1341号——书面声明》的规定，注册会计师应当要求管理层就其已履行某些责任提供书面声明。因此，注册会计师需要获取针对管理层责任的书面声明、其他审计准则要求的书面声明，以及在必要时需要获取用于支持其他审计证据（用以支持财务报表或者一项或多项具体认定）的书面声明。注册会计师需要使管理层意识到这一点。

14. 如果管理层不认可其责任，或不同意提供书面声明，注册会计师将不能获取充分、适当的审计证据。在这种情况下，注册会计师承接此类审计业务是不恰当的，除非法律法规另有规定。如果法律法规要求承接此类审计业务，注册会计师可能需要向管理层解释这种情况的重要性及其对审计报告的影响。

财务报表的编制［参见本准则第六条第二款第（一）项］

15. 大多数财务报告编制基础包括与财务报表列报相关的要求，对于这些财务报告编制基础，在提到"按照适用的财务报告编制基础编制财务报表"时，编制包括列报。实现公允反映的报告目标非常重要，因而在需要与管理层达成一致意见的执行审计工作的前提中需要特别提及公允反映，或需要特别提及管理层负有确保财务报表根据财务报告编制基础编制并使其实现公允反映的责任。

内部控制［参见本准则第六条第二款第（二）项］

16. 管理层设计、执行和维护必要的内部控制，以使编制的财务报表不存在由于舞弊或错误导致的重大错报。由于内部控制的固有限制，无论其如何有效，也只能合理保证被审计单位实现其财务报告目标。

17. 注册会计师按照审计准则的规定执行的独立审计工作，不能代替管理层维护编制财务报表所需要的内部控制。因此，注册会计师需要就管理层认可并理解其与内部控制有关的责任与管理层达成共识。然而，注册会计师根据本准则第六条第二款第（二）项的规定与管理层就此达成一致意见，并不意味着注册会计师将会发现由管理层维护的内部控制已实现其目标或不存在缺陷。

18. 管理层负责确定对编制财务报表而言必要的内部控制。"内部控制"这一术语涵盖了在控制要素范畴内的一系列广泛的活动。控制要素包括控制环境、风险评估过程、信息系统（包括与财务报告相关的业务流程）与沟通、控制活动和对控制的监督。然而，这种划分方法未必能够反映出某一特定实体是如何设计、执行并维护其内部控制，或如何划分特定要素的。某实体的内部控制（尤其是会计账簿和记录或会计系统）将反映管理层的需求、业务的复杂程度、该实体所面临风险的性质以及相关法律法规的规定。

19. 法律法规可能涉及管理层对会计账簿和记录或会计系统的适当性所负的责任。在某些情况下，实务操作中可能将会计账簿和记录或会计系统与内部控制或控制予以区分。根据本指南第18段所述，会计账簿和记录或会计系统是内部控制必要的组成部分，因此，本准则第六条第二款第（二）项在对管理层的责任进行说明时并未特别提及会计账簿和记录或会计系统。为避免误解，注册会计师可能需要向管理层解释其所负责任的范围。

其他的信息［参见本准则第六条第二款第（三）项］

20. 本准则涉及注册会计师出于审计目的可能要求管理层提供一些其他的信息。这些其他的信息可能包括与《中国注册会计师审计准则第1521号——注册会计师对其他信息的责任》规定的其他信息相关的事项（如适用）。当注册会计师预期将在审计报告日后获取其他信息时，审计业务约定条款也可能确认注册会计师对这些其他信息的责任。例如，如果注册会计师得出结论认为审计报告日后获取的其他信息存在重大错报，则需要采取适当或必要的措施（如适用）。

对小型被审计单位的特殊考虑［参见本准则第六条第一款第（二）项］

21. 管理层和注册会计师就审计业务约定条款达成一致意见的目的之一是避免双方对各自的责任产生误解。例如，如果第三方协助管理层编制财务报表，注册会计师可能需要提醒管理层，按照适用的财务报告编制基础编制财务报表仍是管理层的责任。

三、就审计业务约定条款达成的一致意见

（一）就审计业务约定条款达成一致意见（参见本准则第九条）

22. 在就审计业务约定条款达成一致意见时，管理层和治理层担任的角色取决于被审计单位的治理结构和相关法律法规的规定。

（二）审计业务约定书或其他形式的书面协议（参见本准则第十条和第十一条）

23. 在审计工作开始前，注册会计师向被审计单位致送审计业务约定书，有助于避免管理层对审计产生误解，这符合被审计单位和注册会计师双方的利益。法律法规可能对审计工作的目标和范围以及管理层和注册会计师的责任（即本准则第十条所规定的事项）作出详细的规定。在这些情况下，尽管本准则第十一条允许注册会计师在审计业务约定书中只提及适用的法律法规以及管理层认可并理解其负有本准则第六条第二款所规定的责任的事实，注册会计师仍然可能认为，为提醒管理层而需要在审计业务约定书中列明本准则第十条所规定的事项。

审计业务约定书的格式和内容

24. 审计业务约定书的格式和内容可能因被审计单位而异。审计业务约定书中包括的有关注册会计师责任的信息，可根据《中国注册会计师审计准则第1101号——注册会计师的总体目标和审计工作的基本要求》的规定确定。本准则第六条第二款和第十二条规范了如何描述管理层的责任。除本准则第十条要求列明的事项外，审计业务约定书还可能包括下列主要方面：

（1）详细说明审计工作的范围，包括提及适用的法律法规、审计准则，以及注册会计师协会发布的职业道德守则和其他公告；

（2）对审计业务结果的其他沟通形式；

（3）关于注册会计师按照《中国注册会计师审计准则第1504号——在审计报告中沟通关键审计事项》的规定，在审计报告中沟通关键审计事项的要求；

（4）说明由于审计和内部控制的固有限制，即使审计工作按照审计准则的规定得到恰当的计划和执行，仍不可避免地存在某些重大错报未被发现的风险；

（5）计划和执行审计工作的安排，包括审计项目组的构成；

（6）预期管理层将提供书面声明（参见本指南第13段）；

（7）预期管理层将允许注册会计师接触管理层知悉的与财务报表编制相关的所有信息（包括与披露相关的所有信息）；

（8）管理层同意向注册会计师及时提供财务报表草稿（包括与财务报表及披露的编制相关的所有信息，无论该信息是从总账和明细账中获取，还是从总账和明细账之外的其他途径获取）和其他信息（如有），以使注册会计师能够按照预定的时间表完成审计工作；

（9）管理层同意告知注册会计师在审计报告日至财务报表报出日之间注意到的可能影响财务报表的事实；

（10）收费的计算基础和收费安排；

（11）管理层确认收到审计业务约定书并同意其中的条款。

25. 当注册会计师未被要求沟通关键审计事项时，在审计业务约定条款中提及在审计报告中沟通关键审计事项的可能性也可能是有帮助的。在某些国家或地区，注册会计师可能有必要提及该可能性，以保留在审计报告中沟通关键审计事项的能力。

26. 如果情况需要，审计业务约定书也可列明下列内容：

（1）在某些方面对利用其他注册会计师和专家工作的安排；

（2）对审计涉及的内部审计人员和被审计单位其他员工工作的安排；

（3）在首次审计的情况下，与前任注册会计师（如存在）沟通的安排；

（4）提及或描述在法律法规或相关职业道德要求下注册会计师向被审计单位之外的适当机构报告识别出的或怀疑存在的违反法律法规行为的责任；

（5）说明对注册会计师责任可能存在的限制；

（6）注册会计师与被审计单位之间需要达成进一步协议的事项；

（7）向其他机构或人员提供审计工作底稿的义务。

本指南附录1和附录2列示了审计业务约定书的参考格式。

组成部分的审计

27. 如果母公司的注册会计师同时也是组成部分注册会计师，需要考虑下列因素，决定是否向组成部分单独致送审计业务约定书：

（1）组成部分注册会计师的委托人；

（2）是否对组成部分单独出具审计报告；

（3）与审计委托相关的法律法规的规定；

（4）母公司占组成部分的所有权份额；

（5）组成部分管理层相对于母公司的独立程度。

法律法规规定的管理层的责任（参见本准则第十一条和第十二条）

28.在本指南第23段和第29段所述的情况下，如果认为没有必要在审计业务约定书中列明某些条款，注册会计师仍需根据本准则第十一条的规定，获取管理层认可并理解其负有本准则第六条第二款规定的责任的书面协议。然而，根据本准则第十二条的规定，如果法律法规规定的管理层的责任与本准则第六条第二款的规定在效果上是等同的，则书面协议中可以使用法律法规中的措辞。

对公共部门实体的特殊考虑

29.规范公共部门审计的法律法规通常对注册会计师的委任作出规定，并说明注册会计师的责任和权力，包括接触被审计单位的记录和其他信息的权力。如果法律法规已对审计业务约定条款作出足够详细的规定，注册会计师仍可能认为签订与本准则第十一条的规定相比更全面的审计业务约定书是有益的。

四、连续审计（参见本准则第十三条）

30.注册会计师可以决定不在每期都致送新的审计业务约定书或其他书面协议。然而，下列因素可能导致注册会计师修改审计业务约定条款或提醒被审计单位注意现有的业务约定条款：

（1）有迹象表明被审计单位误解审计目标和范围；
（2）需要修改约定条款或增加特别条款；
（3）被审计单位高级管理人员近期发生变动；
（4）被审计单位所有权发生重大变动；
（5）被审计单位业务的性质或规模发生重大变化；
（6）法律法规的规定发生变化；
（7）编制财务报表采用的财务报告编制基础发生变更；
（8）其他报告要求发生变化。

五、审计业务约定条款的变更

变更审计业务约定条款的要求（参见本准则第十四条）

31.被审计单位可能由于下列事项要求注册会计师变更审计业务约定条款：
（1）环境变化对审计服务的需求产生影响；
（2）对原来要求的审计业务的性质存在误解；
（3）无论是管理层施加的还是其他情况引起的审计范围受到限制。

根据本准则第十四条的规定，注册会计师应当考虑要求变更审计业务约定条款的理由是否合理，特别是审计范围存在限制的影响。

32.由于环境变化导致对审计服务的需求产生影响，或对原来要求的审计业务性质存在误解可以认为是被审计单位要求变更审计业务约定条款的合理理由。

33.相反，如果有迹象表明变更审计业务约定条款的要求与错误的、不完整的或不能令人满意的信息有关，该变更不能认为是合理的。例如，如果注册会计师不能就应收款项获取充分、适当的审计证据，而被审计单位要求将审计业务变更为审阅业务，以避免注册会计师发表保留意见或无法表示意见，则该变更是不合理的。

变更为审阅业务或相关服务业务的要求（参见本准则第十五条）

34. 在同意将审计业务变更为审阅业务或相关服务业务前，接受委托按照审计准则执行审计工作的注册会计师，除考虑本指南第31段至第33段提及的事项外，可能还需要评估变更业务对法律责任或业务约定的影响。

35. 如果注册会计师认为将审计业务变更为审阅业务或相关服务业务具有合理理由，截至变更日已执行的审计工作可能与变更后的业务相关，然而，注册会计师需要执行的工作和出具的报告要与变更后的业务相匹配。为避免引起报告使用者的误解，对相关服务业务出具的报告不应提及下列事项：

（1）原审计业务；
（2）在原审计业务中已执行的程序。

只有将审计业务变更为执行商定程序业务，注册会计师才可在报告中提及已执行的程序。

六、业务承接时的其他考虑

（一）相关部门对财务报告准则的补充规定（参见本准则第十八条）

36. 如果相关部门对涉及财务会计的事项作出补充规定，从运用审计准则的角度看，适用的财务报告编制基础既包括被认可的财务报告编制基础，也包括这些补充规定，但前提是这些补充规定与被认可的财务报告编制基础不存在冲突。例如，相关部门规定了除企业会计准则要求之外的其他披露，或缩小了在企业会计准则中可作出选择的范围。

（二）相关部门对财务报告编制基础的规定——影响业务承接的其他事项（参见本准则第十九条）

37. 相关部门可能规定审计意见中使用"财务报表在所有重大方面按照［适用的财务报告编制基础］编制，公允反映了……"等措辞，而注册会计师认为相关部门规定的财务报告编制基础是不可接受的，在这种情况下，审计报告中使用的规定的措辞可能与审计准则的要求存在明显不一致（参见本准则第二十一条）。

（三）相关部门对审计报告的规定（参见本准则第二十一条）

38. 按照审计准则的要求，除非注册会计师遵守了与审计工作相关的所有审计准则，否则不应声称遵守了审计准则。如果相关部门规定的审计报告的结构或措辞与审计准则要求的明显不一致，并且注册会计师认为在审计报告中作出的补充解释不能减轻可能的误解，注册会计师可以考虑在审计报告中声明没有按照审计准则的规定执行审计工作。

对公共部门实体的特殊考虑

39. 在公共部门领域，法律法规可能对公共部门审计提出具体要求。例如，如果被审计单位试图限制审计范围，接受委托的注册会计师可能需要直接向监管机构报告。

附录1（参见本指南第24段和第26段）

审计业务约定书参考格式（合同式）

本附录为注册会计师对按照企业会计准则编制的通用目的财务报表进行审计提供

了审计业务约定书的参考格式。本约定书不具有强制性，仅作为一种指引，注册会计师可结合本准则中概述的考虑事项使用。本约定书是针对单个报告期间的财务报表审计而起草的，并且需要根据具体要求和情况作出修改。如果拟用于连续审计（参见本准则第十三条），则需要予以修改。就拟议的审计业务约定书是否适用，注册会计师可寻求法律建议。

审计业务约定书

甲方：ABC股份有限公司
乙方：××会计师事务所

兹由甲方委托乙方对20×1年度财务报表进行审计，经双方协商，达成以下约定：

一、审计的目标和范围

1. 乙方接受甲方委托，对甲方按照企业会计准则编制的20×1年12月31日的资产负债表，20×1年度的利润表、现金流量表、所有者权益（或股东权益）变动表以及相关财务报表附注（以下统称财务报表）进行审计。

2. 乙方审计工作的目标是对财务报表整体是否不存在由于舞弊或错误导致的重大错报获取合理保证，并出具包含审计意见的审计报告。合理保证是高水平的保证，但并不能保证按照审计准则执行的审计在某一重大错报存在时总能发现。错报可能由于舞弊或错误导致，如果合理预期错报单独或汇总起来可能影响财务报表使用者依据财务报表作出的经济决策，则通常认为错报是重大的。

3. 乙方通过执行审计工作，对财务报表的下列方面发表审计意见：（1）财务报表是否在所有重大方面按照企业会计准则的规定编制；（2）财务报表是否在所有重大方面公允反映了甲方20×1年12月31日的财务状况以及20×1年度的经营成果和现金流量。

二、甲方的责任

1. 根据《中华人民共和国会计法》及《企业财务会计报告条例》，甲方及甲方负责人有责任保证会计资料的真实性和完整性。因此，甲方管理层有责任妥善保存和提供会计记录（包括但不限于会计凭证、会计账簿及其他会计资料），这些记录必须真实、完整地反映甲方的财务状况、经营成果和现金流量。

2. 按照企业会计准则的规定编制和公允反映财务报表是甲方管理层的责任，这种责任包括：（1）按照企业会计准则的规定编制财务报表，并使其实现公允反映；（2）设计、执行和维护必要的内部控制，以使财务报表不存在由于舞弊或错误导致的重大错报。

3. 在编制财务报表时，甲方管理层负责评估甲方的持续经营能力，必须时披露与持续经营相关的事项，并运用持续经营假设，除非管理层计划清算、终止运营或别无其他现实的选择。甲方治理层负责监督甲方的财务报告过程。

4. 及时为乙方的审计工作提供与审计有关的所有记录、文件和所需的其他的信息（在20×2年×月×日之前提供审计所需的全部资料，如果在审计过程中需要补充资料，亦应及时提供），并保证所提供资料的真实性和完整性。

5. 确保乙方不受限制地接触其认为必要的甲方内部人员和其他相关人员。

［下段适用于集团财务报表审计业务，使用时需根据客户/约定项目的特定情况修改，如果加入此段，应相应修改本约定书第一项关于业务范围的表述，并调整下面其他条款的编号。］

［6. 为满足乙方对甲方合并财务报表发表审计意见的需要，甲方须确保：

乙方和对组成部分财务信息执行相关工作的组成部分注册会计师之间的沟通不受任何限制。

乙方及时获悉组成部分注册会计师与组成部分治理层和管理层之间的重要沟通（包括就值得关注的内部控制缺陷进行的沟通）。

乙方及时获悉组成部分治理层和管理层与监管机构就与财务信息有关的事项进行的重要沟通。

在乙方认为必要时，允许乙方接触组成部分的信息、组成部分管理层或组成部分注册会计师（包括组成部分注册会计师的工作底稿），并允许乙方对组成部分的财务信息执行相关工作。］

6. 甲方管理层对其作出的与审计有关的声明予以书面确认。

7. 为乙方派出的有关工作人员提供必要的工作条件和协助，乙方将于外勤工作开始前提供主要事项清单。

8. 按照本约定书的约定及时足额支付审计费用以及乙方人员在审计期间的交通、食宿和其他相关费用。

9. 乙方的审计不能减轻甲方及甲方管理层的责任。

三、乙方的责任

1. 乙方按照中国注册会计师审计准则（以下简称审计准则）的规定执行审计工作。审计准则要求注册会计师遵守中国注册会计师职业道德守则。在执行审计的过程中，乙方需要运用职业判断，保持职业怀疑。

2. 乙方识别和评估由于舞弊或错误导致的财务报表重大错报风险，设计和实施审计程序以应对这些风险，并获取充分、适当的审计证据，作为发表审计意见的基础。由于舞弊可能涉及串通、伪造、故意遗漏、虚假陈述或凌驾于内部控制之上，未能发现由于舞弊导致的重大错报的风险高于未能发现由于错误导致的重大错报的风险。

3. 乙方了解与审计相关的内部控制，以设计恰当的审计程序，但目的并非对内部控制的有效性发表意见[①]。

4. 乙方评价管理层选用会计政策的恰当性和作出会计估计及相关披露的合理性。

5. 乙方对甲方管理层使用持续经营假设的恰当性得出结论。同时，根据获取的审计证据，就可能导致对甲方持续经营能力产生重大疑虑的事项或情况是否存在重大不确定性得出结论。如果乙方得出结论认为存在重大不确定性，应当在审计报告中提请报表使用者注意财务报表中的相关披露；如果披露不充分，乙方应当发表非无保留意见。乙

---

① 如果注册会计师结合财务报表审计对内部控制的有效性发表意见，应当删除"但目的并非对内部控制的有效性发表意见"的措辞。

的结论基于截至审计报告日可获得的信息。然而，未来的事项或情况可能导致甲方不能持续经营。

6. 乙方评价财务报表的总体列报、结构和内容，并评价财务报表是否公允反映相关交易和事项。

[下段适用于集团财务报表审计业务，使用时需根据客户/约定项目的特定情况修改，如果加入此段，应相应修改本约定书第一项关于业务范围的表述，并调整下面其他条款的编号。]

[7. 对不由乙方执行相关工作的组成部分财务信息，乙方不单独出具报告；有关的责任由对该组成部分执行相关工作的组成部分注册会计师及其所在的会计师事务所承担。]

7. 乙方从与甲方治理层沟通过的事项中，确定对本期财务报表审计最为重要的事项（关键审计事项），并在审计报告中描述这些事项（如适用）。这些事项的应对以对财务报表整体进行审计并形成审计意见为背景，乙方不对这些事项单独发表意见。

8. 在审计过程中，乙方若发现甲方存在乙方认为值得关注的内部控制缺陷，应以书面形式向甲方治理层或管理层通报。但乙方通报的各种事项，并不代表已全面说明所有可能存在的缺陷或已提出所有可行的改进建议。甲方在实施乙方提出的改进建议前应全面评估其影响。未经乙方书面许可，甲方不得向任何第三方提供乙方出具的沟通文件，除非法律法规另有要求。

9. 由于审计和内部控制的固有限制，即使按照审计准则的规定适当地计划和执行审计工作，仍无法避免财务报表的某些重大错报可能未被乙方发现的风险。

10. 按照约定时间完成审计工作，出具审计报告。乙方应于20×2年×月×日前出具审计报告。

11. 除下列情况外，乙方应当对执行业务过程中知悉的甲方信息予以保密：（1）法律法规允许披露，并取得甲方的授权；（2）根据法律法规的要求，为法律诉讼、仲裁准备文件或提供证据，以及向监管机构报告发现的违法行为；（3）在法律法规允许的情况下，在法律诉讼、仲裁中维护自己的合法权益；（4）接受注册会计师协会或监管机构的执业质量检查，答复其询问和调查；（5）向注册会计师协会或监管机构进行报备；（6）法律法规、执业准则和职业道德规范规定的其他情形。

四、审计收费

1. 本次审计服务的收费是以乙方各级别工作人员在本次工作中所耗费的时间为基础计算的。乙方预计本次审计服务的费用总额为人民币×万元。

2. 甲方应于本约定书签署之日起×日内支付×%的审计费用，其余款项于[审计报告草稿完成日]结清。

3. 如果由于无法预见的原因，致使乙方从事本约定书所涉及的审计服务实际时间较本约定书签订时预计的时间有明显增加或减少时，甲乙双方应通过协商，相应调整本部分第1段所述的审计费用。

4. 如果由于无法预见的原因，致使乙方人员抵达甲方的工作现场后，本约定书所涉及的审计服务中止，甲方不得要求退还预付的审计费用；如上述情况发生于乙方人员完成现场审计工作,并离开甲方的工作现场之后,甲方应另行向乙方支付人民币×元的补偿费,该补偿费应于甲方收到乙方的收款通知之日起×日内支付。

5. 与本次审计有关的其他费用（包括交通费、食宿费等）由甲方承担。

五、审计报告和审计报告的使用

1. 乙方按照中国注册会计师审计准则规定的格式和类型出具审计报告。
2. 乙方向甲方致送审计报告一式×份。
3. 甲方在提交或对外公布乙方出具的审计报告及其后附的已审计财务报表时,不得对其进行修改。当甲方认为有必要修改会计数据、报表附注和所作的说明时,应当事先通知乙方,乙方将考虑有关的修改对审计报告的影响,必要时,将重新出具审计报告。

六、本约定书的有效期间

本约定书自签署之日起生效,并在双方履行完毕本约定书约定的所有义务后终止。但其中第三项第11段、第四、五、七、八、九、十项并不因本约定书终止而失效。

七、约定事项的变更

如果出现不可预见的情况,影响审计工作如期完成,或需要提前出具审计报告,甲、乙双方均可要求变更约定事项,但应及时通知对方,并由双方协商解决。

八、终止条款

1. 如果根据乙方的职业道德及其他有关专业职责、适用的法律法规或其他任何法定的要求,乙方认为已不适宜继续为甲方提供本约定书约定的审计服务,乙方可以采取向甲方提出合理通知的方式终止履行本约定书。
2. 在本约定书终止的情况下,乙方有权就其于终止之日前对约定的审计服务项目所做的工作收取合理的费用。

九、违约责任

甲、乙双方按照《中华人民共和国合同法》的规定承担违约责任。

十、适用法律和争议解决

本约定书的所有方面均应适用中华人民共和国法律进行解释并受其约束。本约定书履行地为乙方出具审计报告所在地,因本约定书引起的或与本约定书有关的任何纠纷或争议（包括关于本约定书条款的存在、效力或终止,或无效之后果）,双方协商确定采取以下第＿＿＿种方式予以解决：

（1）向有管辖权的人民法院提起诉讼；
（2）提交×仲裁委员会仲裁。

十一、双方对其他有关事项的约定

本约定书一式两份,甲、乙双方各执一份,具有同等法律效力。

ABC 股份有限公司（盖章） ×× 会计师事务所（盖章）

授权代表：（签名并盖章）　　　　授权代表：（签名并盖章）
20××年×月×日　　　　　　　　20××年×月×日

附录2（参见本指南第24段和第26段）
审计业务约定书参考格式（信函式）

本附录为注册会计师对按照企业会计准则编制的通用目的财务报表进行审计提供了审计业务约定书的参考格式。本约定书不具有强制性，仅作为一种指引，注册会计师可结合本准则中概述的考虑事项使用。本约定书是针对单个报告期间的财务报表审计而起草的，并且需要根据具体要求和情况作出修改。如果拟用于连续审计（参见本准则第十三条），则需要予以修改。就拟议的审计业务约定书是否适用，注册会计师可寻求法律建议。

ABC股份有限公司管理层或治理层的适当代表：

一、审计的目标和范围

贵方要求我方审计ABC股份有限公司（以下简称ABC公司）按照企业会计准则编制的20×1年12月31日的资产负债表，20×1年度的利润表、现金流量表、所有者权益（或股东权益）变动表以及相关财务报表附注（以下统称财务报表）。我方很高兴通过本业务约定书确认我方已承接和了解该项审计业务。

我方审计工作的目标是对财务报表整体是否不存在由于舞弊或错误导致的重大错报获取合理保证，并出具包含审计意见的审计报告。合理保证是高水平的保证，但并不能保证按照审计准则执行的审计在某一重大错报存在时总能发现。错报可能由于舞弊或错误导致，如果合理预期错报单独或汇总起来可能影响财务报表使用者依据财务报表作出的经济决策，则通常认为错报是重大的。

我方通过执行审计工作，对财务报表的下列方面发表审计意见：（1）财务报表是否在所有重大方面按照企业会计准则的规定编制；（2）财务报表是否在所有重大方面公允反映了ABC公司20×1年12月31日的财务状况以及20×1年度的经营成果和现金流量。

二、注册会计师的责任

1.我方按照中国注册会计师审计准则（以下简称审计准则）的规定执行审计工作。审计准则要求我方遵守中国注册会计师职业道德守则。在执行审计的过程中，我方需要运用职业判断，保持职业怀疑。

2.我方识别和评估由于舞弊或错误导致的财务报表重大错报风险，设计和实施审计程序以应对这些风险，并获取充分、适当的审计证据，作为发表审计意见的基础。由于舞弊可能涉及串通、伪造、故意遗漏、虚假陈述或凌驾于内部控制之上，未能发现由于舞弊导致的重大错报的风险高于未能发现由于错误导致的重大错报的风险。

3. 我方了解与审计相关的内部控制,以设计恰当的审计程序,但目的并非对内部控制的有效性发表意见[①]。

4. 我方评价管理层选用会计政策的恰当性和作出会计估计及相关披露的合理性。

5. 我方对贵方管理层使用持续经营假设的恰当性得出结论。同时,根据获取的审计证据,就可能导致对 ABC 公司持续经营能力产生重大疑虑的事项或情况是否存在重大不确定性得出结论。如果我方得出结论认为存在重大不确定性,应当在审计报告中提请报表使用者注意财务报表中的相关披露;如果披露不充分,我方应当发表非无保留意见。我方的结论基于截至审计报告日可获得的信息。然而,未来的事项或情况可能导致 ABC 公司不能持续经营。

6. 我方评价财务报表的总体列报、结构和内容,并评价财务报表是否公允反映相关交易和事项。

7. 我方从与贵方治理层沟通过的事项中,确定对本期财务报表审计最为重要的事项(关键审计事项),并在审计报告中描述这些事项(如适用)。这些事项的应对以对财务报表整体进行审计并形成审计意见为背景,我方不对这些事项单独发表意见。

8. 在审计过程中,我方若发现存在我方认为值得关注的内部控制缺陷,应以书面形式向贵方治理层或管理层通报。但我方通报的各种事项,并不代表已全面说明所有可能存在的缺陷或已提出所有可行的改进建议。贵方在实施我方提出的改进建议前应全面评估其影响。未经我方书面许可,贵方不得向任何第三方提供我方出具的沟通文件。

9. 由于审计和内部控制的固有限制,即使按照审计准则的规定适当地计划和执行审计工作,仍无法避免财务报表的某些重大错报可能未被我方发现的风险。

10. 按照约定时间完成审计工作,出具审计报告。我方应于 20×2 年 × 月 × 日前出具审计报告。

11. 除下列情况外,我方应当对执行业务过程中知悉的贵方信息予以保密:(1)法律法规允许披露,并取得贵方的授权;(2)根据法律法规的要求,为法律诉讼、仲裁准备文件或提供证据,以及向监管机构报告发现的违法行为;(3)在法律法规允许的情况下,在法律诉讼、仲裁中维护自己的合法权益;(4)接受注册会计师协会或监管机构的执业质量检查,答复其询问和调查;(5)向注册会计师协会或监管机构进行报备;(6)法律法规、执业准则和职业道德规范规定的其他情形。

三、管理层的责任

我方执行审计工作的前提是贵方已认可并理解应当承担下列责任:

(一)按照企业会计准则的规定编制财务报表,并使其实现公允反映;

(二)设计、执行和维护必要的内部控制,以使财务报表不存在由于舞弊或错误导致的重大错报;

(三)向我方提供下列必要的工作条件:

1. 允许我方接触与编制财务报表相关的所有信息,如记录、文件和其他事项;

[①] 如果注册会计师结合财务报表审计对内部控制的有效性发表意见,应当删除"但目的并非对内部控制的有效性发表意见"的措辞。

2. 向我方提供审计所需的其他的信息；

3. 允许我方在获取审计证据时不受限制地接触我方认为必要的 ABC 公司内部人员和其他相关人员。

在编制财务报表时，贵方管理层负责评估 ABC 公司的持续经营能力，披露与持续经营相关的事项（如适用），并运用持续经营假设，除非管理层计划清算、终止运营或别无其他现实的选择。贵方治理层负责监督管理层的财务报告过程。作为审计流程的一部分，我方将要求贵方对作出的与审计有关的声明予以书面确认。

我方期待在审计过程中与贵方员工进行通力合作。

四、其他相关信息

［插入其他信息，如收费安排、计费方法和其他特定条款（如适用）。］

五、审计报告

我方按照中国注册会计师审计准则规定的格式和类型出具审计报告。

本约定书一式两份，如果贵方完全接受本业务约定书的条款，谨请在本业务约定书上签名并盖章，并将其中一份经签名并盖章的约定书交回我方。如果贵方对本业务约定书的条款尚有疑问，或者希望对某些条款进行进一步的讨论，请随时与我方联系。

ABC 股份有限公司（盖章）　　　　　　××会计师事务所（盖章）
授权代表：（签名并盖章）　　　　　　授权代表：（签名并盖章）
20××年×月×日　　　　　　　　　　20××年×月×日

附录 3（参见本指南第 10 段）

确定通用目的编制基础的可接受性

在某些国家或地区，不存在经授权或获得认可的准则制定机构，或者法律法规未规定财务报告编制基础。本附录为在这种情况下确定财务报告编制基础的可接受性提供指引。

1. 正如本指南第 10 段的解释，如果某一国家或地区不存在经授权或获得认可的准则制定机构，或者法律法规未规定采用的财务报告编制基础，当被审计单位在该国家或地区注册或经营时，管理层需要确定在编制财务报表时采用的财务报告编制基础。在这些国家或地区，通常的做法是使用本指南第 8 段所描述的某一准则制定机构制定的财务报告准则。

2. 值得指出的是，可能在某一国家或地区存在着既定的会计惯例，这些会计惯例被普遍认为是在该国家或地区内经营的某些被审计单位在编制通用目的财务报表时采用的财务报告编制基础。如果采用这种财务报告编制基础，按照本准则第六条第一款第（一）项的规定，注册会计师应当确定这些会计惯例综合起来能否视为构成编制通用目的财务报表适用的财务报告编制基础。如果会计惯例在某一国家或地区已得到广泛使用，则该国家或地区的会计职业界可能已经考虑过该财务报告编制基础的可接受性，而注册会计师不必再考虑。另外的情况是，通过考虑会计惯例是否表现出适用的财务报告编制基础通常表现出的特征（见下文第3段），或通过将会计惯例与现有可接受的财务报告编制基础进行比较（见下文第4段），注册会计师可以确定会计惯例的可接受性。

3. 为使财务报表提供的信息对预期使用者有用，可接受的财务报告编制基础通常表现出下列特征：

（一）相关性：指财务报表提供的信息与被审计单位的性质和财务报表的目的相关。例如，对于一家编制通用目的财务报表的企业，根据信息是否满足广大财务报表使用者在作出经济决策时对共同财务信息的需求来对相关性进行评估。这些财务信息需求通常是通过对该企业的财务状况、经营成果和现金流量进行列报而得到满足的。

（二）完整性：指能够影响依据财务报表得出的结论的交易、事项、账户余额和披露不存在遗漏。

（三）可靠性：指财务报表提供的信息反映了事项和交易的经济实质而非只是其法律形式（如适用），并且在相似的情况下使用这些信息，将会得出合理一致的评价、计量与列报。

（四）中立性：指在财务报表中提供的信息不存在偏向。

（五）可理解性：指财务报表中的信息清晰、易于理解，且不会产生严重的理解分歧。

4. 注册会计师可能决定将会计惯例与现有可接受的财务报告编制基础的规定进行比较。例如，注册会计师可能将会计惯例与国际财务报告准则进行比较。对小型被审计单位的审计而言，注册会计师可能将会计惯例与经授权或获得认可的准则制定机构为此类被审计单位专门制定的财务报告编制基础进行比较。如果注册会计师进行这种比较并识别出差异，在确定编制和列报财务报表时采用的会计惯例是否构成可接受的财务报告编制基础时，注册会计师需要考虑产生差异的原因，以及对这种会计惯例的采用或在财务报表中对财务报告编制基础的描述是否导致财务报表产生误导。

5. 如果为满足个别偏好而将多种会计惯例汇总在一起，不能视为编制通用目的财务报表采用的可接受的财务报告编制基础。

《中国注册会计师审计准则第 1121 号 ——对财务报表审计实施的质量管理》 应用指南

（2021 年 11 月 1 日修订）

一、本准则的适用范围（参见本准则第一条至第二条）

1. 本准则适用于所有财务报表审计业务，包括集团财务报表审计业务。《中国注册会计师审计准则第 1401 号——对集团财务报表审计的特殊考虑》规范了注册会计师在执行集团财务报表审计业务时的特殊考虑，特别是涉及组成部分注册会计师的特殊考虑。在财务报表审计业务中，如果审计项目组有来自其他会计师事务所的成员，则根据项目的具体情况对《中国注册会计师审计准则第 1401 号——对集团财务报表审计的特殊考虑》中的相关规定作出必要调整后，该准则可以参照。例如，如果审计项目组由来自其他会计师事务所的人员执行存货监盘，检查不动产、厂房或设备，或在位于偏远地区的服务提供中心实施某些审计程序，则《中国注册会计师审计准则第 1401 号——对集团财务报表审计的特殊考虑》可以参照。

二、会计师事务所质量管理体系和审计项目组的角色

（一）会计师事务所质量管理体系（参见本准则第三条）

2. 《会计师事务所质量管理准则第 5101 号——业务质量管理》规范了会计师事务所设计、实施和运行质量管理体系的责任。

3. 会计师事务所在设计其质量管理体系时，可以使用与《会计师事务所质量管理准则第 5101 号——业务质量管理》不同的框架或术语来划分和描述质量管理体系的各个组成要素，但需要确保遵守该准则中的各项要求并实现质量管理体系的目标。

（二）审计项目组与质量管理体系相关的职责（参见本准则第五条）

4. 在审计项目层面实施质量管理，需要会计师事务所质量管理体系提供支撑，并结合审计项目的性质和具体情况。按照《会计师事务所质量管理准则第 5101 号——业务质量管理》第七十七条第（三）项的规定，会计师事务所有责任向项目组传递信息，以使项目组能够理解和履行与执行业务相关的责任。例如，会计师事务所可以制定相关政策和程序，要求在涉及复杂技术或道德问题的情况下向指定的人员咨询，或者在特定的业务中，由会计师事务所指定的专家实施与某些特殊事项相关的审计程序（例如，会计师事务所可以明确规定，在金融机构审计业务中，针对预期信用损失准备金的审计，需要由会计师事务所指定的信贷专家参与）。

5. 会计师事务所层面的应对措施可能包括由网络、网络事务所、网络中其他组织制定的政策和程序（《会计师事务所质量管理准则第 5101 号——业务质量管理》第四章第十一节针对网络要求和网络服务作出了具体规定）。本准则中的各项要求建立在这样一个前提下，即会计师事务所有责任采取必要的措施，以使审计项目组能够执行与该审计项目相关的网络要求（例如，要求审计项目组在执行审计工作时遵循网络开发的审计方法论）或利用相关的网络服务。根据《会计师事务所质量管理准则第 5101 号——业务质量管理》第九十五条第（一）项的规定，会计师事务所应当确定网络要求或网络服务如何与会计师事务所质量管理体系相关，以及如何在该体系中加以考虑。

6. 在会计师事务所层面采取的某些应对措施虽不在审计项目层面实施，但对于遵守本准则的要求仍然是相关的。举例来说，审计项目组在遵守本准则的要求时，可以依赖会计师事务所层面的下列应对措施：

（1）相关人员招聘和职业教育；

（2）会计师事务所为监控独立性要求的遵守情况而开发的信息技术应用程序；

（3）会计师事务所为接受与保持客户关系和审计业务而开发的信息技术应用程序；

（4）会计师事务所开发的审计方法论以及相关操作工具和指引。

7. 由于审计项目的性质和具体情况各不相同，并且可能在项目执行过程中发生变化，会计师事务所可能无法识别出项目层面的所有质量风险，也无法采取所有适当的相关应对措施。因此，审计项目组需要运用职业判断，以确定在会计师事务所的政策和程序之外，是否还需要设计和采取项目层面的应对措施，以实现本准则的目标。

8. 审计项目组对是否有必要在项目层面采取应对措施以及采取何种应对措施得出的结论，受下列因素影响：

（1）本准则的要求；

（2）审计项目组对审计项目的性质和具体情况及其变化的了解。

例如，在执行审计项目的过程中，可能会发生一些始料未及的情况，导致审计项目合伙人认为有必要在审计项目组中追加一些具有适当经验的人员。

9. 审计项目组需要平衡考虑下列两个方面：

（1）实施会计师事务所层面已有的应对措施；

（2）在会计师事务所层面的应对措施之外，设计和实施审计项目层面特定的应对措施。

举例来说，会计师事务所可以针对审计项目中的特定情况设计一套审计方案（如针对特定行业的审计方案）。在这个例子中，由于该审计方案的存在（即会计师事务所层面的应对措施），审计项目组可能只需要确定拟实施审计程序的时间安排和范围，很少或不需要在审计项目层面对该审计方案追加其他审计程序。换个例子来说，如果会计师事务所没有设计上述审计方案，则为了遵守本准则有关业务执行的要求，审计项目组就需要更加关注在审计项目层面设计和采取应对措施，以与该审计项目的性质和具体情况相匹配。例如，针对会计师事务所的审计方案没有考虑到的重大错报风险，设计和实施相应的审计程序。

10. 通常来说，除非存在下列情况之一，否则审计项目组在遵守本准则的要求时，可以依赖会计师事务所的政策和程序：

（1）审计项目组根据其对该政策或程序的了解，或者根据其实务经验，认为该政策或程序并不能有效适用于审计项目的性质和具体情况；

（2）会计师事务所或其他方提供的信息（例如，这些信息可能来自会计师事务所的监控活动、外部检查或其他相关渠道）表明该政策或程序未能有效运行。

11. 如果审计项目合伙人意识到（包括通过审计项目组其他成员获知）会计师事务所采取的应对措施对特定业务无效，或者其无法依赖会计师事务所的政策和程序，则需要按照本准则第五十一条第（三）项的规定，迅速将该信息通报给会计师事务所，因为该信息与会计师事务所的监控和整改程序相关。例如，如果审计项目组某位成员发现某审计软件存在安全性缺陷，则及时向适当的人员沟通这一信息，可以使会计师事务所能够采取措施对该软件进行更新或重新发布。本指南第67段探讨了审计项目合伙人确定资源是否充分、适当的相关考虑。

（三）与在项目层面实施质量管理相关的信息（参见本准则第七条）

12. 遵守其他审计准则的要求可能能够提供与在项目层面实施质量管理相关的信息。例如，按照《中国注册会计师审计准则第1211号——通过了解被审计单位及其环境识别和评估重大错报风险》的要求了解被审计单位及其环境，可能能够为遵守本准则的要求提供相关信息。这些信息可能与下列方面的决策有关：

（1）特定审计领域可以调用的资源。例如，针对高风险领域，利用具有适当经验的人员执行相关工作，或者在应对复杂事项时利用专家的工作。

（2）向特定审计领域分配的资源数量。例如，在不同地点实施存货监盘的审计项目组成员数量。

（3）根据重大错报风险的评估结果，对审计项目组成员的工作进行复核的性质、时间安排和范围。

（4）审计预算工时的分配。例如，针对重大错报风险点较多或已识别的风险被评估为高水平的领域，分配更多工时以及经验更为丰富的审计项目组成员（这些成员的工时费用水平通常较高）。

（四）本准则对不同类型会计师事务所的适用性（参见本准则第三条和第九条）

13. 如果会计师事务所规模较小，可以制定相关政策和程序，由特定审计项目合伙人代表会计师事务所针对某些质量风险设计应对措施。此外，规模较小的会计师事务所，其政策和程序可能较不正式。例如，一家规模较小且审计业务较少的会计师事务所可能没有必要针对独立性要求的遵守情况专门建立一套全所的监控系统，对独立性要求遵守情况的监控通常是在单个项目层面由审计项目合伙人实施的。

14. 本准则关于审计项目合伙人对审计项目组成员进行指导、监督并复核其工作的相关要求，仅适用于审计项目组除审计项目合伙人外还包括其他成员的情况。

三、定义

（一）审计项目组（参见本准则第十四条）

15. 审计项目组可能采取多种组织形式。例如，所有审计项目组成员可能位于同一地点，可能位于不同地点，也可能根据其执行的工作分成若干小组。无论组织形式如何，任何为该审计项目实施审计程序的人员，都属于该审计项目组的成员。

16. 审计项目组的定义强调的是在审计项目中实施审计程序的人员。在审计过程中实施审计程序，通常可以获取审计证据，而审计证据对发表审计意见和出具审计报告来说是必需的。审计程序由风险评估程序和进一步审计程序组成。根据《〈中国注册会计师审计准则第 1301 号——审计证据〉应用指南》第 14 段至第 25 段的指引，审计程序包括询问、检查、观察、函证、重新计算、重新执行和分析程序，这些程序通常组合起来运用。其他审计准则，如《中国注册会计师审计准则第 1313 号——分析程序》，则规定了为获取审计证据而实施的审计程序。

17. 审计项目组可能包括来自网络事务所、其他会计师事务所（与本所不属于同一网络）、服务提供商的人员。例如，在集团审计中，由来自其他会计师事务所的人员对组成部分财务信息实施审计程序；再如，由来自其他会计师事务所的人员在边远地区实施存货监盘或检查固定资产等审计程序。

18. 审计项目组还可能包括来自服务提供中心的人员。例如，会计师事务所可能决定将一些重复性或专门性的工作交由一组具备适当技能的人员来执行，由于这些人员负责实施某些审计程序，因此也属于审计项目组成员。服务提供中心可能是会计师事务所设立的，也可能是网络、网络事务所，或同一网络的其他组织设立的。例如，函证集中处理中心可以用来提高实施函证程序的效率和效果。

19. 审计项目组还可能包括在会计或审计某一特殊领域具有专长的人员。例如，在所得税会计领域具有专长的人员，或者擅长对由自动化工具和技术产生的复杂信息进行分析以识别异常或未预期到的关系的人员。如果某人员对审计项目的参与仅限于提供咨询，则该人员不属于审计项目组成员。关于咨询的相关规定，参见本准则第四十七条和本指南第 96 段至第 99 段。

20. 如果审计项目需要实施项目质量复核，则项目质量复核人员以及其他任何执行项目质量复核程序的人员（即为项目质量复核人员提供协助的人员），都不能是审计项目组成员。这些人员可能需要遵守特定的独立性要求。

21. 为审计项目提供直接协助的被审计单位内部审计人员以及在审计过程中利用其工作的外部专家都不是审计项目组成员。《中国注册会计师审计准则第 1411 号——利用内部审计人员的工作》和《中国注册会计师审计准则第 1421 号——利用专家的工作》分别针对注册会计师利用内部审计人员提供直接协助和利用专家的工作作出了规定。遵守这些准则的规定要求注册会计师对提供直接协助的内部审计人员的工作获取充分、适当的审计证据，以及对专家的工作实施某些审计程序。

审计项目合伙人的责任（参见本准则第十条至第十一条）

22. 当本准则明确要求审计项目合伙人承担某些责任时，该审计项目合伙人可能需要从会计师事务所或项目组其他成员处获取相关信息（例如，与作出本准则要求的决策或判断相关的信息）以履行其责任。例如，本准则第三十六条规定，审计项目合伙人应当确保审计项目组作为一个集体拥有执行审计业务的适当胜任能力。在判断审计项目组的胜任能力是否适当时，审计项目合伙人可能需要利用来自审计项目组或会计师事务所质量管理体系的信息。

审计项目组成员遵守会计师事务所的政策和程序（参见本准则第十条至第十一条、第二十七条）

23. 审计项目组可能既包括本会计师事务所的人员，又包括其他会计师事务所的人员。在会计师事务所质量管理体系中，来自本所的人员负责执行适用于该审计项目的政策和程序。来自其他会计师事务所的人员可能并不需要受本所质量管理体系或者相关政策和程序的约束。其他会计师事务所的政策和程序不一定和本所的政策和程序一致。例如，不同会计师事务所指导、监督和复核的政策和程序可能不同，尤其是当其他会计师事务所位于其他国家或地区时，由于法律体系、语言文化的不同，这些政策和程序也会有所不同。因此，如果审计项目组包括来自其他会计师事务所的人员，则为执行本所的政策和程序，针对这些人员执行的工作，会计师事务所或审计项目合伙人可能有必要采取不同的措施。

24. 与针对来自本所的人员相比，当针对来自其他会计师事务所的人员了解下列方面时，会计师事务所的政策和程序可能要求会计师事务所或审计项目合伙人采取不同的措施：

（1）是否具备执行该审计项目所需的适当胜任能力。例如，由于这些人员并未经过本所的招聘和培训，因而会计师事务所的政策和程序可以规定通过其他措施来考察其胜任能力，如从其所在的会计师事务所、所持有的证书、所注册的职业团体处获取相关信息。《中国注册会计师审计准则第 1401 号——对集团财务报表审计的特殊考虑》第三十二条以及该准则的应用指南第 32 段对了解组成部分注册会计师的胜任能力作出了规定并提供了指引。

（2）是否了解与集团审计业务相关的职业道德要求。例如，由于这些人员并未受过本所相关职业道德要求的培训，会计师事务所的政策和程序可以规定通过其他措施使其了解这些职业道德要求，如向该人员提供与相关职业道德要求有关的信息、手册或指引。

（3）是否具有独立性。例如，这些人员可能无法直接在会计师事务所质量管理体系中完成独立性声明，因而会计师事务所的政策和程序可以规定这些人员需要通过其他方式提供其具有独立性的证据，如通过书面声明等方式。

25. 当会计师事务所的政策和程序要求在特定情形下采取特定行动（例如，对特定事项进行咨询）时，可能有必要将相关政策和程序通报给本所以外的其他人员。当发生上述特定情形时，这些人员需要告知审计项目合伙人，以使该合伙人能够按照本所的政策和程序予以应对。例如，在集团审计中，如果某组成部分注册会计师在对组成部分财务信息实施审计程序的过程中，发现一些与集团财务报表相关的困难或有争议事项，按照集团注册会计师的政策和程序，需要对这些事项进行咨询，则该组成部分注册会计师需要将该事项告知集团项目组。

（二）网络与网络事务所（参见本准则第十五条至第十六条）

26. 针对网络与网络事务所，中国注册会计师职业道德守则也作出了相关规定。网络和网络事务所可能采取多种组织形式，无论采取何种组织形式，都不属于本会计师事务所。本准则中有关网络的相关规定同样适用于网络中任何一种非会计师事务所的组织。

四、管理和实现审计质量的领导责任

（一）审计项目合伙人对管理和实现审计项目的高质量承担总体责任（参见本准则第二十三条）

27.《会计师事务所质量管理准则第 5101 号——业务质量管理》要求会计师事务所针对治理和领导层设定质量目标，以支持质量管理体系的设计、实施和运行。在会计师事务所内营造重视质量的文化，可以为审计项目合伙人对管理和实现审计项目的高质量承担总体责任提供支持。在执行本准则第二十三条至第二十四条的各项要求时，审计项目合伙人可以直接与审计项目组成员沟通，并通过其行为（如领导行为）强化这种沟通。如果审计项目组成员在执行审计业务的过程中采取一些预期能够实现高质量的行动，则会计师事务所重视质量的文化将会得到进一步加强。

28.审计项目合伙人为体现会计师事务所对质量的重视而采取的措施可能取决于多种因素，包括会计师事务所和审计项目组的规模、组织结构、地理位置分布及复杂程度，以及审计项目的性质和具体情况。如果审计项目组规模较小，则审计项目合伙人与审计项目组成员直接进行交流或审计项目合伙人直接采取行动通常就能够充分影响审计项目组的文化；反之，如果审计项目组规模较大并且审计项目组成员分散在各地，则可能需要进行更为正式的沟通。

（二）充分、适当地参与审计过程（参见本准则第二十三条）

29.审计项目合伙人充分、适当地参与审计项目的全过程可能表现为多种形式，包括：

（1）按照本准则的规定，对指导、监督审计项目组成员并复核其工作承担责任；

（2）根据审计项目的性质和具体情况，随时调整上述指导、监督和复核的性质、时间安排和范围。

（三）沟通（参见本准则第二十四条）

30.沟通，是指审计项目组为了遵守本准则的规定，在审计项目组成员之间及时分享相关信息。因此，沟通有助于实现审计项目的高质量。沟通可能发生在审计项目组成员之间，也可能发生在审计项目组成员与下列各方之间：

（1）会计师事务所。例如，在会计师事务所质量管理体系中执行相关活动的人员，包括对质量管理体系承担最终责任的人员（即会计师事务所主要负责人）和对质量管理体系的运行承担责任的人员。

（2）审计工作涉及的其他人员。例如，提供直接协助的被审计单位内部审计人员或外部专家。

（3）会计师事务所外部各方。例如，被审计单位的管理层、治理层或监管机构。

31.审计项目的性质和具体情况可能影响审计项目合伙人与审计项目组成员进行有效沟通的适当方式。例如，当审计项目组成员分布在不同地点时，会计师事务所可以使用信息技术手段来促进审计项目组成员之间的沟通，以为审计项目合伙人进行适当的指导、监督和复核提供支持。

（四）职业怀疑（参见本准则第八条）

32.审计项目合伙人负责强调每一位审计项目组成员在审计项目的全过程中保持职业怀疑的重要性。审计项目中存在的某些情况可能会给审计项目组造成压力，从而可能阻碍审计项目组在设计和实施审计程序并评价审计证据时适当地运用职业怀疑。因此，当审计项目组按照《中国注册会计师审计准则第1201号——计划审计工作》的规定设计总体审计策略时，可能需要考虑审计项目是否存在这些情况，如果存在，会计师事务所或审计项目组可能需要采取何种措施以克服这种阻碍。

33.在审计项目层面可能阻碍审计项目组运用职业怀疑的情况包括但不限于下列方面：

（1）预算上的限制。对于某些审计项目来说，审计项目组需要具备某些技术专长或技能来有效地了解、评估和应对重大错报风险，并在掌握充分信息的情况下质疑管理层。

因而，审计项目组需要具备经验丰富和技术过硬的人力资源（包括某些方面的专家）。但预算上的限制可能导致审计项目组难以获取上述人力资源支持。

（2）时间紧张。如果项目时间过于紧张，可能会对执行审计工作和负责指导、监督、复核的人员行为产生负面影响。例如，审计项目组面临来自外部的时间压力，可能难以有效地分析复杂的信息。

（3）被审计单位管理层缺乏配合或施加不正当的压力。这可能会对审计项目组解决复杂问题或有争议事项的能力产生负面影响。

（4）未能充分了解被审计单位及其环境、内部控制系统以及适用的财务报告编制基础。这可能会限制审计项目组作出适当的判断并在掌握充分信息的情况下质疑管理层认定的能力。

（5）难以接触被审计单位的相关记录、设施、特定员工、客户、供应商等。这可能导致审计项目组在选择审计证据的来源时，倾向于获取更容易获取的审计证据。

（6）过分依赖自动化的工具和技术。这可能导致审计项目组不能审慎评价审计证据。

34. 注册会计师有意识或无意识的倾向可能影响审计项目组的职业判断，如在设计和实施审计程序或评价审计证据过程中的职业判断。举例来说，注册会计师的下列无意识倾向可能阻碍职业怀疑的运用，从而影响审计项目组为遵守本准则的要求作出的职业判断的合理性：

（1）可获得性倾向（路径依赖），即在思考过程中，倾向于侧重考虑马上能想到的事项和经验，认为现有信息和容易获取的信息对所作的判断更相关和更重要。例如，注册会计师往往倾向于持续使用往年的审计计划，尤其在往年审计计划运行有效的情况下，而不愿思索改进审计计划；又如，由于在获取文件记录和接触被审计单位的设施、员工、顾客、供应商或其他方时遇到困难，导致注册会计师对审计证据的来源形成偏见，更愿意获取容易取得的审计证据。

（2）证实倾向，即倾向于寻找能够证实（而非否定）初始观点的信息，并认为这种信息更具有说服力，而往往忽视那些可能推翻初始观点的信息。例如，注册会计师倾向于寻找能进一步印证管理层认定或注册会计师自身判断的审计证据，而忽视与管理层认定或注册会计师自身判断不一致的审计证据。

（3）群体思维（盲信集体决策），即倾向于认为集体思考或集体决策的结果更可靠，而不鼓励个体创造性思维或由个人承担决策责任。

（4）过度自信，即过高估计自身作出风险评估和其他判断或决策的能力。

（5）锚定效应，即在作决策时，可能会基于最初获取的信息锚定一个初始值，并倾向于认为最终结果不会与该初始值存在重大差异，因而未充分考虑后续获取信息的影响，从而使得最终的决策偏向于该初始值。例如，在审计财务报表中的某项会计估计时，注册会计师可能会不自觉地认为该会计估计年底的合理金额不会与预审时已确定的金额有重大偏离，而未充分考虑预审之后相关情况的变化可能对该会计估计产生的重大影响。

（6）自动化零错误，即倾向于相信信息系统自动生成的结果，即使该结果有悖于人的常识推理或与其他方面的信息存在冲突，因而导致其可靠性或适用性存疑。例如，注册会计师在审计成本项目时，一旦获取了系统自动生成的成本计算表，往往容易自动认为成本计算合理正确，而忽视对成本系统设置、数据归集以及计算结转等方面的测试。

（7）代表性倾向，即认识事物时以被认为具有代表性的经验、事件或想法模式为基础。例如，在评价被审计单位应收账款的坏账准备时，注册会计师可能认为与同行业公司有代表性的做法一致就是合理的，而未充分考虑被审计单位在市场地位、客户群体、结算方式等方面的差异化特征。

（8）选择性认知，即当存在诸多信息时，往往选择性地吸收那些与自己的信念、态度、兴趣、需求等相一致的信息，而忽视了其他相关信息。

35. 为了克服在审计项目层面对运用职业怀疑的阻碍，审计项目组可能采取下列措施：

（1）对审计项目的性质和具体情况的变化保持警觉，识别有必要对审计项目追加投入资源或投入不同资源的情况，并要求会计师事务所内负责分配资源的人员向审计项目追加投入资源或投入不同的资源。

（2）明确提醒审计项目组成员警惕容易出现有意识或无意识倾向的情况（例如，涉及判断程度较高的领域），并强调审计项目组成员在计划和实施审计程序时，向经验更为丰富的成员寻求建议。

（3）改变审计项目组的人员构成，例如，要求向审计项目组分配知识、技能、经验更加丰富或具有特殊专长的人员。

（4）当遇到被审计单位的管理层成员较难沟通时，由审计项目组中经验更为丰富的人员参与这种沟通。

（5）当遇到审计中较为复杂或主观性较强的领域时，由具有特殊知识和技能的审计项目组成员或专家参与审计项目组的工作。

（6）调整指导、监督和复核的性质、时间安排和范围，针对下列方面工作底稿的复核，引入经验更为丰富的审计项目组成员，亲自且更为频繁、更有深度地实施复核：

①审计中较为复杂或主观性较强的领域；
②可能对实现审计项目的高质量带来风险的领域；
③存在舞弊风险的领域；
④识别出或怀疑存在违反法律法规行为的领域。

（7）设定以下行为期望：

①经验较为缺乏的审计项目组成员经常及时地从经验较为丰富的审计项目组成员或审计项目合伙人获取建议；
②经验较为丰富的审计项目组成员在整个审计过程中积极且及时地回应经验较为缺乏的审计项目组成员提出的观点和要求，并对其提供建议和帮助。

（8）当被审计单位管理层施加不当影响或审计项目组难以接触到被审计单位相关记录、设施、特定员工、客户、供应商等以获取审计证据时，与被审计单位治理层沟通。

（五）向审计项目组其他成员分配任务（参见本准则第二十五条）

36. 在将设计或实施某些审计程序、执行某些审计工作或采取某些行动的任务分配给审计项目组成员后，审计项目合伙人可以采取多种方式充分、适当地参与审计项目的全过程，包括：

（1）告知被分配任务的审计项目组成员应负的责任及权限，所承担工作的范围及

工作目标,并提供必要指导和相关信息;

(2)对被分配任务的人员提供指导和监督;

(3)复核被分配任务人员的工作,评价其得出的结论,作为对本准则第四十条至第四十六条要求的补充。

五、相关职业道德要求

(一)相关职业道德要求(参见本准则第二条、第二十六条至第三十一条)

37.《中国注册会计师审计准则第1101号——注册会计师的总体目标和审计工作的基本要求》第二十七条要求注册会计师遵守与财务报表审计相关的职业道德要求,包括遵守有关独立性的要求。审计项目的性质和具体情况不同,相关职业道德要求也可能不同。例如,某些独立性要求可能只适用于上市实体财务报表审计业务。《中国注册会计师审计准则第1401号——对集团财务报表审计的特殊考虑》针对集团审计中如何按照本准则的要求与组成部分注册会计师沟通相关职业道德要求作出了额外规定。

38.根据审计项目的性质和具体情况,法律法规或相关职业道德要求的某些规定(如与违反法律法规行为相关的规定)可能与本审计项目相关。例如,涉及反洗钱、反腐败或反贿赂的法律法规可能与某些审计项目相关。

39.会计师事务所的信息系统以及会计师事务所提供的资源,可以帮助审计项目组了解和履行适用于审计项目性质和具体情况的相关职业道德要求。例如,会计师事务所可以采取下列措施:

(1)向审计项目组传达独立性要求;

(2)向审计项目组提供与相关职业道德要求有关的培训;

(3)编写相关手册和指引(属于知识资源),其中包含相关职业道德要求,并对这些要求如何适用于会计师事务所及其业务的性质和具体情况提供指引;

(4)指定相关人员负责管理和监控相关职业道德要求的遵守情况[按照《会计师事务所质量管理准则第5101号——业务质量管理》第五十六条第(三)项的规定,会计师事务所应当至少每年一次向所有需要按照相关职业道德要求保持独立性的人员获取其已遵守独立性要求的书面确认]或就与相关职业道德要求有关的事项提供咨询;

(5)就审计项目组成员向会计师事务所内适当的人员或项目合伙人沟通相关和可靠的信息制定政策和程序,例如,与下列方面相关的政策和程序:

①沟通本所针对某一客户的所有业务以及本所为该客户提供服务的范围有关的信息,包括非鉴证服务信息,使会计师事务所能够识别在业务期间和鉴证对象涵盖期间之内,对独立性产生的不利影响;

②沟通可能对独立性产生不利影响的情形和关系,以使会计师事务所能够评价这种不利影响是否处于可接受的水平,如果超出可接受的水平,则采取防范措施消除不利影响或将其降低至可接受的水平;

③及时沟通任何违反相关职业道德要求的情形,包括违反独立性要求的情形。

40.审计项目合伙人在确定其是否能够依赖会计师事务所的政策和程序以遵守相关职业道德要求时,可以考虑本指南第39段所述的各项措施。

41.审计项目组成员之间就相关职业道德要求进行开放、深入的沟通,也可能有助于下列方面:

（1）提醒审计项目组成员注意对本审计项目来说特别重要的职业道德要求；

（2）使审计项目合伙人能够持续了解审计项目组成员下列方面的信息：

①对相关职业道德要求的了解和执行；

②对会计师事务所的政策和程序的了解和执行。

（二）识别和评价对遵守相关职业道德要求的不利影响（参见本准则第二十七条至第二十八条）

42. 按照《会计师事务所质量管理准则第5101号——业务质量管理》第五十六条第（一）项的规定，针对相关职业道德要求（包括与项目组成员的独立性相关的要求），会计师事务所为应对质量风险而采取的应对措施包括制定相关政策和程序，识别、评价和应对对遵守相关职业道德要求的不利影响。

43. 相关职业道德要求可能已就如何识别、评价和应对不利影响作出规定。例如，《中国注册会计师职业道德守则第3号——提供专业服务的具体要求》第四十四条第一款规定，收费报价水平可能影响注册会计师按照职业准则提供专业服务的能力。如果报价水平过低，以致注册会计师难以按照适用的职业准则执行业务，则可能因自身利益对专业胜任能力和勤勉尽责原则产生不利影响。

（三）违反相关职业道德要求的情形（参见本准则第二十九条）

44. 按照《会计师事务所质量管理准则第5101号——业务质量管理》第五十六条第（二）项的规定，会计师事务所应当制定政策和程序，识别、沟通、评价和报告任何违反相关职业道德要求的情况，并针对这些情况的原因和后果及时作出适当应对。

（四）采取适当行动（参见本准则第三十条）

45. 举例来说，适当的行动可能包括下列方面：

（1）遵守会计师事务所有关违反相关职业道德要求的政策和程序，包括向适当的人员沟通或咨询，以便能够采取适当的行动，包括在必要时采取惩戒措施；

（2）与被审计单位治理层沟通；

（3）与相关监管机构或职业团体沟通；

（4）征询法律意见；

（5）在法律法规允许的情况下，解除审计业务约定。

（五）签署审计报告前（参见本准则第三十一条）

46. 按照《中国注册会计师审计准则第1501号——对财务报表形成审计意见和出具审计报告》第二十八条第（三）项的规定，审计报告应当声明注册会计师按照与审计相关的职业道德要求独立于被审计单位，并履行了职业道德方面的其他责任。实施本准则第二十六条至第三十一条规定的程序，可以为审计报告作出上述声明奠定基础。

六、客户关系和审计业务的接受与保持（参见本准则第三十二条至第三十四条）

47. 《会计师事务所质量管理准则第5101号——业务质量管理》第五十九条要求会计师事务所针对客户关系和具体业务的接受与保持设定质量目标。

48. 举例来说，下列信息可能有助于审计项目合伙人确定针对客户关系和审计业务的接受与保持得出的结论是否适当：

（1）被审计单位的主要所有者、实际控制人、关键管理层、治理层的诚信状况和道德价值观；

（2）是否具备充分、适当的资源以执行该审计项目；

（3）被审计单位管理层和治理层是否认可其与该审计项目相关的责任；

（4）审计项目组是否具备足够的胜任能力，包括充足的时间以执行该审计项目；

（5）本期或以前期间审计中发现的重大事项是否影响该审计业务的保持。

49. 按照《会计师事务所质量管理准则第5101号——业务质量管理》第五十九条第（一）项第2点的规定，针对客户关系和具体业务的接受与保持，会计师事务所应当判断其是否具备按照适用的法律法规和职业准则的规定执行业务的能力。审计项目合伙人可以使用会计师事务所在作出上述判断时考虑的信息，以确定针对客户关系和具体业务的接受与保持得出的结论是否适当。如果审计项目合伙人对上述结论的适当性存有疑虑，可以和参与接受与保持决策的相关人员讨论得出这些结论的依据。

50. 如果审计项目合伙人直接参与了会计师事务所接受与保持决策的全过程，则通常能够了解到会计师事务所在得出相关结论时获取或使用的信息。这种直接参与也可以为审计项目合伙人确定会计师事务所的政策和程序已得到遵守以及得出的相关结论是否适当提供依据。

51. 在客户关系和审计业务的接受与保持过程中获取的信息可能有助于审计项目合伙人遵守本准则的要求并就可能采取的适当措施作出知情的决策。这些信息可能包括：

（1）与被审计单位的规模、复杂程度和性质有关的信息，包括该审计项目是否属于集团审计，被审计单位所属行业，以及适用的财务报告编制基础；

（2）被审计单位报告的时间表，如中期和期末报告的时间表；

（3）在集团审计中，集团与其组成部分之间关系的性质；

（4）自上期执行审计业务以来，被审计单位或其所属行业是否发生了变化，这些变化是否影响本期审计业务所需资源，以及对审计项目组的工作进行指导、监督、复核的方式。

52. 在客户关系和审计业务的接受与保持中获取的信息也可能与遵守本准则和其他一些审计准则的要求相关，例如，可能与下列方面的要求相关：

（1）按照《中国注册会计师审计准则第1111号——就审计业务约定条款达成一致意见》的规定，就审计业务约定条款与管理层或治理层（如适用）达成一致意见；

（2）按照《中国注册会计师审计准则第1141号——财务报表审计中与舞弊相关的责任》和《中国注册会计师审计准则第1211号——通过了解被审计单位及其环境识别和评估重大错报风险》的规定，识别和评估由于舞弊或错误导致的重大错报风险；

（3）按照《中国注册会计师审计准则第1401号——对集团财务报表审计的特殊考虑》的规定，在集团审计中，了解集团及其环境、集团组成部分及其环境，以及对组成部分注册会计师的工作进行指导、监督和复核；

（4）按照《中国注册会计师审计准则第1421号——利用专家的工作》的规定，确定是否利用以及如何利用专家的工作；

（5）按照《中国注册会计师审计准则第1151号——与治理层的沟通》和《中国注册会计师审计准则第1152号——向治理层和管理层通报内部控制缺陷》的规定，确定与被审计单位治理结构中的哪些适当人员进行沟通。

53. 法律法规或相关职业道德要求可能规定，后任注册会计师在承接审计业务之前，应当要求前任注册会计师提供其已知的、认为后任注册会计师在作出是否承接业务的决定前需要了解的信息。在某些情况下，后任注册会计师可能会要求前任注册会计师提供与识别出或怀疑存在的违反法律法规行为相关的信息。例如，按照《中国注册会计师职业道德守则第 3 号——提供专业服务的具体要求》第一百零五条的规定，如果前任注册会计师由于识别出或怀疑存在违反法律法规行为而解除了审计业务约定，应当按照拟接任注册会计师的要求提供所有与违反法律法规行为或涉嫌违反法律法规行为相关的信息，这些相关的信息是指，前任注册会计师认为，拟接任注册会计师在决定是否接受审计委托之前需要了解的相关信息。

54. 按照法律法规的规定，如果会计师事务所有义务接受或保持某项客户关系或审计业务，审计项目合伙人可以考虑会计师事务所获取的有关审计项目性质和具体情况的信息。

55. 针对本准则第三十四条所述的情况，审计项目合伙人和会计师事务所可能认为保持该项审计业务是适当的，此时，审计项目合伙人和会计师事务所需要确定在审计项目层面采取何种额外的措施，例如，为审计项目组分配更多成员或具有特殊专长的成员。如果审计项目合伙人存有进一步的疑虑或认为尚未适当解决相关事项，则会计师事务所针对意见分歧制定的政策和程序可能是适用的。

七、业务资源（参见本准则第三十五条至第三十九条）

（一）概述

56. 按照《会计师事务所质量管理准则第 5101 号——业务质量管理》的规定，会计师事务所为支持审计项目的执行而提供或分配的资源包括下列种类：

（1）人力资源；

（2）技术资源；

（3）知识资源。

57. 审计项目中的资源主要是由会计师事务所提供或分配的，在某些情况下，资源也可能是审计项目组直接获取的。例如，在集团审计中，因法律法规要求或其他原因，组成部分注册会计师需要对组成部分财务报表发表审计意见，并且该组成部分注册会计师是由组成部分管理层委派，代表集团项目组实施审计程序的（参见《中国注册会计师审计准则第 1401 号——对集团财务报表审计的特殊考虑》第四条）。在这种情况下，会计师事务所的政策和程序可以要求集团项目合伙人采取不同措施，如要求组成部分注册会计师提供相关信息，以确定是否已向其提供或分配了充分、适当的资源。

58. 审计项目合伙人在遵守本准则第三十五条至第三十六条的规定时，可以考虑向审计项目组提供或分配的资源是否能够使该项目组满足相关职业道德要求，包括遵循专业胜任能力和勤勉尽责这一职业道德基本原则。

（二）人力资源

59. 人力资源包括审计项目组成员（参见本指南第 5 段、第 15 段至第 21 段），在适用的情况下，还包括注册会计师的外部专家以及在审计业务中提供直接协助的被审计单位内部审计人员。

（三）技术资源

60. 在审计中使用技术资源（如技术工具），可能有助于注册会计师获取充分、适当的审计证据。技术工具可以提高审计的效率和效果，也可以有助于注册会计师对大量数据进行分析。例如，注册会计师可以使用数据分析工具来发现深层次的问题、识别异常趋势或更加有效地质疑管理层认定，这将有助于提高注册会计师运用职业怀疑的能力。技术工具还可以用来组织相关会议并促进审计项目组成员之间信息的沟通和分享。然而，如果技术资源使用不当，可能会提高在决策过程中过度依赖技术资源所产生信息的风险，也可能对遵守相关职业道德要求产生不利影响，如对遵循保密性原则产生不利影响。

61. 会计师事务所可以制定相关政策和程序，明确规定审计项目组在使用经会计师事务所批准的技术工具来实施审计程序时应当考虑的事项和承担的责任。这些政策和程序还可以要求在使用技术工具时，由在数据分析和评价、数据挖掘等方面具有特殊技能和专长的人员参与其中。

62. 当审计项目合伙人要求来自其他会计师事务所的人员使用特定的自动化工具和技术来实施审计程序时，与该人员进行沟通，这可能使审计项目合伙人发现该人员在使用这些自动化工具和技术方面，需要审计项目组提供指导。

63. 会计师事务所的政策和程序可以明确禁止使用特定信息技术应用程序（例如，没有经过会计师事务所批准的软件）或该程序的某些功能。会计师事务所的政策和程序也可以要求审计项目组在使用未经会计师事务所批准的程序之前，应当采取某些措施确定该程序是否可以使用。举例来说，会计师事务所的政策和程序可以要求：

（1）审计项目组有足够的胜任能力使用该程序；
（2）测试该程序的运行情况和安全性；
（3）在审计工作底稿中就该程序的使用情况作出特别记录。

64. 审计项目合伙人在考虑某一审计项目中使用某信息技术应用程序是否适合该项目的具体情况时，需要运用职业判断。如认为适合，则需要进一步考虑如何使用该程序。对于未经会计师事务所批准使用的程序，在确定其是否适用于审计项目的具体情况时，可以考虑下列方面：

（1）使用该程序以及该程序的安全性是否符合本所的政策和程序；
（2）该程序的运行是否符合预期；
（3）相关人员是否具备足够的胜任能力来使用该程序。

（四）知识资源

65. 举例来说，知识资源可能包括审计方法论、审计手册、审计指引、模板、核对表、标准程序表等。

66. 在审计项目中使用知识资源可能有助于对法律法规、职业准则、会计师事务所政策和程序进行一致理解和运用。基于这种目的，会计师事务所可以制定相关政策和程序，要求审计项目组使用本所的审计方法论以及特定的工具和指引。审计项目组也可以考虑使用其他知识资源（例如，针对特定行业的审计方法论或相关操作指引）是否适当以及是否适用于审计项目的性质和具体情况。

（五）充分、适当的资源用于执行审计项目（参见本准则第三十五条）

67. 审计项目合伙人在确定充分、适当的资源是否已被及时分配给审计项目组用于执行审计项目，或审计项目组是否能够及时获取这些资源时，通常可以依赖本指南第6段所述的各项应对措施。例如，审计项目合伙人在使用会计师事务所批准的技术（资源）来实施审计程序时，可以依赖本所的技术开发、实施和维护计划（应对措施）。

（六）审计项目组的胜任能力（参见本准则第三十六条）

68. 在确定审计项目组是否具备适当的胜任能力时，审计项目合伙人可以考虑下列因素：

（1）审计项目组通过适当的培训并依赖执业经历，是否能够理解具有相似性质和复杂程度的审计业务，以及是否拥有相关实务经验；

（2）审计项目组是否理解适用的法律法规和职业准则的要求；

（3）审计项目组是否具备会计或审计特殊领域的专长；

（4）针对被审计单位所使用的信息技术，以及审计项目组在计划和执行审计工作时拟使用的自动化工具或技术，审计项目组是否具备专长；

（5）审计项目组是否了解被审计单位所处的行业；

（6）审计项目组是否能够运用职业判断并保持职业怀疑；

（7）审计项目组是否理解会计师事务所的政策和程序。

69. 被审计单位的内部审计人员和注册会计师的外部专家都不是审计项目组成员。《中国注册会计师审计准则第1411号——利用内部审计人员的工作》及其应用指南、《中国注册会计师审计准则第1421号——利用专家的工作》及其应用指南分别针对如何评估内部审计人员和注册会计师外部专家的胜任能力提出了要求并提供了指引。

项目管理

70. 在审计项目组成员人数较多的情况下，例如，在对一家大型或复杂的被审计单位进行审计时，审计项目合伙人可以指定一位具有专门知识和技能的人员负责项目管理，会计师事务所适当的技术资源和知识资源为该人员提供支持。反之，当被审计单位较不复杂且审计项目组成员人数较少时，项目管理可以由审计项目组成员来执行，并且不一定采用正式的方法。

71. 项目管理技术和工具可以用于支持审计项目组对审计项目实施质量管理，例如，项目管理技术和工具可以：

（1）减轻预算或时间上的压力，帮助审计项目组恰当保持职业怀疑；

（2）推动及时开展审计工作，以有效管理项目进程，避免当审计流程临近结束时出现更多困难或有争议的事项而导致时间过度紧张；

（3）监控按照审计计划开展审计工作的情况，包括审计中关键节点的完成情况，以有助于审计项目组积极地识别需要及时调整审计计划和所分配资源的情况；

（4）促进相关人员之间的沟通，例如，与组成部分注册会计师和注册会计师的外部专家之间的沟通。

（七）不充分或不适当的资源（参见本准则第三十七条）

72. 《会计师事务所质量管理准则第5101号——业务质量管理》第四十九条第（一）项要求会计师事务所在全所范围内形成一种质量至上的文化，树立质量意识，这种文化认同和强调：会计师事务所有责任通过持续高质量地执行业务服务于公众利益；会计师事务所的战略决策和行动，包括会计师事务所在财务和运营方面对优先事项的安排，都不能以牺牲质量为代价。该条还规定了会计师事务所有责任制定资源需求计划，并且资源的取得和分配能够保障会计师事务所履行其对质量的承诺。然而，在某些情况下，会计师事务所在财务和运营方面对优先事项的安排，可能对向审计项目组提供或分配的资源形成制约。在这些情况下，尽管受到这些制约，审计项目合伙人仍然需要对在项目层面实现高质量承担责任，例如，确定向审计项目组分配或审计项目组能够获取的资源是充分、适当的。

73. 在集团审计中，如果组成部分注册会计师对组成部分执行工作时的资源是不充分或不适当的，集团项目合伙人可以与组成部分注册会计师、被审计单位管理层或会计师事务所沟通，使该组成部分注册会计师能够获取充分、适当的资源。

74. 审计项目合伙人在确定审计项目层面是否需要分配或提供额外的资源时，需要运用职业判断，这种判断受本准则的要求以及审计项目的性质和具体情况的影响。如本指南第11段所述，在某些情况下，审计项目合伙人可能意识到，会计师事务所为应对质量风险而采取的应对措施对于特定业务来说是无效的，包括向审计项目组分配或审计项目组能够获取的资源是不充分的。在这些情况下，审计项目合伙人需要采取适当行动，包括按照本准则第三十七条和第五十一条第（三）项的规定，与适当人员进行沟通。例如，如果会计师事务所提供的某审计软件未能按照近期发布的法律法规增加新的审计程序或修订原有的审计程序，则及时向会计师事务所沟通这一信息可以使会计师事务所及时采取措施更新并重新发布该软件，或者提供一种替代的资源，使审计项目组能够在执行审计业务时遵守新法律法规的规定。

75. 如果审计项目合伙人确定所分配的资源或审计项目组能够获取的资源对于审计项目的性质和具体情况来说是不充分、不适当的，并且审计项目组没有获取到额外的资源或替代资源，则可以采取下列措施：

（1）调整计划中指导、监督、复核的性质、时间安排和范围（也可参见本指南第91段）；

（2）如果适用的法律法规允许，向被审计单位管理层或治理层沟通以延长公布审计报告的截止期限；

（3）如果审计项目合伙人不能够获取执行审计项目的必要资源，按照本所的政策和程序解决意见分歧；

（4）如果适用的法律法规允许，按照本所的政策和程序解除审计业务约定。

八、业务执行

（一）指导、监督和复核（参见本准则第四十条至第四十一条）

76. 如果被审计单位的性质和具体情况比较复杂，或者除审计项目合伙人外，审计项目组还包括其他成员，审计项目合伙人可能有必要安排对审计项目组其他成员进行指导、监督和复核。由于审计项目合伙人对管理和实现审计项目的高质量承担总体责任，并且需要充分、适当地参与审计项目，所以审计项目合伙人需要确定指导、监督和复核的性质、时间安排和范围符合本准则第四十一条第（一）项至第（二）项的要求。在这些情况下，相关人员或审计项目组成员，包括集团审计中的组成部分注册会计师，需要向审计项目合伙人提供相关信息，使其能够按照本准则第四十一条的规定，确定指导、监督和复核的性质、时间安排和范围符合要求。

77. 按照《会计师事务所质量管理准则第5101号——业务质量管理》的规定，会计师事务所需要针对审计项目组成员工作的指导、监督和复核设定质量目标。同时，该准则第六十四条第（二）项还要求由经验较为丰富的项目组成员对经验较为缺乏的项目组成员的工作进行指导、监督和复核。

78. 对审计项目组成员的指导、监督和复核，属于在审计项目层面执行会计师事务所层面的应对措施，因而其性质、时间安排和范围需要由审计项目合伙人结合对审计项目实施质量管理的需要进一步"量身订制"。因此，对不同审计项目来说，指导、监督和复核的方法各不相同，取决于审计项目的性质和具体情况。实务中，指导、监督和复核的具体方法通常是会计师事务所的政策和程序以及根据本审计项目的具体情况采取的应对措施组合。

79. 对审计项目组成员进行指导、监督和复核，能够为审计项目合伙人履行本准则的规定，并就其已按照本准则第五十二条第（一）项的规定确定其已充分、适当地参与了审计项目的全过程提供支持。

80. 审计项目组成员之间持续进行讨论和沟通，可以使经验较为缺乏的审计项目组成员能够向经验较为丰富的审计项目组成员（包括审计项目合伙人）及时提出问题，有助于提高指导、监督和复核的有效性。

指导和监督

81. 对审计项目组成员的指导可能包括告知其应负的责任。举例来说，包括下列责任：

（1）通过其个人的言行致力于在审计项目层面管理和实现高质量。

（2）秉持质疑的思维方式，并在收集和评价审计证据时意识到可能影响其保持职业怀疑的有意识或无意识的倾向（参见本指南第 34 段）。

（3）遵守相关职业道德要求。

（4）当多个合伙人参与执行审计项目时，每个合伙人各自的职责。

（5）每个审计项目组成员在实施审计程序中各自的责任，以及经验较为丰富的审计项目组成员对经验较为缺乏的审计项目组成员进行指导、监督和复核的责任。

（6）理解待执行工作的目标，并理解关于总体审计策略和具体审计计划中拟实施审计程序的性质、时间安排和范围。

（7）应对对实现高质量的不利影响，并采取相应的措施。例如，审计项目组成员不能由于预算或资源方面的约束而调整或不实施计划实施的审计程序。

82. 举例来说，指导和监督可能包括下列方面：

（1）追踪审计项目的进程，包括对下列方面实施监控：

①按照审计计划实施审计工作的进程；

②已执行的工作是否达到了目标；

③分配的资源是否始终是充分的。

（2）采取适当措施以解决在审计项目执行过程中遇到的问题，例如，如果遇到的问题比最初的预期更为复杂，则将计划实施的某些审计程序重新分配给经验更为丰富的审计项目组成员；

（3）识别在执行审计工作过程中需要咨询或由经验较为丰富的审计项目组成员考虑的事项；

（4）为审计项目组成员提供指导和现场培训，以帮助其提高工作技能和胜任能力；

（5）营造一种环境，使审计项目组成员可以无所顾忌地提出疑虑而不用担心遭受打击报复。

复核

83. 对审计项目组成员的工作进行复核，能够支持审计项目合伙人得出本准则的要求已得到遵守的结论。

84. 举例来说，在对审计项目组成员的工作进行复核时，可以考虑下列方面：

（1）已执行的工作是否符合适用的法律法规、职业准则以及会计师事务所的政策和程序；

（2）是否已将重大事项提请作出进一步考虑；

（3）是否已进行了适当咨询以及咨询结论是否已得到记录和落实；

（4）是否需要调整已执行工作的性质、时间安排和范围；

（5）已执行的工作是否能够支持得出的结论，是否已得到适当的记录；

（6）已获取的证据是否充分、适当，能够支持发表审计意见；

（7）实施审计程序的目标是否已实现。

85. 会计师事务所的政策和程序可以就下列方面提出特别要求：

（1）审计工作底稿复核的性质、时间安排和范围；

（2）在不同情况下适当的复核类型（例如，对所有工作底稿都实施复核还是仅选取部分工作底稿实施复核）；

（3）哪些审计项目组成员负责实施哪些类型的复核。

审计项目合伙人的复核（参见本准则第四十一条至第四十六条）

86. 按照《中国注册会计师审计准则第1131号——审计工作底稿》第十一条第（三）项的规定，注册会计师应当记录审计工作的复核人员、复核日期和范围。

87. 审计项目合伙人在审计项目的适当阶段及时复核工作底稿，有助于重大事项在审计报告日或之前得到及时满意的解决。审计项目合伙人并不需要复核所有工作底稿。

88. 《〈中国注册会计师审计准则第1131号——审计工作底稿〉应用指南》第8段至第11段，就注册会计师如何记录重大事项和重大职业判断提供了相关指引。

89. 审计项目合伙人在识别审计项目组作出重大判断的领域时，需要运用职业判断。会计师事务所的政策和程序可以明确规定一些通常被认为涉及重大判断的领域。审计业务中的重大判断可能包括与总体审计策略和具体审计计划、审计业务的执行以及审计项目组得出的总体结论有关的事项。举例来说，这些事项具体包括：

（1）与计划审计工作有关的事项，例如，与确定重要性水平有关的事项；

（2）审计项目组的人员构成，包括：

①在会计或审计的特殊领域具备专长的人员；

②来自服务提供中心的人员。

（3）与利用专家（包括外部专家）工作有关的决策；

（4）审计项目组对在客户关系和审计业务的接受与保持中获取的信息的考虑，以及拟采取的措施；

（5）审计项目组的风险评估程序，包括在评估固有风险时需要审计项目组作出重大判断的情况；

（6）审计项目组对关联方关系及其交易和披露的考虑；

（7）审计项目组对审计项目中的重大领域实施审计程序的结果，包括对某些会计估计、会计政策或持续经营事项得出的结论；

（8）审计项目组对由专家执行的工作和得出的结论作出的评价；

（9）在集团审计中：

①制定的集团总体审计策略和具体审计计划；

②与组成部分注册会计师参与审计工作有关的决策，包括对组成部分注册会计师如何实施指导、监督和复核，如当针对组成部分财务信息的某些领域评估的重大错报风险较高时；

③对组成部分注册会计师已执行的工作和得出的结论作出的评价；

（10）影响总体审计策略和具体审计计划的事项是如何应对的；

（11）在执行审计项目的过程中识别出的已更正和未更正错报的性质和重要程度；

（12）审计报告拟发表的审计意见和拟沟通的事项，例如，关键审计事项，或与持续经营相关的重大不确定性。

90. 审计项目合伙人在确定其他需要复核的事项时需要运用职业判断。举例来说，这种职业判断基于下列方面：

（1）审计项目的性质和具体情况；

（2）某项工作具体是由哪个审计项目组成员执行的；

（3）与最近实施检查发现的情况有关的事项；

（4）会计师事务所的政策和程序。

指导、监督、复核的性质、时间安排和范围

91. 指导、监督、复核需要按照适用的法律法规、职业准则、会计师事务所的政策和程序来计划和实施。例如，会计师事务所的政策和程序可以提出下列要求：

（1）按照计划在期中执行的工作，需要在执行的过程中进行指导、监督和复核，以便能够及时采取措施加以纠正，而不能等到期末；

（2）某些事项需要由审计项目合伙人亲自实施复核，会计师事务所的政策和程序可以明确规定哪些项目需要复核或在哪些情况下需要由审计项目合伙人亲自实施复核。

"量身订制"适合本所的指导、监督和复核方法

92. 举例来说，会计师事务所可以根据下列情况"量身订制"适合本所的指导、监督和复核方法：

（1）审计项目组成员以前为被审计单位提供服务的经验以及将要实施审计的领域。例如，针对与被审计单位信息系统有关的工作，如果执行这些工作的人员恰好是以前期间执行同样工作的人员，并且被审计单位的信息系统并未发生重大变化，则通常可以适当降低对该人员进行指导、监督和复核的范围、频率及详细程度。

（2）审计项目的复杂程度。例如，如果发生了某些重大事项使得该审计项目变得更加复杂，则可能需要适当提高对审计项目组成员进行指导、监督和复核的范围、频率及详细程度。

（3）评估的重大错报风险。例如，如果评估的重大错报风险较高，则可能需要相应提高对审计项目组成员进行指导、监督和复核的范围、频率及详细程度。

（4）执行审计工作的审计项目组成员的胜任能力。例如，如果审计项目组成员经验较为缺乏，则可能需要对其进行更加详细和频繁的指导，并且这种指导更多需要在该成员执行工作的过程中现场进行。

（5）对已执行的工作进行复核可能采取的方式。例如，在某些情况下，通过远程方式进行复核效果可能不是很好，因而可能需要增加现场复核。

（6）审计项目组的人员构成以及审计项目组成员所处的地理位置。例如，对于服

务提供中心的人员,对其实施的指导、监督和复核可能具有下列特征:

①相对于审计项目组所有成员都位于同一地点的情况,对该人员实施的指导、监督和复核通常更加正式和系统化;

②通常使用信息技术来加强审计项目组成员之间的沟通。

93. 如果审计项目的具体情况发生变化,审计项目合伙人可能需要对计划执行的指导、监督和复核的性质、时间安排和范围进行重新评价。例如,如果由于某项复杂交易的影响,评估的重大错报风险有所提高,审计项目合伙人可能需要针对与该项交易相关的工作,调整计划实施的复核。

94. 根据本准则第四十一条第(二)项的规定,审计项目合伙人应当确定指导、监督和复核的性质、时间安排和范围符合审计项目的性质和具体情况。例如,如果某一经验较为丰富的审计项目组成员不能参加对某些经验较为缺乏的审计项目组成员的指导和复核,审计项目合伙人可能需要扩大实施指导和复核的范围,亲自对这些经验较为缺乏的审计项目组成员进行指导和复核。

复核与管理层、治理层或相关监管机构的正式书面沟通文件(参见本准则第四十六条)

95. 审计项目合伙人在确定复核哪些正式书面沟通文件时,需要结合审计项目的性质和具体情况运用职业判断。例如,审计项目合伙人可能没有必要复核在审计正常进行的过程中,审计项目组与被审计单位管理层沟通的文件。

(二)咨询(参见本准则第四十七条)

96.《会计师事务所质量管理准则第5101号——业务质量管理》第六十四条第(四)项要求会计师事务所设定以下质量目标:对困难或有争议的事项进行了咨询,并已按照达成的一致意见执行。举例来说,针对下列方面,进行咨询可能是必要或适当的:

(1)复杂的或不熟悉的事项(例如,某项具有高度估计不确定性的会计估计);

(2)存在特别风险的事项;

(3)被审计单位超出正常经营过程的重大交易或重大异常交易;

(4)被审计单位管理层施加限制的情况;

(5)与违反法律法规有关的情况。

97. 咨询可以在会计师事务所内部,也可以在外部。当提供咨询的人员符合下列条件时,针对重大技术、道德问题或其他问题进行的咨询可能是有效的:

(1)了解所有相关事实和情况,能够在知情的前提下提供咨询建议;

(2)具备适当的知识、经验和资历。

98. 在会计师事务所政策和程序允许的情况下,审计项目组向会计师事务所外部寻求咨询可能是适当的。例如,当本所缺乏适当的内部资源时,向外部寻求咨询可能是适当的。审计项目组可以利用会计师事务所、职业团体、监管机构或其他提供相关服务的商业组织来寻求咨询服务。

99. 如果审计项目组需要就某一困难或有争议的事项进行咨询,则可能表明该事项对本期审计较为重要,从而可能构成关键审计事项。

(三)项目质量复核(参见本准则第四十八条)

100.《会计师事务所质量管理准则第5101号——业务质量管理》第六十五条要求会计师事务所就项目质量复核制定政策和程序,并就满足相应条件的业务实施项目质量复核。《会计师事务所质量管理准则第 5102 号——项目质量复核》进一步规范了项目质量复核人员的委派和资质要求,以及项目质量复核人员在实施和记录项目质量复核方面的责任。

在签署审计报告之前完成项目质量复核〔参见本准则第四十八条第(四)项〕

101. 根据《中国注册会计师审计准则第 1501 号——对财务报表形成审计意见和出具审计报告》第四十二条第一款的规定,审计报告日不应早于注册会计师获取充分、适当的审计证据,并在此基础上对财务报表形成审计意见的日期。如果某一审计项目需要实施项目质量复核,根据本准则和《会计师事务所质量管理准则第 5102 号——项目质量复核》的规定,审计项目合伙人在收到项目质量复核人员就项目质量复核已经完成发出的通知之前,不得签署审计报告。例如,如果项目质量复核人员告知项目合伙人,其对审计项目组作出的重大判断和得出的结论的适当性存有疑虑,则项目质量复核并没有完成,此时,项目合伙人不能签署审计报告。

102. 在审计项目的适当阶段及时实施项目质量复核,有助于审计项目组在审计报告日或之前尽快解决项目质量复核人员提出的问题。

103. 在执行审计项目的过程中,审计项目组与项目质量复核人员频繁沟通有助于提高项目质量复核的有效性和及时性。除与项目质量复核人员讨论重大事项外,审计项目合伙人还可以指定某一审计项目组成员负责配合项目质量复核人员的工作。

(四)意见分歧(参见本准则第四十九条至第五十条)

104.《会计师事务所质量管理准则第 5101 号——业务质量管理》第六十四条第(五)项要求会计师事务所设定以下质量目标:项目组内部、项目组与项目质量复核人员之间(如适用),以及项目组与会计师事务所内负责执行质量管理体系相关活动的人员之间存在的意见分歧,能够得到会计师事务所的关注并予以解决。

105. 如果审计项目合伙人对解决意见分歧的方案不满意,可以采取适当措施。举例来说,这些措施可能包括:

(1)征询法律意见;

(2)在法律法规允许的情况下解除审计业务约定。

九、监控与整改(参见本准则第五十一条)

106.《会计师事务所质量管理准则第 5101 号——业务质量管理》针对会计师事务所的监控和整改程序提出了相关要求。根据该准则第九十一条的规定,会计师事务所应当向项目组沟通与监控和整改程序有关的信息,以使项目组能够根据其职责迅速采取恰当行动。项目组成员提供的信息也可以供会计师事务所的监控和整改程序使用。审计项目组成员在执行审计项目的过程中运用职业判断、保持职业怀疑,有助于对可能与监控和整改程序相关的信息保持警觉。

107. 会计师事务所提供的信息可能与审计项目相关。举例来说,涉及下列方面的信息通常与本审计项目相关:

(1)会计师事务所对审计项目合伙人或审计项目组某一成员执行的其他项目实施监控程序发现的情况;

(2)对同一被审计单位以前期间执行审计工作的结果进行检查发现的情况。

108. 在考虑会计师事务所监控和整改程序沟通的信息,以及该信息可能对审计项目的影响时，审计项目合伙人可以考虑会计师事务所为应对识别出的缺陷设计和采取的整改措施，并根据这些措施与审计项目的性质和具体情况的相关程度，将相应的信息传达给审计项目组。审计项目合伙人还需要考虑是否有必要在审计项目层面采取额外的整改措施。例如，审计项目合伙人可能认为：

（1）需要利用专家的工作；

（2）针对识别出缺陷的审计领域，需要强化指导、监督和复核的性质、时间安排和范围。

如果某一缺陷并不影响审计质量（例如，该缺陷与某一技术资源的运用有关，但审计项目组并未使用该资源），则可能不需要在审计项目层面采取额外的措施。

109. 会计师事务所质量管理体系识别出缺陷并不一定表明某一审计业务未能按照适用的法律法规和职业准则的规定执行，也不一定表明审计报告是不适当的。

十、对管理和实现高质量承担总体责任（参见本准则第五十二条）

110.《会计师事务所质量管理准则第5101号——业务质量管理》第六十四条第（一）项要求会计师事务所设定以下质量目标：项目组了解并履行其与所执行业务相关的责任，包括项目合伙人对项目管理和项目质量承担总体责任，并充分、适当地参与项目全过程。

111. 审计项目合伙人在遵守本准则第五十二条的规定时，相关考虑因素包括：

（1）审计项目合伙人是如何根据审计项目的性质和具体情况遵守本准则规定的；

（2）审计工作底稿是如何为审计项目合伙人已充分、适当地参与审计项目全过程提供证据的（参见本指南第115段）。

112. 举例来说，下列情况可能表明审计项目合伙人未能充分、适当地参与审计项目全过程：

（1）审计项目合伙人未能及时复核审计计划，包括对重大错报风险的评估，以及为应对这些重大错报风险而计划在完成审计工作之前实施的审计程序；

（2）有证据表明承担相关工作、任务或需要实施相关审计程序的人员未被充分告知其应承担的职责、拥有的权限，以及工作的范围和目标，也没有被告知相关的信息或接受其他必要的指导；

（3）缺少证据表明审计项目合伙人对审计项目组其他成员进行了指导、监督和复核。

113. 根据本准则第五十二条第（一）项的规定，审计项目合伙人应当充分、适当地参与审计项目的全过程，以使其能够确定，根据审计项目的性质和具体情况，审计项目组作出的重大判断和据此得出的结论是适当的。如果审计项目合伙人对审计项目的参与并不能为得出上述结论奠定基础，则审计项目合伙人不能得出上述结论。在这种情况下，除考虑本所的相关政策和程序外，审计项目合伙人还可以采取其他适当措施。举例来说，这些措施可能包括：

（1）更新或调整审计计划；

（2）重新评价计划实施复核的性质和范围，并调整该计划以提高审计项目合伙人的参与程度；

（3）向对质量管理体系相关方面的运行承担责任的人员进行咨询。

十一、审计工作底稿（参见本准则第五十三条）

114. 根据《〈中国注册会计师审计准则第1131号——审计工作底稿〉应用指南》第7段，审计工作底稿为注册会计师按照审计准则的规定执行审计工作提供证据。然而，注册会计师没有必要也不可能对其所有考虑过的事项和作出的职业判断都形成审计工作底稿。此外，如果某些事项的遵守情况已经在其他工作底稿中体现，注册会计师没有必要对相关事项的遵守情况进行专门记录（例如，在核对表中记录）。

115. 审计工作底稿中对执行本准则各项要求的记录，包括审计项目合伙人充分、适当地参与审计项目全过程的证据，以及审计项目合伙人对本准则第五十二条第（一）项至第（二）项所述事项的确定，可以通过多种形式进行记录（取决于审计项目的性质和具体情况）。例如：

（1）对审计项目组的指导，可以通过在审计计划上签字确认以及实施项目管理活动等方式进行记录；

（2）审计项目组正式会议的纪要，可以为审计项目合伙人采取了明确、一致和有效的沟通和其他行动（为审计项目组营造一种重视质量的文化并沟通对审计项目组成员的行为期望）提供证据；

（3）审计项目合伙人与审计项目组成员以及项目质量复核人员（如适用）之间进行讨论的议程，以及审计项目合伙人参与该审计项目的时间记录，可以为审计项目合伙人充分、适当地参与了审计项目的全过程以及对审计项目组其他成员进行了指导提供证据；

（4）审计项目合伙人和审计项目组其他成员的签字，可以为审计工作底稿已经过复核提供证据。

116. 针对实现审计项目的高质量可能产生风险的情况，对职业怀疑的运用以及注册会计师的考虑作出的记录，可能是重要的。例如，如果审计项目合伙人获知了某些信息，并且，如果这些信息在接受或保持该审计项目之前获知，可能会导致会计师事务所拒绝接受或拒绝保持该客户关系或审计业务，审计工作底稿需要记录审计项目组是如何应对这种情况的。

117. 针对困难的或有争议的事项，在审计工作底稿中记录向其他专业人员进行咨询的情况，有助于为了解该事项的下列方面提供充分、完整、详细的记录：

（1）被咨询事项的性质和范围；

（2）咨询的结果，包括采取的措施，采取这些措施的理由，以及这些措施是如何执行的。

《中国注册会计师审计准则第 1131 号——审计工作底稿》应用指南

（2022 年 1 月 17 日修订）

一、及时编制审计工作底稿（参见本准则第九条）

1. 及时编制充分、适当的审计工作底稿，有助于提高审计质量，便于在完成审计报告前，对获取的审计证据和得出的结论进行有效复核和评价。在审计工作完成后编制的审计工作底稿，可能不如在执行审计工作时编制的审计工作底稿准确。

二、记录实施的审计程序和获取的审计证据

（一）审计工作底稿的格式、内容和范围（参见本准则第十条）

2. 审计工作底稿的格式、内容和范围主要取决于下列因素：
（1）被审计单位的规模和复杂程度；
（2）拟实施审计程序的性质；
（3）识别出的重大错报风险；
（4）已获取的审计证据的重要程度；
（5）识别出的例外事项的性质和范围；
（6）当从已执行审计工作或获取审计证据的记录中不易确定结论或结论的基础时，记录结论或结论基础的必要性；
（7）审计方法和使用的工具。

3. 审计工作底稿可以以纸质、电子或其他介质形式存在。审计工作底稿通常包括：
（1）总体审计策略；
（2）具体审计计划；
（3）分析表；
（4）问题备忘录；
（5）重大事项概要；
（6）询证函回函和声明；
（7）核对表；
（8）有关重大事项的往来函件（包括电子邮件）。

注册会计师还可以将被审计单位文件记录的摘要或复印件（如重大的或特定的合同和协议）作为审计工作底稿的一部分。然而，审计工作底稿并不能代替被审计单位的会计记录。

4. 审计工作底稿不需要包括已被取代的审计工作底稿的草稿或财务报表的草稿、反

映不全面或初步思考的记录、存在印刷错误或其他错误而作废的文本，以及重复的文件记录等。

5. 注册会计师的口头解释本身不能为其执行的审计工作或得出的审计结论提供足够的支持，但可用来解释或澄清审计工作底稿中包含的信息。

对遵守审计准则的记录［参见本准则第十条第（一）项］

6. 原则上讲，注册会计师遵守本准则的要求，将能够根据具体情况编制出充分、适当的审计工作底稿。其他审计准则包含的有关审计工作底稿的具体要求，旨在明确如何将本准则的要求应用到其他审计准则提及的特定情况。其他审计准则有关审计工作底稿的具体要求，并不影响本准则的普遍适用性。此外，某一审计准则没有对审计工作底稿提出要求，并不意味着按照该准则执行审计工作可以不编制审计工作底稿。

7. 审计工作底稿为注册会计师按照审计准则的规定执行审计工作提供了证据。然而，对注册会计师而言，记录审计中考虑的所有事项或作出的所有职业判断，既没必要也不可行。进一步讲，如果审计档案包含的文件已表明注册会计师遵守了审计准则，注册会计师没有必要再对遵守审计准则的情况单独予以记录（如在核对表中记录遵守了审计准则）。例如：

（1）审计档案包含得到恰当记录的审计计划，表明注册会计师已计划了审计工作；

（2）审计档案包含签署的审计业务约定书，表明注册会计师已经与管理层或治理层（如适用）就审计业务约定条款达成一致意见；

（3）审计报告包含对财务报表恰当发表的保留意见，表明注册会计师按照审计准则的要求，在审计准则规定的情形下发表了保留意见；

（4）对适用于整个审计过程的要求，可以在审计档案中以多种方式表明注册会计师遵守了这些要求。例如，可能没有专门的方式记录注册会计师保持职业怀疑。但是，审计工作底稿仍然可以为注册会计师按照审计准则的要求保持了职业怀疑提供证据。这些证据可能包括注册会计师为了佐证管理层对其询问的答复而实施的特定审计程序。类似地，项目合伙人承担了对项目组进行指导、监督并复核其工作的责任，也可以在审计工作底稿中以多种方式予以证明。这可能包括能够证明项目合伙人已充分、适当地参与审计项目的记录，例如，项目合伙人参与项目组讨论的记录。

记录重大事项及相关重大职业判断［参见本准则第十条第（三）项］

8. 判断某一事项是否属于重大事项，需要对具体事实和情况进行客观分析。

重大事项通常包括：

（1）引起特别风险的事项；

（2）实施审计程序的结果表明财务报表可能存在重大错报的情形，或需要修正以前对重大错报风险的评估和针对这些风险拟采取的应对措施的情形；

（3）导致注册会计师难以实施必要审计程序的情形；

（4）可能导致在审计报告中发表非无保留意见或增加强调事项段的事项。

9. 注册会计师在执行审计工作和评价审计结果时运用职业判断的程度，是决定记录重大事项的审计工作底稿的格式、内容和范围的一项重要因素。在审计工作底稿中对重大职业判断进行记录，能够解释注册会计师得出的结论并提高职业判断的质量。这些记录对审计工作底稿的复核人员非常有帮助，同样也有助于执行以后期间审计的人员查阅具有持续重要性的事项（如对以前作出的会计估计进行复核）。

10. 根据本准则第十条的规定，当涉及重大事项和重大职业判断时，注册会计师需要编制与运用职业判断相关的审计工作底稿。例如：

（1）如果审计准则要求注册会计师"应当考虑"某些信息或因素，并且这种考虑在特定业务情况下是重要的，记录注册会计师得出结论的理由；

（2）记录注册会计师对某些方面主观判断的合理性（如某些重大会计估计的合理性）得出结论的基础；

（3）如果注册会计师针对审计过程中识别出的导致其对某些文件记录的真实性产生怀疑的情况实施了进一步调查（如适当利用专家的工作或实施函证程序），记录注册会计师对这些文件记录真实性得出结论的基础；

（4）当《中国注册会计师审计准则第1504号——在审计报告中沟通关键审计事项》适用时，记录注册会计师确定关键审计事项或确定不存在需要沟通的关键审计事项的决策。

11. 注册会计师可以考虑编制重大事项概要，并将其作为审计工作底稿的组成部分。重大事项概要包括对审计过程中识别出的重大事项及其如何得到解决的记录，以及对提供相关信息的其他支持性审计工作底稿的交叉索引。重大事项概要可以提高复核和检查审计工作底稿的效率和效果，尤其是对于大型、复杂的审计项目。此外，编制重大事项概要不仅有助于注册会计师考虑重大事项，还可以帮助注册会计师根据实施的审计程序和得出的审计结论，考虑是否存在注册会计师不能实现某项相关审计准则的目标，以致妨碍实现注册会计师的总体目标的情况。

（二）指明测试的具体项目或事项以及编制人员和复核人员（参见本准则第十一条）

12. 记录具体项目或事项的识别特征可以实现多种目的，例如，这能反映项目组履行职责的情况，也便于对例外事项或不符事项进行调查。识别特征因审计程序的性质和测试的项目或事项的不同而不同。例如：

（1）在对被审计单位生成的订购单进行细节测试时，注册会计师可以以订购单的日期和其唯一的编号作为测试订购单的识别特征；

（2）对于需要选取或复核既定总体内一定金额以上的所有项目的程序，注册会计师可以记录实施程序的范围并指明该总体（如银行存款日记账中一定金额以上的所有会计分录）；

（3）对于需要从文件记录的总体中进行系统选样的审计程序，注册会计师可以通过记录样本的来源、抽样的起点及抽样间隔识别已选取的样本。例如，如果被审计单位对发运单顺序编号，测试发运单的识别特征可以是，对4月1日至9月30日的发运记录，从第12345号发运单开始每隔125号系统抽取发运单；

（4）对于需要询问被审计单位中特定人员的程序，注册会计师可以以询问的时间、被询问人的姓名和岗位名称作为识别特征；

（5）对于观察程序，注册会计师可以以观察的对象或观察过程、相关被观察人员及其各自的责任、观察的地点和时间作为识别特征。

13.《中国注册会计师审计准则第1121号——对财务报表审计实施的质量管理》及其应用指南针对审计工作底稿的复核提出了要求并提供了指引。这意味着注册会计师需要记录已复核的审计工作、复核人员和复核日期,但并不意味着每张审计工作底稿都要有复核的证据。

记录与管理层、治理层及其他人员就重大事项进行的讨论(参见本准则第十二条)

14. 审计工作底稿的内容不限于注册会计师所作的记录,还可以包括其他适当的记录,如被审计单位人员编制且注册会计师认可的会议纪要。注册会计师可以与之讨论重大事项的其他人员,可能包括被审计单位内部除管理层、治理层以外的其他人员,以及被审计单位外部的机构或人员,如向被审计单位提供专业咨询的人员等。

记录对信息不一致情况的处理(参见本准则第十三条)

15. 审计准则要求注册会计师记录如何处理信息不一致的情况,并不意味着注册会计师需要保留不正确的或被取代的审计工作底稿。

对小型被审计单位的特殊考虑(参见本准则第十条)

16. 对小型被审计单位进行审计形成的审计工作底稿,通常比对大型被审计单位进行审计形成的审计工作底稿要少。此外,在项目合伙人执行所有审计工作的情况下,审计工作底稿将不包括仅为告知或指导项目组成员,或为项目组中其他成员的复核工作提供证据的事项(如审计工作底稿中没有关于项目组讨论或督导事项的记录)。然而,由于审计工作底稿可能因监管或其他目的需由外部机构或人员进行复核,项目合伙人需要按照本准则第十条的基本要求编制能够使有经验的专业人士理解的审计工作底稿。

17. 在编制小型被审计单位审计工作底稿时,注册会计师将审计的各个方面全部记录在一份文件中,并在适当时交叉索引至支持性的审计工作底稿,是十分有益和有效率的。

审计小型被审计单位时形成的审计工作底稿通常包括下列内容:对被审计单位及其环境(包括内部控制)的了解、总体审计策略和具体审计计划、根据《中国注册会计师审计准则第1221号——计划和执行审计工作时的重要性》确定的重要性、评估的风险、在审计过程中注意到的重大事项以及得出的结论等。

(三)对有关要求的偏离(参见本准则第十四条)

18. 审计准则的各项要求旨在使注册会计师能够实现准则中规定的各项目标,进而实现注册会计师的总体目标。相应地,除某些例外情况外,审计准则要求注册会计师遵守与审计业务具体情况相关的各项要求。

19. 审计准则中有关审计工作底稿的要求仅在与审计业务的具体情况相关时才适用。只有存在下列情形之一时,某一要求才是不相关的:

(1)某项审计准则完全不相关。例如,如果某一被审计单位不具有内部审计机构或人员,《中国注册会计师审计准则第1411号——利用内部审计人员的工作》的所有规定都是不相关的;

(2)审计准则的某一要求具有适用条件但该条件不存在。例如,审计准则要求在无法获取充分、适当的审计证据时发表非无保留意见,但无法获取充分、适当的审计证据这种情形不存在。

(四)审计报告日后发生的事项(参见本准则第十五条)

20. 本准则第十五条中例外情况的例子包括注册会计师在审计报告日后获知、但在审计报告日已经存在的事实,并且如果注册会计师在审计报告日已获知该事实,可能导致财务报表需要作出修改或在审计报告中发表非无保留意见。因这一情况对审计工作底稿作出的变动,需要按照《中国注册会计师审计准则第1121号——对财务报表审计实施的质量管理》有关复核责任的规定实施复核。

三、审计工作底稿的归档（参见本准则第十七条至第二十条）

21.《会计师事务所质量管理准则第 5101 号——业务质量管理》要求会计师事务所在质量管理体系中，针对业务工作底稿能够在业务报告日之后及时得到整理设定质量目标。审计工作底稿的归档期限为审计报告日后六十天内。如果注册会计师未能完成审计业务，审计工作底稿的归档期限为审计业务中止后的六十天内。

22. 在审计报告日后将审计工作底稿归整为最终审计档案是一项事务性的工作，不涉及实施新的审计程序或得出新的结论。如果在归档期间对审计工作底稿作出的变动属于事务性的，注册会计师可以作出变动。允许变动的情形主要包括：

（1）删除或废弃被取代的审计工作底稿；

（2）对审计工作底稿进行分类、整理和交叉索引；

（3）对审计档案归整工作的完成核对表签字认可；

（4）记录在审计报告日前获取的、与项目组相关成员进行讨论并达成一致意见的审计证据。

23.《会计师事务所质量管理准则第 5101 号——业务质量管理》要求会计师事务所在质量管理体系中，针对业务工作底稿能够得到妥善的保存和维护，以遵守法律法规、相关职业道德要求和其他职业准则的规定，并满足会计师事务所自身的需要设定质量目标。审计工作底稿的保存期限通常为自审计报告日起，或自集团审计报告日起（若迟于审计报告日），不少于十年。

24. 在完成最终审计档案的归整工作后，注册会计师可能发现在某些情况下有必要修改现有审计工作底稿或增加新的审计工作底稿。例如，根据实施监控活动或外部检查过程中收到的意见，注册会计师可能需要对现有审计工作底稿作出清晰的说明。

《中国注册会计师审计准则第 1141 号——财务报表审计中与舞弊相关的责任》应用指南

（2019 年 3 月 29 日修订）

一、舞弊的特征（参见本准则第四条）

1. 舞弊，无论是编制虚假财务报告还是侵占资产，均涉及实施舞弊的动机或压力、机会以及借口，例如：

（1）如果管理层为实现预期利润目标或财务结果（可能是不现实的）而承受来自被审计单位内部或外部的压力，则可能存在编制虚假财务报告的动机或压力，在未能实现财务目标可能对管理层产生严重后果的情况下尤其如此。类似地，被审计单位的人员也可能由于入不敷出等原因而产生侵占资产的动机；

（2）如果被审计单位的人员可以凌驾于内部控制之上，如处于重要职位或知悉内部控制特定缺陷，则可能存在实施舞弊的机会；

（3）某些人员可能有能力为实施的舞弊行为寻找貌似合理的借口。某些人员持有某种态度，或具有某种特点或道德观，使其故意实施不诚实的行为。然而，即使是诚实的人，在对其施加足够压力的情况下，也可能实施舞弊。

2. 编制虚假财务报告涉及为欺骗财务报表使用者而作出的故意错报（包括对财务报表金额或披露的遗漏）。这可能是由于管理层通过操纵利润来影响财务报表使用者对被审计单位业绩和盈利能力的看法而造成的。此类利润操纵可能从一些小的行为，或对假设的不恰当调整和对管理层判断的不恰当改变开始。压力和动机可能使这些行为上升到编制虚假财务报告的程度。由于承受迎合市场预期的压力或追求以业绩为基础的个人报酬最大化，管理层可能故意通过编制存在重大错报的财务报表而导致虚假财务报告。在某些被审计单位，管理层可能有动机大幅降低利润以降低税负，或虚增利润以向银行融资。

3. 管理层可能通过以下方式编制虚假财务报告：

（1）对编制财务报表所依据的会计记录或支持性文件进行操纵、弄虚作假（包括伪造）或篡改；

（2）在财务报表中错误表达或故意漏记事项、交易或其他重要信息；

（3）故意地错误使用与金额、分类或列报相关的会计原则。

4. 编制虚假财务报告通常涉及管理层凌驾于控制之上，而这些控制却看似有效运行。管理层通过凌驾于控制之上实施舞弊的手段主要包括故意：

（1）作出虚假会计分录，特别是在临近会计期末时，从而操纵经营成果或实现其他目的；

（2）不恰当地调整对账户余额作出估计时使用的假设和判断；

（3）在财务报表中漏记、提前或推迟确认报告期内发生的事项和交易；

（4）遗漏、掩盖或歪曲适用的财务报告编制基础要求的披露或为实现公允反映所需的披露；

（5）隐瞒可能影响财务报表金额的事实；

（6）构造复杂交易，以歪曲财务状况或经营成果；

（7）篡改与重大和异常交易相关的记录和条款。

5. 侵占资产包括盗窃被审计单位资产，通常的做法是员工盗窃金额相对较小且不重要的资产。侵占资产也可能涉及管理层，他们通常更能够通过难以发现的手段掩饰或隐瞒侵占资产的行为。侵占资产可以通过以下方式实现：

（1）贪污收到的款项。例如，侵占收到的应收账款或将与已注销账户相关的收款转移至个人银行账户；

（2）盗窃实物资产或无形资产。例如，盗窃存货以自用或出售、盗窃废料以再销售、通过向被审计单位竞争者泄露技术资料与其串通以获取回报；

（3）使被审计单位对未收到的商品或未接受的劳务付款。例如，向虚构的供应商支付款项、供应商向采购人员提供回扣以作为其提高采购价格的回报、向虚构的员工支付工资；

（4）将被审计单位资产挪为私用。例如，将被审计单位的资产作为个人或关联方贷款的抵押。

侵占资产通常伴随着虚假或误导性的记录或文件，其目的是隐瞒资产丢失或未经适当授权而被抵押的事实。

二、防止和发现舞弊的责任

注册会计师的责任（参见本准则第九条）

5a. 法律法规或相关职业道德要求可能要求注册会计师实施额外的程序和采取进一步行动。

对公共部门实体的特殊考虑

6. 从事公共部门实体审计的注册会计师与舞弊相关的责任，可能取决于适用于公共部门实体的法律法规或其他监管要求，或由授权审计的文件单独进行规定。因此，从事公共部门实体审计的注册会计师的责任可能不限于考虑财务报表重大错报风险，还可能包括考虑舞弊风险。

三、职业怀疑（参见本准则第十三条至第十五条）

7. 保持职业怀疑要求注册会计师对获取的信息和审计证据是否表明可能存在由于舞弊导致的重大错报风险始终保持警惕，包括考虑拟用作审计证据的信息的可靠性，并考虑与信息的生成和维护相关的控制（如相关）。由于舞弊的特征，注册会计师在考虑由于舞弊导致的重大错报风险时，保持职业怀疑尤为重要。

8. 尽管不能期望注册会计师不受以前对管理层、治理层正直和诚信情况形成的判断的影响，但由于具体情况可能已经发生变化，注册会计师在考虑由于舞弊导致的重大错报风险时，保持职业怀疑尤为重要。

9. 按照审计准则执行的审计工作通常不涉及鉴定文件的真伪，注册会计师没有接受文件真伪鉴定方面的培训，不应被期望成为鉴定文件真伪的专家。然而，如果识别出的情况使其认为文件可能是伪造的，或文件中的某些条款已发生变动但未告知注册会计师，注册会计师需要作出进一步调查。可实施的进一步调查程序包括：

（1）直接向第三方函证；

（2）利用专家的工作以评价文件的真伪。

四、项目组内部的讨论（参见本准则第十六条）

10. 项目组就由于舞弊导致财务报表发生重大错报的可能性进行的讨论可以达到以下目的：

（1）具有较多经验的项目组成员有机会与其他成员分享关于财务报表易于发生由于舞弊导致的重大错报的方式和领域的见解；

（2）针对财务报表易于发生由于舞弊导致的重大错报的方式和领域考虑适当的应对措施，并确定分派哪些项目组成员实施特定的审计程序；

（3）确定如何在项目组成员中共享实施审计程序的结果，以及如何处理可能引起注册会计师注意的舞弊指控。

11. 项目组内部讨论的内容可能包括：

（1）项目组成员认为财务报表（包括单一报表及披露）易于发生由于舞弊导致的重大错报的方式和领域、管理层可能编制和隐瞒虚假财务报告的方式以及侵占资产的方式等；

（2）可能表明管理层操纵利润的迹象，以及管理层可能采取的导致虚假财务报告的利润操纵手段；

（3）管理层企图通过晦涩难懂的披露使披露事项无法得到正确理解的风险（例如，包含太多不重要的信息或使用不明晰或模糊的语言）；

（4）已知悉的对被审计单位产生影响的外部和内部因素，这些因素可能产生动机或压力使管理层或其他人员实施舞弊、可能提供实施舞弊的机会、可能表明存在为舞弊行为寻找借口的文化或环境；

（5）对接触现金或其他易被侵占资产的员工，管理层对其实施监督的情况；

（6）注意到的管理层或员工在行为或生活方式上出现的异常或无法解释的变化；

（7）强调在整个审计过程中对由于舞弊导致重大错报的可能性保持适当关注的重要性；

（8）遇到的哪些情形可能表明存在舞弊；

（9）如何在拟实施审计程序的性质、时间安排和范围中增加不可预见性；

（10）为应对由于舞弊导致财务报表发生重大错报的可能性而选择实施的审计程序，以及特定类型的审计程序是否比其他审计程序更为有效；

（11）注册会计师注意到的舞弊指控；

（12）管理层凌驾于控制之上的风险。

五、风险评估程序和相关活动

（一）询问管理层

管理层对由于舞弊导致的重大错报风险的评估〔参见本准则第十八条第（一）项〕

12. 管理层对内部控制和财务报表的编制承担责任。因此，注册会计师向管理层询问其对舞弊风险及旨在防止和发现舞弊的控制的自我评估是恰当的。管理层对上述风险和控制所作评估的性质、范围和频率可能因被审计单位的不同而不同。在某些被审计单位，管理层可能每年进行详细的评估，或将评估作为持续监督的一部分。而在其他一些被审计单位，管理层的评估可能并不十分正式或频繁。管理层评估的性质、范围和频率与注册会计师对被审计单位控制环境的了解相关。例如，管理层没有对舞弊风险作出评估，在某些情况下可能意味着管理层对内部控制缺乏重视。

对小型被审计单位的特殊考虑

13. 在某些被审计单位，尤其是小型被审计单位，管理层评估的重点可能是员工舞弊或侵占资产的风险。

管理层对舞弊风险的识别和应对过程〔参见本准则第十八条第（二）项〕

14. 在拥有多处经营地点的被审计单位，管理层的识别和应对过程可能包括对各经营地点或业务分部的不同程度的监督。管理层可能已经识别出可能存在较高舞弊风险的经营地点或业务分部。

（二）询问管理层和被审计单位内部的其他人员（参见本准则第十九条）

15. 注册会计师通过询问管理层可以获取有关员工舞弊导致的财务报表重大错报风险的有用信息。然而，这种询问难以获取有关管理层舞弊导致的财务报表重大错报风险的有用信息。询问被审计单位内部的其他人员可以为这些人员提供机会，使他们能够向注册会计师传递一些信息，而这些信息是他们本没有机会与其他人沟通的。

16. 注册会计师可以就是否存在或可能存在舞弊，直接询问被审计单位内部管理层以外的下列其他人员：

（1）不直接参与财务报告过程的业务人员；

（2）拥有不同级别权限的人员；

（3）参与生成、处理或记录复杂或异常交易的人员及对其进行监督的人员；

（4）内部法律顾问；

（5）负责道德事务的主管人员或承担类似职责的人员；

（6）负责处理舞弊指控的人员。

17. 管理层通常最有条件实施舞弊。因此，在保持职业怀疑评价管理层对询问作出的答复时，注册会计师可能认为有必要通过其他信息印证管理层的答复。

（三）询问内部审计人员（参见本准则第二十条）

18. 《中国注册会计师审计准则第1211号——通过了解被审计单位及其环境识别和评估重大错报风险》和《中国注册会计师审计准则第1411号——利用内部审计人员的工作》及其应用指南对审计设有内部审计的被审计单位作出了规定并提供了指引。在针对舞弊执行上述审计准则的规定时，注册会计师可以询问内部审计的特定活动，例如：

（1）内部审计在本期实施的旨在发现舞弊的程序（如有）；

（2）管理层是否对实施内部审计程序的结果采取了令人满意的应对措施。

（四）了解治理层实施的监督（参见本准则第二十一条）

19. 治理层负责监督被审计单位为监控风险、财务控制和对法律法规的遵守而建立的系统。在许多国家或地区，公司治理实务较为健全，治理层在监督被审计单位对舞弊风险以及相关内部控制的评估中发挥着积极的作用。由于治理层和管理层的责任可能因被审计单位和所在国家或地区的不同而不同，注册会计师了解治理层和管理层各自的责任是很重要的，这样才能了解适当人员所实施的监督。

20. 了解治理层实施的监督，可能有助于注册会计师了解被审计单位发生管理层舞弊的可能性、与舞弊风险相关的内部控制的充分性以及管理层的胜任能力和诚信程度。注册会计师可以通过多种方式进行了解，如参加讨论此类问题的会议、阅读上述会议的会议纪要或询问治理层等。

对小型被审计单位的特殊考虑

21. 在某些情况下，治理层的全部成员参与管理被审计单位。这种情况可能存在于小型被审计单位中，即只有一名业主管理被审计单位，其他人员不具有治理职能。在这种情况下，由于不存在独立于管理层的监督，注册会计师通常无需采取措施。

（五）考虑其他信息（参见本准则第二十四条）

22. 除运用分析程序获取的信息外，注册会计师获取的有关被审计单位及其环境的其他信息可能有助于识别由于舞弊导致的重大错报风险。项目组成员间的讨论也可能提供有助于识别此类风险的信息。此外，注册会计师在客户接受和保持过程中获取的信息，以及为被审计单位提供其他服务所获取的经验（如中期财务信息审阅等业务），都可能与识别由于舞弊导致的重大错报风险相关。

（六）评价舞弊风险因素（参见本准则第二十五条）

23. 舞弊通常都很隐蔽，因而发现舞弊非常困难。然而，注册会计师可能识别出表明实施舞弊的动机或压力，或者为实施舞弊提供机会的事项或情况（舞弊风险因素），例如：

（1）为满足第三方的预期以获得额外的权益性融资，可能产生实施舞弊的压力；

（2）如果达到不切实际的利润目标可以获得大额奖金，可能产生实施舞弊的动机；

（3）无效的控制环境可能产生实施舞弊的机会。

24. 舞弊风险因素不能简单地按重要性排序。舞弊风险因素的重要性差别很大。有的舞弊风险因素虽然存在于被审计单位，但特定条件没有表明存在重大错报风险。因此，确定舞弊风险因素是否存在以及是否在评估由于舞弊导致的财务报表重大错报风险时予以考虑，需要注册会计师运用职业判断。

25. 本指南附录1列示了与编制虚假财务报告和侵占资产相关的舞弊风险因素。根据舞弊存在时通常伴随着的三种情况，这些风险因素可以分为以下三类：

（1）实施舞弊的动机或压力；

（2）实施舞弊的机会；

（3）为舞弊行为寻找借口的能力。

为舞弊行为寻找借口的风险因素，可能不容易被注册会计师发现。然而，注册会计师可能注意到这些信息的存在。虽然本指南附录1列示了多种注册会计师可能遇到的舞弊风险因素，但这些仅仅是举例，还可能存在其他风险因素。

26. 被审计单位的规模、复杂程度和所有权特征对考虑相关舞弊风险因素具有重大影响。对大型被审计单位，可能存在一些用以约束管理层不当行为的因素，例如：

（1）治理层的有效监督；

（2）有效的内部审计；

（3）存在书面的行为守则，且该守则能够得到执行。

此外，将业务分部层面考虑的舞弊风险因素与被审计单位整体层面考虑的舞弊风险因素相比较，可能会产生不同的看法。

对小型被审计单位的特殊考虑

27. 对小型被审计单位，上述部分或全部考虑因素可能并不适用，或相关性较小。例如，小型被审计单位可能没有书面的行为守则，但可能通过口头交流或管理者示范作用建立一种重视诚信和道德行为的文化氛围。小型被审计单位的管理层由一人掌控，但这本身并不意味着管理者未能展示和传达对内部控制和财务报告过程的恰当态度。在某些被审计单位，对于管理者授权的要求可以弥补内部控制其他方面的缺陷并能降低员工舞弊的风险。然而，由于个人掌控的管理层可能存在管理层凌驾于控制之上的机会，因而可能构成内部控制的潜在缺陷。

六、识别和评估由于舞弊导致的重大错报风险

（一）在收入确认方面存在的舞弊风险（参见本准则第二十七条）

28. 与收入确认相关的由于编制虚假财务报告导致的重大错报通常源于高估收入，如提前确认收入或记录虚假收入。该风险也可能源于低估收入，如不恰当地将本期收入转移到以后期间。

29. 某些被审计单位在收入确认方面存在的舞弊风险可能高于其他被审计单位。例如，如果上市实体依据收入的逐年增长或利润来衡量业绩，管理层可能有压力或动机通过不恰当的收入确认编制虚假财务报告。类似地，如果被审计单位的现金销售占收入的比例很大，收入确认方面的舞弊风险可能较大。

30. 当被审计单位仅存在一种简单的收入交易（如单一租赁资产的租赁收入）时，注册会计师可能认为在收入确认方面不存在由于舞弊导致的重大错报风险。

（二）识别和评估由于舞弊导致的重大错报风险并了解相关控制（参见本准则第二十八条）

31. 管理层可能会对选择执行的控制的性质和范围以及选择承担的风险的性质和程度作出判断。在确定为防止和发现舞弊而执行的控制时，管理层需要考虑由于舞弊导致财务报表发生重大错报的风险。管理层在考虑时可能认为，执行和维护与旨在降低由于舞弊导致的重大错报风险相关的某一特定控制，并不符合成本效益原则。

32. 注册会计师了解管理层为防止和发现舞弊而设计、执行和维护的控制是非常重要的。在了解时，注册会计师可能获知一些情况，如管理层有意识地选择接受缺乏职责分工导致的风险。通过这种了解所获取的信息可能有助于识别舞弊风险因素，这些因素可能影响注册会计师对由于舞弊导致的财务报表重大错报风险的评估。

七、应对评估的由于舞弊导致的重大错报风险

（一）总体应对措施（参见本准则第二十九条）

33. 在针对评估的由于舞弊导致的重大错报风险确定总体应对措施时，注册会计师通

常更需要在整体审计工作中保持职业怀疑，包括：

（1）在选择拟检查的支持重大交易的文件的性质和范围时，增强敏感性；

（2）增强对管理层有关重大事项的解释或声明进行印证的必要性的认识。

除计划特定审计程序外，确定总体应对措施还包括考虑一些更为普遍的事项。这些事项包括本准则第三十条列示的事项，以下将对此进行讨论。

（二）人员的分派和督导［参见本准则第三十条第（一）项］

34. 注册会计师可以通过以下方式应对识别出的由于舞弊导致的重大错报风险，例如，向项目组额外分派具备专门技能和知识的人员（如法律专家和信息技术专家）或分派更有经验的人员。

35. 督导的程度需要反映出注册会计师对由于舞弊导致的重大错报风险的评估以及执行审计工作的项目组成员的胜任能力。

（三）在选择审计程序时增加不可预见性［参见本准则第三十条第（三）项］

36. 由于熟悉常规审计程序的被审计单位内部人员可能更能够隐瞒虚假财务报告，因此，注册会计师在选择拟实施的审计程序的性质、时间安排和范围时增加不可预见性是非常重要的。增加不可预见性可以主要通过以下方式实现：

（1）对通常由于其重要性或风险程度较低而不会作出测试的账户余额和认定实施实质性程序；

（2）调整实施审计程序的时间安排，使之有别于预期的时间安排；

（3）运用不同的抽样方法；

（4）在不同的经营地点或未预先通知的经营地点实施审计程序。

（四）应对评估的由于舞弊导致的认定层次重大错报风险实施的审计程序（参见本准则第三十一条）

37. 注册会计师针对评估的由于舞弊导致的认定层次重大错报风险采取的应对措施，可能包括通过以下方式改变审计程序的性质、时间安排和范围：

（1）改变拟实施审计程序的性质，以获取更可靠和更相关的审计证据或获取额外的佐证信息。这可能影响拟实施审计程序的类型及其组合。例如：

①对特定资产进行实地观察或检查变得更重要，或选择使用计算机辅助审计技术以收集更多的有关在重要账户或电子交易文档中包含数据的证据。

②设计程序以获取额外的佐证信息。例如，如果注册会计师发现管理层处于利润预期的压力之下，可能存在虚增收入的相关风险，其虚增收入的方式可能是签署包含影响收入确认条款的销售协议，或在发货前提前开具销售发票。在这种情况下，注册会计师可以设计询证函，函证的内容不仅包括欠款余额，还包括销售协议的细节，如交易日期、退货权、交货条款等。此外，通过向被审计单位的非财务人员询问销售协议和交货条款的变化，以对函证获取的信息进行补充，也可能是有效的。

（2）调整实施实质性程序的时间安排。注册会计师可能认为在期末或接近期末实施实质性程序能够更好地应对由于舞弊导致的重大错报风险。考虑到评估的由于故意错报或利润操纵导致的风险，注册会计师可能认为将期中实施审计程序得出的审计结论延伸至期末是无效的。相反，由于故意错报（如错报涉及不恰当的收入确认）可能在期中已经发生，注册会计师可能选择对较早期间发生的交易或整个报告期内的交易实施实质性程序。

（3）实施的审计程序的范围反映对由于舞弊导致的重大错报风险的评估结果。例如，扩大样本规模或在更详细的层次上实施分析程序可能是适当的。同时，计算机辅助审计技术可能有助于注册会计师对电子交易和会计文档实施更广泛的测试。该技术可用于从关键电子文档中选择交易作为测试样本，对具有特定特征的交易进行分类，或对总体进行测试而不是进行抽样测试。

38. 如果识别出影响存货数量的由于舞弊导致的重大错报风险，注册会计师检查被审计单位的存货记录，可能有助于其识别出在盘点过程中或结束后需要特别注意的存货存放地点或存货项目。注册会计师检查存货记录后可能决定在不预先通知的情况下对特定存放地点的存货实施监盘，或在同一天对所有存放地点的存货实施监盘。

39. 注册会计师可能识别出影响多个账户和认定的由于舞弊导致的重大错报风险。这些账户和认定可能包括资产估值、与特定交易相关的估计（如并购、重组或处置某个业务分部）及其他重大预计负债（如养老金及其他离职后福利，或环境补救负债）。该风险也可能与日常估计所依据的假设的重大变化相关。在了解被审计单位及其环境的过程中获取的信息可能帮助注册会计师评价管理层作出这些估计及其所依据的判断和假设的合理性。对以前期间类似的管理层判断和假设进行追溯复核，也可能有助于评价支持管理层估计的判断和假设的合理性。

40. 本指南附录2列示了应对评估的由于舞弊导致的重大错报风险的审计程序（包括如何增加审计程序的不可预见性）。该附录列示了针对评估的由于编制虚假财务报告（包括由于收入确认导致的虚假财务报告）和侵占资产导致的重大错报风险采取的应对措施。

（五）针对管理层凌驾于控制之上的风险实施的程序

会计分录及其他调整［参见本准则第三十三条第（一）项和第三十四条］

41. 由于舞弊导致的财务报表重大错报通常涉及通过作出不恰当或未经授权的会计分录对财务报告过程进行操纵。这种操纵行为可能在整个期间或在期末发生，或由管理层对财务报表金额作出调整，而该调整未在会计分录中反映，如合并调整和重分类调整。

42. 注册会计师对不适当地凌驾于会计分录控制之上的重大错报风险进行考虑是非常重要的，这是因为，自动化流程和控制可以降低由于疏忽造成错误的风险，但不能消除人们不恰当地凌驾于这些自动化流程之上的风险（如通过改变自动过入总账或财务报告系统的金额）。此外，当信息技术用于自动传递信息时，在信息系统中可能留下很少或不会留下明显的此类人工干预的证据。

43. 在识别和选择拟测试的会计分录和其他调整，并针对已选择项目的支持性文件确定适当的测试方法时，可以考虑的相关因素包括：

（1）对由于舞弊导致的重大错报风险的评估。注册会计师识别出的舞弊风险因素和在评估由于舞弊导致的重大错报风险过程中获取的其他信息，可能有助于注册会计师识别需要测试的特定类别的会计分录和其他调整；

（2）对会计分录和其他调整已实施的控制。在注册会计师已经测试了这些控制运行的有效性的前提下，针对会计分录和其他调整的编制和过账所实施的有效控制，可以缩小所需实施的实质性程序的范围；

（3）被审计单位的财务报告过程以及所能获取的证据的性质。在很多被审计单位中，交易的日常处理同时涉及人工和自动化的步骤和程序。类似地，会计分录和其他调整的处理过程也可能同时涉及人工和自动化的程序和控制。当信息技术应用于财务报告过程

时,会计分录和其他调整可能仅以电子形式存在;

(4)虚假会计分录或其他调整的特征。不恰当的会计分录或其他调整通常具有独特的识别特征。这类特征可能包括:

① 分录记录到不相关、异常或很少使用的账户;

② 分录由平时不负责作出会计分录的人员作出;

③ 分录在期末或结账过程中编制,且没有或只有很少的解释或描述;

④ 分录在编制财务报表之前或编制过程中编制且没有账户编号;

⑤ 分录金额为约整数或尾数一致。

(5)账户的性质和复杂程度。不恰当的会计分录或其他调整可能体现在以下账户中:

① 包含复杂或性质异常的交易的账户;

② 包含重大估计及期末调整的账户;

③ 过去易于发生错报的账户;

④ 未及时调节的账户,或含有尚未调节差异的账户;

⑤ 包含集团内部不同公司间交易的账户;

⑥ 其他虽不具备上述特征但与已识别的由于舞弊导致的重大错报风险相关的账户。

在审计拥有多个经营地点或组成部分的被审计单位时,注册会计师需考虑从不同的地点选取会计分录进行测试。

(6)在常规业务流程之外处理的会计分录或其他调整。针对非标准分录实施的控制的水平与针对为记录日常交易(如每月的销售、采购及现金支出)所编制的分录实施的控制的水平可能不同。

44. 注册会计师在确定对会计分录和其他调整进行测试的性质、时间安排和范围时,需要运用职业判断。然而,由于虚假会计分录和其他调整通常在报告期末作出,本准则第三十四条第(二)项要求注册会计师选择在报告期末作出的会计分录和其他调整进行测试。此外,由于舞弊导致的财务报表重大错报可能发生于整个会计期间,并且舞弊者可能运用各种方式隐瞒舞弊行为,因此本准则第三十四条第(三)项要求注册会计师考虑是否有必要测试整个会计期间的会计分录和其他调整。

会计估计[参见本准则第三十三条第(二)项和第三十五条]

45. 在编制财务报表的过程中,管理层需要作出影响重大会计估计的一系列判断或假设,并对这些估计的合理性进行持续地监督。管理层通常通过故意作出不当会计估计来编制虚假财务报告,例如,以相同的方式低估或高估所有准备,从而使利润在两个或多个会计期间内得以平滑,或达到某预定的利润水平以影响财务报表使用者对被审计单位业绩和盈利能力的看法,从而欺骗财务报表使用者。

46. 追溯复核与以前年度财务报表反映的重大会计估计相关的管理层判断和假设,其目的是判断是否存在管理层偏向的迹象,而不是质疑以前年度依据当时可获得的信息而作出的职业判断。

47. 《中国注册会计师审计准则第1321号——审计会计估计(包括公允价值会计估计)和相关披露》也要求进行上述复核。将上述复核作为风险评估程序来实施,其目的是获取有关管理层以前期间会计估计流程的有效性的信息,有关前期会计估计(与本期会计估计相关)的结果或对其作出的后续重新估计(如适用)的审计证据,以及可能需要在财务报表中披露的事项(如估计的不确定性)的审计证据。在实际工作中,注册会计师可以根据本准则的规定并结合《中国注册会计师审计准则第1321号——审计会计估计（包括公允价值会计估计）和相关披露》的复核要求，对管理层所作的判断和假设进行复核，以评价是否存在管理层偏向，由此可能表明存在由于舞弊导致的重大错报风险。

重大交易的商业理由［参见本准则第三十三条第（三）项］

48.以下迹象可能表明被审计单位从事超出其正常经营过程的重大交易或虽然未超出其正常经营过程，但显得异常的重大交易，从事这些交易的目的可能是为了对财务信息作出虚假报告或掩盖侵占资产的行为：

（1）交易的形式显得过于复杂（例如交易涉及集团内部多个实体，或涉及多个非关联的第三方）；

（2）管理层未与治理层就此类交易的性质和会计处理进行过讨论，且缺乏充分的记录；

（3）管理层更强调采用某种特定的会计处理的需要，而不是交易的经济实质；

（4）对于涉及不纳入合并范围的关联方（包括特殊目的实体）的交易，治理层未进行适当的审核与批准；

（5）交易涉及以往未识别出的关联方，或涉及在没有被审计单位帮助的情况下不具备物质基础或财务能力完成交易的第三方。

八、评价审计证据（参见本准则第三十七条至第四十条）

49.《中国注册会计师审计准则第1231号——针对评估的重大错报风险采取的应对措施》要求注册会计师根据实施的审计程序和获取的审计证据，评价对认定层次重大错报风险的评估是否仍然适当。这种评价主要是注册会计师根据判断作出的一种定性评价，可以使注册会计师加深对由于舞弊导致的重大错报风险的了解，并判断是否有必要实施追加的或其他不同的审计程序。本指南附录3列示了可能表明存在舞弊的情形。

（一）在临近审计结束时为形成总体结论而实施的分析程序（参见本准则第三十七条）

50.确定哪些特定趋势和关系可能表明存在由于舞弊导致的重大错报风险，需要运用职业判断。涉及期末收入和利润的异常关系尤其值得关注。这些趋势和关系可能包括：在报告期的最后几周内记录了不寻常的大额收入或异常交易，或收入与经营活动产生的现金流量趋势不一致。

（二）考虑识别出的错报（参见本准则第三十八条至第四十条）

51.由于舞弊涉及实施舞弊的动机或压力、机会或借口，因此一个舞弊事项不太可能是孤立发生的事项。例如，在某个经营地点发生了大量的错报，即使这些错报的累积影响并不重大，但仍可能表明存在由于舞弊导致的重大错报风险。

52.识别出的舞弊产生的影响取决于被审计单位的具体情况。例如，一项原本不重大的舞弊如果涉及较高层级的管理层，就可能成为一项重大舞弊。在这种情况下，由于怀疑管理层声明的完整性和真实性以及会计记录和文件的真实性，注册会计师可能质疑以前获取的审计证据的可靠性。此外，还可能存在涉及员工、管理层或第三方的串通舞弊。

53.《中国注册会计师审计准则第1251号——评价审计过程中识别出的错报》和《中国注册会计师审计准则第1501号——对财务报表形成审计意见和出具审计报告》及其应用指南对如何评价和处理错报及错报对审计意见的影响作出了规定并提供了指引。

九、无法继续执行审计业务（参见本准则第四十一条和第四十二条）

54. 注册会计师可能遇到的对其继续执行审计业务的能力产生怀疑的异常情形如下：

（1）被审计单位没有针对舞弊采取适当的、注册会计师根据具体情况认为必要的措施，即使该舞弊对财务报表并不重大；

（2）注册会计师对由于舞弊导致的重大错报风险的考虑以及实施审计测试的结果，表明存在重大且广泛的舞弊风险；

（3）注册会计师对管理层或治理层的胜任能力或诚信产生重大疑虑。

55. 由于可能出现的情形各不相同，因而难以确切地说明在何时解除业务约定是适当的。影响注册会计师得出结论的因素包括管理层或治理层成员参与舞弊可能产生的影响（可能会影响到管理层声明的可靠性），以及与被审计单位之间保持客户关系对注册会计师的影响。

56. 注册会计师需要在这些情形下承担相应的职业责任和法律责任，这些责任可能因国家或地区的不同而不同。例如，在某些国家或地区，注册会计师可能有权利或有义务向审计业务委托人或监管机构（在某些情况下）作出声明或进行报告。考虑到具体情况的特殊性质以及法律法规的规定，在决定是否解除业务约定并确定适当的措施（包括向股东、监管机构或者其他机构或人员报告）时，注册会计师可能认为征询法律意见是适当的。

对公共部门实体的特殊考虑

57. 对于公共部门实体，在很多情况下，由于授权审计的文件的性质或出于公众利益的考虑，注册会计师可能无法解除业务约定。

十、书面声明（参见本准则第四十三条）

58. 《中国注册会计师审计准则第 1341 号——书面声明》及其应用指南对向管理层和治理层（如适用）获取适当的声明作出了规定并提供了指引。不论被审计单位的规模大小，除认可已经履行了编制财务报表的责任外，管理层和治理层（如适用）还认可其设计、执行和维护内部控制以防止和发现舞弊的责任也是非常重要的。

59. 由于舞弊的性质以及注册会计师在发现舞弊导致的财务报表重大错报时遇到的困难，注册会计师向管理层和治理层（如适用）获取书面声明，确认其已向注册会计师披露了下列信息是非常重要的：

（1）管理层对财务报表可能存在由于舞弊导致的重大错报风险的评估结果；

（2）对影响被审计单位的舞弊事实、舞弊嫌疑或舞弊指控的了解程度。

十一、与管理层和治理层的沟通（参见本准则第四十四条至第四十六条）

（一）与管理层的沟通（参见本准则第四十四条）

60. 当注册会计师已获取的证据表明存在或可能存在舞弊时，尽快提请适当层级的管理层关注这一事项是很重要的。即使该事项（如被审计单位组织结构中处于较低职位的员工挪用小额公款）可能被认为不重要，注册会计师也应当这样做。确定拟沟通的适当层级的管理层，需要运用职业判断，并且这一决定受串通舞弊的可能性、舞弊嫌疑的性质和重要程度等事项的影响。通常情况下，适当层级的管理层至少要比涉嫌舞弊的人员高出一个级别。

60a. 在某些国家或地区，法律法规可能限制注册会计师就某些事项与管理层和治理层沟通。法律法规可能明确禁止那些可能不利于适当机构对发生的或怀疑存在的违法行为进行调查的沟通或其他行动（包括引起被审计单位的警觉），例如，当依据反洗钱法令，注册会计师被要求向适当机构报告识别出的或怀疑存在的违反法律法规行为时。在这些情形下，注册会计师考虑的问题可能是复杂的，并可能认为征询法律意见是适当的。

（二）与治理层的沟通（参见本准则第四十五条）

61. 注册会计师与治理层的沟通可以采用口头形式，也可以采用书面形式。《〈中国注册会计师审计准则第1151号——与治理层的沟通〉应用指南》明确了注册会计师在确定采用口头还是书面形式沟通时需要考虑的因素。由于涉及较高层级管理层的舞弊或导致财务报表重大错报的舞弊的性质和敏感性，注册会计师需要及时报告这类舞弊事项，并可能认为有必要以书面形式报告。

62. 在某些情况下，当注意到舞弊涉及管理层之外的人员，且不会导致重大错报时，注册会计师也可能认为与治理层沟通这一事项是适当的。类似地，治理层可能也希望获知这方面的信息。如果注册会计师与治理层在审计初期阶段已就沟通的性质和范围达成一致意见，将有助于这一沟通过程。

63. 在例外情况下，如果对管理层或治理层的诚信或正直情况产生怀疑，注册会计师可能认为征询法律意见以确定适当的措施是适当的。

（三）与舞弊相关的其他事项（参见本准则第四十六条）

64. 其他需要与治理层讨论的有关舞弊的事项可能包括：

（1）对管理层评估的性质、范围和频率的疑虑，这些评估是针对旨在防止和发现舞弊的控制及财务报表可能存在的重大错报风险而实施的；

（2）管理层未能恰当应对识别出的值得关注的内部控制缺陷或舞弊；

（3）注册会计师对被审计单位控制环境的评价，包括对管理层胜任能力和诚信的疑虑；

（4）可能表明存在编制虚假财务报告的管理层行为，例如，对会计政策的选择和运用可能表明管理层操纵利润，以影响财务报表使用者对被审计单位业绩和盈利能力的看法，从而欺骗财务报表使用者；

（5）对超出正常经营过程的交易的授权的适当性和完整性的疑虑。

十二、向被审计单位之外的适当机构报告舞弊（参见本准则第四十七条）

65. 针对注册会计师在具体情形下决定是否被要求向被审计单位之外的适当机构报告识别出的或怀疑存在的违反法律法规行为，或作出报告是否适当，《中国注册会计师审计准则第1142号——财务报表审计中对法律法规的考虑》应用指南提供了进一步指引，包括考虑注册会计师的保密义务。

66. 本准则第四十七条所要求的决定可能涉及复杂的考虑和职业判断。因此，注册会计师可能考虑进行内部咨询（例如，会计师事务所内或网络事务所），或在保密基础上向监管机构或职业团体咨询（除非法律法规禁止或违背保密义务）。注册会计师还可能考虑征询法律意见，以了解注册会计师的可能选择，以及采取任何特定行动的职业或法律影响。

对公共部门实体的特殊考虑

67. 对于公共部门,报告舞弊(无论是否通过审计过程发现)的责任可能取决于相关法律法规、授权审计的文件或其他监管机构的具体规定。

附录1(参见本指南第25段)

舞弊风险因素的示例

本附录列示了注册会计师在各种不同情形下可能遇到的舞弊风险因素,以及注册会计师需要考虑的两种舞弊类型——编制虚假财务报告和侵占资产。对于每种舞弊类型,根据舞弊导致的重大错报发生时通常存在的三种情况,其风险因素被进一步分为三类:(1)动机或压力;(2)机会;(3)态度或借口。尽管所列示的风险因素涵盖了多种情形,但它们只是一些举例,注册会计师可能识别出其他不同的风险因素。上述举例并非在所有情况下都相关,对于不同规模、不同所有权特征或情况的被审计单位而言,风险因素的重要性可能不同。此外,风险因素示例的列示顺序并不反映它们的相对重要性或发生频率。

一、与编制虚假财务报告导致的错报相关的舞弊风险因素

以下列示了与编制虚假财务报告导致的错报相关的舞弊风险因素。

(一)动机或压力

1. 财务稳定性或盈利能力受到经济环境、行业状况或被审计单位经营情况的威胁,体现在以下方面:

(1)竞争激烈或市场饱和,且伴随着利润率的下降;

(2)难以应对技术变革、产品过时、利率调整等因素的急剧变化;

(3)客户需求大幅下降,所在行业或总体经济环境中经营失败的情况增多;

(4)经营亏损使被审计单位可能破产、丧失抵押品赎回权或遭恶意收购;

(5)在财务报表显示盈利或利润增长的情况下,经营活动产生的现金流量经常出现负数,或经营活动不能产生现金流入;

(6)高速增长或具有异常的盈利能力,特别是在与同行业其他企业相比时;

(7)新发布的会计准则、法律法规或监管要求。

2. 管理层为满足第三方要求或预期而承受过度的压力,这些压力来源于以下方面:

(1)投资分析师、机构投资者、重要债权人或其他外部人士对盈利能力或增长趋势存在预期(特别是过分激进的或不切实际的预期),包括管理层在过于乐观的新闻报道和年报信息中作出的预期;

(2)需要进行额外的举债或权益融资以保持竞争力,包括为重大研发项目或资本性支出融资;

(3)满足交易所的上市要求、偿债要求或其他债务合同要求的能力较弱;

(4)报告较差财务成果将对正在进行的重大交易(如企业合并或签订合同)产生可察觉的或实际的不利影响。

3. 获取的信息表明，由于下列原因，管理层或治理层的个人财务状况受到被审计单位财务业绩的影响：

（1）在被审计单位中拥有重大经济利益；

（2）其报酬中有相当一部分（如奖金、股票期权、基于盈利能力的支付计划）取决于被审计单位能否实现激进的目标（如在股价、经营成果、财务状况或现金流量方面）；

（3）个人为被审计单位的债务提供了担保。

管理层或经营者为实现治理层制定的财务目标（包括销售收入或盈利能力等激励目标）而承受过度的压力。

（二）机会

1. 被审计单位所在行业或其业务的性质为编制虚假财务报告提供了机会，这种机会可能来源于以下几个方面：

（1）从事超出正常经营过程的重大关联方交易，或者与未经审计或由其他会计师事务所审计的关联企业进行重大交易；

（2）被审计单位具有强大的财务实力或能力，使其在特定行业中处于主导地位，能够对与供应商或客户签订的条款或条件作出强制规定，从而可能导致不适当或不公允的交易；

（3）资产、负债、收入或费用建立在重大估计的基础上，这些估计涉及主观判断或不确定性，难以印证；

（4）从事重大、异常或高度复杂的交易（特别是临近期末发生的复杂交易，对该交易是否按照"实质重于形式"原则处理存在疑问）；

（5）在经济环境及文化背景不同的国家或地区从事重大经营或重大跨境经营；

（6）利用商业中介，而此项安排似乎不具有明确的商业理由；

（7）在属于"避税天堂"的国家或地区开立重要银行账户或者设立子公司或分公司进行经营，而此类安排似乎不具有明确的商业理由。

2. 对管理层的监督由于以下原因失效：

（1）管理层由一人或少数人控制（在非业主管理的实体中），且缺乏补偿性控制；

（2）治理层对财务报告过程和内部控制实施的监督无效。

3. 组织结构复杂或不稳定，体现在以下几个方面：

（1）难以确定对被审计单位持有控制性权益的组织或个人；

（2）组织结构过于复杂，存在异常的法律实体或管理层级；

（3）高级管理人员、法律顾问或治理层频繁更换。

4. 内部控制要素由于以下原因存在缺陷：

（1）对控制的监督不充分，包括自动化控制以及针对中期财务报告（如要求对外报告）的控制；

（2）由于会计人员、内部审计人员或信息技术人员不能胜任而频繁更换；

（3）会计系统和信息系统无效，包括内部控制存在值得关注的缺陷的情况。

（三）态度或借口

1. 管理层未能有效地传递、执行、支持或贯彻被审计单位的价值观或道德标准，或传递了不适当的价值观或道德标准。

2. 非财务管理人员过度参与或过于关注会计政策的选择或重大会计估计的确定。

3. 被审计单位、高级管理人员或治理层存在违反证券法或其他法律法规的历史记录，或由于舞弊或违反法律法规而被指控。

4. 管理层过于关注保持或提高被审计单位的股票价格或利润趋势。

5. 管理层向分析师、债权人或其他第三方承诺实现激进的或不切实际的预期。

6. 管理层未能及时纠正发现的值得关注的内部控制缺陷。

7. 为了避税的目的，管理层表现出有意通过使用不适当的方法使报告利润最小化。

8. 高级管理人员缺乏士气。

9. 业主兼经理未对个人事务与公司业务进行区分。

10. 股东人数有限的被审计单位股东之间存在争议。

11. 管理层总是试图基于重要性原则解释处于临界水平的或不适当的会计处理。

12. 管理层与现任或前任注册会计师之间的关系紧张，表现为以下几个方面：

（1）在会计、审计或报告事项上经常与现任或前任注册会计师产生争议；

（2）对注册会计师提出不合理的要求，如对完成审计工作或出具审计报告提出不合理的时间限制；

（3）对注册会计师接触某些人员、信息或与治理层进行有效沟通施加不适当的限制；

（4）管理层对注册会计师表现出盛气凌人的态度，特别是试图影响注册会计师的工作范围，或者影响对执行审计业务的人员或被咨询人员的选择和保持。

二、与侵占资产导致的错报相关的舞弊风险因素

根据舞弊发生时通常存在的三种情况，与侵占资产导致的错报相关的舞弊风险因素也分为三类：动机或压力、机会、态度或借口。当发生由于侵占资产导致的错报时，可能同时存在一些与编制虚假财务报告导致的错报相关的舞弊风险因素。例如，当存在由于编制虚假财务报告或侵占资产导致的错报时，可能存在对管理层的监督失效以及其他内部控制缺陷的情况。以下列示了与侵占资产导致的错报相关的舞弊风险因素。

（一）动机或压力

1. 如果接触现金或其他易被侵占（通过盗窃）资产的管理层或员工负有个人债务，可能会产生侵占这些资产的压力。

2. 接触现金或其他易被盗窃资产的员工与被审计单位之间存在的紧张关系可能促使这些员工侵占资产。例如，以下几种情形可能产生紧张关系：

（1）已知或预期会发生裁员；

（2）近期或预期员工报酬或福利计划会发生变动；

（3）晋升、报酬或其他奖励与预期不符。

（二）机会

1. 资产的某些特性或特定情形可能增加其被侵占的可能性。例如，当存在下列资产时，其被侵占的机会将增加：

（1）持有或处理大额现金；

（2）体积小、价值高或需求较大的存货；

（3）易于转手的资产，如无记名债券、钻石或计算机芯片；

（4）体积小、易于销售或不易识别所有权归属的固定资产。

2. 与资产相关的不恰当的内部控制可能增加资产被侵占的可能性。例如，以下情形

可能导致资产被侵占：

（1）职责分离或独立审核不充分；

（2）对高级管理人员的支出（如差旅费及其他报销费用）的监督不足；

（3）管理层对负责保管资产的员工的监管不足（如对保管处于偏远地区的资产的员工监管不足）；

（4）对接触资产的员工选聘不严格；

（5）对资产的记录不充分；

（6）对交易（如采购）的授权及批准制度不健全；

（7）对现金、投资、存货或固定资产等的实物保管措施不充分；

（8）未对资产作出完整、及时的核对调节；

（9）未对交易作出及时、适当的记录（如销货退回未作冲销处理）；

（10）对处于关键控制岗位的员工未实行强制休假制度；

（11）管理层对信息技术缺乏了解，从而使信息技术人员有机会侵占资产；

（12）对自动生成的记录的访问控制（包括对计算机系统日志的控制和复核）不充分。

（三）态度或借口

1. 忽视监控或降低与侵占资产相关的风险的必要性；

2. 忽视与侵占资产相关的内部控制，如凌驾于现有的控制之上或未对已知的内部控制缺陷采取适当的补救措施；

3. 被审计单位人员的行为表明其对被审计单位感到不满，或对被审计单位对待员工的态度感到不满；

4. 被审计单位人员在行为或生活方式方面发生的变化可能表明资产已被侵占；

5. 容忍小额盗窃资产的行为。

附录 2（参见本指南第 40 段）

应对评估的由于舞弊导致的重大错报风险
可能实施的审计程序的示例

以下是应对评估的由于编制虚假财务报告和侵占资产两种舞弊行为导致的重大错报风险可能实施的审计程序的示例。尽管这些程序涵盖了多种情形，但它们只是一些举例，因此，并非在任何情形下都是最恰当的或必要的。此外，以下程序的列示顺序并不反映它们的相对重要性。

一、对认定层次的考虑

针对注册会计师评估的由于舞弊导致的重大错报风险的具体应对措施，可能因识别出的舞弊风险因素或条件的类型及其组合，以及可能受影响的各类交易、账户余额、披露及认定的不同而不同。

以下是具体应对措施的示例：

1. 出其不意地或在没有预先通知的情况下进行实地查看或执行特定测试。例如，在没有预先通知的情况下观察某些存放地点的存货，或出其不意地在特定日期对现金进行盘点；

2. 要求在报告期末或尽可能接近期末的时点实施存货盘点，以降低被审计单位在盘点完成日与报告期末之间操纵存货余额的风险；

3. 改变审计方案。例如，在发出书面询证函的同时口头联系主要的客户及供应商，或者向某一组织中的特定人员发出询证函，或者寻求更多或不同的信息；

4. 详细复核被审计单位季末或年末的调整分录，并对在性质或金额方面表现异常的分录进行调查；

5. 对于重大且异常的交易，尤其是期末或临近期末发生的交易，调查其涉及关联方的可能性，以及支持交易的财务资源的来源；

6. 使用分解的数据实施实质性分析程序。例如，按地区、产品线或月份将销售收入和销售成本与注册会计师的预期进行比较；

7. 询问涉及识别出的由于舞弊导致的重大错报风险的领域的人员，了解其对该风险的看法，以及所实施的控制能否应对和如何应对该风险；

8. 当其他注册会计师正在对被审计单位的一个或多个子公司、分支机构或分公司的财务报表进行审计时，与其讨论所需执行工作的范围，以应对评估的由于舞弊导致的重大错报风险，这些风险是由这些组成部分之间进行的交易和活动产生的；

9. 如果某位专家的工作对于某一财务报表项目（其由于舞弊导致的错报风险被评估为高水平）格外重要，针对该专家的部分或全部假设、方法或发现实施额外程序以确定该专家的发现是否不合理，或聘请其他专家实现该目的；

10. 实施审计程序以分析所选择的以前已审计的资产负债表账户的期初余额，从事后的角度评价涉及会计估计和判断的特定事项（如销售退回的准备）是如何得以解决的；

11. 对被审计单位编制的账目或其他调节表实施相应的审计程序，包括考虑期中执行的调节；

12. 利用计算机辅助审计技术，例如数据采集以测试总体中的异常项目；

13. 测试计算机生成的记录和交易的完整性；

14. 从被审计单位以外的来源获取额外的审计证据。

二、具体应对措施——由于编制虚假财务报告导致的错报

针对注册会计师评估的由于编制虚假财务报告导致的重大错报风险的具体应对措施举例如下。

（一）收入确认

1. 针对收入项目，使用分解的数据实施实质性分析程序，例如，按照月份、产品线或业务分部将本期收入与具有可比性的以前期间收入进行比较。利用计算机辅助审计技术可能有助于发现异常的或未预期到的收入关系或交易；

2. 向被审计单位的客户函证相关的特定合同条款以及是否存在背后协议，因为相关的会计处理是否适当，往往会受到这些合同条款或协议的影响，并且这些合同条款或协议所涉及的销售折扣或其相关期间往往记录得不清楚。例如，商品接受标准、交货与付款条件、不承担期后或持续性的卖方义务、退货权、保证转售金额以及撤销或退款等条

款在此种情形下通常是相关的;

3. 向被审计单位的销售和营销人员或内部法律顾问询问临近期末的销售或发货情况,以及他们所了解的与这些交易相关的异常条款或条件;

4. 期末在被审计单位的一处或多处发货现场实地观察发货情况或准备发出的货物情况(或待处理的退货),并实施其他适当的销售及存货截止测试;

5. 对于通过电子方式自动生成、处理、记录的销售交易,实施控制测试以确定这些控制是否能够为所记录的收入交易已真实发生并得到适当地记录提供保证。

(二)存货数量

1. 检查被审计单位的存货记录,以识别在被审计单位盘点过程中或结束后需要特别关注的存货存放地点或存货项目;

2. 在不预先通知的情况下对特定存放地点的存货实施监盘,或在同一天对所有存放地点实施存货监盘;

3. 要求被审计单位在报告期末或临近期末的时点实施存货盘点,以降低被审计单位在盘点日与报告期末之间操纵存货数量的风险;

4. 在观察存货盘点的过程中实施额外的程序,例如,更严格地检查包装箱中的货物、货物堆放方式(如堆为中空)或标记方式、液态物质(如香水、特殊的化学物质)的质量特征(如纯度、品级或浓度)。利用专家的工作可能在此方面有所帮助;

5. 按照存货的等级或类别、存放地点或其他分类标准,将本期存货数量与前期进行比较,或将盘点数量与永续盘存记录进行比较;

6. 利用计算机辅助审计技术进一步测试存货实物盘点目录的编制。例如,按标签号进行检索以测试存货的标签控制,或按照项目的顺序编号进行整理以检查是否存在漏记或重复编号。

(三)管理层估计

1. 聘用专家作出独立估计,并与管理层的估计进行比较;

2. 将询问范围延伸至管理层和会计部门以外的人员,以印证管理层完成与作出会计估计相关的计划的能力和意图。

三、具体应对措施——由于侵占资产导致的错报

应对措施因被审计单位具体情况的不同而不同。在通常情况下,对评估的由于侵占资产导致的重大错报风险采取的应对措施,将针对特定的账户余额和特定类别的交易。尽管上述两类(本附录第一部分和第二部分提及的)应对措施中的部分措施也可能适用于这种情形,但其工作范围应针对识别出的与侵占资产风险相关的特定信息。

应对注册会计师评估的由于侵占资产导致的重大错报风险的审计程序举例如下:

1. 在期末或临近期末对现金或有价证券进行监盘;

2. 直接向被审计单位的客户询证所审计期间的交易活动(包括赊销记录、销售退回情况、付款日期等);

3. 分析已注销账户的恢复使用情况;

4. 按照存货存放地点或产品类型分析存货短缺情况;

5. 将关键存货指标与行业正常水平进行比较;

6. 对于发生减计的永续盘存记录,复核其支持性文件;

7. 利用计算机技术将供货商名单与被审计单位员工名单进行对比，以识别地址或电话号码相同的数据；

8. 利用计算机技术检查工资单记录中是否存在重复的地址、员工身份证明、纳税识别编号或银行账号；

9. 检查人事档案中是否存在只有很少记录或缺乏记录的档案，如缺少绩效考评的档案；

10. 分析销售折扣和销售退回等，以识别异常的模式或趋势；

11. 向第三方函证合同的具体条款；

12. 获取合同是否按照规定的条款得以执行的审计证据；

13. 复核大额和异常的费用开支是否适当；

14. 复核被审计单位向高级管理人员和关联方提供的贷款的授权及其账面价值；

15. 复核高级管理人员提交的费用报告的金额及适当性。

附录3（参见本指南第49段）

表明可能存在舞弊情形的示例

以下是表明财务报表可能存在由于舞弊导致的重大错报的情形的示例。

一、会计记录中的差异

1. 对交易的记录不完整或不及时，或对交易的金额、会计期间、分类或被审计单位会计政策的记录不恰当；

2. 账户余额或交易缺乏证据支持或未经授权；

3. 在最后时间编制的对财务成果产生重大影响的调整分录；

4. 有证据表明员工对系统或记录的访问权限不符合其职权范围；

5. 向注册会计师传递的有关舞弊指控的消息或投诉。

二、审计证据不一致或缺失

1. 文件丢失；

2. 文件存在改动迹象；

3. 预期存在文件原件的情况下，仅能获取复印件或电子版本；

4. 调节表中包含无法解释的重大项目；

5. 资产负债表项目、财务趋势或重要财务比率或关系发生异常变动，例如，应收账款的增长比收入增长快；

6. 管理层或员工对注册会计师的询问或实施分析程序的结果作出的答复或解释不一致、含糊不清或不合理；

7. 被审计单位的记录与询证函回函之间存在异常差异；

8. 应收账款记录中存在大量的贷方分录和其他调整；

9. 应收账款明细账与总账或客户对账单与应收账款明细账之间存在难以解释的或解

释不当的差异;

10. 作废的支票或支票存根丢失或根本不存在,而通常情况下,被审计单位会对作废的支票或支票存根实施某些控制或存在其他支持性文件,例如,作废的支票与银行单据一起被退回至被审计单位,或者作废的支票存根上注明"作废"标记,或者作废的支票存根与作废的支票保存在一起;

11. 大额存货或实物资产丢失;

12. 难以获取电子证据或电子证据缺失(不符合被审计单位的记录保存惯例或政策);

13. 询证函回函数量低于或高于预期;

14. 无法为本期的系统变更和系统配置工作提供关键的系统开发、程序变更测试以及系统实施活动方面的证据。

三、注册会计师与管理层之间的关系紧张或异常

1. 管理层不允许注册会计师接触可能提供审计证据的某些记录、设备、特定员工、客户、供应商或其他人员;

2. 管理层对解决复杂或有争议的问题施加不合理的时间限制;

3. 管理层对审计工作的开展表示不满,或威胁项目组成员,特别是有关注册会计师对审计证据作出的关键评价或与管理层之间潜在意见分歧的解决等事项;

4. 被审计单位在向注册会计师提供其要求的信息时发生不正常的拖延;

5. 管理层不愿意配合注册会计师接触重要的电子文档,使其不能运用计算机辅助审计技术进行测试;

6. 管理层不允许注册会计师接触关键的信息技术操作人员(包括系统安全、系统操作和系统开发人员)及设备;

7. 管理层不愿意对财务报表披露作出补充或修改,以使其更加完整、易懂;

8. 管理层不愿意及时处理已识别出的内部控制缺陷。

四、其他方面

1. 管理层不愿意让注册会计师与治理层单独会谈;

2. 会计政策似乎与行业惯例存在差异;

3. 会计估计变更频繁,且似乎并非由所处环境的变化所致;

4. 容忍违反被审计单位行为守则的行为。

《中国注册会计师审计准则第1142号——财务报表审计中对法律法规的考虑》应用指南

（2022年1月17日修订）

一、被审计单位遵守法律法规的责任（参见本准则第四条至第十条）

1. 管理层的责任是在治理层的监督下确保被审计单位的经营活动符合法律法规的规定。法律法规可能以不同的方式影响被审计单位的财务报表。最直接的方式是可能规定了适用的财务报告编制基础或者影响被审计单位需要在财务报表中作出的具体披露。法律法规也可能确立了被审计单位的某些法定权利和义务，其中部分权利和义务将在财务报表中予以确认。此外，法律法规还可能规定了对违反法律法规行为的惩罚。

2. 下面列示的是被审计单位可能实施的政策和程序的示例，有助于防止和发现违反法律法规行为：
   （1）跟踪法律法规的变化，确保设计的经营程序符合法律法规的规定；
   （2）建立和执行适当的内部控制；
   （3）制定、公布和落实行为守则；
   （4）确保员工得到适当培训，了解行为守则；
   （5）监控行为守则的遵守情况，对违反行为守则的员工采取恰当的措施给予处分；
   （6）聘请法律顾问以帮助管理层跟踪法律法规的变化；
   （7）汇编重要的、被审计单位在其所处行业必须遵守的法律法规，保存被投诉的记录。

对于大型被审计单位，管理层通过将职责适当分配给内部审计部门、审计委员会和合规部门（法律部门），对前款所述政策和程序作出补充。

注册会计师的责任

3. 被审计单位违反法律法规的行为可能导致重大错报。发现的违反法律法规行为，无论其重要程度如何，都可能影响审计工作的其他方面，如影响注册会计师对管理层、治理层或员工诚信的考虑。

4. 确定一项行为是否构成违反法律法规行为，是需要由法院或其他适当的监管机构作出裁决的，这通常超出注册会计师的专业胜任能力。然而，培训、经验和对被审计单位及其所在行业或部门的了解，可以为注册会计师识别注意到的某些行为是否可能构成违反法律法规提供基础。

5. 作为财务报表审计的一部分，某些法律法规可能特别要求注册会计师报告被审计单位是否遵守了某些法律法规的条款。《中国注册会计师审计准则第 1501 号——对财务报表形成审计意见和出具审计报告》和《中国注册会计师审计准则第 1601 号——审计特殊目的财务报表的特殊考虑》规范了注册会计师如何在审计报告中说明自身的审计责任。进一步讲，如果存在特定的法定报告要求，注册会计师可能有必要在审计计划中增加测试这些法律法规遵守情况的恰当程序。

法律法规的类别

6. 相关法律法规是否属于本准则第七条第（一）项和第（二）项所述的法律法规，可能受到被审计单位的性质和具体情况的影响。举例来说，用于规范以下事项的法律法规，可能属于本准则第七条所述的法律法规：

（1）舞弊、腐败和贿赂；
（2）洗钱、资助恐怖主义和犯罪收益；
（3）证券市场和交易；
（4）银行、其他金融产品和服务；
（5）数据保护；
（6）税务、养老金负债和支付；
（7）环境保护；
（8）公共健康与安全。

对公共部门实体的特殊考虑

7. 在公共部门，可能存在与考虑法律法规相关的额外审计责任，这些法律法规可能与财务报表审计相关，或延伸到公共部门实体经营活动的其他方面。

法律法规、相关职业道德要求规定的额外责任（参见本准则第十条）

8. 法律法规或相关职业道德要求可能要求注册会计师实施额外的程序和采取进一步行动。

二、定义（参见本准则第十一条）

9. 违反法律法规行为包括被审计单位进行的或以被审计单位名义进行的交易，或者治理层、管理层或为被审计单位工作或受其指导的其他人代表被审计单位进行的交易。

10. 违反法律法规也包括与被审计单位经营活动相关的个人不当行为，例如，处于关键管理岗位的人员，以个人身份接受被审计单位供应商的贿赂。作为回报，使供应商取得或保住地位，继续向被审计单位提供产品或服务。

三、注册会计师对被审计单位遵守法律法规的考虑

（一）对法律法规框架的了解（参见本准则第十三条）

11. 为了总体了解法律法规框架以及被审计单位如何遵守该框架，注册会计师可以采取下列措施：

（1）利用对被审计单位行业状况、监管环境以及其他外部因素的了解；
（2）更新对直接决定财务报表中的报告金额和列报的法律法规的了解；
（3）向管理层询问对被审计单位经营活动预期可能产生至关重要影响的其他法律法规；
（4）向管理层询问被审计单位制定的有关遵守法律法规的政策和程序；

（5）向管理层询问在识别、评价和会计处理诉讼索赔时采用的政策和程序。

（二）对决定财务报表中的重大金额和披露有直接影响的法律法规（参见本准则第七条、第十四条）

12. 某些法律法规已经较为完善，为被审计单位及其所在行业或部门所知悉，并与被审计单位财务报表相关［如本准则第七条第（一）项所述］。这些法律法规可能与下列事项相关：

（1）财务报表的格式和内容；
（2）特定行业的财务报告问题；
（3）根据政府合同对交易进行的会计处理；
（4）所得税费用或退休金成本的计提或确认。

这些法律法规的某些规定可能与财务报表中的特定认定直接相关（如所得税费用的完整性），而其他规定可能与财务报表整体直接相关（如规定的构成整套财务报表的报表）。本准则第十四条规定，针对通常对决定财务报表中的重大金额和披露有直接影响的法律法规的规定，注册会计师应当获取被审计单位遵守这些规定的充分、适当的审计证据。

违反这些法律法规的其他条款或其他相关法律法规，可能给被审计单位带来罚款、诉讼或其他后果，相关成本需要在财务报表中列报，但是不视为本准则第七条第（一）项所述的对财务报表产生直接影响。

（三）识别违反其他法律法规的行为的程序（参见本准则第七条、第十五条）

13. 其他法律法规可能因其对被审计单位的经营活动具有至关重要的影响［如本准则第七条第（二）项所述］，需要注册会计师予以特别关注。违反此类法律法规可能导致被审计单位终止业务活动或对其持续经营能力产生疑虑。例如，违反许可证规定或经营的权限（如对银行来说违反资本或投资规定），可能产生这种后果。同时，存在许多与被审计单位经营活动相关的法律法规，它们并不对财务报表产生影响，也不会被与财务报告相关的信息系统反映。

14. 其他法律法规对财务报告产生的后果因被审计单位经营活动而异。因此，本准则第十五条规定的审计程序旨在使注册会计师注意对财务报表产生重大影响的违反法律法规行为。

（四）实施其他审计程序使注册会计师注意到违反法律法规行为（参见本准则第十六条）

15. 为形成审计意见所实施的审计程序，可能使注册会计师注意到识别出的或怀疑存在的违反法律法规行为。这些审计程序可能包括：

（1）阅读会议纪要；
（2）向被审计单位管理层、内部或外部法律顾问询问诉讼、索赔及评估情况；
（3）对某类交易、账户余额和披露实施细节测试。

（五）书面声明（参见本准则第十七条）

16. 由于法律法规对财务报表的影响差异很大，对于管理层识别出的或怀疑存在的、可能对财务报表产生重大影响的违反法律法规行为，书面声明可以提供必要的审计证据。然而，书面声明本身并不提供充分、适当的审计证据，因此，不影响注册会计师拟获取的其他审计证据的性质和范围。

四、识别出或怀疑存在违反法律法规行为时实施的审计程序

（一）违反法律法规行为的迹象（参见本准则第十九条）

17. 注册会计师可能并非通过实施本准则第十三条至第十七条规定的程序而获知违反法律法规行为的信息（例如，注册会计师可能因举报而注意到违反法律法规的行为）。

18. 下列事项可能表明被审计单位存在违反法律法规行为：

（1）受到监管机构、政府部门的调查，或者支付罚金或受到处罚；

（2）向未指明的服务付款，或向顾问、关联方、员工或政府雇员提供贷款；

（3）与被审计单位或所处行业正常支付水平或实际收到的服务相比，支付过多的销售佣金或代理费用；

（4）采购价格显著高于或低于市场价格；

（5）异常的现金支付，以银行本票向持票人付款的方式采购；

（6）与在"避税天堂"注册的公司存在异常交易；

（7）向货物或服务原产地以外的国家或地区付款；

（8）在没有适当的交易控制记录的情况下付款；

（9）现有的信息系统不能（因系统设计存在问题或因突发性故障）提供适当的审计轨迹或充分的证据；

（10）交易未经授权或记录不当；

（11）负面的媒体评论。

（二）与注册会计师的评价相关的事项［参见本准则第十九条第（二）项］

19. 与注册会计师评价对财务报表可能产生影响相关的事项包括：

（1）识别出的或怀疑存在的违反法律法规行为对财务报表产生的潜在财务后果，包括受到罚款、处分、赔偿、封存财产、强制停业和诉讼等；

（2）潜在财务后果是否需要披露；

（3）潜在财务后果是否非常严重，以致对财务报表的公允反映产生怀疑或导致财务报表产生误导。

（三）审计程序以及与管理层和治理层沟通识别出的或怀疑存在的违反法律法规行为（参见本准则第二十条）

20. 注册会计师需要与适当层级的管理层和治理层（如适用）讨论怀疑存在的违反法律法规行为，因其可能能够提供额外的审计证据。例如，对与导致怀疑违反法律法规的交易或事项相关的事实和情况，注册会计师可以证实管理层和治理层（如适用）是否对此具有相同的理解。

21. 然而，在某些国家或地区，法律法规可能限制注册会计师就某些事项与管理层和治理层沟通。法律法规可能明确禁止那些可能不利于适当机构对发生的或怀疑存在的违法行为进行调查的沟通或其他行动（包括引起被审计单位的警觉），例如，当依据反洗钱法令，注册会计师被要求向适当机构报告识别出的或怀疑存在的违反法律法规行为时。在这些情形下，注册会计师考虑的问题可能是复杂的，并可能认为征询法律意见是适当的。

22. 如果管理层或治理层（如适用）不能向注册会计师提供充分信息，证明被审计单位遵守了法律法规，注册会计师可以考虑向被审计单位内部或外部的法律顾问咨询有关

法律法规在具体情况下的运用,包括舞弊的可能性以及对财务报表的可能影响。如果认为向被审计单位法律顾问咨询是不适当的或不满意其提供的意见,注册会计师可能认为,在保密基础上向会计师事务所的其他人员、网络事务所、职业团体或注册会计师的法律顾问咨询被审计单位是否涉及违反法律法规行为(包括舞弊的可能性、可能导致的法律后果以及注册会计师可以采取的进一步行动)是适当的。

（四）评价识别出的或怀疑存在的违反法律法规行为的影响（参见本准则第二十二条）

23. 根据本准则第二十二条的要求,注册会计师应当评价识别出的或怀疑存在的违反法律法规行为对审计的其他方面可能产生的影响,包括对注册会计师风险评估和被审计单位书面声明可靠性的影响。识别出的或怀疑存在的特定违反法律法规行为的影响,取决于该行为的实施和隐瞒与具体控制活动之间的关系,以及牵涉的管理人员或个人（为被审计单位工作或受其指导）的级别,尤其是被审计单位最高权力机构牵涉其中所产生的影响。如本准则第十条所述,注册会计师遵守法律法规或相关职业道德要求,可能为注册会计师履行本准则第二十二条规定的责任提供进一步信息。

24. 举例来说,以下情形可能导致注册会计师评价识别出的或怀疑存在的违反法律法规行为对管理层和治理层（如适用）书面声明可靠性的影响:

（1）对于识别出的或怀疑存在的违反法律法规行为,注册会计师怀疑或有证据证明管理层或治理层（如适用）参与或企图参与其中;

（2）注册会计师注意到,管理层或治理层（如适用）知悉违反法律法规行为,并且违背法律或监管要求,未在合理期限内向适当机构报告或授权报告该事项。

25. 在某些情形下,注册会计师可能考虑在法律法规允许的情况下解除业务约定,例如,当管理层或治理层没有采取注册会计师认为适合具体情况的补救措施,或者识别出的或怀疑存在的违反法律法规行为导致对管理层或治理层的诚信产生质疑（即使违反法律法规行为对财务报表不重要）。在确定解除业务约定是否适当时,注册会计师可能认为征询法律意见是适当的。当注册会计师认为解除业务约定适当时,这样做并不能替代法律法规或相关职业道德要求规定的、对识别出的或怀疑存在的违反法律法规行为作出应对的其他责任。而且,《〈中国注册会计师审计准则第1121号——对财务报表审计实施的质量管理〉应用指南》第53段指出,法律法规或相关职业道德要求可能规定,后任注册会计师在承接审计业务之前,应当要求前任注册会计师提供其已知的、认为后任注册会计师在作出是否承接业务的决定前需要了解的信息。

五、对识别出的或怀疑存在的违反法律法规行为的沟通和报告

（一）识别出的或怀疑存在的违反法律法规行为对审计报告的潜在影响（参见本准则第二十六条至第二十八条）

26. 注册会计师按照本准则第二十六条至第二十八条的规定发表非无保留意见能够在审计报告中,对识别出的或怀疑存在的违反法律法规行为进行沟通。在其他一些情况下,注册会计师也可能在审计报告中沟通识别出的或怀疑存在的违反法律法规行为,例如:

（1）如《中国注册会计师审计准则第1501号——对财务报表形成审计意见和出具审计报告》第三十六条所述,除审计准则规定的注册会计师责任外,注册会计师负有其他报告责任;

（2）注册会计师认为识别出的或怀疑存在的违反法律法规行为是关键审计事项，并按照《中国注册会计师审计准则第1504号——在审计报告中沟通关键审计事项》的规定进行沟通，除非《中国注册会计师审计准则第1504号——在审计报告中沟通关键审计事项》第十四条适用；

（3）在特殊情况下，管理层或治理层没有采取注册会计师认为在具体情形下适当的补救行动，并且不可能解除业务约定（见本指南第25段），注册会计师可能考虑按照《中国注册会计师审计准则第1503号——在审计报告中增加强调事项段和其他事项段》的规定，在其他事项段中描述识别出的或怀疑存在的违反法律法规行为。

27. 法律法规可能禁止管理层、治理层或注册会计师公开披露某一特定事项。例如，法律法规可能明确禁止那些可能不利于适当机构对发生的或怀疑存在的违法行为进行调查的沟通或其他行动（包括禁止引起被审计单位的警觉等）。对于本指南第26段所述情形或其他情形，当注册会计师拟在审计报告中沟通识别出的或怀疑存在的违反法律法规行为时，这些法律法规可能对注册会计师在审计报告中描述该事项或在某些情形下出具审计报告的能力产生影响。此时，注册会计师可能考虑征询法律意见，以决定可采取的适当行动。

（二）向被审计单位之外的适当机构报告识别出的或怀疑存在的违反法律法规行为（参见本准则第二十九条）

28. 注册会计师可能被要求向被审计单位之外的适当机构报告识别出的或怀疑存在的违反法律法规行为，或注册会计师认为在具体情形下作出报告是适当的，因为：

（1）法律法规或相关职业道德要求要求注册会计师作出报告（见本指南第29段）；

（2）注册会计师认为按照相关职业道德要求，作出报告是应对识别出的或怀疑存在的违反法律法规行为的适当行动（见本指南第30段）；

（3）法律法规或相关职业道德要求规定注册会计师有作出报告的权利（见本指南第31段）。

29. 在某些国家或地区，法律法规或相关职业道德要求可能要求注册会计师向被审计单位之外的适当机构报告识别出的或怀疑存在的违反法律法规行为。例如，在某些国家或地区，执行金融机构审计的注册会计师向监管机构报告发生的或怀疑发生的违反法律法规行为是法定要求。此外，错报可能源于违反法律法规行为，在某些国家或地区，当管理层或治理层未能采取纠正措施时，注册会计师可能被要求向适当机构报告错报。

30. 其他情况下，相关职业道德要求可能要求注册会计师决定向被审计单位之外的适当机构报告识别出的或怀疑存在的违反法律法规行为在具体情形下是否适当。

31. 即使法律法规或相关职业道德要求可能未对报告识别出的或怀疑存在的违反法律法规行为提出要求，法律法规或相关职业道德要求仍可能规定注册会计师有向被审计单位之外的适当机构报告识别出的或怀疑存在的违反法律法规行为的权利。例如，在审计金融机构财务报表时，按照相关法律法规，注册会计师可能有权与监管机构讨论识别出的或怀疑存在的违反法律法规行为等事项。

32. 其他情形下，注册会计师在法律法规或相关职业道德要求下的保密义务，可能禁止向被审计单位之外的适当机构报告识别出的或怀疑存在的违反法律法规行为。

33. 本准则第二十九条所要求的确定可能涉及复杂的考虑和职业判断。因此，注册会计师可以考虑进行内部咨询（例如，会计师事务所内或网络事务所），或在保密基础上向监管机构或职业团体咨询（除非这么做被法律法规所禁止或违背保密义务）。注册会计师还可以考虑征询法律意见，以了解注册会计师的可能选择，以及采取任何特定行动的职业及法律后果。

对公共部门实体的特殊考虑

34. 接受委托从事公共部门实体审计的注册会计师可能有义务向监管机构或政府部门报告识别出的或怀疑存在的违反法律法规行为，或者在审计报告中反映。

六、审计工作底稿（参见本准则第三十条）

35. 注册会计师对识别出的或怀疑存在的违反法律法规行为有关情况形成的审计工作底稿可能包括：

（1）记录或文件的复印件；

（2）与管理层、治理层或被审计单位以外的机构或人员讨论的纪要。

36. 法律法规或相关职业道德要求也可能规定对识别出的或怀疑存在的违反法律法规行为的额外记录要求。

《中国注册会计师审计准则第 1151 号——与治理层的沟通》应用指南

（2022 年 1 月 17 日修订）

一、治理层（参见本准则第十二条）

1. 治理结构因被审计单位和所在国家或地区的不同而异，反映了不同文化和法律背景以及被审计单位的规模和所有权特征等方面的影响。例如：

（1）在某些国家或地区，被审计单位设有监事会（其全部或主要成员不参与管理被审计单位），与董事会在法律上是分离的（即"双层"结构）。在其他一些国家或地区，被审计单位的监督和执行职责是单一或一元化的董事会（即"单层"结构）的法定责任。

（2）在某些被审计单位，治理层的职位是被审计单位法律结构中不可分割的一部分，如公司董事。在其他一些被审计单位，如某些政府性质的实体，则由被审计单位外部的机构承担治理职责。

（3）在某些情况下，治理层的部分或全部成员参与管理被审计单位。在其他一些情况下，治理层与管理层由不同的人员组成。

（4）在某些情况下，治理层负责批准被审计单位的财务报表。在其他一些情况下，管理层负有这一责任。

2. 在大多数被审计单位，治理职责是治理机构的集体责任，如董事会、监督委员会、合伙人、业主、管理委员会、治理委员会、受托人或类似职位的人员。但是，在某些小型被审计单位，可能由一个人承担治理职责，如在没有其他业主情况下的业主兼经理，或单独的一名受托人。当治理职责是一项集体责任时，可能由下设组织（如审计委员会甚至个人）负责具体工作以协助治理机构履行责任。而在另外一些情况下，下设组织或个人可能负有与治理机构不同的法定责任。

3. 这些差异意味着本准则不可能对所有审计业务详细规定注册会计师就特定事项与谁沟通。在某些情况下，例如，在没有正式界定治理结构的被审计单位（如某些家族企业、非营利组织和政府性质的实体），从适用的法律法规或其他业务环境中可能难以明确识别出适当的沟通人员。在这种情况下，注册会计师可能需要与委托方讨论或约定应当与哪些相关人员沟通。在决定与谁进行沟通时，注册会计师需要按照《中国注册会计师审计准则第 1211 号——通过了解被审计单位及其环境识别和评估重大错报风险》的规定了解被审计单位治理结构和治理过程。适当的沟通人员可能因拟沟通事项的不同而异。

4.《中国注册会计师审计准则第 1401 号——对集团财务报表审计的特殊考虑》规定了集团注册会计师与治理层沟通的具体事项。如果被审计单位是集团的组成部分，组成部分注册会计师与之沟通的适当人员取决于业务环境和拟沟通的事项。在某些情况下，许多组成部分可能在同一内部控制系统中执行相同的业务，并采用相同的会计实务。如果这些组成部分的治理层是相同的（如隶属于同一董事会），为避免重复，注册会计师可以同时就这些组成部分与治理层沟通，以实现沟通目的。

（一）与治理层的下设组织沟通（参见本准则第十三条）

5. 在考虑与治理层的下设组织沟通时，注册会计师需要考虑下列事项：

（1）下设组织与治理层各自的责任；

（2）拟沟通事项的性质；

（3）相关法律法规的要求；

（4）下设组织是否有权就沟通的信息采取行动，以及是否能够提供注册会计师可能需要的进一步信息和解释。

6. 在决定是否需要与治理机构沟通信息时，注册会计师可能受到其对下设组织与治理机构沟通相关信息的有效性和适当性的评估的影响。注册会计师可以在就审计业务约定条款达成一致意见时明确指出，除非法律法规禁止，注册会计师保留与治理机构直接沟通的权利。

7. 在许多国家或地区，被审计单位设有审计委员会（或名称不同的类似下设组织）。尽管审计委员会的具体权力和职责可能不同，但与其沟通已成为注册会计师与治理层沟通的一个关键要素。

良好的治理原则建议：

（1）邀请注册会计师定期参加审计委员会会议；

（2）审计委员会主席和其他相关成员定期与注册会计师联系；

（3）审计委员会每年至少一次在管理层不在场的情况下会见注册会计师。

（二）治理层全部成员参与管理被审计单位的情形（参见本准则第十四条）

8. 在某些情况下，治理层全部成员参与管理被审计单位，此时需要对如何运用沟通的要求进行调整，以反映这一情况。在这种情况下，与负有管理责任的人员的沟通，可能不能向所有负有治理责任的人员充分传递应予沟通的内容。例如，在一家所有董事都参与管理的公司中，某一董事（如负责市场营销的董事）可能并不知道注册会计师与另一董事（如负责财务报表编制的董事）讨论的重大事项。

二、沟通的事项

（一）注册会计师与财务报表审计相关的责任（参见本准则第十五条）

9. 注册会计师与财务报表审计相关的责任通常包含在审计业务约定书或记录审计业务约定条款的其他适当形式的书面协议中。法律法规或被审计单位的治理结构可能要求治理层与注册会计师就业务约定条款达成一致意见。当实际情况并非如此时，向治理层提供审计业务约定书或其他适当形式的书面协议的副本，可能是与其就下列相关事项进行沟通的适当方式：

（1）注册会计师按照审计准则执行审计工作的责任，主要集中在对财务报表发表意见上。审计准则要求沟通的事项包括财务报表审计中发现的、与治理层对财务报告过程的监督有关的重大事项；

（2）审计准则并不要求注册会计师设计程序来识别与治理层沟通的补充事项；

（3）当《中国注册会计师审计准则第1504号——在审计报告中沟通关键审计事项》适用时，注册会计师确定并在审计报告中沟通关键审计事项的责任；

（4）依据法律法规的规定、与被审计单位的协议或适用于该业务的其他规定，注册会计师沟通特定事项的责任（如适用）。

10. 法律法规的规定、与被审计单位的协议或适用于该业务的其他规定，可能要求注册会计师与治理层进行更广泛的沟通。例如：

（1）与被审计单位的协议可能要求沟通会计师事务所或网络事务所在提供除财务报表审计以外的其他服务时发现的特定事项；

（2）授权对公共部门实体进行审计的文件可能要求注册会计师沟通其执行其他工作时（如绩效审计）注意到的事项。

（二）计划的审计范围和时间安排（参见本准则第十六条）

11. 就计划的审计范围和时间安排进行沟通可以：

（1）帮助治理层更好地了解注册会计师工作的结果，与注册会计师讨论风险问题和重要性的概念，以及识别可能需要注册会计师追加审计程序的领域；

（2）帮助注册会计师更好地了解被审计单位及其环境。

12. 就注册会计师识别出的特别风险进行沟通，可以帮助治理层了解存在特别风险的事项以及需要注册会计师予以特别考虑的原因。就特别风险进行沟通有助于治理层履行其对财务报告过程的监督责任。

13. 沟通的事项可能包括：

（1）注册会计师计划如何应对由于舞弊或错误导致的特别风险；

（2）注册会计师计划如何应对重大错报风险评估水平较高的领域；

（3）注册会计师对与审计相关的内部控制采取的方案；

（4）在审计中对重要性概念的运用；

（5）实施计划的审计程序或评价审计结果需要的专门技术或知识的性质及程度，包括利用注册会计师的专家的工作；

（6）当《中国注册会计师审计准则第1504号——在审计报告中沟通关键审计事项》适用时，注册会计师对于哪些事项可能需要重点关注因而可能构成关键审计事项所作的初步判断；

（7）针对适用的财务报告编制基础或者被审计单位所处的环境、财务状况或活动发生的重大变化对单一报表及披露产生的影响，注册会计师拟采取的应对措施。

14. 可能适合与治理层讨论的计划方面的其他事项包括：

（1）如果被审计单位设有内部审计，注册会计师和内部审计人员如何以建设性和互补的方式一起工作，包括拟利用内部审计工作，以及拟利用内部审计人员提供直接协助的性质和范围。

（2）治理层对下列问题的看法：

①与被审计单位治理结构中的哪些适当人员沟通；

②治理层和管理层之间的责任分配；

③被审计单位的目标和战略，以及可能导致重大错报的相关经营风险；

④治理层认为审计过程中需要特别关注的事项，以及治理层要求注册会计师追加审计程序的领域；

⑤被审计单位与监管机构之间的重要沟通；
⑥治理层认为可能会影响财务报表审计的其他事项。
（3）治理层对下列问题的态度、认识和措施：
①被审计单位的内部控制及其在被审计单位中的重要性，包括治理层如何监督内部控制的有效性；
②舞弊发生的可能性或如何发现舞弊。
（4）治理层应对会计准则、公司治理实务、交易所上市规则和相关事项变化及这些变化对财务报表的总体列报、结构和内容等方面的影响所采取的措施，包括：
①财务报表中信息的相关性、可靠性、可比性和可理解性；
②考虑财务报表是否因包含不相关或有碍正确理解所披露事项的信息而受到不利影响。
（5）治理层对以前与注册会计师沟通作出的回应。
（6）哪些文件组成《中国注册会计师审计准则第1521号——注册会计师对其他信息的责任》所规定的其他信息，以及被审计单位计划公布这些文件的方式和时间安排。当注册会计师预期将在审计报告日后获取其他信息时，与治理层的讨论还可能包括如果审计报告日后获取的其他信息存在重大错报，注册会计师可能采取的适当或必要措施。

15. 尽管与治理层的沟通可以帮助注册会计师计划审计的范围和时间安排，但并不改变注册会计师独自承担制定总体审计策略和具体审计计划（包括获取充分、适当的审计证据所需程序的性质、时间安排和范围）的责任。

16. 在与治理层就计划的审计范围和时间安排进行沟通时，尤其是在治理层部分或全部成员参与管理被审计单位的情况下，注册会计师有必要保持职业谨慎，避免损害审计的有效性。例如，沟通具体审计程序的性质和时间安排，可能因这些程序易于被预见而降低其有效性。

（三）审计中的重大发现（参见本准则第十七条）

17. 沟通审计中的发现可能包括要求治理层提供进一步信息以完善获取的审计证据。例如，注册会计师可以证实治理层对与特定的交易或事项有关的事实和情况有着与其相同的理解。

18. 当《中国注册会计师审计准则第1504号——在审计报告中沟通关键审计事项》适用时，本准则第十七条要求与治理层进行的沟通以及第十六条要求就注册会计师识别出的特别风险进行的沟通，与注册会计师确定哪些事项可能属于重点关注过的事项，因而可能构成关键审计事项尤其相关。

会计实务重大方面的质量［参见本准则第十七条第（一）项］

19. 财务报告编制基础通常允许被审计单位作出会计估计以及有关会计政策和财务报表披露的判断，例如，当存在重大计量不确定性的情况下作出会计估计时，对运用的关键假设作出的判断。此外，法律法规或财务报告编制基础可能要求披露重要会计政策概要、提及"重要的会计估计"或"重要的会计政策和实务"，以向财务报表使用者指明管理层在编制财务报表时作出的最困难、最主观或最复杂的判断，并提供相关的进一步信息。

20. 注册会计师对于财务报表主观方面的看法可能与治理层履行对财务报告过程的监督职责尤其相关。例如，针对本指南第19段描述的相关事项，注册会计师对与导致特别风险的会计估计相关的估计不确定性是否得到充分披露进行了评价，治理层可能对这一评价感兴趣。就被审计单位会计实务重大方面的质量进行开放的、建设性的沟通，可能包括评价重大会计实务和披露的质量的可接受性。本指南附录指出了沟通中可能包括的事项。

审计工作中遇到的重大困难［参见本准则第十七条第（二）项］

21. 审计工作中遇到的重大困难可能包括下列事项：

（1）在提供实施审计程序所需的信息方面，管理层严重拖延或不愿意提供，或者被审计单位的人员不予配合；

（2）不合理地要求缩短完成审计工作的时间；

（3）为获取充分、适当的审计证据需要付出的努力远远超过预期；

（4）无法获取预期的信息；

（5）管理层对注册会计师施加的限制；

（6）管理层不愿意按照要求对被审计单位持续经营能力进行评估，或不愿意延长评估期间。

在某些情况下，这些困难可能构成对审计范围的限制，导致注册会计师发表非无保留意见。

已与管理层讨论或需要书面沟通的重大事项［参见本准则第十七条第（三）项］

22. 已与管理层讨论或需要书面沟通的重大事项可能包括：

（1）当年发生的重大事项或交易；

（2）影响被审计单位的业务环境，以及可能影响重大错报风险的经营计划和战略；

（3）对管理层就会计或审计问题向其他专业人士进行咨询的关注；

（4）管理层在首次委托或连续委托注册会计师时，就会计实务、审计准则应用、审计或其他服务费用与注册会计师进行的讨论或书面沟通；

（5）与管理层存在意见分歧的重大事项，但因事实不完整或初步信息造成并在随后通过进一步获取相关事实或信息得以解决的初始意见分歧除外。

影响审计报告形式和内容的情形［参见本准则第十七条第（四）项］

23. 《中国注册会计师审计准则第1111号——就审计业务约定条款达成一致意见》要求注册会计师就审计业务约定条款与管理层或治理层（如适用）达成一致意见。达成一致意见的审计业务约定条款应记录于审计业务约定书或其他适当形式的书面协议中，并提及审计报告的预期形式和内容等事项。正如本指南第9段所述，如果商谈业务约定条款的对象并非治理层，注册会计师可以向其提供一份业务约定书的副本，以沟通与审计工作相关的事项。本准则第十七条第（四）项要求的沟通旨在告知治理层审计报告可能不同于预期的形式和内容，或可能包含与执行的审计工作相关的进一步信息的情形。

24. 按照相关审计准则的规定，注册会计师应当或可能认为有必要在审计报告中包含更多信息并应当就此与治理层沟通的情形包括：

（1）根据《中国注册会计师审计准则第1502号——在审计报告中发表非无保留意见》的规定，注册会计师预期在审计报告中发表非无保留意见；

（2）根据《中国注册会计师审计准则第1324号——持续经营》的规定，报告与持续经营相关的重大不确定性；

（3）根据《中国注册会计师审计准则第1504号——在审计报告中沟通关键审计事项》的规定，沟通关键审计事项；

（4）根据《中国注册会计师审计准则第1503号——在审计报告中增加强调事项段和其他事项段》（或其他审计准则）的规定，注册会计师认为有必要（或应当）增加强调事项段或其他事项段。

（5）根据《中国注册会计师审计准则第1521号——注册会计师对其他信息的责任》的规定，注册会计师认为其他信息存在未更正的重大错报。

在这些情形下，注册会计师可能认为有必要向治理层提供审计报告的草稿，以便于讨论如何在审计报告中处理这些事项。

与财务报告过程有关的其他重大事项〔参见本准则第十七条第（五）项〕

25.《中国注册会计师审计准则第1201号——计划审计工作》指出，由于未预期事项的存在、条件的变化或通过实施审计程序获取的审计证据等原因，注册会计师可能需要基于修正后的风险评估结果，对总体审计策略、具体审计计划以及原来计划的进一步审计程序的性质、时间安排和范围作出修改。注册会计师可以就此类事项与治理层进行沟通，例如，作为对审计工作的计划范围及时间安排所作的初步讨论的更新。

26.审计中出现的、与治理层履行对财务报告过程的监督职责直接相关的其他重大事项，可能包括其他信息中已更正的重大错报等。

27.除本准则第十七条第（一）至（四）项及相关应用指南规定的事项之外，注册会计师可能和项目质量复核人员（如有）讨论过其他事项，项目质量复核人员也可能考虑过其他事项。对于这些事项，注册会计师可以考虑与治理层进行沟通。

（四）注册会计师的独立性（参见本准则第十八条）

28.注册会计师需要遵守与财务报表审计相关的职业道德要求，包括独立性要求。

29.拟沟通可能影响独立性的关系和其他事项，以及沟通如何应对超出可接受的水平的不利影响，将因业务具体情况的不同而不同，但是通常包括：对独立性的不利影响，以及为消除不利影响或将其降低至可接受的水平而采取的防范措施。

30.相关职业道德要求或法律法规也可能规定，注册会计师在识别出违反独立性要求的情形时与治理层进行特定沟通。例如，《中国注册会计师职业道德守则》要求注册会计师就任何违反独立性要求的情形及会计师事务所已采取或拟采取的行动与治理层进行书面沟通。

31.适用于上市实体的有关注册会计师独立性的沟通要求，可能对其他被审计单位也是适当的，包括涉及重大公众利益的实体，例如，由于实体拥有数量众多且分布广泛的利益相关者，以及考虑到业务的性质和范围。这些实体举例来说包括金融机构（如银行、保险公司和养老基金）以及慈善机构等。另一方面，可能存在与进行独立性沟通不相关的情形，例如，当治理层的全部成员已经通过其管理活动知悉了相关事实时。在被审计单位由业主进行管理，而注册会计师所在的会计师事务所和网络事务所除财务报表审计外与被审计单位几乎没有其他关联时，这种情形尤其可能出现。

（五）补充事项（参见本准则第四条）

32.治理层对管理层的监督包括确保被审计单位设计、执行和维护恰当的内部控制。

33.注册会计师可能注意到一些补充事项，虽然这些事项不一定与监督财务报告流程有关，但对治理层监督被审计单位的战略方向或与被审计单位受托责任相关的义务而言很可能是重要的。这些事项可能包括与治理结构或过程有关的重大问题、缺乏适当授权的高级管理层作出的重大决策或行动。

34. 在确定是否与治理层沟通补充事项时，注册会计师可能就其注意到的某类事项与适当层级的管理层进行讨论，除非在具体情形下不适合这么做。

35. 如果需要沟通补充事项，注册会计师使治理层注意下列事项可能是适当的：

（1）识别和沟通这类事项对审计目的（旨在对财务报表形成意见）而言，只是附带的；

（2）除对财务报表形成审计意见所需实施的审计程序外，没有专门针对这些事项实施其他程序；

（3）没有实施程序来确定是否还存在其他的同类事项。

三、沟通的过程

（一）确立沟通过程（参见本准则第十九条）

36. 清楚地沟通注册会计师的责任、计划的审计范围和时间安排以及期望沟通的大致内容，有助于为有效的双向沟通确立基础。

37. 讨论下列事项可能有助于实现有效的双向沟通：

（1）沟通的目的。如果目的明确，注册会计师和治理层就可以更好地就相关问题和在沟通过程中期望采取的行动取得相互了解；

（2）沟通拟采取的形式；

（3）由审计项目组和治理层中的哪些人员就特定事项进行沟通；

（4）注册会计师对沟通的期望，包括将进行双向沟通以及治理层将就其认为与审计工作相关的事项与注册会计师沟通。与审计工作相关的事项包括：可能对审计程序的性质、时间安排和范围产生重大影响的战略决策，对舞弊的怀疑或检查，对高级管理人员的诚信或胜任能力的疑虑；

（5）对注册会计师沟通的事项采取措施和进行反馈的过程；

（6）对治理层沟通的事项采取措施和进行反馈的过程。

38. 沟通过程随着具体情况的不同而不同，这些具体情况包括被审计单位的规模和治理结构、治理层如何开展工作，以及注册会计师对拟沟通事项的重要性的看法。难以建立有效的双向沟通可能意味着注册会计师与治理层之间的沟通不足以实现审计目的。（参见本指南第51段）

对小型被审计单位的特殊考虑

39. 相对于上市实体或大型被审计单位，在小型被审计单位审计中，注册会计师可以以不太正式的方式来与治理层沟通。

与管理层的沟通

40. 许多事项可以在正常的审计过程中与管理层讨论，包括本准则要求与治理层沟通的事项。这种讨论有助于确认管理层对被审计单位经营活动的执行以及（特别是）对财务报表的编制承担的责任。

41. 在与治理层沟通某些事项前，注册会计师可能就这些事项与管理层讨论，除非这种做法并不适当。例如，与管理层就其胜任能力或诚信方面的问题进行讨论可能是不适当的。除确认管理层的执行责任外，这些初步的讨论还可以澄清事实和问题，并使管理层有机会提供进一步的信息和解释。如果被审计单位设有内部审计，注册会计师可以在与治理层沟通前与内部审计人员讨论相关事项。

与第三方的沟通

42. 治理层可能根据法律法规的要求，或希望向第三方（如银行或特定监管机构）提供注册会计师书面沟通文件的副本。在某些情况下，向第三方披露书面沟通文件可能是违法或不适当的。在向第三方提供为治理层编制的书面沟通文件时，在书面沟通文件中声明以下内容，告知第三方这些书面沟通文件不是为他们编制，可能是非常重要的：

（1）书面沟通文件仅为治理层的使用而编制，在适当的情况下也可供集团管理层和集团注册会计师使用，但不应被第三方依赖；

（2）注册会计师对第三方不承担责任；

（3）书面沟通文件向第三方披露或分发的任何限制。

43. 法律法规可能要求注册会计师：

（1）向监管机构或执法机构报告与治理层沟通的特定事项。例如，如果管理层和治理层没有采取纠正措施，注册会计师有义务向监管机构或执法机构报告错报；

（2）将为治理层编制的特定报告的副本提交给相关监管机构、出资机构或其他机构，例如对某些公共部门实体，需要提交给某些主管部门；

（3）向公众公开为治理层编制的报告。

44. 除非法律法规要求向第三方提供注册会计师与治理层的书面沟通文件的副本，否则注册会计师在向第三方提供前可能需要事先征得治理层同意。

（二）沟通的形式（参见本准则第二十条）

45. 有效的沟通可能包括结构化的陈述、书面报告以及不太正式的沟通（包括讨论）。除本准则第二十条和第二十一条规定的事项外，对于其他事项，注册会计师可以采取口头或书面的方式沟通。书面沟通可能包括向治理层提供审计业务约定书。

46. 除特定事项的重要程度外，沟通的形式（口头沟通或书面沟通，沟通内容的详略程度，以正式或非正式的方式沟通）可能还受下列因素的影响：

（1）对该事项的讨论是否将包含在审计报告中。例如，在审计报告中沟通关键审计事项时，注册会计师可能认为有必要就确定为关键审计事项的事项进行书面沟通；

（2）特定事项是否已经得到满意的解决；

（3）管理层是否已事先就该事项进行沟通；

（4）被审计单位的规模、经营结构、控制环境和法律结构；

（5）在特殊目的财务报表审计中，注册会计师是否还审计被审计单位的通用目的财务报表；

（6）法律法规要求。在某些国家或地区，法律法规规定了与治理层书面沟通文件的形式；

（7）治理层的期望，包括与注册会计师定期会谈或沟通的安排；

（8）注册会计师与治理层持续接触和对话的次数；

（9）治理机构的成员是否发生了重大变化。

47. 如果已就某重大事项与治理层的个别成员（如审计委员会主席）讨论，注册会计师可能有必要在随后的沟通中概述该事项，以便治理层的所有成员获取完整和对称的信息。

（三）沟通的时间安排（参见本准则第二十二条）

48. 审计过程中的及时沟通有助于注册会计师与治理层进行充分的双向对话。然而，适当的沟通时间安排因业务环境的不同而不同。相关的环境包括事项的重要程度和性质，以及期望治理层采取的行动。例如：

（1）对于计划事项的沟通，通常在审计业务的早期阶段进行，如系首次接受委托，沟通可以随同就审计业务条款达成一致意见一并进行；

（2）对于审计中遇到的重大困难，如果治理层能够协助注册会计师克服这些困难，或者这些困难可能导致发表非无保留意见，可能需要尽快沟通。如果识别出值得关注的内部控制缺陷，注册会计师可能在根据《中国注册会计师审计准则第1152号——向治理层和管理层通报内部控制缺陷》及其应用指南的要求进行书面沟通前，尽快向治理层口头沟通。

（3）当《中国注册会计师审计准则第1504号——在审计报告中沟通关键审计事项》适用时，注册会计师可以在讨论审计工作的计划范围及时间安排时沟通对关键审计事项的初步看法，注册会计师在沟通重大审计发现时也可以与治理层进行更加频繁的沟通，以进一步讨论此类事项。

（4）无论何时（如承接一项非审计服务时和在进行总结性讨论时）就对独立性的不利影响和如何应对超出可接受的水平的不利影响作出了重要判断，就独立性进行沟通都可能是适当的。

（5）沟通审计中发现的问题，包括注册会计师对被审计单位会计实务质量的看法，也可能作为总结性讨论的一部分。

（6）当同时审计通用目的和特殊目的财务报表时，注册会计师协调沟通的时间安排可能是适当的。

49. 可能与沟通的时间安排相关的其他因素包括：

（1）被审计单位的规模、经营结构、控制环境和法律结构；

（2）在规定的时限内沟通特定事项的法定义务；

（3）治理层的期望，包括与注册会计师定期会谈或沟通的安排；

（4）注册会计师识别出特定事项的时间。例如，注册会计师可能未能在可以采取预防措施的时间内识别出某一特定事项（如违反某项法律法规），但是沟通该事项可能有助于采取补救措施。

（四）沟通过程的充分性（参见本准则第二十三条）

50. 注册会计师不需要设计专门程序以支持其对与治理层之间的双向沟通的评价，这种评价可以建立在为其他目的而实施的审计程序所获取的审计证据的基础上。这些审计证据可能包括：

（1）针对注册会计师提出的沟通事项，治理层采取的措施的适当性和及时性。如果前期沟通中提出的重大事项没有得到有效解决，注册会计师可能需要询问没有采取适当措施的原因，并考虑再次提出该事项。这样能避免治理层形成错误印象，误认为注册会计师因觉得该事项已经充分解决或不再重要而感到满意；

（2）治理层在与注册会计师沟通的过程中表现出来的坦率程度；

（3）治理层在没有管理层在场的情况下与注册会计师会谈的意愿和能力；

（4）治理层表现出来的对注册会计师所提出的事项的全面理解能力。例如，治理层在多大程度上对相关问题展开调查以及质疑向其提出的建议；

（5）就拟沟通的形式、时间安排和期望的大致内容与治理层达成相互理解的难度；

（6）当治理层全部或部分成员参与管理被审计单位时，他们所表现出的对与注册会计师讨论的事项如何影响其治理责任和管理责任的了解；

（7）注册会计师与治理层之间的双向沟通是否符合法律法规的规定。

51. 如本准则第五条所述，有效的双向沟通对于注册会计师和治理层都有帮助。《中国注册会计师审计准则第1211号——通过了解被审计单位及其环境识别和评估重大错报风险》指出，治理层的参与［包括他们与内部审计人员（如有）和注册会计师的互动］是被审计单位控制环境的一个要素。不充分的双向沟通可能意味着令人不满意的控制环境，影响注册会计师对重大错报风险的评估。同时存在一种风险，即注册会计师可能不能获取充分、适当的审计证据以形成对财务报表的审计意见。

52. 如果注册会计师与治理层之间的双向沟通不充分，并且这种情况得不到解决，注册会计师可以采取下列措施：

（1）根据范围受到的限制发表非无保留意见；

（2）就采取不同措施的后果征询法律意见；

（3）与第三方（如监管机构）、被审计单位外部的在治理结构中拥有更高权力的组织或人员（如企业的业主，股东大会中的股东）或对公共部门负责的政府部门进行沟通；

（4）在法律法规允许的情况下解除业务约定。

四、审计工作底稿（参见本准则第二十四条）

53. 如果被审计单位编制的会议纪要是沟通的适当记录，注册会计师可以将其副本作为对口头沟通的记录，并作为审计工作底稿的一部分。

附录［参见本准则第十七条第（一）项和本指南第19段、第20段］

会计实务的质量

本准则第十七条第（一）项要求的和本指南第19段至第20段讨论的沟通可能包括下列事项：

一、会计政策

1. 在考虑是否有必要对提供信息的成本与可能给财务报表使用者带来的效益之间进行平衡后，会计政策对于被审计单位具体情况的适当性。如果存在可接受的备选会计政策，沟通可能包括确定受重要会计政策选择影响的财务报表项目，以及与被审计单位相类似的单位所采用会计政策的信息。

2. 重要会计政策的初始选择和变更，包括对新会计准则的应用。沟通可能包括：会计政策变更的时间安排和方法对被审计单位当前和未来盈余的影响；与预期发布新会计准则相关的会计政策变更的时间安排。

3. 有争议的或新兴领域的（或在行业内具有独特性，尤其是缺乏权威的指南或共识时）重要会计政策的影响。

4. 与记录交易的期间相关的交易时间安排的影响。

二、会计估计

对于涉及重要估计的项目,《中国注册会计师审计准则第1321号——审计会计估计（包括公允价值会计估计）和相关披露》及其应用指南讨论的问题包括：

1. 管理层如何识别可能需要在财务报表中确认或披露会计估计的交易、事项及情况；
2. 可能需要作出新的会计估计或修正现有会计估计的情形变化；
3. 管理层关于在财务报表中确认或不确认会计估计的决策是否符合适用的财务报告编制基础；
4. 前期作出会计估计的方法在本期是否有或应该有变化，如果是，变化的原因及前期会计估计的结果；
5. 管理层作出会计估计的过程（例如，在管理层使用模型的情况下），包括选择的会计估计计量基础是否符合适用的财务报告编制基础；
6. 管理层作出会计估计时使用的重大假设是否合理；
7. 如果与管理层使用的重大假设的合理性或对适用的财务报告编制基础的适当运用相关，管理层执行特定行动的意图及能力；
8. 重大错报风险；
9. 可能表明存在管理层偏向的迹象；
10. 管理层如何考虑替代假设或结果以及未选择的原因，或管理层如何处理作出会计估计过程中的估计不确定性；
11. 财务报表中对估计不确定性进行披露的充分性。

三、财务报表披露

1. 在形成特别敏感的财务报表披露（如与收入确认、薪酬、持续经营、期后事项和或有事项有关的披露）时涉及的问题和作出的相关判断；
2. 财务报表披露的总体中立性、一贯性和明晰性。

四、相关事项

1. 财务报表中披露的特别风险、风险敞口和不确定性（如未决诉讼）对财务报表的潜在影响；
2. 财务报表受到超出被审计单位正常经营过程或者在其他方面显得异常的重大交易影响的程度。沟通该事项可能强调：
（1）该期间确认的不经常发生的金额；
（2）这些交易在财务报表中单独披露的程度；
（3）此类交易看起来是否用于实现特定的会计或税务处理，或特定的法律或监管目标；
（4）此类交易的形式看起来是否过于复杂，或针对交易的结构已进行了广泛的咨询；
（5）管理层是否更强调需要采取特定会计处理，而非交易背后的经济实质。

3.影响资产和负债账面价值的因素,包括被审计单位确定有形资产和无形资产使用年限的依据。这方面的沟通可以解释如何选择影响账面价值的因素,以及备选的其他选项如何对财务报表产生影响;

4.对错报的选择性更正,例如,如果更正某一错报将增加盈利,则对该错报予以更正,反之如果更正某一错报将减少盈利,则对该错报不予更正。

《中国注册会计师审计准则第 1152 号——向治理层和管理层通报内部控制缺陷》应用指南

（2010 年 11 月 1 日修订）

一、确定是否识别出内部控制缺陷（参见本准则第八条）

1. 在确定是否识别出内部控制缺陷时，注册会计师可以就审计结果中的相关事实和情况与适当层级的管理层讨论。这种讨论有助于注册会计师及时提醒管理层关注以前可能没有注意到的缺陷。适合与之讨论的管理层是熟悉所关注的内部控制领域并且有权对识别出的内部控制缺陷采取纠正措施的人员。在某些情况下（如审计结果可能引发注册会计师对管理层的诚信或胜任能力的质疑时），注册会计师直接与管理层讨论可能是不适当的（参见本指南第 20 段）。

2. 在与管理层讨论审计结果中的事实和情况时，注册会计师可能获取供进一步考虑的其他相关信息，例如：

（1）管理层对造成缺陷的原因的了解；

（2）管理层可能已经注意到的由于缺陷而引发的例外事项，如相关信息技术控制未能防止的错报；

（3）管理层应对审计结果的初步迹象。

对小型被审计单位的特殊考虑

3. 尽管小型被审计单位控制活动所依据的理念可能与大型被审计单位的相似，但是它们运行的正式程度存在差别。在小型被审计单位，由于管理层亲自实施控制，特定类型的控制活动可能并不必要。例如，管理层独自负责对客户授予信用和批准重大采购，可以对重要的账户余额和交易提供有效的控制，降低或消除对实施更具体控制活动的需要。

4. 小型被审计单位通常员工较少，这可能限制职责分离的可行程度。然而，在业主管理的小型被审计单位中，业主兼经理可能能够实施比大型被审计单位更有效的监督。这种更高程度的管理层监督，需要与管理层凌驾于控制之上的更大的可能性相权衡。

二、值得关注的内部控制缺陷（参见本准则第六条和第九条）

5. 内部控制的一个缺陷或多个缺陷的组合的重要性，不仅取决于是否实际发生了错报，而且取决于错报发生的可能性和错报的潜在重要程度。因此，即使注册会计师在审计过程中没有发现错报，也可能存在值得关注的内部控制缺陷。

6. 在确定内部控制的一个缺陷或多个缺陷的组合是否构成值得关注的内部控制缺陷时，注册会计师可能考虑下列主要事项：

（1）缺陷在未来导致财务报表重大错报的可能性；

（2）资产或负债易于发生损失或舞弊的可能性；

（3）在确定估计金额时的主观性和复杂性，如公允价值会计估计；

（4）受缺陷影响的财务报表金额；

（5）受缺陷影响的账户余额或某类交易已经或可能发生的业务量；

（6）与财务报告过程相关的控制（包括其重要性），例如：

① 一般监督控制（如管理层的监督）；

② 对防止和发现舞弊的控制；

③ 对选择和运用重大会计政策的控制；

④ 对重大关联方交易的控制；

⑤ 对超出被审计单位正常经营过程的重大交易的控制；

⑥ 对期末财务报告流程的控制（如对非常规会计分录的控制）；

（7）发现的由于控制缺陷导致的例外事项的原因与频率；

（8）内部控制中某一缺陷与其他缺陷的相互影响。

7. 表明存在值得关注的内部控制缺陷的迹象举例如下：

（1）控制环境无效的证据，例如：

①与管理层经济利益相关的重大交易没有得到治理层适当审查；

②识别出被审计单位内部控制未能防止的管理层舞弊（无论是否重大）；

③管理层未能对以前已经沟通的值得关注的内部控制缺陷采取适当的纠正措施。

（2）被审计单位内部缺乏通常应当建立的风险评估过程。

（3）被审计单位风险评估过程无效的证据，例如，管理层未能识别出注册会计师预期被审计单位的风险评估过程应当识别出的重大错报风险。

（4）没有有效应对识别出的特别风险的证据（如缺乏针对这种风险的控制）。

（5）注册会计师实施程序发现的、被审计单位的内部控制未能防止或发现并纠正的错报。

（6）重述以前公布的财务报表，以更正由于错误或舞弊导致的重大错报。

（7）管理层无力监督财务报表编制的证据。

8. 得到恰当设计的控制可能单独运行或组合运行，以有效地防止或发现并纠正错报。例如，针对应收账款的控制可能包括自动化控制和手工控制，这两种控制共同运行以防止或发现并纠正账户余额中的错报。内部控制某个缺陷本身可能不足以构成值得关注的内部控制缺陷。但是，影响相同账户余额或披露、相关认定或内部控制要素的多个缺陷的组合，可能增加错报风险，以至于达到导致值得关注的内部控制缺陷的程度。

9. 法律法规可能要求（尤其是针对上市实体的审计）注册会计师向治理层或相关机构或人员（如监管机构）通报在审计过程中识别出的特定类型的内部控制缺陷。如果法律法规对这些类型的缺陷规定了具体条件和定义，并要求注册会计师运用这些条件和定义以达到通报的目的，注册会计师在按照法律法规的要求通报时需要运用这些条件和定义。

10. 如果法律法规对需要通报的内部控制缺陷的类型规定了具体条件，但没有对这些条件给出定义,注册会计师可能有必要运用判断来确定根据法律法规要求需要进一步沟通的事项。在这个过程中,注册会计师可能认为考虑本准则及应用指南的规定和要求是适当的。例如,如果法律法规的目的在于提请治理层关注其应当关注的特定内部控制事项,将这些事项视同本准则要求沟通的值得关注的内部控制缺陷可能是适当的。

11. 尽管法律法规可能要求注册会计师运用具体的条件或定义,但是本准则的要求同样适用。

三、通报内部控制缺陷

(一)向治理层通报值得关注的内部控制缺陷(参见本准则第十条)

12. 以书面形式向治理层通报值得关注的内部控制缺陷,可以反映这些事项的重要性,有助于治理层履行监督责任。《中国注册会计师审计准则第1151号——与治理层的沟通》规定了当治理层全部成员参与管理被审计单位时注册会计师与治理层沟通的相关考虑。

13. 在确定何时致送书面沟通文件时,注册会计师可能考虑收到这些沟通文件是否是使治理层能够履行监督责任的重要因素。对于上市实体,治理层可能需要在批准财务报表前收到注册会计师的书面沟通文件,以履行出于监管或其他目的与内部控制有关的特定责任。对于其他实体,注册会计师可能会在较晚的日期致送书面沟通文件。但是,在后一种情形下,由于注册会计师关于值得关注的内部控制缺陷的书面沟通文件构成最终审计档案的一部分,书面沟通文件受到及时完成最终审计档案归档要求的约束。《中国注册会计师审计准则第1131号——审计工作底稿》规定,审计工作底稿的归档期限为审计报告日后六十天内。

14. 无论在何时以书面形式通报值得关注的内部控制缺陷,注册会计师都可以尽早向管理层和治理层(如适用)口头通报这些事项,以便帮助他们及时采取纠正措施以降低重大错报风险。但是,这么做并不减轻注册会计师根据本准则的要求以书面形式通报值得关注的内部控制缺陷的责任。

15. 通报值得关注的内部控制缺陷的详细程度,需要注册会计师根据具体情况作出职业判断。在确定通报的详细程度时,注册会计师可能考虑下列主要因素:

(1)被审计单位的性质。例如,对于公众利益实体,通报的要求可能不同于非公众利益实体;

(2)被审计单位的规模和复杂程度。例如,对于复杂实体,通报的要求可能不同于经营简单业务的实体;

(3)注册会计师识别出的值得关注的内部控制缺陷的性质;

(4)被审计单位治理层的构成。例如,如果治理层包括缺乏被审计单位所在行业或影响领域的经验的成员,通报可能需要更加详细;

(5)法律法规对通报特定类型的内部控制缺陷的规定。

16. 管理层和治理层可能已经注意到注册会计师在审计过程中识别出的值得关注的内部控制缺陷,并且可能由于成本或其他方面的考虑而选择不纠正这些缺陷。评价纠正措施的成本和效益是管理层和治理层的责任。无论管理层和治理层在确定是否纠正这些缺陷时如何考虑相关的成本或其他因素,本准则第十条的要求都适用。

17. 如果仍未采取纠正措施,注册会计师在以前审计中向治理层和管理层通报过值得关注的内部控制缺陷这一事实,并不能降低注册会计师再次通报的必要性。如果以前通报过的值得关注的内部控制缺陷依然存在,当期通报可以重复以前通报中的描述,或简单提及以前的通报。注册会计师可以询问管理层或治理层(如适用)为何该缺陷尚未得到纠正。如果缺乏合理的解释,未能采取措施本身就可能代表一个值得关注的内部控制缺陷。

对小型被审计单位的特殊考虑

18. 对于小型被审计单位的审计,注册会计师可以以相对于大型被审计单位而言不太正式的方式与治理层沟通。

(二)向管理层通报内部控制缺陷(参见本准则第十一条)

19. 通常情况下,适当层级的管理层是有责任和权力评价内部控制缺陷并采取必要纠正措施的人员。对于值得关注的内部控制缺陷,适当的层级可能是首席执行官或首席财务官(或类似人员)。对于内部控制其他缺陷,适当的层级可能是更直接地参与所影响的领域并有权采取适当纠正措施的负责被审计单位运营的管理层。

向管理层通报值得关注的内部控制缺陷[参见本准则第十一条第一款第(一)项]

20. 某些识别出的值得关注的内部控制缺陷,可能引发对管理层的诚信或胜任能力的质疑。例如,可能存在管理层舞弊或有意违反法律法规的证据,或者管理层可能无力监督相关财务报表的编制。因此,直接向管理层通报这些缺陷可能是不适当的。

21. 《中国注册会计师审计准则第1142号——财务报表审计中对法律法规的考虑》对报告识别出的或怀疑存在的违反法律法规行为作出规定。《中国注册会计师审计准则第1141号——财务报表审计中与舞弊相关的责任》对注册会计师识别出的或怀疑存在的舞弊涉及管理层时向治理层的通报作出规定。

向管理层通报内部控制的其他缺陷[参见本准则第十一条第一款第(二)项]

22. 在审计过程中,注册会计师可能识别出虽不构成值得关注的内部控制缺陷,但可能足够重要、值得管理层关注的内部控制其他缺陷。确定哪些是值得管理层关注的其他缺陷,需要注册会计师根据具体情况作出职业判断。注册会计师在作出判断时,需要考虑这些缺陷可能导致财务报表错报的可能性和错报的潜在重要程度。

23. 通报值得管理层关注的内部控制其他缺陷不需要采取书面形式,可以采取口头形式。如果已与管理层讨论了审计结果中的事实和情况,注册会计师可以认为在进行讨论的同时已向管理层口头通报了这些其他缺陷。因此,此后不需要再进行正式通报。

24. 如果注册会计师已在上期向管理层通报了值得关注的内部控制缺陷以外的其他内部控制缺陷,并且管理层出于成本或其他方面的原因而选择不纠正这些缺陷,注册会计师没有必要在本期重复通报。如果其他机构或人员以前曾向管理层通报过这些缺陷,注册会计师也不必重复通报这些信息。但是,如果管理层发生变化,或注册会计师注意到新信息使注册会计师和管理层改变以前对该缺陷的理解,注册会计师重新通报这些其他缺陷可能是适当的。管理层未能纠正以前通报过的内部控制其他缺陷,可能变成需要与治理层沟通的值得关注的内部控制缺陷。是否属于这种情况,需要注册会计师根据具体情况作出判断。

25. 在某些情况下,治理层可能希望了解注册会计师已向管理层通报的内部控制其他缺陷的细节,或希望被简要告知其他缺陷的性质。此外,注册会计师也可能认为将向管理层通报过的其他缺陷告知治理层是适当的。无论哪种情形,注册会计师都可以在适当时以口头或书面形式向治理层报告。

26.《中国注册会计师审计准则第1151号——与治理层的沟通》规定了当治理层全部成员参与管理被审计单位时与治理层沟通的相关考虑。

（三）对公共部门实体的特殊考虑（参见本准则第十条和第十一条）

27.执行公共部门实体审计的注册会计师在通报审计过程中识别出的内部控制缺陷方面可能承担额外的责任，表现为在详细程度和通报对象方面超出本准则的规定。例如，可能需要向立法机构或其他主管部门通报值得关注的内部控制缺陷。法律法规或其他权威部门可能强制要求注册会计师报告内部控制缺陷，无论其潜在影响是否重大。进一步讲，法律法规可能要求注册会计师报告比本准则要求沟通的内部控制缺陷更广泛的内部控制相关事项，如与遵守法律法规或合同协议条款有关的控制。

（四）值得关注的内部控制缺陷的书面沟通文件的内容（参见本准则第十二条）

28.在解释值得关注的内部控制缺陷的潜在影响时，注册会计师不需要将这些后果量化。注册会计师可以出于报告目的将值得关注的内部控制缺陷分类汇总，还可以在书面沟通文件中包括针对该缺陷提出的纠正措施、管理层已采取或拟采取的应对措施，并说明注册会计师是否证实管理层是否已采取应对措施。

29.注册会计师可能认为将下列信息包含在通报内容中是适当的：

（1）如果对内部控制实施了更广泛的程序，注册会计师可能识别出更多需要报告的缺陷，或认为已报告的某些缺陷实际上不需要报告；

（2）这种通报是为治理层提供的，可能不适用于其他目的。

30.法律法规可能要求注册会计师或管理层向适当的监管机构提交注册会计师关于值得关注的内部控制缺陷的书面沟通文件的副本。在这种情况下，注册会计师可以在书面沟通文件中注明这些监管机构。

《中国注册会计师审计准则第 1153 号——前任注册会计师和后任注册会计师的沟通》应用指南

（2019 年 3 月 29 日修订）

一、前任注册会计师（参见本准则第四条）

1. 当被审计单位变更会计师事务所时（正在进行变更或已经变更），前任注册会计师通常是指：

（1）已对上期财务报表发表了审计意见的某会计师事务所的注册会计师。例如，对于执行 20×2 年度财务报表审计业务的 A 会计师事务所的注册会计师而言，前任注册会计师是指执行 20×1 年度财务报表审计业务的 B 会计师事务所的注册会计师；

（2）接受委托但未完成审计工作的某会计师事务所的注册会计师。例如，对于执行 20×2 年度财务报表审计业务的 A 会计师事务所的注册会计师而言，前任注册会计师是指之前接受委托执行 20×2 年度财务报表审计业务，但未完成审计工作的 B 会计师事务所的注册会计师。而 20×1 年度财务报表，可能是由 B 会计师事务所审计，也可能是由其他会计师事务所审计的。

2. 对于已对上期财务报表发表了审计意见的前任注册会计师，上期财务报表的审计工作完成后，该前任注册会计师所在的会计师事务所和委托人在审计业务委托关系上一般存在两种可能：（1）委托人提出不再续聘该会计师事务所，而改聘另一家会计师事务所；（2）委托人决定续聘该会计师事务所，但该会计师事务所拒绝接受续聘。

对于接受委托但未完成审计工作的前任注册会计师，也存在两种可能：（1）委托人已经解聘或拟解聘其所在的会计师事务所；（2）该会计师事务所提出辞聘。

3. 委托人可能与前任注册会计师在重大的会计、审计问题上存在意见分歧，并试图通过接触其他会计师事务所寻求有利于自己的审计意见，而一旦其他会计师事务所提供了有利于委托人的审计意见，委托人通常会解聘前任注册会计师。

4. 在实务中，委托人可能在相邻两个会计年度连续变更多家会计师事务所，甚至在本期财务报表审计过程中也变更会计师事务所。在这些情况下，对于执行本期财务报表审计业务的注册会计师而言，前任注册会计师是指为上期财务报表出具了审计报告的注册会计师以及之后接受委托对本期财务报表进行审计但未完成审计工作的所有其他会计师事务所的注册会计师。

5. 需要特别说明的是，如果上期财务报表仅经过代编或审阅，执行代编或审阅业务的注册会计师不能视为前任注册会计师。

二、后任注册会计师（参见本准则第五条第一款）

6. 当被审计单位变更会计师事务所时（正在进行变更或已经变更），后任注册会计师通常是指：

（1）在签订审计业务约定书之前，正在考虑接受委托的注册会计师；

（2）在签订审计业务约定书之后，已接受委托接替前任注册会计师执行财务报表审计业务的注册会计师。

7. 需要说明的是，前任注册会计师和后任注册会计师是就会计师事务所发生变更时的情况而言的。在未发生会计师事务所变更的情况下，同处于某一会计师事务所的不同注册会计师不属于前任注册会计师和后任注册会计师的范畴。

三、重新审计业务中的前任注册会计师和后任注册会计师（参见本准则第五条第二款）

8. 由于某些特殊原因或需要，委托人有可能委托注册会计师对已审计财务报表进行重新审计，例如，当被审计单位的股东对某会计师事务所的审计报告不满意或不放心时，就可能会再聘请另一家会计师事务所进行重新审计，这种情况不属于后任取代前任。在这种情况下，之前对已审计财务报表发表审计意见的注册会计师应视为前任注册会计师，而正在考虑接受委托或已经接受委托的注册会计师应视为后任注册会计师。相应地，注册会计师在执行或考虑执行重新审计业务时，需要遵守本准则的有关规定。

四、接受委托前的沟通

（一）接受委托前的必要沟通（参见本准则第七条）

9. 在接受委托前，后任注册会计师需要与前任注册会计师进行必要沟通，并对沟通结果进行评价，以确定是否接受委托。这是接受委托前沟通的核心要求，它包括以下三层含义：

（1）沟通的目的。在接受委托前，后任注册会计师与前任注册会计师进行沟通的目的是了解被审计单位更换会计师事务所的原因以及是否存在不应接受委托的情况，以确定是否接受委托。后任注册会计师一般只有通过与前任注册会计师直接沟通，才有可能了解更换会计师事务所的真实原因；

（2）接受委托前的沟通是必要的审计程序。与前任注册会计师进行沟通，是后任注册会计师在接受委托前实施的必要审计程序；

（3）评价沟通结果。在进行必要沟通后，后任注册会计师需要对沟通结果进行评价，以确定是否接受委托。

（二）沟通的前提（参见本准则第八条）

10. 如果被审计单位不同意前任注册会计师作出答复，或限制答复的范围，后任注册会计师需要向被审计单位询问原因，并考虑是否接受委托。当出现这种情况时，后任注册会计师一般需要拒绝接受委托，除非可以通过其他方式获知必要的事实，或有充分的证据表明审计风险水平非常低。

（三）沟通的内容（参见本准则第九条）

11. 必要沟通过程中通常值得关注和询问的事项包括：

（1）是否发现被审计单位管理层存在正直和诚信方面的问题。例如，向前任注册会计师了解被审计单位的商业信誉如何，是否发现管理层存在缺乏诚信的行为，被审计单位是否过分考虑将会计师事务所的审计收费维持在尽可能低的水平，审计范围是否受到不适当限制等；

（2）前任注册会计师与管理层在重大会计、审计等问题上存在的意见分歧。例如，在会计政策和会计估计的运用、财务报表的披露方面存在重大的意见分歧，管理层不接受注册会计师的调整建议等；

（3）前任注册会计师向被审计单位治理层通报的关于管理层舞弊、违反法律法规行为以及值得关注的内部控制缺陷。例如，向前任注册会计师询问其是否从被审计单位监事会或审计委员会了解到管理层的任何舞弊事实、舞弊嫌疑，或针对管理层的舞弊指控，以及违反法律法规行为，特别是被审计单位是否存在涉嫌洗钱或其他刑事犯罪的行为或迹象等。了解这些信息有助于对管理层的诚信状况作出判断；

（4）前任注册会计师认为导致被审计单位变更会计师事务所的原因。如果变更会计师事务所可能是由于前任注册会计师在会计、审计等问题上与被审计单位管理层存在意见分歧，管理层对前任注册会计师的审计意见不满意，经多次沟通仍难以达成一致意见，则后任注册会计师需要慎重考虑是否接受委托。

11a. 法律法规或相关职业道德要求可能规定注册会计师在接受业务前提请前任注册会计师提供已知悉的关于事实或环境的信息（前任注册会计师判断认为后任注册会计师在决定是否接受业务前需要获知）。某些情形下，前任注册会计师可能需要应拟任的后任注册会计师的要求提供关于被审计单位违反法律法规行为的信息。

（四）前任注册会计师的答复（参见本准则第十条）

12. 当有多家会计师事务所正在考虑是否接受被审计单位的委托时，前任注册会计师需要在被审计单位明确选定其中的一家会计师事务所之后，才对后任注册会计师的询问作出答复。例如，当会计师事务所以投标方式承接审计业务时，前任注册会计师只需对中标的会计师事务所（后任注册会计师）的询问作出答复，而无需对所有参与投标的会计师事务所的询问都进行答复。

13. 如果从前任注册会计师得到的答复是有限的，后任注册会计师需要判断是否存在由被审计单位或潜在法律诉讼引起的答复限制，并考虑对接受委托的影响；如果未得到答复，且没有理由认为变更会计师事务所的原因异常，后任注册会计师需要设法以其他方式与前任注册会计师再次进行沟通。如果仍得不到答复，后任注册会计师可以致函前任注册会计师，说明如果在适当的时间内得不到答复，将假设不存在专业方面的原因使其拒绝接受委托，并表明拟接受委托。

14. 本指南附录1列示的"后任注册会计师承接业务决策图"，说明了后任注册会计师在接受委托前如何与前任注册会计师沟通以决定是否接受委托的过程。

五、接受委托后的沟通（参见本准则第十一条至第十三条）

（一）查阅前任注册会计师工作底稿的前提（参见本准则第十一条）

15. 接受委托后的沟通与接受委托前有所不同，它不是必要程序，而是由后任注册会计师根据审计工作需要自行决定的。这一阶段的沟通主要包括查阅前任注册会计师的工作底稿及询问有关事项等。沟通可以采用电话询问、举行会谈、致送审计问卷等方式，但最有效、最常用的方式是查阅前任注册会计师的工作底稿。后任注册会计师需要按照《中国注册会计师审计准则第1331号——首次审计业务涉及的期初余额》第八条第二款第（一）项的规定，查阅前任注册会计师的工作底稿，以获取有关期初余额的审计证据。

（二）查阅相关审计工作底稿及其内容（参见本准则第十二条）

16. 根据《〈质量控制准则第5101号——会计师事务所对执行财务报表审计和审阅、其他鉴证和相关服务业务实施的质量控制〉应用指南》的规定，审计工作底稿的所有权属于会计师事务所。前任注册会计师所在的会计师事务所可自主决定是否允许后任注册会计师获取工作底稿部分内容，或摘录部分工作底稿。

17. 如果前任注册会计师决定向后任注册会计师提供工作底稿，一般可考虑从被审计单位（前审计客户）处获取一份确认函，以便降低在与后任注册会计师进行沟通时发生误解的可能性。本指南附录2提供了确认函的参考格式。前任注册会计师可以自主决定可供后任注册会计师查阅、复印或摘录的工作底稿内容，这些内容通常可能包括有关审计计划、控制测试、审计结论的工作底稿，以及其他具有延续性的对本期审计产生重大影响的会计、审计事项（如有关资产负债表项目的分析和或有事项）的工作底稿。

（三）前任注册会计师和后任注册会计师就使用审计工作底稿达成一致意见（参见本准则第十三条）

18. 在允许查阅审计工作底稿之前，前任注册会计师需要向后任注册会计师获取确认函，就审计工作底稿的使用目的、范围和责任等与其达成一致意见。本指南附录3提供了这种确认函的参考格式。

19. 为了获取对审计工作底稿的更多的接触机会，后任注册会计师可以考虑同意前任注册会计师在自己查阅审计工作底稿过程中可能作出的限制。例如：（1）不将查阅审计工作底稿获得的信息用于其他任何目的；（2）在查阅审计工作底稿后，不对任何人作出关于前任注册会计师的审计是否遵守了审计准则的口头或书面评论；（3）当涉及前任注册会计师的审计质量时，后任注册会计师不应提供任何专家证词、诉讼服务或承接关于前任注册会计师审计质量的评价业务。本指南附录4提供了含有相关限制条款的确认函的参考格式。

六、发现前任注册会计师审计的财务报表可能存在重大错报时的处理（参见本准则第十五条和第十六条）

20. 如果被审计单位拒绝告知前任注册会计师，或前任注册会计师拒绝参加三方会谈，或后任注册会计师对解决问题的方案不满意，后任注册会计师需要考虑：

（1）这种情况对当前审计业务的潜在影响，并根据情况出具恰当的审计报告；

（2）是否解除业务约定。

此外，后任注册会计师可以考虑向法律顾问咨询，以便决定如何采取进一步措施。

七、保密义务（参见本准则第十七条）

21. 在前任注册会计师和后任注册会计师的沟通过程中，无论是前任还是后任注册会计师，都需要对沟通过程中获知的信息保密。即使后任注册会计师在与前任注册会计师沟通后决定不接受委托，后任注册会计师仍然需要履行保密义务。

附录 1

后任注册会计师承接业务决策图

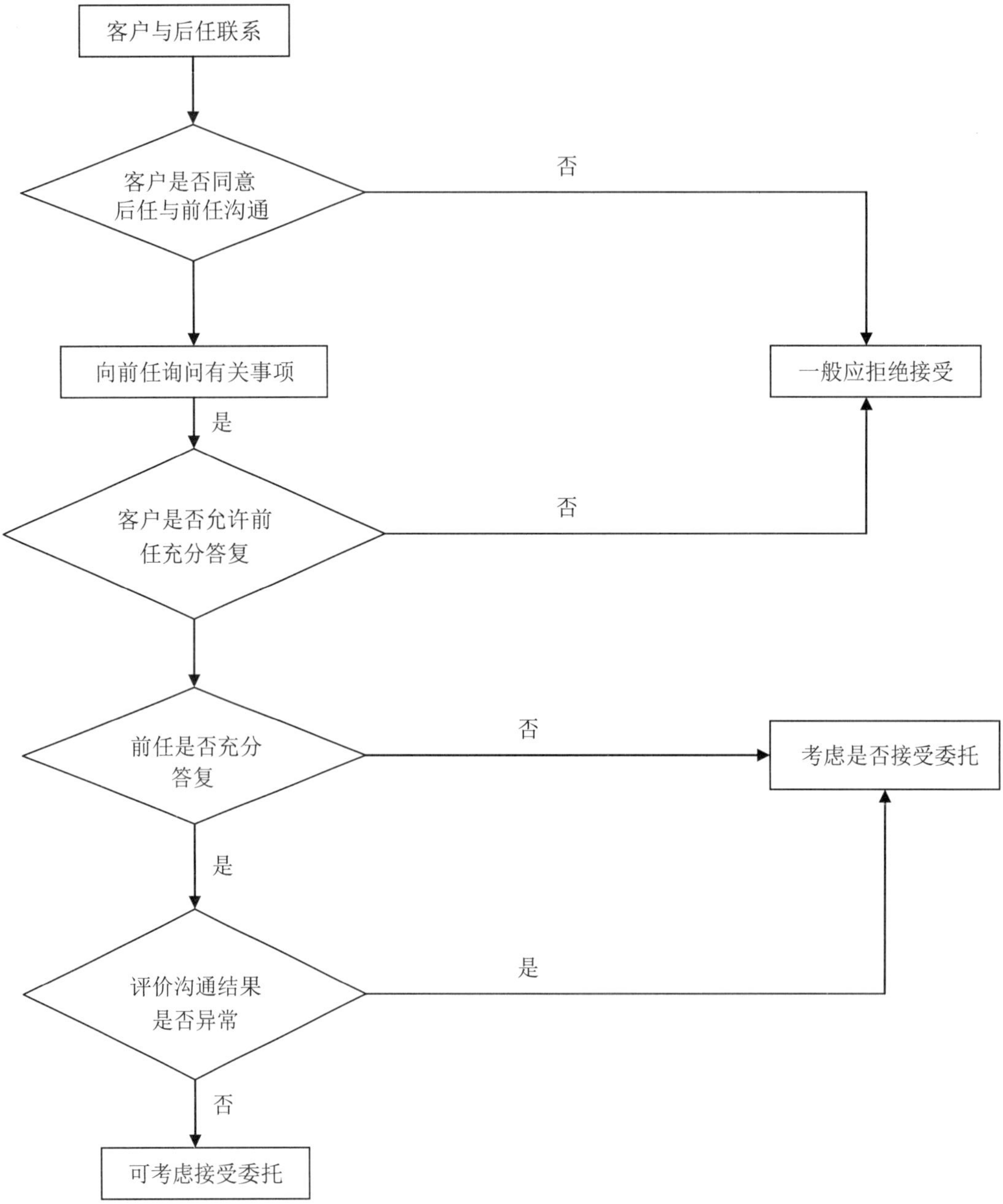

附录 2

前任注册会计师从被审计单位获取的确认函参考格式

本附录是前任注册会计师（A 会计师事务所）向被审计单位（C 公司）征询是否允许与后任注册会计师（B 会计师事务所）沟通的确认函参考格式。在本附录中，前任注册会计师同时就答复后任注册会计师的询问和允许后任注册会计师查阅审计工作底稿两个事项进行了确认。在实际工作中，前任注册会计师也可分别就其中一个事项请被审计单位作出确认。

确 认 函

C 公司董事会：

贵公司已允许 B 会计师事务所作为后任注册会计师与我们沟通，允许我们对 B 会计师事务所的询问作出充分答复，并允许其查阅我们审计贵公司 20×1 年度财务报表形成的审计工作底稿。B 会计师事务所查阅工作底稿的目的旨在了解贵公司及我们审计中的有关情况，以协助其对贵公司 20×2 年度财务报表的审计制定审计计划。

请贵公司在本确认函上盖章并署明日期后寄给我们，以示对上述内容的确认。

本确认函后附我们拟向 B 会计师事务所提供的关于工作底稿使用问题的信函格式。

（A 会计师事务所盖章）
年 月 日

同意： 　　　　　　　　　　　　　　　　　　　　不同意：
（C 公司盖章）　　　　　　　　　　　　　　　　　（C 公司盖章）
年 月 日　　　　　　　　　　　　　　　　　　　　年 月 日

附录 3

前任注册会计师向后任注册会计师就工作底稿
使用问题获取的确认函参考格式
（不含有使用限制条款）

本附录是前任注册会计师（A 会计师事务所）向后任注册会计师（B 会计师事务所）就有关工作底稿的查阅及使用问题获取的确认函参考格式。

确　认　函

B 会计师事务所：

　　我们已按照中国注册会计师审计准则对 C 公司 20×1 年度财务报表进行审计，出具了审计报告。在审计报告日后，我们没有实施任何审计程序。贵所为了执行 C 公司 20×2 年度财务报表审计业务，要求查阅我们对 C 公司财务报表审计形成的工作底稿。我们已经征得 C 公司同意，决定允许贵所查阅有关工作底稿。

　　我们对 C 公司 20×1 年度财务报表的审计及形成的工作底稿并不一定能够满足贵所的查阅目的，因此，贵所拟了解的事项可能并未在我们的工作底稿中提及。由于我们在职业判断的运用以及对审计风险和重要性的评估方面可能与贵所存在差异，对某些事项的表述可能与贵所不同，我们不能就我所工作底稿提供的信息是否满足贵所的目的作出任何声明。

　　我们理解贵所查阅工作底稿的目的旨在制定审计计划，以便执行 C 公司 20×2 年度财务报表审计业务。按照贵所的要求，我们将提供〔具体列明工作底稿的名称或种类〕工作底稿复印件。贵所应当对获取的任何工作底稿复印件的内容予以保密。此外，如果第三方要求贵所提供与 C 公司审计有关的工作底稿，当涉及我所工作底稿的内容时，贵所应当在向该第三方提供之前征得我们的同意。如果贵所由于提供了工作底稿而收到传票、传讯或其他形式的调查通知，且工作底稿含有我所工作底稿的内容，贵所应当尽快通知我们并提供有关传票、传讯或其他形式的调查通知的复印件。

　　请贵所在本确认函上盖章并署明日期后寄给我们，以示对上述内容的确认。

（A 会计师事务所盖章）
　　年　月　日

同意：
（B 会计师事务所盖章）
　年 月 日

不同意：
（B 会计师事务所盖章）
　年 月 日

附录 4

前任注册会计师向后任注册会计师就工作底稿使用问题获取的确认函参考格式
（含有使用限制条款）

　　本附录是前任注册会计师（A 会计师事务所）向后任注册会计师（B 会计师事务所）就有关工作底稿使用问题获取的确认函参考格式，该确认函中包含了前任注册会计师向后任注册会计师就工作底稿使用问题作出的若干限制条款。

确 认 函

B会计师事务所：

　　我们已按照中国注册会计师审计准则对C公司20×1年度财务报表进行审计，出具了审计报告。在审计报告日后，我们没有实施任何审计程序。贵所为了执行C公司20×2年度财务报表审计业务，要求查阅我们对C公司财务报表审计形成的工作底稿。我们已经征得C公司同意，决定允许贵所查阅有关工作底稿。

　　我们对C公司20×1年度财务报表的审计及形成的工作底稿并不一定能够满足贵所的查阅目的，因此，贵所拟了解的事项可能并未在我们的工作底稿中提及。由于我们在职业判断的运用以及对审计风险和重要性的评估方面可能与贵所存在差异，对某些事项的表述可能与贵所不同，我们不能就我所工作底稿提供的信息是否满足贵所的目的作出任何声明。

　　我们理解贵所查阅工作底稿的目的旨在制定审计计划，以便执行C公司20×2年度财务报表审计业务。按照贵所的要求，我们将提供［具体列明工作底稿的名称或种类］工作底稿复印件。贵所应当对获取的任何工作底稿复印件的内容予以保密。此外，如果第三方要求贵所提供与C公司审计有关的工作底稿，当涉及我所工作底稿的内容时，贵所应当在向该第三方提供之前征得我们的同意。如果贵所由于提供了工作底稿而收到传票、传讯或其他形式的调查通知，且工作底稿含有我所工作底稿的内容，贵所应当尽快通知我们并提供有关传票、传讯或其他形式的调查通知的复印件。

　　由于贵所查阅工作底稿旨在制定审计计划，而非对我们的工作底稿进行审阅，因此贵所应当：（1）不将查阅工作底稿获得的信息用于其他任何目的；（2）在查阅工作底稿后，不对任何人作出关于我所的审计是否遵守了审计准则的口头或书面评论；（3）当涉及我所审计质量时，贵所不应提供任何专家证词、诉讼服务或承接对我所审计质量的评价业务。

　　请贵所在本确认函上盖章并署明日期后寄给我们，以示对上述内容的确认。

（A会计师事务所盖章）
年　月　日

同意：　　　　　　　　　　　　　　　　　　不同意：
（B会计师事务所盖章）　　　　　　　　　　（B会计师事务所盖章）
　年　月　日　　　　　　　　　　　　　　　　年　月　日

《中国注册会计师审计准则第 1201 号——计划审计工作》应用指南

（2022 年 1 月 17 日修订）

一、计划审计工作的作用和时间安排（参见本准则第三条）

1. 计划审计工作的性质和范围，因审计业务情况的变化、被审计单位的规模和复杂程度、项目组关键成员以前从被审计单位获得的经验的不同而不同。在计划审计工作时，注册会计师可以利用项目管理技术和工具。《〈中国注册会计师审计准则第 1121 号——对财务报表审计实施的质量管理〉应用指南》举例说明了此类技术和工具如何用于支持审计项目组对审计业务实施的质量管理。

2. 计划审计工作并非审计业务的一个孤立阶段，而是一个持续的、不断修正的过程。计划审计工作通常于上期审计工作结束后不久或伴随着上期审计工作的完成就开始了，直至本期审计工作结束为止。计划审计工作包括考虑某些活动的时间安排以及在进一步审计程序开始前必须完成的审计程序。例如，在识别和评估重大错报风险前，注册会计师需要在计划审计工作时考虑的事项包括：
（1）用作风险评估程序的分析程序；
（2）对适用于被审计单位的法律法规框架以及被审计单位如何遵守该框架的总体了解；
（3）重要性的确定；
（4）专家的参与；
（5）实施的其他风险评估程序。

3. 注册会计师可能决定与管理层讨论审计计划的要素，这有助于注册会计师在项目层面管理和实现业务的高质量（如协调某些计划的审计程序与被审计单位员工的工作）。虽然这种讨论经常发生，制定总体审计策略和具体审计计划仍然是注册会计师的责任。当与管理层讨论总体审计策略和具体审计计划中的事项时，注册会计师需要保持职业谨慎，以防止审计工作有效性受到损害。例如，注册会计师与管理层讨论详细的审计程序的性质和时间安排可能导致这些审计程序易于被管理层预见，从而损害审计工作的有效性。

二、项目组关键成员的参与（参见本准则第五条）

4. 项目合伙人和项目组其他关键成员参与计划审计工作，可以利用其经验和见解，提高计划过程的效率和效果。《中国注册会计师审计准则第 1211 号——通过了解被审计单位及其环境识别和评估重大错报风险》对项目组就财务报表存在重大错报的可能性进行讨论作出了相关规定。另外,《中国注册会计师审计准则第1141号——财务报表审计中与舞弊相关的责任》对进行上述讨论时如何重点关注由于舞弊导致财务报表发生重大错报的可能性作出了规定。

三、初步业务活动（参见本准则第六条）

5. 在本期审计业务开始时开展本准则第六条规定的初步业务活动，有助于注册会计师识别和评价可能对在项目层面管理和实现业务的高质量（参见《中国注册会计师审计准则第1121号——对财务报表审计实施的质量管理》）产生负面影响的事项或情况。

6. 注册会计师开展初步业务活动有助于其计划审计工作，实现诸如下列目的：
（1）保持执行业务所需的独立性和能力；
（2）确定不存在因管理层诚信问题而可能影响注册会计师保持该项业务的意愿的事项；
（3）确定与被审计单位之间不存在对业务约定条款的误解。

7. 在本期审计业务开始时对保持客户关系和遵守相关职业道德要求（包括独立性要求）的情况实施初步程序，意味着这些程序需要在开展本期审计业务的其他重要活动之前完成。在连续审计业务中，这些初步业务活动通常在上期审计工作结束后不久或伴随着上期审计工作的完成就开始了。

四、计划活动

（一）总体审计策略（参见本准则第七条和第八条）

8. 制定总体审计策略的过程可能包括下列事项（当然这些事项的确定还有待完成风险评估程序之后）：
（1）向具体审计领域调配的资源（人力资源、技术资源或知识资源）的性质。例如，向高风险领域分派经验丰富的项目组成员，或委派专家处理复杂事项；
（2）向具体审计领域分配资源的多少。例如，分派到多个地点实施存货监盘的项目组成员人数，在集团审计中复核组成部分注册会计师工作的范围，向高风险领域分配的审计时间预算等；
（3）何时调配这些资源，包括是在期中审计阶段还是在关键的截止日期调配资源等；
（4）如何指导、监督这些资源的利用。例如，预期何时召开项目组预备会和总结会，预期项目合伙人和经理如何进行复核（是现场复核还是非现场复核）。

9.《中国注册会计师审计准则第1121号——对财务报表审计实施的质量管理》及其应用指南规范了注册会计师在项目层面对财务报表审计实施质量管理的具体责任，以及项目合伙人与之相关的责任，并针对业务资源和业务执行（包括对项目组成员进行指导、监督和复核）作出了规定并提供了指引。注册会计师为了遵守该准则的要求而获取的信息与本准则相关。例如，根据《中国注册会计师审计准则第1121号——对财务报表审计实施的质量管理》，项目合伙人应当结合审计项目的性质和具体情况，确定充分、适当的资源已被分配给审计项目组用于执行审计项目，或使审计项目组能够获取这些资源。这一要求与本准则第八条第（五）项的要求是直接相关的，即注册会计师在制定总体审计策略时，应当确定执行业务所需资源的性质、时间安排和范围。

10. 本指南附录列示了在制定总体审计策略时需要考虑的事项。

11. 总体审计策略一经制定，注册会计师就可以针对总体审计策略中的各个事项制定具体审计计划，并考虑通过有效利用审计资源实现审计目标。制定总体审计策略和具体审计计划不是孤立或不连续的过程，而是相互紧密联系的，对其中一项的修改可能导致对另一项的相应修改。

对小型被审计单位的特殊考虑

12. 在小型被审计单位的审计中，全部审计工作可能由一个很小的审计项目组执行，如由项目合伙人和一个审计项目组成员一起执行。在这种情况下，项目组成员之间更容易沟通和协调。对于小型被审计单位的审计，制定总体审计策略没有必要经过复杂和费时的过程，其详略程度随被审计单位的规模、审计业务的复杂程度及项目组大小的不同而不同。例如，注册会计师可能基于工作底稿的复核结果，在上期审计完成阶段编制简要的备忘录，总结刚刚完成的审计中识别出的事项。如果注册会计师基于与业主兼经理的讨论在本期对备忘录进行更新，并且该备忘录涵盖本准则第八条规定的事项，注册会计师就可以将该备忘录作为本期审计业务的总体审计策略。

（二）具体审计计划（参见本准则第九条）

13. 具体审计计划比总体审计策略更加详细，内容包括项目组成员拟实施的审计程序的性质、时间安排和范围。计划这些审计程序，会随着具体审计计划的制定逐步深入，并贯穿于审计的整个过程。例如，计划风险评估程序在审计过程的较早阶段进行，而计划进一步审计程序的性质、时间安排和范围，取决于风险评估程序的结果。此外，注册会计师可能先执行与某些类别的交易、账户余额或披露相关的进一步审计程序，再计划其他所有的进一步审计程序。

14. 鉴于披露中包含的信息涉及范围较广、细节较多，当计划的风险评估程序和进一步审计程序与披露相关时，确定这些程序的性质、时间安排和范围十分重要。进一步来说，某些披露可能包含从总账和明细账之外的其他途径获取的信息，这也可能影响风险评估的结果以及为应对该风险实施的审计程序的性质、时间安排和范围。

15. 在审计工作的较早阶段考虑披露，有助于注册会计师针对应对的披露给予恰当的关注并计划充分的时间（与针对交易类别、事项和账户余额的应对方式相同）。较早地考虑披露也可以帮助注册会计师确定下列事项对审计工作的影响：

（1）被审计单位所处的环境、财务状况或活动发生变化，导致需要作出重大的新披露或对现有披露作出重大修改，例如，由于重大的企业合并，对分部的识别和分部信息的报告发生变化；

（2）适用的财务报告编制基础发生变化，导致需要作出重大的新披露或对现有披露作出重大修改；

（3）需要利用注册会计师的专家的工作，实施与特定披露相关的审计程序，例如，与养老金或其他退休福利义务相关的披露；

（4）注册会计师希望和治理层讨论的与披露相关的事项。

（三）指导、监督与复核（参见本准则第九条）

16. 《中国注册会计师审计准则第1121号——对财务报表审计实施的质量管理》规范了项目合伙人确定指导、监督和复核的性质、时间安排和范围的责任。

（四）审计过程中对计划的修改（参见本准则第十条）

17. 由于未预期事项的存在、条件的变化或通过实施审计程序获取的审计证据等原因，注册会计师可能需要基于修正后的风险评估结果，对总体审计策略和具体审计计划，以及相应的原计划的进一步审计程序的性质、时间安排和范围作出修改。当注册会计师之后注意到的信息与计划审计程序时获知的信息存在重大差异时（如注册会计师通过实施实质性程序获取的审计证据可能与实施控制测试获取的审计证据相矛盾），就可能发生这种情况。

五、审计工作底稿（参见本准则第十一条）

18. 总体审计策略的工作底稿是对注册会计师在项目层面管理业务质量时作出的关键决策的记录，也是与项目组沟通重大事项的一种方式。例如，注册会计师可能采用备忘录的形式记录总体审计策略，包括对审计工作的总体范围、时间安排及执行作出的关键决策。

19. 具体审计计划是对计划实施的风险评估程序的性质、时间安排和范围，以及为应对评估的风险计划在认定层次实施的进一步审计程序的性质、时间安排和范围的记录。该记录还可用于证明已经恰当计划了审计程序，该计划在执行前需要得到复核和批准。注册会计师可以使用标准的审计程序表或审计工作完成核对表，并根据需要进行调整以反映业务的特定情况。

20. 注册会计师记录对总体审计策略和具体审计计划作出的重大修改及对原计划审计程序的性质、时间安排和范围的修改，可以反映注册会计师作出这些重大修改的理由，以及审计工作最终采用的总体审计策略和具体审计计划，并表明注册会计师对审计过程中遇到的重大变化作出的恰当回应。

21. 《中国注册会计师审计准则第1121号——对财务报表审计实施的质量管理》规定，项目合伙人应当负责对审计项目组成员进行指导、监督并复核其工作。实务中，如果对计划实施的指导、监督、复核的性质、时间安排和范围作出重大修改，则上述指导、监督、复核形成的工作底稿可以提供这些重大修改的记录。

对小型被审计单位的特殊考虑

22. 如本指南第12段所述，在审计小型被审计单位时，恰当、简要的备忘录可以作为对总体审计策略的记录。对于具体审计计划，注册会计师可能使用在假定只有少量相关控制活动的基础上（小型被审计单位可能确实如此）编制的标准审计程序表或者核对表，但需要根据审计业务的具体情况（包括注册会计师对风险的评估）进行调整。

六、首次审计业务的补充考虑（参见本准则第十二条）

23. 无论是首次审计业务还是连续审计业务，计划审计工作的目的和目标都是相同的。但是，对于首次审计业务，注册会计师通常缺乏在计划连续业务工作时可借鉴的前期经验，因而可能需要扩展计划活动。对于首次审计业务，在制定总体审计策略和具体审计计划时，注册会计师可能考虑的补充事项包括：

（1）除非法律法规另有规定，对与前任注册会计师沟通作出安排，如查阅前任注册会计师的工作底稿；

（2）与管理层讨论有关首次接受审计委托的重大问题（包括对适用的会计准则或审计准则的应用），并就这些重大问题与治理层进行沟通，以及这些重大问题对总体审计策略和具体审计计划的影响；

（3）为针对期初余额获取充分、适当的审计证据而需要实施的审计程序（参见《中国注册会计师审计准则第1331号——首次审计业务涉及的期初余额》的规定）；

（4）会计师事务所针对首次审计业务设计和实施的其他应对措施。例如，会计师事务所质量管理体系中的某些应对措施可能要求，对首次审计业务，应由其他具备适当权威性的人员（包括会计师事务所的合伙人和员工）在重要审计程序开始前复核总体审计策略或在出具报告前对审计报告进行复核。

附录（参见本准则第七条、第八条，本指南第8段至第11段）

制定总体审计策略时需要考虑的事项的示例

本附录提供了注册会计师在项目层面实施业务质量管理时可能考虑的事项的示例。其中的很多事项可能影响总体审计策略和具体审计计划。这些示例广泛涵盖了适用于许多审计业务的事项。其中部分事项来源于其他审计准则的要求，但并非所有事项均与每项审计业务相关。本附录并非对所有事项的完整列示。

一、业务的特点

1. 编制拟审计的财务信息所依据的财务报告编制基础，包括是否需要将财务信息调整至按照其他财务报告编制基础编制；

2. 特定行业的报告要求，如某些行业监管机构要求提交的报告；

3. 预期审计工作涵盖的范围，包括应涵盖的组成部分的数量及所在地点；

4. 母公司和集团组成部分之间存在的控制关系的性质，以确定如何编制合并财务报表；

5. 由组成部分注册会计师审计组成部分的范围；

6. 拟审计的经营分部的性质，包括是否需要具备专门知识；

7. 外币折算，包括外币交易的会计处理、外币财务报表的折算和相关信息的披露；

8. 除为合并目的执行的审计工作之外，对个别财务报表进行法定审计的需求；

9. 被审计单位是否设立了内部审计，如有设立，注册会计师是否能够利用内部审计的工作或利用内部审计人员提供协助以实现审计目的，如果能够利用，在哪些领域利用以及在多大程度上利用；

10. 被审计单位使用服务机构的情况，及注册会计师如何取得有关服务机构内部控制设计和运行有效性的证据；

11. 对利用在以前审计工作中获取的审计证据（如获取的与风险评估程序和控制测试相关的审计证据）的预期；

12. 信息技术对审计程序的影响，包括数据的可获得性和对使用计算机辅助审计技术的预期；

13. 协调审计工作与中期财务信息审阅的预期涵盖范围和时间安排，以及中期审阅所获取的信息对审计工作的影响；

14. 与被审计单位人员的时间协调和相关数据的可获得性。

二、报告目标、审计的时间安排和沟通的性质

1. 被审计单位对外报告的时间表，包括中间阶段和最终阶段；
2. 与管理层和治理层举行会谈，讨论审计工作的性质、时间安排和范围；
3. 与管理层和治理层讨论注册会计师拟出具的报告的类型和时间安排以及沟通的其他事项（口头或书面沟通），包括审计报告、管理建议书和向治理层通报的其他事项；
4. 与管理层讨论预期就整个审计业务中对审计工作的进展进行的沟通；
5. 与组成部分注册会计师沟通拟出具的报告的类型和时间安排，以及与组成部分审计相关的其他事项；
6. 项目组成员之间沟通的预期的性质和时间安排，包括项目组会议的性质和时间安排，以及复核已执行工作的时间安排；
7. 预期是否需要和第三方进行其他沟通，包括与审计相关的法定或约定的报告责任。

三、重要因素、初步业务活动和从其他业务获得的经验

1. 按照《中国注册会计师审计准则第1221号——计划和执行审计工作时的重要性》的规定确定重要性，并在适用的情况下考虑下列事项：
   （1）按照《中国注册会计师审计准则第1401号——对集团财务报表审计的特殊考虑》的规定，为组成部分确定重要性并就此与组成部分注册会计师进行沟通；
   （2）初步识别重要组成部分和重要的交易、账户余额和披露。
2. 初步识别的可能存在较高重大错报风险的领域；
3. 评估的财务报表层次的重大错报风险对指导、监督和复核的影响；
4. 就项目组成员在收集和评价审计证据过程中保持质疑的思维方式和职业怀疑的必要性，向项目组成员进行强调所采用的方式；
5. 以前审计中对内部控制运行有效性评价的结果，包括识别出的缺陷的性质和应对措施；
6. 与会计师事务所内部向被审计单位提供其他服务的人员讨论可能对审计产生影响的事项；
7. 有关管理层对设计、执行和维护健全的内部控制重视程度的证据，包括有关这些控制得以适当记录的证据；
8. 适用的财务报告编制基础发生的变化，如会计准则的变化，该变化可能涉及作出重大的新披露或对现有披露作出重大修改；
9. 交易量规模，以确定注册会计师信赖内部控制是否使审计工作更有效率；
10. 被审计单位全体人员对内部控制对于业务成功运行的重要性的认识；
11. 管理层用于识别和编制适用的财务报告编制基础所要求的披露（包含从总账和明细账之外的其他途径获取的信息）的流程；
12. 影响被审计单位的重大业务发展变化，包括信息技术和业务流程的变化，关键管理人员变化，以及收购、兼并和处置；
13. 重大的行业发展情况，如行业法规和报告要求的变化；
14. 其他相关重大变化，如影响被审计单位的法律环境的变化。

四、资源的性质、时间安排和范围

1. 分配给项目组或项目组能够获取的人力资源、技术资源和知识资源（例如，对项目组的分派以及对项目组成员审计工作的分派，包括向可能存在较高重大错报风险的领域分派具备适当经验的人员）；

2. 项目预算，包括为可能存在较高重大错报风险的领域预留适当的工作时间。

《中国注册会计师审计准则第 1211 号——通过了解被审计单位及其环境识别和评估重大错报风险》应用指南

（2022 年 1 月 17 日修订）

一、风险评估程序和相关活动（参见本准则第八条）

1.了解被审计单位及其环境（以下简称"了解被审计单位"）是一个连续和动态地收集、更新与分析信息的过程，贯穿于整个审计过程的始终。了解被审计单位是必要程序，特别是为下列关键环节的职业判断提供了重要基础：

（1）评估重大错报风险；

（2）按照《中国注册会计师审计准则第1221号——计划和执行审计工作时的重要性》的规定确定重要性；

（3）考虑选择和运用会计政策的恰当性和财务报表披露的充分性；

（4）识别与财务报表中金额或披露相关的需要特别考虑的领域，如关联方交易、管理层对被审计单位持续经营能力的评估或考虑交易是否具有合理的商业目的；

（5）确定在实施分析程序时使用的预期值；

（6）应对评估的重大错报风险，包括设计和实施进一步审计程序以获取充分、适当的审计证据；

（7）评价已获取审计证据的充分性和适当性，如假设的适当性以及管理层口头声明和书面声明的适当性。

2.注册会计师可能将实施风险评估程序和相关活动获取的信息作为审计证据支持对重大错报风险的评估结果。此外，注册会计师还可能获取有关类别的交易、账户余额或披露及相关认定以及控制运行有效性的审计证据，即使这些程序并非作为实质性程序或控制测试而专门计划实施的。注册会计师还可以在实施风险评估程序的同时选择实施实质性程序或控制测试，以使审计工作更有效率。

3.注册会计师需要运用职业判断确定所要求了解的程度。注册会计师的主要考虑是获取的了解是否足以实现本准则规定的目标。当然，要求注册会计师对被审计单位获取的总体了解的程度，要低于管理层在管理被审计单位时所获取的了解的程度。

4.需要评估的风险包括由于舞弊导致的风险，也包括由于错误导致的风险，本准则涉及这两类风险。但是，由于舞弊非常重大，针对为获取用于识别由于舞弊导致的重大错报风险的信息所实施的风险评估程序和相关活动，《中国注册会计师审计准则第1141号——财务报表审计中与舞弊相关的责任》及其应用指南提出了进一步要求并提供了指引。

5. 虽然注册会计师在了解被审计单位（参见本准则第十四条至第二十七条）的过程中需要实施本准则第九条规定的所有风险评估程序，但无需在了解每个方面时都实施所有的风险评估程序。当拟获取的信息有助于识别重大错报风险时，注册会计师也可以执行其他程序。这些程序举例如下：

（1）查阅从外部来源获取的信息，如贸易与经济方面的期刊，分析师、银行或评级机构的报告，法规或金融出版物等；

（2）询问被审计单位聘请的外部法律顾问或评估专家。

（一）询问管理层、内部审计人员和被审计单位内部其他人员［参见本准则第九条第一款第（一）项］

6. 注册会计师通过询问获取的大部分信息来自管理层和负责财务报告的人员。注册会计师也可以通过询问内部审计人员（如有）或被审计单位的其他人员获取信息。

7. 注册会计师也可以通过询问被审计单位内部的其他不同层级的人员获取信息，或为识别重大错报风险提供不同的视角。例如：

（1）直接询问治理层，可能有助于注册会计师了解编制财务报表的环境。《中国注册会计师审计准则第1151号——与治理层的沟通》指出了有效的双向沟通对于帮助注册会计师从治理层获取这一信息的重要作用；

（2）询问参与生成、处理或记录复杂或异常交易的员工，可能有助于注册会计师评价被审计单位选择和运用某项会计政策的恰当性；

（3）直接询问内部法律顾问，可能有助于注册会计师了解有关信息，如诉讼、遵守法律法规的情况、影响被审计单位的舞弊或舞弊嫌疑、产品保证、售后责任、与业务合作伙伴的安排（如合营企业）和合同条款的含义等；

（4）直接询问营销或销售人员，可能有助于注册会计师了解被审计单位营销策略的变化、销售趋势或与客户的合同安排；

（5）直接询问风险管理职能部门（或担任该角色的人员），可能有助于注册会计师了解可能影响财务报告的运营和监管风险；

（6）直接询问信息系统人员，可能有助于注册会计师了解系统变更、系统或控制失效情况，或与系统相关的其他风险。

8. 由于了解被审计单位及其环境是一个连续和动态的过程，注册会计师的询问可能贯穿于整个审计业务的始终。

询问内部审计人员

9. 如果被审计单位设有内部审计，询问适当的内部审计人员可能有助于注册会计师了解被审计单位及其环境、识别和评估财务报表层次和认定层次的重大错报风险。在履行职能时，内部审计人员对被审计单位的运营和业务风险可能已有深入了解，可能基于其工作已有所发现（如识别出内部控制缺陷或风险），这对于注册会计师了解被审计单位、进行风险评估或执行其他审计工作可能提供有价值的信息。因此，无论是否期望利用内部审计的工作以修改拟实施审计程序的性质、时间安排或缩小其范围，注册会计师均需进行询问。特别相关的询问可能是关于内部审计已向治理层提出的事项，以及内部审计风险评估过程的结果。

10. 基于对注册会计师询问的回应，如果内部审计发现的问题可能与被审计单位的财务报告和审计相关，注册会计师可能认为阅读内部审计的相关报告是适当的。举例来说，相关内部审计报告可能包括该职能的战略和计划文件，以及提交管理层或治理层的、描述内部审计发现的报告。

11. 此外，按照《中国注册会计师审计准则第1141号——财务报表审计中与舞弊相关的责任》的规定，如果内部审计向注册会计师提供舞弊事实、舞弊嫌疑或舞弊指控信息，注册会计师在识别由于舞弊导致的重大错报风险时需要予以考虑。

12. 所询问的适当的内部审计人员，是根据注册会计师的判断认为具有适当的知识、经验和权限的人员，例如内部审计负责人或该职能的其他人员（取决于具体情况）。注册会计师还可能认为与这些人员进行定期会谈是适当的。

对公共部门实体的特殊考虑

13. 执行公共部门实体审计的注册会计师，通常承担与内部控制以及遵守适用的法律法规相关的额外责任。询问适当的内部审计人员能够帮助注册会计师识别严重违反适用的法律法规的重大风险，以及财务报告内部控制缺陷风险。

（二）分析程序 ［参见本准则第九条第一款第（二）项］

14. 注册会计师将分析程序用作风险评估程序，可能有助于识别未注意到的被审计单位的情况，并可能有助于评估重大错报风险，以为针对评估的风险设计和实施应对措施提供基础。注册会计师实施分析程序可以使用财务信息和非财务信息，如销售额与卖场的面积或已出售商品数量之间的关系。

15. 注册会计师实施分析程序可能有助于识别异常的交易或事项，以及对审计产生影响的金额、比率和趋势。识别出的异常或未预期到的关系可以帮助注册会计师识别重大错报风险，特别是由于舞弊导致的重大错报风险。

16. 当分析程序使用高度汇总的数据时（作为风险评估程序的分析程序可能存在这种情况），实施分析程序的结果可能仅初步显示是否存在重大错报。在这种情况下，将分析程序的结果与识别重大错报风险时获取的其他信息一并考虑，可以帮助注册会计师了解并评价分析程序的结果。

对小型被审计单位的特殊考虑

17. 某些小型被审计单位可能没有可用于实施分析程序的中期或月度财务信息。在这些情况下，虽然注册会计师可能能够实施有限的分析程序以计划审计工作或通过询问获取一些信息，但当可以获得财务报表的草稿时，注册会计师可能需要计划并实施分析程序以识别和评估重大错报风险。

（三）观察和检查 ［参见本准则第九条第一款第（三）项］

18. 观察和检查程序可以支持对管理层和其他相关人员的询问结果，并可以提供有关被审计单位及其环境的信息。这些审计程序的举例包括观察或检查下列事项：

（1）被审计单位的经营活动；

（2）文件（如经营计划和策略）、记录和内部控制手册；

（3）管理层编制的报告（如季度管理层报告和中期财务报告）和治理层编制的报告（如董事会会议纪要）；

（4）被审计单位的生产经营场所和厂房设备。

（四）以前期间获取的信息（参见本准则第十二条）

19. 注册会计师以往与被审计单位交往的经验以及以前审计中实施的审计程序可以为注册会计师提供有关下列事项的信息：

（1）以往的错报情况以及错报是否及时得到更正；

（2）被审计单位及其环境的性质、被审计单位的内部控制（包括内部控制缺陷）；

（3）自上期以来被审计单位或其经营活动可能发生的重大变化，这些变化可以帮助注册会计师对被审计单位获取充分的了解，以识别和评估重大错报风险。

（4）特定类型的交易、其他事项或账户余额（包括相关披露），注册会计师在对其实施必要的审计程序时遇到困难（如由于其复杂性而遇到的困难）。

20. 如果拟将以前期间获取的信息用于本期审计，注册会计师需要确定这些信息是否仍然相关。这是因为信息的变化（如控制环境的变化）可能影响上期所获取信息的相关性。为了确定影响这些信息相关性的变化是否已经发生，注册会计师可以询问并实施其他恰当的审计程序，如对相关系统进行穿行测试。

（五）项目组内部的讨论（参见本准则第十三条）

21. 项目组内部关于财务报表发生重大错报可能性的讨论可以：

（1）使经验较丰富的项目组成员（包括项目合伙人）有机会分享其根据对被审计单位的了解形成的见解；

（2）使项目组成员能够讨论被审计单位面临的经营风险、财务报表容易发生错报的领域以及发生错报的方式，特别是由于舞弊或错误导致重大错报的可能性；

（3）帮助项目组成员更好地了解在各自负责的领域中潜在的财务报表重大错报，并了解各自实施的审计程序的结果可能如何影响审计的其他方面，包括对确定进一步审计程序的性质、时间安排和范围的影响；

（4）为项目组成员交流和分享在审计过程中获取的、可能影响重大错报风险评估结果或应对这些风险的审计程序的新信息提供基础。

《中国注册会计师审计准则第1141号——财务报表审计中与舞弊相关的责任》及其应用指南对项目组内部关于舞弊风险的讨论作出了进一步规定并提供了指引。

22. 作为本准则第十三条要求的项目组内部讨论的一部分，考虑适用的财务报告编制基础中的披露要求，有助于注册会计师在审计工作的早期识别可能存在的与披露相关的重大错报风险领域。项目组可能讨论的事项包括：

（1）财务报告要求的变化，该变化可能导致作出重大的新披露或对现有披露作出重大修改；

（2）被审计单位所处的环境、财务状况或经营活动的变化，该变化可能导致作出重大的新披露或对现有披露作出重大修改，例如，审计期间发生的重大企业合并；

（3）以前审计中难以获取充分、适当的审计证据的披露；

（4）关于复杂事项的披露，包括管理层对披露信息内容的重大判断。

23. 所有成员都参与到一项讨论中，并非总是必要和可行的（如在跨地区审计中），将讨论中作出的全部决定告知项目组所有成员也不总是必要的。项目合伙人可以与项目组关键成员（包括专家和负责组成部分审计的人员，如认为适当）进行讨论，而在考虑整个项目组中必要的沟通范围后，可以委派代表与其他人员进行讨论。在这种情况下，经项目合伙人同意的沟通计划可能是有用的。

对小型被审计单位的特殊考虑

24. 许多小型被审计单位的审计全部由项目合伙人实施。在这种情况下，亲自计划审计工作的项目合伙人将负责考虑财务报表发生由于舞弊或错误导致的重大错报的可能性。

二、被审计单位及其环境（内部控制在本指南第三部分阐述）

（一）行业状况、法律环境和监管环境及其他外部因素［参见本准则第十四条第一款第（一）项］

行业因素

25. 相关行业因素包括行业状况，如竞争环境、供应商和客户关系、技术发展情况等。注册会计师可能需要考虑的事项举例如下：

（1）市场与竞争，包括市场需求、生产能力和价格竞争；

（2）生产经营的季节性和周期性；

（3）与被审计单位产品相关的生产技术；

（4）能源供应与成本。

26. 被审计单位经营所处的行业可能产生由于经营性质或监管程度导致的特定重大错报风险。例如，长期合同可能涉及对收入和费用作出重大估计而导致重大错报风险。在这种情况下，项目组包括具有适当胜任能力的成员是很重要的。

法律和监管因素

27. 相关法律和监管因素包括法律环境和监管环境。法律环境和监管环境包括适用的财务报告编制基础、法律和政治环境等。注册会计师可能需要考虑的事项举例如下：

（1）会计原则和行业特定惯例；

（2）受管制行业的法规框架，包括披露要求；

（3）对被审计单位经营活动产生重大影响的法律法规，包括直接的监管活动；

（4）税收政策（关于企业所得税和其他税种的政策）；

（5）目前对被审计单位开展经营活动产生影响的政府政策，如货币政策（包括外汇管制）、财政政策、财政刺激措施（如政府援助项目）、关税或贸易限制政策等；

（6）影响行业和被审计单位经营活动的环保要求。

28.《中国注册会计师审计准则第1142号——财务报表审计中对法律法规的考虑》包含了与适用于被审计单位及其所在行业或领域的法律法规框架相关的特定要求。

对公共部门实体的特殊考虑

29. 对于公共部门实体的审计，法律法规或其他监管要求可能影响被审计单位的经营活动。在了解被审计单位时考虑这些因素是必要的。

其他外部因素

30. 注册会计师考虑的影响被审计单位的其他外部因素可能包括总体经济情况、利率、融资的可获得性、通货膨胀水平或币值变动等。

（二）被审计单位的性质［参见本准则第十四条第一款第（二）项］

31. 了解被审计单位的性质使注册会计师能够了解如下事项：

（1）被审计单位的组织结构是否复杂。例如，是否在多个地区拥有子公司或其他组成部分。复杂的组织结构通常产生可能导致重大错报风险的问题。这些问题可能包括对商誉、合营企业、投资或特殊目的实体的会计处理是否恰当，以及财务报表是否已对这些问题作了充分披露；

（2）所有权结构，所有者与其他人员或实体之间的关系。了解这些方面有助于确定关联方交易是否已得到恰当识别和处理，并在财务报表中得到充分披露。《中国注册会计师审计准则第 1323 号——关联方》及其应用指南对注册会计师与关联方相关的考虑作出了规定并提供了指引。

32. 在了解被审计单位的性质时，注册会计师可能需要考虑的事项举例如下：

（1）经营活动，例如：

①收入来源、产品或服务以及市场的性质（包括电子商务，如网上销售和营销活动）；

②业务的开展情况（如生产阶段与生产方法，易受环境风险影响的活动）；

③联盟、合营与外包情况；

④地区分布与行业细分；

⑤生产设施、仓库和办公室的地理位置，存货存放地点和数量；

⑥关键客户及货物和服务的重要供应商，劳动用工安排（包括是否存在工会合同、退休金和其他退休福利、股票期权或激励性奖金安排以及与劳动用工事项相关的政府法规）；

⑦研究与开发活动及其支出；

⑧关联方交易。

（2）投资与投资活动，例如：

①计划实施或近期已实施的并购或资产处置；

②证券与贷款的投资和处置；

③资本性投资活动；

④对未纳入合并范围的实体的投资，包括合伙企业、合营企业和特殊目的实体。

（3）筹资与筹资活动，例如：

①主要子公司和联营企业（无论是否处于合并范围内）；

②债务结构和相关条款，包括资产负债表外融资和租赁安排；

③实际受益方（实际受益方是国内的，还是国外的，其商业声誉和经验可能对被审计单位产生的影响）及关联方；

④衍生金融工具的使用。

（4）财务报告实务，例如：

①会计政策和行业特定惯例，包括特定行业各类重要的交易、账户余额及财务报表相关披露（如银行业的贷款和投资、医药行业的研究与开发活动）；

②收入确认；

③公允价值会计核算；

④外币资产、负债与交易；

⑤异常或复杂交易（包括在有争议或新兴领域的交易）的会计处理（如对以股票为基准的薪酬的会计处理）。

33. 被审计单位自以前期间以来发生的重大变化可能导致或改变重大错报风险。

特殊目的实体的性质

34. 特殊目的实体（有时也称特殊目的工具）是指为实现界定清楚的某个具体目标（如进行租赁、金融资产证券化或开展研究与开发活动）而设立的实体。特殊目的实体可能以公司、信托、合伙企业或非公司实体的形式存在。在以某实体的名义建立特殊目的实体的情况下，该实体通常可能将资产转移至特殊目的实体（如作为终止确认涉及金融资产的交易的一部分），获得使用特殊目的实体资产的权利或向其提供服务，而其他方可能为特殊目的实体提供资金。《〈中国注册会计师审计准则第1323号——关联方〉应用指南》指出，在某些情况下，特殊目的实体可能是被审计单位的关联方。

35. 财务报告编制基础通常详细规定了可视为"控制"的条件，或在编制合并报表时应当考虑特殊目的实体的情况。理解这些编制基础的要求通常需要详细了解涉及特殊目的实体的相关协议。

（三）对会计政策的选择和运用［参见本准则第十四条第一款第（三）项］

36. 了解被审计单位对会计政策的选择和运用可能包括如下事项：
（1）被审计单位对重大和异常交易的会计处理方法；
（2）在缺乏权威性标准或共识、有争议的或新兴领域采用重要会计政策产生的影响；
（3）会计政策的变更；
（4）新颁布的财务报告准则、法律法规，以及被审计单位何时采用、如何采用这些规定。

（四）目标、战略以及相关经营风险［参见本准则第十四条第一款第（四）项］

37. 被审计单位在行业状况、法律环境和监管环境及其他内部和外部因素的背景下开展经营活动。为应对这些因素，管理层或治理层需要确定目标，作为被审计单位的总体规划。战略是管理层为实现目标而采用的方法。被审计单位的目标和战略可能会随着时间而变化。

38. 经营风险比财务报表重大错报风险范围更广，并且包括重大错报风险。经营风险可能产生于环境变化或经营的复杂性。未能认识到根据环境的变化作出改变也可能导致经营风险。例如，下列事项可能产生经营风险：
（1）开发新产品或服务可能失败；
（2）即使成功开拓了市场，也不足以支持产品或服务；
（3）产品或服务存在瑕疵，可能导致负债及声誉风险。

39. 由于多数经营风险最终都会产生财务后果，从而影响财务报表，因此了解被审计单位面临的经营风险可以提高识别出重大错报风险的可能性。然而，注册会计师没有责任识别或评估所有的经营风险，因为并非所有的经营风险都会导致重大错报风险。

40. 注册会计师在了解可能导致财务报表重大错报风险的目标、战略及相关经营风险时，可以考虑以下事项：
（1）行业发展（例如，潜在的相关经营风险可能是被审计单位不具备足以应对行业变化的人力资源和业务专长）；
（2）开发新产品或提供新服务（例如，潜在的相关经营风险可能是被审计单位产品责任增加）；
（3）业务扩张（例如，潜在的相关经营风险可能是被审计单位对市场需求的估计不准确）；
（4）新的会计要求（例如，潜在的相关经营风险可能是被审计单位执行不当或不完整，或会计处理成本增加）；
（5）监管要求（例如，潜在的相关经营风险可能是被审计单位法律责任增加）；
（6）本期及未来的融资条件（例如，潜在的相关经营风险可能是被审计单位由于无法满足融资条件而失去融资机会）；
（7）信息技术的运用（例如，潜在的相关经营风险可能是被审计单位信息系统与

业务流程难以融合);

(8)实施战略的影响,特别是由此产生的需要运用新的会计要求的影响(例如,潜在的相关经营风险可能是被审计单位执行新要求不当或不完整)。

41. 经营风险可能对某类交易、账户余额和披露的认定层次重大错报风险或财务报表层次重大错报风险产生直接影响。例如,因客户群减少产生的经营风险可能增加与应收款项计价相关的重大错报风险。但是,同样的风险,尤其是在经济紧缩时,可能具有更为长期的后果,注册会计师需要在评价运用持续经营假设的适当性时予以考虑。因此,考虑经营风险是否可能导致重大错报风险,要视被审计单位的具体情况而定。本指南附录2列示了可能表明存在重大错报风险的情况和事项的示例。

42. 管理层通常识别经营风险并制定应对风险的方法。这种风险评估过程是内部控制的一部分,本准则第十八条、本指南第88段和第89段对此进行了讨论。

对公共部门实体的特殊考虑

43. 对于公共部门实体审计,管理层的目标可能受到对公共受托责任考虑的影响,这一目标包括法律法规或其他监管机构的相关要求。

(五)被审计单位财务业绩的衡量和评价 [参见本准则第十四条第一款第(五)项]

44. 管理层及其他人员经常衡量和评价其认为重要的事项。无论是内部的还是外部的业绩衡量,都会对被审计单位产生压力。这些压力反过来可能促使管理层采取措施改善经营业绩或歪曲财务报表。因此,了解被审计单位的业绩衡量,有助于注册会计师考虑实现业绩目标的压力是否可能导致管理层采取行动,以致增加财务报表发生重大错报的风险(包括由于舞弊导致的风险)。《中国注册会计师审计准则第1141号——财务报表审计中与舞弊相关的责任》及其应用指南对舞弊风险作出了规定并提供了指引。

45. 对财务业绩的衡量和评价不同于对控制的监督(在本指南第110段至第121段内部控制要素中讨论),即:

(1)对财务业绩的衡量和评价,针对的是被审计单位的业绩是否达到管理层(或第三方)设定的目标;

(2)对控制的监督重点关注内部控制的有效运行。

但两者的目标可能有重叠,在某些情况下,业绩指标也可以为管理层识别内部控制缺陷提供信息。

46. 注册会计师可以考虑的、管理层在衡量和评价财务业绩时使用的内部生成信息举例如下:

(1)关键业绩指标(财务或非财务的)、关键比率、趋势和经营统计数据;

(2)同期财务业绩比较分析;

(3)预算、预测、差异分析,分部信息与分部、部门或其他不同层次的业绩报告;

(4)员工业绩考核与激励性报酬政策;

(5)被审计单位与竞争对手的业绩比较。

47. 外部机构或人员也可能衡量和评价被审计单位的财务业绩。例如,外部信息可能为注册会计师提供有用信息,如分析师报告和信用评级机构报告,这些报告通常可以从被审计单位获取。

48. 内部业绩衡量可能显示未预期到的结果或趋势,需要管理层确定原因并采取纠正措施（包括在某些情况下及时发现并纠正错报）。业绩衡量还可能向注册会计师表明，相关财务报表信息存在错报风险。例如，业绩衡量可能表明，被审计单位与同行业其他实体相比具有异常快速的增长率或盈利水平。这些信息，特别是如果将其与基于业绩的奖金或激励性报酬等其他因素结合考虑，可能表明管理层在编制财务报表时存在偏向的潜在风险。

对小型被审计单位的特殊考虑

49. 小型被审计单位通常没有建立衡量和评价财务业绩的流程。注册会计师询问管理层后可能发现，管理层依据特定关键指标评价财务业绩和采取适当行动。如果询问结果表明被审计单位不存在业绩衡量和评价，则尚未发现和更正的错报风险可能增加。

三、被审计单位的内部控制（参见本准则第十五条）

50. 了解内部控制有助于注册会计师识别潜在错报的类型和影响重大错报风险的因素，以及设计进一步审计程序的性质、时间安排和范围。

51. 下文将从四个部分讲述内部控制：
（1）内部控制的一般性质和特征；
（2）与审计相关的控制；
（3）对相关控制了解的性质和程度；
（4）内部控制的要素。

（一）内部控制的一般性质和特征

内部控制的目标

52. 设计、执行和维护内部控制，目的是应对识别出的对被审计单位实现下列目标产生不利影响的经营风险：
（1）财务报告的可靠性；
（2）经营的效果和效率；
（3）遵守适用的法律法规。

内部控制设计、执行和维护的方式因被审计单位的规模与复杂程度的不同而不同。

对小型被审计单位的特殊考虑

53. 小型被审计单位可能采用非正式和简单的流程和程序实现内部控制的目标。

内部控制的固有限制

54. 内部控制无论如何有效，都只能为被审计单位实现财务报告目标提供合理保证。内部控制实现目标的可能性受其固有限制的影响。这些限制包括在决策时人为判断可能出现错误和因人为失误而导致内部控制失效。例如，控制的设计和修改可能存在失误。同样地，控制的运行可能无效，例如，由于负责复核信息的人员不了解复核的目的或没有采取适当的措施，内部控制生成的信息（如例外报告）没有得到有效使用。

55. 控制可能由于两个或更多的人员串通或管理层不当地凌驾于内部控制之上而被规避。例如，管理层可能与客户签订"背后协议"，修改标准的销售合同条款和条件，从而导致不适当的收入确认。再如，软件中的编辑控制旨在识别和报告超过赊销信用额度的交易，但这一控制可能被凌驾或不能得到执行。

56. 在设计和执行控制时，管理层可能会对选择执行的控制的性质和范围以及选择承担的风险的性质和程度作出判断。

对小型被审计单位的特殊考虑

57. 小型被审计单位拥有的员工通常较少，限制了其职责分离的程度。但是，在业主管理的小型被审计单位，业主兼经理可以实施比大型被审计单位更有效的监督。这种监督可以弥补职责分离有限的局限性。

58. 另一方面，由于内部控制系统较为简单，业主兼经理更有可能凌驾于控制之上。注册会计师在识别由于舞弊导致的重大错报风险时需要考虑这一问题。

对内部控制要素的划分

59. 审计准则将内部控制划分为以下五个要素，为注册会计师考虑内部控制的不同方面如何影响审计提供有用的框架：

（1）控制环境；

（2）风险评估过程；

（3）与财务报告相关的信息系统（包括相关业务流程）与沟通；

（4）控制活动；

（5）对控制的监督。

被审计单位并不一定按照这种划分方法设计、执行和维护内部控制以及划分特定要素。注册会计师也可以使用不同于本准则方法的术语或框架说明内部控制的不同方面及其对审计的影响，只要能够涵盖本准则所述的所有要素。

60. 由于内部控制五项要素与财务报表审计相关，本指南第77段至第121段对其进行了说明。本指南附录1进一步解释了这些内部控制要素。

与注册会计师风险评估相关的内部控制的人工和自动化成分的特征

61. 被审计单位的内部控制系统包含人工成分，通常也包含自动化成分。人工或自动化成分的特征，与注册会计师的风险评估以及在此基础上实施的进一步审计程序相关。

62. 内部控制中采用的人工成分和自动化成分，将影响交易生成、记录、处理和报告的方式。

（1）人工系统的控制可能包括对交易的批准和复核，编制调节表并对调节项目进行跟进。被审计单位也可能采用自动化程序生成、记录、处理和报告交易，在这种情况下以电子文档取代纸质文件。

（2）信息技术系统中的控制是自动化控制（如嵌入计算机程序的控制）和人工控制的组合。人工控制可能独立于信息技术，可能利用信息技术生成的信息，或可能只限用于监督信息技术和自动化控制的有效运行或者处理例外事项。如果采用信息技术生成、记录、处理和报告交易和财务报表中包含的其他财务数据，系统和程序可能包括与财务报表重大账户认定相关的控制，或可能对依赖于信息技术的人工控制的有效运行非常关键。

内部控制中人工成分和自动化成分的组合，因被审计单位使用信息技术的性质和复杂程度而异。

63. 一般而言，信息技术对被审计单位内部控制的作用在于使被审计单位能够：

（1）在处理大量的交易或数据时，一贯运用事先确定的业务规则，并进行复杂运算；

（2）提高信息的及时性、可获得性及准确性；

（3）促进对信息的深入分析；

（4）提高对被审计单位的经营业绩及其政策和程序执行情况进行监督的能力；

（5）降低控制被规避的风险；

（6）通过对应用程序系统、数据库系统和操作系统执行安全控制，提高不兼容职务分离的有效性。

64.信息技术也可能对被审计单位内部控制产生特定风险，这些风险包括：

（1）所依赖的系统或程序不能正确处理数据，或处理了不正确的数据，或两种情况并存；

（2）未经授权访问数据，可能导致数据的毁损或对数据不恰当的修改，包括记录未经授权或不存在的交易，或不正确地记录了交易。多个用户同时访问同一数据库可能会造成特定风险；

（3）信息技术人员可能获得超越其职责范围的数据访问权限，因此破坏了系统应有的职责分工；

（4）未经授权改变主文档的数据；

（5）未经授权改变系统或程序；

（6）未能对系统或程序作出必要的修改；

（7）不恰当的人为干预；

（8）可能丢失数据或不能访问所需要的数据。

65.在处理下列需要主观判断或酌情处理的情形时，内部控制的人工成分可能更为适当：

（1）存在大额、异常或偶发的交易；

（2）存在难以界定、预计或预测的错误的情况；

（3）针对变化的情况，需要对现有的自动化控制进行人工干预；

（4）监督自动化控制的有效性。

66.内部控制中的人工成分可能比自动化成分的可靠性低，原因是人工成分可能更容易被规避、忽视或凌驾，以及更容易产生简单错误和失误。因此，不能假定人工控制能够一贯运用。人工控制在下列情形中可能是不适当的：

（1）存在大量或重复发生的交易，或者事先可预计或预测的错误能够通过自动化控制参数得以防止或发现并纠正；

（2）用特定方法实施控制的控制活动可得到适当设计和自动化处理。

67.内部控制风险的程度和性质取决于被审计单位信息系统的性质和特征。考虑到信息系统的特征，被审计单位可以通过建立有效的控制，应对由于采用信息技术或人工成分而产生的风险。

（二）与审计相关的控制

68.被审计单位的目标与为实现目标提供合理保证的控制之间存在直接关系。被审计单位的目标和控制，与财务报告、经营及合规有关。但这些目标和控制并非都与注册会计师的风险评估相关。

69.注册会计师在判断一项控制单独或连同其他控制是否与审计相关时可能考虑下列事项：

（1）重要性；

（2）相关风险的重要程度；

（3）被审计单位的规模；

（4）被审计单位业务的性质，包括组织结构和所有权特征；

（5）被审计单位经营的多样性和复杂性；

（6）适用的法律法规；

（7）内部控制的情况和适用的要素；

（8）作为内部控制组成部分的系统（包括使用服务机构）的性质和复杂性；

（9）一项特定控制（单独或连同其他控制）是否以及如何防止或发现并纠正重大错报。

70. 如果在设计和实施进一步审计程序时拟利用被审计单位内部生成的信息，针对该信息完整性和准确性的控制可能与审计相关。如果与经营和合规目标相关的控制与注册会计师实施审计程序时评价或使用的数据相关，则这些控制也可能与审计相关。

71. 用以防止未经授权购买、使用或处置资产的内部控制，可能包括与财务报告和经营目标相关的控制。注册会计师对这些控制的考虑通常仅限于与财务报告可靠性相关的控制。

72. 被审计单位通常有一些与目标相关但与审计无关的控制，注册会计师无需对其加以考虑。例如，被审计单位可能依靠某一复杂的自动化控制提高经营活动的效率和效果（如航空公司用于维护航班时间表的自动化控制系统），但这些控制通常与审计无关。进一步讲，虽然内部控制应用于整个被审计单位或所有经营部门或业务流程，但是了解与每个经营部门和业务流程相关的内部控制，可能与审计无关。

对公共部门实体的特殊考虑

73. 对公共部门实体进行审计的注册会计师通常对内部控制负有额外责任，如报告被审计单位对既定操作守则的遵守情况。注册会计师可能也有责任报告被审计单位对法律法规及其他监管要求的遵守情况。因此，注册会计师对内部控制的评价可能更广泛、更详细。

（三）对相关控制了解的性质和程度（参见本准则第十六条）

74. 评价控制的设计，涉及考虑该控制单独或连同其他控制，是否能够有效防止或发现并纠正重大错报。控制得到执行是指某项控制存在且被审计单位正在使用。评估一项无效控制的运行没有什么意义，因此需要首先考虑控制的设计。设计不当的控制可能表明存在值得关注的内部控制缺陷。

75. 用以获取有关控制设计和执行的审计证据的风险评估程序可能包括：

（1）询问被审计单位人员；

（2）观察特定控制的运用；

（3）检查文件和报告；

（4）追踪交易在财务报告信息系统中的处理过程（穿行测试）。

但是，询问本身并不足以实现这些目标。

76. 除非存在某些可以使控制得到一贯运行的自动化控制，否则注册会计师对控制的了解并不足以测试控制运行的有效性。例如，某一人工控制在某一时点得到执行的审计证据，并不能提供该控制在所审计期间内的其他时点也有效运行的证据。但是，由于信息技术处理流程的内在一贯性（见本指南第63段），实施审计程序确定某项自动化控制是否得到执行，也可以实现对控制运行有效性测试的目标，这取决于注册会计师对控制（如针对程序变更的控制）的评估和测试。《中国注册会计师审计准则第1231号——针对评估的重大错报风险采取的应对措施》及其应用指南对控制运行有效性的测试作出了规定并提供了指引。

（四）内部控制要素——控制环境（参见本准则第十七条）

77. 控制环境包括治理职能和管理职能，以及治理层和管理层对内部控制及其重要性的态度、认识和行动。控制环境设定了被审计单位的内部控制基调，影响员工的内部控制意识。

78. 在了解控制环境时，与控制环境相关的要素可能包括下列方面：

（1）对诚信和道德价值观的沟通与落实，这是影响控制的设计、执行和监督有效性的重要因素；

（2）对胜任能力的重视，包括管理层对特定工作胜任能力的考虑以及这些能力如何转化为必要的技能和知识；

（3）治理层的参与，与这方面相关的因素举例如下：

①治理层相对于管理层的独立性；

②治理层的经验与品德；

③治理层参与被审计单位经营的程度和收到的信息及其对经营活动的详细检查；

④治理层采取措施的适当性，包括提出问题的难度和对问题的跟进程度，以及治理层与内部审计人员和注册会计师的互动；

（4）管理层的理念和经营风格，与这方面相关的因素举例如下：

①承担和管理经营风险的方法；

②对财务报告的态度和措施；

③对信息处理、会计职能及人员的态度；

（5）组织结构，即被审计单位为实现目标而计划、执行、控制及评价其活动的框架；

（6）职权与责任的分配，包括如何分配经营活动的职权与责任，如何建立报告关系和职权等级；

（7）人力资源政策与实务，包括与招聘、培训、考核、咨询、晋升、薪酬和补救措施等相关的政策与实务。

与控制环境要素相关的审计证据

79. 通过将询问和其他风险评估程序相结合（如通过观察或检查文件证实询问），注册会计师可以获取相关审计证据。例如，通过询问管理层和员工，注册会计师可以了解管理层如何向员工传达商业行为惯例和道德行为价值观念。注册会计师可以通过考虑管理层是否建立了书面行为守则以及管理层是否按照支持该守则的方式行事，来确定相关控制是否已得到执行。

80. 对于内部审计就识别出的与审计相关的内部控制缺陷提出的问题及建议，注册会计师还可能考虑管理层是如何予以回应的，包括这些回应是否以及如何得以执行，内部审计是否对此进行了后续评价。

控制环境对重大错报风险评估的影响

81. 控制环境的某些要素对重大错报风险评估具有广泛影响。例如，被审计单位的控制意识在很大程度上受治理层影响，因为治理层的职责之一就是平衡管理层面临的与财务报告相关、源于市场需求或薪酬方案的压力。与治理层参与相关的控制环境的设计有效性受下列事项的影响：

（1）治理层相对于管理层的独立性及评价管理层措施的能力；

（2）治理层是否了解被审计单位从事的交易；

（3）治理层对财务报表是否按照适用的财务报告编制基础编制（包括财务报表的披露是否充分）进行评价的程度。

82. 活跃而独立的董事会可能影响高级管理人员的理念和经营风格，其他因素对高级管理人员的影响可能有限。例如，人力资源政策和实务规定招聘具有胜任能力的财务、会计和信息系统人员，这可能降低处理财务信息时出现错误的风险，但是却不能抵消最高管理层高估收益的强烈倾向。

83. 当注册会计师评估重大错报风险时，存在令人满意的控制环境是一个积极的因素。虽然令人满意的控制环境有助于降低舞弊风险，但并不能绝对遏制舞弊。相反，控制环境中存在的缺陷（特别是与舞弊相关的缺陷）可能削弱控制的有效性。例如，管理层没有针对信息系统安全风险投入足够资源，而是允许对系统程序或数据作出不当修改，或允许处理未经授权的交易，这可能对内部控制产生不利影响。如《〈中国注册会计师审计准则第1231号——针对评估的重大错报风险采取的应对措施〉应用指南》所述，控制环境也影响进一步审计程序的性质、时间安排和范围。

84. 控制环境本身并不能防止或发现并纠正重大错报。然而，它可能影响注册会计师对其他控制（如对控制的监督和特定控制活动的运行）有效性的评价，进而影响注册会计师对重大错报风险的评估。

对小型被审计单位的特殊考虑

85. 小型被审计单位的控制环境通常与较大型被审计单位的不同。例如，小型被审计单位的治理层可能不包括独立的或外部的成员，如果没有其他所有者，治理层的职能通常直接由业主兼经理承担。控制环境的性质也可能影响其他控制的重要性或缺乏这些控制所造成的后果。例如，在小型被审计单位，业主兼经理的积极参与可能抵消由于缺乏职责分离导致的特定风险，但也会增加其他风险，如凌驾于控制之上的风险。

86. 在小型被审计单位，可能无法获取以文件形式存在的有关控制环境要素的审计证据，特别是在管理层与其他人员的沟通不够正式但却有效的情况下。例如，小型被审计单位可能没有书面的行为守则，但却通过口头沟通和管理层的示范作用形成了强调诚信和道德行为重要性的文化。

87. 因此，管理层或业主兼经理的态度、认识和措施对注册会计师了解小型被审计单位的控制环境非常重要。

（五）内部控制要素——被审计单位的风险评估过程（参见本准则第十八条）

88. 被审计单位的风险评估过程为管理层确定需要管理的风险提供了基础。如果这一过程对于具体情况（包括被审计单位的性质、规模和复杂程度）是适当的，则有助于注册会计师识别重大错报风险。被审计单位的风险评估过程对于具体情况是否适当属于职业判断。

对小型被审计单位的特殊考虑（参见本准则第二十条）

89. 小型被审计单位可能没有正式的风险评估过程。在这种情况下，管理层很可能通过直接亲自参与经营来识别风险。无论情况如何，注册会计师询问识别出的风险以及管理层如何应对这些风险，仍是必要的。

（六）内部控制要素——与财务报告相关的信息系统（包括相关业务流程）与沟通

与财务报告相关的信息系统（包括相关业务流程）（参见本准则第二十一条）

90. 与财务报告目标相关的信息系统（包括会计系统）由一系列的程序和记录组成。被审计单位设计和建立这些程序和记录旨在：

（1）生成、记录、处理和报告交易（以及事项和情况），以及为相关资产、负债和所有者权益明确受托责任；

（2）解决不正确处理交易的问题，如自动生成暂记账户文件，以及及时按照程序清理暂记项目；

（3）处理并解释凌驾于控制之上或规避控制的情况；

（4）将信息从交易处理系统过入总分类账；

（5）针对除交易以外的事项和情况获取与财务报告相关的信息，如资产的折旧和摊销、应收账款可回收性的改变等；

（6）确保适用的财务报告编制基础规定披露的信息得到收集、记录、处理和汇总，并在财务报表中进行了适当报告。

91. 财务报表可能包含从总账和明细账之外的其他途径获取的信息。这些信息可能包括：

（1）财务报表披露的从租赁协议中获取的信息，如续租选择权或未来的租赁付款额；

（2）财务报表披露的由被审计单位风险管理系统生成的信息；

（3）由管理层的专家提供并在财务报表中披露的公允价值信息；

（4）财务报表中披露的、从为形成财务报表确认或披露的估计所用模型或其他计算中获取的信息，包括与模型所用基础数据和假设相关的信息，例如：可能影响资产使用寿命的内部假设，或不受被审计单位控制的因素影响的数据（如利率）；

（5）财务报表中披露的、与源于财务模型的敏感性分析相关的信息，用以表明管理层已考虑替代假设；

（6）财务报表确认或披露的从被审计单位纳税申报表和记录中获取的信息；

（7）财务报表中披露的、从用于支持管理层评估被审计单位持续经营能力所作分析中获取的信息，例如，与识别出的、可能导致对被审计单位持续经营能力产生重大疑虑的事项或情况相关的披露（如有）。

92. 按照本准则第二十一条的要求了解与财务报告相关的信息系统（包括了解信息系统中与财务报表所披露信息相关的信息，无论这些信息是从总账和明细账中获取，还是从总账和明细账之外的其他途径获取）需要注册会计师运用职业判断。例如，被审计单位财务报表中的特定金额或披露（如关于信用风险、流动性风险和市场风险的披露）可能以从被审计单位风险管理系统中获取的信息为基础。但是，注册会计师不需要了解风险管理系统的所有方面，而是运用职业判断确定需要了解哪些方面。

会计分录

93. 被审计单位的信息系统通常包括使用标准会计分录记录重复发生的交易。例如，在总分类账中记录销售、采购和现金付款，或记录管理层定期作出的会计估计，如对无法收回的应收账款的估计的改变。

94. 被审计单位的财务报告过程还包括使用非标准的会计分录，以记录不重复发生的、异常的交易或调整事项,包括合并调整、业务合并或处置,或非重复发生的估计(如资产减值)。在人工系统的总分类账中,注册会计师可以通过检查分类账、日记账和支持性记录来识别非标准的会计分录。但是,当运用自动化程序记录总分类账和编制财务报表时,这些分录可能只以电子形式存在,因此使用计算机辅助审计技术更易于识别。

相关业务流程

95. 被审计单位的业务流程是指旨在实现下列目的的活动:

(1) 开发、采购、生产、销售、配送产品和提供服务;

(2) 确保遵守法律法规;

(3) 记录信息,包括会计和财务报告信息。

业务流程产生的交易由信息系统记录、处理和报告。了解被审计单位的业务流程(包括交易产生的方式),有助于注册会计师以适合被审计单位具体情况的方式了解与财务报告相关的信息系统。

对小型被审计单位的特殊考虑

96. 在小型被审计单位,与财务报告相关的信息系统和相关业务流程(包括信息系统中与财务报表所披露信息相关的信息,无论这些信息是从总账和明细账中获取,还是从总账和明细账之外的其他途径获取)可能不如较大型被审计单位复杂,但其作用同样重要。管理层积极参与经营管理的小型被审计单位,可能不需要详细描述会计流程、复杂的会计记录或书面政策。因此,在对小型被审计单位进行审计时,了解其与财务报告相关的信息系统就较为容易,也更依赖于询问而不是对文件的检查。但是,了解与财务报告相关的信息系统和相关业务流程仍然重要。

沟通(参见本准则第二十二条)

97. 被审计单位就财务报告的角色与职责以及与财务报告相关的重大事项的沟通,涉及使员工了解在财务报告内部控制方面各自的角色和职责。这包括使员工了解其在财务报告信息系统中的活动与其他员工工作的联系的程度,以及向适当的更高层级的管理层报告例外事项的方式。沟通可以采用政策手册、财务报告手册等形式。公开的沟通渠道有助于确保例外事项得到报告并有应对措施。

对小型被审计单位的特殊考虑

98. 由于职责层级较少,更容易接触到管理层,小型被审计单位的沟通可能比大型被审计单位更简单、更容易实现。

(七) 内部控制要素——控制活动(参见本准则第二十三条)

99. 控制活动是指有助于确保管理层的指令得以执行的政策和程序。控制活动(不管存在于信息系统还是人工系统中)具有各种不同的目标,运用于各种不同的组织和职能层级中。控制活动包括与下列相关的活动:

(1) 授权;

(2) 业绩评价;

(3) 信息处理;

(4) 实物控制;

(5) 职责分离。

100. 与审计相关的控制活动包括:

(1) 与特别风险相关的控制活动,以及与仅通过实质性程序无法获取充分、适当的审计证据的风险相关的控制活动（参见本准则第三十二条和第三十三条）；

（2）注册会计师运用职业判断认为相关的控制活动。

101. 注册会计师判断一项控制活动是否与审计相关，受以下两个因素的影响：

（1）注册会计师识别出的可能导致重大错报的风险；

（2）在确定实质性程序的范围时，注册会计师认为测试控制运行的有效性是否适当。

102. 注册会计师的工作重点是识别和了解重大错报风险更高的领域的控制活动。如果多项控制活动能够实现同一目标，注册会计师不必了解与该目标相关的每项控制活动。

103. 除了应对账户余额和交易相关风险的控制之外，与审计相关的控制活动还可能包括管理层建立的、用于应对没有按照适用的财务报告编制基础进行披露导致的重大错报风险的控制。这些控制活动可能与财务报表包含的从总账和明细账之外的其他途径获取的信息相关。

104. 注册会计师通过了解内部控制其他要素获取的关于控制活动是否存在的信息，有助于其确定是否有必要对控制活动进行更多的了解。

对小型被审计单位的特殊考虑

105. 小型被审计单位控制活动依据的理念与较大型被审计单位可能相似，但是它们运行的正式程度可能不同。进一步讲，在小型被审计单位中，由于某些控制活动由管理层执行，特定类型的控制活动可能变得并不相关。例如，只有管理层拥有批准赊销、重大采购的权力，这可以对重要账户余额和交易实施有力控制，降低或消除实施更具体的控制活动的必要性。

106. 与小型被审计单位审计相关的控制活动可能与主要交易循环（如收入、采购和薪酬）相关。

信息技术导致的风险（参见本准则第二十四条）

107. 信息技术的采用影响被审计单位执行控制活动的方式。从注册会计师的角度看，如果针对信息系统的控制能够保证系统所处理信息和数据的完整性和安全性，则控制是有效的。针对信息系统的控制包括信息技术一般控制和应用控制。

108. 信息技术一般控制是与多个程序相关且支持应用控制有效运行的政策或程序，应用于主机、小型机和终端用户环境。保证信息完整性和数据安全性的信息技术一般控制通常包括：

（1）数据中心和网络运行控制；

（2）系统软件的购置、修改及维护控制；

（3）程序修改控制；

（4）接触或访问权限控制；

（5）应用系统的购置、开发及维护控制。

这些控制通常用于应对本指南第64段列示的风险。

109. 应用控制通常是指在业务流程层面运行的人工或自动化程序，运用于由单个程序处理的交易。从性质上讲，应用控制可以是预防性的或检查性的，旨在保证会计记录的完整性。因此，应用控制与用于生成、记录、处理、报告交易或其他财务数据的程序相关。这些控制有助于保证发生的交易经过授权，并得到全面而准确地记录和处理。应用控制的举例包括对输入数据的编辑性检查，序号检查和报告例外事项的人工跟进，以及在数据录入时进行纠正。

（八）内部控制要素——对控制的监督（参见本准则第二十五条）

110. 对控制的监督是指被审计单位评价内部控制在一段时间内运行有效性的过程。对控制的监督涉及及时评估控制的有效性并采取必要的补救措施。管理层通过持续的监督活动、单独的评价活动或两者相结合实现对控制的监督。持续的监督活动通常贯穿于被审计单位日常重复的活动中，包括常规管理和监督工作。

111. 管理层的监督活动可能包括利用与外部有关各方沟通所获取的信息（如可能表明存在问题或需要改进的领域的顾客投诉和监管机构的意见）。

对小型被审计单位的特殊考虑

112. 管理层对控制的监督经常通过管理层或业主兼经理对经营活动的密切参与来实现。通过密切参与经营活动，可以识别出与预期不同的重大差异和不准确的财务数据，从而可以对控制采取补救措施。

被审计单位的内部审计（参见本准则第二十六条）

113. 如果被审计单位设有内部审计，获取对内部审计的了解有助于注册会计师了解被审计单位及其环境（包括内部控制），特别是了解内部审计在被审计单位对财务报告内部控制的监督中的作用。这一了解，连同注册会计师按照本准则第九条第一款的规定通过询问获取的信息，也可能为注册会计师识别和评估重大错报风险提供直接相关的信息。

114. 内部审计的目标和范围、职责性质及其在被审计单位中的地位（包括权威性和问责机制）有较大差别，取决于被审计单位的规模、组织结构以及管理层和治理层（如适用）的要求。内部审计章程或职权范围可能对这些事项作出规定。

115. 内部审计的职责可能包括实施程序并评价结果，就风险管理、内部控制及治理过程的设计和有效性，向管理层和治理层提供保证。此时，内部审计可能在被审计单位对财务报告内部控制的监督中发挥重要作用。然而，内部审计的职责也可能专注于评价运营的经济性、效率和效果，此时，内部审计的工作可能与被审计单位的财务报告并不直接相关。

116. 按照本准则第九条第一款的规定询问适当的内部审计人员，有助于注册会计师了解内部审计的职责性质。如果认为内部审计的职责与被审计单位的财务报告相关，注册会计师可能复核内部审计相关期间的审计计划（如有），并与适当的内部审计人员讨论该计划，以进一步了解内部审计已执行或拟执行的活动。

117. 如果内部审计的职责性质和鉴证活动与被审计单位的财务报告相关，注册会计师也可能利用内部审计的工作，以修改注册会计师为获取审计证据而直接实施的审计程序的性质、时间安排，或缩小其范围。如果基于以前年度的审计经验或注册会计师实施的风险评估程序，相对于被审计单位的规模和运营性质而言，内部审计的配备看上去充分、适当，并与治理层有直接的报告关系，则注册会计师更有可能利用被审计单位内部审计的工作。

118. 如果基于对被审计单位内部审计的初步了解，注册会计师预期利用内部审计的工作，以修改拟实施的审计程序的性质、时间安排，或缩小其范围，则《中国注册会计师审计准则第1411号——利用内部审计人员的工作》适用。

119. 如《中国注册会计师审计准则第1411号——利用内部审计人员的工作》所述，内部审计的活动不同于可能与财务报告相关的其他监督控制活动（例如，复核被审计单位用于防止或发现错报的管理会计信息)。

120. 在审计业务的早期与适当的内部审计人员建立沟通,并在审计业务执行过程中保持这种沟通,有利于信息的有效共享。这种做法能够创造一种氛围,使得注册会计师能够获悉内部审计注意到的可能影响注册会计师工作的重大事项。《中国注册会计师审计准则第1101号——注册会计师的总体目标和审计工作的基本要求》讨论了注册会计师在计划和执行审计工作时保持职业怀疑的重要性,包括对引起对作为审计证据的文件记录和对询问的答复的可靠性产生怀疑的信息保持警觉。因此,在审计业务执行过程中与内部审计保持沟通,可以为内部审计人员将这些信息告知注册会计师提供机会。注册会计师因而能够在识别和评估重大错报风险时考虑这些信息。

信息来源(参见本准则第二十七条)

121. 监督活动中使用的很多信息可能由被审计单位的信息系统产生。如果管理层假定用于监督的数据是准确的而这一假定没有依据,则这些信息可能存在错误,导致管理层从监督活动中得出不正确的结论。因此,注册会计师需要了解以下事项,并将其作为了解被审计单位监督活动(内部控制要素)的一部分:

(1) 与被审计单位监督活动相关的信息来源;
(2) 管理层认为信息对于信息的使用目的足够可靠的依据。

四、识别和评估重大错报风险

(一) 评估财务报表层次重大错报风险 [参见本准则第二十八条第(一)项]

122. 财务报表层次重大错报风险是指与财务报表整体广泛相关,并潜在地影响多项认定的风险。这种性质的风险不一定限定于某类交易、账户余额或披露层次的特定认定的风险,而在一定程度上代表了可能增加认定层次重大错报风险的情况,如管理层凌驾于内部控制之上。财务报表层次的风险可能与注册会计师考虑由于舞弊导致的重大错报风险尤其相关。

123. 财务报表层次的风险很可能源于控制环境存在缺陷(虽然这些风险还可能与其他因素相关,如经济下滑)。例如,管理层缺乏胜任能力或缺乏对财务报表编制过程的监督等缺陷可能对财务报表具有更广泛的影响,可能需要注册会计师采取总体应对措施。

124. 注册会计师在了解被审计单位内部控制后,可能对被审计单位财务报表的可审计性产生怀疑。例如:

(1) 对管理层的诚信产生严重疑虑,以致注册会计师认为管理层在财务报表中作出虚假陈述的风险非常大而无法进行审计;
(2) 对被审计单位会计记录的状况和可靠性的疑虑,可能使注册会计师认为可能很难获取充分、适当的审计证据,以支持对财务报表发表无保留意见。

125.《中国注册会计师审计准则第1502号——在审计报告中发表非无保留意见》及其应用指南为注册会计师确定是否有必要出具保留意见、无法表示意见或在某些情况下解除业务约定(在适用的法律法规允许解除约定的情况下)作出了规定并提供了指引。

(二) 评估认定层次重大错报风险 [参见本准则第二十八条第(二)项]

126. 注册会计师需要考虑各类交易、账户余额和披露认定层次的重大错报风险,因为这些考虑直接有助于确定用于获取充分、适当的审计证据而在认定层次实施的进一步审计程序的性质、时间安排和范围。在识别和评估认定层次重大错报风险时,注册会计师可能认为识别出的风险与财务报表整体广泛相关,进而潜在地影响多项认定。

对认定的运用

127. 在声明财务报表按照适用的财务报告编制基础编制时,管理层对各类交易和事项、账户余额以及披露的确认、计量和列报作出明确或隐含的认定。

128. 注册会计师可以使用本指南第129段第一项和第二项描述的认定,或在能够涵盖本指南第129段所有方面的前提下作出不同表述。例如,注册会计师可能选择将关于各类交易、事项及相关披露的认定与关于账户余额及相关披露的认定结合使用。

关于各类交易、账户余额及相关披露的认定

129. 注册会计师在考虑可能发生的潜在错报的不同类型时运用的认定,可以分为以下两类:

(1)关于所审计期间各类交易、事项及相关披露的认定:

①发生——记录或披露的交易和事项已发生,且这些交易和事项与被审计单位有关;

②完整性——所有应当记录的交易和事项均已记录,所有应当包括在财务报表中的相关披露均已包括;

③准确性——与交易和事项有关的金额及其他数据已恰当记录,相关披露已得到恰当计量和描述;

④截止——交易和事项已记录于正确的会计期间;

⑤分类——交易和事项已记录于恰当的账户;

⑥列报——交易和事项已被恰当地汇总或分解且表述清楚,相关披露在适用的财务报告编制基础下是相关的、可理解的。

(2)关于期末账户余额及相关披露的认定:

①存在——记录的资产、负债和所有者权益是存在的;

②权利和义务——记录的资产由被审计单位拥有或控制,记录的负债是被审计单位应当履行的偿还义务;

③完整性——所有应当记录的资产、负债和所有者权益均已记录,所有应当包括在财务报表中的相关披露均已包括;

④准确性、计价和分摊——资产、负债和所有者权益以恰当的金额包括在财务报表中,与之相关的计价或分摊调整已恰当记录,相关披露已得到恰当计量和描述;

⑤分类——资产、负债和所有者权益已记录于恰当的账户;

⑥列报——资产、负债和所有者权益已被恰当地汇总或分解且表述清楚,相关披露在适用的财务报告编制基础下是相关的、可理解的。

关于其他披露的认定

130. 对与记录的各类交易、事项或账户余额并非直接相关的披露,注册会计师在考虑可能发生的潜在错报的不同类型时,也可能运用本指南第129段第一项和第二项描述的认定(可适当调整)。例如,可能要求被审计单位描述金融工具导致的风险敞口(包括风险是如何产生的);风险管理的目标、政策及流程;计量风险的方法等。

对公共部门实体的特殊考虑

131. 当管理层对公共部门实体的财务报表作出认定时,除本指南第129段提及的认定外,管理层通常声明交易和事项已按照法律法规或其他监管要求执行。这些认定可以纳入财务报表审计的范畴。

（三）识别重大错报风险的过程［参见本准则第二十九条第（一）项］

132. 通过实施风险评估程序收集的信息，包括在评价控制的设计及确定其是否得到执行时获取的审计证据，可以作为支持风险评估结果的审计证据。风险评估结果决定了拟实施的进一步审计程序的性质、时间安排和范围。在识别财务报表中存在的重大错报风险时，注册会计师按照《中国注册会计师审计准则第1101号——注册会计师的总体目标和审计工作的基本要求》的规定运用职业怀疑。

133. 本指南附录2列示了可能表明存在重大错报风险（包括与披露相关的重大错报风险）的情况和事项。

134. 按照《中国注册会计师审计准则第1221号——计划和执行审计工作时的重要性》的要求，识别并评估各类交易、账户余额及披露中存在的重大错报风险时需要考虑重要性和审计风险。注册会计师对重要性的确定属于职业判断，受到注册会计师关于财务报表使用者对财务报告需求的认识的影响。

135. 识别风险时，注册会计师对财务报表披露的考虑包括定量披露和定性披露，披露中可能存在重大错报（即如果合理预期错报可能影响财务报表使用者依据财务报表整体作出的经济决策，则该错报通常被认为是重大的）。根据被审计单位及业务的具体情况，可能与重大错报风险评估相关的定性披露举例如下：

（1）处于财务困境中的被审计单位的流动性和债务合同；
（2）导致确认减值损失的事项或情况；
（3）估计不确定性的关键来源，包括关于未来的假设；
（4）会计政策变更及适用的财务报告编制基础要求的其他相关披露的性质，例如，财务报告的新要求预期将对被审计单位的财务状况和经营成果产生重大影响；
（5）股份支付协议，包括如何确定应确认的金额的信息及其他相关披露；
（6）关联方及关联方交易；
（7）敏感性分析，包括被审计单位估值技术中用到的假设发生变化产生的影响，以使使用者能够理解记录或披露的金额背后的计量不确定性。

对小型被审计单位的特殊考虑

136. 小型被审计单位财务报表中的披露可能细节较少或不太复杂（例如，某些财务报告编制基础允许小型被审计单位在财务报表中提供较少的披露）。但是，这并不能减轻注册会计师了解被审计单位及其环境（包括内部控制）的责任（在其与披露相关时）。

（四）将控制与认定相联系［参见本准则第二十九条第（三）项］

137. 在进行风险评估时，注册会计师可能识别出可以防止或发现并纠正特定认定的重大错报的控制。一般而言，了解这些控制，并在控制所在的流程和系统中将这些控制与认定相联系，是很有帮助的，因为单个控制活动本身往往并不足以应对风险。通常只有多个控制活动，连同内部控制的其他要素，才能足以应对风险。

138. 相反地，某些控制活动可能对特定类别的交易或账户余额所包含的个别认定具有特定影响。例如，被审计单位建立的用以确保员工能够适当地盘点和记录年度实物存货的控制活动，与存货账户余额的存在和完整性认定直接相关。

139. 控制可能与某一认定直接相关，也可能与某一认定间接相关。关系越间接，控制在防止或发现并纠正该认定中错报的有效性越小。例如，销售经理对分地区的销售网点的销售汇总情况进行复核，与销售收入完整性的认定只是间接相关。相应地，该项控制在降低销售收入完整性认定中的错报风险方面的效果,要比与该认定直接相关的控制(例如,将发货单与开具的销售发票相核对)的效果差。

重大错报

140. 单一财务报表及披露中的潜在错报可能因其规模、性质或具体情况而被认为是重大的。[参见本准则第二十九条第(四)项]

(五)特别风险

识别特别风险(参见本准则第三十一条)

141. 特别风险通常与重大的非常规交易和判断事项有关。非常规交易是指由于金额或性质异常而不经常发生的交易。判断事项可能包括作出的会计估计(具有计量的重大不确定性)。经过系统处理的日常、简单的交易不太可能产生特别风险。

142. 对由于如下事项导致的重大非常规交易,重大错报风险可能更高:

(1)管理层更多地干预会计处理;
(2)对数据的收集和处理进行更多的人工干预;
(3)复杂的计算或会计政策;
(4)非常规交易的性质可能使被审计单位难以对由此产生的风险实施有效控制。

143. 对由于如下事项导致的需要作出会计估计的重大判断事项,重大错报风险可能更高:

(1)对涉及会计估计、收入确认等方面的会计政策存在不同的理解;
(2)所要求的判断可能是主观或复杂的,或需要对未来事项的影响作出假设,如对公允价值的判断。

144.《中国注册会计师审计准则第 1231 号——针对评估的重大错报风险采取的应对措施》说明了识别特别风险对进一步审计程序的影响。

与由于舞弊导致的重大错报风险相关的特别风险

145.《中国注册会计师审计准则第 1141 号——财务报表审计中与舞弊相关的责任》对识别和评估由于舞弊导致的重大错报风险作出了规定。

了解与特别风险相关的控制(参见本准则第三十二条)

146. 虽然与重大非常规交易或判断事项相关的风险通常很少受到日常控制的约束,管理层可能采取其他措施应对此类风险。相应地,注册会计师在了解被审计单位是否设计和执行了针对非常规交易或判断事项导致的特别风险的控制时,通常了解管理层是否以及如何应对这些风险。管理层采取的应对措施可能包括:

(1)控制活动,如高级管理人员或专家对假设进行检查;
(2)对估计流程作出记录;
(3)治理层作出批准。

147. 如果发生诸如收到重大诉讼事项的通知等一次性事件,注册会计师在考虑被审计单位的应对措施时,关注的事项包括:被审计单位是否已将这类事项提交适当的专家(如内部或外部的法律顾问)处理,是否已对该事项的潜在影响作出评估,如何建议将该情况在财务报表中进行披露。

148. 在某些情况下,管理层可能未能通过实施针对特别风险的控制恰当应对特别风险。管理层未能实施这些控制表明存在值得关注的内部控制缺陷。

（六）仅实施实质性程序不能获取充分、适当的审计证据的风险（参见本准则第三十三条）

149. 重大错报风险可能与记录日常交易或账户余额以及编制可靠的财务报表直接相关。这些风险可能包括对日常和重大类别的交易（如被审计单位的收入、采购、现金收入或现金支出）处理不准确或不完整的风险。

150. 如果日常交易由高度自动化处理，不存在或存在很少人工干预，针对风险仅实施实质性程序可能不可行。例如，如果被审计单位大量信息在一体化的系统中仅以电子方式生成、记录、处理或报告，注册会计师可能认为会出现以上情况。在这种情况下：

（1）获取的审计证据可能仅以电子形式存在，其充分性和适当性通常取决于针对准确性和完整性的控制的有效性；

（2）如果适当的控制没有正在有效运行，信息不当生成或对信息进行不当修改而没有被发现的可能性会增加。

151.《中国注册会计师审计准则第1231号——针对评估的重大错报风险采取的应对措施》说明了识别出这些风险对进一步审计程序的影响。

（七）对风险评估的修正（参见本准则第三十四条）

152. 在审计过程中，注册会计师可能注意到某些信息，其明显不同于风险评估所依据的信息。例如，风险评估可能基于预期特定控制运行有效这一判断，但在测试控制运行的有效性时，注册会计师获取的证据可能表明这些控制在被审计期间的相关时点并未有效运行。类似地，在实施实质性程序时，注册会计师可能发现错报的金额或频率高于在风险评估时预计的金额或频率。在这种情况下，风险评估可能没有恰当地反映被审计单位的真实状况，原计划的进一步审计程序对于发现重大错报可能无效。《中国注册会计师审计准则第1231号——针对评估的重大错报风险采取的应对措施》及其应用指南对此作出了进一步规定并提供了进一步指引。

五、审计工作底稿（参见本准则第三十五条）

153. 注册会计师需要运用职业判断，确定对本准则第三十五条规定的事项进行记录的方式。例如，在小型被审计单位的审计中，这些事项的工作底稿可能包含在总体审计策略和具体审计计划的工作底稿中。类似地，风险评估的结果可以单独予以记录，也可作为注册会计师对进一步审计程序记录的一部分。审计工作底稿的形式和范围受被审计单位性质、规模、复杂程度、内部控制、被审计单位信息的可获得性，以及审计过程中使用的审计方法和技术的影响。

154. 对于与财务报告相关的业务和流程不太复杂的被审计单位，审计工作底稿可以形式简单，内容相对概括。注册会计师没有必要记录对被审计单位及相关事项了解的所有内容。注册会计师记录的了解的关键要素包括在重大错报风险评估时所依据的内容。

155. 记录的范围也能反映审计项目组成员的经验与胜任能力。只要能够满足《中国注册会计师审计准则第1131号——审计工作底稿》的要求，由经验较少的成员组成的项目组执行审计时，可能需要比成员经验较多的项目组作出更加详细的记录，以帮助经验较少的成员恰当了解被审计单位。

156. 对于连续审计，某些工作底稿在必要时可能需要结转、更新，以反映被审计单位业务或流程的变化。

附录 1（参见本准则第二条、第十七条至第二十七条、本指南第 77 段至第 121 段）

内部控制要素

1. 本准则第二条、第十七条至第二十七条、本指南第 77 段至第 121 段列示的内部控制要素与财务报表审计相关，本附录作出进一步说明。

一、控制环境

2. 控制环境包括以下要素：

（1）对诚信和道德价值观的沟通与落实。控制的有效性受负责创建、管理和监控内部控制的人员的诚信和道德价值观的影响。被审计单位的道德行为规范，以及这些规范如何在被审计单位内部得到沟通和落实，决定了是否能产生诚信和道德的行为。例如，对诚信和道德价值观的落实包括管理层采取措施消除或减少可能导致员工不诚实、不守法或不道德行为的动机或诱因。被审计单位对诚信和道德价值观方面政策的沟通包括通过政策规定、行为规范和示范向员工沟通行为准则。

（2）对胜任能力的重视。胜任能力是指具备完成某一职位的工作所应有的知识和技能。

（3）治理层的参与程度。被审计单位的控制意识在很大程度上受治理层的影响。治理层职责的重要性在被审计单位的行为守则、其他法律法规或在为治理层制定的指引中予以规定。治理层的职责还包括监督以下程序的设计和有效执行：内部举报不恰当行为的程序和用于复核内部控制有效性的程序。

（4）管理层的理念和经营风格。管理层的理念和经营风格具有广泛的特点。例如，管理层对财务报告的态度及行为，可以通过其选择保守还是激进的会计原则以及作出会计估计时的谨慎和保守态度得到体现。

（5）组织结构。建立相关的组织结构包括考虑职权和责任的关键领域，以及适当的报告层级。被审计单位组织结构是否恰当部分取决于被审计单位的规模和经营活动的性质。

（6）职权与责任的分配。职权与责任的分配可能包括与适当的经营惯例、关键员工的知识和经验、履行职责时提供的资源相关的政策。此外，还可能包括一些政策及交流活动，用于保证所有员工均了解被审计单位目标、相互之间的工作联系以及个人的工作对实现目标的作用，认识到如何以及对什么承担责任。

（7）人力资源政策与实务。人力资源政策与实务通常能显示与被审计单位控制意识相关的重要事项。例如，如果招聘录用标准要求录用最胜任的员工（即强调教育背景、以前的工作经验、以前取得的成就、诚信和道德行为的证明），则表明被审计单位希望录用有胜任能力并值得信赖的人员。被审计单位的培训政策可以传达预期角色及职责，并包括实务性培训（如培训学校和研讨会），这表明了员工预期的工作表现和行为方式。

通过定期业绩考核予以晋升的政策表明被审计单位希望具备相应资格的员工承担更高级别的职责。

二、被审计单位的风险评估过程

3. 就财务报告的目的而言，被审计单位的风险评估过程包括管理层如何识别与按照适用的财务报告编制基础编制财务报表相关的经营风险，估计其重要性，评估其发生的可能性，针对这些风险采取措施应对和管理风险及其结果。例如，被审计单位的风险评估过程可能针对被审计单位如何考虑交易未被记录的可能性，或识别并分析财务报表中记录的重大估计。

4. 与可靠的财务报告相关的风险包括可能发生的外部和内部事项、交易或情况，这些事项、交易或情况会对被审计单位生成、记录、处理和报告财务报表中与管理层认定相一致的财务数据产生不利影响。管理层可能会制定计划、执行程序或采取措施以解决特定风险，或者出于成本或其他考虑决定接受风险。以下情况可能会产生或改变风险：

（1）监管环境和经营环境的变化。监管环境和经营环境的变化会导致竞争压力的变化以及显著不同的风险。

（2）新员工。新员工可能对内部控制有不同的关注点或认识。

（3）新的或升级的信息系统。信息系统重大、快速的变化会改变与内部控制有关的风险。

（4）快速增长。重要、快速的业务扩张可能使控制难以应对，从而增加了控制失效的风险。

（5）新技术。将新技术运用于生产过程或信息系统可能改变与内部控制相关的风险。

（6）新业务模式、产品或活动。进入新的业务领域和发生新的交易，可能因被审计单位具有较少的经验而带来新的与内部控制相关的风险。

（7）公司重组。重组可能带来裁员和监督及职责分离的变化，可能改变与内部控制相关的风险。

（8）扩张海外经营。在海外扩张或收购海外企业会产生新的并且往往是独特的风险，进而可能影响内部控制，如由于外币交易产生的额外或已变化的风险。

（9）新的会计政策。采用新的会计政策或变更会计政策可能影响财务报表编制过程中的风险。

三、与财务报告相关的信息系统（包括相关业务流程）与沟通

5. 信息系统包括基础设施（实物或硬件部分）、软件、人员、程序及数据。很多信息系统都广泛使用信息技术。

6. 与财务报告目标相关的信息系统（包括财务报告系统）包括关于下列事项的方法和记录：

（1）识别与记录所有的有效交易；

（2）以充分详细的方式及时地描述交易，以便在财务报告中对交易作出恰当分类；

（3）以在财务报表中正确记录交易的货币价值的方式计量交易的价值；

（4）确定交易发生的期间，以便将交易计入恰当的会计期间；

（5）在财务报表中对交易及相关披露作出恰当反映。

7.信息系统生成信息的质量，影响管理层在管理和控制被审计单位活动时作出恰当的决策以及编制可靠的财务报告的能力。

8.沟通，涉及使员工了解各自在财务报告内部控制方面的角色和职责，可以采用政策手册、会计和财务报告手册以及备忘录等形式。沟通也可以采用电子方式或口头方式，以及通过管理层的行动来实现。

四、控制活动

9.通常情况下，可能与审计相关的控制活动可以分为与下列事项相关的政策和程序：

（1）业绩评价。这些控制活动包括被审计单位分析及评价实际业绩与预算、预测和前期业绩的差异，将不同类别的数据（经营或财务数据）联系起来，分析之间的关系，进行调查并采取纠正措施；将内部数据与外部信息相比较；评价职能部门、项目活动的业绩。

（2）信息处理。信息系统控制活动的两大类是应用控制和信息技术一般控制。应用控制运用于处理单个应用程序，信息技术一般控制是与多个应用程序相关的政策和程序，通过保证信息系统持续恰当地运行，支持应用控制作用的有效发挥。应用控制的举例包括对记录计算准确性的检查，对账户和试算平衡表的维护和审核，自动控制（如设置对输入数据和数字序号的自动检查），以及对例外报告的人工跟进调查。信息技术一般控制的举例包括程序变动控制，限制接触程序或数据的控制，对实施新发布的软件包应用程序的控制，针对限制接触或监督使用系统应用程序的系统软件的控制，使用这些系统应用程序可能更改财务数据或记录而不留下审计轨迹。

（3）实物控制。实物控制包括下列控制：

①保证资产的实物安全，包括恰当的安全保护措施，如针对接触资产和记录的安全设施；

②对接触计算机程序和数据文档设置授权；

③定期盘点并将盘点记录与控制记录相核对（如将会计记录与现金、有价证券和存货的定期盘点结果相比较）。

旨在防止资产盗窃的实物控制，与财务报表编制的可靠性及审计相关，相关的程度取决于资产被侵占的风险。

（4）职责分离。即将交易授权、记录交易以及资产保管等职责分配给不同员工。职责分离旨在降低同一员工在正常履行职责过程中实施并隐瞒舞弊或错误的可能性。

10.某些控制活动可能取决于是否存在由管理层或治理层制定的、恰当的高层次政策。例如，可能按照既定的指导方针（如治理层制定的投资标准）进行授权控制；或者，非常规交易（如重大收购或撤资）可能需要特定的高级别的批准，包括在某些情况下由股东批准。

五、对控制的监督

11.管理层的一项重要职责就是持续不断地建立和维护控制。管理层对控制的监督包括考虑控制是否按计划运行，以及控制是否根据情况的变化作出恰当修改。例如，对控制的监督可能包括管理层对是否及时编制银行存款余额调节表进行复核，内部审计人员评价销售人员是否遵守被审计单位关于销售合同条款的政策，法律部门监控被审计单位的道德规范和商业行为政策是否得到遵守等。监督也用于保证控制持续有效运行。例如，如果没有对编制银行存款余额调节表的及时性和准确性进行监督，相关人员可能停止编制该表。

12. 内部审计人员或具有类似职责的人员可以通过单独评价促成对被审计单位控制的监督。他们通常定期提供关于内部控制职能的信息（着力于评价内部控制的有效性），就内部控制的优势和缺陷进行沟通，并提出改进建议。

13. 监督活动可能包括利用与外部有关机构或人员沟通所获取的信息，这些外部信息可能显示内部控制存在的问题或需要改进的领域。例如，客户通过付款来间接表示其同意发票金额，或者对发票金额提出异议。此外，监管机构可能会对影响内部控制运行的问题与被审计单位沟通（例如，银行监管机构针对检查所作的沟通）。在执行监督活动时，管理层也可能考虑与注册会计师就内部控制进行沟通。

附录 2（参见本指南第 41 段和第 133 段）

可能表明存在重大错报风险的情况和事项

以下是可能表明财务报表存在重大错报风险的情况和事项的示例。这些情况和事项涵盖范围广泛，然而，并非所有的情况和事项都与每项审计业务相关，下面所列情况和事项也不一定完整。

1. 在经济不稳定（如货币发生重大贬值或经济发生严重通货膨胀）的国家或地区开展业务；
2. 在高度波动的市场开展业务（如期货交易）；
3. 在高度复杂的监管环境中开展业务；
4. 持续经营和资产流动性出现问题，包括重要客户流失；
5. 获取资本或借款的能力受到限制；
6. 被审计单位经营所处的行业发生变化；
7. 供应链发生变化；
8. 开发新产品或提供新服务，或进入新的业务领域；
9. 开辟新的经营场所；
10. 被审计单位发生变化，如发生重大收购、重组或其他异常的事项；
11. 拟出售分支机构或业务分部；
12. 存在复杂的联营或合资企业；
13. 运用表外融资、特殊目的实体以及其他复杂的融资安排；
14. 从事重大的关联方交易；
15. 缺乏具备会计和财务报告技能的员工；
16. 关键人员变动（包括核心执行人员的离职）；
17. 内部控制存在缺陷，尤其是管理层未处理的内部控制缺陷；
18. 管理层和员工编制虚假财务报告的动机；
19. 信息技术战略与经营战略不协调；

20. 信息技术环境发生变化；
21. 安装新的与财务报告有关的重大信息技术系统；
22. 经营活动或财务业绩受到监管机构或政府机构的调查；
23. 以往发生的错报或错误，或者在本期期末出现重大会计调整；
24. 发生大额非常规或非系统性交易（包括公司间的交易和在期末发生大量收入的交易）；
25. 按照管理层特定意图记录的交易（如债务重组、资产出售和交易性债券的分类）；
26. 采用新的会计准则；
27. 涉及复杂过程的会计计量；
28. 涉及重大计量不确定性（包括会计估计）的事项或交易及相关披露；
29. 遗漏披露应包含的重大信息或信息晦涩难懂；
30. 存在未决诉讼和或有负债（如售后质量保证、财务担保和环境补救）。

《中国注册会计师审计准则第1221号 ——计划和执行审计工作时的重要性》 应用指南

（2019年3月29日修订）

一、重要性与审计风险（参见本准则第六条）

1.在执行财务报表审计工作时，注册会计师的总体目标是：

（1）对财务报表整体是否不存在由于舞弊或错误导致的重大错报获取合理保证，使得注册会计师能够对财务报表是否在所有重大方面按照适用的财务报告编制基础编制发表审计意见；

（2）按照审计准则的规定，根据审计结果对财务报表出具审计报告，并与管理层和治理层沟通。

注册会计师通过获取充分、适当的审计证据将审计风险降至可接受的低水平，以获取合理保证。审计风险，是指当财务报表存在重大错报时，注册会计师发表不恰当审计意见的可能性。审计风险取决于重大错报风险和检查风险。注册会计师需要在整个审计过程中考虑重要性和审计风险，尤其是在下列重要审计环节：

（1）识别和评估重大错报风险；

（2）确定进一步审计程序的性质、时间安排和范围；

（3）评价未更正错报对财务报表和形成审计意见的影响。

二、审计中的重要性（参见本准则第七条）

2.识别和评估重大错报风险需要运用职业判断，以识别各类交易、账户余额和披露（包括定性披露）中可能存在的重大错报（即如果合理预期错报可能影响财务报表使用者依据财务报表整体作出的经济决策，则该错报通常被认为是重大的）。在考虑定性披露中存在的错报是否重大时，注册会计师可能需要识别的相关因素包括：

（1）报告期内被审计单位的具体情况，例如，被审计单位在报告期内可能实施了一项重大的企业合并；

（2）适用的财务报告编制基础及其变化，例如，一项新的财务报告准则可能要求作出新的定性披露，该披露对于被审计单位而言是重大的；

（3）由于被审计单位的性质而对财务报表使用者而言是重要的定性披露，例如，就金融机构的财务报表使用者而言，对流动性风险的披露可能是重要的。

三、计划审计工作时确定重要性和实际执行的重要性

（一）对公共部门实体的特殊考虑（参见本准则第十条）

3. 就公共部门实体而言，财务报表的主要使用者通常是立法机构和监管机构。此外，财务报表还可能用于经济决策以外的其他决策。因此，在审计公共部门实体的财务报表时，确定财务报表整体的重要性和特定类别的交易、账户余额或披露的重要性水平，可能受到法律法规或其他监管要求的影响，并受到立法机构和与公共部门项目相关的公众对信息需求的影响。

（二）确定财务报表整体的重要性时对基准的运用（参见本准则第十条）

4. 确定重要性需要运用职业判断。通常先选定一个基准，再乘以某一百分比作为财务报表整体的重要性。在选择基准时，需要考虑的因素包括：

（1）财务报表要素（如资产、负债、所有者权益、收入和费用）；

（2）是否存在特定会计主体的财务报表使用者特别关注的项目（如为了评价财务业绩，使用者可能更关注利润、收入或净资产）；

（3）被审计单位的性质、所处的生命周期阶段以及所处行业和经济环境；

（4）被审计单位的所有权结构和融资方式（例如，如果被审计单位仅通过债务而非权益进行融资，财务报表使用者可能更关注资产及资产的索偿权，而非被审计单位的收益）；

（5）基准的相对波动性。

5. 适当的基准取决于被审计单位的具体情况，包括各类报告收益（如税前利润、营业收入、毛利和费用总额），以及所有者权益或净资产。对于以营利为目的的实体，通常以经常性业务的税前利润作为基准。如果经常性业务的税前利润不稳定，选用其他基准可能更加合适，如毛利或营业收入。

6. 就选定的基准而言，相关的财务数据通常包括前期财务成果和财务状况、本期最新的财务成果和财务状况、本期的预算和预测结果。当然，本期最新的财务成果和财务状况、本期的预算和预测结果需要根据被审计单位情况的重大变化（如重大的企业并购）和被审计单位所处行业和经济环境情况的相关变化等作出调整。例如，当按照经常性业务的税前利润的一定百分比确定被审计单位财务报表整体的重要性时，如果被审计单位本年度税前利润因情况变化出现意外增加或减少，注册会计师可能认为按照近几年经常性业务的平均税前利润确定财务报表整体的重要性更加合适。

7. 重要性与注册会计师出具审计报告的财务报表相关。如果财务报表涵盖期间超过或少于十二个月（如被审计单位是新成立的或变更财务报告期间），则重要性与涵盖该期间的财务报表相关。

8. 为选定的基准确定百分比需要运用职业判断。百分比和选定的基准之间存在一定的联系，如经常性业务的税前利润对应的百分比通常比营业收入对应的百分比要高。例如，对以营利为目的的制造行业实体，注册会计师可能认为经常性业务的税前利润的5%是适当的；而对非营利组织，注册会计师可能认为总收入或费用总额的1%是适当的。百分比无论是高一些还是低一些，只要符合具体情况，都是适当的。

对小型被审计单位的特殊考虑

9.如果小型被审计单位由所有者管理,所有者以薪酬的形式拿走了大部分的税前利润,其经常性业务的税前利润可能一直很低,在这种情况下,将扣除薪酬和税金之前的利润作为选定的基准可能更加相关。

对公共部门实体的特殊考虑

10.就公共部门实体的审计而言,总成本或净成本(费用减收入或支出减收入)可能是适当的基准。如果公共部门实体保管公共资产,则资产可能是适当的基准。

(三)特定类别的交易、账户余额或披露的重要性水平(参见本准则第十条)

11.下列因素可能表明存在一个或多个特定类别的交易、账户余额或披露,其发生的错报金额虽然低于财务报表整体的重要性,但合理预期将影响财务报表使用者依据财务报表作出的经济决策:

(1)法律法规或适用的财务报告编制基础是否影响财务报表使用者对特定项目(如关联方交易、管理层和治理层的薪酬及对具有较高估计不确定性的公允价值会计估计的敏感性分析)计量或披露的预期;

(2)与被审计单位所处行业相关的关键性披露(如制药企业的研究与开发成本);

(3)财务报表使用者是否特别关注财务报表中单独披露的业务的特定方面(如关于分部或重大企业合并的披露)。

12.在根据被审计单位的特定情况考虑是否存在上述交易、账户余额或披露时,注册会计师可能发现了解治理层和管理层的看法和预期是有用的。

(四)实际执行的重要性(参见本准则第十一条)

13.仅为发现单项重大的错报而计划审计工作将忽视这样一个事实,即单项非重大错报的汇总数可能导致财务报表出现重大错报,更不用说还没有考虑可能存在的未发现错报。

确定财务报表整体的实际执行的重要性(根据定义可能是一个或多个金额),旨在将财务报表中未更正和未发现错报的汇总数超过财务报表整体的重要性的可能性降至适当的低水平。

与确定特定类别的交易、账户余额或披露的重要性水平相关的实际执行的重要性,旨在将这些交易、账户余额或披露中未更正与未发现错报的汇总数超过这些交易、账户余额或披露的重要性水平的可能性降至适当的低水平。

确定实际执行的重要性并非简单机械的计算,需要注册会计师运用职业判断,并考虑下列因素的影响:

(1)对被审计单位的了解(这些了解在实施风险评估程序的过程中得到更新);

(2)前期审计工作中识别出的错报的性质和范围;

(3)根据前期识别出的错报对本期错报作出的预期。

四、审计过程中修改重要性(参见本准则第十二条)

14.由于存在下列原因,注册会计师可能需要修改财务报表整体的重要性和特定类别的交易、账户余额或披露的重要性水平(如适用):

（1）审计过程中情况发生重大变化（如决定处置被审计单位的一个重要组成部分）；

（2）获取新信息；

（3）通过实施进一步审计程序，注册会计师对被审计单位及其经营的了解发生变化。

例如，注册会计师在审计过程中发现，实际财务成果与最初确定财务报表整体的重要性时使用的预期本期财务成果相比存在很大差异，则需要修改重要性。

《中国注册会计师审计准则第 1231 号
——针对评估的重大错报风险采取的应对措施》应用指南

（2019 年 3 月 29 日修订）

一、总体应对措施（参见本准则第五条）

1. 针对评估的财务报表层次重大错报风险的总体应对措施可能包括：
（1）向项目组强调保持职业怀疑的必要性；
（2）指派更有经验或具有特殊技能的审计人员，或利用专家的工作；
（3）提供更多的督导；
（4）在选择拟实施的进一步审计程序时融入更多的不可预见的因素；
（5）对拟实施审计程序的性质、时间安排或范围作出总体修改，如在期末而非期中实施实质性程序，或修改审计程序的性质以获取更具说服力的审计证据。

2. 注册会计师对控制环境的了解影响其对财务报表层次重大错报风险的评估，从而影响所采取的总体应对措施。有效的控制环境可以增强注册会计师对内部控制的信心和对被审计单位内部生成的审计证据的信赖程度。例如，如果控制环境有效，注册会计师可以在期中而非期末实施某些审计程序；如果控制环境存在缺陷，则产生相反的影响。为应对无效的控制环境，注册会计师可以采取的措施举例如下：
（1）在期末而非期中实施更多的审计程序；
（2）通过实施实质性程序获取更广泛的审计证据；
（3）增加拟纳入审计范围的经营地点的数量。

3. 注册会计师评估的财务报表层次重大错报风险以及采取的总体应对措施，对拟实施进一步审计程序的总体审计方案具有重大影响。总体审计方案包括实质性方案和综合性方案。实质性方案是指注册会计师实施的进一步审计程序以实质性程序为主；综合性方案是指注册会计师在实施进一步审计程序时，将控制测试与实质性程序结合使用。

二、进一步审计程序的性质、时间安排和范围（参见本准则第六条）

4. 注册会计师对识别出的认定层次风险进行评估，为确定总体审计方案提供了基础。例如，注册会计师可能确定：
（1）只有实施控制测试才可以有效应对评估的特定认定重大错报风险；
（2）仅实施实质性程序对于特定认定是适当的，因此，注册会计师在对相关风险进行评估时不再考虑控制的影响。这可能是由于注册会计师在实施风险评估程序后没有发现任何与该认定相关的有效控制，或者由于控制测试效率不高，因而注册会计师在确定实质性程序的性质、时间安排和范围时，不拟信赖控制运行的有效性；

（3）将控制测试和实质性程序结合使用的综合性方案是一个有效的方案。

但是，按照本准则第十八条的规定，无论选取哪种方案，注册会计师都需要针对所有重大类别的交易、账户余额和披露设计和实施实质性程序。

5.审计程序的性质是指审计程序的目的和类型。审计程序的目的包括实施控制测试以评价内部控制在防止或发现并纠正认定层次重大错报方面运行的有效性，实施实质性程序以发现认定层次重大错报。审计程序的类型包括检查、观察、询问、函证、重新计算、重新执行和分析程序。在应对评估的风险时，确定审计程序的性质是最重要的。

6.审计程序的时间安排是指注册会计师何时实施审计程序，或审计证据适用的期间或时点。

7.审计程序的范围是指实施审计程序的数量，如抽取的样本量或对某项控制活动的观察次数。

8.注册会计师需要根据并针对评估的认定层次重大错报风险设计和实施进一步审计程序（包括审计程序的性质、时间安排和范围），使进一步审计程序和风险评估结果之间具备明确的对应关系。

（一）应对评估的认定层次风险［参见本准则第七条第一款第（一）项和第二款］

性质

9.注册会计师评估的风险可能影响拟实施的审计程序的类型及其综合运用。例如，当评估的风险较高时，注册会计师除检查文件外，还可能决定向交易对方函证合同条款的完整性。此外，对于与某些认定相关的错报风险，实施某些审计程序可能比其他审计程序更适当。例如，在测试收入时，对于与收入完整性认定相关的错报风险，控制测试可能最能有效应对；对于与收入发生认定相关的错报风险，实质性程序可能最能有效应对。

10.在确定审计程序的性质时，注册会计师需要考虑形成风险评估结果的依据。例如，对于某类交易，注册会计师可能判断即使在不考虑相关控制的情况下发生错报的风险仍较低，此时仅实施实质性分析程序就可以获取充分、适当的审计证据；另一方面，如果注册会计师预期存在与此类交易相关的内部控制的情况下发生错报的风险较低，且拟基于这一评估的低风险设计实质性程序，则注册会计师需要按照本准则第八条第（一）项的要求实施控制测试。对于在被审计单位信息系统中进行日常处理和控制的、常规且不复杂的交易，这种情况可能出现。

时间安排

11.注册会计师可以在期中或期末实施控制测试或实质性程序。当重大错报风险越高时，注册会计师可能认为在期末或接近期末而非期中实施实质性程序，或采用不通知的方式（如在不通知的情况下对选取的经营地点实施审计程序），或在管理层不能预见的时间实施审计程序更有效。这在考虑应对舞弊风险时尤为相关。例如，如果识别出故意错报或操纵会计记录的风险，注册会计师可能认为将期中得出的结论延伸至期末而实施的审计程序是无效的。

12. 在期末之前实施审计程序可能有助于注册会计师在审计工作初期识别重大事项，并在管理层的协助下及时解决这些事项，或针对这些事项制定有效的审计方案。

13. 某些审计程序只能在期末或期后实施，例如：

（1）将财务报表中的信息与其所依据的会计记录进行核对或调节，包括核对或调节披露中的信息，无论该信息是从总账和明细账中获取，还是从总账和明细账之外的其他途径获取；

（2）检查财务报表编制过程中作出的会计调整；

（3）为应对被审计单位可能在期末签订不适当的销售合同的风险，或交易在期末可能尚未完成的风险而实施的程序。

14. 影响注册会计师考虑在何时实施审计程序的其他相关因素包括：

（1）控制环境；

（2）何时能得到相关信息。例如，某些电子文档如未能及时取得，可能被覆盖；又如，某些拟观察的程序可能只在特定时点发生；

（3）错报风险的性质。例如，如果存在被审计单位为了保证盈利目标的实现而伪造销售合同以虚增收入的风险，注册会计师可能需要检查截至期末的所有销售合同；

（4）审计证据适用的期间或时点；

（5）编制财务报表的时间，尤其是编制某些披露的时间，这些披露为资产负债表、利润表、所有者权益变动表或现金流量表中记录的金额提供了进一步解释。

范围

15. 在确定必要的审计程序的范围时，注册会计师需要考虑重要性、评估的风险和计划获取的保证程度。如果需要通过实施多个审计程序实现某一目的，注册会计师需要分别考虑每个程序的范围。一般而言，审计程序的范围随着重大错报风险的增加而扩大。例如，在应对评估的由于舞弊导致的重大错报风险时，增加样本量或实施更详细的实质性分析程序可能是适当的。但是，只有当审计程序本身与特定风险相关时，扩大审计程序的范围才是有效的。

16. 使用计算机辅助审计技术对电子化的交易和账户文档进行更广泛的测试，有助于注册会计师修改测试范围（如针对由于舞弊导致的重大错报风险的测试范围）。这是因为计算机辅助审计技术可以用于从主要电子文档中选取交易样本，按照某一特征对交易进行分类，或对总体而非样本进行测试。

（二）对公共部门实体的特殊考虑

17. 对于公共部门实体审计，授权审计的文件和其他特殊的审计要求可能影响注册会计师对进一步审计程序的性质、时间安排和范围的考虑。

（三）对小型被审计单位的特殊考虑

18. 小型被审计单位可能不存在很多能够被注册会计师识别的控制活动，或者对控制活动的存在或运行的记录程度可能有限。在这种情况下，注册会计师实施以实质性程序为主的进一步审计程序可能效率更高。但是在极少数情况下，缺乏控制活动或控制的其他组成要素可能使注册会计师无法获取充分、适当的审计证据。

（四）评估的风险较高［参见本准则第七条第一款第（二）项］

19. 当由于评估的风险较高而需要获取更具说服力的审计证据时，注册会计师可能需要增加所需审计证据的数量，或获取更具相关性或可靠性的证据，如更多地从第三方获取证据或从多个独立渠道获取互相印证的证据。

三、控制测试

（一）设计和实施控制测试（参见本准则第八条）

20. 只有认为控制设计合理、能够防止或发现并纠正认定层次的重大错报，注册会计师才实施控制测试。如果被审计单位在所审计期间内的不同时期使用了显著不同的控制，注册会计师要分别考虑不同时期的控制。

21. 测试控制运行的有效性与了解控制和评价控制的设计和执行是不同的，但是所采用的审计程序的类型是相同的。因此，注册会计师可以决定在评价控制的设计以及确定其是否得到执行的同时测试控制运行的有效性，以提高审计效率。

22. 虽然某些风险评估程序并非专为控制测试设计，但可以提供有关控制运行有效性的审计证据，从而也能够作为控制测试。例如，注册会计师实施的风险评估程序可能包括：

（1）询问管理层对预算的使用；

（2）观察管理层对月度预算费用与实际费用的比较；

（3）检查预算金额与实际金额之间的差异报告。

通过实施这些审计程序，注册会计师可以了解被审计单位预算管理制度的设计及其是否得到执行，同时也可以获取关于这些制度在预防或发现费用的重大错报方面运行的有效性的审计证据。

23. 尽管控制测试和细节测试的目的不同，注册会计师可以考虑针对同一交易同时实施控制测试和细节测试，以实现双重目的，这种做法称为双重目的测试。双重目的测试是通过分别考虑每个测试的目的而设计和评价的。例如，注册会计师可以通过检查某笔交易的发票这项程序，实现以下两个目的：一是确定其是否经过适当的授权；二是获取关于该交易的发生、准确性等认定的审计证据。

24. 在某些情况下，注册会计师可能发现仅通过实施有效的实质性程序无法获取认定层次的充分、适当的审计证据，例如，被审计单位采用信息技术处理业务，除信息系统中的信息外不生成或保留任何与业务相关的文件记录。在这种情况下，根据本准则第八条第（二）项的要求，注册会计师需要对相关控制实施测试。

（二）审计证据和拟信赖程度（参见本准则第九条）

25. 当注册会计师采取的总体审计方案主要以控制测试为主，尤其是仅通过实施实质性程序无法或不能获取充分、适当的审计证据时，注册会计师可能需要获取有关控制运行有效性的更高水平的保证。

（三）控制测试的性质和范围

与询问结合使用的其他审计程序［参见本准则第十条第一款第（一）项和第二款］

26. 询问本身并不足以测试控制运行的有效性。因此，注册会计师需要将询问与其他审计程序结合使用。而观察提供的证据仅限于观察发生的时点，因此，将询问与检查或重新执行结合使用，可能比仅实施询问和观察获取更高水平的保证。

27. 在确定实施哪种程序以获取有关控制运行是否有效的审计证据时，注册会计师需要考虑特定控制的性质。例如，某些控制通过文件记录证明其运行的有效性，在这种情况下，注册会计师可能需要检查这些文件记录以获取控制运行有效的审计证据。而某些控制可能不存在文件记录，或文件记录与控制运行是否有效不相关。例如，控制环境中的某些要素（如职权和责任的分配），或某些由计算机实施的控制活动，可能不会留下运行记录。在这种情况下，注册会计师可能需要通过询问并结合其他审计程序（如观察）或借助计算机辅助审计技术，获取有关控制运行有效性的审计证据。

控制测试的范围

28. 当针对控制运行的有效性需要获取更具说服力的审计证据时，可能需要扩大控制测试的范围。在确定控制测试的范围时，除考虑对控制的信赖程度外，注册会计师还可能考虑以下因素：

（1）在拟信赖期间，被审计单位执行控制的频率；
（2）在所审计期间，注册会计师拟信赖控制运行有效性的时间长度；
（3）控制的预期偏差率；
（4）拟获取的有关认定层次控制运行有效性的审计证据的相关性和可靠性；
（5）通过测试与认定相关的其他控制获取的审计证据的范围。

《中国注册会计师审计准则第1314号——审计抽样》及其应用指南针对控制测试的范围作出了进一步规定并提供了指引。

29. 由于信息技术处理具有内在一贯性，注册会计师可能不需要扩大自动化控制的测试范围。除非程序（包括系统使用的表格、文档或其他永久性数据）发生变动，自动化控制会一贯运行。一旦确定某项自动化控制能够发挥预期作用（可在最初实施该控制的时点或其他时点确定），注册会计师就可能需要考虑实施测试以确定该控制是否持续有效运行。这些测试可能包括确定：

（1）程序修改是否已经过适当的程序变动控制；
（2）交易处理所用软件是否为授权批准版本；
（3）其他相关的一般控制是否运行有效。

这些测试还可能包括确定系统是否未发生变动。例如，当被审计单位使用软件包应用程序而没有对其进行修改或维护时，注册会计师可以检查信息系统安全管理记录，以获取在所审计期间不存在未经授权接触系统的审计证据。

间接控制的测试〔参见本准则第十条第一款第（二）项〕

30. 在某些情况下，注册会计师可能有必要获取有关间接控制运行有效性的审计证据。例如，被审计单位可能针对超出信用额度的例外赊销交易设置报告和审核制度，在测试这项制度运行的有效性时，审核制度和相关的跟进措施是与测试直接相关的控制，与例外赊销报告中信息准确性相关的控制（如信息技术一般控制）则被称为间接控制。

31. 由于信息技术处理过程的内在一贯性，有关自动化应用控制得到执行的审计证据，连同信息技术一般控制（特别是对系统变动的控制）运行有效性的审计证据，也可能提供有关自动化应用控制运行有效性的重要审计证据。

（四）控制测试的时间安排

拟信赖期间（参见本准则第十一条）

32. 如果仅需要测试控制在特定时点运行的有效性（如对被审计单位期末存货盘点进行控制测试），注册会计师只需要获取该时点的审计证据。如果拟信赖控制在某一期间运行的有效性，注册会计师需要实施其他测试，以获取相关控制在该期间内的相关时点运行有效的审计证据。这种测试可能包括测试被审计单位对控制的监督。

（五）利用期中获取的审计证据［参见本准则第十二条第（二）项］

33. 在确定需要获取哪些补充审计证据以证明控制在期中之后的剩余期间仍然有效运行时，注册会计师需要考虑的相关因素包括：

（1）评估的认定层次重大错报风险的重要程度；

（2）在期中测试的特定控制，以及自期中测试后发生的重大变动，包括在信息系统、流程和人员方面发生的变动；

（3）在期中对有关控制运行的有效性获取的审计证据的程度；

（4）剩余期间的长度；

（5）在信赖控制的基础上拟缩小实质性程序的范围；

（6）控制环境。

34. 注册会计师可以通过对控制在剩余期间运行的有效性进行延伸测试或测试被审计单位对控制的监督，获取补充审计证据。

（六）利用以前审计获取的审计证据（参见本准则第十三条）

35. 在某些情况下，如果注册会计师实施了用以确定审计证据持续相关性的审计程序，以前审计获取的审计证据可以为本期提供相关审计证据。例如，在以前期间执行审计时，注册会计师可能确定被审计单位某项自动化控制能够发挥预期作用。那么在本期审计中，注册会计师可能需要获取审计证据以确定是否发生了影响该自动化控制持续有效发挥作用的变化。例如，注册会计师可以通过询问管理层或检查日志，确定哪些控制已经发生变化。通过考虑控制变化的证据，注册会计师可以增加或减少需要在本期获取的有关控制运行是否有效的审计证据。

控制在本期发生变化［参见本准则第十四条第二款第（一）项］

36. 控制在本期发生变化可能影响以前审计获取的审计证据对本期审计的相关性，从而使注册会计师无法再继续信赖相关控制运行的有效性。例如，如果系统的变化仅使被审计单位从系统中获取新的报告，这种变化通常不影响以前审计所获取证据的相关性；但是，如果系统的变化引起数据累积或计算发生改变，这种变化可能影响以前审计所获取证据的相关性。

控制在本期未发生变化［参见本准则第十四条第二款第（二）项］

37. 如果拟信赖的控制自上次测试后未发生变化，且不属于旨在减轻特别风险的控制，注册会计师需要运用职业判断确定是否在本期审计中测试其运行的有效性，以及本次测试与上次测试的时间间隔，但每三年至少对控制测试一次。

38. 一般情况下，重大错报风险越高，或对控制的拟信赖程度越高，时间间隔（如有）就越短。下列因素可能缩短再次测试控制的时间间隔或导致完全不信赖以前审计获取的审计证据：

（1）控制环境薄弱；

（2）对控制的监督薄弱；

（3）相关控制中的人工成分较多；

（4）发生对控制运行产生重大影响的人事变动；

（5）环境的变化表明需要对控制作出相应的变动；

（6）信息技术一般控制薄弱。

39. 如果注册会计师拟信赖以前审计已获取审计证据的多个控制，在每次审计中测试其中的某些控制可以为控制环境的持续有效性提供佐证信息。这些信息能够帮助注册会计师确定依赖以前审计获取的审计证据是否适当。

（七）评价控制运行的有效性（参见本准则第十六条和第十七条）

40. 注册会计师实施审计程序发现的重大错报，是表明内部控制存在值得关注的内部控制缺陷的重要迹象。

41. 在理解控制运行的有效性时，注册会计师需要意识到被审计单位控制运行可能存在偏差。偏差产生的原因可能是关键人员发生变动、交易量发生重大季节性波动或人为错误等。发现的偏差率，尤其是在与预期偏差率进行比较后，可能表明注册会计师无法信赖该控制，以将认定层次的风险降至注册会计师评估的水平。

四、实质性程序（参见本准则第十八条）

42. 根据本准则第十八条的要求，无论评估的重大错报风险结果如何，注册会计师都应当针对所有重大类别的交易、账户余额和披露，设计和实施实质性程序。这一要求表明：（1）注册会计师对风险的评估是一种判断，因此可能无法识别所有重大错报风险；（2）内部控制存在固有限制，如管理层凌驾于控制之上。

（一）实质性程序的性质和范围

43. 根据具体情况，注册会计师可能确定：

（1）仅实施实质性分析程序就足以将审计风险降至可接受的低水平，如当实施控制测试获取的审计证据可以支持风险评估结果时；

（2）仅实施细节测试是适当的；

（3）将细节测试与实质性分析程序结合使用可以最恰当地应对评估的风险。

44. 实质性分析程序通常更适用于在一段时期内存在可预期关系的大量交易。《中国注册会计师审计准则第1313号——分析程序》及其应用指南对在审计中如何实施分析程序作出了规定并提供了指引。

45. 在设计细节测试时，注册会计师需要考虑风险和认定的性质。例如，在针对存在或发生认定设计细节测试时，注册会计师可能需要选择已经包含在财务报表金额中的项目，并获取相关审计证据。另一方面，在针对完整性认定设计细节测试时，注册会计师可能需要选择应包含在财务报表金额中的项目，并调查这些项目是否确实包含在内。

46. 由于注册会计师在评估重大错报风险时考虑了内部控制，如果对控制测试结果不满意，注册会计师可能需要扩大实质性程序的范围。然而，只有当审计程序本身与特定风险相关时，扩大审计程序的范围才是适当的。

47. 在设计细节测试时，注册会计师通常从样本量的角度考虑测试范围，但还可能考虑其他相关因素，包括使用其他选取测试项目的方法是否更有效等（参见《中国注册会计师审计准则第1301号——审计证据》）。

考虑是否实施函证程序（参见本准则第十九条）

48. 当涉及与账户余额及其要素相关的认定时，通常使用函证程序，但不必局限在这些项目。例如，注册会计师可能对被审计单位与其他方签订的协议、合同或交易的条款实施函证，还可能实施函证程序以获取有关某些条件不存在的审计证据。例如，注册会计师可能专门实施函证程序,以证实不存在可能与收入截止认定相关的"背后协议"。在应对评估的重大错报风险时,函证程序可能提供相关审计证据的其他情况包括:

(1)银行存款、借款及与金融机构往来的其他重要信息;
(2)应收账款余额和条款;
(3)由第三方保管的存货;
(4)由律师或金融机构保管或作为担保的产权证书;
(5)由第三方保管的,或通过股票经纪人购买的但未于资产负债表日交付的投资;
(6)欠款金额,包括偿还条款和限制性协议;
(7)应付账款余额和条款。

49. 尽管函证可以对某些认定提供相关审计证据,但对于其他一些认定,函证提供审计证据的相关性并不高。例如,函证针对应收账款余额的可回收性提供的审计证据,比针对应收账款余额的存在认定提供的审计证据的相关性要低。

50. 注册会计师可能认为,为某一目的而实施的函证程序可能能够提供关于其他事项的审计证据。例如,对银行存款余额进行函证时,通常还包括对与其他财务报表认定相关的信息进行函证。这种情况可能促使注册会计师作出实施函证程序的决策。

51. 可能帮助注册会计师确定是否拟将函证程序作为实质性程序的因素包括:
(1)被询证者对函证事项的了解。如果被询证者对所函证的信息具有必要的了解,其提供的回复可靠性更高。
(2)预期被询证者回复询证函的能力或意愿。例如,在下列情况下,被询证者可能不会回复,也可能只是随意回复或可能试图限制对其回复的依赖程度:
①被询证者可能不愿承担回复询证函的责任;
②被询证者可能认为回复询证函成本太高或消耗太多时间;
③被询证者可能对因回复询证函而可能承担的法律责任有所担心;
④被询证者可能以不同币种核算交易;
⑤回复询证函不是被询证者日常经营的重要部分。
(3)预期被询证者的客观性。如果被询证者是被审计单位的关联方,则其回复的可靠性会降低。

(二)与财务报表编制完成阶段相关的实质性程序[参见本准则第二十条第(二)项]

52. 注册会计师实施的与财务报表编制完成阶段相关的实质性程序的性质和范围,取决于被审计单位财务报告过程的性质和复杂程度以及相关的重大错报风险。

(三)应对特别风险的实质性程序(参见本准则第二十一条)

53. 本准则第二十一条规定,如果认为相关风险为特别风险,注册会计师应当专门针对该风险实施实质性程序。从恰当的被询证者以函证形式直接取得的审计证据,可以帮助注册会计师获取应对由于舞弊或错误导致的重大错报风险所需的具有高度可靠性的审计证据。例如,如果注册会计师认为管理层面临实现盈利预期的压力,则可能存在管理层虚增销售收入的风险,即通过对不满足收入确认条款的销售协议进行不当确认,或通过在出货前出具销售发票虚增收入。在这些情况下,注册会计师可能设计函证程序,不仅用于确认应收账款的账户余额,也用于确认销售协议的细节条款,包括日期、退货权和交货条款。此外，注册会计师还可能认为有必要就销售协议和交货条款的任何变更询问被审计单位的非财务人员，以此作为函证程序的补充。

（四）实质性程序的时间安排（参见本准则第二十二条和第二十三条）

54. 在多数情况下，在以前审计中实施实质性程序获取的审计证据，通常对本期只有很弱的证据效力或没有证据效力。但是，也有例外。例如，由于证券化的结构未发生变化，以前审计中获得的与证券化结构有关的法律意见可能在本期仍适用。又如，以前审计通过实质性程序测试过的某项诉讼在本期没有任何实质性进展。在这些情况下，使用在以前审计的实质性程序中获取的审计证据可能是适当的，前提是该证据及其相关事项未发生重大变动，并且本期已实施用以确认是否具有持续相关性的审计程序。

利用期中获取的审计证据（参见本准则第二十二条）

55. 在某些情况下，注册会计师可能认为在期中实施实质性程序，并将期末余额的相关信息与期中的可比信息进行比较和调节，对于实现下列目的是有效的：

（1）识别显示异常的金额；

（2）调查这些异常金额；

（3）实施实质性分析程序或细节测试以测试剩余期间。

56. 注册会计师在期中实施实质性程序而未在其后实施追加程序，将增加期末可能存在错报而未被发现的风险，并且该风险随着剩余期间的延长而增加。下列因素可能对是否在期中实施实质性程序产生影响：

（1）控制环境和其他相关控制；

（2）实施审计程序所需要的信息在期中之后的可获得性；

（3）实质性程序的目的；

（4）评估的重大错报风险；

（5）特定类别的交易或账户余额以及相关认定的性质；

（6）针对剩余期间，注册会计师能否通过实施适当的实质性程序或将实质性程序与控制测试相结合，降低期末可能存在错报而未被发现的风险。

57. 下列因素可能对是否就期中至期末实施实质性分析程序产生影响：

（1）特定类别交易的期末累计发生额或期末账户余额在金额、相对重要性及构成方面能否被合理预期；

（2）被审计单位在期中对此类交易或账户余额进行分析和调整的程序及确保截止正确的程序是否恰当；

（3）与财务报告相关的信息系统能否提供关于期末账户余额和剩余期间的交易的充分信息，以足以调查下列事项：

① 重大的异常交易或会计分录（尤其在期末或接近期末发生的交易或会计记录）；

② 导致重大波动的其他原因或预期发生但未发生的波动；

③ 特定类别的交易或账户余额在构成上的变动。

期中发现的错报（参见本准则第二十三条）

58. 如果注册会计师由于在期中发现未预期的错报，而认为需要修改针对剩余期间拟实施实质性程序的性质、时间安排或范围，则此类修改可能包括在期末扩大期中已实施实质性程序的范围或重新实施这些实质性程序。

五、财务报表列报的恰当性（参见本准则第二十四条）

59.评价财务报表的恰当列报、排列和内容包括考虑适用的财务报告编制基础所要求使用的术语、提供的详细程度、金额的汇总和分解以及所列金额的依据等。

六、评价审计证据的充分性和适当性（参见本准则第二十五条至第二十七条）

60.财务报表审计是一个累积和不断修正的过程。随着计划的审计程序的实施，获取的审计证据可能导致注册会计师修改其他已计划的审计程序的性质、时间安排或范围。注册会计师可能注意到一些信息与风险评估时依据的信息存在重大差异。例如：

（1）注册会计师通过实施实质性程序发现的错报的程度，可能改变其对风险评估的判断，并可能显示存在值得关注的内部控制缺陷；

（2）注册会计师可能发现会计记录存在差异或证据缺失或互相矛盾的情况；

（3）在临近审计结束时实施的分析程序可能表明存在以前未识别的重大错报风险。

在这种情况下，注册会计师可能需要根据更新后的所有或某类交易、账户余额或披露及相关认定的风险评估结果，重新评价计划的审计程序。《中国注册会计师审计准则第1211号——通过了解被审计单位及其环境识别和评估重大错报风险》第三十四条规定了如何修正风险评估结果。

61.注册会计师不能将审计中发现的舞弊或错误视为孤立发生的事项。因此，在确定对重大错报风险的评估是否仍然适当时，考虑发现的错报如何影响已评估的重大错报风险尤为重要。

62.注册会计师对审计证据充分性和适当性的判断受下列因素的影响：

（1）认定发生潜在错报的重要程度，以及这些潜在错报单独或连同其他潜在错报对财务报表产生重大影响的可能性；

（2）管理层应对和控制相关风险的有效性；

（3）在以前审计中获取的有关类似潜在错报的经验；

（4）实施审计程序的结果，包括是否识别出舞弊或错误的具体情形；

（5）可获得信息的来源和可靠性；

（6）审计证据的说服力；

（7）对被审计单位及其环境的了解。

七、审计工作底稿（参见本准则第二十八条）

63.审计工作底稿的形式和范围取决于职业判断，并受下列因素的影响：

（1）被审计单位的性质、规模、复杂程度及其内部控制；

（2）被审计单位信息的可获得性；

（3）审计中使用的审计方法和技术。

《中国注册会计师审计准则第 1241 号——对被审计单位使用服务机构的考虑》应用指南

（2010 年 11 月 1 日修订）

一、了解服务机构提供的服务，包括相关的内部控制

（一）信息来源（参见本准则第十七条）

1. 关于服务机构提供服务的性质的信息可以从多种不同来源获得。例如：
   （1）用户手册；
   （2）系统概述；
   （3）技术手册；
   （4）被审计单位与服务机构之间签订的合同或服务协议；
   （5）服务机构、内部审计人员或监管机构针对服务机构的控制出具的报告；
   （6）服务机构注册会计师出具的报告，包括管理建议书（如能获得）。

2. 注册会计师与服务机构交往的经验（如通过其他审计业务获得的经验）可能也有助于了解服务机构提供服务的性质。如果服务机构提供的服务及与这些服务相关的控制是高度标准化的，这种经验可能特别有帮助。

（二）服务机构提供服务的性质 [参见本准则第十七条第（一）项]

3. 被审计单位可能使用服务机构为其处理交易并履行相关受托责任，或记录交易和处理相关数据。提供这种服务的服务机构举例如下：
   （1）为客户员工的年金基金等提供投资和管理服务的银行信托部门；
   （2）提供抵押贷款服务的银行；
   （3）为客户的财务和经营交易处理提供应用软件和技术环境的应用软件服务供应商。

4. 服务机构提供的与审计相关的服务举例如下：
   （1）被审计单位会计记录的保存；
   （2）资产管理；
   （3）作为被审计单位的代理机构，生成、记录或处理交易。

对小型被审计单位的特殊考虑

5. 小型被审计单位可能使用代理记账服务，这些服务的范围从处理某些交易（如工资税金的支付）和维护会计记录到编制财务报表不等。使用这类服务机构编制财务报表并不能减轻小型被审计单位管理层和治理层（如适用）对财务报表的责任。

（三）服务机构处理的交易的性质和重要性［参见本准则第十七条第（二）项］

6.服务机构可能制定影响被审计单位内部控制的政策和程序。这些政策和程序至少部分地在实物和运行上与被审计单位相分离。服务机构控制对被审计单位控制的重要性，取决于服务机构提供服务的性质，包括为被审计单位处理的交易的性质和重要性；在某些情况下，从金额上看，服务机构处理的交易和受影响的相关账户对被审计单位的财务报表可能显得并不重要，但是所处理交易的性质可能是重要的。在此情况下，注册会计师可能认为有必要了解服务机构的控制。

（四）服务机构与被审计单位之间活动的相互影响程度［参见本准则第十七条第（三）项］

7.服务机构控制对被审计单位控制的重要性还取决于服务机构与被审计单位之间活动的相互影响程度。相互影响程度是指被审计单位能够执行并且选择执行与服务机构执行处理过程相关的有效控制的程度。例如，被审计单位对交易进行授权而服务机构处理该交易并进行会计核算，这两项活动之间的相互影响程度较高。在这种情况下，被审计单位执行与这些交易相关的有效控制可能是切实可行的。另一方面，当服务机构负责被审计单位交易的生成或初始记录、处理并对这些交易进行会计核算时，两项活动之间的相互影响程度较低。在这种情况下，被审计单位可能无法或不选择执行与这些交易相关的有效控制，而是依赖服务机构的控制。

（五）被审计单位与服务机构关系的性质［参见本准则第十七条第（四）项］

8.被审计单位与服务机构之间的合同或服务协议可能涉及的事项包括：

（1）服务机构需要向被审计单位提供的信息，以及与服务机构开展活动相关的生成交易的责任；

（2）遵守监管机构关于记录保存形式及接触记录的规定；

（3）当服务机构没有完成相关活动时，向被审计单位提供的赔偿（如有）；

（4）服务机构是否会提供自身的控制报告，如提供，该报告是第一类报告还是第二类报告；

（5）注册会计师是否有权接触服务机构维护的被审计单位的会计记录，以及执行审计工作所需的其他信息；

（6）该协议是否允许注册会计师与服务机构注册会计师直接沟通。

9.服务机构与被审计单位之间以及服务机构与服务机构注册会计师之间存在直接的关系。这些关系并不意味着注册会计师与服务机构注册会计师之间存在直接关系，双方通常会通过被审计单位及服务机构进行沟通。注册会计师与服务机构注册会计师之间也可能建立直接关系，但需要考虑相关职业道德要求和保密义务。注册会计师可以利用服务机构注册会计师代其实施审计程序，例如：

（1）对服务机构的控制进行测试；

（2）针对由服务机构负责维护的、被审计单位财务报表中的交易和账户余额实施实质性程序。

对公共部门实体的特殊考虑

10.从事公共部门实体审计的注册会计师通常具有法律法规赋予的广泛访问权限；但仍可能存在注册会计师无法行使访问权限的情况在这种情况下，如当服务机构处于不同的国家或地区时，注册会计师可能需要了解不同国家或地区适用的法律法规，以确定是否可以获得适当的访问权限。注册会计师可以提请被审计单位在与服务机构签订的合同中约定注册会计师拥有访问权限。

11. 注册会计师还可以利用其他注册会计师实施与遵守法律法规或其他监管要求相关的控制测试或实质性程序。

（六）了解与服务机构提供的服务相关的控制（参见本准则第十八条）

12. 被审计单位可能建立与服务机构提供服务相关的控制注册会计师可以测试这些控制并且可能得出被审计单位的控制对部分或全部相关认定而言有效运行的结论，而无论服务机构的控制如何。例如，如果被审计单位使用服务机构处理工资交易，可能建立了与工资信息的提交和接收相关的控制，以防止或发现重大错报。这些控制可能包括：

（1）将提交给服务机构的数据与服务机构进行数据处理后提交的报告进行比对；

（2）选取样本并重新计算工资金额以检查数据计算的准确性，并复核工资总额的合理性。

13. 在上述情况下，注册会计师可以对工资处理流程的控制进行测试、以支持控制对工资交易相关的认定而言有效运行的结论。

14. 《中国注册会计师审计准则第1211号——通过了解被审计单位及其环境识别和评估重大错报风险》指出，对于某些风险，注册会计师可能认为仅从实质性程序中获取充分、适当的审计证据是不可能或不可行的。对于某些常规和重大类别的交易和账户余额，其特点是允许采用高度自动化处理，很少或根本没有人工干预。在这种情况下，如果记录不准确或不完整，可能产生仅通过实质性程序无法应对的风险。当被审计单位使用服务机构时，这种自动化处理的特点尤为明显。在这种情况下，被审计单位针对这些风险实施的控制与审计相关，本准则第十七条和第十八条要求注册会计师了解和评价上述控制。

（七）无法充分了解被审计单位时需要实施的进一步程序（参见本准则第二十条）

15. 注册会计师实施本准则第二十条列示的一项或多项程序，有助于获取与识别和评估被审计单位使用服务机构可能导致的重大错报风险相关的必要信息。在确定拟实施的审计程序时，注册会计师需要考虑下列事项：

（1）被审计单位和服务机构的规模；

（2）被审计单位交易的复杂程度和服务机构提供服务的复杂程度；

（3）服务机构的地理位铬（例如，如果服务机构位于很远的地方，注册会计师可能决定利用其他注册会计师代其对服务机构实施审计程序）；

（4）预期该程序是否能够有效地为注册会计师提供充分、适当的审计证据；

（5）被审计单位与服务机构之间关系的性质。

16. 服务机构可能聘请其注册会计师对服务机构控制的描述和设计出具报告（第一类报告），或对服务机构控制的描述、设计和运行有效性出具报告（第二类报告）。第一类报告或第二类报告需要按照我国相关其他鉴证业务准则或《国际鉴证业务准则第3402号——针对第三方服务机构的控制出具的鉴证报告》（从事境外业务时）出具。

17. 第一类报告或第二类报告的可获得性通常取决于被审计单位与服务机构签订的合同是否约定由服务机构提供此类报告。服务机构一也可能出于实务操作上的原因选择向被审计单位提供第一类报告或第二类报告。然而，在某些情况下，被审计单位可能无法获取第一类报告和第二类报告。

18. 在某些情况下，被审计单位可能将一个或多个重要业务单元或职能（如全部纳税筹划和合规职能、财务和会计或会计主管职能）外包给一个或多个服务机构。由于在这些情况下可能无法获取服务机构的控制报告，注册会计师访问服务机构可能是其了解服务机构控制的最有效的途径，这是因为被审计单位的管理层与服务机构的管理层很可能存在直接的相互影响。

19. 注册会计师可以利用其他注册会计师执行程序，以提供服务机构相关控制的必要信息。如果已出具第一类报告或第二类报告，由于服务机构注册会计师与服务机构已存在业务关系，注册会计师可以利用服务机构注册会计师执行这些程序。如果利用其他注册会计师的工作，对于了解其他注册会计师（包括其独立性和专业胜任能力）、参与其他注册会计师在计划审计工作的性质、时间安排和范围方面的工作，以及评价所获取的审计证据的充分性、适当性，注册会计师可以参考《中国注册会计师审计准则第1401号——对集团财务报表审计的特殊考虑》的相关规定。

20. 被审计单位可能使用某一服务机构，而该服务机构又使用分包服务机构向被审计单位提供某些服务，这些服务构成被审计单位与财务报告相关的信息系统的一部分。分包服务机构可能是独立于服务机构的实体，也可能与服务机构相关联。注册会计师可能需要考虑分包服务机构的控制。在使用分包服务机构的情况下，被审计单位与服务机构之间活动的相互影响扩展至包括被审计单位、服务机构以及分包服务机构之间的相互影响。在确定服务机构以及分包服务机构的控制对被审计单位控制的重要程度时，这种相互影响的程度以及由该服务机构和分包服务机构处理的交易的性质和重要性，是注册会计师需要考虑的最重要因素。

（八）使用第一类报告或第二类报告，以支持注册会计师对服务机构的了解（参见本准则第二十一条和第二十二条）

21. 注册会计师可以向服务机构注册会计师所属的行业协会或其他专业人士询问服务机构注册会计师的情况，并询问其是否受监管部门的严格监管。服务机构注册会计师可能在不同国家或地区执业，而这些国家或地区在服务机构控制报告方面遵守不同的准则。注册会计师可以从准则制定机构获取服务机构注册会计师所采用的有关准则的信息。

22. 第一类报告或第二类报告连同有关被审计单位的信息，可能有助于注册会计师了解下列方面：

（1）服务机构中可能影响对被审计单位交易处理的控制，包括使用分包服务机构；

（2）服务机构对重大交易进行处理的流程（用以确定交易流程中可能导致财务报表发生重大错报的关键环节）；

（3）服务机构中与财务报表认定相关的控制目标；

（4）服务机构的控制是否得到适当设计和执行，以防止或发现并纠正处理过程中发生的可能导致财务报表发生重大错报的错误。

第一类报告或第二类报告可能有助于注册会计师获得充分的了解，以识别和评估重大错报风险。然而第一类报告不提供相关控制的运行有效性的任何证据。

23. 即使第一类报告或第二类报告针对的时点或期间在被审计单位财务报表涵盖期间之外，如果可以通过其他来源获取当前信息作为报告的补充，这些报告仍有助于注册会计师初步了解服务机构执行的控制。如果服务机构对控制的描述针对的时点或期间早于财务报表涵盖期间的起始日，注册会计师可以实施以下程序以更新第一类报告或第二类报告中的信息：

（1）与被审计单位中能够了解服务机构控制的变化的人员讨论这些变化；

（2）查阅服务机构签发的现行文件和函件；

（3）与服务机构人员讨论这些变化。

二、应对评估的重大错报风险（参见本准则第二十三条）

24. 使用服务机构是否增加财务报表发生重大错报的风险，取决于提供服务的性质以及针对这些服务的控制。在某些情况下，使用服务机构可能降低财务报表的重大错报风险，特别是当被审计单位本身并不具备执行特定活动（如交易的生成、处理和记录）所必需的专长，或没有足够的资源（如信息技术系统）时。

25. 当服务机构维护被审计单位会计记录的重要要素时，注册会计师直接接触这些记录可能是必要的，以便就这些记录的控制运行获取充分、适当的审计证据，以及证实会计记录中的交易和账户余额。注册会计师可以通过下列方式接触这些记录：

（1）对存放于服务机构的记录进行实地检查；

（2）在被审计单位或其他地点对以电子形式存在的会计记录进行查询。

针对保证被审计单位数据（由服务机构负责）的完整性和真实性的控制，注册会计师通过电子形式直接接触可能获取有关服务机构执行的这些控制的恰当性的证据。

26. 针对服务机构代表被审计单位持有的资产的余额或处理的交易，在确定拟获取的相关审计证据的性质和范围时，注册会计师可能考虑实施下列程序：

（1）检查被审计单位持有的记录和文件：从该渠道获取的审计证据的可靠性，取决于被审计单位保存的会计记录和支持性文件的性质和范围。在某些情况下，对服务机构代表其执行的特定交易，被审计单位可能不保存独立、详细的记录或文件；

（2）检查服务机构持有的记录和文件：注册会计师接触服务机构记录的权限，可能已在被审计单位和服务机构签订的合同中予以约定。注册会计师也可以利用其他注册会计师代其接触服务机构所保存的被审计单位记录；

（3）向服务机构函证余额和交易：如果被审计单位保存独立的余额和交易的记录，向服务机构实施函证以印证被审计单位的记录可能构成有关交易和相关资产存在的可靠审计证据。例如，当使用多个服务机构（如投资管理人和托管人），并且这些服务机构保存独立的记录时，注册会计师可以针对余额向这些机构实施函证，以便将函证获得的信息与被审计单位的独立记录进行比较。如果被审计单位不保存独立的记录，通过函证从服务机构获取的信息仅能反映服务机构所保存的记录中的内容。因此，这种函证本身并不构成可靠的审计证据。在这种情况下，注册会计师可能需要考虑是否可以识别出其他替代性的独立证据；

（4）对被审计单位保存的记录或从服务机构获取的报告执行分析程序：分析程序的有效性可能因认定的不同而不同，并受可获取信息的范围和详细程度的影响。

27. 其他注册会计师可能为注册会计师实施实质性程序。此类业务可能涉及其他注册会计师执行由被审计单位和其注册会计师商定的程序以及由服务机构和其注册会计师商定的程序。注册会计师需要查阅其他注册会计师的审计发现，以确定其是否构成充分、适当的审计证据。

此外，服务机构注册会计师可能需要根据政府部门的规定或合同的要求执行指定的实质性程序。注册会计师可以利用服务机构注册会计师对服务机构所处理的账户余额和交易实施程序的结果，作为支持其审计意见的必要证据的一部分。在这种情况下，注册会计师与服务机构注册会计师在执行这些程序前就后者向前者提供的审计工作底稿或接触审计工作底稿达成一致意见，可能是有用的。

28. 在某些情况下，特别是当被审计单位将其部分或全部财务职能外包给一家服务机构时，可能有相当一部分审计证据存在于服务机构。实质性程序可能需要由注册会计师或由其他注册会计师代其在服务机构实施。服务机构注册会计师可能提供第二类报告，还可能代注册会计师实施实质性程序。其他注册会计师的参与，并不改变注册会计师的责任，即获取充分、适当的审计证据以作为形成审计意见的基础。因此，注册会计师在确定是否已获取充分、适当的审计证据以及是否需要执行实质性程序时，需要考虑的因素包括：

（1）注册会计师对由其他注册会计师实施的实质性程序进行指导、监督和执行的程度；

（2）注册会计师对其他注册会计师实施实质性程序进行指导、监督和执行的证据。

控制测试（参见本准则第二十四条）

29. 在某些情况下，注册会计师需要根据《中国注册会计师审计准则第1231号——针对评估的重大错报风险采取的应对措施》的规定设计和实施控制测试，以获取相关控制运行有效性的充分、适当的审计证据。对被审计单位使用服务机构而言，当存在下列情形之一时，上述规定适用：

（1）在评估认定层次重大错报风险时，预期服务机构的控制运行是有效的（即在确定实质性程序的性质、时间安排和范围时，注册会计师拟信赖控制运行的有效性）；

（2）仅实施实质性程序，或结合对被审计单位控制运行有效性的测试实施实质性程序，并不能够提供认定层次充分、适当的审计证据。

30. 如果不能获得第二类报告，注册会计师可以通过被审计单位联系服务机构，提请服务机构聘请其注册会计师提供第二类报告。注册会计师还可以利用其他注册会计师对服务机构控制运行的有效性进行测试。如果服务机构同意，注册会计师也可以实地考察服务机构并对相关控制实施测试。注册会计师需要根据其他注册会计师的工作和自身实施的程序所获得的汇总证据，评估重大错报风险。

利用第二类报告作为服务机构控制运行有效性的审计证据（参见本准则第二十五条）

31. 由于第二类报告可能旨在满足该服务机构不同客户的注册会计师的需求，因此报告中描述的控制测试和结果可能与被审计单位财务报表中的重大认定并不相关。注册会计师需要对报告中相关控制的测试和结果进行评价，以确定报告是否为控制运行的有效性提供充分、适当的审计证据，从而支持注册会计师的风险评估结果。在评价过程中，注册会计师可以考虑下列因素：

（1）控制测试涵盖的期间和实施控制测试以来的时间跨度；

（2）服务机构注册会计师的工作范围、涵盖的服务类型和流程，所测试的控制和已实施的控制测试，以及所测试的控制与被审计单位的控制相关联的方式；

（3）控制测试的结果和服务机构注册会计师对控制运行有效性的意见。

32. 对于某些认定，某一特定测试涵盖的期间越短以及自实施测试以来时间跨度越长，该测试可以提供的审计证据越少。注册会计师在将第二类报告涵盖的期间与被审计单位财务报告期间进行比较时，如果第二类报告涵盖的期间与注册会计师拟信赖该报告的期间重合程度较小，则注册会计师可能认为该报告只能提供较少的审计证据。在这种情况下，涵盖之前或之后期间的第二类报告可能提供额外的审计证据。在其他情况下，注册会计师可能认为有必要对服务机构亲自实施或利用其他注册会计师实施控制测试，以获取有关控制运行有效性的充分、适当的审计证据。

33. 注册会计师可能有必要获取服务机构相关控制在第二类报告涵盖期间之外发生重大变动的额外的审计证据，或确定拟实施的追加的审计程序。在确定需要获取服务机构相关控制在第二类报告涵盖期间之外运行情况的额外的审计证据时，注册会计师需要考虑的因素可能包括：

（1）评估的认定层次重大错报风险的重要程度；
（2）在期中测试的特定控制以及自测试以来这些控制发生的重大变动，包括信息系统、流程和人员的变动；
（3）获取的有关控制运行有效性审计证据的程度；
（4）剩余期间的长度；
（5）在信赖控制的基础上拟缩小实质性程序的范围；
（6）被审计单位的控制环境和对控制的监督的有效性。

34. 注册会计师可以通过对控制在剩余期间运行的有效性进行延伸测试或测试被审计单位对控制的监督，获取补充审计证据。

35. 如果服务机构注册会计师的测试期间完全在被审计单位财务报告期间之外，注册会计师将不能依赖这种测试得出被审计单位的控制正在有效运行的结论。

36. 在某些情况下，服务机构提供的服务在设计时可能假定某些控制由被审计单位实施。例如，提供的服务在设计时可能假定被审计单位对交易授权后才提交服务机构处理。在这种情况下，服务机构对控制的描述可能包括对被审计单位互补性控制的描述。注册会计师需要考虑这些互补性控制是否与服务机构向被审计单位提供的服务相关。

37. 如果注册会计师认为服务机构注册会计师的报告可能无法提供充分、适当的审计证据，例如，如果服务机构注册会计师的报告不包括对控制测试和测试结果的描述，注册会计师可以通过被审计单位联系服务机构，要求与服务机构注册会计师对所实施的测试范围和结论进行讨论，以增进其对服务机构注册会计师实施的程序和形成的结论的了解。此外，如果认为有必要，注册会计师可以通过被审计单位联系服务机构，提请服务机构注册会计师对服务机构实施程序。注册会计师或其他注册会计师应前者的要求也可能实施这些程序。

38. 服务机构注册会计师在第二类报告中会说明测试的结果，包括可能影响注册会计师结论的例外情况和其他信息。然而，这些例外情况或第二类报告中的非无保留意见，并不必然意味着第二类报告对评估被审计单位财务报表重大错报风险没有任何用处。更确切地说，注册会计师在评估服务机构注册会计师实施的控制测试时会考虑这些例外情况和第二类报告中导致发表非无保留意见的事项。在考虑这些例外情况和导致发表非无保留意见的事项时，注册会计师可能与服务机构注册会计师讨论这些事项。这种沟通取决于被审计单位与服务机构进行协调并取得服务机构的同意。

通报审计过程中识别出的内部控制缺陷

39. 根据《中国注册会计师审计准则第 1152 号——向治理层和管理层通报内部控制缺陷》的规定，注册会计师应当以书面形式及时向管理层和治理层通报审计过程中识别出的值得关注的内部控制缺陷。注册会计师还应当及时向相应层级的管理层通报在审计过程中识别出的，注册会计师根据职业判断认为足够重要从而值得管理层关注的内部控制其他缺陷。注册会计师在审计过程中识别出的且可能需要向被审计，单位的管理层和治理层通报的事项包括：

（1）可以由被审计单位实施的对控制的监督，包括通过获取第一类报告或第二类报告识别出的对控制的监督；

（2）第一类报告或第一类报告中提及的、但被审计单位尚未实施的互补性控制的情况；

（3）服务机构可能需要实施但看起来尚未实施或第二类报告中尚未明确涵盖的控制。

三、不涵盖分包服务机构提供的服务的第一类报告和第二类报告（参见本准则第二十六条）

40. 如果服务机构使用分包服务机构，服务机构审计报告在描述服务机构系统和服务机构注册会计师的业务范围时，可能涵盖分包服务机构的相关控制目标及相关控制，也可能不涵盖。这两种报告方法分别称为包含法和剥离法。如果第一类报告或第二类报告不包括分包服务机构的控制，而分包服务机构提供的服务与被审计单位的财务报表审计相关，注册会计师需要对分包服务机构执行本准则的规定。注册会计师对分包服务机构提供的服务拟执行的审计工作的性质和范围，取决于对被审计单位提供的这些服务的性质和重要性以及这些服务与审计的相关性。执行本准则第十七条的规定，有助于注册会计师确定分包服务机构的影响以及拟执行审计工作的性质和范围。

四、与服务机构活动相关的舞弊、违反法律法规行为和未更正错报（参见本准则第二十七条）

41. 根据服务机构与其客户签订的合同的规定，服务机构可能需要向受影响的客户披露涉及服务机构管理层或员工的舞弊、违反法律法规行为或未更正错报。根据本准则第二十七条的规定，注册会计师需要向被审计单位管理层询问服务机构是否已向被审计单位报告这些事项，并评价服务机构报告的事项是否影响注册会计师进一步审计程序的性质、时间安排和范围。在某些情况下，注册会计师可能需要获取额外信息进行该项评价，并可能提请被审计单位联系服务机构以获取必要信息。

五、审计报告（参见本准则第二十八条）

42. 针对服务机构提供的、与被审计单位财务报表审计相关的服务，如果注册会计师无法获取充分、适当的审计证据，则审计范围受到限制。当存在下列情况时，审计范围可能受到限制：

（1）注册会计师不能充分了解服务机构提供的服务，因而缺乏识别和评估重大错报风险的基础；

（2）注册会计师在评估重大错报风险时预期服务机构的控制正在有效运行，但无法获取这些控制运行有效性的充分、适当的审计证据；

（3）注册会计师只有从服务机构持有的记录中才能获取充分、适当的审计证据，但注册会计师不能直接接触这些记录。

注册会计师发表保留意见还是无法表示意见，取决于这些限制对财务报表可能产生的影响是否重大或广泛。

提及服务机构注册会计师的相关工作（参见本准则第二十九条和第三十条）

43. 在某些情况下，出于提高公共部门透明度等目的，法律法规可能要求审计报告提及服务机构注册会计师的相关工作。在这些情况下，注册会计师在提及服务机构注册会计师的相关工作之前可能需要征得其同意。

44. 被审计单位使用服务机构这一事实，并不改变注册会计师按照审计准则的要求承担的责任，即获取充分、适当的审计证据以作为形成审计意见的基础。因此，注册会计师不应提及服务机构注册会计师的相关工作作为其对财务报表发表审计意见的部分基础。但是，如果服务机构注册会计师发表了非无保留意见，注册会计师因此发表了非无保留意见，则不排除在审计报告中提及服务机构注册会计师的报告，前提是该项提及有助于解释注册会计师发表非无保留意见的原因。在这种情况下，注册会计师需要事先征得服务机构注册会计师的同意。

《中国注册会计师审计准则第 1251 号
——评价审计过程中识别出的错报》应用指南

（2019 年 3 月 29 日修订）

一、错报的定义（参见本准则第三条）

1. 错报可能由下列事项导致：

（1）收集或处理用以编制财务报表的数据时出现错误；

（2）遗漏某项金额或披露，包括不充分或不完整的披露，以及为满足特定财务报告编制基础的披露目标而被要求作出的披露（如适用）；

（3）由于疏忽或明显误解有关事实导致作出不正确的会计估计；

（4）注册会计师认为管理层对会计估计作出不合理的判断或对会计政策作出不恰当的选择和运用；

（5）信息的分类、汇总或分解不恰当。

《〈中国注册会计师审计准则第 1141 号——财务报表审计中与舞弊相关的责任〉应用指南》列举了由于舞弊导致的错报的例子。

二、累积识别出的错报（参见本准则第六条）

明显微小

2. 本准则第六条要求注册会计师累积在审计过程中识别出的错报，除非错报明显微小。"明显微小"不等同于"不重大"。明显微小错报金额的数量级与确定重大错报的数量级完全不同（明显微小错报的数量级更小），或其性质完全不同。这些明显微小的错报，无论单独或者汇总起来，无论从规模、性质或其发生的环境来看都是明显微不足道的。如果不确定一个或多个错报是否明显微小，就不能认为这些错报是明显微小的。

单一报表中的错报

3. 注册会计师可能指定一个金额，单一报表中低于该金额的错报是明显微小的，对这类错报不需要累积，因为注册会计师预期这些错报的汇总数明显不会对财务报表产生重大影响。但是，高于指定金额的错报需要按照本准则第六条的要求进行累积。此外，如果从性质或其发生的环境来看，某项与金额相关的错报可能不是明显微小的，则需要按照本准则第六条的要求对其进行累积。

披露中存在的错报

4. 披露中存在的错报也可能是明显微小的，无论单独或者汇总起来，无论从金额、性质或其发生的环境来看都是明显微不足道的。披露中并非明显微小的错报也需要累积起来，以帮助注册会计师评价这些错报对相关披露及财务报表整体的影响。本指南第 17

段给出了定性披露可能存在重大错报的示例。

累积错报

5. 本指南第 3 段和第 4 段描述的、从性质或其发生环境来判断的累积错报不能如与金额相关的错报那样进行加总。然而，本准则第十二条要求注册会计师对这些错报单独和汇总起来（即与其他错报综合考虑）进行评价，以确定其是否重大。

6. 为了帮助注册会计师评价审计过程中累积的错报的影响以及与管理层和治理层沟通错报事项，将错报区分为事实错报、判断错报和推断错报可能是有用的。事实错报是毋庸置疑的错报；判断错报是由于注册会计师认为管理层对财务报表中的确认、计量和列报（包括对会计政策的选择或运用）作出不合理或不恰当的判断而导致的差异；推断错报是注册会计师对总体存在的错报作出的最佳估计数，涉及根据在审计样本中识别出的错报来推断总体的错报。《中国注册会计师审计准则第 1314 号——审计抽样》规定了如何确定推断错报和评价样本结果。

三、对审计过程中识别出的错报的考虑（参见本准则第七条和第八条）

7. 错报可能不会孤立发生，一项错报的发生还可能表明存在其他错报。例如，注册会计师识别出由于内部控制失效而导致的错报，或被审计单位广泛运用不恰当的假设或评估方法而导致的错报，均可能表明还存在其他错报。

8. 抽样风险和非抽样风险可能导致某些错报未被发现。审计过程中累积错报的汇总数接近按照《中国注册会计师审计准则第 1221 号——计划和执行审计工作时的重要性》的规定确定的重要性，则表明存在比可接受的低风险水平更大的风险，即可能未被发现的错报连同审计过程中累积错报的汇总数，可能超过重要性。

9. 注册会计师可能要求管理层检查某类交易、账户余额或披露，以使管理层了解注册会计师识别出的错报的发生原因，并要求管理层采取措施以确定这些交易、账户余额或披露实际发生错报的金额，以及对财务报表作出适当的调整。例如，在从审计样本中识别出的错报推断总体错报时，注册会计师可能提出这些要求。

四、错报的沟通和更正（参见本准则第九条和第十条）

10. 及时与适当层级的管理层沟通错报事项是重要的，因为这能使管理层评价各类交易、账户余额和披露是否存在错报，如有异议则告知注册会计师，并采取必要行动。适当层级的管理层通常是指有责任和权限对错报进行评价并采取必要行动的人员。

11. 在某些国家或地区，法律法规可能限制注册会计师就某些错报与管理层或被审计单位的其他人员沟通。法律法规可能明确禁止那些可能不利于适当机构对发生的或怀疑存在的违法行为进行调查的沟通或其他行动（包括引起被审计单位的警觉），例如，当依据反洗钱法令，注册会计师被要求向适当机构报告识别出的或怀疑存在的违反法律法规行为时。在某些情形下，注册会计师的保密义务与通报义务之间存在的潜在冲突可能很复杂。此时，注册会计师可能认为征询法律意见是适当的。

12. 管理层更正所有错报（包括注册会计师通报的错报），能够保持会计账簿和记录的准确性，降低由于与本期相关的、非重大的且尚未更正的错报的累积影响而导致未来期间财务报表出现重大错报的风险。

13. 《中国注册会计师审计准则第 1501 号——对财务报表形成审计意见和出具审计

报告》要求注册会计师评价财务报表是否在所有重大方面按照适用的财务报告编制基础编制。这项评价包括考虑被审计单位会计实务的质量（包括表明管理层的判断可能出现偏向的迹象）。注册会计师对管理层不更正错报的理由的理解，可能影响其对被审计单位会计实务质量的考虑。

五、评价未更正错报的影响（参见本准则第十一条和第十二条）

14. 注册会计师在按照《中国注册会计师审计准则第1221号——计划和执行审计工作时的重要性》的规定确定重要性时，通常依据对被审计单位财务结果的估计，因为此时可能尚不知道实际的财务结果。因此，在评价未更正错报的影响之前，注册会计师可能有必要依据实际的财务结果对重要性作出修改。

15. 按照《中国注册会计师审计准则第1221号——计划和执行审计工作时的重要性》的规定，如果在审计过程中获知了某项信息，而该信息可能导致注册会计师确定与原来不同的财务报表整体重要性或者特定类别交易、账户余额或披露的一个或多个重要性水平（如适用），注册会计师应当予以修改。因此，在注册会计师评价未更正错报的影响之前，可能已经对重要性或重要性水平（如适用）作出重大修改。但是，如果注册会计师对重要性或重要性水平（如适用）进行的重新评价导致需要确定较低的金额，则应重新考虑实际执行的重要性和进一步审计程序的性质、时间安排和范围的适当性，以获取充分、适当的审计证据，作为发表审计意见的基础。

16. 注册会计师需要考虑每一项与金额相关的错报，以评价其对相关类别的交易、账户余额或披露的影响，包括评价该项错报是否超过特定类别的交易、账户余额或披露的重要性水平（如适用）。

17. 此外，注册会计师还需要考虑定性披露中的单项错报，以评价其对相关披露的影响及对财务报表整体的综合影响。在适用的财务报告编制基础和被审计单位的具体情况下，确定定性披露是否存在重大错报需要运用职业判断。定性披露存在重大错报的例子包括：

（1）涉及保险和银行业务的被审计单位对与其资本管理的目标、政策和流程相关的信息作出不正确、不完整的描述；

（2）涉及矿业经营的被审计单位遗漏与导致减值损失的事项或情况相关的信息，例如，对金属或大宗商品的需求出现重大、长期的减少；

（3）对与资产负债表、利润表、所有者权益变动表或现金流量表中的重大项目相关的会计政策作出不正确的描述；

（4）涉及国际贸易活动的被审计单位对汇率变化的敏感性作出不充分的描述。

18. 按照本准则第十二条的规定确定未更正错报从性质来看是否重大时，注册会计师需要从金额和披露两个方面进行考虑。这些错报单独或连同其他错报一起可能被认为是重大的。例如，根据识别出的披露中的错报，注册会计师可能考虑：

（1）识别出的错误是否持续或广泛；

（2）识别出的多个错报是否均与同一事项相关，且综合起来可能影响使用者对该事项的理解。

按照《中国注册会计师审计准则第1501号——对财务报表形成审计意见和出具审计报告》第十四条第（四）项的规定评价财务报表时，考虑错报的累积影响也是有帮助的。

该准则要求注册会计师考虑财务报表的整体列报是否由于包括不相关的或有碍正确理解所披露事项的信息而受到不利影响。

19. 如果注册会计师认为某一单项错报是重大的，则该项错报不太可能被其他错报抵销。例如，如果收入存在重大高估，即使这项错报对收益的影响完全可被相同金额的费用高估所抵销，注册会计师仍认为财务报表整体存在重大错报。对于同一账户余额或同一类别的交易内部的错报，这种抵销可能是适当的。然而，在得出抵销错报（即使是非重大错报）是适当的这一结论之前，需要考虑可能存在其他未被发现的错报的风险。

20. 确定一项分类错报是否重大，需要进行定性评估。例如，分类错报对负债或其他合同条款的影响，对单个财务报表项目或小计数的影响，以及对关键比率的影响。即使分类错报超过了在评价其他错报时运用的重要性水平，注册会计师可能仍然认为该分类错报对财务报表整体不产生重大影响。例如，如果资产负债表项目之间的分类错报金额相对于所影响的资产负债表项目金额较小，并且对利润表或所有关键比率不产生影响，注册会计师可以认为这种分类错报对财务报表整体不产生重大影响。

21. 即使某些错报低于财务报表整体的重要性，但因与这些错报相关的某些情况，在将其单独或连同在审计过程中累积的其他错报一并考虑时，注册会计师也可能将这些错报评价为重大错报。可能影响评价的情况包括：

（1）错报对遵守监管要求的影响程度；

（2）错报对遵守债务合同或其他合同条款的影响程度；

（3）错报与会计政策的不正确选择或运用相关，这些会计政策的不正确选择或运用对当期财务报表不产生重大影响，但可能对未来期间财务报表产生重大影响；

（4）错报掩盖收益的变化或其他趋势的程度（尤其是在结合宏观经济背景和行业状况进行考虑时）；

（5）错报对用于评价被审计单位财务状况、经营成果或现金流量的有关比率的影响程度；

（6）错报对财务报表中列报的分部信息的影响程度。例如，错报事项对某一分部或对被审计单位的经营或盈利能力有重大影响的其他组成部分的重要程度；

（7）错报对增加管理层薪酬的影响程度。例如，管理层通过达到有关奖金或其他激励政策规定的要求以增加薪酬；

（8）相对于注册会计师所了解的以前向财务报表使用者传达的信息（如盈利预测），错报是重大的；

（9）错报对涉及特定机构或人员的项目的相关程度。例如，与被审计单位发生交易的外部机构或人员是否与管理层成员有关联关系；

（10）错报涉及对某些信息的遗漏，尽管适用的财务报告编制基础未对这些信息作出明确规定，但是注册会计师根据职业判断认为这些信息对财务报表使用者了解被审计单位的财务状况、经营成果或现金流量是重要的；

（11）错报对将在被审计单位年度报告中包含的其他信息的影响程度，这些其他信息被合理预期可能影响财务报表使用者作出的经济决策。《中国注册会计师审计准则第1521号——注册会计师对其他信息的责任》规范了注册会计师对其他信息的责任。

需要指出的是，这些因素只是举例，不可能涵盖所有情况，也并非所有审计都会出现上述全部因素，仅供注册会计师参考。注册会计师不能以存在这些因素为由而必然认为错报是重大的。

22.《中国注册会计师审计准则第 1141 号——财务报表审计中与舞弊相关的责任》说明了如何考虑由于或可能由于舞弊导致的错报对审计的其他方面的影响,即使错报金额相对财务报表而言并不重大。根据具体情况,披露中的错报也可能表明存在舞弊,例如,导致这些错报的原因可能包括:

(1)管理层的判断出现偏向导致的误导性披露;

(2)意图阻碍正确理解财务报表的大量重复披露或缺乏信息含量的披露。

在考虑各类交易、账户余额及披露中存在的错报的影响时,注册会计师需要按照《中国注册会计师审计准则第 1101 号——注册会计师的总体目标和审计工作的基本要求》的规定运用职业怀疑。

23. 与以前期间相关的非重大未更正错报的累积影响,可能对本期财务报表产生重大影响。有多种可接受的方法供注册会计师评价这些未更正错报对本期财务报表的影响。在不同期间使用相同的评价方法可以保持一致性。

(一)对公共部门实体的特殊考虑

24. 就公共部门实体审计而言,评价一项错报是否重大,可能还受到法律法规或其他监管要求规定的注册会计师对特定事项(如舞弊)履行报告责任的影响。

25. 评估某事项在性质上是否重大,可能受到公众利益、受托责任、管理层的正直诚实和确保有效的立法监督等方面的影响。涉及遵守法律法规和其他监管要求的事项更是如此。

(二)与治理层的沟通(参见本准则第十三条)

26. 如果注册会计师就未更正错报已与负有管理责任的人员沟通,且这些人员同时负有治理责任,注册会计师无需就这些事项再次与负有治理责任的相同人员沟通。然而,注册会计师需要确信与负有管理责任人员的沟通能够向所有负有治理责任的人员充分传递应予沟通的内容。

27. 如果存在大量单项不重大的未更正错报,注册会计师可能就未更正错报的笔数和总金额的影响进行沟通,而不是逐笔沟通单项未更正错报的细节。

28.《中国注册会计师审计准则第 1151 号——与治理层的沟通》要求注册会计师就其要求管理层和治理层(如适用)提供的书面声明与治理层进行沟通(参见本准则第十五条)。

注册会计师在考虑根据相关情况判断出的错报金额、性质及可能对未来期间财务报表产生的影响后,可能需要与治理层讨论错报未得到更正的原因及其影响。

六、书面声明(参见本准则第十五条)

29. 由于编制财务报表要求管理层和治理层(如适用)调整财务报表以更正重大错报,注册会计师需要要求其提供有关未更正错报的书面声明。在某些情况下,管理层和治理层(如适用)可能并不认为注册会计师提出的某些未更正的错报是错报。基于这一原因,他们可能在书面声明中增加以下表述:"因为[描述理由],我们不同意……事项和……事项构成错报。"然而,即使获取了这一声明,注册会计师仍需要对未更正错报的影响形成结论。

七、审计工作底稿（参见本准则第十六条）

30. 注册会计师在记录未更正错报时，需要考虑下列事项：

（1）未更正错报的汇总影响；

（2）对是否超过特定类别的交易、账户余额或披露的重要性水平作出的评价；

（3）就未更正错报对关键比率或趋势以及遵守法律法规、监管要求与合同要求（如债务合同）的影响作出的评价。

《中国注册会计师审计准则第 1301 号 ——审计证据》应用指南

（2022 年 1 月 17 日修订）

一、审计证据的充分性和适当性（参见本准则第十条）

1.审计证据对于支持审计意见和审计报告是必要的。审计证据在性质上具有累积性，主要是在审计过程中通过实施审计程序获取的，也可能包括从其他来源获取的信息，如以前审计（前提是注册会计师已确定被审计单位及其环境自以前审计后是否已发生变化，进而可能影响这些信息对本期审计的相关性）或会计师事务所在客户关系和具体业务的接受与保持过程中获取的信息。除从被审计单位内部和外部其他来源获取的信息外，会计记录也是重要的审计证据来源。可以用作审计证据的信息也可能在编制过程中利用了管理层的专家的工作。审计证据既包括支持和佐证管理层认定的信息，也包括与这些认定相矛盾的信息。在某些情况下，信息的缺乏（如管理层拒绝提供注册会计师要求的声明）本身也构成审计证据，可以被注册会计师利用。

2.在形成审计意见的过程中，注册会计师的大部分工作是获取和评价审计证据。为获取审计证据而实施的审计程序包括询问、检查、观察、函证、重新计算、重新执行和分析程序。注册会计师通常将这些程序进行组合运用。尽管询问可以提供重要的审计证据，甚至可以提供某项错报的证据，但询问本身通常并不能为认定层次不存在重大错报和内部控制运行的有效性提供充分的审计证据。

3.如《中国注册会计师审计准则第 1101 号——注册会计师的总体目标和审计工作的基本要求》所述，当注册会计师获取充分、适当的审计证据将审计风险降至可接受的低水平时，就获取了合理保证。审计风险是指当财务报表存在重大错报时，注册会计师发表不恰当审计意见的风险。

4.审计证据的充分性和适当性相互关联。充分性是对审计证据数量的衡量。注册会计师需要获取的审计证据的数量受其对重大错报风险评估的影响（评估的重大错报风险越高，需要的审计证据可能越多），并受审计证据质量的影响（审计证据质量越高，需要的审计证据可能越少）。然而，注册会计师仅靠获取更多的审计证据可能无法弥补其质量上的缺陷。

5.审计证据的适当性是对审计证据质量的衡量，即审计证据在支持审计意见所依据的结论方面具有的相关性和可靠性。审计证据的可靠性受其来源和性质的影响，并取决于获取审计证据的具体环境。

6.《中国注册会计师审计准则第 1231 号——针对评估的重大错报风险采取的应对措施》要求注册会计师确定是否已获取充分、适当的审计证据。注册会计师是否已获取充分、适当的审计证据,以将审计风险降至可接受的低水平,并由此能够得出合理的审计结论,作为形成审计意见的基础,是一项职业判断。《〈中国注册会计师审计准则第1101号——注册会计师的总体目标和审计工作的基本要求〉应用指南》对审计程序的性质、财务报告的及时性和对获取审计证据的成本效益的权衡等事项进行了讨论,注册会计师在对是否已获取充分、适当的审计证据作出职业判断时,上述事项均是需要考虑的相关因素。

（一）审计证据的来源

7. 注册会计师可以通过实施测试会计记录的审计程序获取某些审计证据,例如,实施分析和复核程序、按照财务报告过程实施重新执行程序、对同一会计信息的不同分类及运用进行调节。通过实施这些审计程序,注册会计师可以确定会计记录的内在一致性及其与财务报表的一致性。

8. 从不同来源获取的相互一致的审计证据,以及性质不同但相互一致的审计证据,通常比单一的审计证据提供更高的保证程度。例如,从独立于被审计单位的来源获取的佐证信息可以提高注册会计师依据被审计单位内部产生的审计证据（如会计记录、会议纪要、管理层书面声明中存在的证据）所获取的保证程度。

9. 注册会计师从独立于被审计单位的来源获取的可以作为审计证据的信息可能包括来自第三方的询证函回函、分析师报告和有关竞争对手的可比数据。

（二）获取审计证据的审计程序

10. 按照《中国注册会计师审计准则第1211号——通过了解被审计单位及其环境识别和评估重大错报风险》和《中国注册会计师审计准则第1231号——针对评估的重大错报风险采取的应对措施》的有关规定,注册会计师应当通过实施下列审计程序获取审计证据,以得出合理的审计结论,作为形成审计意见的基础：

（1）风险评估程序；

（2）进一步审计程序,包括控制测试（审计准则要求时和注册会计师决定测试时）和实质性程序（包括细节测试和实质性分析程序）。

11. 对于本指南第14段至第25段说明的七种审计程序,注册会计师可以根据具体情况,将其用作风险评估程序、控制测试或实质性程序。如《〈中国注册会计师审计准则第1231号——针对评估的重大错报风险采取的应对措施〉应用指南》所述,在某些情况下,如果注册会计师实施用以确定审计证据持续相关性的审计程序,以前审计获取的审计证据可能为本期提供适当的审计证据。

12. 注册会计师拟实施审计程序的性质和时间安排可能受到某些会计数据和其他信息的影响,这些数据和信息可能只能以电子形式存在,或只能在某一时点或某一期间获取。例如,当被审计单位使用电子商务时,购货单和发票等原始凭证可能仅以电子形式存在,或者当被审计单位使用图像处理系统以方便存储和查阅时,这些原始凭证可能会在扫描后被废弃掉。

13. 某些电子信息一旦过了特定时期后将不能再获取,如文件被更改或备份文件不存在。因此,注册会计师可能认为有必要要求被审计单位按其数据保留政策保留某些信息以供注册会计师查阅,或在能够获取信息的时点或期间实施审计程序。

检查

14. 检查是指注册会计师对被审计单位内部或外部生成的,以纸质、电子或其他介质形式存在的记录和文件进行审查，或对资产进行实物审查。检查记录或文件可以提供可靠程度不同的审计证据，审计证据的可靠性取决于记录或文件的性质和来源，而在检查内部记录或文件时，其可靠性则取决于生成该记录或文件的内部控制的有效性。将检查用作控制测试的一个例子，是检查记录以获取关于授权的审计证据。

15. 某些文件是表明一项资产存在的直接审计证据，如构成金融工具的股票或债券，但检查此类文件并不一定能提供有关所有权或计价的审计证据。此外，检查已执行的合同可以提供与被审计单位运用会计政策（如收入确认）相关的审计证据。

16. 检查有形资产可为其存在提供可靠的审计证据，但不一定能够为权利和义务或计价等认定提供可靠的审计证据。对个别存货项目进行的检查，可与存货监盘一同实施。

观察

17. 观察是指注册会计师察看相关人员正在从事的活动或实施的程序。例如，注册会计师对被审计单位人员执行的存货盘点或控制活动进行观察。观察可以提供执行有关过程或程序的审计证据，但观察所提供的审计证据仅限于观察发生的时点，而且被观察人员的行为可能因被观察而受到影响，这也会使观察提供的审计证据受到限制。《中国注册会计师审计准则第1311号——对存货、诉讼和索赔、分部信息等特定项目获取审计证据的具体考虑》及其应用指南对存货监盘作出了进一步规定并提供了指引。

函证

18. 函证，是指注册会计师直接从第三方（被询证者）获取书面答复以作为审计证据的过程，书面答复可以采用纸质、电子或其他介质等形式。当针对的是与特定账户余额及其项目相关的认定时，函证常常是相关的程序。但是，函证不必仅仅局限于账户余额。例如，注册会计师可能要求对被审计单位与第三方之间的协议和交易条款进行函证。注册会计师可能在询证函中询问协议是否作过修改，如果作过修改，要求被询证者提供相关的详细信息。此外，函证程序还可以用于获取不存在某些情况的审计证据，如不存在可能影响被审计单位收入确认的"背后协议"。《中国注册会计师审计准则第1312号——函证》及其应用指南作出了进一步规定并提供了指引。

重新计算

19. 重新计算是指注册会计师对记录或文件中的数据计算的准确性进行核对。重新计算可通过手工方式或电子方式进行。

重新执行

20. 重新执行是指注册会计师独立执行原本作为被审计单位内部控制组成部分的程序或控制。

分析程序

21. 分析程序，是指注册会计师通过分析不同财务数据之间以及财务数据与非财务数据之间的内在关系，对财务信息作出评价。分析程序还包括在必要时对识别出的、与其他相关信息不一致或与预期值差异重大的波动或关系进行调查。《中国注册会计师审计准则第1313号——分析程序》及其应用指南作出了进一步规定并提供了指引。

询问

22. 询问是指注册会计师以书面或口头方式，向被审计单位内部或外部的知情人员获取财务信息和非财务信息，并对答复进行评价的过程。作为其他审计程序的补充，询问广泛应用于整个审计过程中。

23. 知情人员对询问的答复可能为注册会计师提供尚未获悉的信息或佐证证据。另一方面,对询问的答复也可能提供与注册会计师已获取的其他信息存在重大差异的信息,例如,关于被审计单位管理层凌驾于控制之上的可能性的信息。在某些情况下,对询问的答复为注册会计师修改审计程序或实施追加的审计程序提供了基础。

24. 尽管对通过询问获取的审计证据予以佐证通常特别重要,但在询问管理层意图时,获取的支持管理层意图的信息可能是有限的。在这种情况下,了解管理层过去所声称意图的实现情况、选择某项特别措施时声称的原因以及实施某项具体措施的能力,可以为佐证通过询问获取的证据提供相关信息。

25. 针对某些事项,注册会计师可能认为有必要向管理层和治理层(如适用)获取书面声明,以证实对口头询问的答复。《中国注册会计师审计准则第1341号——书面声明》及其应用指南作出了进一步规定并提供了指引。

二、用作审计证据的信息

(一)审计证据的相关性和可靠性(参见本准则第十一条)

26. 如本指南第1段所述,审计证据主要包括审计过程中通过实施审计程序获取的证据,还可能包括从其他来源获取的信息,如以前的审计(前提是注册会计师已确定被审计单位及其环境自以前审计后是否已发生变化,进而可能影响这些信息对本期审计的相关性)、会计师事务所在客户关系和具体业务的接受与保持过程中获取的信息以及履行法律法规或相关职业道德要求下的某些额外责任(如关于被审计单位的违反法律法规行为)。所有审计证据的质量均受其所依据信息的相关性和可靠性的影响。

相关性

27. 相关性,是指用作审计证据的信息与审计程序的目的和所考虑的相关认定之间的逻辑联系。用作审计证据的信息的相关性可能受测试方向的影响。例如,如果某审计程序的目的是测试应付账款的计价高估,则测试已记录的应付账款可能是相关的审计程序。另一方面,如果某审计程序的目的是测试应付账款的计价低估,则测试已记录的应付账款不是相关的审计程序,相关的审计程序可能是测试期后支出、未支付发票、供应商结算单以及发票未到的收货报告单等。

28. 特定的审计程序可能只为某些认定提供相关的审计证据,而与其他认定无关。例如,检查期后应收账款收回的记录和文件可以提供有关存在和计价的审计证据,但未必提供与截止测试相关的审计证据。类似地,有关某一特定认定(如存货的存在认定)的审计证据,不能替代与其他认定(如该存货的计价认定)相关的审计证据。但另一方面,不同来源或不同性质的审计证据可能与同一认定相关。

29. 控制测试旨在评价内部控制在防止或发现并纠正认定层次重大错报方面的运行有效性。设计控制测试以获取相关审计证据,包括识别一些显示控制运行的情况(特征或属性),以及显示控制未恰当运行的偏差情况。然后,注册会计师可以测试这些情况是否存在。

30. 实质性程序旨在发现认定层次重大错报,包括细节测试和实质性分析程序。设计实质性程序包括识别与测试目的相关的情况,这些情况构成相关认定的错报。

可靠性

31. 用作审计证据的信息的可靠性,以及审计证据本身的可靠性,受其来源和性质的影响,并取决于获取该证据的环境,包括与编制和维护该信息相关的控制。因此,有关各种审计证据可靠性的原则受重要例外情况的影响。即使用作审计证据的信息从独立于被审计单位的外部来源获得,一些可能存在的情况也会影响其可靠性。例如,从外部独立来源获取的信息,如果来自不知情者或来自缺乏客观性的管理层的专家,则该信息也可能是不可靠的。在确认可能存在的例外情况时,下列有关审计证据可靠性的原则可能是有用的:

(1) 从被审计单位外部独立来源获取的审计证据比从其他来源获取的审计证据更可靠;

(2) 相关控制有效时内部生成的审计证据比控制薄弱时内部生成的审计证据更可靠;

(3) 注册会计师直接获取(如通过观察某项控制的运行)的审计证据比间接获取或推论(如通过询问某项控制的运行)得出的审计证据更可靠;

(4) 以文件记录形式(包括纸质、电子或其他介质)存在的审计证据比口头形式的审计证据更可靠(例如,会议的同步书面记录比事后对讨论事项进行口头表述更可靠);

(5) 从原件获取的审计证据比从复印、传真或通过拍摄、数字化或其他方式转化成电子形式的文件获取的审计证据更可靠,后者的可靠性可能取决于与编制和维护信息相关的控制。

32.《中国注册会计师审计准则第1313号——分析程序》对有关实质性分析程序使用数据的可靠性作出了规定。

33. 针对注册会计师有理由相信某文件可能不真实,或者可能修改过但未告知注册会计师的情况,《中国注册会计师审计准则第1141号——财务报表审计中与舞弊相关的责任》作出了规定。

33a. 注册会计师履行法律法规或相关职业道德要求中与识别出的或怀疑存在的被审计单位违反法律法规行为相关的额外责任,可能提供与按照审计准则执行审计以及评价违反法律法规对审计的其他方面的影响相关的进一步信息。对此,《中国注册会计师审计准则第1142号——财务报表审计中对法律法规的考虑》提供了进一步指引。

(二) 管理层的专家编制的信息的可靠性(参见本准则第十二条)

34. 财务报表的编制可能需要会计或审计领域以外的专长,如保险精算、估值、工程设计数据等。被审计单位可能雇用或聘请这些领域的专家,获得编制财务报表所需要的专长。当这种专长是必需的但被审计单位没有获得时,将增加重大错报风险。

35. 如果用作审计证据的信息在编制时利用了管理层的专家的工作,本准则第十二条的规定适用。例如,对于不存在可观察到的市价的证券,某个人或组织可能具有运用模型估计其公允价值的专长。如果该人或组织运用这项专长作出编制财务报表时使用的估计,则是管理层的专家,本准则第十二条的规定适用。另一方面,如果这个人或组织只是提供被审计单位无法从其他渠道获取的非公开交易的价格数据,而被审计单位将其用于自己的估计方法之中,若注册会计师将该数据用作审计证据,则本准则第十一条的规定适用于这种情况,但不属于被审计单位利用管理层的专家的情况。

36. 与本准则第十二条的规定相关的审计程序的性质、时间安排和范围可能受下列因素的影响:

（1）与管理层的专家相关的事项的性质和复杂性；

（2）某事项存在的重大错报风险；

（3）审计证据可否从替代来源获得；

（4）管理层的专家工作的性质、范围和目标；

（5）为被审计单位提供相关服务的管理层的专家是被审计单位内部专家还是外部专家；

（6）管理层在多大程度上对其专家的工作施加控制和影响；

（7）管理层的专家是否受到技术标准、其他职业准则或行业要求的约束；

（8）被审计单位对管理层的专家的工作实施的各种控制的性质和范围；

（9）注册会计师对管理层的专家的专长领域拥有的了解和经验；

（10）注册会计师以前与该专家交往的经验。

管理层的专家的胜任能力、专业素质和客观性［参见本准则第十二条第（一）项］

37. 管理层的专家的胜任能力与其专长的性质和水平有关。管理层的专家的专业素质与在业务的具体情况中运用这种胜任能力的本领是相关的。影响专业素质的因素包括地理位置（管理层的专家所在的国家或地区）、可用的时间和资源等。管理层的专家的客观性与其偏见、利益冲突及其他可能影响其职业判断或商业判断的因素相关。对于由管理层的专家编制的信息的可靠性而言，管理层的专家的胜任能力、专业素质和客观性，以及被审计单位针对该专家的各项控制均是重要因素。

38. 关于管理层的专家的胜任能力、专业素质和客观性的信息可能来源于多种不同的渠道，例如：

（1）以前与该专家交往的个人经验；

（2）与该专家进行的讨论；

（3）与熟悉该专家工作的其他机构或人员进行的讨论；

（4）对该专家的资格、会员身份、执业资格或其他形式的外部认证的了解；

（5）该专家发表的论文或出版的书籍；

（6）注册会计师的专家（帮助注册会计师针对管理层的专家编制的信息获取充分、适当的审计证据）。

39. 与评价管理层的专家的胜任能力、专业素质和客观性相关的事项，包括专家是否需要遵守技术标准、其他职业准则或行业要求（如职业团体或行业协会的职业道德守则和其他会员要求，特许机构提出的认证标准）以及法律法规的要求等。

40. 与评价管理层的专家的胜任能力、专业素质和客观性可能相关的事项还包括：

（1）管理层的专家的胜任能力与拟利用其工作的事项的相关性，包括该专家在其领域的专长。例如，某一精算师可能精通财产和意外伤害保险，但在养老金计算方面可能并不擅长；

（2）该专家在相关会计要求方面的胜任能力。例如，对符合适用的财务报告编制基础的假设和方法（包括模型，如适用）的了解；

（3）随着审计的进行，一些不可预料事件的出现、条件的改变或已获取的审计证据，是否表明可能有必要重新考虑对该专家的胜任能力、专业素质和客观性的最初评价。

41. 很多情况可能对客观性产生不利影响，如自身利益、自我评价、过度推介、密切关系和外在压力等。某些防范措施可以减少这样的不利影响，一些外部制度的安排（如管理层的专家所属的职业团体、法律法规的要求）或管理层的专家的工作环境（如质量控制政策和程序）可以建立这些防范措施。此外，也可能存在专门针对审计业务的防范措施。

42. 尽管防范措施不能消除所有对管理层的专家的不利影响，但像外在压力一类的不利影响，可能对于被审计单位的外部专家来说严重程度要比内部专家轻一些，并且质量控制政策和程序等防范措施的有效性可能更高一些。作为被审计单位员工的专家（即被审计单位的内部专家），其客观性受到的不利影响总是存在，因此，一般不能认为该专家比被审计单位的其他员工更客观。

43. 当评价被审计单位外部专家的客观性时，注册会计师可以与管理层和该专家讨论可能影响专家客观性的任何利益和关系、各种适用的防范措施（包括适用于该专家的任何职业要求），并评价这些防范措施是否适当。产生不利影响的利益和关系可能包括：
（1）经济利益；
（2）商业关系和私人关系；
（3）提供的其他服务。

了解管理层的专家的工作〔参见本准则第十二条第（二）项〕

44. 了解管理层的专家的工作包括了解管理层的专家专长的相关领域。注册会计师对管理层的专家专长的相关领域的了解，可以在注册会计师确定自身是否拥有评价管理层的专家工作的专长，或者是否需要专家来完成该评价的过程中一并获取。

45. 注册会计师对专家的专长领域的了解可能包括下列方面：
（1）与审计相关的、管理层的专家专长领域的进一步细分信息；
（2）职业准则或其他准则以及法律法规是否适用；
（3）管理层的专家使用哪些假设和方法，及其在该专家的专长领域是否得到普遍认可，对实现财务报告目的是否适当；
（4）管理层的专家使用的内外部数据或信息的性质。

46. 当管理层的专家是被审计单位的外部专家时，被审计单位通常采用约定书或其他形式的协议与外部专家达成协议。在了解管理层的专家工作时，评价该协议可以帮助注册会计师确定下列因素对于审计目的是否适当：
（1）管理层的专家工作的性质、范围和目标；
（2）管理层和管理层的专家各自的角色和责任；
（3）管理层和管理层的专家沟通的性质、时间安排和范围，包括由该专家提交的各种报告的形式。

47. 当管理层的专家是被审计单位的内部专家时，不太可能有上述类型的书面协议。注册会计师获得必要了解的最恰当的方式可能是向该专家以及管理层的其他人员进行询问。

评价管理层的专家工作的适当性〔参见本准则第十二条第（三）项〕

48. 在评价将管理层的专家工作用作相关认定的审计证据的适当性时，注册会计师需要考虑的因素可能包括：
（1）该专家的发现和结论的相关性和合理性，与其他审计证据的一致性，以及是否在财务报表中适当反映；

（2）如果该专家的工作涉及使用重要的假设和方法，这些假设和方法的相关性和合理性；

（3）如果该专家的工作涉及使用相当程度的原始数据，该原始数据的相关性、完整性和准确性。

（三）被审计单位生成的用于审计目的的信息［参见本准则第十三条第（一）项和第（二）项］

49. 注册会计师为获取可靠的审计证据，实施审计程序时使用的被审计单位生成的信息需要足够完整和准确。例如，通过用标准价格乘以销售量来对收入进行审计时，其有效性受到价格信息准确性和销售量数据完整性和准确性的影响。类似地，如果注册会计师打算测试总体（如付款）是否具备某一特性（如授权），若选取测试项目的总体不完整，则测试结果可能不太可靠。

50. 如果针对这类信息的完整性和准确性获取审计证据是所实施审计程序本身不可分割的组成部分，则可以与对这些信息实施审计程序同时进行。在其他情况下，通过测试针对生成和维护这些信息的控制，注册会计师也可以获得关于这些信息准确性和完整性的审计证据。然而，在某些情况下，注册会计师可能确定有必要实施追加的审计程序。

51. 在某些情况下，注册会计师可能打算将被审计单位生成的信息用于其他审计目的。例如，注册会计师可能打算将被审计单位的业绩评价用于分析程序，或利用被审计单位用于监控活动的信息，如内部审计报告等。在这种情况下，获取的审计证据的适当性受到该信息对于审计目的而言是否足够精确和详细的影响。例如，管理层的业绩评价对于发现重大错报可能不够精确。

三、选取测试项目以获取审计证据（参见本准则第十四条）

52. 如果一项测试所提供的审计证据在与已获取的或拟获取的其他审计证据一并考虑时能够充分满足审计目的，则该项测试是有效的。在选取测试项目时，本准则第十一条要求注册会计师确定用作审计证据的信息的相关性和可靠性，而测试的有效性的另一方面（充分性）在选取测试项目时也需要重点考虑。注册会计师选取测试项目的方法包括：

（1）选取全部项目（100%检查）；

（2）选取特定项目；

（3）审计抽样。

采用上述一种方法或几种方法的组合都可能是适当的，这取决于具体情况（如与测试的认定相关的重大错报风险）以及不同方法的实用性和效率。

（一）选取全部项目

53. 注册会计师可能认为检查构成某类交易或账户余额的项目的总体（或总体中的一层）将是最恰当的。在下列情况下，100%检查可能是适当的：

（1）总体由少量的大额项目构成；

（2）存在特别风险且其他方法未提供充分、适当的审计证据；

（3）由于信息系统自动执行的计算或其他程序具有重复性，对全部项目进行检查符合成本效益原则。

对全部项目进行检查，通常更适用于细节测试。

（二）选取特定项目

54. 根据对被审计单位的了解、评估的重大错报风险和所测试总体的特征等，注册会计师可能决定从总体中选取特定项目。选取特定项目的判断还取决于非抽样风险。选取的特定项目可能包括：

（1）大额或关键项目。注册会计师可能决定在总体中选取特定项目，因为其金额重大或者显示某些其他特征，例如，可疑的、异常的，尤其容易有风险的或者曾经出错的项目；

（2）超过某一金额的全部项目。注册会计师可能决定检查记录金额超过某一设定金额的所有项目，从而验证某类交易或账户余额的大部分金额；

（3）被用于获取某些信息的项目。注册会计师可能通过检查某些项目以获取被审计单位的性质或交易的性质等事项的信息。

55. 虽然从某类交易或账户余额中选取特定项目进行检查通常是获取审计证据的有效手段，但并不构成审计抽样。对按照这种方法所选取的项目实施审计程序的结果，不能推断至整个总体。因此，选取特定项目的检查不能为总体中剩余的部分提供审计证据。

（三）审计抽样

56. 审计抽样旨在基于对样本的测试，从而形成对总体的结论。《中国注册会计师审计准则第1314号——审计抽样》及其应用指南对此作出了规定并提供了指引。

四、审计证据之间存在不一致或对其可靠性存在疑虑（参见本准则第十五条）

57. 从不同来源获取的审计证据或获取的不同性质的审计证据可能表明某项审计证据不可靠。例如，当从某一来源获取的审计证据与从另一来源获取的不一致时，该项审计证据可能不可靠。例如，管理层、内部审计人员和其他人员对询问的答复不一致，或者治理层对询问的答复（用于支持管理层对询问的答复）与管理层的答复不一致，都属于这一情形。如果识别出某项信息与其对某重大事项的最终结论不一致，注册会计师需要按照《中国注册会计师审计准则第1131号——审计工作底稿》的规定记录如何处理该不一致的情况。

《中国注册会计师审计准则第 1311 号——对存货、诉讼和索赔、分部信息等特定获取项目审计证据的具体考虑》应用指南

（2019 年 3 月 29 日修订）

一、存货

（一）存货监盘［参见本准则第四条第一款第（一）项和第二款］

1.管理层通常制定程序，要求对存货每年至少进行一次实物盘点，以作为编制财务报表的基础，并用以确定被审计单位永续盘存制的可靠性（如适用）。

2.存货监盘涉及：

（1）检查存货以确定其是否存在，评价存货状况，并对存货盘点结果进行测试；

（2）观察管理层指令的遵守情况，以及用于记录和控制存货盘点结果的程序的实施情况；

（3）获取有关管理层存货盘点程序可靠性的审计证据。

这些程序是用作控制测试还是实质性程序，取决于注册会计师的风险评估结果、审计方案和实施的特定程序。

3.在计划存货监盘（或按照本准则第四条至第八条设计和实施审计程序）时，注册会计师需要考虑的相关事项包括：

（1）与存货相关的重大错报风险；

（2）与存货相关的内部控制的性质；

（3）对存货盘点是否制定了适当的程序，并下达了正确的指令；

（4）存货盘点的时间安排；

（5）被审计单位是否一贯采用永续盘存制；

（6）存货的存放地点（包括不同存放地点的存货的重要性和重大错报风险），以确定适当的监盘地点。如果其他注册会计师参与偏远地点的存货监盘，《中国注册会计师审计准则第 1401 号——对集团财务报表审计的特殊考虑》的相关规定适用；

（7）是否需要专家协助。《中国注册会计师审计准则第 1421 号——利用专家的工作》规范了如何利用专家协助注册会计师获取充分、适当的审计证据。

评价管理层的指令和程序［参见本准则第四条第二款第（一）项］

4.在评价管理层记录和控制存货盘点的指令和程序时，注册会计师需要考虑这些指令和程序是否包括下列方面：

（1）适当控制活动的运用，例如，收集已使用的存货盘点记录，清点未使用的存

货盘点表单，实施盘点和复盘程序；

（2）准确认定在产品的完工程度，流动缓慢（呆滞）、过时或毁损的存货项目，以及第三方拥有的存货（如寄存货物）；

（3）在适用的情况下用于估计存货数量的方法，如可能需要估计煤堆的重量；

（4）对存货在不同存放地点之间的移动以及截止日前后期间出入库的控制。

观察管理层盘点程序的实施情况［参见本准则第四条第二款第（二）项］

5. 观察管理层盘点程序（如对盘点时及其前后的存货移动的控制程序）的实施情况，有助于注册会计师获取有关管理层指令和程序是否得到适当设计和执行的审计证据。此外，注册会计师可以获取有关截止性信息（如存货移动的具体情况）的复印件，有助于日后对存货移动的会计处理实施审计程序。

检查存货［参见本准则第四条第二款第（三）项］

6. 在存货监盘过程中检查存货，虽然不一定能确定存货的所有权，但有助于确定存货的存在，以及识别过时、毁损或陈旧的存货。

执行抽盘［参见本准则第四条第二款第（四）项］

7. 在对存货盘点结果进行测试时，注册会计师可以从存货盘点记录中选取项目追查至存货实物，以及从存货实物中选取项目追查至盘点记录，以获取有关盘点记录完整性和准确性的审计证据。

8. 除记录注册会计师对存货盘点结果进行的测试情况外，获取管理层完成的存货盘点记录的复印件也有助于注册会计师日后实施审计程序，以确定被审计单位的期末存货记录是否准确地反映了存货的实际盘点结果。

（二）在财务报表日以外的其他日期执行的存货实地盘点（参见本准则第五条）

9. 无论管理层通过年度实地盘点还是采用永续盘存制确定存货数量，由于实际原因，存货的实地盘点均有可能在财务报表日以外的某一天或某几天进行。无论哪种情况，针对存货变动的控制的设计、执行和维护的有效性，决定了在财务报表日以外的某一天或某几天执行的盘点程序是否符合审计目的。《中国注册会计师审计准则第1231号——针对评估的重大错报风险采取的应对措施》对在期中实施实质性程序作出了规定。

10. 如果被审计单位采用永续盘存制，管理层可能执行实地盘点或其他测试方法，确定永续盘存记录中的存货数量信息的可靠性。在某些情况下，管理层或注册会计师可能识别出永续盘存记录和现有实际存货数量之间的差异，这可能表明对存货变动的控制没有有效运行。

11. 当设计审计程序以获取关于盘点日的存货总量与期末存货记录之间的变动是否已被适当记录的审计证据时，注册会计师考虑的相关事项包括：

（1）对永续盘存记录的调整是否适当；

（2）被审计单位永续盘存记录的可靠性；

（3）从盘点获取的数据与永续盘存记录存在重大差异的原因。

（三）存货监盘不可行的情况（参见本准则第七条）

12. 在某些情况下，实施存货监盘可能是不可行的。这可能是由存货性质和存放地点等因素造成的，例如，存货存放在对注册会计师的安全有威胁的地点。然而，对注册会计师带来不便的一般因素不足以支持注册会计师作出实施存货监盘不可行的决定。《〈中国注册会计师审计准则第1101号——注册会计师的总体目标和审计工作的基本要求〉应用指南》指出，审计中的困难、时间或成本等事项本身，不能作为注册会计师省略不可替代的审计程序或满足于说服力不足的审计证据的正当理由。

13. 当实施存货监盘不可行时，实施替代审计程序（如检查盘点日后出售盘点日之前取得或购买的特定存货的文件记录）可能提供有关存货的存在和状况的充分、适当的审计证据。

14. 但在其他一些情况下，实施替代审计程序可能无法获取有关存货的存在和状况的充分、适当的审计证据。在这种情况下，注册会计师需要按照《中国注册会计师审计准则第1502号——在审计报告中发表非无保留意见》的规定发表非无保留意见。

（四）由第三方保管和控制的存货

函证 [参见本准则第八条第（一）项]

15. 《中国注册会计师审计准则第1312号——函证》及其应用指南对实施函证程序作出了规定并提供了指引。

其他审计程序 [参见本准则第八条第（二）项]

16. 根据具体情况（如获取的信息使注册会计师对第三方的诚信和客观性产生疑虑），注册会计师可能认为实施其他审计程序是适当的。其他审计程序可以作为函证的替代程序，也可以作为追加的审计程序。

其他审计程序的示例包括：

（1）实施或安排其他注册会计师实施对第三方的存货监盘（如可行）；

（2）获取其他注册会计师或服务机构注册会计师针对用以保证存货得到恰当盘点和保管的内部控制的适当性而出具的报告；

（3）检查与第三方持有的存货相关的文件记录，如仓储单；

（4）当存货被作为抵押品时，要求其他机构或人员进行确认。

二、诉讼和索赔

（一）诉讼和索赔的完整性（参见本准则第九条）

17. 涉及被审计单位的诉讼和索赔可能对财务报表产生重大影响，因此，可能需要在财务报表中对其进行披露或会计处理。

18. 除本准则第九条规定的程序外，其他相关程序的示例是，利用实施风险评估程序获取的信息，帮助注册会计师了解涉及被审计单位的诉讼和索赔事项。

19. 为了识别可能导致重大错报风险的诉讼和索赔事项而获取的审计证据，也可能为考虑有关诉讼和索赔的估值和计量等事项提供审计证据。《中国注册会计师审计准则第1321号——审计会计估计（包括公允价值会计估计）和相关披露》及其应用指南对注册会计师如何考虑需要管理层在财务报表中作出会计估计或进行相关披露的诉讼和索赔事项作出了规定并提供了指引。

复核法律费用账户 [参见本准则第九条第（三）项]

20. 根据具体情况，作为复核法律费用账户的一部分，注册会计师可能认为检查相关的原始单据（如法律费用的发票）是适当的。

（二）与被审计单位外部法律顾问沟通（参见本准则第十条和第十一条）

21. 与被审计单位外部法律顾问直接沟通，有助于注册会计师获取充分、适当的审计证据，以证实法律顾问是否知悉潜在的重大诉讼和索赔事项，以及管理层对其财务影响（包括费用)的估计是否合理。

22. 在某些情况下,注册会计师可以采用通用询问函的形式与被审计单位外部法律顾问进行直接沟通。通用询问函要求被审计单位外部法律顾问将下列事项告知注册会计师:

(1)知悉的所有诉讼和索赔事项及对诉讼和索赔事项结果的评估;

(2)对财务影响(包括费用)的估计。

23. 如果认为外部法律顾问不可能对通用询问函作出适当的回复(如法律法规可能禁止回复这样的通用询问函),注册会计师可以通过特定询问函进行直接沟通。特定询问函的内容包括:

(1)诉讼和索赔事项清单;

(2)管理层对每项识别出的诉讼和索赔事项结果的评估以及对财务影响(包括费用)的估计(如有);

(3)要求外部法律顾问确认管理层评估的合理性,如果外部法律顾问认为清单不完整或不准确,需要为注册会计师提供进一步的信息。

24. 在某些情况下,注册会计师也可能认为有必要与外部法律顾问面谈诉讼和索赔事项的可能结果。这些情况的例子包括:

(1)注册会计师认为这些事项存在特别风险;

(2)这些事项较为复杂;

(3)被审计单位管理层和外部法律顾问意见不一致。

通常,这种面谈需要征得管理层的同意并有一名管理层代表参加。

25. 按照《中国注册会计师审计准则第1501号——对财务报表形成审计意见和出具审计报告》的规定,注册会计师签署审计报告的日期,不应早于注册会计师获取充分、适当的审计证据,并在此基础上对财务报表形成审计意见的日期。注册会计师可以通过询问负责该事项的管理层(包括内部法律顾问),获取有关截至审计报告日诉讼和索赔事项状况的审计证据。在某些情况下,注册会计师可能需要从外部法律顾问获取最新信息。

三、分部信息(参见本准则第十三条)

26. 适用的财务报告编制基础可能要求或允许被审计单位在财务报表中列报分部信息。注册会计师针对列报分部信息的责任与财务报表整体相关。因此,注册会计师无需实施为对单独列报的分部信息发表意见而所需的审计程序。

了解管理层使用的方法 [参见本准则第十三条第一款第(一)项和第二款]

27. 根据具体情况,在了解管理层确定分部信息的方法,以及这些方法是否可能导致对分部信息按照适用的财务报告编制基础的要求予以披露时,注册会计师可能考虑的相关事项的例子包括:

(1)各分部之间的销售、转移和收费以及内部金额的抵销;

(2)与预算和其他预期结果的比较,如营业利润占销售额的百分比;

(3)各分部之间资产和成本的分配;

(4)与以前期间的一致性以及对不一致事项披露的充分性。

《中国注册会计师审计准则第 1312 号——函证》应用指南

（2010 年 11 月 1 日修订）

一、函证程序

（一）确定需要确认或填列的信息［参见本准则第十四条第（一）项］

1. 函证程序通常用于确认或填列有关账户余额及其要素的信息。函证程序还可用于确认被审计单位与其他机构或人员签订的协议、合同或从事的交易的条款，或用于确认不存在某些交易条件，如"背后协议"。

（二）选择适当的被询证者［参见本准则第十四条第（二）项］

2. 当询证函致送给对函证信息知情的被询证者时，询证函回函可以提供更相关和可靠的审计证据。例如，一位了解所函证交易或安排的金融机构职员可能是该金融机构回函的最佳人选。

（三）设计询证函［参见本准则第十四条第（三）项］

3. 询证函的设计可能直接影响回函率和性质。以及从回函中获取的审计证据的可靠性和性质。

4. 在设计询证函时，注册会计师需要考虑的因素包括：

（1）函证针对的认定；

（2）识别出的重大错报风险，包括舞弊风险；

（3）询证函的版面设计和表述方式；

（4）以往审计或类似业务的经验；

（5）沟通的方式（如以纸质、电子或其他介质等形式）；

（6）管理层对被询证者的授权或是否鼓励被询证者向注册会计师回函，只有询证函包含管理层授权时，被询证者可能才愿意回函；

（7）预期的被询证者确认或提供信息金额（如被询证者能够提供的信息是单张发票还是总额）的能力。

5. 积极式函证要求被询证者在所有情况下都必须回函，确认所列示的信息是否正确或填列询证函要求的信息。通常认为对积极式询证函的回函能够提供可靠的审计证据。但存在被询证者对所列示的信息不验证是否正确就予以回函确认的风险。为了降低这种风险，注册会计师可以采用另外一种形式的询证函，即在询证函中不列明账户余额（或其他信息），而是要求被询证者填列有关信息或进一步提供信息。但是，采用这种空白式询证函要求被询证者作出更多工作，可能导致回函率降低。

6. 确认询证函寄发的姓名、单位名称和地址是否正确，包括在寄发前检查部分或全部姓名、单位名称和地址的真实性。

（四）询证函的跟进措施［参见本准则第十四条第（四）项］

7. 当在合理的时间内没有收到询证函回函时，注册会计师可以再次发出询证函。例如，在重新核实原地址的准确性后，注册会计师再次发出询证函并予以跟进。

二、不允许寄发询证函时的处理

（一）管理层不允许寄发询证函的合理性［参见本准则第十五条第（一）项］

8. 管理层不允许寄发询证函是对注册会计师希望获取的审计证据的限制，注册会计师需要询问这项限制的原因。常见理由是被询证者与被审计单位之间存在争议或正在进行谈判。函证有可能影响争议或谈判的结果。由于管理层可能妨碍注册会计师获取可能显示存在舞弊或错误的审计证据，注册会计师需要针对管理层理由的正当性和合理性获取审计证据。

（二）对评估的重大错报风险的影响［参见本准则第十五条第（二）项］

9. 根据《中国注册会计师审计准则第1211号——通过了解被审计单位及其环境识别和评估重大错报风险》的规定，注册会计师基于本准则第十五条第（二）项的评估结果，可能认为需要修正认定层次重大错报风险的评估结果并相应地修改计划的审计程序。例如，如果认为管理层不允许实施函证程序不合理，可能表明存在《中国注册会计师审计准则第1141号——财务报表审计中与舞弊相关的责任》要求评价的舞弊风险因素。

（三）替代审计程序［参见本准则第十五条第（三）项］

10. 当被审计单位的管理层不允许注册会计师实施函证程序时，注册会计师实施的替代审计程序与未回函时实施的替代审计程序（参见本指南第18段和第19段）类似。注册会计师在实施替代审计程序时需要考虑按照本准则第十五条第（二）项的要求进行评估的结果。

三、实施函证程序的结果

（一）回函的可靠性（参见本准则第十七条）

11. 《〈中国注册会计师审计准则第1301号——审计证据〉应用指南》指出，即使用作审计证据的信息从独立于被审计单位的外部来源获得，某些情况也会影响其可靠性。所有回函都存在被拦截、更改或其他舞弊风险。无论该回函采用纸质、电子还是其他介质等形式，这种风险都会存在。显示回函的可靠性可能存在疑问的因素包括：

（1）注册会计师间接收到回函；

（2）回函看起来不是来自预期的被询证者。

12. 对以电子形式收到的回函（如传真或电子邮件），由于回函者的身份及其授权情况很难确定，对回函的更改也难以发觉，因此可靠性存在风险。注册会计师和回函者采用一定的程序为电子形式的回函创造安全环境，可以降低该风险。如果注册会计师确信这种程序安全并得到适当控制，则会提高相关回函的可靠性。电子函证程序涉及多种确认发件人身份的技术，如加密技术、电子数码签名技术、网页真实性认证程序。

13. 如果被询证者利用第三方协调和提供回函，注册会计师可以实施审计程序以应对下列风险：

（1）回函来源不合适；

（2）回函者未经授权；
（3）信息传输的安全性遭到破坏。

14.《中国注册会计师审计准则第1301号——审计证据》规定，当注册会计师对用作审计证据的信息的可靠性存有疑虑时，应当确定是否需要修改或追加审计程序以消除疑虑。注册会计师可以与被询证者联系以核实回函的来源及内容。例如，当被询证者通过电子邮件回函时，注册会计师可以通过电话联系被询证者，确定被询证者是否发送了回函。如果回函间接寄送给注册会计师（例如，被询证者错将回函寄给了被审计单位而非注册会计师），注册会计师可以要求被询证者直接书面回复。

15. 只对询证函进行口头回复不符合函证的要求，因为它不是对注册会计师的直接书面回复。当收到口头回复后，注册会计师可以根据情况要求被询证者提供直接书面回复。如果未收到回函，按照本准则第十九条的规定，注册会计师需要通过实施替代程序，寻找其他审计证据以支持口头回复中的信息。

16. 询证函的回函可能包括对其使用作出限制的措辞。这种限制不一定使作为审计证据的回函失去可靠性。

（二）回函不可靠（参见本准则第十八条）

17. 如果注册会计师认为回函不可靠，根据《中国注册会计师审计准则第1211号——通过了解被审计单位及其环境识别和评估重大错报风险》的规定，注册会计师可能需要修正认定层次重大错报风险评估结果并相应地修改计划的审计程序。例如，回函不可靠可能表明存在《中国注册会计师审计准则第1141号——财务报表审计中与舞弊相关的责任》要求注册会计师评价的舞弊风险因素。

（三）未回函（参见本准则第十九条）

18. 注册会计师可能实施的替代审计程序举例如下：
（1）对应收账款，检查期后收款、货运单据及临近期末的销售；
（2）对应付账款，检查期后付款或与供应商的往来函件、其他记录，如货物收讫凭证。

19. 替代审计程序的性质和范围受所涉及账户和认定的影响。未回函可能表明存在以前未识别的重大错报风险。在这种情况下，按照《中国注册会计师审计准则第1211号——通过了解被审计单位及其环境识别和评估重大错报风险》的规定，注册会计师可能需要修正认定层次重大错报风险评估结果并相应地修改计划的审计程序。例如，回函数量比预期少或多，可能表明存在以前未识别的、《中国注册会计师审计准则第1141号——财务报表审计中与舞弊相关的责任》要求注册会计师评价的舞弊风险因素。

（四）取得积极式询证函回函是获取充分、适当的审计证据的必要程序（参见本准则第二十条）

20. 在某些情况下，注册会计师可能识别出认定层次重大错报风险，且取得积极式询证函回函是获取充分、适当的审计证据的必要程序。这些情况可能包括：
（1）可获取的佐证管理层认定的信息只能从被审计单位外部获得；
（2）存在特定舞弊风险因素，例如，管理层凌驾于内部控制之上，员工和（或）管理层串通使注册会计师不能信赖从被审计单位获取的审计证据。

（五）不符事项（参见本准则第二十一条）

21. 询证函回函中指出的不符事项可能显示财务报表存在错报或潜在错报。当识别出错报时，注册会计师需要根据《中国注册会计师审计准则第1141号——财务报表审计中与舞弊相关的责任》的规定评价该错报是否表明存在舞弊。不符事项可以为注册会计师判断来自类似的被询证者回函的质量及类似账户回函质量提供依据。不符事项还可能显示：被审计单位与财务报告相关的内部控制存在缺陷。

22. 某些不符事项并不表明存在错报。例如，注册会计师可能认为询证函回函的差异是由于函证程序的时间安排、计量或书写错误造成的。

四、消极式函证（参见本准则第二十二条）

23. 对消极式询证函而言，未收到回函并不能明确表明预期的被询证者已经收到询证函或已经核实了询证函中包含的信息的准确性。因此，未收到消极式询证函的回函提供的审计证据，远不如积极式询证函的回函提供的审计证据有说服力。如果询证函中的信息对被询证者不利，则被询证者更有可能回函表示其不同意；相反，如果询证函中的信息对被询证者有利，回函的可能性就会相对较小。例如，被审计单位的供应商如果认为询证函低估了被审计单位的应付账款余额，则其更有可能回函；如果高估了该余额，则回函的可能性很小。因此，注册会计师在考虑这些余额是否可能低估时，向供应商发出消极式询证函可能是有用的程序，但是，利用这种程序收集该余额高估的证据就未必有效。

五、评价获取的审计证据（参见本准则第二十三条）

24. 在评价某项函证程序的结果时，注册会计师可以将结果分为以下几类：

（1）询证函由适当的被询证者回复，回函同意询证函中包含的信息或提供了不存在不符事项的信息；

（2）回函被认为不可靠；

（3）未回函；

（4）回函显示存在不符事项。

25. 当结合其他审计程序时，注册会计师的评价可以有助于判断是否获取了《中国注册会计师审计准则第1231号——针对评估的重大错报风险采取的应对措施》要求的充分、适当的审计证据或是否有必要进一步获取审计证据。

附录

实施函证程序需要进一步考虑的事项

1. 注册会计师可以在考虑被审计单位的经营环境、内部控制的有效性、账户或交易的性质、被询证者处理询证函的习惯做法及回函的可能性等基础上，确定函证的内容、范围、时间安排和方式。

函证的内容一般涉及下列账户余额或其他信息：

（1）银行存款；

（2）交易性金融资产；

（3）应收账款；

（4）应收票据；
（5）其他应收款；
（6）预付账款；
（7）由其他单位代为保管、加工或销售的存货；
（8）长期股权投资；
（9）短期借款；
（10）委托贷款；
（11）应付账款；
（12）预收账款；
（13）长期借款；
（14）保证、抵押或质押；
（15）或有事项；
（16）重大或异常的交易。

2. 注册会计师可以采用审计抽样或其他选取测试项目的方法选择函证样本。为保证样本代表总体，样本通常包括：
（1）金额较大的项目；
（2）账龄较长的项目；
（3）交易频繁但期末余额较小的项目；
（4）重大关联方交易；
（5）重大或异常的交易；
（6）可能存在争议、舞弊或错误的交易。

3. 注册会计师通常以资产负债表日为截止日，在资产负债表日后适当时间内实日期为截止日实施函证。如果重大错报风险评估为低水平，注册会计师可选择资产负债表日前适当日期为截止日实施函证，并对所函证项目自该截止日起至资产负债表日止发生的变动实施实质性程序。

4. 注册会计师可以采取下列措施对函证实施过程进行控制：
（1）将被询证者的姓名、单位名称和地址与被审计单位有关记录核对；
（2）将询证函中列示的账户余额或其他信息与被审计单位有关资料核对；
（3）在询证函中指明直接向接受审计业务委托的会计师事务所回函；
（4）询证函经被审计单位盖章后，由注册会计师直接发出；
（5）将发出询证函的情况形成审计工作底稿；
（6）将收到的回函形成审计工作底稿，并汇总统计函证结果。

5. 可能影响函证可靠性的因素主要包括：
（1）函证的方式，包括对询证函的设计、寄发及收回的控制情况；
（2）以往审计或类似业务的经验；
（3）拟函证信息的性质；
（4）选择被询证者的适当性，包括被询证者的胜任能力、独立性、授权回函情况、对函证项目的了解及其客观性；
（5）被询证者易于回函的信息类型；

（6）被审计单位施加的限制或回函中的限制。

6. 在评价通过函证程序获取的审计证据时，注册会计师通常考虑：

（1）函证和替代审计程序的可靠性；

（2）不符事项的原因、频率、性质和金额；

（3）实施其他审计程序获取的审计证据。

《中国注册会计师审计准则第 1313 号——分析程序》应用指南

（2010 年 11 月 1 日修订）

一、分析程序的定义（参见本准则第三条）

1. 在实施分析程序时，注册会计师需要考虑将被审计单位的财务信息与下列信息进行比较：
（1）以前期间的可比信息；
（2）被审计单位的预期结果，如预算或预测等，或注册会计师的预期数据，如折旧的估计值；
（3）可比的行业信息，例如，将被审计单位的应收账款周转率（销售收入/应收账款）与行业平均水平或与同行业中规模相近的其他单位的可比信息进行比较。
2. 在实施分析程序时，还需要考虑下列关系：
（1）财务信息要素之间的关系（根据被审计单位的经验，预期这种关系符合某种可预测的规律，如毛利率）；
（2）财务信息和相关非财务信息之间的关系，如工资成本与员工人数的关系等。
3. 注册会计师可以使用各种不同的方法实施分析程序。这些方法包括从简单的比较到使用高级统计技术的复杂分析。分析程序可以应用到合并财务报表、财务报表的组成部分以及财务信息的单个要素。在实务中，可使用的方法主要有趋势分析法、比率分析法、合理性测试法和回归分析法。

二、实质性分析程序（参见本准则第五条）

4. 注册会计师在认定层次实施的实质性程序可以是细节测试、实质性分析程序，或两者的结合。在确定实施何种审计程序（包括是否实施实质性分析程序）时，注册会计师需要判断各种可供使用的审计程序在将认定层次的审计风险降至可接受的低水平时的预期效果和效率。
5. 注册会计师可以向管理层询问实施实质性分析程序所需信息的可获得性和可靠性，以及被审计单位实施这种程序的结果。如果注册会计师确信管理层编制的分析数据是适当的，则使用管理层编制的这种数据可能是有效的。

（一）实质性分析程序对于特定认定的适用性［参见本准则第五条第（一）项］

6. 实质性分析程序通常更适用于在一段时期内存在预期关系的大量交易。分析程序的运用建立在这种预期的基础上，即数据之间的关系存在且在没有反证的情况下继续存在。然而，某一分析程序的适用性，取决于注册会计师评价该分析程序在发现某一错报单独或连同其他错报可能引起财务报表存在重大错报时的有效性。

7. 在某些情况下，不复杂的预测模型也可以用于实施有效的分析程序。例如，如果被审计单位在某一会计期间对既定数量的员工支付固定工资，注册会计师可利用这一数据非常准确地估计出该期间的员工工资总额，从而获取有关该重要财务报表项目的审计证据，并降低对工资成本实施细节测试的必要性。一些广泛认同的行业比率（如不同类型零售企业的毛利率）通常可以有效地运用于实质性分析程序，为已记录金额的合理性提供支持性证据。

8. 不同类型的分析程序提供不同程度的保证。例如，根据租金水平、公寓数量和空置率，可以测算出一幢公寓大楼的总租金收入。如果这些基础数据得到恰当的核实，上述分析程序能提供具有说服力的证据，从而可能无需利用细节测试再作进一步验证。相比之下，通过计算和比较毛利率，对于某项收入数据的确认，可以提供说服力相对较弱的审计证据，但如果结合实施其他审计程序，则可以提供有用的佐证。

9. 对特定实质性分析程序适用性的确定，受到认定的性质和注册会计师对重大错报风险评估的影响。例如，如果针对销售订单处理的内部控制存在缺陷，对与应收账款相关的认定，注册会计师可能更多地依赖细节测试，而非实质性分析程序。

10. 在针对同一认定实施细节测试时，特定的实质性分析程序也可能视为是适当的。例如，注册会计师在对应收账款余额的计价认定获取审计证据时，除了对期后收到的现金实施细节测试外，也可以对应收账款的账龄实施实质性分析程序，以确定应收账款的可收回性。

对公共部门实体的特殊考虑

11. 在企业财务报表审计中、传统上考虑的各财务报表项目之间的关系，在政府部门或其他非企业公共部门实体的审计中往往是不相关的。例如，在很多公共部门实体中，收入与支出之间几乎没有直接关系。另外，由于资产的购路支出可能不予资本化，购置资产（如存货和固定资产）的支出与在财务报表中这些资产的金额之间可能没有关系。同时，用于比较目的的行业数据或统计数据可能无法在公共部门获取。然而，其他数据之间的关系可能是相关的，如每公里公路建设成本的差异，或者购买车辆的数目与报废车辆的比较。

（二）数据的可靠性［参见本准则第五条第（二）项］

12. 数据的可靠性受其来源和性质的影响，并取决于获取该数据的环境。因此，在确定数据的可靠性是否能够满足实质性分析程序的需要时，下列因素是相关的：

（1）可获得信息的来源。例如，从被审计单位以外的独立来源获取的信息可能更加可靠。

（2）可获得信息的可比性。例如，对于生产和销售特殊产品的被审计单位，可能需要对宽泛的行业数据进行补充，使其更具可比性；

（3）可获得信息的性质和相关性。例如，预算是否作为预期的结果，而不是作为将要达到的目标；

（4）与信息编制相关的控制，用以确保信息完整、准确和有效。例如，与预算的编制、复核和维护相关的控制。

13. 当针对评估的风险实施实质性分析程序时，如果使用被审计单位编制的信息，注册会计师可能需要考虑测试与信息编制相关的控制（如有）的有效性。当这些控制有效时，注册会计师通常对该信息的可靠性更有信心,进而对分析程序的结果更有信心。对与非财务信息相关的控制运行有效性进行的测试,通常与对其他控制的测试结合在一起进行。例如,被审计单位对销售发票建立控制的同时,也可能对销售数量的记录建立控制。在这些情况下,注册会计师可以把两者的控制有效性测试结合在一起进行。或者,注册会计师可以考虑该信息是否需要经过测试。《中国注册会计师审计准则第1301号——审计证据》及其应用指南对注册会计师确定针对实质性分析程序所使用的信息实施的审计程序作出了规定并提供了指引。

14. 无论注册会计师是在期末对财务报表审计时实施实质性分析程序,还是在期中实施并计划针对剩余期间实施实质性分析程序,本指南第12段第(1)项至第(4)项的规定均适用。《中国注册会计师审计准则第1231号——针对评估的重大错报风险采取的应对措施》规定了期中实施实质性程序的有关要求。

(三)评价预期值的精确程度〔参见本准则第五条第(三)项〕

15. 在评价预期值是否足以精确确定一项错报单独或连同其他错报可能导致财务报表发生重大错报时,注册会计师考虑的相关事项包括:

(1)对实质性分析程序的预期结果作出预测的精确性。精确性,也称精确度,是指对预期值与真实值之间接近程度的度量。分析程序的有效性在很大程度上取决于注册会计师形成的预期值的精确性。预期值的精确性越高,注册会计师通过分析程序获取的保证水平将越高。例如,与酌量费用(如研究开发或广告费用)相比,注册会计师预期各期的毛利率更具有稳定性;

(2)信息可分解的程度。信息可分解的程度是指用于分析程序的信息的详细程度,如按月份或地区分部分解的数据。通常,数据的可分解程度越高,预期值的准确性越高,注册会计师将相应获取较高的保证水平。当被审计单位经营复杂或多元化时,分解程度高的详细数据更为重要。例如,与对整体财务报表实施实质性分析程序相比,对单个经营部门的财务信息或某个多元化经营的财务报表组成部分实施实质性分析程序可能更有效;

(3)财务信息和非财务信息的可获得性。例如,在设计实质性分析程序时,注册会计师可能考虑是否可以获得财务信息(如预算和预测)及非财务信息(如已生产或已销售产品的数量),以有助于设计实质性分析程序。如果信息是可以获取的,如本指南第12段和第13段所述,注册会计师仍可能需要考虑信息的可靠性。

(四)已记录金额与预期值之间可接受的差异额〔参见本准则第五条第(四)项〕

16. 注册会计师在确定已记录金额与预期值之间可接受的,且无需作进一步调查的差异额时,受重要性和计划的保证水平的影响。在确定该差异额时,注册会计师需要考虑一项错报单独或连同其他错报导致财务报表发生重大错报的可能性。

《中国注册会计师审计准则第1231号——针对评估的重大错报风险采取的应对措施》规定,注册会计师评估的风险越高,需要获取越有说服力的审计证据。因此,为了获取具有说服力的审计证据,当评估的风险增加时,可接受的、无需作进一步调查的差异额将会降低。

三、有助于形成总体结论的分析程序(参见本准则第六条)

17. 按照本准则第六条的规定,在临近审计结束时设计和实施分析程序是为了佐证在审计财务报表各个组成部分或各个要素过程中形成的结论。分析程序有助于注册会计师形成合理的结论，作为审计意见的基础。

18. 实施分析程序的结果可能有助于注册会计师识别出以前未识别的重大错报风险。在这种情况下，《中国注册会计师审计准则第1211号——通过了解被审计单位及其环境识别和评估重大错报风险》要求注册会计师修正重大错报风险的评估结果，并相应修改原计划实施的进一步审计程序。

19. 按照本准则第六条的规定实施的分析程序，可能与用作风险评估程序的分析程序类似。

四、调查分析程序的结果（参见本准则第七条）

20. 在考虑对被审计单位及其环境的了解以及在审计过程中获取的其他审计证据后，注册会计师可以通过评价管理层的答复，获取与答复相关的审计证据。

21. 如果管理层不能提供解释，或注册会计师结合与管理层答复相关的审计证据认为管理层的解释不充分，则可能需要实施其他审计程序。

《中国注册会计师审计准则第 1314 号——审计抽样》应用指南

(2010 年 11 月 1 日修订)

一、定义

(一)抽样单元(参见本准则第六条)

1. 抽样单元可能是实物项目(如支票簿上列示的支票信息,银行对账单上的贷方记录,销售发票或应收账款余额),也可能是货币单元。

(二)非抽样风险(参见本准则第九条)

2. 注册会计师采用不适当的审计程序或误解审计证据而没有发现错报或偏差,均可能导致非抽样风险。

(三)可容忍错报(参见本准则第十二条)

3. 在设计样本时,注册会计师需要确定可容忍错报,以应对单个非重大错报的汇总数可能导致财务报表存在重大错报的风险,并为可能未发现的潜在错报留出余地。可容忍错报是将实际执行的重要性(参见《中国注册会计师审计准则第 1221 号——计划和执行审计工作时的重要性》)运用到特定抽样程序。可容忍错报可能等于或低于实际执行的重要性。

二、样本设计、样本规模和选取测试项目

(一)样本设计(参见本准则第十五条)

4. 审计抽样能够使注册会计师获取和评价有关所选取项目某些特征的审计证据,以形成或有助于形成有关总体(即从中选取样本的总体)的结论。注册会计师在运用审计抽样时,既可以使用非统计抽样方法,也可以使用统计抽样方法。

5. 在设计审计样本时,注册会计师需要考虑的因素包括拟实现的特定目的以及可能实现该目的的最佳审计程序组合。考虑拟获取审计证据的性质,以及与该审计证据相关的可能的偏差、错报情况或其他特征,有助于注册会计师界定偏差或错报的构成以及采用何种总体;为满足《中国注册会计师审计准则第 1301 号——审计证据》第十四条的要求,在实施审计抽样时,注册会计师需要实施审计程序,以获取有关总体的完整性的审计证据。

6. 按照本准则第十五条的规定,注册会计师考虑审计程序的目的,包括清楚地了解什么构成偏差或错报,可以使其在评价偏差或推断错报时仅考虑与审计程序目的相关的所有情况。例如,对应收账款的存在实施细节测试时,如实施函证程序,客户在函证基准日之前支付而被审计单位在函证基准日之后不久收到的款项,不视为错报。又如,客户明细账之间的误登不影响应收账款总账余额,即使这种误登可能对审计的其他方面

（如对舞弊风险或坏账准备充分性的评估）具有重要影响，在评价该特定审计程序的样本测试结果时将其视为错报可能是不适当的。

7. 对于控制测试，注册会计师在考虑总体特征时，需要根据对相关控制的了解或对总体中少量项目的检查来评估预期偏差率。注册会计师作出这种评估，旨在设计审计样本和确定样本规模。例如，如果预期偏差率高得无法接受，注册会计师通常决定不实施控制测试。同样，对于细节测试，注册会计师需要评估总体中的预期错报。如果预期错报很高，注册会计师在实施细节测试时对总体进行100%检查或使用较大的样本规模可能较为适当。

8. 在考虑总体的特征时，注册会计师可能认为分层或金额加权选样是适当的。本指南附录1为分层和金额加权选样提供了进一步指引。

9. 确定使用统计抽样方法还是非统计抽样方法，取决于注册会计师的职业判断，但样本规模不是区分统计抽样方法和非统计抽样方法的有效标准。

（二）样本规模（参见本准则第十六条）

10. 注册会计师愿意接受的抽样风险水平影响所需的样本规模。注册会计师愿意接受的抽样风险越低，所需的样本规模越大。

11. 注册会计师可以运用统计学公式或运用职业判断确定样本规模。本指南附录2和附录3列示了通常对确定样本规模产生影响的各种因素。无论选择统计抽样方法还是非统计抽样方法，在类似情况下，附录2和附录3列示的因素对样本规模的影响也是类似的。

（三）选取测试项目（参见本准则第十七条）

12. 在统计抽样中，注册会计师选取样本项目时每个抽样单元被选取的概率是已知的。在非统计抽样中，注册会计师根据判断选取样本项目。由于抽样的目的是为注册会计师得出有关总体的结论提供合理的基础，因此，注册会计师通过选择具有总体典型特征的样本项目，从而选出有代表性的样本以避免偏向是很重要的。

13. 选取样本的主要方法包括随机选样、系统选样和随意选样。本指南附录4对每种方法提供了指引。

三、实施审计程序（参见本准则第十九条和第二十条）

14. 如果在测试付款授权时选取了一张作废的支票，并确信支票已经按照适当程序作废因而不构成偏差，注册会计师需要适当选择一个替代项目进行检查。

15. 当与选取的某项目相关的文件丢失时，注册会计师无法对所选择的项目实施设计的审计程序。

16. 如果未收到积极式询证函的回函，注册会计师可以实施适当的替代程序，如检查期后的现金收款以及有关其来源和对应项目的证据。

四、偏差和错报的性质与原因（参见本准则第二十一条）

17. 在分析识别出的偏差和错报时，注册会计师可能注意到许多偏差和错报具有共同的特征，如交易类型、地点、产品线或时段。在这种情况下，注册会计师可以决定找出总体中具有这一共同特征的所有项目，并将审计程序扩展到这些项目。另外，这些偏差或错报可能是有意的，可能表明存在舞弊。

五、推断错报（参见本准则第二十三条）

18. 注册会计师需要推断总体错报，以获取对错报规模的大致了解，但该推断可能并不足以确定应记录的确切金额。

19. 如果某项错报被确认为异常，注册会计师在推断总体错报时可以将其排除在外。但是、如果该项错报没有更正，注册会计师除推断非异常错报外还需要考虑所有异常错报的影响。

20. 对于控制测试，由于样本偏差率也是整个总体的推断偏差率，注册会计师无需推断偏差。《中国注册会计师审计准则第1231号——针对评估的重大错报风险采取的应对措施》对注册会计师在拟信赖的控制中发现偏差的情况作出了规定。

六、评价审计抽样结果（参见本准则第二十四条）

21. 对于控制测试,除非注册会计师已获取能够证实最初评估结果的进一步审计证据,超出预期的高偏差率可能导致评估的重大错报风险增加。对于细节测试，在缺乏进一步审计证据证明不存在重大错报的情况下，样本中超出预期的高错报可能导致注册会计师认为某类交易或账户余额存在重大错报。

22. 对于细节测试，推断错报与异常错报（如有）之和是注册会计师对总体错报的最佳估计。当推断错报与异常错报（如有）之和超过可容忍错报时，样本就不能为得出有关测试总体的结论提供合理的基础。推断错报与异常错报之和越接近可容忍错报，总体中实际错报超过可容忍错报的可能性就越大。如果推断错报高于确定样本规模时使用的预期错报，注册会计师可能认为，总体中实际错报超出可容忍错报的抽样风险是不可接受的。考虑其他审计程序的结果有助于注册会计师评估总体中实际错报超出可容忍错报的抽样风险，获取额外的审计证据可以降低该风险。

23. 如果认为审计抽样没有为得出有关测试总体的结论提供合理的基础，注册会计师可以：

（1）要求管理层对识别出的错报和是否可能存在更多错报进行调查．并在必要时进行调整；

（2）调整进一步审计程序的性质、时间安排和范围，以更好地获取所需的保证。例如，对于控制测试，注册会计师可能会扩大样本规模．测试替代控制或修改相关实质性程序。

附录1（参见本指南第8段）

分层和金额加权选样

在考虑总体的特征时，注册会计师可能认为使用分层或金额加权选样比较适当。本附录为注册会计师使用分层或金额加权选样提供了指引。

一、分层

1. 注册会计师对总体进行分层，即将总体分成有识别特征的各个子总体，可以提高审计效率。分层的目标是减少每一层中项目的变异性,从而在不增加抽样风险的情况下减少样本规模。

2. 在实施细节测试时,注册会计师通常根据金额对总体进行分层。这使注册会计师能够将更多审计资源投向金额较大的项目,而这些项目最有可能包含高估错报。同样,注册会计师也可以根据表明更高错报风险的特定特征对总体分层,例如,在测试应收账款计价中的坏账准备时,注册会计师可以根据账龄对应收账款余额进行分层。

3. 对层内样本项目实施审计程序的结果只能推断至构成该层的项目。如果要对整个总体得出结论,注册会计师需要考虑与构成整个总体的其他层有关的重大错报风险。例如,占总体数量20%的项目,其金额可能占账户余额的90%。注册会计师可能决定从这20%的项目中选取样本进行检查。然后,注册会计师评价样本结果,并对这90%的金额单独得出结论。对剩余10%的金额,注册会计师可以另外选取样本或使用其他获取审计证据的方法,或者认为剩余10%的金额不重要。

4. 如果注册会计师将某类交易或账户余额分成不同的层,需要对每层分别推断错报。在考虑错报对该类别的所有交易或账户余额的可能影响时,注册会计师需要综合考虑每层的推断错报。

二、金额加权选样

5. 在实施细节测试时,将构成总体的每个货币单元作为抽样单元可能更有效率。从总体(如应收账款余额)中选取了具体的货币单元后,注册会计师可以对包含这些货币单元的特定项目(如明细账余额)进行检查。使用这种方法界定抽样单元的一个好处是,将审计资源投向金额较大的项目(因为它们被选取的机会更大),并缩小样本规模。这种方法可以与系统选样法(参见本指南附录4)结合使用,且在用随机选样法选取项目时效率最高。

附录2(参见本指南第11段)

控制测试中影响样本规模的因素示例

以下是注册会计师在确定控制测试的样本规模时可能考虑的因素,这些因素基于注册会计师没有修改控制测试的性质或时间安排,也没有修改实质性程序的假设。注册会计师需要综合考虑这些因素。

因素	对样本规模的影响	说明
1. 注册会计师在评估风险时考虑相关控制的范围扩大;注册会计师在评估风险计时相关控制的依赖程度增加	增大	注册会计师拟从控制运行有效性中获取的保证程度越高,注册会计师评估的重大错报风险越低,样本规模就越大;当评估认定层次重大错报风险时预期控制的运行是有效的,注册会计师需要实施控制测试当其他情况相同时,注册会计师在风险评估中对控制运行有效性的依赖程度越高,注册会计师实施控制测试的范围越大(因此样本规模增大)

（续表）

因素	对样本规模的影响	说明
2.可容忍偏差率增加	减少	可容忍偏差率越低，所需的样本规模越大
3.拟测试总体的预期偏差率增加	增大	预期偏差率越高，所需的样本规模越大，以使注册会计师能够对实际偏差率作出合理的估计；注册会计师确定预期偏差率时应考虑的因素包括：注册会计师对经营情况的了解（特别是用来了解内部控制的风险评估程序）、人员或内部控制的变化、以前期间实施审计程序的结果和其他审计程序的结果。如果预期控制偏差率很高，注册会计师通常不降低评估的重大错报风险
4.注册会计师对于总体实际偏差率未超出可容忍偏差率的期望保证程度增加	增大	注册会计师对样本结果能够真正表明总体中实际发生的偏差的保证程度期望越高，所需的样本规模越大
5.总体中抽样单元的数量增加	影响可忽略	对于大规模总体而言，总体的实际规模对样本规模几乎没有影响。然而，对于小规模总体而言，审计抽样可能不比其他替代方法更能有效地获取充分、适当的审计证据

附录3（参见本指南11段）

细节测试中影响样本规模的因素示例

以下是注册会计师在确定细节测试的样本规模时可能考虑的因素，这些因素基于注册会计师没有修改控制测试，也没有修改实质性程序的性质或时间安排的假设。注册会计师需要综合考虑这些因素。

因素	对样本规模的影响	说明
1.注册会计师评估的重大错报风险增加	增大	注册会计师评估的重大错报风险越高，所需的样本规模越大注册会计师对重大错报风险的评估受到固有风险和控制风险的影响。例如，如果不实施控制测试，注册会计师不能因为与某特定认定有关的内控制有效运行而降低评估的重大错报风险。因此，为了将审计风险降至可接受的低水平，注册会计师需要较低的检查风险，并更多地依赖实质性程序。从细节测试中获取的审计证据越多（即检查风险越低），所需的样本规模越大
2.针对同一认定更多地使用其他实质性程序	减少	为了将与特定总体有关的检查风险降至可接受的低水平，注册会计师越依赖其他实质性程序（细节测试或实质性分析程序），从抽样中获取的保证程度越低，因此样本规模可以越小
3.注册会计师对总体实际错报未超出可容忍错报的期望保证程度增加	增加	注册会计师对样本结果能够真正表明总体中实际错报金额所要求的保证程度越高，所需的样本规模越大

（续表）

因素	对样本规模的影响	说明
4.可容忍错报增加	减少	可容忍错报越低，所需的样本规模越大
5.注册会计师预计在总体中发现的错报金额增加	增大	注册会计师预期在总体中发现的错报金额越大。为了对总体中的实际错报金额作出合理估计所需的样本规模越大。与注册会计师考虑预期错报金额相关的因素包括：确定项目金额的主观性程度、风险评估程序的结果、控制测试的结果、以前期间实施审计程序的结果和其他实质性程序的结果
6.对总体分层（如适当）	减少	如果总体中项目的金额差异（变异性）很大，对总体分层可能有用。当总体被适当分层时，各层样本规模的汇总数通常小于在对整个总体选取样本的情况下注册会计师实现既定的抽样风险水平所需要的样本规模
7.总体中抽样单元的数量	影响可忽略	对于大规模总体，总体的实际规模对样本规模几乎没有影响。而对小规模总体，审计抽样可能不比其他替代方法更能有效地获取充分、适当的审计证据。[但是，在使用货币单元抽样时，总体金额的增加会导致样本规模的增加，除非财务报表整体重要性（有时是某类交易、账户余额或披露的重要性水平）的成比例增加抵消了这一影响。]

附录4（参见本指南第13段）

选样方法

选取样本的主要方法包括：

1.随机选样（使用随机数生成工具，如随机数表）。

2.系统选样，即用总体中抽样单元的总数量除以样本规模，得到样本间隔，例如，样本间隔为50，然后在第一个50中确定一个起点，其后每数到第50个的抽样单元就是所选项目。虽然可以随意选择起点，但如果使用计算机随机数发生器或随机数表，样本可能更随机。在使用系统选样时，注册会计师需要确定，总体中的抽样单元的排列方式不会使样本间隔正好与总体的特殊模式相对应。

3.货币单元抽样是一种金额加权选样方法（参见本指南附录1），在这种方法中，样本的规模、选取和评价产生了以货币金额表示的结论。

4.随意选样。在这种方法中，注册会计师选取样本不采用结构化的方法。尽管不使用结构化方法，注册会计师也要避免任何有意识的偏向或可预见性（如回避难以找到的项目，或总是选择或回避每页的第一个或最后一个项目），从而试图保证总体中的所有项目都有被选中的机会。在使用统计抽样时，运用随意选样是不恰当的。

5.整群选样是指从总体中选取一群（或多群）连续的项目。整群选样通常不能在审计抽样中使用，因为大部分总体的结构都使连续的项目之间可能具有相同的特征，但与总体中其他项目的特征不同。虽然在有些情况下注册会计师检查一群项目可能是适当的审计程序，但当注册会计师希望根据样本作出有关整个总体的有效推断时，极少将整群选样作为适当的选样方法。

《中国注册会计师审计准则第 1321 号——审计会计估计（包括公允价值会计估计）和相关披露》应用指南

（2022 年 1 月 17 日修订）

一、会计估计的性质（参见本准则第三条）

1.由于经营活动具有内在不确定性，某些财务报表项目只能进行估计。进一步讲，某项资产、负债或权益组成部分的具体特征或财务报告编制基础规定的计量基础或方法，可能导致有必要对某一财务报表项目作出估计。某些财务报告编制基础规定了计量的具体方法和需要在财务报表中作出的披露，但其他一些财务报告编制基础则规定较少。本指南附录讨论了不同财务报告编制基础下公允价值的计量和披露。

2.某些会计估计涉及相对较低的估计不确定性，并可能导致较低的重大错报风险。例如：

（1）从事不复杂的经营活动的实体作出的会计估计；

（2）因与常规交易相关而经常作出并更新的会计估计；

（3）从较易获得的数据（如公布的利率或证券交易价格）中得出的会计估计。这些数据在公允价值会计估计中可能被称为"可观察到的"；

（4）在适用的财务报告编制基础规定的公允价值计量方法简单且容易使用的情况下，对需要以公允价值计量的资产或负债作出的公允价值会计估计；

（5）在模型的假设或输入数据是可观察到的情况下，采用广为人知或被普遍认可的计量模型作出的公允价值会计估计。

3.然而，某些会计估计可能存在相对较高的估计不确定性，尤其是当这些会计估计以重大假设为基础时。例如：

（1）与诉讼结果相关的会计估计；

（2）非公开交易的衍生金融工具的公允价值会计估计；

（3）采用高度专业化的、由被审计单位自主开发的模型，或采用难以在市场上观察到的假设或输入数据作出的公允价值会计估计。

4.估计不确定性的程度取决于下列三个因素：

（1）会计估计的性质；

（2）作出会计估计所使用的方法或模型被普遍认可的程度；

（3）作出会计估计所使用的假设的主观程度。

在某些情况下，与某项会计估计相关的估计不确定性可能太大，以致无法满足适用的财务报告编制基础规定的确认标准，因而难以作出会计估计。

5. 并非所有需要以公允价值计量的财务报表项目都涉及估计不确定性。例如，对于存在活跃和公开市场且能轻易获得交易发生时点价格的可靠信息的某些财务报表项目，公开的市场报价通常是确定公允价值的最佳审计证据。但是，即使能够明确地规定估值方法和数据，估计不确定性仍然存在。例如，如果持有量相对于市场存量重大或在交易方面存在限制，在以市场价格对具有活跃市场报价的证券估值时，可能需要作出调整。此外，当时的总体经济情况（如在特定市场缺乏流动性）也可能影响估计不确定性。

6. 除公允价值会计估计外，其他可能需要作出会计估计的例子有：

（1）坏账准备；

（2）存货跌价准备（如存货过时）；

（3）产品质量保证义务；

（4）折旧方法或资产预计使用寿命；

（5）如果投资的可收回性存在不确定性，对其账面价值计提的减值准备；

（6）长期合约的结果；

（7）由于了结诉讼或判决产生的成本。

7. 其他可能需要作出公允价值会计估计的情形举例如下：

（1）不存在活跃和公开市场的复杂金融工具；

（2）股份支付；

（3）待处置房屋建筑物或机器设备；

（4）企业合并中获取的某些资产或负债，包括商誉和无形资产；

（5）独立的当事人之间进行的非货币性资产（或负债）交换，如不同业务生产线设备之间的非货币性交换。

8. 估计需要基于编制财务报表时可获得的信息作出判断。对于许多会计估计，这些判断需要对作出估计时不确定的事项作出假设。注册会计师没有责任预测那些一旦在审计时知悉，就可能对管理层的行为或假设产生重大影响的未来情况、交易或事项。

（一）管理层偏向

9. 财务报告编制基础通常要求财务信息具有中立性，即不受偏向的影响。但是，会计估计并不精确，受到管理层判断的影响。这种判断可能涉及有意（如实现某一特定结果的动机）或无意的管理层偏向。会计估计对管理层偏向的敏感性随着管理层作出估计的主观性的增加而增加。无意的管理层偏向，以及有意的管理层偏向的可能性，是对会计估计作出主观决策时所固有的。对于连续审计，以前审计中识别出的可能存在管理层偏向的迹象，会对注册会计师本期计划审计工作、风险识别和评估活动产生影响。

10. 管理层偏向难以在账户层面发现。注册会计师可能只有在对不同类型或所有会计估计的汇总数加以考虑时，或者对连续几个期间进行观察时，才能识别出管理层偏向。即使某些形式的管理层偏向为主观决策所固有，在作出这些决策时，管理层可能无意误导财务报表使用者。但是，当存在有意误导时，管理层偏向具有欺诈性质。

（二）对公共部门实体的特殊考虑

11. 公共部门实体可能持有大量专用资产。这些资产不存在可轻易获得和可靠的信息来源，以按照公允价值或其他现值基础或者将两者结合起来对其进行计量。这些资产通常不产生现金流量，也不具有活跃市场。因此，对其按照公允价值进行计量通常需要估计，且可能很复杂，在极少情况下可能根本不可行。

二、风险评估程序和相关活动（参见本准则第十三条）

12. 本准则第十三条要求的风险评估程序和相关活动有助于注册会计师预期被审计单位作出的会计估计的性质和类型。注册会计师首要考虑的问题是所了解的情况是否足以识别和评估与会计估计相关的重大错报风险，以及计划进一步审计程序的性质、时间安排和范围。

（一）了解适用的财务报告编制基础的要求［参见本准则第十三条第一款第（一）项］

13. 了解适用的财务报告编制基础的要求，有助于注册会计师确定该编制基础是否：
（1）规定了会计估计的确认条件或计量方法；
（2）明确了某些允许或要求采用公允价值计量的条件（如与管理层执行与某项资产或负债相关的特定措施的意图挂钩）；
（3）明确了要求作出或允许作出的披露。

了解适用的财务报告编制基础的要求，也为注册会计师就下列方面与管理层进行讨论提供了基础：
（1）管理层如何运用与会计估计相关的要求；
（2）注册会计师对这些要求是否得到恰当运用的判断。

14. 当存在可供选择的点估计时，财务报告编制基础可能为管理层确定点估计提供指引。例如，某些财务报告编制基础要求所选择的点估计应当反映管理层对最可能出现的结果的判断；其他一些财务报告编制基础则要求使用预期概率加权折现价值。在某些情况下，管理层可能有能力直接作出点估计；在其他情况下，管理层只有在考虑了各个据以确定点估计的可供选择的假设或结果后，才可能作出可靠的点估计。

15. 当会计估计对重大假设特别敏感时，适用的财务报告编制基础可能要求披露这些重大假设。此外，当存在高度的估计不确定性时，一些适用的财务报告编制基础不允许在财务报表中确认会计估计，但要求在财务报表附注中作出某些披露。

（二）了解管理层如何识别是否需要作出会计估计［参见本准则第十三条第一款第（二）项］

16. 编制财务报表要求管理层确定是否有必要对某项交易、事项和情况作出会计估计，以及确定是否已按照适用的财务报告编制基础确认、计量和披露所有必要的会计估计。

17. 管理层识别需要作出会计估计的交易、事项和情况，可能依据下列因素：
（1）管理层对被审计单位经营情况和所在行业的了解；
（2）管理层对当前期间实施经营战略情况的了解；
（3）管理层在以前期间编制财务报表所积累的经验（如适用）。

在上述情况下，注册会计师主要通过询问管理层，就可以了解管理层如何识别需要作出会计估计的情形。在其他情况下，当管理层作出会计估计的流程更为结构化时（如管理层设有正式的风险管理职责），注册会计师可以针对管理层定期复核导致会计估计的情况及在必要时重新估计会计估计的方法及惯常做法实施风险评估程序。会计估计（特别是与负债相关的会计估计）的完整性，通常是注册会计师考虑的重要因素。

18. 注册会计师在实施风险评估程序时对被审计单位及其环境的了解，连同在审计过程中获取的其他审计证据，有助于注册会计师识别某些可能需要作出会计估计的情况（包括情况的变化）。

19. 注册会计师可以向管理层询问下列情况：

（1）被审计单位是否已从事可能需要作出会计估计的新型交易；

（2）需要作出会计估计的交易的条款是否已改变；

（3）由于适用的财务报告编制基础的要求或其他规定的变化，与会计估计相关的会计政策是否已经相应变化；

（4）可能要求管理层修改或作出新会计估计的外部监管变化或其他不受管理层控制的变化是否已经发生；

（5）是否已经发生可能需要作出新估计或修改现有估计的新情况或事项。

20. 在审计过程中，注册会计师可能识别出一些管理层没有识别出但需要作出会计估计的交易、事项和情况。针对管理层未能识别出重大错报风险的情形，《中国注册会计师审计准则第1211号——通过了解被审计单位及其环境识别和评估重大错报风险》提供了处理方法，包括如何确定与被审计单位的风险评估过程相关的内部控制是否存在值得关注的内部控制缺陷。

对小型被审计单位的特殊考虑

21. 由于小型被审计单位的业务活动通常有限，且交易较为简单，了解管理层如何识别作出会计估计的必要性通常并不复杂。在小型被审计单位，通常由某一个人（如业主兼经理）确定是否有必要作出会计估计，因此，注册会计师可对其进行重点询问。

（三）了解管理层如何作出会计估计［参见本准则第十三条第一款第（三）项和第二款］

22. 编制财务报表也要求管理层建立针对会计估计的财务报告过程（包括适当的内部控制）。这些过程通常包括：

（1）选择适当的会计政策，并规定作出会计估计的流程，包括适当的估计或估值的方法或模型（如适用）；

（2）形成或识别影响会计估计的相关数据和假设；

（3）定期复核需要作出会计估计和在必要时重新作出会计估计的情形。

23. 在了解管理层如何作出会计估计时，注册会计师可能考虑的事项包括：

（1）与会计估计相关的账户或交易的类型（例如，会计估计是在对常规和重复发生的交易进行记录时作出的，还是在对异常或非重复发生的交易进行记录时作出的）；

（2）针对特定会计估计，管理层是否使用以及如何使用经认可的计量技术；

（3）会计估计是否以期中可获得的数据为基础，如是，管理层是否已考虑以及如何考虑期中时点至期末之间发生的事项、交易和变化后的情况产生的影响。

计量方法（包括使用的模型）［参见本准则第十三条第二款第（一）项］

24. 在某些情况下，适用的财务报告编制基础可能规定会计估计的计量方法，如计量公允价值会计估计的特定模型。但是，在许多情况下，适用的财务报告编制基础没有规定计量方法，或可能规定了多种可供选择的计量方法。

25. 当适用的财务报告编制基础没有规定具体环境下采用的特定计量方法时，注册会计师在了解管理层作出会计估计所采用的方法或模型（如适用）时可能考虑的事项包括：

（1）在选择特定方法时，管理层如何考虑需要作出估计的资产或负债的性质；

（2）被审计单位是否在某些业务领域、行业或环境中从事经营活动，而这些业务领域、行业或环境存在用于作出特定类型会计估计的通用方法。

26. 如果管理层作出会计估计时采用了内部开发的模型或偏离了某一特定行业或环境中所采用的通用方法，则可能存在更大的重大错报风险。

相关控制［参见本准则第十三条第二款第（二）项］

27. 在了解相关控制时，注册会计师可能考虑的事项包括作出会计估计的人员的经验与胜任能力，以及与下列情况相关的控制：

（1）管理层如何确定作出会计估计所使用的数据的完整性、相关性和准确性；

（2）由适当层级的管理层和治理层（如适用）对会计估计（包括使用的假设或输入数据）进行复核和批准；

（3）将批准交易的人员和负责作出会计估计的人员进行职责分离，包括职责分配是否恰当地考虑了被审计单位的性质以及产品或服务的性质（例如，对于大型金融机构，相关职责分离可能包括设置负责对自有金融产品的公允价值作出估计和验证的独立部门，且该部门职员的薪酬不与这些产品挂钩）。

28. 其他与作出会计估计相关的控制取决于具体情况。例如，如果被审计单位使用特定模型作出会计估计，管理层可能针对该模型建立专门的政策和程序。相关控制可能包括对下列事项的控制：

（1）为特定目的而设计和开发或选择特定模型；

（2）该模型的使用；

（3）该模型可靠性的维护和定期验证。

管理层利用专家的工作［参见本准则第十三条第二款第（三）项］

29. 管理层可能拥有作出点估计必要的经验和胜任能力，或者被审计单位可能雇用那些具备作出点估计必要的经验和胜任能力的人员。在某些情况下，管理层可能需要聘请专家作出或者帮助其作出会计估计。这些情况可能包括：

（1）需要作出会计估计的事项（如在采掘行业对矿产或油气储量的测量）具有特殊性质；

（2）满足适用的财务报告编制基础相关要求的模型（如对某些公允价值计量采用的模型）具有一定的技术含量；

（3）需要作出会计估计的情况、交易或事项具有异常性或偶发性。

对小型被审计单位的特殊考虑

30. 在小型被审计单位，业主兼经理通常有能力作出所要求的点估计。然而在某些情况下，利用专家的工作也是必要的。注册会计师在审计前期阶段与业主兼经理就下列事项进行讨论，可能有助于业主兼经理确定是否需要利用专家的工作：

（1）会计估计的性质；

（2）会计估计的完整性；

（3）会计估计流程的适当性。

假设［参见本准则第十三条第二款第（四）项］

31. 假设是会计估计不可或缺的组成部分。在了解构成会计估计基础的假设时，注册会计师可能考虑的事项包括：

（1）假设（包括重大假设）的性质；

（2）管理层如何评价假设是否相关和完整（即考虑了所有相关变量）；

（3）管理层如何确定所采用假设的内在一致性（如适用）；

（4）假设是否与管理层所能控制的事项相关（如对可能影响资产使用年限的维修计划的假设），以及这些假设是否与被审计单位的经营计划和外部环境相符，或者假设与管理层控制之外的事项相关（如对利率、死亡率、潜在的司法或监管行为或未来现金流量的变动和时间安排的假设）；

（5）支持假设的文件记录（如存在）的性质和范围。

假设可能由专家作出或识别，以有助于管理层作出会计估计。当管理层采用这些假设时，就成为管理层的假设。

32. 尽管输入数据通常是指基础数据，但在某些情况下也指假设（如管理层采用模型作出会计估计时）。

33. 管理层可能使用来源于内部和外部不同类型的信息来支持假设，这些信息的相关性和可靠性各不相同。在某些情况下，假设可能可靠地建立在来源于外部（如公布的利率或其他统计数据）或内部（如历史信息或被审计单位以前经历过的情况）适用的信息的基础上。在其他情况下，假设可能更具有主观性，如被审计单位缺乏经验或没有获取信息的外部来源。

34. 对于公允价值会计估计，假设反映熟悉情况且自愿的公平交易参与方（有时称为市场参与方或类似称谓）在交换资产或清偿债务时用以确定公允价值可能使用的信息，或者假设与熟悉情况且自愿的公平交易参与方使用的信息一致。特定假设也可能因被估值资产或负债的特征、估值方法（如市场法或收益法）和适用的财务报告编制基础的要求的不同而不同。

35. 对于公允价值会计估计，假设或输入数据因其来源和基础的不同而不同。例如：

（1）依据从独立于报告主体以外的渠道获得的市场数据（有时称为"可观察到的输入数据"或类似称谓）得出的假设或输入数据，反映了市场参与方在确定资产或负债价格时使用的信息；

（2）依据具体情况下可获得的最佳信息（有时称为"不可观察到的输入数据"或类似称谓）得出的假设或输入数据，反映了被审计单位自身对市场参与方在确定资产或负债价格时使用何种假设作出的判断。

在实务中，（1）和（2）之间的差别并不总是明显的，管理层可能有必要从不同市场参与方使用的假设中作出选择。

36. 假设或输入数据的主观程度（如是否可观察到）影响估计不确定性的程度，并由此影响注册会计师对会计估计的重大错报风险的评估。

用以作出会计估计的方法是否已经发生变化［参见本准则第十三条第二款第（五）项］

37. 在评价管理层如何作出会计估计时，注册会计师需要了解用以作出会计估计的方法与前期相比是否已经发生变化或应当发生变化。当影响被审计单位的环境或情况或者适用的财务报告编制基础的要求发生变化时，需要改变估计方法加以应对。如果管理层改变了用于作出会计估计的方法，则注册会计师需要确定管理层能够证明新方法更加恰当，或者新方法本身就是对变化的应对。例如，如果管理层将作出会计估计的依据从盯市法转为模型法,注册会计师需要根据经济环境质疑管理层关于市场的假设是否合理。

估计不确定性[参见本准则第十三条第二款第(六)项]

38. 在了解管理层是否以及如何评估估计不确定性的影响时,注册会计师可能考虑的事项包括:

(1) 管理层是否已经考虑以及如何考虑各种可供选择的假设或结果,如通过敏感性分析确定假设变化对会计估计的影响;

(2) 当敏感性分析表明存在多种可能结果时,管理层如何作出会计估计;

(3) 管理层是否监控上期作出会计估计的结果,以及管理层是否已恰当应对实施监控程序的结果。

(四) 复核上期会计估计(参见本准则第十四条)

39. 会计估计的结果通常有别于在上期财务报表中确认的会计估计。通过实施风险评估程序识别和了解差异产生的原因,注册会计师可能获得:

(1) 关于上期会计估计流程有效性的信息,据此能够判断当前流程的有效性;

(2) 证明在本期对上期会计估计作出的重新估计是适当的审计证据;

(3) 有关可能需要在财务报表中披露的事项(如估计不确定性)的审计证据。

40. 复核上期会计估计,也可能有助于注册会计师在本期识别那些增加会计估计对管理层偏向敏感性的环境或情况,或者显示可能存在的管理层偏向的环境或情况。注册会计师保持职业怀疑,有助于识别这些环境或情况,并确定进一步审计程序的性质、时间安排和范围。

41. 《中国注册会计师审计准则第 1141 号——财务报表审计中与舞弊相关的责任》要求注册会计师复核与以前年度财务报表反映的重大会计估计相关的管理层判断和假设。为应对管理层凌驾于控制之上的风险,在设计和实施程序以复核会计估计是否存在管理层偏向,因而可能显示存在舞弊导致的重大错报风险时,注册会计师需要执行这种复核。在实务中,作为风险评估程序,按照本准则要求对上期会计估计作出的复核,可以结合《中国注册会计师审计准则第 1141 号——财务报表审计中与舞弊相关的责任》要求的复核一并执行。

42. 对上期审计中识别出的具有高度估计不确定性的会计估计,或者自上期以来发生重大变化的会计估计,注册会计师可能认为需要进行更加详细的复核;反之,对因记录常规和重复发生交易而产生的会计估计,注册会计师可能认为运用分析程序作为风险评估程序足以实现复核目的。

43. 对公允价值会计估计和其他以计量日情况为基础的会计估计,上期财务报表中确认的公允价值金额与本期结果或为实现本期目的而重新作出估计的金额之间的差异可能更大。这是因为这些会计估计的计量目标是确定某一时点的价值,该价值可能随被审计单位经营环境的变化而发生显著和快速的变化。因此,注册会计师在复核时,可将重点放在获取与识别和评估重大错报风险相关的信息。例如,在某些情况下,如果市场参与方假设发生的变化影响上期公允价值会计估计的结果,则了解该变化可能难以提供与本期审计目的相关的信息。在这种情况下,注册会计师在对上期公允价值会计估计结果进行考虑时,可能着重了解管理层上期会计估计流程(即管理层的历史记录)的有效性,并据此判断管理层本期估计流程可能的有效性。

44. 会计估计的结果与上期财务报表中已确认金额之间的差异,并不必然表明上期财务报表存在错报。但是，由于没有运用或错误运用下列两类信息而产生的差异可能表明上期财务报表存在错报：（1）在上期财务报表编制完成阶段管理层可以获得的信息；（2）合理预期管理层已经获得并在编制和列报财务报表时已予以考虑的信息。许多财务报告编制基础对界定会计估计变化是否构成错报以及相应的会计处理提供指引。

三、识别和评估重大错报风险

（一）估计不确定性（参见本准则第十五条）

45. 与会计估计相关的估计不确定性的程度受下列因素的影响：

（1）会计估计对判断的依赖程度；

（2）会计估计对假设变化的敏感性；

（3）是否存在可以降低估计不确定性的经认可的计量技术（当然，作为输入数据的假设，其主观程度仍可导致估计不确定性）；

（4）预测期的长度和从过去事项得出的数据对预测未来事项的相关性；

（5）是否能够从外部来源获得可靠数据；

（6）会计估计依据可观察到的或不可观察到的输入数据的程度。

与会计估计相关的估计不确定性程度，可能影响会计估计对管理层偏向的敏感性。

46. 在评估重大错报风险时，注册会计师考虑的事项也可能包括：

（1）会计估计的实际的或预期的重要程度；

（2）会计估计的记录金额（即管理层的点估计）与注册会计师预期应记录金额的差异；

（3）管理层在作出会计估计时是否利用专家工作；

（4）对上期会计估计进行复核的结果。

（二）高度估计不确定性和特别风险（参见本准则第十六条）

47. 可能存在高度估计不确定性的会计估计举例如下：

（1）高度依赖判断的会计估计，如对未决诉讼的结果或未来现金流量的金额和时间安排的判断，而未决诉讼的结果或未来现金流量的金额和时间安排取决于多年后才能确定结果的不确定事项；

（2）未采用经认可的计量技术计算的会计估计；

（3）注册会计师对上期财务报表中类似会计估计进行复核的结果表明最初会计估计与实际结果之间存在很大差异，在这种情况下管理层作出的会计估计；

（4）采用高度专业化的、由被审计单位自主开发的模型，或在缺乏可观察到的输入数据的情况下作出的公允价值会计估计。

48. 由于存在估计不确定性，表面上不重要的会计估计同样可能导致重大错报，即财务报表中确认或披露的会计估计金额的大小，可能不能充分反映估计不确定性。

49. 在某些情况下，估计不确定性非常高，以致难以作出合理的会计估计。因此，适用的财务报告编制基础可能禁止在财务报表中对此进行确认或以公允价值计量。在这种情况下，特别风险不仅与会计估计是否应予确认或以公允价值计量相关，而且与披露的充分性相关。针对这种会计估计，适用的财务报告编制基础可能要求披露会计估计和与之相关的高度估计不确定性（参见本指南第120段至第123段）。

50. 如果认为会计估计导致特别风险，注册会计师需要了解与会计估计相关的控制，包括控制活动。

51. 在某些情况下，会计估计的估计不确定性可能导致对被审计单位的持续经营能力产生重大疑虑。《中国注册会计师审计准则第 1324 号——持续经营》及其应用指南针对这种情况作出了规定并提供了指引。

四、应对评估的重大错报风险（参见本准则第十七条）

52.《中国注册会计师审计准则第 1231 号——针对评估的重大错报风险采取的应对措施》要求注册会计师设计和实施审计程序（包括其性质、时间安排和范围），以应对与会计估计相关的评估的财务报表层次和认定层次重大错报风险。本指南第 53 段至第 115 段重点说明认定层次的具体应对措施。

（一）对适用的财务报告编制基础要求的运用 [参见本准则第十七条第（一）项]

53. 许多财务报告编制基础规定会计估计的确认条件，并详细说明作出会计估计的方法和需要作出的披露。这些规定可能较为复杂，并要求运用判断。根据实施风险评估程序时了解的情况，注册会计师需要重点关注适用的财务报告编制基础中容易被误用或产生不同解释的相关要求。

54. 注册会计师确定管理层是否恰当地遵守适用的财务报告编制基础的要求，在某种程度上依据其对被审计单位及其环境的了解。例如，对某些项目（如在企业并购中获得的无形资产）的公允价值进行计量需要特别考虑被审计单位的性质及其经营活动的影响。

55. 在某些情况下，为了确定管理层是否恰当地遵守适用的财务报告编制基础的要求，注册会计师有必要实施追加的审计程序，如检查资产当前实物状况。

56. 在运用适用的财务报告编制基础的要求时，管理层需要考虑影响被审计单位的环境或情况的变化。例如，特定类型资产或负债开始引入活跃市场时，可能表明使用折现现金流量估计其公允价值不再恰当。

（二）方法的一致性和变化的基础 [参见本准则第十七条第（二）项]

57. 在情况没有发生变化或没有出现新的信息时，对会计估计或估计方法作出改变是武断的。武断的变化导致各期财务报表不一致，并可能产生财务报表重大错报，或显示存在管理层偏向。因此，注册会计师考虑会计估计或其估计方法自上期以来发生的变化是非常重要的。

58. 管理层通常能够为不同期间基于环境的变化对会计估计或其估计方法的改变提供很好的理由。注册会计师需要根据判断确定什么构成很好的理由，以及该理由支持管理层观点（即环境已经发生变化，需要对会计估计或其估计方法作出改变）的充分性。

（三）应对评估的重大错报风险（参见本准则第十八条）

59. 注册会计师在确定单独或综合运用本准则第十八条规定的措施以应对重大错报风险时，需要考虑下列事项的影响：

（1）会计估计的性质，包括会计估计是源于常规还是非常规交易；

（2）预期审计程序能否有效地为注册会计师提供充分、适当的审计证据；

（3）评估的重大错报风险，包括评估的风险是否是特别风险。

60. 例如，在评估坏账准备的合理性时，检查期后的现金回收情况并结合其他程序可能是有效的审计程序。当与会计估计相关的估计不确定性很高时，如会计估计是以采用不可观察到的输入数据的独有模型为基础时，可能有必要综合运用本准则第十八条规定的应对措施以获取充分、适当的审计证据。

61. 本指南第 62 段至第 95 段为本准则第十八条规定的措施提供了进一步指引，解释每项应对措施可能适用的情况。

截至审计报告日发生的事项［参见本准则第十八条第一款第（一）项］

62. 如果截至审计报告日可能发生的事项预期发生并提供用以证实或否定会计估计的审计证据，确定这些事项是否提供有关会计估计的审计证据可能是恰当的应对措施。

63. 截至审计报告日发生的事项有时可能提供有关会计估计的充分、适当的审计证据。例如，期后不久出售某被替代的产品的全部存货，可能提供有关其可变现净值估计的审计证据。在这种情况下，如果已获取有关该事项的充分、适当的审计证据，可能没有必要对会计估计实施追加的审计程序。

64. 对于某些会计估计，截至审计报告日发生的事项不可能提供审计证据。例如，与某些会计估计相关的情况或事项需要较长时间才有进展；同样，由于公允价值会计估计的计量目标，期后信息可能不反映资产负债表日存在的事项或情况，因而可能与公允价值会计估计的计量无关。本准则第十八条规定了注册会计师可能采取的应对重大错报风险的其他措施。

65. 在某些情况下，与会计估计相矛盾的事项可能表明管理层没有建立作出会计估计的有效流程，或者在作出会计估计时存在管理层偏向。

66. 即使决定对特定会计估计不采取这种方法，注册会计师仍需要遵守《中国注册会计师审计准则第 1332 号——期后事项》及其应用指南的相关规定。注册会计师需要实施审计程序，获取充分、适当的审计证据，以确定财务报表日至审计报告日之间发生的、需要在财务报表中调整或披露的事项是否已经按照适用的财务报告编制基础在财务报表中得到恰当反映。由于除公允价值会计估计外的许多会计估计的计量通常取决于未来情况、交易或事项的结果，《中国注册会计师审计准则第 1332 号——期后事项》规定的审计工作对于这些会计估计尤为相关。

对小型被审计单位的特殊考虑

67. 当财务报表日和审计报告日相隔较长时，注册会计师对该期间事项的复核可能是应对除公允价值会计估计外的其他会计估计的有效措施。这对于某些业主亲自管理的小型被审计单位，特别是当管理层没有针对会计估计建立正式的控制程序时尤其如此。

测试管理层如何作出会计估计［参见本准则第十八条第一款第（二）项］

68. 如果会计估计是依据模型（使用可观察到的或不可观察到的输入数据）作出的公允价值会计估计，测试管理层如何作出会计估计和会计估计所依据的数据，可能是恰当的应对措施。此外，在下列情况下，这种测试也可能是恰当的：

（1）会计估计源于被审计单位会计系统对数据的常规处理；

（2）注册会计师对上期财务报表中类似的会计估计的复核表明管理层本期的会计估计流程可能是有效的；

（3）会计估计建立在性质相似、单项不重要但数量众多的项目的基础上。

69. 测试管理层如何作出会计估计可能涉及下列方面，例如：

（1）测试会计估计所依据的数据的准确性、完整性和相关性，以及管理层是否使用这些数据和假设恰当地作出会计估计；

（2）考虑外部数据或信息的来源、相关性和可靠性，包括从管理层聘请的、用以协助其作出会计估计的外部专家那里获取的数据或信息；

（3）重新计算会计估计，并复核有关会计估计信息的内在一致性；

（4）考虑管理层的复核和批准流程。

对小型被审计单位的特殊考虑

70. 在小型被审计单位，作出会计估计的流程的结构化程度相对较低。管理层积极参与管理的小型被审计单位可能不存在对会计程序的全面描述、复杂的会计记录或书面政策。即使小型被审计单位没有建立正式的流程，也并不意味着管理层不能为注册会计师测试会计估计提供基础。

评价计量方法 [参见本准则第十八条第一款第（二）项]

71. 当适用的财务报告编制基础没有规定计量方法时，评价计量方法（包括适用的模型）是否适用于具体情况属于职业判断。

72. 为了评价计量方法是否适用于具体情况，注册会计师可能需要考虑如下事项：

（1）管理层选择计量方法的理由是否合理；

（2）管理层是否充分评价和恰当运用适用的财务报告编制基础提供的、用以支持所选择的计量方法的标准（如存在）；

（3）根据被估计的资产或负债的性质和适用的财务报告编制基础的要求，评价计量方法是否适用于具体情况；

（4）计量方法相对于被审计单位开展的业务、所处行业和环境是否恰当。

73. 在某些情况下，管理层可能已确定采用不同的估计方法会导致一系列显著不同的会计估计。在这种情况下，了解被审计单位如何调查导致这些差异的原因可能有助于注册会计师评价管理层所选择方法的恰当性。

评价模型的使用

74. 在某些情况下，特别是作出公允价值会计估计时，管理层可能使用模型。使用的模型是否适用于具体情况，可能取决于多种因素，如被审计单位的性质及其环境，包括被审计单位所处的行业和需要计量的特定资产或负债。

75. 本指南第76段所述事项的相关程度取决于具体情况，包括模型是否公开出售供特定部门或行业使用，或是专有的模型。在某些情况下，被审计单位可能利用专家来开发和测试模型。

76. 根据所处的不同环境，在测试模型时，注册会计师还可能考虑如下事项：

（1）在使用前是否验证模型，并定期复核以确保其能持续满足预定用途。被审计单位的验证流程可能包括：

①评价模型理论上的合理性和数学上的可靠性，包括模型参数的恰当性；

②评价模型输入数据相对于市场惯例的一致性和完整性；

③与实际交易相比，评价模型的输出数据。

（2）是否存在针对模型变更的恰当控制政策和程序；

（3）是否定期校准和测试模型的有效性，特别是当输入数据具有主观性时；

（4）是否对模型输出数据作出调整，包括作出公允价值会计估计时，这些调整是否反映市场参与方在类似环境中所使用的假设；

（5）模型是否得到恰当记录，包括模型的预定用途、局限性和关键参数、要求的输入数据和实施验证分析的结果。

管理层使用的假设［参见本准则第十八条第一款第（二）项］

77. 注册会计师对管理层使用的假设的评价，仅以其在审计时可获得的信息为基础。针对管理层假设而实施审计程序是为了财务报表审计的目的，而不是为了针对假设本身发表意见。

78. 在评价管理层使用的假设的合理性时，注册会计师可能考虑诸如下列事项：

（1）单项假设是否显得合理；

（2）假设是否相互依赖且具有内在一致性；

（3）当将这些假设汇总起来考虑或结合其他假设考虑时，无论是对于特定会计估计还是其他会计估计，这些假设是否显得合理；

（4）对于公允价值会计估计，假设是否恰当地反映可观察到的市场假设。

79. 会计估计所依据的假设可能反映管理层对特定目标和战略结果的预期。注册会计师可以通过考虑假设是否与诸如下列事项相符，来实施审计程序评价这些假设的合理性：

（1）总体经济环境和被审计单位的经济情况；

（2）被审计单位的计划；

（3）以前期间所作的假设（如相关）；

（4）被审计单位的经验或以前经历的情况（这种历史信息在一定程度上可以代表未来情况或事项）；

（5）管理层使用的与财务报表相关的其他假设。

80. 所使用的假设的合理性可能取决于管理层执行某项措施的意图和能力。管理层通常记录与特定资产或负债相关的计划和意图，而适用的财务报告编制基础可能也要求管理层作出这些记录。尽管所需获取的关于管理层意图和能力的审计证据的范围属于职业判断，注册会计师实施的程序可能包括：

（1）复核管理层过去声称的意图的实现情况；

（2）复核书面计划和其他文档，包括得到正式批准的预算、授权或会议纪要（如适用）；

（3）向管理层询问执行某项措施的理由；

（4）复核财务报表日至审计报告日之间发生的事项；

（5）根据被审计单位面临的经济环境，评价其执行某项措施的能力，包括对现有承诺的影响。

但是，某些适用的财务报告编制基础可能不允许在作出会计估计时考虑管理层的意图或计划。作出公允价值会计估计通常不考虑管理层的意图或计划，因为公允价值计量目标要求假设反映市场参与方可能运用的假设。

81. 在评价管理层使用的构成公允价值会计估计基础的假设的合理性时，注册会计师除了考虑本指南第78段提及的事项外，在适用时还可能考虑下列事项：

（1）管理层是否以及如何在作出假设时加入特定市场输入数据（如相关）；

（2）假设是否与可观察到的市场情况和以公允价值计量的资产或负债的特征一致；

（3）市场参与方假设的来源是否相关和可靠，以及当存在多种市场参与方假设时管理层如何选择假设；

（4）管理层是否以及如何考虑在可比较的交易、资产或负债中使用的假设或有关信息（如适用）。

82. 进一步讲，公允价值会计估计可能依据可观察到和不可观察到的输入数据。当公允价值会计估计依据不可观察到的输入数据时，注册会计师可能考虑的事项包括管理层是如何为下列方面提供合理支持的：

（1）识别与会计估计相关的市场参与方的特征；

（2）修改自有假设以反映市场参与方可能使用的假设；

（3）是否包括在具体情形下可获得的最佳信息；

（4）管理层的假设是如何考虑可比较的交易、资产或负债的（如适用）。

当存在不可观察到的输入数据时，注册会计师需要在评价假设时结合本准则第十八条提出的其他应对措施，以获取充分、适当的审计证据。在这种情况下，注册会计师有必要实施其他审计程序，如检查适当层级的管理层和治理层（如适用）复核和批准会计估计的文件。

83. 在评价支持会计估计的假设的合理性时，注册会计师可能识别出一个或多个重大假设，这可能表明会计估计存在高度估计不确定性并由此可能产生特别风险。本指南第102段至第115段说明了应对特别风险的其他措施。

测试控制运行的有效性 [参见本准则第十八条第一款第（三）项]

84. 当管理层作出会计估计的流程的设计、执行和维护良好时，测试与管理层如何作出会计估计相关的控制运行的有效性可能是适当的。例如：

（1）存在适当层级的管理层和治理层（如适用）对会计估计进行复核和批准的控制；

（2）会计估计源于被审计单位会计系统对数据的常规处理。

85. 当存在下列情形之一时，注册会计师需要测试控制运行的有效性：

（1）在评估认定层次重大错报风险时，预期针对会计估计流程的控制的运行是有效的；

（2）仅实施实质性程序不能提供认定层次充分、适当的审计证据。

对小型被审计单位的特殊考虑

86. 小型被审计单位可能存在针对作出会计估计的控制，但其运行的规范性存在差别。进一步讲，在管理层积极参与财务报告过程的情况下，小型被审计单位可能确定某些类型的控制是不必要的。但是，在极小型实体中，可能不存在太多注册会计师能够识别出的控制。因此，注册会计师可能采用实质性方案应对重大错报风险，从而实施本准则第十八条规定的一项或多项其他应对措施。

作出点估计或区间估计 [参见本准则第十八条第一款第（四）项和第二款]

87. 当存在诸如下列情形时，注册会计师作出点估计或区间估计以评价管理层的点估计，可能是恰当的应对措施：

（1）会计估计不是源于会计系统对数据的常规处理；

（2）注册会计师对管理层在上期财务报表中作出的类似事项的会计估计进行复核后认为本期流程不太可能是有效的；

（3）被审计单位没有恰当设计或执行针对会计估计流程的控制；

（4）财务报表日至审计报告日之间发生的事项或交易与管理层的点估计相互矛盾；

（5）注册会计师能够从其他来源获取作出点估计或区间估计时可使用的相关数据。

88. 即使被审计单位的控制得到恰当设计和执行，作出点估计或区间估计也可能是应对已评估风险的有效（从效率或效果方面考虑）措施。在其他情况下，在确定是否有必要实施进一步审计程序及其性质和范围时，注册会计师也可能考虑这种方法。

89. 注册会计师在作出点估计或区间估计时使用的方法可能有所不同，取决于具体情况下哪种方法最有效。例如，注册会计师可能开始时作出初始点估计，然后评估其对假设变化的敏感性，以确定用以评价管理层点估计的区间估计。在其他情况下，注册会计师可能首先作出区间估计，然后再确定点估计（如可能）。

90. 注册会计师作出点估计（相对于区间估计）的能力取决于许多因素，包括使用的模型、可获得数据的性质和范围，以及会计估计涉及的估计不确定性。进一步讲，作出点估计或区间估计的决定可能受到适用的财务报告编制基础的影响。该适用的财务报告编制基础可能规定在考虑可供选择的结果和假设后所使用的点估计，或者规定特定计量方法（如使用预期价值概率加权折现法）。

91. 注册会计师可能采用诸如下列方法作出点估计或区间估计：

（1）使用模型，如公开出售供特定部门或行业使用的模型，或专有的模型，或注册会计师自行开发的模型；

（2）在管理层考虑可供选择的假设或结果的基础上进一步深入研究，如引入不同的一组假设；

（3）雇用或聘请在专门领域具有专长的人员开发或运用模型，或者提供相关假设；

（4）参照其他可比较的条件、交易或事项，或者可比较的资产或负债的市场（如相关）。

了解管理层的假设或方法［参见本准则第十八条第二款第（一）项］

92. 当注册会计师作出点估计或区间估计并使用有别于管理层的假设或方法时，注册会计师需要按照本准则第十八条第二款第（一）项的要求充分了解管理层在作出会计估计时使用的假设或方法。这种了解可能向注册会计师提供与其作出恰当点估计或区间估计相关的信息，并有助于了解和评价任何有别于管理层点估计的重大差异。例如，差异可能源于注册会计师与管理层使用不同但同样有效的假设。这可能显示出会计估计对某些假设高度敏感，因此受高度估计不确定性的影响，这意味着会计估计可能存在特别风险。此外，差异也可能是由于管理层造成的事实错误所导致。根据具体情况，注册会计师在得出结论时，与管理层就使用的假设的基础及其有效性以及作出会计估计的方法差异（如存在）进行讨论可能是有帮助的。

缩小区间估计［参见本准则第十八条第二款第（二）项］

93. 当注册会计师认为运用区间估计（注册会计师的区间估计）来评价管理层点估计的合理性是恰当的时，按照本准则第十八条第二款第（二）项要求作出的区间估计需要包括所有"合理"的结果而不是所有可能的结果。这是因为包括所有可能结果的区间估计太宽泛以至于不能有效地确定会计估计是否存在错报。如果注册会计师的区间估计范围足够小以至于能够确定会计估计是否存在错报，它就是有用和有效的。

94. 通常情况下，当区间估计的区间已缩小至等于或低于实际执行的重要性时，该区间估计对于评价管理层的点估计是适当的。但是，对于某些特定行业，可能难以将区间缩小至低于某一金额。这并不必然否定管理层对会计估计的确认，但是可能意味着与会计估计相关的估计不确定性可能导致特别风险。本指南第102段至第115段说明了应对特别风险的其他措施。

95. 下列方法可以将区间估计的区间缩小至某一区域，使得在该区域内的所有结果视为是合理的：

（1）从区间估计中剔除注册会计师认为不可能发生的极端结果；

（2）根据可获得的审计证据，继续缩小区间估计直至注册会计师认为该区间估计内的所有结果均视为是合理的。在极其特殊的情况下，注册会计师可能缩小区间估计直至审计证据指向点估计。

（四）考虑是否需要专门技能或知识（参见本准则第十九条）

96. 在计划审计工作时，注册会计师需要确定执行审计业务所需资源的性质、时间安排和范围。这可能包括在必要时由具有专门技能或知识的人员参与。此外，《中国注册会计师审计准则第 1121 号——对财务报表审计实施的质量管理》要求项目合伙人确信项目组和项目组以外的专家整体上具有适当的胜任能力和必要素质。在审计会计估计的过程中，注册会计师根据经验和业务的具体情况，可能认为需要具备与会计估计的一个或多个方面相关的专门技能或知识。

97. 当确定是否需要专门技能或知识时，注册会计师可能考虑的事项包括：

（1）特定业务或行业中所涉及的资产、负债或所有者权益组成部分的性质（如矿产储量、生物资产和复杂金融工具）；

（2）高度的估计不确定性；

（3）涉及复杂计算或专门模型，如不存在可观察到的市场时估计公允价值；

（4）与会计估计相关的适用的财务报告编制基础的要求的复杂性，包括是否存在容易产生不同解释的领域，或者会计实务不一致或正在演变的领域；

（5）注册会计师拟采取的、应对评估的风险的审计程序。

98. 对大多数会计估计，即使存在估计不确定性，也不太可能需要专门技能或知识。例如，在评价坏账准备时，注册会计师不太可能需要具备专门技能或知识。

99. 但是，当涉及会计或审计以外的领域时，注册会计师可能不具备所要求的专门技能或知识，需要从专家那里获取有关技能或知识。《中国注册会计师审计准则第 1421 号——利用专家的工作》及其应用指南对确定雇用或聘请专家的必要性，以及当利用其工作时注册会计师承担的责任作出了规定并提供了指引。

100. 在某些情况下，注册会计师可能认为有必要获取与会计或审计特定领域相关的专门技能或知识。具备这种专门技能或知识的人员可能为注册会计师所在的会计师事务所雇用，或者从外部机构聘请。如果这些人员对审计业务实施审计程序，从而成为项目组成员，相应地需要遵守《中国注册会计师审计准则第 1421 号——利用专家的工作》的规定。

101. 根据注册会计师对专家或具备专门技能或知识的人员的了解以及与之交往的经验，注册会计师可能认为需要与所涉及的人员讨论适用的财务报告编制基础的要求等事项，以确定其工作与审计目的相关。

五、实施进一步实质性程序以应对特别风险（参见本准则第二十条）

102. 在审计导致特别风险的会计估计时，注册会计师在实施进一步实质性程序时需要重点评价下列事项：

（1）管理层是如何评估估计不确定性对会计估计的影响，以及这种不确定性对财务报表中会计估计的确认的恰当性可能产生的影响；

（2）相关披露的充分性。

（一）估计不确定性

管理层对估计不确定性的考虑［参见本准则第二十条第（一）项］

103. 管理层可能根据具体情况采用多种方法评价会计估计的可供选择的假设或结果。方法之一是敏感性分析，可能涉及确定会计估计的金额如何随着假设的不同而变化。即使对于公允价值会计估计，由于不同市场参与方使用不同的假设，会计估计仍然可能存在差异。敏感性分析可能针对"乐观"和"悲观"等不同情形得出一系列结果。

104. 敏感性分析结果可能表明会计估计对特定假设的变化不敏感，也可能表明会计估计对一个或多个假设敏感，因而这些假设成为注册会计师重点关注的对象。

105. 在处理估计不确定性时，某种特定方法（如敏感性分析）并不一定比其他方法更合适，管理层也并不一定需要通过细致的过程和详尽的记录来体现对可供选择的假设或结果的考虑。重要的是管理层是否已评估了估计不确定性影响会计估计的方式，而不是所采用的具体评估方法。相应地，当管理层没有考虑可供选择的假设或结果时，注册会计师有必要与管理层讨论其如何处理估计不确定性对会计估计的影响，并要求管理层提供支持性证据。

对小型被审计单位的特殊考虑

106. 小型被审计单位可能使用简单方法评估估计不确定性。除复核可获得的文件外，通过询问管理层，注册会计师可能获取其他关于管理层对可供选择的假设或结果进行考虑的审计证据。此外，管理层可能不具备考虑可供选择的结果或处理估计不确定性的专长。在这种情况下，注册会计师可以向管理层解释处理估计不确定性的流程，或其他可使用的不同评估方法，以及相应的记录。但是，这并不改变管理层在财务报表编制方面承担的责任。

重大假设［参见本准则第二十条第（二）项］

107. 如果在作出会计估计时运用的某些假设的合理变化可能对会计估计的计量产生重大影响，则这些假设被视为重大假设。

108. 从管理层建立的持续战略分析和风险管理流程中可能获得相关信息，以支持管理层根据其了解的情况作出的重大假设。即使没有建立正式的流程（如在小型被审计单位），注册会计师可以通过询问管理层或与其讨论评价假设，并结合其他审计程序，获取充分、适当的审计证据。

109. 本指南第77段至第83段描述了注册会计师在评价管理层作出的假设时需要考虑的事项。

管理层的意图和能力［参见本准则第二十条第（三）项］

110. 本指南第13段和第80段描述了注册会计师需要考虑的与管理层作出的假设及其意图和能力相关的事项。

（二）作出区间估计（参见本准则第二十一条）

111. 在编制财务报表时，管理层可能确信已经适当地处理了估计不确定性对导致特别风险的会计估计的影响。但是，在某些情况下，注册会计师可能认为管理层的工作是不够的，例如，注册会计师可能作出以下判断：

（1）通过评价管理层如何处理估计不确定性的影响不能获取充分、适当的审计证据；

（2）有必要进一步分析与会计估计相关的估计不确定性的程度，例如，注册会计师注意到类似环境下类似会计估计的结果存在较大差别；

（3）不大可能通过如复核截至审计报告日发生的事项等审计程序获得其他审计证据；

（4）可能有迹象表明管理层在作出会计估计时存在管理层偏向。

112. 本指南第87段至第95段描述了在作出区间估计时注册会计师需要考虑的事项。

（三）确认和计量的标准

财务报表中对会计估计的确认 [参见本准则第二十二条第（一）项]

113. 如果管理层在财务报表中确认一项会计估计，注册会计师评价的重点是会计估计的计量是否足够可靠，能否满足适用的财务报告编制基础规定的确认标准。

114. 对于没有在财务报表中确认的会计估计，注册会计师评价的重点是会计估计是否在实质上已满足适用的财务报告编制基础规定的确认标准。即使某一项会计估计没有得到确认，且注册会计师认为这种处理是恰当的，可能仍然有必要在财务报表附注中披露具体情况。注册会计师也可能将被认为具有高度估计不确定性的会计估计确定为按照《中国注册会计师审计准则第1504号——在审计报告中沟通关键审计事项》的规定，应当在审计报告中沟通的关键审计事项（如适用），注册会计师也可能认为有必要在审计报告中增加强调事项段（参见《中国注册会计师审计准则第1503号——在审计报告中增加强调事项段和其他事项段》）。如果该事项被确定为关键审计事项，《中国注册会计师审计准则第1503号——在审计报告中增加强调事项段和其他事项段》禁止注册会计师在审计报告中针对该事项增加强调事项段。

会计估计的计量基础 [参见本准则第二十二条第（二）项]

115. 对于公允价值会计估计，某些适用的财务报告编制基础在要求或者允许进行公允价值计量和披露时，是以公允价值可以可靠计量这一假定作为前提条件的。在某些情况下，如不存在恰当的计量方法或基础，这种假定可能不成立。在这种情况下，注册会计师评价的重点是管理层用以推翻适用的财务报告编制基础所规定的与采用公允价值相关的假定的依据是否恰当。

六、评价会计估计的合理性并确定错报（参见本准则第二十三条）

116. 根据获取的审计证据，注册会计师可能认为这些证据指向与管理层的点估计不同的会计估计。当审计证据支持点估计时，注册会计师的点估计与管理层的点估计之间的差异构成错报。当注册会计师认为使用其区间估计能够获取充分、适当的审计证据时，则在注册会计师区间估计之外的管理层的点估计得不到审计证据的支持。在这种情况下，错报不小于管理层的点估计与注册会计师区间估计之间的最小差异。

117. 当管理层根据其对环境变化的主观判断而改变某项会计估计，或者改变上期作出会计估计的方法时，基于获取的审计证据，注册会计师可能认为会计估计被管理层随意改变而产生错报，或者将其视为可能存在管理层偏向的迹象（参见本指南第124段和第125段）。

118. 针对注册会计师为了评价未更正错报对财务报表的影响而如何区分错报，《中国注册会计师审计准则第1251号——评价审计过程中识别出的错报》及其应用指南作出

了规定并提供了指引。一项错报,无论是由于舞弊还是错误导致,当与会计估计相关时,可能是由于下列因素导致的:

(1)毋庸置疑地存在错报(事实错报);

(2)由注册会计师认为管理层对会计估计作出的判断不合理,或认为管理层对会计政策的选择或运用不恰当而产生的差异(判断错报);

(3)注册会计师对总体中错报的最佳估计,包括由审计样本中识别出的错报推断出总体中的错报(推断错报)。

在某些涉及会计估计的情形中,错报可能由上述因素共同导致,因此难以或不可能区分出由哪一具体因素导致。

119. 评价在财务报表附注中的会计估计和相关披露(无论是由适用的财务报告编制基础要求的还是属于自愿披露的)的合理性时考虑的事项,与在审计财务报表中确认的会计估计时考虑的事项在实质上是相同的。

七、与会计估计相关的披露

(一)按照适用的财务报告编制基础作出的披露(参见本准则第二十四条)

120. 按照适用的财务报告编制基础列报财务报表,包括对重大事项的充分披露。适用的财务报告编制基础可能允许或规定与会计估计相关的披露,并且某些实体可能在财务报表附注中自愿披露额外信息。例如,这些披露可能包括:

(1)使用的假设;

(2)使用的估计方法,包括适用的模型;

(3)选择估计方法的基础;

(4)改变上期估计方法产生的影响;

(5)估计不确定性的原因和影响。

这些披露与财务报表使用者理解在财务报表中确认或披露的会计估计相关,注册会计师需要就其披露是否符合适用的财务报告编制基础的规定获取充分、适当的审计证据。

121. 在某些情况下,适用的财务报告编制基础可能对披露估计不确定性作出特别规定。例如:

(1)披露关键假设以及产生估计不确定性的其他原因,该估计不确定性具有导致对资产和负债账面价值作出重大调整的特别风险。这些要求可能用"估计不确定性的关键原因"或"关键会计估计"等术语表述;

(2)对于区间估计,披露可能出现的结果的区间和用以确定该区间的假设;

(3)披露关于公允价值会计估计相对被审计单位财务状况和经营成果的重要程度的信息;

(4)披露定性信息(如受风险影响的情况、被审计单位管理风险的目标、政策和程序以及计量风险的方法),以及自上期以来这些定性信息的任何变化;

(5)披露定量信息,如受风险影响的程度(以内部提供给关键管理人员的信息为基础),包括信用风险、流动性风险和市场风险。

(二)披露导致特别风险的会计估计的估计不确定性(参见本准则第二十五条)

122. 对具有特别风险的会计估计,即使已按照适用的财务报告编制基础的要求进行了披露，注册会计师仍可能根据所涉及的情况和事实认为对估计不确定性的披露是不充分的。会计估计可能结果的区间估计相对于重要性越大，注册会计师对估计不确定性的披露充分性的评价越重要（参见本指南第 94 段的相关讨论）。

123. 在某些情况下，注册会计师可能认为鼓励管理层在财务报表附注中描述与估计不确定性相关的情况是适当的。当注册会计师认为管理层在财务报表中对估计不确定性的披露不充分或存在误导时，《中国注册会计师审计准则第 1502 号——在审计报告中发表非无保留意见》及其应用指南为注册会计师在这种情况下如何发表审计意见作出了规定并提供了指引。

八、可能存在管理层偏向的迹象（参见本准则第二十六条）

124. 在审计过程中，注册会计师可能注意到管理层作出的、可能导致出现管理层偏向迹象的判断和决策。这些迹象可能影响注册会计师对有关风险评估结果和相关应对措施是否仍然恰当的判断，并且注册会计师可能有必要考虑对审计其他方面的影响。进一步讲，这些迹象可能影响注册会计师对财务报表整体是否不存在重大错报的评估（参见《中国注册会计师审计准则第 1501 号——对财务报表形成审计意见和出具审计报告》及其应用指南）。

125. 与会计估计相关的、可能存在管理层偏向迹象的例子包括：

（1）管理层主观地认为环境已经发生变化，并相应地改变会计估计或估计方法；

（2）针对公允价值会计估计，被审计单位的自有假设与可观察到的市场假设不一致，但仍使用被审计单位的自有假设；

（3）管理层选择或作出重大假设以产生有利于管理层目标的点估计；

（4）选择带有乐观或悲观倾向的点估计。

九、书面声明（参见本准则第二十七条）

126.《中国注册会计师审计准则第 1341 号——书面声明》及其应用指南规范了书面声明的使用。根据估计不确定性的性质、重要性和程度，有关财务报表中确认或披露的会计估计的书面声明可能包括下列内容：

（1）计量流程（包括管理层在根据适用的财务报告编制基础作出会计估计时使用的相关假设和模型）的恰当性，以及流程的一贯运用；

（2）假设恰当地反映了管理层代表被审计单位执行特定措施的意图和能力（当这些意图和能力与会计估计和披露相关时）；

（3）在适用的财务报告编制基础下与会计估计相关的披露的完整性和适当性；

（4）不存在需要对财务报表中会计估计和披露作出调整的期后事项。

127. 针对未在财务报表中确认或披露的会计估计，书面声明也可能包括下列内容：

（1）管理层用于确定不满足适用的财务报告编制基础规定的确认或披露标准的依据的恰当性（参见本指南第 114 段）；

（2）针对未在财务报表中以公允价值计量或披露的会计估计，管理层用于推翻适用的财务报告编制基础规定的与使用公允价值相关的假定的依据的恰当性（参见本指南第 115 段）。

十、审计工作底稿（参见本准则第二十八条）

128. 在审计过程中，记录识别出的可能存在管理层偏向的迹象，有助于注册会计师确定其风险评估结果和相关应对措施是否仍然恰当，以及评价财务报表整体是否不存在重大错报。本指南第 125 段提供了可能存在管理层偏向迹象的例子。

附录：（参见本指南第 1 段）

不同财务报告编制基础下公允价值的计量和披露

本附录旨在讨论在不同财务报告编制基础下对公允价值的计量和披露。

1. 不同的财务报告编制基础要求或允许在财务报表中作出不同的公允价值计量和披露；同样，不同财务报告编制基础在提供关于资产和负债计量或相关披露的指引上也存在差异。此外，某些特定行业也存在公允价值计量和披露惯例。

2. 不同财务报告编制基础之间，或者某一特定财务报告编制基础中针对不同的资产、负债或披露，都可能存在不同的公允价值定义。例如，《国际会计准则第 39 号——金融工具：确认与计量》的公允价值定义为：在公平交易中，熟悉情况的自愿当事人之间交换资产或清偿债务的金额。公允价值概念通常假设是当前交易而不是在过去或未来的某一日期进行结算。相应地，计量公允价值的流程可能是为了求得交易发生时的估计价格。此外，不同的财务报告编制基础可能使用不同的措辞，如"对特定实体的价值""在用价值"或类似术语，这些措辞均属于本准则中的公允价值概念。

3. 财务报告编制基础可能采用不同方法处理因时间流逝而产生的公允价值计量的变化。例如，某些财务报告编制基础可能要求将某些资产或负债的公允价值计量的变化直接在权益中反映，但在其他的财务报告编制基础下可能反映在损益中。在某些财务报告编制基础中，确定是否采用或如何应用公允价值会计受到管理层针对特定资产或负债执行某些措施的意图的影响。

4. 不同财务报告编制基础可能要求在财务报表中采用某些特定的公允价值计量和披露，以及详细规定或允许存在不同程度的计量和披露。财务报告编制基础可能：

（1）对某些包含在财务报表中的信息、在财务报表附注中披露的信息或在补充资料中列报的信息规定计量与列报要求；

（2）允许被审计单位自行选择使用公允价值计量，或只有在满足特定条件时使用公允价值计量；

（3）规定确定公允价值的方法，如使用独立评估师，或详细规定采用折现现金流量的方法；

（4）允许在若干可替代方法中选择某种方法确定公允价值（财务报告编制基础可能提供或没有提供选择标准）；

（5）除明显在行业惯例或会计实务中使用的公允价值计量方法和披露外，未提供任何指引。

5. 某些财务报告编制基础假定资产或负债的公允价值能够可靠计量，并以此作为要求或允许采用公允价值计量或披露的前提条件。在某些情况下，当资产或负债在活跃市场上不存在市场报价，并且其他合理估计公允价值的方法明显不恰当或不具有操作性时，这种假定可能无法成立。某些财务报告编制基础可能详细规定确定公允价值的层级框架，该框架将用于确定公允价值的输入数据分为下列两种极端情况：

（1）清晰的"可观察到的输入数据"，这种输入数据基于公开报价和活跃市场；

（2）"不可观察到的输入数据"，这种输入数据涉及管理层自身关于市场参与方可能使用的假设的判断。

6. 某些财务报告编制基础要求对估值信息作出某种明确的调整或修改，或者只针对某一特殊资产或负债进行特别考虑。例如，投资性房地产的会计处理可能要求对所评估的市场价值进行调整，如销售时的估计清理成本、房地产的状况和地理位置以及其他事项。同样，如果某一特殊资产不存在活跃市场，就可能要对公开市场报价进行调整或修改，以形成对公允价值更加合理的计量。例如，如果市场交易不频繁，市场发育不成熟，或者已发生的交易量相对于现有可供交易的总量较小，则市场报价可能不代表公允价值。相应地，该市场价格可能不得不作出调整或修改。在作出调整或修改时，可能有必要从其他渠道获取市场信息。进一步讲，在某些情况下（如当某种类型的债务投资有指定的担保物时），在确定一项资产或负债的公允价值或者可能的资产减值时，可能有必要考虑相应的担保物。

7. 在绝大多数财务报告编制基础中，公允价值计量的前提是假定企业是持续经营的，没有任何意图或必要进行清算，或者显著削减经营规模，或者在不利条件下从事交易。因此，公允价值不是企业在强制性交易、非自愿性清算或强制清盘而收到或支付的金额。另一方面，总体经济环境或某些行业的特定经济状况可能导致市场缺乏流动性，并要求将萧条市场中的价格和潜在重大的萧条市场中的价格作为公允价值的预测值。但是，在适用的财务报告编制基础规定或允许采用公允价值计量，并且可能或没有规定如何计量的情况下，在确定资产和负债的公允价值时，企业可能有必要考虑当前经济或经营形势的影响。例如，管理层尽快处置某项资产以满足特定经营目标的计划，可能与确定该资产的公允价值相关。

公允价值计量的普遍性

8. 公允价值的计量和披露在财务报告编制基础中逐渐得到广泛使用。公允价值可能以多种方式在财务报表中出现，并影响财务报表项目的确定，包括以公允价值计量下列项目：

（1）特定资产或负债，如有价证券或者某项金融工具项下的义务对应的负债，这些资产或负债需日常或定期采用市价计价；

（2）权益的特定组成部分。例如，对具有权益特征的某些金融工具（如可转换为普通股的可转换债券）进行确认、计量和列报；

（3）在企业合并中获取的特定资产或负债。例如，企业合并中购买一个企业而形成的商誉，通常以获取的可识别资产和负债的公允价值以及给付对价的公允价值为基础；

（4）一次性调整为公允价值的特定资产或负债。一些财务报告编制基础可能要求使用公允价值计量来量化一项资产或一组资产减值的调整额。例如，在对企业合并中取得的商誉进行减值测试时，首先确定明确界定的经营主体或报告单元的公允价值，再将该公允价值分配至该经营主体或报告单元的资产或负债，以得出隐含商誉，最后将隐含商誉与已记录商誉进行比较。

（5）资产和负债的汇总。在某些情况下，一类或一组资产或负债的计量需要将该类或该组的一些单项资产或负债的公允价值进行汇总。例如，在适用的财务报告编制基础下，一项多样化的贷款组合的计量可能以构成该组合的一些贷款类型的公允价值为基础来确定。

（6）在财务报表附注中披露（或作为补充信息列报）未在财务报表中确认的信息。

《中国注册会计师审计准则第 1323 号——关联方》应用指南

（2019 年 3 月 29 日修订）

一、注册会计师的责任（参见本准则第五条）

1. 对关联方作出很少规定的财务报告编制基础，是指给出了关联方的定义、但界定的关联方的范围明显小于本准则第九条定义的范围的财务报告编制基础。因此，按照这种编制基础要求进行披露的关联方关系及其交易要少得多。

2. 如果关联方关系及其交易的经济实质未在财务报表中恰当反映，这些关联方关系及其交易就可能导致财务报表未能实现公允反映。例如，如果被审计单位以高于公允市价的价格向其控股股东出售不动产，并将其作为一笔产生损益的交易进行会计处理，而这项交易从实质上看可能构成股东的出资或收回投资或者向股东支付股利，则公允反映可能就未实现。

二、关联方的定义（参见本准则第九条）

3. 许多财务报告编制基础阐述了控制和重大影响的概念。尽管这些编制基础使用不同的术语进行阐述，但通常认为：
（1）控制是有权决定一个实体的财务和经营政策，并能据以从该实体的经营活动中获取利益；
（2）重大影响（可能通过章程、协议或持有股权获得）是对一个实体的财务和经营政策有参与决策的权力，但并不能够控制这些政策的制定。

4. 下列关系可能表明存在控制或重大影响：
（1）其他实体直接或间接持有被审计单位的股权或其他财务利益；
（2）被审计单位直接或间接持有其他实体的股权或其他财务利益；
（3）被审计单位的治理层成员或关键管理人员（即拥有计划、指导和控制被审计单位经营活动的权力和职责的管理层成员）；
（4）与第（3）项所述成员关系密切的家庭成员；
（5）与第（3）项所述成员之间具有重大业务关系。

（一）具有支配性影响的关联方

5. 借助对被审计单位财务和经营政策实施控制或重大影响的能力，关联方能够对被审计单位或管理层施加支配性影响。当注册会计师识别和评估由于舞弊导致的重大错报风险时，考虑这种支配性影响是相关的。本指南第 28 段和第 29 段对此作出了进一步说明。

（二）作为关联方的特殊目的实体

6. 在某些情况下，即使被审计单位只拥有特殊目的实体的少量权益甚至不拥有权益，但由于被审计单位可能在实质上控制该实体，该实体仍可能是被审计单位的关联方。

三、风险评估程序和相关工作

（一）与关联方关系及其交易相关的重大错报风险（参见本准则第十二条）

对公共部门实体的特殊考虑

7. 在公共部门实体审计中，注册会计师对关联方关系及其交易的责任，可能受到法律法规、授权审计的文件或其他监管部门的指令和政策对公共部门实体义务的规定的影响。因此，在审计公共部门实体时，注册会计师的责任并不仅限于应对与关联方关系及其交易相关的重大错报风险，可能还包括应对公共部门实体违反法律法规或主管部门对关联方交易的特殊规定的风险等更为广泛的责任。此外，注册会计师还需要考虑公共部门实体的财务报告对关联方关系及其交易的披露要求，这些要求可能不同于非公共部门实体的财务报告要求。

（二）了解关联方关系及其交易

项目组内部的讨论（参见本准则第十三条）

8. 项目组内部讨论的内容可能包括：

（1）关联方关系及其交易的性质和范围（如利用在每次审计后更新的有关识别出的关联方的记录进行讨论）；

（2）强调在整个审计过程中对关联方关系及其交易导致的潜在重大错报风险保持职业怀疑的重要性；

（3）可能显示管理层以前未识别或未向注册会计师披露的关联方关系或关联方交易的情形或状况（如被审计单位组织结构复杂，利用特殊目的实体从事表外交易，或信息系统不够完善）；

（4）可能显示存在关联方关系或关联方交易的记录或文件；

（5）管理层和治理层对关联方关系及其交易（如果适用的财务报告编制基础对关联方作出规定）进行识别、恰当会计处理和披露的重视程度，以及管理层凌驾于相关控制之上的风险。

9. 在对舞弊进行讨论时，项目组内部讨论的内容还可能包括对关联方可能如何参与舞弊的特殊考虑。例如：

（1）如何利用管理层控制的特殊目的实体进行利润操纵；

（2）如何安排被审计单位与已知关键管理人员的商业伙伴之间进行交易，以达到侵占资产的目的。

关联方的名称和特征［参见本准则第十四条第（一）项］

10. 如果适用的财务报告编制基础对关联方作出了规定，管理层可能容易获得有关关联方名称和特征的信息，因为被审计单位的信息系统需要记录、处理和汇总关联方关系及其交易，以满足适用的财务报告编制基础对关联方关系及其交易的会计处理和披露的要求。因此，管理层可能拥有关联方的详细清单以及自上期以来关联方发生变化情况的详细清单。在连续审计的情况下，向管理层进行询问，可以为注册会计师提供将其在以前审计中形成的有关关联方的工作记录与管理层提供的信息进行比较的基础。

11. 如果适用的财务报告编制基础没有对关联方作出规定，被审计单位可能就没有上述信息系统。在这种情况下，管理层可能无法知悉所有关联方。尽管如此，管理层仍可能注意到存在符合本准则定义的关联方，因此本准则第十四条有关询问的规定仍然适用。在这种情况下，注册会计师对被审计单位关联方名称和特征的询问，可能构成其根据《中国注册会计师审计准则第 1211 号——通过了解被审计单位及其环境识别和评估重大错报风险》的规定所实施风险评估程序和相关活动的一部分。注册会计师实施这些程序和活动旨在获得下列信息：

（1）被审计单位的所有权和治理结构；

（2）被审计单位正在实施和计划实施的投资的类型；

（3）被审计单位的组织结构和筹资方式。

如果被审计单位与另一实体受同一方控制，且这种关系对被审计单位具有重大经济影响，则管理层更可能注意到这种关系。此时，如果注册会计师重点询问与被审计单位从事重大交易或共享众多资源的另一实体是否为关联方，则询问可能更有效。

12. 对于集团审计业务，《中国注册会计师审计准则第 1401 号——对集团财务报表审计的特殊考虑》要求集团项目组向组成部分注册会计师提供集团管理层编制的关联方清单，以及集团项目组知悉的任何其他关联方。如果被审计单位是集团的一个组成部分，这些信息有助于注册会计师就关联方的名称和特征向管理层进行询问。

13. 通过在业务接受或保持过程中对管理层的询问，注册会计师也可以获取有关关联方名称和特征的某些信息。

与关联方关系及其交易相关的控制（参见本准则第十五条）

14. 被审计单位内部的其他人员也可能知悉关联方关系及其交易以及相关控制。这些人员在某种程度上并不构成管理层，可能包括：

（1）治理层成员；

（2）负责生成、处理或记录超出正常经营过程的重大交易的人员，以及对其进行监督或监控的人员；

（3）内部审计人员；

（4）内部法律顾问；

（5）负责道德事务的人员。

15. 执行审计工作的前提是管理层和治理层（如适用）已认可并理解其应当承担按照适用的财务报告编制基础编制财务报表，包括使其实现公允反映（如适用）的责任，以及设计、执行和维护内部控制，使得编制的财务报表不存在由于舞弊或错误导致的重大错报的责任。

因此，如果适用的财务报告编制基础对关联方作出规定，编制财务报表要求管理层在治理层的监督下设计、执行和维护与关联方关系及其交易相关的适当控制，使得关联方关系及其交易能够按照适用的财务报告编制基础的要求得到识别、适当的会计处理和披露。

治理层担当监督的角色，负责监督管理层如何履行这些控制责任。无论适用的财务报告编制基础是否对关联方作出规定，在履行监督责任的过程中，治理层需要向管理层获取信息，以了解关联方关系及其交易的性质和商业理由。

16.《中国注册会计师审计准则第 1211 号——通过了解被审计单位及其环境识别和

评估重大错报风险》对了解控制环境提出了要求。为满足这一要求，注册会计师可以考虑控制环境中与降低关联方关系及其交易导致的重大错报风险相关的内容，例如：

（1）用于规范在何种情形下被审计单位可以从事特定类型关联方交易的内部职业道德手册，该手册已适当地向员工传达并得以贯彻执行；

（2）公开、及时披露管理层和治理层在关联方交易中的利益的政策和程序；

（3）被审计单位内部对识别、记录、汇总和披露关联方交易的职责分工；

（4）管理层和治理层就超出正常经营过程的重大关联方交易及时进行的讨论和披露，包括治理层是否通过向外部专业人员咨询等方式恰当质疑交易商业理由的合理性；

（5）对涉及现实或潜在利益冲突的关联方交易的批准，提供清晰的指引。例如，由独立于管理层的人员组成的治理层的下设委员会进行审批；

（6）内部审计人员的定期检查（如适用）；

（7）管理层为解决关联方披露问题而采取的积极行动，如向注册会计师或外部法律顾问咨询；

（8）举报政策和程序（如适用）。

17. 由于某些原因，被审计单位可能不存在与关联方关系及其交易相关的控制或控制存在缺陷。例如：

（1）管理层对识别和披露关联方关系及其交易的重视程度较低；

（2）缺乏治理层的适当监督；

（3）由于披露关联方可能会泄露管理层认为敏感的某些信息（如关联方交易涉及管理层家庭成员），管理层有意忽视相关控制；

（4）管理层未能充分了解适用的财务报告编制基础对关联方的有关规定；

（5）适用的财务报告编制基础没有对关联方披露作出规定。

如果这些控制无效或者不存在，注册会计师可能无法就关联方关系及其交易获取充分、适当的审计证据。在这种情况下，注册会计师需要按照《中国注册会计师审计准则第1502号——在审计报告中发表非无保留意见》的规定，考虑对审计工作（包括审计意见）的影响。

18. 虚假财务报告通常与管理层凌驾于控制之上有关，而此时控制可能看似有效运行。如果管理层和参与交易的另一方之间具有控制或重大影响的关系，管理层凌驾于控制之上的风险就越高，其原因是这些关系可能表明管理层有更大的动机和机会实施舞弊。例如，管理层在特定关联方中的财务利益可能驱使其通过下列方式凌驾于控制之上：

（1）指示被审计单位从事损害自身利益但能够使关联方获益的交易；

（2）与关联方串通或控制其行动。

实施舞弊的例子包括：

（1）虚构关联方交易条款，以对交易的商业理由作出不实表述；

（2）采用欺诈方式，安排与管理层或其他人员之间按照显著高于或低于市价的金额进行资产转让交易；

（3）与关联方（如特殊目的实体）从事复杂的交易，以使被审计单位财务状况或经营成果存在不实表述。

对小型被审计单位的特殊考虑

19. 在小型被审计单位，控制活动可能不太正式，并且可能没有处理关联方关系及其交易的书面程序。业主兼经理通过积极参与关联方交易的所有主要方面，可能会降低源于关联方交易的某些风险，也可能会潜在地增加这些风险。对于这些小型被审计单位，注册会计师可以通过询问管理层并结合其他程序（如观察管理层的监督和复核活动、检查取得的记录等），了解关联方关系及其交易和可能存在的相关控制。

对重大交易和安排的授权与批准［参见本准则第十五条第（二）项］

20. 授权，是由拥有适当权力（无论是管理层、治理层还是股东）的一方或多方许可被审计单位按照事先确定的标准（不论运用该标准是否需要作出判断）从事某项具体交易。批准，是由被授权的一方或多方认可被审计单位从事的交易符合标准。对重大关联方交易和安排，以及超出正常经营过程的重大交易和安排，被审计单位可能建立下列授权和批准控制：

（1）监督控制，以识别需要授权和批准的交易和安排；

（2）管理层、治理层或者股东（如适用）批准交易和安排的条款和条件。

（三）在检查记录或文件时对关联方信息保持警觉

注册会计师可以检查的记录或文件（参见本准则第十六条）

21. 在审计过程时，注册会计师可以检查某些可能提供有关关联方关系及其交易信息的记录或文件，例如：

（1）除了向银行和律师获取的询证函回函外，注册会计师自其他第三方取得的询证函回函；

（2）被审计单位的所得税纳税申报表；

（3）被审计单位提供给监管机构的信息；

（4）被审计单位的股东登记名册（用以识别主要股东）；

（5）管理层和治理层的利益冲突声明；

（6）被审计单位有关投资和养老金计划的记录；

（7）与关键管理层或治理层成员签订的合同和协议；

（8）超出被审计单位正常经营过程的重要合同和协议；

（9）被审计单位与专业顾问的往来函件和发票；

（10）被审计单位购买的人寿保险单；

（11）被审计单位在报告期内重新商定的重要合同；

（12）内部审计人员的报告；

（13）被审计单位向证券监管机构报送的文件（如招股说明书）。

可能显示存在以前未识别或未披露的关联方关系或交易的安排

22. 安排是指被审计单位和一方或多方基于下列目的签订的正式或非正式协议：

（1）通过适当的方式（如投资工具）或组织架构建立商业关系；

（2）根据特定条款和条件从事某种类型的交易；

（3）提供指定的服务或财务支持。

某些安排可能显示存在管理层以前未识别或未向注册会计师披露的关联方关系或交易，例如：

（1）与其他机构或人员组成不具有法人资格的合伙企业；

（2）按照超出正常经营过程的交易条款和条件，向特定机构或人员提供服务的安排；

（3）担保和被担保关系。

识别超出正常经营过程的重大交易（参见本准则第十七条）

23. 注册会计师就超出正常经营过程的重大交易获取的进一步信息，使其能够评价是否存在舞弊风险因素，并能够在适用的财务报告编制基础对关联方作出规定的情况下识别重大错报风险。

24. 超出正常经营过程的交易的例子可能包括：
（1）复杂的股权交易，如公司重组或收购；
（2）与处于公司法制不健全的国家或地区的境外实体之间的交易；
（3）对外提供厂房租赁或管理服务，而没有收取对价；
（4）具有异常大额折扣或退货的销售业务；
（5）循环交易，如售后回购交易；
（6）在合同期限届满之前变更条款的交易。

了解超出正常经营过程的重大交易（参见本准则第十七条）

25. 注册会计师针对超出正常经营过程的重大交易的性质所进行的询问，涉及了解交易的商业理由、交易的条款和条件。

询问交易是否可能涉及关联方（参见本准则第十七条）

26. 关联方参与超出正常经营过程的重大交易，可以通过成为交易的一方直接影响该交易，或是通过中间机构间接影响该交易。这些影响可能表明存在舞弊风险因素。

（四）项目组内部分享与关联方有关的信息（参见本准则第十八条）

27. 项目组成员可以分享有关关联方的信息，例如：
（1）关联方的名称和特征；
（2）关联方关系及其交易的性质；
（3）可能需要从审计的角度进行特别考虑的重大或复杂的关联方关系或关联方交易，特别是涉及管理层或治理层财务利益的交易。

四、识别和评估与关联方及其交易相关的重大错报风险

与具有支配性影响的关联方相关的舞弊风险因素（参见本准则第二十条）

28. 管理层由一人或少数人控制且缺乏相应的补偿性控制是一项舞弊风险因素。关联方施加的支配性影响可能表现在下列方面：
（1）关联方否决管理层或治理层作出的重大经营决策；
（2）重大交易需经关联方的最终批准；
（3）对关联方提出的业务建议，管理层和治理层未曾或很少进行讨论；
（4）对涉及关联方（或与关联方关系密切的家庭成员）的交易，极少进行独立复核和批准。

如果关联方在被审计单位的设立和日后管理中均发挥主导作用，也可能表明存在支配性影响。

29. 在出现其他风险因素的情况下，存在具有支配性影响的关联方，可能表明存在由于舞弊导致的特别风险。例如：
（1）异常频繁变更高级管理人员或专业顾问，可能表明被审计单位为关联方谋取利益而从事不道德或虚假的交易；

（2）利用中间机构从事难以判断是否具有正当商业理由的重大交易，可能表明关联方出于欺诈目的，通过控制这些中间机构从交易中获利；

（3）有证据显示关联方过度干涉或关注会计政策的选择或重大会计估计的作出，可能表明存在虚假财务报告。

五、针对与关联方关系及其交易相关的重大错报风险的应对措施（参见本准则第二十一条）

30. 为应对评估的与关联方关系及其交易有关的重大错报风险，注册会计师可能选择的进一步审计程序的性质、时间安排和范围，取决于风险的性质和被审计单位的具体情况。

31. 如果管理层未能按照适用的财务报告编制基础的规定对特定关联方交易进行恰当会计处理和披露，且注册会计师将其评估为一项特别风险（无论是舞弊还是错误导致），可能实施的实质性程序的例子包括：

（1）如果可行且法律法规或注册会计师职业道德守则未予禁止，向银行、律师事务所、担保人或者代理商等中间机构函证或与之讨论交易的具体细节；

（2）向关联方函证交易目的、具体条款或金额（如果注册会计师认为被审计单位有可能对关联方的回函施加影响，可能降低这一审计程序的效果）；

（3）如果适用并且可行，查阅关联方的财务报表或其他相关财务信息，以获取关联方对关联方交易进行会计处理的证据。

32. 如果存在具有支配性影响的关联方，并且因此存在由于舞弊导致的重大错报风险，注册会计师将其评估为一项特别风险。除了遵守《中国注册会计师审计准则第1141号——财务报表审计中与舞弊相关的责任》的总体要求外，注册会计师还可以实施诸如下列审计程序，以了解关联方与被审计单位直接或间接建立的业务关系，并确定是否有必要实施进一步的恰当的实质性程序：

（1）询问管理层和治理层并与之讨论；

（2）询问关联方；

（3）检查与关联方之间的重要合同；

（4）通过互联网或某些外部商业信息数据库，进行适当的背景调查；

（5）如果被审计单位保留了员工的举报报告，查阅该报告。

33. 根据实施风险评估程序的结果，注册会计师可能认为在获取审计证据时不对与关联方关系及其交易相关的内部控制实施控制测试是恰当的。在某些情况下，针对与关联方关系及其交易相关的重大错报风险，仅实施实质性程序可能无法获取充分、适当的审计证据。

例如，被审计单位与其组成部分发生大量的内部交易，有关这些交易的大量信息在一个集成系统中以电子形式生成、记录、处理和报告，注册会计师可能认为不能通过设计有效的实质性程序，将与这些交易相关的重大错报风险降低至可接受的低水平。在这种情况下，为满足《中国注册会计师审计准则第1231号——针对评估的重大错报风险采取的应对措施》中就相关控制运行的有效性获取充分、适当的审计证据的要求，注册会计师需要测试与关联方关系及其交易记录的完整性和准确性相关的控制。

(一)识别出以前未识别或未披露的关联方或重大关联方交易

向项目组成员传达与新识别的关联方有关的信息[参见本准则第二十三条第(一)项]

34. 及时向项目组成员传达有关新识别的关联方信息,有助于项目组成员确定这些信息是否对已实施风险评估程序的结果和由此得出的结论产生影响,包括是否需要重新评估重大错报风险。

与新识别出的关联方或重大关联方交易有关的实质性程序[参见本准则第二十三条第(三)项]

35. 针对新识别出的关联方或重大关联方交易,注册会计师可能实施的实质性程序的例子包括:

(1)询问被审计单位与新识别出的关联方之间的关系的性质,包括向对被审计单位及其业务非常了解的外部人士询问(如适用,并且法律法规或注册会计师职业道德守则未予禁止)。这些外部人士包括法律顾问、主要代理商、主要业务代表、咨询专家、担保人或其他关系密切的商业伙伴等;

(2)分析与新识别出的关联方进行的交易的会计记录,可以采用计算机辅助审计技术进行分析;

(3)核实新识别出的关联方交易的条款和条件,评价是否已经按照适用的财务报告编制基础的规定对关联方交易进行恰当会计处理和披露。

管理层有意不予披露[参见本准则第二十三条第(五)项]

36. 如果管理层有意不向注册会计师披露关联方关系或重大关联方交易信息,《中国注册会计师审计准则第1141号——财务报表审计中与舞弊相关的责任》及其应用指南中的要求和指引适用于这种情况。注册会计师还可能考虑是否有必要重新评价管理层对询问的答复以及管理层声明的可靠性。

(二)识别出的超出正常经营过程的重大关联方交易

评价重大关联方交易的商业理由(参见本准则第二十四条)

37. 在评价超出正常经营过程的重大关联方交易的商业理由时,注册会计师可能考虑下列事项:

(1)交易是否过于复杂(如交易是否涉及集团内部多个关联方);
(2)交易条款是否异常(如价格、利率、担保或付款等条件是否异常);
(3)交易的发生是否缺乏明显且符合逻辑的商业理由;
(4)交易是否涉及以前未识别的关联方;
(5)交易的处理方式是否异常;
(6)管理层是否已与治理层就这类交易的性质和会计处理进行讨论;
(7)管理层是否更强调需要采用某项特定的会计处理方式,而不够重视交易的经济实质。

如果管理层的解释与关联方交易条款存在重大不一致,注册会计师需要按照《中国注册会计师审计准则第1301号——审计证据》的规定,考虑管理层对其他重大事项作出的解释和声明的可靠性。

38. 注册会计师也可以从关联方的角度了解上述交易的商业理由,这可能有助于注册会计师更好地了解交易的经济实质和发生原因。如果注册会计师了解的商业理由与关联方的业务性质不一致,则可能表明存在舞弊风险因素。

授权和批准重大关联方交易〔参见本准则第二十四条第一款第(二)项〕

39. 如果超出正常经营过程的重大关联方交易经管理层、治理层或股东(如适用)授权和批准,可以为注册会计师提供审计证据,表明该项交易已在被审计单位内部的适当层面进行了考虑,并在财务报表中恰当披露了交易的条款和条件。

如果存在未经授权和批准的这类交易,且注册会计师与管理层或治理层进行讨论后仍未获取合理解释,则可能表明存在由于舞弊或错误导致的重大错报风险。在这种情况下,注册会计师可能需要对其他类似性质的交易保持警觉。

然而,授权和批准本身不足以就是否不存在由于舞弊或错误导致的重大错报风险得出结论,其原因是如果被审计单位与关联方串通舞弊或关联方对被审计单位具有支配性影响,被审计单位与授权和批准相关的控制可能是无效的。

对小型被审计单位的特殊考虑

40. 大型被审计单位可能存在不同层级的授权和批准控制,小型被审计单位可能没有此类控制。因此,当审计小型被审计单位时,针对超出正常经营过程的重大关联方交易的合理性,注册会计师可能在较低程度上依赖授权和批准控制以获取审计证据。相应地,注册会计师可以考虑实施其他审计程序,例如,检查相关文件、向相关机构或人员函证特定交易事项,或者观察业主兼经理对交易的参与程度。

(三)对关联方交易是否按照等同于公平交易中的通行条款执行的认定(参见本准则第二十五条)

41. 针对关联方交易与类似公平交易的价格比较情况,注册会计师可以比较容易地获取审计证据。但实务中存在的困难,限制了注册会计师获取关联方交易与公平交易在所有其他方面都等同的审计证据。例如,注册会计师可能能够确定关联方交易是按照市场价格执行的,却不能确定该项交易的其他条款和条件(如信用条款、或有事项以及特定收费等)是否与独立各方之间通常达成的交易条款相同。因此,如果管理层认定关联方交易是按照等同于公平交易中通行的条款执行的,则可能存在重大错报风险。

42. 如果管理层认定关联方交易是按照等同于公平交易中通行的条款执行的,则管理层在编制财务报表时需要证实这项认定。管理层用于支持这项认定的措施可能包括:

(1)将关联方交易条款与相同或类似的非关联方交易的条款进行比较;

(2)聘请外部专家确定交易的市场价格,并确认交易的条款和条件;

(3)将关联方交易条款与公开市场进行的类似交易的条款进行比较。

43. 评价管理层如何支持这项认定,可能涉及以下一个或多个方面:

(1)考虑管理层用于支持其认定的程序是否恰当;

(2)验证支持管理层认定的内部或外部数据来源,对这些数据进行测试,以判断其准确性、完整性和相关性;

(3)评价管理层认定所依据的重大假设的合理性。

44. 有些财务报告编制基础要求披露未按照等同于公平交易中通行的条款执行的关联方交易。在这种情况下,如果管理层未在财务报表中披露关联方交易,则可能隐含着一项认定,即关联方交易是按照等同于公平交易中通行的条款执行的。

六、评价识别出的关联方关系及其交易的会计处理和披露

（一）评价错报时对重要性的考虑（参见本准则第二十六条）

45.《中国注册会计师审计准则第1251号——评价审计过程中识别出的错报》要求注册会计师在评价错报是否重大时,考虑错报的金额和性质以及错报发生的特定情况。对财务报表使用者而言,某项交易的重要程度,可能不仅取决于所记录的交易金额,还取决于其他特定的相关因素,如关联方关系的性质。

（二）评价对关联方的披露［参见本准则第二十六条第（一）项］

46.注册会计师按照适用的财务报告编制基础的规定评价被审计单位对关联方关系及其交易的披露,需要考虑被审计单位是否已对关联方关系及其交易进行了恰当汇总和列报,以使披露具有可理解性。

当存在下列情形之一时,表明管理层对关联方交易的披露可能不具有可理解性:

（1）关联方交易的商业理由以及交易对财务报表的影响披露不清楚,或存在错报;

（2）未适当披露为理解关联方交易所必需的关键条款、条件或其他要素。

七、书面声明（参见本准则第二十七条）

47.在下列情况下,注册会计师向治理层获取书面声明可能是适当的:

（1）治理层批准某项特定关联方交易,该项交易可能对财务报表产生重大影响或涉及管理层;

（2）治理层就某些关联方交易的细节向注册会计师作出口头声明;

（3）治理层在关联方或关联方交易中享有财务或者其他利益。

48.注册会计师可能决定就管理层作出的某项特殊认定获取书面声明,如管理层对特殊关联方交易不涉及某些未予披露的"背后协议"的声明。

八、与治理层的沟通（参见本准则第二十八条）

49.注册会计师与治理层沟通审计工作中发现的与关联方相关的重大事项,有助于双方就这些事项的性质和解决方法达成共识。与关联方相关的重大事项的例子包括:

（1）管理层有意或无意未向注册会计师披露关联方关系或重大关联方交易。沟通这一情况可以提醒治理层关注以前未识别的重要关联方和关联方交易;

（2）识别出的未经适当授权和批准的、可能产生舞弊嫌疑的重大关联方交易;

（3）注册会计师与管理层在按照适用的财务报告编制基础的规定披露重大关联方交易方面存在分歧;

（4）违反适用的法律法规有关禁止或限制特定类型关联方交易的规定;

（5）在识别被审计单位最终控制方时遇到的困难。

《中国注册会计师审计准则第 1324 号——持续经营》应用指南

（2017 年 2 月 28 日修订）

一、本准则的范围（参见本准则第一条）

1.《中国注册会计师审计准则第 1504 号——在审计报告中沟通关键审计事项》及其应用指南规范了注册会计师在审计报告中沟通关键审计事项的责任，并明确在该准则及其应用指南适用时，与持续经营相关的事项可能被确定为关键审计事项，并解释可能导致对被审计单位持续经营能力产生重大疑虑的事项或情况存在重大不确定性，就其性质而言属于关键审计事项。

二、持续经营假设（参见本准则第二条）

对公共部门实体的特殊考虑

2. 在公共部门实体，管理层同样需要运用持续经营假设。例如，《国际公共部门会计准则第 1 号——财务报表列报》规范了有关公共部门实体持续经营能力的问题。持续经营风险可能主要源于以下情况（包括但不限于）：公共部门实体以营利为基础经营、政府的支持可能减少或撤销或者使公共部门实体私有化。可能导致对公共部门实体持续经营能力产生重大疑虑的事项或情况，可能包括公共部门实体缺乏继续存在所需的资金或出台影响公共部门实体所提供服务的政策。

三、风险评估程序和相关活动

（一）可能导致对被审计单位持续经营能力产生重大疑虑的事项或情况（参见本准则第九条）

3. 以下是单独或汇总起来可能导致对被审计单位持续经营能力产生重大疑虑的事项或情况的示例。这些示例并不能涵盖所有事项或情况，也不意味着存在其中一个或多个项目就一定表明存在重大不确定性。

财务方面：

（1）净资产为负或营运资金出现负数；

（2）定期借款即将到期，但预期不能展期或偿还，或过度依赖短期借款为长期资产筹资；

（3）存在债权人撤销财务支持的迹象；

（4）历史财务报表或预测性财务报表表明经营活动产生的现金流量净额为负数；

（5）关键财务比率不佳；

（6）发生重大经营亏损或用以产生现金流量的资产的价值出现大幅下跌；
（7）拖欠或停止发放股利；
（8）在到期日无法偿还债务；
（9）无法履行借款合同的条款；
（10）与供应商由赊购变为货到付款；
（11）无法获得开发必要的新产品或进行其他必要的投资所需的资金。

经营方面：
（1）管理层计划清算被审计单位或终止运营；
（2）关键管理人员离职且无人替代；
（3）失去主要市场、关键客户、特许权、执照或主要供应商；
（4）出现用工困难问题；
（5）重要供应短缺；
（6）出现非常成功的竞争者。

其他方面：
（1）违反有关资本或其他法定或监管要求，例如，对金融机构的偿债能力或流动性要求；
（2）未决诉讼或监管程序，可能导致其无法支付索赔金额；
（3）法律法规或政府政策的变化预期会产生不利影响；
（4）对发生的灾害未购买保险或保额不足。

某些措施通常可以减轻这些事项或情况的严重性。例如，被审计单位无法正常偿还债务的影响，可能被管理层通过替代方法（如处置资产、重新安排贷款偿还或获得额外资本金）计划保持足够的现金流量所抵销。类似地，主要供应商的流失也可以通过寻找适当的替代供应来源以降低损失。

4.本准则第九条规定的风险评估程序，可以帮助注册会计师确定管理层运用持续经营假设是否可能是一个重要问题以及其对计划审计工作的影响。这些程序还使注册会计师可以更及时地与管理层讨论，包括讨论管理层的计划和针对识别出的持续经营问题的解决方案。

对小型被审计单位的特殊考虑（参见本准则第九条）

5.被审计单位的规模可能影响其承受不利情况的能力。小型被审计单位能够迅速反应以利用机会，但是可能缺乏支持经营的储备。

6.与小型被审计单位持续经营特别相关的情况，包括银行及其他借款方可能终止为被审计单位提供支持的风险，以及可能失去主要供应商、主要客户、关键员工，或者在执照、特许权或其他法律协议下经营的权利的风险。

（二）在整个审计过程中对有关事项或情况的审计证据保持警觉（参见本准则第十条）

7.如果在审计过程中获取了影响风险评估结果的额外的审计证据，注册会计师需要根据《中国注册会计师审计准则第 1211 号——通过了解被审计单位及其环境识别和评估重大错报风险》的要求修正风险评估结果，并相应地修改计划的进一步审计程序。如果注册会计师完成风险评估后识别出可能导致对被审计单位持续经营能力产生重大疑虑的事项或情况，除实施本准则第十五条规定的审计程序外，注册会计师可能还需要修正重大错报风险的评估结果。这些事项或情况还可能影响注册会计师用以应对评估的风险的进一步审计程序的性质、时间安排和范围。《中国注册会计师审计准则第1231号——针对评估的重大错报风险采取的应对措施》及其应用指南对此作出了规定并提供了指引。

四、评价管理层的评估

（一）管理层的评估、支持性分析和注册会计师的评价（参见本准则第十一条）

8. 管理层对被审计单位持续经营能力的评估，是注册会计师考虑管理层运用持续经营假设的一个关键部分。

9. 纠正管理层缺乏分析不是注册会计师的责任。在某些情况下，管理层缺乏详细分析以支持其评估，可能不妨碍注册会计师确定管理层运用持续经营假设是否适合具体情况。例如，如果被审计单位具有盈利经营的记录并很容易获得财务支持，管理层可能不需要进行详细分析就能作出评估。在这种情况下，如果其他审计程序足以使注册会计师认为管理层在编制财务报表时运用的持续经营假设适合具体情况，注册会计师可能无需实施详细的评价程序，就可以对管理层评估的适当性得出结论。

10. 在其他情况下，按照本准则第十一条的要求评价管理层对被审计单位持续经营能力所作的评估，可能包括评价管理层作出评估时遵循的程序、评估依据的假设、管理层的未来应对计划以及管理层的计划在具体情况下是否可行。

（二）管理层评估的期间（参见本准则第十二条）

11. 大多数明确要求管理层作出评估的财务报告编制基础都详细规定了管理层需要在多长期间考虑所有可获得的信息。

（三）对小型被审计单位的特殊考虑（参见本准则第十一条和第十二条）

12. 在大多数情况下，小型被审计单位的管理层可能不对被审计单位的持续经营能力作出详细评估，而是依赖对经营活动和预期未来前景的深入了解。然而，按照本准则的规定，注册会计师需要评价管理层对被审计单位持续经营能力的评估。对于小型被审计单位，注册会计师与管理层讨论中长期融资可能是适当的，前提是管理层的观点能够通过足够的书面证据得以证实且与注册会计师对被审计单位的了解一致。因此，注册会计师可以通过如讨论、询问和检查支持性文件（如收到的未来供应订单）评价其可行性或以其他方式予以证实，以满足本准则第十二条有关提请管理层延长评估期间的规定。

13. 业主兼经理持续的支持对于小型被审计单位的持续经营能力通常很重要。如果小型被审计单位在很大程度上依赖于向业主兼经理融资，那么确保这些资金不会撤离可能是很重要的。例如，面临财务困境的小型被审计单位的持续经营能力可能取决于业主兼经理是否将其对被审计单位贷款的求偿权排在银行或其他债权人之后，或者是否以其个人资产作为抵押为被审计单位的贷款提供担保。在这种情况下，注册会计师可以获取适当的书面证据，证明业主兼经理对贷款的次序求偿或提供的担保。如果被审计单位依赖业主兼经理提供的额外支持，注册会计师可以评价业主兼经理履行提供支持的承诺中所规定义务的能力。此外，注册会计师还可以要求对这类支持的条款和条件以及业主兼经理的意图或理解进行书面确认。

五、超出管理层评估的期间（参见本准则第十四条）

14. 可能存在着已知的事项（预定的或非预定的）或情况，是超出管理层评估期间发生的,可能导致注册会计师对管理层编制财务报表时运用持续经营假设的适当性产生怀疑,根据本准则第十条的要求,注册会计师需要对存在这些事项或情况的可能性保持警觉。由于事项或情况发生的时点距离作出评估的时点越远,与事项或情况的结果相关的不确定性的程度也相应增加,因此在考虑更远期间发生的事项或情况时,只有持续经营事项的迹象达到重大时,注册会计师才需要考虑采取进一步措施。如果识别出这些事项或情况,注册会计师可能需要提请管理层评价这些事项或情况对于其评估被审计单位持续经营能力的潜在重要性。在这种情况下,本准则第十五条规定的程序适用。

15.除询问管理层外,注册会计师没有责任实施其他任何审计程序,以识别超出管理层评估期间并可能导致对被审计单位持续经营能力产生重大疑虑的事项或情况。如本准则第十二条所述,管理层的评估期间至少是自财务报表日起十二个月。

六、识别出事项或情况时实施追加的审计程序(参见本准则第十五条)

16.与本准则第十五条的要求相关的审计程序可能包括:
(1)与管理层分析和讨论现金流量、盈利及其他相关预测;
(2)分析和讨论可获得的被审计单位最近的中期财务报表;
(3)阅读公司债券和借款合同的条款并确定是否存在违约情况;
(4)阅读股东、治理层及相关委员会会议有关财务困境的会议纪要;
(5)向被审计单位的律师询问是否存在诉讼或索赔,管理层对诉讼或索赔结果的评估以及对其财务影响的估计是否合理;
(6)向关联方或第三方确认提供或保持财务支持的协议的存在性、合法性和可执行性,并对其提供额外资金的能力作出评估;
(7)评价被审计单位处理尚未完成的客户订单的计划;
(8)针对期后事项实施审计程序,以识别那些能够改善或影响被审计单位持续经营能力的事项;
(9)确认授信合同的存在性、条款和充分性;
(10)获取并复核有关监管行动的报告;
(11)对于拟处置的资产,确定支持证据的充分性。

(一)评价管理层的未来应对计划[参见本准则第十五条第(二)项]

17.评价管理层未来应对计划可能包括向管理层询问该计划。管理层的应对计划可能包括管理层变卖资产、对外借款、重组债务、削减或延缓开支或者获得新的资本。

(二)管理层评估的期间[参见本准则第十五条第(三)项]

18.除本准则第十五条第(三)项要求实施的程序外,注册会计师还可能:
(1)将最近若干期间的预测性财务信息与实际结果相比较;
(2)将本期预测性财务信息与截至目前的实际结果相比较。

19.如果管理层的假设包括第三方通过放弃贷款优先求偿权、承诺保持或提供补充资金或担保等方式向被审计单位提供持续的支持,且这种支持对于被审计单位的持续经营能力很重要,注册会计师可能需要考虑要求该第三方提供书面确认(包括条款和条件),并获得有关该第三方有能力提供这种支持的证据。

(三)书面声明[参见本准则第十五条第(五)项]

20.为了支持已获取的、与管理层持续经营能力评估相关的未来应对计划及其可行性的审计证据，注册会计师可能认为获取除本准则第十五条要求以外的特别书面声明是适当的。

七、审计结论

（一）与可能导致对被审计单位持续经营能力产生重大疑虑的事项或情况相关的重大不确定性（参见本准则第十七条和第十八条）

21. 在讨论与可能导致对持续经营能力产生重大疑虑的事项或情况相关的、应当在财务报表中披露的不确定性时，《国际会计准则第1号——财务报表列报》使用"重大不确定性"的术语。其他一些财务报告编制基础在类似情况下可能使用其他类似术语。注册会计师可以将这些术语视为含义相同。

（二）当已识别出事项或情况且存在重大不确定性时披露的充分性

22. 本准则第十七条解释，鉴于不确定性潜在影响的重要程度和发生的可能性，为了使财务报表实现公允反映，管理层有必要适当披露该不确定性的性质和影响，则表明存在重大不确定性。无论适用的财务报告编制基础是否或如何定义重大不确定性，本准则第十七条均要求注册会计师对是否存在重大不确定性得出结论。

23. 本准则第十八条要求注册会计师确定财务报表是否披露了该条规定的事项。这一要求是对注册会计师确定按照适用的财务报告编制基础对重大不确定性作出的披露是否充分的补充。除本准则第十八条规定的事项外，某些财务报告编制基础要求的额外披露还可能包括：

（1）管理层对与被审计单位履行义务能力相关的事项或情况的重要程度作出的评价；

（2）管理层在评估被审计单位持续经营能力时作出的重要判断。

针对管理层如何考虑与主要事项或情况相关的潜在影响的重要程度、发生的可能性及发生时间的披露，某些财务报告编制基础可能提供了额外指引。

（三）当已识别出事项或情况但不存在重大不确定性时披露的充分性（参见本准则第十九条）

24. 即使不存在重大不确定性，本准则第十九条要求注册会计师根据适用的财务报告编制基础的规定，评价财务报表是否充分披露了可能导致对被审计单位持续经营能力产生重大疑虑的事项或情况。某些财务报告编制基础可能针对下列方面的披露作出规定：

（1）主要事项或情况；

（2）管理层对与被审计单位履行义务能力相关的事项或情况的重要程度作出的评价；

（3）管理层为减轻这些事项或情况的影响而作出的应对计划；

（4）管理层在评估被审计单位持续经营能力时作出的重要判断。

25. 注册会计师对财务报表是否实现公允反映作出的评价包括对财务报表的整体列报、结构和内容是否合理的考虑，以及财务报表（包括相关附注）是否公允地反映了相关交易或事项。根据事实和情况，注册会计师可能确定财务报表为实现公允反映而作出额外披露是必要的。例如，当识别出可能导致对被审计单位持续经营能力产生重大疑虑的事项或情况，但根据获取的审计证据，注册会计师认为不存在重大不确定性，且适用的财务报告编制基础未针对该具体情况提出明确的披露要求时，注册会计师可能认为额外披露是必要的。

八、对审计报告的影响

（一）运用持续经营假设是不适当的（参见本准则第二十条）

26. 如果财务报表已按照持续经营假设编制，但注册会计师根据判断认为管理层在财务报表中运用持续经营假设是不适当的，则无论财务报表对管理层运用持续经营假设的不适当性是否作出披露，注册会计师均应按照本准则第二十条的要求发表否定意见。

27. 如果在具体情况下运用持续经营假设是不适当的，管理层可能被要求或自愿选择按照其他会计基础（如清算基础）编制财务报表。注册会计师可以对财务报表进行审计，前提是注册会计师确定其他会计基础在具体情况下是可接受的编制基础。如果财务报表对其采用的会计基础已作出充分披露，注册会计师可以对这些财务报表发表无保留意见，但可能认为按照《中国注册会计师审计准则第1503号——在审计报告中增加强调事项段和其他事项段》的规定在审计报告中增加强调事项段是适当或必要的，以提醒财务报表使用者注意其他会计基础及其使用理由。

（二）运用持续经营假设是适当的，但存在重大不确定性（参见本准则第二十一条和第二十二条）

28. 识别出重大不确定性对财务报表使用者理解财务报表是重要的事项。在审计报告中增加单独的部分并在该部分的标题中提及存在与持续经营相关的重大不确定性这一事实，可以提醒财务报表使用者关注这一情况。

29. 本指南的附录列示了当适用的财务报告编制基础是企业会计准则时，要求包含在审计报告中的说明的参考格式。如果采用的是其他适用的财务报告编制基础，可能需要根据其他适用的财务报告编制基础的具体情况对本指南附录中列示的内容进行调整。

30. 本准则第二十一条对所述每一种具体情况规定了需要在审计报告中列示的最低信息要求。注册会计师可以提供额外信息以对上述要求进行补充，例如：

（1）解释存在重大不确定性对报表使用者理解财务报表是十分重要的；

（2）解释如何在审计中应对该事项。（参见本指南第1段）

财务报表对重大不确定性已作出充分披露（参见本准则第二十一条）

31. 针对注册会计师已就管理层运用持续经营假设的适当性获取充分、适当的审计证据，但存在重大不确定性，且财务报表已作出充分披露的情况，本指南附录中的参考格式1列示了审计报告的参考格式。《〈中国注册会计师审计准则第1501号——对财务报表形成审计意见和出具审计报告〉应用指南》附录中的审计报告参考格式也列示了适用于所有被审计单位的有关持续经营的参考措辞，以描述财务报表责任方以及注册会计师各自与持续经营相关的责任。

财务报表对重大不确定性未作出充分披露（参见本准则第二十二条）

32. 针对注册会计师已就管理层运用持续经营假设的适当性获取充分、适当的审计证据，但财务报表未对重大不确定性作出充分披露的情况，本指南附录中的参考格式2和参考格式3分别列示了出具保留意见和否定意见的审计报告的参考格式。

33. 当存在多项对财务报表整体具有重要影响的重大不确定性时，在极少数情况下，注册会计师可能认为发表无法表示意见是适当的，而非在审计报告中增加本准则第二十一条规定的以"与持续经营相关的重大不确定性"为标题的单独部分。《中国注册会计师审计准则第 1502 号——在审计报告中发表非无保留意见》及其应用指南对此提供了指引。

与监管机构的沟通（参见本准则第二十一条和第二十二条）

34. 当受监管的被审计单位的注册会计师认为有必要在审计报告中提及持续经营事项时，注册会计师可能有责任与适当的监管机构或执法机构沟通。

管理层不愿作出评估或延长评估期间（参见本准则第二十三条）

35. 在某些情况下，注册会计师可能认为有必要提请管理层作出评估或延长评估期间。如果管理层予以拒绝，由于注册会计师可能无法获取有关管理层运用持续经营假设编制财务报表的充分、适当的审计证据（如是否存在管理层提出的应对计划或其他缓解因素的审计证据），注册会计师发表保留意见或无法表示意见可能是适当的。

附录

与持续经营相关的审计报告参考格式

参考格式 1：当注册会计师确定存在重大不确定性，且财务报表已作出充分披露时，发表无保留意见的审计报告。

参考格式 2：当注册会计师确定存在重大不确定性，且财务报表由于未作出充分披露而存在重大错报时，发表保留意见的审计报告。

参考格式 3：当注册会计师确定存在重大不确定性，但财务报表遗漏了与重大不确定性相关的必要披露时，发表否定意见的审计报告。

参考格式 1：当注册会计师确定存在重大不确定性，且财务报表已作出充分披露时，发表无保留意见的审计报告

背景信息：

1. 对上市实体整套财务报表进行审计。该审计不属于集团审计（即不适用《中国注册会计师审计准则第 1401 号——对集团财务报表审计的特殊考虑》）；

2. 管理层按照企业会计准则编制财务报表；

3. 审计业务约定条款体现了《中国注册会计师审计准则第 1111 号——就审计业务约定条款达成一致意见》中关于管理层对财务报表责任的描述；

4. 基于获取的审计证据，注册会计师认为发表无保留意见是恰当的；

5. 适用的相关职业道德要求为中国注册会计师职业道德守则；

6. 基于获取的审计证据，注册会计师认为可能导致对被审计单位持续经营能力产生重大疑虑的事项或情况存在重大不确定性，财务报表对该重大不确定性已作出充分披露；

7. 已按照《中国注册会计师审计准则第 1504 号——在审计报告中沟通关键审计事项》的规定沟通了关键审计事项；

8. 注册会计师在审计报告日前已获取所有其他信息，且未识别出信息存在重大错报；

9. 负责监督财务报表的人员与负责编制财务报表的人员不同；

10. 除财务报表审计外，注册会计师还承担法律法规要求的其他报告责任，且注册会计师决定在审计报告中履行其他报告责任。

审 计 报 告

ABC 股份有限公司全体股东：

一、对财务报表出具的审计报告[①]

（一）审计意见

我们审计了 ABC 股份有限公司（以下简称 ABC 公司）财务报表，包括 20×1 年 12 月 31 日的资产负债表、20×1 年度的利润表、现金流量表、股东权益变动表以及相关财务报表附注。

我们认为，后附的财务报表在所有重大方面按照企业会计准则的规定编制，公允反映了 ABC 公司 20×1 年 12 月 31 日的财务状况以及 20×1 年度的经营成果和现金流量。

（二）形成审计意见的基础

我们按照中国注册会计师审计准则的规定执行了审计工作。审计报告的"注册会计师对财务报表审计的责任"部分进一步阐述了我们在这些准则下的责任。按照中国注册会计师职业道德守则，我们独立于 ABC 公司，并履行了职业道德方面的其他责任。我们相信，我们获取的审计证据是充分、适当的，为发表审计意见提供了基础。

（三）与持续经营相关的重大不确定性

我们提醒财务报表使用者关注，如财务报表附注 × 所述，ABC 公司 20×1 年发生净亏损 × 元，且于 20×1 年 12 月 31 日，ABC 公司流动负债高于资产总额 × 元。如财务报表附注 × 所述，这些事项或情况，连同财务报表附注 × 所示的其他事项，表明存在可能导致对 ABC 公司持续经营能力产生重大疑虑的重大不确定性。该事项不影响已发表的审计意见。

（四）关键审计事项

关键审计事项是我们根据职业判断，认为对本期财务报表审计最为重要的事项。这些事项的应对以对财务报表整体进行审计并形成审计意见为背景，我们不对这些事项单独发表意见。除"与持续经营相关的重大不确定性"部分所描述的事项外，我们确定下列事项是需要在审计报告中沟通的关键审计事项。

［按照《中国注册会计师审计准则第 1504 号——在审计报告中沟通关键审计事项》的规定描述每一关键审计事项。］

（五）其他信息

［按照《中国注册会计师审计准则第 1521 号——注册会计师对其他信息的责任》的规定报告，见《〈中国注册会计师审计准则第 1521 号——注册会计师对其他信息的责任〉应用指南》附录 2 中的参考格式 1。］

（六）管理层和治理层对财务报表的责任

[①] 如果审计报告中不包含"按照相关法律法规的要求报告的事项"部分，则不需要加入此标题。

[按照《中国注册会计师审计准则第1501号——对财务报表形成审计意见和出具审计报告》的规定报告，见《〈中国注册会计师审计准则第1501号——对财务报表形成审计意见和出具审计报告〉应用指南》参考格式1。]

（七）注册会计师对财务报表审计的责任

[按照《中国注册会计师审计准则第1501号——对财务报表形成审计意见和出具审计报告》的规定报告，见《〈中国注册会计师审计准则第1501号——对财务报表形成审计意见和出具审计报告〉应用指南》参考格式1。]

二、按照相关法律法规的要求报告的事项

[按照《中国注册会计师审计准则第1501号——对财务报表形成审计意见和出具审计报告》的规定报告，见《〈中国注册会计师审计准则第1501号——对财务报表形成审计意见和出具审计报告〉应用指南》参考格式1。]

××会计师事务所　　　　　　　　中国注册会计师：×××（项目合伙人）
　　（盖章）　　　　　　　　　　　　　　　（签名并盖章）
　　　　　　　　　　　　　　　　中国注册会计师：×××
　　　　　　　　　　　　　　　　　　　　（签名并盖章）

中国××市　　　　　　　　　　　　20×2年×月×日

参考格式2：当注册会计师确定存在重大不确定性，且财务报表由于未作出充分披露而存在重大错报时，发表保留意见的审计报告

背景信息：

1. 对上市实体整套财务报表进行审计。该审计不属于集团审计（即不适用《中国注册会计师审计准则第1401号——对集团财务报表审计的特殊考虑》）；

2. 管理层按照企业会计准则编制财务报表；

3. 审计业务约定条款体现了《中国注册会计师审计准则第1111号——就审计业务约定条款达成一致意见》中关于管理层对财务报表责任的描述；

4. 基于获取的审计证据，注册会计师认为可能导致对被审计单位持续经营能力产生重大疑虑的事项或情况存在重大不确定性。财务报表附注×讨论了融资协议的规模、到期日和总安排，但财务报表未讨论其影响以及再融资的可获得性，也未将该情况界定为重大不确定性；

5. 适用的相关职业道德要求为中国注册会计师职业道德守则；

6. 财务报表由于未充分披露重大不确定性而存在重大错报。注册会计师认为未充分披露对财务报表的影响重大但不具有广泛性，因此发表保留意见；

7. 已按照《中国注册会计师审计准则第1504号——在审计报告中沟通关键审计事项》的规定沟通了关键审计事项；

8. 注册会计师在审计报告日前已获取所有其他信息，并且导致对财务报表发表保留意见的事项也影响其他信息；

9. 负责监督财务报表的人员与负责编制财务报表的人员不同；

10. 除财务报表审计外，注册会计师还承担法律法规要求的其他报告责任，且注册会

计师决定在审计报告中履行其他报告责任。

审 计 报 告

ABC 股份有限公司全体股东：

一、对财务报表出具的审计报告[①]

（一）保留意见

我们审计了 ABC 股份有限公司（以下简称 ABC 公司）财务报表，包括 20×1 年 12 月 31 日的资产负债表，20×1 年度的利润表、现金流量表、股东权益变动表以及相关财务报表附注。

我们认为，除"形成保留意见的基础"部分所述事项产生的影响外，后附的财务报表在所有重大方面按照企业会计准则的规定编制，公允反映了 ABC 公司 20×1 年 12 月 31 日的财务状况以及 20×1 年度的经营成果和现金流量。

（二）形成保留意见的基础

如财务报表附注 × 所述，ABC 公司融资协议期满，且未偿付余额将于 20×2 年 3 月 19 日到期。ABC 公司未能重新商定协议或获取替代性融资。这种情况表明存在可能导致对 ABC 公司持续经营能力产生重大疑虑的重大不确定性。财务报表对这一事项并未作出充分披露。

我们按照中国注册会计师审计准则的规定执行了审计工作。审计报告的"注册会计师对财务报表审计的责任"部分进一步阐述了我们在这些准则下的责任。按照中国注册会计师职业道德守则，我们独立于 ABC 公司，并履行了职业道德方面的其他责任。我们相信，我们获取的审计证据是充分、适当的，为发表保留意见提供了基础。

（三）关键审计事项

关键审计事项是我们根据职业判断，认为对本期财务报表审计最为重要的事项。这些事项的应对以对财务报表整体进行审计并形成审计意见为背景，我们不对这些事项单独发表意见。除"形成保留意见的基础"部分所述事项外，我们确定下列事项是需要在审计报告中沟通的关键审计事项。

［按照《中国注册会计师审计准则第 1504 号——在审计报告中沟通关键审计事项》的规定描述每一关键审计事项。］

（四）其他信息

［按照《中国注册会计师审计准则第 1521 号——注册会计师对其他信息的责任》的规定报告，见《〈中国注册会计师审计准则第 1521 号——注册会计师对其他信息的责任〉应用指南》附录 2 中的参考格式 6。该参考格式中其他信息部分的最后一段需要进行改写，以描述导致注册会计师对财务报表发表保留意见并且也影响其他信

[①] 如果审计报告中不包含"按照相关法律法规的要求报告的事项"部分，则不需要加入此标题。

息的事项。] （五）管理层和治理层对财务报表的责任

[按照《中国注册会计师审计准则第1501号——对财务报表形成审计意见和出具审计报告》的规定报告，见《〈中国注册会计师审计准则第1501号——对财务报表形成审计意见和出具审计报告〉应用指南》参考格式1。]

（六）注册会计师对财务报表审计的责任

[按照《中国注册会计师审计准则第1501号——对财务报表形成审计意见和出具审计报告》的规定报告，见《〈中国注册会计师审计准则第1501号——对财务报表形成审计意见和出具审计报告〉应用指南》参考格式1。]

二、按照相关法律法规的要求报告的事项

[按照《中国注册会计师审计准则第1501号——对财务报表形成审计意见和出具审计报告》的规定报告，见《〈中国注册会计师审计准则第1501号——对财务报表形成审计意见和出具审计报告〉应用指南》参考格式1。]

××会计师事务所　　　　　　　中国注册会计师：×××（项目合伙人）
　　（盖章）　　　　　　　　　　　　　　（签名并盖章）
　　　　　　　　　　　　　　　中国注册会计师：×××
　　　　　　　　　　　　　　　　　　（签名并盖章）

中国××市　　　　　　　　　　　20×2年×月×日

参考格式3：当注册会计师确定存在重大不确定性，但财务报表遗漏了与重大不确定性相关的必要披露时，发表否定意见的审计报告

背景信息：

1. 对非上市实体整套财务报表进行审计。该审计不属于集团审计（即不适用《中国注册会计师审计准则第1401号——对集团财务报表审计的特殊考虑》）；

2. 管理层按照企业会计准则编制财务报表；

3. 审计业务约定条款体现了《中国注册会计师审计准则第1111号——就审计业务约定条款达成一致意见》中关于管理层对财务报表责任的描述；

4. 适用的相关职业道德要求为中国注册会计师职业道德守则；

5. 基于获取的审计证据，注册会计师认为可能导致对被审计单位持续经营能力产生重大疑虑的事项或情况存在重大不确定性，且该公司正考虑申请破产。财务报表遗漏了与重大不确定性相关的必要披露。该漏报对财务报表的影响重大且具有广泛性，因此发表否定意见；

6. 注册会计师未被要求，并且也决定不沟通关键审计事项；

7. 注册会计师在审计报告日前已获取所有其他信息，并且导致对财务报表发表否定意见的事项也影响其他信息；

8. 负责监督财务报表的人员与负责编制财务报表的人员不同；

9. 除财务报表审计外，注册会计师还承担法律法规要求的其他报告责任，且注册会计师决定在审计报告中履行其他报告责任。

审 计 报 告

ABC 股份有限公司全体股东：

一、对财务报表出具的审计报告[①]

（一）否定意见

我们审计了 ABC 股份有限公司（以下简称 ABC 公司）财务报表，包括 20×1 年 12 月 31 日的资产负债表，20×1 年度的利润表、现金流量表、股东权益变动表以及相关财务报表附注。

我们认为，由于"形成否定意见的基础"部分所述事项的重要性，后附的财务报表没有在所有重大方面按照企业会计准则的规定编制，未能公允反映 ABC 公司 20×1 年 12 月 31 日的财务状况以及 20×1 年度的经营成果和现金流量。

（二）形成否定意见的基础

ABC 公司融资协议期满，且未偿付余额于 20×1 年 12 月 31 日到期。ABC 公司未能重新商定协议或获取替代性融资，正考虑申请破产。这种情况表明存在可能导致对 ABC 公司持续经营能力产生重大疑虑的重大不确定性。财务报表对这一事项并未作出充分披露。

我们按照中国注册会计师审计准则的规定执行了审计工作。审计报告的"注册会计师对财务报表审计的责任"部分进一步阐述了我们在这些准则下的责任。按照中国注册会计师职业道德守则，我们独立于 ABC 公司，并履行了职业道德方面的其他责任。我们相信，我们获取的审计证据是充分、适当的，为发表否定意见提供了基础。

（三）其他信息

［按照《中国注册会计师审计准则第 1521 号——注册会计师对其他信息的责任》的规定报告，见《〈中国注册会计师审计准则第 1521 号——注册会计师对其他信息的责任〉应用指南》附录 2 中的参考格式 7。该参考格式中其他信息部分的最后一段需要进行改写，以描述导致注册会计师对财务报表发表否定意见并且也影响其他信息的事项。］

（四）管理层和治理层对财务报表的责任

［按照《中国注册会计师审计准则第 1501 号——对财务报表形成审计意见和出具审计报告》的规定报告，见《〈中国注册会计师审计准则第 1501 号——对财务报表形成审计意见和出具审计报告〉应用指南》参考格式 3。］

（五）注册会计师对财务报表审计的责任

［按照《中国注册会计师审计准则第 1501 号——对财务报表形成审计意见和出具审计报告》的规定报告，见《〈中国注册会计师审计准则第 1501 号——对财务报表形成审计意见和出具审计报告〉应用指南》参考格式 3。］

二、按照相关法律法规的要求报告的事项

［按照《中国注册会计师审计准则第 1501 号——对财务报表形成审计意见和出具审计报告》的规定报告，见《〈中国注册会计师审计准则第 1501 号——对财务报表形成审

---

① 如果审计报告中不包含"按照相关法律法规的要求报告的事项"部分，则不需要加入此标题。

计意见和出具审计报告〉应用指南》参考格式 1。]

　　××会计师事务所　　　　　　中国注册会计师：×××（项目合伙人）
　　　　（盖章）　　　　　　　　　　　　　（签名并盖章）
　　　　　　　　　　　　　　　　中国注册会计师：×××
　　　　　　　　　　　　　　　　　　　　（签名并盖章）

　　中国××市　　　　　　　　　　　20×2 年×月×日

《中国注册会计师审计准则第1331号——首次审计业务涉及的期初余额》应用指南

（2017年2月28日修订）

一、审计程序

（一）对公共部门实体的特殊考虑（参见本准则第八条）

1. 法律法规可能对公共部门实体作出限制性规定，使现任注册会计师不能从前任注册会计师获取信息。例如，某公共部门实体之前由接受法定委托的注册会计师执行审计，现该公共部门实体变更为私营部门实体，有关保密的法律法规的规定，可能限制新接受委托的现任注册会计师接触前任注册会计师的工作底稿或其他信息，前任注册会计师可能无法就此提供帮助。在沟通受到限制的情况下，现任注册会计师可能需要通过其他方式获取审计证据；如果无法获取充分、适当的审计证据，现任注册会计师需要考虑对审计意见的影响。

2. 如果由接受法定委托的注册会计师将某公共部门实体的审计外包给另一家会计师事务所，而接受外包的会计师事务所没有执行该公共部门实体上期财务报表审计，通常不视为取代接受法定委托的注册会计师。然而，根据外包协议的性质，从接受外包的会计师事务所的注册会计师履行职责的角度看，该审计业务可被视为首次审计业务，因此，需要遵守本准则的规定。

（二）期初余额（参见本准则第八条第二款）

3. 为获取有关期初余额的充分、适当的审计证据，需要实施的审计程序的性质和范围取决于下列事项：

（1）被审计单位运用的会计政策；

（2）账户余额、各类交易和披露的性质以及本期财务报表存在的重大错报风险；

（3）期初余额相对于本期财务报表的重要程度；

（4）上期财务报表是否经过审计，如果经过审计，前任注册会计师的意见是否为非无保留意见。

4. 如果上期财务报表由前任注册会计师审计，注册会计师可能通过复核前任注册会计师的审计工作底稿获取有关期初余额的充分、适当的审计证据。这种复核是否能够提供充分、适当的审计证据，受前任注册会计师的专业胜任能力和独立性的影响。

5. 审计准则和相关职业道德要求对现任注册会计师与前任注册会计师的沟通作出规定。

6. 对于流动资产和流动负债，注册会计师可以通过本期实施的审计程序获取有关期初余额的部分审计证据。例如，本期应收账款的收回（或应付账款的支付）为其在期初的存在、权利和义务、完整性和计价提供了部分审计证据。然而，就存货而言，本期对存货的期末余额实施的审计程序，几乎无法提供有关期初持有存货的审计证据。因此，注册会计师有必要实施追加的审计程序。下列一项或多项审计程序可能提供有关期初存货余额的充分、适当的审计证据：

（1）监盘当前的存货数量并调节至期初存货数量；

（2）对期初存货项目的计价实施审计程序；

（3）对毛利和存货截止实施审计程序。

7. 对于非流动资产和非流动负债，如长期股权投资、固定资产和长期借款，注册会计师可以通过检查形成期初余额的会计记录和其他信息获取审计证据。在某些情况下，注册会计师还可以通过向第三方函证获取有关期初余额（如长期借款和长期股权投资的期初余额）的部分审计证据。在另外一些情况下，注册会计师可能需要实施追加的审计程序。

二、审计结论和审计报告

（一）期初余额（参见本准则第十二条）

8.《中国注册会计师审计准则第1502号——在审计报告中发表非无保留意见》对可能导致注册会计师对财务报表发表非无保留意见的情形、适合具体情况的意见类型和审计报告的内容作出规定，当发表非无保留意见时，注册会计师需要遵守这些规定。如果无法针对期初余额获取充分、适当的审计证据，注册会计师需要在审计报告中发表下列类型之一的非无保留意见：

（1）发表适合具体情况的保留意见或无法表示意见；

（2）除非法律法规禁止，对经营成果和现金流量（如相关）发表保留意见或无法表示意见，而对财务状况发表无保留意见。

本指南附录列示了与期初余额相关的非无保留意见的审计报告的参考格式。

（二）前任注册会计师对上期财务报表发表了非无保留意见（参见本准则第十五条）

9. 在某些情况下，导致前任注册会计师发表非无保留意见的事项可能与对本期财务报表发表的意见既不相关也不重大。例如，上期存在范围限制，但在本期导致范围限制的事项已得到解决。

附录

与期初余额相关的非无保留意见的审计报告的参考格式

参考格式 1

背景信息：

1. 对非上市实体整套财务报表进行审计。该审计不属于集团审计（即不适用《中国注册会计师审计准则第1401号——对集团财务报表审计的特殊考虑》）；

2. 管理层按照企业会计准则编制财务报表；

3. 审计业务约定条款体现了《中国注册会计师审计准则第1111号——就审计业务约定条款达成一致意见》中关于管理层对财务报表责任的描述；

4. 注册会计师未能在本期期初对存货实施监盘，也未能获取有关存货期初余额的充分、适当的审计证据；

5. 针对存货期初余额无法获取充分、适当的审计证据可能产生的影响，对被审计单位的经营成果和现金流量而言是重大但非广泛的；

6. 期末财务状况已得到公允反映；

7. 法律法规禁止注册会计师对被审计单位的经营成果和现金流量发表保留意见，而对财务状况发表无保留意见；

8. 适用的相关职业道德要求为中国注册会计师职业道德守则；

9. 基于获取的审计证据，根据《中国注册会计师审计准则第1324号——持续经营》，注册会计师认为可能导致对被审计单位持续经营能力产生重大疑虑的事项或情况不存在重大不确定性；

10. 注册会计师未被要求，并且也决定不沟通关键审计事项；

11. 注册会计师在审计报告日前已获取所有其他信息，且未识别出信息存在重大错报；

12. 已列报对应数据，且上期财务报表已由前任注册会计师审计，法律法规不禁止注册会计师提及前任注册会计师对对应数据出具的审计报告，并且注册会计师决定提及；

13. 负责监督财务报表的人员与负责编制财务报表的人员不同；

14. 除财务报表审计外，注册会计师还承担法律法规要求的其他报告责任，且注册会计师决定在审计报告中履行其他报告责任。

审 计 报 告

ABC股份有限公司全体股东：

一、对财务报表出具的审计报告[①]

（一）保留意见

我们审计了ABC股份有限公司（以下简称ABC公司）财务报表，包括20×1年12月31日的资产负债表，20×1年度的利润表、现金流量表、股东权益变动表以及相关财务报表附注。

我们认为，除"形成保留意见的基础"部分所述事项可能产生的影响外，后附的财务报表在所有重大方面按照企业会计准则的规定编制，公允反映了ABC公司20×1年12月31日的财务状况以及20×1年度的经营成果和现金流量。

（二）形成保留意见的基础

我们于20×1年6月30日接受委托审计ABC公司财务报表，因而未能对期初存货实施监盘程序。我们通过其他审计程序也未能确定20×0年12月31日的存货数量。由于期初存货对经营成果和现金流量的影响重大，我们无法确定是否有必要对本期利润表

---

① 如果审计报告中不包含"按照相关法律法规的要求报告的事项"部分，则不需要加入此标题。

中报告的利润和现金流量表中报告的经营活动产生的现金净流量进行调整。

我们按照中国注册会计师审计准则的规定执行了审计工作。审计报告的"注册会计师对财务报表审计的责任"部分进一步阐述了我们在这些准则下的责任。按照中国注册会计师职业道德守则，我们独立于ABC公司，并履行了职业道德方面的其他责任。我们相信，我们获取的审计证据是充分、适当的，为发表保留意见提供了基础。

（三）其他事项

ABC公司20×0年度财务报表已由其他注册会计师审计，并于20×1年3月31日发表了无保留意见。

（四）其他信息

［按照《中国注册会计师审计准则第1521号——注册会计师对其他信息的责任》的规定报告，见《〈中国注册会计师审计准则第1521号——注册会计师对其他信息的责任〉应用指南》附录2中的参考格式1。］

（五）管理层和治理层对财务报表的责任

［按照《中国注册会计师审计准则第1501号——对财务报表形成审计意见和出具审计报告》的规定报告，见《〈中国注册会计师审计准则第1501号——对财务报表形成审计意见和出具审计报告〉应用指南》参考格式3。］

（六）注册会计师对财务报表审计的责任

［按照《中国注册会计师审计准则第1501号——对财务报表形成审计意见和出具审计报告》的规定报告，见《〈中国注册会计师审计准则第1501号——对财务报表形成审计意见和出具审计报告〉应用指南》参考格式3。］

二、按照相关法律法规的要求报告的事项

［按照《中国注册会计师审计准则第1501号——对财务报表形成审计意见和出具审计报告》的规定报告，见《〈中国注册会计师审计准则第1501号——对财务报表形成审计意见和出具审计报告〉应用指南》参考格式1。］

××会计师事务所　　　　　　中国注册会计师：×××（项目合伙人）
　　（盖章）　　　　　　　　　　　　　（签名并盖章）
　　　　　　　　　　　　　　中国注册会计师：×××
　　　　　　　　　　　　　　　　　（签名并盖章）

中国××市　　　　　　　　　20×2年×月×日

参考格式2

背景信息：

1. 对非上市实体整套财务报表进行审计。该审计不属于集团审计（即不适用《中国注册会计师审计准则第1401号——对集团财务报表审计的特殊考虑》）；

2. 管理层按照企业会计准则编制财务报表；

3. 审计业务约定条款体现了《中国注册会计师审计准则第1111号——就审计业务约定条款达成一致意见》中关于管理层对财务报表责任的描述；

4. 注册会计师未能在本期期初对存货实施监盘，也未能获取有关存货期初余额的充

分、适当的审计证据；

5. 针对存货期初余额无法获取充分、适当的审计证据可能产生的影响，对被审计单位的经营成果和现金流量而言是重大但非广泛的；

6. 期末财务状况已经得到公允反映；

7. 对被审计单位的经营成果和现金流量发表保留意见，而对财务状况发表无保留意见，这种意见被认为是适合具体情况的；

8. 适用的相关职业道德要求为中国注册会计师职业道德守则；

9. 基于获取的审计证据，根据《中国注册会计师审计准则第1324号——持续经营》，注册会计师认为可能导致对被审计单位持续经营能力产生重大疑虑的事项或情况不存在重大不确定性；

10. 注册会计师未被要求，并且也决定不沟通关键审计事项；

11. 注册会计师在审计报告日前已获取所有其他信息，且未识别出信息存在重大错报；

12. 已列报对应数据，且上期财务报表已由前任注册会计师审计，法律法规不禁止注册会计师提及前任注册会计师对对应数据出具的审计报告，并且注册会计师决定提及；

13. 负责监督财务报表的人员与负责编制财务报表的人员不同；

14. 除财务报表审计外，注册会计师还承担法律法规要求的其他报告责任，且注册会计师决定在审计报告中履行其他报告责任。

审 计 报 告

ABC 股份有限公司全体股东：

一、对财务报表出具的审计报告[①]

（一）审计意见

我们审计了 ABC 股份有限公司（以下简称 ABC 公司）财务报表，包括 20×1 年 12 月 31 日的资产负债表，20×1 年度的利润表、现金流量表、股东权益变动表以及相关财务报表附注。

对经营成果和现金流量发表的保留意见

我们认为，除"形成审计意见的基础，包括对经营成果和现金流量形成保留意见的基础"部分所述事项可能产生的影响外，后附的利润表和现金流量表在所有重大方面按照企业会计准则的规定编制，公允反映了 ABC 公司 20×1 年度的经营成果和现金流量。

对财务状况发表的无保留意见

我们认为，后附的资产负债表和股东权益变动表在所有重大方面按照企业会计准则的规定编制，公允反映了 ABC 公司 20×1 年 12 月 31 日的财务状况。

（二）形成审计意见的基础，包括对经营成果和现金流量形成保留意见的基础

我们于 20×1 年 6 月 30 日接受委托审计 ABC 公司财务报表，因而未能对期初存货实施监盘程序。我们通过其他审计程序也未能确定 20×0 年 12 月 31 日的存货数量。由

---

① 如果审计报告中不包含"按照相关法律法规的要求报告的事项"部分，则不需要加入此标题。

于期初存货对经营成果和现金流量的影响重大，我们无法确定是否有必要对本期利润表中报告的利润和现金流量表中报告的经营活动产生的现金净流量进行调整。

我们按照中国注册会计师审计准则的规定执行了审计工作。审计报告的"注册会计师对财务报表审计的责任"部分进一步阐述了我们在这些准则下的责任。按照中国注册会计师职业道德守则，我们独立于ABC公司，并履行了职业道德方面的其他责任。我们相信，我们获取的审计证据是充分、适当的，为针对财务状况发表无保留意见以及针对经营成果和现金流量发表保留意见提供了基础。

（三）其他事项

ABC公司20×0年度财务报表已由其他注册会计师审计，并于20×1年3月31日发表了无保留意见。

（四）其他信息

［按照《中国注册会计师审计准则第1521号——注册会计师对其他信息的责任》的规定报告，见《〈中国注册会计师审计准则第1521号——注册会计师对其他信息的责任〉应用指南》附录2中的参考格式1。］

（五）管理层和治理层对财务报表的责任

［按照《中国注册会计师审计准则第1501号——对财务报表形成审计意见和出具审计报告》的规定报告，见《〈中国注册会计师审计准则第1501号——对财务报表形成审计意见和出具审计报告〉应用指南》参考格式3。］

（六）注册会计师对财务报表审计的责任

［按照《中国注册会计师审计准则第1501号——对财务报表形成审计意见和出具审计报告》的规定报告，见《〈中国注册会计师审计准则第1501号——对财务报表形成审计意见和出具审计报告〉应用指南》参考格式3。］

二、按照相关法律法规的要求报告的事项

［按照《中国注册会计师审计准则第1501号——对财务报表形成审计意见和出具审计报告》的规定报告，见《〈中国注册会计师审计准则第1501号——对财务报表形成审计意见和出具审计报告〉应用指南》参考格式1。］

××会计师事务所	中国注册会计师：×××（项目合伙人）
（盖章）	（签名并盖章）
	中国注册会计师：×××
	（签名并盖章）
中国××市	20×2年×月×日

《中国注册会计师审计准则第1332号——期后事项》应用指南

（2017年2月28日修订）

一、本准则的适用范围（参见本准则第一条）

1. 如果已审计财务报表在报出后被纳入其他文件（除《中国注册会计师审计准则第1521号——注册会计师对其他信息的责任》所定义的年度报告外），注册会计师需要考虑其可能承担的与期后事项相关的额外责任。例如，为遵守中国证券监督管理委员会《关于加强对通过发审会的拟发行证券的公司会后事项监管的通知》（证监发行字〔2002〕15号）的规定，注册会计师可能需要实施追加的审计程序，以将审计程序涵盖的期间延伸至最终发行文件的生效日期。这些程序可能包括：

（1）实施本准则第九条和第十条规定的审计程序，并将其期间延伸至最终发行文件的生效日期或临近该生效日；

（2）查阅发行文件，并评估发行文件内的其他信息与已审计财务信息是否一致。

二、定义

（一）审计报告日（参见本准则第五条）

2. 审计报告日不应早于注册会计师获取充分、适当的审计证据（包括证明构成整套财务报表的所有报表已编制完成，并且法律法规规定的被审计单位董事会、管理层或类似机构已经认可其对财务报表负责的证据），并在此基础上对财务报表形成审计意见的日期。因此，审计报告日不应早于本准则第七条规定的财务报表批准日。由于事务性方面的原因，审计报告提交给被审计单位的日期与本准则第五条规定的审计报告日可能并不相同，而是滞后一段时间。

（二）财务报表报出日（参见本准则第六条）

3. 财务报表报出日通常取决于被审计单位的监管环境。在某些情况下，财务报表报出日可能是财务报表报送给监管机构的日期。由于已审计财务报表不能在未附审计报告的情况下报出，因此已审计财务报表的报出日不应早于审计报告日，且不应早于审计报告提交给被审计单位的日期。

对公共部门实体的特殊考虑

4. 对公共部门实体而言，财务报表报出日可能是将已审计财务报表连同审计报告提交给主管部门或以其他方式公布的日期。

（三）财务报表批准日（参见本准则第七条）

5. 在某些国家或地区，法律法规指定个人或机构（如管理层或治理层）负责就构成整套财务报表的所有报表（包括相关附注）已编制完成得出结论，并规定了必要的批准程序。在其他一些国家或地区，法律法规并未对批准程序作出规定，因此被审计单位根据其管理和治理结构，按其自身的程序来编制和完成财务报表。

在某些国家或地区，财务报表需要由股东最终批准。在这些国家或地区，股东的最终批准并非注册会计师认为已获取充分、适当的审计证据的必要条件。就审计准则而言，财务报表批准日是一个比较早的日期，即被审计单位的董事会、管理层或类似机构确定构成整套财务报表的所有报表（包括相关附注）已经编制完成，并声称对此负责的日期。

三、财务报表日至审计报告日之间发生的事项（本准则第九条至第十二条）

6. 根据风险评估结果，为获取充分、适当的审计证据，本准则第九条要求的审计程序可能包括复核或测试会计记录或财务报表日至审计报告日之间的交易。本准则第九条和第十条要求的审计程序是注册会计师为其他目的而实施的程序的补充。当然，为其他目的而实施的程序（例如，为获取财务报表日账户余额的审计证据而实施的程序，如截止程序或与期后应收账款回收有关的程序）也可以提供有关期后事项的证据。

7. 本准则第十条规定了注册会计师需要按照本准则第九条的规定实施某些审计程序。但是，注册会计师就期后事项实施的程序可能取决于可获得的信息，特别是自财务报表日以来会计记录的编制程度。如果会计记录未能反映最新信息，被审计单位也没有编制中期财务报表（无论是基于内部还是外部目的），或者没有编制管理层或治理层会议的纪要，则相关审计程序可以采用检查可获得的账簿和记录（包括银行对账单）的形式。本指南第9段列举了注册会计师在询问过程中可以考虑的额外事项。

8. 除本准则第十条所述的审计程序外，注册会计师可能认为实施下列一项或多项审计程序是必要和适当的：

（1）查阅被审计单位在财务报表日后最近期间内的预算、现金流量预测和其他相关的管理报告；

（2）就诉讼和索赔事项询问被审计单位的法律顾问，或扩大之前口头或书面查询的范围；

（3）考虑是否有必要获取涵盖特定期后事项的书面声明以支持其他审计证据，从而获取充分、适当的审计证据。

（一）询问 [参见本准则第十条第二款第（二）项]

9. 在向管理层和治理层（如适用）询问是否已发生可能影响财务报表的期后事项时，注册会计师可以询问根据初步或尚无定论的数据作出会计处理的项目的现状。此外，注册会计师还可以就下列事项进行专门询问：

（1）是否已发生新的承诺、借款或担保；

（2）是否已出售或购置资产，或者计划出售或购置资产；

（3）是否已增加资本或发行债务工具（如发行新的股票或债券），或者是否已签订或计划签订合并或清算协议；

（4）资产是否被政府征用或因不可抗力（如火灾或洪水）而遭受损失；

（5）或有事项是否已发生新的进展；

（6）是否已作出或考虑作出异常的会计调整；

（7）是否已发生或可能发生影响财务报表编制时所采用会计政策适当性的事项（如

影响持续经营假设适当性的事项);

（8）是否已发生与财务报表中会计估计或准备计提相关的事项；

（9）是否已发生与资产可收回性相关的事项。

（二）查阅会议纪要［参见本准则第十条第二款第（三）项］

对公共部门实体的特殊考虑

10. 在某些国家或地区，对于公共部门实体，注册会计师可以向立法机关查阅相关记录，如无书面记录，则就相关立法涉及的事项进行询问。

四、注册会计师在审计报告日后至财务报表报出日前知悉的事实

（一）审计报告日后获取的其他信息的影响（参见本准则第十三条）

10a. 尽管在审计报告日后至财务报表报出日前，注册会计师没有义务针对财务报表实施任何审计程序，《中国注册会计师审计准则第1521号——注册会计师对其他信息的责任》及其应用指南针对注册会计师在审计报告日后获取的其他信息提出要求并提供了指引，这些其他信息可能包括注册会计师在审计报告日后至财务报表报出日前获取的其他信息。

（二）管理层告知注册会计师的责任（参见本准则第十三条）

11. 如《〈中国注册会计师审计准则第1111号——就审计业务约定条款达成一致意见〉应用指南》所述，审计业务约定书包括管理层同意告知注册会计师在审计报告日至财务报表报出日之间注意到的可能影响财务报表的事实。

（三）双重报告日期［参见本准则第十五条第（一）项］

12. 在采用本准则第十五条所述第一种处理方式的情况下，注册会计师修改审计报告，针对财务报表修改部分增加补充报告日期，而对管理层作出修改前的财务报表出具的原审计报告日期保持不变。之所以这样处理是因为，原审计报告日期告知财务报表使用者针对该财务报表的审计工作何时完成；补充报告日期告知财务报表使用者自原审计报告日之后实施的审计程序仅针对财务报表的后续修改。有关补充报告日期的示例如下："除附注×所述事项的日期为［仅针对附注×所述修改的审计程序完成日期］之外，［原审计报告日］"。

（四）管理层不修改财务报表（参见本准则第十六条）

13. 在某些国家或地区，法律法规或财务报告编制基础可能并不要求管理层报出经修改的财务报表。例如，当下一期间的财务报表即将报出，且在后续期间的财务报表中拟作出适当披露时，管理层可能无需报出经修改的财务报表。

对公共部门实体的特殊考虑

14. 对于公共部门实体，如果管理层不修改财务报表，注册会计师根据本准则第十六条采取的措施也可能包括向主管部门或适当的立法机关单独报告，说明期后事项对财务报表及审计报告的影响。

（五）注册会计师为防止财务报表使用者信赖审计报告所采取的措施［参见本准则第十六条第（二）项］

15. 尽管注册会计师已通知管理层不要将财务报表报出并且管理层已同意这样做，注册会计师可能还需要履行额外的法律义务。

16. 在注册会计师已通知管理层的情况下，如果管理层仍将财务报表向第三方报出，

注册会计师需要采取适当措施，以设法防止财务报表使用者信赖该审计报告。注册会计师采取的措施取决于自身的权利和义务。因此，注册会计师可能认为寻求法律意见是适当的。

五、注册会计师在财务报表报出后知悉的事实

（一）财务报表报出后获取的其他信息的影响（参见本准则第十七条）

16a.《中国注册会计师审计准则第1521号——注册会计师对其他信息的责任》规范了注册会计师针对审计报告日后获取的其他信息所负的责任。尽管在财务报表报出后，注册会计师没有义务针对财务报表实施任何审计程序，《中国注册会计师审计准则第1521号——注册会计师对其他信息的责任》及其应用指南针对注册会计师在审计报告日后获取的其他信息提出要求并提供了指引。

（二）管理层不修改财务报表（参见本准则第二十条）

对公共部门实体的特殊考虑

17. 在某些国家或地区，法律法规可能禁止公共部门实体报出经修改的财务报表。在这种情况下，注册会计师采取的适当措施可能是向适当的法定机构报告。

（三）注册会计师为防止财务报表使用者信赖审计报告所采取的措施（参见本准则第二十条）

18. 如果注册会计师已经通知管理层或治理层，而管理层或治理层没有采取必要措施，注册会计师需要采取适当措施，以设法防止财务报表使用者信赖该审计报告。注册会计师采取的措施取决于自身的权利和义务。因此，注册会计师可能认为寻求法律意见是适当的。

《中国注册会计师审计准则第 1341 号——书面声明》应用指南

（2019 年 3 月 29 日修订）

一、将书面声明作为审计证据（参见本准则第三条）

1. 书面声明是审计证据的重要来源。如果管理层修改书面声明的内容或不提供注册会计师要求的书面声明，可能使注册会计师警觉存在重大问题的可能性。而且，在很多情况下，要求管理层提供书面声明而非口头声明，可以促使管理层更加认真地考虑声明所涉及的事项，从而提高声明的质量。

二、提供书面声明的管理层（参见本准则第八条）

2. 注册会计师可能要求负责编制财务报表的人员提供书面声明。这些人员可能有所不同，取决于被审计单位的治理结构和相关法律法规的规定。然而，管理层通常是责任的承担者。因此，注册会计师可能要求被审计单位的首席执行官、首席财务官或不使用此类头衔但处于类似职位的其他人员提供书面声明。但在某些情况下，其他人员（如治理层）也对财务报表的编制承担责任。

3. 由于管理层对财务报表的编制以及被审计单位经营活动的执行负有管理责任，因此，可以预期管理层充分了解被审计单位在编制和列报财务报表时遵循的流程，以及书面声明所针对的财务报表认定。

4. 在某些情况下，管理层可能决定询问参与编制和列报财务报表及其相关认定的其他人员，包括对书面声明所涉事项具有专门知识的人员。这些人员可能包括：

（1）负责对会计计量进行精算的精算师；

（2）负责环境负债计量并具备相应专门知识的内部工程人员；

（3）为诉讼索赔计提准备提供必要信息的内部法律顾问。

5. 在某些情况下，管理层可能在书面声明中使用限定性语言，以表明该声明是根据其已知的全部事项作出的。如果注册会计师确信声明是由承担适当责任并了解声明所涉及事项的人员作出的，则注册会计师可以接受对这些限定性语言的使用。

6. 为强调管理层作出有依据的声明的必要性，注册会计师可能要求管理层在书面声明中确认，为作出所要求的书面声明，管理层已进行了适当的询问。这种询问通常不需要超出被审计单位已建立的正式的内部程序。

三、针对管理层责任的书面声明（参见本准则第九条和第十条）

7. 如果未从管理层获取其确认已履行本准则第九条和第十条提及的责任，注册会计师在审计过程中获取的有关管理层已履行这些责任的其他审计证据是不充分的。这是因为，仅凭其他审计证据不能判断管理层是否在认可并理解其责任的基础上，编制和列报财务报表并向注册会计师提供了相关信息。例如，如果未向管理层询问其是否提供了审计业务约定条款中要求提供的所有相关信息，也没有获得管理层的确认，注册会计师就不能认为管理层已提供了这些信息。

8. 本准则第九条和第十条所要求的书面声明，基于管理层认可并理解在审计业务约定条款中提及的管理层的责任，注册会计师要求管理层通过声明确认其已履行这些责任。注册会计师可能还要求管理层在书面声明中再次确认其对自身责任的认可与理解。当存在下列情况时，这种确认尤为适当：

（1）代表被审计单位签订审计业务约定条款的人员不再承担相关责任；
（2）审计业务约定条款是在以前年度签订的；
（3）有迹象表明管理层误解了其责任；
（4）情况的改变需要管理层再次确认其责任。

与《中国注册会计师审计准则第1111号——就审计业务约定条款达成一致意见》的要求相一致，再次确认管理层对自身责任的认可与理解，并不限于管理层已知的全部事项。

对公共部门实体的特殊考虑

9. 对公共部门实体财务报表审计的要求，可能比对其他实体审计的要求更为广泛。因此，执行公共部门实体财务报表审计时，执行审计工作的前提可能需要额外的书面声明。这些额外的书面声明可能确认交易和事项已按照法律法规或其他监管要求进行了处理。

四、其他书面声明（参见本准则第十二条）

（一）关于财务报表的额外书面声明

10. 除本准则第九条要求的书面声明外，注册会计师可能认为有必要获取有关财务报表的其他书面声明。这些书面声明可能是对本准则第九条要求的书面声明的补充，但不构成其组成部分。这些书面声明可能包括针对下列事项作出的声明：

（1）会计政策的选择和运用是否适当；
（2）是否按照适用的财务报告编制基础对下列事项（如相关）进行了确认、计量或列报：
①可能影响资产和负债账面价值或分类的计划或意图；
②负债（包括实际负债和或有负债）；
③资产的所有权或控制权，资产的留置权或其他物权，用于担保的抵押资产；
④可能影响财务报表的法律法规及合同（包括违反法律法规及合同的行为）。

（二）与向注册会计师提供信息有关的额外书面声明

11. 除本准则第十条要求的书面声明外，注册会计师可能认为有必要要求管理层提供书面声明，确认其已将注意到的所有内部控制缺陷向注册会计师通报。

（三）关于特定认定的书面声明

12. 在获取有关管理层的判断和意图的证据时，或在对判断和意图进行评价时，注册会计师可能考虑下列一项或多项事项：

（1）被审计单位以前对声明的意图的实际实施情况；

（2）被审计单位选取特定措施的理由；
（3）被审计单位实施特定措施的能力；
（4）是否存在审计过程中已获取的、可能与管理层判断或意图不一致的任何其他信息。

13. 此外，注册会计师可能认为有必要要求管理层提供有关财务报表特定认定的书面声明，尤其是支持注册会计师就管理层的判断或意图或者完整性认定从其他审计证据中获取的了解。例如，如果管理层的意图对投资的计价基础非常重要，但若不能从管理层获取有关该项投资意图的书面声明，注册会计师就不可能获取充分、适当的审计证据。尽管这些书面声明能够提供必要的审计证据，但其本身并不能为财务报表特定认定提供充分、适当的审计证据。

五、有关临界值的沟通（参见本准则第九条、第十条和第十二条）

14. 《中国注册会计师审计准则第1251号——评价审计过程中识别出的错报》要求注册会计师应当累积审计过程中识别出的错报，除非错报明显微小。注册会计师需要确定临界值，高于临界值的错报不能被视作是明显微小的错报。为了获取所要求的书面声明，注册会计师可能认为需要向管理层通报临界值。

六、书面声明的日期和涵盖的期间（参见本准则第十三条）

15. 由于书面声明是必要的审计证据，在管理层签署书面声明前，注册会计师不能发表审计意见，也不能签署审计报告。而且，由于注册会计师关注截至审计报告日发生的、可能需要在财务报表中作出相应调整或披露的事项，书面声明的日期应当尽量接近对财务报表出具审计报告的日期，但不得在其之后。

16. 在某些情况下，注册会计师在审计过程中获取有关财务报表特定认定的书面声明可能是适当的。此时，可能有必要要求管理层更新书面声明。

17. 管理层有时需要再次确认以前期间作出的书面声明是否依然适当，因此，书面声明需要涵盖审计报告中提及的所有期间。注册会计师和管理层可能认可某种形式的书面声明，以更新以前期间所作书面声明。更新后的书面声明需要表明，以前期间所作的声明是否发生了变化，以及发生了什么变化（如有）。

18. 可能会出现这样的情况，即在审计报告中提及的所有期间内，现任管理层均尚未就任。他们可能由此声称无法就上述期间提供部分或全部书面声明。然而，这一事实并不能减轻现任管理层对财务报表整体的责任。相应地，注册会计师仍然需要向现任管理层获取涵盖整个相关期间的书面声明。

七、书面声明的形式（参见本准则第十四条）

19. 书面声明应当以声明书的形式致送注册会计师。在某些国家或地区，法律法规可能要求管理层对自身责任作出公开的书面陈述。尽管这种陈述是向财务报表使用者或相关机构提供的，但注册会计师可能认为，它是本准则第九条和第十条要求的部分或全部声明的一种适当形式。因此，这种陈述所涵盖的相关事项不必包括在声明书中。可能影响注册会计师作出这一决定的因素包括：
（1）这种陈述是否确认了第九条和第十条提及的责任的履行情况；

（2）这种陈述是否由注册会计师要求提供相关书面声明的人员提供或批准；

（3）是否在尽量接近审计报告日（但非之后），将该陈述的副本提交给注册会计师。

20. 有关遵守法律法规或批准财务报表的正式声明，可能没有包含足够的信息，以使注册会计师确信管理层已主动作出所有的必要声明。法律法规对管理层责任的规定也无法替代所要求的书面声明本身。

21. 本指南附录提供了声明书的参考格式。

八、与治理层的沟通（参见本准则第九条、第十条和第十二条）

22.《中国注册会计师审计准则第1151号——与治理层的沟通》要求注册会计师就其提请管理层作出的书面声明与治理层进行沟通。

九、对书面声明可靠性的疑虑以及管理层不提供要求的书面声明

（一）对书面声明可靠性的疑虑（参见本准则第十五条和第十六条）

23. 如果识别出一项或多项书面声明与从其他来源获取的审计证据不一致，注册会计师可能需要考虑风险评估结果是否仍然适当。如果认为不适当，注册会计师需要修正风险评估结果，并确定进一步审计程序的性质、时间安排和范围，以应对评估的风险。

24. 如果对管理层的胜任能力、诚信、道德价值观或勤勉尽责的程度存在疑虑，或者对管理层在这些方面的承诺或贯彻执行存在疑虑，注册会计师可能认为，管理层在财务报表中作出不实陈述的风险很大，以至于审计工作无法进行。在这种情况下，除非治理层采取适当的纠正措施，否则注册会计师可能需要考虑解除业务约定（如果法律法规允许）。然而，治理层采取的纠正措施可能并不足以使注册会计师发表无保留意见。

25.《中国注册会计师审计准则第1131号——审计工作底稿》要求注册会计师记录审计中遇到的重大事项和由此得出的结论，以及在得出结论时作出的重大职业判断。注册会计师可能识别出与管理层的胜任能力、诚信、道德价值观或勤勉尽责的程度，或者与管理层在这些方面的承诺或贯彻执行相关的重大事项，但仍可能认为书面声明是可靠的。在这种情况下，注册会计师需要按照《中国注册会计师审计准则第1131号——审计工作底稿》的规定记录识别出的重大事项。

（二）关于管理层责任的书面声明（参见本准则第十九条）

26. 如本指南第7段所述，仅凭其他审计证据，注册会计师不能判断管理层是否履行了本准则第九条和第十条提及的责任。因此，如本准则第十九条所述，如果注册会计师认为有关这些事项的书面声明不可靠，或者管理层不提供有关这些事项的书面声明，则注册会计师无法获取充分、适当的审计证据，这对财务报表的影响可能是广泛的，并不局限于财务报表的特定要素、账户或项目。在这种情况下，注册会计师需要按照《中国注册会计师审计准则第1502号——在审计报告中发表非无保留意见》的规定，对财务报表发表无法表示意见。

27. 管理层对注册会计师所要求的书面声明的内容作出调整，并不一定意味着管理层不提供书面声明。然而，作出调整的真正原因可能影响审计意见的类型。例如：

（1）有关管理层财务报表编制责任履行情况的书面声明可能声称，除了与适用的财务报告编制基础的某一要求有重大不符外，管理层认为财务报表已按照适用的财务报告编制基础编制。由于注册会计师认为管理层已提供可靠的书面声明，本准则第十九条的

要求不再适用。注册会计师需要按照《中国注册会计师审计准则第1502号——在审计报告中发表非无保留意见》的规定,考虑不符事项对审计意见的影响。

(2)有关管理层向注册会计师提供审计业务约定条款中要求提供的所有相关信息的责任的书面声明,可能声称除火灾中毁损的信息外,管理层认为其已向注册会计师提供了所有相关信息。由于注册会计师认为管理层已提供了可靠的书面声明,本准则第十九条的要求不再适用。注册会计师需要按照《中国注册会计师审计准则第1502号——在审计报告中发表非无保留意见》的规定,考虑火灾中毁损信息对财务报表产生影响的广泛性,进而确定其对审计意见的影响。

附录

声明书参考格式

背景信息:
1. 被审计单位采用企业会计准则编制财务报表;
2.《中国注册会计师审计准则第1324号——持续经营》中有关获取书面声明的要求不相关;
3. 所要求的书面声明不存在例外情况。如果存在例外情况,则需要对本参考格式列示的书面声明的内容予以调整,以反映这些例外情况。

(ABC公司信笺)

(致注册会计师):

本声明书是针对你们审计ABC公司截至20×1年12月31日的年度财务报表而提供的。审计的目的是对财务报表发表意见,以确定财务报表是否在所有重大方面已按照企业会计准则的规定编制,并实现公允反映。

尽我们所知,并在作出了必要的查询和了解后,我们确认:

一、财务报表

1. 我们已履行[插入日期]签署的审计业务约定书中提及的责任,即根据企业会计准则的规定编制财务报表,并对财务报表进行公允反映;
2. 在作出会计估计时使用的重大假设(包括与公允价值计量相关的假设)是合理的;
3. 已按照企业会计准则的规定对关联方关系及其交易作出了恰当的会计处理和披露;
4. 根据企业会计准则的规定,所有需要调整或披露的资产负债表日后事项都已得到调整或披露;
5. 未更正错报,无论是单独还是汇总起来,对财务报表整体的影响均不重大。未更正错报汇总表附在本声明书后;

6. [插入注册会计师可能认为适当的其他任何事项]。

二、提供的信息

7. 我们已向你们提供下列工作条件：

（1）允许接触我们注意到的、与财务报表编制相关的所有信息（如记录、文件和其他事项）；

（2）提供你们基于审计目的要求我们提供的其他信息；

（3）允许在获取审计证据时不受限制地接触你们认为必要的本公司内部人员和其他相关人员。

8. 所有交易均已记录并反映在财务报表中；

9. 我们已向你们披露了由于舞弊可能导致的财务报表重大错报风险的评估结果；

10. 我们已向你们披露了我们注意到的、可能影响本公司的与舞弊或舞弊嫌疑相关的所有信息，这些信息涉及本公司的：

（1）管理层；

（2）在内部控制中承担重要职责的员工；

（3）其他人员（在舞弊行为导致财务报表重大错报的情况下）。

11. 我们已向你们披露了从现任和前任员工、分析师、监管机构等方面获知的、影响财务报表的舞弊指控或舞弊嫌疑的所有信息；

12. 我们已向你们披露了所有已知的、在编制财务报表时应当考虑其影响的违反或涉嫌违反法律法规的行为；

13. 我们已向你们披露了我们注意到的关联方的名称和特征、所有关联方关系及其交易；

14. [插入注册会计师可能认为必要的其他任何事项]。

附：未更正错报汇总表（在本指南中予以省略）

ABC公司	ABC公司管理层
（盖章）	（签名并盖章）
中国××市	20×2年×月×日

《中国注册会计师审计准则第 1401 号——对集团财务报表审计的特殊考虑》应用指南

（2019 年 3 月 29 日修订）

一、因法律法规要求或其他原因对组成部分进行审计（参见本准则第四条）

1. 在确定是否利用根据法律法规的要求或由于其他原因而对组成部分实施的审计为集团审计提供审计证据时，影响集团项目组决策的因素包括下列方面：
（1）编制组成部分财务报表采用的财务报告编制基础，与编制集团财务报表采用的财务报告编制基础之间的差异；
（2）组成部分注册会计师遵守的审计准则和其他职业准则，与在集团财务报表审计中遵守的审计准则和其他职业准则之间的差异；
（3）是否可以及时完成组成部分财务报表审计，以满足集团报告的时间要求。

二、定义

（一）组成部分（参见本准则第十七条）

2. 集团结构影响如何识别组成部分。例如，有些集团的组织结构规定，由母公司、子公司、合营企业以及按权益法或成本法核算的被投资实体编制财务信息；或由集团本部、分支机构编制财务信息；或是将两者结合。这些集团的财务报告系统可能是按照这样的组织结构来组织的。相应地，母公司、子公司、合营企业以及按权益法或成本法核算的被投资实体，或者集团本部、分支机构可被视为组成部分。而其他一些集团可能按照职能部门、生产过程、单项产品或劳务（或一组产品或劳务）或地区分布来组织财务报告系统。在这种情况下，集团管理层或组成部分管理层可能以职能部门、生产过程、单项产品或劳务（或一组产品或劳务）或地区为单位（报告主体或业务活动）编制财务信息并将其包括在集团财务报表中。相应地，这些职能部门、生产过程、单项产品或劳务（或一组产品或劳务）或地区可被视为组成部分。

3. 集团财务报告系统中可能存在不同层次的组成部分。在这种情况下，在汇总层次上识别组成部分，可能比逐一识别更为合适。

4. 将某一层次的组成部分汇总起来，可以构成集团审计的一个组成部分。然而，这一组成部分也可能需要编制包括其所有组成部分（即子集团）财务信息的财务报表。因此，本准则也适用于不同的集团项目合伙人及其项目组对大型集团中的子集团进行的审计。

（二）重要组成部分（参见本准则第十八条）

5. 随着单个组成部分对集团具有的财务重大性的增加，集团财务报表的重大错报风险通常也会增加。集团项目组可以将选定的基准乘以某一百分比，以协助识别对集团具有财务重大性的单个组成部分。确定基准和应用于该基准的百分比属于职业判断。根据集团的性质和具体情况，适当的基准可能包括集团资产、负债、现金流量、利润总额或营业收入。例如，集团项目组可能认为超过选定基准15%的组成部分是重要组成部分。然而，较高或较低的百分比也可能是适合具体情况的。

6. 某些组成部分由于其特定性质或情况，可能存在导致集团财务报表发生重大错报的特别风险，集团项目组可能将其识别为重要组成部分。例如，某组成部分进行外汇交易，虽然其对集团并不具有财务重大性，但仍使集团面临导致重大错报的特别风险。

（三）组成部分注册会计师（参见本准则第二十条）

7. 基于集团审计目的，集团项目组成员可能按照集团项目组的工作要求，对组成部分财务信息执行相关工作。在这种情况下，该成员也是组成部分注册会计师。

三、责任（参见本准则第二十四条）

8. 尽管组成部分注册会计师基于集团审计目的对组成部分财务信息执行相关工作，并对所有发现的问题、得出的结论或形成的意见负责，集团项目合伙人及其所在的会计师事务所仍对集团审计意见负有责任。

9. 如果因未能就组成部分财务信息获取充分、适当的审计证据，导致集团项目组在对集团财务报表出具的审计报告中发表非无保留意见，集团项目组需要在导致非无保留意见的事项段中说明不能获取充分、适当审计证据的原因，除非法律法规要求在审计报告中提及组成部分注册会计师，并且这样做对充分说明情况是必要的，否则不应提及组成部分注册会计师。

四、集团审计业务的承接与保持

（一）在承接与保持阶段获取了解（参见本准则第二十五条）

10. 如果是新业务，集团项目组可以通过下列途径了解集团及其环境、集团组成部分及其环境：
（1）集团管理层提供的信息；
（2）与集团管理层的沟通；
（3）如适用，与前任集团项目组、组成部分管理层或组成部分注册会计师的沟通。

11. 集团项目组可能需要对下列事项进行了解：
（1）集团结构，包括法律意义上的结构和组织结构（即集团财务报告系统是如何组织的）；
（2）组成部分中对集团重要的业务活动，包括业务活动在何种行业状况、监管环境以及经济和政治环境下发生；
（3）对服务机构的利用，包括共享服务中心；
（4）对集团层面控制的描述；
（5）合并过程的复杂程度；
（6）对组成部分财务信息执行相关工作的组成部分注册会计师是否不属于集团项目

合伙人所在的会计师事务所及其网络，以及集团管理层委托多家会计师事务所的理由；

（7）集团项目组是否可以不受限制地接触集团治理层和管理层、组成部分治理层和管理层、组成部分信息和组成部分注册会计师（包括集团项目组需要获取的相关审计工作底稿），以及是否可以对组成部分财务信息执行必要的工作。

12. 如果是连续审计业务，集团项目组获取充分、适当的审计证据的能力可能受某些方面重大变化的影响，例如：

（1）集团组织结构的变化（如发生收购、处置或重组，或集团财务报告系统的组织方式发生变化）；

（2）对集团具有重要影响的组成部分业务活动的变化；

（3）集团治理层、管理层或重要组成部分的关键管理人员在构成上的变化；

（4）对集团或组成部分管理层诚信和胜任能力的疑虑；

（5）集团层面控制的变化；

（6）适用的财务报告编制基础的变化。

（二）对获取充分、适当的审计证据的预期（参见本准则第二十六条）

13. 集团可能只包括不重要的组成部分。在这种情况下，集团项目组如果能够执行下列工作，集团项目合伙人就能够合理预期可以获取充分、适当的审计证据，以作为形成集团审计意见的基础：

（1）对某些组成部分财务信息执行相关工作；

（2）参与组成部分注册会计师对其他组成部分财务信息执行的工作，参与的程度需足以使其获取充分、适当的审计证据。

（三）接触信息（参见本准则第二十六条）

14. 集团项目组接触信息可能受到集团管理层无法克服的情况的限制。例如，受与保密性或数据隐私有关的法律法规的限制，或组成部分注册会计师拒绝集团项目组接触相关审计工作底稿的要求。某些限制也可能来自集团管理层。

15. 即使接触信息受到限制，集团项目组仍有可能获取充分、适当的审计证据，然而这种可能性随着组成部分对集团重要程度的增加而降低。例如，对于按权益法核算的组成部分，集团项目组无法接触组成部分的治理层、管理层或注册会计师（包括集团项目组需要获取的相关审计工作底稿）。在这种情况下，如果该组成部分不是重要组成部分，且集团项目组拥有其整套财务报表和审计报告，并能够接触集团管理层拥有的与该组成部分相关的信息，则集团项目组可能认为这些信息已构成与该组成部分相关的充分、适当的审计证据。然而，如果该组成部分是重要组成部分，集团项目组就无法遵守本准则中与集团审计相关的要求。例如，集团项目组无法按照本准则第四十三条、第四十四条的规定参与组成部分注册会计师的工作。因此，集团项目组无法获取与该组成部分相关的充分、适当的审计证据。集团项目组需要按照《中国注册会计师审计准则第1502号——在审计报告中发表非无保留意见》的规定考虑无法获取充分、适当的审计证据对其形成审计意见的影响。

16. 如果集团管理层限制集团项目组或组成部分注册会计师接触重要组成部分的信息，则集团项目组将无法获取充分、适当的审计证据。

17. 如果这类限制与不重要的组成部分有关，集团项目组仍有可能获取充分、适当的审计证据，但是受到限制的原因可能影响集团审计意见。例如，可能影响集团管理层对集团项目组的询问所作回复的可靠性,以及集团管理层对集团项目组所作的声明的可靠性。

18. 法律法规可能禁止集团项目合伙人拒绝接受业务委托或解除业务约定。例如,注册会计师接受一定期间的委托,且不得在受托期间结束前解除业务约定。同样,在公共部门,根据授权审计文件的规定或出于公众利益的考虑,注册会计师可能无法拒绝接受业务委托或解除业务约定。在这些情况下,本准则的相关规定仍适用于集团审计,集团项目组需要按照《中国注册会计师审计准则第1502号——在审计报告中发表非无保留意见》的规定考虑无法获取充分、适当的审计证据对其形成审计意见的影响。

19. 本指南附录1提供了集团项目组无法获取充分、适当的审计证据而出具保留意见的审计报告的参考格式。在该参考格式中,集团项目组无法就按权益法核算的重要组成部分获取充分、适当的审计证据,集团项目组判断这种影响重大但并不广泛。

(四)业务约定条款(参见本准则第二十七条)

20. 业务约定条款需要明确适用的财务报告编制基础。集团审计业务约定条款可能还需要包括下列事项:

(1)在法律法规允许的范围内,集团项目组与组成部分注册会计师的沟通应当尽可能地不受限制;

(2)组成部分注册会计师与组成部分治理层、组成部分管理层之间进行的重要沟通(包括就值得关注的内部控制缺陷进行的沟通),也应当告知集团项目组;

(3)监管机构与组成部分就财务报告事项进行的重要沟通,应当告知集团项目组;

(4)如果集团项目组认为有必要,应当允许集团项目组接触组成部分信息、组成部分治理层、组成部分管理层和组成部分注册会计师(包括集团项目组需要获取的相关审计工作底稿),以及允许集团项目组或允许其要求组成部分注册会计师对组成部分财务信息执行相关工作。

21. 在集团项目合伙人接受集团审计业务委托后,下列方面受到的限制将导致无法获取充分、适当的审计证据,从而可能影响集团审计意见:

(1)集团项目组接触组成部分信息、组成部分治理层和管理层,或组成部分注册会计师(包括集团项目组需要获取的相关审计工作底稿);

(2)拟对组成部分财务信息执行的工作。

在极其特殊的情况下,如果适用的法律法规允许,这些限制可能导致解除业务约定。

五、总体审计策略和具体审计计划(参见本准则第二十九条)

22. 集团项目合伙人对集团总体审计策略和具体审计计划的复核,是其履行集团审计业务指导责任的重要内容。

六、了解集团及其环境、集团组成部分及其环境

(一)集团项目组了解的事项(参见本准则第三十条)

23.《中国注册会计师审计准则第1211号——通过了解被审计单位及其环境识别和评估重大错报风险》对注册会计师应当了解的事项作出了规定。本指南附录2对集团项目组需要了解的集团特有事项提供了指引。

（二）集团管理层下达的指令（参见本准则第三十条）

24. 为实现财务信息的一致性和可比性，集团管理层通常对组成部分下达指令。这些指令具体说明了对包括在集团财务报表中的组成部分财务信息的要求，通常采用财务报告程序手册和报告文件包的形式。报告文件包通常由标准模板组成，用以提供包括在集团财务报表中的财务信息，但报告文件包通常不采用按照适用的财务报告编制基础编制和列报的整套财务报表的形式。

25. 集团管理层下达的指令通常包括：
（1）运用的会计政策；
（2）适用于集团财务报表的法定和其他披露要求，包括分部的确定和报告、关联方关系及其交易、集团内部交易、未实现内部交易损益以及集团内部往来余额；
（3）报告的时间要求。

26. 集团项目组对指令的了解可能包括下列方面：
（1）就完成报告文件包而言，指令是否清晰、实用；
（2）指令是否充分说明了适用的财务报告编制基础的特点；
（3）指令是否规定了为遵守适用的财务报告编制基础的要求而需要充分披露的事项（如关联方关系及其交易和分部信息的披露）；
（4）指令是否规定了如何确定合并调整事项（如集团内部交易、未实现内部交易损益和集团内部往来余额）；
（5）指令是否规定了组成部分管理层对财务信息的批准程序。

（三）舞弊（参见本准则第三十条）

27. 注册会计师需要识别和评估由于舞弊导致财务报表发生重大错报的风险，针对评估的风险设计和实施适当的应对措施。用以识别由于舞弊导致的集团财务报表重大错报风险所需的信息可能包括：
（1）集团管理层对集团财务报表可能存在由于舞弊导致的重大错报风险的评估；
（2）集团管理层对集团舞弊风险的识别和应对过程，包括集团管理层识别出的任何特定舞弊风险，或可能存在舞弊风险的账户余额、某类交易或披露；
（3）是否有特定组成部分可能存在舞弊风险；
（4）集团治理层如何监督集团管理层识别和应对集团舞弊风险的过程，以及集团管理层为降低集团舞弊风险而建立的控制；
（5）就集团项目组对是否知悉任何影响组成部分或集团的舞弊事实、舞弊嫌疑或舞弊指控的询问，集团治理层、管理层和内部审计人员（如适用，还包括组成部分管理层、组成部分注册会计师和其他人员）作出的答复。

（四）集团项目组成员和组成部分注册会计师对集团财务报表重大错报风险（包括舞弊风险）的讨论（参见本准则第三十条）

28. 项目组关键成员需要讨论由于舞弊或错误导致被审计单位财务报表发生重大错报的可能性，并特别强调舞弊导致的风险。在集团审计中，参与讨论的成员还可能包括组成部分注册会计师。集团项目合伙人对参与讨论的项目组成员、讨论的方式、时间和内容的确定，受多项因素（如以前与集团交往的经验）的影响。

29. 讨论可以提供下列机会：
（1）分享对组成部分及其环境的了解，包括对集团层面控制的了解；

（2）交流有关组成部分或集团的经营风险的信息；
（3）交流对下列有关舞弊问题的看法：
①集团财务报表可能如何以及在何处易于发生由于舞弊或错误导致的重大错报；
②集团管理层和组成部分管理层如何编制并隐瞒虚假财务报告；
③组成部分的资产可能如何被侵占；
（4）识别集团管理层或组成部分管理层可能倾向或有意操纵利润导致虚假财务报告而采取的惯常手段，例如，采用与适用的财务报告编制基础的规定不符的收入确认政策以操纵收入；
（5）考虑已知的、对集团产生影响的外部和内部因素。这些因素可能形成集团管理层、组成部分管理层或其他人员实施舞弊的动机或压力，从而为实施舞弊提供机会。这些因素还可能显示能够使集团管理层、组成部分管理层或其他人员将舞弊行为予以合理化的文化或环境；
（6）考虑集团或组成部分管理层可能凌驾于控制之上的风险；
（7）考虑是否基于集团财务报表编制目的而采用统一的会计政策编制组成部分财务信息，如果未采用统一的会计政策，如何识别和调整会计政策差异；
（8）讨论识别出的组成部分的舞弊，或显示组成部分存在舞弊的信息；
（9）分享可能显示违反法律法规的信息（如有关商业贿赂或不适当的转移定价的信息）。

（五）风险因素（参见本准则第三十一条）

30. 本指南附录3列示了一些情况或事项，这些情况或事项单独或汇总起来可能表明集团财务报表存在重大错报风险，包括由于舞弊导致的风险。

（六）风险评估（参见本准则第三十一条）

31. 集团项目组可以基于下列信息，在集团层面评估集团财务报表重大错报风险：
（1）在了解集团及其环境、集团组成部分及其环境和合并过程时获取的信息，包括在评价集团层面控制以及与合并过程相关的控制的设计和执行时获取的审计证据；
（2）从组成部分注册会计师获取的信息。

七、了解组成部分注册会计师（参见本准则第三十二条）

32. 只有当基于集团审计目的，计划要求由组成部分注册会计师执行组成部分财务信息的相关工作时，集团项目组才需要了解组成部分注册会计师。例如，如果集团项目组计划仅在集团层面对某些组成部分实施分析程序，就无需了解这些组成部分注册会计师。

（一）集团项目组为了解组成部分注册会计师而实施的程序和审计证据来源（参见本准则第三十二条）

33. 集团项目组为了解组成部分注册会计师而实施的程序的性质、时间安排和范围，受多项因素的影响，例如，集团项目组以往与组成部分注册会计师交往的经验，对组成部分注册会计师的了解，集团项目组和组成部分注册会计师受共同的政策和程序约束的程度等。这些共同的政策和程序举例如下：
（1）集团项目组和组成部分注册会计师是否共享统一的政策和程序（如审计方法）

以执行相关工作，是否共享统一的质量控制政策和程序或统一的监控政策和程序；

（2）集团项目组和组成部分注册会计师在应遵守的法律法规或法律体系、职业监管、惩戒和外部执业质量检查、教育和培训、职业组织及其准则、语言和文化等方面的一致性或相似性。

34. 前段提及的因素相互影响，但并不相互排斥。例如，组成部分注册会计师甲一贯运用统一的质量控制、监控政策和程序以及统一的审计方法，或与集团项目合伙人处在同一国家或地区；组成部分注册会计师乙并未一贯运用统一的质量控制、监控政策和程序以及统一的审计方法，或在境外执业。集团项目组了解组成部分注册会计师甲所实施程序的范围，可能小于了解组成部分注册会计师乙所实施程序的范围，为了解组成部分注册会计师甲和乙而分别实施的程序的性质也可能是不同的。

35. 集团项目组可以通过多种途径了解组成部分注册会计师。在组成部分注册会计师参与集团审计的第一年，集团项目组可以通过下列途径进行了解：

（1）如果集团项目组和组成部分注册会计师来自同一家会计师事务所或在统一的监控政策和程序下进行运营的网络，评价质量监控系统的运行结果；

（2）访问组成部分注册会计师并与之讨论本准则第三十二条第（一）项至第（三）项所列事项；

（3）要求组成部分注册会计师以书面形式确认本准则第三十二条第（一）项至第（三）项所列事项。本指南附录4提供了组成部分注册会计师确认函的参考格式；

（4）要求组成部分注册会计师完成对本准则第三十二条第（一）至项第（三）项所列事项的调查表；

（5）与集团项目合伙人所在的会计师事务所的同事进行讨论，或与对组成部分会计师有所了解且声誉良好的第三方进行讨论；

（6）向组成部分注册会计师所属的职业团体、颁发执业许可的机构或其他第三方进行函证。

在之后的年度，集团项目组对组成部分注册会计师的了解，可以基于其以前与组成部分注册会计师交往的经验。集团项目组可以要求组成部分注册会计师确认本准则第三十二条第（一）项至第（三）项所列事项自上期以来是否发生变化。

36. 在某些国家或地区，如果组成部分注册会计师所在地还设有独立监管机构对审计质量进行监控，集团项目组对监管环境进行了解，有助于其评价组成部分注册会计师的独立性和专业胜任能力。集团项目组可以从组成部分注册会计师或独立监管机构获取与监管环境相关的信息。

（二）与集团审计相关的职业道德要求［参见本准则第三十二条第（一）项］

37. 当基于集团审计目的对组成部分财务信息执行相关工作时，组成部分注册会计师需要遵守与集团审计相关的职业道德要求。这些要求与组成部分注册会计师在其所在国家或地区执行法定审计时所需遵守的职业道德要求可能不同，或需要遵守更多的要求。因此，集团项目组需要了解组成部分注册会计师是否了解并将遵守与集团审计相关的职业道德要求，组成部分注册会计师了解和遵守的程度是否足以使其履行其在集团审计中承担的责任。

（三）组成部分注册会计师的专业胜任能力［参见本准则第三十二条第（二）项］

38. 集团项目组对组成部分注册会计师的专业胜任能力的了解可能包括下列方面：

（1）组成部分注册会计师是否对适用于集团审计的审计准则和其他职业准则有充分的了解，以足以履行其在集团审计中的责任；

（2）组成部分注册会计师是否拥有对特定组成部分财务信息执行相关工作所必需的专门技能（如行业专门知识）；

（3）如果相关，组成部分注册会计师是否对适用的财务报告编制基础（集团管理层向组成部分下达的指令，通常说明适用的财务报告编制基础的特征）有充分的了解，以足以履行其在集团审计中的责任。

（四）集团项目组利用其对组成部分注册会计师的了解（参见本准则第三十三条）

39. 如果组成部分注册会计师不符合与集团审计相关的独立性要求，集团项目组不能通过参与组成部分注册会计师的工作、实施追加的风险评估程序或对组成部分财务信息实施进一步审计程序，以消除组成部分注册会计师不具有独立性的影响。

40. 但是，集团项目组可以通过参与组成部分注册会计师的工作、实施追加的风险评估程序或对组成部分财务信息实施进一步审计程序，消除对组成部分注册会计师专业胜任能力的并非重大的疑虑（如认为其缺乏行业专门知识），或消除组成部分注册会计师未处于积极有效的监管环境中的影响。

41. 如果法律法规禁止集团项目组接触组成部分注册会计师审计工作底稿的相关部分，集团项目组可以要求组成部分注册会计师通过编写包含相关信息的备忘录消除这一影响。

八、重要性（参见本准则第三十四条至第三十六条）

42.《中国注册会计师审计准则第1221号——计划和执行审计工作时的重要性》要求注册会计师：

（1）在制定总体审计策略时，确定财务报表整体的重要性。根据被审计单位的特定情况，如果存在一个或多个特定类别的交易、一个或多个账户余额或披露，其发生的错报金额虽然低于财务报表整体的重要性，但合理预期可能影响财务报表使用者依据财务报表作出的经济决策，注册会计师还需要确定适用于这些交易、账户余额或披露的一个或多个重要性水平。

（2）确定实际执行的重要性。在集团审计中，需要分别为集团财务报表整体和组成部分财务信息确定重要性。在制定集团总体审计策略时，使用集团财务报表整体的重要性。

43. 为将未更正和未发现错报的汇总数超过集团财务报表整体的重要性的可能性降至适当的低水平，需要将组成部分重要性设定为低于集团财务报表整体的重要性。针对不同的组成部分确定的重要性可能有所不同。但是，在确定组成部分重要性时，无需采用将集团财务报表整体重要性按比例分配的方式，因此，对不同组成部分确定的重要性的汇总数，有可能高于集团财务报表整体重要性。在制定组成部分总体审计策略时，需要使用组成部分的重要性。

44. 作为集团审计的一部分，需要按照本准则第三十九条、第四十条第（一）项以及第四十二条的规定，对拟审计或审阅的组成部分确定重要性。组成部分注册会计师需要使用组成部分重要性，评价识别出的未更正错报单独或汇总起来是否重大。

45. 除确定组成部分重要性外，还需要确定错报的临界值。组成部分注册会计师需要将在组成部分财务信息中识别出的超过临界值的错报通报给集团项目组。

46. 在审计组成部分财务信息时，组成部分注册会计师（或集团项目组）需要确定组成部分层面实际执行的重要性。这对于将组成部分财务信息中未更正和未发现错报的汇总数超过组成部分重要性的可能性降至适当的低水平是必要的。实务中，集团项目组可能按这一较低的水平确定组成部分重要性。在这种情况下，组成部分注册会计师需要使用组成部分重要性，评估组成部分财务信息的重大错报风险，针对评估的风险设计进一步审计程序，以及评价识别出的错报单独或汇总起来是否重大。

九、针对评估的风险采取的应对措施

（一）确定对组成部分财务信息拟执行的工作的类型（参见本准则第三十九条至第四十条）

47. 集团项目组确定对组成部分财务信息拟执行工作的类型以及参与组成部分注册会计师工作的程度，受下列因素影响：

（1）组成部分的重要程度；

（2）识别出的导致集团财务报表发生重大错报的特别风险；

（3）对集团层面控制的设计的评价，以及其是否得到执行的判断；

（4）集团项目组对组成部分注册会计师的了解。

本指南附录5说明了在确定对组成部分财务信息执行工作的类型时，组成部分的重要性将如何影响集团项目组作出的决策。

重要组成部分［参见本准则第四十条第（二）项和第（三）项］

48. 由于某一组成部分的特定性质或情况，该组成部分可能存在导致集团财务报表发生重大错报的特别风险，集团项目组可能将该组成部分识别为重要组成部分。在这种情况下，集团项目组可能能够识别出受到可能存在的特别风险影响的账户余额、某类交易或披露，并可能决定仅对这些账户余额、交易或披露实施审计，或要求组成部分注册会计师仅对这些账户余额、交易或披露实施审计。

例如，如本指南第6段所述，某组成部分进行外汇交易，虽然其对集团并不具有财务重大性，但可能存在导致集团财务报表发生重大错报的特别风险，集团项目组将该组成部分识别为重要组成部分，对该组成部分财务信息执行的工作可能仅限于受外汇交易影响的账户余额、交易和披露的审计。

如果集团项目组要求组成部分注册会计师仅针对一个或多个特定类别的账户余额、一类或多类交易或披露实施审计，在与组成部分注册会计师沟通时，集团项目组需要考虑多数财务报表项目是相互关联的这一事实。

49. 集团项目组可以设计审计程序，应对导致集团财务报表发生重大错报的特别风险。例如，如果可能存在存货过时的特别风险，对于持有大量过时存货的组成部分（如果组成部分不持有大量过时存货，则对集团不重要），集团项目组可以针对存货计价实施或要求组成部分注册会计师实施指定的审计程序。

不重要的组成部分（参见本准则第四十一条和第四十二条）

50. 根据业务的具体情况，集团项目组可以将组成部分财务信息在不同层面进行汇总，用以实施分析程序。实施分析程序的结果，可以佐证集团项目组得出的结论，即汇总的不重要的组成部分的财务信息不存在特别风险。

51. 根据本准则第四十二条的要求，集团项目组确定选择多少组成部分、选择哪些组成部分以及对所选择的每个组成部分财务信息执行工作的类型，可能受到下列因素的影响：

（1）预期就重要组成部分财务信息获取审计证据的程度；

（2）组成部分是新设立的还是收购的；

（3）组成部分是否发生重大变化；

（4）内部审计是否对组成部分执行了工作，以及内部审计工作对集团审计的影响；

（5）组成部分是否应用相同的系统和程序；

（6）集团层面控制运行的有效性；

（7）通过在集团层面实施分析程序识别出的异常波动；

（8）与同类其他组成部分相比，某组成部分是否对集团具有财务重大性，或可能导致风险；

（9）是否因法律法规要求或其他原因需要对组成部分执行审计。

选择不为被审计单位预见的同类其他组成部分，可以增加识别组成部分财务信息重大错报的可能性。对组成部分的选择通常实行定期轮换。

52. 集团项目组可以按照《中国注册会计师审阅准则第 2101 号——财务报表审阅》的相关要求，根据具体情况对组成部分财务信息实施审阅。集团项目组还可以实施追加的程序，作为对审阅程序的补充。

53. 如本指南第 13 段所述，集团可能只包括不重要的组成部分。在这些情况下，集团项目组可以按本准则第四十二条的规定确定对组成部分财务信息拟执行工作的类型，以获取形成集团审计意见所依据的充分、适当的审计证据。如果集团项目组或组成部分注册会计师仅测试集团层面控制，并对组成部分财务信息实施分析程序，集团项目组通常不太可能获取形成集团审计意见所依据的充分、适当的审计证据。

（二）参与组成部分注册会计师的工作（参见本准则第四十三条和第四十四条）

54. 可能影响集团项目组参与组成部分注册会计师工作的因素包括：

（1）组成部分的重要程度；

（2）识别出的导致集团财务报表发生重大错报的特别风险；

（3）集团项目组对组成部分注册会计师的了解。

如果组成部分是重要组成部分或在组成部分中识别出特别风险，集团项目组需要实施本准则第四十三条和第四十四条规定的程序。

如果组成部分是不重要的组成部分，集团项目组参与组成部分注册会计师工作的性质、时间安排和范围，将根据集团项目组对组成部分注册会计师的了解的不同而不同。而该组成部分不是重要组成部分这一事实，成为次要考虑的因素。例如，即使某一组成部分未被视为重要组成部分，集团项目组仍可能决定参与组成部分注册会计师的风险评估，因为集团项目组对组成部分注册会计师专业胜任能力的并非重大的疑虑（如认为其缺乏行业专门知识），或者组成部分注册会计师未处于积极有效的监管环境中。

55. 集团项目组参与组成部分注册会计师工作的方式，可能取决于集团项目组对组成部分注册会计师的了解。除本准则第四十三条、第四十四条和第五十五条的规定外，这些方式可能还包括：

（1）与组成部分管理层或组成部分注册会计师会谈，获取对组成部分及其环境的了解；

（2）复核组成部分注册会计师的总体审计策略和具体审计计划；

（3）实施风险评估程序，识别和评估组成部分层面的重大错报风险。集团项目组可以单独或与组成部分注册会计师共同实施这类程序；

（4）设计和实施进一步审计程序。集团项目组可以单独或与组成部分注册会计师共同设计和实施这类程序；

（5）参加组成部分注册会计师与组成部分管理层的总结会议和其他重要会议；

（6）复核组成部分注册会计师的审计工作底稿的其他相关部分。

十、合并过程

合并调整和重分类事项（参见本准则第四十七条）

56. 合并过程可能需要对集团财务报表中列报的金额作出调整，这类调整不经过常规交易处理系统，可能不会受到针对其他财务信息的控制的约束。集团项目组对这类调整的适当性、完整性和准确性的评价可能包括：

（1）评价重大调整是否恰当反映了相关事项和交易；

（2）确定重大调整是否得到集团管理层和组成部分管理层（如适用）的正确计算、处理和授权；

（3）确定重大调整是否有适当的证据支持并得到充分的记录；

（4）检查集团内部交易、未实现内部交易损益以及集团内部往来余额是否核对一致并抵销。

十一、与组成部分注册会计师的沟通（参见本准则第五十三条和第五十四条）

57. 如果集团项目组与组成部分注册会计师之间未能建立有效的双向沟通关系，则存在集团项目组可能无法获取形成集团审计意见所依据的充分、适当的审计证据的风险。集团项目组清晰、及时地通报工作要求，是集团项目组和组成部分注册会计师之间形成有效的双向沟通关系的基础。

58. 集团项目组的工作要求通常采用指令函的形式。本指南附录6列示了可能需要在指令函中列明的通报事项，包括按照本准则的要求必须进行通报的事项，以及集团项目组认为有必要通报的其他事项。组成部分注册会计师就其已经执行的工作与集团项目组的沟通，通常采用备忘录或所执行工作的报告的形式。然而，集团项目组与组成部分注册会计师的沟通并不一定采用书面形式。例如，集团项目组可以与组成部分注册会计师讨论识别出的特别风险，或复核其审计工作底稿的相关部分。然而，无论采用何种形式进行沟通，本准则和其他审计准则中对工作底稿的记录要求仍然适用。

59. 在配合集团项目组时，如果法律法规未予禁止，组成部分注册会计师可以允许集团项目组接触相关审计工作底稿。

60. 如果集团项目组成员同时担任组成部分注册会计师，双方通过书面沟通以外的形式，也可以实现清晰沟通的目标。例如：

（1）组成部分注册会计师接触集团总体审计策略和具体审计计划，可以满足本准则第五十三条规定的沟通要求；

（2）集团项目组复核组成部分注册会计师的审计工作底稿，可以充分地实现本准则第五十四条规定的沟通的目的。

十二、评价审计证据的充分性和适当性

（一）复核组成部分注册会计师的审计工作底稿［参见本准则第五十五条第（二）项］

61. 组成部分注册会计师的审计工作底稿中哪些部分与集团审计相关，可能因具体情况的不同而不同。集团项目组在复核时，通常关注的是与导致集团财务报表发生重大错报的特别风险相关的审计工作底稿。组成部分注册会计师的审计工作底稿按照组成部分注册会计师所在会计师事务所的复核程序进行复核这一事实，可能将影响集团项目组的复核范围。

（二）审计证据的充分性和适当性（参见本准则第五十七条和第五十八条）

62. 如果认为未能获取充分、适当的审计证据作为形成集团审计意见的基础，集团项目组可以要求组成部分注册会计师对组成部分财务信息实施追加的程序。如果不可行，集团项目组可以直接对组成部分财务信息实施程序。

63. 集团项目合伙人对错报（无论该错报是由集团项目组识别还是由组成部分注册会计师告知）的汇总影响的评价，能够使其确定集团财务报表整体是否存在重大错报。

十三、与集团管理层和治理层的沟通

（一）与集团管理层的沟通（参见本准则第五十九条至第六十一条）

64.《中国注册会计师审计准则第1141号——财务报表审计中与舞弊相关的责任》对注册会计师向管理层和治理层（如果管理层涉嫌舞弊）通报舞弊事项作出了规定。

65. 集团管理层可能要求集团项目组对某些重大敏感信息保密。可能对组成部分财务报表产生重要影响而组成部分管理层尚未知悉的事项包括：

（1）潜在诉讼；
（2）重要经营性资产的处置计划；
（3）期后事项；
（4）重大法律协议。

（二）与集团治理层的沟通（参见本准则第六十二条）

66. 集团项目组向集团治理层通报的事项，可能包括组成部分注册会计师提请集团项目组关注，并且集团项目组根据职业判断认为与集团治理层责任相关的重大事项。与集团治理层的沟通可以在集团审计过程中的不同时点进行。例如，对于本准则第六十二条第（一）项和第（二）项所述事项，集团项目组可以在确定组成部分财务信息的相关工作后进行沟通；对于本准则第六十二条第（三）项所述事项，可以在审计结束时进行沟通；对于本准则第六十二条第（四）项和第（五）项所述事项，可以在这些事项发生时进行沟通。

附录 1（参见本指南第 19 段）

集团项目组无法获取充分、适当的审计证据而出具保留意见的审计报告的参考格式

背景信息：

（1）对非上市实体整套合并财务报表进行审计。该审计属于集团审计，被审计单位拥有多个子公司（即适用《中国注册会计师审计准则第 1401 号——对集团财务报表审计的特殊考虑》）；

（2）本附录提供了两种参考格式：在参考格式 1 中，管理层按照××财务报告编制基础的规定编制合并财务报表，该编制基础允许被审计单位只列报合并财务报表，注册会计师仅对合并财务报表发表审计意见；在参考格式 2 中，管理层按照企业会计准则的规定编制合并财务报表和母公司财务报表，注册会计师同时对合并财务报表和母公司财务报表发表审计意见。在使用本附录时，注册会计师需要根据适用的财务报告编制基础的要求，采用适当的参考格式；

（3）审计业务约定条款体现了《中国注册会计师审计准则第 1111 号——就审计业务约定条款达成一致意见》中关于管理层对合并财务报表责任的描述；

（4）由于集团项目组不能接触组成部分会计记录、管理层或注册会计师，因此无法获取与使用权益法核算的某一重要组成部分（投资的账面价值计 1 500 万元，集团合并总资产计 6 000 万元）相关的充分、适当的审计证据；

（5）集团项目组阅读了该组成部分截至 20×1 年 12 月 31 日的已审计财务报表及其审计报告，并考虑了集团管理层持有的与该组成部分相关的财务信息；

（6）根据集团项目合伙人的职业判断，无法获取充分、适当的审计证据对集团财务报表的影响重大但不具有广泛性。

（7）适用的相关职业道德要求为中国注册会计师职业道德守则；

（8）基于获取的审计证据，根据《中国注册会计师审计准则第 1324 号——持续经营》，注册会计师认为可能导致对被审计单位持续经营能力产生重大疑虑的事项或情况不存在重大不确定性；

（9）注册会计师未被要求，并且也决定不沟通关键审计事项；

（10）注册会计师在审计报告日前已获取所有其他信息，且导致对合并财务报表发表保留意见的事项也影响了其他信息；

（11）负责监督财务报表的人员与负责编制财务报表的人员不同；

（12）除财务报表审计外，注册会计师还承担法律法规要求的其他报告责任，且注册会计师决定在审计报告中履行其他报告责任。

参考格式1：仅对合并财务报表发表审计意见

审 计 报 告

ABC股份有限公司全体股东：

一、对合并财务报表出具的审计报告①

（一）保留意见

我们审计了ABC股份有限公司及其子公司（以下简称ABC集团）合并财务报表，包括20×1年12月31日的合并资产负债表，20×1年度的合并利润表、合并现金流量表、合并股东权益变动表以及相关合并财务报表附注。

我们认为，除"形成保留意见的基础"部分所述事项可能产生的影响外，后附的合并财务报表在所有重大方面按照××财务报告编制基础的规定编制，公允反映了ABC集团20×1年12月31日的合并财务状况以及20×1年度的合并经营成果和合并现金流量。

（二）形成保留意见的基础

如合并财务报表附注×所述，20×1年1月ABC股份有限公司（以下简称ABC公司）购买了XYZ有限责任公司（以下简称XYZ公司）的30%股权，并采用权益法核算对XYZ公司的长期股权投资。20×1年12月31日该项长期股权投资的账面价值计人民币1 500万元，20×1年度采用权益法确认的投资收益为100万元。由于未能获取XYZ公司的财务信息，也无法接触XYZ公司管理层和执行XYZ公司审计工作的注册会计师，我们无法就该项长期股权投资的账面价值以及ABC公司确认的20×1年度投资收益获取充分、适当的审计证据。

我们按照中国注册会计师审计准则的规定执行了审计工作。审计报告的"注册会计师对合并财务报表审计的责任"部分进一步阐述了我们在这些准则下的责任。按照中国注册会计师职业道德守则，我们独立于ABC集团，并履行了职业道德方面的其他责任。我们相信，我们获取的审计证据是充分、适当的，为发表保留意见提供了基础。

（三）其他信息

［按照《中国注册会计师审计准则第1521号——注册会计师对其他信息的责任》的规定报告，见《〈中国注册会计师审计准则第1521号——注册会计师对其他信息的责任〉应用指南》附录2中的参考格式6。］

（四）管理层和治理层对合并财务报表的责任

［按照《中国注册会计师审计准则第1501号——对财务报表形成审计意见和出具审计报告》的规定报告，见《〈中国注册会计师审计准则第1501号——对财务报表形成审计意见和出具审计报告〉应用指南》参考格式2。］

（五）注册会计师对合并财务报表审计的责任

［按照《中国注册会计师审计准则第1501号——对财务报表形成审计意见和出具审计报告》的规定报告，见《〈中国注册会计师审计准则第1501号——对财务报表形成审

---

① 如果审计报告中不包含"按照相关法律法规的要求报告的事项"部分，则不需要加入此标题。

计意见和出具审计报告〉应用指南》参考格式2①。]

二、按照相关法律法规的要求报告的事项

[按照《中国注册会计师审计准则第1501号——对财务报表形成审计意见和出具审计报告》的规定报告,见《〈中国注册会计师审计准则第1501号——对财务报表形成审计意见和出具审计报告〉应用指南》参考格式2。]

××会计师事务所　　　　　　　　　　中国注册会计师:×××
　　（盖章）　　　　　　　　　　　　　　（签名并盖章）
　　　　　　　　　　　　　　　　　　中国注册会计师:×××
　　　　　　　　　　　　　　　　　　　　（签名并盖章）

中国××市　　　　　　　　　　　　　20×2年×月×日

参考格式2：对合并财务报表及母公司财务报表发表审计意见

审 计 报 告

ABC股份有限公司全体股东：

一、对财务报表出具的审计报告②

（一）保留意见

我们审计了ABC股份有限公司（以下简称ABC公司）财务报表，包括20×1年12月31日的合并及母公司资产负债表，20×1年度的合并及母公司利润表、合并及母公司现金流量表、合并及母公司股东权益变动表，以及相关财务报表附注。

我们认为，除"形成保留意见的基础"部分所述事项可能产生的影响外，后附的财务报表在所有重大方面按照企业会计准则的规定编制，公允反映了ABC公司20×1年12月31日的合并及母公司财务状况以及20×1年度的合并及母公司经营成果和现金流量。

（二）形成保留意见的基础

如财务报表附注×所述，20×1年1月，ABC公司购买了XYZ有限责任公司（以下简称XYZ公司）的30%股权，并采用权益法核算对XYZ公司的长期股权投资。20×1年12月31日该项长期股权投资的账面价值1 500万元，20×1年度采用权益法确认的投资收益为100万元。由于未能获取XYZ公司的财务信息，也无法接触XYZ公司管理层和执行XYZ公司审计工作的注册会计师，我们无法就该项长期股权投资的账面价值以及ABC公司确认的20×1年度投资收益获取充分、适当的审计证据。

我们按照中国注册会计师审计准则的规定执行了审计工作。审计报告的"注册会计

---

① 本参考格式需要按照非上市实体的要求进行适当改写。
② 如果审计报告中不包含"按照相关法律法规的要求报告的事项"部分，则不需要加入此标题。

师对财务报表审计的责任"部分进一步阐述了我们在这些准则下的责任。按照中国注册会计师职业道德守则,我们独立于ABC公司,并履行了职业道德方面的其他责任。我们相信,我们获取的审计证据是充分、适当的,为发表保留意见提供了基础。

(三)其他信息

ABC公司管理层(以下简称管理层)对其他信息负责。其他信息包括[X报告中涵盖的信息,但不包括财务报表和我们的审计报告]。

我们对财务报表发表的审计意见不涵盖其他信息,我们也不对其他信息发表任何形式的鉴证结论。

结合我们对财务报表的审计,我们的责任是阅读其他信息,在此过程中,考虑其他信息是否与财务报表或我们在审计过程中了解到的情况存在重大不一致或者似乎存在重大错报。

基于我们已执行的工作,如果我们确定其他信息存在重大错报,我们应当报告该事实。如上述"形成保留意见的基础"部分所述,我们无法就20×1年12月31日ABC公司对XYZ公司投资的账面价值以及ABC公司按持股比例计算的XYZ公司当年度净收益份额获取充分、适当的审计证据。因此,我们无法确定与该事项相关的其他信息是否存在重大错报。

(四)管理层和治理层对财务报表的责任

管理层负责按照企业会计准则的规定编制财务报表,使其实现公允反映,并设计、执行和维护必要的内部控制,以使财务报表不存在由于舞弊或错误导致的重大错报。

在编制财务报表时,管理层负责评估ABC公司的持续经营能力,披露与持续经营相关的事项(如适用),并运用持续经营假设,除非计划进行清算、终止运营或别无其他现实的选择。

治理层负责监督ABC公司的财务报告过程。

(五)注册会计师对财务报表审计的责任

我们的目标是对财务报表整体是否不存在由于舞弊或错误导致的重大错报获取合理保证,并出具包含审计意见的审计报告。合理保证是高水平的保证,但并不能保证按照审计准则执行的审计在某一重大错报存在时总能发现。错报可能由于舞弊或错误导致,如果合理预期错报单独或汇总起来可能影响财务报表使用者依据财务报表作出的经济决策,则通常认为错报是重大的。

在按照审计准则执行审计工作的过程中,我们运用职业判断,并保持职业怀疑。同时,我们也执行以下工作:

(1)识别和评估由于舞弊或错误导致的财务报表重大错报风险,设计和实施审计程序以应对这些风险,并获取充分、适当的审计证据,作为发表审计意见的基础。由于舞弊可能涉及串通、伪造、故意遗漏、虚假陈述或凌驾于内部控制之上,未能发现由于舞弊导致的重大错报的风险高于未能发现由于错误导致的重大错报的风险。

(2)了解与审计相关的内部控制,以设计恰当的审计程序,但目的并非对内部控制的有效性发表意见。①

---

① 如果注册会计师结合财务报表审计对内部控制的有效性发表意见,应当删除"但目的并非对内部控制的有效性发表意见"的措辞。

（3）评价管理层选用会计政策的恰当性和作出会计估计及相关披露的合理性。

（4）对管理层使用持续经营假设的恰当性得出结论。同时，根据获取的审计证据，就可能导致对 ABC 公司持续经营能力产生重大疑虑的事项或情况是否存在重大不确定性得出结论。如果我们得出结论认为存在重大不确定性，审计准则要求我们在审计报告中提请报表使用者注意财务报表中的相关披露；如果披露不充分，我们应当发表非无保留意见。我们的结论基于截至审计报告日可获得的信息。然而，未来的事项或情况可能导致 ABC 公司不能持续经营。

（5）评价财务报表的总体列报、结构和内容，并评价财务报表是否公允反映相关交易和事项。

（6）就 ABC 公司中实体或业务活动的财务信息获取充分、适当的审计证据，以对财务报表发表审计意见。我们负责指导、监督和执行集团审计，并对审计意见承担全部责任。

我们与治理层就计划的审计范围、时间安排和重大审计发现等事项进行沟通，包括沟通我们在审计中识别出的值得关注的内部控制缺陷。

二、按照相关法律法规的要求报告的事项

［本部分的格式和内容，取决于法律法规对其他报告责任性质的规定。本部分应当说明相关法律法规规定的事项（其他报告责任），除非其他报告责任涉及的事项与审计准则规定的报告责任涉及的事项相同。如果涉及相同的事项，其他报告责任可以在审计准则规定的同一报告要素部分列示。当其他报告责任和审计准则规定的报告责任涉及同一事项，并且审计报告中的措辞能够将其他报告责任与审计准则规定的责任予以清楚地区分（如差异存在）时，可以将两者合并列示（即包含在"对财务报表出具的审计报告"部分中，并使用适当的副标题）。］

××会计师事务所　　　　　　　　　　中国注册会计师：×××
　（盖章）　　　　　　　　　　　　　　　（签名并盖章）
　　　　　　　　　　　　　　　　　　中国注册会计师：×××
　　　　　　　　　　　　　　　　　　　　（签名并盖章）

中国××市　　　　　　　　　　　　20×2 年 × 月 × 日

附录 2（参见本指南第 23 段）

集团项目组需要了解的事项的示例

本附录广泛涵盖了集团项目组需要了解的与集团审计相关的事项，但并非所有事项都与每项集团审计业务相关。此外，本附录并非对所有事项的完整列示。

一、集团层面控制

1. 集团层面的控制可能包括下列方面的组合：

（1）集团管理层和组成部分管理层讨论有关业务发展、业绩评价的定期会议；

（2）对组成部分经营和财务成果的监控，包括能够使集团管理层根据预算监控组成部分的业绩并采取适当行动的定期汇报制度；

（3）集团管理层的风险评估过程，即识别、分析和管理经营风险（包括可能导致集团财务报表发生重大错报的舞弊风险）的过程；

（4）对集团内部交易、未实现内部交易损益和集团内部往来余额进行监控、控制、调节和抵销；

（5）用于监控组成部分及时上报财务信息和评估其准确性与完整性的过程；

（6）集团整体或部分共享的、采用统一信息技术一般控制的中央信息技术系统；

（7）全部或某些组成部分共享的信息系统中的控制活动；

（8）对控制的监督，包括内部审计和自我评估程序；

（9）统一的政策和程序，包括集团财务报告程序手册；

（10）集团层面的方案，如适用于整个集团的行为守则、防止舞弊的方案；

（11）对组成部分管理层职责分派的安排。

2. 在有些情况下，内部审计也可以作为集团层面控制的一项内容，如当内部审计职能集中于集团时。如果集团项目组计划利用内部审计人员的工作，需要按照《中国注册会计师审计准则第1411号——利用内部审计人员的工作》的规定评价其专业胜任能力和客观性。

二、合并过程

集团项目组可以从下列方面了解合并过程：

1. 与适用的财务报告编制基础有关的事项

（1）组成部分管理层对适用的财务报告编制基础的了解程度；

（2）按照适用的财务报告编制基础，对组成部分进行识别和会计处理的过程；

（3）按照适用的财务报告编制基础，为提供分部报告而识别需单独报告的分部的过程；

（4）按照适用的财务报告编制基础，识别关联方关系及其交易的过程；

（5）适用于集团财务报表的会计政策，会计政策自上期以来发生的变化以及因新发布或修订会计准则而发生的变化；

（6）如果组成部分的报告期末不同于集团，对组成部分财务信息进行调整的程序。

2. 与合并过程有关的事项

（1）集团管理层了解组成部分运用的会计政策的过程，基于集团财务报表目的确保编制组成部分财务信息运用统一会计政策的过程（如适用），以及确保按照适用的财务报告编制基础识别和调整会计政策的差异的过程。

统一的会计政策，是指集团根据适用的财务报告编制基础，在会计确认、计量和报告中所采用的原则、基础和会计处理方法，组成部分采用统一的会计政策处理和报告类似的交易，并在各个会计期间保持一致。这些会计政策通常在集团管理层发布的财务报告程序手册和报告文件包中予以说明。

（2）集团管理层基于合并目的确保组成部分完整、准确、及时报告其财务信息的过程；

(3)将境外组成部分财务信息折算为集团财务报表采用的记账本位币的过程;

(4)如何组织信息技术服务于财务报表合并过程(包括合并过程的人工和自动化阶段),以及在合并过程的不同阶段采用的人工控制和自动化控制;

(5)集团管理层获知期后事项的过程。

3.与合并调整有关的事项

(1)记录合并调整的过程,包括记录相关会计分录的作出、授权和处理,以及负责合并过程人员的经验;

(2)适用的财务报告编制基础所要求的合并调整;

(3)对事项和交易进行合并调整的商业理由;

(4)组成部分之间交易的频率、性质和规模;

(5)监督、控制、调节和抵销集团内部交易、未实现内部交易损益和集团内部账户余额的程序;

(6)按照适用的财务报告编制基础,将被收购资产、负债的账面价值调整为公允价值的措施,以及对商誉进行摊销(如适用)和对商誉进行减值测试的程序;

(7)控股股东或少数股东对某一组成部分亏损作出的安排(例如,少数股东权益承担弥补亏损的义务)。

附录3(参见本指南第30段)

可能表明集团财务报表存在重大错报风险的情况或事项的示例

本附录包括了可能表明集团财务报表存在重大错报风险的情况或事项,但并非所有这些情况或事项与每项集团审计业务都相关。此外,本附录并非对所有事项的完整列示。

1.复杂的集团结构,特别是经常发生并购、处置或重组交易;

2.薄弱的公司治理结构,包括不透明的决策程序;

3.不存在集团层面的控制或集团层面的控制无效,包括集团管理层在监督组成部分业务活动和经营成果时不能获取充分的信息;

4.组成部分在境外经营,其业务活动可能受到诸多因素的影响,如非正常的政府干预(如贸易和财政政策、对外汇和股利汇出的限制)和汇率波动;

5.组成部分业务活动包含较高风险,包括使用长期合约,或使用创新或复杂金融工具进行交易;

6.组成部分财务信息是否需要按照适用的财务报告编制基础的规定包括在集团财务报表中存在不确定性,例如,是否存在需要合并的特殊目的实体或非交易性实体;

7.异常的关联方关系及其交易;

8.以前合并时发生集团内部往来余额不平或调节不一致的情况;

9.存在涉及多个组成部分的复杂交易;

10.组成部分运用的会计政策与集团不一致;

11. 组成部分的报告期末与集团不同，可能用以操纵交易的时间安排；
12. 以前存在未经授权或不完整的合并调整事项；
13. 集团采用激进的税务筹划政策，或与处于"避税天堂"的实体从事大量现金交易；
14. 频繁变更负责组成部分财务信息审计的注册会计师。

附录 4（参见本指南第 35 段）

组成部分注册会计师确认函参考格式

本附录所示函件并非标准格式。组成部分注册会计师可视具体情况采用不同的格式。

集团项目组通常在组成部分注册会计师开始对组成部分财务信息执行相关工作前取得确认函。

××会计师事务所：

我们已经收到贵所20×2年×月×日发出的指令函，要求我们对ABC集团公司所属子公司XYZ公司20×1年度财务信息执行指令函中所列的工作。本函用于确认与贵所审计ABC集团公司20×1年度集团财务报表相关的事项。

我们确认：

1. 我们将按照指令函的要求执行工作。（或：我们提醒贵所，由于[列明具体原因]，我们不能满足贵所的下列要求：[列明指令的具体要求]。）

2. 这些要求是清晰的，我们能够理解这些要求。（或：我们希望贵所能够详细阐明下列要求：[列明指令的具体要求]。）

3. 我们将配合贵所的工作，并提供相关工作底稿。

我们认可：

1. XYZ公司的财务信息将包括在ABC集团公司的集团财务报表中。

2. 如贵所认为必要，可以参与我们应贵所要求而对XYZ公司20×1年度的财务信息执行的工作；

3. 贵所计划对我们的工作进行评价。如贵所认为适当，可以在对ABC集团公司合并财务报表的审计中利用我们的工作。

就我们计划对XYZ公司财务信息执行的工作，我们确认：

1. 我们充分了解中国注册会计师职业道德守则的要求，足以履行我们在集团财务报表审计中的责任。我们将遵守这些要求。特别是对于ABC集团公司及集团内其他组成部分，我们符合中国注册会计师职业道德守则[和监管机构名称和文件名称]对独立性的要求。

2. 我们充分了解中国注册会计师审计准则的要求，足以履行我们在集团财务报表审计中的责任。我们将在工作中遵守这些要求。

3. 我们拥有对XYZ公司财务信息执行相关工作的专门技能。

4. 我们充分了解企业会计准则和ABC集团公司财务报告程序手册的要求，足以履行我们在集团财务报表审计中的责任。

在对XYZ公司财务信息执行相关工作的过程中，如果上述声明事项出现任何变化，我们将及时通知贵所。

××会计师事务所（盖章）
注册会计师（签名并盖章）
20×2年×月×日

附录 5（参见本指南第 47 段）

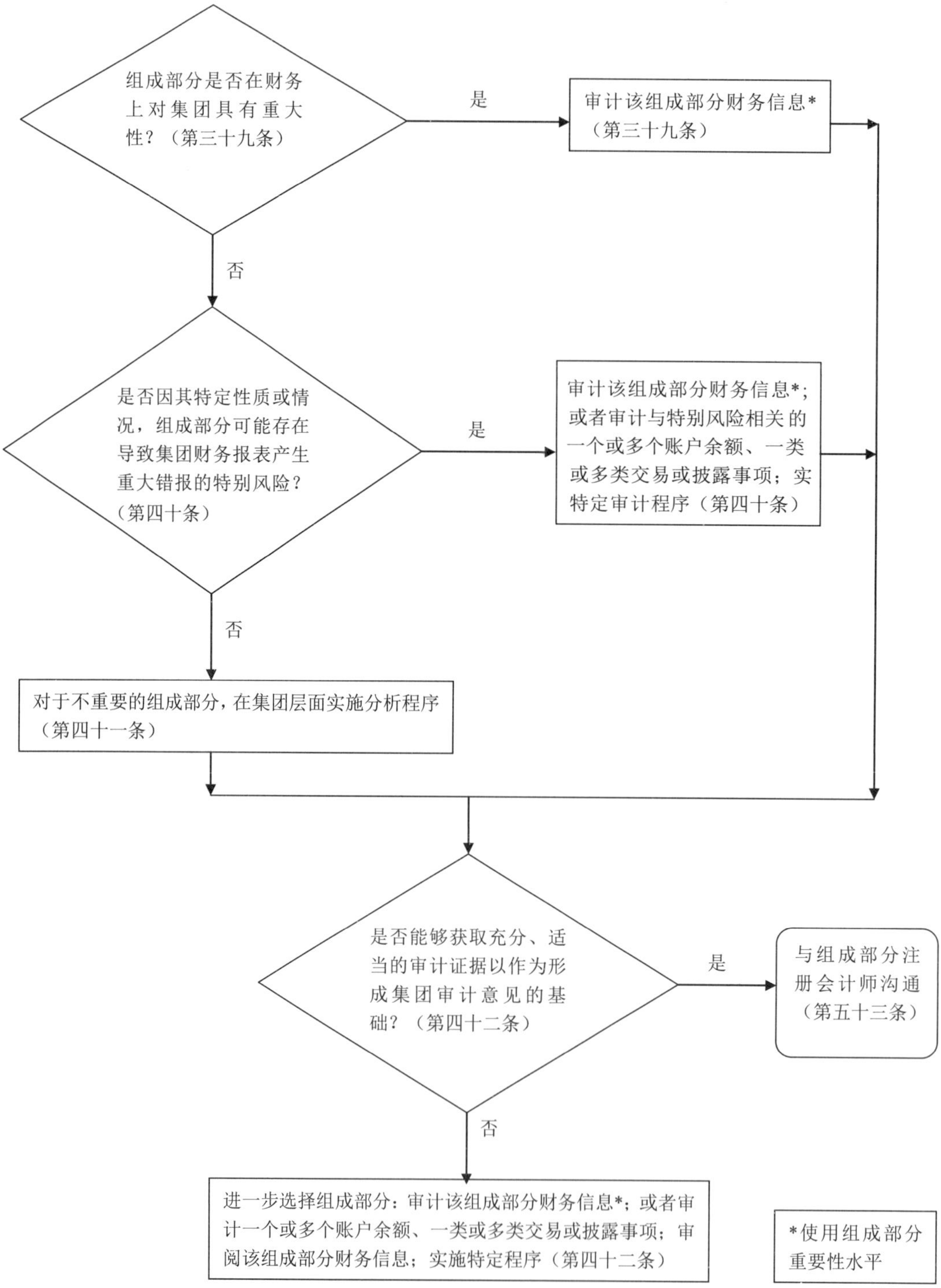

```
                ┌─────────────────────┐
                │ 组成部分是否在财务     │      是      ┌──────────────────────┐
                │ 上对集团具有重大      │─────────────▶│ 审计该组成部分财务信息* │
                │ 性？（第三十九条）    │              │（第三十九条）         │
                └─────────────────────┘              └──────────────────────┘
                          │否
                          ▼
                ┌─────────────────────┐
                │ 是否因其特定性质或情   │              ┌──────────────────────────────┐
                │ 况，组成部分可能存在   │              │ 审计该组成部分财务信息*；      │
                │ 导致集团财务报表产生   │     是       │ 或者审计与特别风险相关的       │
                │ 重大错报的特别风险？   │─────────────▶│ 一个或多个账户余额、一类       │
                │（第四十条）           │              │ 或多类交易或披露事项；实施     │
                │                      │              │ 特定审计程序（第四十条）      │
                └─────────────────────┘              └──────────────────────────────┘
                          │否
                          ▼
                ┌──────────────────────────────────────────┐
                │ 对于不重要的组成部分，在集团层面实施分析程序  │
                │（第四十一条）                              │
                └──────────────────────────────────────────┘
                          │
                          ▼
                ┌─────────────────────┐
                │ 是否能够获取充分、适   │              ┌──────────────┐
                │ 当的审计证据以作为形   │     是       │ 与组成部分注   │
                │ 成集团审计意见的基    │─────────────▶│ 册会计师沟通   │
                │ 础？（第四十二条）    │              │（第五十三条）  │
                └─────────────────────┘              └──────────────┘
                          │否
                          ▼
                ┌──────────────────────────────────────────┐
                │ 进一步选择组成部分：审计该组成部分财务信息*； │      ┌──────────────┐
                │ 或者审计一个或多个账户余额、一类或多类交易或  │      │ *使用组成部分 │
                │ 披露事项；审阅该组成部分财务信息；实施特定程  │      │ 重要性水平    │
                │ 序（第四十二条）                            │      └──────────────┘
                └──────────────────────────────────────────┘
```

附录6（参见本指南第58段）

列入集团项目组指令函的事项

本准则要求与组成部分注册会计师沟通的事项以楷体列示。

一、与组成部分注册会计师计划工作相关的事项

1. 在组成部分注册会计师知悉集团项目组将利用其工作的前提下，要求组成部分注册会计师确认其将配合集团项目组的工作；

2. 完成审计工作的时间要求；

3. 集团项目组计划与集团管理层会谈的日期，以及计划与组成部分管理层和组成部分注册会计师会谈的日期；

4. 主要联系人；

5. 组成部分注册会计师应执行的工作和集团项目组对其工作的利用，以及对双方在审计初期和审计过程中协调配合的安排，包括集团项目组拟参与的组成部分注册会计师工作；

6. 与集团审计相关的职业道德要求，特别是独立性要求，例如，如果法律法规禁止集团项目组利用内部审计人员提供直接协助，集团项目组需要考虑这种禁止是否同样适用于组成部分注册会计师，如果同样适用，则需要在与组成部分注册会计师沟通时提及这一事项；

7. 在对组成部分财务信息实施审计或审阅的情况下，组成部分的重要性和针对特定类别的交易、账户余额或披露采用的一个或多个重要性水平（如适用）以及临界值，超过临界值的错报不能被视为对集团财务报表明显微小的错报；

8. 集团管理层编制的关联方清单和集团项目组知悉的任何其他关联方。集团项目组应当要求组成部分注册会计师及时沟通集团管理层或集团项目组以前未识别出的关联方；

9. 拟对集团内部交易、未实现内部交易损益及集团内部往来余额执行的工作；

10. 对其他法定报告责任的指引，如就集团管理层对内部控制有效性认定出具的报告；

11. 如果完成组成部分财务信息相关工作的时间与集团项目组对集团财务报表形成结论的时间存在间隔，对期后事项进行复核的具体指引。

二、与组成部分注册会计师执行工作相关的事项

1. 集团项目组对全部或部分组成部分共享的处理系统中的控制活动进行测试的结果，以及拟由组成部分注册会计师实施的控制测试；

2. 识别出的与组成部分注册会计师工作相关的、由于舞弊或错误导致集团财务报表发生重大错报的特别风险。集团项目组应当要求组成部分注册会计师及时沟通所有识别出的、在组成部分内的其他由于舞弊或错误可能导致集团财务报表发生重大错报的特别风险，以及组成部分注册会计师针对这些特别风险采取的应对措施；

3. 如果内部审计对组成部分层面的控制或与组成部分相关的控制执行了相关工作，

要求获取内部审计人员的工作结果；

4. 要求及时沟通从对组成部分财务信息执行的工作中获取的、与集团项目组最初进行集团层面风险评估所基于的审计证据相矛盾的审计证据；

5. 要求获取组成部分管理层遵守适用的财务报告编制基础的书面声明，或已经披露组成部分财务信息运用的会计政策与集团财务报表运用的会计政策存在差异的声明；

6. 组成部分注册会计师需要记录的事项。

三、其他事项

1. 要求及时向集团项目组报告下列事项：

（1）重大的会计、财务报告和审计事项，包括会计估计和相关判断；

（2）与组成部分持续经营状况相关的事项；

（3）与诉讼和索赔相关的事项；

（4）组成部分注册会计师在对组成部分财务信息执行工作中注意到的值得关注的内部控制缺陷和显示存在舞弊的信息；

2. 要求尽快向集团项目组报告任何重大或异常的事项；

3. 完成对组成部分财务信息的相关工作后，与集团项目组沟通本准则第五十四条所列事项的要求。

《中国注册会计师审计准则第 1411 号——利用内部审计人员的工作》应用指南

（2022 年 1 月 17 日修订）

一、内部审计的定义（参见本准则第十二条）

1. 内部审计的目标和范围通常包括旨在评价和改进被审计单位的治理、风险管理、内部控制的有效性而实施的鉴证和咨询活动，例如：

（1）与公司治理有关的活动

内部审计可能评估被审计单位的治理流程是否能够实现下列方面的目标：道德和价值观，绩效管理和问责机制，向组织内的适当范围传达风险和控制信息，以及治理层、注册会计师、内部审计人员和管理层之间的有效沟通。

（2）与风险管理有关的活动

①内部审计可能有助于被审计单位识别和评价面临的重大风险，改善风险管理和内部控制（包括财务报告过程的有效性）；

②内部审计可能实施程序，以有助于被审计单位发现舞弊情形。

（3）与内部控制有关的活动

①评价内部控制。内部审计可能承担复核内部控制、评价内部控制的运行以及对内部控制提出改进建议等方面的特定责任。在这种情况下，内部审计为内部控制提供鉴证。例如，内部审计可能计划并实施测试或其他程序，为管理层和治理层就内部控制的设计、执行和运行有效性提供鉴证，包括与审计相关的内部控制。

②检查财务和经营信息。内部审计可能被要求复核用以识别、确认、计量、分类和报告财务和经营信息的方法，并针对个别事项实施专门调查，包括对交易、账户余额和程序进行详细测试。

③复核经营活动。内部审计可能被要求复核被审计单位经营活动（包括非财务活动）的经济性、效率和效果。

④复核遵守法律法规的情况。内部审计可能被要求复核被审计单位对法律法规、其他外部要求以及管理层政策、指令和其他内部要求的遵守情况。

2. 与内部审计类似的活动可能由被审计单位内部拥有其他名称的部门实施。内部审计工作也可能部分或全部外包给第三方服务提供者。无论执行内部审计的部门名称如何，内部审计工作是否由被审计单位或由第三方服务提供者执行，都不是注册会计师判断是否利用内部审计工作的唯一决定因素。相反，决定因素是相关活动的性质、内部审计在被审计单位中的地位以及相关政策和程序对内部审计人员客观性的支持程度，内部审人员的胜任能力,内部审计使用的系统、规范化的方法。本准则在提及内部审计工作时,也包括由其他部门或第三方服务提供者实施的具备这些特征的相关活动。

3. 此外,在被审计单位中,内部审计之外承担经营管理职责的其他部门通常面临对其客观性的不利影响,可能使其不能被视为本准则所述的内部审计的一部分,尽管这些部门执行的控制活动可能构成了按照《中国注册会计师审计准则第1231号——针对评估的重大错报风险采取的应对措施》测试的范围。因此,由所有者兼经理实施的监督控制不被认为等同于内部审计。

4. 虽然内部审计和注册会计师的目标不同,内部审计可能实施与注册会计师在财务报表审计中相似的审计程序。如果存在这种情况,注册会计师可能通过下列一种或多种方式利用内部审计的工作以实现审计目的:

(1)获取与注册会计师评估由于错误或舞弊导致的重大错报风险有关的信息。为此,《中国注册会计师审计准则第1211号——通过了解被审计单位及其环境识别和评估重大错报风险》要求注册会计师了解内部审计的职能范围以及内部审计在被审计单位组织结构中的地位和作用,以及内部审计已实施或拟实施的活动,并询问适当的内部审计人员(如果被审计单位设有此类部门、岗位或人员)。

(2)除非法律法规禁止,或在某些程度上施加限制,注册会计师在进行适当的评价后,可以决定利用内部审计在相关期间的工作,以部分替代本应由注册会计师直接获取的审计证据。

此外,除非法律法规禁止,或在某些程度上施加限制,注册会计师可以利用内部审计人员在其指导、监督和复核下实施审计程序(即本准则所指的"提供直接协助")。

二、确定是否利用、在哪些领域利用以及在多大程度上利用内部审计的工作

(一)评价内部审计

客观性和胜任能力[参见本准则第十五条第(一)项至第(二)项]

5. 注册会计师在确定是否可以利用内部审计的工作以实现审计目的,以及在具体情况下所能利用的内部审计工作的性质和范围时,需要运用职业判断。

6. 在确定是否利用内部审计工作,以及如果利用,所利用的内部审计工作的性质和范围在具体情形下是否适当时,内部审计在被审计单位中的地位、相关政策和程序支持内部审计人员客观性的程度以及内部审计人员的胜任能力尤其重要。

7. 客观性是指执行工作时避免因偏见、利益冲突或他人的不当影响而凌驾于职业判断之上的能力。下列因素可能影响注册会计师对客观性的评价:

(1)内部审计在被审计单位中的地位(包括内部审计的权限和问责机制)是否支持其职业判断避免因偏见、利益冲突或他人的不当影响而被凌驾的能力。例如,内部审计人员是否向治理层或具备适当权限的管理人员报告工作,或如果内部审计向管理层报告工作,是否能够直接接触治理层。

(2)内部审计承担的职责是否不存在相互冲突,如承担内部审计以外的管理或经营职责。

(3)治理层是否监督与内部审计相关的聘用决策,如决定适当的薪酬政策。

(4)管理层或治理层是否对内部审计施加任何约束或限制,如限制与注册会计师沟通内部审计发现的问题。

（5）内部审计人员是否为相关职业团体的会员并且该职业团体要求内部审计人员遵守与客观性相关的职业标准，或被审计单位的内部政策是否实现相同目标。

8. 内部审计人员的胜任能力，是指内部审计人员获得并保持与其职能相关的知识和技能，从总体上能够达到使其可以尽职地完成所分配的工作并遵守适用的职业标准的水平。下列因素可能影响注册会计师对胜任能力的评价：

（1）内部审计是否拥有与被审计单位规模和经营性质相适应的充分、适当的资源。

（2）是否制定了招聘、培训和工作分配方面的政策。

（3）内部审计人员是否经过充分的技术培训且精通审计业务。例如，注册会计师在进行评估时可以考虑的相关标准可能包括内部审计人员拥有的相关专业资格和经验。

（4）内部审计人员是否具备与被审计单位财务报告和适用的财务报告编制基础有关的必备知识，以及内部审计人员是否拥有必要的技能（如特定行业的知识）以执行与被审计单位财务报表相关的工作。

（5）内部审计人员是否为相关职业团体的会员，该职业团体要求内部审计人员遵守包括职业继续教育要求在内的相关职业标准。

9. 客观性和胜任能力可能从无到有、程度不等。内部审计在被审计单位中的地位以及相关政策和程序为内部审计人员的客观性提供越充分的支持，内部审计人员的胜任能力水平越高，注册会计师就越可以利用并在越多领域内利用内部审计工作。然而，即使内部审计在被审计单位中的地位以及相关政策和程序为内部审计人员的客观性提供了强有力的支持，也不能弥补内部审计人员胜任能力的不足。同样地，内部审计人员高水平的胜任能力不能弥补内部审计在被审计单位中的地位以及政策和程序难以充分支持内部审计人员客观性的不足。

运用系统和规范化的方法〔参见本准则第十五条第（三）项〕

10. 运用系统和规范化的方法对内部审计活动进行计划、实施、监督、复核和记录，使得内部审计活动区别于被审计单位内部可能实施的其他监督控制活动。

11. 下列因素可能影响注册会计师确定内部审计是否运用了系统、规范化的方法：

（1）针对风险评估、工作计划、工作底稿、报告等领域，是否存在书面的内部审计程序或指引，以及这些书面内部审计程序或指引的适当性和使用情况（其性质和范围与被审计单位的规模和环境相适应）。

（2）内部审计是否有恰当的质量控制政策和程序。例如，适用于内部审计的政策和程序（如与领导责任、人力资源、业务执行相关的政策和程序）或相关职业团体为内部审计人员制定的标准中提出的质量控制要求。这些职业团体还可能制定其他适当的要求，如定期进行外部质量评估。

不得利用内部审计工作的情形（参见本准则第十六条）

12. 注册会计师对内部审计在被审计单位中的地位以及相关政策和程序是否足以支持内部审计人员的客观性、内部审计人员的胜任能力以及是否运用系统和规范化方法的评价，可能表明内部审计工作质量的风险过高，因而利用其任何工作作为审计证据都是不适当的。

13. 针对本指南第7、8和11段中的考虑因素，由于对单一因素的考虑通常不足以得出出于审计目的不能利用内部审计工作的结论，因此，将这些因素单独或汇总起来进行考虑是非常重要的。例如，内部审计在被审计单位中的地位在评价对内部审计人员客观性的不利影响时尤为重要。如果内部审计向管理层报告，将被视为对内部审计客观性的重大不利影响，除非存在其他因素（如本指南第 7 段描述的因素）能够汇总起来提供充分的防范措施将这种不利影响降至可接受的水平。

14. 此外，中国注册会计师职业道德守则规定，如果注册会计师接受委托向审计客户提供内部审计服务，并且所提供内部审计服务的结果将在执行审计工作时加以利用，将因自我评价产生不利影响。这是因为，项目组可能在没有适当评价内部审计服务结果或未能运用与会计师事务所之外的人员执行内部审计工作时相同水平的职业怀疑的情况下利用内部审计服务的结果。中国注册会计师职业道德守则针对特定情形作出禁止性规定，并针对其他情形规定了为将不利影响降至可接受水平可采取的防范措施。

（二）确定可利用的内部审计工作的性质和范围

影响确定可利用的内部审计工作的性质和范围的因素（参见本准则第十七条至第十九条）

15. 一旦注册会计师确定能够利用内部审计工作以实现审计目的，首先需要考虑的是拟利用的内部审计已执行或拟执行工作的性质和范围，是否与注册会计师根据《中国注册会计师审计准则第 1201 号——计划审计工作》制定的总体审计策略和具体审计计划相关。

16. 注册会计师可利用的内部审计工作的例子包括：
（1）对内部控制运行有效性的测试；
（2）仅涉及有限判断的实质性程序；
（3）存货监盘；
（4）追踪交易在财务报告信息系统中的处理过程（穿行测试）；
（5）对遵守法律法规情况的测试；
（6）在某些情况下，对属于集团不重要的组成部分的子公司财务信息进行审计或审阅（如果与《中国注册会计师审计准则第 1401 号——对集团财务报表审计的特殊考虑》中的要求不冲突）。

17. 根据本准则第十八条的规定，注册会计师就内部审计的地位、相关政策和程序对内部审计人员客观性提供支持的充分程度，以及内部审计人员的胜任能力所作的评价，将对注册会计师拟利用内部审计工作的性质和范围的决策产生影响。此外，内部审计在计划、执行和评价内部审计工作时涉及判断的程度，以及评估的认定层次重大错报风险，也是注册会计师需要考虑的因素。本准则第十六条还规定了注册会计师不能利用内部审计工作以实现审计目的的情形。

计划、实施审计程序和评价审计结果时涉及的判断〔参见本准则第十八条第（一）项和第三十条第（一）项〕

18. 根据本准则第十八条的规定，计划和实施审计程序、评价审计证据时需要运用的判断程度越高，注册会计师需要直接实施的审计程序越多，这是因为仅利用内部审计工作不能为注册会计师提供充分、适当的审计证据。

19. 由于注册会计师对发表的审计意见独立承担责任，注册会计师在审计业务中需要按照本准则第十八条的规定作出重大判断。重大判断包括以下方面：
（1）评估重大错报风险；
（2）评价实施测试的充分性；

（3）评价管理层运用持续经营假设的适当性；
（4）评价重大会计估计；
（5）评价财务报表披露的适当性以及其他影响审计报告的事项。

评估的重大错报风险〔参见本准则第十八条第（二）项〕

20. 对于特定的账户余额、交易类别或披露，评估的认定层次重大错报风险越高，在计划和实施审计程序并评价审计程序的结果时涉及的判断通常就越多。在这种情况下，注册会计师在获取充分、适当的审计证据时，需要根据本准则第十八条的规定更多地直接实施审计程序，减少利用内部审计工作。此外，如《〈中国注册会计师审计准则第1101号——注册会计师的总体目标和审计工作的基本要求〉应用指南》所述，评估的重大错报风险越高，注册会计师需要获取越有说服力的审计证据，从而需要更多地直接实施审计程序。

21. 如《中国注册会计师审计准则第1211号——通过了解被审计单位及其环境识别和评估重大错报风险》所述，特别风险需要特别的审计考虑，因此，与特别风险相关时，注册会计师对内部审计工作的利用限于涉及有限判断的程序。此外，除非重大错报风险处于低水平，否则仅利用内部审计工作不可能将审计风险降至可接受的低水平，也不能减轻注册会计师直接实施某些测试的需要。

22. 根据本准则的规定实施审计程序，可能导致注册会计师重新评价其对重大错报风险的评估结果。因而可能影响注册会计师确定是否利用内部审计工作，以及是否有必要继续运用本准则。

与治理层的沟通（参见本准则第二十条）

23. 根据《中国注册会计师审计准则第1151号——与治理层的沟通》的规定，注册会计师应当与治理层沟通计划的审计范围和时间安排的总体情况。拟利用的内部审计工作是注册会计师总体审计策略的必要组成部分，因而与治理层理解拟采用的审计方法相关。

三、利用内部审计工作

（一）与内部审计的讨论与协调（参见本准则第二十一条）

24. 注册会计师在与内部审计人员讨论拟利用的内部审计工作，以作为协调各自工作的基础时，讨论下列方面可能是有用的：
（1）这些工作的时间安排；
（2）已执行工作的性质；
（3）审计工作涵盖的范围；
（4）财务报表整体的重要性（如适用，还包括特定类别的交易、账户余额和披露的一个或多个重要性水平）以及实际执行的重要性；
（5）选取测试项目拟采用的方法和样本规模；
（6）对所执行工作的记录；
（7）复核和报告程序。

25. 在某些情况下，注册会计师和内部审计之间的协调是有效的，例如：
（1）在审计期间内每隔一段适当的时间进行讨论；
（2）注册会计师告知内部审计人员可能影响内部审计的重大事项；

(3)注册会计师被告知并能够接触内部审计相关报告,并且当某些重大事项可能影响注册会计师的工作时,注册会计师能够知悉内部审计注意到的任何这些重大事项,以使注册会计师能够考虑这些事项对审计业务的影响。

26.《中国注册会计师审计准则第1101号——注册会计师的总体目标和审计工作的基本要求》及其应用指南阐述了计划审计工作和执行审计工作时保持职业怀疑的重要性,包括对作为审计证据的文件记录和对询问的答复的可靠性产生怀疑的信息保持警觉。因此,整个审计过程中与内部审计的沟通,可能使内部审计人员有机会提醒注册会计师关注可能影响其工作的事项,注册会计师从而能够在识别和评估重大错报风险时考虑此类信息。此外,如果此类信息表明可能存在较高的财务报表重大错报风险,或者舞弊事实、舞弊嫌疑或舞弊指控,注册会计师在根据《中国注册会计师审计准则第1141号——财务报表审计中与舞弊相关的责任》的规定识别舞弊导致的重大错报风险时可加以考虑。

(二)确定内部审计工作适当性的程序(参见本准则第二十三条至第二十四条)

27.注册会计师对计划利用的全部内部审计工作(注册会计师要将这些内部审计工作作为一个整体予以考虑)所实施的审计程序,为评价内部审计工作的总体质量和客观性提供了基础。

28.为评价内部审计已执行的工作和得出的结论的质量,注册会计师除实施本准则第二十四条规定的重新执行程序外,还可以实施下列程序:

(1)询问适当的内部审计人员;
(2)观察内部审计实施的审计程序;
(3)复核内部审计工作计划和工作底稿。

29.涉及的职业判断越多,评估的重大错报风险越高,内部审计在被审计单位中的地位以及相关政策和程序对内部审计人员客观性的支持程度越低,或者内部审计人员的胜任能力水平越低时,注册会计师需要针对内部审计工作整体实施越多的审计程序,以支持在获取充分、适当的审计证据以形成审计意见的过程中利用内部审计工作的决策。

重新执行(参见本准则第二十四条)

30.就本准则而言,重新执行包括注册会计师独立实施审计程序以验证内部审计已得出的结论。这个目标可以通过检查已由内部审计检查的项目来实现,或者如果该方法不可行,通过检查足够多的未由内部审计检查过的其他类似项目,也可以实现相同目标。与本指南第28段提及的注册会计师可以实施的其他审计程序相比,重新执行可以为评价内部审计工作的适当性提供更具说服力的审计证据。尽管注册会计师不必对利用的内部审计工作的每一领域均实施重新执行程序,根据本准则第二十四条的规定,注册会计师应当对拟利用的内部审计工作整体实施某些重新执行程序。注册会计师更可能针对内部审计在计划、实施审计程序和评价审计程序结果的过程中运用较多判断,以及在重大错报风险较高的领域重点实施重新执行程序。

四、确定是否利用,在哪些领域利用以及在多大程度上可以利用内部审计人员提供直接协助

(一)确定是否可以利用内部审计人员提供直接协助以实现审计目标(参见本准则第五条,第二十六条至第二十八条)

31.某些国家或地区的法律法规可能禁止注册会计师利用内部审计人员提供直接协

助，在这些国家或地区，集团注册会计师需要考虑该禁止性规定是否延伸到组成部分注册会计师，如果是，则需要在与组成部分注册会计师进行沟通时提及这一事项。

32. 如本指南第 7 段所述，客观性是指执行工作时避免因偏见、利益冲突或他人的不当影响而凌驾于职业判断之上的能力。注册会计师在评价是否存在对内部审计人员客观性的不利影响及其严重程度时，下列因素可能是相关的：

（1）内部审计在被审计单位中的地位以及相关政策和程序支持内部审计人员客观性的程度；

（2）与被审计单位从事或负责某方面工作的人员存在家庭或私人关系，而该方面工作与内部审计工作相关；

（3）被审计单位中，与内部审计工作相关的分部或部门与内部审计人员之间的关系；

（4）除按照与被审计单位类似职级人员相一致的薪酬政策确定的薪酬之外，内部审计人员在被审计单位中拥有其他重大经济利益。

相关职业团体发布的与内部审计人员相关的资料，可能提供进一步的有用指引。

33. 还可能存在一些情形，对内部审计人员客观性产生的不利影响非常重大，以致没有防范措施能够将其降至可接受水平。例如，由于防范措施的适当性受内部审计人员所承担的工作在注册会计师审计中的重要程度影响，本准则第三十条第（一）项和第（二）项禁止注册会计师利用内部审计人员提供直接协助以实施在审计中涉及重大判断的程序，或涉及较高的重大错报风险，因而在实施相关审计程序或评价收集的审计证据时需要作出较多判断的程序。当内部审计工作涉及自我评价产生的不利影响时同样如此，所以在本准则第三十条第（三）项和第（四）项规定的情形下，内部审计人员不得实施审计程序。

34. 在评价某个内部审计人员的胜任能力时，结合内部审计人员个人和其可能被分配的任务的背景，本指南第 8 段提及的很多因素也可能是相关的。

（二）确定可能分配给提供直接协助的内部审计人员的工作的性质和范围（参见本准则第二十九条至第三十一条）

35. 本指南第 15 段至第 22 段提供了相关指引，以确定可能分配给内部审计人员的工作的性质和范围。

36. 在确定可能分配给内部审计人员的工作的性质时，注册会计师需要将这些工作限制在适当领域内。某些活动或工作可能不适合利用内部审计人员提供直接协助，这些活动或工作的例子包括：

（1）讨论舞弊风险。然而，注册会计师可以根据《中国注册会计师审计准则第 1211 号——通过了解被审计单位及其环境识别和评估重大错报风险》的规定，询问内部审计人员被审计单位的舞弊风险。

（2）确定《中国注册会计师审计准则第 1141 号——财务报表审计中与舞弊相关的责任》中所述的不预先通知的程序。

37. 类似地，根据《中国注册会计师审计准则第 1312 号——函证》的规定，注册会计师应当对询证函保持控制，并评价实施函证程序的结果，这些工作职责不适合分配给内部审计人员。然而，内部审计人员可以协助注册会计师收集必要的信息来解决回函中的不符事项。

38. 涉及判断的数量或金额以及重大错报风险也与确定可以分配给提供直接协助的内部审计人员的工作相关。例如，当应收账款的计价被评估为存在较高风险的领域时，注册会计师可以将核对账龄准确性的工作分配给内部审计人员提供直接协助。然而，根据账龄评价坏账准备的充分性涉及较多的判断，将该程序分配给内部审计人员提供直接协助是不适当的。

39. 尽管注册会计师提供指导、监督和复核，过度使用内部审计人员提供直接协助可能影响外界对审计项目独立性的看法。

五、利用内部审计人员提供直接协助（参见本准则第三十四条）

40. 由于内部审计人员并不像注册会计师对财务报表发表审计意见时那样独立于被审计单位，注册会计师对提供直接协助的内部审计人员工作的指导、监督和复核与对项目组成员的指导、监督和复核相比，通常性质不同且范围更为广泛。

41. 例如，当指导内部审计人员时，注册会计师可以提醒内部审计人员把审计中发现的会计和审计问题告知注册会计师。在复核内部审计人员执行的工作时，注册会计师考虑的因素包括获取的审计证据是否充分、适当，是否适合于具体情况，以及能否支持得出的结论。

《中国注册会计师审计准则第 1421 号——利用专家的工作》应用指南

（2022 年 1 月 17 日修订）

一、专家（即注册会计师的专家）的定义（参见本准则第四条）

1. 专家在会计或审计以外的领域具有的专长，例如：

（1）对下列方面进行估价：复杂的金融工具、土地及建筑物、厂房和机器设备、珠宝、艺术品、古董、无形资产、企业合并中收购的资产和承担的负债，以及可能发生减值的资产；

（2）对与保险合同或员工福利计划相关的负债进行精算；

（3）对石油和天然气储量进行估算；

（4）对环境负债和场地清理费用进行估价；

（5）对合同、法律和法规进行解释；

（6）对复杂或异常的纳税问题进行分析。

2. 在许多情况下，将会计或审计领域（即使是会计或审计的专业领域）的专长与其他领域的专长予以区分是很容易的。例如，通常很容易将一个在递延所得税会计处理方法方面具有专长的人士与税法专家区分开来。前者不属于本准则定义的专家，因为其专长属于会计领域；后者属于本准则定义的专家，因为其专长属于法律领域。

在其他领域也可以作出类似的区分，如将在金融工具会计处理方法的专长，与运用复杂模型对金融工具进行估价的专长予以区分。然而，在某些情况下，特别是那些涉及会计或审计专长的新兴领域，将这些领域的专长与其他领域的专长予以区分，属于职业判断。适用的职业规则和准则中关于会计人员和注册会计师继续教育和专业胜任能力的要求，可能有助于注册会计师作出这一判断。

3. 专家是个人还是组织可能对具体执行本准则的要求产生影响，注册会计师有必要对此作出判断。例如，当评价专家的胜任能力、专业素质和客观性时，注册会计师可能遇到如下情况：专家是注册会计师以前利用的组织，但是对于某项特定业务，注册会计师没有以往与这个组织委派的某个专家交往的经验；或者相反，注册会计师熟悉某个专家的工作，但并不熟悉这个专家所在的组织。在这两种情况下，专家的个人特征和组织的管理特征（如组织实施的质量控制制度）都可能影响注册会计师的评价。

二、确定是否利用专家的工作（参见本准则第八条）

4. 注册会计师在执行下列工作时可能需要利用专家的工作：

（1）了解被审计单位及其环境；

（2）识别和评估重大错报风险；

（3）针对评估的财务报表层次风险，确定并实施总体应对措施；

（4）针对评估的认定层次风险，设计和实施进一步审计程序，包括控制测试和实质性程序；

（5）在对财务报表形成审计意见时，评价已获取的审计证据的充分性和适当性。

5. 如果编制财务报表需要利用会计以外某一领域的专长，重大错报风险可能增加，因为这可能意味着编制财务报表具有复杂性，或管理层可能不具备这一领域的专长。如果管理层不具备必要的专长，可能在编制财务报表过程中利用专家的工作来应对这种风险。如果存在相关的控制（包括与管理层的专家的工作相关的控制），可能也会降低重大错报风险。

6. 如果编制财务报表需要利用会计以外某一领域的专长，尽管注册会计师拥有会计和审计技能，但可能不具备审计这些财务报表的必要的专长。项目合伙人需要确定项目组和不属于项目组的专家整体上具备适当的胜任能力和专业素质，包括充足的时间，以执行审计业务。并且，注册会计师需要确定完成审计项目所需资源的性质、时间安排和范围。注册会计师需要确定是否利用专家的工作，如果需要利用，确定何时利用以及在多大程度上利用，以满足上述要求。随着审计的进行或环境的变化，注册会计师可能需要修改之前有关利用专家工作的决定。

7. 尽管注册会计师在会计或审计以外的某一相关领域不是专家，但在没有专家帮助的情况下，注册会计师仍然可以充分了解这一领域以执行审计工作。例如，注册会计师可以通过下列方式进行了解：

（1）其他被审计单位在编制财务报表时需要这种专长，注册会计师在向其提供审计服务时获取的经验；

（2）在特定领域中的教育或职业发展。这可能包括正规课程或与拥有相关领域专长的人士进行的讨论，这些课程或讨论可以增强注册会计师解决特定领域中问题的能力。这种讨论不同于就审计业务中遇到的具体情况向专家进行的咨询，因为在向专家咨询时，专家能够获取所有相关的事实，从而可以对特定问题提出具有针对性的建议；

（3）与执行过类似业务的注册会计师进行的讨论。

8. 在其他情况下，注册会计师可能认为有必要或自愿选择利用专家的工作，以协助获取充分、适当的审计证据。在确定是否利用专家的工作时，注册会计师可能考虑的因素包括：

（1）管理层在编制财务报表时是否利用了管理层的专家的工作（参见本指南第9段）；

（2）事项的性质和重要性，包括复杂程度；

（3）事项存在的重大错报风险；

（4）应对识别出的风险的预期程序的性质，包括注册会计师对与这些事项相关的专家工作的了解和具有的经验，以及是否可以获得替代性的审计证据。

9. 如果管理层在编制财务报表时利用了管理层的专家的工作，注册会计师作出是否利用专家的工作的决策可能受到下列因素的影响：

（1）管理层的专家的工作的性质、范围和目标；

（2）管理层的专家是否受雇于被审计单位，或者为被审计单位所聘请；

（3）管理层能够对其专家的工作实施控制或施加影响的程度；

（4）管理层的专家的胜任能力和专业素质；
（5）管理层的专家是否受到技术标准、其他职业准则或行业要求的约束；
（6）被审计单位对管理层的专家的工作实施的各种控制。

《中国注册会计师审计准则第1301号——审计证据》规定了注册会计师如何评价管理层的专家的胜任能力、专业素质和客观性对审计证据可靠性的影响。

三、审计程序的性质、时间安排和范围（参见本准则第九条）

10. 与本准则第十条至第十四条的要求相关的审计程序的性质、时间安排和范围，将随着具体情况的变化而变化。例如，下列情况可能表明需要实施与一般情况相比不同的或更广泛的审计程序：

（1）专家的工作与涉及主观和复杂判断的重大事项相关；
（2）注册会计师以前没有利用某个专家的工作，也不了解其胜任能力、专业素质和客观性；
（3）专家实施的程序构成审计工作必要的组成部分，而不是就某一事项提供建议；
（4）专家是会计师事务所外部专家，因此不受会计师事务所质量管理体系的约束。

会计师事务所的质量管理体系［参见本准则第九条第二款第（五）项］

11. 内部专家可能是会计师事务所的合伙人或员工，包括临时员工，因此需要遵守所在会计师事务所根据《会计师事务所质量管理准则第5101号——业务质量管理》建立的质量管理体系。内部专家也可能是网络事务所的合伙人或员工，包括临时员工，需要遵守会计师事务所按照《会计师事务所质量管理准则第5101号——业务质量管理》的要求，针对网络要求和网络服务制定的政策和程序。在某些情况下，由于网络事务所和会计师事务所属于同一网络，来自网络事务所的内部专家可能需要遵守与会计师事务所相同的质量管理政策和程序。

12. 《会计师事务所质量管理准则第5101号——业务质量管理》针对会计师事务所利用服务提供商提供的资源的情况作出了规定，利用外部专家的工作就属于这种情况。外部专家不是项目组成员，可能不受会计师事务所质量管理体系中政策和程序的约束。然而，会计师事务所针对相关职业道德要求制定的政策和程序可能包括适用于外部专家的政策和程序。

13. 《〈中国注册会计师审计准则第1121号——对财务报表审计实施的质量管理〉应用指南》指出，在审计项目层面实施质量管理，需要会计师事务所质量管理体系提供支撑，并结合审计项目的性质和具体情况。例如，针对下列方面，注册会计师可以依赖会计师事务所制定的相关政策和程序：

（1）招聘具有胜任能力和专业素质的专家或通过培训形成胜任能力和专业素质；
（2）客观性。内部专家需要遵守相关的职业道德要求（包括独立性要求）；
（3）注册会计师对专家工作的恰当性的评价。例如，会计师事务所的培训项目可能会使内部专家适当了解其专长与审计流程之间的相互关系。依赖这种培训可能影响旨在评价专家工作恰当性的审计程序的性质、时间安排和范围；
（4）通过监控过程确保遵守监管和法律的要求；
（5）与专家达成的一致意见。

《中国注册会计师审计准则第1121号——对财务报表审计实施的质量管理》及其应

用指南说明了在确定是否依赖会计师事务所的政策和程序时，注册会计师可以考虑的事项。对会计师事务所政策和程序的依赖不能减轻注册会计师遵守本准则要求的责任。

四、专家的胜任能力、专业素质和客观性（参见本准则第十条）

14. 专家的胜任能力、专业素质和客观性，对评价专家的工作是否适合审计目的具有重大影响。专家的胜任能力与其专长的性质和水平有关。专家的专业素质与在业务的具体情况下对胜任能力的发挥相关。影响专业素质发挥的因素包括地理位置（专家所在的国家或地区）、可用的时间和资源等。专家的客观性与其偏见、利益冲突及其他可能影响其职业判断或商业判断的因素相关。

15. 关于专家的胜任能力、专业素质和客观性的信息可能来源于多种不同的渠道，例如：

（1）以前与专家交往的个人经验；

（2）与专家进行的讨论；

（3）与熟悉专家工作的其他注册会计师、其他机构或人员进行的讨论；

（4）对专家的资格、会员身份、执业资格或其他形式的外部认证的了解；

（5）专家发表的论文或出版的书籍；

（6）会计师事务所的质量管理体系（参见本指南第11段至第13段）。

16. 与评价专家的胜任能力、专业素质和客观性相关的事项，包括专家是否需要遵守技术标准、其他职业准则或行业要求（如职业团体或行业协会的职业道德守则和其他会员要求，特许机构提出的认证标准）以及法律法规的要求等。

17. 与评价专家的胜任能力、专业素质和客观性可能相关的事项还包括：

（1）专家的胜任能力（包括专家专长领域的某一方面）与拟利用其工作的事项的相关性。例如，某一精算师可能精通财产和意外伤害保险，但是对养老金的计算，其专长可能有限；

（2）专家在相关会计和审计要求方面的胜任能力。例如，对符合适用的财务报告编制基础的假设和方法（包括模型，如适用）的了解；

（3）随着审计的进行，一些不可预料事件的出现、条件的改变或已获取的审计证据，是否表明可能有必要重新考虑对专家的胜任能力、专业素质和客观性的最初评价。

18. 很多情况可能会对客观性产生不利影响，如自身利益、自我评价、过度推介、密切关系和外在压力等。这些不利影响可以通过消除产生不利影响的情形或采取防范措施将不利影响降低至可接受的水平来予以应对。此外，也可能存在专门针对审计业务的防范措施。

19. 评价对客观性产生的不利影响是否处于可接受的水平，可能取决于专家在审计中承担的角色和专家工作的重要程度。在某些情况下，消除产生不利影响的情形或采取防范措施将不利影响降低至可接受的水平可能是不可行的。例如，注册会计师拟聘请的专家是管理层的专家，在编制将作为审计对象的信息的过程中该专家发挥了重要作用。

20. 在评价外部专家的客观性时，下列方面可能是相关的：

（1）向被审计单位询问是否存在可能影响外部专家客观性的任何已知的利益或关系；

（2）与专家讨论各种适用的防范措施（包括适用于专家的职业规范），并评价这些防范措施是否足以将不利影响降至可接受的水平。需要与专家讨论的利益和关系包括：
①经济利益；
②商业关系和私人关系；
③专家提供的其他服务，包括外部专家是一个组织的情况下提供的服务。

在某些情况下，针对外部专家已知的、与被审计单位存在的任何利益或关系，注册会计师从外部专家获取书面声明可能是适当的。

五、了解专家的专长领域（参见本准则第十一条）

21.注册会计师可以通过本指南第7段中所述的方式或通过与专家进行讨论的方式，了解专家的专长领域。

22.注册会计师对专家的专长领域的了解可能包括下列方面：
（1）与审计相关的、管理层的专家专长领域的进一步细分信息（参见本指南第17段）；
（2）职业准则或其他准则以及法律法规是否适用；
（3）专家使用哪些假设和方法（包括专家使用的模型，如适用），及其在专家的专长领域是否得到普遍认可，对实现财务报告目的是否适当；
（4）专家使用的内外部数据或信息的性质。

六、与专家达成一致意见（参见本准则第十二条）

23.专家工作的性质、范围和目标可能会随着情况的变化而发生较大的变化，相应地，注册会计师和专家各自的角色和责任、注册会计师和专家沟通的性质、时间安排和范围也可能因情况的变化而发生较大变化。因此，无论是对外部专家还是内部专家，注册会计师都有必要就这些事项与其达成一致意见。

24.本准则第九条提及的事项可能影响注册会计师和专家之间达成协议的详细程度和正式程度，包括协议采用书面方式是否适当。例如，下列因素可能表明需要达成更详细的协议，或者采用书面协议的方式：
（1）专家能够接触被审计单位敏感或机密的信息；
（2）注册会计师和专家各自的角色或责任与通常所预期的不同；
（3）涉及不同国家或地区的法律法规；
（4）与专家工作相关的事项高度复杂；
（5）注册会计师以前没有利用过该专家的工作；
（6）在审计中，专家工作的范围更广且更重要。

25.注册会计师通常采用业务约定书的形式与外部专家达成协议。本指南附录列举了注册会计师可能考虑在业务约定书或其他形式的协议中包含的事项。

26.当注册会计师和专家之间没有书面协议时，达成一致意见的证据可能包括在下列资料中：
（1）总体审计策略、具体审计计划或其他相关审计工作底稿；
（2）会计师事务所质量管理体系的政策和程序。就内部专家而言，会计师事务所质量管理体系可能包括与专家工作相关的政策和程序。审计工作底稿中需要记录的范围取决于这些政策和程序的性质。例如，如果会计师事务所已签署详细的涵盖利用专家工作的协议，审计工作底稿中无需任何记录。

（一）专家工作的性质、范围和目标［参见本准则第十二条第（一）项］

27. 当就专家工作的性质、范围和目标达成一致意见时，注册会计师通常需要与专家讨论需要遵守的相关技术标准、其他职业准则或行业要求。

（二）各自的角色和责任［参见本准则第十二条第（二）项］

28. 注册会计师与专家就各自角色和责任达成的一致意见可能包括下列内容：

（1）由注册会计师还是专家对原始数据实施细节测试；

（2）同意注册会计师与被审计单位或其他人员讨论专家的工作结果或结论，必要时，包括同意注册会计师将专家的工作结果或结论的细节作为注册会计师在审计报告中发表非无保留意见的基础（参见本指南第42段）；

（3）将注册会计师对专家工作形成的结论告知专家。

工作底稿

29. 注册会计师和专家就各自角色和责任达成的一致意见，可能还包括就各自的工作底稿的使用和保管达成的一致意见。当专家是项目组的成员时，专家的工作底稿是审计工作底稿的一部分。除非协议另作安排，外部专家的工作底稿属于外部专家，不是审计工作底稿的一部分。

（三）沟通［参见本准则第十二条第（三）项］

30. 有效的双向沟通有利于将专家工作的性质、时间安排和范围与审计的其他工作整合在一起，也有利于在审计过程中对专家工作的目标进行适当的调整。例如，如果专家的工作与注册会计师针对某项特别风险形成的结论相关，专家不仅要在工作结束时提交一份正式的书面报告，而且要随着工作的推进随时作出口头报告。明确与专家保持联络的合伙人或员工，以及专家和被审计单位的沟通程序，有助于及时、有效地沟通，特别是在较大的业务项目中。

（四）保密［参见本准则第十二条第（四）项］

31. 适用于注册会计师的相关职业道德要求中的保密条款同样适用于专家。法律法规可能对保密作出额外规定。被审计单位也可能要求外部专家同意遵守特定的保密条款。

七、评价专家工作的恰当性（参见本准则第十三条）

32. 对专家胜任能力、专业素质和客观性的评价，对专家的专长领域的熟悉程度和专家所执行工作的性质，影响注册会计师为评价专家工作是否足以实现审计目的所实施的审计程序的性质、时间安排和范围。

（一）专家的工作结果或结论［参见本准则第十三条第（一）项］

33. 评价专家工作是否足以实现审计目的所实施的特定程序可能包括：

（1）询问专家；

（2）复核专家的工作底稿和报告；

（3）实施用于证实的程序，例如：

①观察专家的工作；

②检查已公布的数据，如来源于信誉高、权威的渠道的统计报告；

③向第三方询证相关事项；

④执行详细的分析程序；

⑤重新计算；

（4）必要时（如当专家的工作结果或结论与其他审计证据不一致时）与具有相关专长的其他专家讨论；

（5）与管理层讨论专家的报告。

34. 当评价专家的工作结果或结论（无论采取报告还是其他形式）的相关性和合理性时，注册会计师需要考虑的因素可能包括：

（1）专家提交其工作结果或结论的方式是否符合专家所在的职业或行业标准；

（2）专家的工作结果或结论是否得到清楚地表述，包括提及与注册会计师达成一致的目标，执行工作的范围和运用的标准；

（3）专家的工作结果或结论是否基于适当的期间，并考虑期后事项（如相关）；

（4）专家的工作结果或结论在使用方面是否有任何保留、限制或约束，如果有，是否对注册会计师的工作产生影响；

（5）专家的工作结果或结论是否适当考虑了专家遇到的错误或偏差情况。

（二）假设、方法和原始数据

假设和方法［参见本准则第十三条第（二）项］

35. 如果专家的工作是评价管理层作出会计估计时使用的基础假设和方法（包括模型，如适用），注册会计师实施的程序可能主要是评价专家是否已经充分复核了这些假设和方法。如果专家的工作是形成注册会计师的点估计，或是形成注册会计师用来与管理层的点估计进行比较的范围，注册会计师实施的程序可能主要是评价专家使用的假设和方法（包括专家使用的模型，如适用）。

36.《中国注册会计师审计准则第1321号——审计会计估计（包括公允价值会计估计）和相关披露》讨论了管理层用以作出会计估计的假设和方法，包括采用一些高度专业化的、被审计单位自主开发的模型。尽管这种讨论是在注册会计师就管理层的假设和方法获取充分、适当的审计证据的背景下形成的，它同样可能有助于注册会计师评价专家使用的假设和方法。

37. 当专家的工作涉及使用重要的假设和方法时，注册会计师评价这些假设和方法需要考虑的因素包括：

（1）这些假设和方法在专家的专长领域是否得到普遍认可；

（2）这些假设和方法是否与适用的财务报告编制基础的要求相一致；

（3）这些假设和方法是否依赖某些专用模型的应用；

（4）这些假设和方法是否与管理层的假设、方法相一致，如果不一致，差异的原因及影响。

专家使用的原始数据（参见本准则第十三条第（三）项）

38. 当专家的工作涉及使用对专家工作具有重要影响的原始数据时，注册会计师可以实施下列程序测试这些数据：

（1）核实数据的来源，包括了解和测试（适用时）针对数据的内部控制以及向专家传送数据的方式（如相关）；

（2）复核数据的完整性和内在一致性。

39. 在许多情况下，注册会计师可能测试原始数据。然而，在另外一些情况下，如果专家使用的是其领域中高度专业化的原始数据，该专家可能测试这些原始数据。如果专家已测试，注册会计师可以通过询问专家、监督或复核专家的测试来评价数据的相关性、完整性和准确性。

（三）不恰当的工作（参见本准则第十四条）

40. 如果注册会计师认为专家的工作不足以实现审计目的，且注册会计师通过实施本准则第十四条规定的追加的审计程序（如专家和注册会计师执行进一步工作），或者通过雇用、聘请其他专家仍不能解决问题，则没有获取充分、适当的审计证据，注册会计师有必要按照《中国注册会计师审计准则第1502号——在审计报告中发表非无保留意见》的规定发表非无保留意见。

八、在审计报告中提及专家（参见本准则第十五条和第十六条）

41. 在某些情况下，法律法规可能要求提及专家的工作。例如，就公共部门实体审计而言，为提高透明度而提及专家的工作。

42. 在某些情况下，为了解释发表非无保留意见的原因，在非无保留意见的审计报告中提及专家的工作可能是适当的。在这种情况下，注册会计师可能需要在提及之前得到专家的允许。

附录（参见本指南第25段）

与外部专家达成一致意见时的考虑

本附录列举了注册会计师在与外部专家达成一致意见时需要考虑的事项，并非对所有事项的完整列示。本附录旨在为注册会计师考虑本指南中提及的事项提供指引。在协议中是否包含特定事项取决于业务的具体情况。本附录也有助于注册会计师考虑与内部专家达成的协议中需要包括的内容。

一、外部专家工作的性质、范围和目标

1. 外部专家拟实施的程序的性质和范围；
2. 根据与外部专家工作相关的事项的重要性和风险而确定的外部专家的工作目标，以及适用的财务报告编制基础（如相关）；
3. 外部专家遵守的相关技术标准、其他职业准则或行业要求；
4. 外部专家拟使用的假设和方法（包括模型，如适用）及其权威性；
5. 外部专家工作对象的有效日期或测试期间（如适用），以及有关期后事项的规定。

二、注册会计师和外部专家各自的角色和责任

1. 相关的审计和会计准则以及法律法规的要求；
2. 外部专家同意注册会计师对专家报告的预期用途，包括向他人提及或披露，例如，在审计报告的导致非无保留意见的事项中提及，或在必要时向管理层或审计委员会披露；
3. 注册会计师对外部专家工作进行复核的性质和范围；
4. 由注册会计师还是外部专家测试原始数据；
5. 外部专家接触被审计单位的文件记录、文档、人员和被审计单位聘请的专家；

6. 外部专家与被审计单位之间沟通的程序；

7. 注册会计师和外部专家相互接触对方的工作底稿；

8. 在业务期间及之后，工作底稿的所有权和控制权，包括保管要求；

9. 外部专家以应有的技能和职业关注执行工作的责任；

10. 外部专家执行工作的胜任能力和专业素质；

11. 预期外部专家将运用其具有的与审计工作相关的全部知识，如果不运用全部知识，需要告知注册会计师；

12. 对外部专家与审计报告关联的限制；

13. 关于注册会计师告知专家对专家工作形成的结论的条款。

三、沟通和报告

1. 沟通的方法和频率，包括：

（1）外部专家的工作结果或结论如何予以报告（如书面报告、口头报告或向项目组实时通报）；

（2）明确与外部专家保持联络的项目组特定人员。

2. 外部专家何时完成工作，以及何时向注册会计师报告工作结果或结论。

3. 外部专家有责任在完成工作的过程中及时沟通任何可能发生的延误，以及及时沟通对专家的工作结果或结论作出的任何可能的保留或限制。

4. 外部专家有责任及时沟通被审计单位限制其接触文件记录、文档、人员和被审计单位聘请的专家的情况。

5. 外部专家有责任向注册会计师通报其认为可能与审计相关的全部信息（包括以前通报过的情况发生的变化）。

6. 外部专家有责任沟通可能对其客观性产生不利影响的情况，以及可能消除这些不利影响或将其降至可接受的水平的相关防范措施。

四、保密

需要专家履行保密责任的要求包括：

1. 适用于注册会计师的相关职业道德要求中的保密条款；

2. 法律法规作出的额外规定（如有）；

3. 被审计单位要求的专项保密条款（如有）。

《中国注册会计师审计准则第 1501 号——对财务报表形成审计意见和出具审计报告》应用指南

（2022 年 1 月 17 日修订）

一、被审计单位会计实务的质量（参见本准则第十三条）

1. 管理层需要对财务报表中的金额和披露作出大量判断。

2. 《中国注册会计师审计准则第 1151 号——与治理层的沟通》及其应用指南包含对会计实务质量方面的讨论。在考虑被审计单位会计实务的质量时，注册会计师可能注意到管理层判断中可能存在的偏向。注册会计师可能认为缺乏中立性产生的累积影响，连同未更正错报的影响，导致财务报表整体存在重大错报。管理层缺乏中立性可能影响注册会计师对财务报表整体是否存在重大错报的评价。缺乏中立性的迹象包括下列情形：

（1）管理层对注册会计师在审计期间提请其注意的错报进行选择性更正。例如，如果更正某一错报将增加盈利，则对该错报予以更正，反之如果更正某一错报将减少盈利，则对该错报不予更正；

（2）管理层在作出会计估计时可能存在偏向。

3. 《中国注册会计师审计准则第 1321 号——审计会计估计（包括公允价值会计估计）和相关披露》涉及管理层在作出会计估计时可能存在的偏向。在得出单项会计估计是否合理的结论时，可能存在管理层偏向的迹象本身并不构成错报。然而，这些迹象可能影响注册会计师对财务报表整体是否不存在重大错报的评价。

二、财务报表中恰当披露的会计政策

4. 评价财务报表是否恰当披露了选择和运用的重要会计政策时，注册会计师考虑的事项包括：

（1）适用的财务报告编制基础要求包括的所有与重要会计政策相关的披露是否均已披露；

（2）已披露的重要会计政策信息是否相关，从而反映在被审计单位经营及环境的特定情况下，适用的财务报告编制基础所规定的确认、计量和列报标准如何运用于财务报表中的各类交易、账户余额和披露；

（3）披露的重要会计政策的明晰性。

三、财务报表中列报信息的相关性、可靠性、可比性和可理解性

5. 评价财务报表的可理解性包括考虑下列事项：
（1）财务报表中的信息是否以清晰、简洁的形式列报；
（2）重要的披露的位置是否能够使披露得以适当的突出显示（例如，当认为被审计单位的特定信息对使用者具有价值时），以及披露的交叉索引是否适当，以避免使用者在识别必要信息时遇到重大困难。

四、披露重大交易和事项对财务报表所传递信息的影响［参见本准则第十四条第（五）项］

6. 按照通用目的编制基础编制的财务报表通常反映被审计单位的财务状况、经营成果和现金流量。基于适用的财务报告编制基础，注册会计师需要评价财务报表是否作出充分披露，以使财务报表预期使用者能够理解重大交易和事项对被审计单位财务状况、经营成果和现金流量的影响。评价时考虑的事项包括：
（1）财务报表中的信息与被审计单位的具体情况相关的程度；
（2）披露是否充分，以帮助财务报表的预期使用者理解：
①由交易或事项导致的被审计单位潜在资产或负债的性质和范围，这些潜在资产或负债并不满足适用的财务报告编制基础的确认标准（或不确认的标准）；
②交易和事项导致的重大错报风险的性质和范围；
③对列报金额产生影响的方法、假设和判断及其变化，包括相关敏感性分析。

五、评价财务报表是否实现公允反映

7. 注册会计师针对财务报表是否在列报方面实现公允反映所作的评价是一项职业判断。根据对被审计单位的了解以及在审计过程中获取的审计证据，注册会计师的评价考虑被审计单位的事实、具体情况及其变化等。注册会计师的评价还包括考虑为实现公允反映所需的披露，这些披露源于重大事项（即一般来说，如果合理预期错报将影响财务报表使用者依据财务报表整体作出的经济决策，则该错报是重大的），例如，财务报告要求的变化或经济环境的影响。

8. 例如，评价财务报表是否实现公允反映可能包括与管理层和治理层就其选择特定列报的原因及考虑的替代方案进行讨论。这一讨论举例来说可能包括：
（1）财务报表中的金额汇总或分解的程度，金额或披露的列报是否掩盖了有用的信息，或导致误导性信息；
（2）与适当的行业实务的一致性。

六、对适用的财务报告编制基础的说明（参见本准则第十六条）

9. 如《〈中国注册会计师审计准则第1101号——注册会计师的总体目标和审计工作的基本要求〉应用指南》所述，管理层和治理层（如适用）编制的财务报表需要恰当说明适用的财务报告编制基础。这种说明向财务报表使用者告知编制财务报表所依据的编制基础。

10. 只有当财务报表符合适用的财务报告编制基础的所有要求（在财务报表所涵盖的

期间内有效）时，声明财务报表按照该编制基础编制才是恰当的。

11. 在对适用的财务报告编制基础的说明中使用不严密的修饰语或限定性的语言（如"财务报表实质上符合国际财务报告准则的要求"）是不恰当的，因为这可能误导财务报表使用者。

（一）提及两个或两个以上财务报告编制基础

12. 在某些情况下，财务报表可能声明按照两个财务报告编制基础（如某一国家或地区的财务报告编制基础和国际财务报告准则）编制。这可能是因为管理层被要求或自愿选择同时按照两个编制基础的规定编制财务报表，在这种情况下，两个财务报告编制基础都是适用的财务报告编制基础。只有当财务报表分别符合每个财务报告编制基础的所有要求时，声明财务报表按照这两个编制基础编制才是恰当的。财务报表需要同时符合两个编制基础的要求并且不需要调节，才能被视为按照两个财务报告编制基础编制。在实务中，同时遵守两个编制基础的可能性很小，除非某一国家或地区采用另一财务报告编制基础（如国际财务报告准则）作为本国或地区的财务报告编制基础，或者已消除遵守另一财务报告编制基础的所有障碍。

13. 如果财务报表按照某一财务报告编制基础编制，并且包含附注或补充报表，以将其结果调节至按照另一财务报告编制基础编制的结果，并不意味着该财务报表是按照另一财务报告编制基础编制的。这是因为该财务报表并没有按照另一财务报告编制基础要求的方式列示所有信息。

14. 然而，财务报表可能按照某一适用的财务报告编制基础编制，另外在财务报表附注中说明该财务报表符合另一财务报告编制基础的程度（如按照某一国家或地区财务报告编制基础编制的财务报表，可能说明其符合国际财务报告准则的程度）。这种说明可能构成本准则第四十六条讨论的补充财务信息，如果该信息不能与财务报表清楚区分，则将涵盖在审计意见中。

七、审计报告（参见本准则第二十条）

15. 书面形式的审计报告包括以纸质或电子介质形式存在的报告。

16. 本指南附录列示了包含本准则第二十条至第四十二条规定的要素的审计报告的参考格式。除审计意见部分和形成审计意见的基础部分之外，本准则对审计报告要素的排列顺序未作要求。然而，本准则要求使用特定的标题，以使按照审计准则执行审计出具的报告更易识别，特别是当审计报告要素的排列顺序不同于本指南附录中的审计报告参考格式时。

（一）按照中国注册会计师审计准则的规定执行审计工作出具的审计报告

标题（参见本准则第二十二条）

17. 审计报告的标题统一规范为"审计报告"。

收件人（参见本准则第二十三条）

18. 在某些国家或地区，法律法规或业务约定条款可能指定审计报告致送的对象。注册会计师通常将审计报告致送给财务报表使用者，一般是被审计单位的股东或治理层。

审计意见（参见本准则第二十五条至第二十六条）
提及已审计财务报表

19. 审计报告说明，注册会计师审计了被审计单位的财务报表，包括 [指明适用的财务报告编制基础规定的构成整套财务报表的每一财务报表的名称、日期或涵盖的期间］以及相关财务报表附注。

20. 如果知悉已审计财务报表将包括在含有其他信息的文件（如年度报告）中，在列报格式允许的情况下，注册会计师可以考虑指出已审计财务报表在该文件中的页码。这有助于财务报表使用者识别与审计报告相关的财务报表。

在所有重大方面公允反映

21. 当注册会计师发表无保留意见时，使用"基于上述说明"或"取决于"等措辞是不适当的，因为这暗示是有条件的意见，或者是对意见的弱化或修改。

描述财务报表及其反映的事项

22. 审计意见涵盖由适用的财务报告编制基础所确定的整套财务报表。例如，在许多通用目的编制基础中，财务报表包括资产负债表、利润表、现金流量表、所有者权益变动表和相关附注（通常包括重要会计政策和会计估计以及其他解释性信息）。在某些国家或地区，额外的信息也可能被认为是财务报表的必要组成部分。

23. 审计意见说明财务报表在所有重大方面按照适用的财务报告编制基础的规定编制，公允反映了财务报表旨在反映的事项。例如，对于按照企业会计准则的规定编制的财务报表，这些事项是"被审计单位期末的财务状况、截至期末某一期间的经营成果和现金流量"。因此，当适用的财务报告编制基础是企业会计准则时，本准则第二十六条中的［……］可用前一句中的引号中的内容替代；如果适用其他的财务报告编制基础，则用描述财务报表旨在反映的事项的措辞替代。

对适用的财务报告编制基础的描述及其可能对审计意见的影响

24. 在审计意见中指出适用的财务报告编制基础，旨在告知审计报告使用者注册会计师发表审计意见的背景，而非为了限制注册会计师按照本准则第十五条的规定作出的评价。注册会计师可以使用诸如下列措辞指明适用的财务报告编制基础："……按照国际财务报告准则的规定"或者"…按照企业会计准则的规定……"。

25. 如果适用的财务报告编制基础包括财务报告准则和法律法规的规定，可以使用诸如下列措辞指明适用的财务报告编制基础："……按照国际财务报告准则和［×国公司法］的要求"。《中国注册会计师审计准则第1111号——就审计业务约定条款达成一致意见》规范了如何处理财务报告准则与相关部门的规定存在冲突的情况。

26. 如本指南第12段所述，财务报表可能按照两个财务报告编制基础编制，在这种情况下，这两个编制基础都是适用的财务报告编制基础。在对财务报表形成审计意见时，需要分别考虑每个编制基础，并按照本准则第二十六条和第二十七条的规定以下列方式在审计意见中提及这两个编制基础：

（1）如果财务报表分别符合每个编制基础，注册会计师需要发表两个意见：即一个意见是，财务报表按照其中一个适用的财务报告编制基础（如×国财务报告编制基础）编制；另一个意见是，财务报表按照另一个适用的财务报告编制基础（如国际财务报告准则）编制。这两个意见可以分别表述，也可以在一个句子中表述（例如，财务报表在所有重大方面按照×国财务报告编制基础和国际财务报告准则的规定编制，公允反映了［……］）。

（2）如果财务报表符合其中一个编制基础（如×国财务报告编制基础）而没有符合另一个编制基础（如国际财务报告准则），注册会计师需要对财务报表按照其中一个编制基础（如 × 国财务报告编制基础）编制发表无保留意见，而按照《中国注册会计师审计准则第 1502 号——在审计报告中发表非无保留意见》的规定，对财务报表按照另一个编制基础（如国际财务报告准则）编制发表非无保留意见。

27. 如本指南第 14 段所述，财务报表可能声称符合某一财务报告编制基础的所有要求，并补充披露财务报表对另一财务报告编制基础的符合程度。这种补充信息如果不能与财务报表清楚地区分，将涵盖在审计意见中（参见本准则第四十五条至第四十六条，以及本指南第 64 段至第 70 段）。因此：

（1）如果有关财务报表符合另一财务报告编制基础的披露具有误导性，注册会计师需要按照《中国注册会计师审计准则第 1502 号——在审计报告中发表非无保留意见》的规定，发表非无保留意见；

（2）如果有关财务报表符合另一财务报告编制基础的披露不具有误导性，但是注册会计师认为该披露对财务报表使用者理解财务报表至关重要，注册会计师需要按照《中国注册会计师审计准则第 1503 号——在审计报告中增加强调事项段和其他事项段》的规定，在审计报告中增加强调事项段，以提醒财务报表使用者关注。

形成审计意见的基础（参见本准则第二十八条）

28. 形成审计意见的基础部分提供关于审计意见的重要背景。因此，本准则要求审计报告中形成审计意见的基础部分紧接在审计意见部分之后。

29. 提及使用的审计准则是为了向审计报告使用者说明，注册会计师按照审计准则的规定执行了审计工作。

相关职业道德要求

30. 指明相关职业道德要求所属的国家或地区，能够增加这些与特定审计业务有关的要求的透明度。《〈中国注册会计师审计准则第 1101 号——注册会计师的总体目标和审计工作的基本要求〉应用指南》说明相关职业道德要求通常是指中国注册会计师职业道德守则中与财务报表审计相关的规定。当相关职业道德要求包括国际职业会计师道德守则的要求时，声明中可能也提及国际职业会计师道德守则。如果国际职业会计师道德守则构成与审计相关的所有职业道德要求，声明中无需指出所属的国家或地区。

31. 在某些国家或地区，相关职业道德要求可能存在于多个不同来源中，例如职业道德守则以及法律法规中额外的规则和要求。当独立性和其他相关职业道德要求来源数目有限时，注册会计师可以选择指出来源的名称（例如，该国家或地区适用的守则、规则和法规的名称），或者可以提及被普遍理解并且恰当概括这些来源的术语（例如，× 国家或地区私营实体审计的独立性要求）。

32. 法律法规和审计业务约定条款等可能要求注册会计师在审计报告中就适用于财务报表审计的相关职业道德要求的来源提供更具体的信息，包括关于独立性的职业道德要求。

33. 如果与财务报表审计相关的职业道德要求有多个来源，在确定要包含在审计报告中的恰当信息量时，一个重要的考虑是平衡增加透明度与掩盖审计报告中其他有用信息的风险。

对集团审计的特殊考虑

34. 在集团审计中，当相关职业道德要求（包括与独立性相关的要求）有多个来源时，在审计报告中提及的国家或地区一般与集团项目组适用的相关职业道德要求相关。这是因为在集团审计中，组成部分注册会计师也受到与集团审计相关的职业道德要求的约束。

35. 审计准则不制定关于注册会计师（包括组成部分注册会计师）的独立性或职业道德的具体要求，因此，不扩展或超越集团项目组适用的职业道德守则所作的独立性要求或其他职业道德要求，也不要求组成部分注册会计师在所有情况下都受到集团项目组适用的同一特定独立性要求的约束。因此，在集团审计中，相关职业道德要求（包括与独立性相关的要求）可能是复杂的。《中国注册会计师审计准则第1401号——对集团财务报表审计的特殊考虑》就注册会计师对组成部分财务信息执行工作提供了指引，包括组成部分注册会计师不能满足与集团审计相关的独立性要求的情形。

关键审计事项（参见本准则第二十一条第二款）

36. 法律法规可能要求在对非上市实体的审计报告中沟通关键审计事项，例如被法律法规认定为公众利益实体的实体。

37. 注册会计师也可能决定在对其他实体的审计中沟通关键审计事项，包括可能涉及重大公众利益的实体。例如，实体拥有数量众多且分布广泛的利益相关者，以及考虑到实体业务的性质和规模。举例来说，这些实体可能包括金融机构（如银行、保险公司和养老基金）以及慈善机构等。

38. 《中国注册会计师审计准则第1111号——就审计业务约定条款达成一致意见》要求注册会计师就审计业务约定条款与管理层和治理层（如适用）达成一致意见，并说明在就业务约定条款达成一致意见时，管理层和治理层担任的角色取决于被审计单位的治理结构和相关法律法规的规定。该准则还要求在审计业务约定书或其他适当形式的书面协议中提及注册会计师拟出具的审计报告的预期形式和内容。当注册会计师不被要求沟通关键审计事项时，该准则说明，注册会计师在审计业务约定条款中提及可能在审计报告中沟通关键审计事项，可能是有帮助的；在某些国家或地区，注册会计师在审计业务约定条款中提及这一可能性可能是必要的，因为这将使其保留沟通关键审计事项的能力。

对公共部门实体的特殊考虑

39. 在公共部门，上市实体并不常见。然而，因其规模、复杂程度或公众利益方面，公共部门实体可能是重要的。在这种情况下，法律法规可能要求在审计报告中沟通关键审计事项，或在法律法规未做要求时，注册会计师可能决定在审计报告中沟通关键审计事项。

对财务报表的责任（参见本准则第二十九条至第三十条）

40. 《中国注册会计师审计准则第1101号——注册会计师的总体目标和审计工作的基本要求》说明了注册会计师按照审计准则的规定执行审计工作的前提。管理层和治理层（如适用）认可其按照适用的财务报告编制基础编制财务报表，并使其实现公允反映的责任。管理层也认可其设计、执行和维护内部控制，以使财务报表不存在由于舞弊或错误导致的重大错报的责任。审计报告中对管理层责任的说明包括提及这两种责任，因为这有助于向财务报表使用者解释执行审计工作的前提。《中国注册会计师审计准则第1151号——与治理层的沟通》使用治理层这一术语来描述对被审计单位负有监督责任的人员或组织，并对不同国家或地区以及不同被审计单位治理结构的多样性进行了讨论。

41. 某些情况下，在特定国家或地区或者基于被审计单位的性质，管理层和治理层承担与财务报表编制相关的额外责任，注册会计师在本准则第三十条和第三十一条所述责任的基础上增加对额外责任的说明是适当的。

42.《中国注册会计师审计准则第1111号——就审计业务约定条款达成一致意见》要求注册会计师在审计业务约定书或其他适当形式的书面协议中约定管理层的责任。《中国注册会计师审计准则第1111号——就审计业务约定条款达成一致意见》允许注册会计师作出以下灵活处理：如果法律法规规定了管理层和治理层（如适用）与财务报告相关的责任，注册会计师根据判断可能确定法律法规规定的责任与《中国注册会计师审计准则第1111号——就审计业务约定条款达成一致意见》的规定在效果上是等同的。对于在效果上等同的责任，注册会计师可以使用法律法规的措辞，在业务约定书或其他适当形式的书面协议中描述管理层的责任。在这种情况下，注册会计师也可以在审计报告中使用这些措辞描述本准则第三十条第（一）项提及的管理层的责任。在其他情况下，包括业务约定书采用法律法规规定的措辞而注册会计师决定不在审计报告中使用这些措辞时，使用本准则第三十条第（一）项中的措辞。除按照本准则第三十条的规定在审计报告中描述管理层的责任外，注册会计师还可以通过索引，指出在何处有对这些信息的更详细描述（例如，被审计单位的年度报告或适当机构的网站）。

43. 法律法规可能提及管理层对会计账簿和记录或会计系统的适当性所承担的责任。因为会计账簿和记录或会计系统是内部控制必要的组成部分（如《中国注册会计师审计准则第1211号——通过了解被审计单位及其环境识别和评估重大错报风险》所定义），所以《中国注册会计师审计准则第1111号——就审计业务约定条款达成一致意见》和本准则第三十条没有特别提及。

44. 本指南附录提供的参考格式演示了当适用的财务报告编制基础为企业会计准则时如何运用本准则第三十条第（二）项的要求。如果使用企业会计准则之外的其他适用的财务报告编制基础，则需要对参考格式进行调整，以反映所使用的其他财务报告编制基础。

对财务报告过程的监督（参见本准则第三十一条）

45. 当部分监督财务报告过程的人员同时参与编制财务报告时，可能需要对本准则第三十一条所要求的描述进行修改，以恰当反映被审计单位的特定情况。当监督财务报告过程的人员与负责编制财务报告的人员相同时，无需提及监督责任。

注册会计师对财务报表审计的责任（参见本准则第三十二条至第三十五条）

46. 按照本准则第三十二条至第三十五条的要求对注册会计师责任的描述可以进行调整，以反映被审计单位的特定性质，例如，当针对合并财务报表出具审计报告时。本指南附录的参考格式2提供了在此情况下可能的示例。

注册会计师的目标［参见本准则第三十三条第（一）项］

47. 审计报告说明注册会计师的目标是对财务报表整体是否不存在由于舞弊或错误导致的重大错报获取合理保证，并出具包含审计意见的审计报告。这与管理层编制财务报表的责任相区分。

描述重要性（参见本准则第三十三条第二款）

48. 本指南附录提供了按照本准则第三十三条第二款第（一）项的要求描述重要性的参考格式。如果按照本准则第三十三条第二款第（二）项的要求描述重要性，则可能需要对参考格式进行调整，以反映所使用的其他财务报告编制基础。

注册会计师与《中国注册会计师审计准则第1504号——在审计报告中沟通关键审计事项》相关的责任［参见本准则第三十五条第（三）项］

49. 在描述注册会计师的责任时，注册会计师可能认为提供超出本准则第三十五条第

（三）项要求之外的额外信息是有用的。例如，注册会计师可以提及《中国注册会计师审计准则第1504号——在审计报告中沟通关键审计事项》第九条关于确定在执行审计工作时重点关注过的事项的要求。根据该要求，在确定执行审计工作时重点关注过的事项时，注册会计师应当考虑下列方面：

（1）按照《中国注册会计师审计准则第1211号——通过了解被审计单位及其环境识别和评估重大错报风险》的规定，评估的重大错报风险较高的领域或识别出的特别风险；

（2）与财务报表中涉及重大管理层判断（包括被认为具有高度估计不确定性的会计估计）的领域相关的重大审计判断；

（3）本期重大交易或事项对审计的影响。

其他报告责任（参见本准则第三十六条至第三十八条）

50. 注册会计师可能承担报告其他事项的额外责任，这些责任是对审计准则规定的注册会计师责任的补充。例如，如果注册会计师在财务报表审计中注意到某些事项，可能被要求对这些事项予以报告。此外，注册会计师可能被要求实施额外的规定程序并予以报告，或对特定事项（如会计账簿和记录的适当性、财务报告内部控制或其他信息）发表意见。

51. 在某些情况下，相关法律法规可能要求或允许注册会计师将对这些其他责任的报告作为对财务报表出具的审计报告的一部分。在另外一些情况下，相关法律法规可能要求或允许注册会计师在单独出具的报告中进行报告。

52. 仅当其他报告责任和审计准则规定的报告责任涉及同一事项，并且审计报告的措辞能够将其他报告责任与审计准则规定的责任予以清楚地区分时，本准则第三十六条至第三十八条才允许将其合并列示。为进行清楚地区分，可能有必要在审计报告中指出其他报告责任的来源并说明这些责任超出了审计准则规定的责任。否则，准则要求在审计报告中将其他报告责任单独作为一部分，并冠以"按照相关法律法规的要求报告的事项"或与其内容相称的其他标题。在此情况下，本准则第三十八条要求注册会计师将审计准则规定的报告责任冠以"对财务报表出具的审计报告"这一标题。

项目合伙人的姓名（参见本准则第三十九条至第四十条）

53. 根据《会计师事务所质量管理准则第5101号——业务质量管理》的规定，会计师事务所应当设计、实施和运行质量管理体系，为会计师事务所在下列方面提供合理保证：

（1）会计师事务所及其人员按照适用的法律法规和职业准则的规定履行职责，并根据这些规定执行业务；

（2）会计师事务所和项目合伙人出具适合具体情况的报告。

尽管该准则已经作出上述规定，在审计报告中指明项目合伙人有助于进一步增强对审计报告使用者的透明度。

54. 注册会计师可能决定在审计报告中包含项目合伙人姓名之外的信息，以进一步识别项目合伙人。

注册会计师的签名和盖章（参见本准则第四十一条）

55. 本准则要求注册会计师在审计报告中签名和盖章。

56. 在某些情形下，法律法规可能允许在审计报告中使用电子签名。

审计报告的日期（参见本准则第四十二条）

57. 审计报告的日期向审计报告使用者表明，注册会计师已考虑其知悉的、截至审计报告日发生的交易和事项的影响。注册会计师对审计报告日后发生的交易和事项的责任，在《中国注册会计师审计准则第 1332 号——期后事项》中作出了规定。

58. 由于审计意见是针对财务报表发表的，并且编制财务报表是管理层的责任，所以只有在注册会计师获取证据证明构成整套财务报表的所有报表及披露已经编制完成，并且管理层已认可其对财务报表的责任的情况下，注册会计师才能得出已经获取充分、适当的审计证据的结论。

59. 财务报表需经董事会或类似机构批准后才可对外报出。法律法规明确了负责确定构成整套财务报表的所有报表及披露已经编制完成的个人或机构（如董事会），并规定了必要的批准程序。在这种情况下，注册会计师需要在签署审计报告前获取财务报表已得到批准的证据。

60. 财务报表的批准日期是一个比较早的日期，即被审计单位的董事会、管理层或类似机构确定构成整套财务报表的所有报表及披露已经编制完成，并声称对此负责的日期。

对公共部门实体的特殊考虑

61. 执行公共部门实体审计的注册会计师可能能够根据法律法规在审计报告中或补充报告中公开报告特定事项，这可能包含与《中国注册会计师审计准则第 1504 号——在审计报告中沟通关键审计事项》的目标相一致的信息。在这些情况下，注册会计师可能需要按照《中国注册会计师审计准则第 1504 号——在审计报告中沟通关键审计事项》的要求，对在审计报告中沟通的关键审计事项的某些方面进行调整，或在审计报告中提及补充报告中对该事项的描述。

（二）同时按照中国注册会计师审计准则和其他国家或地区审计准则执行审计工作出具的审计报告（参见本准则第四十三条）

62. 如果遵守了与审计工作相关的每项中国注册会计师审计准则，同时还遵守了其他国家或地区的审计准则，注册会计师可以在审计报告中提及，审计工作同时按照中国注册会计师审计准则和其他国家或地区的审计准则的规定执行。

63. 如果中国注册会计师审计准则和其他国家或地区的审计准则存在冲突，并且该冲突将导致注册会计师形成不同的审计意见，或者不能增加中国注册会计师审计准则在特定情形下要求的强调事项段或其他事项段，那么声称同时遵守中国注册会计师审计准则和其他国家或地区的审计准则是不恰当的。在这种情况下，注册会计师只应提及在编制审计报告时遵守的审计准则（中国注册会计师审计准则或者其他国家或地区审计准则）。

八、与财务报表一同列报的补充信息（参见本准则第四十五条至第四十六条）

64. 在某些情况下，被审计单位可能根据法律法规的要求，或出于自愿选择，与财务报表一同列报适用的财务报告编制基础未作要求的补充信息。例如，被审计单位列报补充信息以增强财务报表使用者对适用的财务报告编制基础的理解，或者对财务报表的特定项目提供进一步解释。这种补充信息通常在补充报表中或作为额外的附注进行列示。

65. 本准则第四十五条明确，如果补充信息因其性质或列报方式构成财务报表的必要组成部分，则审计意见涵盖该补充信息。作出这一评价需要运用职业判断。例如：

（1）当财务报表附注中包含关于该财务报表对另一财务报告编制基础符合程度的

说明或调节事项时，注册会计师可能认为这是与财务报表无法明确区分的补充信息。审计意见也涵盖与财务报表进行交叉索引的附注或补充报表。

（2）当列示费用具体项目的额外损益表作为财务报表附录中的单独表格进行披露时，注册会计师可能认为这是可以与财务报表明确区分的补充信息。

66. 如果审计报告在描述整套财务报表时对附注的提及是充分的，则注册会计师不必在审计报告中特别提及审计意见涵盖的补充信息。

67. 法律法规可能不要求对补充信息进行审计，管理层也可能决定不要求注册会计师将补充信息包括在财务报表审计范围内。

68. 注册会计师在评价未审计补充信息的列报方式是否会使财务报表使用者认为审计意见涵盖该补充信息时的考虑，举例来说包括，评价相对于财务报表和已审计补充信息，未审计补充信息列报的位置，以及是否被清楚地标明为"未审计"。

69. 管理层可能通过下列方法改变未审计补充信息的列报方式，以避免补充信息被认为涵盖在审计意见中：

（1）删除从财务报表到未审计补充报表或未审计附注的交叉索引，以使已审计信息和未审计信息的界限足够清楚；

（2）将未审计补充信息移出财务报表，如果这样做不可行，至少将所有未审计附注汇集起来一并置于要求披露的财务报表附注之后，并明确标明未审计。这是因为和已审计附注列在一起的未审计附注可能被误解为已审计。

70. 补充信息未审计的事实，不能减轻《中国注册会计师审计准则第1521号——注册会计师对其他信息的责任》所规定的注册会计师责任。

附录

审计报告参考格式

参考格式1：对上市实体财务报表出具的审计报告
参考格式2：对上市实体合并财务报表出具的审计报告
参考格式3：对非上市实体财务报表出具的审计报告

参考格式1：对上市实体财务报表出具的审计报告

背景信息：

1. 对上市实体整套财务报表进行审计。该审计不属于集团审计（即不适用《中国注册会计师审计准则第1401号——对集团财务报表审计的特殊考虑》）；

2. 管理层按照企业会计准则编制财务报表；

3. 审计业务约定条款体现了《中国注册会计师审计准则第1111号——就审计业务约定条款达成一致意见》中关于管理层对财务报表责任的描述；

4. 基于获取的审计证据，注册会计师认为发表无保留意见是恰当的；

5. 适用的相关职业道德要求为中国注册会计师职业道德守则；

6. 基于获取的审计证据，根据《中国注册会计师审计准则第1324号——持续经营》，

注册会计师认为可能导致对被审计单位持续经营能力产生重大疑虑的事项或情况不存在重大不确定性;

7. 已按照《中国注册会计师审计准则第1504号——在审计报告中沟通关键审计事项》的规定沟通了关键审计事项;

8. 注册会计师在审计报告日前已获取所有其他信息,且未识别出信息存在重大错报;

9. 负责监督财务报表的人员与负责编制财务报表的人员不同;

10. 除财务报表审计外,注册会计师还承担法律法规要求的其他报告责任,且注册会计师决定在审计报告中履行其他报告责任。

审 计 报 告

ABC 股份有限公司全体股东:

一、对财务报表出具的审计报告[①]

(一)审计意见

我们审计了 ABC 股份有限公司(以下简称 ABC 公司)财务报表,包括 20×1 年 12 月 31 日的资产负债表、20×1 年度的利润表、现金流量表、股东权益变动表以及相关财务报表附注。

我们认为,后附的财务报表在所有重大方面按照企业会计准则的规定编制,公允反映了 ABC 公司 20×1 年 12 月 31 日的财务状况以及 20×1 年度的经营成果和现金流量。

(二)形成审计意见的基础

我们按照中国注册会计师审计准则的规定执行了审计工作。审计报告的"注册会计师对财务报表审计的责任"部分进一步阐述了我们在这些准则下的责任。按照中国注册会计师职业道德守则,我们独立于 ABC 公司,并履行了职业道德方面的其他责任。我们相信,我们获取的审计证据是充分、适当的,为发表审计意见提供了基础。

(三)关键审计事项

关键审计事项是我们根据职业判断,认为对本期财务报表审计最为重要的事项。这些事项的应对以对财务报表整体进行审计并形成审计意见为背景,我们不对这些事项单独发表意见。

[按照《中国注册会计师审计准则第1504号——在审计报告中沟通关键审计事项》的规定描述每一关键审计事项。]

(四)其他信息

[按照《中国注册会计师审计准则第1521号——注册会计师对其他信息的责任》的规定报告,见《〈中国注册会计师审计准则第1521号——注册会计师对其他信息的责任〉应用指南》附录 2 中的参考格式 1。]

(五)管理层和治理层对财务报表的责任

ABC 公司管理层(以下简称管理层)负责按照企业会计准则的规定编制财务报表,

[①] 如果审计报告中不包含"按照相关法律法规的要求报告的事项"部分,则不需要加入此标题。

使其实现公允反映,并设计、执行和维护必要的内部控制,以使财务报表不存在由于舞弊或错误导致的重大错报。

在编制财务报表时,管理层负责评估 ABC 公司的持续经营能力,披露与持续经营相关的事项(如适用),并运用持续经营假设,除非管理层计划清算 ABC 公司、终止运营或别无其他现实的选择。

治理层负责监督 ABC 公司的财务报告过程。

（六）注册会计师对财务报表审计的责任

我们的目标是对财务报表整体是否不存在由于舞弊或错误导致的重大错报获取合理保证,并出具包含审计意见的审计报告。合理保证是高水平的保证,但并不能保证按照审计准则执行的审计在某一重大错报存在时总能发现。错报可能由于舞弊或错误导致,如果合理预期错报单独或汇总起来可能影响财务报表使用者依据财务报表作出的经济决策,则通常认为错报是重大的。

在按照审计准则执行审计工作的过程中,我们运用职业判断,并保持职业怀疑。同时,我们也执行以下工作:

（1）识别和评估由于舞弊或错误导致的财务报表重大错报风险,设计和实施审计程序以应对这些风险,并获取充分、适当的审计证据,作为发表审计意见的基础。由于舞弊可能涉及串通、伪造、故意遗漏、虚假陈述或凌驾于内部控制之上,未能发现由于舞弊导致的重大错报的风险高于未能发现由于错误导致的重大错报的风险。

（2）了解与审计相关的内部控制,以设计恰当的审计程序,但目的并非对内部控制的有效性发表意见[①]。

（3）评价管理层选用会计政策的恰当性和作出会计估计及相关披露的合理性。

（4）对管理层使用持续经营假设的恰当性得出结论。同时,根据获取的审计证据,就可能导致对 ABC 公司持续经营能力产生重大疑虑的事项或情况是否存在重大不确定性得出结论。如果我们得出结论认为存在重大不确定性,审计准则要求我们在审计报告中提请报表使用者注意财务报表中的相关披露;如果披露不充分,我们应当发表非无保留意见。我们的结论基于截至审计报告日可获得的信息。然而,未来的事项或情况可能导致 ABC 公司不能持续经营。

（5）评价财务报表的总体列报、结构和内容,并评价财务报表是否公允反映相关交易和事项。

我们与治理层就计划的审计范围、时间安排和重大审计发现等事项进行沟通,包括沟通我们在审计中识别出的值得关注的内部控制缺陷。

我们还就已遵守与独立性相关的职业道德要求向治理层提供声明,并与治理层沟通可能被合理认为影响我们独立性的所有关系和其他事项,以及相关的防范措施(如适用)。

从与治理层沟通过的事项中,我们确定哪些事项对本期财务报表审计最为重要,因而构成关键审计事项。我们在审计报告中描述这些事项,除非法律法规禁止公开披露这些事项,或在极少数情形下,如果合理预期在审计报告中沟通某事项造成的负面后果超

[①] 如果注册会计师结合财务报表审计对内部控制的有效性发表意见,应当删除"但目的并非对内部控制的有效性发表意见"的措辞。

过在公众利益方面产生的益处,我们确定不应在审计报告中沟通该事项。

二、按照相关法律法规的要求报告的事项

［本部分的格式和内容,取决于法律法规对其他报告责任性质的规定。本部分应当说明相关法律法规规定的事项(其他报告责任),除非其他报告责任涉及的事项与审计准则规定的报告责任涉及的事项相同。如果涉及相同的事项,其他报告责任可以在审计准则规定的同一报告要素部分列示。当其他报告责任和审计准则规定的报告责任涉及同一事项,并且审计报告中的措辞能够将其他报告责任与审计准则规定的责任(如存在差异)予以清楚地区分时,可以将两者合并列示(即包含在"对财务报表出具的审计报告"部分中,并使用适当的副标题)。］

××会计师事务所	中国注册会计师:×××(项目合伙人)
（盖章）	（签名并盖章）
	中国注册会计师:×××
	（签名并盖章）
中国××市	20×2年×月×日

参考格式2:对上市实体合并财务报表出具的审计报告

背景信息:

1. 对上市实体整套合并财务报表进行审计。该审计属于集团审计,被审计单位拥有多个子公司(即适用《中国注册会计师审计准则第1401号——对集团财务报表审计的特殊考虑》);

2. 管理层按照××财务报告编制基础编制合并财务报表,该编制基础允许被审计单位只列报合并财务报表;

3. 审计业务约定条款体现了《中国注册会计师审计准则第1111号——就审计业务约定条款达成一致意见》中关于管理层对合并财务报表责任的描述;

4. 基于获取的审计证据,注册会计师认为发表无保留意见是恰当的;

5. 适用的相关职业道德要求为中国注册会计师职业道德守则;

6. 基于获取的审计证据,根据《中国注册会计师审计准则第1324号——持续经营》,注册会计师认为可能导致对被审计单位持续经营能力产生重大疑虑的事项或情况不存在重大不确定性;

7. 已按照《中国注册会计师审计准则第1504号——在审计报告中沟通关键审计事项》的规定沟通了关键审计事项;

8. 注册会计师在审计报告日前已获取所有其他信息,且未识别出信息存在重大错报;

9. 负责监督合并财务报表的人员与负责编制合并财务报表的人员不同;

10. 除合并财务报表审计外,注册会计师还承担法律法规要求的其他报告责任,且注册会计师决定在审计报告中履行其他报告责任。

审 计 报 告

ABC 股份有限公司全体股东：

一、对合并财务报表出具的审计报告[①]

（一）审计意见

我们审计了 ABC 股份有限公司及其子公司（以下简称 ABC 集团）合并财务报表，包括 20×1 年 12 月 31 日的合并资产负债表，20×1 年度的合并利润表、合并现金流量表、合并股东权益变动表以及相关合并财务报表附注。

我们认为，后附的合并财务报表在所有重大方面按照××财务报告编制基础的规定编制，公允反映了 ABC 集团 20×1 年 12 月 31 日的合并财务状况以及 20×1 年度的合并经营成果和合并现金流量。

（二）形成审计意见的基础

我们按照中国注册会计师审计准则的规定执行了审计工作。审计报告的"注册会计师对合并财务报表审计的责任"部分进一步阐述了我们在这些准则下的责任。按照中国注册会计师职业道德守则，我们独立于 ABC 集团，并履行了职业道德方面的其他责任。我们相信，我们获取的审计证据是充分、适当的，为发表审计意见提供了基础。

（三）关键审计事项

关键审计事项是我们根据职业判断，认为对本期合并财务报表审计最为重要的事项。这些事项的应对以对合并财务报表整体进行审计并形成审计意见为背景，我们不对这些事项单独发表意见。

［按照《中国注册会计师审计准则第 1504 号——在审计报告中沟通关键审计事项》的规定描述每一关键审计事项。］

（四）其他信息

［按照《中国注册会计师审计准则第 1521 号——注册会计师对其他信息的责任》的规定报告，见《〈中国注册会计师审计准则第 1521 号——注册会计师对其他信息的责任〉应用指南》附录 2 中的参考格式 1。］

（五）管理层和治理层对合并财务报表的责任

ABC 集团管理层（以下简称管理层）负责按照××财务报告编制基础的规定编制合并财务报表，使其实现公允反映，并设计、执行和维护必要的内部控制，以使合并财务报表不存在由于舞弊或错误导致的重大错报。

在编制合并财务报表时，管理层负责评估 ABC 集团的持续经营能力，披露与持续经营相关的事项（如适用），并运用持续经营假设，除非管理层计划清算 ABC 集团、终止运营或别无其他现实的选择。

治理层负责监督 ABC 集团的财务报告过程。

（六）注册会计师对合并财务报表审计的责任

我们的目标是对合并财务报表整体是否不存在由于舞弊或错误导致的重大错报获取合理保证，并出具包含审计意见的审计报告。合理保证是高水平的保证，但并不能保证

---

① 如果审计报告中不包含"按照相关法律法规的要求报告的事项"部分，则不需要加入此标题。

按照审计准则执行的审计在某一重大错报存在时总能发现。错报可能由于舞弊或错误导致,如果合理预期错报单独或汇总起来可能影响财务报表使用者依据合并财务报表作出的经济决策,则通常认为错报是重大的。

在按照审计准则执行审计工作的过程中,我们运用职业判断,并保持职业怀疑。同时,我们也执行以下工作:

(1)识别和评估由于舞弊或错误导致的合并财务报表重大错报风险,设计和实施审计程序以应对这些风险,并获取充分、适当的审计证据,作为发表审计意见的基础。由于舞弊可能涉及串通、伪造、故意遗漏、虚假陈述或凌驾于内部控制之上,未能发现由于舞弊导致的重大错报的风险高于未能发现由于错误导致的重大错报的风险。

(2)了解与审计相关的内部控制,以设计恰当的审计程序,但目的并非对内部控制的有效性发表意见[①]。

(3)评价管理层选用会计政策的恰当性和作出会计估计及相关披露的合理性。

(4)对管理层使用持续经营假设的恰当性得出结论。同时,根据获取的审计证据,就可能导致对ABC集团持续经营能力产生重大疑虑的事项或情况是否存在重大不确定性得出结论。如果我们得出结论认为存在重大不确定性,审计准则要求我们在审计报告中提请报表使用者注意合并财务报表中的相关披露;如果披露不充分,我们应当发表非无保留意见。我们的结论基于截至审计报告日可获得的信息。然而,未来的事项或情况可能导致ABC集团不能持续经营。

(5)评价合并财务报表的总体列报、结构和内容,并评价合并财务报表是否公允反映相关交易和事项。

(6)就ABC集团中实体或业务活动的财务信息获取充分、适当的审计证据,以对合并财务报表发表审计意见。我们负责指导、监督和执行集团审计,并对审计意见承担全部责任。

我们与治理层就计划的审计范围、时间安排和重大审计发现等事项进行沟通,包括沟通我们在审计中识别出的值得关注的内部控制缺陷。

我们还就已遵守与独立性相关的职业道德要求向治理层提供声明,并与治理层沟通可能被合理认为影响我们独立性的所有关系和其他事项,以及相关的防范措施(如适用)。

从与治理层沟通过的事项中,我们确定哪些事项对本期合并财务报表审计最为重要,因而构成关键审计事项。我们在审计报告中描述这些事项,除非法律法规禁止公开披露这些事项,或在极少数情形下,如果合理预期在审计报告中沟通某事项造成的负面后果超过在公众利益方面产生的益处,我们确定不应在审计报告中沟通该事项。

二、按照相关法律法规的要求报告的事项

[本部分的格式和内容,取决于法律法规对其他报告责任性质的规定。本部分应当说明相关法律法规规定的事项(其他报告责任),除非其他报告责任涉及的事项与审计准则规定的报告责任涉及的事项相同。如果涉及相同的事项,其他报告责任可以在审计

[①] 如果注册会计师结合财务报表审计对内部控制的有效性发表意见,应当删除"但目的并非对内部控制的有效性发表意见"的措辞。

准则规定的同一报告要素部分列示。当其他报告责任和审计准则规定的报告责任涉及同一事项,并且审计报告中的措辞能够将其他报告责任与审计准则规定的责任(如存在差异)予以清楚地区分时,可以将两者合并列示(即包含在"对合并财务报表出具的审计报告"部分中,并使用适当的副标题)。]

××会计师事务所　　　　　　中国注册会计师:×××(项目合伙人)
　　(盖章)　　　　　　　　　　　　(签名并盖章)
　　　　　　　　　　　　　　　中国注册会计师:×××
　　　　　　　　　　　　　　　　　(签名并盖章)

中国××市　　　　　　　　　　20×2年×月×日

参考格式3:对非上市实体财务报表出具的审计报告

背景信息:

1. 对非上市实体整套财务报表进行审计。该审计不属于集团审计(即不适用《中国注册会计师审计准则第1401号——对集团财务报表审计的特殊考虑》);

2. 管理层按照企业会计准则编制财务报表;

3. 审计业务约定条款体现了《中国注册会计师审计准则第1111号——就审计业务约定条款达成一致意见》中关于管理层对财务报表责任的描述;

4. 基于获取的审计证据,注册会计师认为发表无保留意见是恰当的;

5. 适用的相关职业道德要求为中国注册会计师职业道德守则;

6. 基于获取的审计证据,根据《中国注册会计师审计准则第1324号——持续经营》,注册会计师认为可能导致对被审计单位持续经营能力产生重大疑虑的事项或情况不存在重大不确定性;

7. 注册会计师未被要求,并且也决定不沟通关键审计事项;

8. 注册会计师在审计报告日前已获取所有其他信息,且未识别出信息存在重大错报;

9. 负责监督财务报表的人员与负责编制财务报表的人员不同;

10. 除财务报表审计外,注册会计师不承担法律法规要求的其他报告责任。

审 计 报 告

ABC股份有限公司全体股东:

一、审计意见

我们审计了ABC股份有限公司(以下简称ABC公司)财务报表,包括20×1年12月31日的资产负债表,20×1年度的利润表、现金流量表、股东权益变动表以及相关财务报表附注。

我们认为,后附的财务报表在所有重大方面按照企业会计准则的规定编制,公允反映了ABC公司20×1年12月31日的财务状况以及20×1年度的经营成果和现金流量。

二、形成审计意见的基础

我们按照中国注册会计师审计准则的规定执行了审计工作。审计报告的"注册会计师对财务报表审计的责任"部分进一步阐述了我们在这些准则下的责任。按照中国注册会计师职业道德守则,我们独立于ABC公司,并履行了职业道德方面的其他责任。我们相信,我们获取的审计证据是充分、适当的,为发表审计意见提供了基础。

三、其他信息

[按照《中国注册会计师审计准则第1521号——注册会计师对其他信息的责任》的规定报告,见《〈中国注册会计师审计准则第1521号——注册会计师对其他信息的责任〉应用指南》附录2中的参考格式1。]

四、管理层和治理层对财务报表的责任

ABC公司管理层(以下简称管理层)负责按照企业会计准则的规定编制财务报表,使其实现公允反映,并设计、执行和维护必要的内部控制,以使财务报表不存在由于舞弊或错误导致的重大错报。

在编制财务报表时,管理层负责评估ABC公司的持续经营能力,披露与持续经营相关的事项(如适用),并运用持续经营假设,除非管理层计划清算ABC公司、终止运营或别无其他现实的选择。

治理层负责监督ABC公司的财务报告过程。

五、注册会计师对财务报表审计的责任

我们的目标是对财务报表整体是否不存在由于舞弊或错误导致的重大错报获取合理保证,并出具包含审计意见的审计报告。合理保证是高水平的保证,但并不能保证按照审计准则执行的审计在某一重大错报存在时总能发现。错报可能由于舞弊或错误导致,如果合理预期错报单独或汇总起来可能影响财务报表使用者依据财务报表作出的经济决策,则通常认为错报是重大的。

在按照审计准则执行审计工作的过程中,我们运用职业判断,并保持职业怀疑。同时,我们也执行以下工作:

(1)识别和评估由于舞弊或错误导致的财务报表重大错报风险,设计和实施审计程序以应对这些风险,并获取充分、适当的审计证据,作为发表审计意见的基础。由于舞弊可能涉及串通、伪造、故意遗漏、虚假陈述或凌驾于内部控制之上,未能发现由于舞弊导致的重大错报的风险高于未能发现由于错误导致的重大错报的风险。

(2)了解与审计相关的内部控制,以设计恰当的审计程序,但目的并非对内部控制的有效性发表意见①。

(3)评价管理层选用会计政策的恰当性和作出会计估计及相关披露的合理性。

(4)对管理层使用持续经营假设的恰当性得出结论。同时,根据获取的审计证据,

---

① 如果注册会计师结合财务报表审计对内部控制的有效性发表意见,应当删除"但目的并非对内部控制的有效性发表意见"的措辞。

就可能导致对 ABC 公司持续经营能力产生重大疑虑的事项或情况是否存在重大不确定性得出结论。如果我们得出结论认为存在重大不确定性，审计准则要求我们在审计报告中提请报表使用者注意财务报表中的相关披露；如果披露不充分，我们应当发表非无保留意见。我们的结论基于截至审计报告日可获得的信息。然而，未来的事项或情况可能导致 ABC 公司不能持续经营。

（5）评价财务报表的总体列报、结构和内容，并评价财务报表是否公允反映相关交易和事项。

我们与治理层就计划的审计范围、时间安排和重大审计发现等事项进行沟通，包括沟通我们在审计中识别出的值得关注的内部控制缺陷。

××会计师事务所	中国注册会计师：×××（项目合伙人）
（盖章）	（签名并盖章）
	中国注册会计师：×××
	（签名并盖章）
中国××市	20×2年×月×日

《中国注册会计师审计准则第 1502 号——在审计报告中发表非无保留意见》应用指南

（2019 年 3 月 29 日修订）

一、非无保留意见的类型（参见本准则第三条）

1. 下表列示了注册会计师对导致发表非无保留意见的事项的性质和这些事项对财务报表产生或可能产生影响的广泛性作出的判断，以及注册会计师的判断对审计意见类型的影响。

导致发表非无保留意见的事项的性质	这些事项对财务报表产生或可能产生影响的广泛性	
	重大但不具有广泛性	重大且具有广泛性
财务报表存在重大错报	保留意见	否定意见
无法获取充分、适当的审计证据	保留意见	无法表示意见

二、应当发表非无保留意见的情形

（一）重大错报的性质［参见本准则第七条第（一）项］

2.《中国注册会计师审计准则第 1501 号——对财务报表形成审计意见和出具审计报告》规定，为了形成审计意见，针对财务报表整体是否不存在由于舞弊或错误导致的重大错报，注册会计师应当得出结论，确定是否已就此获取合理保证。在得出结论时，注册会计师需要按照《中国注册会计师审计准则第 1251 号——评价审计过程中识别出的错报》的规定评价未更正错报对财务报表的影响。

3.《中国注册会计师审计准则第 1251 号——评价审计过程中识别出的错报》给出了错报的定义，即错报是指某一财务报表项目所报告的金额、分类或列报，与按照适用的财务报告编制基础应当列示的金额、分类或列报之间存在的差异。财务报表的重大错报可能源于：

（1）选择的会计政策的恰当性；
（2）对所选择的会计政策的运用；
（3）财务报表披露的恰当性或充分性。

（二）选择的会计政策的恰当性

4. 在选择的会计政策的恰当性方面，当出现诸如下列情形时，财务报表可能存在重大错报：

（1）选择的会计政策与适用的财务报告编制基础不一致；

（2）财务报表没有正确描述与资产负债表、利润表、所有者权益变动表或现金流量表中的重大项目相关的会计政策；

（3）财务报表没有按照公允反映的方式列报交易或事项。

5. 财务报告编制基础通常对会计处理、披露和会计政策变更提出要求。如果被审计单位变更了重大会计政策，且没有遵守这些要求，财务报表可能存在重大错报。

（三）对所选择的会计政策的运用

6. 在对所选择的会计政策的运用方面，当出现下列情形时，财务报表可能存在重大错报：

（1）管理层没有按照适用的财务报告编制基础的要求一贯运用所选择的会计政策，包括管理层未在不同会计期间或对相似的交易或事项一贯运用所选择的会计政策（运用的一致性）；

（2）不当运用所选择的会计政策（如运用中的无意错误）。

（四）财务报表披露的恰当性或充分性

7. 在财务报表披露的恰当性或充分性方面，当出现下列情形时，财务报表可能存在重大错报：

（1）财务报表没有包括适用的财务报告编制基础要求的所有披露；

（2）财务报表的披露没有按照适用的财务报告编制基础列报；

（3）财务报表没有作出适用的财务报告编制基础特定要求之外的其他必要披露以实现公允反映。

《〈中国注册会计师审计准则第1251号——评价审计过程中识别出的错报〉应用指南》第17段提供了可能出现的定性披露方面重大错报的示例。

（五）无法获取充分、适当的审计证据的情形［参见本准则第七条第（二）项］

8. 下列情形可能导致注册会计师无法获取充分、适当的审计证据（也称为审计范围受到限制）：

（1）超出被审计单位控制的情形；

（2）与注册会计师工作的性质或时间安排相关的情形；

（3）管理层施加限制的情形。

9. 如果注册会计师能够通过实施替代程序获取充分、适当的审计证据，则无法实施特定的程序并不构成对审计范围的限制。如果无法实施替代程序，则本准则第八条第（二）项和第十条至第十一条的规定适用。管理层施加的限制可能对审计产生其他影响，如注册会计师对舞弊风险的评估和对业务保持的考虑。

10. 超出被审计单位控制的情形举例如下：

（1）被审计单位的会计记录已被毁坏；

（2）重要组成部分的会计记录已被政府有关机构无限期地查封。

11. 与注册会计师工作的性质或时间安排相关的情形举例如下：

（1）被审计单位需要使用权益法对联营企业进行核算，注册会计师无法获取有关联

营企业财务信息的充分、适当的审计证据以评价是否恰当运用了权益法;

（2）注册会计师接受审计委托的时间安排，使注册会计师无法实施存货监盘;

（3）注册会计师确定仅实施实质性程序是不充分的，但被审计单位的控制是无效的。

12. 管理层对审计范围施加的限制致使注册会计师无法获取充分、适当的审计证据的情形举例如下：

（1）管理层阻止注册会计师实施存货监盘;

（2）管理层阻止注册会计师对特定账户余额实施函证。

三、确定非无保留意见的类型

（一）注册会计师承接审计业务后，因管理层施加限制导致无法获取充分、适当的审计证据的后果［参见本准则第十四条第（二）项和第十五条］

13. 解除审计业务约定是否可行，可能取决于管理层施加审计范围限制时注册会计师完成审计业务的阶段。如果基本上完成了审计业务，注册会计师可能决定在解除业务约定前尽量完成审计业务，发表无法表示意见，并在形成无法表示意见的基础部分说明审计范围受到的限制。

14. 在某些情况下，如果法律法规要求注册会计师继续执行审计业务，则注册会计师可能无法解除审计业务约定。这种情况可能包括：

（1）注册会计师接受委托审计公共部门实体的财务报表;

（2）注册会计师接受委托审计涵盖特定期间的财务报表，或者接受一定期间的委托，在完成财务报表审计前或在受托期间结束前，不允许解除审计业务约定。

在这些情况下，注册会计师可能认为需要在审计报告中增加其他事项段。

15. 如果注册会计师认为由于审计范围受到限制有必要解除审计业务约定，根据职业准则、法律法规或监管机构的要求，注册会计师可能需要向监管机构或被审计单位的股东报告与解除审计业务约定相关的事项。

（二）与发表否定意见或无法表示意见相关的其他考虑（参见本准则第十六条）

16. 在同一审计报告中包含无保留意见，不会与对财务报表整体发表的否定意见或无法表示意见相矛盾的情形举例如下：

（1）对财务报表按照既定的财务报告编制基础编制发表无保留意见，并在同一审计报告中对同一财务报表按照不同的财务报告编制基础编制发表否定意见;

（2）对经营成果、现金流量（如相关）发表无法表示意见，对财务状况发表无保留意见（参见《中国注册会计师审计准则第 1331 号——首次审计业务涉及的期初余额》）。

在这种情况下，注册会计师没有对财务报表整体发表无法表示意见。

四、非无保留意见审计报告的格式和内容

（一）形成审计意见的基础（参见本准则第十七条、第十八条、第二十条和第二十二条）

17. 审计报告的一致性有助于提高使用者的理解和识别存在的异常情况。因此，尽管不可能统一非无保留意见的措辞和对导致非无保留意见的原因的描述，但仍有必要保持审计报告格式和内容的一致性。

18. 举例来说，如果存货被高估，注册会计师可以在形成审计意见的基础部分说明该

重大错报的财务影响,即量化其对所得税、税前利润、净利润和股东权益的影响。

19. 如果存在下列情形之一,则在形成审计意见的基础部分中披露遗漏的信息是不切实际的:

(1)管理层还没有作出这些披露,或管理层已作出但注册会计师不易获取这些披露;

(2)根据注册会计师的判断,在审计报告中披露该事项过于庞杂。

20. 注册会计师可能已在审计报告形成审计意见的基础部分中对导致否定意见或无法表示意见的事项作出了说明,但这并不能成为注册会计师不对识别出的、可能导致非无保留意见的其他事项进行说明的正当理由。这是因为,对注册会计师注意到的其他事项的披露可能与财务报表使用者的信息需求相关。

(二)审计意见(参见本准则第二十三条)

21. 修改这一标题能够使财务报表使用者清楚注册会计师发表了非无保留意见,并能够表明非无保留意见的类型。

(三)保留意见(参见本准则第二十四条)

22. 当注册会计师发表保留意见时,在审计意见部分中使用"由于上述解释"或"受……影响"等措辞是不恰当的,因为这些措辞不够清晰或没有足够的说服力。

(四)审计报告的参考格式(参见本准则第二十三条)

23. 本指南附录中的参考格式1和参考格式2分别列示了由于财务报表存在重大错报而发表保留意见和否定意见的审计报告的参考格式。

24. 本指南附录中的参考格式3列示了由于注册会计师无法获取充分、适当的审计证据而发表保留意见的审计报告的参考格式。参考格式4列示了由于无法针对财务报表单一要素获取充分、适当的审计证据而发表无法表示意见的审计报告的参考格式。参考格式5列示了由于无法针对财务报表多个要素获取充分、适当的审计证据而发表无法表示意见的审计报告的参考格式。在后两种参考格式中,无法获取充分、适当的审计证据对财务报表可能的影响重大且具有广泛性。其他包含报告要求的中国注册会计师审计准则,包括《中国注册会计师审计准则第1324号——持续经营》,其附录也包含非无保留意见审计报告的参考格式。

(五)当对财务报表发表无法表示意见时,对注册会计师审计财务报表责任的表述(参见本准则第二十九条)

25. 当注册会计师对财务报表发表无法表示意见时,以下说明最好置于审计报告中的"注册会计师对财务报表审计的责任"部分(如本指南附录中参考格式4和参考格式5所示):

(1)将按照《中国注册会计师审计准则第1501号——对财务报表形成审计意见和出具审计报告》第二十八条第(一)项的规定作出的说明,修改为:注册会计师的责任是按照中国注册会计师审计准则的规定,对被审计单位财务报表执行审计工作;

(2)按照《中国注册会计师审计准则第1501号——对财务报表形成审计意见和出具审计报告》第二十八条第(三)项的规定,说明注册会计师在独立性和职业道德方面的其他责任。

(六)当注册会计师对财务报表发表无法表示意见时的考虑(参见本准则第三十条)

26. 在审计报告的形成无法表示意见的基础部分提供注册会计师无法获取充分、适当的审计证据的原因，为使用者理解为什么注册会计师对财务报表发表无法表示意见提供了有用的信息，也可以进一步防止对财务报表的不恰当信赖。然而，除导致发表无法表示意见的事项外，沟通任何其他关键审计事项，可能会暗示财务报表整体在这些事项方面比实际情况更为可信，也可能与对财务报表整体发表无法表示意见不一致。类似地，按照《中国注册会计师审计准则第1521号——注册会计师对其他信息的责任》的规定，在审计报告中包含其他信息部分以反映注册会计师对其他信息与财务报表之间是否一致的考虑，也是不恰当的。因此，当注册会计师对财务报表发表无法表示意见时，本准则第三十条禁止在审计报告中包含关键审计事项部分或其他信息部分，除非法律法规另行要求注册会计师沟通关键审计事项或报告其他信息。

五、与治理层的沟通（参见本准则第三十一条）

27. 注册会计师与治理层沟通拟发表非无保留意见的情况和使用的措辞，是为了实现以下目的：

（1）提醒治理层注意拟发表的非无保留意见和拟发表非无保留意见的原因（或情形）；

（2）就发表非无保留意见寻求治理层的同意，或证实与管理层存在分歧的事项；

（3）治理层有机会向注册会计师提供与导致非无保留意见的事项相关的进一步信息和解释。

附录

非无保留意见审计报告的参考格式

参考格式1：由于财务报表存在重大错报而发表保留意见的审计报告

参考格式2：由于合并财务报表存在重大错报而发表否定意见的审计报告

参考格式3：由于注册会计师无法获取关于一家境外联营公司的充分、适当的审计证据而发表保留意见的审计报告

参考格式4：由于注册会计师无法针对合并财务报表单一要素获取充分、适当的审计证据而发表无法表示意见的审计报告

参考格式5：由于注册会计师无法针对财务报表多个要素获取充分、适当的审计证据而发表无法表示意见的审计报告

参考格式1：由于财务报表存在重大错报而发表保留意见的审计报告

背景信息：

1. 对上市实体整套财务报表进行审计。该审计不属于集团审计（即不适用《中国注册会计师审计准则第1401号——对集团财务报表审计的特殊考虑》）；

2. 管理层按照企业会计准则编制财务报表；

3. 审计业务约定条款体现了《中国注册会计师审计准则第1111号——就审计业务约定条款达成一致意见》中关于管理层对财务报表责任的描述；

4. 存货存在错报,该错报对财务报表影响重大但不具有广泛性(即保留意见是恰当的);

5. 适用的相关职业道德要求为中国注册会计师职业道德守则;

6. 基于获取的审计证据,根据《中国注册会计师审计准则第1324号——持续经营》,注册会计师认为可能导致对被审计单位持续经营能力产生重大疑虑的事项或情况不存在重大不确定性;

7. 已按照《中国注册会计师审计准则第1504号——在审计报告中沟通关键审计事项》的规定沟通了关键审计事项;

8. 注册会计师在审计报告日前已获取所有其他信息,且导致对财务报表发表保留意见的事项也影响了其他信息;

9. 负责监督财务报表的人员与负责编制财务报表的人员不同;

10. 除财务报表审计外,注册会计师还承担法律法规要求的其他报告责任,且注册会计师决定在审计报告中履行其他报告责任。

审 计 报 告

ABC 股份有限公司全体股东:

一、对财务报表出具的审计报告[①]

(一)保留意见

我们审计了 ABC 股份有限公司(以下简称 ABC 公司)财务报表,包括 20×1 年 12 月 31 日的资产负债表、20×1 年度的利润表、现金流量表、股东权益变动表以及相关财务报表附注。

我们认为,除"形成保留意见的基础"部分所述事项产生的影响外,后附的财务报表在所有重大方面按照企业会计准则的规定编制,公允反映了 ABC 公司 20×1 年 12 月 31 日的财务状况以及 20×1 年度的经营成果和现金流量。

(二)形成保留意见的基础

ABC 公司 20×1 年 12 月 31 日资产负债表中存货的列示金额为 × 元。ABC 公司管理层(以下简称管理层)根据成本对存货进行计量,而没有根据成本与可变现净值孰低的原则进行计量,这不符合企业会计准则的规定。ABC 公司的会计记录显示,如果管理层以成本与可变现净值孰低来计量存货,存货列示金额将减少 × 元。相应地,资产减值损失将增加 × 元,所得税、净利润和股东权益将分别减少 × 元、× 元和 × 元。

我们按照中国注册会计师审计准则的规定执行了审计工作。审计报告的"注册会计师对财务报表审计的责任"部分进一步阐述了我们在这些准则下的责任。按照中国注册会计师职业道德守则,我们独立于 ABC 公司,并履行了职业道德方面的其他责任。我们相信,我们获取的审计证据是充分、适当的,为发表保留意见提供了基础。

---

① 如果审计报告中不包含"按照相关法律法规的要求报告的事项"部分,则不需要加入此标题。

(三) 其他信息

[按照《中国注册会计师审计准则第1521号——注册会计师对其他信息的责任》的规定报告，见《〈中国注册会计师审计准则第1521号——注册会计师对其他信息的责任〉应用指南》附录2中的参考格式6。该参考格式中其他信息部分的最后一段需要进行改写，以描述导致注册会计师对财务报表发表保留意见并且也影响其他信息的事项。]

(四) 关键审计事项

关键审计事项是我们根据职业判断，认为对本期财务报表审计最为重要的事项。这些事项的应对以对财务报表整体进行审计并形成审计意见为背景，我们不对这些事项单独发表意见。除"形成保留意见的基础"部分所述事项外，我们确定下列事项是需要在审计报告中沟通的关键审计事项。

[按照《中国注册会计师审计准则第1504号——在审计报告中沟通关键审计事项》的规定描述每一关键审计事项。]

(五) 管理层和治理层对财务报表的责任

[按照《中国注册会计师审计准则第1501号——对财务报表形成审计意见和出具审计报告》的规定报告，见《〈中国注册会计师审计准则第1501号——对财务报表形成审计意见和出具审计报告〉应用指南》参考格式1。]

(六) 注册会计师对财务报表审计的责任

[按照《中国注册会计师审计准则第1501号——对财务报表形成审计意见和出具审计报告》的规定报告，见《〈中国注册会计师审计准则第1501号——对财务报表形成审计意见和出具审计报告〉应用指南》参考格式1。]

二、按照相关法律法规的要求报告的事项

[按照《中国注册会计师审计准则第1501号——对财务报表形成审计意见和出具审计报告》的规定报告，见《〈中国注册会计师审计准则第1501号——对财务报表形成审计意见和出具审计报告〉应用指南》参考格式1。]

××会计师事务所　　　　　　　中国注册会计师：×××（项目合伙人）
　　（盖章）　　　　　　　　　　　　　　（签名并盖章）
　　　　　　　　　　　　　　　中国注册会计师：×××
　　　　　　　　　　　　　　　　　　　（签名并盖章）

中国××市　　　　　　　　　　20×2年×月×日

参考格式2：由于合并财务报表存在重大错报而发表否定意见的审计报告

背景信息：

1. 对上市实体整套合并财务报表进行审计。该审计属于集团审计，被审计单位拥有多个子公司（即适用《中国注册会计师审计准则第1401号——对集团财务报表审计的特殊考虑》）；

2. 管理层按照××财务报告编制基础编制合并财务报表，该编制基础允许被审计单位只列报合并财务报表；

3. 审计业务约定条款体现了《中国注册会计师审计准则第1111号——就审计业务约

定条款达成一致意见》中关于管理层对合并财务报表责任的描述;

4. 合并财务报表因未合并某一子公司而存在重大错报,该错报对合并财务报表影响重大且具有广泛性(即否定意见是恰当的),但量化该错报对合并财务报表的影响是不切实际的;

5. 适用的相关职业道德要求为中国注册会计师职业道德守则;

6. 基于获取的审计证据,根据《中国注册会计师审计准则第1324号——持续经营》,注册会计师认为可能导致对被审计单位持续经营能力产生重大疑虑的事项或情况不存在重大不确定性;

7. 适用《中国注册会计师审计准则第1504号——在审计报告中沟通关键审计事项》。然而,注册会计师认为,除形成否定意见的基础部分所述事项外,无其他关键审计事项;

8. 注册会计师在审计报告日前已获取所有其他信息,且导致对合并财务报表发表否定意见的事项也影响了其他信息;

9. 负责监督合并财务报表的人员与负责编制合并财务报表的人员不同;

10. 除合并财务报表审计外,注册会计师还承担法律法规要求的其他报告责任,且注册会计师决定在审计报告中履行其他报告责任。

审 计 报 告

ABC 股份有限公司全体股东:

一、对合并财务报表出具的审计报告[①]

（一）否定意见

我们审计了 ABC 股份有限公司及其子公司(以下简称 ABC 集团)的合并财务报表,包括 20×1 年 12 月 31 日的合并资产负债表,20×1 年度的合并利润表、合并现金流量表、合并股东权益变动表以及相关合并财务报表附注。

我们认为,由于"形成否定意见的基础"部分所述事项的重要性,后附的合并财务报表没有在所有重大方面按照××财务报告编制基础的规定编制,未能公允反映 ABC 集团 20×1 年 12 月 31 日的合并财务状况以及 20×1 年度的合并经营成果和合并现金流量。

（二）形成否定意见的基础

如财务报表附注×所述,20×1 年 ABC 集团通过非同一控制下的企业合并获得对 XYZ 公司的控制权,因未能取得购买日 XYZ 公司某些重要资产和负债的公允价值,故未将 XYZ 公司纳入合并财务报表的范围。按照××财务报告编制基础的规定,该集团应将这一子公司纳入合并范围,并以暂估金额为基础核算该项收购。如果将 XYZ 公司纳入合并财务报表的范围,后附的 ABC 集团合并财务报表的多个报表项目将受到重大影响。但我们无法确定未将 XYZ 公司纳入合并范围对合并财务报表产生的影响。

我们按照中国注册会计师审计准则的规定执行了审计工作。审计报告的"注册会计师对合并财务报表审计的责任"部分进一步阐述了我们在这些准则下的责任。按照中国

---

① 如果审计报告中不包含"按照相关法律法规的要求报告的事项"部分,则不需要加入此标题。

注册会计师职业道德守则,我们独立于ABC集团,并履行了职业道德方面的其他责任。我们相信,我们获取的审计证据是充分、适当的,为发表否定意见提供了基础。

（三）其他信息

［按照《中国注册会计师审计准则第1521号——注册会计师对其他信息的责任》的规定报告,见《〈中国注册会计师审计准则第1521号——注册会计师对其他信息的责任〉应用指南》附录2中的参考格式7。该参考格式中其他信息部分的最后一段需要进行改写,以描述导致注册会计师对财务报表发表否定意见并且也影响其他信息的事项。］

（四）关键审计事项

除"形成否定意见的基础"部分所述事项外,我们认为,没有其他需要在审计报告中沟通的关键审计事项。

（五）管理层和治理层对合并财务报表的责任

［按照《中国注册会计师审计准则第1501号——对财务报表形成审计意见和出具审计报告》的规定报告,见《〈中国注册会计师审计准则第1501号——对财务报表形成审计意见和出具审计报告〉应用指南》参考格式2。］

（六）注册会计师对合并财务报表审计的责任

［按照《中国注册会计师审计准则第1501号——对财务报表形成审计意见和出具审计报告》的规定报告,见《〈中国注册会计师审计准则第1501号——对财务报表形成审计意见和出具审计报告〉应用指南》参考格式2。］

二、按照相关法律法规的要求报告的事项

［按照《中国注册会计师审计准则第1501号——对财务报表形成审计意见和出具审计报告》的规定报告,见《〈中国注册会计师审计准则第1501号——对财务报表形成审计意见和出具审计报告〉应用指南》参考格式2。］

××会计师事务所 （盖章）	中国注册会计师：×××（项目合伙人） （签名并盖章） 中国注册会计师：××× （签名并盖章）
中国××市	20×2年×月×日

参考格式3：由于注册会计师无法获取关于一家境外联营公司的充分、适当的审计证据而发表保留意见的审计报告

背景信息：

1. 对上市实体整套合并财务报表进行审计。该审计属于集团审计,被审计单位拥有多个子公司（即适用《中国注册会计师审计准则第1401号——对集团财务报表审计的特殊考虑》）；

2. 管理层按照××财务报告编制基础编制合并财务报表,该编制基础允许被审计单位只列报合并财务报表；

3. 审计业务约定条款体现了《中国注册会计师审计准则第1111号——就审计业务约定条款达成一致意见》中关于管理层对合并财务报表责任的描述；

4. 对一家境外联营公司，注册会计师无法获取充分、适当的审计证据，这一事项对合并财务报表可能产生的影响重大，但不具有广泛性（即保留意见是恰当的）；

5. 适用的相关职业道德要求为中国注册会计师职业道德守则；

6. 基于获取的审计证据，根据《中国注册会计师审计准则第1324号——持续经营》，注册会计师认为可能导致对被审计单位持续经营能力产生重大疑虑的事项或情况不存在重大不确定性；

7. 已按照《中国注册会计师审计准则第1504号——在审计报告中沟通关键审计事项》的规定沟通了关键审计事项；

8. 注册会计师在审计报告日前已获取所有其他信息，且导致对合并财务报表发表保留意见的事项也影响了其他信息；

9. 负责监督合并财务报表的人员与负责编制合并财务报表的人员不同；

10. 除合并财务报表审计外，注册会计师还承担法律法规要求的其他报告责任，且注册会计师决定在审计报告中履行其他报告责任。

审 计 报 告

ABC股份有限公司全体股东：

一、对合并财务报表出具的审计报告[①]

（一）保留意见

我们审计了ABC股份有限公司及其子公司（以下简称ABC集团）合并财务报表，包括20×1年12月31日的合并资产负债表，20×1年度的合并利润表、合并现金流量表、合并股东权益变动表以及相关合并财务报表附注。

我们认为，除"形成保留意见的基础"部分所述事项可能产生的影响外，后附的合并财务报表在所有重大方面按照××财务报告编制基础的规定编制，公允反映了ABC集团20×1年12月31日的合并财务状况以及20×1年度的合并经营成果和合并现金流量。

（二）形成保留意见的基础

如财务报表附注×所述，ABC集团于20×1年取得了境外XYZ公司30%的股权，因能够对XYZ公司施加重大影响，故采用权益法核算该项股权投资，于20×1年度确认对XYZ公司的投资收益×元，该项股权投资于20×1年12月31日合并资产负债表上反映的账面价值为×元。由于我们未被允许接触XYZ公司的财务信息、管理层和执行XYZ公司审计的注册会计师，我们无法就该项股权投资的账面价值以及ABC集团确认的20×1年度对XYZ公司的投资收益获取充分、适当的审计证据，也无法确定是否有必要对这些金额进行调整。

我们按照中国注册会计师审计准则的规定执行了审计工作。审计报告的"注册会计师对合并财务报表审计的责任"部分进一步阐述了我们在这些准则下的责任。按照中国注册会计师职业道德守则，我们独立于ABC集团，并履行了职业道德方面的其他责任。

---

① 如果审计报告中不包含"按照相关法律法规的要求报告的事项"部分，则不需要加入此标题。

我们相信，我们获取的审计证据是充分、适当的，为发表保留意见提供了基础。

（三）其他信息

［按照《中国注册会计师审计准则第1521号——注册会计师对其他信息的责任》的规定报告，见《〈中国注册会计师审计准则第1521号——注册会计师对其他信息的责任〉应用指南》附录2中的参考格式6。该参考格式中其他信息部分的最后一段需要进行改写，以描述导致注册会计师对财务报表发表保留意见并且也影响其他信息的事项。］

（四）关键审计事项

关键审计事项是我们根据职业判断，认为对本期合并财务报表审计最为重要的事项。这些事项的应对以对合并财务报表整体进行审计并形成审计意见为背景，我们不对这些事项单独发表意见。除"形成保留意见的基础"部分所述事项外，我们确定下列事项是需要在审计报告中沟通的关键审计事项。

［按照《中国注册会计师审计准则第1504号——在审计报告中沟通关键审计事项》的规定描述每一关键审计事项。］

（五）管理层和治理层对合并财务报表的责任

［按照《中国注册会计师审计准则第1501号——对财务报表形成审计意见和出具审计报告》的规定报告，见《〈中国注册会计师审计准则第1501号——对财务报表形成审计意见和出具审计报告〉应用指南》参考格式2。］

（六）注册会计师对合并财务报表审计的责任

［按照《中国注册会计师审计准则第1501号——对财务报表形成审计意见和出具审计报告》的规定报告，见《〈中国注册会计师审计准则第1501号——对财务报表形成审计意见和出具审计报告〉应用指南》参考格式2。］

二、按照相关法律法规的要求报告的事项

［按照《中国注册会计师审计准则第1501号——对财务报表形成审计意见和出具审计报告》的规定报告，见《〈中国注册会计师审计准则第1501号——对财务报表形成审计意见和出具审计报告〉应用指南》参考格式2。］

××会计师事务所　　　　　　　　中国注册会计师：×××（项目合伙人）
　　（盖章）　　　　　　　　　　　　　　（签名并盖章）
　　　　　　　　　　　　　　　　中国注册会计师：×××
　　　　　　　　　　　　　　　　　　　（签名并盖章）
中国××市　　　　　　　　　　　20×2年×月×日

参考格式4：由于注册会计师无法针对合并财务报表单一要素获取充分、适当的审计证据而发表无法表示意见的审计报告

背景信息：

1. 对非上市实体整套合并财务报表进行审计。该审计属于集团审计，被审计单位拥有多个子公司（即适用《中国注册会计师审计准则第1401号——对集团财务报表审计的特殊考虑》）；

2. 管理层按照××财务报告编制基础编制合并财务报表，该编制基础允许被审计单

位只列报合并财务报表；

3. 审计业务约定条款体现了《中国注册会计师审计准则第1111号——就审计业务约定条款达成一致意见》中关于管理层对合并财务报表责任的描述；

4. 对合并财务报表的某个要素，注册会计师无法获取充分、适当的审计证据。在本例中，对一家共同经营享有的利益份额占该被审计单位净资产的比例超过90%，但注册会计师无法获取该共同经营财务信息的审计证据。这一事项对合并财务报表可能产生的影响被认为是重大的且具有广泛性（即无法表示意见是恰当的）；

5. 适用的相关职业道德要求为中国注册会计师职业道德守则；

6. 负责监督合并财务报表的人员与负责编制合并财务报表的人员不同；

7. 按照审计准则要求在注册会计师的责任部分作出有限的表述；

8. 除合并财务报表审计外，注册会计师还承担法律法规要求的其他报告责任，且注册会计师决定在审计报告中履行其他报告责任。

审 计 报 告

ABC股份有限公司全体股东：

一、对合并财务报表出具的审计报告[①]

（一）无法表示意见

我们接受委托，审计ABC股份有限公司及其子公司（以下简称ABC集团）合并财务报表，包括20×1年12月31日的合并资产负债表，20×1年度的合并利润表、合并现金流量表、合并股东权益变动表以及相关合并财务报表附注。

我们不对后附的ABC集团合并财务报表发表审计意见。由于"形成无法表示意见的基础"部分所述事项的重要性，我们无法获取充分、适当的审计证据以作为对合并财务报表发表审计意见的基础。

（二）形成无法表示意见的基础

ABC集团对共同经营XYZ公司享有的利益份额在该集团的合并资产负债表中的金额（资产扣除负债后的净影响）为×元，占该集团20×1年12月31日净资产的90%以上。我们未被允许接触XYZ公司的管理层和注册会计师，包括XYZ公司注册会计师的审计工作底稿。因此，我们无法确定是否有必要对XYZ公司资产中ABC集团共同控制的比例份额、XYZ公司负债中ABC集团共同承担的比例份额、XYZ公司收入和费用中ABC集团的比例份额，以及合并现金流量表和合并股东权益变动表中的要素作出调整。

（三）管理层和治理层对合并财务报表的责任

［按照《中国注册会计师审计准则第1501号——对财务报表形成审计意见和出具审计报告》的规定报告，见《〈中国注册会计师审计准则第1501号——对财务报表形成审计意见和出具审计报告〉应用指南》参考格式2。］

---

① 如果审计报告中不包含"按照相关法律法规的要求报告的事项"部分，则不需要加入此标题。

（四）注册会计师对合并财务报表审计的责任

我们的责任是按照中国注册会计师审计准则的规定，对ABC集团的合并财务报表执行审计工作，以出具审计报告。但由于"形成无法表示意见的基础"部分所述的事项，我们无法获取充分、适当的审计证据以作为发表审计意见的基础。

按照中国注册会计师职业道德守则，我们独立于ABC集团，并履行了职业道德方面的其他责任。

二、按照相关法律法规的要求报告的事项

［按照《中国注册会计师审计准则第1501号——对财务报表形成审计意见和出具审计报告》的规定报告，见《〈中国注册会计师审计准则第1501号——对财务报表形成审计意见和出具审计报告〉应用指南》参考格式2。］

××会计师事务所　　　　　　中国注册会计师：×××（项目合伙人）
（盖章）　　　　　　　　　　　　（签名并盖章）
　　　　　　　　　　　　　　　中国注册会计师：×××
　　　　　　　　　　　　　　　　（签名并盖章）

中国××市　　　　　　　　　　20×2年×月×日

参考格式5：由于注册会计师无法针对财务报表多个要素获取充分、适当的审计证据而发表无法表示意见的审计报告

背景信息：

1. 对非上市实体整套财务报表进行审计。该审计不属于集团审计（即不适用《中国注册会计师审计准则第1401号——对集团财务报表审计的特殊考虑》）；

2. 管理层按照企业会计准则编制财务报表；

3. 审计业务约定条款体现了《中国注册会计师审计准则第1111号——就审计业务约定条款达成一致意见》中关于管理层对财务报表责任的描述；

4. 对财务报表的多个要素，注册会计师无法获取充分、适当的审计证据。例如，对被审计单位的存货和应收账款，注册会计师无法获取审计证据，这一事项对财务报表可能产生的影响重大且具有广泛性；

5. 适用的相关职业道德要求为中国注册会计师职业道德守则；

6. 负责监督财务报表的人员与负责编制财务报表的人员不同；

7. 按照审计准则要求在注册会计师的责任部分作出有限的表述；

8. 除财务报表审计外，注册会计师还承担法律法规要求的其他报告责任，且注册会计师决定在审计报告中履行其他报告责任。

审 计 报 告

ABC 股份有限公司全体股东：

一、对财务报表出具的审计报告[①]

（一）无法表示意见

我们接受委托，审计 ABC 股份有限公司（以下简称 ABC 公司）财务报表，包括 20×1 年 12 月 31 日的资产负债表，20×1 年度的利润表、现金流量表、股东权益变动表以及相关财务报表附注。

我们不对后附的 ABC 公司财务报表发表审计意见。由于"形成无法表示意见的基础"部分所述事项的重要性，我们无法获取充分、适当的审计证据以作为对财务报表发表审计意见的基础。

（二）形成无法表示意见的基础

我们于 20×2 年 1 月接受委托审计 ABC 公司财务报表，因而未能对 ABC 公司 20×1 年年初金额为 × 元的存货和年末金额为 × 元的存货实施监盘程序。此外，我们也无法实施替代审计程序获取充分、适当的审计证据。并且，ABC 公司于 20×1 年 9 月采用新的应收账款电算化系统，由于存在系统缺陷导致应收账款出现大量错误。截至报告日，ABC 公司管理层（以下简称管理层）仍在纠正系统缺陷并更正错误，我们也无法实施替代审计程序，以对截至 20×1 年 12 月 31 日的应收账款总额 × 元获取充分、适当的审计证据。因此，我们无法确定是否有必要对存货、应收账款以及财务报表其他项目作出调整，也无法确定应调整的金额。

（三）管理层和治理层对财务报表的责任

［按照《中国注册会计师审计准则第 1501 号——对财务报表形成审计意见和出具审计报告》的规定报告，见《〈中国注册会计师审计准则第 1501 号——对财务报表形成审计意见和出具审计报告〉应用指南》参考格式 3。］

（四）注册会计师对财务报表审计的责任

我们的责任是按照中国注册会计师审计准则的规定，对 ABC 公司的财务报表执行审计工作，以出具审计报告。但由于"形成无法表示意见的基础"部分所述的事项，我们无法获取充分、适当的审计证据以作为发表审计意见的基础。

按照中国注册会计师职业道德守则，我们独立于 ABC 公司，并履行了职业道德方面的其他责任。

二、按照相关法律法规的要求报告的事项

［按照《中国注册会计师审计准则第 1501 号——对财务报表形成审计意见和出具审计报告》的规定报告，见《〈中国注册会计师审计准则第 1501 号——对财务报表形成审计意见和出具审计报告〉应用指南》参考格式 1。］

[①] 如果审计报告中不包含"按照相关法律法规的要求报告的事项"部分，则不需要加入此标题。

××会计师事务所　　　　　　中国注册会计师：×××（项目合伙人）
　　（盖章）　　　　　　　　　　　　（签名并盖章）
　　　　　　　　　　　　　　中国注册会计师：×××
　　　　　　　　　　　　　　　　　（签名并盖章）
中国××市　　　　　　　　　20×2年×月×日

《中国注册会计师审计准则第 1503 号——在审计报告中增加强调事项段和其他事项段》应用指南

（2019 年 3 月 29 日修订）

一、审计报告中强调事项段和关键审计事项之间的关系［参见本准则第三条和第九条第（二）项］

1. 根据《中国注册会计师审计准则第 1504 号——在审计报告中沟通关键审计事项》的规定，关键审计事项是指注册会计师根据职业判断认为对本期财务报表审计最为重要的事项。关键审计事项从注册会计师已与治理层沟通过的事项中选取，后者包括本期财务报表审计中的重大审计发现。沟通关键审计事项能够为财务报表预期使用者提供额外的信息，以帮助其了解注册会计师根据职业判断认为对本期财务报表审计最为重要的事项。沟通关键审计事项还能够帮助预期使用者了解被审计单位，以及已审计财务报表中涉及重大管理层判断的领域。当《中国注册会计师审计准则第 1504 号——在审计报告中沟通关键审计事项》适用时，强调事项段的使用不能代替对某项关键审计事项的描述。

2. 按照《中国注册会计师审计准则第 1504 号——在审计报告中沟通关键审计事项》的规定被确定为关键审计事项的事项，根据注册会计师的职业判断，也可能对财务报表使用者理解财务报表至关重要。在这些情况下，按照《中国注册会计师审计准则第 1504 号——在审计报告中沟通关键审计事项》的规定将该事项作为关键审计事项沟通时，注册会计师可能希望突出或提请进一步关注其相对重要程度。在关键审计事项部分，注册会计师可以使该事项的列报较其他事项更为突出（例如，作为第一个事项），或在关键审计事项的描述中增加额外的信息，以指出该事项对财务报表使用者理解财务报表的重要程度。

3. 根据《中国注册会计师审计准则第 1504 号——在审计报告中沟通关键审计事项》的规定，某一事项可能未被确定为关键审计事项（因该事项不是重点关注过的事项），但根据注册会计师的职业判断，该事项对财务报表使用者理解财务报表至关重要（例如期后事项）。根据本准则的规定，如果认为有必要提请财务报表使用者关注该事项，注册会计师应当将该事项包含在审计报告的强调事项段中。

二、审计报告中的强调事项段

（一）需要增加强调事项段的情形（参见本准则第五条和第九条）

4. 本准则附录 1 列示的其他审计准则，对注册会计师在特定情况下在审计报告中增加强调事项段提出具体要求。这些情形包括：

（1）法律法规规定的财务报告编制基础是不可接受的，但其是基于法律法规作出的规定；

（2）提醒财务报表使用者关注财务报表按照特殊目的编制基础编制；

（3）注册会计师在审计报告日后知悉了某些事实（即期后事项），并且出具了新的或经修改的审计报告。

5. 注册会计师可能认为需要增加强调事项段的情形举例如下：

（1）异常诉讼或监管行动的未来结果存在不确定性；

（2）在财务报表日至审计报告日之间发生的重大期后事项；

（3）在允许的情况下，提前应用对财务报表有重大影响的新会计准则；

（4）存在已经或持续对被审计单位财务状况产生重大影响的特大灾难。

6. 过于广泛使用强调事项段，可能会降低注册会计师对强调事项所作沟通的有效性。

（二）在审计报告中包含强调事项段（参见本准则第十条）

7. 在审计报告中包含强调事项段不影响审计意见。包含强调事项段不能代替下列情形：

（1）根据审计业务的具体情况，按照《中国注册会计师审计准则第1502号——在审计报告中发表非无保留意见》的规定发表非无保留意见；

（2）适用的财务报告编制基础要求管理层在财务报表中作出的披露，或为实现公允反映所需的其他披露；

（3）按照《中国注册会计师审计准则第1324号——持续经营》的规定，当可能导致对被审计单位持续经营能力产生重大疑虑的事项或情况存在重大不确定性时作出的报告。

8. 本指南第16段至第17段为在具体情况下强调事项段放置的位置提供了进一步指引。

三、审计报告中的其他事项段（参见本准则第十一条至第十二条）

（一）可能需要增加其他事项段的情形

与使用者理解审计工作相关的情形

9.《中国注册会计师审计准则第1151号——与治理层的沟通》要求注册会计师就计划的审计范围和时间安排与治理层进行沟通，包括沟通注册会计师识别的特别风险。尽管与特别风险相关的事项可能被确定为关键审计事项，根据《中国注册会计师审计准则第1504号——在审计报告中沟通关键审计事项》对关键审计事项的定义，其他与计划及范围相关的事项（例如，计划的审计范围或审计中对重要性的运用）不太可能构成关键审计事项。然而，法律法规可能要求注册会计师在审计报告中沟通与计划及范围相关的事项，或者注册会计师可能认为有必要在其他事项段中沟通这些事项。

10. 在少数情况下，即使由于管理层对审计范围施加的限制导致无法获取充分、适当的审计证据可能产生的影响具有广泛性，注册会计师也不能解除业务约定。在这种情况下，注册会计师可能认为有必要在审计报告中包含其他事项段，解释为何不能解除业务约定。

与使用者理解注册会计师的责任或审计报告相关的情形

11. 法律法规或得到广泛认可的惯例可能要求或允许注册会计师详细说明某些事项，以进一步解释注册会计师在财务报表审计中的责任或审计报告。当其他事项部分包含多个事项，并且根据注册会计师的职业判断，这些事项与财务报表使用者理解审计工作、注册会计师的责任或审计报告相关时，对每个事项使用不同的子标题可能是有帮助的。

12. 增加其他事项段不涉及以下两种情形：

（1）除审计准则规定的责任外，注册会计师还有其他报告责任（参见《中国注册会计师审计准则第1501号——对财务报表形成审计意见和出具审计报告》第三十六条至第三十八条）；

（2）注册会计师可能被要求实施额外的规定程序并予以报告，或对特定事项发表意见。

对两套或两套以上财务报表出具审计报告的情形

13. 被审计单位可能按照通用目的编制基础（如×国财务报告编制基础）编制一套财务报表，且按照另一个通用目的编制基础（如国际财务报告准则）编制另一套财务报表，并委托注册会计师同时对两套财务报表出具审计报告。如果注册会计师已确定两个财务报告编制基础在各自情形下是可接受的，可以在审计报告中增加其他事项段，说明该被审计单位根据另一个通用目的编制基础编制了另一套财务报表以及注册会计师对这些财务报表出具了审计报告。

限制审计报告分发和使用的情形

14. 为特定目的编制的财务报表可能按照通用目的编制基础编制，因为财务报表预期使用者已确定这种通用目的的财务报表能够满足他们对财务信息的需求。由于审计报告旨在提供给特定使用者，注册会计师可能认为在这种情况下需要增加其他事项段，说明审计报告只是提供给财务报表预期使用者，不应被分发给其他机构或人员或者被其他机构或人员使用。

（二）在审计报告中增加其他事项段

15. 其他事项段的内容明确反映了未被要求在财务报表中列报的其他事项。其他事项段不包括法律法规或其他职业准则（如中国注册会计师职业道德守则中与信息保密相关的规定）禁止注册会计师提供的信息。其他事项段也不包括要求管理层提供的信息。

四、强调事项段和其他事项段在审计报告中的位置（参见本准则第十条和第十二条）

16. 强调事项段或其他事项段在审计报告中的位置取决于拟沟通信息的性质，以及与按照《中国注册会计师审计准则1501号——对财务报表形成审计意见和出具审计报告》的规定需要报告的其他要素相比较，注册会计师针对该信息对财务报表预期使用者的相对重要程度的判断。例如：

强调事项段

（1）当强调事项段与适用的财务报告编制基础相关时，包括当注册会计师确定法律法规规定的财务报告编制基础不可接受时，注册会计师可能认为有必要将强调事项段紧接在"形成审计意见的基础"部分之后，以为审计意见提供合适的背景信息；

（2）当审计报告中包含关键审计事项部分时，基于注册会计师对强调事项段中信息的相对重要程度的判断,强调事项段可以紧接在关键审计事项部分之前或之后。注册会计师可以在"强调事项"标题中增加进一步的背景信息,例如"强调事项——期后事项",以将强调事项段和关键审计事项部分描述的每个事项予以区分。

其他事项段

(1)当审计报告中包含关键审计事项部分,且其他事项段也被认为必要时,注册会计师可以在"其他事项"标题中增加进一步的背景信息,例如"其他事项——审计范围",以将其他事项段和关键审计事项部分描述的每个事项予以区分;

(2)当增加其他事项段旨在提醒使用者关注与审计报告中提及的其他报告责任相关的事项时,该段落可以置于"按照相关法律法规的要求报告的事项"部分内;

(3)当其他事项段与注册会计师的责任或使用者理解审计报告相关时,可以单独作为一部分,置于"对财务报表出具的审计报告"和"按照相关法律法规的要求报告的事项"之后。

17.本指南附录中的参考格式1列示了当审计报告中同时包含关键审计事项部分、强调事项段和其他事项段时,有关它们之间相互影响的参考格式。参考格式2列示了针对非上市实体出具的保留意见审计报告的参考格式,其中包含强调事项段,且不存在需要沟通的关键审计事项。

五、与治理层的沟通(参见本准则第十三条)

18.按照本准则第十三条的规定与治理层的沟通能使治理层了解注册会计师拟在审计报告中所强调的特定事项的性质,并在必要时为治理层提供向注册会计师作出进一步澄清的机会。对于连续审计业务,当某一特定事项在每期审计报告的其他事项段中重复出现时,除非法律法规另有规定,注册会计师可能认为没有必要在每次审计业务中重复沟通。

附录

审计报告参考格式

参考格式1:包含关键审计事项部分、强调事项段及其他事项段的审计报告
参考格式2:由于偏离适用的财务报告编制基础导致的带强调事项段的保留意见审计报告

参考格式1:包含关键审计事项部分、强调事项段及其他事项段的审计报告
背景信息:
1.对上市实体整套财务报表进行审计。该审计不属于集团审计(即不适用《中国注册会计师审计准则第1401号——对集团财务报表审计的特殊考虑》);
2.管理层按照企业会计准则编制财务报表;
3.审计业务约定条款体现了《中国注册会计师审计准则第1111号——就审计业务约定条款达成一致意见》中关于管理层对财务报表责任的描述;

4. 基于获取的审计证据，注册会计师认为发表无保留意见是恰当的；

5. 适用的相关职业道德要求为中国注册会计师职业道德守则；

6. 基于获取的审计证据，根据《中国注册会计师审计准则第1324号——持续经营》，注册会计师认为可能导致对被审计单位持续经营能力产生重大疑虑的事项或情况不存在重大不确定性；

7. 在财务报表日至审计报告日之间，被审计单位的生产设备发生了火灾，被审计单位已将其作为期后事项披露。根据注册会计师的判断，该事项对财务报表使用者理解财务报表至关重要，但在本期财务报表审计中不是重点关注过的事项；

8. 已按照《中国注册会计师审计准则第1504号——在审计报告中沟通关键审计事项》的规定沟通了关键审计事项；

9. 注册会计师在审计报告日前已获取所有其他信息，且未识别出信息存在重大错报；

10. 已列报对应数据，且上期财务报表已由前任注册会计师审计。法律法规不禁止注册会计师提及前任注册会计师对对应数据出具的审计报告，并且注册会计师已决定提及；

11. 负责监督财务报表的人员与负责编制财务报表的人员不同；

12. 除财务报表审计外，注册会计师还承担法律法规要求的其他报告责任，且注册会计师决定在审计报告中履行其他报告责任。

审 计 报 告

ABC 股份有限公司全体股东：

一、对财务报表出具的审计报告 [①]

（一）审计意见

我们审计了 ABC 股份有限公司（以下简称 ABC 公司）财务报表，包括 20×1 年 12 月 31 日的资产负债表，20×1 年度的利润表、现金流量表、股东权益变动表以及相关财务报表附注。

我们认为，后附的财务报表在所有重大方面按照企业会计准则的规定编制，公允反映了 ABC 公司 20×1 年 12 月 31 日的财务状况以及 20×1 年度的经营成果和现金流量。

（二）形成审计意见的基础

我们按照中国注册会计师审计准则的规定执行了审计工作。审计报告的"注册会计师对财务报表审计的责任"部分进一步阐述了我们在这些准则下的责任。按照中国注册会计师职业道德守则，我们独立于 ABC 公司，并履行了职业道德方面的其他责任。我们相信，我们获取的审计证据是充分、适当的，为发表审计意见提供了基础。

（三）强调事项

我们提醒财务报表使用者关注，财务报表附注 × 描述了火灾对 ABC 公司的生产设

---

① 1 如果审计报告中不包含"按照相关法律法规的要求报告的事项"部分，则不需要加入此标题。

备造成的影响。本段内容不影响已发表的审计意见。

（四）关键审计事项

关键审计事项是我们根据职业判断，认为对本期财务报表审计最为重要的事项。这些事项的应对以对财务报表整体进行审计并形成审计意见为背景，我们不对这些事项单独发表意见。

［按照《中国注册会计师审计准则第1504号——在审计报告中沟通关键审计事项》的规定描述每一关键审计事项。］

（五）其他事项

20×0年12月31日的资产负债表，20×0年度的利润表、现金流量表、股东权益变动表以及相关财务报表附注由其他会计师事务所审计，并于20×1年3月31日发表了无保留意见。

（六）其他信息

［按照《中国注册会计师审计准则第1521号——注册会计师对其他信息的责任》的规定报告，见《〈中国注册会计师审计准则第1521号——注册会计师对其他信息的责任〉应用指南》附录2中的参考格式1。］

（七）管理层和治理层对财务报表的责任

［按照《中国注册会计师审计准则第1501号——对财务报表形成审计意见和出具审计报告》的规定报告，见《〈中国注册会计师审计准则第1501号——对财务报表形成审计意见和出具审计报告〉应用指南》参考格式1。］

（八）注册会计师对财务报表审计的责任

［按照《中国注册会计师审计准则第1501号——对财务报表形成审计意见和出具审计报告》的规定报告，见《〈中国注册会计师审计准则第1501号——对财务报表形成审计意见和出具审计报告〉应用指南》参考格式1。］

二、按照相关法律法规的要求报告的事项

［按照《中国注册会计师审计准则第1501号——对财务报表形成审计意见和出具审计报告》的规定报告，见《〈中国注册会计师审计准则第1501号——对财务报表形成审计意见和出具审计报告〉应用指南》参考格式1。］

××会计师事务所　　　　　　　中国注册会计师：×××（项目合伙人）
　（盖章）　　　　　　　　　　　　　（签名并盖章）
　　　　　　　　　　　　　　　中国注册会计师：×××
　　　　　　　　　　　　　　　　　（签名并盖章）
中国××市　　　　　　　　　　20×2年×月×日

参考格式2：由于偏离适用的财务报告编制基础的规定导致的带强调事项段的保留意见审计报告

背景信息：

1. 对非上市实体整套财务报表进行审计。该审计不属于集团审计（即不适用《中国注册会计师审计准则第1401号——对集团财务报表审计的特殊考虑》）；

2. 管理层按照企业会计准则编制财务报表;

3. 审计业务约定条款体现了《中国注册会计师审计准则第 1111 号——就审计业务约定条款达成一致意见》中关于管理层对财务报表责任的描述;

4. 由于偏离企业会计准则的规定导致发表保留意见;

5. 适用的相关职业道德要求为中国注册会计师职业道德守则;

6. 基于获取的审计证据,根据《中国注册会计师审计准则第 1324 号——持续经营》,注册会计师认为可能导致对被审计单位持续经营能力产生重大疑虑的事项或情况不存在重大不确定性;

7. 在财务报表日至审计报告日之间,被审计单位的生产设备发生了火灾,被审计单位已将其作为期后事项披露。根据注册会计师的判断,该事项对财务报表使用者理解财务报表至关重要,但在本期财务报表审计中不是重点关注过的事项;

8. 注册会计师未被要求,并且也决定不沟通关键审计事项;

9. 注册会计师在审计报告日前未获取任何其他信息;

10. 负责监督财务报表的人员与负责编制财务报表的人员不同;

11. 除财务报表审计外,注册会计师还承担法律法规要求的其他报告责任,且注册会计师决定在审计报告中履行其他报告责任。

审 计 报 告

ABC 股份有限公司全体股东:

一、对财务报表出具的审计报告[①]

(一)保留意见

我们审计了 ABC 股份有限公司(以下简称 ABC 公司)财务报表,包括 20×1 年 12 月 31 日的资产负债表,20×1 年度的利润表、现金流量表、股东权益变动表以及相关财务报表附注。

我们认为,除"形成保留意见的基础"部分所述事项产生的影响外,后附的财务报表在所有重大方面按照企业会计准则的规定编制,公允反映了 ABC 公司 20×1 年 12 月 31 日的财务状况以及 20×1 年度的经营成果和现金流量。

(二)形成保留意见的基础

ABC 公司 20×1 年 12 月 31 日资产负债表中以公允价值计量且其变动计入当期损益的金融资产的列示金额为 × 元。ABC 公司管理层(以下简称管理层)根据成本对以公允价值计量且其变动计入当期损益的金融资产进行计量,而没有根据公允价值进行计量,这不符合企业会计准则的规定。ABC 公司的会计记录显示,如果管理层以公允价值来计量以公允价值计量且其变动计入当期损益的金融资产,ABC 公司 20×1 年度利润表中公允价值变动损益将减少 × 元,20×1 年 12 月 31 日资产负债表中以公允价值计量且其变动计入当期损益的金融资产列示金额将减少 × 元。相应地,所得税、净利润和股东权益

---

① 如果审计报告中不包含"按照相关法律法规的要求报告的事项"部分,则不需要加入此标题。

将分别减少×元、×元和×元。

我们按照中国注册会计师审计准则的规定执行了审计工作。审计报告的"注册会计师对财务报表审计的责任"部分进一步阐述了我们在这些准则下的责任。按照中国注册会计师职业道德守则,我们独立于ABC公司,并履行了职业道德方面的其他责任。我们相信,我们获取的审计证据是充分、适当的,为发表保留意见提供了基础。

(三)强调事项——火灾的影响

我们提醒财务报表使用者关注,财务报表附注×描述了火灾对ABC公司的生产设备造成的影响。本段内容不影响已发表的审计意见。

(四)管理层和治理层对财务报表的责任

[按照《中国注册会计师审计准则第1501号——对财务报表形成审计意见和出具审计报告》的规定报告,见《〈中国注册会计师审计准则第1501号——对财务报表形成审计意见和出具审计报告〉应用指南》参考格式3。]

(五)注册会计师对财务报表审计的责任

[按照《中国注册会计师审计准则第1501号——对财务报表形成审计意见和出具审计报告》的规定报告,见《〈中国注册会计师审计准则第1501号——对财务报表形成审计意见和出具审计报告〉应用指南》参考格式3。]

二、按照相关法律法规的要求报告的事项

[按照《中国注册会计师审计准则第1501号——对财务报表形成审计意见和出具审计报告》的规定报告,见《〈中国注册会计师审计准则第1501号——对财务报表形成审计意见和出具审计报告〉应用指南》参考格式1。]

××会计师事务所	中国注册会计师:×××(项目合伙人)
(盖章)	(签名并盖章)
	中国注册会计师:×××
	(签名并盖章)
中国××市	20×2年×月×日

《中国注册会计师审计准则第 1504 号
——在审计报告中沟通关键审计事项》

（2022 年 1 月 17 日修订）

一、本准则的范围（参见本准则第三条）

1. 重要程度可以表述为某一事项在具体情形下的相对重要性。某一事项的重要程度是由注册会计师结合具体情形判断的。重要程度可以结合定量因素和定性因素来考虑，例如，相对规模、所涉及对象的性质、对所涉及对象的影响，以及预期使用者所表现出来的兴趣。判断某一事项的重要程度，需要对事实和情况作出客观分析，包括分析与治理层沟通的性质和范围。

2. 按照《中国注册会计师审计准则第 1151 号——与治理层的沟通》的规定，注册会计师应当与治理层进行双向沟通，其中可能就某些事项进行的沟通最为充分，财务报表使用者对这些事项感兴趣，并且呼吁增加这些沟通的透明度。例如，使用者对了解注册会计师在对财务报表整体形成审计意见时作出的重大判断尤其感兴趣，因为这些判断通常与管理层在编制财务报表时作出的重大判断领域相关。

3. 要求注册会计师在审计报告中沟通关键审计事项，可能有助于加强注册会计师与治理层就这些事项进行的沟通，同时还可能提高管理层和治理层对审计报告中提及的财务报表披露的关注程度。

4. 根据《中国注册会计师审计准则第 1221 号——计划和执行审计工作时的重要性》的规定，就审计而言，注册会计师针对财务报表使用者作出下列假定是合理的：

（1）拥有经营、经济活动和会计方面的适当知识，并有意愿认真研究财务报表中的信息；

（2）理解财务报表是在运用重要性水平基础上编制、列报和审计的；

（3）认可建立在对估计和判断的应用以及对未来事项的考虑的基础上的会计计量具有固有不确定性；

（4）依据财务报表中的信息作出合理的经济决策。

由于审计报告后附已审计财务报表，通常认为审计报告使用者与财务报表预期使用者相同。

（一）关键审计事项、审计意见及审计报告其他要素之间的关系（参见本准则第五条、第十二条和第十五条）

5.《中国注册会计师审计准则第 1501 号——对财务报表形成审计意见和出具审计报告》及其应用指南就对财务报表形成审计意见作出规定并提供指引。沟通关键审计事项并不代替管理层按照适用的财务报告编制基础在财务报表中作出的披露或为实现财务报表的公允反映而需要作出的披露。《中国注册会计师审计准则第1502号——在审计报告中发表非无保留意见》及其应用指南规范了注册会计师认为财务报表披露在恰当性或充分性方面存在重大错报的情形。

6. 当注册会计师按照《中国注册会计师审计准则第1502号——在审计报告中发表非无保留意见》的规定发表保留意见或否定意见时，在"形成保留（否定）意见的基础"部分描述导致非无保留意见的事项有助于预期使用者了解并识别存在的这些事项。因此，将这些事项与"关键审计事项"部分描述的其他关键审计事项区分开来单独沟通，能够使其在审计报告中得以适当地突出显示（参见本准则第十五条）。《〈中国注册会计师审计准则第1502号——在审计报告中发表非无保留意见〉应用指南》的附录列示了当注册会计师发表保留意见或否定意见并在审计报告中沟通其他关键审计事项时，"关键审计事项"部分的引言如何受到影响。本指南第58段列示了当注册会计师确定除审计报告"形成保留（否定）意见的基础"部分或"与持续经营相关的重大不确定性"部分说明的事项外，不存在其他需要在审计报告中沟通的关键审计事项时，"关键审计事项"部分如何进行说明。

7. 如果注册会计师对财务报表发表保留意见或否定意见，沟通其他关键审计事项仍有助于增强预期使用者对审计工作的了解，因而确定关键审计事项的要求仍然适用。然而，否定意见是在注册会计师得出结论认为错报单独或汇总起来对财务报表产生的影响重大且具有广泛性时发表的，因此：

（1）根据导致否定意见的事项的重要程度，注册会计师可能确定不存在其他关键审计事项。在这种情况下，本准则第十五条的要求适用。

（2）如果除导致否定意见的事项外，还存在一项或多项其他事项被确定为关键审计事项，则鉴于已发表否定意见，对这些其他关键审计事项的描述不要暗示财务报表整体在这些事项方面比实际情况更为可靠，这一点非常重要。

8.《中国注册会计师审计准则第1503号——在审计报告中增加强调事项段和其他事项段》规定，注册会计师在认为必要时可以在审计报告中增加强调事项段和其他事项段。通过这种方式，该准则为注册会计师建立了在审计报告中进行进一步沟通的机制。在这些情况下，审计报告中的强调事项段或其他事项段需要与关键审计事项部分分开列示。如果某事项被确定为关键审计事项，则不能以强调事项段或其他事项段代替按照本准则第十三条的规定对该关键审计事项的描述。《〈中国注册会计师审计准则第1503号——在审计报告中增加强调事项段和其他事项段〉应用指南》就关键审计事项与强调事项段之间的关系提供了进一步指引。

二、确定关键审计事项（参见本准则第九条至第十条）

9. 注册会计师确定关键审计事项的决策过程，旨在从与治理层沟通过的事项中筛选出较少数量的事项，这基于注册会计师就哪些事项对本期财务报表审计最为重要作出的判断。

10. 即使已审计财务报表包含比较财务报表（即审计意见涉及财务报表列报的每个期间），注册会计师确定的关键审计事项仅限于对本期财务报表审计最为重要的事项。

11. 尽管注册会计师确定关键审计事项是为了本期财务报表审计，并且本准则并不要求注册会计师更新上期审计报告中的关键审计事项,但注册会计师考虑上期财务报表审计的关键审计事项对本期财务报表审计而言是否仍为关键审计事项可能是有用的。

(一)重点关注过的事项(参见本准则第九条)

12. 重点关注的概念基于这样的认识:审计是风险导向的,注重识别和评估财务报表重大错报风险,设计和实施应对这些风险的审计程序,获取充分、适当的审计证据,以作为形成审计意见的基础。对于特定账户余额、交易类别或披露,评估的认定层次重大错报风险越高,在计划和实施审计程序并评价审计程序的结果时通常涉及的判断就越多。在设计进一步审计程序时,注册会计师评估的风险越高,就需要获取越有说服力的审计证据。当由于评估的风险较高而需要获取更具说服力的审计证据时,注册会计师可能需要增加所需审计证据的数量,或者获取更具相关性或可靠性的证据,如更多地从第三方获取证据或从多个独立渠道获取互相印证的证据。

13. 因此,对注册会计师获取充分、适当的审计证据或对财务报表形成审计意见构成挑战的事项可能与注册会计师确定关键审计事项尤其相关。

14. 注册会计师重点关注过的领域通常与财务报表中复杂、重大的管理层判断领域相关,因而通常涉及困难或复杂的注册会计师职业判断。相应地,重点关注过的事项通常影响注册会计师的总体审计策略以及与这些事项相关的审计资源分配和审计工作力度。这些影响的例子可能包括较高级别的审计项目组成员参与审计业务的程度,或者注册会计师的专家或在会计、审计的专业领域具有专长的人员(这些人员由会计师事务所聘请或雇用)对这些领域的参与。

15. 多项中国注册会计师审计准则要求注册会计师与治理层以及其他可能与重点关注过的领域相关的人员进行特定的沟通。例如:

(1)《中国注册会计师审计准则第1151号——与治理层的沟通》要求注册会计师与治理层沟通审计工作中遇到的重大困难(如有)。这些困难可能包括:

①关联方交易,特别是对注册会计师获取关联方交易与公平交易在所有其他方面(除价格外)都等同的审计证据的能力存在的限制。

②集团审计受到的限制,如集团项目组接触某些信息受到的限制。

(2)《中国注册会计师审计准则第1121号——对财务报表审计实施的质量管理》要求项目合伙人就困难或有争议的事项、会计师事务所政策和程序要求咨询的事项,以及项目合伙人根据职业判断认为需要咨询的其他事项进行适当咨询。例如,注册会计师可能已就某一重大技术事项向会计师事务所内部或外部其他人员进行咨询,可能表明该事项构成关键审计事项。该准则还要求项目合伙人与项目质量复核人员讨论在审计过程中遇到的重大事项和重大判断。

(二)确定重点关注过的事项时的考虑(参见本准则第九条)

16. 在计划审计工作时,注册会计师可以先就哪些事项很可能属于在审计中重点关注的领域因而可能构成关键审计事项形成一个初步的看法。按照《中国注册会计师审计准则第1151号——与治理层的沟通》的规定,注册会计师可以在与治理层讨论计划的审计范围和时间安排时沟通这一看法。然而,注册会计师对关键审计事项的确定需要基于执行审计程序的结果或整个审计过程中获取的审计证据。

17. 本准则第九条规定了注册会计师在确定重点关注过的事项时应当进行的特定考虑。这些考虑着眼于与治理层沟通过的事项的性质,这些事项通常与财务报表中披露的事项相关联,并且旨在反映预期使用者对于财务报表审计可能特别感兴趣的领域。要求注册会计师进行这些考虑,并不意味着与之相关的事项必然构成关键审计事项,只有当按照本准则第十条的规定被认为对审计工作最为重要时,相关事项才构成关键审计事项。由于这些考虑可能是相互关联的[例如,与本准则第九条第(二)至(三)项所描述情形相关的事项也可能被识别为特别风险],对与治理层沟通过的某一特定事项,如同时适用本准则第九条第(一)至(三)项中的两项以上,可能增加注册会计师将其识别为关键审计事项的可能性。

18.除与本准则第九条要求的特定考虑相关的事项外,还可能存在其他与治理层沟通过、需要注册会计师重点关注的事项,因而可能根据本准则第十条的规定构成关键审计事项。这些事项可能包括与已执行审计工作相关但可能不被要求在财务报表中披露的事项等。例如,在会计期间内上线一套新的IT系统(或现有IT系统的重大变更)可能构成重点关注过的领域,尤其是当这种变更对注册会计师的总体审计策略具有重大影响,或与一项特别风险相关时(例如,影响收入确认的系统的变更)。

根据《中国注册会计师审计准则第1211号——通过了解被审计单位及其环境识别和评估重大错报风险》的规定评估的重大错报风险较高的领域或识别出的特别风险[参见本准则第九条第(一)项]

19.《中国注册会计师审计准则第1151号——与治理层的沟通》要求注册会计师与治理层沟通识别出的特别风险。根据该准则应用指南第13段的解释,注册会计师还可以与治理层沟通注册会计师计划如何应对评估的重大错报风险较高的领域。

20.《中国注册会计师审计准则第1211号——通过了解被审计单位及其环境识别和评估重大错报风险》将特别风险定义为注册会计师识别和评估的、根据判断认为需要特别考虑的重大错报风险。重大管理层判断领域和重大非常规交易通常可能被识别为存在特别风险。因而,特别风险通常属于需要重点关注的领域。

21.并非所有特别风险都属于需要注册会计师重点关注的领域。例如,《中国注册会计师审计准则第1141号——财务报表审计中与舞弊相关的责任》假定在收入确认方面存在舞弊风险,并要求注册会计师将评估的由于舞弊导致的重大错报风险作为特别风险。该准则还指出,由于管理层凌驾于控制之上的行为发生方式不可预见,这种风险属于由于舞弊导致的重大错报风险,从而也是一种特别风险。这些风险是否需要重点关注,需要视其性质而定。如果这些风险不需要重点关注,注册会计师在按照本准则第十条的规定确定关键审计事项时可能不必加以考虑。

22.根据《中国注册会计师审计准则第1211号——通过了解被审计单位及其环境识别和评估重大错报风险》的规定,注册会计师对认定层次重大错报风险的评估结果,可能随着审计过程中不断获取审计证据而作出相应的变化。针对财务报表的特定领域修改注册会计师的风险评估结果并重新评价计划实施的审计程序(即审计方案的重大变化,例如,注册会计师的风险评估基于预期特定控制运行有效这一判断,而注册会计师获取的证据表明这些控制在被审计期间内并未有效运行,尤其是在评估的重大错报风险较高的领域)可能导致某一领域被确定为需要重点关注的领域。

与财务报表中包含重大管理层判断(包括被认为具有高度估计不确定性的会计估计)的领域相关的重大审计判断[参见本准则第九条第(二)项]

23.《中国注册会计师审计准则第1151号——与治理层的沟通》要求注册会计师与

治理层沟通注册会计师对被审计单位会计实务(包括会计政策、会计估计和财务报表披露)重大方面的质量的看法。在很多情况下,这涉及关键会计估计和相关披露,很可能属于重点关注领域,也可能被识别为特别风险。

24. 按照《中国注册会计师审计准则第1321号——审计会计估计(包括公允价值会计估计)和相关披露》的规定被识别为具有高度估计不确定性的会计估计可能未被确定为存在特别风险,然而财务报表使用者对这些会计估计很感兴趣。这些估计高度依赖管理层判断,通常是财务报表中最为复杂的领域,并且可能同时需要管理层的专家和注册会计师的专家的参与。对财务报表具有重大影响的会计政策(以及这些政策的重大变化)对财务报表使用者理解财务报表特别相关,尤其是当被审计单位的实务与同行业其他实体不一致时。

本期重大交易或事项对审计的影响[参见本准则第九条第(三)项]

25. 对财务报表或审计工作具有重大影响的事项或交易可能属于重点关注领域,并可能被识别为特别风险。例如,在审计过程中的各个阶段,注册会计师可能已与管理层和治理层就重大关联方交易或超出被审计单位正常经营过程的重大交易,或在其他方面显得异常的交易对财务报表的影响进行了大量讨论。管理层可能已就这些交易的确认、计量或列报作出困难或复杂的判断,这可能已对注册会计师的总体审计策略产生重大影响。

26. 那些影响管理层假设或判断的经济、会计、法规、行业或其他方面的重大变化也可能影响注册会计师的总体审计方案,由此成为需要注册会计师重点关注的事项。

(三)最为重要的事项(参见本准则第十条)

27. 注册会计师可能已就需要重点关注的事项与治理层进行了较多的互动。就这些事项与治理层进行沟通的性质和范围,通常能够表明哪些事项对审计而言最为重要。例如,对于较为困难和复杂的事项,注册会计师与治理层的互动可能更加深入、频繁或充分,这些事项(如重大会计政策的运用)构成重大的注册会计师判断或管理层判断的对象。

28. 运用最为重要的事项这一概念,需要以被审计单位和已执行的审计工作为背景。因此,注册会计师确定和沟通关键审计事项的目的在于识别出该审计项目特有的事项,并就这些事项相对于审计中其他事项的重要程度作出判断。

29. 在确定某一与治理层沟通过的事项的相对重要程度以及该事项是否构成关键审计事项时,下列考虑也可能是相关的:

(1)该事项对预期使用者理解财务报表整体的重要程度,尤其是对财务报表的重要性。

(2)与该事项相关的会计政策的性质或者与同行业其他实体相比,管理层在选择适当的会计政策时涉及的复杂程度或主观程度。

(3)从定性和定量方面考虑,与该事项相关的由于舞弊或错误导致的已更正错报和累积未更正错报(如有)的性质和重要程度。

(4)为应对该事项所需要付出的审计努力的性质和程度,包括:

①为应对该事项而实施审计程序或评价这些审计程序的结果(如有)在多大程度上需要特殊的知识或技能。

②就该事项在项目组之外进行咨询的性质。

(5)在实施审计程序、评价实施审计程序的结果、获取相关和可靠的审计证据以作为发表审计意见的基础时,注册会计师遇到的困难的性质和严重程度,尤其是当注册会计师的判断变得更加主观时。

（6）识别出的与该事项相关的控制缺陷的严重程度。

（7）该事项是否涉及多项可区分但又相互关联的审计考虑。例如，长期合同可能在收入确认、诉讼或其他或有事项等方面需要重点关注，并且可能影响其他会计估计。

30. 从需要重点关注的事项中，确定哪些事项以及多少事项对本期财务报表审计最为重要属于职业判断。需要在审计报告中包含的关键审计事项的数量可能受被审计单位规模和复杂程度、业务和经营环境的性质，以及审计业务具体事实和情况的影响。一般而言，最初确定为关键审计事项的事项越多，注册会计师越需要重新考虑每一事项是否符合关键审计事项的定义。罗列大量关键审计事项可能与这些事项是审计中最为重要的事项这一概念相抵触。

三、沟通关键审计事项

（一）在审计报告中单设关键审计事项部分（参见本准则第十一条）

31. 将单设的关键审计事项部分置于接近审计意见的位置，能够突出这些信息，同时向财务报表预期使用者展示项目特定信息在其眼中的价值。

32. 在关键审计事项部分列示每一事项的顺序属于职业判断。例如，这些信息可能基于注册会计师对其相对重要程度的判断进行列示，也可能与事项在财务报表中的披露方式相对应。本准则第十一条关于增加子标题的要求旨在进一步区分这些事项。

33. 如果列报了比较财务信息，关键审计事项部分的引言需要作相应调整，以提醒所描述的关键审计事项仅与本期财务报表审计相关这一事实，还可以指明这些财务报表涵盖的具体期间（例如，20×1年度）。

（二）描述单一关键审计事项（参见本准则第十三条）

34. 对某项关键审计事项的描述是否充分属于职业判断。对关键审计事项进行描述的目的在于提供一种简明、不偏颇的解释，以使预期使用者能够了解为何该事项是对审计最为重要的事项之一，以及这些事项是如何在审计中加以应对的。限制使用过于专业的审计术语也能够帮助那些不具备适当审计知识的预期使用者了解注册会计师在审计过程中关注特定事项的原因。注册会计师提供信息的性质和范围需要在相关方各自责任的背景下作出权衡（即注册会计师以一种简明且可理解的形式提供有用的信息，但避免不恰当地提供有关被审计单位的原始信息）。

35. 原始信息是指与被审计单位相关、尚未由被审计单位公布（例如，未包含在财务报表中、未包含在审计报告日可获取的其他信息或者管理层或治理层的其他口头或书面沟通中，如财务信息的初步公告或投资者简报）的信息。这些信息是被审计单位管理层和治理层的责任。

36. 在描述关键审计事项时，注册会计师需要避免不恰当地提供与被审计单位相关的原始信息。对关键审计事项的描述本身通常不构成有关被审计单位的原始信息，这是由于对关键审计事项的描述是在对财务报表进行审计的背景下进行的。然而，注册会计师可能认为提供进一步信息用于解释为何该事项被认为对审计最为重要因而被确定为关键审计事项，以及这些事项如何在审计中加以应对是有必要的，除非法律法规禁止披露这些信息。如果确定披露这些信息是必要的，注册会计师可以鼓励管理层或治理层进一步披露信息，而不是在审计报告中提供原始信息。

37. 基于注册会计师将要在审计报告中沟通某一关键审计事项这一事实，管理层或治理层可能决定在财务报表或年度报告的其他位置就该事项增加或强化相关披露。增加或强化相关披露可能提供有关下列事项的更充分的信息：

（1）会计估计对关键假设变化的敏感性；

（2）当在适用的财务报告编制基础下，被审计单位对会计实务或会计政策存在多种选择时，被审计单位采用某项会计实务或会计政策的理由。

38.《中国注册会计师审计准则第1521号——注册会计师对其他信息的责任》对年度报告作出定义，并规范了注册会计师与年度报告中包含的其他信息相关的责任。根据该准则的应用指南，以下一项或多项文件可能构成年度报告：

（1）董事会报告；

（2）公司董事会、监事会及董事、监事、高级管理人员保证年度报告内容的真实、准确、完整，不存在虚假记载、误导性陈述或重大遗漏，并承担个别和连带法律责任的声明；

（3）公司治理情况说明；

（4）内部控制自我评价报告。

尽管对财务报表发表的审计意见并不涵盖其他信息，注册会计师在对某项关键审计事项进行描述时，可以考虑这些其他信息，以及从被审计单位或其他可靠渠道获取的公开信息。

39. 注册会计师在审计过程中编制的审计工作底稿也能够帮助其形成对某项关键审计事项的描述。例如，与治理层之间的书面或口头沟通形成的记录以及其他审计工作底稿，能够为注册会计师在审计报告中沟通关键审计事项提供有用的基础。这是因为，按照《中国注册会计师审计准则第1131号——审计工作底稿》的规定编制的审计工作底稿，旨在记录审计中遇到的重大事项和得出的结论，以及在得出结论时作出的重大职业判断。审计工作底稿记录了已实施审计程序的性质、时间安排和范围，实施审计程序的结果以及获取的审计证据。审计工作底稿可以帮助注册会计师形成对关键审计事项的描述，并在描述中解释该事项的重要程度，还有助于注册会计师遵守本准则第十八条的要求。

索引至财务报表中对该事项的披露（参见本准则第十三条）

40. 本准则第十三条要求注册会计师在逐项描述关键审计事项时，说明该事项被认定为审计中最为重要的事项之一的原因，以及该事项在审计中是如何应对的。因此，对关键审计事项的描述不是对财务报表披露内容的简单重复。然而，对财务报表相关披露的索引能够使预期使用者进一步了解管理层在编制财务报表时如何应对这些事项。

41. 除索引至相关披露外，注册会计师还可以提醒财务报表使用者关注这些披露的关键方面。管理层就有关某一特定事项如何影响本期财务报表的具体方面或因素所进行披露的程度，可能帮助注册会计师准确描述其在审计中如何应对该事项的特定方面，从而使得预期使用者能够了解为何该事项构成关键审计事项。例如：

（1）如果被审计单位对会计估计披露充分，注册会计师可以提醒使用者关注财务报表中对关键假设、可能出现的结果的区间，以及与估计不确定性的关键原因或关键会计估计相关的其他定性和定量信息的披露，以作为说明为何该事项是审计中最为重要的事项之一以及如何在审计中应对该事项的部分内容。

（2）如果注册会计师根据《中国注册会计师审计准则第1324号——持续经营》的规定，认为可能导致对被审计单位持续经营能力产生重大疑虑的事项或情况不存在重大不确定性，注册会计师仍可能确定在按照该准则的规定执行审计工作得出结论时，与该结论相关的一项或多项事项构成关键审计事项。在这种情况下，注册会计师在审计报告中对这些关键审计事项的描述可以包括财务报表中披露的、已识别出的事项或情况，如重大经营亏损、可获得的借款安排和潜在的债务重组，或者违反贷款协议及相关缓解因素。

注册会计师认为该事项是审计中最为重要的事项之一的原因[参见本准则第十三条第（一）项]

42. 在审计报告中描述关键审计事项的目的在于提供为何将该事项确定为关键审计事项的见解。本准则第九条至第十条的要求，以及本指南第12段至第29段的内容与确定关键审计事项有关，因而也可能有助于注册会计师考虑如何在审计报告中沟通这些事项。例如，解释什么因素导致注册会计师认为某个特定事项需要重点关注并且对审计最为重要，这很可能是预期使用者的兴趣所在。

43. 在确定对关键审计事项的描述需要包含的信息时，注册会计师需要考虑对于预期使用者而言该信息的相关性。这可能包括相关描述是否有助于使用者更好地了解审计工作和注册会计师的判断。

44. 将某事项直接联系到被审计单位的特定情况，也可能有助于最大程度上降低这种描述随着时间的推移而变得过于标准化和有用性降低的可能性。例如，由于某行业的特定情况或财务报告的复杂程度，某些事项可能对于该行业的多个实体普遍构成关键审计事项。注册会计师在描述为何认为该事项是最为重要的事项之一时，强调被审计单位的特定方面（例如，影响本期财务报表中作出的判断的情形）以使这种描述对预期使用者而言更为相关可能是有用的。这对于描述某一在多个期间重复发生的关键审计事项而言也可能是重要的。

45. 这种描述也可以提及注册会计师根据审计的具体情况将某一事项确定为最为重要的事项之一时作出的主要考虑，例如：

（1）影响注册会计师获取审计证据能力的经济状况，如某些金融工具的市场缺乏流动性。

（2）新的或新兴领域的会计政策，如项目组在会计师事务所内部咨询的被审计单位特有的或行业特有的事项。

（3）对财务报表具有重大影响的被审计单位战略或经营模式发生变化。

该事项在审计中是如何应对的[参见本准则第十三条第（二）项]

46. 在审计报告中描述一项关键审计事项在审计中如何应对时，描述的详细程度属于职业判断。根据本准则第十三条第（二）项的要求，注册会计师可以描述下列要素：

（1）审计应对措施或审计方案中，与该事项最为相关或对评估的重大错报风险最有针对性的方面；

（2）对已实施审计程序的简要概述；

（3）实施审计程序的结果；

（4）对该事项的主要看法。

法律法规可能就关键审计事项的描述规定特定的形式或内容，也可能明确规定对关键审计事项的描述应包含上述一项或多项要素。

47. 为使预期使用者能够理解在对财务报表整体进行审计的背景下关键审计事项的重

要程度,以及关键审计事项和审计报告其他要素(包括审计意见)之间的关系,注册会计师可能需要注意用于描述关键审计事项的语言,使之:

(1)不暗示注册会计师在对财务报表形成审计意见时尚未恰当解决该事项。

(2)将该事项直接联系到被审计单位的具体情况,避免使用一般化或标准化的语言。

(3)能够体现出对该事项在相关财务报表披露(如有)中如何应对的考虑。

(4)不对财务报表单一要素单独发表意见,也不暗示是对财务报表单一要素单独发表意见。

48.描述注册会计师针对某一事项的应对措施或审计方案,尤其是当审计方案需要根据被审计单位的事实和情况专门制定时,可能有助于预期使用者了解异常情况以及注册会计师用于应对重大错报风险的重大职业判断。此外,某一特定期间的审计方案可能受被审计单位具体情况、经济状况或行业发展的影响。注册会计师提及与治理层就该事项进行沟通的性质和范围也可能是有用的。

49.例如,在描述对某项被认为具有高度估计不确定性的会计估计(如复杂金融工具的估价)采用的审计方案时,注册会计师可能希望强调其雇用或聘请了专家。提及利用专家的工作并不减轻注册会计师对财务报表发表审计意见的责任,因而与《中国注册会计师审计准则第1421号——利用专家的工作》第十五条至第十六条的规定并无不一致。

50.描述审计程序可能存在挑战,尤其是在较为复杂、涉及判断的审计领域。简明扼要地汇总已实施的审计程序,以充分沟通注册会计师对评估的重大错报风险采取的应对措施以及所涉及的重大注册会计师判断可能尤其困难。尽管如此,注册会计师可能认为有必要描述已实施的特定程序,以沟通该事项在审计中是如何应对的。这种描述通常可能是高度概括的,而非包含对程序的详细描述。

51.如本指南第46段所述,注册会计师在审计报告中描述关键审计事项时,也可能指出注册会计师采取的应对措施的结果。然而,如果这样做,注册会计师需要避免使预期使用者认为这种描述是针对单一关键审计事项发表单独的意见,也需要避免使预期使用者对财务报表整体的审计意见产生疑问。

(三)不在审计报告中沟通关键审计事项的情形(参见本准则第十四条)

52.法律法规可能禁止管理层或注册会计师公开披露某一被确定为关键审计事项的事项。例如,法律法规可能明确禁止任何可能损害相关机构对某项违法行为或疑似违法行为(如与洗钱相关或疑似与洗钱相关的行为)进行调查的公开披露。

53.如本准则第十四条第(二)项所述,不在审计报告中沟通某项关键审计事项属于极少数情形。这是因为,为预期使用者提高审计的透明度通常被认为符合公众利益。因此,仅当合理预期在审计报告中沟通某关键审计事项对被审计单位或公众造成的负面后果非常严重以至于超过在公众利益方面产生的益处时,不沟通该事项的判断才是适当的。

54.确定不沟通某项关键审计事项,需要考虑与该事项相关的事实和情况。与管理层和治理层沟通有助于注册会计师了解管理层对沟通某一事项可能导致的负面后果的严重程度的看法,尤其是能够在下列方面帮助注册会计师确定是否沟通该事项:

(1)帮助注册会计师了解被审计单位未公开披露该事项的原因(例如,法律法规或特定财务报告编制基础允许延迟披露或不披露该事项)以及管理层对披露所带来的负面后果(如有)的看法。管理层可能提醒注册会计师关注法律法规或其他权威要求中的某些规定可能与考虑负面后果相关(例如,可能涉及对被审计单位的商业谈判或竞争地位造成损害)。然而,管理层关于负面后果的看法本身并不能减轻注册会计师按照本准则第十四条第(二)项的规定确定该负面后果是否可能被合理预期超过在公众利益方面产生的益处的需要。

(2)关注被审计单位是否已就该事项与适当的执法或监管机构进行沟通,尤其是这些沟通看起来是否能够支持管理层关于公开披露该事项不适当的认定。

(3)在适当时,使注册会计师能够鼓励管理层和治理层公开披露与该事项相关的信息。如果管理层和治理层关于沟通的顾虑仅限于与该事项相关的特定方面,因而与该事项相关的某些信息可能不太敏感从而能够沟通,在这种情况下尤其可能使得管理层和治理层同意公开披露相关信息。

注册会计师还可能认为有必要从管理层获取关于公开披露该事项为何不适当的书面声明,包括管理层对沟通该事项可能带来的负面后果的严重程度的看法。

55. 注册会计师可能有必要结合相关职业道德要求考虑沟通某一关键审计事项带来的影响。此外,法律法规可能要求注册会计师与适当的执法或监管机构沟通该事项,而无论该事项是否在审计报告中沟通。这种沟通也可能有助于注册会计师考虑沟通该事项可能带来的负面后果。

56. 注册会计师决定不沟通某一事项所需要进行的考虑是复杂的,包含重大职业判断。因此,注册会计师可能认为获取法律意见是适当的。

(四)其他情形下关键审计事项部分的形式和内容(参见本准则第十六条)

57. 本准则第十六条的要求适用于下列三种情形:

(1)注册会计师根据本准则第十条的规定,确定不存在关键审计事项(参见本指南第 59 段)。

(2)注册会计师根据本准则第十四条的规定,确定不在审计报告中沟通某一关键审计事项,并且不存在其他关键审计事项。

(3)仅有的关键审计事项是根据本准则第十五条的规定进行沟通的事项。

58. 如果注册会计师确定不存在需要沟通的关键审计事项,可以在审计报告中作如下表述:

关键审计事项

除形成保留(否定)意见的基础部分或与持续经营相关的重大不确定性部分所描述的事项外,我们确定不存在其他需要在审计报告中沟通的关键审计事项。

或者:

关键审计事项

我们确定不存在需要在审计报告中沟通的关键审计事项。

59. 确定关键审计事项涉及对需要重点关注的事项的相对重要程度作出判断。因此,对上市实体整套通用目的财务报表进行审计的注册会计师,确定与治理层沟通过的事项中不存在任何一项需要在审计报告中沟通的关键审计事项,可能是较为少见的情况。然而,在某些有限的情况下(如某上市实体的经营业务非常有限),注册会计师可能确定由于不存在需要重点关注的事项,因而根据本准则第十条的规定,不存在关键审计事项。

四、与治理层沟通(参见本准则第十七条)

60.《中国注册会计师审计准则第 1151 号——与治理层的沟通》要求注册会计师及

时与治理层沟通。沟通关键审计事项的适当时间安排因业务具体情况的不同而不同。然而，注册会计师可以在讨论计划的审计范围和时间安排时沟通有关关键审计事项的初步看法，也可以在沟通审计发现时进一步讨论这些事项。这样做可能有助于减轻实务中在财务报表即将完成并对外公布时才试图就关键审计事项进行充分的双向沟通所带来的挑战。

61. 与治理层沟通能够使治理层注意到注册会计师拟在审计报告中沟通的关键审计事项，并给治理层提供在必要时进一步澄清的机会。注册会计师可能认为向治理层提供审计报告草稿以方便这一讨论是有帮助的。与治理层的沟通确认了治理层在监督财务报告过程中的重要作用，同时为治理层提供了了解注册会计师如何确定关键审计事项以及将如何在审计报告中描述这些事项的机会。这也能够使治理层考虑鉴于这些事项将在审计报告中进行沟通，作出新的披露或提高披露质量是否有用。

62. 本准则第十七条第（一）项要求的与治理层的沟通也适用于不在审计报告中沟通某一关键审计事项的极少数情形（参见本准则第十四条和本指南第54段）。

63. 本准则第十七条第（二）项中关于当注册会计师确定不存在需要在审计报告中沟通的关键审计事项时与治理层进行沟通的要求，能够为注册会计师提供机会，使其与熟悉审计工作以及审计中遇到的重大事项的其他人员（包括项目质量复核人员，如有）作进一步沟通。这些讨论能够促使注册会计师重新评价不存在关键审计事项的决定。

五、审计工作底稿（参见本准则第十八条）

64. 根据《中国注册会计师审计准则第1131号——审计工作底稿》第十条的规定，注册会计师编制的审计工作底稿，应当使得未曾接触该项审计工作的有经验的专业人士清楚了解重大职业判断。就关键审计事项而言，这些职业判断包括从与治理层沟通过的事项中确定重点关注过的事项，以及这些事项中的每一项是否构成关键审计事项。注册会计师对此作出的判断很可能能够通过对与治理层沟通形成的工作底稿、与每个事项相关的工作底稿（参见本指南第39段），以及对审计中遇到的重大事项形成的其他工作底稿（如审计工作总结）来支持。然而，本准则并不要求注册会计师记录其他与治理层沟通过的事项不构成重点关注过的事项的原因。

《中国注册会计师审计准则第 1511 号
——比较信息：对应数据和比较财务报表》
应用指南

（2017 年 2 月 28 日修订）

一、审计程序

书面声明（参见本准则第十二条）

1. 在比较财务报表的情形下，由于管理层需要再次确认其以前作出的与上期相关的书面声明仍然适当，注册会计师需要要求管理层提供与审计意见所提及的所有期间相关的书面声明。在对应数据的情形下，由于审计意见针对包括对应数据的本期财务报表，注册会计师需要要求管理层仅就本期财务报表提供书面声明。然而，对上期财务报表中影响比较信息的重大错报进行更正而作出的任何重述，注册会计师需要要求管理层提供特别书面声明。

二、审计报告

（一）审计报告：对应数据

不在审计意见中提及比较数据（参见本准则第十三条）

2. 由于审计意见是针对包括对应数据的本期财务报表整体的，审计意见不提及对应数据。

（二）导致对上期财务报表发表非无保留意见的事项（参见本准则第十四条）

3. 如果以前针对上期财务报表发表了非无保留意见，且导致非无保留意见的事项已经解决，并已按照适用的财务报告编制基础进行恰当的会计处理，或在财务报表中作出适当的披露，则针对本期财务报表发表的审计意见无需提及之前发表的非无保留意见。

4. 如果以前针对上期财务报表发表了非无保留意见，且导致非无保留意见的事项尚未解决，该尚未解决的事项可能与本期数据无关。尽管如此，由于尚未解决的事项对本期数据和对应数据的可比性存在影响或可能存在影响，需要对本期财务报表发表保留意见、无法表示意见或否定意见（如适用）。

5. 如果针对上期财务报表发表了非无保留意见，且导致非无保留意见的事项尚未解决，本指南附录 1 和附录 2 列示了在这种情况下出具的审计报告的参考格式。

上期财务报表中的错报（参见本准则第十五条）

6. 如果存在错报的上期财务报表尚未更正，并且没有重新出具审计报告，但对应数据已在本期财务报表中得到适当重述或恰当披露，注册会计师可以在审计报告中增加强调事项段,以描述这一情况,并提及详细描述该事项的相关披露在财务报表中的位置(参见《中国注册会计师审计准则第1503号——在审计报告中增加强调事项段和其他事项段》)。

上期财务报表已经前任注册会计师审计(参见本准则第十六条)

7. 如果上期财务报表已由前任注册会计师审计,并且法律法规不禁止注册会计师提及前任注册会计师对对应数据出具的审计报告,本指南附录3列示了在这种情况下出具的审计报告的参考格式。

上期财务报表未经审计(参见本准则第十七条)

7a. 如果注册会计师未能获取有关期初余额的充分、适当的审计证据,按照《中国注册会计师审计准则第1502号——在审计报告中发表非无保留意见》的规定,注册会计师应当对财务报表发表保留意见或无法表示意见。如果在针对期初余额不含有对本期财务报表产生重大影响的错报获取充分、适当审计证据时遇到重大困难,注册会计师可能按照《中国注册会计师审计准则第1504号——在审计报告中沟通关键审计事项》的规定,将其确定为关键审计事项。

(三)审计报告:比较财务报表

在审计意见中提及财务报表所属的各期,以及发表审计意见涵盖的各期(参见本准则第十八条)

8. 由于对比较财务报表出具的审计报告涵盖所列报的每期财务报表,注册会计师可以对一期或多期财务报表发表保留意见、否定意见或无法表示意见,或者在审计报告中增加强调事项段,而对其他期间的财务报表发表不同的审计意见。

9. 当同时出现下列情况时,注册会计师可参照本指南附录4列示的审计报告的参考格式出具审计报告:

(1)注册会计师需要结合本期审计对本期和上期财务报表同时出具审计报告;

(2)针对上期财务报表发表了非无保留意见,并且导致非无保留意见的事项仍未解决。

对上期财务报表的意见不同于以前发表的意见(参见本准则第十九条)

10. 当结合本期审计对上期财务报表出具审计报告时,如果注册会计师在本期审计过程中注意到严重影响上期财务报表的情形或事项,对上期财务报表发表的意见可能与以前发表的意见不同。在某些国家或地区,注册会计师可能负有额外的报告责任,以防止信赖注册会计师以前对上期财务报表出具的报告。

上期财务报表已经前任注册会计师审计(参见本准则第二十一条)

11. 前任注册会计师可能无法或不愿对上期财务报表重新出具审计报告。注册会计师可以在审计报告中增加其他事项段,指出前任注册会计师对更正前的上期财务报表出具了报告。此外,如果注册会计师针对作出更正的调整事项接受委托实施审计并获取充分、适当的审计证据,可以在审计报告中增加以下段落:

"作为20×2年度财务报表审计的一部分,我们同时审计了附注×中所描述的用于对20×1年度财务报表作出更正的调整事项。我们认为这些调整是恰当的,并得到了适当运用。除了与调整相关的事项外,我们没有接受委托对公司20×1年度财务报表实施审计、审阅或其他程序,因此,我们不对20×1年度财务报表整体发表意见或提供任何形式的保证。"

上期财务报表未经审计（参见本准则第二十二条）

11a. 如果注册会计师未能获取有关期初余额的充分、适当的审计证据，按照《中国注册会计师审计准则第1502号——在审计报告中发表非无保留意见》的规定，注册会计师应当对财务报表发表保留意见或无法表示意见。如果在针对期初余额不含有对本期财务报表产生重大影响的错报获取充分、适当审计证据时遇到重大困难，注册会计师可能按照《中国注册会计师审计准则第1504号——在审计报告中沟通关键审计事项》的规定，将其确定为关键审计事项。

附录1（参见本指南第5段）

有关对应数据的审计报告的参考格式

背景信息：

1. 对非上市实体整套财务报表进行审计。该审计不属于集团审计（即不适用《中国注册会计师审计准则第1401号——对集团财务报表审计的特殊考虑》）；
2. 管理层按照企业会计准则编制财务报表；
3. 审计业务约定条款体现了《中国注册会计师审计准则第1111号——就审计业务约定条款达成一致意见》中关于管理层对财务报表责任的描述；
4. 以前对上期财务报表出具了保留意见的审计报告；
5. 导致保留意见的事项仍未解决；
6. 该尚未解决的事项对本期数据的影响或可能的影响是重大的，需要对本期数据发表非无保留意见；
7. 适用的相关职业道德要求为中国注册会计师职业道德守则；
8. 基于获取的审计证据，根据《中国注册会计师审计准则第1324号——持续经营》，注册会计师认为可能导致对被审计单位持续经营能力产生重大疑虑的事项或情况不存在重大不确定性；
9. 注册会计师未被要求，并且也决定不沟通关键审计事项；
10. 注册会计师在审计报告日前未获取任何其他信息；
11. 负责监督财务报表的人员与负责编制财务报表的人员不同；
12. 除财务报表审计外，注册会计师还承担法律法规要求的其他报告责任，且注册会计师决定在审计报告中履行其他报告责任。

审 计 报 告

ABC 股份有限公司全体股东：

一、对财务报表出具的审计报告[①]

（一）保留意见

我们审计了 ABC 股份有限公司（以下简称 ABC 公司）财务报表，包括 20×1 年 12 月 31 日的资产负债表，20×1 年度的利润表、现金流量表、股东权益变动表以及相关财务报表附注。

我们认为，除"形成保留意见的基础"部分所述事项产生的影响外，后附的财务报表在所有重大方面按照企业会计准则的规定编制，公允反映了 ABC 公司 20×1 年 12 月 31 日的财务状况以及 20×1 年度的经营成果和现金流量。

（二）形成保留意见的基础

如财务报表附注 × 所述，ABC 公司未按照企业会计准则的规定对房屋建筑物和机器设备计提折旧。这项决定是 ABC 公司管理层（以下简称管理层）在上一会计年度开始时作出的，导致我们对该年度财务报表发表了保留意见。如果按照房屋建筑物 5% 和机器设备 20% 的年折旧率计提折旧，20×1 年度和 20×0 年度的当年亏损将分别增加 × 元和 × 元，20×1 年年末和 20×0 年年末的房屋建筑物和机器设备的净值将因累计折旧而减少 × 元和 × 元，并且 20×1 年年末和 20×0 年年末的累计亏损将分别增加 × 元和 × 元。

我们按照中国注册会计师审计准则的规定执行了审计工作。审计报告的"注册会计师对财务报表审计的责任"部分进一步阐述了我们在这些准则下的责任。按照中国注册会计师职业道德守则，我们独立于 ABC 公司，并履行了职业道德方面的其他责任。我们相信，我们获取的审计证据是充分、适当的，为发表保留意见提供了基础。

（三）管理层和治理层对财务报表的责任

[按照《中国注册会计师审计准则第 1501 号——对财务报表形成审计意见和出具审计报告》的规定报告，见《〈中国注册会计师审计准则第 1501 号——对财务报表形成审计意见和出具审计报告〉应用指南》参考格式 3。]

（四）注册会计师对财务报表审计的责任

[按照《中国注册会计师审计准则第 1501 号——对财务报表形成审计意见和出具审计报告》的规定报告，见《〈中国注册会计师审计准则第 1501 号——对财务报表形成审计意见和出具审计报告〉应用指南》参考格式 3。]

二、按照相关法律法规的要求报告的事项

[按照《中国注册会计师审计准则第 1501 号——对财务报表形成审计意见和出具审计报告》的规定报告，见《〈中国注册会计师审计准则第 1501 号——对财务报表形成审计意见和出具审计报告〉应用指南》参考格式 1。]

[①] 如果审计报告中不包含"按照相关法律法规的要求报告的事项"部分，则不需要加入此标题。

××会计师事务所	中国注册会计师：×××（项目合伙人）
（盖章）	（签名并盖章）
	中国注册会计师：×××
	（签名并盖章）
中国××市	20×2年×月×日

附录2（参见本指南第5段）

有关对应数据的审计报告的参考格式

背景信息：

1. 对非上市实体整套财务报表进行审计。该审计不属于集团审计（即不适用《中国注册会计师审计准则第1401号——对集团财务报表审计的特殊考虑》）；

2. 管理层按照企业会计准则编制财务报表；

3. 审计业务约定条款体现了《中国注册会计师审计准则第1111号——就审计业务约定条款达成一致意见》中关于管理层对财务报表责任的描述；

4. 以前对上期财务报表出具了保留意见的审计报告；

5. 导致保留意见的事项仍未解决；

6. 尽管尚未解决的事项对本期数据的影响或可能的影响并不重大，但由于尚未解决的事项对本期数据和对应数据的可比性存在影响或可能存在影响，需要对本期数据发表非无保留意见；

7. 适用的相关职业道德要求为中国注册会计师职业道德守则；

8. 基于获取的审计证据，根据《中国注册会计师审计准则第1324号——持续经营》，注册会计师认为可能导致对被审计单位持续经营能力产生重大疑虑的事项或情况不存在重大不确定性；

9. 注册会计师未被要求，并且也决定不沟通关键审计事项；

10. 注册会计师在审计报告日前未获取任何其他信息；

11. 负责监督财务报表的人员与负责编制财务报表的人员不同；

12. 除财务报表审计外，注册会计师还承担法律法规要求的其他报告责任，且注册会计师决定在审计报告中履行其他报告责任。

审 计 报 告

ABC 股份有限公司全体股东：

一、对财务报表出具的审计报告[①]

（一）保留意见

我们审计了 ABC 股份有限公司（以下简称 ABC 公司）财务报表，包括 20×1 年 12 月 31 日的资产负债表，20×1 年度的利润表、现金流量表、股东权益变动表以及相关财务报表附注。

我们认为，除"形成保留意见的基础"部分所述事项对对应数据可能产生的影响外，后附的财务报表在所有重大方面按照企业会计准则的规定编制，公允反映了 ABC 公司 20×1 年 12 月 31 日的财务状况以及 20×1 年度的经营成果和现金流量。

（二）形成保留意见的基础

由于我们于 20×0 年年末接受委托对 ABC 公司的财务报表进行审计，我们无法对 20×0 年年初的存货实施监盘，也不能实施替代程序确定存货的数量。鉴于年初存货影响经营成果的确定，我们不能确定是否应对 20×0 年度的经营成果和年初留存收益作出必要的调整。因此，我们对 20×0 年度的财务报表发表了保留意见。由于该事项对本期数据和对应数据的可比性存在影响或可能存在影响，我们对本期财务报表发表了保留意见。

我们按照中国注册会计师审计准则的规定执行了审计工作。审计报告的"注册会计师对财务报表审计的责任"部分进一步阐述了我们在这些准则下的责任。按照中国注册会计师职业道德守则，我们独立于 ABC 公司，并履行了职业道德方面的其他责任。我们相信，我们获取的审计证据是充分、适当的，为发表保留意见提供了基础。

（三）管理层和治理层对财务报表的责任

［按照《中国注册会计师审计准则第 1501 号——对财务报表形成审计意见和出具审计报告》的规定报告，见《〈中国注册会计师审计准则第 1501 号——对财务报表形成审计意见和出具审计报告〉应用指南》参考格式 3。］

（四）注册会计师对财务报表审计的责任

［按照《中国注册会计师审计准则第 1501 号——对财务报表形成审计意见和出具审计报告》的规定报告，见《〈中国注册会计师审计准则第 1501 号——对财务报表形成审计意见和出具审计报告〉应用指南》参考格式 3。］

二、按照相关法律法规的要求报告的事项

［按照《中国注册会计师审计准则第 1501 号——对财务报表形成审计意见和出具审计报告》的规定报告，见《〈中国注册会计师审计准则第 1501 号——对财务报表形成审计意见和出具审计报告〉应用指南》参考格式 1。］

---

① 如果审计报告中不包含"按照相关法律法规的要求报告的事项"部分，则不需要加入此标题。

××会计师事务所　　　　　　中国注册会计师：×××（项目合伙人）
　　　　（盖章）　　　　　　　　　　　　　　（签名并盖章）
　　　　　　　　　　　　　　　　中国注册会计师：×××
　　　　　　　　　　　　　　　　　　　　　（签名并盖章）
　　中国××市　　　　　　　　　　20×2年×月×日

附录3（参见本指南第7段）

有关对应数据的审计报告的参考格式

背景信息：

1. 对非上市实体整套财务报表进行审计。该审计不属于集团审计（即不适用《中国注册会计师审计准则第1401号——对集团财务报表审计的特殊考虑》）；

2. 管理层按照企业会计准则编制财务报表；

3. 审计业务约定条款体现了《中国注册会计师审计准则第1111号——就审计业务约定条款达成一致意见》中关于管理层对财务报表责任的描述；

4. 基于获取的审计证据，注册会计师认为发表无保留意见是恰当的；

5. 适用的相关职业道德要求为中国注册会计师职业道德守则；

6. 基于获取的审计证据，根据《中国注册会计师审计准则第1324号——持续经营》，注册会计师认为可能导致对被审计单位持续经营能力产生重大疑虑的事项或情况不存在重大不确定性；

7. 注册会计师未被要求，并且也决定不沟通关键审计事项；

8. 注册会计师在审计报告日前已获取所有其他信息，且未识别出信息存在重大错报；

9. 已列报对应数据，且上期财务报表已由前任注册会计师审计；

10. 法律法规不禁止注册会计师提及前任注册会计师对对应数据出具的审计报告，并且注册会计师决定提及；

11. 负责监督财务报表的人员与负责编制财务报表的人员不同；

12. 除财务报表审计外，注册会计师还承担法律法规要求的其他报告责任，且注册会计师决定在审计报告中履行其他报告责任。

审 计 报 告

ABC 股份有限公司全体股东：

一、对财务报表出具的审计报告[①]

（一）审计意见

我们审计了 ABC 股份有限公司（以下简称 ABC 公司）财务报表，包括 20×1 年 12 月 31 日的资产负债表，20×1 年度的利润表、现金流量表、股东权益变动表以及相关财务报表附注。

我们认为，后附的财务报表在所有重大方面按照企业会计准则的规定编制，公允反映了 ABC 公司 20×1 年 12 月 31 日的财务状况以及 20×1 年度的经营成果和现金流量。

（二）形成审计意见的基础

我们按照中国注册会计师审计准则的规定执行了审计工作。审计报告的"注册会计师对财务报表审计的责任"部分进一步阐述了我们在这些准则下的责任。按照中国注册会计师职业道德守则，我们独立于 ABC 公司，并履行了职业道德方面的其他责任。我们相信，我们获取的审计证据是充分、适当的，为发表审计意见提供了基础。

（三）其他事项

20×0 年 12 月 31 日的资产负债表，20×0 年度的利润表、现金流量表和股东权益变动表以及相关财务报表附注由其他会计师事务所审计，并于 20×1 年 3 月 31 日发表了无保留意见。

（四）其他信息

［按照《中国注册会计师审计准则第 1521 号——注册会计师对其他信息的责任》的规定报告，见《〈中国注册会计师审计准则第 1521 号——注册会计师对其他信息的责任〉应用指南》附录 2 中的参考格式 1。］

（五）管理层和治理层对财务报表的责任

［按照《中国注册会计师审计准则第 1501 号——对财务报表形成审计意见和出具审计报告》的规定报告，见《〈中国注册会计师审计准则第 1501 号——对财务报表形成审计意见和出具审计报告〉应用指南》参考格式 3。］

（六）注册会计师对财务报表审计的责任

［按照《中国注册会计师审计准则第 1501 号——对财务报表形成审计意见和出具审计报告》的规定报告，见《〈中国注册会计师审计准则第 1501 号——对财务报表形成审计意见和出具审计报告〉应用指南》参考格式 3。］

二、按照相关法律法规的要求报告的事项

［按照《中国注册会计师审计准则第 1501 号——对财务报表形成审计意见和出具审计报告》的规定报告，见《〈中国注册会计师审计准则第 1501 号——对财务报表形成审计意见和出具审计报告〉应用指南》参考格式 1。］

---

① 如果审计报告中不包含"按照相关法律法规的要求报告的事项"部分，则不需要加入此标题。

××会计师事务所　　　　　　中国注册会计师：×××（项目合伙人）
　　（盖章）　　　　　　　　　　　　（签名并盖章）
　　　　　　　　　　　　　　中国注册会计师：×××
　　　　　　　　　　　　　　　　　　（签名并盖章）

中国××市　　　　　　　　　20×2年×月×日

附录4（参见本指南第9段）

有关比较财务报表的审计报告的参考格式

背景信息：

1. 对非上市实体整套财务报表进行审计。该审计不属于集团审计（即不适用《中国注册会计师审计准则第1401号——对集团财务报表审计的特殊考虑》）；

2. 管理层按照企业会计准则编制财务报表；

3. 审计业务约定条款体现了《中国注册会计师审计准则第1111号——就审计业务约定条款达成一致意见》中关于管理层对财务报表责任的描述；

4. 注册会计师需要结合本年审计对本期和上期财务报表同时出具审计报告；

5. 对上期财务报表发表了保留意见；

6. 导致非无保留意见的事项仍未解决；

7. 尚未解决的事项对本期数据产生的影响或可能产生的影响，对于本期财务报表和上期财务报表都是重大的，需要发表非无保留意见；

8. 适用的相关职业道德要求为中国注册会计师职业道德守则；

9. 基于获取的审计证据，根据《中国注册会计师审计准则第1324号——持续经营》，注册会计师认为可能导致对被审计单位持续经营能力产生重大疑虑的事项或情况不存在重大不确定性；

10. 注册会计师未被要求，并且也决定不沟通关键审计事项；

11. 注册会计师在审计报告日前未获取任何其他信息；

12. 负责监督财务报表的人员与负责编制财务报表的人员不同；

13. 除财务报表审计外，注册会计师还承担法律法规要求的其他报告责任，且注册会计师决定在审计报告中履行其他报告责任。

审 计 报 告

ABC 股份有限公司全体股东：

一、对财务报表出具的审计报告[①]

（一）保留意见

我们审计了 ABC 股份有限公司（以下简称 ABC 公司）财务报表，包括 20×1 年 12 月 31 日和 20×0 年 12 月 31 日的资产负债表，20×1 年度和 20×0 年度的利润表、现金流量表、股东权益变动表以及相关财务报表附注。

我们认为，除"形成保留意见的基础"部分所述事项产生的影响外，后附的财务报表在所有重大方面按照企业会计准则的规定编制，公允反映了 ABC 公司 20×1 年 12 月 31 日和 20×0 年 12 月 31 日的财务状况以及 20×1 年度和 20×0 年度的经营成果和现金流量。

（二）形成保留意见的基础

如财务报表附注 × 所述，ABC 公司未按照企业会计准则的规定对房屋建筑物和机器设备计提折旧。如果按照房屋建筑物 5% 和机器设备 20% 的年折旧率计提折旧，20×1 年度和 20×0 年度的当年亏损将分别增加 × 元和 × 元，20×1 年年末和 20×0 年年末的房屋建筑物和机器设备的净值将因累计折旧而分别减少 × 元和 × 元，并且 20×1 年年末和 20×0 年年末的累计亏损将分别增加 × 元和 × 元。

我们按照中国注册会计师审计准则的规定执行了审计工作。审计报告的"注册会计师对财务报表审计的责任"部分进一步阐述了我们在这些准则下的责任。按照中国注册会计师职业道德守则，我们独立于 ABC 公司，并履行了职业道德方面的其他责任。我们相信，我们获取的审计证据是充分、适当的，为发表保留意见提供了基础。

（三）管理层和治理层对财务报表的责任

[按照《中国注册会计师审计准则第 1501 号——对财务报表形成审计意见和出具审计报告》的规定报告，见《〈中国注册会计师审计准则第 1501 号——对财务报表形成审计意见和出具审计报告〉应用指南》参考格式 3。]

（四）注册会计师对财务报表审计的责任

[按照《中国注册会计师审计准则第 1501 号——对财务报表形成审计意见和出具审计报告》的规定报告，见《〈中国注册会计师审计准则第 1501 号——对财务报表形成审计意见和出具审计报告〉应用指南》参考格式 3。]

二、按照相关法律法规的要求报告的事项

[按照《中国注册会计师审计准则第 1501 号——对财务报表形成审计意见和出具审计报告》的规定报告，见《〈中国注册会计师审计准则第 1501 号——对财务报表形成审计意见和出具审计报告〉应用指南》参考格式 1。]

[①] 如果审计报告中不包含"按照相关法律法规的要求报告的事项"部分，则不需要加入此标题。

××会计师事务所　　　　　　　中国注册会计师：×××（项目合伙人）
　　（盖章）　　　　　　　　　　　　（签名并盖章）
　　　　　　　　　　　　　　　中国注册会计师：×××
　　　　　　　　　　　　　　　　　　（签名并盖章）
中国××市　　　　　　　　　　20×2年×月×日

《中国注册会计师审计准则第 1521 号——注册会计师对其他信息的责任》应用指南

（2022 年 1 月 17 日修订）

一、定义

（一）年度报告（参见本准则第十条）

1. 法律法规或惯例可能对被审计单位年度报告的内容和名称作出界定。

2. 年度报告通常以年度为基础编制。然而，当所审计财务报表涵盖的期间短于一年或者超过一年时，年度报告也可以涵盖与财务报表相同的期间。

3. 在某些情况下，被审计单位的年度报告可能是一个单独的文件，并冠以"年度报告"或其他标题。在其他情况下，法律法规或惯例可能要求被审计单位通过单个文件或两个以上（含两个）服务于相同目的的文件组合，向所有者（或类似的利益相关方）报告被审计单位经营情况和财务报表列报的经营成果及财务状况信息（即年度报告）。例如，根据法律法规或惯例，以下一项或多项文件可能构成年度报告：

（1）董事会报告；

（2）公司董事会、监事会及董事、监事、高级管理人员保证年度报告内容的真实、准确、完整，不存在虚假记载、误导性陈述或重大遗漏，并承担个别和连带法律责任的声明；

（3）公司治理情况说明；

（4）内部控制自我评价报告。

4. 年度报告可能以纸质的形式提供给使用者，也可能以电子形式，包括载于被审计单位网站的形式提供给使用者。一份文件（或者系列文件组合）无论以何种方式提供给使用者，均可能符合年度报告的定义。

5. 年度报告从性质、目的和内容方面与其他报告不同，例如为满足特定利益相关者团体的信息需求而编制的报告，或为满足特定监管报告目标（即使该报告应当予以公开）而编制的报告。有些报告如作为独立的文件发布，通常不是组成年度报告的系列文件的一部分（根据法律法规或惯例），因此，不属于本准则范围内的其他信息。这些报告的例子包括：

（1）单独的行业或监管报告（如资本充足率报告），如可能由银行、保险和养老金行业编制的报告；

（2）公司社会责任报告；

（3）可持续发展报告；

（4）多元化和平等机会报告；

（5）产品责任报告；

（6）劳工做法和工作条件报告。

（二）其他信息的错报（参见本准则第十二条）

6. 当其他信息中披露了某特定事项时，其他信息可能遗漏或掩饰对恰当理解该事项必要的信息。例如，其他信息声称说明了管理层使用的关键业绩指标，那么遗漏某项管理层使用的关键业绩指标可能表明其他信息未经正确陈述或具有误导性。

7. 如果适用于其他信息的框架中包括关于重要性概念的讨论，该框架可以为注册会计师在本准则下关于重要性的判断提供参考。然而在很多情况下，可能不存在适用的框架，对应用于其他信息的重要性概念进行讨论。在这些情况下，以下特征向注册会计师提供了确定其他信息的错报是否重大的参考框架：

（1）重要性是结合财务报表使用者整体共同的财务信息需求而考虑的。其他信息的使用者预计与财务报表使用者相同，因为预期这类使用者通过阅读其他信息以增加对财务报表的背景情况的了解。

（2）对重要性的判断需要考虑错报的特定情形，考虑使用者是否会被未更正的错报所影响。并非所有错报均会影响使用者的经济决策。

（3）对重要性的判断包括定性和定量两方面的考虑。因此，这类判断可以考虑在被审计单位年度报告的背景下，其他信息所针对项目的性质和规模。

（三）其他信息（参见本准则第十一条）

8. 本指南附录1包含了可能包括在其他信息中的金额和其他项目的例子。

9. 在某些情况下，适用的财务报告编制基础可能要求作出特定披露，但是允许这些披露在财务报表之外。由于这类披露是适用的财务报告编制基础所要求的，它们属于财务报表的组成部分。因此，就本准则而言，它们不构成其他信息。

10. 可扩展商业报告语言（XBRL）标记不构成本准则界定的其他信息。

二、获取其他信息（参见本准则第十四条）

11. 基于法律法规的规定或惯例，确定哪些文件属于或构成年度报告通常是明确的。在很多情况下，管理层或治理层可能已按照惯例或承诺公布一系列文件，这些文件组合起来构成年度报告。然而，在某些情况下，哪个（些）文件属于或构成年度报告可能并不明确。在这些情况下，文件的时间安排和目的（以及文件为谁编制）可能是与注册会计师确定哪个（些）文件属于或构成年度报告相关的事项。

12. 如果根据法律法规的规定，年度报告被翻译成其他语言（例如当某一国家或地区有超过一种官方语言时），或者如果根据不同的法律法规编制多个"年度报告"（例如当被审计单位在多个国家或地区上市时），需要考虑一个或多个"年度报告"是否构成其他信息的组成部分。相关法律法规可能就此提供进一步指引。

13. 管理层或治理层对年度报告的编制负责。注册会计师可以与管理层或治理层沟通以下事项：

（1）注册会计师希望在审计报告日前及时获取年度报告（包括构成年度报告的系列文件组合）最终版本，以能够在审计报告日前完成本准则要求的程序。如果不可能在审计报告日前获取，需尽早获取，且无论如何早于被审计单位发布这些信息；

（2）如果其他信息在审计报告日后获取可能产生的影响。

14. 本指南第13条所指的沟通，在以下例子中尤其恰当：

（1）首次接受审计业务委托；

（2）当管理层或治理层发生变动时；

（3）当其他信息预计在审计报告日后获取时。

15. 如果治理层需要在被审计单位发布其他信息前批准其他信息，其他信息的最终版本应为治理层已经批准的用于发布的版本。

16. 在某些情况下，被审计单位的年度报告可能是根据法律法规的规定或者被审计单位报告实务，在被审计单位财务报告涵盖期间后不久发布的一份独立文件，使得注册会计师能够在审计报告日前取得该文件。在其他情况下，这种文件可能在较晚的时间，或者在被审计单位选择的时间才被要求发布。也可能存在这种情况，即被审计单位的年度报告是系列文件组合，每个文件的发布时间都取决于不同的要求或者被审计单位的报告实务。

17. 可能存在这些情况，在审计报告日，被审计单位正在考虑起草可能作为被审计单位年度报告的一部分的某文件（例如，自愿提供给利益相关者的报告），而管理层无法向注册会计师确认这类文件的目的或时间。如果注册会计师无法确定这类文件的目的或时间，就本准则而言，它不构成其他信息。

18. 在审计报告日前及时获取其他信息，能够对财务报表、审计报告或其他信息在发布之前作出必要的修改。审计业务约定书可以提及与管理层就注册会计师及时获取，并在可能的情况下在审计报告日前获取其他信息达成的一致意见。

19. 如果使用者只能通过被审计单位的网站获取其他信息，则从被审计单位获取的、而不是直接从被审计单位网站获取的其他信息的版本，是注册会计师应当根据本准则对其执行程序的相关文件。按照本准则，注册会计师没有责任去查找其他信息，包括可能在被审计单位网站存在的其他信息，也不需要执行任何程序以确认其他信息在被审计单位网站得到恰当显示，或者已经以电子形式得以恰当传递或显示。

20. 如果注册会计师没有获取部分或全部其他信息，本准则不禁止注册会计师在审计报告中签署日期或出具审计报告。

21. 如果其他信息是在审计报告日后获取的，本准则不要求注册会计师更新按照《中国注册会计师审计准则第1332号——期后事项》第九条和第十条的规定已经实施的程序。

22.《中国注册会计师审计准则第1341号——书面声明》及其应用指南对书面声明的使用提出要求并提供指引。针对只能在审计报告日后获取的其他信息，本准则第十四条第（三）项要求注册会计师获取书面声明，以支持注册会计师有能力完成本准则要求的、与这类信息相关的程序。此外，注册会计师可能认为要求其他书面声明是有用的，例如：

（1）管理层已经告知注册会计师预期发布并可能构成其他信息的所有文件；

（2）注册会计师在审计报告日前获取的任何其他信息和财务报表之间是一致的，其他信息不存在任何重大错报；

（3）对于注册会计师在审计报告日前未获取的其他信息，管理层拟编制并发布这些其他信息，以及预计发布的时间。

三、阅读并考虑其他信息（参见本准则第十五条和第十六条）

23. 根据《中国注册会计师审计准则第 1101 号——注册会计师的总体目标和审计工作的基本要求》的规定，注册会计师在计划和执行审计工作时应当保持职业怀疑。在阅读和考虑其他信息时保持职业怀疑，例如，意识到管理层可能对其计划获得成功过分乐观，以及警惕与以下方面不一致的信息：

（1）财务报表；

（2）注册会计师在审计中了解到的情况。

24. 根据《中国注册会计师审计准则第 1121 号——对财务报表审计实施的质量管理》的规定，项目合伙人负责对审计项目组成员进行指导、监督并复核其工作，指导、监督、复核的性质、时间安排和范围应当按照适用的法律法规和职业准则的规定，以及会计师事务所的政策和程序进行计划和执行。针对本准则的规定，在确定适当的项目组成员，以应对本准则第十五条和第十六条的要求时可以考虑的因素包括：

（1）项目组成员的相关经验；

（2）被指派完成这些任务的项目组成员是否了解审计中的相关情况，以识别其他信息和了解到的情况存在的不一致；

（3）应对本准则第十五条和第十六条的要求所涉及的判断程度。例如，对于应与财务报表中的金额相同的其他信息中的金额，评估其一致性的程序可以由经验较少的项目组成员执行；

（4）在集团审计的情况下，是否有必要询问组成部分注册会计师以处理与该组成部分有关的其他信息。

（一）考虑其他信息和财务报表之间是否存在重大不一致［参见本准则第十五条第（一）项］

25. 其他信息可能包括金额或其他项目，这些金额或其他项目旨在与财务报表中的金额或其他项目相一致，或对其进行概括，或为其提供更详细的信息。这类金额或其他项目的例子可能包括：

（1）包含了财务报表摘录的表格、图表或图形。

（2）对财务报表中列示的余额或账户提供进一步细节的披露，例如"20×1 年度的收入，由来自产品 X 的 × 万元和来自产品 Y 的 × 万元组成。"

（3）对财务结果的描述，例如，"20×1 年度研究和开发费用合计数是 × 万元。"

26. 在评价其他信息中所选择的金额或其他项目与财务报表的一致性时，注册会计师不需要对其他信息中的所有金额或其他项目（旨在与财务报表中的金额或其他项目相一致，或对其进行概括，或为其提供更详细的信息）与财务报表中的金额或其他项目进行比较。

27. 选择哪些金额或其他项目进行比较属于职业判断事项。与本判断相关的因素包括：

（1）金额或其他项目在列报中的重要程度，可能影响使用者对该金额或其他项目的重视程度（例如，一项关键比率或金额）；

（2）如果是定量方面的信息，该金额与财务报表中的账户或项目，或者该金额与相关其他信息相比的相对规模；

(3)其他信息中特定的金额或其他项目的敏感性,例如,向高级管理人员授予的股份支付。

28.确定审计程序的性质和范围以应对本准则第十五条第(一)项的要求属于职业判断事项。注册会计师在判断的过程中,需要认识到本准则中注册会计师的责任,不构成对其他信息的鉴证业务,也不要求注册会计师对其他信息提供一定程度的保证。这些程序的例子包括:

(1)对于旨在与财务报表中的信息一致的信息,将该信息与财务报表进行比较。

(2)对于旨在与财务报表披露传达相同意思的信息,比较使用的措辞,考虑所使用措辞差异的重要程度,以及这些差异是否会隐含不同意思。

(3)获取管理层提供的其他信息和财务报表中的金额之间的调节表,并:

①将调节表中的项目与财务报表和其他信息进行比较;

②检查调节表中的计算是否正确。

29.基于对其他信息性质的考虑,在评价其他信息中所选择的金额和其他项目与财务报表是否一致时,还需要评价与财务报表相比其列报的方式(如相关)。

(二)考虑其他信息和注册会计师在审计中了解到的情况是否存在重大不一致[参见本准则第十五条第(二)项]

30.其他信息可能包括与注册会计师在审计中了解到的情况相关的金额或项目[除本准则第十五条第(一)项提及的情况外]。这些金额或项目的例子可能包括:

(1)对产量的披露,或者按地理区域汇总产量的表格;

(2)对"公司本年度新推出产品X和产品Y"的声明;

(3)对被审计单位主要经营地点的概括,例如"被审计单位的主要经营中心在X国,同时在Y国和Z国也有经营场所。"

31.注册会计师在审计中了解到的情况,包括注册会计师根据《中国注册会计师审计准则第1211号——通过了解被审计单位及其环境识别和评估重大错报风险》对被审计单位及其环境(包括被审计单位内部控制)的了解。《中国注册会计师审计准则第1211号——通过了解被审计单位及其环境识别和评估重大错报风险》列示了注册会计师应当获取的了解,包括下列事项:

(1)相关的行业状况、法律和监管环境及其他外部因素;

(2)被审计单位的性质;

(3)被审计单位会计政策的选择和运用;

(4)被审计单位的目标和战略;

(5)对被审计单位财务业绩的衡量和评价;

(6)被审计单位的内部控制。

32.注册会计师在审计中了解到的情况也可能包括从性质上讲具有预测性的事项。这类事项的例子可能包括:当评价管理层执行无形资产或商誉减值测试使用的假设时,或者当评价管理层对被审计单位持续经营能力的评估时,注册会计师考虑过的业务前景和未来现金流量。

33.在考虑其他信息和注册会计师在审计中了解到的情况之间是否存在重大不一致时,注册会计师可以重点关注其他信息中重要的事项,该事项足够重要以至于与其相关的其他信息的错报可能是重大的。

34. 对于其他信息中的许多事项，注册会计师回顾在审计中获取的审计证据和得到的结论，可能足以使注册会计师考虑其他信息和注册会计师在审计中了解到的情况之间是否存在重大不一致。注册会计师越有经验、越熟悉该项审计的关键方面，对相关事项的回顾将越足够。例如，注册会计师可能能够根据回顾与管理层或治理层的讨论或者审计过程中所执行程序（如阅读董事会会议纪要）的结果，考虑其他信息和注册会计师在审计中了解到的情况之间是否存在重大不一致，而不需要采取进一步措施。

35. 注册会计师可能确定，参考相关审计工作底稿，或者向项目组相关成员或相关组成部分注册会计师询问，以作为注册会计师考虑重大不一致是否存在的基础是适当的。例如：

（1）当其他信息描述计划终止一条主要生产线时，尽管注册会计师知道该项终止计划，注册会计师可以向执行这方面审计程序的相关项目组成员询问，以支持注册会计师对其他信息中的描述与注册会计师在审计中了解到的情况是否存在重大不一致的考虑；

（2）当其他信息描述审计中已考虑的诉讼的重要细节，但是注册会计师无法完整地回忆起来时，可能有必要参考概括了这部分细节的审计工作底稿，以帮助注册会计师回忆。

36. 注册会计师是否以及在何种程度上参考相关审计工作底稿，或者向相关项目组成员或相关组成部分注册会计师询问，属于职业判断事项。然而，注册会计师可能没有必要对包含在其他信息中的所有事项都参考相关审计工作底稿，或者向相关项目组成员或相关组成部分注册会计师询问。

（三）对其他信息似乎存在重大错报的迹象保持警觉（参见本准则第十六条）

37. 其他信息可能包括对与财务报表不相关的事项的讨论，也可能在范围上超出注册会计师在审计中了解到的情况。例如，其他信息可能包括对被审计单位温室气体排放情况的陈述。

38. 对与财务报表或注册会计师在审计过程中了解到的情况不相关的其他信息中似乎存在重大错报的迹象保持警觉，有助于注册会计师遵循相关职业道德要求。职业道德要求注册会计师不得在明知的情况下与以下其他信息发生关联：含有严重虚假或误导性的陈述；含有缺少充分依据的陈述或信息；存在遗漏或含糊其辞的信息，且这种遗漏或含糊其辞会使其他信息产生误导。对其他信息似乎存在重大错报的其他迹象保持警觉，可能能够使注册会计师识别下列事项，如：

（1）其他信息与阅读其他信息的项目组成员的普遍认知（除审计过程中了解到的情况之外）之间的差异，使注册会计师相信其他信息似乎存在重大错报；

（2）其他信息内部不一致，使注册会计师相信其他信息似乎存在重大错报。

四、当似乎存在重大不一致或其他信息似乎存在重大错报时的应对（参见本准则第十七条）

39. 注册会计师与管理层关于重大不一致（或其他信息似乎存在重大错报）的讨论，可能包括要求管理层对其他信息中管理层声明的基础提供支持。基于管理层的进一步信息和解释，注册会计师可能认可其他信息不存在重大错报。例如，管理层的解释可能对正常的判断差异提供合理和充分的理由。

40. 反之，与管理层的讨论可能提供进一步信息，以支持注册会计师对于其他信息存在重大错报的结论。

41. 相比事实性质的事项，在判断事项上质疑管理层可能是更加困难的。然而，可能存在这种情况，即注册会计师认为，其他信息包含了与财务报表或注册会计师在审计中了解到的情况不一致的陈述。这些情况可能导致对其他信息、财务报表和注册会计师在审计中了解到的情况的怀疑。

42. 由于其他信息可能的重大错报范围广泛，注册会计师为判断其他信息是否存在重大错报而可能执行的其他审计程序的性质和范围，属于注册会计师在具体情形下的职业判断事项。

43. 当某事项与财务报表或注册会计师在审计中了解到的情况不相关时，注册会计师可能无法完整评估管理层对于注册会计师询问的回答。尽管如此，基于管理层的进一步信息和解释，或者跟进管理层对其他信息作出的改动后，注册会计师可能认可，重大不一致似乎不再存在或者其他信息不再存在重大错报。当注册会计师无法确定重大不一致似乎不再存在或者其他信息似乎不再存在重大错报时，注册会计师可以要求管理层向有资格的第三方（如管理层的专家或法律顾问）咨询。在某些情况下，考虑管理层咨询的结果后，注册会计师可能无法得出其他信息是否存在重大错报的结论。注册会计师可以采取以下一项或多项措施：

（1）从注册会计师的法律顾问处获取建议；

（2）考虑对审计报告的影响，例如，如果管理层施加限制，是否在审计报告中描述这一情况；

（3）在相关法律法规允许的情况下解除业务约定。

五、当注册会计师认为其他信息存在重大错报时的应对

（一）当注册会计师认为审计报告日前获取的其他信息存在重大错报时的应对（参见本准则第十九条）

44. 在与治理层沟通后，如果其他信息未得到更正，注册会计师采取何种措施属于注册会计师的职业判断事项。注册会计师可以考虑管理层和治理层提供的不进行更正的理由是否会引起对管理层和治理层诚信或诚实的怀疑，例如，注册会计师怀疑该理由存在误导的意图。注册会计师也可能认为，寻求法律意见是恰当的。在某些情况下，注册会计师可能根据法律、法规或其他职业准则的要求，与监管机构或相关职业团体沟通该事项。

对报告的影响

45. 在少数情况下，当拒绝更正其他信息的重大错报导致对管理层和治理层的诚信产生怀疑，进而质疑审计证据总体上的可靠性时，对财务报表发表无法表示意见可能是恰当的。

解除业务约定

46. 当拒绝更正其他信息的重大错报导致对管理层和治理层的诚信产生怀疑，进而质疑审计过程中从其获取声明的可靠性时，在法律法规允许的情况下，解除业务约定可能是适当的。

对公共部门实体的特殊考虑

47. 在公共部门，解除业务约定也许不可能。在这些情况下，注册会计师可以向立法

机关出具报告,详细说明该事项,或采取其他恰当措施。

（二）当注册会计师认为审计报告日后获取的其他信息存在重大错报时的应对（参见本准则第二十条）

48. 如果注册会计师认为审计报告日后获取的其他信息存在重大错报,且该重大错报已经被更正,注册会计师在这种情况下执行的必要程序,包括确定更正已经完成［根据本准则第十八条第（一）项的规定］,也可能包括复核管理层为与收到其他信息（如果之前已经公告）的人士沟通并告知其修改而采取的步骤。

49. 如果治理层不同意修改其他信息,注册会计师采取何种恰当措施以设法提醒审计报告使用者适当关注未更正错报,需要运用职业判断,并且可能受相关法律法规的影响。因此,注册会计师可能认为就注册会计师的法定权利和义务寻求法律意见是适当的。

50. 如果其他信息的重大错报仍未更正,在法律法规允许的情况下,注册会计师可能采取的、设法提醒审计报告使用者适当关注未更正错报的措施举例来说包括：

（1）向管理层提供一份新的或修改后的审计报告,其中包括根据本准则第二十三条的规定修正后的其他信息部分。同时要求管理层将该新的或修改后的审计报告提供给审计报告使用者。在此过程中,注册会计师可能需要基于审计准则和适用的法律法规的要求,考虑对新的或修改后的审计报告的日期产生的影响（如有）。注册会计师也可以复核管理层采取的、向这些使用者提供新的或修改后的审计报告的步骤；

（2）提醒审计报告使用者关注其他信息的重大错报,例如,在股东大会上通报该事项；

（3）与监管机构或相关职业团体沟通未更正的重大错报；

（4）考虑对持续承接业务的影响（参见本指南第46段）。

六、当财务报表存在重大错报或注册会计师对被审计单位及其环境的了解需要更新时的应对（参见本准则第二十一条）

51. 在阅读其他信息时,注册会计师可能知悉影响下列方面的新信息：

（1）注册会计师对被审计单位及其环境的了解,因而可能表明需要修改注册会计师对风险的评估；

（2）注册会计师评价已识别的错报对审计的影响和未更正错报（如有）对财务报表的影响的责任；

（3）注册会计师关于期后事项的责任。

七、报告（参见本准则第二十二条至第二十四条）

52. 对于非上市实体的财务报表审计,注册会计师可能认为在审计报告中指明预期将在审计报告日后获取的其他信息可能是适当的,以针对这些其他信息（注册会计师对其负有本准则规定的相关责任）提供额外的透明度。在某些情况下,例如,当管理层能够向注册会计师声明这类其他信息将在审计报告日后发布时,注册会计师可能认为如此处理是恰当的。

（一）参考格式（参见本准则第二十二条至第二十三条）

53. 本指南附录2提供了审计报告中"其他信息"部分的例子。

（二）当对财务报表发表保留意见或否定意见时对报告的影响（参见本准则第二十四条）

54. 如果导致注册会计师发表非无保留意见的事项未被包含在其他信息中或其他信息未针对该事项，同时该事项不影响其他信息的任何部分，对财务报表发表保留意见或否定意见可能不会对本准则第二十三条第（五）项要求的说明产生影响。在其他情形下，可能对此类报告产生影响，如本指南第 55 段至第 58 段所述。

财务报表重大错报导致的保留意见

55. 在审计意见是保留意见的情况下，可能需要考虑其他信息是否因导致对财务报表发表保留意见的同一事项或相关事项也存在重大错报。

范围受到限制导致的保留意见

56. 如果关于财务报表的重要项目存在范围限制，注册会计师将不能对该事项获取充分、适当的审计证据。在这些情况下，注册会计师可能无法确定，与该事项相关的、其他信息的金额和其他项目是否导致其他信息的重大错报。因此，注册会计师可能需要修改本准则第二十三条第（五）项要求的说明，提及注册会计师无法考虑管理层在其他信息中对该事项的描述：针对该事项，注册会计师已经对财务报表发表了保留意见，如"形成保留意见的基础"部分所述。然而，注册会计师被要求报告已识别的、任何其他未更正的其他信息的重大错报。

否定意见

57. 注册会计师针对在"形成否定意见的基础"部分描述的某特定事项已对财务报表发表否定意见，并不能为省略按照本准则第二十三条第（五）项第 2 点在审计报告中报告识别出其他信息的重大错报提供理由。如果已对财务报表发表否定意见，注册会计师可能需要适当修改本准则第二十三条第（五）项要求的说明，例如，指出其他信息中的金额和其他项目因导致对财务报表发表否定意见的同一事项或相关事项也存在重大错报。

无法表示意见

58. 当注册会计师对财务报表发表无法表示意见时，提供审计的进一步详细情况，包括其他信息部分，可能会使财务报表整体的无法表示意见显得逊色。因此，在这些情况下，根据《中国注册会计师审计准则第 1502 号——在审计报告中发表非无保留意见》的规定，审计报告不包括针对本准则报告要求的部分。

附录 1（参见本准则第十五条和本指南第 8 段）

其他信息中可能包含的金额或其他项目的举例

以下是在其他信息中可能包含的金额或其他项目的示例。此列表并非穷尽所有情况。

金额

1. 关键财务业绩摘要中的项目，如净利润、每股收益、股利、销售收入及其他业务收入，以及采购和运营费用等。

2. 选定的经营数据，如对主要经营领域持续经营活动产生的收益，或按地域分部或产品线划分的销售收入。

3. 特殊项目，如资产处置、诉讼准备金、资产减值、纳税调整、环境治理准备金、改制和重组费用。

4. 流动性和资本来源信息，如现金、现金等价物和有价证券、股利，以及债务、融资租赁。

5. 分部或分支的资本性支出。

6. 涉及资产负债表外安排的金额和财务影响。

7. 涉及担保、合同义务、法律或环境诉讼和其他或有事项的金额。

8. 财务指标或比率，如毛利率、平均资本回报率、平均股东权益回报率、流动比率、利息保障倍数和债务比率。有些可能直接与财务报表勾稽。

其他项目

1. 对关键会计估计及相关假设的解释。

2. 对关联方的识别，以及对关联方交易的描述。

3. 对被审计单位管理商品、外汇或利率风险的政策或方法的阐述，如使用远期合约、利率掉期或其他金融工具。

4. 对资产负债表外安排的性质的描述。

5. 对担保、赔偿、合同义务、诉讼或环境责任案件和其他或有事项的描述，包括管理层对被审计单位相关风险的定性评估。

6. 对法律或监管要求变化的描述，如新的税收或环境法规，这些新的税收或环境法规已对被审计单位的业务或财务状况产生重大影响，或将对被审计单位的未来财务前景产生重大影响。

7. 管理层关于已在本期生效或将在下期生效的新财务报告准则对被审计单位财务业绩、财务状况和现金流量产生的影响的定性评估。

8. 对业务环境和前景的一般描述。

9. 战略概述。

10. 主要商品或原材料的市场价格走势描述。

11. 供求情况和监管环境的地区间对比。

12. 对影响被审计单位在特定领域盈利能力的特定因素的解释。

附录2（参见本准则第二十二条至第二十三条、本指南第53段）

与其他信息相关的审计报告的参考格式

参考格式1：当注册会计师在审计报告日前已获取所有其他信息，且未识别出其他信息存在重大错报时，适用于任何被审计单位，无论是上市实体还是非上市实体的无保留意见审计报告。

参考格式2：当注册会计师在审计报告日前已获取部分其他信息，且未识别出其他信息存在重大错报，并预期能够在审计报告日后获取剩余其他信息时，适用于上市实体的无保留意见审计报告。

参考格式3：当注册会计师在审计报告日前已获取部分其他信息，且未识别出其他信息存在重大错报，并预期能够在审计报告日后获取剩余其他信息时，适用于非上市实体的无保留意见审计报告。

参考格式4：当注册会计师在审计报告日前未获取任何其他信息，但预期能够在审计报告日后获取其他信息时，适用于上市实体的无保留意见审计报告。

参考格式5：当注册会计师在审计报告日前已获取所有其他信息，并且已确定其他信息存在重大错报时，适用于任何被审计单位，无论是上市实体还是非上市实体的无保留意见审计报告。

参考格式6：当注册会计师在审计报告日前已获取所有其他信息，但合并财务报表重要项目的审计范围受到限制，且影响其他信息时，适用于任何被审计单位，无论是上市实体还是非上市实体的保留意见审计报告。

参考格式7：当注册会计师在审计报告日前已获取所有其他信息，且对合并财务报表发表的否定意见也对其他信息有影响时，适用于任何被审计单位，无论是上市实体还是非上市实体的否定意见审计报告。

参考格式1：当注册会计师在审计报告日前已获取所有其他信息，且未识别出其他信息存在重大错报时，适用于任何被审计单位，无论是上市实体还是非上市实体的无保留意见审计报告。

背景信息：

1. 对上市实体或非上市实体整套财务报表进行审计。该审计不属于集团审计（即不适用《中国注册会计师审计准则第1401号——对集团财务报表审计的特殊考虑》）；

2. 管理层按照企业会计准则编制财务报表；

3. 审计业务约定条款体现了《中国注册会计师审计准则第1111号——就审计业务约定条款达成一致意见》中关于管理层对财务报表责任的描述；

4. 基于获取的审计证据，注册会计师认为发表无保留意见是恰当的；

5. 适用的相关职业道德要求为中国注册会计师职业道德守则；

6. 基于获取的审计证据，根据《中国注册会计师审计准则第1324号——持续经营》，注册会计师认为可能导致对被审计单位持续经营能力产生重大疑虑的事项或情况不存在重大不确定性；

7. 已按照《中国注册会计师审计准则第1504号——在审计报告中沟通关键审计事项》的规定沟通了关键审计事项；

8. 注册会计师在审计报告日前已获取所有其他信息，且未识别出信息存在重大错报；

9. 负责监督财务报表的人员与负责编制财务报表的人员不同；

10. 除财务报表审计外，注册会计师还承担法律法规要求的其他报告责任，且注册会计师决定在审计报告中履行其他报告责任。

审 计 报 告

ABC 股份有限公司全体股东：

一、对财务报表出具的审计报告[①]

（一）审计意见

我们审计了 ABC 股份有限公司（以下简称 ABC 公司）财务报表，包括 20×1 年 12 月 31 日的资产负债表，20×1 年度的利润表、现金流量表、股东权益变动表以及相关财务报表附注。

我们认为，后附的财务报表在所有重大方面按照企业会计准则的规定编制，公允反映了 ABC 公司 20×1 年 12 月 31 日的财务状况以及 20×1 年度的经营成果和现金流量。

（二）形成审计意见的基础

我们按照中国注册会计师审计准则的规定执行了审计工作。审计报告的"注册会计师对财务报表审计的责任"部分进一步阐述了我们在这些准则下的责任。按照中国注册会计师职业道德守则，我们独立于 ABC 公司，并履行了职业道德方面的其他责任。我们相信，我们获取的审计证据是充分、适当的，为发表审计意见提供了基础。

（三）关键审计事项[②]

关键审计事项是我们根据职业判断，认为对本期财务报表审计最为重要的事项。这些事项的应对以对财务报表整体进行审计并形成审计意见为背景，我们不对这些事项单独发表意见。

［按照《中国注册会计师审计准则第 1504 号——在审计报告中沟通关键审计事项》的规定描述每一关键审计事项。］

（四）其他信息

ABC 公司管理层（以下简称管理层）对其他信息负责。其他信息包括［X 报告中涵盖的信息，但不包括财务报表和我们的审计报告］。

我们对财务报表发表的审计意见不涵盖其他信息，我们也不对其他信息发表任何形式的鉴证结论。

结合我们对财务报表的审计，我们的责任是阅读其他信息，在此过程中，考虑其他信息是否与财务报表或我们在审计过程中了解到的情况存在重大不一致或者似乎存在重大错报。

基于我们已执行的工作，如果我们确定其他信息存在重大错报，我们应当报告该事实。在这方面，我们无任何事项需要报告。

（五）管理层和治理层对财务报表的责任

［按照《中国注册会计师审计准则第 1501 号——对财务报表形成审计意见和出具审计报告》的规定报告，见《〈中国注册会计师审计准则第 1501 号——对财务报表形成审计意见和出具审计报告〉应用指南》参考格式 1。］

---

① 如果审计报告中不包含"按照相关法律法规的要求报告的事项"部分，则不需要加入此标题。

② 本段适用于按照《中国注册会计师审计准则第 1504 号——在审计报告中沟通关键审计事项》的规定沟通关键审计事项的情形。

（六）注册会计师对财务报表审计的责任

［按照《中国注册会计师审计准则第1501号——对财务报表形成审计意见和出具审计报告》的规定报告，见《〈中国注册会计师审计准则第1501号——对财务报表形成审计意见和出具审计报告〉应用指南》参考格式1。①］

二、按照相关法律法规的要求报告的事项

［按照《中国注册会计师审计准则第1501号——对财务报表形成审计意见和出具审计报告》的规定报告，见《〈中国注册会计师审计准则第1501号——对财务报表形成审计意见和出具审计报告〉应用指南》参考格式1。］

×× 会计师事务所　　　　　　　　中国注册会计师：×××（项目合伙人）②
　　（盖章）　　　　　　　　　　　　　　　（签名并盖章）
　　　　　　　　　　　　　　　　中国注册会计师：×××
　　　　　　　　　　　　　　　　　　　（签名并盖章）
中国××市　　　　　　　　　　　20×2年×月×日

参考格式2：当注册会计师在审计报告日前已获取部分其他信息，且未识别出其他信息存在重大错报，并预期能够在审计报告日后获取剩余其他信息时，适用于上市实体的无保留意见审计报告。

背景信息：

1. 对上市实体整套财务报表进行审计。该审计不属于集团审计（即不适用《中国注册会计师审计准则第1401号——对集团财务报表审计的特殊考虑》）；

2. 管理层按照企业会计准则编制财务报表；

3. 审计业务约定条款体现了《中国注册会计师审计准则第1111号——就审计业务约定条款达成一致意见》中关于管理层对财务报表责任的描述；

4. 基于获取的审计证据，注册会计师认为发表无保留意见是恰当的；

5. 适用的相关职业道德要求为中国注册会计师职业道德守则；

6. 基于获取的审计证据，根据《中国注册会计师审计准则第1324号——持续经营》，注册会计师认为可能导致对被审计单位持续经营能力产生重大疑虑的事项或情况不存在重大不确定性；

7. 已按照《中国注册会计师审计准则第1504号——在审计报告中沟通关键审计事项》的规定沟通了关键审计事项；

8. 注册会计师在审计报告日前已获取部分其他信息，且未识别出信息存在重大错报，并预期能够在审计报告日后获取剩余其他信息；

9. 负责监督财务报表的人员与负责编制财务报表的人员不同；

10. 除财务报表审计外，注册会计师还承担法律法规要求的其他报告责任，且注册

---

① 如果被审计单位是非上市实体，需要参考《〈中国注册会计师审计准则第1501号——对财务报表形成审计意见和出具审计报告〉应用指南》参考格式3。

② 披露项目合伙人姓名的要求仅适用于上市实体。

会计师决定在审计报告中履行其他报告责任。

审 计 报 告

ABC 股份有限公司全体股东：

一、对财务报表出具的审计报告①

（一）审计意见

我们审计了 ABC 股份有限公司（以下简称 ABC 公司）财务报表，包括 20×1 年 12 月 31 日的资产负债表，20×1 年度的利润表、现金流量表、股东权益变动表以及相关财务报表附注。

我们认为，后附的财务报表在所有重大方面按照企业会计准则的规定编制，公允反映了 ABC 公司 20×1 年 12 月 31 日的财务状况以及 20×1 年度的经营成果和现金流量。

（二）形成审计意见的基础

我们按照中国注册会计师审计准则的规定执行了审计工作。审计报告的"注册会计师对财务报表审计的责任"部分进一步阐述了我们在这些准则下的责任。按照中国注册会计师职业道德守则，我们独立于 ABC 公司，并履行了职业道德方面的其他责任。我们相信，我们获取的审计证据是充分、适当的，为发表审计意见提供了基础。

（三）关键审计事项

关键审计事项是我们根据职业判断，认为对本期财务报表审计最为重要的事项。这些事项的应对以对财务报表整体进行审计并形成审计意见为背景，我们不对这些事项单独发表意见。

［按照《中国注册会计师审计准则第 1504 号——在审计报告中沟通关键审计事项》的规定描述每一关键审计事项。］

（四）其他信息

ABC 公司管理层（以下简称管理层）对其他信息负责。其他信息包括 X 报告（但不包括财务报表和我们的审计报告）和 Y 报告。我们在审计报告日前已获取 X 报告，而 Y 报告预期将在审计报告日后提供给我们。

我们对财务报表发表的审计意见不涵盖其他信息，我们也不对其他信息发表任何形式的鉴证结论。

结合我们对财务报表的审计，我们的责任是阅读其他信息，在此过程中，考虑其他信息是否与财务报表或我们在审计过程中了解到的情况存在重大不一致或者似乎存在重大错报。

基于我们对审计报告日前获取的其他信息已执行的工作，如果我们确定其他信息存在重大错报，我们应当报告该事实。在这方面，我们无任何事项需要报告。

［当我们阅读 Y 报告后，如果确定其中存在重大错报，审计准则要求我们与治理层

---

① 如果审计报告中不包含"按照相关法律法规的要求报告的事项"部分，则不需要加入此标题。

沟通该事项并采取（描述适用的措施）。]①

（五）管理层和治理层对财务报表的责任

[按照《中国注册会计师审计准则第1501号——对财务报表形成审计意见和出具审计报告》的规定报告，见《〈中国注册会计师审计准则第1501号——对财务报表形成审计意见和出具审计报告〉应用指南》参考格式1。]

（六）注册会计师对财务报表审计的责任

[按照《中国注册会计师审计准则第1501号——对财务报表形成审计意见和出具审计报告》的规定报告，见《〈中国注册会计师审计准则第1501号——对财务报表形成审计意见和出具审计报告〉应用指南》参考格式1。]

二、按照相关法律法规的要求报告的事项

[按照《中国注册会计师审计准则第1501号——对财务报表形成审计意见和出具审计报告》的规定报告，见《〈中国注册会计师审计准则第1501号——对财务报表形成审计意见和出具审计报告〉应用指南》参考格式1。]

××会计师事务所　　　　　　中国注册会计师：×××（项目合伙人）
　（盖章）　　　　　　　　　　　　　　（签名并盖章）
　　　　　　　　　　　　　　中国注册会计师：×××
　　　　　　　　　　　　　　　　　（签名并盖章）

中国××市　　　　　　　　　　20×2年×月×日

参考格式3：当注册会计师在审计报告日前已获取部分其他信息，且未识别出其他信息存在重大错报，并预期能够在审计报告日后获取剩余其他信息时，适用于非上市实体的无保留意见审计报告。

背景信息：

1. 对非上市实体整套财务报表进行审计。该审计不属于集团审计（即不适用《中国注册会计师审计准则第1401号——对集团财务报表审计的特殊考虑》）；

2. 管理层按照企业会计准则编制财务报表；

3. 审计业务约定条款体现了《中国注册会计师审计准则第1111号——就审计业务约定条款达成一致意见》中关于管理层对财务报表责任的描述；

4. 基于获取的审计证据，注册会计师认为发表无保留意见是恰当的；

5. 适用的相关职业道德要求为中国注册会计师职业道德守则；

6. 基于获取的审计证据，根据《中国注册会计师审计准则第1324号——持续经营》，注册会计师认为可能导致对被审计单位持续经营能力产生重大疑虑的事项或情况不存在重大不确定性；

7. 注册会计师未被要求，并且也决定不沟通关键审计事项；

8. 注册会计师在审计报告日前已获取部分其他信息，且未识别出信息存在重大错报，

---

① 如果注册会计师针对审计报告日后获取的其他信息识别出未更正重大错报，并且有法定义务采取特定措施，则本段可能是有用的。

并预期能够在审计报告日后获取剩余其他信息;

9. 负责监督财务报表的人员与负责编制财务报表的人员不同;

10. 除财务报表审计外,注册会计师不承担法律法规要求的其他报告责任。

审 计 报 告

ABC 股份有限公司全体股东:

一、审计意见

我们审计了 ABC 股份有限公司(以下简称 ABC 公司)财务报表,包括 20×1 年 12 月 31 日的资产负债表,20×1 年度的利润表、现金流量表、股东权益变动表以及相关财务报表附注。

我们认为,后附的财务报表在所有重大方面按照企业会计准则的规定编制,公允反映了 ABC 公司 20×1 年 12 月 31 日的财务状况以及 20×1 年度的经营成果和现金流量。

二、形成审计意见的基础

我们按照中国注册会计师审计准则的规定执行了审计工作。审计报告的"注册会计师对财务报表审计的责任"部分进一步阐述了我们在这些准则下的责任。按照中国注册会计师职业道德守则,我们独立于 ABC 公司,并履行了职业道德方面的其他责任。我们相信,我们获取的审计证据是充分、适当的,为发表审计意见提供了基础。

三、其他信息

ABC 公司管理层(以下简称管理层)对其他信息负责。我们在审计报告日前已获取的其他信息包括[X 报告中涵盖的信息,但不包括财务报表和我们的审计报告]。

我们对财务报表发表的审计意见不涵盖其他信息,我们也不对其他信息发表任何形式的鉴证结论。

结合我们对财务报表的审计,我们的责任是阅读其他信息,在此过程中,考虑其他信息是否与财务报表或我们在审计过程中了解到的情况存在重大不一致或者似乎存在重大错报。

基于我们对审计报告日前获取的其他信息已执行的工作,如果我们确定其他信息存在重大错报,我们应当报告该事实。在这方面,我们无任何事项需要报告。

四、管理层和治理层对财务报表的责任

[按照《中国注册会计师审计准则第 1501 号——对财务报表形成审计意见和出具审计报告》的规定报告,见《〈中国注册会计师审计准则第 1501 号——对财务报表形成审计意见和出具审计报告〉应用指南》参考格式 3。]

五、注册会计师对财务报表审计的责任

[按照《中国注册会计师审计准则第 1501 号——对财务报表形成审计意见和出具审

计报告》的规定报告,见《〈中国注册会计师审计准则第1501号——对财务报表形成审计意见和出具审计报告〉应用指南》参考格式3。]

××会计师事务所　　　　　　　　中国注册会计师:×××
　　（盖章）　　　　　　　　　　　　　（签名并盖章）
　　　　　　　　　　　　　　　　　中国注册会计师:×××
　　　　　　　　　　　　　　　　　　　（签名并盖章）

中国××市　　　　　　　　　　　20×2年×月×日

参考格式4:当注册会计师在审计报告日前未获取任何其他信息,但预期能够在审计报告日后获取其他信息时,适用于上市实体的无保留意见审计报告。

背景信息:

1. 对上市实体整套财务报表进行审计。该审计不属于集团审计(即不适用《中国注册会计师审计准则第1401号——对集团财务报表审计的特殊考虑》);

2. 管理层按照企业会计准则编制财务报表;

3. 审计业务约定条款体现了《中国注册会计师审计准则第1111号——就审计业务约定条款达成一致意见》中关于管理层对财务报表责任的描述;

4. 基于获取的审计证据,注册会计师认为发表无保留意见是恰当的;

5. 适用的相关职业道德要求为中国注册会计师职业道德守则;

6. 基于获取的审计证据,根据《中国注册会计师审计准则第1324号——持续经营》,注册会计师认为可能导致对被审计单位持续经营能力产生重大疑虑的事项或情况不存在重大不确定性;

7. 已按照《中国注册会计师审计准则第1504号——在审计报告中沟通关键审计事项》的规定沟通了关键审计事项;

8. 注册会计师在审计报告日前未获取任何其他信息,但预期能够在审计报告日后获取其他信息;

9. 负责监督财务报表的人员与负责编制财务报表的人员不同;

10. 除财务报表审计外,注册会计师还承担法律法规要求的其他报告责任,且注册会计师决定在审计报告中履行其他报告责任。

审 计 报 告

ABC股份有限公司全体股东:

一、对财务报表出具的审计报告[①]

（一）审计意见

我们审计了ABC股份有限公司(以下简称ABC公司)财务报表,包括20×1年12

---

① 如果审计报告中不包含"按照相关法律法规的要求报告的事项"部分,则不需要加入此标题。

月 31 日的资产负债表，20×1 年度的利润表、现金流量表、股东权益变动表以及相关财务报表附注。

我们认为，后附的财务报表在所有重大方面按照企业会计准则的规定编制，公允反映了 ABC 公司 20×1 年 12 月 31 日的财务状况以及 20×1 年度的经营成果和现金流量。

（二）形成审计意见的基础

我们按照中国注册会计师审计准则的规定执行了审计工作。审计报告的"注册会计师对财务报表审计的责任"部分进一步阐述了我们在这些准则下的责任。按照中国注册会计师职业道德守则，我们独立于 ABC 公司，并履行了职业道德方面的其他责任。我们相信，我们获取的审计证据是充分、适当的，为发表审计意见提供了基础。

（三）关键审计事项

关键审计事项是我们根据职业判断，认为对本期财务报表审计最为重要的事项。这些事项的应对以对财务报表整体进行审计并形成审计意见为背景，我们不对这些事项单独发表意见。

［按照《中国注册会计师审计准则第 1504 号——在审计报告中沟通关键审计事项》的规定描述每一关键审计事项。］

（四）其他信息

ABC 公司管理层（以下简称管理层）对其他信息负责。其他信息包括［X 报告中涵盖的信息，但不包括财务报表和我们的审计报告］。X 报告预期将在审计报告日后提供给我们。

我们对财务报表发表的审计意见不涵盖其他信息，我们也不对其他信息发表任何形式的鉴证结论。

结合我们对财务报表的审计，我们的责任是在能够获取上述其他信息时阅读这些信息，在此过程中，考虑其他信息是否与财务报表或我们在审计过程中了解到的情况存在重大不一致或者似乎存在重大错报。

［当我们阅读 X 报告后，如果确定其中存在重大错报，审计准则要求我们与治理层沟通该事项并采取（描述适用的措施）。］①

（五）管理层和治理层对财务报表的责任

［按照《中国注册会计师审计准则第 1501 号——对财务报表形成审计意见和出具审计报告》的规定报告，见《〈中国注册会计师审计准则第 1501 号——对财务报表形成审计意见和出具审计报告〉应用指南》参考格式 1。］

（六）注册会计师对财务报表审计的责任

［按照《中国注册会计师审计准则第 1501 号——对财务报表形成审计意见和出具审计报告》的规定报告，见《〈中国注册会计师审计准则第 1501 号——对财务报表形成审计意见和出具审计报告〉应用指南》参考格式 1。］

二、按照相关法律法规的要求报告的事项

［按照《中国注册会计师审计准则第 1501 号——对财务报表形成审计意见和出具审

---

① 如果注册会计师针对审计报告日后获取的其他信息识别出未更正重大错报，并且有法定义务采取特定措施，则本段可能是有用的。

计报告》的规定报告,见《〈中国注册会计师审计准则第1501号——对财务报表形成审计意见和出具审计报告〉应用指南》参考格式1。]

　　　××会计师事务所　　　　　　中国注册会计师:×××(项目合伙人)
　　　　　(盖章)　　　　　　　　　　　　　(签名并盖章)
　　　　　　　　　　　　　　　　　中国注册会计师:×××
　　　　　　　　　　　　　　　　　　　　　(签名并盖章)

　　　中国××市　　　　　　　　　　　20×2年×月×日

参考格式5:当注册会计师在审计报告日前已获取所有其他信息,并且已确定其他信息存在重大错报时,适用于任何被审计单位,无论是上市实体还是非上市实体的无保留意见审计报告。

　　背景信息:
　　1. 对上市实体或非上市实体整套财务报表进行审计。该审计不属于集团审计(即不适用《中国注册会计师审计准则第1401号——对集团财务报表审计的特殊考虑》);
　　2. 管理层按照企业会计准则编制财务报表;
　　3. 审计业务约定条款体现了《中国注册会计师审计准则第1111号——就审计业务约定条款达成一致意见》中关于管理层对财务报表责任的描述;
　　4. 基于获取的审计证据,注册会计师认为发表无保留意见是恰当的;
　　5. 适用的相关职业道德要求为中国注册会计师职业道德守则;
　　6. 基于获取的审计证据,根据《中国注册会计师审计准则第1324号——持续经营》,注册会计师认为可能导致对被审计单位持续经营能力产生重大疑虑的事项或情况不存在重大不确定性;
　　7. 已按照《中国注册会计师审计准则第1504号——在审计报告中沟通关键审计事项》的规定沟通了关键审计事项;
　　8. 注册会计师在审计报告日前已获取所有其他信息,并且已确定其他信息存在重大错报;
　　9. 负责监督财务报表的人员与负责编制财务报表的人员不同;
　　10. 除财务报表审计外,注册会计师不承担法律法规要求的其他报告责任。

审 计 报 告

ABC股份有限公司全体股东:

一、审计意见

　　我们审计了ABC股份有限公司(以下简称ABC公司)财务报表,包括20×1年12月31日的资产负债表,20×1年度的利润表、现金流量表、股东权益变动表以及相关财务报表附注。
　　我们认为,后附的财务报表在所有重大方面按照企业会计准则的规定编制,公允反映了ABC公司20×1年12月31日的财务状况以及20×1年度的经营成果和现金流量。

二、形成审计意见的基础

我们按照中国注册会计师审计准则的规定执行了审计工作。审计报告的"注册会计师对财务报表审计的责任"部分进一步阐述了我们在这些准则下的责任。按照中国注册会计师职业道德守则，我们独立于ABC公司，并履行了职业道德方面的其他责任。我们相信，我们获取的审计证据是充分、适当的，为发表审计意见提供了基础。

三、其他信息

ABC公司管理层（以下简称管理层）对其他信息负责。其他信息包括[X报告中涵盖的信息，但不包括财务报表和我们的审计报告]。

我们对财务报表发表的审计意见不涵盖其他信息，我们也不对其他信息发表任何形式的鉴证结论。

结合我们对财务报表的审计，我们的责任是阅读其他信息，在此过程中，考虑其他信息是否与财务报表或我们在审计过程中了解到的情况存在重大不一致或者似乎存在重大错报。

基于我们已执行的工作，如果我们确定其他信息存在重大错报，我们应当报告该事实。如下所述，我们确定其他信息存在重大错报。

[描述其他信息的重大错报]

四、关键审计事项[①]

关键审计事项是我们根据职业判断，认为对本期财务报表审计最为重要的事项。这些事项的应对以对财务报表整体进行审计并形成审计意见为背景，我们不对这些事项单独发表意见。

[按照《中国注册会计师审计准则第1504号——在审计报告中沟通关键审计事项》的规定描述每一关键审计事项。]

五、管理层和治理层对财务报表的责任

[按照《中国注册会计师审计准则第1501号——对财务报表形成审计意见和出具审计报告》的规定报告，见《〈中国注册会计师审计准则第1501号——对财务报表形成审计意见和出具审计报告〉应用指南》参考格式1。]

六、注册会计师对财务报表审计的责任

[按照《中国注册会计师审计准则第1501号——对财务报表形成审计意见和出具审计报告》的规定报告，见《〈中国注册会计师审计准则第1501号——对财务报表形成审计意见和出具审计报告〉应用指南》参考格式1。[②]]

---

① 本段适用于按照《中国注册会计师审计准则第1504号——在审计报告中沟通关键审计事项》的规定沟通关键审计事项的情形。

② 如果被审计单位是非上市实体，需要参考《〈中国注册会计师审计准则第1501号——对财务报表形成审计意见和出具审计报告〉应用指南》参考格式3。

××会计师事务所　　　　　　中国注册会计师：×××（项目合伙人）[①]
　（盖章）　　　　　　　　　　　　　　（签名并盖章）
　　　　　　　　　　　　　　中国注册会计师：×××
　　　　　　　　　　　　　　　　　　（签名并盖章）
中国××市　　　　　　　　　　20×2年×月×日

参考格式6：当注册会计师在审计报告日前已获取所有其他信息，但合并财务报表重要项目的审计范围受到限制，且影响其他信息时，适用于任何被审计单位，无论是上市实体还是非上市实体的保留意见审计报告。

背景信息：

1. 对上市实体或非上市实体整套合并财务报表进行审计。该审计属于集团审计（即适用《中国注册会计师审计准则第1401号——对集团财务报表审计的特殊考虑》）。

2. 管理层按照××财务报告编制基础编制合并财务报表，该编制基础允许被审计单位只列报合并财务报表；

3. 审计业务约定条款体现了《中国注册会计师审计准则第1111号——就审计业务约定条款达成一致意见》中关于管理层对合并财务报表责任的描述；

4. 对于一项对境外关联方的投资，注册会计师无法获取充分、适当的审计证据。无法获取充分、适当审计证据的可能影响对合并财务报表而言被认为是重大但非广泛的（即保留意见是适当的）；

5. 适用的相关职业道德要求为中国注册会计师职业道德守则；

6. 基于获取的审计证据，根据《中国注册会计师审计准则第1324号——持续经营》，注册会计师认为可能导致对被审计单位持续经营能力产生重大疑虑的事项或情况不存在重大不确定性；

7. 已按照《中国注册会计师审计准则第1504号——在审计报告中沟通关键审计事项》的规定沟通了关键审计事项；

8. 注册会计师在审计报告日前已获取所有其他信息，且合并财务报表重要项目审计范围受到的限制也影响了其他信息；

9. 负责监督合并财务报表的人员与负责编制合并财务报表的人员不同；

10. 除合并财务报表审计外，注册会计师不承担法律法规要求的其他报告责任。

审 计 报 告

ABC股份有限公司全体股东：

一、保留意见

我们审计了ABC股份有限公司及其子公司（以下简称ABC集团）合并财务报表，包括20×1年12月31日的合并资产负债表，20×1年度的合并利润表、合并现金流量

[①] 披露项目合伙人姓名的要求仅适用于上市实体。

表、合并股东权益变动表以及相关合并财务报表附注。

我们认为，除"形成保留意见的基础"部分所述事项可能产生的影响外，后附的合并财务报表在所有重大方面按照××财务报告编制基础的规定编制，公允反映了ABC集团20×1年12月31日的合并财务状况以及20×1年度的合并经营成果和合并现金流量。

二、形成保留意见的基础

ABC集团对本年度内取得的境外联营公司XYZ公司的投资以权益法核算，截至20×1年12月31日，该项投资在合并资产负债表中的账面价值为×元，ABC集团按持股比例计算的XYZ公司净收益份额×元已包含在集团本年度收益中。由于我们无法接触XYZ公司的财务信息、管理层以及注册会计师，我们无法就ABC集团对XYZ公司在20×1年12月31日投资的账面价值以及ABC集团按持股比例计算的XYZ公司当年度净收益份额获取充分、适当的审计证据。因此，我们无法确定是否需要对上述金额进行调整。

我们按照中国注册会计师审计准则的规定执行了审计工作。审计报告的"注册会计师对合并财务报表审计的责任"部分进一步阐述了我们在这些准则下的责任。按照中国注册会计师职业道德守则，我们独立于ABC集团，并履行了职业道德方面的其他责任。我们相信，我们获取的审计证据是充分、适当的，为发表保留意见提供了基础。

三、其他信息

ABC集团管理层（以下简称管理层）对其他信息负责。其他信息包括[X报告中涵盖的信息，但不包括合并财务报表和我们的审计报告]。

我们对合并财务报表发表的审计意见不涵盖其他信息，我们也不对其他信息发表任何形式的鉴证结论。

结合我们对合并财务报表的审计，我们的责任是阅读其他信息，在此过程中，考虑其他信息是否与合并财务报表或我们在审计过程中了解到的情况存在重大不一致或者似乎存在重大错报。

基于我们已执行的工作，如果我们确定其他信息存在重大错报，我们应当报告该事实。如上述"形成保留意见的基础"部分所述，我们无法就20×1年12月31日ABC集团对XYZ公司投资的账面价值以及ABC集团按持股比例计算的XYZ公司当年度净收益份额获取充分、适当的审计证据。因此，我们无法确定与该事项相关的其他信息是否存在重大错报。

四、关键审计事项[①]

关键审计事项是我们根据职业判断，认为对本期合并财务报表审计最为重要的事项。这些事项的应对以对合并财务报表整体进行审计并形成审计意见为背景，我们不对这些事项单独发表意见。除"形成保留意见的基础"部分所述事项外，我们确定下列事项是

[①] 本段适用于按照《中国注册会计师审计准则第1504号——在审计报告中沟通关键审计事项》的规定沟通关键审计事项的情形。

需要在审计报告中沟通的关键审计事项。

[按照《中国注册会计师审计准则第1504号——在审计报告中沟通关键审计事项》的规定描述每一关键审计事项。]

五、管理层和治理层对合并财务报表的责任

[按照《中国注册会计师审计准则第1501号——对财务报表形成审计意见和出具审计报告》的规定报告,见《〈中国注册会计师审计准则第1501号——对财务报表形成审计意见和出具审计报告〉应用指南》参考格式2。]

六、注册会计师对合并财务报表审计的责任

[按照《中国注册会计师审计准则第1501号——对财务报表形成审计意见和出具审计报告》的规定报告,见《〈中国注册会计师审计准则第1501号——对财务报表形成审计意见和出具审计报告〉应用指南》参考格式2。①]

××会计师事务所　　　　　　　中国注册会计师:×××(项目合伙人)②
　(盖章)　　　　　　　　　　　　　　(签名并盖章)
　　　　　　　　　　　　　　　中国注册会计师:×××
　　　　　　　　　　　　　　　　　　(签名并盖章)
中国××市　　　　　　　　　　20×2年×月×日

参考格式7:当注册会计师在审计报告日前已获取所有其他信息,且对合并财务报表发表的否定意见也对其他信息有影响时,适用于任何被审计单位,无论是上市实体还是非上市实体的否定意见审计报告。

背景信息:

1. 对上市实体或非上市实体整套合并财务报表进行审计。该审计属于集团审计(即适用《中国注册会计师审计准则第1401号——对集团财务报表审计的特殊考虑》);

2. 管理层按照××财务报告编制基础编制合并财务报表,该编制基础允许被审计单位只列报合并财务报表;

3. 审计业务约定条款体现了《中国注册会计师审计准则第1111号——就审计业务约定条款达成一致意见》中关于管理层对合并财务报表责任的描述;

4. 由于未合并一家子公司,合并财务报表存在重大错报,重大错报对合并财务报表而言被认为是广泛的(即否定意见是适当的)。由于不可行,合并财务报表错报的影响无法确定;

5. 适用的相关职业道德要求为中国注册会计师职业道德守则;

6. 基于获取的审计证据,根据《中国注册会计师审计准则第1324号——持续经营》,注册会计师认为可能导致对被审计单位持续经营能力产生重大疑虑的事项或情况不存在重大不确定性;

---

① 如果被审计单位是非上市实体,需要参考《〈中国注册会计师审计准则第1501号——对财务报表形成审计意见和出具审计报告〉应用指南》参考格式3,并进行适当改写。

② 披露项目合伙人姓名的要求仅适用于上市实体。

7. 已按照《中国注册会计师审计准则第1504号——在审计报告中沟通关键审计事项》的规定沟通了关键审计事项；

8. 注册会计师在审计报告日前已获取所有其他信息，且对合并财务报表发表的否定意见也对其他信息有影响；

9. 负责监督合并财务报表的人员与负责编制合并财务报表的人员不同；

10. 除合并财务报表审计外，注册会计师不承担法律法规要求的其他报告责任。

审 计 报 告

ABC股份有限公司全体股东：

一、否定意见

我们审计了ABC股份有限公司及其子公司（以下简称ABC集团）合并财务报表，包括20×1年12月31日的合并资产负债表，20×1年度的合并利润表、合并现金流量表、合并股东权益变动表以及相关合并财务报表附注。

我们认为，由于"形成否定意见的基础"部分所述事项的重要性，后附的合并财务报表没有在所有重大方面按照××财务报告编制基础的规定编制，未能公允反映ABC集团20×1年12月31日的合并财务状况以及20×1年度的合并经营成果和合并现金流量。

二、形成否定意见的基础

如财务报表附注×所述，由于无法确定ABC集团于20×1年度收购的子公司XYZ公司某些重要资产和负债项目在收购日的公允价值，ABC集团未将该子公司纳入合并范围。该项投资以成本计量。根据××财务报告编制基础，ABC集团应将该子公司纳入合并范围，并以暂估金额为基础核算该项收购。如果将XYZ公司纳入合并范围，后附合并财务报表的多个项目将受到重大影响。我们尚未确定未将该公司纳入合并范围对合并财务报表的影响。

我们按照中国注册会计师审计准则的规定执行了审计工作。审计报告的"注册会计师对合并财务报表审计的责任"部分进一步阐述了我们在这些准则下的责任。按照中国注册会计师职业道德守则，我们独立于ABC集团，并履行了职业道德方面的其他责任。我们相信，我们获取的审计证据是充分、适当的，为发表否定意见提供了基础。

三、其他信息

ABC集团管理层（以下简称管理层）对其他信息负责。其他信息包括［X报告中涵盖的信息，但不包括合并财务报表和我们的审计报告］。

我们对合并财务报表发表的审计意见不涵盖其他信息，我们也不对其他信息发表任何形式的鉴证结论。

结合我们对合并财务报表的审计，我们的责任是阅读其他信息，在此过程中，考虑其他信息是否与合并财务报表或我们在审计过程中了解到的情况存在重大不一致或者似乎存在重大错报。

基于我们已执行的工作，如果我们确定其他信息存在重大错报，我们应当报告该事实。如上述"形成否定意见的基础"部分所述，ABC集团应当将XYZ公司纳入合并范围，并以暂估金额为基础核算该项收购。我们认为，由于X报告中的相关金额或其他项目受到未合并XYZ公司的影响，其他信息存在重大错报。

四、关键审计事项[①]

关键审计事项是我们根据职业判断，认为对本期合并财务报表审计最为重要的事项。这些事项的应对以对合并财务报表整体进行审计并形成审计意见为背景，我们不对这些事项单独发表意见。除"形成否定意见的基础"部分所述事项外，我们确定下列事项是需要在审计报告中沟通的关键审计事项。

［按照《中国注册会计师审计准则第1504号——在审计报告中沟通关键审计事项》的规定描述每一关键审计事项。］

五、管理层和治理层对合并财务报表的责任

［按照《中国注册会计师审计准则第1501号——对财务报表形成审计意见和出具审计报告》的规定报告，见《〈中国注册会计师审计准则第1501号——对财务报表形成审计意见和出具审计报告〉应用指南》参考格式2。］

六、注册会计师对合并财务报表审计的责任

［按照《中国注册会计师审计准则第1501号——对财务报表形成审计意见和出具审计报告》的规定报告，见《〈中国注册会计师审计准则第1501号——对财务报表形成审计意见和出具审计报告〉应用指南》参考格式2。[②]］

××会计师事务所	中国注册会计师：×××（项目合伙人）[③]
（盖章）	（签名并盖章）
	中国注册会计师：×××
	（签名并盖章）
中国××市	20×2年×月×日

[①] 本段适用于按照《中国注册会计师审计准则第1504号——在审计报告中沟通关键审计事项》的规定沟通关键审计事项的情形。

[②] 如果被审计单位是非上市实体，需要参考《〈中国注册会计师审计准则第1501号——对财务报表形成审计意见和出具审计报告〉应用指南》参考格式3，并进行适当改写。

[③] 披露项目合伙人姓名的要求仅适用于上市实体。

《中国注册会计师审计准则第 1601 号——审计特殊目的财务报表的特殊考虑》应用指南

（2021 年 12 月 17 日修订）

一、特殊目的编制基础的定义（参见本准则第六条）

1. 以下是特殊目的编制基础的示例：
（1）纳税申报采用的计税核算基础；
（2）被审计单位为债权人编制的反映现金流量信息的现金收入和现金支出核算基础；
（3）监管机构为满足监管要求对财务报告作出的规定；
（4）合同条款（如债券契约、贷款协议或项目拨款合同）约定的财务报告编制基础。
2. 特殊目的编制基础包括公允列报的编制基础和严格遵循的编制基础。

如果选定的特殊目的编制基础是公允列报的编制基础，在遵循该编制基础要求的同时，为达到公允列报的目的，管理层和治理层（如适用）有可能采取以下两种变通措施：（1）提供该编制基础具体要求之外的其他披露；（2）在极其特殊的情况下，偏离该编制基础的某项具体要求，前提是该编制基础明确允许这种偏离。

如果选定的特殊目的编制基础是严格遵循的编制基础，管理层和治理层（如适用）必须遵守该编制基础的所有要求，不能采取上述任何一种变通措施。

3. 在某些情况下，特殊目的编制基础建立在法律法规所规定的财务报告编制基础的基础上，但并不符合该财务报告编制基础的全部要求。例如，对于某项业务，合同可能约定按照企业会计准则的某些规定而非全部规定编制财务报表。在这种情况下，暗示遵守了企业会计准则是不恰当的。在说明该特殊目的财务报表采用的财务报告编制基础时，可以提及合同中有关财务报告的约定，而不能提及遵守了企业会计准则。

4. 在本指南第 3 段所述的情况下，即使特殊目的编制基础所依据的财务报告编制基础是公允列报的编制基础，特殊目的编制基础也可能不是公允列报的编制基础。这是因为特殊目的编制基础可能并未遵守其所依据的财务报告编制基础的全部要求。

5. 特殊目的的财务报表（包括披露）可能是被审计单位唯一对外发布的财务报表。除了特殊目的编制基础所针对的使用者外，该财务报表可能还有其他使用者。在这种情况下，该财务报表仍然属于特殊目的财务报表。本准则第十四条和第十五条的规定，正是为了避免对财务报表编制目的的误解。

披露包括财务报告编制基础所要求的、明确允许的或者由于其他原因（如实务惯例）作出的解释性或描述性信息。披露是财务报表不可分割的组成部分，通常包括在财务报表附注中，也可能在财务报表表内反映，或者通过财务报表的交叉索引作出提示。

二、财务报告编制基础的可接受性（参见本准则第九条）

6. 对于特殊目的财务报表，预期使用者对财务信息的需求，是确定财务报告编制基础是否可接受的关键因素。

7. 如果特殊目的财务报表采用的编制基础的制定过程遵循了应循程序，并且具有透明度（包括认真研究和仔细考虑利益相关方的观点），则可以认为该编制基础是可接受的。针对特定类型实体，法律法规可能规定了管理层在编制特殊目的财务报表时适用的财务报告编制基础。例如，监管机构可能针对监管要求就特殊目的财务报表作出规定。在不存在相反证据的情况下，该编制基础通常是可接受的。

8. 如果相关部门针对本指南第7段提及的特殊目的编制基础存在其他规定，注册会计师需要参照《中国注册会计师审计准则第1111号——就审计业务约定条款达成一致意见》的规定确定特殊目的编制基础与其他规定之间是否存在冲突，以及存在冲突时应当采取的措施。

9. 特殊目的编制基础还可能包括合同条款约定的财务报告编制基础，或本指南第7段和第8段提及的特殊目的编制基础以外的其他编制基础。在这种情况下，判断该编制基础是否可接受，可以考虑其是否具备《〈中国注册会计师审计准则第1111号——就审计业务约定条款达成一致意见〉应用指南》附录3提及的可接受的财务报告编制基础通常具有的特征。对于特殊目的编制基础，可接受的财务报告编制基础具有的某项特征对于特定业务的相对重要性，需要运用职业判断予以确定。

例如，为了确定净资产在出售日的价值，出售方和购买方可能都同意更谨慎地估计坏账准备，即使与按照通用目的编制基础编制的财务信息相比，这样处理可能不够中立。

三、计划和执行审计工作时的考虑（参见本准则第十条）

10. 《中国注册会计师审计准则第1101号——注册会计师的总体目标和审计工作的基本要求》规定，注册会计师应当遵守：

（1）与财务报表审计相关的职业道德要求，包括独立性要求；

（2）与审计工作相关的所有审计准则。

该准则还要求注册会计师遵守每项审计准则的要求，除非某项审计准则的全部内容或某项要求与具体审计工作不相关。在极其特殊的情况下，注册会计师可能认为有必要偏离某项审计准则的相关要求，通过实施替代审计程序实现相关要求的目的。

11. 在特殊目的财务报表审计中，注册会计师可能需要对如何运用审计准则的某些规定作出特殊考虑。例如，《中国注册会计师审计准则第1221号——计划和执行审计工作时的重要性》规定，判断某事项对财务报表使用者是否重大，是在考虑各类财务报表使用者共同的财务信息需求的基础上作出的。对于特殊目的财务报表审计，判断的依据是该报表的预期使用者对财务信息的需求。

12. 对于特殊目的财务报表，比如，按照合同条款编制的财务报表，管理层可能与预期使用者就需要更正的错报的临界值达成了一致意见，即如果审计过程中识别出的错报低于该临界值，则不对错报进行更正或调整。这种临界值的存在并不能减轻注册会计师确定重要性的责任。注册会计师仍然需要按照相关审计准则的规定，独立确定重要性。

13.《中国注册会计师审计准则第 1151 号——与治理层的沟通》要求注册会计师确定与被审计单位治理层中的哪些人进行沟通。该准则应用指南指出，在某些情况下，治理层全体成员参与管理，此时需要对如何运用沟通的要求进行调整，以适应这一情况。如果被审计单位也编制了整套通用目的财务报表，负责监督特殊目的财务报表编制的人员可能与负责监督通用目的财务报表编制的人员不同，注册会计师需要选择适当的人员进行沟通。

四、形成审计意见和出具审计报告时的考虑

14. 本指南附录提供了特殊目的财务报表审计报告的参考格式。在某些情况下，注册会计师可能还需要参照其他应用指南提供的审计报告参考格式，如《〈中国注册会计师审计准则第 1501 号——对财务报表形成审计意见和出具审计报告〉应用指南》《〈中国注册会计师审计准则第 1502 号——在审计报告中发表非无保留意见〉应用指南》《〈中国注册会计师审计准则第 1503 号——在审计报告中增加强调事项段和其他事项段〉应用指南》《〈中国注册会计师审计准则第 1324 号——持续经营〉应用指南》《〈中国注册会计师审计准则第 1521 号——注册会计师对其他信息的责任〉应用指南》等。

（一）遵守《中国注册会计师审计准则第 1501 号——对财务报表形成审计意见和出具审计报告》的规定（参见本准则第十二条）

15. 本准则第十二条指出，在对特殊目的财务报表形成审计意见、出具审计报告时，注册会计师应当遵守《中国注册会计师审计准则第 1501 号——对财务报表形成审计意见和出具审计报告》的规定。在此过程中，注册会计师还要根据具体情况遵守其他审计准则中的报告要求。本指南第 16 段至第 20 段提及的特殊考虑可能是有帮助的。

16. 特殊目的财务报表可能按照（或不按照）与持续经营假设相关的财务报告编制基础编制。审计报告中管理层与持续经营相关责任的表述，可能需要根据编制特殊目的财务报表时采用的财务报告编制基础进行必要的调整。审计报告中对注册会计师责任的表述，也可能需要根据《中国注册会计师审计准则第 1324 号——持续经营》在具体业务中的运用情况进行必要的调整。

17.《中国注册会计师审计准则第 1501 号——对财务报表形成审计意见和出具审计报告》规定，注册会计师在审计上市实体整套通用目的财务报表时，应当按照《中国注册会计师审计准则第 1504 号——在审计报告中沟通关键审计事项》的规定沟通关键审计事项。对于特殊目的财务报表审计，《中国注册会计师审计准则第 1504 号——在审计报告中沟通关键审计事项》仅适用于法律法规要求或注册会计师决定在特殊目的财务报表的审计报告中沟通关键审计事项的情形。如果在特殊目的财务报表的审计报告中沟通关键审计事项，《中国注册会计师审计准则第 1504 号——在审计报告中沟通关键审计事项》整体都适用。

18.《中国注册会计师审计准则第 1521 号——注册会计师对其他信息的责任》规范了注册会计师对其他信息的责任。该准则中的年度报告，就本准则而言，是指包含或随附特殊目的财务报表的报告，该报告旨在向所有者或类似的利益相关方提供与特殊目的财务报表中所反映事项相关的信息。对于采用特殊目的的编制基础编制的财务报表而言，"类似的利益相关方"包括特定使用者，其财务信息需求通过特殊目的编制基础得到满足。

如果注册会计师确定被审计单位拟发布此报告，则《中国注册会计师审计准则第1521号——注册会计师对其他信息的责任》适用。注册会计师可以考虑尽早（例如在业务承接阶段）与管理层进行必要的沟通，以了解是否可能存在与特殊目的财务报表相关的其他信息，以及管理层计划发布包含这些其他信息的报告的时间。

19.《中国注册会计师审计准则第1501号——对财务报表形成审计意见和出具审计报告》关于在审计报告中注明项目合伙人的规定，也适用于上市实体特殊目的财务报表审计。对非上市实体特殊目的财务报表出具审计报告时，注册会计师需要根据法律法规要求或具体情况，确定是否在审计报告中注明项目合伙人。

（二）提及对整套通用目的财务报表出具的审计报告

20. 注册会计师可能认为在特殊目的财务报表的审计报告中增加其他事项段，提及整套通用目的财务报表的审计报告或审计报告中的相关事项是适当的（参见《中国注册会计师审计准则第1503号——在审计报告中增加强调事项段和其他事项段》）。例如，注册会计师可能认为，在特殊目的财务报表的审计报告中增加其他事项段，提及整套通用目的财务报表的审计报告中包含的"与持续经营相关的重大不确定性"部分是适当的。

（三）提醒审计报告使用者关注财务报表是按照特殊目的编制基础编制的（参见本准则第十五条）

21. 特殊目的财务报表可能用于预期目的之外的其他用途。例如，监管机构可能要求某些实体公开特殊目的财务报表。为避免误解，注册会计师需要增加强调事项段，提醒审计报告使用者关注财务报表采用的是特殊目的编制基础，不适用于其他目的。按照《中国注册会计师审计准则第1503号——在审计报告中增加强调事项段和其他事项段》的规定，强调事项段需要作为单独的一部分置于审计报告中，并使用包含"强调事项"这一术语的适当标题。

（四）限制审计报告的发送对象或使用

22. 除按照本准则第十五条的要求作出提醒外，注册会计师可能认为，指明审计报告仅用于特定使用者是适当的。对审计报告的发送对象或使用作出限制，可以达到这个目的。注册会计师可以在审计报告中增加其他事项段，说明对审计报告的发送对象或使用的限制，并使用适当的标题。（参见本指南附录中的参考格式）

附录（参见本指南第 14 段）

特殊目的财务报表审计报告的参考格式

参考格式 1：对按照合同条款约定（本例为严格遵循的编制基础）编制的非上市实体整套财务报表出具的审计报告

背景信息：

1. 管理层已按照合同条款约定（即特殊目的编制基础）编制财务报表，管理层无权选择财务报告编制基础。

2. 采用的财务报告编制基础是严格遵循的编制基础。

3. 未针对整套通用目的财务报表出具审计报告。

4. 审计业务约定条款体现了《中国注册会计师审计准则第 1111 号——就审计业务约定条款达成一致意见》中关于管理层对财务报表责任的描述。

5. 基于获取的审计证据，注册会计师认为发表无保留意见是恰当的。

6. 适用的相关职业道德要求为中国注册会计师职业道德守则。

7. 基于获取的审计证据，根据《中国注册会计师审计准则第 1324 号——持续经营》，注册会计师认为可能导致对被审计单位持续经营能力产生重大疑虑的事项或情况不存在重大不确定性。

8. 审计报告的发送对象和使用受到限制。

9. 注册会计师未被要求，并且也决定不沟通关键审计事项。

10. 注册会计师认为不存在其他信息（即《中国注册会计师审计准则第 1521 号——注册会计师对其他信息的责任》的规定不适用）。

11. 负责监督财务报表的人员与负责编制财务报表的人员不同。

12. 除对特殊目的财务报表审计外，注册会计师不承担法律法规要求的其他报告责任。

审 计 报 告

［恰当的收件人］：

一、审计意见

我们审计了 ABC 股份有限公司（以下简称 ABC 公司）财务报表，包括 20×1 年 12 月 31 日的资产负债表，20×1 年度的利润表、现金流量表、股东权益变动表以及相关财务报表附注。

我们认为，后附的财务报表在所有重大方面按照 ABC 公司与 DEF 公司于 20×1 年 1 月 1 日签订的合同（以下简称合同）第 Z 部分的约定编制。

二、形成审计意见的基础

我们按照中国注册会计师审计准则的规定执行了审计工作。审计报告的"注册会计师对财务报表审计的责任"部分进一步阐述了我们在这些准则下的责任。按照中国注册会计师职业道德守则,我们独立于ABC公司,并履行了职业道德方面的其他责任。我们相信,我们获取的审计证据是充分、适当的,为发表审计意见提供了基础。

三、强调事项——编制基础

我们提醒财务报表使用者关注财务报表附注×对编制基础的说明。ABC公司编制财务报表是为了遵守合同第Z部分的约定。因此,财务报表不适用于其他用途。本段内容不影响已发表的审计意见。

四、其他事项——对审计报告的发送对象和使用的限制

我们的报告仅供ABC公司和DEF公司使用,而不应发送至除ABC公司和DEF公司以外的其他方或为其使用。

五、管理层和治理层对财务报表的责任

ABC公司管理层(以下简称管理层)负责按照合同第Z部分的约定编制财务报表,并设计、执行和维护必要的内部控制,以使财务报表不存在由于舞弊或错误导致的重大错报。

在编制财务报表时,管理层负责评估ABC公司的持续经营能力,披露与持续经营相关的事项(如适用),并运用持续经营假设,除非管理层计划清算ABC公司、终止运营或别无其他现实的选择。

治理层负责监督ABC公司的财务报告过程。

六、注册会计师对财务报表审计的责任

我们的目标是对财务报表整体是否不存在由于舞弊或错误导致的重大错报获取合理保证,并出具包含审计意见的审计报告。合理保证是高水平的保证,但并不能保证按照审计准则执行的审计在某一重大错报存在时总能发现。错报可能由于舞弊或错误导致,如果合理预期错报单独或汇总起来可能影响财务报表使用者依据财务报表作出的经济决策,则通常认为错报是重大的。

在按照审计准则执行审计工作的过程中,我们运用职业判断,并保持职业怀疑。同时,我们也执行以下工作:

(1)识别和评估由于舞弊或错误导致的财务报表重大错报风险,设计和实施审计程序以应对这些风险,并获取充分、适当的审计证据,作为发表审计意见的基础。由于舞弊可能涉及串通、伪造、故意遗漏、虚假陈述或凌驾于内部控制之上,未能发现由于舞弊导致的重大错报的风险高于未能发现由于错误导致的重大错报的风险。

(2)了解与审计相关的内部控制,以设计恰当的审计程序,但目的并非对内部控制的有效性发表意见。

(3)评价管理层选用会计政策的恰当性和作出会计估计及相关披露的合理性。

（4）对管理层使用持续经营假设的恰当性得出结论。同时，根据获取的审计证据，就可能导致对 ABC 公司持续经营能力产生重大疑虑的事项或情况是否存在重大不确定性得出结论。如果我们得出结论认为存在重大不确定性，审计准则要求我们在审计报告中提请报表使用者注意财务报表中的相关披露；如果披露不充分，我们应当发表非无保留意见。我们的结论基于截至审计报告日可获得的信息。然而，未来的事项或情况可能导致 ABC 公司不能持续经营。

我们与治理层就计划的审计范围、时间安排和重大审计发现等事项进行沟通，包括沟通我们在审计中识别出的值得关注的内部控制缺陷。

××会计师事务所	中国注册会计师：×××
（盖章）	（签名并盖章）
	中国注册会计师：×××
	（签名并盖章）
中国××市	20×2 年 × 月 × 日

参考格式 2：对按照计税核算基础（本例为严格遵循的编制基础）编制的非上市实体整套财务报表出具的审计报告

背景信息：

1. 对合伙企业的管理层按照计税核算基础（即特殊目的编制基础）编制的整套财务报表进行审计，管理层无权选择财务报告编制基础。

2. 采用的财务报告编制基础是严格遵循的编制基础。

3. 未针对整套通用目的财务报表出具审计报告。

4. 审计业务约定条款体现了《中国注册会计师审计准则第 1111 号——就审计业务约定条款达成一致意见》中关于管理层对财务报表责任的描述。

5. 基于获取的审计证据，注册会计师认为发表无保留意见是恰当的。

6. 适用的相关职业道德要求为中国注册会计师职业道德守则。

7. 基于获取的审计证据，根据《中国注册会计师审计准则第 1324 号——持续经营》，注册会计师认为可能导致对被审计单位持续经营能力产生重大疑虑的事项或情况不存在重大不确定性。

8. 审计报告的发送对象和使用受到限制。

9. 注册会计师未被要求，并且也决定不沟通关键审计事项。

10. 注册会计师认为不存在其他信息（即《中国注册会计师审计准则第 1521 号——注册会计师对其他信息的责任》的规定不适用）。

11. 负责监督财务报表的人员与负责编制财务报表的人员不同。

12. 除对特殊目的财务报表审计外，注册会计师不承担法律法规要求的其他报告责任。

审 计 报 告

[恰当的收件人]：

一、审计意见

我们审计了 ABC 合伙企业财务报表，包括 20×1 年 12 月 31 日的资产负债表，20×1 年度的利润表以及相关财务报表附注。

我们认为，后附的财务报表在所有重大方面按照计税核算基础编制。

二、形成审计意见的基础

我们按照中国注册会计师审计准则的规定执行了审计工作。审计报告的"注册会计师对财务报表审计的责任"部分进一步阐述了我们在这些准则下的责任。按照中国注册会计师职业道德守则，我们独立于 ABC 合伙企业，并履行了职业道德方面的其他责任。我们相信，我们获取的审计证据是充分、适当的，为发表审计意见提供了基础。

三、强调事项——编制基础

我们提醒财务报表使用者关注财务报表附注 × 对编制基础的说明。ABC 合伙企业编制财务报表是为了帮助合伙人编制各自的纳税申报表。因此，财务报表不适用于其他用途。本段内容不影响已发表的审计意见。

四、其他事项——对审计报告的发送对象和使用的限制

我们的报告仅用于 ABC 合伙企业及其合伙人，而不应发送至除 ABC 合伙企业及其合伙人以外的其他方或为其使用。

五、管理层和治理层对财务报表的责任

ABC 合伙企业管理层（以下简称管理层）负责按照计税核算基础编制财务报表，并设计、执行和维护必要的内部控制，以使财务报表不存在由于舞弊或错误导致的重大错报。

在编制财务报表时，管理层负责评估 ABC 合伙企业的持续经营能力，披露与持续经营相关的事项（如适用），并运用持续经营假设，除非管理层计划清算 ABC 合伙企业、终止运营或别无其他现实的选择。

治理层负责监督 ABC 合伙企业的财务报告过程。

六、注册会计师对财务报表审计的责任

我们的目标是对财务报表整体是否不存在由于舞弊或错误导致的重大错报获取合理保证，并出具包含审计意见的审计报告。合理保证是高水平的保证，但并不能保证按照审计准则执行的审计在某一重大错报存在时总能发现。错报可能由于舞弊或错误导致，如果合理预期错报单独或汇总起来可能影响财务报表使用者依据财务报表作出的经济决策，则通常认为错报是重大的。

在按照审计准则执行审计工作的过程中，我们运用职业判断，并保持职业怀疑。同时，

我们也执行以下工作：

（1）识别和评估由于舞弊或错误导致的财务报表重大错报风险，设计和实施审计程序以应对这些风险，并获取充分、适当的审计证据，作为发表审计意见的基础。由于舞弊可能涉及串通、伪造、故意遗漏、虚假陈述或凌驾于内部控制之上，未能发现由于舞弊导致的重大错报的风险高于未能发现由于错误导致的重大错报的风险。

（2）了解与审计相关的内部控制，以设计恰当的审计程序，但目的并非对内部控制的有效性发表意见。

（3）评价管理层选用会计政策的恰当性和作出会计估计及相关披露的合理性。

（4）对管理层使用持续经营假设的恰当性得出结论。同时，根据获取的审计证据，就可能导致对ABC合伙企业持续经营能力产生重大疑虑的事项或情况是否存在重大不确定性得出结论。如果我们得出结论认为存在重大不确定性，审计准则要求我们在审计报告中提请报表使用者注意财务报表中的相关披露；如果披露不充分，我们应当发表非无保留意见。我们的结论基于截至审计报告日可获得的信息。然而，未来的事项或情况可能导致ABC合伙企业不能持续经营。

我们与治理层就计划的审计范围、时间安排和重大审计发现等事项进行沟通，包括沟通我们在审计中识别出的值得关注的内部控制缺陷。

××会计师事务所　　　　　　　　　　中国注册会计师：×××
　　（盖章）　　　　　　　　　　　　　　（签名并盖章）
　　　　　　　　　　　　　　　　　　中国注册会计师：×××
　　　　　　　　　　　　　　　　　　　　（签名并盖章）
中国××市　　　　　　　　　　　　20×2年×月×日

参考格式3：对按照监管机构作出的财务报告规定（本例为公允列报的编制基础）编制的上市实体整套财务报表出具的审计报告

背景信息：

1. 对管理层按照监管机构作出的财务报告规定（即特殊目的编制基础）编制的整套上市实体财务报表（以满足监管机构的要求）进行审计，管理层无权选择财务报告编制基础。

2. 采用的财务报告编制基础是公允列报的编制基础。

3. 审计业务约定条款体现了《中国注册会计师审计准则第1111号——就审计业务约定条款达成一致意见》中关于管理层对财务报表责任的描述。

4. 基于获取的审计证据，注册会计师认为发表无保留意见是恰当的。

5. 适用的相关职业道德要求为中国注册会计师职业道德守则。

6. 基于获取的审计证据，注册会计师认为可能导致对被审计单位持续经营能力产生重大疑虑的事项或情况存在重大不确定性，财务报表对该重大不确定性已作出充分披露。

7. 审计报告的发送对象或使用没有受到限制。

8. 监管机构要求注册会计师按照《中国注册会计师审计准则第1504号——在审计报告中沟通关键审计事项》的规定沟通关键审计事项。

9. 其他事项段指出，注册会计师也对 ABC 公司按照通用目的编制基础编制的同一期间的财务报表出具了审计报告。

10. 注册会计师认为不存在其他信息（即《中国注册会计师审计准则第 1521 号——注册会计师对其他信息的责任》的规定不适用）。

11. 负责监督财务报表的人员与负责编制财务报表的人员不同。

12. 除对特殊目的财务报表审计外，注册会计师不承担法律法规要求的其他报告责任。

审计报告

[ABC 股份有限公司全体股东或适当的收件人]：

一、审计意见

我们审计了 ABC 股份有限公司（以下简称 ABC 公司）财务报表，包括 20×1 年 12 月 31 日的资产负债表，20×1 年度的利润表、现金流量表、股东权益变动表以及相关财务报表附注。

我们认为，后附的财务报表在所有重大方面按照 Z 条例第 Y 部分作出的财务报告规定编制，公允反映了 ABC 公司 20×1 年 12 月 31 日的财务状况以及 20×1 年度的经营成果和现金流量。

二、形成审计意见的基础

我们按照中国注册会计师审计准则的规定执行了审计工作。审计报告的"注册会计师对财务报表审计的责任"部分进一步阐述了我们在这些准则下的责任。按照中国注册会计师职业道德守则，我们独立于 ABC 公司，并履行了职业道德方面的其他责任。我们相信，我们获取的审计证据是充分、适当的，为发表审计意见提供了基础。

三、强调事项——编制基础

我们提醒财务报表使用者关注财务报表附注 × 对编制基础的说明。ABC 公司编制财务报表是为了满足 DEF 监管机构的要求。因此，财务报表不适用于其他用途。本段内容不影响已发表的审计意见。

四、与持续经营相关的重大不确定性

我们提醒财务报表使用者关注，如财务报表附注 × 所述，ABC 公司 20×1 年发生净亏损 × 元，且于 20×1 年 12 月 31 日，ABC 公司流动负债高于资产总额 × 元。如财务报表附注 × 所述，这些事项或情况，连同财务报表附注 × 所示的其他事项，表明存在可能导致对 ABC 公司持续经营能力产生重大疑虑的重大不确定性。该事项不影响已发表的审计意见。

五、关键审计事项

关键审计事项是我们根据职业判断，认为对本期财务报表审计最为重要的事项。这些事项的应对以对财务报表整体进行审计并形成审计意见为背景，我们不对这些事项单独发表意见。除"与持续经营相关的重大不确定性"部分所描述的事项外，我们确定下列事项是需要在审计报告中沟通的关键审计事项。

[按照《中国注册会计师审计准则第1504号——在审计报告中沟通关键审计事项》的规定描述每一关键审计事项。]

六、其他事项

ABC公司已经按照企业会计准则的规定另行编制一套财务报表。我们已于20×2年3月31日针对该财务报表向ABC公司股东另行出具审计报告。

七、管理层和治理层对财务报表的责任

ABC公司管理层（以下简称管理层）负责按照Z条例第Y部分作出的财务报告规定编制财务报表，使其实现公允反映，并设计、执行和维护必要的内部控制，以使财务报表不存在由于舞弊或错误导致的重大错报。

在编制财务报表时，管理层负责评估ABC公司的持续经营能力，披露与持续经营相关的事项（如适用），并运用持续经营假设，除非管理层计划清算ABC公司、终止运营或别无其他现实的选择。

治理层负责监督ABC公司的财务报告过程。

八、注册会计师对财务报表审计的责任

我们的目标是对财务报表整体是否不存在由于舞弊或错误导致的重大错报获取合理保证，并出具包含审计意见的审计报告。合理保证是高水平的保证，但并不能保证按照审计准则执行的审计在某一重大错报存在时总能发现。错报可能由于舞弊或错误导致，如果合理预期错报单独或汇总起来可能影响财务报表使用者依据财务报表作出的经济决策，则通常认为错报是重大的。

在按照审计准则执行审计工作的过程中，我们运用职业判断，并保持职业怀疑。同时，我们也执行以下工作：

（1）识别和评估由于舞弊或错误导致的财务报表重大错报风险，设计和实施审计程序以应对这些风险，并获取充分、适当的审计证据，作为发表审计意见的基础。由于舞弊可能涉及串通、伪造、故意遗漏、虚假陈述或凌驾于内部控制之上，未能发现由于舞弊导致的重大错报的风险高于未能发现由于错误导致的重大错报的风险。

（2）了解与审计相关的内部控制，以设计恰当的审计程序，但目的并非对内部控制的有效性发表意见。

（3）评价管理层选用会计政策的恰当性和作出会计估计及相关披露的合理性。

（4）对管理层使用持续经营假设的恰当性得出结论。同时，根据获取的审计证据，就可能导致对ABC公司持续经营能力产生重大疑虑的事项或情况是否存在重大不确定性得出结论。如果我们得出结论认为存在重大不确定性，审计准则要求我们在审计报告中

提请报表使用者注意财务报表中的相关披露；如果披露不充分，我们应当发表非无保留意见。我们的结论基于截至审计报告日可获得的信息。然而，未来的事项或情况可能导致 ABC 公司不能持续经营。

（5）评价财务报表的总体列报、结构和内容（包括披露），并评价财务报表是否公允反映相关交易和事项。

我们与治理层就计划的审计范围、时间安排和重大审计发现等事项进行沟通，包括沟通我们在审计中识别出的值得关注的内部控制缺陷。

我们还就已遵守与独立性相关的职业道德要求向治理层提供声明，并与治理层沟通可能被合理认为影响我们独立性的所有关系和其他事项，以及相关的防范措施（如适用）。

从与治理层沟通过的事项中，我们确定哪些事项对本期财务报表审计最为重要，因而构成关键审计事项。我们在审计报告中描述这些事项，除非法律法规禁止公开披露这些事项，或在极少数情形下，如果合理预期在审计报告中沟通某事项造成的负面后果超过在公众利益方面产生的益处，我们确定不应在审计报告中沟通该事项。

××会计师事务所	中国注册会计师：×××（项目合伙人）
（盖章）	（签名并盖章）
	中国注册会计师：×××
	（签名并盖章）
中国××市	20×2 年 × 月 × 日

《中国注册会计师审计准则第 1602 号 ——验资》应用指南

（2007 年 11 月 29 日修订）

第一章 总 则

《中国注册会计师审计准则第 1602 号——验资》（以下简称本准则）第一章（第一条至第六条），主要说明本准则的制定目的、本准则与其他审计准则的关系、验资的含义、验资类型及设立验资和变更验资的含义、被审验单位的含义、出资者和被审验单位的责任、注册会计师的责任，并对注册会计师执行验资业务应遵守的职业道德规范提出要求。

一、本准则与其他审计准则的关系

本准则第二条规定，注册会计师在执行验资业务时，应当将本准则与相关审计准则结合使用。

注册会计师在执行验资业务时不应孤立地使用本准则，而应当将本准则与相关审计准则结合使用。例如，注册会计师除了遵守本准则的要求外，还应当遵守审计业务约定书、历史财务信息审计的质量控制、审计工作底稿、计划审计工作、审计证据、存货监盘、函证、期后事项、管理层声明、利用专家的工作等审计准则的相关规定。其他相关审计准则的一般原则和要求与本准则不一致的，以本准则为准。

二、验资的含义

（一）验资的含义

本准则第三条第一款指出，验资是指注册会计师依法接受委托，对被审验单位注册资本的实收情况或注册资本及实收资本的变更情况进行审验，并出具验资报告。

此定义主要明确了下列几个问题：

1. 验资是注册会计师的法定业务。《中华人民共和国注册会计师法》第十四条明确规定，"验证企业资本，出具验资报告"是注册会计师的法定业务之一。其他法律法规也对注册会计师承办验资业务作出了规定，如《中华人民共和国公司法》（以下简称《公司法》）等。

2. 验资是一种受托业务。注册会计师必须接受委托人的委托，由其所在会计师事务所与委托人签订业务约定书，方可执行验资业务。

3. 验资是一项鉴证业务。注册会计师的审验意见旨在提高被审验单位注册资本实收情况或注册资本及实收资本变更情况的可信赖程度，满足公司登记机关登记注册资本和实收资本及被审验单位向出资者签发出资证明的需要。

4.验资的内容包括对被审验单位注册资本的实收情况或注册资本及实收资本的变更情况进行审验。被审验单位注册资本的实收情况是指被审验单位实际收到出资者缴纳注册资本的情况。被审验单位注册资本及实收资本的变更情况是指被审验单位注册资本及实收资本的增减变动情况。

5.注册会计师完成审验工作后,应对被审验单位注册资本的实收情况或注册资本及实收资本的变更情况发表审验意见,出具验资报告。

(二)注册资本及实收资本的含义

1.注册资本是指被审验单位在公司登记机关登记的全体出资者的出资额。因公司组织形式不同,其注册资本的含义也不同,《公司法》对有限责任公司和股份有限公司的注册资本分别作出了下列定义:

有限责任公司的注册资本为在公司登记机关登记的全体股东认缴的出资额。

采取发起设立方式设立的股份有限公司,其注册资本为在公司登记机关登记的全体发起人认购的股本总额。

采取募集设立方式设立的股份有限公司,其注册资本为在公司登记机关登记的实收股本总额。

2.实收资本是被审验单位全体股东或者发起人实际交付并经公司登记机关依法登记的出资额或者股本总额。

(三)验资截止日的含义

验资截止日是指注册会计师所验证的注册资本实收情况或注册资本及实收资本变更情况的截止日期,是注册会计师审验结论成立的一个特定时点。

三、验资类型及设立验资和变更验资的含义

本准则第三条第二款指出,验资分为设立验资和变更验资。

(一)设立验资的含义本准则第三条第二款指出,设立验资是指注册会计师对被审验单位申请设立登记时的注册资本实收情况进行的审验。

需要注册会计师进行设立验资的情况主要包括:(1)被审验单位向公司登记机关申请设立登记时全体股东的一次性全部出资和分次出资的首次出资;(2)公司新设合并、分立,新设立的公司向公司登记机关申请设立登记。

(二)变更验资的含义

本准则第三条第二款指出,变更验资是指注册会计师对被审验单位申请变更登记时的注册资本及实收资本的变更情况进行的审验。

需要注册会计师进行变更验资的情况主要包括:(1)被审验单位出资者(包括原出资者和新出资者)新投入资本,增加注册资本及实收资本;(2)分次出资的非首次出资,增加实收资本,但注册资本不变;(3)被审验单位以资本公积、盈余公积、未分配利润转增注册资本及实收资本;(4)被审验单位因吸收合并变更注册资本及实收资本;(5)被审验单位因派生分立、注销股份或依法收购股东的股权等减少注册资本及实收资本;(6)被审验单位整体改制,包括由非公司制企业变更为公司制企业或由有限责任公司变更为股份有限公司时,以净资产折合实收资本。

需要指出的是,被审验单位因出资者、出资比例等发生变化,注册资本及实收资本金额不变,需要按照有关规定向登记机关申请办理变更登记,但不需要进行变更验资。

四、被审验单位的含义

本准则第三条第三款指出,被审验单位是指在中华人民共和国境内拟设立或已设立的,依法应当接受验资的有限责任公司和股份有限公司。

1. 拟设立或已设立公司。拟设立公司是指处于筹备阶段中,已经向公司登记机关办理了公司名称预先核准,或已办理了审批手续(对法律、行政法规规定设立公司必须报经批准的)正准备向公司登记机关申请设立登记的公司。已设立公司是指已经办理了公司登记,领取了营业执照,正式成立的公司。

2. 依法应当接受验资。依法接受验资是指根据《公司法》《中外合资经营企业法》《中外合作经营企业法》《外资企业法》《公司登记管理条例》《公司注册资本登记管理规定》等法律法规的规定,拟设立或已设立公司应当接受注册会计师对其注册资本的实收情况或注册资本及实收资本的变更情况进行审验。

五、出资者和被审验单位的责任

本准则第四条指出,按照法律法规以及协议、合同、章程的要求出资,提供真实、合法、完整的验资资料,保护资产的安全、完整,是出资者和被审验单位的责任。

六、注册会计师的责任

本准则第五条指出,按照本准则的规定,对被审验单位注册资本的实收情况或注册资本及实收资本的变更情况进行审验,出具验资报告,是注册会计师的责任。

注册会计师的责任不能减轻出资者和被审验单位的责任。

七、对注册会计师执行验资业务的职业道德要求

本准则第六条规定,注册会计师执行验资业务,应当遵守相关的职业道德规范,恪守独立、客观、公正的原则,保持专业胜任能力和应有的关注,并对执业过程中获知的信息保密。

第二章 业 务 约 定 书

本准则第二章(第七条至第九条),主要规范与签订业务约定书有关的事项,包括注册会计师接受委托前了解被审验单位基本情况、评估验资风险,应当与委托人沟通的事项以及业务约定书的内容及其签订要求。

一、了解被审验单位基本情况与初步评估验资风险

(一)了解被审验单位基本情况

本准则第七条规定,注册会计师应当了解被审验单位基本情况,考虑自身独立性和专业胜任能力,初步评估验资风险,以确定是否接受委托。

了解被审验单位基本情况,主要是指在接受委托前,注册会计师应当与委托人、被审验单位管理层沟通,实地查看被审验单位的住所和主要经营场所,了解被审验单位基本情况,获取有关资料,填写被审验单位基本情况表(见附录1602-3 参考格式1602-3-1、1602-3-2和1602-3-3)。

被审验单位基本情况主要包括：被审验单位的设立审批、变更审批，名称预先核准，经营范围，公司类型，组织机构和人员，申请设立或变更登记的注册资本、实收资本、出资者、出资方式、出资时间，全体出资者指定代表或委托代理人等基本情况。

对于变更验资，注册会计师应当查阅被审验单位的前期验资报告、近期财务报表、审计报告和其他与本次验资有关的资料，以了解被审验单位以前注册资本的实收情况。

（二）评估验资风险

1.验资风险主要源自两个方面：一是出资者及被审验单位管理层的诚信程度、所提供验资资料的真实性与完整性；二是注册会计师的专业胜任能力和职业道德水平。

2.下列事项通常导致注册资本实收情况或注册资本及实收资本变更情况发生重大错报风险：

（1）验资业务委托渠道复杂或不正常；

（2）验资资料存在涂改、伪造痕迹或验资资料相互矛盾；

（3）被审验单位随意更换或不及时提供验资资料，或只提供复印件不提供原件；

（4）自然人出资、家庭成员共同出资或关联方共同出资；

（5）出资人之间存在意见分歧；

（6）被审验单位拒绝或阻挠注册会计师实施重要审验程序，如被审验单位拒绝或阻挠注册会计师实施银行存款函证、实物资产监盘等程序，或不执行法律规定的程序，如非货币财产应当评估而未评估等；

（7）被审验单位处在高风险行业；

（8）非货币财产计价的主观程度高或其计价需要大量的主观判断；

（9）验资付费远远超出规定标准或明显不合理。

二、与委托人的沟通

本准则第八条规定，注册会计师应当就委托目的、出资者和被审验单位的责任以及注册会计师的责任、审验范围、时间要求、验资收费、报告分发和使用的限制等主要事项与委托人沟通，并达成一致意见。

沟通的目的，是避免双方对验资业务的理解产生分歧。如果委托人不是被审验单位，在签订业务约定书前，注册会计师应当与委托人、被审验单位就验资业务约定相关条款进行充分沟通，并达成一致意见。

三、签订业务约定书

本准则第九条规定，如果接受委托，注册会计师应当与委托人就双方达成一致的事项签订业务约定书。

验资业务约定书（见附录1602-3参考格式1602-3-4、1602-3-5）的具体内容可能因被审验单位的不同、验资类型的不同而存在差异，但至少应当包括：业务范围与委托目的、双方的责任与义务、验资收费、验资报告的用途及使用责任、业务约定书的有效期间、约定事项的变更及违约责任等条款。

业务约定书应当由会计师事务所与委托人签订。

第三章 计划、程序与记录

本准则第三章（第十条至第二十条），主要规范验资计划的编制、审验范围、审验程序以及审验记录。

一、验资计划

本准则第十条规定，注册会计师执行验资业务，应当编制验资计划，对验资工作作出合理安排。

（一）验资计划的种类

验资计划包括总体验资计划和具体验资计划。总体验资计划是注册会计师对验资业务作出的总体安排；具体验资计划是注册会计师对拟实施审验程序的性质、时间和范围作出的具体安排。

计划验资工作并非验资业务的一个孤立阶段，而是一个持续的、不断修正的过程，贯穿于整个验资业务的始终。由于未预期事项、条件的变化或在实施审验程序中获取的审验证据的变化等原因，注册会计师可以在验资过程中对总体验资计划和具体验资计划作出必要的更新和修改。

（二）验资计划的内容

1.总体验资计划的内容。总体验资计划（见附录 1602-3 参考格式 1602-3-6）通常包括下列主要内容：

（1）验资类型、委托目的和审验范围；

（2）以往的验资和审计情况；

（3）重点审验领域；

（4）验资风险评估；

（5）对专家工作的利用；

（6）验资工作进度及时间、收费预算；

（7）验资小组组成及人员分工；

（8）质量控制安排。

2.具体验资计划的内容。具体验资计划通常包括与各审验项目有关的下列主要内容：

（1）审验目标；

（2）审验程序；

（3）执行人及完成工作日期。具体验资计划一般通过编制各审验项目的审验程序表（见附录 1602-3 参考格式 1602-3-7）体现。

二、获取注册资本实收情况明细表或注册资本、实收资本变更情况明细表

本准则第十一条规定，注册会计师应当向被审验单位获取注册资本实收情况明细表或注册资本、实收资本变更情况明细表。

注册会计师在验资过程中获取的由被审验单位签署的注册资本实收情况明细表或注册资本、实收资本变更情况明细表，是被审验单位出资者出资情况的总括反映，经被审验单位签署确认后，代表了被审验单位对其出资者出资情况的认定，也是被审验单位的一种书面声明，是注册会计师应当获取的重要证据之一。获取这一证据有助于分清被审

验单位和注册会计师各自的责任。

三、审验范围

本准则第十二条和第十三条对设立验资和变更验资的审验范围分别作出规定。

（一）设立验资的审验范围

本准则第十二条规定，设立验资的审验范围一般限于与被审验单位注册资本实收情况有关的事项，包括出资者、出资币种、出资金额、出资时间、出资方式和出资比例等。

（二）变更验资的审验范围

本准则第十三条规定，变更验资的审验范围一般限于与被审验单位注册资本及实收资本增减变动情况有关的事项。

增加注册资本及实收资本时，审验范围包括与增资相关的出资者、出资币种、出资金额、出资时间、出资方式、出资比例和相关会计处理，以及增资后的出资者、出资金额和出资比例等。

减少注册资本及实收资本时，审验范围包括与减资相关的减资者、减资币种、减资金额、减资时间、减资方式、债务清偿或债务担保情况、相关会计处理，以及减资后的出资者、出资金额和出资比例等。

四、审验程序

本准则第十四条至第十九条对审验方法和审验程序作出了规定。

（一）审验方法及要求

注册会计师应当关注出资者的出资金额、出资时间、出资方式、出资比例等内容是否符合法律法规以及协议、章程的规定。

本准则第十四条规定，对于出资者投入的资本及其相关的资产、负债，注册会计师应当分别采用下列方法进行审验：

1. 以货币出资的，应当在检查被审验单位开户银行出具的收款凭证、对账单及银行询证函回函等的基础上，审验出资者的实际出资金额，并关注全体股东的货币出资额占注册资本的比例是否符合法定要求。对于股份有限公司向社会公开募集的股本，还应当检查证券公司承销协议、募股清单和股票发行费用清单等。

2. 以实物出资的，应当观察、检查实物，审验其权属转移情况，并按照国家有关规定在资产评估的基础上审验其价值。如果被审验单位是外商投资企业，注册会计师应当按照国家有关外商投资企业的规定，审验实物出资的价值。

3. 以知识产权、土地使用权等无形资产出资的，应当审验其权属转移情况，并按照国家有关规定在资产评估的基础上审验其价值。如果被审验单位是外商投资企业，注册会计师应当按照国家有关外商投资企业的规定，审验无形资产出资的价值。

4. 以净资产折合实收资本的，或以资本公积、盈余公积、未分配利润转增注册资本及实收资本的，应当在审计的基础上按照国家有关规定审验其价值。

5. 以货币、实物、知识产权、土地使用权以外的其他财产出资的，注册会计师应当审验出资是否符合国家有关规定。

6. 对于外商投资企业的外方出资，注册会计师还应当关注其是否符合国家外汇管理有关规定，向企业注册地的外汇管理部门发出外方出资情况询证函，并根据外方出资者的出资方式附送银行询证函回函、资本项目外汇业务核准件及进口货物报关单等文件的复印件,以询证上述文件内容的真实性、合规性。

具体审验方法见附录1602-1"设立验资的取证与审验"和附录1602-2"变更验资的取证与审验"。银行询证函格式见附录1602-3"工作底稿参考格式"中的参考格式1602-3-8、1602-3-9和1602-3-10。

(二)对非货币财产作价出资的审验要求

本准则第十五条规定,对于出资者以实物、知识产权和土地使用权等非货币财产作价出资的,注册会计师应当在出资者依法办理财产权转移手续后予以审验。

这里需要注意,无论是设立验资还是变更验资,对出资者以实物、知识产权、土地使用权等非货币财产出资的,注册会计师都应当检查上述出资财产办理财产权转移手续的证明文件,验证其出资前是否归属于出资者,出资后是否归属于被审验单位,并关注出资财产是否未设定担保、未被封存或冻结等。

(三)对于设立验资的首次验资注册会计师应当关注的事项

本准则第十六条规定,对于设立验资,如果出资者分次缴纳注册资本,注册会计师应当关注全体出资者的首次出资额和出资比例是否符合国家有关规定。

这里需要关注下列事项:一是关注有限责任公司全体股东的首次出资额是否不低于公司注册资本的百分之二十,且不低于法定的注册资本最低限额。二是关注发起设立的股份有限公司全体发起人的首次出资额是否不低于公司注册资本的百分之二十。三是关注外商投资的有限责任公司股东的首次出资额是否不低于其认缴出资的百分之十五,是否在公司成立之日起三个月内缴足。

(四)对于变更验资注册会计师应当关注的事项

本准则第十七条规定,对于变更验资,注册会计师应当关注被审验单位以前的注册资本实收情况,并关注出资者是否按照规定的期限缴纳注册资本。

关注被审验单位以前的注册资本实收情况,注册会计师主要是通过查阅前期验资报告,关注前期出资的非货币财产是否办理财产权转移手续;关注被审验单位与其关联方的有关往来款项有无明显异常情况;查阅近期财务报表和审计报告,关注被审验单位是否存在由于严重亏损而导致增加注册资本前的净资产小于实收资本的情况。

关注出资者是否按照规定的期限缴纳注册资本,主要是关注出资者首次出资后,其余部分是否由出资者自公司成立之日起两年内缴足,其中投资公司在五年内缴足。

(五)利用专家工作

本准则第十八条规定,注册会计师在审验过程中利用专家协助工作时,应当考虑其专业胜任能力和客观性,并对利用专家工作结果所形成的审验结论负责。

注册会计师在执行验资业务时,利用专家工作的领域主要包括:

(1)对用以出资的房屋、建筑物、机器设备等实物资产,知识产权、土地使用权等无形资产,工艺品、宝石等特殊资产的估价及该类资产评估价值的审查;

(2)对特定资产的数量和实物状况的测定,如地下矿藏储量、成分、等级的测定与估算,房屋、建筑物及设备剩余使用年限的测算等;

(3)未完成合同中已完成和未完成工作的计量。在拟利用专家的工作时,注册会计师应当根据《中国注册会计师审计准则第1421号——利用专家的工作》的要求评价专家的专业胜任能力和客观性。

（六）验资事项声明

本准则第十九条规定，注册会计师应当向出资者和被审验单位获取与验资业务有关的重大事项的书面声明。

与验资业务有关的重大事项的书面声明（以下简称验资事项声明书，见附录 1602-3 参考格式 1602-3-11）和 1602-3-12 通常包括下列内容：

（1）出资者及被审验单位的责任；
（2）非货币财产的评估和价值确认情况；
（3）出资者对出资财产在出资前拥有的权利，是否未设定担保等及已办理财产权转移手续；
（4）以前各期出资是否已到位，有无抽逃出资行为；
（5）净资产折合实收资本情况及相关手续办理情况；
（6）验资报告的使用；
（7）其他对验资产生重大影响的事项。

验资事项声明书标明的日期通常与验资报告日一致。

五、验资工作底稿

本准则第二十条规定，注册会计师应当对验资过程及结果进行记录，形成验资工作底稿。

（一）验资工作底稿的分类

验资工作底稿一般分为综合类工作底稿、业务类工作底稿和备查类工作底稿。注册会计师应当按照《中国注册会计师审计准则第 1131 号——审计工作底稿》的要求，编制和归档验资工作底稿。注册会计师可根据实际需要对本指南附录中列示的各种验资工作底稿参考格式予以取舍、增减，但不应省略形成审验意见的记录和证据。

（二）综合类验资工作底稿的基本内容

综合类验资工作底稿通常包括下列内容：

（1）被审验单位基本情况表；
（2）验资业务约定书；
（3）总体验资计划；
（4）验资报告；
（5）其他综合类验资工作底稿。

（三）业务类验资工作底稿的基本内容

1. 设立验资业务类工作底稿通常包括下列内容：

（1）货币出资审验程序表；
（2）货币出资清单；
（3）银行开户文件、收款凭证、对账单（或具有同等证明效力的文件）及银行询证函回函；
（4）实物（包括固定资产、存货等）出资审验程序表；
（5）实物出资清单；
（6）实物资产评估报告及对评估报告确认的有关资料；
（7）知识产权、土地使用权等无形资产出资审验程序表；

（8）知识产权、土地使用权等无形资产出资清单；

（9）知识产权、土地使用权等无形资产的评估报告及对评估报告确认的有关资料；

（10）以净资产折合实收资本的审验程序表；

（11）与以净资产折合实收资本相关的资产、负债清单；

（12）出资者及被审验单位签署的实物、知识产权、土地使用权出资及与以净资产折合实收资本相关的资产、负债交接清单；

（13）非货币财产已办理财产权转移手续的证明文件及注册会计师的审验记录；

（14）验资事项声明书；

（15）对外商投资企业与关联方往来款项进行审验的工作底稿；

（16）外商投资企业的相关会计处理资料及注册会计师的审验记录；

（17）其他业务类验资工作底稿。

2.变更验资业务类工作底稿通常包括下列内容：

（1）以货币、实物、知识产权、土地使用权等出资增加注册资本及实收资本的，注册会计师应当按照设立验资业务类工作底稿的要求执行；

（2）以资本公积、盈余公积、未分配利润转增注册资本及实收资本的，或因合并、分立、注销股份等减少注册资本的，可选用财务报表审计工作底稿和设立验资业务类工作底稿，同时，还应当编制变更验资审验程序表；

（3）前期的验资报告；

（4）验资事项声明书；

（5）对被审验单位与关联方往来款项进行审验的工作底稿；

（6）被审验单位对与出资相关的会计处理资料及注册会计师的审验记录。

（四）备查类验资工作底稿的基本内容

1.设立验资备查类工作底稿通常包括下列内容：

（1）被审验单位的设立申请书以及审批机关的批准文件（需要审批的）；

（2）被审验单位出资者签署的与出资有关的协议和公司章程；

（3）出资者的主体资格证明或者自然人身份证明；

（4）载明公司董事、监事、经理的姓名、住所的文件以及有关委派、选举或者聘用的证明；

（5）被审验单位法定代表人的任职文件和身份证明；

（6）全体出资者（或董事会）指定代表或共同委托代理人的证明和委托文件、代表或代理人的身份证明；

（7）经公司登记机关核准的《企业名称预先核准通知书》；

（8）被审验单位住所和经营场所使用证明；

（9）公司登记机关颁发的准予开业的营业执照；

（10）董事会、股东会、股东大会的决议和会议纪要；

（11）新设合并的公告及债务清偿报告或债务担保证明；

（12）被审验单位签署的注册资本实收情况明细表；

（13）其他备查资料。

2.变更验资业务备查类工作底稿通常包括下列内容：

（1）被审验单位法定代表人签署的变更登记申请书；

（2）有关合并或分立的公告、债务清偿报告或债务担保证明；
（3）有关减资的通知、公告、债务清偿报告或债务担保证明；
（4）注册资本、实收资本增加或减少前最近一期的财务报表；
（5）董事会、股东会、股东大会增加或减少注册资本及实收资本的决议；
（6）外商投资企业注册资本变更后的批准证书；
（7）注册资本及实收资本变更前的营业执照；
（8）经批准的注册资本及实收资本增加或减少前后的协议、章程；
（9）政府有关部门对被审验单位注册资本及实收资本变更等事宜的批准文件（需要审批的）；
（10）委托承销协议、承销报告、募股清单、证券登记机构出具的有关证明；
（11）招股说明书、配股说明书；
（12）被审验单位签署的注册资本实收情况明细表和注册资本、实收资本变更情况明细表；
（13）其他备查资料。

第四章 验资报告

本准则第四章（第二十一条至第三十四条），主要规范验资报告要素，以及拒绝出具验资报告的情形。

一、形成审验意见和出具验资报告的基础

本准则第二十一条规定，注册会计师应当评价根据审验证据得出的结论，以作为形成审验意见和出具验资报告的基础。

二、验资报告要素

本准则第二十二条规定，验资报告应当包括下列要素：标题；收件人；范围段；意见段；说明段；附件；注册会计师的签名和盖章；会计师事务所的名称、地址及盖章；报告日期。
第二十三条至第三十二条分别就验资报告九个要素的内容及编制要求作了规定。

（一）标题
本准则第二十三条规定，验资报告的标题应当统一规范为"验资报告"。

（二）收件人
本准则第二十四条规定，验资报告的收件人是指注册会计师按照业务约定书的要求致送验资报告的对象，一般是指验资业务的委托人。验资报告应当载明收件人的全称。对拟设立的公司，收件人通常是公司登记机关预先核准的名称并加"（筹）"。

（三）范围段
本准则第二十五条规定，验资报告的范围段应当说明审验范围、出资者和被审验单位的责任、注册会计师的责任、审验依据和已实施的主要审验程序等。

审验范围是指注册会计师所验证的被审验单位截至特定日期止的注册资本实收情况或注册资本及实收资本变更情况。

出资者和被审验单位的责任是按照法律法规以及协议、合同、章程的要求出资，提供真实、合法、完整的验资资料，保护资产的安全、完整。

注册会计师的责任是按照本准则的规定,对被审验单位注册资本的实收情况或注册资本及实收资本的变更情况进行审验,出具验资报告。

审验依据是《中国注册会计师审计准则第 1602 号——验资》。

已实施的主要审验程序通常包括检查记录或文件、检查有形资产、观察、询问、函证、重新计算等。

以拟设立有限责任公司股东一次全部出资为例,范围段通常表述为:"我们接受委托,审验了贵公司(筹)截至××××年×月×日止申请设立登记的注册资本实收情况。按照法律法规以及协议、章程的要求出资,提供真实、合法、完整的验资资料,保护资产的安全、完整是全体股东及贵公司(筹)的责任。我们的责任是对贵公司(筹)注册资本的实收情况发表审验意见。我们的审验是依据《中国注册会计师审计准则第 1602 号——验资》进行的。在审验过程中,我们结合贵公司(筹)的实际情况,实施了检查等必要的审验程序。"

(四)意见段

本准则第二十六条第一款规定,验资报告的意见段应当说明已审验的被审验单位注册资本的实收情况或注册资本及实收资本的变更情况。

1.设立验资报告意见段内容。对于设立验资,注册会计师在意见段中应当说明被审验单位申请登记的注册资本金额、约定的出资时间,并说明截至特定日期止,被审验单位已收到全体出资者缴纳的注册资本情况,包括实收注册资本金额(实收资本),各种出资方式的出资金额。

以拟设立有限责任公司股东一次全部出资为例,设立验资报告意见段通常表述为:"根据协议、章程的规定,贵公司(筹)申请登记的注册资本为人民币××元,由全体股东于××××年×月×日之前一次缴足。经我们审验,截至××××年×月×日止,贵公司(筹)已收到全体股东缴纳的注册资本(实收资本),合计人民币××元(大写)。各股东以货币出资××元,实物出资××元。"

以拟设立有限责任公司股东分次出资首次验资为例,设立验资报告意见段通常表述为:"根据协议、章程的规定,贵公司(筹)申请登记的注册资本为人民币××元,由全体股东分××期于××××年×月×日之前缴足。本次出资为首次出资,出资额为人民币××元,应由××和××于××××年×月×日之前缴纳。经我们审验,截至××××年×月×日止,贵公司(筹)已收到××和××首次缴纳的注册资本(实收资本)合计人民币××元(大写)。各股东以货币出资××元,实物出资××元。"

2.注册会计师对变更验资发表审验意见的特殊考虑。本准则第二十六条第二款规定,对于变更验资,注册会计师仅对本次注册资本及实收资本的变更情况发表审验意见。

这里主要是考虑公司在经营中,其原始资本与现有资产无法一一对应,注册会计师对公司前期已收到的资本难以确认,在缺乏充分适当的审验证据的情况下,不能对前期注册资本的实收情况发表意见。但注册会计师根据本准则第二十七条第二款的规定,应当在验资报告说明段中说明对以前注册资本实收情况审验的会计师事务所名称及其审验情况,并说明变更后的累计注册资本实收金额。如果在审验中发现被审验单位由于严重亏损而导致增加注册资本前的净资产小于实收资本,或发现被审验单位以前收到的注册资本存在不实或有明显抽逃迹象,注册会计师应在验资报告的说明段中予以说明。

3.变更验资报告意见段内容。注册会计师在意见段中应当说明原注册资本及实收资本金额，增资或减资的依据，申请增加或减少注册资本及实收资本金额，约定的增资或减资的时间，变更后的注册资本金额。并说明截至特定日期止被审验单位注册资本及实收资本变更情况，包括实际收到或实际减少的注册资本及实收资本金额，各种出资方式的增资金额或减资方式的减资金额。

以有限责任公司增资为例，变更验资报告意见段通常表述为："贵公司原注册资本为人民币××元，实收资本为××元。根据贵公司××股东会决议和修改后的章程规定，贵公司申请增加注册资本人民币××元，由××（以下简称甲方）、××（以下简称乙方）于××××年×月×日之前缴足，变更后的注册资本为人民币××元。经我们审验，截至××××年×月×日止，贵公司已收到甲方、乙方缴纳的新增注册资本（实收资本）合计人民币××元（大写）。各股东以货币出资××元，实物出资××元，知识产权出资××元。"

（五）说明段

本准则第二十七条规定，验资报告的说明段应当说明验资报告的用途、使用责任及注册会计师认为应当说明的其他重要事项。对于变更验资，注册会计师还应当在验资报告说明段中说明对以前注册资本实收情况审验的会计师事务所名称及其审验情况，并说明变更后的累计注册资本实收金额。

1. 关于验资报告的用途、使用责任。本准则第三十四条规定，验资报告具有法定证明效力，供被审验单位申请设立登记或变更登记及据以向出资者签发出资证明时使用。验资报告不应被视为对被审验单位验资报告日后资本保全、偿债能力和持续经营能力等的保证。委托人、被审验单位及其他第三方因使用验资报告不当所造成的后果，与注册会计师及其所在的会计师事务所无关。

2. 注册会计师认为应当说明的其他重要事项包括：

（1）注册会计师与被审验单位在注册资本及实收资本的确认方面存在的异议。本准则第二十八条规定，如果在注册资本及实收资本的确认方面与被审验单位存在异议，且无法协商一致，注册会计师应当在验资报告说明段中清晰地反映有关事项及其差异和理由；

（2）已设立公司尚未对注册资本的实收情况或注册资本及实收资本的变更情况作出相关会计处理；

（3）被审验单位由于严重亏损而导致增加注册资本前的净资产小于实收资本；

（4）验资截止日至验资报告日期间注册会计师发现的影响审验结论的重大事项；

（5）注册会计师发现的前期出资不实的情况以及明显的抽逃出资迹象；

（6）其他事项。

（六）附件

本准则第二十九条规定，验资报告的附件应当包括已审验的注册资本实收情况明细表或注册资本、实收资本变更情况明细表和验资事项说明等。

1. 附件中的注册资本实收情况明细表或注册资本、实收资本变更情况明细表是验资报告的组成部分，反映了注册会计师验证的结果，而在验资过程中获取的被审验单位签署的注册资本实收情况明细表或注册资本、实收资本变更情况明细表作为被审验单位的一种书面声明，是注册会计师应当获取的重要证据之一。两者之间存在区别，前者是注册会计师的审验结果，后者是审验证据。

2. 设立验资的验资事项说明主要包括：

（1）基本情况。说明公司名称，公司类型，公司组建及审批情况（需要批准的），股东或发起人的名称或者姓名，公司名称预先核准情况等。

（2）申请的注册资本及出资规定。说明公司申请的注册资本额、各股东或者发起人的认缴或者认购额、出资时间、出资方式，如果是以募集方式设立的股份有限公司，还应当说明发起人认购的股份和该股份占公司股份总数的比例等。

（3）审验结果。说明公司实收资本额、实收资本占注册资本的比例、各股东或者发起人实际缴纳出资额、出资时间、出资方式，以货币出资的还应当说明股东或者发起人的出资额、出资时间、货币资金缴存被审验单位的开户银行、户名及账号；以实物、知识产权、土地使用权等可以用货币估价并可以依法转让的非货币财产作价出资的，应当具体说明其出资方式和内容，并说明非货币出资权属转移情况（股东已办理财产权转移手续的证明文件情况）、评估情况（包括评估结果和确认情况）；全部货币出资占注册资本的比例（对于出资者一次全部出资或分次出资的末次出资的验资时，应当说明全体股东的货币出资额占注册资本的比例是否不低于百分之三十）；对于有限责任公司出资者分次出资的首次验资应当说明全体股东的首次出资额占公司注册资本的比例及该出资额是否不低于法定的注册资本最低限额；对于发起设立的股份有限公司出资者分次出资的首次验资应当说明全体发起人的首次出资额占公司注册资本的比例；出资者的实际出资超过认缴出资的还应当说明超过部分的处理情况等。

（4）其他事项。注册会计师认为应当说明的其他重要事项，例如，对外商投资企业的验资，应当说明向国家外汇管理局××分（支）局发函询证情况，收到回函情况及被审验单位的外资外汇登记编号等。

3. 变更验资的验资事项说明主要包括：

（1）基本情况。说明公司名称，公司类型，公司组建及审批情况（需要批准的），变更前后各股东或者发起人的名称或者姓名、出资额和出资方式、出资时间，申请变更前后的注册资本及实收资本金额等。

（2）新增资本的出资规定或减资规定。说明申请新增的注册资本数额或实收资本数额，出资者、出资方式、出资时间；或减资数额、减资者、减资方式、减资时间等。

（3）审验结果。增加注册资本或实收资本的，应当说明被审验单位实际收到各出资者的新增注册资本及实收资本，或新增实收资本的情况，包括：以货币出资的，应当说明股东或者发起人的出资额、出资时间、货币资金缴存被审验单位的开户银行、户名及账号；以实物、知识产权、土地使用权及其他可以用货币估价并可以依法转让的非货币财产作价出资的，应当具体说明其出资方式和内容，并说明股东办理财产权转移手续的情况、评估情况（包括评估结果和确认情况）；以资本公积、盈余公积和未分配利润转增注册资本及实收资本的，应当说明转增的方式、用以转增注册资本的项目和金额、公司实施转增的基准日期、财务报表的调整情况（包括会计处理情况）、留存的法定公积金不少于转增前公司注册资本的百分之二十五、转增前后财务报表相关科目的实际情况、转增后股东的出资额；出资者的实际出资超过认缴出资的还应当说明超过部分的处理情况等。

减少注册资本及实收资本的，除说明减资者、减资币种、减资金额、减资时间、减资方式和减资后的出资者、出资金额、出资比例及减资后的净资产和实收资本外，还应当说明公司履行《公司法》规定程序情况和股东或者发起人对公司债务清偿或者债务担保情况。

（七）注册会计师的签名和盖章

本准则第三十条规定，验资报告应当由注册会计师签名并盖章。根据《财政部关于注册会计师在审计报告上签名盖章有关问题的通知》（财会〔2001〕1035号）的规定，合伙会计师事务所出具的验资报告，应当由一名对验资项目负最终复核责任的合伙人和一名负责该项目的注册会计师签名并盖章。有限责任会计师事务所出具的验资报告，应当由会计师事务所主任会计师或其授权的副主任会计师和一名负责该项目的注册会计师签名并盖章。

（八）会计师事务所的名称、地址及盖章

本准则第三十一条规定，验资报告应当载明会计师事务所的名称和地址，并加盖会计师事务所公章。

验资报告中的会计师事务所地址通常应注明"中国××市"。

（九）报告日期

本准则第三十二条规定，验资报告日期是指注册会计师完成审验工作的日期。

验资报告参考格式见附录1602-4。

致送工商行政管理部门的验资报告应当后附会计师事务所的营业执照复印件；如果由副主任会计师签署报告时，还应当附主任会计师授权副主任会计师签署报告的授权书复印件。

三、拒绝出具验资报告并解除业务约定的情形

本准则第三十三条规定，注册会计师在审验过程中，遇有下列情形之一时，应当拒绝出具验资报告并解除业务约定：

（1）被审验单位或出资者不提供真实、合法、完整的验资资料的；

（2）被审验单位或出资者对注册会计师应当实施的审验程序不予合作，甚至阻挠审验的；

（3）被审验单位或出资者坚持要求注册会计师作不实证明的。

例如，遇有下列情形之一时，注册会计师应当拒绝出具验资报告并解除业务约定：

（1）出资者投入的实物、知识产权、土地使用权等资产的价值难以确定；

（2）被审验单位及其出资者不按国家有关规定对出资的实物、知识产权、土地使用权等非货币财产进行资产评估或价值鉴定、办理有关财产权转移手续；

（3）被审验单位减少注册资本或合并、分立时，不按国家有关规定进行公告、债务清偿或提供债务担保；

（4）外汇管理部门在外方出资情况询证函回函中注明附送文件存在虚假、违规等情况；

（5）出资者以法律法规禁止的劳务、信用、自然人姓名、商誉、特许经营权或者设定担保的财产等作价出资；

（6）首次出资额和出资比例不符合国家有关规定；

（7）全体股东的货币出资比例不符合国家有关法律法规规定。

第五章　附　则

本准则第五章(第三十五条至第三十六条),主要说明本准则的适用范围和施行日期。

本准则第三十五条规定,注册会计师执行有限责任公司和股份有限公司以外的其他单位的验资业务,除有特定要求者外,应当参照本准则办理。

本准则第三条第三款及本条的规定主要是指明注册会计师执行有限责任公司和股份有限公司的验资业务应当遵照本准则办理。根据《公司法》规定,有限责任公司和股份有限公司包括外商投资的有限责任公司和股份有限公司。

注册会计师执行其他单位的验资业务或公司登记机关以外的其他部门要求的验资业务,除法律法规另有规定外,应当参照本准则办理。其他单位包括依法应当办理验资的非公司各类企业和其他经济组织等。

附录1602-1

设立验资的取证与审验程序

本附录就设立验资的取证和审验程序提供指南。

一、设立验资的取证

(一)设立验资的一般取证

注册会计师执行设立验资业务时,应当根据实际情况,获取下列资料,形成审验证据:

(1)被审验单位的设立登记申请书及批准文件(需要审批的);
(2)被审验单位出资者签署的与出资有关的协议和公司章程;
(3)出资者的主体资格证明或者自然人身份证明;
(4)载明公司董事、监事、经理的姓名、住所的文件以及有关委派、选举或者聘用的证明;
(5)被审验单位法定代表人的任职文件和身份证明;
(6)全体出资者(或董事会)指定代表或共同委托代理人的证明和委托文件、代表或代理人的身份证明;
(7)经公司登记机关核准的《企业名称预先核准通知书》;
(8)被审验单位住所和经营场所使用证明;
(9)银行开户文件、收款凭证、对账单(或具有同等证明效力的文件)及银行询证函回函;
(10)非货币财产出资的财产移交与验收证明,实物存放地点证明;
(11)与非货币财产出资有关的批准文件;
(12)实物资产、无形资产等的评估报告等作价依据及出资各方对资产价值的确认文件;
(13)非货币财产出资已办理财产权转移手续的证明文件,包括房地产证、车辆行驶证、专利证书、专利登记簿、专有技术转让合同、商标注册证、著作权证书、土地使用权证、土地红线图等；

（14）出资者及被审验单位对出资责任，以及提供资料的真实、完整，出资财产未设定担保等重大事项的书面声明；

（15）被审验单位确认的货币出资清单、实物出资清单、无形资产出资清单、与净资产折合实收资本相关的资产和负债清单、注册资本实收情况明细表；

（16）国家相关法律法规规定的其他资料。

（二）设立验资的特殊取证

1. 执行募集方式设立股份有限公司的设立验资业务，注册会计师还应当获取下列资料：

（1）创立大会的会议记录，证券公司承销协议，银行代收股款协议，认股书，募股清单和发行费用清单；

（2）以募集方式设立股份有限公司公开发行股票的有关国务院证券监督管理机构的核准文件；

（3）以国有资产出资的，政府有关部门对被审验单位股权设置方案的批复。

2. 执行新设合并企业验资业务，注册会计师还应当获取下列资料：

（1）合并各方股东会或股东大会关于新设合并的决议；

（2）合并各方签订的合并协议；

（3）政府有关部门批准企业合并的文件（需要审批的）；

（4）有关合并的通知、公告；

（5）合并各方的债务清偿报告或债务担保证明；

（6）合并各方的原企业法人营业执照复印件；

（7）合并各方的资产评估报告及合并各方对合并资产评估价值的确认文件；

（8）合并前各方和合并后被审验单位的资产负债表及财产清单；

（9）相关会计处理资料。

3. 执行外商投资企业设立验资业务，注册会计师还应当获取下列资料：

（1）审批机关核发的批准证书；

（2）企业登记机关核发的企业法人营业执照；

（3）外汇管理部门核发的外汇登记证、资本金账户开户证明、外方出资情况询证函回函；

（4）外方出资者用其从中国境内举办的其他外商投资企业获得的人民币利润出资的，有关该外商投资企业已审计财务报表和审计报告、董事会有关利润分配的决议、利润获取地外汇管理部门的批准文件、国家外汇管理局资本项目外汇业务核准件以及主管税务机关出具的完税证明；

（5）以进口实物出资的，进口货物报关单、各地出入境检验检疫局或经国家质量监督检验检疫总局和财政部授予资格的其他价值鉴定机构出具的外商投资财产价值鉴定证书（外商独资企业除外）；

（6）相关会计处理资料。

二、设立验资的审验程序

（一）货币出资的审验程序

1. 审验目标。审验出资者是否按照协议、章程的规定将其认缴的货币资金如期、足额存入被审验单位在其所在地银行开设的账户。

2. 审验程序。以货币出资的，注册会计师应当在检查被审验单位开户银行出具的收款凭证、对账单及银行询证函回函等的基础上，审验出资者的实际出资金额和货币出资比例是否符合规定。具体审验程序包括：

（1）检查货币出资清单填列的出资者、出资币种、出资金额、出资时间、出资方式和出资比例等内容是否符合协议、章程的规定；

（2）检查入资账户（户名及账号）是否为被审验单位在银行开设的账户；

（3）检查收款凭证的金额、币种、日期等内容是否与货币出资清单一致；

（4）检查收款凭证是否加盖银行收讫章或转讫章；

（5）检查收款凭证的收款人是否为被审验单位，付款人是否为出资者；

（6）检查收款凭证中是否注明该款项为投资款；

（7）检查截至验资报告日的银行对账单（或具有同等证明效力的文件）的收款金额、币种、日期等是否与收款凭证一致并关注其中资金往来有无明显异常情况；

（8）向银行函证，检查出资者是否缴存货币资金，金额是否与收款凭证一致；

（9）核对货币出资清单与注册资本实收情况明细表是否相符；

（10）检查全体股东或者发起人的货币出资金额是否不低于注册资本的百分之三十（此程序适用于出资者一次足额出资，如出资者分次出资则在末次验资时予以关注）。

（二）实物出资的审验程序

1. 审验目标。审验出资者是否按照协议、章程的规定将其认缴的实物出资如期、足额投入被审验单位，并办理有关财产权转移手续。

2. 审验程序。以实物出资的，注册会计师应当观察、检查实物，审验其权属转移情况，并按照国家有关规定在资产评估的基础上审验其价值。具体审验程序包括：

（1）检查实物出资清单填列的实物品名、数量、作价、出资日期等内容是否符合协议、章程的规定；

（2）检查实物出资是否按国家规定进行资产评估，查阅其评估报告，了解评估目的、评估范围与对象、评估基准日、评估假设等有关限定条件是否满足验资的要求，关注评估报告的特别事项说明和评估基准日至验资报告日期间发生的重大事项是否对验资结论产生影响；检查实物资产作价是否存在显著高估或低估；检查投入实物资产的价值是否经各出资者认可；

（3）观察、检查实物数量并关注其状况，验证其是否与实物出资清单一致；

（4）检查房屋、建筑物的平面图、位置图，验证其名称、坐落地点、建筑结构、竣工时间、已使用年限及作价依据等是否符合协议、章程的规定；

（5）检查机器设备、运输设备、材料等实物的购货发票、货物运输单、保险单等单证，验证其权属及作价依据；

（6）检查实物是否办理交接手续，交接清单是否得到出资者及被审验单位的确认，实物的交付方式、交付时间、交付地点是否符合协议、章程的规定；

（7）检查须办理财产权转移手续的房屋、车辆等出资财产是否已办理财产权转移手续，验证其出资前是否归属出资者，出资后是否归属被审验单位；

（8）检查相关文件确认出资的实物是否设定担保；

（9）核对实物出资清单与注册资本实收情况明细表是否相符。

（三）知识产权[①]、土地使用权出资的审验程序

1. 审验目标。审验出资者是否按照协议、章程的规定将其认缴的知识产权、土地使用权等无形资产如期、足额投入被审验单位，并办理有关财产权转移手续。

2. 审验程序。以知识产权、土地使用权等无形资产出资的，注册会计师应当验证其权属转移情况，并按照国家有关规定在资产评估的基础上审验其价值。具体审验程序包括：

（1）检查知识产权、土地使用权等无形资产出资清单填列的资产名称、有效状况、作价依据等内容是否符合协议、章程的规定；

（2）检查知识产权、土地使用权等无形资产出资是否按国家规定进行资产评估，查阅其评估报告，了解评估目的、评估范围与对象、评估基准日、评估假设等有关限定条件是否满足验资的要求；关注评估报告的特别事项说明和评估基准日至验资报告日发生的重大事项是否对验资结论产生影响；检查无形资产作价是否存在显著高估或低估；检查投入资产的价值是否经各出资者认可；

（3）以专利权出资的，如专利权人为全民所有制单位，检查专利权转让是否经过上级主管部门批准；以商标权出资须经商标主管部门审批的，检查是否经其审查同意；

（4）检查各项知识产权出资是否以其整体作价出资；

（5）检查土地使用权证和平面位置图，并现场察看，以审验土地使用权证载明的有关内容是否真实，土地使用权的作价依据是否合理；

（6）检查知识产权、土地使用权等无形资产是否办理交接手续，交接清单是否得到出资者及被审验单位的确认；

（7）检查须办理财产权转移手续的知识产权、土地使用权等出资财产是否已办理财产权转移手续，验证其出资前是否归属出资者，出资后是否归属被审验单位；

（8）检查相关文件确认出资的知识产权、土地使用权等无形资产是否设定担保；

（9）核对无形资产出资清单与注册资本实收情况明细表是否相符。

（四）以净资产折合实收资本的审验程序

1. 审验目标。审验出资者是否按照协议、章程的规定将与以净资产折合实收资本相关的资产和负债如期、足额转入被审验单位，并办理有关财产权转移手续。

2. 审验程序。以净资产折合实收资本的，注册会计师应当在审计的基础上按照国家有关规定审验其价值。具体审验程序包括：

（1）检查被审验单位以净资产折合实收资本是否符合国家有关规定；

（2）检查以净资产折合实收资本的金额是否符合协议、章程的规定；

（3）对以净资产折合实收资本相关的资产和负债进行审计，以验证净资产折合实收资本的金额是否准确；如果相关资产和负债已经其他会计师事务所审计，在利用其工作时，应当参照《中国注册会计师审计准则第 1401 号——利用其他注册会计师的工作》的有关要求执行；

（4）检查与以净资产折合实收资本相关的资产、负债是否按国家规定进行资产评

[①] 知识产权是指在科学、文化艺术等领域中，发明者、创作者对自己的创造性劳动成果依法享有的专有权，包括工业产权和著作权。工业产权是指法律所认可的新技术和经济管理成果享有的权利，主要包括专利权和商标权。著作权是指著作者按照法律规定对自己的著作所享有的专有权利，包括发表权、署名权、修改权、保护作品完整权、使用权和获得报酬权等，也称为版权。

估,查阅评估报告,了解其评估目的、评估范围与对象、评估基准日、评估假设等有关限定条件是否满足验资的要求;关注评估报告的特别事项说明和评估基准日至验资报告日期间发生的重大事项对验资结论产生的影响;检查净资产作价是否存在显著高估或低估;检查以净资产折合实收资本的金额是否经各出资者认可;

(5)检查与以净资产折合实收资本相关的资产、负债的交接清单;

(6)检查与以净资产折合实收资本相关的资产和负债的转移方式、期限是否符合协议、章程的规定;

(7)检查新设合并的合并各方是否按照国家有关规定及时通知债权人,在报纸上发布公告,进行债务清偿或提供债务担保;

(8)检查国有企业以净资产折股金额是否与政府有关部门的批准文件的规定一致,未折股部分的处理是否符合国家有关规定;

(9)检查评估基准日至以净资产折合实收资本日期间的净资产变动情况,并检查是否对其进行了适当的会计处理;

(10)检查以净资产折合实收资本的金额是否与注册资本实收情况明细表一致。

(五)外商投资企业设立验资的特殊审验程序

1.以货币出资的,除实施本附录第二部分"(一)货币出资的审验程序"外,注册会计师还应当实施下列审验程序:

(1)检查外方出资者是否以从境外汇入的外币出资;检查外商投资企业的外汇登记证,以确定外币是否汇入经外汇管理部门核准的资本金账户,并向该账户开户银行进行函证;

(2)外方出资者用其从中国境内举办的其他外商投资企业获得的人民币利润和因清算、股权转让、先行收回投资、减资等所得的货币资金在境内再投资的,检查该外商投资企业的已审计财务报表和审计报告、董事会有关利润分配的决议、利润再投资的货币资金获取地外汇管理部门的批准文件和"国家外汇管理局资本项目外汇业务核准件"原件以及主管税务机关出具的完税证明,以确定其再投资行为和金额是否与外汇管理部门核准的相一致;

(3)当出资的币种与注册资本的币种、记账本位币不一致时,检查实收资本的折算汇率是否按收到出资当日汇率折算;

(4)出资者将出资款直接汇入被审验单位在境外开立的银行账户的,检查被审验单位注册地外汇管理部门的批准文件。

2.以进口实物出资的,除实施本附录第二部分"(二)实物出资的审验程序"外,注册会计师还应当实施下列审验程序:

(1)按照国家规定须办理价值鉴定手续的,查阅各地出入境检验检疫局或经国家质量监督检验检疫总局和财政部授予资格的其他价值鉴定机构出具的外商投资财产价值鉴定证书;

(2)检查财产价值鉴定证书所列的实物是否与购货发票、货物运输清单、货物提单、进口货物报关单、海关查验放行清单、保险单据、实物出资清单及验收清单等一致;检查实物是否来源于境外;

(3)观察、检查实物,验证其品名、规格、数量、价值等是否与财产价值鉴定证书的有关内容一致;

（4）当实物出资的币种与注册资本的币种、记账本位币不一致时，检查实收资本的折算汇率是否按收到出资当日汇率折算。

3.外方以货币、实物出资的，注册会计师应当按照国家有关规定向企业注册地外汇管理部门发出外方出资情况询证函，并根据外方出资者的出资方式附送银行询证函回函、国家外汇管理局资本项目外汇业务核准件及进口货物报关单等文件的复印件，以询证上述文件内容的真实性和合规性。

上述出资中涉及外方出资者以外币出资但在境内原币划转的，注册会计师还应当检查原币划转是否经外汇管理部门核准。

4.以无形资产出资的，除实施本附录第二部分"（三）以知识产权、土地使用权出资的审验程序"外，当无形资产出资的币种与注册资本的币种、记账本位币不一致时，注册会计师还应当检查实收资本的折算汇率是否按收到出资当日汇率折算。

5.以实物、知识产权、土地使用权等非货币财产作价出资须办理财产权转移手续的，注册会计师应当检查有关财产权的转移手续是否办理完毕。

6.注册会计师应当检查与注册资本实收情况相关的会计处理是否正确。

7.注册会计师应当关注被审验单位注册资本与投资总额的比例、出资期限、外方出资者的出资比例是否符合有关协议、合同、章程、审批机关的批准文件及国家相关法规的规定。

（六）其他需要关注的事项

注册会计师执行设立验资业务，除按上述以货币、实物等不同出资方式实施相关的审验程序外，还应当关注下列事项：

（1）被审验单位申请的注册资本是否达到国家规定的最低限额；

（2）有限责任公司全体股东的首次出资额是否不低于公司注册资本的百分之二十，且不低于法定的注册资本最低限额，对其余部分，章程是否规定由股东自公司成立之日起两年内缴足，其中投资公司在五年内缴足；

发起设立的股份有限公司全体发起人的首次出资额是否不低于公司注册资本的百分之二十，对其余部分，公司章程是否规定由发起人自公司成立之日起两年内缴足，其中投资公司在五年内缴足；

外商投资的有限责任公司（含一人有限公司）的股东首次出资额是否符合法律法规的规定，一次性缴付全部出资的，是否在公司成立之日起六个月内缴足；分期缴付的，首次出资额是否不低于其认缴出资额的百分之十五，是否在公司成立之日起三个月内缴足，对其余部分，公司章程是否规定由股东自公司成立之日起两年内缴足，其中投资公司在五年内缴足；

（3）募集设立的股份有限公司发起人认购的股份是否不少于公司股份总数的百分之三十五；

（4）出资者是否以自己的名义出资；

（5）出资的实物、知识产权、土地使用权等非货币财产是否可以用货币估价并可以依法转让；以货币、实物、知识产权、土地使用权以外的其他财产出资的，是否符合国家工商行政管理总局会同国务院有关部门制定的有关规定；

（6）被审验单位为一人有限责任公司的，其出资者是否不为自然人设立的一人有限责任公司；出资者是否一次足额缴纳公司章程规定的出资额。

（七）获取重大事项声明书

注册会计师应当获取出资者及被审验单位签署的与验资业务有关的重大事项声明书（见附录1602-3中的参考格式1602-3-11）。

附录1602-2

变更验资的取证与审验程序

本附录就变更验资的取证和审验程序提供指南。

一、变更验资的取证

（一）变更验资的一般取证

注册会计师执行变更验资业务时，应当根据实际情况，获取下列资料，形成审验证据：

（1）被审验单位法定代表人签署的变更登记申请书；

（2）被审验单位董事会、股东会或股东大会作出的变更注册资本、实收资本的决议；

（3）政府有关部门对被审验单位注册资本、实收资本变更等事宜的批准文件（需要审批的）；

（4）经批准的注册资本及实收资本增加或减少前后的协议、章程；

（5）注册资本、实收资本变更前的营业执照；

（6）外商投资企业注册资本、实收资本变更后的批准证书；

（7）以往的验资报告及相关资料；

（8）注册资本、实收资本增加或减少前最近一期的财务报表；

（9）以货币、实物、知识产权、土地使用权等出资增加注册资本和实收资本的相关资料（同设立验资）；

（10）有关合并和分立的协议、批准文件、方案、资产负债表、财产清单；

（11）有关减资的通知、公告、债务清偿报告或债务担保证明；

（12）有关合并或分立的通知、公告、债务清偿报告或债务担保证明；

（13）有关股权转让的协议、决议、批准文件、证明股权转让的法律意见书或公证书等法定文件及办理股款交割的凭证；

（14）出资者及被审验单位对出资责任，提供资料的真实、完整，出资财产未设定担保，股权没有质押及以前各期出资已到位，无抽逃出资行为等重大事项的书面声明；

（15）相关会计处理资料；

（16）被审验单位确认的注册资本、实收资本变更情况明细表；

（17）国家相关法律法规规定的其他资料。

（二）变更验资的特殊取证

执行股份有限公司变更验资业务，注册会计师还应当获取下列资料：

1. 股份有限公司以公开发行新股（含配股）方式或者上市公司以非公开发行新股方式增加注册资本、实收资本的，还应当取得国务院证券监督管理机构的核准文件。

2. 股份有限公司发行新股（含配股）的，注册会计师还应当取得股款划转凭据、股票发行费用清单。如果委托证券承销机构办理，还应当取得委托承销协议、承销报告、募股清单、证券登记机构出具的有关证明。

3.股份有限公司分配股票股利、以资本公积、盈余公积、未分配利润转增注册资本、实收资本的，注册会计师还应当取得证券登记机构出具的有关证明。

二、变更验资的审验程序

（一）变更验资的一般审验程序

1.审验目标。审验被审验单位变更注册资本、实收资本是否符合法定程序，注册资本、实收资本的增减变动是否真实，相关会计处理是否正确。

2.审验程序。变更验资的一般审验程序包括：

（1）查阅董事会、股东会或股东大会关于注册资本、实收资本增加或减少的决议，检查注册资本、实收资本变更情况明细表中所列内容是否与有关决议及修改后的协议、章程一致；

（2）变更注册资本、实收资本须经政府有关部门审批的，检查是否获得批准；

（3）国家规定须办理有关财产权转移手续的出资财产，检查是否依法办理；

（4）以货币、实物、知识产权、土地使用权等出资增加注册资本、实收资本的，可以依照本指南附录1602-1"设立验资取证与审验"中的有关审验程序进行审验；

（5）股份有限公司发行新股（含配股）或上市公司以非公开方式发行新股的，如果委托证券承销机构办理，应当检查委托承销协议、承销报告、募股清单、股款划转凭据、股票发行费用清单、证券登记机构出具的有关证明；

（6）如果委托人要求对增资后累计的注册资本实收情况进行审验，注册会计师应当实施必要的审计程序；

（7）因合并、分立变更注册资本和实收资本，或因注销股份等其他原因减少注册资本和实收资本的，检查被审验单位是否按规定通知债权人，在报纸上发布公告，进行债务清偿或提供债务担保，并得到债权人的认可；检查是否办理财产合并或分割手续；检查是否按规定办理审批手续；

（8）检查增加或减少注册资本后的出资者、出资金额、出资比例是否符合协议、章程及董事会、股东会或股东大会决议的有关规定；关注被审验单位减资后的注册资本是否达到国家规定的最低限额；

（9）检查与增加或减少注册资本、实收资本相关的会计处理是否正确；

（10）实施以下程序关注前期注册资本实收情况和增加注册资本前的净资产状况：

①查阅前期验资报告和近期财务报表与审计报告，关注前期注册资本到位情况；

②关注被审验单位与其关联方的有关往来款项有无明显异常情况；

③查阅近期财务报表和审计报告，关注被审验单位是否存在由于严重亏损而导致增加注册资本前的净资产小于实收资本的情况。

（二）变更验资的特殊审验程序

1.以资本公积、盈余公积、未分配利润转增注册资本及实收资本的，除实施本附录第二部分"（一）变更验资的一般审验程序"规定的有关程序外，注册会计师还应当实施下列审验程序：

（1）对用于转增注册资本及实收资本的资本公积、盈余公积、未分配利润进行审计，以验证其金额是否准确；如果已经其他会计师事务所审计，在利用其工作时，应当参照《中国注册会计师审计准则第 1401 号——利用其他注册会计师的工作》的有关要求执行；

（2）检查用于转增注册资本及实收资本的资本公积项目是否符合国家有关规定；

（3）检查被审验单位用于转增注册资本的盈余公积、未分配利润是否符合国家有关规定；

（4）检查留存的法定盈余公积是否不少于转增前公司注册资本的百分之二十五；

（5）检查转增注册资本及实收资本前后各出资者的出资比例是否符合章程、协议中有关出资比例的约定。

2. 因吸收合并而变更注册资本和实收资本的，除实施本附录第二部分"（一）变更验资的一般审验程序"的有关程序外，注册会计师还应当实施下列审验程序：

（1）对合并各方的资产负债表进行审计，验证被审验单位合并日的净资产金额；如果截止至合并日的财务报表已经其他会计师事务所审计，在利用其工作时，应当参照《中国注册会计师审计准则第 1401 号——利用其他注册会计师的工作》的有关要求执行；

（2）检查以净资产折合实收资本的比例是否符合合并协议及国家有关规定。

3. 因派生分立而减少注册资本和实收资本的，除实施本附录第二部分"（一）变更验资的一般审验程序"的有关程序外，注册会计师还应当实施下列审验程序：

（1）对被审验单位分立前后的资产负债表进行审计，验证被审验单位分立日的净资产金额；如果截止至分立日的财务报表已经其他会计师事务所审计，在利用其工作时，应当参照《中国注册会计师审计准则第 1401 号——利用其他注册会计师的工作》的有关要求执行；

（2）检查财产分割及以净资产折合实收资本的比例是否符合分立协议及国家有关规定。

4. 因注销股份而减少注册资本和实收资本的，除实施本附录第二部分"（一）变更验资的一般审验程序"的有关程序外，注册会计师还应当实施以下审验程序：

（1）检查与减资有关的会计凭证，以验证减资者、减资方式、减资金额是否真实；

（2）对减资基准日的资产负债表进行审计，以验证减资后的注册资本、实收资本是否真实；如果截止至减资基准日的财务报表已经其他会计师事务所审计，在利用其工作时，应当参照《中国注册会计师审计准则第 1401 号——利用其他注册会计师的工作》的有关要求执行。

5. 企业整体改组、改制须进行变更登记的，包括非公司企业按《公司法》改制为公司或有限责任公司变更为股份有限公司，除实施本指南附录 1602-1 "设立验资的取证与审验"第二部分"（四）以净资产折合实收资本的审验程序"、本附录第二部分"（一）变更验资的一般审验程序"、本附录第二部分"（二）2. 因吸收合并而变更注册资本和实收资本"的有关程序外，注册会计师还应当检查用于折合实收资本的净资产额的确认依据是否符合国家有关规定，并关注折合的实收资本总额是否不高于净资产额。

6. 对于外商投资的公司增加注册资本的，注册会计师应当关注有限责任公司（含一人有限公司）和以发起方式设立的股份有限公司的股东是否在公司变更登记时缴付不低于百分之二十的新增注册资本，其余部分的出资时间是否符合《公司法》、有关外商投资的法律和《公司登记管理条例》的规定。

7. 被审验单位减少注册资本时，注册会计师应当关注出资者的股权是否没有质押。

附录 1602-3

工作底稿参考格式

本目录列示了验资工作底稿的部分参考格式,注册会计师可以根据被审验单位的具体情况对这些考虑格式进行适当的修改。

1. 参考格式 1602-3-1

适用于内资有限责任公司、股份有限公司设立验资

被审验单位基本情况表

索引号: 　　　　页次:
编制人员: 　　　　日期:
复核人员: 　　　　日期:

被审验单位名称						
住　所						
联系电话		传　真		邮政编码		
电子信箱						
公司类型						
法定代表人		经营期限				
经营范围						
审批机关及文号						
董事长		总经理		委托代理人		
开户银行及账号						
出资者名称	认缴(认购)的注册资本			实收资本		
	出资方式	出资金额	出资比例	出资方式	出资金额	出资比例
合　计						
备　注						

2. 参考格式 1602-3-2

适用于内资有限责任公司、股份有限公司变更验资

被审验单位基本情况表

索 引 号：　　　　页次：
编制人员：　　　　日期：
复核人员：　　　　日期：

被审验单位名称					
住　　所					
联系电话		传　真		邮政编码	
电子信箱					
公司类型					
法定代表人		经营期限			
经营范围					
审批机关及文号					
营业执照号码		注册日期			
董事长		总经理		财务负责人	
开户银行及账号					
出资者名称	变更前注册资本/实收资本		变更后注册资本/实收资本		
	出资金额	出资比例	出资金额	出资比例	
合　计					
备　注					

3. 参考格式 1602-3-3
适用于外商投资企业设立验资

被审验单位基本情况表

索引号：　　　　页次：
编制人员：　　　日期：
复核人员：　　　日期：

被审验单位名称	（中文）									
	（英文）									
注册地址										
办公地址										
联系电话		传　真				邮政编码				
电子信箱										
企业类型										
法定代表人		经营期限								
经营范围										
审批机关及文号										
批准证书号码										
营业执照号码						注册日期				
董事长		总经理				财务负责人				
开户银行及账号										
出资者名称	认缴的注册资本					实收资本				
	币种	出资方式	金额	出资比例	认缴时间	币种	出资方式	金额	出资比例	认缴时间
合　计										
备　注										

4. 参考格式 1602-3-4
适用于拟设立公司设立验资

验资业务约定书

甲方：××公司（筹）
乙方：××会计师事务所

兹由甲方委托乙方对甲方截至 20×× 年 × 月 × 日止注册资本的实收情况进行审验。经双方协商，达成以下约定。

一、业务范围与委托目的

1. 乙方接受甲方委托，对甲方截至 20×× 年 × 月 × 日止的出资者、出资币种、出资金额、出资时间、出资方式和出资比例等进行审验，并出具验资报告。

2. 甲方委托乙方验资的目的是为申请设立登记及向出资者签发出资证明。

二、甲方的责任与义务

（一）甲方的责任
1. 确保出资者按照法律法规以及协议、章程的要求出资；
2. 提供真实、合法、完整的验资资料；
3. 保护资产的安全、完整。

（二）甲方的义务
1. 及时为乙方的验资工作提供其所要求的全部资料。甲方应在 20×× 年 × 月 × 日之前提供全部所需资料。如果在验资过程中需要补充资料的，甲方应根据乙方的要求及时提供。
2. 甲方应保证所提供资料的真实性、合法性和完整性，并将所有对审验结论产生影响的事项如实告知乙方。
3. 确保乙方不受限制地接触任何与验资有关的记录、文件和所需的其他信息。
4. 甲方对其作出的与验资有关的声明予以书面确认。
5. 为乙方派出的有关工作人员提供必要的工作条件和协助，主要事项将由乙方于验资工作开始前提供清单。
6. 按本约定书的约定及时足额支付验资费用以及乙方人员在验资期间的交通、食宿和其他相关费用。

三、乙方的责任和义务

（一）乙方的责任
1. 乙方的责任是在实施审验程序的基础上出具验资报告。乙方按照《中国注册会计师审计准则第 1602 号——验资》（以下简称验资准则）的规定进行验资。验资准则要求注册会计师遵守职业道德规范，计划和实施验资工作，以对甲方注册资本的实收情况进行审验，并出具验资报告。

2. 乙方的验资不能减轻甲方的责任。

（二）乙方的义务

1. 按照约定时间完成验资工作，出具验资报告。乙方应于20××年×月×日前出具验资报告。

2. 除下列情况外，乙方应当对执行业务过程中知悉的甲方信息予以保密：（1）取得甲方的授权；（2）根据法律法规的规定，为法律诉讼准备文件或提供证据，以及向监管机构报告发现的违反法规行为；（3）接受行业协会和监管机构依法进行的质量检查；（4）监管机构对乙方进行行政处罚（包括监管机构处罚前的调查、听证）以及乙方对此提起行政复议。

四、验资收费

1. 本次验资服务的收费是以乙方各级别工作人员在本次工作中所耗费的时间为基础计算的。预计本次验资服务的费用总额为人民币××元。

2. 甲方应于本约定书签署之日起×日内支付×%的验资费用，其余款项于［验资报告草稿完成日］结清。

3. 如果由于无法预见的原因，致使乙方从事本约定书所涉及的验资服务实际时间较本约定书签订时预计的时间有明显的增加或减少时，甲乙双方应通过协商，相应调整本约定书第四条第1项下所述的验资费用。

4. 如果由于无法预见的原因，致使乙方人员抵达甲方的工作现场后，本约定书所涉及的验资服务不再进行，甲方不得要求退还预付的验资费用；如上述情况发生于乙方人员完成现场验资工作，并离开甲方的工作现场之后，甲方应另行向乙方支付人民币××元的补偿费，该补偿费应于甲方收到乙方的收款通知之日起×日内支付。

5. 与本次验资有关的其他费用（包括交通费、食宿费等）由甲方承担。

五、验资报告和验资报告的使用

1. 乙方按照《（中国注册会计师审计准则第1602号——验资）指南》规定的格式出具验资报告。

2. 乙方向甲方致送验资报告一式××份，供甲方向公司登记机关申请设立登记及向出资者签发出资证明时使用。

3. 甲方在提交或对外公布验资报告时，不得修改乙方出具的验资报告正文及其附件。

4. 验资报告不应被视为对甲方验资报告日后资本保全、偿债能力和持续经营能力等的保证。甲方及其他第三方因使用验资报告不当造成的后果，乙方不承担任何责任。

六、本约定书的有效期间

本约定书自签署之日起生效，并在双方履行完毕本约定书约定的所有义务后终止。但其中第三（二）2、四、五、八、九、十项并不因本约定书终止而失效。

七、约定事项的变更

如果出现不可预见的情况影响验资工作如期完成，或需要提前出具验资报告时，甲乙双方均可要求变更约定事项，但应及时通知对方，并由双方协商解决。

八、终止条款

1. 如果根据乙方的职业道德及其他有关专业职责、适用的法律法规或其他任何法定的要求，乙方认为已不适宜继续为甲方提供本约定书约定的验资服务时，乙方可以采取向甲方提出合理通知的方式终止履行本约定书。

2. 在终止业务约定的情况下，乙方有权就其于本约定书终止之日前对约定的验资服务项目所做的工作收取合理的验资费用。

九、违约责任

甲、乙双方按照《中华人民共和国合同法》的规定承担违约责任。

十、适用法律和争议解决

本约定书的所有方面均适用中华人民共和国法律进行解释并受其约束。本约定书履行地为乙方出具验资报告所在地，因本约定书所引起的或与本约定书有关的任何纠纷或争议（包括关于本约定书条款的存在、效力或终止，或无效之后果），双方选择第_____种解决方式：

（1）向有管辖权的人民法院提起诉讼；
（2）提交××仲裁委员会仲裁。

十一、双方对其他有关事项的约定

本约定书一式两份，甲、乙方各执一份，具有同等法律效力。

甲方：××公司（筹）　　　　　乙方：××会计师事务所（盖章）
授权代表：（签名并盖章）　　　授权代表：（签名并盖章）
　二〇×二年×月×日　　　　　　二〇×二年×月×日

5. 参考格式 1602-3-5

适用于变更验资

验资业务约定书

甲方：××公司
乙方：××会计师事务所

兹由甲方委托乙方对甲方截至 20×2 年×月×日止注册资本及实收资本〔或实收资本〕的变更情况进行审验。经双方协商，达成以下约定。

一、业务范围与委托目的

1. 乙方接受甲方委托，对甲方自 20×1 年×月×日至 20×2 年×月×日止的注册资本及实收资本〔或实收资本〕增加（减少）情况进行审验。审验范围包括与增资相关的出资者、出资币种、出资金额、出资时间、出资方式、出资比例和相关会计处理，以及增资后的出资者、出资金额和出资比例等（减少注册资本的，审验范围包括与减资相关的减资者、减资币种、减资金额、减资时间、减资方式、债务清偿或担保情况、相关会计处理以及减资后的出资者、出资金额和出资比例等）。

2. 甲方委托乙方验资的目的是为申请注册资本和实收资本［或实收资本］的变更登记及向出资者签发（或换发）出资证明。

二、甲方的责任与义务

（一）甲方的责任

1. 确保出资者按照法律法规以及协议、章程的要求增加（减小）出资，甲方按照法定程序增加（减少）资本；

2. 提供真实、合法、完整的验资资料；

3. 保护资产的安全、完整。

（二）甲方的义务

1. 及时为乙方的验资工作提供其所要求的全部资料。甲方应在20×2年×月×日之前提供全部所需资料。如果在验资过程中需要补充资料的甲方应根据乙方的要求及时提供。

2. 甲方应并保证所提供资料的真实性、合法性和完整性，并将所有对审验结论产生影响的事项如实告知乙方。

3. 确保乙方不受限制地接触任何与验资有关的记录、文件和所需的其他信息。

4. 甲方对其作出的与验资有关的声明予以书面确认。

5. 为乙方派出的有关工作人员提供必要的工作条件和协助，主要事项将由乙方于验资工作开始前提供清单。

6. 按本约定书的约定及时足额支付验资费用以及乙方人员在验资期间的交通、食宿和其他相关费用。

三、乙方的责任和义务

（一）乙方的责任

1. 乙方的责任是在实施审验程序的基础上出具验资报告。乙方按照《中国注册会计师审计准则第1602号——验资》（以下简称验资准则）的规定进行验资。验资准则要求注册会计师遵守职业道德规范，计划和实施验资工作，以对甲方注册资本及实收资本［或实收资本］的变更情况进行审验，并出具验资报告。

2. 乙方的验资不能减轻甲方的责任。

（二）乙方的义务

1. 按照约定时间完成验资工作，出具验资报告。乙方应于20×2年×月×日前出具验资报告。

2. 除下列情况外，乙方应当对执行业务过程中知悉的甲方信息予以保密：（1）取得甲方的授权；（2）根据法律法规的规定，为法律诉讼准备文件或提供证据，以及向监管机构报告发现的违反法规行为；（3）接受行业协会和监管机构依法进行的质量检查；（4）监管机构对乙方进行行政处罚（包括监管机构处罚前的调查、听证）以及乙方对此提起行政复议。

四、验资收费

1. 本次验资服务的收费是以乙方各级别工作人员在本次工作中所耗费的时间为基础计算的。预计本次验资服务的费用总额为人民币××元。

2. 甲方应于本约定书签署之日起×日内支付×%的验资费用，其余款项于［验资报告草稿完成日］结清。

3. 如果由于无法预见的原因，致使乙方从事本约定书所涉及的验资服务实际时间较本约定书签订时预计的时间有明显的增加或减少时，甲乙双方应通过协商，相应调整本约定书第四条第1项下所述的验资费用。

4. 如果由于无法预见的原因，致使乙方人员抵达甲方的工作现场后，本约定书所涉及的验资服务不再进行，甲方不得要求退还预付的验资费用；如上述情况发生于乙方人员完成现场验资工作，并离开甲方的工作现场之后，甲方应另行向乙方支付人民币××元的补偿费，该补偿费应于甲方收到乙方的收款通知之日起×日内支付。

5. 与本次验资有关的其他费用（包括交通费、食宿费等）由甲方承担。

五、验资报告和验资报告的使用

1. 乙方按照《（中国注册会计师审计准则第1602号——验资）指南》规定的格式出具验资报告。

2. 乙方向甲方致送验资报告一式××份，供甲方向公司登记机关申请变更登记时使用。

3. 甲方在提交或对外公布验资报告时，不得修改乙方出具的验资报告正文及其附件。

4. 验资报告不应被视为是对甲方验资报告日后资本保全、偿债能力和持续经营能力等的保证。甲方及其他第三方因使用验资报告不当造成的后果，乙方不承担任何责任。

六、本约定书的有效期间

本约定书自签署之日起生效，并在双方履行完毕本约定书约定的所有义务后终止。但其中第三（二）2、四、五、八、九、十项并不因本约定书终止而失效。

七、约定事项的变更

如果出现不可预见的情况影响验资工作如期完成，或需要提前出具验资报告时，甲、乙双方均可要求变更约定事项，但应及时通知对方，并由双方协商解决。

八、终止条款

1. 如果根据乙方的职业道德及其他有关专业职责、适用的法律法规或其他任何法定的要求，乙方认为已不适宜继续为甲方提供本约定书约定的验资服务时，乙方可以采取向甲方提出合理通知的方式终止履行本约定书。

2. 在终止业务约定的情况下，乙方有权就其于本约定书终止之日前对约定的验资服务项目所做的工作收取合理的验资费用。

九、违约责任

甲、乙双方按照《中华人民共和国合同法》的规定承担违约责任。

十、适用法律和争议解决

本约定书的所有方面均适用中华人民共和国法律进行解释并受其约束。本约定书履行地为乙方出具验资报告所在地,因本约定书所引起的或与本约定书有关的任何纠纷或争议(包括关于本约定书条款的存在、效力或终止,或无效之后果),双方选择第_____种解决方式:

(1)向有管辖权的人民法院提起诉讼;
(2)提交××仲裁委员会仲裁。

十一、双方对其他有关事项的约定

本约定书一式两份,甲、乙方各执一份,具有同等法律效力。

甲方:××公司(盖章)   乙方:××会计师事务所(盖章)
授权代表:(签名并盖章)   授权代表:(签名并盖章)
二〇×二年×月×日   二〇×二年×月×日

6. 参考格式 1602-3-6

总体验资计划

索引号:　　　　页次:
编制人员:　　　日期:
复核人员:　　　日期:

被审验单位名称							
以往的审计或验资情况				评估情况			
事务所名称	审计年度或验资时间	报告文号	审验金额	事务所名称	评估时间	年度	报告文号
验资类型				委托目的			
审验范围				验资重点			
验资风险评估				收费预算			
签字注册会计师				助理人员			
对专家工作的利用							
工作项目				时间预算	执行人员	执行日期	底稿索引
了解被审验单位基本情况							

（续表）

工作项目	时间预算	执行人员	执行日期	底稿索引
签订验资业务委托书				
货币出资审验				
实物出资审验				
……				
复核				
撰写验资报告				
重要事项说明				

7. 参考格式 1602-3-7

×× 审验程序表

被审验单位名称：　　　　　　　　索　引　号：　　　　页次：
　　　　　　　　　　　　　　　　　编制人员：　　　　日期：
审验项目：　　　　　　　　　　　　复核人员：　　　　日期：

一、审验目标		
二、审验程序	适用否	索引号
三、审验结论		
四、复核意见		

8. 参考格式 1602-3-8
适用于拟设立公司

银 行 询 证 函

编号：

××（银行）：

　　本公司（筹）聘请的××会计师事务所正在对本公司（筹）的注册资本实收情况进行审验。按照国家有关法规的规定和中国注册会计师审计准则的要求，应当询证本公司（筹）出资者（股东）向贵行缴存的出资额。下列数据及事项如与贵行记录相符，请在本函下端"信息证明无误"处签章证明；如有不符，请在"列明不符事项"处签章，并列明不符事项。有关询证费用可直接从本公司（筹）××存款账户中收取。回函请直接寄至××会计师事务所。

回函地址：
邮编：　　　　　电话：　　　　　传真：　　　　　联系人：
截至××××年×月×日止，本公司（筹）出资者（股东）缴入的出资额列示如下：

缴款人	缴入日期	银行账号	币种	金额	款项用途	备注
合计金额（大写）						

××公司（筹）
　　法定代表人或委托代理人：（签名并盖章）
　　年　月　日

结论：
1. 数据及事项证明无误。

　年　月　日　　经办人：　　　　　　　　　（银行盖章）

---

2. 如果不符，请列明不符事项。

　年　月　日　　经办人：　　　　　　　　　（银行盖章）

9. 参考格式1602-3-9
适用于外商投资企业（外方出资）

银 行 询 证 函

编号：

××（银行）：

本公司聘请的××会计师事务所正在对本公司的注册资本实收（或注册资本、实收资本变更）情况进行审验。按照国家有关法规的规定和中国注册会计师审计准则的要求，应当询证本公司外方股东向贵行缴存的出资额。下列数据及事项出自本公司账簿记录，如与贵行记录相符，请在本函下端"信息证明无误"处签章证明；如有不符，请在"列明不符事项"处签章，并列明不符事项。回函请直接寄至××会计师事务所。

回函地址：
邮编：　　　　电话：　　　　传真：　　　　联系人：
截至××××年×月×日止，本公司外方股东缴入的出资额列示如下：

缴款人	缴入日期	账户性质	银行账号	币种	金额	款项用途	款项来源		备注
							境内	境外	
合计金额（大写）									

××公司（盖章）：
　年　月　日

结论：
1. 数据及事项证明无误。

　年　月　日　　经办人：　　　　　　　　（银行盖章）

2. 如果不符，请列明不符事项。

　年　月　日　　经办人：　　　　　　　　（银行盖章）

10. 参考格式 1602-3-10
适用于已设立公司

银 行 询 证 函

编号：

××（银行）：
　　本公司聘请的××会计师事务所正在对本公司的注册资本实收（或注册资本、实收资本变更）情况进行审验。按照国家有关法规的规定和中国注册会计师审计准则的要求，应当询证本公司出资者（股东）向贵行缴存的出资额。下列数据及事项出自本公司账簿记录，如与贵行记录相符，请在本函下端"信息证明无误"处签章证明；如有不符，请在"列明不符事项"处签章，并列明不符事项。有关询证费用可直接从本公司××存款账户中收取。回函请直接寄至××会计师事务所。
　　回函地址：
　　邮编：　　　　电话：　　　　传真：　　　　联系人：
　　截至××××年×月×日止，本公司出资者（股东）缴入的出资额列示如下：

缴款人	缴入日期	银行账号	币种	金额	款项用途	备注
合计金额（大写）						

　　××公司（盖章）：
　　年　月　日

结论：
1. 数据及事项证明无误。

　年　月　日　　经办人：　　　　　　　　　　（银行盖章）

2. 如果不符，请列明不符事项。

　年　月　日　　经办人：　　　　　　　　　　（银行盖章）

11. 参考格式 1602-3-11
适用于设立验资（以内资有限责任公司为例）

验资事项声明书

××会计师事务所并×××注册会计师：

　　本公司（筹）已经××［审批部门］××字××号［批文名称］批准，由××、××共同出资组建，于××××年×月×日取得××［公司登记机关］核发的《企业名称预先核准通知书》，正在申请办理设立登记。现已委托贵所对本公司（筹）申请设立登记的截至××××年×月×日止的注册资本实收情况进行审验，并出具验资报告。为配合贵所的验资工作，现就有关事项声明如下：

　　1. 本公司（筹）全体股东已按照法律法规以及协议、章程的要求出资，并保证不抽逃出资，本公司（筹）对全体股东出资资产的安全、完整负全部责任。

　　2. 本公司（筹）已提供全部验资资料，并已将截至验资报告日止的所有对审验结论产生重要影响的事项如实告知注册会计师，无违法、舞弊行为。本公司（筹）及全体股东对所提供验资资料的真实性、合法性和完整性负责。

　　3. 作为出资的非货币财产已按照国家规定进行评估，其价值是合理的，且已经全体股东确认。

　　4. 本公司（筹）股东在出资前对其出资的非货币财产拥有所有权，不存在产权纠纷，未设定担保，已经办理财产权转移手续，且已移交本公司（筹）。

　　5. 本公司（筹）承诺将在公司成立后依法建立会计账簿，并按照注册会计师的审验结论对有关事项作出适当会计处理。

　　6. 本公司（筹）保证按验资业务约定书规定的用途使用验资报告。

　　［其他需要声明的重大事项］……

　　　　××公司（筹）股东：　　　　　　××公司（筹）
　　　　×××（签名并盖章）　　　　　　法定代表人或委托代理人：（签名并盖章）
　　　　×××（签名并盖章）　　　　　　　年　月　日

12. 参考格式 1602-3-12
适用于变更验资（以内资有限责任公司增加注册资本及实收资本为例）

验资事项声明书

××会计师事务所并×××注册会计师：

　　本公司系由××和××共同出资组建的有限责任公司，于××××年×月×日取得××［公司登记机关］核发的××号《企业法人营业执照》，原注册资本为人民币××元，实收资本为人民币××元。根据本公司××股东会决议和修改后的章程规定［如需审批的，说明审批情况］，本公司申请增加注册资本人民币××元，实收资本人民币××元。本公司已委托贵所对本公司申请变更登记的截至××××年×月×日止的新增注册资本及实收资本情况进行审验，并出具验资报告。为配合贵所的验资工作，现就有关事项声明如下：

　　1. 本公司股东已按照法律法规以及协议、章程的要求缴纳新增注册资本，并保证不抽逃出资，本公司对全体股东出资资产的安全、完整负全部责任。

　　2. 本公司已提供全部验资资料，并已将截至验资报告日止的所有对审验结论产生重要影响的事项如实告知注册会计师，无违法、舞弊行为。本公司及全体股东对所提供验资资料的真实性、合法性和完整性负责。

　　3. 作为出资的非货币财产已按照国家规定进行评估，其价值是合理的，且已经全体股东确认。

　　4. 本公司股东在出资前对其出资的非货币财产拥有所有权，不存在产权纠纷，未设定担保，已经办理财产权转移手续，且已移交本公司。

　　5. 本公司已就本次增资有关事项作出适当会计处理。

　　6. 本公司保证本次增资前各股东已按协议、章程的要求缴纳原注册资本，无抽逃出资行为。前期出资的非货币财产已办理有关财产权转移手续。

　　7. 本公司已履行有关增资的法定程序，不存在侵害各股东权益的情形。

　　8. 本公司承诺按验资业务约定书规定的用途使用验资报告。

　　［其他需要声明的重大事项］……

　　××公司股东：　　　　　　　　　　　　　××公司（盖章）
　　×××（签名并盖章）
　　×××（签名并盖章）　　　　　　　　　　法定代表人：（签名并盖章）

　　　　　　　　　　　　　　　　　　　　　　财务负责人：（签名并盖章）
　　　　　　　　　　　　　　　　　　　　　　　　年　月　日

附录1602-4

验资报告参考格式

1. 适用于拟设立有限责任公司股东一次全部出资

验 资 报 告

××有限责任公司（筹）：

　　我们接受委托，审验了贵公司（筹）截至××××年×月×日止申请设立登记的注册资本实收情况。按照法律法规以及协议、章程的要求出资，提供真实、合法、完整的验资资料，保护资产的安全、完整是全体股东及贵公司（筹）的责任。我们的责任是对贵公司（筹）注册资本的实收情况发表审验意见。我们的审验是依据《中国注册会计师审计准则第1602号——验资》进行的。在审验过程中，我们结合贵公司（筹）的实际情况，实施了检查等必要的审验程序。

根据协议、章程的规定，贵公司（筹）申请登记的注册资本为人民币××元，由全体股东于××××年×月×日之前一次缴足。经我们审验，截至××××年×月×日止，贵公司（筹）已收到全体股东缴纳的注册资本（实收资本）合计人民币××元（大写）。各股东以货币出资××元，实物出资××元。

[如果存在需要说明的重大事项增加说明段]

……

本验资报告供贵公司（筹）申请办理设立登记及据以向全体股东签发出资证明时使用，不应被视为是对贵公司（筹）验资报告日后资本保全、偿债能力和持续经营能力等的保证。因使用不当造成的后果，与执行本验资业务的注册会计师及本会计师事务所无关。

附件：1. 注册资本实收情况明细表
　　　2. 验资事项说明

　　××会计师事务所　　　　　　　　　　　　中国注册会计师：×××
　　　（盖章）　　　　　　　　　　　　　（主任会计师/副主任会计师）
　　　　　　　　　　　　　　　　　　　　　　　（签名并盖章）
　　　　　　　　　　　　　　　　　　　　中国注册会计师：×××
　　　　　　　　　　　　　　　　　　　　　　　（签名并盖章）

　　中国××市　　　　　　　　　　　　　　　　年　月　日

附件1

注册资本实收情况明细表

截至　年 月 日止

被审验单位名称：　　　　　　　　　　　　　　　货币单位：

股东名称	认缴注册资本		实际出资情况									
	金额	出资比例	货币	实物	知识产权	土地使用权	其他	合计	实收资本			
									金额	占注册资本总额比例	其中：货币出资	
											金额	占注册资本总额比例
											—	—
											—	—
											—	—
											—	—

(续表)

股东名称	认缴注册资本		实际出资情况									
	金额	出资比例	货币	实物	知识产权	土地使用权	其他	合计	实收资本			
									金额	占注册资本总额比例	其中：货币出资	
											金额	占注册资本总额比例
											—	—
											—	—
											—	—
											—	—
合计												

附件 2

验资事项说明

一、基本情况

××公司（筹）（以下简称贵公司）系由××（以下简称甲方）和××（以下简称乙方）共同出资组建的有限责任公司，于××××年×月×日取得××[公司登记机关]核发的××号《企业名称预先核准通知书》，正在申请办理设立登记。（如果该公司在设立登记前须经审批，还需说明审批情况）

二、申请的注册资本及出资规定

根据协议、章程的规定，贵公司申请登记的注册资本为人民币××元，由全体股东于××××年×月×日之前一次缴足。其中：甲方认缴人民币××元，占注册资本的×%，出资方式为货币××元，实物（机器设备）××元；乙方认缴人民币××元，占注册资本的×%，出资方式为货币。

三、审验结果

截至××××年×月×日止，贵公司已收到甲方、乙方缴纳的注册资本（实收资本）合计人民币××元，实收资本占注册资本的100%。

（一）甲方实际缴纳出资额人民币××元。其中：货币出资××元，于××××年×月×日

缴存××公司（筹）在××银行开立的人民币临时存款账户××账号内；于××××年×月×日投入机器设备××[名称、数量等]，评估价值为××元，全体股东确认的价值为××元。

××资产评估有限公司已对甲方出资的机器设备进行了评估，并出具了[文号]资产评估报告。

甲方已与贵公司于××××年×月×日就出资的机器设备办理了财产交接手续。

（二）乙方实际缴纳出资额人民币××元。其中：货币出资××元，于××××年×月×日缴存××公司（筹）在××银行开立的人民币临时存款账户××账号。

［如果股东的实际出资金额超过其认缴的注册资本金额，应当说明超过部分的处理情况］

（三）全体股东的货币出资金额合计××元，占注册资本总额的×%。

四、其他事项

2. 适用于拟设立有限责任公司股东分次出资首次验资

验 资 报 告

××有限责任公司（筹）：

我们接受委托，审验了贵公司（筹）截至××××年×月×日止申请设立登记的注册资本首次实收情况。按照法律法规以及协议、章程的要求出资，提供真实、合法、完整的验资资料，保护资产的安全、完整是全体股东及贵公司（筹）的责任。我们的责任是对贵公司（筹）注册资本的首次实收情况发表审验意见。我们的审验是依据《中国注册会计师审计准则第1602号——验资》进行的。在审验过程中，我们结合贵公司（筹）的实际情况，实施了检查等必要的审验程序。

根据协议、章程的规定，贵公司（筹）申请登记的注册资本为人民币××元，由全体股东分××期于××××年×月×日之前缴足。本次出资为首次出资，出资额为人民币××元，应由××和××于××××年×月×日之前缴纳。经我们审验，截至××××年×月×日止，贵公司（筹）已收到××和××首次缴纳的注册资本（实收资本）合计人民币××元（大写）。各股东以货币出资××元，实物出资××元。

［如果存在需要说明的重大事项增加说明段］

……

本验资报告供贵公司（筹）申请设立登记及据以向全体股东签发出资证明时使用，不应被视为是对贵公司（筹）验资报告日后资本保全、偿债能力和持续经营能力等的保证。因使用不当造成的后果，与执行本验资业务的注册会计师及本会计师事务所无关。

附件：1. 本期注册资本实收情况明细表
　　　2. 验资事项说明

××会计师事务所	中国注册会计师：×××
（盖章）	（主任会计师/副主任会计师）
	（签名并盖章）
	中国注册会计师：×××
	（签名并盖章）
中国××市	年　月　日

附件 1

本期注册资本实收情况明细表

截至　　年　月　日止

被审验单位名称：　　　　　　　　　　　　　　　　　　　　　　货币单位：

股东名称	认缴注册资本		本期认缴注册资本		本期实际出资情况						其中：实收资本	
	金额	出资比例	金额	占注册资本总额比例	货币	实物	知识产权	土地使用权	其他	合计	金额	占注册资本总额比例
合计												

附件 2

验资事项说明

一、基本情况

××公司（筹）（以下简称贵公司）系由××（以下简称甲方）、××（以下简称乙方）共同出资组建的有限责任公司，于××××年×月×日取得××[公司登记机关]核发的××号《企业名称预先核准通知书》，正在申请办理设立登记。（如果该公司在设立登记前须经审批，还需说明审批情况）

二、申请的注册资本及出资规定

根据协议、章程的规定，贵公司申请登记的注册资本为人民币××元，由全体股东分××期于××××年×月×日之前缴足。本期出资为首次出资，出资额为人民币××元，应由甲方、乙方于××××年×月×日之前缴纳。其中：甲方认缴人民币××元，占注册资本的×%，出资方式为货币××元，实物（机器设备）××元；乙方认缴人民币××元，占注册资本的×%，出资方式为货币。

三、审验结果

截至××××年×月×日止，贵公司已收到甲方、乙方首次缴纳的注册资本（实收资本）合计人民币××元，实收资本占注册资本的×%。

（一）甲方首次实际缴纳出资额人民币××元。其中：货币出资××元，于××××年×月×日缴存××公司（筹）在××银行开立的人民币临时存款账户××账号内；于××××年×月×日投入机器设备××[名称、数量等]，评估价值为××元，全体股东确认的价值为××元。

××资产评估有限公司已对甲方出资的机器设备进行了评估，并出具了[文号]资产评估报告。

甲方已与贵公司于××××年×月×日就出资的机器设备办理了财产交接手续。

（二）乙方首次实际缴纳出资额人民币××元。其中：货币出资××元，于××××年×月×日缴存××公司（筹）在××银行开立的人民币临时存款账户××账号内。

（三）以上股东的货币出资金额合计××元，占注册资本总额的×%。

（四）全体股东的首次出资金额占贵公司注册资本的×%。

四、其他事项

3.适用于外商投资企业股东一次全部出资

验 资 报 告

××有限责任公司：

我们接受委托，审验了贵公司截至××××年×月×日止设立登记的注册资本实收情况。按照法律法规以及协议、合同、章程的要求出资，提供真实、合法、完整的验资资料，保护资产的安全、完整是全体股东及贵公司的责任。我们的责任是对贵公司注册资本的实收情况发表审验意见。我们的审验是依据《中国注册会计师审计准则第1602号——验资》进行的。在审验过程中，我们结合贵公司的实际情况，实施了检查等必要的审验程序。

根据协议、合同、章程的规定，贵公司申请登记的注册资本为[币种]××元，由全体股东于××××年×月×日之前一次缴足。经我们审验，截至××××年×月×日止，贵公司已收到全体股东缴纳的注册资本合计[币种]××元（大写），贵公司的实收资本为[币种]××元（大写）。各股东以货币出资[币种]××元、实物出资[币种]××元、知识产权出资[币种]××元，土地使用权出资[币种]××元。

[如果存在需要说明的重大事项增加说明段]

……

本验资报告供贵公司申请办理注册资本和实收资本登记以及据以向全体股东签发出资证明时使用，不应被视为是对贵公司验资报告日后资本保全、偿债能力和持续经营能力等的保证。因使用不当造成的后果，与执行本验资业务的注册会计师及本会计师事务所无关。

附件：1. 注册资本实收情况明细表
　　　2. 验资事项说明

××会计师事务所　　　　　　　　　　　　　　中国注册会计师：×××
　　（盖章）　　　　　　　　　　　　　　　　（主任会计师/副主任会计师）
　　　　　　　　　　　　　　　　　　　　　　　　（签名并盖章）
　　　　　　　　　　　　　　　　　　　　　中国注册会计师：×××
　　　　　　　　　　　　　　　　　　　　　　　　（签名并盖章）

中国××市　　　　　　　　　　　　　　　　　　　　年　月　日

附件 1

注册资本实收情况明细表

截至　　年　月　日止

被审验单位名称：　　　　　　　　　　　　　　　　　　　　货币单位：

股东名称	认缴注册资本		实际出资情况												
			货币		实物		知识产权		土地使用权		其他		合计（注册资本币种）	其中：实缴注册实收资本	
	金额	出资比例	原币金额	按注册资本币种折算的金额	原币金额	按注册资本币种折算的金额	原币金额	按注册资本币种折算的金额	原币金额	按注册资本币种折算的金额	原币金额	按注册资本币种折算的金额		按注册资本币种折算的金额	占注册资本总额比例
														其中：货币出资	
														金额	占注册资本总额比例
														—	—
														—	—
														—	—
														—	—
														—	—
														—	—
														—	—
合计															

附件 2

验资事项说明

一、基本情况

××公司（以下简称贵公司）经××[审批部门]以××字××号文件批准设立，由[发证部门]于××××年×月×日颁发××[批准证书号、名称]，系由中方××（以下简称甲方），外方××（以下简称乙方）共同出资组建的中外合资经营企业（有限责任公司），于××××年×月×日取得××[公司登记机关]核发的××号《中华人民共和国企业法人营业执照》。

二、出资规定

根据经批准的协议、合同、章程的规定，贵公司申请登记的注册资本为[币种]××元，由全体股东于××××年×月×日之前一次缴足。甲方应出资[币种]××元，占注册资本的×%，出资方式为货币[币种]××元，知识产权（非专利技术）[币种]××元，土地使用权[币种]××元；乙方应出资[币种]××元，占注册资本的×%，出资方式为货币[币种]××元，实物（机器设备）[币种]××元。

三、审验结果

截至××××年×月×日止，贵公司已收到甲方和乙方缴纳的注册资本合计[币种]××元，贵公司的实收资本[币种]××元。

（一）甲方缴纳[币种]××元。其中：货币出资[币种]××元，于××××年×月×日缴存××公司在××银行开立的人民币××账户××账号内；于××××年×月×日投入非专利技术××[名称、有效状况]，评估价值为××元，全体股东确认的价值为××元；于××××年×月×日投入土地使用权[地点、面积等]，评估价值为××元，全体股东确认的价值为××元。

××资产评估有限公司已对甲方出资的非专利技术和土地使用权进行了评估，并出具了[文号]资产评估报告。甲方已与××公司于××××年×月×日就出资的非专利技术签订了技术转让合同，办妥了有关财产权转移手续，并于××××年×月×日就出资的土地使用权办妥了变更土地登记手续。

（二）乙方缴纳[币种]××元，其中：货币出资[币种]××元，于××××年×月×日缴存××公司在××银行开立的××[币种]资本金账户××账号内；××××年×月×日投入机器设备××[名称、数量等]，作价[币种]××元。

乙方出资的机器设备作价[币种]××元，已经××省出入境检验检疫局于××××年×月×日出具了编号为××的财产价值鉴定书。

乙方已与××公司于××××年×月×日就出资的机器设备办理了财产交接手续。

（上述所称币种均指注册资本币种，如实际缴纳出资的币种与注册资本的币种不同，应说明原币币种和金额、折算汇率、折算成注册资本币种的金额）

（三）全体股东的货币出资金额合计[币种]××元，占注册资本总额的×%。

四、其他事项

我们已就乙方本次出资情况向国家外汇管理局××分（支）局发函询证，并收到该局××××年×月×日的确认函。贵公司的外资外汇登记编号为××。

4. 适用于有限责任公司股东分次出资非首次验资

验 资 报 告

××有限责任公司：

我们接受委托，审验了贵公司截至××××年×月×日止已登记的注册资本第2期实收情况。按照法律法规以及协议、章程的要求出资，提供真实、合法、完整的验资资料，保护资产的安全、完整是全体股东及贵公司的责任。我们的责任是对贵公司注册资本的第2期实收情况发表审验意见。我们的审验是依据《中国注册会计师审计准则第1602号——验资》进行的。在审验过程中，我们结合贵公司的实际情况，实施了检查等必要的审验程序。

根据协议、章程的规定，贵公司登记的注册资本为人民币××元，应由全体股东分××期于××××年×月×日之前缴足。本次出资为第2期，出资额为人民币××元，由××（以下简称甲方）、××（以下简称乙方）于××××年×月×日之前缴足。经我们审验，截至××××年×月×日止，贵公司已收到甲方、乙方缴纳的第2期出资，即本期实收注册资本人民币××元（大写），贵公司新增实收资本人民币××元（大写）。各股东以货币出资××元，实物出资××元，知识产权出资××元。

［如果存在需要说明的重大事项增加说明段］
……

同时我们注意到，贵公司本次股东出资前（变更前）的累计实收注册资本（实收资本）为人民币××元，已经××会计师事务所审验，并于××××年×月×日出具××[文号]验资报告。截至××××年×月×日止，贵公司股东本次出资连同第1期出资，累计实缴注册资本为人民币××元，贵公司的实收资本为人民币××元，占已登记注册资本总额的×%。

本验资报告供贵公司申请办理实收资本变更登记及据以向全体股东签发出资证明时使用，不应被视为是对贵公司验资报告日后资本保全、偿债能力和持续经营能力等的保证。因使用不当造成的后果，与执行本验资业务的注册会计师及本会计师事务所无关。

附件： 1. 本期注册资本实收情况明细表
　　　 2. 累计注册资本实收情况明细表
　　　 3. 验资事项说明

××会计师事务所　　　　　　　　中国注册会计师：×××
　　（盖章）　　　　　　　　　　（主任会计师/副主任会计师）
　　　　　　　　　　　　　　　　　　（签名并盖章）
　　　　　　　　　　　　　　　　中国注册会计师：×××
　　　　　　　　　　　　　　　　　　（签名并盖章）

中国××市　　　　　　　　　　　　　年　月　日

附件 1

本期注册资本实收情况明细表

截至　　年　月　日止

被审验单位名称：　　　　　　　　　　　　　　　　　　　　　　货币单位：

股东名称	认缴注册资本		本期认缴注册资本		本期实际出资情况							
	金额	出资比例	金额	占注册资本总额比例	货币	实物	知识产权	土地使用权	其他	合计	其中：实收资本	
											金额	占注册资本总额比例
合计												

附件 2

累计注册资本实收情况明细表

截至　　年　月　日止

被审验单位名称：　　　　　　　　　　　　　　　　　　　　　　货币单位：

股东名称	认缴注册资本		前期累计实收资本		本期新增实收资本		累计实收资本			
	金额	占注册资本总额比例	金额	占注册资本总额比例	金额	占注册资本总额比例	金额	占注册资本总额比例	其中：货币出资	
									金额	占注册资本总额比例
									—	—
									—	—
									—	—

（续表）

股东名称	认缴注册资本		前期累计实收资本		本期新增实收资本		累计实收资本			
									其中：货币出资	
	金额	占注册资本总额比例	金额	占注册资本总额比例	金额	占注册资本总额比例	金额	占注册资本总额比例	金额	占注册资本总额比例
									—	—
									—	—
									—	—
									—	—
									—	—
合计										

附件 3

验资事项说明

一、基本情况

××公司（以下简称贵公司）系由××（以下简称甲方）和××（以下简称乙方）共同出资组建的有限责任公司，于××××年×月×日取得××［公司登记机关］核发的××号《企业法人营业执照》。根据协议、章程的规定，贵公司登记的注册资本为人民币××元，由全体股东分××期于××××年×月×日之前缴足。本次变更前贵公司的实收资本为人民币××元，系甲方和乙方的第1期出资，其中甲方以货币出资××元，乙方以实物出资××元，已经××会计师事务所审验。本次出资为第2期，出资额为人民币××元，本次变更后实收资本增加至××元，注册资本不变。

二、本次新增实收资本的出资规定

根据协议、章程的规定，本次出资由甲方和乙方于××××年×月×日之前缴足。其中：甲方认缴人民币××元，占注册资本的×%，出资方式为货币××元，实物（房屋）××元，知识产权（专利权）××元；乙方认缴人民币××元，占注册资本的×%，出资方式为货币。

三、本次出资的审验结果

截至××××年×月×日止，贵公司已收到甲方、乙方第2期缴纳的注册资本（实收资本）人民币××元。

（一）甲方第2期缴纳的出资额人民币××元。其中：货币出资××元，于××××年×月×日缴存××公司在××银行开立的人民币临时存款账户××账号内；于××××年×月×日投入房屋××[名称、数量等]，评估价值为××元，全体股东确认的价值为××元；于××××年×月×日投入专利权××[名称、有效状况等]，评估价值为××元，全体股东确认的价值为××元。

××资产评估有限公司已对甲方出资的房屋、专利权进行了评估，并出具了[文号]资产评估报告。

甲方已与××公司于××××年×月×日就出资的房屋办妥所有权过户手续，并于××××年×月×日就出资的专利权办妥转让登记手续。

（二）乙方第2期缴纳的出资额人民币××元。以货币出资××元，于××××年×月×日缴存××公司在××银行开立的人民币临时存款账户××账号内。

（三）本次变更后甲方出资为人民币××元，占注册资本的×%，占累计实收资本的×%；乙方出资为人民币××元，占注册资本的×%，占累计实收资本的×%。变更后贵公司的实收资本为人民币××元，占注册资本的×%。

（四）全体股东的累计货币出资金额××元，占注册资本的×%。

四、其他事项

5.适用于有限责任公司增资

验 资 报 告

××有限责任公司：

我们接受委托，审验了贵公司截至××××年×月×日止新增注册资本及实收资本情况。按照法律法规以及协议、章程的要求出资，提供真实、合法、完整的验资资料，保护资产的安全、完整是全体股东及贵公司的责任。我们的责任是对贵公司新增注册资本及实收资本情况发表审验意见。我们的审验是依据《中国注册会计师审计准则第1602号——验资》进行的。在审验过程中，我们结合贵公司的实际情况，实施了检查等必要的审验程序。

贵公司原注册资本为人民币××元，实收资本为人民币××元。根据贵公司××股东会决议和修改后的章程规定，贵公司申请增加注册资本人民币××元，由××（以下简称甲方）、××（以下简称乙方）于××××年×月×日之前一次缴足，变更后的注册资本为人民币××元。经我们审验，截至××××年×月×日止，贵公司已收到甲方、乙方缴纳的新增注册资本（实收资本）合计人民币××元（大写）。各股东以货币出资××元，实物出资××元，知识产权出资××元。

[如果存在需要说明的重大事项增加说明段]
……

同时我们注意到，贵公司本次增资前的注册资本人民币××元，实收资本人民币××元，已经××会计师事务所审验，并于××××年×月×日出具××[文号]验资报告。截至××××年×月×日止，变更后的累计注册资本人民币××元，实收资本××元。

本验资报告供贵公司申请办理注册资本及实收资本变更登记及据以向全体股东签发出资证明时使用，不应被视为是对贵公司验资报告日后资本保全、偿债能力和持续经营能力等的保证。因使用不当造成的后果,与执行本验资业务的注册会计师及本会计师事务所无关。

附件: 1. 新增注册资本实收情况明细表
　　　2. 注册资本及实收资本变更前后对照表
　　　3. 验资事项说明

××会计师事务所　　　　　　　　　　　　中国注册会计师:×××
　　（盖章）　　　　　　　　　　　　　　（主任会计师/副主任会计师）
　　　　　　　　　　　　　　　　　　　　　　（签名并盖章）
　　　　　　　　　　　　　　　　　　　　中国注册会计师:×××
　　　　　　　　　　　　　　　　　　　　　　（签名并盖章）

中国××市　　　　　　　　　　　　　　　　年　月　日

附件 1

新增注册资本实收情况明细表

截至　　年　月　日止

被审验单位名称:　　　　　　　　　　　　　　　　　　货币单位:

股东名称	认缴新增注册资本	新增注册资本的实际出资情况								
^	^	货币	实物	知识产权	土地使用权	其他	合计	实收资本			
^	^	^	^	^	^	^	^	金额	占新增注册资本比例	其中:货币出资	
^	^	^	^	^	^	^	^	^	^	金额	占新增注册资本比例
										—	—
										—	—
										—	—
										—	—
										—	—
										—	—
										—	—
合计										—	—

附件 2

注册资本及实收资本变更前后对照表

被审验单位名称：　　　　　　截至　　年　月　日止　　　　　　货币单位：

股东名称	认缴注册资本				实收资本						
	变更前		变更后		变更前		本次增加额	变更后			
										其中：货币出资	
	金额	出资比例	金额	出资比例	金额	占注册资本总额比例		金额	占注册资本总额比例	金额	占注册资本总额比例
										—	—
										—	—
										—	—
										—	—
										—	—
										—	—
合计										—	—

说明：对于 2006 年 1 月 1 日以前成立的被审验单位，本表"其中：货币出资"栏中的"金额"和"占注册资本总额比例"为自 2006 年 1 月 1 日起至本次验资截止日止全体股东的货币出资金额及其占该期间新增注册资本的比例。

附件 3

验资事项说明

一、基本情况

××公司（以下简称贵公司）系由××和××共同出资组建的有限责任公司，于××××年×月×日取得××[公司登记机关]核发的××号《企业法人营业执照》，原注册资本为人民币××元，实收资本为人民币××元。根据贵公司××股东会决议和修改后的章程规定，贵公司申请增加注册资本人民币××元，变更后的注册资本为人民币××元。新增注册资本由原股东认缴，变更注册资本后，股东仍然是××（以下简称甲方）和××（以下简称乙方）。

二、新增资本的出资规定

根据修改后章程的规定，贵公司申请新增的注册资本为人民币××元，由原股东于××××年×月×日之前缴足。其中：甲方认缴人民币××元，占注册资本的×%，出资方式为货币××元，实物（房屋）××元，知识产权（专利权）××元；乙方认缴人民币××元，占注册资本的×%，出资方式为货币。

三、审验结果

截至××××年×月×日止，贵公司已收到甲方、乙方缴纳的新增注册资本（实收资本）合计人民币××元，新增实收资本占新增注册资本的×%。

（一）甲方实际缴纳新增出资额人民币××元。其中：货币出资××元，于××××年×月×日缴存××公司在××银行开立的人民币××账户××账号内；于××××年×月×日投入房屋××[名称、数量等]，评估价值为××元，全体股东确认的价值为××元；于××××年×月×日投入专利权××[具体名称、有效状况]，评估价值为××元，全体股东确认的价值为××元。

××资产评估有限公司已对甲方出资的房屋、专利权进行了评估，并出具了[文号]资产评估报告。

甲方已与××公司于××××年×月×日就出资的房屋办妥所有权过户手续，并于××××年×月×日就出资的专利权办妥转让登记手续。

（二）乙方实际缴纳新增出资额人民币××元。其中：货币出资××元，于××××年×月×日缴存××公司在××银行开立的人民币××账户××账号内。

（三）变更后累计实收资本为××元，占变更后注册资本×%，其中：甲方出资为人民币××元，占变更后注册资本的×%；乙方出资为人民币××元，占变更后注册资本的×%。

（四）全体股东的累计货币出资金额××元，占注册资本总额的×%。①

四、其他事项

6. 适用于股份有限公司以资本公积、盈余公积、未分配利润转增资本

验 资 报 告

××股份有限公司：

我们接受委托，审验了贵公司截至××××年×月×日止新增注册资本及实收资本（股本）情况。按照法律法规以及协议、章程的要求出资，提供真实、合法、完整的验资资料，保护资产的安全、完整是全体股东及贵公司的责任。我们的责任是对贵公司新增注册资本及实收资本情况发表审验意见。我们的审验是依据《中国注册会计师审计准则第1602号——验资》进行的。在审验过程中，我们结合贵公司的实际情况，实施了检查等必要的审验程序。

贵公司原注册资本为人民币××元，实收资本（股本）为××元。根据贵公司

---

① 如果被审验单位在2006年1月1日前成立，说明自2006年1月1日起至××××年×月×日（本次验资截止日）止全体股东的货币出资金额及其占该期间新增注册资本的比例。

××股东会决议和修改后的章程规定，贵公司申请增加注册资本人民币××元，由资本公积、盈余公积和未分配利润转增股本，转增基准日期为××××年×月×日，变更后注册资本为人民币××元。经我们审验，截至××××年×月×日止，贵公司已将资本公积××元，盈余公积××元［其中法定盈余公积××元］，未分配利润××元，合计××元转增股本。

［如果存在需要说明的重大事项增加说明段］

……

同时我们注意到，贵公司本次增资前的注册资本人民币××元，实收资本（股本）人民币××元，已经××会计师事务所审验，并于××××年×月×日出具××［文号］验资报告。截至××××年×月×日止，变更后的注册资本人民币××元、累计实收资本（股本）人民币××元。

本验资报告供贵公司申请办理注册资本及实收资本（股本）变更登记及据以向全体股东签发出资证明时使用，不应被视为是对贵公司验资报告日后资本保全、偿债能力和持续经营能力等的保证。因使用不当造成的后果，与执行本验资业务的注册会计师及本会计师事务所无关。

附件：1. 注册资本及实收资本（股本）变更前后对照表
　　　2. 验资事项说明

××会计师事务所　　　　　　　　　　　中国注册会计师：×××
　　（盖章）　　　　　　　　　　　　（主任会计师/副主任会计师）
　　　　　　　　　　　　　　　　　　　　（签名并盖章）
　　　　　　　　　　　　　　　　　中国注册会计师：×××
　　　　　　　　　　　　　　　　　　　　（签名并盖章）

中国××市　　　　　　　　　　　　　　　　年　月　日

附件1

注册资本及实收资本（股本）变更前后对照表

被审验单位名称：　　　　截至　年　月　日止　　　　货币单位：

股东名称	认缴注册资本				实收资本				
	变更前		变更后		变更前		本次增加额	变更后	
	金额	出资比例	金额	出资比例	金额	占注册资本总额比例		金额	占注册资本总额比例

(续表)

股东名称	认缴注册资本				实收资本				
	变更前		变更后		变更前		本次增加额	变更后	
	金额	出资比例	金额	出资比例	金额	占注册资本总额比例		金额	占注册资本总额比例
合计									

附件 2

验资事项说明

一、基本情况

××公司（以下简称贵公司）系由××（以下简称甲方）、××（以下简称乙方）共同出资组建的股份有限公司，于××××年×月×日取得××[公司登记机关]核发的××号《企业法人营业执照》，原注册资本为人民币××元，实收资本（股本）为人民币××元。根据贵公司××股东会决议和修改后章程的规定，贵公司申请增加注册资本人民币××元，变更后的注册资本人民币××元。贵公司股东仍然是××、××。

二、新增资本的出资规定

根据修改后章程的规定，贵公司申请新增的注册资本为人民币××元，公司按每10股转增×股的比例，以资本公积、盈余公积、未分配利润向全体股东转增股份总额××股，每股面值1元，计增加股本××元。其中：由资本公积转增××元，由盈余公积转增××元[其中法定盈余公积××元]，由未分配利润转增××元。

三、审验结果

截至××××年×月×日止，贵公司已将资本公积××元、盈余公积××元[其中法定盈余公积××元]、未分配利润××元，合计××元转增股本，转增时已调整财务报表并进行相应的会计处理，转增股本后，贵公司留存的法定盈余公积为××元，占转增前贵公司注册资本的×%，符合《公司法》留存的法定公积金不得少于转增前公司注册资本的百分之二十五的规定。转增后各股东的出资额（股本）为：

（一）甲方股本总额××元，其中本次增加股本××元。以资本公积转增××元，以盈余公积转增××元[其中以法定盈余公积转增××元]，以未分配利润转增××元。

（二）乙方股本总额××元，其中本次增加股本××元。以资本公积转增××元，以盈余公积转增××元［其中以法定盈余公积转增××元］，以未分配利润转增××元。

贵公司已进行了与增资相关的会计处理，转增前后财务报表相关项目的情况如下表：

金额单位：

财务报表项目	转增前	增加	减少	转增后
股本				
资本公积				
盈余公积				
其中：法定盈余公积				
未分配利润				

四、其他事项

7. 适用于股份有限公司减资

验 资 报 告

××股份有限公司：

我们接受委托，审验了贵公司截至××××年×月×日止减少注册资本及实收资本（股本）的情况。按照法律法规以及协议、章程的要求出资，提供真实、合法、完整的验资资料，保护资产的安全、完整是全体股东及贵公司的责任。我们的责任是对贵公司减少注册资本及实收资本（股本）情况发表审验意见。我们的审验是依据《中国注册会计师审计准则第1602号——验资》进行的。在审验过程中，我们结合贵公司的实际情况，实施了检查等必要的审验程序。

贵公司原注册资本为人民币××元，实收资本（股本）为人民币××元。其中，××（以下简称甲方）出资××元，占原注册资本的×%；××（以下简称乙方）出资××元，占原注册资本的×%；××（以下简称丙方）出资××元，占原注册资本的×%。根据××协议、××股东大会决议和修改后的章程规定，贵公司申请减少注册资本人民币××元，其中减少甲方出资××元、减少乙方出资××元，变更后的注册资本为人民币××元。经我们审验，截至××××年×月×日止，贵公司已减少股本人民币××元，其中减少甲方出资人民币××元，减少乙方出资人民币××元。

［如果存在需要说明的重大事项增加说明段］
……

同时我们注意到，贵公司本次减资前的注册资本人民币××元，实收资本（股本）人民币××元，已经××会计师事务所审验，并于××年×月×日出具××［文号］验资报告。截至××××年×月×日止，变更后的注册资本人民币××元、实收资本（股本）人民币××元。

本验资报告供贵公司申请办理注册资本及实收资本变更登记及据以向全体股东换发出资证明时使用，不应被视为是对贵公司验资报告日后资本保全、偿债能力和持续经营能力等的保证。因使用不当造成的后果，与执行本验资业务的注册会计师及本会计师事务所无关。

  附件：1. 注册资本及实收资本（股本）减少情况明细表
     2. 注册资本及实收资本（股本）变更前后对照表
     3. 验资事项说明

××会计师事务所　　　　　　　　　　　　中国注册会计师：×××
  （盖章）　　　　　　　　　　　　　　（主任会计师/副主任会计师）
              （签名并盖章）
　　　　　　　　　　　　　　　　　　　　中国注册会计师：×××
　　　　　　　　　　　　　　　　　　　　　　（签名并盖章）

中国××市　　　　　　　　　　　　　　　　年　月　日

附件 1

注册资本及实收资本（股本）减少情况明细表

被审验单位名称：　　　　截至　年　月　日止　　　　货币单位：

股东名称	申请减少注册资本金额	实际减资情况						其中：实收资本（股本）减少额
		货币	实物	知识产权	土地使用权	其他	合计	
合计								

附件2

注册资本及实收资本（股本）变更前后对照表

被审验单位名称： 　　　　截至　　年　月　日止　　　　　　　货币单位：

股东名称	认缴注册资本				实收资本（股本）				本次减少额		
	变更前		变更后		变更前				变更后		
	金额	比例	金额	比例	金额	比例			金额	比例	
合计											

附件3

验资事项说明

一、基本情况

××公司（以下简称贵公司）系由××（以下简称甲方）、××（以下简称乙方）和××（以下简称丙方）共同出资组建的股份有限公司，于××××年×月×日取得××[公司登记机关]核发的××号《企业法人营业执照》，原注册资本为人民币××元，实收资本（股本）为人民币××元。根据贵公司××股东大会决议和修改后章程的规定，贵公司申请减少注册资本人民币××元，实收资本（股本）人民币××元，变更后的注册资本人民币××元，实收资本（股本）人民币××元。变更注册资本及实收资本（股本）后，股东仍然是××、××、××。

二、减资规定

根据××协议、××股东大会决议和修改后的章程规定，贵公司申请减少注册资本人民币××元，其中甲方减资××元、乙方减资××元。公司按每股人民币××元，以货币方式分别归还甲方人民币××元、乙方人民币××元，共计人民币××元，同时分别减少股本人民币××元,资本公积人民币××元。变更后贵公司的股本为人民币××元。

三、审验结果

截至××××年×月×日止,贵公司已减少甲方、乙方的出资合计人民币××元,实际归还甲方、乙方货币资金情况如下:

(一)贵公司于××××年×月×日以货币资金归还甲方出资人民币××元。

(二)贵公司于××××年×月×日以货币资金归还甲方出资人民币××元。

〔具体说明贵公司有关减资的会计处理情况〕

(三)贵公司变更后的股本为人民币××元,比申请变更前减少人民币××元。变更后的注册资本达到法定注册资本的最低限额。变更后甲方出资为人民币××元,占变更后注册资本的×%;乙方出资为人民币××元,占变更后注册资本的×%;丙方出资为人民币××元,占变更后注册资本的×%。

以××××年×月×日已审计会计报表为基准,贵公司减资后的净资产为人民币××元,其中股本××元,资本公积××元、盈余公积××元、未分配利润××元。

四、债务清偿或债务担保情况

〔说明公司对变更前业已存在的债务清偿或者债务担保情况以及履行《公司法》第178条的规定通知债权人和公告程序的有关情况〕

五、其他事项

《中国注册会计师审计准则第 1603 号——审计单一财务报表和财务报表特定要素的特殊考虑》应用指南

（2021 年 12 月 17 日修订）

一、本准则的范围（参见本准则第一条至第三条和第七条）

1.《中国注册会计师审计准则第 1101 号——注册会计师的总体目标和审计工作的基本要求》定义的"历史财务信息"，是指以财务术语表述的特定实体的信息。这些信息主要来自特定实体的会计系统，反映了过去一段时间内发生的经济事项，或者过去某一时点的经济状况。

2.《中国注册会计师审计准则第 1101 号——注册会计师的总体目标和审计工作的基本要求》定义的"财务报表"，是指依据财务报告编制基础对被审计单位历史财务信息所作的结构性表述，包括相关披露，旨在反映某一时点的经济资源或义务，或者某一时期经济资源或义务的变化。财务报表通常是指整套财务报表，有时也指单一财务报表。

披露包括财务报告编制基础所要求的、明确允许的或者由于其他原因（如实务惯例）作出的解释性或描述性信息。披露是财务报表不可分割的组成部分，通常包括在财务报表附注中，也可能在财务报表表内反映，或者通过财务报表的交叉索引作出提示。

单一财务报表指非整套财务报表。财务报告编制基础决定了财务报表的内容和结构，以及整套财务报表的构成。

3.审计准则适用于财务报表审计业务。当注册会计师执行其他历史财务信息审计业务时，比如，审计单一财务报表和财务报表特定要素时，注册会计师根据具体情况遵守适用的审计准则条款，以适应相关业务的要求。本准则及应用指南提供了这方面的指引。本指南附录 1 提供了财务报表特定要素、账户或项目的示例。

4.注册会计师执行历史财务信息审计以外的合理保证业务时，需要遵守《中国注册会计师其他鉴证业务准则第 3101 号——历史财务信息审计或审阅以外的鉴证业务》的规定。

二、业务承接时的考虑

（一）遵守审计准则的规定（参见本准则第九条）

5.《中国注册会计师审计准则第 1101 号——注册会计师的总体目标和审计工作的基本要求》规定，注册会计师应当遵守：

（1）与财务报表审计相关的职业道德要求，包括独立性要求；

（2）与审计工作相关的所有审计准则。

该准则还要求注册会计师遵守每项审计准则的要求，除非某项审计准则的全部内容或某项要求与具体审计工作不相关。在极其特殊的情况下，注册会计师可能认为有必要偏离某项审计准则的相关要求，通过实施替代审计程序实现相关要求的目的。

6. 如果注册会计师没有同时接受委托审计整套财务报表，则按照相关准则的要求执行单一财务报表或财务报表特定要素的审计可能是不切实际的。在这种情况下，注册会计师对被审计单位及其环境（包括内部控制）的了解，通常与同时审计整套财务报表时的了解不同。注册会计师也可能无法获取审计整套财务报表时可以获取的、关于会计记录或其他会计信息整体质量的审计证据。注册会计师可能需要获取进一步的证据，以证实从会计记录中获取的审计证据。

对于财务报表特定要素的审计，某些审计准则规定的审计工作可能与所审计的特定要素不成比例。例如，虽然《中国注册会计师审计准则第1324号——持续经营》的要求可能与应收账款明细表的审计相关，但由于审计成本方面的考虑，遵守这些要求可能并不可行。

如果认为按照审计准则对单一财务报表或财务报表特定要素进行审计不可行，注册会计师可以与管理层讨论其他类型的业务是否可行。

（二）财务报告编制基础的可接受性（参见本准则第十条）

7. 单一财务报表或财务报表特定要素所采用的财务报告编制基础，可能基于准则制定机构为编制整套财务报表而制定的财务报告编制基础。在这种情况下，判断该编制基础是否可以接受，可能需要考虑其是否涵盖所基于的财务报告编制基础中，与该单一财务报表或财务报表特定要素的充分披露有关的所有要求。

（三）审计意见的具体表述方式（参见本准则第十一条）

8. 注册会计师发表的审计意见的具体表述方式，取决于适用的法律法规和财务报告编制基础。对于按照公允列报的编制基础编制的财务报表，如果发表无保留意见，除非法律法规另有规定，审计意见使用"财务报表在所有重大方面按照［适用的财务报告编制基础］编制，公允反映了……"这样的措辞；对于按照严格遵循的编制基础编制的财务报表，如果发表无保留意见，除非法律法规另有规定，审计意见使用"财务报表在所有重大方面按照［适用的财务报告编制基础］编制"这样的措辞。

9. 采用的财务报告编制基础可能并未明确说明如何列报单一财务报表或财务报表特定要素。例如，当采用的财务报告编制基础是整套财务报表的编制基础或基于整套财务报表的编制基础时，可能出现这种情况。因此，注册会计师需要根据采用的财务报告编制基础考虑审计意见的具体表述方式是否适当。下列因素可能影响注册会计师确定在审计意见中是否使用"在所有重大方面""公允反映"等措辞：

（1）采用的财务报告编制基础是否明确或隐含地限定于整套财务报表。

（2）单一财务报表或财务报表特定要素：

①是否完全遵守与单一财务报表或特定要素相关的财务报告编制基础的每项要求，以及单一财务报表或特定要素的列报是否包括相关披露；

②如果需要实现公允列报，是否提供超出编制基础特别要求的披露，或者在特殊情况下偏离财务报告编制基础的某项要求。

注册会计师确定拟出具审计意见的具体表述方式属于职业判断。例如，在对采用公允列报的编制基础编制的单一财务报表或财务报表特定要素进行审计时，考虑是否在审计意见中使用"在所有重大方面""公允反映"等措辞，注册会计师需要根据具体情况作出职业判断。

三、计划和执行审计工作时的考虑（参见本准则第十二条）

10. 注册会计师需要仔细考虑每项审计准则的相关性。即使审计对象仅是财务报表特定要素，《中国注册会计师审计准则第1141号——财务报表审计中与舞弊相关的责任》《中国注册会计师审计准则第1323号——关联方》和《中国注册会计师审计准则第1324号——持续经营》等审计准则，原则上都是相关的。这是因为，在适用的财务报告编制基础下，舞弊、关联方交易或者不当运用持续经营假设等，都可能导致财务报表要素存在错报。

11.《中国注册会计师审计准则第1151号——与治理层的沟通》要求注册会计师确定与被审计单位治理层中的哪些人进行沟通。该准则应用指南指出，在某些情况下，治理层全体成员参与管理，此时需要对如何运用沟通的要求进行调整，以适应这一情况。如果被审计单位也编制了整套财务报表，负责监督单一财务报表或财务报表特定要素编制的人员可能与负责监督整套财务报表编制的人员不同，注册会计师需要选择适当的人员进行沟通。

12. 审计准则适用于注册会计师执行财务报表审计业务。执行单一财务报表和财务报表特定要素的审计时，注册会计师可以根据具体情况遵守适用的审计准则条款。例如，向管理层获取的有关整套财务报表的书面声明，可能被有关单一财务报表或财务报表特定要素按照适用的财务报告编制基础编制的书面声明取代。

13. 整套财务报表的审计报告中包括的事项，可能对单一财务报表或财务报表特定要素的审计产生影响（参见本准则第十六条）。当单一财务报表或财务报表特定要素的审计与整套财务报表的审计整合起来执行时，注册会计师可能能够在单一财务报表或财务报表特定要素的审计中使用在整套财务报表审计时获取的审计证据。在这种情况下，注册会计师仍然需要按照审计准则的要求计划和执行单一财务报表或财务报表特定要素的审计工作，以获取充分、适当的审计证据，在此基础上对单一财务报表或财务报表特定要素发表意见。

14. 构成整套财务报表的单一财务报表（包括相关披露）之间，以及财务报表的多个特定要素（包括相关披露）之间，是相互关联的。对单一财务报表或财务报表特定要素进行审计时，注册会计师不能孤立地考虑单一财务报表或财务报表特定要素。因此，注册会计师可能需要实施与关联项目有关的审计程序，以实现审计目标。

15. 单一财务报表或财务报表特定要素审计的重要性水平，可能低于整套财务报表审计的重要性水平。这将影响审计程序的性质、时间安排和范围，以及对未更正错报的评价。

四、形成审计意见和出具审计报告时的考虑

16.《中国注册会计师审计准则第1501号——对财务报表形成审计意见和出具审计报告》规定，注册会计师在形成审计意见时，应当评价财务报表是否作出了充分披露，使预期使用者能够理解重大交易和事项对财务报表的影响。对于单一财务报表或财务报表特定要素，按照采用的财务报告编制基础的要求作出充分披露，使预期使用者理解单

一财务报表或财务报表特定要素传递的信息，以及重大交易和事项对单一财务报表或财务报表特定要素的影响，是非常重要的。

17. 本指南附录2列示了单一财务报表或财务报表特定要素审计报告的参考格式。在某些情况下，注册会计师可能还需要参照其他应用指南提供的审计报告参考格式，如《〈中国注册会计师审计准则第1501号——对财务报表形成审计意见和出具审计报告〉应用指南》《〈中国注册会计师审计准则第1502号——在审计报告中发表非无保留意见〉应用指南》《〈中国注册会计师审计准则第1503号——在审计报告中增加强调事项段和其他事项段〉应用指南》《〈中国注册会计师审计准则第1324号——持续经营〉应用指南》《〈中国注册会计师审计准则第1521号——注册会计师对其他信息的责任〉应用指南》等。

（一）遵守《中国注册会计师审计准则第1501号——对财务报表形成审计意见和出具审计报告》的规定（参见本准则第十三条）

18. 本准则第十三条指出，对单一财务报表或财务报表特定要素形成审计意见、出具审计报告时，注册会计师应当根据具体情况遵守《中国注册会计师审计准则第1501号——对财务报表形成审计意见和出具审计报告》的相关规定。在此过程中，注册会计师还要根据具体情况遵守其他审计准则中的报告要求。本指南第19段至第22段提及的特殊考虑可能是有帮助的。

19. 审计报告中对管理层与持续经营相关责任的表述，可能需要根据编制单一财务报表或财务报表特定要素时采用的财务报告编制基础进行必要的调整。审计报告中对注册会计师责任的表述，也可能需要根据《中国注册会计师审计准则第1324号——持续经营》在具体业务中的运用情况进行必要的调整。

20. 《中国注册会计师审计准则第1501号——对财务报表形成审计意见和出具审计报告》规定，注册会计师在审计上市实体整套通用目的财务报表时，应当按照《中国注册会计师审计准则第1504号——在审计报告中沟通关键审计事项》的规定沟通关键审计事项。对于单一财务报表或财务报表特定要素审计，《中国注册会计师审计准则第1504号——在审计报告中沟通关键审计事项》仅适用于法律法规要求，或者注册会计师决定在单一财务报表或财务报表特定要素的审计报告中沟通关键审计事项的情形。如果在单一财务报表或财务报表特定要素的审计报告中沟通关键审计事项，《中国注册会计师审计准则第1504号——在审计报告中沟通关键审计事项》整体都适用。

21. 《中国注册会计师审计准则第1521号——注册会计师对其他信息的责任》规范了注册会计师对其他信息的责任。该准则中的年度报告，就本准则而言，是指包含或随附单一财务报表或财务报表特定要素的报告，该报告旨在向所有者或类似的利益相关方提供与单一财务报表或财务报表特定要素中所反映事项相关的信息。如果注册会计师确定被审计单位拟发布此报告，则《中国注册会计师审计准则第1521号——注册会计师对其他信息的责任》适用。注册会计师可以考虑尽早（例如在业务承接阶段）与管理层进行必要的沟通，了解是否可能存在与单一财务报表或财务报表特定要素相关的其他信息，以及管理层计划发布包含这些其他信息的报告的时间。

22. 《中国注册会计师审计准则第1501号——对财务报表形成审计意见和出具审计报告》有关在审计报告中注明项目合伙人的规定，也适用于上市实体单一财务报表或财务报表特定要素的审计。对非上市实体单一财务报表或财务报表特定要素出具审计报告时，注册会计师需要根据法律法规要求或具体情况，确定是否在审计报告中注明项目合伙人。

（二）整套财务报表的审计报告与单一财务报表或财务报表特定要素的审计报告（参见本准则第十六条）

23. 本准则第十六条规定，注册会计师应当考虑，整套财务报表的审计报告中包括的特定事项，对单一财务报表或财务报表特定要素审计以及审计报告可能产生的影响。注册会计师需要运用职业判断，考虑整套财务报表的审计报告中包括的某个事项与单一财务报表或财务报表特定要素的审计报告是否相关。

24. 考虑整套财务报表的审计报告中包括的特定事项，对单一财务报表或财务报表特定要素审计以及审计报告可能产生的影响时，相关的因素包括：

（1）整套财务报表的审计报告中所描述事项的性质，以及该事项与单一财务报表或财务报表特定要素的相关程度；

（2）整套财务报表的审计报告中所描述事项影响的广泛性；

（3）采用的财务报告编制基础之间的差异；

（4）整套财务报表涵盖的期间或日期，与单一财务报表或财务报表特定要素涵盖的期间或日期之间的差异；

（5）与整套财务报表的审计报告日间隔的时间。

25. 例如，如果对整套财务报表发表的保留意见与应收账款相关，而单一财务报表包括应收账款，或者财务报表特定要素与应收账款相关，则单一财务报表或财务报表特定要素审计很可能因此受到影响。如果对整套财务报表发表的保留意见与长期负债的分类相关，而单一财务报表是利润表，或者财务报表特定要素与应收账款相关，则单一财务报表或财务报表特定要素审计因此受到影响的可能性较小。

26. 在整套财务报表的审计报告中沟通关键审计事项，可能对单一财务报表或财务报表特定要素的审计产生影响。当关键审计事项与单一财务报表或财务报表特定要素审计相关时，"关键审计事项"部分有关如何在整套财务报表审计中应对这些事项的信息，可能有助于注册会计师确定如何在单一财务报表或财务报表特定要素的审计中应对这些事项。

27. 即使整套财务报表的审计报告中包含的特定事项不会对单一财务报表或财务报表特定要素的审计或审计报告产生影响，注册会计师仍然可能认为，在单一财务报表或财务报表特定要素的审计报告中增加其他事项段提及这些事项是适当的（参见《中国注册会计师审计准则第1503号——在审计报告中增加强调事项段和其他事项段》）。

例如，注册会计师可能认为，在单一财务报表或财务报表特定要素的审计报告中提及整套财务报表审计报告中的"与持续经营相关的重大不确定性"部分是适当的。

28. 在整套财务报表的审计报告中，某些情况下允许对经营成果和现金流量发表无法表示意见，而对财务状况发表无保留意见（参见《〈中国注册会计师审计准则第1331号——首次审计业务涉及的期初余额〉应用指南》第8段）。此时，发表的无法表示意见仅针对经营成果和现金流量，而非财务报表整体。（参见本准则第十七条和第十九条）

附录 1

财务报表特定要素、账户或项目的示例

1. 应收账款、坏账准备、存货、可辨认无形资产、就保险组合中的"已发生但未报告"索赔计提的负债,包括相关附注;
2. 有形资产净值明细表,包括相关附注;
3. 与租赁财产相关的支出明细表,包括相关附注;
4. 利润分享或员工奖金明细表,包括相关附注;
5. 商业银行信贷业务预期信用损失明细表,包括相关附注。

附录 2

单一财务报表和财务报表特定要素的审计报告参考格式

参考格式 1:对按照通用目的编制基础编制的非上市实体单一财务报表出具的审计报告

背景信息:

1. 对非上市实体资产负债表(即单一财务报表)进行审计。
2. 管理层按照企业会计准则中与编制资产负债表相关的规定编制资产负债表。
3. 审计业务约定条款体现了《中国注册会计师审计准则第 1111 号——就审计业务约定条款达成一致意见》中关于管理层对财务报表责任的描述。
4. 注册会计师确定在审计意见中使用"在所有重大方面""公允反映"等措辞是恰当的。
5. 适用的相关职业道德要求为中国注册会计师职业道德守则。
6. 基于获取的审计证据,根据《中国注册会计师审计准则第 1324 号——持续经营》,注册会计师认为可能导致对被审计单位持续经营能力产生重大疑虑的事项或情况存在重大不确定性,单一财务报表对该重大不确定性已作出充分披露。
7. 注册会计师未被要求,并且也决定不沟通关键审计事项。
8. 注册会计师认为不存在其他信息,(即《中国注册会计师审计准则第 1521 号——注册会计师对其他信息的责任》的规定不适用)。
9. 负责监督财务报表的人员与负责编制财务报表的人员不同。
10. 除对单一财务报表审计外,注册会计师不承担法律法规要求的其他报告责任。

审 计 报 告

[恰当的收件人]:

一、审计意见

我们审计了 ABC 股份有限公司（以下简称 ABC 公司）20×1 年 12 月 31 日的资产负债表以及相关附注（以下合称财务报表）。我们认为，后附的财务报表在所有重大方面按照企业会计准则中与编制资产负债表相关的规定编制，公允反映了 ABC 公司 20×1 年 12 月 31 日的财务状况。

二、形成审计意见的基础

我们按照中国注册会计师审计准则的规定执行审计工作。审计报告的"注册会计师对财务报表审计的责任"部分进一步阐述了我们在这些准则下的责任。按照中国注册会计师职业道德守则，我们独立于 ABC 公司，并履行了职业道德方面的其他责任。我们相信，我们获取的审计证据是充分、适当的，为发表审计意见提供了基础。

三、与持续经营相关的重大不确定性

我们提醒财务报表使用者关注，如财务报表附注×所述，ABC 公司 20×1 年发生净亏损×元，且于 20×1 年 12 月 31 日，ABC 公司流动负债高于资产总额×元。如财务报表附注×所述，这些事项或情况，连同财务报表附注×所示的其他事项，表明存在可能导致对 ABC 公司持续经营能力产生重大疑虑的重大不确定性。该事项不影响已发表的审计意见。

四、管理层和治理层对财务报表的责任

ABC 公司管理层（以下简称管理层）负责按照企业会计准则中与编制资产负债表相关的规定编制财务报表，使其实现公允反映，并设计、执行和维护必要的内部控制，以使财务报表不存在由于舞弊或错误导致的重大错报。

在编制财务报表时，管理层负责评估 ABC 公司的持续经营能力，披露与持续经营相关的事项（如适用），并运用持续经营假设，除非管理层计划清算 ABC 公司、终止运营或别无其他现实的选择。

治理层负责监督 ABC 公司的财务报告过程。

五、注册会计师对财务报表审计的责任

我们的目标是对财务报表整体是否不存在由于舞弊或错误导致的重大错报获取合理保证，并出具包含审计意见的审计报告。合理保证是高水平的保证，但并不能保证按照审计准则执行的审计在某一重大错报存在时总能发现。错报可能由于舞弊或错误导致，如果合理预期错报单独或汇总起来可能影响财务报表使用者依据财务报表作出的经济决策，则通常认为错报是重大的。

在按照审计准则执行审计工作的过程中，我们运用职业判断，并保持职业怀疑。同

时，我们也执行以下工作：

（1）识别和评估由于舞弊或错误导致的财务报表重大错报风险，设计和实施审计程序以应对这些风险，并获取充分、适当的审计证据，作为发表审计意见的基础。由于舞弊可能涉及串通、伪造、故意遗漏、虚假陈述或凌驾于内部控制之上，未能发现由于舞弊导致的重大错报的风险高于未能发现由于错误导致的重大错报的风险。

（2）了解与审计相关的内部控制，以设计恰当的审计程序，但目的并非对内部控制的有效性发表意见。

（3）评价管理层选用会计政策的恰当性和作出会计估计及相关披露的合理性。

（4）对管理层使用持续经营假设的恰当性得出结论。同时，根据获取的审计证据，就可能导致对ABC公司持续经营能力产生重大疑虑的事项或情况是否存在重大不确定性得出结论。如果我们得出结论认为存在重大不确定性，审计准则要求我们在审计报告中提请报表使用者注意财务报表中的相关披露；如果披露不充分，我们应当发表非无保留意见。我们的结论基于截至审计报告日可获得的信息。然而，未来的事项或情况可能导致ABC公司不能持续经营。

（5）评价财务报表的总体列报、结构和内容（包括披露），并评价财务报表是否公允反映相关交易和事项。

我们与治理层就计划的审计范围、时间安排和重大审计发现等事项进行沟通，包括沟通我们在审计中识别出的值得关注的内部控制缺陷。

××会计师事务所　　　　　　　　　　　中国注册会计师：×××
　　（盖章）　　　　　　　　　　　　　　　（签名并盖章）
　　　　　　　　　　　　　　　　　　　中国注册会计师：×××
　　　　　　　　　　　　　　　　　　　　　（签名并盖章）
中国××市　　　　　　　　　　　　　20×2年×月×日

参考格式2：对按照特殊目的编制基础（本例为公允列报的编制基础）编制的非上市实体单一财务报表出具的审计报告

背景信息：

1. 对非上市实体的现金收入和支出表（即单一财务报表）进行审计。
2. 注册会计师未对整套财务报表出具审计报告。
3. 财务报表已由管理层按照现金收入和支出核算基础编制，以满足债权人对现金流量信息的需求。管理层有权选择财务报告编制基础。
4. 采用的财务报告编制基础是公允列报的编制基础，旨在满足财务报表特定使用者的财务信息需求。
5. 基于获取的审计证据，注册会计师认为发表无保留意见是恰当的。
6. 注册会计师确定在审计意见中使用"在所有重大方面""公允反映"等措辞是恰当的。
7. 适用的相关职业道德要求为中国注册会计师职业道德守则。
8. 审计报告的发送对象和使用不受限制。
9. 基于获取的审计证据，根据《中国注册会计师审计准则第1324号——持续经营》，注册会计师认为可能导致对被审计单位持续经营能力产生重大疑虑的事项或情况不存在重大不确定性。

10. 注册会计师未被要求，并且也决定不沟通关键审计事项。

11. 注册会计师认为不存在其他信息（即《中国注册会计师审计准则第1521号——注册会计师对其他信息的责任》的规定不适用）。

12. 管理层负责编制财务报表并监督编制财务报表的财务报告过程。

13. 除对单一财务报表审计外，注册会计师不承担法律法规要求的其他报告责任。

审 计 报 告

［恰当的收件人］：

一、审计意见

我们审计了 ABC 股份有限公司（以下简称 ABC 公司）20×1 年度的现金收入和支出表以及相关附注（以下合称财务报表）。

我们认为，后附的财务报表在所有重大方面按照附注 × 说明的现金收入和支出核算基础编制，公允反映了 ABC 公司 20×1 年度的现金收入和支出情况。

二、形成审计意见的基础

我们按照中国注册会计师审计准则的规定执行了审计工作。审计报告的"注册会计师对财务报表审计的责任"部分进一步阐述了我们在这些准则下的责任。按照中国注册会计师职业道德守则，我们独立于 ABC 公司，并履行了职业道德方面的其他责任。我们相信，我们获取的审计证据是充分、适当的，为发表审计意见提供了基础。

三、强调事项——编制基础

我们提醒财务报表使用者关注财务报表附注 × 对编制基础的说明。ABC 公司编制财务报表是为了向 XYZ 债权人提供信息。因此，财务报表不适用于其他用途。本段内容不影响已发表的审计意见。

四、管理层和治理层对财务报表的责任

ABC 公司管理层（以下简称管理层）负责按照附注 × 说明的现金收入和支出核算基础编制财务报表，使其实现公允反映，这包括确定现金收入和支出核算基础对于在业务的具体情况下编制财务报表是可接受的，并设计、执行和维护必要的内部控制，以使财务报表不存在由于舞弊或错误导致的重大错报。

在编制财务报表时，管理层负责评估 ABC 公司的持续经营能力，披露与持续经营相关的事项（如适用），并运用持续经营假设，除非管理层计划清算 ABC 公司、终止运营或别无其他现实的选择。

五、注册会计师对财务报表审计的责任

我们的目标是对财务报表整体是否不存在由于舞弊或错误导致的重大错报获取合理保证,并出具包含审计意见的审计报告。合理保证是高水平的保证,但并不能保证按照审计准则执行的审计在某一重大错报存在时总能发现。错报可能由于舞弊或错误导致,如果合理预期错报单独或汇总起来可能影响财务报表使用者依据财务报表作出的经济决策,则通常认为错报是重大的。

在按照审计准则执行审计工作的过程中,我们运用职业判断,并保持职业怀疑。同时,我们也执行以下工作:

(1)识别和评估由于舞弊或错误导致的财务报表重大错报风险,设计和实施审计程序以应对这些风险,并获取充分、适当的审计证据,作为发表审计意见的基础。由于舞弊可能涉及串通、伪造、故意遗漏、虚假陈述或凌驾于内部控制之上,未能发现由于舞弊导致的重大错报的风险高于未能发现由于错误导致的重大错报的风险。

(2)了解与审计相关的内部控制,以设计恰当的审计程序,但目的并非对内部控制的有效性发表意见。

(3)评价管理层选用会计政策的恰当性和作出会计估计(如有)及相关披露的合理性。

(4)对管理层使用持续经营假设的恰当性得出结论。同时,根据获取的审计证据,就可能导致对ABC公司持续经营能力产生重大疑虑的事项或情况是否存在重大不确定性得出结论。如果我们得出结论认为存在重大不确定性,审计准则要求我们在审计报告中提请报表使用者注意财务报表中的相关披露;如果披露不充分,我们应当发表非无保留意见。我们的结论基于截至审计报告日可获得的信息。然而,未来的事项或情况可能导致ABC公司不能持续经营。

(5)评价财务报表的总体列报、结构和内容(包括披露),并评价财务报表是否公允反映相关交易和事项。

我们与治理层就计划的审计范围、时间安排和重大审计发现等事项进行沟通,包括沟通我们在审计中识别出的值得关注的内部控制缺陷。

××会计师事务所	中国注册会计师:×××
(盖章)	(签名并盖章)
	中国注册会计师:×××
	(签名并盖章)
中国××市	20×2年×月×日

参考格式3:对按照特殊目的编制基础(本例为严格遵循的编制基础)编制的上市实体财务报表特定要素出具的审计报告

背景信息:

1. 对应收账款明细表(即财务报表要素)进行审计。

2. 财务信息已由管理层按照监管机构的财务报告规定编制以满足监管要求。管理层无权选择财务报告编制基础。

3. 采用的财务报告编制基础是严格遵循的编制基础，旨在满足财务报表特定使用者的财务信息需求。

4. 审计业务约定条款体现了《中国注册会计师审计准则第1111号——就审计业务约定条款达成一致意见》中关于管理层对财务报表责任的描述。

5. 基于获取的审计证据，注册会计师认为发表无保留意见是恰当的。

6. 适用的相关职业道德要求为中国注册会计师职业道德守则。

7. 审计报告的发送对象和使用受到限制。

8. 基于获取的审计证据，根据《中国注册会计师审计准则第1324号——持续经营》，注册会计师认为可能导致对被审计单位持续经营能力产生重大疑虑的事项或情况不存在重大不确定性。

9. 注册会计师未被要求，并且也决定不沟通关键审计事项。

10. 注册会计师认为不存在其他信息（即《中国注册会计师审计准则第1521号——注册会计师对其他信息的责任》的规定不适用）。

11. 负责监督财务报表的人员与负责编制财务报表的人员不同。

12. 除对财务报表特定要素的审计外，注册会计师不承担法律法规要求的其他报告责任。

审 计 报 告

[ABC 股份有限公司全体股东或恰当的收件人]：

一、审计意见

我们审计了 ABC 股份有限公司（以下简称 ABC 公司）20×1 年 12 月 31 日的应收账款明细表以及相关附注（以下合称明细表）。

我们认为，后附的 20×1 年 12 月 31 日明细表中的财务信息在所有重大方面按照[监管机构的财务报告规定]编制。

二、形成审计意见的基础

我们按照中国注册会计师审计准则的规定执行了审计工作。审计报告的"注册会计师对明细表审计的责任"部分进一步阐述了我们在这些准则下的责任。按照中国注册会计师职业道德守则，我们独立于 ABC 公司，并履行了职业道德方面的其他责任。我们相信，我们获取的审计证据是充分、适当的，为发表审计意见提供了基础。

三、强调事项——编制基础

我们提醒财务报表使用者关注明细表的附注 × 对编制基础的说明。ABC 公司编制明细表是为了满足 DEF 监管机构的要求。因此，明细表不适用于其他用途。本段内容不影响已发表的审计意见。

四、其他事项——对审计报告的发送对象和使用的限制

我们的报告仅用于 ABC 公司和 DEF 监管机构,而不应发送至除 ABC 公司和 DEF 监管机构以外的其他方或为其使用。

五、管理层和治理层对明细表的责任

ABC 公司管理层(以下简称管理层)负责按照[监管机构的财务报告规定]编制明细表,并设计、执行和维护必要的内部控制,以使明细表不存在由于舞弊或错误导致的重大错报。在编制明细表时,管理层负责评估 ABC 公司的持续经营能力,披露与持续经营相关的事项(如适用),并运用持续经营假设,除非管理层计划清算 ABC 公司、终止运营或别无其他现实的选择。

治理层负责监督 ABC 公司的财务报告过程。

六、注册会计师对明细表审计的责任

我们的目标是对明细表是否不存在由于舞弊或错误导致的重大错报获取合理保证,并出具包含审计意见的审计报告。合理保证是高水平的保证,但并不能保证按照审计准则执行的审计在某一重大错报存在时总能发现。错报可能由于舞弊或错误导致,如果合理预期错报单独或汇总起来可能影响明细表使用者依据明细表作出的经济决策,则通常认为错报是重大的。

在按照审计准则执行审计工作的过程中,我们运用职业判断,并保持职业怀疑。同时,我们也执行以下工作:

(1)识别和评估由于舞弊或错误导致的明细表重大错报风险,设计和实施审计程序以应对这些风险,并获取充分、适当的审计证据,作为发表审计意见的基础。由于舞弊可能涉及串通、伪造、故意遗漏、虚假陈述或凌驾于内部控制之上,未能发现由于舞弊导致的重大错报的风险高于未能发现由于错误导致的重大错报的风险。

(2)了解与审计相关的内部控制,以设计恰当的审计程序,但目的并非对内部控制的有效性发表意见。

(3)评价管理层选用会计政策的恰当性和作出会计估计(如有)及相关披露的合理性。

(4)对管理层使用持续经营假设的恰当性得出结论。同时,根据获取的审计证据,就可能导致对 ABC 公司持续经营能力产生重大疑虑的事项或情况是否存在重大不确定性得出结论。如果我们得出结论认为存在重大不确定性,审计准则要求我们在审计报告中提请报表使用者注意明细表中的相关披露;如果披露不充分,我们应当发表非无保留意见。我们的结论基于截至审计报告日可获得的信息。然而,未来的事项或情况可能导致 ABC 公司不能持续经营。

我们与治理层就计划的审计范围、时间安排和重大审计发现等事项进行沟通,包括沟通我们在审计中识别出的值得关注的内部控制缺陷。

我们还就已遵守与独立性相关的职业道德要求向治理层提供声明,并与治理层沟

通可能被合理认为影响我们独立性的所有关系和其他事项，以及相关的防范措施（如适用）。

  ××会计师事务所　　　　　　　中国注册会计师：×××（项目合伙人）
    （盖章）　　　　　　　　　　　　　　（签名并盖章）
　　　　　　　　　　　　　　　　　　中国注册会计师：×××
　　　　　　　　　　　　　　　　　　　　　（签名并盖章）
  中国××市　　　　　　　　　　　　20×2年×月×日

《中国注册会计师审计准则第 1604 号——对简要财务报表出具报告的业务》应用指南

（2021 年 12 月 17 日修订）

一、业务的承接（参见本准则第七条和第八条）

1. 注册会计师对作为简要财务报表依据的财务报表进行的审计，为其按照本准则的规定履行与简要财务报表相关的责任提供了必要的信息。如果没有同时审计作为简要财务报表依据的财务报表，注册会计师执行本准则将不能为对简要财务报表形成意见提供充分、适当的证据。

2. 管理层对本准则第八条规定的事项的认可，可能体现在已签署的业务约定书中。

3. 管理层在编制简要财务报表时，需要确定在简要财务报表中反映的信息，使简要财务报表在所有重大方面与已审计财务报表保持一致或公允概括已审计财务报表。由于简要财务报表提供的是汇总信息，披露较为有限，因此，可能存在这样一种风险，即简要财务报表没有提供必要的信息，而缺乏这些信息将在具体情形下产生误导。当编制简要财务报表的既定标准不存在时，这种风险更高。

4. 以下因素可能影响注册会计师确定采用的标准是否可以接受：

（1）被审计单位的性质；

（2）简要财务报表的目的；

（3）简要财务报表预期使用者的信息需求；

（4）采用的标准是否能够使简要财务报表在具体情况下不产生误导。

5. 简要财务报表的编制标准可能由准则制定机构或法律法规确定。在这种情况下，与财务报表的情况类似，注册会计师通常可以根据《〈中国注册会计师审计准则第 1111 号——就审计业务约定条款达成一致意见〉应用指南》的指引，认为这种标准是可以接受的。

6. 如果编制简要财务报表不存在既定的标准，标准也可以由管理层制定，如管理层依据特定行业的实务惯例制定的标准。标准需要使简要财务报表能够：

（1）充分披露其简化的性质并指明已审计财务报表；

（2）清楚地描述从何处可以获取已审计财务报表，或者如果法律法规规定已审计财务报表无需提供给简要财务报表的预期使用者，并且为编制简要财务报表制定了标准，则在简要财务报表中说明法律法规的相关规定；

（3）充分披露所采用的标准；

（4）与已审计财务报表中的相关信息一致或能够通过对已审计财务报表中的相关数据进行重新计算得到；

（5）包含满足简要财务报表目的的必要信息，并在适当的层次汇总，以使其不产生误导。

7."依据20×1年度已审计财务报表编制的简要财务报表"等标题，可以满足本指南第6段第（1）项的规定，即充分披露简要财务报表简化的性质并指明已审计财务报表。

二、评价已审计财务报表的可获得性［参见本准则第十条第（七）项］

8.在评价简要财务报表的预期使用者能否比较方便地获取已审计财务报表时，注册会计师需要考虑下列因素：

（1）简要财务报表是否清楚地说明从何处可以获取已审计财务报表；

（2）已审计财务报表是否公开；

（3）管理层是否为简要财务报表的预期使用者提供了渠道，使其可以方便地获取已审计财务报表。

三、意见的具体表述方式（参见本准则第十一条）

9.如果通过评价实施本准则第十条规定的程序获取的证据，注册会计师认为对简要财务报表发表无保留意见是适当的，那么注册会计师在发表意见时，可以使用本准则第十一条规定的措辞之一。

四、工作的时间安排和期后事项（参见本准则第十四条）

10.注册会计师通常在财务报表审计的期间之内或紧接其后立即实施本准则第十条规定的程序。如果在财务报表审计完成后对简要财务报表出具报告，注册会计师不需要对已审计财务报表获取额外的审计证据，或就已审计财务报表的审计报告日后发生事项对已审计财务报表的影响出具报告，因为简要财务报表依据已审计财务报表编制，而不是对已审计财务报表进行更新。

五、载有简要财务报表及其报告的文件中的信息（参见本准则第十六条和第十七条）

11.《中国注册会计师审计准则第1521号——注册会计师对其他信息的责任》规范了注册会计师在实施财务报表审计时与其他信息相关的责任。根据该准则的规定，其他信息是指在被审计单位年度报告中包含的除财务报表和审计报告以外的财务信息和非财务信息。年度报告包含或随附财务报表和审计报告。

12.相比之下，本准则第十六条和第十七条规范了注册会计师与载有简要财务报表及其报告的文件中包含的信息相关的责任。这些信息可能包括：

（1）年度报告中的其他信息涉及的部分事项或全部事项；

（2）年度报告中的其他信息不涉及的事项。

13.在阅读载有简要财务报表及其报告的文件中包含的信息时，注册会计师可能注意到这些信息存在误导性，可能需要采取适当的措施。中国注册会计师职业道德守则要求注册会计师不得在明知的情况下与以下信息发生关联：（1）含有虚假记载、误导性陈述的信息；（2）缺乏充分根据的信息；（3）存在遗漏或含糊其辞的信息，前提是这种遗漏或含糊其辞可能会产生误导。

（一）载有简要财务报表及其报告的文件中的信息包含年度报告中其他信息涉及的部分事项或全部事项

14. 如果载有简要财务报表及其报告的文件中的信息，涉及年度报告中其他信息的部分事项或全部事项，则按照《中国注册会计师审计准则第1521号——注册会计师对其他信息的责任》对这些其他信息执行相关工作，对实现本准则第十六条和第十七条的目的可能是有帮助的。

15. 如果在已审计财务报表的审计报告中已识别出其他信息的未更正重大错报，并且与该未更正重大错报相关联的事项涉及载有简要财务报表及其报告的文件中的信息，则简要财务报表与该信息之间可能存在重大不一致或该信息可能具有误导性。

（二）载有简要财务报表及其报告的文件中的信息包含年度报告中的其他信息不涉及的事项

16. 结合具体情况运用《中国注册会计师审计准则第1521号——注册会计师对其他信息的责任》的规定对这些其他信息执行相关工作，对实现本准则第十六条和第十七条的目的可能是有帮助的。

六、对简要财务报表出具的报告

（一）标题（参见本准则第十九条）

17. 对简要财务报表出具的报告，标题统一规范为"注册会计师对简要财务报表出具的报告"。

（二）收件人（参见本准则第二十条）

18. 可能影响注册会计师评价简要财务报表收件人适当性的因素包括业务约定条款、被审计单位的性质和简要财务报表的目的。

（三）简要财务报表的识别（参见本准则第二十一条）

19. 当载有简要财务报表及其报告的文件中还包括其他信息时，注册会计师可以考虑指出该简要财务报表的页码。这种方法有助于使用者识别该简要财务报表。

（四）报告日期（参见本准则第二十八条）

20. 注册会计师在确定本准则第二十八条提及的"被审计单位有相关权限的机构或人员"时，需要考虑业务约定条款、被审计单位的性质和简要财务报表的目的。

（五）提及对已审计财务报表出具的审计报告（参见本准则第二十九条）

21. 如果已审计财务报表的审计报告中包含关键审计事项，本准则第二十九条第（一）项要求注册会计师在简要财务报表的报告中说明该关键审计事项。然而，注册会计师并不需要在简要财务报表的报告中描述具体关键审计事项。

22. 本准则第二十九条要求的说明，旨在提请使用者关注这些事项，而不能代替对已审计财务报表的审计报告的阅读。该项说明的目的在于帮助使用者了解事项的性质，不需要完全重复已审计财务报表的审计报告中的相应内容。

（六）参考格式（参见本准则第十八条至第三十一条）

23. 本指南附录提供了对简要财务报表出具的报告的参考格式。

七、比较信息（参见本准则第三十三条和第三十四条）

24. 如果已审计财务报表包含比较信息，则假定简要财务报表也要包含比较信息。已审计财务报表中的比较信息包括对应数据和比较财务报表两类。《中国注册会计师审计准则第1511号——比较信息：对应数据和比较财务报表》规定了两类比较信息如何影响对财务报表出具的审计报告，包括在特定情况下提及对上期财务报表进行审计的其他注册会计师。

25. 可能影响注册会计师确定省略比较信息是否合理的因素，包括简要财务报表的性质和目标、采用的标准以及简要财务报表预期使用者的信息需求。

八、与简要财务报表一同列报的未审计的补充信息（参见本准则第三十五条）

26.《中国注册会计师审计准则第1501号——对财务报表形成审计意见和出具审计报告》对未审计的补充信息与已审计财务报表一同列报的情形作出了规定。注册会计师根据具体情况遵守这些规定，可能有助于其遵守本准则第三十五条的要求。

九、避免简要财务报表与注册会计师不当关联（参见本准则第三十六条和第三十七条）

27. 如果管理层拒绝采取注册会计师要求的措施，注册会计师可以采取其他适当措施，包括将管理层不当提及了注册会计师这一事实告知预期使用者和其他已知第三方。注册会计师采取的措施取决于其在法律上的权利和义务。因此，注册会计师可能认为征询法律意见是适当的。

附录（参见本指南第23段）

对简要财务报表出具的报告的参考格式

参考格式1：对按照既定标准编制的简要财务报表出具的报告

背景信息：

1. 对上市实体已审计财务报表发表了无保留意见。
2. 存在编制简要财务报表的既定标准。
3. 对简要财务报表出具报告的日期迟于作为简要财务报表编制依据的已审计财务报表的审计报告日。
4. 已审计财务报表的审计报告包含"与持续经营相关的重大不确定性"部分。
5. 已审计财务报表的审计报告沟通了关键审计事项。

注册会计师对简要财务报表出具的报告

［恰当的收件人］：

一、对简要财务报表的意见

ABC 公司的简要财务报表包括 20×1 年 12 月 31 日的简要资产负债表，20×1 年度的简要利润表、简要股东权益变动表和简要现金流量表以及相关附注。ABC 公司的简要财务报表依据 ABC 公司 20×1 年度的已审计财务报表编制。

我们认为，后附的简要财务报表按照［描述既定的标准］编制，在所有重大方面与已审计财务报表保持了一致（或公允概括了已审计财务报表）。

二、简要财务报表

简要财务报表没有包含［描述 ABC 公司在编制已审计财务报表时所采用的财务报告编制基础］要求的所有披露。因此，对简要财务报表及其报告的阅读不能代替对 ABC 公司已审计财务报表及其审计报告的阅读。简要财务报表和已审计财务报表均未反映已审计财务报表的审计报告日以后发生的事项对已审计财务报表的影响。

三、已审计财务报表及其审计报告

我们已在 20×2 年 2 月 15 日签署的审计报告中对已审计财务报表发表了无保留意见。该审计报告还包含：

（一）"与持续经营相关的重大不确定性"部分。该部分提请关注已审计财务报表的附注 6。该附注表明，20×1 年度，ABC 公司发生了净亏损 ZZZ 元，且截至资产负债表日，ABC 公司流动负债高于资产总额 YYY 元。这些事项和情况，连同已审计财务报表附注 6 中所示的其他事项，表明存在可能导致对 ABC 公司持续经营能力产生重大疑虑的重大不确定性。这些事项在简要财务报表附注 5 中已作出说明。

（二）其他关键审计事项。［关键审计事项，是指注册会计师根据职业判断认为对本期财务报表审计最为重要的事项。注册会计师可以针对已审计财务报表的关键审计事项，提供对简要财务报表的报告的使用者有用的进一步解释。］

四、管理层对简要财务报表的责任

管理层负责按照［描述既定的标准］编制简要财务报表。

五、注册会计师的责任

我们的责任是在实施程序的基础上对简要财务报表是否在所有重大方面与已审计财务报表保持了一致（或公允概括了已审计财务报表）发表意见。我们按照《中国注册会计师审计准则第 1604 号——对简要财务报表出具报告的业务》的规定执行了相关工作。

××会计师事务所　　　　　　　　　　　　中国注册会计师：×××
　　（盖章）　　　　　　　　　　　　　　　　（签名并盖章）

中国注册会计师：×××
（签名并盖章）

中国××市

20×2年×月×日

参考格式2：对按照管理层确定的标准编制的简要财务报表出具的报告

背景信息：

1. 对已审计财务报表发表了无保留意见。

2. 简要财务报表的编制标准由管理层确定，并在附注×中进行了充分披露。注册会计师确定该标准是可以接受的。

3. 对简要财务报表出具报告的日期与作为简要财务报表编制依据的财务报表的审计报告日一致。

4. 已审计财务报表的审计报告包含了对其他信息的未更正重大错报的说明。与该未更正重大错报相关的其他信息也包含在载有简要财务报表及其报告的文件中。

注册会计师对简要财务报表出具的报告

[恰当的收件人]：

一、对简要财务报表的意见

ABC公司的简要财务报表包括20×1年12月31日的简要资产负债表，20×1年度的简要利润表、简要所有者权益变动表和简要现金流量表以及相关附注。ABC公司的简要财务报表依据ABC公司20×1年度的已审计财务报表编制。

我们认为，后附的简要财务报表按照附注×中描述的标准编制，在所有重大方面与已审计财务报表保持了一致（或公允概括了已审计财务报表）。

二、简要财务报表

简要财务报表没有包含[描述ABC公司在编制已审计财务报表时所采用的财务报告编制基础]要求的所有披露。因此，对简要财务报表及其报告的阅读不能代替对ABC公司已审计财务报表及其审计报告的阅读。

三、已审计财务报表及其审计报告

我们已在20×2年2月15日签署的审计报告中对已审计财务报表发表了无保留意见。已审计财务报表包含在20×1年的年度报告中。

已审计财务报表的审计报告指出，在20×1年年度报告的"管理层讨论和分析"中的其他信息存在未更正重大错报。"管理层讨论和分析"及其包含的其他信息的未更正重大错报，也同时包含在20×1年度的简要年度报告中。[描述其他信息的未更正重大错报。]

四、管理层对简要财务报表的责任

管理层负责按照附注×描述的标准编制简要财务报表。

五、注册会计师的责任

我们的责任是在实施程序的基础上对简要财务报表是否在所有

重大方面与已审计财务报表保持了一致（或公允概括了已审计财务报表）发表意见。我们按照《中国注册会计师审计准则第1604号——对简要财务报表出具报告的业务》的规定执行了相关工作。

××会计师事务所	中国注册会计师：×××
（盖章）	（签名并盖章）
	中国注册会计师：×××
	（签名并盖章）
中国××市	20×2年×月×日

参考格式3：对按照管理层确定的标准编制的简要财务报表出具的报告

背景信息：

1. 对已审计财务报表发表了保留意见。

2. 简要财务报表的编制标准由管理层确定，并在附注×中进行了充分披露。注册会计师确定该标准是可以接受的。

3. 对简要财务报表出具报告的日期与作为简要财务报表编制依据的财务报表的审计报告日一致。

注册会计师对简要财务报表出具的报告

［恰当的收件人］：

一、对简要财务报表的意见

ABC公司的简要财务报表包括20×1年12月31日的简要资产负债表，20×1年度的简要利润表、简要所有者权益变动表和简要现金流量表以及相关附注。ABC公司的简要财务报表依据ABC公司20×1年度的已审计财务报表编制。我们已在20×2年2月15日签署的审计报告中对已审计财务报表发表了保留意见。

我们认为，后附的简要财务报表按照附注×中描述的标准编制，在所有重大方面与已审计财务报表保持了一致（或公允概括了已审计财务报表）。然而，简要财务报表存在与ABC公司20×1年度已审计财务报表相同程度的错报。

二、简要财务报表

简要财务报表没有包含［描述 ABC 公司在编制已审计财务报表时所采用的财务报告编制基础］要求的所有披露。因此，对简要财务报表及其报告的阅读不能代替对 ABC 公司已审计财务报表及其审计报告的阅读。

三、已审计财务报表及其审计报告

我们已在 20×2 年 2 月 15 日签署的审计报告中对已审计财务报表发表了保留意见。我们发表保留意见是基于以下事实：管理层仅以成本列示存货，而未按照成本与可变现净值孰低法进行计量，这不符合［ABC 公司采用的财务报告编制基础］的规定。ABC 公司的记录显示，如果管理层按照成本与可变现净值孰低法列示存货，需要减记金额为 × 元，以将其价值调整为可变现净值。相应地，销售成本将提高 × 元，所得税、净利润和所有者权益将分别降低 × 元、× 元和 × 元。

四、管理层对简要财务报表的责任

管理层负责按照附注 × 描述的标准编制简要财务报表。

五、注册会计师的责任

我们的责任是在实施程序的基础上对简要财务报表是否在所有重大方面与已审计财务报表保持了一致（或公允概括了已审计财务报表）发表意见。我们按照《中国注册会计师审计准则第 1604 号——对简要财务报表出具报告的业务》的规定执行了相关工作。

×× 会计师事务所 （盖章）	中国注册会计师：××× （签名并盖章） 中国注册会计师：××× （签名并盖章）
中国 ×× 市	20×2 年 × 月 × 日

参考格式 4：对按照管理层确定的标准编制的简要财务报表出具的报告

背景信息：

1. 对已审计财务报表发表了否定意见。

2. 简要财务报表的编制标准由管理层确定，并在附注 × 中进行了充分披露。注册会计师确定该标准是可以接受的。

3. 对简要财务报表出具报告的日期与作为简要财务报表编制依据的财务报表的审计报告日一致。

注册会计师对简要财务报表出具的报告

［恰当的收件人］：

一、拒绝发表意见

ABC公司的简要财务报表包括20×1年12月31日的简要资产负债表，20×1年度的简要利润表、简要所有者权益变动表和简要现金流量表以及相关附注。ABC公司的简要财务报表依据ABC公司20×1年度的已审计财务报表编制。

由于我们对已审计财务报表发表了否定意见（参见"三、已审计财务报表及其审计报告"），我们认为，对后附的简要财务报表发表意见是不适当的。

二、简要财务报表

简要财务报表没有包含［描述ABC公司在编制已审计财务报表时所采用的财务报告编制基础］要求的所有披露。因此，对简要财务报表及其报告的阅读不能代替对ABC公司已审计财务报表及其审计报告的阅读。

三、已审计财务报表及其审计报告

我们已在20×2年2月15日签署的审计报告中对已审计财务报表发表了否定意见。我们发表否定意见是基于以下事实：［描述导致发表否定意见的事项］。

四、管理层对简要财务报表的责任

管理层负责按照附注×描述的标准编制简要财务报表。

五、注册会计师的责任

我们的责任是在实施程序的基础上对简要财务报表是否在所有重大方面与已审计财务报表保持了一致（或公允概括了已审计财务报表）发表意见。我们按照《中国注册会计师审计准则第1604号——对简要财务报表出具报告的业务》的规定执行了相关工作。

××会计师事务所	中国注册会计师：×××
（盖章）	（签名并盖章）
	中国注册会计师：×××
	（签名并盖章）
中国××市	20×2年×月×日

参考格式5：对按照既定标准编制的简要财务报表出具的报告

背景信息：
1. 对已审计财务报表发表了无保留意见。
2. 存在编制简要财务报表的既定标准。
3. 注册会计师认为不能对简要财务报表发表无保留意见。

4. 对简要财务报表出具报告的日期与作为简要财务报表编制依据的财务报表的审计报告日一致。

注册会计师对简要财务报表出具的报告

[恰当的收件人]：

一、否定意见

ABC公司的简要财务报表包括20×1年12月31日的简要资产负债表，20×1年度的简要利润表、简要所有者权益变动表和简要现金流量表以及相关附注。ABC公司的简要财务报表依据ABC公司20×1年度的已审计财务报表编制。

我们认为，由于"形成否定意见的基础"部分所述事项的重要性，后附的简要财务报表没有按照[描述既定的标准]编制，未能在所有重大方面与已审计财务报表保持一致（或公允概括已审计财务报表）。

二、形成否定意见的基础

[描述导致简要财务报表没有按照采用的标准编制，未能在所有重大方面与已审计财务报表保持一致（或公允概括已审计财务报表）的事项。]

三、简要财务报表

简要财务报表没有包含[描述ABC公司在编制已审计财务报表时所采用的财务报告编制基础]要求的所有披露。因此，对简要财务报表及其报告的阅读不能代替对ABC公司已审计财务报表及其审计报告的阅读。

四、已审计财务报表及其审计报告

我们已在20×2年2月15日签署的审计报告中对已审计财务报表发表了无保留意见。

五、管理层对简要财务报表的责任

管理层负责按照[描述既定的标准]编制简要财务报表。

六、注册会计师的责任

我们的责任是在实施程序的基础上对简要财务报表是否在所有重大方面与已审计财务报表保持了一致（或公允概括了已审计财务报表）发表意见。我们按照《中国注册会计师审计准则第1604号——对简要财务报表出具报告的业务》的规定执行了相关工作。

××会计师事务所	中国注册会计师：×××
（盖章）	（签名并盖章）
	中国注册会计师：×××
	（签名并盖章）
中国××市	20×2年×月×日

《中国注册会计师审计准则第 1611 号
——商业银行财务报表审计》应用指南

(2007 年 11 月 29 日修订)

第一章 总 则

《中国注册会计师审计准则第 1611 号——商业银行财务报表审计》（以下简称本准则）第一章（第一条至第六条），主要说明本准则的制定目的、商业银行的含义、主要特征和主要风险。

一、本准则的制定目的

本准则第一条指出，为了规范注册会计师执行商业银行财务报表审计业务，制定本准则。

商业银行财务报表审计业务属于特殊行业审计。因此，本准则第二条进一步规定，注册会计师在执行商业银行财务报表审计业务时，应当将本准则与相关审计准则结合使用。

二、商业银行的含义

本准则第三条指出，商业银行是指依照《中华人民共和国公司法》（以下简称公司法）和《中华人民共和国商业银行法》（以下简称商业银行法）设立的从事吸收公众存款、发放贷款、办理结算等业务的企业法人。从事吸收公众存款、发放贷款和办理结算等业务是商业银行区别于其他金融机构的重要特征。本准则关于商业银行的含义与商业银行法的规定是一致的。

三、商业银行的主要特征

本准则第四条分别从五个方面说明了商业银行具有的主要特征。

1. 经营大量货币性项目，要求建立健全严格的内部控制。商业银行持有和保管大量的货币性项目，包括现金、贵金属和各种可转让支付结算工具等。这些货币性项目具有高度流动性，商业银行应当建立健全严格的内部控制，以防止和发现并纠正各种错误和舞弊行为。

2. 从事的交易种类繁多、次数频繁、金额巨大，要求建立严密的会计信息系统，并广泛使用计算机信息系统及电子资金转账系统。商业银行一般具有较为广泛的经营范围。除吸收公众存款、发放贷款和办理国内外结算业务等基本业务外，商业银行还利用资金、信息、信誉和各种风险管理技术等优势,从事商业银行法许可的各种中间业务,如代理业务和咨询业务等。这些业务的开展尤其是现代风险管理技术的运用,要求商业银行必须建立完整和科学的会计信息系统,并通过现代化的信息技术来实现资产负债管理、衍生交易和资金清算等经营管理活动。

银行业是最早利用电子计算机的行业之一。早在20世纪50年代,美国大通曼哈顿和花旗银行等商业银行开始采用电子计算机进行记账和结算。随着经营环境的不确定性日益增强,尤其是衍生活动的大量开展及其复杂性的不断加深,信息技术在风险管理方面发挥着越来越重要的作用。但是,信息技术在提高商业银行经营效率和效果的同时,也可能导致一定的风险,如操作风险等。

3. 分支机构众多、分布区域广、会计处理和控制职能分散,要求保持统一的操作规程和会计信息系统。我国商业银行普遍采用总分行制。在一级法人制度下,一些商业银行拥有遍布全国各县市的分支机构,有的甚至覆盖至乡镇。为了提高整体经营效率,商业银行普遍实行分级授权制。但是,由于存在多级委托代理关系,加之信息不对称,总分行制也容易导致控制弱化和小集团利益。因此,商业银行一般实行统一的操作规程和会计信息系统,并通过数据集中和上收财务权等方式强化控制。

商业银行总行对分支行的管理主要有三种类型:(1)直隶型。总行直接管理、指挥和监督所有的分支机构;(2)区域型。将所有分支机构划分为若干区域,每个区域分设一个不对外营业的管理机构,代表总行管理、指挥和监督所在区域的分支行。区域管理机构的设置一般是按照经济区域划分的,也可能按照行政区域划分。例如,一些股份制商业银行将全国分为华东和华南等区域,并在各区域分设若干直属管理行;(3)管辖行型。选择各分支行中地位重要的为管辖行,代表总行指挥和监督分支行,同时该管辖行也对外办理业务。上述三种类型在现实中往往是交叉的。近年来,商业银行在管理上存在集中趋势。例如,上收信贷管理权和财务决策权等,或者分行直接管理地位重要的分支机构或客户等。此外,在混业经营情况下,一些商业银行也可能实行母子公司制,并在各子公司之间建立严格的"防火墙",以防止出现利益冲突。例如,收购或者新设立全资或控股的基金管理公司。

在组织架构上,国内外先进商业银行正在朝专业化、垂直化、扁平化和集中化方向发展,以客户为导向、强调业务条线处置管理的事业部正在成为主流的组织架构模式。这将进一步对商业银行的管理行为和绩效考核等产生重大影响。

4. 存在大量不涉及资金流动的资产负债表表外业务,要求采取控制程序进行记录和监控。表外业务,是指商业银行从事的不纳入资产负债表但对财务状况和经营结果具有重要影响的各种经营活动。2001年11月,中国人民银行发布《商业银行表外业务风险管理指引》。该指引将表外业务分为担保类、承诺类和金融衍生交易类等三种类型。其中,担保类业务是指商业银行接受客户的委托对第三方承担责任的业务,包括担保(保函)、备用信用证、跟单信用证和承兑等业务;承诺类业务是指商业银行在未来某一日期按照事先约定的条件向客户提供约定信用的业务,包括贷款承诺等业务;金融衍生交易类业务是指商业银行为满足客户保值或自身头寸管理等需要而进行的货币和利率的远期、互换、期权等衍生交易业务。担保类和承诺类表外业务可以通过保证金制度来降低信用风险,并要求具有真实的交易背景。

巴塞尔银行监管委员会在《银行表外风险管理》中将有风险的表外业务分为三类:

(1) 担保和类似的或有负债，如担保、保函、承兑、带追索权的应收款项转让和备用信用证等；(2) 承诺，包括可撤销承诺和不可撤销承诺，其中不可撤销承诺包括资产出售回购合约、直接远期购买和备用信贷安排等；(3) 外汇、利率和与股票指数相关的交易，这类业务一般和衍生活动密切相关，主要包括远期、期货、期权和互换等。从内容上看，巴塞尔银行监管委员会所做的分类与中国人民银行的规定是一致的。

表外业务在为商业银行带来中间业务收入的同时，也蕴涵着巨大的风险。例如，在标的资产的市场价格超过设定价格时，看涨期权的卖出方可能面临无限的损失，而收益只能限于收到的期权费。因此，各国相关监管部门一般将表外活动作为监管重点之一。例如，《2002 年萨班斯——奥克斯利法案》第 401 节（a）规定，所有证券发行者的年度和季度财务报表应当披露全部资产负债表表外交易。2003 年，美国证券交易委员会（Securities and Exchange Commission，SEC）进一步要求，发行者必须在"管理当局讨论与分析"部分以独立形式对表外交易提供解释性信息。

此外，按照新巴塞尔资本协议的规定，资产负债表表外项目将通过信用风险换算系数（Credit Conversion Factors）转换为等额的信用风险暴露。例如，原始期限不超过一年和一年以上的承诺的信用风险换算系数分别为 20% 和 50%。但是，如果银行在任何时候不需要事先通知，就可以无条件取消承诺，或者由于借款人的信用状况恶化，承诺可以有效地自动取消，此时承诺的信用风险换算系数为 0%；银行的证券借贷或银行用作抵押物的证券，包括回购交易中的证券借贷（如回购 / 逆回购、证券借出 / 证券借入交易），其信用风险换算系数应是 100%；对于与货物贸易有关的短期自偿性信用证（如以相应的货运单为抵押的跟单信用证），无论对开证行，还是对保兑行，信用风险换算系数均为 20%〔详细资料可参见新巴塞尔资本协议和 2004 年 2 月中国银行业监督管理委员会（以下简称银监会）发布的《商业银行资本充足率管理办法》〕。

5. 高负债经营，债权人众多，与社会公众利益密切相关，受到银行监管法规的严格约束和政府有关部门的严格监管。商业银行是典型的高财务杠杆经营企业，具有较高的负债比率和较低的资本资产比率。因此，商业银行容易受到外部不利经济环境的消极影响，甚至发生破产倒闭。此外，吸收公众存款、发放贷款和办理结算等业务是商业银行区别于其他非银行金融机构的重要特征。其中，吸收公众存款使得商业银行债权人众多，其稳健运营对社会稳定和经济健康发展具有十分重要的意义。因此，商业银行在各国一般要受到严格的监管，包括市场准入条件、业务范围限制和各种核心监管指标等。

四、商业银行面临的主要风险

风险无处不在，无时不有。从一定意义上讲，商业银行就是专门从事风险管理的机构。本准则第五条分别从八个方面指出商业银行在经营管理过程中主要面临的八种风险。

1. 信用风险。信用风险是指客户或交易对手在到期时不能全额清偿债务而给商业银行带来的风险。对于主要从事传统银行业务的商业银行来说，信用风险是银行经营过程中面临的最重要风险。信用风险可能源于向个人、公司或者政府提供贷款，但是也有可能来自投资、存放同业款项和表外业务等业务。

信用风险主要包括贷款风险、交易对手风险、发行商风险和清算风险等。

贷款风险源于商业银行向客户发放信贷资金。贷款风险可以划分为直接贷款风险和或有贷款风险。直接贷款风险是指特定客户未能按时偿付债务的风险，主要存在于发放贷款、透支、信用卡和住房贷款等业务，并存在于整个交易期内。或有贷款风险是指潜在债务变成实际债务，且由于不能按时结算而产生的风险，主要存在于各种资产负债表表外项目，如信用证、保函和担保等。

交易对手风险包括结算前风险和结算风险。结算前风险是指交易对手在合同规定的结算日前未能向商业银行履行合同义务而产生的风险；结算风险是指在合同交割日客户违约而造成的风险。两者的主要差别在于发生的时点不同。

发行商风险与证券承销和分销有关。当商业银行承诺从一家发行商或销售商手中购买证券时，就会由于此债务工具在约定持有期间内不能出售给其他投资者或购买人而产生风险。

清算风险是指商业银行在代理客户进行支付的同日有可能得不到补偿而产生的风险。清算风险一般产生于商业银行在得到偿付之前按照客户指令进行对外支付。

此外，商业银行信用风险也可能随着客户、行业或地理区域的集中而增加。例如，当将贷款过度投放于房地产行业时，随着宏观经济调控力度的加大，可能会恶化商业银行的整体贷款质量。

2. 国家风险和转移风险。国家风险是指因为交易对手所在国家或地区的经济、政治和社会因素，以及客户或交易对手之外的各种因素所导致的外国客户或交易对手未能清偿债务而给商业银行带来的风险。转移风险是指由于交易对手所在国家或地区实行外汇管制等原因而导致的交易对手或客户未能按期清偿外汇债务而给商业银行带来的风险。转移风险是国家风险的一个组成部分。

3. 市场风险。市场风险是指由于利率、汇率、股票价格或某些与商业银行债权债务相关的商品市场价格等变动而给商业银行带来的风险。广义来讲，市场风险包括利率风险、汇率风险和股票价格风险和商品价格风险。

市场风险是商业银行在从事衍生活动时面临的主要风险，并广泛存在于各种交易和非交易业务之中。由于商业银行越来越多地从事具有高杠杆特性和复杂的衍生活动，因此，商业银行应当高度重视与衍生活动相关的市场风险。

4. 利率风险。利率风险是指利率的波动可能对商业银行的资产或负债产生不利影响或者影响其利息现金流的风险。按照风险来源划分，利率风险可以分为重新定价风险（Repricing Risk）、收益曲线风险（Yield Curve Risk）、基准风险（Basis Risk）和期权性风险（Optionality Risk）。

重新定价风险（或称为期限错配风险）是指由于资产、负债和表外头寸到期日不同（对固定利率而言）以及重新定价的时间不同（对浮动利率而言），致使商业银行的收益或内在经济价值随着利率的变动而发生不利变化的可能性。重新定价风险是最主要和最常见的利率风险形式。例如，如果商业银行以短期存款作为长期固定利率贷款的融资来源，当利率上升时，贷款利息收入是固定的，但存款利息支出却会随着利率的上升而增加，致使商业银行的未来收益减少和内在经济价值降低。

收益曲线风险（或称为利率期限结构变化风险）是指由于重新定价的不对称性导致收益率曲线的斜率或者形态发生变化（即收益率曲线的非平行移动），从而对商业银行的收益或内在经济价值产生不利影响的可能性。例如，以五年期政府债券的空头头寸为十年期政府债券的多头头寸进行保值，当收益率曲线变陡时，虽然上述安排已经对收益率曲线的平行移动进行了保值，但该十年期债券多头头寸的经济价值还是会下降。

基准风险（或称为利率定价基础风险）是指虽然资产、负债和表外业务的重新定价特征相似，但因利息收入和利息支出所依据的基准利率不同而对商业银行的收益或内在经济价值产生不利影响的可能性。例如，一家商业银行可能用一年期存款作为一年期贷款的融资来源，贷款按照美国国库券利率每月重新定价一次，而存款则按照伦敦银行同业拆借利率（LIBOR）每月重新定价一次。虽然用一年期存款为来源发放一年期贷款，利率敏感性负债与利率敏感性资产的重新定价期限完全相同而不存在重新定价风险，但因为其基准利率的变化可能不完全相关，变化不同步，仍然会使该商业银行面临着因基准利率的利差发生变化而带来的基准风险。

期权性风险产生于资产、负债和表外头寸所隐含的期权风险。期权性风险是一种越来越重要的风险。期权可以是单独的金融工具，如交易所交易的期权和场外交易的期权，也可以隐含于其他标准化金融工具之中，如债券或存款的提前兑付、贷款的提前偿还等选择性条款。一般而言，期权和期权性条款都是在对买方有利而对卖方不利时执行，因此，此类期权性工具因具有不对称的支付特征而会给卖方带来风险。例如，当利率变动对存款人或借款人有利时，存款人可能选择重新安排存款，借款人可能选择重新安排贷款，从而对商业银行产生不利影响。如今，因为越来越多的期权品种具有较高的杠杆效应，还会进一步强化期权头寸可能对商业银行财务状况和经营成果产生的不利影响。

5. 流动性风险。流动性风险是指商业银行未能偿付债务或满足存款人提取存款或借款人融资需求而导致信誉损失、经济损失甚至因挤兑而倒闭的风险。流动性风险包括筹资流动性风险和与交易相关的流动性风险。筹资流动风险与商业银行筹集必要的资金以偿还负债，满足现金、保证金和交易对手的担保要求以及满足资本赎回要求的能力有关。筹资流动风险受多种因素的影响，主要有债务期限、对筹资渠道的依赖程度及其多样化程度和筹资条件等。与交易相关的流动性风险是指在现行市场价格体系下，由于不存在交易意愿的市场"另一方"而无法完成某项交易的风险。与交易相关的流动性风险能削弱商业银行管理和对冲市场风险的能力，同时也会削弱其通过资产清算来弥补筹资不足的能力。

6. 操作风险。操作风险是指由于不充分或无效的内部控制和治理结构、人员和计算机信息系统等导致商业银行发生损失的可能性。商业银行最大的操作风险在于内部控制和内部治理机制的失效，这可能源于失误、欺诈、未能及时做出反应而导致的财务或其他方面的损失。操作风险的其他方面包括信息系统的重大失效或其他灾难性事件。例如，火灾、遭到抢劫、通信线路故障、计算机失灵、高级管理人员遭遇不测或银行日常工作中出现的各种差错。2005 年 3 月，银监会发布《关于加大防范操作风险工作力度的通知》，对完善商业银行操作风险管理提出了十二个方面的要求，如高度重视防范操作风险的规章制度建设和切实加强稽核建设等。

7. 法律风险。法律风险是指由于不正确、不恰当的法律建议，有缺陷的法律文书以及现行法律法规不完善、不配套导致的商业银行发生损失的可能性。例如，存在缺陷的借款合同往往导致商业银行不能行使其求偿权，从而产生不良贷款。法律风险的存在要求商业银行及时追踪未决诉讼和处于诉讼阶段案件的进展情况，尽量减少诉讼总成本支出。此外，还应当建立分级授权制度，按权限处理不同类型和不同性质的法律事务。

8. 声誉风险。声誉风险是指由于商业银行经营管理不善、违反法律法规等原因导致存款人、投资者和监管机构等对其失去信心的可能性。声誉风险可能导致商业银行面临信用评级下降、融资成本提高和市场价值剧烈下降等情况，甚至出现挤兑乃至破产倒闭。

此外，商业银行管理层或雇员可能采取欺诈活动，包括有个人利益动机的虚假财务报告（如隐瞒交易损失），也包括为个人利益而进行的侵占银行资产的行为，这些行为可能涉及篡改文件记录。商业银行经营管理过程中存在的欺诈活动大多发生在贷款、存款和各种交易性活动之中。

绝大多数交易一般涉及一种以上的风险，而且这些风险可能是难以区分的。例如，对某一外国客户的贷款就可能遭受信用风险、利率风险、汇率风险和国家风险以及转移风险等。此外，某一项风险也可能与其他风险相互关联。因此，注册会计师在分析经营风险时应当综合考虑这些风险的相互作用及其影响。

商业银行的上述主要特征和面临的主要风险，对注册会计师实施风险评估程序以及设计和实施进一步审计程序具有十分重要的影响。因此，本准则第六条进一步规定，注册会计师应当保持应有的职业谨慎，以将审计风险降至可接受的低水平。

由于以下原因，注册会计师在对商业银行进行审计时需要进行特殊考虑：（1）与银行所从事交易相关的风险性质特殊；(2)银行的经营规模以及短期内造成的重大风险；（3）交易处理中对信息技术的依赖程度；(4)在银行所处的不同国家或地区内法律法规的影响；（5）银行业务的持续发展不断出现新产品和新实务可能造成与相关的会计准则和内部控制不相匹配。

第二章　接受业务委托

本准则第二章（第七条至第九条），主要说明注册会计师在接受业务委托时应当考虑的主要因素。

一、确定是否接受业务委托

本准则第七条规定，注册会计师应当初步了解商业银行的基本情况，评价自身独立性和专业胜任能力，初步评估审计风险，以确定是否接受业务委托。

由于商业银行的固有特征和面临众多风险，本准则第八条从三个方面规定了在评价自身专业胜任能力时，注册会计师应当考虑的主要因素：

1.是否具备商业银行审计所需要的专门知识和技能，主要包括：（1）了解相关的法律法规和各种规章制度；（2）熟悉商业银行的经营活动和主要业务流程、内部控制制度和组织架构以及各种风险管理政策；（3）熟悉与商业银行相关的税收政策、会计准则、会计制度和审计准则等。

2.是否熟悉商业银行计算机信息系统及电子资金转账系统，包括系统的软硬件情况和信息处理特点。商业银行是最早且广泛采用电子计算机技术和通信技术进行数据加工、处理和传输以及资金转账的机构之一。此外，许多商业银行还结合自身业务特点开发出独具特色的数据处理软件。因此，注册会计师应当考虑自身是否熟悉商业银行计算机信息系统及电子资金转账系统，并考虑利用专家工作的可能性。

3.是否具有对商业银行国内外分支机构实施审计的充足人力资源。由于商业银行分支机构众多，分布区域广泛，会计师事务所在实施审计程序时需要充足、合适的人力资源。

二、签订业务约定书

本准则第九条规定,注册会计师在接受业务委托时,应当就审计目标和范围、双方的责任、审计报告的用途等事项与商业银行达成一致意见。如果委托人要求就资产质量、资产负债比例、资本充足率等报送资料的可靠性或内部控制的有效性等发表意见,注册会计师还应当就该等委托事项在业务约定书中加以明确,或另行签订业务约定书,以避免不必要的法律纠纷。

第三章 计划审计工作

注册会计师应当计划审计工作,使审计业务以有效的方式得到执行。计划审计工作包括针对审计业务制定总体审计策略和具体审计计划,以将审计风险降至可接受的低水平。此外,注册会计师还应当考虑持续经营能力的影响。

本准则第三章(第十条至第二十四条),主要说明注册会计师如何计划审计工作,包括了解商业银行及其环境和制定总体审计策略时应当考虑的主要事项。

一、了解商业银行及其环境

了解商业银行及其环境是商业银行财务报表审计业务的起点,也是实施风险审计的起点。注册会计师应当根据《中国注册会计师审计准则第1211号——了解被审计单位及其环境并评估重大错报风险》的有关规定,了解所审计的商业银行及其环境。

本准则第十条分别从十一个方面规定注册会计师在了解商业银行及其环境时应当关注的主要情况。

1. 宏观经济形势对商业银行的影响。经济运行具有一定的周期性。不同的经济运行阶段对商业银行的影响也不相同。在经济繁荣时期,商业银行贷款规模增长较快,资金周转速度加快,利润增加;在经济萧条时期,商业银行贷款规模下降,资金周转速度变慢,利润减少,甚至出现破产倒闭现象。因此,注册会计师应当了解宏观经济形势可能对商业银行财务状况和经营成果造成的影响,主要包括:(1)经济活动的总体水平,如经济增长率和景气度等;(2)利率、汇率和存款准备金率等宏观金融变量的水平及其趋势;(3)通货膨胀或通货紧缩水平等。

2. 适用的银行监管法规及银行监管机构的监管程度。由于商业银行在金融体系中的主导地位,以及对经济发展和金融稳定的重要作用,各国一般将商业银行作为重要的监管对象。在我国,商业银行的监管主体是银监会,上市商业银行还要受到中国证券监督管理委员会的监管。我国目前涉及商业银行的主要法律有:《中华人民共和国商业银行法》《中华人民共和国银行业监督管理法》《中华人民共和国证券法》和《中华人民共和国票据法》等。此外,国务院及其有关部门还针对商业银行制定了一系列行政法规和规范性文件。例如,银监会制定的规范性文件主要有《商业银行次级债发行管理办法》《商业银行市场风险管理指引》和《商业银行资本充足率管理办法》等。除上述法律法规和规范性文件外,在必要时,注册会计师还应当考虑参照巴塞尔银行监管委员会相关文件的规定,例如新巴塞尔资本协议等。

当国内商业银行在海外设立分支机构时,还要受到所在国家相关监管部门的监管。因此,注册会计师还应当对这种情况保持关注。

3. 特殊会计惯例及问题。商业银行是经营货币的特殊企业，在确认、计量、记录和报告方面与工商企业存在较大差异。我国商业银行现阶段适用的会计制度主要是《金融企业会计制度》。在会计准则方面，2006 年 2 月财政部发布的 38 项具体会计准则中主要有四个准则与商业银行密切相关，分别是：《企业会计准则第 22 号——金融工具确认和计量》《企业会计准则第 23 号——金融资产转移》《企业会计准则第 24 号——套期保值》和《企业会计准则第 37 号——金融工具列报》。这四个具体会计准则主要在下列五个方面具有重大突破：（1）强化了管理层在金融资产和金融负债确认、计量环节的认定，尤其是持有目的和意图；（2）广泛地引进公允价值计量属性；（3）引进实际利率法和摊余成本概念，改变了收入确认方式和方法；（4）在减值准备提取方面大量引入现值概念；（5）进一步强化信息披露以发挥市场约束的作用。

4. 组织结构及资本结构。组织结构是指内部管理架构和分支机构的设置。组织结构主要有五种类型，分别是直线职能制、事业部制、模拟分权结构、矩阵结构和委员会制。

直线职能制是最常见的组织结构类型，这种结构是按照一定的专业职能分工来建立相应的职能机构。整个系统中管理人员分为直线指挥人员和职能人员。

事业部制是指一个企业内部对于存在独立市场和产品、独立责任和利益的部门实行分权管理的组织形态。大型商业银行通常按照业务划分为若干事业部，如个人银行业务、公司业务、投资银行业务、私人银行业务、资产管理业务、交易银行业务和环球市场业务等。但是，近年来国内外先进商业银行事业部制正在呈现出综合的趋势，更多倾向于按照客户类型分为公司银行业务和零售银行业务。例如，花旗集团等将业务部门分为全球消费者金融集团、全球公司及投资银行集团和全球投资管理以及美邦等四大业务集团。国内一些上市银行如中国民生银行也在积极探索事业部制改革。

模拟分权结构是介于直线职能制和事业部制之间的组织结构。模拟分权制主要适用于一些无法分解为几个独立的事业部，但企业规模又十分庞大，以致难以有效管理的商业银行。

矩阵结构源于专门从事某项工作或任务的小组组合，是按项目进行设置的组织结构。花旗集团主要采用矩阵式组织架构。例如，全球公司银行按照范围分为集团、区域和国家三个层面，并实行垂直管理，但同时又向所在层面的首席执行官报告工作。

委员会制是指由专门委员会实施某些特定管理职能并集体行动的组织结构。委员会主要有两种：一种是各种临时委员会，另一种是常设委员会。常设委员会主要包括战略委员会、风险管理委员会、资产负债管理委员会和审计委员会。

《商业银行内部控制评价试行办法》规定，商业银行应建立分工合理、职责明确、报告关系清晰的组织结构，明确所有与风险和内部控制有关的部门、岗位、人员的职责和权限，并形成文件予以传达。特别应当考虑：（1）建立相应的授权体系，实行统一法人管理和法人授权；（2）建立必要的职责分离，以及横向与纵向相互监督制约关系；（3）涉及资产、负债、财务和人员等重要事项变动均不得由一个人独自决定；（4）明确关键岗位、特殊岗位、不相容岗位及其控制要求；（5）建立关键岗位定期或不定期的人员轮换和强制休假制度。此外，商业银行还应当设立负责内部控制体系建立、实施特殊职责的专门委员会或部门，明确其职责、权限和报告路线。

资本结构是指负债比率和所有者及其构成情况。商业银行是高负债经营的特殊企业，监管部门一般明确规定了资本充足率的最低标准。例如，资本充足率不应低于 8%，核心资本充足率不应低于4%。资本结构还包括商业银行的所有者结构,如股权集中度等。资本结构可能给商业银行带来额外的风险,如大股东干预银行信贷政策,或与股东之间发生关联贷款等。

5. 金融产品、服务及市场状况。商业银行法规定,商业银行可以经营下列部分或者全部业务:(1)吸收公众存款;(2)发放短期、中期和长期贷款;(3)办理国内外结算;(4)办理票据承兑与贴现;(5)发行金融债券;(6)代理发行、代理兑付、承销政府债券;(7)买卖政府债券、金融债券;(8)从事同业拆借;(9)买卖、代理买卖外汇;(10)从事银行卡业务;(11)提供信用证服务及担保;(12)代理收付款项及代理保险业务;(13)提供保管箱服务;(14)经国务院银行业监督管理机构批准的其他业务。注册会计师应当关注目前商业银行正在提供的产品和服务的主要类型及其市场份额,包括同质产品的市场竞争状况。

为了追求利润最大化、提高竞争力和规避管制,商业银行在日益不确定性的经济环境中积极开展金融创新活动,如大额可转让存单(CD)、超级支付命令(SNOW)和货币市场共同基金(MMMF)等。注册会计师尤其应当关注这些新产品和新服务的潜在风险。

6. 风险及管理策略。商业银行在经营中面临多种风险。商业银行风险识别、计量和监控构成风险管理的全过程。风险管理的目标是通过将各种风险控制在可容忍的合理范围内,实现该风险调整的收益率最大化。商业银行承担的风险水平应当与其风险管理能力和资本实力相匹配。

商业银行的风险管理政策主要包括下列五个要素:

(1)管理层和治理层对风险管理过程的参与和监督。商业银行管理层和治理层需要制定正式的风险管理政策和策略,并在董事会内部设置风险管理委员会、审计委员会和财务委员会等专门委员会来加强控制和监督。商业银行的风险管理框架通常包括如下内容:①界定监督流程和正式的风险治理组织;②董事会下设审计委员会或风险管理委员会定期复核监督流程,确保监督过程的有效性;③清晰界定风险管理政策和程序;④在维系严格的职责分离、控制和监督的同时,业务部门、高级管理人员和风险管理职能部门之间的沟通和协作;⑤制定清晰并相互关联的风险容忍水平,并对该水平进行定期复核,以确保实际承受的风险与其风险管理战略、资本结构以及当前和预期的市场状况相一致。

(2)风险识别、计量和监控。商业银行应当将风险的识别、计量和监控与全行的战略决策、业务决策和财务预算等经营管理活动相结合。商业银行内部一般设置独立的风险管理部门,并采用定性和定量相结合的方法和技术来识别和评估面临的各种风险头寸和投资组合。

在风险识别方面,商业银行应当建立和保持书面程序,以持续对各类风险进行有效的识别与评估,并充分考虑内部和外部因素。内部因素包括组织结构的复杂程度、银行业务性质、机构变革以及员工的流动等;外部因素包括经济形势的波动和行业变动趋势等。

随着我国银行业改革开放程度的不断深化,以及利率市场化、金融创新和综合经营的不断发展,金融产品价格变动所引致的市场风险也不断显现和增长。因此,引入国际先进的市场风险管理办法显得十分迫切。市场风险管理是识别、计量、监测和控制市场风险的全过程,其关键是市场风险的定量分析。从分析方法来看,常见的市场风险分析方法可以分为:①单一因素分析法。单一因素分析法主要是敏感性分析(Sensitivity

Analysis)。敏感性分析是指在保持其他条件不变的前提下,研究单个市场风险要素(如利率、汇率、股票价格和商品价格)的变化可能会对金融工具或资产组合的收益或内在经济价值产生的影响。敏感性分析中的缺口分析(Gap Analysis)和久期分析(Duration Analysis)都可用于衡量利率变动对银行当期收益的影响。敏感性分析计算简单且便于理解,在市场风险分析中得到了广泛应用。但是敏感性分析也存在一定的局限性,主要表现在对于较复杂的金融工具或资产组合,无法计量其收益或经济价值相对市场风险要素的非线性变化。②多因素分析法。多因素分析法主要是情景分析法(Scenario Analysis)。情景分析在结合设定的各种可能情景发生概率的基础上,研究多种因素同时作用时可能产生的影响。在情景分析过程中要注意考虑各种头寸的相互关系和相互作用。情景分析中所用的情景通常包括基准情景、最好的情景和最坏的情景。情景可以人为设定(如直接使用历史上发生过的情景),也可以从对市场风险要素历史数据变动的统计分析中得到,或通过运行描述在特定情况下市场风险要素变动的随机过程得到。例如,商业银行可以分析利率、汇率同时发生变化时可能会对其市场风险水平产生的影响,也可以分析在发生历史上曾经出现过的政治、经济事件或金融危机以及一些假设事件时,其市场风险状况可能发生的变化。

在险价值(Value at Risk,VAR)和压力测试也是一种十分重要的风险度量方法。风险价值是指在一定的持有期和给定置信水平下,利率、汇率等市场风险要素发生变化时可能对某项资金头寸、资产组合或商业银行造成的潜在最大损失。例如,在持有期为1天、置信水平为99%的情况下,若所计算的风险价值为1万美元,则表明该商业银行的资产组合在1天中的损失有99%的可能性不会超过1万美元。风险价值通常是由商业银行的市场风险内部定量管理模型来估算。目前常用的风险价值模型技术主要有三种:方差——协方差法(Variance-Covariance Method)、历史模拟法(Historical Simulation Method)和蒙特——卡洛模拟方法(Monte Carlo Simulation Method)。现在,风险价值已成为计量市场风险的主要指标,也是银行采用内部模型计算市场风险资本要求的主要依据。

压力测试(Stress Testing)用来估算突发的小概率事件等极端不利情况可能对商业银行造成的潜在损失。例如,在利率、汇率、股票价格等市场风险要素发生剧烈变动、国内生产总值大幅下降、发生意外的政治和经济事件或者几种情形同时发生的情况下,商业银行可能遭受的损失。压力测试的目的是评估商业银行在极端不利情况下的损失承受能力,并主要采用敏感性分析和情景分析方法进行模拟和估计。新巴塞尔资本协议强调压力测试在信用风险计量体系的重要性。当经济趋弱时,在风险评估和资本要求调整方面,压力测试是一种更加积极、有效的风险管理方法。作为新巴塞尔资本协议第二大支柱的一部分,银行监管机构应该与商业银行管理层讨论压力测试的结果,以确保商业银行认真考虑经济周期内动态资本管理的需要。

商业银行应当建立正式的监控流程,并在进行风险识别和计量的基础上,持续地对所识别和计量的风险进行监控,并评价这些风险暴露对银行价值的影响。

(3)控制活动。商业银行应当建立适当的控制程序以管理各种风险,包括严格职责分离,设定权限,准确计量和报告头寸及其风险暴露情况,对交易进行核对和批准、定期调节、实物安全控制和各种应急措施等。限额管理是对市场风险进行控制的一项重要手段。商业银行应当根据所采用的市场风险计量方法设定市场风险限额。市场风险限额可以分配到不同的地区、业务单元和交易人员,还可以按资产组合、金融工具和风险类别进行分解。商业银行负责市场风险管理的部门应当监测对市场风险限额的遵守情况,并及时将超限额情况报告给管理层。常用的市场风险限额包括交易限额、风险限额和止损限额等。

（4）监控。商业银行应当采用专门的技术和方法如回归分析法等对风险资产、风险负债和表外项目进行评估和监控。该项职能可以由风险管理部门行使,也可以由内部审计部门定期测试风险控制过程。

（5）可靠的信息系统。商业银行应当建立可靠的信息系统,及时提供有利于科学决策的经营、财务和风险管理等方面的信息。

7. 相关内部控制。《中国注册会计师审计准则第1211号——了解被审计单位及其环境并评估重大错报风险》中指出,内部控制是被审计单位为了合理保证财务报告的可靠性、经营的效率和效果以及对法律法规的遵守,由治理层、管理层和其他人员设计和执行的政策和程序。内部控制包括五个要素,分别是：控制环境、风险评估过程、信息系统与沟通、控制活动和对控制的监督。健全、合理的内部控制,有助于商业银行对风险进行识别、评估、控制、监测和转移,有助于提供可靠的财务报告、实现经营目标和合规经营。商业银行应当定期或在有关法律法规和其他经营环境发生重大变化时,对内部控制体系进行评价。2004年12月,银监会发布《商业银行内部控制评价试行办法》,为监管机构和商业银行评价内部控制的有效性提供了充分的制度依据。

8. 计算机信息系统及电子资金转账系统。商业银行广泛采用计算机信息系统和电子资金转账系统进行会计处理和业务管理,这些系统对商业银行的会计处理及其相关的内部控制产生重要影响。注册会计师应当了解与会计处理有关的计算机信息系统和电子资金转账系统及其风险防范制度,包括其重要性、复杂程度和信息的可获得性等。

在了解计算机信息系统时,注册会计师尤其应当关注商业银行内部（如各分支机构之间）计算机信息系统不一致和没有实现数据大集中等可能存在的风险。

9. 资产、负债结构及信贷资产质量。商业银行资产负债管理的主要目标是流动性、安全性和效益性。在贷款发放方面,商业银行法规定,商业银行贷款应当遵守下列资产负债比例管理的规定：（1）资本充足率不得低于百分之八；（2）贷款余额与存款余额的比例不得超过百分之七十五；（3）流动性资产余额与流动性负债余额的比例不得低于百分之二十五；（4）对同一借款人的贷款余额与商业银行资本余额的比例不得超过百分之十；（5）国务院银行业监督管理机构对资产负债比例管理的其他规定。

信贷资产质量是决定商业银行财务状况和经营成果的关键因素之一。信贷资产质量主要取决于借款人的还款能力。使用贷款风险分类法对贷款质量进行分类,实际上是判断借款人及时足额归还贷款本息的可能性。考虑的主要因素包括：（1）借款人的还款能力；（2）借款人的还款记录；（3）借款人的还款意愿；（4）贷款的担保；（5）贷款偿还的法律责任；（6）银行的信贷管理。但是,借款人的还款能力是一个综合概念,包括借款人的现金流量、财务状况和影响还款能力的非财务因素等。在对贷款进行风险分类时,要以评估借款人的还款能力为核心,把借款人的正常营业收入作为贷款的主要还款来源,贷款的担保作为次要还款来源。《贷款风险分类指导原则》根据借款人及时足额还款的可能性将贷款分为五类：（1）正常,是指借款人能够履行合同,有充分把握按时足额偿还本息；（2）关注,是指尽管借款人目前有能力偿还贷款本息,但存在一些可能对偿还产生不利影响的因素；（3）次级，是指借款人的还款能力出现明显问题，依靠其正常经营收入已无法保证足额偿还本息；（4）可疑，是指借款人无法足额偿还本息，即使执行抵押或担保，也肯定要造成一部分损失；（5）损失，是指在采取所有可能的措施和一切必要的法律程序之后，本息仍然无法收回，或只能收回极少部分。

10. 主要贷款对象所处行业状况。注册会计师应当关注被审计商业银行主要贷款对象所处行业状况，尤其是受国家宏观调控和经济周期影响较大的行业。在我国，随着目前经济结构调整力度的加强，一些行业如房地产行业也出现了投资过度或低水平扩张的现象。银行监管部门也多次发出通知，强化商业银行贷款投放的管理。例如，将房地产行业自有资金占项目总投资的比例由 30% 提高到 35%。此外，注册会计师还应当关注贷款对象所处行业的生命周期和意外突发事件的影响，并了解商业银行的特定行业信贷政策和指导意见及其调整情况。

11. 重大诉讼。商业银行在从事存贷款业务活动中，与客户可能发生各种经济纠纷。这些经济纠纷在资产负债表日可能形成未决诉讼，并可能导致商业银行发生经济利益流出，从而构成或有事项的重要组成内容。例如，当商业银行与客户发生借款纠纷时，客户可能会向法院提起诉讼。如果商业银行败诉，则可能发生经济利益流出，尤其是当存在较为严重的地方保护主义时。

二、重点查阅的相关资料

查阅相关资料是了解商业银行及其环境的重要手段。本准则第十一条规定，针对所需了解的主要情况，注册会计师应当重点从下列十五个方面查阅相关资料。

1. 章程、营业执照、经营许可证等法律文件。商业银行章程是商业银行依照法定程序制定的、以书面形式规范商业银行行为的基本准则。按照公司法的规定，有限责任制商业银行应当在章程中载明以下事项：（1）名称和住所；（2）经营范围；（3）注册资本；（4）股东的姓名或者名称；（5）股东的出资方式、出资额和出资时间；（6）机构及其产生办法、职权、议事规则；（7）法定代表人；（8）股东会会议认为需要规定的其他事项。股份制商业银行应当在章程中载明以下事项：（1）名称和住所；（2）经营范围；（3）设立方式；（4）股东的出资方式、出资额和出资时间；（5）发起人的姓名或者名称、认购的股份数、出资方式和出资时间；（6）董事会的组成、职权和议事规则；（7）法定代表人；（8）监事会的组成、职权和议事规则；（9）利润分配办法；（10）解散事由与清算办法；（11）通知和公告办法；（12）股东大会会议认为需要规定的其他事项。此外，股份制商业银行还应当在章程中规定：（1）资本充足率低于法定标准时，股东应支持董事会提出的提高资本充足率的措施；（2）可能出现流动性困难时，在商业银行有借款的股东要立即归还到期借款，未到期的借款应提前偿还。

我国银行业实行准入制度。商业银行法规定，设立商业银行，应当具备下列条件：（1）有符合商业银行法和公司法规定的章程；（2）有符合本法规定的注册资本最低限额；（3）有具备任职专业知识和业务工作经验的董事、高级管理人员；（4）有健全的组织机构和管理制度；（5）有符合要求的营业场所、安全防范措施和与业务有关的其他设施。设立商业银行，还应当符合其他审慎性条件。在注册资本方面，设立全国性商业银行的注册资本最低限额为十亿元人民币。设立城市商业银行的注册资本最低限额为一亿元人民币，设立农村商业银行的注册资本最低限额为五千万元人民币。注册资本应当是实缴资本。国务院银行业监督管理机构根据审慎监管的要求可以调整注册资本最低限额，但不得少于前款规定的限额。商业银行法第十六条规定，经批准设立的商业银行，由国务院银行业监督管理机构颁发经营许可证，并凭该许可证向工商行政管理部门办理登记，领取营业执照。

2.组织结构图。商业银行组织结构图是关于商业银行内部主要职能管理部门的框架图。商业银行的组织结构主要有直线职能制和事业部制等形式。为了提高管理效率，商业银行的职能管理部门一般按照业务划分，如公司和机构业务、个人业务和资金业务等，其中公司和机构业务部门又可以按对象分为公司业务、集团业务和基金托管以及机构业务等。事业部制也是大型商业银行采用的主要组织结构形式。此外，一些从事多元化经营的商业银行还可能采用母子公司体制进行管理。

3.股东会、董事会、监事会及管理委员会的会议纪要。股东会、董事会、监事会及管理委员会的会议纪要可以反映商业银行的重大经营活动和决策过程。通过查阅相关会议纪要，注册会计师可以了解商业银行已经或将要采取的政策和程序及其对商业银行财务报表的重大影响。

股东会的职权有：（1）决定公司的经营方针和投资计划；（2）选举和更换非由职工代表担任的董事、监事，决定有关董事、监事的报酬事项；（3）审议批准董事会的报告；（4）审议批准监事会或者监事的报告；（5）审议批准公司的年度财务预算方案、决算方案；（6）审议批准公司的利润分配方案和弥补亏损方案；（7）对公司增加或者减少注册资本作出决议；（8）对发行公司债券作出决议；（9）对公司合并、分立、解散、清算或者变更公司形式作出决议；（10）修改公司章程；（11）公司章程规定的其他职权。

董事会对股东会负责，并行使下列职权：（1）召集股东会会议，并向股东会报告工作；（2）执行股东会的决议；（3）决定公司的经营计划和投资方案；（4）制订公司的年度财务预算方案、决算方案；（5）制订公司的利润分配方案和弥补亏损方案；（6）制订公司增加或者减少注册资本以及发行公司债券的方案；（7）制订公司合并、分立、解散或者变更公司形式的方案；（8）决定公司内部管理机构的设置；（9）决定聘任或者解聘公司经理及其报酬事项，并根据经理的提名决定聘任或者解聘公司副经理、财务负责人及其报酬事项；（10）制定公司的基本管理制度；（11）公司章程规定的其他职权。

监事会对股东会负责，并行使下列职权：（1）检查公司财务；（2）对董事、高级管理人员执行公司职务的行为进行监督，对违反法律、行政法规、公司章程或者股东会决议的董事、高级管理人员提出罢免的建议；（3）当董事、高级管理人员的行为损害公司的利益时，要求董事、高级管理人员予以纠正；（4）提议召开临时股东会会议，在董事会不履行公司法规定的召集和主持股东会会议职责时召集和主持股东会会议；（5）向股东会会议提出提案；（6）依照公司法对董事、高级管理人员提起诉讼；（7）公司章程规定的其他职权。

商业银行还设有各种专业管理委员会，其中隶属于董事会的一般有审计委员会、薪酬和考核委员会、提名委员会和公司治理委员会等。为了提高管理效率和效果，一些专业管理委员会对行长负责。例如，公司及机构业务委员会、个人业务委员会、资金委员会、资产负债委员会、信息技术委员会、合规守法委员会、综合委员会和风险管理委员会等。其中，风险管理委员会又按照风险类别分为市场风险、信用风险、操作风险和流动性风险等四个次级委员会。专业管理委员会接受相关提案，在经过辩论、专家咨询和投票表决等程序后形成会议纪要或决议。

4.年度财务报表和中期财务报表。商业银行财务报表是各项业务活动和财务收支情况的综合反映,是检查商业银行业务工作和考核财务成果的重要依据。商业银行法规定,商业银行应当按照国家有关规定,真实记录并全面反映其业务活动和财务状况,编制年度财务会计报告,及时向国务院银行业监督管理机构、中国人民银行和国务院财政部门报送。商业银行不得在法定的会计账册外另立会计账册。

中期财务报表是涵盖一个中期的完整的财务报告。中期是指短于一个会计年度的会计期间。提供中期财务信息有利于会计信息使用者及时了解商业银行的中期财务状况、经营成果和现金流量情况。《企业会计准则第32号——中期财务报告》对中期财务报告的编制和披露作出了详细规定。

5.分部报告。分部报告是指商业银行对外提供的财务报告中,按照业务分部或地区分部或其他标准提供的、有关各组成部分收入、资产和负债等信息的报告。提供分部报告有利于会计信息使用者更好地评估各种风险和理解经营业绩,并对未来发展作出合理预计。《企业会计准则第35号——分部报告》,对分部报告的编制和披露作出了详细规定。

6.风险管理策略和相关报告。商业银行的风险管理策略是管理风险的政策和程序的总称,一般包括风险管理的目标和针对各项风险的具体管理方法。以信用风险管理为例,风险管理目标一般包括:(1)及时识别、计量、评估、监控和管理信用风险;(2)平衡信用风险与收益关系;(3)改善信用风险管理框架等。在具体风险管理策略上,一般按照贷前调查、信贷审批和贷款发放与事后管理三个环节进行。

商业银行管理风险的策略主要有四种:(1)拒绝策略,是指商业银行主动放弃或拒绝实施某些可能引起风险的方案。拒绝策略是一种消极的风险管理策略;(2)分散策略,是资产组合原理的具体应用。通过实施分散策略,商业银行能够在很大程度上消除特定客户带来的风险;(3)回避策略,主要包括选择风险最小的方案、改变信贷结构(如资产结构短期化以规避利率风险)和改变信贷投向结构;(4)转移策略,主要包括向客户转嫁风险,或者是购买保险。

商业银行在确定风险策略的同时,一般还存在正式的风险管理报告流程,对风险管理的全过程进行描述,包括与既定风险管理策略的一致性和针对偏离所采取的政策与程序等。

7.有关控制程序和会计信息系统的文件。控制程序和会计信息系统是商业银行内部控制的重要组成部分。控制程序主要包括交易授权、职责划分、凭证与记录控制、资产接触与记录、独立稽核审计等。会计信息系统是确认、计量、记录与报告交易和事项的系统,是决策支持系统的重要组成部分。会计信息系统对于识别和理解商业银行交易和事项的主要类别、主要交易和事项的发生过程、重要会计凭证、账簿记录和财务报表项目、重大交易和事项会计处理过程等具有重要作用。因此,获取这些有关控制程序和会计信息系统方面的文件,对于注册会计师了解内部控制并进行控制测试以及设计和实施实质性程序是十分重要的。

《商业银行内部控制评价试行办法》规定,商业银行应建立并保持书面程序,以确保内部控制体系所要求的文件满足下列要求:(1)文件和资料易于查询;(2)实施前得到授权人的批准;(3)定期进行评审,必要时予以修订并由授权人员确认其适宜性;(4)所有相关岗位都能得到有效版本;(5)失效时,及时从所有发放处和使用处收回,或采取其他措施防止误用；（6）及时识别、处置外来文件并进行标识，必要时转化为内部文件；（7）留存的档案性文件和资料应予以适当标识。

8. 计算机信息系统和电子资金转账系统硬件、软件清单及流程图。商业银行的计算机信息系统主要由主机系统和终端系统两部分组成。主机系统主要包括以大型机为主机系统和以微型机为主机系统。终端系统包括通用终端和专用终端，后者主要包括存折票据打印机、ATM 智能终端和 POS 智能终端等。商业银行计算机系统的硬件和软件环境主要由操作系统、网络软件和应用软件组成。

9. 信贷、投资等经营政策。信贷政策是指导商业银行信贷资金投放、管理和控制信用风险的各项方针、政策和措施的总称，主要包括贷款业务发展战略、分级授权审批和信贷集中风险管理政策等内容。投资政策是商业银行用于规范投资行为、管理和控制市场风险的各项方针、政策和措施的总称，主要包括投资策略、市场风险管理技术和方法等内容。

10. 银行监管机构的检查报告和有关文件。银行监管机构的现场检查报告是对商业银行进行现场检查结果的总结，检查内容一般包括：（1）检查范围、发现的问题及对策；（2）资本充足度和营运资金；（3）资产质量；（4）公司治理结构及管理；（5）授权、资产负债比例管理；（6）流动性和资金管理；（7）证券投资；（8）外汇交易和国际业务；（9）内外部审计报告和内部控制有效性报告；（10）法律问题；（11）业务经营合规性。此外，在可能情况下，注册会计师还应当获取有关非现场监管报告和有关文件。

11. 内部审计报告。内部审计，是指由被审计商业银行内部机构或人员对其内部控制的有效性、财务信息的真实性和完整性以及经营活动的效率和效果等开展的一种评价活动。内部审计是商业银行内部控制的重要组成部分。商业银行一般都设立了相对独立的内部审计部门，一些商业银行还设立了垂直管理、具有充分独立性的内部审计部门，并按照区域设置若干审计分部（局）或派出机构。注册会计师应当考虑是否利用内部审计的工作。内部审计报告是商业银行内部审计部门的工作结果。例如，《商业银行与内部人和股东关联交易管理办法》（2004）规定，商业银行内部审计部门应当每年至少对商业银行的关联交易进行一次专项审计，并将审计结果报商业银行董事会和监事会。因此，查阅内部审计部门出具的相关内部审计报告可以使注册会计师加深对商业银行各项经营管理活动的理解。《中国注册会计师审计准则第 1411 号——考虑内部审计工作》对注册会计师在实施审计程序时如何考虑利用内部审计的工作作出了专门规定。

12. 经营计划和资本补足计划，包括年度综合经营计划和各种考核指标。商业银行经营计划涉及资本业务经营、负债业务经营、现金与贷款业务经营、投资业务经营、租赁业务经营、国际业务经营和表外业务经营等方面。资本补足计划主要是按照监管机构的要求，在一定期限内满足资本充足率的要求而制定的计划。

13. 重大诉讼法律文书。重大诉讼法律文书载明了商业银行遇到的法律纠纷和可能面临的损失。

14. 金融产品和服务营销手册。金融产品和服务营销手册载明了商业银行提供的主要产品类型和服务品种等内容。

15. 新近颁布的影响商业银行经营的法规。新近颁布的影响商业银行经营的法规主要是指国务院和相关银行监管部门制定的、涉及商业银行业务活动的各种法规和规章制度，这些法规和规章制度对商业银行的经营活动和财务成果具有十分重要的影响。

三、制定总体审计策略时应当考虑的主要事项

总体审计策略的重要性在于帮助注册会计师确定审计范围、时间和方向，以指导和制定具体审计计划。

本准则第十二条分别从十一个方面规定了注册会计师在制定总体审计策略时应当考虑的主要事项，第十三条至第二十三条是对第十二条的进一步展开和深化。

1.确定重要性水平。重要性取决于具体环境下对错报金额和性质的判断，并与审计风险密切相关。本准则第十三条规定，在确定重要性水平时，注册会计师应当考虑下列因素：

（1）相对小的错报对资产负债表的影响可能不重要，但对利润表和资本充足率可能产生重大影响。例如，商业银行资本充足率的计算是建立在充分计提贷款损失准备等各项损失准备的基础之上的。所计提的资产损失准备可能对资产总额影响不大，但是可能对当期净利润和资本充足率的计算产生重大影响。

（2）既影响资产负债表又影响利润表的错报，比只影响资产、负债和资产负债表表外承诺的错报更重要。对于只影响资产负债表的错报，注册会计师可以采用只针对资产负债表而设定的重要性水平。

（3）重要性水平有助于识别导致商业银行严重违反监管法规的错报。商业银行经营活动受到监管法规的严格管制。一些金额小的错报虽然从数量上看不重要，但其性质可能是重要的。因此，注册会计师设定的重要性水平时，应当考虑有助于其识别导致商业银行严重违反监管法规的错报。

此外，商业银行通常要受到各种监管指标的限制，如风险监管核心指标。当商业银行违反监管要求时，可能会影响商业银行持续经营假设。因此，注册会计师需考虑适当调整重要性水平，以减少无法发现商业银行与监管要求相背离，从而影响其持续经营的风险。

2.预期的重大错报风险。审计风险是指财务报表存在重大错报而注册会计师发表不恰当审计意见的可能性。审计风险取决于重大错报风险和检查风险。重大错报风险是指财务报表在审计前存在重大错报的可能性；检查风险是指某一认定存在错报，该错报单独或连同其他错报是重大的，但注册会计师未能发现这种错报的可能性。

由于商业银行在经营活动中面临诸多风险，加上自身的高财务杠杆特性，本准则第十四条指出，商业银行的重大错报风险较高，内部控制对防止或发现并纠正舞弊与错误至关重要。因此，注册会计师应当评估重大错报风险，以确定检查风险的可接受水平。需要注意的是，注册会计师对重大错报风险的评估是一种判断，可能无法充分识别所有的重大错报风险，并且由于内部控制存在固有局限性，无论评估的重大错报风险结果如何，注册会计师都应当针对所有重大的各类交易、账户余额、列报（包括披露）实施实质性程序。

3.商业银行使用计算机信息系统和电子资金转账系统的程度。商业银行在资金调拨、交易处理和会计核算等方面大量使用计算机信息系统和电子资金转账系统，包括外购和自行开发各种软件。本准则第十五条指出，商业银行的计算机信息系统和电子资金转账系统具有下列重要作用，注册会计师应当关注其使用的方式和程度：（1）计算和记录利

息收入和支出;(2)计算外汇和证券交易头寸,并记录相关的损益;(3)提供资产、负债余额的最新记录;(4)每日处理大量巨额交易。因此,为了正确进行控制测试和确定实质性程序的性质、时间和范围,注册会计师应当关注商业银行使用计算机信息系统和电子资金转账系统的方式和程度。

4.商业银行内部控制的预期可信赖程度。内部控制在商业银行经营管理中扮演着十分重要的角色,注册会计师应当考虑商业银行的内部控制的预期可信赖程度,尤其是内部控制在防止和发现并纠正错误或舞弊方面对审计程序的影响。因此,在本准则第十六条规定,由于商业银行具有的特征和风险,注册会计师通常需要依赖控制测试而不能完全依赖实质性程序。在评价商业银行内部控制的预期可信赖程度时,注册会计师应当着重考虑计算机信息系统和电子转账系统的使用方式和电子化程度对内部控制可信赖程度的影响,包括核心计算机信息系统、电子资金转账系统和其他信息技术系统及其关联性。

5.重点审计领域。本准则第十七条分别从十个方面规定了注册会计师应当关注的、可能导致财务报表发生重大错报风险的重点审计领域:

(1)贷款损失准备。贷款损失准备主要涉及计提范围、方法和会计处理的恰当性。

从监管角度来看,目前与贷款损失准备直接相关的规章制度是2002年4月中国人民银行制定的《贷款损失准备计提指引》。该指引规定,银行应当按照谨慎会计原则,合理估计贷款可能发生的损失,及时计提贷款损失准备。贷款损失准备包括一般准备、专项准备和特种准备。一般准备是根据全部贷款余额的一定比例计提的、用于弥补尚未识别的可能性损失的准备;专项准备是指根据《贷款风险分类指导原则》的规定,对贷款进行风险分类后,按每笔贷款损失的程度计提的用于弥补专项损失的准备。特种准备是指针对某一国家、地区、行业或某一类贷款风险计提的准备。

从会计角度来看,2001年财政部发布的《金融企业会计制度》规定,金融企业应当计提专项准备和特种准备。其中,专项准备按照贷款五级分类结果及时、足额计提。在计提范围上,计提贷款损失准备的资产包括承担风险和损失的贷款(含抵押、质押、保证、无担保贷款)、银行卡透支、贴现、信用垫款(如银行承兑汇票垫款、担保垫款、信用证垫款等)、进出口押汇等。需要注意的是,《企业会计准则第22号——金融工具确认和计量》规定,企业应当在资产负债表日对以公允价值计量且其变动计入当期损益的金融资产以外的金融资产的账面价值进行检查,有客观证据表明该金融资产发生减值的,应当计提减值准备。表明金融资产发生减值的客观证据,是指金融资产初始确认后实际发生的、对该金融资产的预计未来现金流量有影响,且企业能够对该影响进行可靠计量的事项。贷款属于按照摊余成本计量的金融资产,商业银行应当按照《企业会计准则第22号——金融工具确认和计量》的规定,对分类为"贷款和应收款项"的客户贷款计提资产减值准备。在贷款损失准备计提方法上,《企业会计准则第22号——金融工具确认和计量》进一步规定,以摊余成本计量的金融资产发生减值时,应当将该金融资产的账面价值减记至预计未来现金流量(不包括尚未发生的未来信用损失)现值,减记的金额确认为资产减值损失,计入当期损益。预计未来现金流量现值,应当按照该金融资产的原实际利率折现确定,并考虑相关担保物的价值(取得和出售该担保物发生的费用应当予以扣除)。原实际利率是初始确认该金融资产时计算确定的实际利率。对于浮动利率贷款、应收款项或持有至到期投资,在计算未来现金流量现值时可采用合同规定的现行实际利率作为折现率。

(2)资产负债表表外业务。注册会计师应当关注表外业务尤其是具有风险的表外业务如信用证、保函和担保等对商业银行财务状况和经营成果的影响。这主要是因为表外业务本身容易被无意或有意地漏报,而且这些项目在性质上属于或有事项,其发生与否取决于未来事项的发生或不发生,具有高度的不确定性。

(3)不符合银行监管法规的交易和事项。对于不符合银行监管法规的交易和事项,管理层有时可能"创造性"地设计交易形式或进行"利得交易"(Gain Trading)来满足或规避监管要求。对于账外经营和"小金库"等违法违规问题,注册会计师尤其应当重点关注。注册会计师可以通过查阅相关监管机构的检查报告和文件、内部审计报告和重大诉讼等法律文书,来了解是否存在不符合银行监管法规的交易和事项及其对商业银行财务状况和经营成果的影响。

(4)发生重大变动的财务报表项目。注册会计师应当识别商业银行发生重大变动的财务报表项目,并评估其可能对商业银行财务状况和经营成果的影响。发生重大变动的财务报表项目可能是表明存在重大错报风险的信号。例如,当未到期的持有至到期证券投资总额突然大幅减少时,注册会计师应当重新考虑商业银行管理层的持有目的和意图,并考虑持有至到期投资的剩余部分继续划分为持有至到期投资的合理性。此外,如果商业银行将金融资产进行重分类,使该金融资产后续计量基础由成本或摊余成本改为公允价值,或由公允价值改为成本或摊余成本的,注册会计师应当关注该金融资产重分类前后的公允价值或账面价值和重分类的原因。

(5)资产负债表日前后发生的重大一次性交易。资产负债表日前后发生的重大一次性交易,可能隐藏着商业银行管理层粉饰财务状况和经营成果的动机。例如,在临近资产负债表日商业银行向客户突击发放大额贷款,可能意味着商业银行管理层在人为地调节贷款规模;资产负债表日前后客户存款的大幅增减可能表明商业银行管理层人为地调节存款规模。

(6)高度复杂或投机性强的交易。高度复杂或投机性强的交易一般具有很高的风险,且这些风险难以觉察。例如,当从事衍生交易尤其是签出期权时,商业银行可能面临无限放大的损失,但收益仅限于收到的期权费。此外,如果商业银行从事资产证券化业务,注册会计师应当关注商业银行为将相应资产移出资产负债表而作出的复杂交易安排,包括服务资产或服务负债的确认和计量,尤其是在发行担保化抵押证券(Collateralized Mortgage Obligations,CMO)的情况下。

(7)非常规贷款。非常规贷款可能是非应计贷款或非生息贷款,也可能是违反正常贷款程序而发放的贷款,或者是关联方贷款。非应计贷款是指贷款本金或利息逾期90天没有收回的贷款,非生息贷款是指不产生利息收入的信贷资产。违反正常贷款程序而发放的贷款是指在没有经过信贷审批委员会审批,或在没有办理完毕担保手续的情况下向客户发放的担保贷款。关联方贷款是指向股东或管理层发放的贷款。一般情况下,非常规贷款是产生不良贷款的重要原因。

(8)关联方交易。商业银行关联方交易是指商业银行与关联方之间发生的转移资源或义务的下列事项:①授信;②担保;③资产转移;④提供服务;⑤其他符合规定的关联方交易。商业银行应当制定关联方交易管理制度,包括董事会或者经营决策机构对关联方交易的监督管理。商业银行还应当设立关联交易控制委员会,负责及时审查和批准关联方交易,控制关联方交易风险。商业银行法规定,商业银行不得向关系人发放信用贷款；向关系人发放担保贷款的条件不得优于其他借款人同类贷款的条件。关系人是指：①商业银行的董事、监事、管理人员、信贷业务人员及其近亲属；②前项所列人员投资或者担任高级管理职务的公司、企业和其他经济组织。《股份制商业银行公司治理指引》规定，商业银行对股东贷款的条件不得优于其他借款人同类贷款的条件，同一股东在商业银行的借款余额不得超过商业银行资本净额的百分之十。《商业银行与内部人和股东关联交易管理办法》对商业银行的关联交易行为进行了严格规范。注册会计师应当按照《中国注册会计师审计准则第1323号——关联方》的规定，对商业银行的关联方交易实施审计程序。

（9）新金融产品或服务。商业银行提供新金融产品或服务可能会产生以下主要问题：①相关会计准则和会计制度的制定较为滞后，需要会计人员更多地根据会计原则进行主观判断；②一些金融创新产品是为了规避监管而产生的，从而潜在的错报风险较高；③对新产品或服务所蕴含的风险识别与监控的经验和措施不足。

（10）受新近颁布的监管法规影响的业务领域。银行监管部门发布的相关规范性文件对商业银行的业务扩张或收缩具有十分重要的影响。例如，关于资本充足率风险资产权重的调整，可能"诱导"商业银行为满足资本充足率要求而人为地调整资产结构。

6. 商业银行持续经营假设的合理性。商业银行的稳健运营对金融体系的稳定和经济的健康发展具有十分重要的意义。持续经营假设是会计主体编制财务报表的基本假设之一，即在没有相反证据的情况下，会计主体在编制财务报表时，假设其经营活动在可预见的将来会继续下去，不拟也不必进行清算或大幅度缩减经营规模。鉴于商业银行的固有特征和面临的诸多风险，本准则第十八条规定，注册会计师应当考虑商业银行编制财务报表所依据的持续经营假设的合理性。注册会计师应当按照《中国注册会计师审计准则第1324号——持续经营》规定，考虑被审计商业银行管理层持续经营假设的适当性，计划和实施审计程序并评价其结果。

7. 利用内部审计的工作。本准则第十九条指出，内部审计是商业银行内部控制的重要组成部分。本准则第十九条指出，内部审计是商业银行内部控制的重要组成部分，注册会计师应当考虑是否利用内部审计的工作。内部审计部门的活动主要包括：（1）监督内部控制；（2）检查财务信息和经营信息；（3）评价经营活动的效率和效果；（4）评价对法律法规、其他外部要求以及管理层政策、指示和其他内部要求的遵守情况。需要注意的是，注册会计师应当对发表的审计意见独立承担责任，其责任不因为利用内部审计工作而减轻。注册会计师应当对与商业银行财务报表审计有关的所有重大事项独立作出职业判断，不应完全依赖内部审计工作。

8. 利用专家的工作。本准则第二十条规定，在评价计算机信息系统和电子资金转账系统等特殊领域时，注册会计师应当考虑是否利用专家的工作，如系统设计师和工程师等。此外，注册会计师在审计衍生金融工具的估价和特定担保物公允价值的确定等方面时也需要资产评估师、房地产估价师和律师等专业人员的技术支持。在了解被审计单位及其环境以及针对评估的风险实施进一步审计程序时，注册会计师可能需要会同被审计商业银行或独立地获取专家的报告、意见、估价和说明等形式的审计证据。

9. 利用其他注册会计师的工作。本准则第二十一规定，商业银行拥有的分支机构众多且分布区域广，注册会计师应当考虑是否利用其他注册会计师的工作，如分支机构所在地其他注册会计师的工作。当决定利用其他注册会计师的工作时，注册会计师应当了解和评价其独立性及其专业胜任能力,及时告知业务约定书的要求和有关会计规定及审计报告的编制要求,并实施以下审计程序,以合理确信其他注册会计师的工作能够满足要求:(1)与其他注册会计师进行讨论;(2)复核其他注册会计师实施的审计程序及其结果;(3)复核其他注册会计师的审计工作底稿。

10. 利用银行监管机构的检查报告及有关文件。本准则第二十二条规定,注册会计师应当查阅商业银行持有的银行监管机构的检查报告和有关文件,以获取对确定重点审计领域有用的信息,提高审计效率。这些监管资料主要包括:非现场检查报告(季度)、检查报告和各种专项报送材料。此外,监管机构在重要领域所进行的评估,如风险管理实践的适当性和贷款损失准备的充足性,连同各种监管比率,有助于注册会计师更好地执行分析程序。

11. 审计工作的组织与安排。商业银行具有的资产规模巨大、分支机构众多、经营范围和区域广泛等特点,决定了注册会计师实施财务报表审计的工作量是十分巨大的。本准则第二十三规定,在组织和安排审计工作时,注册会计师应当考虑以下六个方面的因素:(1)项目组组成及分工;(2)其他注册会计师参与的程度;(3)计划利用内部审计工作的程度;(4)计划利用专家工作的程度;(5)出具审计报告的时间要求;(6)需要商业银行管理层提供的专项分析资料。

总体审计策略用以确定审计范围、时间和方向,并指导制定具体审计计划。本准则第二十四条进一步规定,在制定总体审计策略的基础上,注册会计师应当制定具体审计计划,以合理确定进一步审计程序的性质、时间和范围。具体审计计划比总体审计策略更加详细,其内容包括为获取充分、适当的审计证据以将审计风险降至可接受的低水平,项目组成员拟实施的审计程序的性质、时间和范围。

第四章 了解和测试内部控制

本准则第四章(第二十五条至第三十七条),主要说明商业银行内部控制的目标和要素,以及注册会计师如何了解和测试内部控制。

一、商业银行内部控制的目标和要素

由于商业银行的固有特征和面临的诸多风险,其内部控制的建立健全具有非常重要的作用,也成为各国银行监管机构的重要监管内容。例如,我国银行监管部门先后制定和发布了许多涉及商业银行内部控制的规范性文件,主要有《商业银行内部控制指引》和《商业银行内部控制评价试行办法》等。

商业银行内部控制是商业银行为实现经营目标,通过制定和实施一系列制度、程序和方法,对风险进行事前防范、事中控制、事后监督和纠正的动态过程和机制。本准则第二十五条规定,注册会计师应当充分了解商业银行的相关内部控制,以确定有效的审计方案。此外,本准则第十六条也规定,商业银行具有的特征和面临的诸多风险,导致注册会计师通常需要依赖控制测试而不能完全依赖实质性程序。

本准则第二十六条指出,商业银行的相关内部控制应当实现下列目标:(1)所有交易经管理层一般授权或特别授权方可执行;(2)所有交易和事项以正确的金额,在恰当的会计期间及时记录于适当的账户,使编制的财务报表符合适用的会计准则和相关会计制度的规定;(3)只有经过管理层授权才能接触资产和记录;(4)将记录的资产与实

有资产定期核对，并在出现差异时采取适当的措施；（5）恰当履行受托保管协议规定的职责。

商业银行内部控制包括以下五个要素：（1）控制环境，包括治理职能和管理职能，以及治理层和管理层对内部控制及其重要性的态度、认识和措施、组织结构和企业文化以及人力资源政策等；（2）风险评估过程，包括识别与财务报告相关的经营风险，以及针对这些风险所采取的措施；（3）信息系统与沟通。与财务报告相关的信息系统，包括用以生成、记录、处理和报告交易、事项和情况，对相关资产、负债和所有者权益履行经营管理责任的程序和记录。与财务报告相关的沟通，包括使员工了解各自在与财务报告有关的内部控制方面的角色和职责，员工之间的工作联系，以及向适当级别的管理层报告例外事项的方式。此外，注册会计师还应当了解管理层与治理层之间的沟通，以及被审计商业银行与外部的沟通；（4）控制活动，包括与授权、业绩评价、信息处理、实物控制和职责分离等相关的活动；（5）对控制的监督，包括及时评价控制的设计和运行，以及根据情况的变化采取必要的纠正措施。

本准则第二十七条至第三十五条分别围绕着这五个内部控制目标，规定注册会计师如何了解和测试内部控制。

二、授权控制

授权控制的目标在于确保商业银行的所有交易经管理层一般授权或特别授权方可执行。由于分支机构众多，分布区域广泛，经营环境日益不确定，商业银行有必要进行分权授权管理，以提高经营效率。授权是指董事会向管理层以及管理层对其下属机构和人员赋予的、能够代表商业银行从事一项业务或某项特定业务的权利。董事会是商业银行的最高管理机构，授权管理层开展日常经营管理。在一级法人制度下，董事长（或执行董事、或行长）是法定代表人，其他部门、分支机构和不同层级的员工在授权范围内从事经营管理活动。

从形式上看，授权包括一般授权和特别授权。一般授权是指管理层制定的要求组织内部遵守的普遍适用于某类交易或活动的政策。特别授权是指管理层针对特定类别的交易或活动逐一设置的授权。例如，某商业银行总行规定，一级分行有权审查 2 000 万元的信用贷款。2 000 万元以下的信用贷款一级分行可以自行决定发放；如果信用贷款额超过 2 000 万元，则需要向总行报批。

分级授权制度是商业银行内部控制最重要的手段之一。本准则第二十七条指出，注册会计师应当了解商业银行分级授权体系的下列要素：（1）有权批准特定交易的人员；（2）授权遵守的程序；（3）授权限额及条件；（4）风险报告及监控。例如，商业银行总行对一级分行规定信贷授权额度，并至少每年检查一次。除及时监控授权额度使用情况外，一级分行还要定期向总行报告额度使用及其相关情况。在衍生交易方面，2005 年 3 月，银监会发布《关于对中资银行衍生产品交易业务进行风险提示的通知》，规定在进行衍生产品交易时必须严格执行既定的分级授权和敞口风险管理制度，任何重大的交易或新的衍生产品业务都应得到董事会的批准，或得到由董事会指定的高级管理层的同意。在因市场变化或决策失误出现账面浮亏时，要严格执行既定的止损制度。

注册会计师在考虑商业银行是否按照已制定并批准的政策和程序从事交易时，对授权控制的检查十分重要。许多商业银行大案要案的发生往往和授权控制的形同虚设有关。本准则第二十八条规定，注册会计师应当检查授权控制，以确定为各类交易设定的风险限额是否得到遵守，超出风险限额是否及时向适当层次的管理人员报告。

此外，对于临近资产负债表日发生的交易，授权控制的正确操作显得尤为重要。本准则第二十九条进一步规定，由于临近资产负债表日发生的交易往往尚未完成，或在确定取得资产、承担负债的价值时缺乏依据，因此，注册会计师应当重点检查这些交易的授权控制。这主要是因为许多操纵资产、负债和利润的行为大多发生在邻近资产负债表日，或者是资产负债表日，并在资产负债表日后转回。

三、恰当、及时的会计记录

商业银行应当按照适用的会计准则和相关会计制度的规定进行会计处理，将所有交易和事项以恰当的金额，在恰当的会计期间及时记录于适当的账户，使编制的财务报表符合适用的会计准则和相关会计制度的要求。本准则第三十条和第三十一条分别从两个方面规定注册会计师如何了解和测试与恰当、及时的会计记录相关的内部控制。

1. 评价与交易和事项记录有关的内部控制的有效性。本准则第三十条规定，在评价与交易和事项记录有关的内部控制的有效性时，注册会计师应当考虑以下六个方面的因素：（1）商业银行处理大量交易，其中单笔或数笔交易可能涉及巨额资金，需要定期执行试算平衡和调节程序，以便及时发现差错并进行调查和纠正，将造成损失的风险降至最低；（2）许多交易的会计核算有特殊规定，商业银行需要采取控制程序以保证这些规定得以遵守；（3）有些交易不在资产负债表中列示，甚至不在财务报表附注中披露，商业银行需要采取控制程序保证这些交易以适当的方式被记录和监控，并能及时确认因交易状况变化而产生的损益；（4）商业银行不断推出新的金融产品和服务，需要及时更新会计信息系统和相关内部控制；（5）每日余额可能并不反映当日系统处理的全部交易量或最大损失风险，商业银行需要对最大交易量或最大损失风险保持控制；（6）对大多数交易的记录应便于商业银行内部、商业银行客户及交易对方核对。

2. 评价计算机信息系统和电子资金转账系统对商业银行内部控制的重要影响。商业银行在经营活动中广泛采用计算机信息系统和电子资金转账系统，处理大量重复发生的交易，以及进行风险管理。本准则第三十一条第一款指出，计算机信息系统和电子资金转账系统的广泛使用，对注册会计师评价商业银行的内部控制有重要影响；第三十一条第二款和第三款进一步规定注册会计师应当从两个方面来进行控制测试：（1）对影响系统开发、修改、接触、数据登录、网络安全和应急计划的相关内部控制进行评价；（2）考虑商业银行使用电子资金转账系统的程度，评价交易前监督控制和交易后确认及调节程序的完整性。

四、资产和记录的接触控制

本准则第三十二条第一款指出，商业银行的资产易于转移，金额巨大，仅通过实物控制难以奏效，管理层通常实施下列控制程序：

1. 凭借密码和接触控制，只有获得授权的人员才能操作计算机信息系统和电子资金转账系统。例如，信息系统和电子资金转账系统的操作人员和系统管理人员必须分别进行不同的授权，以获得访问计算机程序和数据文件的权力。在电子资金转账系统密押管理方面，编押器必须专人保管。

2.将资产接触与记录职责分离。商业银行的金融资产具有很强的流动性，致使其很容易被挪用或贪污。因此，商业银行应当实行严格的资产接触与记录职责分离制度。例如，商业银行有价证券的保管和记录职责应当分专人进行管理，并定期核对；出纳部门的每日现金余额应当与会计部门的现金日记账余额核对相符。

3.由独立人员向第三方函证和调节资产余额。调节是指由不负责账簿记录的人员进行账账核对、账实核对以及将本行的记录与往来单位的记录相核对，查找不一致的原因并进行调整。例如，许多商业银行实行由行长或主管行长定期或不定期地检查金库的制度。此外，由独立人员向第三方函证也是重要的手段。函证的主要内容包括：担保物、资金往来账户、第三方持有的证券和担保以及信用证等。

针对只有经过管理层授权才能接触资产和记录这一内部控制目标，本准则第三十二条第二款进一步规定，注册会计师应当合理确信上述所有控制是否有效运行，必要时，复核或参与年末函证和调节程序。

五、账实核对

账实核对的目标在于将记录的资产与实有资产定期核对，并在出现差异时采取适当的措施。本准则第三十三条第一款指出，将记录的资产与实有资产定期进行核对是一项重要的调节控制，该项控制具有下列重要作用：（1）验证现金、有价证券等资产的存在性，及时发现舞弊与错误；（2）检查易发生价值波动的资产计价的正确性；（3）验证资产接触和授权控制运行的有效性。例如，会计部门和实物保管部门应当对库存物资和抵债资产等进行定期和不定期的盘点、清查，保证账实相符。盘点、清查工作至少每年进行一次。

账实核对程序对下列资产项目尤为重要：（1）可转让资产。这类资产缺失可能导致不可挽回的损失，如现金、不记名证券和以存款或证券形式存在的其他资产；（2）价值根据估值模型或外部市场价格等确定的资产，例如证券和各种外汇合约；（3）代客户而持有的资产，例如代理客户保管的有价证券等。

本准则第三十三条第二款进一步规定，注册会计师应当运用检查和询问等程序，测试该项控制的有效性。

本准则第三十四条规定，在评价调节控制的有效性时，注册会计师应当考虑以下因素：（1）需要调节的账户较多且调节频率较高。例如，商业银行可能在银行间债券市场与多个交易对手发生频繁的债券买卖行为。当内部审计有效，且需要调节的账户较多和调节频率较高时，注册会计师可能要花费大量的时间和精力对调节控制进行测试和评价，因此，在适当情况下可以考虑利用内部审计的工作结果；（2）调节结果具有累积性。当商业银行在资产负债表日编制调节表且调节表有效时，注册会计师可以只对资产负债表日的调节表进行检查；（3）调节项目可能被不适当地结转到同一时期内未被调节和调查的账户。当存在舞弊时，舞弊者可能会利用未被调节和调查的账户掩盖事实。

六、受托保管

受托保管的目标在于恰当履行受托保管协议规定的职责。商业银行对客户具有受托保管责任，尤其当开展代保管业务时。本准则第三十五条规定，在评价受托保管业务的内部控制有效性时，注册会计师应当考虑：（1）是否由专门部门履行受托保管职责；（2）是否将自有资产与受托保管资产适当分离；（3）是否已对受托保管资产作出适当记录。例如，当商业银行成为托管方时，必须将自有资金和受托资金相互分离，并作出独立的会计处理。

此外，控制环境对商业银行内部控制具有十分重要的作用，并在很大程度上决定着内部控制的效率和效果。本准则第三十六条规定，注册会计师在评价特定控制程序的有效性时，还应当考虑下列控制环境因素的影响：（1）组织结构和权力、责任的划分；（2）管理层监控工作的质量；（3）内部审计工作的范围和效果；（4）关键管理人员的素质；（5）银行监管机构的监管程度。

针对在审计过程中注意到的商业银行内部控制的重大缺陷，本准则第三十七条规定，注册会计师应当及时与治理层和管理层进行沟通。

第五章 实质性程序

本准则第五章（第三十八条至第五十二条），主要说明注册会计师如何设计和实施实质性程序。

一、一般要求

注册会计师应当了解被审计商业银行及其环境（包括内部控制），以足够识别和评估重大错报风险，并设计和实施进一步审计程序。本准则第三十八条规定，注册会计师应当在评估商业银行财务报表重大错报风险的基础上，确定可接受的检查风险水平和实质性程序的性质、时间和范围。

职业判断贯穿于注册会计师审计的全过程。注册会计师运用职业判断的主要方面包括：（1）评估重大错报风险；（2）确定审计程序的性质、时间和范围；（3）评价审计程序的实施结果；（4）评估管理层在编制财务报表时所作出的判断和估计的合理性。注册会计师可能难以充分识别所有的重大错报风险，加之商业银行分支机构分布广泛，业务复杂多样，而且内部控制存在固有局限性。因此，本准则第三十九条进一步规定，注册会计师对重大错报风险的评估是一种判断，可能无法充分识别所有的重大错报风险，并且由于内部控制存在固有局限性，无论评估的重大错报风险结果如何，注册会计师都应当针对所有重大的各类交易、账户余额、列报（包括披露）实施实质性程序。

二、特别考虑运用的重要审计程序

本准则第四十条规定，在实施实质性程序时，注册会计师应当特别考虑运用下列重要审计程序：

1. 分析程序。分析程序是指注册会计师通过研究不同财务数据之间以及财务数据与非财务数据之间的内在关系，对财务信息作出评价。分析程序还包括调查识别出的与其他相关信息不一致或与预期数据严重偏离的波动和关系。分析程序以数据间的内在关系为基础，通过一定的数学运算来推断数据之间的逻辑一致性。实施分析程序有助于注册会计师识别异常的交易或事项，以及对财务报表和审计产生影响的金额、比率和趋势。

本准则第四十一条规定，注册会计师应当对利息收入和支出、手续费收入和贷款损失准备等实施分析程序，以确定其总体合理性。分析程序是商业银行财务报表审计中十分重要的审计程序，主要是因为：（1）通过分析程序，注册会计师能够发现对持续经营假设的合理性产生怀疑的因素。例如，在某些行业或地区存在的不恰当的信用风险集中；（2）商业银行的利息收入和支出与资产规模和存款规模之间存在十分密切的数量关系。例如，在贷款利率确定的情况下，商业银行可以根据贷款平均余额与天数相乘得出的计息积数，计算出特定期间的应计利息总额；或者依据利息收入额或利息支出额与相应的贷款或存款额相比较，来计算平均贷款利率或平均付息率，并将计算结果与市场利率或设定利率相比较，以判断是否存在少计利息收入、高息吸收存款、非生息资产或未入账存款等现象。

但是，在具体实施分析程序时，由于存款可以分为含息存款和不含息存款，贷款可以分别根据行业和期限等划分，且可能分别对应不同的贷款利率，因此，注册会计师可以根据贷款或存款的类别分别计算。例如，定期存款和协定存款等存款可单独计算。当通过分析程序发现利息收入或利息支出、存款和贷款存在显著差异时，注册会计师应当分析差异产生的内在原因，判断可能存在重大错报风险的领域，并确定审计重点。当账户记录的实际利息支出大于计算的应计利息支出时，可能存在高息存款或虚假列支等现象；当账户记录的实际利息支出小于计算的应计利息支出时，可能存在虚假存款的现象。对利息收入实施分析程序也可以分解为虚增或截流利息收入等情形。除利息收入和利息支出外，贷款损失准备与贷款规模尤其是贷款质量分类、手续费收入和相应的表外风险项目发生额也存在密切的数量关系。此外，实施分析程序也可能有助于注册会计师发现商业银行在风险管理方面存在的重大问题，如利率风险、汇率风险和资产负债比例管理中的期限不匹配等问题。

注册会计师在实施分析程序时通常可以使用下列四个方面的财务比率：（1）衡量资产质量的比率，主要包括贷款损失占贷款总额比率、不良贷款占贷款总额比率、贷款损失准备占不良贷款比率等；（2）衡量支付能力的比率，主要包括备付金比率、短期资产流动性比率和存贷款比率等；（3）衡量盈利能力的比率，主要包括资产利润率、资本利润率、利息实收率、利息收入占生息资产比率、利息支出占付息负债比率、税前利润率、税后利润率、人均利润（率）、经济增加值等；（4）衡量资本充足性的比率，主要包括核心资本充足率和资本充足率等。

2. 监盘。商业银行的资产具有高度的流动性，尤其是证券资产。为了保证实物资产的安全完整，本准则第四十二条规定，注册会计师应当考虑对下列项目实施监盘程序，以测试其存在性：（1）现金；（2）贵金属；（3）有价证券；（4）其他易转移资产。

针对受托保管财产，本准则第四十三条规定，在实施监盘程序时，注册会计师应当关注受托保管资产是否存在，是否与自有资产相混淆。例如，受托保管证券是否与自有证券分别保管，并在会计记录上分别记载。

3. 检查。本准则第四十四条规定，注册会计师应当考虑实施检查程序，以了解贷款协议、承诺协议等重要协议的条款，评价其约束力及相关会计处理的适当性。例如，当存在不可撤销贷款承诺时，注册会计师应当查阅相关贷款承诺文件的规定。如果潜在借款人出现财务困难，则商业银行应当根据《企业会计准则第13号——或有事项》的规定，合理计提预计负债。

4. 询问和函证。询问包括向内部或外部知情人士获取信息，而函证则通过对调查的回应来证实会计记录所反映的信息。这主要是因为商业银行存在大量的货币性资产和货币性负债以及表外承诺项目。在确定这些项目的存在性和完整性方面，函证发挥着不可替代的重要作用。

本准则第四十五条规定，注册会计师应当考虑实施询问和函证程序，以实现三个方面的目的：（1）确认货币性资产、负债和资产负债表表外承诺的存在性和完整性；（2）获取经商业银行客户或交易对方确认的某项交易金额、条款和状况的审计证据；（3）获取不能直接从商业银行会计记录中得到的其他信息。

本准则第四十六条规定，注册会计师应当考虑对下列事项实施函证程序：（1）存款、贷款和同业往来等账户的余额；（2）特定贷款抵押品的状况；（3）因担保、承诺和承兑等资产负债表表外业务产生的或有负债；（4）资产回购和返售协议以及未履约期权；（5）与远期外汇合约和其他未履行合约有关的信息；（6）委托保管的有价证券等项目。

此外，注册会计师实施的实质性程序通常还包括计算。计算包括检查文档和会计记录的数字精确性，或者是实施独立的计算。在商业银行财务报表审计过程中，计算估值模型的一致性应用是一种重要的程序。

为了提高审计效率，本准则第四十七条规定，注册会计师应当考虑：（1）在资产负债表日前实施某些测试；（2）使用计算机辅助审计技术；（3）当存在大量同质账户或交易时，使用统计抽样技术，如小额住房抵押贷款。

三、重要的审计项目

1. 表外业务。本准则第四十八条规定，在审计资产负债表表外业务时，注册会计师应当检查相应收入的来源，并实施其他审计程序，以证实：（1）相关会计记录是否完整；（2）计提的损失准备是否充足，如由于潜在借款人信用状况恶化而对不可撤销信贷承诺计提的准备；（3）披露是否充分，包括分别表外项目类别披露的期末余额和其他需要说明的特殊事项，如证券的出质情况。

2. 关联方和关联方交易。本准则第四十九条规定，在审计关联方和关联方交易时，注册会计师应当实施必要的审计程序，以确定：（1）所有重要的关联方和关联方交易是否都已被识别；（2）所有重要的关联方交易是否都经适当授权；（3）关联方和关联方交易是否已按照适用的会计准则和相关会计制度的规定予以充分披露。此外，注册会计师还应当关注商业银行的贷款集中风险，尤其是在对企业集团关联企业授信时的关联担保和交叉违约等情况。

3. 持续经营假设。本准则第五十条规定，在实施下列审计程序时，注册会计师可能注意到商业银行持续经营假设不再合理的迹象：（1）分析程序；（2）检查资产负债表日后事项；（3）检查债务协议条款的遵守情况；（4）查阅股东会、董事会、监事会及管理委员会的会议纪要；（5）向商业银行的法律顾问询问有关诉讼、索赔等情况；（6）函证关联方或第三方向商业银行提供财务支持的详细情况；（7）查阅商业银行持有的银行监管机构的检查报告和有关文件；（8）检查法定资本要求的遵守情况。

商业银行持续经营假设是否合理通常是存在一定的迹象可查的。本准则第五十一条进一步规定，注册会计师应当关注表明商业银行持续经营假设不再合理的下列迹象：（1）贷款业务量显著下降；（2）不良贷款剧增；（3）大量贷款集中于陷入困境的行业；（4）过度依赖少数存款人的大额存款；（5）存款大量流失；（6）信用等级下降；（7）未能达到银行监管机构规定的流动性监管指标，例如流动性比例、核心负债比例和流动性缺口率达不到规定的比例；（8）未能达到最低法定资本要求或未能遵守银行监管机构批准的资本补足计划；（9）银行监管法规的变化已对商业银行经营产生重大不利影响；（10）严重违反银行监管法规；（11）银行监管机构已对商业银行的不审慎经营表示关注或采取措施。

此外，下列事项或情况也应当引起注册会计师对商业银行的持续经营假设产生怀疑：（1）衍生活动交易量的异常快速增长；（2）表明商业银行盈利能力严重下降的盈利水平或预测，特别是当处于或接近最低资本管制或流动性要求水平时；（3）对存款和货币市场支付的利率高于通常的市场利率等。

四、获取管理层声明

注册会计师在实施实质性程序时需要获取商业银行管理层声明。管理层声明具有如下作用：（1）提醒诚实的管理当局。例如，商业银行存在大量表外业务，注册会计师仅仅检查财务报告可能难以发现。因此，获取管理层声明可以提醒商业银行管理层告知其目前开展的表外业务。（2）作为重要的审计证据。当合理确信其他充分、适当的审计证据并不存在时，注册会计师应当就对财务报表具有重大影响的事项向被审计商业银行管理层获取书面声明。会计确认有时涉及管理层的意图，而如何分类在很大程度上取决于管理层的意图，如持有至到期投资或套期会计的会计处理。这时，管理层声明书就是注册会计师能合理预期存在的重要审计证据；（3）提请商业银行管理层注意所提供资料的完整性；（4）管理层对其口头声明的书面确认可以减少注册会计师与管理层之间产生误解的可能性。

本准则第五十二条规定，注册会计师应当就下列主要事项获取商业银行管理层声明：（1）持有的银行监管机构的检查报告和有关文件已提供给注册会计师；（2）投资的分类准确地反映了管理层的计划和意图；（3）确定公允价值所依据的假设是合理的；（4）资本补足计划及其实施符合银行监管机构的要求，并已作充分的披露；（5）或有负债已在财务报表中充分披露；（6）关联方交易符合银行监管法规的规定，并已作充分的披露；（7）对资产负债表日持有的有价证券、贷款等资产可能发生的损失计提充足的准备；（8）具有重大风险的资产负债表表外业务已作充分的披露。

第六章 审 计 报 告

本准则第六章（第五十三条至第五十五条），主要说明注册会计师发表审计意见的一般要求和考虑商业银行会计处理和报告的特殊规定，以及确定是否需要向银行监管机构告知重大事项。

一、一般要求

审计报告是注册会计师根据中国注册会计师审计准则的规定，在实施审计工作的基础上对被审计单位财务报表发表审计意见的书面文件。《中国注册会计师审计准则第1501号——审计报告》规定，注册会计师应当在审计报告中清楚地表达对财务报表的意见，并对出具的审计报告负责。

按照本准则第五十三条的规定，注册会计师应当在实施必要的审计程序后，对商业银行财务报表进行总体复核，按照《中国注册会计师审计准则第1501号——审计报告》

和《中国注册会计师审计准则第 1502 号——非标准审计报告》的要求，根据经过核实的审计证据形成审计意见，并出具审计报告。

二、特殊考虑和特定监管要求

1. 对商业银行会计处理和报告的特殊规定的考虑。商业银行是经营货币的特殊企业，具有显著区别于工商企业的经营特征和风险，而且银行监管部门也可能会就商业银行的报告提出特殊要求。本准则第五十四条规定，在评价审计证据、形成审计意见时，注册会计师应当考虑商业银行会计处理和报告的特殊规定。

在审计报告方面，《中国注册会计师审计准则第 1613 号——与银行监管机构的关系》规定，在某些情况下，注册会计师可以向管理层或银行监管机构提交一份长式报告，详细说明某些重大事项，如账户余额或贷款组合的明细项目、某些财务比率、内部控制的有效性、商业银行风险分析及合规情况。此外，注册会计师可以根据银行监管机构的委托，就商业银行的下列事项出具专项报告，以协助银行监管机构履行监管职能：（1）是否满足许可条件；（2）保持会计记录和其他记录的信息系统是否适当，内部控制是否有效；（3）为银行监管机构编制的报告所使用的方法是否适当，这些报告中包含的诸如资产负债率及其他审慎指标的信息是否准确；（4）是否根据银行监管机构规定的标准建立恰当的组织机构；（5）是否遵守相关法律法规；（6）是否采用恰当的会计政策等。

2. 对重大事项的告知要求。注册会计师在实施商业银行财务报表审计时可能注意到一些重大事项，如违反法律法规的行为。因此，本准则第五十五条规定，在出具审计报告之前，注册会计师应当根据银行监管法规的有关要求，确定是否需要将重大事项告知银行监管机构。该规定与《中国注册会计师审计准则第 1613 号——与银行监管机构的关系》是一致的。例如，《中国注册会计师审计准则第 1613 号——与银行监管机构的关系》第二十二条规定，如果存在下列事项，注册会计师应当根据银行监管法规的有关要求，确定是否需要及时将这些事项告知银行监管机构：（1）构成重大违反法律法规的事项，如账外经营和"小金库"，或者洗钱行为等；（2）影响商业银行持续经营的事项或情况，例如资本充足率和流动性等问题；（3）出具非标准审计报告。

此外，在向银行监管机构告知重大事项时，如果法律法规要求直接与银行监管机构沟通，注册会计师应当及时就这些事项与银行监管机构沟通；如果法律法规没有要求直接与银行监管机构沟通，注册会计师应当提请管理层或治理层与银行监管机构沟通。如果管理层或治理层没有及时与银行监管机构沟通，注册会计师应当征询法律意见，考虑是否有必要直接与银行监管机构沟通。

《中国注册会计师审计准则第 1612 号——银行间函证程序》应用指南

(2007 年 11 月 29 日修订)

第一章 总 则

《中国注册会计师审计准则第 1612 号——银行间函证程序》(以下简称本准则)第一章(第一条至第三条),主要说明本准则的制定目的、银行间函证程序的含义和总体要求。

一、银行间函证程序的含义

本准则第二条规定了银行间函证程序的含义。银行间函证程序是指注册会计师为了获取影响商业银行财务报表或相关披露认定项目的信息,以商业银行的名义向确认银行寄发询证函,获取和评价审计证据的过程。

注册会计师在对商业银行财务报表进行审计时,经常要对一些出现在财务报表和附注中的重要项目和其他信息如存款、贷款、同业往来、资金拆借、衍生交易和担保及承诺等进行函证,这既涉及银行间函证,也涉及对非银行客户的函证。银行间函证的范围包括同一国家的不同银行之间、不同国家的不同银行之间、商业银行与其他金融机构之间的函证。

对业务关系进行管理控制的一个基本特征是获取有关交易及其相应头寸状况询证函的能力。银行间函证的要求源于银行管理层和注册会计师为了确认在下列方面是否存在的财务和经营关系:(1)同一国家的不同银行之间;(2)不同国家的不同银行之间;(3)银行与其非银行客户之间。尽管银行间关系与银行和非银行客户的关系相似,但是银行间函证可能具有一些特殊的意义,如在一些表外交易中运用时。

确认银行是指接收商业银行的询证函并被请求回函的银行。确认银行是注册会计师寄发询证函的对象,可以是中央银行、政策性银行、商业银行,也可以是其他金融机构,如证券公司、信托投资公司和基金管理公司等。

通过银行间函证程序获取审计证据十分重要,因为其直接源于独立的第三方,因此相对于仅从商业银行记录中获取的审计证据具有更高的可靠性。

二、银行间函证程序的总体要求

银行间函证程序是一个完整的过程,包括选择确认银行、确定询证函的主要内容、编制和寄发询证函以及回函的评价。此外,在实施银行间函证程序时,注册会计师还可能要面临许多与语言、专有名词、一致性表述和函证事项所涵盖的范围等相关的困难。

通常这些困难是来源于使用了不同的函证方法或者对函证方法适用范围的误解。注册会计师应当保持职业谨慎，控制好上述五个环节，提高函证结果的可靠性。因此，本准则第三条规定，在实施银行间函证程序时，注册会计师应当保持应有的关注，对函证全过程进行控制。

需要注意的是，虽然本指南旨在为银行和注册会计师就该银行与其他银行之间的财务和经营关系获取独立函证，但在某些情况下，本指南也同样适用于银行和非银行客户之间的函证。然而，本指南所规定的程序与银行间因日常交易而执行的常规银行间函证存在差别。

第二章　询证函的编制与寄发

本准则第二章（第四条至第八条），主要说明注册会计师如何选择确认银行和函证方式、询证函的编制方法和寄发。

一、选择确认银行时应当考虑的主要因素

本准则第四条规定，注册会计师在选择确认银行时，应当考虑与商业银行的账户余额或其他信息有关的下列主要因素：

1.账户余额的大小。在对商业银行与确认银行之间形成的账户余额进行函证时，注册会计师可以根据重要性和交易量等特征进行分层。通常情况下，注册会计师选取超过一定金额的账户余额进行函证，再从剩余账户余额中采用抽样或其他方法选取样本进行函证，以保证样本足以代表总体。

需要注意的是，账户余额的大小不是决定确认银行的唯一条件。对于一些资产负债表日余额较小但交易发生频繁的账户，注册会计师也应当进行函证。

2.交易的性质、数量和金额。注册会计师应当根据交易的性质、发生频率和金额来选择函证重点，并重点关注特殊且复杂的交易或事项。例如，当商业银行的重要资金来源渠道之一是卖出回购资产（如票据、证券和贷款）时，注册会计师在选择确认银行时应当根据回购交易的发生频率、发生额和期末余额等有针对性地进行函证，包括买断式回购协议下担保物的再销售或再质押等情况。

3.相关内部控制的可信赖程度。相关内部控制的可信赖程度与函证样本量的选择负相关。通常，相关内部控制的可信赖程度越高，函证的样本量越少；相关内部控制的可信赖程度越低，函证的样本量越多。

4.重要性与审计风险。重要性和审计风险是决定确认银行的重要因素，也是确定函证样本量的重要依据。账户余额层次的重要性水平也称为可容忍错报。可容忍错报越小，注册会计师选取函证的样本量就越大；可容忍错报越大，注册会计师选取函证的样本量就越小。重大错报风险越高，选取的样本通常也越大。

以上四个要素相互联系。注册会计师应当综合考虑其影响，合理运用职业判断，以恰当确定函证的样本量和选择确认银行。对银行特定活动的测试可以以不同的方式组织，因此确认函可能仅限于询问这些活动。对个别交易的确认既可能构成银行内部控制系统测试的一部分，也可能是验证银行特定日期财务报表列示金额的方式。因此，询证函的设计应满足他们所要实现的特定目的的需要。

二、函证方式的选择

在函证方式选择上,本准则第五条规定,注册会计师应当采用积极的函证方式,要求确认银行对所函证的账户余额或其他信息予以回函。

即使商业银行向确认银行发送了询证信息,在获取满意的回答时也可能遇到困难。因此,对所有询证函获取回函显得十分重要。在积极的函证方式下,注册会计师要求确认银行在所有情况下必须回函,确认询证函所列示信息是否正确或填列询证函要求的信息;在消极的函证方式下,注册会计师只要求接受询证函者在不同意询证函列示信息的情况下才予以回函。通过积极函证方式获取的审计证据的可靠性要高于通过消极函证方式获取的审计证据的可靠性,这主要是因为在采用积极函证方式下注册会计师在未收到回函时应当采取必要的替代程序,而采用消极函证方式时,未收到回函被视为被函证信息是正确的,即使接受询证函者没有理睬也是如此。由于商业银行拥有大量货币性资产,从事的交易种类繁多、金额巨大,且存在大量资产负债表表外业务,潜在风险很大。因此,为了保证通过函证程序获取的审计证据的可靠性,本准则要求采用积极函证方式。这既是由商业银行的经营特征和面临的诸多风险决定的,也是注册会计师保证执业质量、降低审计风险的要求。

此外,注册会计师还应当确定询证函寄发的适当场所,如内部审计、检查或其他业务部门(该部门可以由确认银行为作出答复的需要而指定)。在通常情况下,将询证函寄至上述部门所在的银行总部或确认银行当地的分支机构是合适的。而且,如果可能,询证函应选择适当的语言(通常使用确认银行所使用的语言,或者在业务中经常使用的语言)。

三、询证函的编制方法

本准则第六条规定,注册会计师编制询证函时,可选用下列方法:

(1)在询证函中列示账户余额或其他信息,要求确认银行确认其准确性和完整性;

(2)要求确认银行在询证函中列示账户余额或其他信息的详细情况,据以与商业银行的记录相比较。

第一种方法便于确认银行进行核对,有利于提高回函率,但是确认银行有可能不认真对待询证函,导致回函质量降低;第二种方法有利于提高审计证据的可靠性,但是在一定程度上增加了确认银行的工作量,导致回函率较低。因此,在选用上述方法时,注册会计师应当考虑函证的目的、对审计证据质量的要求及回函的可能性。

四、询证函的寄发

1.寄发人和收件人。本准则第七条规定,注册会计师应当经商业银行同意,以商业银行的名义向确认银行寄发询证函,并要求确认银行直接向注册会计师所在的会计师事务所回函。尽管确定函证的内容和寄发询证函是注册会计师的责任,但是获取被审计商业银行的授权也是必要的。

为了便于确认银行回函,提高确认银行的回函率,注册会计师应在寄发询证函时附带预先写明地址的信封,并要求商业银行认可询证函中的下述文字:"本行聘请的××会计师事务所正在对本行财务报表进行审计,按照中国注册会计师审计准则的要求,须询证贵行与本行往来账户的余额或其他信息。本询证函共××页,包括两部分内容,第一部分中的信息出自本行账簿记录,如与贵行记录相符,请在本函下端'信息证明无误'处签章证明;如有不符,请在'信息不符'处列明不符情况;第二部分的信息空白处,请贵行根据我们的要求据实填列。有关询证费用请通知本行支付。回函请直接寄至××会计师事务所。"(参见附录1612-1),并加盖公章。

2. 寄发时间的选择。本准则第八条规定,注册会计师应当根据函证事项的性质等因素确定寄发询证函的时间。

函证通常以资产负债表日为截止日,并于资产负债表日后的适当时间实施。对于性质、金额不重要或发生不频繁的交易,如果商业银行内部控制可信赖程度较高,注册会计师也可以选择资产负债表日前适当日期为截止日对账户余额或其他信息进行函证,并对剩余期间的变动情况实施其他实质性程序。此外,注册会计师还应当考虑确认银行的回函时间,以便尽可能在审计工作结束前获取函证的全部资料。

第三章 函证的内容

本准则第三章(第九条至第十条),主要说明注册会计师如何确定询证函的内容。

一、函证内容的确定

本准则第九条规定,注册会计师应当根据函证目的及商业银行会计信息系统(如是否广泛使用了电子数据处理系统)等情况确定函证的内容。

函证的目的是注册会计师通过实施函证,获取和评价与函证信息相关的审计证据。函证通常能够提供支持存在或发生、权利和义务等认定的审计证据,而难以对计价和分摊等认定提供证据支持。商业银行会计信息系统的主要功能在于确认、计量、记录和报告相关交易和事项,注册会计师应当根据函证目的及商业银行会计信息系统的特点等情况确定易于回函的账户余额或其他信息类型。

询证函的内容应当简明和清晰,而且与商业银行的记录相一致,以便于确认银行理解。

需要注意的是,在函证时,并不是所有函证所需寻求的信息都应当在同一时间获得。因此,询证函可以在年度内的不同时间予以寄发。

二、函证的主要内容

本准则第十条指出,注册会计师函证的内容主要包括:

1. 商业银行与确认银行之间的存款、贷款和同业往来等账户(包括零余额的往来账户和在函证日之前十二个月内注销的往来账户)的余额及到期日、利息条款、未使用的授信额度、抵销权、抵押权和质押权等详细情况。询证函应当载明账户摘要、账号和币种等有关信息。

2. 商业银行与确认银行之间因担保、承诺和承兑等资产负债表表外业务产生的或有负债。询证函应当载明或有负债的性质、币种和金额等有关信息。

3. 资产回购和返售协议以及未履约期权。询证函应当载明协议标的、签订日、到期日和达成交易的条件等有关信息。

4. 与远期外汇合约和其他未履行合约有关的信息。询证函应当载明每项合约的编号、交易日、到期日、成交价格、币种和金额等有关信息。

5. 确认银行代为保管的有价证券等项目。询证函应当载明项目摘要和权属等有关信息。

除上述内容外，注册会计师应当考虑对同一确认银行的相关账户和其他信息同时进行函证，以保证完整性，并提高审计效率。

第四章 回函的评价

本准则第四章（第十一条至第十三条），主要说明注册会计师在评价回函时应当考虑的主要因素和实施替代程序。

一、评价回函时应当考虑的主要因素

本准则第十一条规定，在评价通过函证程序获取的审计证据是否充分时，注册会计师应当考虑以下三个方面的因素：

1. 函证程序的可靠性。注册会计师应当保持对函证过程的全程控制，以提高通过函证程序获取的审计证据的可靠性。《中国注册会计师审计准则第1312号——函证》规定，当实施函证时，注册会计师应当对选择被询证者、设计询证函以及发出和收回询证函保持控制。在实施银行间函证程序时，注册会计师可以通过下列措施对函证实施过程进行控制：（1）独立确定确认银行；（2）将确认银行的名称、地址与商业银行的有关记录核对；（3）将询证函中列示的账户余额或其他信息与商业银行的有关资料核对；（4）在询证函中指明直接向接受审计业务委托的会计师事务所回函；（5）询证函经商业银行盖章后，由注册会计师直接发出；（6）将发出询证函的情况形成审计工作记录；（7）将收到的回函形成审计工作记录，并汇总统计函证结果；（8）评价函证结果的可靠性。

如果有迹象表明收回回函不可靠，注册会计师应当实施适当的审计程序予以证实，或者消除疑虑。

2. 不符事项的性质和金额。注册会计师应当分析不符事项的性质和金额，并分别不同情况进行相应处理。

不符事项可能是由于商业银行和确认银行因记账时间不同而形成的未达账项，也可能是由于其他原因造成的例外事项。因为未达账项的存在是客观的，注册会计师应当重点关注其他原因导致的不符事项。这些事项可能隐藏着导致财务报表发生重大错报风险的错误或舞弊。

3. 实施其他审计程序获取的审计证据。实施其他审计程序能够为函证程序提供佐证证据，注册会计师应当一并考虑。

注册会计师应当考虑不符事项是否构成错报及其对商业银行财务报表可能产生的影响，并将结果形成审计工作记录。

二、替代程序

本准则第十二条规定，当未收到确认银行的回函时，注册会计师应当实施替代审计程序。

如果在预期时间内没有收到回函,注册会计师应考虑与确认银行通过电话、传真或电子邮件等方式取得联系,要求对方作出回应或再次发出询证函。如果仍未收到回函,注册会计师应当实施替代审计程序,如审计期后事项或检查有关凭据。

替代程序的性质、时间和范围取决于未回函账户余额或其他信息的重要程度、未回函潜在的错报类型、未回函账户或其他信息的期后现金流动以及商业银行的内部控制等。注册会计师通常应当对所有未回函账户或其他信息实施替代程序,即使余额很小或为零。

本准则第十三条进一步规定,如果通过函证、替代审计程序和其他审计程序所获取的审计证据不充分,注册会计师应当扩大函证范围或追加审计程序。

附录 1612-1

银行间询证函参考格式
银行询证函

编号:

××(银行):

本行聘请的××会计师事务所正在对本行财务报表进行审计,按照中国注册会计师审计准则的要求,须询证贵行与本行往来账户的余额或其他信息。本询证函共___页,包括两部分内容,第一部分中的信息出自本行账簿记录,如与贵行记录相符,请在本函下端 信息证明无误 处签章证明;如有不符,请在 信息不符 处列明不符情况;第二部分的信息空白处,请贵行根据我们的要求据实填列。有关询证费用请通知本行支付。回函请直接寄至××会计师事务所。

回函地址:
邮编: 联系电话: 联系人: 传真:
第一部分:
截至 年 月 日,本行有关账户余额或其他信息等列示如下:
1. 活期存款

单位:元

账户名称	账号	余额	利息条款	质押冻结情况	备注

2. 定期存款

单位：元

账户名称	账号	余额	到期日	利息条款	质押冻结情况	备注

3. 贷款

单位：元

贷款方式	账号	币种	合同金额	余额	未使用的授信额度	到期日	利息条款	备注

4. 存放同业

单位：元

账户名称	账号	币种	余额	到期日	利息条款	质押冻结情况	备注

5. 同业存放

单位：元

账户名称	账号	币种	余额	到期日	利息条款	质押冻结情况	备注

（续表）

账户名称	账号	币种	余额	到期日	利息条款	质押冻结情况	备注

6. 拆出资金

单位：元

账户名称	账号	币种	拆出资金	到期日	利息条款	备注

7. 拆入资金

单位：元

账户名称	账号	币种	拆入资金	到期日	利息条款	备注

8. 回购协议和返售协议以及未履约期权

单位：元

性质	标的	币种	金额	签订日期	到期日	利息条款	备注

9. 远期外汇合约、未履行合约

单位：元

编号	性质	交易日	到期日	成交价格	币种	金额	备注

10. 其他合约

单位：元

编号	性质	交易日	到期日	成交价格	币种	协议价格	备注

11. 代保管有价证券和其他项目

单位：元

账户	权属	期限	数量或金额	备注

12. 其他事项，如未使用授信额度和抵消权等

（银行盖章）

年　月　日

结论：1. 信息证明无误。

（银行盖章）
年 月 日

2. 信息不符，请详细列明不符情况及其原因（可随函附送相关材料）。

（银行盖章）
年 月 日

第二部分：
1. 请列出在 年 月 日前十二个月注销的任何账户的情况

账户名称	账号	注销日	备注

2. 或有负债（例如担保、承诺和承兑等资产负债表外项目）

单位：元

或有负债性质	币种	金额	备注

3. 其他事项

（银行盖章）
年 月 日

《中国注册会计师审计准则第 1613 号——与银行监管机构的关系》应用指南

(2007 年 11 月 29 日修订)

第一章 总 则

《中国注册会计师审计准则第 1613 号——与银行监管机构的关系》(以下简称本准则)第一章(第一条至第二条),主要说明本准则的制定目的和适用范围。

一、本准则的制定目的

商业银行是金融体系的主体,其稳健运营关系到金融稳定、经济发展和社会公众利益的保护。商业银行在经济发展中发挥中枢作用。他们吸收社会公众存款,为企业提供支付手段和融资。为安全和有效地发挥这种作用,所有商业银行均应博得社会公众和业务往来方的信任。因此,国内金融体系和国际金融体系的稳定性均被认为是关乎社会公众利益的大事。这种公众利益反映在银行不同于其他商业企业,它们会受到银行监管机构的审慎监管。巴塞尔委员会于 1997 年 9 月颁布了"有效银行监管的核心原则",简称巴塞尔核心原则。巴塞尔核心原则(被世界银行和国际货币基金组织进行国家评审时所采用)是我国银行监管机构为进行有效银行监管的基本参考。本准则也适当考虑了巴塞尔核心原则。银行监管机构的监管和注册会计师的审计在维系银行体系的稳健运营方面发挥着重要作用。

银行的财务报表也需注册会计师审计。注册会计师遵循适用的道德和审计准则实施审计。这些道德和审计准则要求注册会计师保持独立、客观、专业胜任能力及应有的关注,对审计工作进行充分的计划和监督。审计意见为财务报表提供可信性,并增强公众对银行体系的信心。目前国内及国际银行业务日趋复杂,对银行监管机构及注册会计师的要求越来越高。虽然银行监管机构与注册会计师在目标、工作程序和方法等方面有很大差异,但两者在一定程度上可以相互合作,共同促进商业银行的稳健运营。一方面,银行监管机构可以借助注册会计师对商业银行财务报表出具的审计报告,判断商业银行财务报表的可靠程度,并作为监管信息的一个重要来源,他们也可以将有助于履行监管职责的一些任务转交给注册会计师执行;另一方面,注册会计师从银行监管机构获取信息,以便更有效地履行自己的职责。注册会计师也可以将银行监管机构出具的监管报告作为审计证据,以支持对商业银行财务报表发表的审计意见。此外,银行监管机构还可以借助于注册会计师的专业技能为其履行监管职责提供技术支持。因此,加强双方之间的理解、沟通和合作对履行各自的职责十分重要。

本准则第一条指出,为了明确在商业银行财务报表审计中商业银行治理层、管理层的责任和注册会计师的责任，促进注册会计师与银行监管机构之间的理解与合作，提高审计的有效性，制定本准则。

二、本准则的适用范围

除了执行商业银行财务报表审计外，注册会计师还可能接受银行监管机构的委托从事某项专项业务。因此，本准则第二条规定，本准则适用于注册会计师执行商业银行财务报表审计业务，并适用于接受银行监管机构委托执行专项业务。

第二章 商业银行治理层和管理层的责任

本准则第二章（第三条至第九条），主要说明商业银行治理层和管理层在商业银行经营管理中的责任，以及与商业银行财务报表审计相关的责任。

一、对治理层和管理层责任的总体规定

本准则第三条指出，商业银行的治理层和管理层应当按照《中华人民共和国公司法》（以下简称公司法）、《中华人民共和国商业银行法》（以下简称商业银行法）及其他法律法规的规定履行治理责任和管理责任。

商业银行是指依照《商业银行法》和《公司法》设立的吸收公众存款、发放贷款、办理结算等业务的企业法人。《公司法》对股东（大）会、董事会、监事会和经理等商业银行治理层和管理层的职责作出了明确的规定，包括董事、监事和经理的资格及义务。《商业银行法》第十条规定，商业银行的组织形式、组织机构适用《公司法》的规定。此外，国务院和相关银行监管机构在不同时期还制定了许多法律和规范性文件。例如，《国有重点金融机构监事会暂行条例》《股份制商业银行董事会尽职指引》《股份制商业银行公司治理指引》和《股份制商业银行独立董事和外部监事制度指引》等。

由于组织形式、组织机构及规模等因素不同，不同商业银行的治理层和管理层责任也可能不同。注册会计师在执行审计业务时，可以结合法律法规中的相关规定和商业银行的内部规章（如章程）等，了解商业银行治理层的监督责任和管理层的管理责任。

二、治理层和管理层行使的经营管理责任

本准则第四条指出，商业银行的经营管理主要由治理层及其任命的管理层负责。

商业银行的治理层和管理层负责商业银行的经营管理。治理层和管理层之间需要建立起一种有效的权责制衡关系，以实现保护商业银行股东和社会公众的利益。例如，《公司法》第五十条规定，有限责任公司可以设经理，由董事会决定聘任或者解聘。经理对董事会负责，行使下列职权：（1）主持公司的生产经营管理工作，组织实施董事会决议；（2）组织实施公司年度经营计划和投资方案；（3）拟订公司内部管理机构设置方案；（4）拟订公司的基本管理制度；（5）制定公司的具体规章；（6）提请聘任或者解聘公司副经理、财务负责人；（7）决定聘任或者解聘除应由董事会决定聘任或者解聘以外的负责管理人员；（8）董事会授予的其他职权。

本准则第四条进一步说明管理层为履行经营管理责任所需实现的下列目的：

（1）商业银行工作人员具备充分的专业技能和诚信，关键岗位工作人员具有丰富的工作经验；

（2）针对商业银行各项业务建立并实施恰当的政策、制度和程序；
（3）建立适当的管理信息系统；
（4）具有适当的风险管理政策和程序；
（5）遵守包括有关偿付能力和流动性要求在内的法律法规及监管规定；
（6）充分保障股东、存款人及其他债权人的利益。

其中第（2）项中指出的针对商业银行各项业务建立并实施的恰当的政策、制度和程序，包括但不限于以下方面：
（1）推行高标准的职业道德和行业准则；
（2）能够准确识别和评估所有重大风险以及恰当监督、控制这些风险的系统；
（3）适当的内部控制、组织结构和会计程序；
（4）资产质量的评价、资产的恰当确认和计量；
（5）"了解客户背景"规则的制定，以防范利用商业银行犯罪；
（6）适当控制环境的采用，以实现既定的业绩、信息及合规性目标；
（7）内部审计职能部门对遵守法规情况的检查以及对内部控制有效性的评价。

三、治理层和管理层与财务报表审计相关的责任

商业银行治理层和管理层的责任涉及商业银行经营管理的各个方面，本准则第五条至第八条主要说明与财务报表审计密切相关的责任。

（一）与会计工作相关的责任

《商业银行法》第五章"财务会计"明确规定了商业银行在财务会计工作方面的责任。例如，《商业银行法》第五十五条规定，商业银行应当按照国家有关规定，真实记录并全面反映其业务活动和财务状况，编制年度财务会计报告，及时向国务院银行业监督管理机构、中国人民银行和国务院财政部门报送。商业银行不得在法定的会计账册外另立会计账册。结合相关法律法规的有关规定，本准则第五条指出，管理层负责建立会计信息系统，保持足以支持财务报表的会计记录，并按照适用的会计准则和相关会计制度的规定编制财务报表。管理层的责任还包括确保注册会计师完整地、不受限制地获得对财务报表和审计意见产生重大影响的所有必需信息。管理层有责任向银行监管机构提供法律法规要求的所有信息。

明确管理层对会计工作相关的责任，有助于注册会计师在执行审计业务时更充分地与管理层沟通，以获取对财务报表和审计意见产生重大影响的必要信息。此外，治理层通常对会计工作负有监督责任，注册会计师应当按照《中国注册会计师审计准则第1151号——与治理层的沟通》的规定及时与治理层沟通，特别是沟通审计工作发现或遇到的问题，例如审计范围受到限制等。

（二）与内部控制相关的责任

2002年9月，中国人民银行发布《商业银行内部控制指引》，对商业银行建立、健全内部控制提出了明确要求。2004年12月，中国银行业监督管理委员会（以下简称银监会）发布《商业银行内部控制评价试行办法》。银行监管机构发布的有关商业银行内部控制的规定是商业银行建立有效内部控制的一个基本标准。因此，本准则第六条指出，治理层有责任确保建立并维护有效的内部控制，并根据法律法规的规定成立审计委员会履行有关职责。为提高工作有效性，审计委员会应当允许和鼓励内部审计人员、注册会

计师参加审计委员会会议。

经常性的会议不仅有助于提高注册会计师的独立性和内部审计人员的可信度，而且有助于审计委员会行使加强公司治理的主要职能。在一些国家，法律法规明确要求召开这样的会议。

需要注意的是，治理层对公司治理、内部控制环境建设负有监督责任，而管理层则负有设计内部控制并维护其有效运行的责任。

（三）与内部审计相关的责任

独立、有效的内部审计，是改善商业银行公司治理、加强内部控制、提高外部监管有效性的重要措施。除在相关内部控制制度中体现对内部审计的要求外，2006年6月，银监会发布了《银行业金融机构内部审计指引》。结合相关法规的要求，本准则第七条指出，管理层有责任按照相关法律法规的规定和治理层的要求，设立与商业银行规模及业务性质相适应的内部审计部门并保证其有效运行。

建立内部审计部门并保证其有效运行是银行持续对内部控制进行监督的内容之一，因为它能够评估银行制定的政策和程序是否恰当和有效的执行，为银行建立恰当、有效和稳定的风险管理及控制程序提供保证，并确保内部审计部门独立于负责日常执行这些政策和程序的部门。为履行职责，管理层应采取所有必要措施以确保具有持续、恰当的内部审计职能。

本准则第八条说明了内部审计部门的工作范围及职责：

（1）为保证审计工作充分有效，内部审计部门应当独立于所审计或核查的业务活动，并独立于日常内部控制过程；

（2）商业银行的所有业务活动以及分支机构、子公司和其他组成部分都应纳入内部审计部门的核查范围；

（3）内部审计部门应当定期向治理层和管理层报告内部控制及风险管理系统的运行情况，以及内部审计目标完成情况。管理层应当建立能够确保内部审计建议得到考虑、并在适当时得以实施的程序。

需要指出的是，每个内部审计人员及内部审计部门整体的专业胜任能力对于内部审计职能恰当地发挥作用至关重要。因此内部审计部门需要配备具有适当技能和专业胜任能力的人员，而且他们不应该负有经营责任。注册会计师还需关注内部审计部门向治理层和管理层汇报的渠道，以评价内部审计部门的工作是否有效。

（四）注册会计师的审计不能减轻治理层和管理层的责任

在被审计单位治理层的监督下，按照适用的会计准则和相关会计制度的规定编制财务报表是被审计单位管理层的责任。本准则第九条强调，注册会计师对商业银行财务报表的审计不能减轻商业银行治理层和管理层的责任。此外，商业银行治理层和管理层的责任也不因存在银行监管机构设立的监管制度而减少。

第三章　注册会计师的责任

本准则第三章（第十条至第二十二条），主要说明注册会计师对商业银行财务报表审计的责任，财务报表审计实施的主要程序和遵循的基本原则。

一、注册会计师对商业银行财务报表审计的责任

（一）注册会计师对商业银行财务报表审计的责任

本准则第十条规定，注册会计师的责任是按照中国注册会计师审计准则（以下简称审计准则）的规定，对商业银行财务报表是否按照适用的会计准则和相关会计制度的规定编制，是否在所有重大方面公允反映商业银行的财务状况、经营成果和现金流量发表审计意见。

明确注册会计师的责任，有助于防止商业银行治理层和管理层及银行监管机构误解注册会计师的执业范围及责任，有利于降低注册会计师的执业风险。

（二）审计报告的致送对象和作用

本准则第十一条第一款规定，注册会计师应当根据业务约定恰当致送审计报告，致送对象通常为股东或董事会，但审计报告也可能被存款人、债权人及银行监管机构等方面获取。

审计报告是注册会计师在完成商业银行审计工作后向委托人提交的最终产品。审计报告的致送对象通常是商业银行的股东或董事会。由于注册会计师作为独立第三方，运用专业知识、技能和经验对商业银行财务报表进行审计并发表审计意见，可以提高商业银行财务报表的可信赖程度。因此，除商业银行的股东（董事会）外，审计报告也可能被存款人、债权人及银行监管机构等方面获取，通过审计报告了解他们所关注的信息。

但是，虽然财务报表的使用者可以根据财务报表和审计意见对商业银行未来生存能力或管理层经营效率和效果作出某种判断，但审计意见本身并不是对商业银行未来生存能力或管理层经营效率、效果提供的保证。因此，第十一条第二款规定，注册会计师的审计意见可以提高商业银行财务报表的可信赖程度，但不是对商业银行未来生存能力或管理层经营效率、效果提供的保证。

二、财务报表审计实施的主要程序和遵循的基本原则

为了加强注册会计师与银行监管机构的沟通和了解，本准则第十二条至第二十条简要描述了注册会计师为了实现审计目标应当实施的主要审计程序以及在审计工作中遵循的基本原则。

（一）了解商业银行及其环境

1. 总体要求。本准则第十二条规定，注册会计师应当了解商业银行及其环境，以足够识别和评估财务报表重大错报风险、设计和实施进一步审计程序。

了解商业银行及其环境，是注册会计师审计的必要程序。了解商业银行及其环境是一个连续和动态地收集、更新与分析信息的过程，贯穿于整个审计过程的始终。了解商业银行及其环境的目的在于识别和评估与商业银行财务报表有关的重大错报风险，并针对重大错报风险设计和实施进一步审计程序。

2. 商业银行的特点。在评估商业银行财务报表重大错报风险时，注册会计师应当考虑商业银行的独特经营特征和面临的诸多风险。本准则第十三条规定，在评估商业银行财务报表重大错报风险时，注册会计师应当考虑商业银行的特征，主要包括：

（1）经营包括现金及可转让票据在内的大量货币性项目，银行还负责保管及控制可转让票据和可电子转账的其他资产。这些项目流动性的特征使银行易发生贪污及舞弊问题。为此，商业银行必须制定正式的操作程序、明确个人权限和建立健全严格的内部控制。

（2）从事的交易种类繁多、次数频繁、金额巨大，要求建立严密的会计信息系统，并广泛使用信息技术及电子资金转账系统。由此，客户可不通过银行人员直接操作并完成某些交易，比如通过互联网和自动柜员机进行的交易。

（3）分支机构众多，分布区域广，会计处理和控制职能分散，要求保持统一的操作规程和会计信息系统，特别是银行网络遍布多个国家时更是如此。

（4）存在大量不涉及资金流动的资产负债表表外业务，要求采取控制程序进行记录和监控。

（5）高负债经营，债权人众多，与社会公众利益密切相关，受到商业银行监管法规的严格约束和政府有关部门的严格监管。

此外，注册会计师还需结合具体审计业务和商业银行所处环境了解其他具体特征。例如：

（1）银行经常涉及交易发生、记录及管理地点分别属于不同的司法管辖区域的交易。

（2）商业银行可能发行及交易复杂的金融工具，有些金融工具需以公允价值计入财务报表。因此商业银行应建立恰当的评估及风险管理程序。这些程序是否有效，取决于所用的方法及数学模型是否合适、是否可以获得可依赖的当前及历史市场信息及数据是否完整。

（3）银行拥有价值可能变化迅速且难于确定的资产。相应地，资产价值相对微小的下降均可能对资本造成重大影响，并且有可能影响其法定偿付能力。

（4）银行资金很大一部分来自短期存款（无论是否参加存款保险），如果存款人对银行的偿付能力失去信心，则可能很快引起流动性危机。

（5）银行对所保管的属于他人的资产负有受托责任，并可能因为违反信托约定而产生负债。因此银行需要制定操作程序和设计内部控制措施，以保证只按照针对转移到银行的资产所做的约定管理这些资产。

（6）政府机构对银行的监管要求经常会影响银行遵循的会计原则。如果银行不符合监管要求，例如对资本充足率的要求，银行的财务报表及其披露可能受到影响。

（7）注册会计师、助理审计人员或会计师事务所与银行的客户关系可能影响注册会计师的独立性，但与其他企业存在的客户关系可能不存在这种情况。

（8）一般而言，银行能够完全进入票据、资金划转及外汇交易的清算及结算系统。银行是国内及国际结算系统的组成部分，或是与其相连，因而可能对其所在国家形成系统风险。

充分了解商业银行的特征，有助于注册会计师有效地识别商业银行的主要风险领域，有助于注册会计师评估自身的专业胜任能力，并考虑是否需要利用专家的工作。

（二）针对评估的重大错报风险实施审计程序

对银行所有交易进行详细审计，不仅耗时、成本昂贵，而且不切合实际，因此注册会计师一般在风险评估的基础上实施控制测试，并在抽样的基础上执行实质性程序。为此，本准则第十四条规定，注册会计师应当针对评估的财务报表层次重大错报风险确定总体应对措施，并针对认定层次重大错报风险设计和实施进一步审计程序。

总体应对措施包括：根据评估的重大错报风险，向项目组强调在收集和评价审计证据过程中保持职业怀疑态度的必要性；分派更有经验或具有特殊技能的审计人员，或利用专家的工作；提供更多的督导；对拟实施审计程序的性质、时间和范围作出总体修改。

进一步审计程序是指注册会计师针对评估的各类交易、账户余额、列报（包括披露，下同）认定层次重大错报风险实施的审计程序，包括控制测试和实质性程序。实质性程序包括检查、观察、询问及函证、计算和分析程序等。

在确定总体应对措施和实施进一步审计程序时，注册会计师应当充分关注反映在商业银行财务报表中的贷款、投资及其他资产的可回收性和账面价值，以及所有重大承诺、负债和或有事项在商业银行财务报表中的列报与披露。

（三）评价和考虑利用内部审计工作

本准则第十五条指出，商业银行的内部审计工作有助于注册会计师执行审计业务，注册会计师应当评价和考虑利用内部审计工作。注册会计师在评价内部审计工作时，应当考虑内部审计部门在组织结构中的地位、工作范围、内部审计人员的专业胜任能力以及能否保持职业谨慎。

在评价和考虑利用商业银行内部审计工作时，注册会计师应当按照《中国注册会计师审计准则第1411号——考虑内部审计工作》的规定执行。需要注意的是，注册会计师应当对与财务报表审计有关的所有重大事项作出独立的职业判断，其责任不因利用内部审计工作而减轻。

（四）职业判断

注册会计师在审计工作中会运用大量判断，本准则第十六条指出，职业判断贯穿于注册会计师审计工作的全过程，注册会计师主要在下列方面运用职业判断：（1）评估重大错报风险；（2）确定审计程序的性质、时间和范围；（3）评价审计程序的实施结果；（4）评估管理层在编制财务报表时所作出的判断和估计的合理性。

（五）重要性

注册会计师计划和实施审计工作，对查出单独或整体上对银行财务报表有重大影响的错报做出合理保证。关于重要性水平，注册会计师应当根据《中国注册会计师审计准则第1221号——重要性》的相关规定确定。重要性取决于在具体环境下对错报金额和性质的判断。如果一项错报单独或连同其他错报可能影响财务报表使用者依据财务报表作出的经济决策，则该项错报是重大的。本准则第十七条第一款规定，注册会计师应当从财务报表层次和各类交易、账户余额、列报（包括披露）认定层次考虑重要性。

重要性水平可能受其他需要考虑的因素影响，比如法律法规的要求及个别报表科目余额及它们之间的关系。如果从财务报表的不同方面考虑，可能会得出不同的重要性水平。注册会计师除执行商业银行财务报表审计外，可能会接受委托执行专项业务。由于业务性质、报告目的及风险不同，注册会计师对商业银行财务报表审计时使用的重要性水平可能与执行专项审计业务时使用的重要性水平不同。例如，银行监管机构委托注册会计师对商业银行的某类资产进行专项审计，重要性水平可能会低于注册会计师对商业银行财务报表审计时对该项资产确定的可容忍错报（重要性水平）。因此，本准则第十七条第二款还规定，注册会计师审计商业银行财务报表时使用的重要性水平可能与其向银行监管机构提交专项报告时使用的重要性水平不同。

（六）合理保证

本准则第十八条指出，注册会计师应当获取商业银行财务报表整体不存在重大错报的合理保证。

合理保证与绝对保证是一个相对的概念。绝对保证是指注册会计师对财务报表整体不存在重大错报提供百分之百的保证。合理保证要求注册会计师通过系统的执业过程，获取充分、适当的审计证据，对财务报表整体发表审计意见，它提供的是一种高水平但非百分之百的保证。

注册会计师不能对财务报表整体不存在重大错报获取绝对保证，是由于审计中存在的固有限制影响注册会计师发现重大错报的能力。因此本准则第十八条进一步指出，由于存在下列固有限制，注册会计师即使按照审计准则的规定恰当地计划和实施审计工作，也不可能绝对保证发现商业银行财务报表中的所有重大错报：（1）选择性测试方法的运用；（2）内部控制的固有局限性；（3）大多数审计证据是说服性而非结论性的；（4）为形成审计意见而实施的审计工作涉及大量判断；（5）某些特殊性质的交易和事项可能影响审计证据的说服力。

（七）考虑舞弊或错误导致的重大错报

商业银行的稳健运营关系到金融稳定和社会公众的利益。一旦商业银行发生管理层或员工舞弊行为，很可能影响商业银行的经营和声誉，甚至造成其破产倒闭。因此，本准则第十九条第一款规定，注册会计师应当考虑商业银行财务报表是否存在舞弊或错误导致的重大错报。

舞弊导致的重大错报风险属于需要注册会计师特别考虑的重大错报风险，即特别风险。对此，注册会计师应当在整个审计过程中以职业怀疑态度计划和执行审计工作，充分考虑由于错误与舞弊导致财务报表的重大错报风险的可能性，并通过设计和实施审计程序，将重大错报风险降至可接受的低水平。《中国注册会计师审计准则第 1141 号——财务报表审计中对舞弊的考虑》中列明了舞弊因素，这些因素可能会使注册会计师对可能存在的舞弊引起警觉，如果注册会计师发现了舞弊的证据，应当根据相关法律、法规考虑是否向银行监管部门披露舞弊的信息。

本准则第十九条第二款规定，在考虑由舞弊导致的重大错报时，注册会计师应当关注：

1. 由于舞弊者可能通过精心策划（如伪造、蓄意漏记交易等）以掩盖其舞弊行为，舞弊导致的重大错报未被发现的风险，通常大于错误导致的重大错报未被发现的风险。尤其是在串谋的情况下，舞弊导致的重大错报更难发现。

2. 由于管理层往往能够凌驾于内部控制之上，直接或间接地操纵会计记录并编报虚假财务信息，管理层舞弊导致的重大错报未被发现的风险，通常大于员工舞弊导致的重大错报未被发现的风险。因而注册会计师应保持职业怀疑态度计划和实施审计，以识别可能引起财务报表重大错报的情况。

（八）出具审计报告

审计报告是注册会计师根据审计准则的规定，在实施审计工作的基础上对商业银行财务报表发表审计意见的书面文件。审计意见包括无保留意见、保留意见、否定意见和无法表示意见。当注册会计师认为商业银行财务报表符合下列所有条件时，应当出具无保留意见的审计报告：(1)财务报表已经按照企业会计准则和《金融企业会计制度》的规定编制，在所有方面重大方面公允反映了商业银行的财务状况、经营成果和现金流量；(2)注册会计师已经按照中国注册会计师审计准则的规定计划和实施审计工作，在审计过程中未受到限制。否则，注册会计师就会视其对财务报表的影响程度出具保留意见、否定意见和无法表示意见的审计报告。本准则第二十条指出了对商业银行财务报表出具保留意见、否定意见和无法表示意见审计报告的情形：

1. 如果发现财务报表存在重大错报（例如，采用不恰当的会计政策或资产计价方法，或未能披露必要的信息），注册会计师应当提请商业银行予以更正。如果商业银行拒绝更正，注册会计师应当对财务报表出具保留意见或否定意见的审计报告（这样的报告会对银行的可信度甚至稳定性产生严重影响，因此管理层通常采取必要措施以避免这样的结果）。

2. 如果商业银行未能提供审计工作所要求的所有必需信息，注册会计师应当就这些事项与商业银行管理层和治理层沟通。如果仍未获得所有必需信息，注册会计师应当对财务报表出具保留意见或无法表示意见的审计报告。

（九）与管理层和治理层的沟通

注册会计师通常就在审计中注意到的某些事项与管理层沟通，这些事项包括商业银行内部控制的重大缺陷和财务报表的错报。这些内部控制缺陷或错报是在审计过程中所注意到的问题，但不必因此出具非标准审计报告（通过采取其他内部控制程序弥补内控缺陷，或在财务报表中已更正有关错报或就财务报表整体而言错报并不严重）。注册会计师还可能就与治理层责任相关的事项与治理层沟通。与管理层和治理层沟通有助于明确注册会计师与商业银行管理层和治理层在财务报表审计中的责任，取得相互了解。《中国注册会计师审计准则第1151号——与治理层的沟通》对注册会计师与治理层的沟通作出了明确规定。本准则第二十一条第一款指出，注册会计师应当按照《中国注册会计师审计准则第1151号——与治理层的沟通》的规定，及时和管理层、治理层沟通与财务报表审计相关的事项。

与财务报表审计相关的事项通常包括：（1）注册会计师的责任；（2）计划的审计范围和时间；（3）审计工作中发现的问题（包括审计工作中遇到的重大困难）；（4）注册会计师的独立性；（5）法律法规和审计准则要求沟通的事项，以及与治理层或管理层商定沟通的事项；（6）补充事项（在财务报表审计过程中引起注册会计师注意的事项，以及注册会计师根据职业判断认为与治理层的责任关系重大、且管理层或其他人员尚未与治理层有效沟通的事项）。

与管理层和治理层的沟通可以是口头沟通也可以是书面沟通。有效的沟通形式不仅包括正式声明和书面报告等正式方式，也包括讨论等非正式的方式。

注册会计师可能应特别要求或根据惯例向管理层提交长式报告，以更系统和详细地向管理层说明注册会计师在审计中发现的问题。本准则第二十一条第二款指出，在某些情况下，注册会计师可以向管理层或银行监管机构提交一份长式报告，详细说明某些重大事项，如账户余额或贷款组合的明细项目、某些财务比率、内部控制的有效性、商业银行风险分析及合规情况等。

（十）对重大事项考虑告知银行监管机构

本准则第二十二条规定，如果存在下列事项，注册会计师应当根据相关法律法规的规定，考虑是否需要及时将这些事项告知银行监管机构：

1. 构成重大违反法律法规的事项。如账外经营或"小金库"。

2. 影响商业银行持续经营的事项或情况。如资本充足率持续低于监管标准，或者流动性严重不足。

3. 出具非标准审计报告。即保留意见、否定意见和无法表示意见的审计报告以及带强调事项段的无保留意见的审计报告。

第四章 注册会计师与银行监管机构的关系

本准则第四章(第二十三条至第二十九条),主要说明注册会计师与银行监管机构共同关心的事项、注册会计师与银行监管机构间的沟通以及根据银行监管机构的委托出具专项报告的有关内容。

一、注册会计师与银行监管机构共同关心的事项

注册会计师及银行监管机构在履行各自职责时,可能从不同角度来关注同一事项。这种不同的观察角度对于完成各自的职责是有益的。本准则第二十三条指出,注册会计师与银行监管机构对下列事项关注的角度可能存在差异,但可以相互补充:

1. 注册会计师主要关心的是对商业银行财务报表出具审计报告,为此,应当评价管理层在编制财务报表时采用持续经营假设的合理性。银行监管机构主要关心的是保持商业银行系统的稳定性,促进各商业银行安全、稳健运行,以保证存款人的利益,因而银行监管机构需要依据财务报表评价商业银行财务状况和经营业绩,监控其现在和未来的生存能力。

注册会计师通常会考虑管理层的评估期间,如果评估期间少于自资产负债表日起十二个月的,需提请管理层将评估期延长为至少十二个月。如果管理层拒绝延长,注册会计师可以根据《中国注册会计师审计准则第1324号——持续经营》的规定,考虑是否因审计工作受限而需要出具非标准审计报告。注册会计师也可以询问管理层就其所知是否存在超出评价期间的、可能导致对银行持续经营能力产生重大疑虑的事项或情况。但是,注册会计师的审计意见不是对商业银行未来生存能力或管理层经营效率、效果提供的保证。

2. 注册会计师关心的是评价内部控制,以确定在计划和实施审计工作时对内部控制的信赖程度。银行监管机构关心的是商业银行是否存在健全的内部控制,以作为商业银行安全经营和审慎管理的基础。

注册会计师了解并评价与审计相关的内部控制的目的是更好地识别潜在错报的类型、考虑导致重大错报风险的因素,并设计和实施进一步审计程序的性质、时间和范围,以将审计风险降至可接受的低水平。

银行监管机构为了保护广大存款人和社会公众的利益,所关心的商业银行内部控制范围可能更加广泛,涉及商业银行经营的各个环节和各个层次,而不局限于与财务报表相关。

3. 注册会计师关心的是商业银行是否具有充分和可靠的会计记录,以使其编制的财务报表不存在重大错报。银行监管机构关心的是商业银行是否依据一贯的会计政策,保持充分的会计记录,并按规定定期公布财务报表。依照一贯的会计政策与方法编制及保存充分的会计记录,能够使银行监管机构评价银行的财务状况及其盈利能力。

二、注册会计师与银行监管机构间的沟通

本准则第二十四条至第二十八条就注册会计师与银行监管机构沟通时需要注意的问题分别作了说明。

（一）银行监管机构使用已审计财务报表时需要说明的事项

银行监管机构通过现场检查和非现场检查对商业银行的经营管理活动进行监管。银行监管机构的非现场监管包括审查商业银行定期提交的财务报告及其他报告。本准则第二十四条规定，如果银行监管机构在监管活动中使用已审计财务报表，注册会计师应当考虑以适当的方式提请商业银行管理层说明下列事项：

（1）商业银行编制财务报表的首要目的并非满足监管的需要；

（2）注册会计师依据审计准则实施审计工作旨在对财务报表整体不存在重大错报获取合理保证；

（3）商业银行在编制财务报表时，按照会计准则和相关会计制度的规定，需要在判断的基础上选择并运用会计政策；

（4）财务报表中包含的信息建立在管理层判断和估计的基础上；

（5）商业银行的财务状况可能受财务报表期后事项的影响；

（6）银行监管机构与注册会计师评价和测试内部控制的目的可能不同，银行监管机构不应假定注册会计师为审计目标而作出的有关内部控制的评价能够充分满足监管目的；

（7）注册会计师考虑的内部控制和会计政策可能不同于商业银行为银行监管机构提供信息时依据的内部控制和会计政策。

商业银行管理层就上述事项向银行监管机构作出的说明，有助于银行监管机构正确理解已审计财务报表的内容，充分考虑已审计财务报表的局限性，合理利用已审计财务报表。另一方面，也在一定程度上降低了注册会计师的执业风险。

另外，银行监管机构可能要求商业银行或注册会计师提交两者之间的沟通文件或报告，这有利于银行监管机构更深入、全面地了解银行的运营情况。

（二）考虑获取监管机构的监管报告

银行监管机构的监管报告可能为注册会计师了解商业银行及其环境提供了重要的信息。在进行监管检查或与管理层面谈之后，银行监管机构通常会与银行沟通所做出的结论。这些沟通对注册会计师也同样有益，因为他们对诸如贷款损失准备等重要方面会做出独立评价，而且会将注意力集中在银行监管机构关注的特别方面。银行监管机构可能会制订某些非正式的审慎比率或指引并将其提供给银行，这对注册会计师实施分析程序有帮助作用。因此，本准则第二十五条规定，如果银行监管机构对商业银行出具了监管报告，注册会计师应当考虑向商业银行获取该报告。

注册会计师通常会要求商业银行提供监管报告。如果银行监管机构在执行了监管检查之后，没有出具监管报告，注册会计师也通常会与管理层或治理层沟通有关情况，或者利用与银行监管机构沟通的机会与之沟通有关监管检查的情况。银行监管机构和注册会计师都理解在工作中可能将需要了解对方与商业银行管理层的沟通情况，因此，监管机构、注册会计师与商业银行管理层的沟通应当尽可能采用书面形式，以便形成银行记录的一部分，以方便其他方使用。

银行监管机构、内部审计师及注册会计师应当加强相互合作，以促使监管过程更有效率和效果。这种合作不仅让各方专注于各自的职责，而且使监管效果最优化。合作可以通过银行监管机构、注册会计师和内部审计师举行定期会议的方式进行。

（三）在与银行监管机构沟通时考虑保密责任

注册会计师对在执行商业银行财务报表审计时知悉的商业银行的情况，负有保密的责任。在与银行监管机构沟通时，注册会计师与商业银行正常的业务关系应当受到保护。为避免误解，本准则第二十六条第一款规定，基于履行保密责任的需要，注册会计师与银行监管机构进行必要联系时，通常需要事先告知商业银行管理层或请其到场，以便管理层了解注册会计师与银行监管机构沟通的内容。

在沟通时，注册会计师应当依据适用法律法规或是通过与商业银行及银行监管机构达成协议的方式，以确保使其按照相关法律法规向银行监管机构提供信息的行为被免除法律责任，尤其是当注册会计师认为管理层参与舞弊行为时。

此外，第二十六条第二款进一步规定，如果需要沟通的事项涉及商业银行违反法规行为、治理层或管理层重大舞弊等事项，注册会计师应当考虑征询法律意见，以及时采取适当措施。

（四）对需要银行监管机构采取紧急措施的事项的沟通

《中国注册会计师审计准则第1151号——与治理层的沟通》明确了注册会计师应当就与财务报表审计相关、且根据职业判断认为与治理层责任相关的重大事项，以适当的方式及时与治理层沟通。公司治理相关事项仅包括注册会计师在审计过程中注意到的那些事项。商业银行的经营特征和面临的诸多风险致使其较易受到外部经济环境的冲击和影响，并形成连锁反应，如声誉风险导致的挤兑行为。因此，针对某些涉及治理层责任并可能需要银行监管机构采取紧急措施的事项，本准则第二十七条规定，某些涉及治理层责任的事项可能为银行监管机构所关注，特别是那些需要银行监管机构采取紧急措施的事项。如果法律法规要求直接与银行监管机构沟通，注册会计师应当及时就这些事项与银行监管机构沟通。如果法律法规没有要求直接与银行监管机构沟通，注册会计师应当提请管理层或治理层与银行监管机构沟通。如果管理层或治理层没有及时与银行监管机构沟通，注册会计师应当征询法律意见，考虑是否有必要直接与银行监管机构沟通。

本准则第二十八条指出，注册会计师应当予以关注并需要提请银行监管机构采取紧急措施的事项主要包括：

（1）显示商业银行未能满足某项银行许可要求的信息；

（2）商业银行决策机构内部发生严重冲突或关键职能部门经理突然离职；

（3）显示商业银行可能严重违反法律法规、银行章程、规章或行业规范的信息；

（4）注册会计师拟辞聘或被解聘；

（5）银行经营风险的重大不利变化及影响未来经营的潜在风险。

注册会计师应当考虑就这些事项与治理层沟通。

上述事项中，对于第（1）项和第（3）项，提请银行监管机构注意是因为商业银行明显违背了法律法规或规章制度包括银行监管机构制定的行业标准；对于第（2）项和第（5）项，是因为这些情况有可能影响商业银行未来的正常经营；对于第（4）项，是提请银行监管机构关注更换注册会计师可能造成的影响以及更换的理由是否正当。

三、根据银行监管机构的委托出具专项报告

本准则第二十九条规定，注册会计师可以根据银行监管机构的委托，就商业银行的下列事项出具专项报告，以协助银行监管机构履行监管职能：

（1）是否满足许可条件；

（2）保持会计记录和其他记录的信息系统是否适当，内部控制是否有效；

（3）为银行监管机构编制的报告所使用的方法是否适当，这些报告中包含的诸如资产负债率及其他审慎指标的信息是否准确；
（4）是否根据银行监管机构规定的标准建立恰当的组织机构；
（5）是否遵守相关法律法规；
（6）是否采用恰当的会计政策。

值得注意的是，对于专项业务委托，注册会计师需要与银行监管机构或商业银行充分讨论有关业务范围、报告目标等问题，在出具专项报告时，还应当考虑本准则第五章"协助完成特定监管任务时的补充要求"中的有关规定。

第五章 协助完成特定监管任务时的补充要求

本准则第五章（第三十条至第三十六条），主要说明注册会计师协助银行监管机构完成特定监管任务时的补充要求，包括另行签订业务约定书、接受委托时需要注意的问题以及注册会计师的保密责任。

注册会计师角色的延伸需视监管环境而定。例如，若银行监管机构采取频繁且严格检查的积极监管方式，则需要注册会计师提供的协助就很小；反之，若银行监管机构较少采用直接监管，而主要采用分析银行管理层提供的信息的方式，或在监管资源有限时，银行监管机构可以从注册会计师提供的信息中获益。随着银行业务日趋复杂，现场检查对监管资源的要求越来越高，在实务中，银行监管机构可能采用检查与分析报告信息相结合的方式。由于注册会计师在信息鉴证方面的特殊技能，银行监管机构越来越重视注册会计师的协助。

一、另行签订业务约定书

本准则第三十条规定，如果银行监管机构依据明确的法律法规或与商业银行签订的协议，委托注册会计师协助完成特定监管任务，注册会计师应当另行签订业务约定书。

接受委托协助完成特定监管任务，有别于注册会计师对商业银行的财务报表进行审计。所以，在另行签订业务约定书时，注册会计师可以参照《中国注册会计师审计准则第1111号——审计业务约定书》的相关条款，明确商业银行、银行监管机构和注册会计师各自的责任，以降低注册会计师的执业风险，保护注册会计师的合法权益。

二、注册会计师不承担任何监管责任

本准则第三十一条规定，向银行监管机构提供完整、准确的信息是商业银行管理层的责任，注册会计师的责任是就该信息或特定程序的实施出具报告。注册会计师不承担任何监管责任，而是通过提供报告使银行监管机构更有效地对商业银行的状况作出判断。

三、接受委托时应注意的问题

本准则第三十二条至第三十五条分别对在接受委托以协助完成特定监管任务时，注册会计师应当注意的问题作了说明。

（一）保护注册会计师与商业银行的正常关系

本准则第三十二条规定，注册会计师与商业银行的正常关系应被保护。如果没有法定要求或制约注册会计师工作的合约安排，注册会计师应当提请银行监管机构在商业银

行的安排下进行沟通。因此，监管机构通常会通过银行向注册会计师获取其所需信息，这些信息经银行提交给监管机构。除本准则第二十二条、第二十七条所列注册会计师需要考虑直接与银行监管机构沟通的情况之外，任何注册会计师与银行监管机构的会议，都应有商业银行代表参加。另外，注册会计师在将有关信息或报告递交银行监管机构之前需要征得商业银行管理层同意。这些措施可以避免注册会计师违反有关职业道德规范的规定，也避免注册会计师违反有关业务约定条款，从而保护注册会计师与商业银行正常的业务关系。

（二）考虑是否产生利益冲突

本准则第三十三条规定，在接受银行监管机构的任务前，注册会计师应当考虑是否产生利益冲突。如果产生利益冲突，注册会计师应在工作开始前予以解决，解决方法通常是获得商业银行管理层的批准。

需要注意的是，第三十三条中提及的利益冲突可能包括但不限于以下情形：（1）注册会计师执行商业银行财务报表审计业务；（2）注册会计师执行该商业银行竞争对手的财务报表审计业务。

（三）提请银行监管机构明确监管要求

本准则第三十四条第一款规定，注册会计师应当提请银行监管机构以书面形式对监管要求作出详细、清楚的说明，并尽量详细描述对银行经营状况的评价标准，以便对商业银行是否符合监管要求出具报告。例如，如果银行监管机构需要审查信贷资产质量的信息，则需银行监管机构明确贷款风险分类的判断标准。

第三十四条第二款进一步规定，注册会计师应当与银行监管机构就重要性及其运用达成一致的理解。

（四）注册会计师的专业胜任能力

本准则第三十五条规定，注册会计师在接受银行监管机构的委托时，应当考虑是否具有必要的素质和专业胜任能力。例如注册会计师可能被要求评价银行对某一特定客户或国家的风险敞口程度。但是，若无明确详细具体的指导，注册会计师就无法对某一特定风险敞口是否过度做出判断。此外，审计是每隔一段时间进行的，而不是连续的。因此，如果要求注册会计师在实施审计所必需工作之外，在一段时期内持续地、完整地评价银行的内部控制系统或监控银行对所有监管条例的合规情况是不合理的。

另外，注册会计师为银行监管机构所进行的工作需要有合理的基础。这意味着除了在特殊情况下，这些工作应该是常规审计工作的补充，且由于注册会计师的专业技能或为了避免重复工作，这些工作由注册会计师实施会比由银行监管机构实施更为经济和快捷。

四、注册会计师的保密责任

本准则第三十六条规定，注册会计师应当对执业过程中知悉的信息保密，尤其不应将通过业务关系获得的其他客户信息披露给被审计商业银行或公众。例如，注册会计师对商业银行的某些贷款客户执行财务报表审计业务，注册会计师不应将这些贷款客户的信息披露给被审计商业银行或其他利益相关者。

《中国注册会计师审计准则第 1631 号——财务报表审计中对环境事项的考虑》应用指南

(2007 年 11 月 29 日修订)

第一章 总 则

《中国注册会计师审计准则第 1631 号——财务报表审计中对环境事项的考虑》(以下简称本准则)第一章(第一条至第七条),主要说明本准则的制定目的和适用范围、环境事项的含义、影响财务报表的环境事项、被审计单位管理层的责任和注册会计师的责任。

一、本准则的适用范围

本准则第二条指出,本准则适用于注册会计师执行财务报表审计业务。

需要说明的是:

1. 本准则主要规范注册会计师在执行财务报表审计时对环境事项的考虑。本准则不适用于保险公司根据与环境事项相关的保险条款发生赔偿支出的财务报表审计。

2. 如果注册会计师接受委托,执行与环境事项相关的特殊目的审计业务或其他鉴证业务,应当按照《中国注册会计师审计准则第 1601 号——对特殊目的审计业务出具审计报告》《中国注册会计师其他鉴证业务准则第 3101 号——历史财务信息审计或审阅以外的鉴证业务》的要求执行。

本准则没有制定新的基本原则和核心程序,其目的是当环境事项对财务报表具有重大影响时,为注册会计师在财务报表审计中根据审计准则的规定,对环境事项予以考虑提供指南。在某些特定情况下,注册会计师在运用本准则所列举的程序时,应根据审计准则和被审计单位实际情况作出职业判断。

二、环境事项的含义

本准则第三条对环境事项的含义进行了界定,指出本准则所称环境事项是指:(1)被审计单位按照有关环境保护的法律法规(以下简称环境法律法规)或合同要求,或自愿为预防、减轻或弥补对环境造成的破坏,或为保护可再生资源和不可再生资源而采取的措施;(2)因违反环境法律法规可能导致的后果;(3)环境的破坏对他人或自然资源造成的后果;(4)法律法规规定的代偿责任,包括由原使用者(或所有者)造成的环境破坏引起的责任。

本准则中环境事项的含义,不包括被审计单位因遵守相关环境法律法规而可能获得政府补贴、专项拨款、税收优惠以及其他潜在收益、因他人对环境造成破坏而使被审计单位受到损失并由此可能获得赔偿等。

三、影响财务报表的环境事项

本准则第四条指出,影响财务报表的环境事项主要包括:

1. 因环境法律法规的实施导致资产减值,需要计提资产减值准备。例如,被审计单位从事化工农药生产,其生产过程中产生的工业废水直接排入河流,从而造成水体污染。管理层知悉国家近期发布一项新的工业废水排放标准,对于达不到该排放标准的生产线国家将强制予以关闭。由于技术原因无法对原有生产线进行改造,因而管理层决定购置新的生产设备,同时对原有生产线全额计提资产减值准备。

应当说明的是,由于国家立法需要经过立法动机、立法酝酿、立法准备(包括起草法案)、提出法案、讨论法案、表决法案、签署法律、公布法律的过程,因此被审计单位应当在资产负债表日,判断其生产经营所适用的环境法律法规是否将在近期内发生重大变化,并考虑由此可能导致的资产减值,而不是等到环境法律法规正式实施时才考虑资产的减值问题。

2. 因没有遵守环境法律法规,或者法律法规修订后具有追溯性,需要计提补救、赔偿或诉讼费用,或支付罚款等。例如,由于没有遵守环境法律法规,超过国家规定的标准排放工业废水,致使沿江水域发生严重污染,被审计单位被当地环保部门处以罚款,并向沿江渔民和渔业养殖户赔偿经济损失。

3. 某些被审计单位,如石油、天然气开采企业,化工厂或废弃物管理公司,因其核心业务而随之带来的环境保护义务。根据国家环境法律法规的要求,被审计单位因其核心业务应承担环境保护义务,例如,核电站应对核废料的处置承担环境保护义务。被审计单位应当根据适用的会计准则和相关会计制度的要求,确认应计入固定资产原价的弃置费用和相应的预计负债。

4. 被审计单位自愿承担的环境保护推定义务。推定义务,是指因被审计单位的行为而产生的义务。由于以往在实务中的习惯做法、公开的政策或管理层作出的声明,被审计单位已向其他各方表明其将承担特定的责任,并且从结果看,其他各方已经形成了对被审计单位将履行特定责任的合理预期。例如,石油工业企业已经造成了对土地的污染,而其所在经营地区尚无环境方面的立法。但是,企业已广泛公开地声明其将对造成的环境污染进行整治。由于企业以前曾有履行这种承诺的记录,企业的声明已使受影响的各方建立了一个有效预期,即企业即将整治污染。在这种情况下,企业应承担推定义务,即按整治费用的最佳估计确认一项预计负债。

5. 被审计单位需要在财务报表附注中披露的与环境事项相关的或有负债。根据《企业会计准则第13号——或有事项》的规定,或有负债是指过去的交易或者事项形成的潜在义务,其存在须通过未来不确定事项的发生或不发生予以证实;或过去的交易或者事项形成的现时义务,履行该义务不是很可能导致经济利益流出企业或该义务的金额不能可靠计量。企业不应确认或有负债,除非或有负债导致经济利益流出企业的可能性极小,企业应在财务报表附注中披露与或有负债有关的信息。

例如,被审计单位从事石油化工业务,由于在资产负债表日无法预知环境可能受到污染的程度以及实施整治的时间和范围,因此管理层没有估计这些将来可能发生的费用数额并确认预计负债。但基于未来的环保法规可能引致的环保方面负债，被审计单位在财务报表附注中披露了该项或有负债形成的原因、经济利益流出不确定性的事实以及无法预计产生的财务影响的原因。

6.在特殊情况下，违反环境法律法规可能对被审计单位的持续经营产生影响，并由此影响财务报表的编制基础。例如，被审计单位因违反环境法律法规而被当地政府处以较大金额的罚款，并被责令停产。由于被审计单位在资产负债表日仍没有恢复生产，虽然公司已经披露了拟采取的改善措施，但注册会计师仍认为其持续经营能力存在重大不确定性。

四、管理层的责任和注册会计师的责任

（一）管理层的责任

本准则第五条第一款明确，对环境事项的恰当确认、计量和列报（包括披露，下同）是被审计单位管理层的责任。对越来越多的被审计单位而言，环境事项的影响正日益重大。在某些情况下，环境事项可能对其财务报表产生重大影响，因而引起财务报表使用者的广泛关注。为向财务报表使用者提供有助于决策的充分信息，管理层有责任对环境事项进行恰当的确认、计量和报告。

《中华人民共和国会计法》第四条规定："单位负责人对本单位的会计工作和会计资料的真实性、完整性负责。"第二十一条规定："单位负责人应当保证财务会计报告真实、完整。"被审计单位管理层是负责编制、报送财务报表的责任主体，应当对环境事项的恰当确认、计量和列报负责。

应当说明的是，我国目前还没有就环境事项的确认、计量和列报制定专门的会计准则，但是，现有的其他一些会计准则可以适用于对环境事项的确认、计量和列报，如《企业会计准则——基本准则》《企业会计准则第13号——或有事项》。

关于上市公司就环境事项的披露要求和内容，可参见本指南附录1631-1"中国证监会关于上市公司环境事项的信息披露规定"。

（二）注册会计师的责任

1.考虑可能导致财务报表重大错报风险的环境事项。本准则第五条第二款明确，注册会计师在财务报表审计中应当考虑可能导致财务报表重大错报风险的环境事项。

对于某些被审计单位来说，环境事项可能并不重要。然而，当环境事项对被审计单位来说是重大事项时，财务报表可能因此而存在重大错报（包括未充分披露）风险。在这种情况下，注册会计师应当按照审计准则的要求，计划和实施审计工作，获取充分、适当的审计证据，评估被审计单位是否已按照适用的会计准则和相关会计制度的规定对影响财务报表的环境事项作出恰当处理和列报。

本准则第六条指出，注册会计师是否需要考虑环境事项以及考虑的范围，取决于其对环境事项是否会引起财务报表重大错报风险作出的职业判断。

在执行审计业务时，注册会计师在总体审计策略中均应评估财务报表层次的重大错报风险。在确定与重大错报风险评估相关的因素时，注册会计师需要运用职业判断，考虑可能引起财务报表重大错报的环境事项。在特定条件下，重大错报风险也可能包括环境风险。影响财务报表的环境事项可能会很多，但并非都会引起财务报表的重大错报风险。在有些情况下，注册会计师可能没有必要针对环境事项执行特定审计程序。但对处于重

污染行业（2003年6月，国家环保总局发布了《关于对申请上市的企业和申请再融资的上市企业进行环境保护核查的规定》，确定以下行业为重污染行业：冶金、化工、石化、煤炭、火电、建材、造纸、酿造、制药、发酵、纺织、制革和采矿业等）的被审计单位来说，由于其经营业务对环境将产生重大影响，可能存在因环境事项导致的巨额或有负债，进而影响其持续经营能力，注册会计师应当特别予以关注。此时，需要注册会计师设计具体审计程序（包括性质、时间和范围），以获取财务报表不存在重大错报的充分、适当的审计证据。如果注册会计师没有能力实施这些程序，则应当听取律师、工程师或其他环境专家等在专业技术方面提供的建议和意见。

2.财务报表审计并非专为发现被审计单位违反环境法规的行为。本准则第七条指出，注册会计师对财务报表的审计，并非专为发现被审计单位可能违反环境法律法规的行为，所实施的审计程序也不足以就被审计单位环境法律法规的遵守情况，或与环境事项相关的内部控制的有效性得出结论。

对此，可以从以下两方面理解：

（1）财务报表审计的目标是注册会计师对被审计单位财务报表的合法性和公允性发表意见，该意见针对的是财务报表整体，而非其中的某一个方面。虽然注册会计师在计划和实施审计程序以及评价和报告审计结果时，应当关注被审计单位违反法规行为可能对财务报表产生的重大影响，但是防止和发现违反法规行为是管理层的责任，不能以注册会计师对财务报表的审计责任代替管理层应承担的责任，更不能期望注册会计师发现被审计单位存在的全部违反法规行为。

（2）由于财务报表审计并非专为发现被审计单位可能违反环境法律法规的行为，注册会计师在财务报表审计中就可能导致财务报表重大错报风险的环境事项的考虑与接受专项委托对可能存在的违反环境法律法规行为的审计，在审计目标、审计范围及所实施的审计程序等方面都有着本质的区别。因此，通过财务报表审计，注册会计师不足以对被审计单位环境法律法规的遵守情况得出结论。

同样，注册会计师在进行财务报表审计时，了解和评价被审计单位与环境事项相关的内部控制，与专门接受委托评价被审计单位与环境事项相关的内部控制的有效性，也存在着根本区别。因此，通过财务报表审计，注册会计师不足以对与环境事项相关的内部控制有效性得出结论。

第二章　实施风险评估程序时对环境事项的考虑

本准则第二章（第八条至第二十五条），主要说明注册会计师在实施风险评估程序时应当了解环境保护要求和问题、与环境事项相关的内部控制，考虑与环境事项相关的法律法规，并利用风险评估程序收集的信息，识别和评估由于环境事项导致的财务报表层次和各类交易、账户余额、列报认定层次的重大错报风险。

第一节　了解环境保护要求和问题

本准则第八条至第十一条列举了注册会计师应当考虑的对被审计单位所处行业及其业务产生重大影响的环境保护要求和问题、存在重大环境风险的特殊行业以及可能面临潜在重大环境风险的情况。

一、对被审计单位所处行业及其业务产生重大影响的环境保护要求和问题

本准则第八条规定，注册会计师在实施风险评估程序时，应当从下列方面考虑对被审计单位所处行业及其业务产生重大影响的环境保护要求和问题：

1.所处行业存在的重大环境风险，包括已有的和潜在的风险。例如，处于重污染行业的被审计单位，由于其生产过程中产生的物理、化学和生物等有害物质对水体、大气、土壤造成的环境污染，存在直接和间接的重大环境风险。

2.所处行业通常面临的环境保护问题。例如，火电企业的污染主要是排放的废气和灰渣；造纸企业生产过程的污染主要是排放高浓度的有机废水；煤炭企业在开采原煤的过程中，会附带产生大量的煤矸石；印染纺织行业在生产中会有一定的噪声、粉尘污染。不同的行业会带来不同的环境问题，注册会计师应当了解被审计单位所处行业通常面临的环境保护问题。

3.适用于被审计单位的环境法律法规。为了保护环境、防治污染，我国已陆续制定9部环境保护法律和15部自然资源保护法律，并颁布了800余项国家环境保护标准。注册会计师应当根据被审计单位所处的特定行业及其产品或业务类型，了解其适用的环境法律法规。

4.被审计单位的产品或生产过程中使用的原材料、技术、工艺及设备等是否属于法律法规强制要求淘汰或行业自愿淘汰之列。例如，一次性发泡塑料餐具虽然具有方便快捷、清洁卫生的优点，但因其处理无论是掩埋还是焚烧都会对环境造成严重污染，因此，国家禁止生产、销售和使用一次性发泡塑料餐具。注册会计师通过了解被审计单位的这些情况，评估其对持续经营的影响。

5.监管机构采取的行动或发布的报告是否对被审计单位及其财务报表可能产生重大影响。例如，国家环保总局于2006年7月11日公布的全国化工石化建设项目环境风险排查结果表明，毗邻我国各大水域的化工石化项目存在着严重的布局性环境风险，而相应的防范机制却存在明显缺陷。对于环境风险排查中所发现的问题，国家环保总局要求企业进行整改。

6.被审计单位为预防、减轻或弥补对环境造成的破坏，或为保护可再生资源和不可再生资源拟采取的措施。随着公众环境意识的提高以及环境事项对企业生产经营的影响日益增强，任何一个企业在重视生产的同时，也不得不未雨绸缪，为预防或减轻生产经营对环境造成的破坏采取各种措施。注册会计师应当询问并了解被审计单位为预防、减轻或弥补对环境造成的破坏或保护可再生资源和不可再生资源拟采取或已采取的措施，以全面评价环境事项对其生产经营的影响。

7.被审计单位因环境事项遭受处罚和诉讼的记录及其原因。被审计单位如果在生产经营中严重违反了环境法律法规，就有可能被有关部门处以较大金额的罚款或是责令停业整顿，或被遭受环境污染影响的社会公众向法院提起诉讼。通过了解被审计单位因环境事项遭受处罚和诉讼的记录及其原因，注册会计师可以识别被审计单位存在的重大环境风险。

8.是否存在与遵守环境法律法规相关的未决诉讼。注册会计师应当了解被审计单位是否存在与遵守环境法律法规相关的未决诉讼。涉及数额巨大的未决诉讼，一旦败诉，可能导致被审计单位的财务状况恶化。

9.所投保险是否涵盖环境风险。被审计单位的经营活动面临多种风险,为了规避风险,被审计单位可能投保了商业保险。注册会计师应当了解被审计单位所投保险中是否涵盖了环境风险,从而避免因污染损害事故而遭受重大损失。

二、注册会计师应当具备足够的环境事项知识

本准则第九条指出,对具体审计业务而言,注册会计师拥有的环境事项知识程度通常不如管理层或环境专家。但注册会计师应当具备足够的环境事项知识,以识别和了解与环境事项相关的、可能对财务报表及其审计产生重大影响的交易、事项和惯例。

通常,被审计单位在确认、计量和列报环境事项时,其所依据的资料,不仅包括财务数据,还将涉及较多技术性数据和实物性数据。例如,被审计单位在计提应缴纳的排污费时,需要考虑排放废水的数量和浓度超标倍数;在预计因污染水体而可能支付的赔款时,需依据受污面积、污染的严重程度等。这显然对注册会计师的专业胜任能力和拥有的环境知识程度提出了较高的要求。因此,本准则对注册会计师的专业胜任能力提出了基本的要求,即应当掌握足够的环境事项知识,如被审计单位经营业务可能造成的污染、相关的环境法律法规知识等。

三、存在重大环境风险的特殊行业

本准则第十条指出,某些行业因性质特殊存在重大环境风险,如石油天然气、化工、制药、冶金、采矿、造纸、制革、印染和公用事业等行业,注册会计师应当特别关注被审计单位存在因环境事项导致负债和或有负债的可能性。

2003年6月,国家环保总局为避免上市企业因环境污染问题带来投资风险,调控社会募集资金投资方向,发布了《关于对申请上市的企业和申请再融资的上市企业进行环境保护核查的规定》(环发〔2003〕101号),对于拟首次公开发行股票并上市的重污染企业,以及拟公开发行证券并将募集资金投资于重污染行业的上市公司,应向环境保护行政主管部门申请进行核查。

本准则列举的存在重大环境风险的行业与国家环保总局的认定基本一致。这些行业存在的主要环境风险可参阅本指南附录1631-2"重污染行业主要环境风险示例"。

四、其他存在潜在重大环境风险的情况

本准则第十一条指出,某些被审计单位并不一定处于本准则第十条所述的存在重大环境风险的行业,但如果存在下列情况,可能面临潜在的重大环境风险:

1.在很大程度上受到环境法律法规的约束。例如,从事拆船业务的企业,虽不属于本准则前述的存在重大环境风险的行业,但在拆船过程中会产生大量有害废物,包括汞、铅、多氯化联苯、石棉等永久性有机污染物,从而对地表水、地下水、土壤等造成严重污染。国家制定了《中华人民共和国防止拆船污染环境管理条例》《中华人民共和国防治船舶污染内河水域环境管理规定》,对从事拆解废船企业进行较为严格的监管。因此,从事拆船业务的企业存在潜在的重大环境风险。

2.拥有被原使用者(或所有者)污染的场地,或为之担保而可能承担代偿责任。某些国家的法律规定,每个企业对自己所拥有(购买)的土地可能存在的环境问题负一切责任,包括现在和以前的环境问题。例如,A公司在生产过程中会产生严重污染环境的

危险废物,因当地居民抗议而搬迁至远离城镇的地区。B公司购买了A公司的土地及厂房,并从事房地产开发建设。几年之后,当地居民患癌症的比例大幅度上升。经有关部门调查,A公司在经营期间违法坑埋有毒废料,造成当地地下水和土壤的严重污染。虽然该项污染不是在B公司经营期间产生的,但由于B公司拥有该土地,根据当地的法律,B公司也应承担相应的赔偿责任。

3.某些业务可能会造成土壤、地下水和地表水及空气的污染;使用有害物质;产生或处理有害废弃物;或可能对顾客、员工或附近居民造成不利影响。例如,氟利昂会对大气臭氧层造成破坏,如果电冰箱制造公司在生产产品时仍违反规定使用氟利昂,将可能受到消费者的抵制,从而对其生产经营产生较大不利影响。又如,纺织企业的工人因长期接触噪声,其听力可能因此而造成永久性的损害。如果纺织企业在生产过程中未采取安全保护措施,可能面临较大数额的赔偿。

第二节 了解内部控制

本准则第十二条至第十九条,分别对注册会计师应当了解与环境事项相关的内部控制各个要素进行了说明。

一、控制方式

管理层基于成本与效益的原则,设计和执行内部控制。作为企业内部控制制度的一个组成部分,管理层在设计和执行与环境事项相关的内部控制时,通常也需要考虑企业的生产性质、组织规模以及相应的环境风险。

本准则第十二条指出,设计和执行内部控制,以有序、有效地开展业务活动(包括环境方面的活动)是管理层的责任。不同被审计单位的管理层可能对环境事项采取下列不同的控制方式:

1.处于环境风险较低行业的被审计单位或小型被审计单位,管理层可能把监控环境事项作为日常内部控制的一部分,可能采用非正式和简单的内部控制实现其对环境事项的控制目标,没有专门负责环境事项的管理人员,该职责由参与日常经营管理的业主承担。

2.处于环境风险较高行业的被审计单位,管理层可能针对环境事项设计和执行一套单独的内部控制子系统,以符合现有的环境管理系统标准。为避免、减少或控制生产产品或提供服务过程中对环境造成的破坏,处于环境风险较高行业的被审计单位可能依据一定的标准建立环境管理系统。这些标准主要有国际标准化组织制定的环境管理系列标准(ISO14000)和欧洲共同体联盟制定的《生态管理和审核方案》(EMAS)。

3.对某些被审计单位,管理层可能在一个整合的控制系统内设计和执行其所有的控制,包括与会计、环境和其他事项(如质量、健康和安全)相关的政策和程序。如在石油天然气行业,健康、安全与环境事项往往是相互联系的,必须同时加以系统地控制。因此,石油天然气企业一般采用健康安全环境管理体系(HSEMS)。例如,中国石油天然气股份有限公司发布了《中油集团HSE管理体系手册》,其管理要素包括领导和承诺、方针和战略目标、组织机构、资源与文件管理、评价和风险管理、规划、实施和监测、审核和评审。

需要说明的是,管理层未按相关标准建立环境管理系统,并不意味着注册会计师一定会得出与环境事项相关的内部控制不存在或运行无效的结论。本准则第十三条指出,注册会计师的审计目标并不受管理层对环境事项实施控制方式的影响，但注册会计师应当考虑与环境事项相关的内部控制是否有效。

二、与财务报表审计相关的控制

本准则第十四条规定，根据职业判断，只有认为环境事项可能对财务报表产生重大影响，注册会计师才有必要了解与环境事项相关的内部控制，以设计和实施高效的进一步审计程序。在这种情况下，注册会计师只需关注与财务报表审计相关的涉及环境事项的控制，无论其是否属于会计系统和内部控制系统。

注册会计师应当运用职业判断，考虑环境事项是否可能导致财务报表发生重大错报。在运用职业判断时，注册会计师考虑的因素主要有：

（1）重要性水平；
（2）被审计单位的性质和规模，如是否处于重污染行业以及是否存在重大环境风险；
（3）环境法律法规和监管部门的要求；
（4）作为内部控制组成部分的环境管理系统的性质和复杂性。

三、控制环境

本准则第十五条规定，注册会计师应当主要从下列方面了解与环境事项相关的控制环境：（1）治理层对与环境事项相关的内部控制承担的职责；（2）管理层对于环境事项的诚信和道德价值观念、管理理念、经营风格及其处理方法，例如，管理层是否愿意改善环境以通过环境管理体系的认证，是否自愿发布环境绩效报告以及管理层对立法、监管等外部机构的要求所作出的反应等；（3）被审计单位管理环境事项的机构以及职权与责任的划分；（4）控制系统，包括内部审计、环境审计、与环境事项相关的人力资源政策与实务以及恰当的职责分离。

如果被审计单位建立了管理环境事项的内部控制，注册会计师应当询问负责监管其运行的人员，他们是否已识别可能对财务报表产生重大影响的环境事项。

了解被审计单位管理环境事项内部控制的途径之一是阅读其环境绩效报告。该报告通常会披露被审计单位环境责任和政策，以及主要的与环境事项相关的内部控制。

在获得对被审计单位内部控制的了解后，注册会计师应当考虑环境事项对评估重大错报风险的影响，并考虑是否通过实施控制测试以支持对重大错报风险的评估。

四、风险评估过程

本准则第十六条规定，注册会计师应当主要从下列方面了解与环境事项相关的风险评估过程：（1）被审计单位是否建立风险评估程序以识别环境风险，并评估该风险的重要性和发生的可能性，以及针对该风险采取的措施；（2）管理层是否识别出环境风险，例如，由于被审计单位的某些业务对土壤、地下水、地表水和空气造成污染而导致的责任风险，以及来自员工或第三方的与环境事项有关的未决诉讼等，并考虑这些风险是否可能导致财务报表发生重大错报。

五、信息系统与沟通

本准则第十七条规定，注册会计师应当主要从下列方面了解有关环境事项的信息系统与沟通：（1）按照环境法律法规的规定或自身对环境风险评估的需要，被审计单位是否建立适当的信息系统，以记录排放物和有害废弃物的数量、产品的环境特征、利益相关者的投诉、监管机构的监测结果、环保事故的发生及其影响等；（2）该信息系统是否能够为与环境事项相关的财务数据和列报提供信息支持，如为计算废弃物的处置成本提供的废弃物数量等；（3）被审计单位是否就环境事项进行有效沟通。

为更好地理解本条款，我们结合国家环保总局《关于加快推进企业环境行为评价工作的意见》（环发〔2005〕125号）和《企业环境行为评价技术指南》说明如下：对于严重超标和超总量控制指标排放、使用有毒有害原材料的企业，群众反映强烈的排污企业、在当地有重要影响的企业（包括服务企业）和其他重点污染源，应建立企业环境行为数据库和相应的计算机管理信息系统，这些系统应成为企业环境保护部门日常管理工作的组成部分。该系统应能够提供下列指标：（1）污染排放指标，包括地表水、大气、固体废弃物和厂界噪声四个方面。对于地表水和大气环境要素，应考虑浓度排放和总量控制；（2）环境管理指标，如企业交纳排污费的情况等；（3）社会影响指标，如公众的投诉情况、环境违法及行政处罚情况等。

注册会计师在进行审计时，应当了解被审计单位是否按照政府部门的要求建立了上述信息系统，该系统是否能够为与环境事项相关的数据和列报提供信息支持。

六、控制活动

本准则第十八条规定，注册会计师应当从授权、业绩评价、信息处理、实物控制和职责分离等方面，了解与环境事项相关的控制活动。注册会计师在了解与环境事项相关的控制活动时，应当特别关注被审计单位的下列行为：

1. 是否执行环境管理系统标准并取得独立机构的认证。例如，被审计单位是否执行ISO14000标准并通过认证，或是否通过国家清洁生产审核。

2. 是否发布环境绩效报告，并经独立第三方验证。环境绩效报告不同于包含已审财务报表信息的年度报告。被审计单位的年度报告主要是为股东和潜在投资者提供财务信息，而环境绩效报告反映的是企业在经营活动中针对可能或已经涉及的环境问题所阐明的环境政策和目标、承诺、预防和处理环境问题的方法、环境问题处理后的效果以及给相关利益群体（包括国家、企业所有者、经营者、员工、社区居民等）带来的利得或损失，包括定性信息和定量信息。例如，有资料显示，当前在全世界排名前100名的石油天然气公司中，约有53%的公司每年发布HSE报告（健康安全环境报告）；为了显示报告数据的可靠性，约有三分之一的公司委托第三方对其HSE年度报告进行验证。如英国石油公司（The British Petroleum Company）每年都聘请会计师事务所对其有关环境、社会和道德行为执行报告进行审计，并且在有关环境、社会和道德行为执行报告的最后附上会计师事务所的审计报告，以有效地增强报告的可信度。

3. 是否建立适当程序，处理员工或第三方对环境事项的投诉。适当的投诉管理程序，可以帮助企业减轻因被投诉造成的负面影响，并制订相应的计划来预防环境事故的发生。该程序包括：对于员工或第三方就环境事项的投诉，被审计单位是否已明确负责处理投诉的部门；是否及时记录投诉内容，分析投诉原因并予以调查；是否根据实际情况，采取一切可能的措施，弥补已经发生的损失；是否对投诉处理过程进行总结和评价，以吸取经验教训，降低投诉率。

4.是否按照环境法律法规的规定,建立适当的程序处理有害物和废弃物。例如,在医疗、预防、保健等活动中产生的具有危害性的医疗废物,一旦处置不当,将对环境造成严重污染。因此,医疗卫生机构必须按照国家的有关规定,建立医疗废物的收集、运送、贮存和处置等程序。

七、对控制的监督

对控制的监督是指被审计单位评价内部控制在一段时间内的运行有效性的过程。包括及时评价内部控制的设计和运行,以及根据情况的变化采取必要的纠正措施。

本准则第十九条规定,注册会计师应当主要从下列方面了解被审计单位对与环境事项相关的控制的监督:(1)被审计单位是否及时评价与环境事项相关的内部控制设计的合理性和运行的有效性,是否遵守环境法律法规和内部规定;(2)被审计单位是否根据环境事项的变化,及时采取必要的纠正措施。

第三节 考虑与环境事项相关的法律法规

本准则第二十条至二十二条,分别就管理层的责任、注册会计师了解相关环境法律法规及其遵守情况的途径以及对违反环境法律法规行为的考虑进行了说明。

一、管理层的责任

本准则第二十条明确,保证经营活动符合环境法律法规要求,防止或发现并纠正违反环境法律法规行为,是管理层的责任。

通常,管理层应当考虑下列与经营活动相关的环境法律法规及其变化:(1)由于过去事项引发的环境污染应承担补救责任的法律法规,包括被审计单位自身违反环境法律法规的责任和法律规定的代偿责任;(2)为识别或控制污染、减少排放物或污染物的排放量的环境法律法规;(3)许可证制度,例如国家对污染物排放行为的管理实行排污许可证制度,被审计单位排放污染物,应当向具有审批权限的环境保护主管部门申请领取排污许可证;(4)立法机构对于环境事项的要求;(5)环境立法的变化。通常环境立法的变化会对被审计单位的经营活动产生重大影响,甚至可能产生与过去发生的环境事项相关的负债,而该等事项在以前期间并未受环境法律法规的约束。例如,由于国家修订了环境噪声最高限值标准,未来期间可能减少对飞机和机器的使用;又如,国家提高废弃物处理标准,导致排放单位对以前年度已处理的废弃物负有法律责任,尽管对废弃物的处理符合当时环境法律法规的要求。

二、了解相关环境法律法规及其遵守情况的主要途径

本准则第二十一条规定,注册会计师应当考虑通过下列途径了解相关环境法律法规及其遵守情况:(1)利用在了解被审计单位所处行业和业务性质时获取的信息;(2)向管理层和负责环境事项的关键管理人员询问为遵守相关环境法律法规而采用的政策和程序;(3)向管理层询问对经营活动具有根本性影响的环境法律法规,如果违反这些法律法规,可能导致被审计单位停止经营,或对其持续经营能力产生疑虑;(4)与管理层讨论其采用的对诉讼和索赔进行识别、评价及会计处理的政策和程序。

在了解相关环境法律法规及其遵守情况时,注册会计师可以考虑下列内容:(1)国

家当前环境保护工作的重点；（2）国家或地区新近发布实施的环境法律法规或修订后环境法律法规变动的部分；（3）与企业的近期经济利益密切相关的环境法律法规。

注册会计师应当特别考虑这些环境法律法规对经济事项的规定。例如，《中华人民共和国清洁生产促进法》规定，对利用废物生产产品和从废物中回收原料的企业，税务机关按照国家有关规定，减征或者免征增值税。如果被审计单位享受该项税收政策，注册会计师应当考虑其生产、经营与其享受的优惠政策是否相符。

随着国家环境法律法规及相关标准体系的日益严格，修改、补充环境法律法规的进程可能会加快。政府部门为加强环境保护工作，可能会针对某些突发事件采取一些紧急的环境保护措施。例如，在中国石油天然气股份有限公司吉林化学分公司双苯厂爆炸事故发生后，国家环保总局于2005年11月28日发布《关于进一步加强环境监督管理严防发生污染事故的紧急通知》（环发〔2005〕130号），要求加大对居民集中区、江河流域沿岸及水源地上游危险废物排放企业的监管力度，发现环境污染事故隐患，立即责令整改，限期消除隐患，并及时向当地政府报告。

三、对违反环境法律法规行为的考虑

注册会计师不应当、也不能对防止被审计单位违反环境法律法规行为负责，这通常超出了注册会计师的专业胜任能力。但本准则第二十二条规定，注册会计师应当按照《中国注册会计师审计准则第1142号——财务报表审计中对法律法规的考虑》的要求，保持职业怀疑态度，充分考虑可能导致财务报表发生重大错报的违反环境法律法规行为。

在计划审计工作时，注册会计师应当总体了解适用于被审计单位的环境法律法规，以及其采取的用以确保遵循该等法律法规的政策与程序，特别是如有违反对被审计单位财务报表产生重大影响的环境法律法规。通过了解，注册会计师应当识别可能对被审计单位经营活动产生重要影响的环境法律法规。

需要说明的是：

（1）虽然注册会计师通过培训获得的知识、个人执业经验和对被审计单位及其行业的了解，可能为确定某项引起其注意的行为是否违反环境法律法规提供了基础，但注册会计师通常仍需征询环境专家的意见，因为判断某项行为是否违反环境法律法规需用法律加以裁判，而这通常超出了注册会计师的专业胜任能力。

（2）被审计单位的某项行为是否违反环境法律法规最终只能由法院作出裁决。

第四节 评估重大错报风险

本准则第二十三条至第二十五条，对注册会计师评估重大错报风险进行了说明。其中，第二十三条指出，注册会计师应当利用风险评估程序收集的信息，识别和评估由于环境事项引起的财务报表层次以及各类交易、账户余额、列报认定层次的重大错报风险。第二十四条和第二十五条分别对与财务报表层次和各类交易、账户余额、列报认定层次相关的环境风险进行了说明。

一、与财务报表层次相关的环境风险

本准则第二十四条规定，注册会计师应当重点关注下列与财务报表层次相关的环境风险：

1. 遵守环境法律法规或执行合同的成本。例如，根据环境法律法规的要求，被审计单位可能需要购置环保设备，而现有设备则将发生较大金额的减值；根据客户的订单要求，产品的农药残留物必须低于国家规定的标准数倍，这将导致生产成本上升。注册会计师应当关注被审计单位是否为遵守环境法律法规或执行合同而增加了相应的支出。

2. 违反环境法律法规的风险。如果被审计单位存在违反环境法律法规的行为，可能被有关部门处以罚款、责令采取补救措施以消除环境污染以及赔偿经济损失，严重时还有可能被有关部门责令停业。这可能会产生重大财务后果，并对财务报表造成严重影响。

3. 顾客对环境事项的具体要求以及对被审计单位环境保护行为作出的反应可能产生的影响。顾客可能愿意支付较高的对价以购买符合环保要求的产品，也可能抵制环境记录较差公司的产品。顾客对环境保护的重视程度直接关系到被审计单位的经济利益。

二、与各类交易、账户余额、列报认定层次相关的环境风险

本准则第二十五条规定，注册会计师应当将环境风险的评估结果与重要的交易、账户余额、列报认定层次相联系，以设计和实施进一步审计程序。注册会计师应当重点关注下列与各类交易、账户余额、列报认定层次相关的环境风险：（1）账户余额依据与环境事项相关的会计估计的复杂程度；（2）账户余额受与环境事项相关的异常或非常规交易的影响程度。例如，某被审计单位属于当地政府重点污染治理监控单位。按照政府的环境污染防治目标和对策，被审计单位应于2007年年底前搬迁，为此需估计迁出污染场地所引起的环境准备金。由于该项估计需要复杂的技术对现有数据和未来数据进行大量分析，因此，发生错报的风险较大。此外，如果缺乏作出会计估计所依据的数据，则产生重大错报的风险亦较大。注册会计师在审计该类会计估计事项时，应当遵守《中国注册会计师审计准则第1321号——会计估计的审计》的有关规定。

第三章 针对评估的重大错报风险实施审计程序时对环境事项的考虑

本准则第三章（第二十六条至第三十七条），主要说明注册会计师针对评估的由环境事项导致的重大错报风险，如何确定总体应对措施，并设计和实施进一步审计程序。

一、总体要求

本准则第二十六条规定，注册会计师应当针对评估的环境事项导致的财务报表层次重大错报风险确定总体应对措施，并针对评估的环境事项导致的认定层次重大错报风险设计和实施进一步审计程序。

二、实质性程序的内容

本准则第二十七条规定，针对环境事项，注册会计师实施的实质性程序包括十个方面的内容，第二十九条至第三十五条对应实施的实质性程序的内容分别作了说明。需要说明的是，由于注册会计师所获取的审计证据大多是说服性而非结论性的，因此，注册会计师应运用职业判断确定计划实施的实质性程序（单独或连同其他程序）是否恰当。

（一）询问管理层和负责环境事项的关键管理人员

注册会计师应当就环境事项询问管理层和负责环境事项的关键管理人员，包括询问

被审计单位商业保险是否涵盖环境事项。

（二）检查与环境事项相关的文件或记录

本准则第二十九条对注册会计师应检查的与环境事项相关的文件或记录作了说明，规定注册会计师应当检查下列与环境事项相关的文件或记录：

1. 治理层及专职负责环境事项的委员会的会议纪要或工作记录。涉及环境事项的重大交易一般要经过董事会会议以及负责环境事项的委员会或部门会议讨论，并形成会议记录。注册会计师通过对这些会议纪要或工作记录的检查，有助于其识别对企业有重大影响的环境事项。

2. 包含环境事项的公开行业信息。通过检查行业协会、政府主管部门公布的行业信息，注册会计师可以识别与被审计单位相关的环境事项。

3. 环境专家报告，如场地评估报告、环境影响研究报告。例如，《中华人民共和国环境影响评价法》规定，建设单位应根据建设项目对环境的影响程度，编制环境影响报告书或填报环境影响登记表。环境影响报告书包括建设项目对环境可能造成影响的分析、预测和评估以及建设项目对环境影响的经济损益分析等内容。注册会计师通过检查环境专家报告，可以清楚了解被审计单位面临的环境事项。

4. 环境审计报告。环境审计报告通常包括被审计单位存在的环境风险及其对内部和外部的影响、遵守环保法规和达到环保标准的状况、原有环境治理绩效数据、环境治理成本和效益、针对环境风险需要采取的主要治理措施、环境管理系统和有关内部控制系统的薄弱环节等内容。注册会计师通过阅读环境审计报告，可以了解被审计单位因环境事项发生的成本或损失和带来的效益，以及潜在的环境风险等。

5. 内部审计报告。如果内部审计机构将对环境事项的审计作为内部审计工作的一部分并出具内部审计报告，注册会计师应获取并阅读这些报告，以了解被审计单位生产经营中的主要环境问题，如生产、技术、经营、贮存和运输过程中危害环境的事项，污染物的排放是否达到国家规定标准，环境管理系统是否健全和有效以及其薄弱环节，被审计单位遵守环境政策和法规的情况等。

6. 尽职调查报告。例如，被审计单位在签订土地购买合同前，聘请环境评估公司对土地的环境状况进行调查，以确定购置的土地是否有污染、是否有废弃物沉积、其日后的经营活动对环境造成的影响是否符合当地法律法规等，从而为土地交易决策提供依据。

7. 监管机构报告及被审计单位与监管机构的往来函件。通过阅读监管机构报告及被审计单位与监管机构的往来函件，注册会计师可以了解监管机构对被审计单位环境事项的要求，和已经或将要发生的因环境事项而导致的处罚和或有事项。

8. 可获取的生态环境恢复公开记录或规划。注册会计师通过检查这些文件，可以了解被审计单位未来应承担的义务以及对其生产经营的影响。例如，某地政府部门发布的《矿山生态恢复规划》规定，2003年至2005年期间要基本消除乱挖滥采、破坏性开采矿产资源的现象，调整优化矿产资源开发利用布局，控制矿山开采数量，露天矿山（采场）在现有基础上减少40%以上，使全区砂石矿山（采场）控制在35个以内，关停小型沙场和煤矿，矿山复垦及植被恢复率达到65%以上，煤矿废水治理率达到40%，并对矿山废弃地进行复垦，预计投资450万元。

9. 被审计单位的环境绩效报告。环境绩效报告一般包括管理层对公司环保的介绍、环保方针以及环保目标、环境管理系统的组成、主要环境影响、环境执行指示、改进目标与具体实施进度、法律遵循情况、对环境绩效报告的第三方意见等内容。例如，中国石油天然气股份有限公司在《2004年度健康安全环境报告》中主要提供了企业的健康安全环境方针、健康安全环境目标和健康安全环境表现等内容。通过检查被审计单位的环境绩效报告，注册会计师可以清楚了解被审计单位在环境方面的承诺及其采取的主要环境控制措施。

10. 与监管机构和律师的往来函件。通过检查与监管机构和律师的往来函件，注册会计师可以了解被审计单位已经或将要发生的因环境事项而导致的法律纠纷以及可能面临的风险。

（三）利用环境专家的工作

本准则第三十条规定，注册会计师在利用环境专家的工作时，应当按照《中国注册会计师审计准则第1421号——利用专家的工作》的规定，考虑环境专家的工作对于实现审计目标是否充分，并考虑专家的专业胜任能力、客观性、经验和声誉。如果专家工作结果未能提供充分、适当的审计证据，或对专家的专业胜任能力或客观性存在疑虑，注册会计师可能需要聘请其他专家、实施追加审计程序或出具非标准审计报告。

管理层应当对其作出的包括在财务报表中的会计估计负责。由于受环境事项影响的财务报表项目较多涉及会计估计，存在着重大的不确定性，因此，管理层在作出与环境事项相关的会计估计和披露时，通常需要取得律师、工程师及环境专家等专业人士的技术建议。如鉴定需要确认负债及作出相关会计估计的情形（例如，环境工程师对某一地点进行初步调查以确定是否已发生环境污染，管理层向律师询问被审计单位修复场地的法律责任等）；收集必要的数据作为会计估计的基础，为财务报表列报提供详细信息（例如，环境专家对一个地点进行测试，以帮助确定污染的性质和程度，并且考虑可接受的场地修复的替代方法）；制定适当的补救措施并计算相关的财务结果。

环境科学领域是正在形成和发展的专业领域，由于没有适当的职业团体或协会颁发专业资格、执业许可证或者发展会员，就环境专家专业胜任能力的评价相对其他专家可能更困难。在这种情况下，注册会计师需要对环境专家的职业经验、信誉等进行特别考虑。

注册会计师应当及时、经常地与环境专家进行沟通，与其讨论所使用的假设、方法、程序和原始数据来源，以了解环境专家工作报告的性质、范围、目的和局限性。环境专家的报告可能只是涉及被审计单位经营的某一方面，例如，被审计单位的经营活动对土壤、地下水和地表水造成了污染，而环境专家在其报告中可能只是针对土壤污染所需的整治成本进行了估计，并没有对所有环境污染可能发生的整治成本进行估计。

注册会计师应当评价环境专家工作的适当性，并考虑专家使用的原始数据、假设和方法及其与以前期间的一致性，考虑专家工作的结果与注册会计师对被审计单位的了解和实施其他审计程序的结果是否相符。

（四）利用环境审计的工作

本准则第三十一条规定，注册会计师应当考虑将环境审计的结果作为适当的审计证据。在这种情况下，注册会计师应当按照《中国注册会计师审计准则第1411号——考虑内部审计工作》和《中国注册会计师审计准则第1421号——利用专家的工作》的规定，考虑利用环境审计工作的适当性。

1. 关于环境审计。在某些行业，环境审计正日益普及，并具有广泛的含义。环境审计通常是指由会计师事务所或其他机构对与环境有关的业务经营活动进行系统、定期、客观的检查。一般情况下，环境审计是应管理层的要求实施的，并且仅供内部使用。管理层可以决定环境审计是由外部专家实施，还是由内部的专家（有时包括内部审计人员）实施。在实际操作中，不同学科的人员都可以实施环境审计，因而这一工作常常由多学科团队完成。环境审计可能涉及不同的方面，包括场地污染、环境法律法规的遵守情况等。需要说明的是，环境审计并不一定等同于对环境绩效报告实施的审计。

2. 对环境审计工作的利用。如果被审计单位已经实施环境审计，注册会计师对环境审计工作进行了解和评估后，认为审计结果能够为财务报表审计提供符合要求的审计证据，则可利用环境审计的工作。

注册会计师应当就以下内容了解与评估环境审计工作：

（1）环境审计结果对于财务报表的影响是否重大；

（2）环境审计工作是否由具有专业胜任能力的人员担任，助理人员的工作是否得到适当的指导、监督和复核；

（3）环境审计人员是否具有独立性并保持应有的职业谨慎，尤其是当环境审计人员来自企业内部时；

（4）环境审计人员所获取的审计证据是否充分、适当；

（5）环境审计人员是否依据充分、适当的审计证据，形成审计结论，编制环境审计报告；

（6）环境审计工作范围是否适当，包括管理层对环境审计所提建议的反应及其证据；

（7）环境审计工作成果是否得到有效利用，所发现的例外或异常事项是否已适当解决。

（五）利用内部审计的工作

本准则第三十二条规定，如果内部审计人员已将被审计单位经营活动的环境方面作为内部审计工作的一部分，注册会计师应当按照《中国注册会计师审计准则第1411号——考虑内部审计工作》的规定，考虑利用内部审计工作的适当性。

由于环境保护问题影响到企业的日常生产经营活动，不少企业已将环境事项纳入内部审计的工作范围。通过内部审计工作，内部审计人员可以对企业环境管理体系进行检查，评价其是否恰当地执行和保持，并及时向管理层提供有关环境管理方面的信息。注册会计师在利用内部审计的工作时，应当按照《中国注册会计师审计准则第1411号——考虑内部审计工作》的有关规定执行。

需要注意的是，内部审计人员通过审计，可能发现企业存在没有遵循技术标准排放污染物等违反环境法律法规的行为。基于违反环境法律法规的行为可能对被审计单位和其财务报表产生重大不利影响，管理层可能向内部审计人员施加较大的压力，要求其在内部审计报告中不再提及违反环境法律法规的行为。如果内部审计报告提及违反环境法律法规的行为，管理层往往不愿意向注册会计师提供这样的内部审计报告。因此，注册会计师在利用内部审计工作时应当考虑其工作结果的恰当性。

（六）实施分析程序

本准则第三十三条指出，注册会计师可以实施分析程序，考虑相关财务信息与环境记录中的数量信息之间的关系。

注册会计师在实施分析程序时，应当考虑财务信息与非财务信息之间的关系。例如，通过分析被审计单位消耗的原材料（或使用的能源）与废物生成量（或排放物）之间的关系，以及废物生成量（或排放物）与为保持适当的废物生成量（或排放物）或将其控制在最大限度内应确认的负债之间的关系，注册会计师可以分析相关资产减值准备、预计负债以及为整治环境污染而发生成本的估计是否适当。注册会计师通过分析与财务信息相关的非财务信息，可以验证财务信息是否真实、正确。

（七）检查与环境事项相关的财务报表项目

本准则第三十四条指出，在实施实质性程序时，注册会计师应当重点关注下列与环境事项相关的交易或事项：

1. 本期增加的土地、房屋建筑物和机器设备。对于本期增加的土地、房屋建筑物和机器设备（包括直接购买或通过收购子公司间接取得），注册会计师可以询问管理层在购买资产时所执行的工作及程序，了解其在确定购买价格时是否已考虑环境事项可能产生的影响，包括合理估计可能产生的弃置费用因素。同时，注册会计师还应了解管理层在估计可能产生的与环境事项相关的弃置费用时，是否已获取相关的调查报告及合约等支持性文件。

2. 受环境事项影响的长期投资项目。注册会计师可以查阅被投资单位的财务报表，并与相关负责人讨论，考虑财务报表涉及的环境事项对长期投资计价产生的影响。如果被审计单位的一个或多个组成部分的审计工作是由其他会计师事务所的注册会计师执行，主审注册会计师在对被审计单位财务报表出具审计报告时需要利用其他注册会计师的工作结果，则主审注册会计师应当与其他注册会计师就组成部分遵守其经营所在地环境法律法规的情况以及可能对财务报表产生的影响等事项进行适当的沟通。

3. 因环境事项需要计提的资产减值准备。由于资产减值准备通常是管理层依据有关因素作出的估计，发生错报的风险较大，因此，注册会计师在实施审计时可以采取下列措施：

（1）询问有关被审计单位资产或资本的变动计划，如果是由于环境立法或经营战略的改变，应评价其对被审计单位的资产或整体价值的影响；

（2）询问资产减值准备计提和核销的批准程序，评价因环境事项使资产减值的情况下计提资产减值准备的必要性；

（3）评价计提资产减值准备所依据的资料、假设及计提方法的适当性；

（4）检查支持资产减值准备的文件资料，并与管理层讨论；

（5）检查前期存在的与环境事项有关的资产减值准备的实际发生数，判断其所依据的假设是否依然恰当。

4. 因环境事项发生的支出和取得的索赔收入。注册会计师可以检查被审计单位在财务报表中确认的与环境事项有关的支出和应收索赔款项，判断有关的经济利益是否很可能流出、流入企业。

5. 因环境事项导致的负债或或有负债通常包括：

（1）依据环境法律法规要求的义务。例如，随着经济发展和城镇建设速度加快，许多企业或单位在各地产业结构和城市布局的调整中需要搬出城镇中心，原有土地使用权性质将发生改变。如果其在以前的经营活动中对土地造成污染，根据环境法律法规的规定应负责治理并恢复土地使用功能。

（2）因破坏环境或违反环境法律法规而应交纳的罚款或产生的诉讼事项。

（3）因破坏环境而应承担的赔偿义务。

对因环境事项导致的负债和或有负债，注册会计师可以实施下列审计程序：

（1）向管理层询问其在确定、评价和控制因环境事项导致的负债和或有负债方面有关的方针政策和工作程序；

（2）向管理层询问可能导致的负债和或有负债的环境事项；

（3）向管理层询问并评价被审计单位就环境事项与环境监管机构之间的往来信函，确定是否存在因环境事项可能导致的负债和或有负债；

（4）检查并评估支持环境负债、或有负债的文件资料，如场地清理或修复方面的研究资料，场地清理、未来搬迁和场地修复成本的报价，索赔或罚款金额以及与法律顾问进行沟通的信函等，并与有关管理层进行讨论；

（5）对于本期或前期已出售的场地，检查有关合同约定或法律规定的与环境事项相关的负债；

（6）对于当期放弃产权、停止使用或购买的不动产，询问场地清理的要求以及可能发生的场地清理、未来搬迁和场地修复成本；

（7）如果违反环境法律法规而导致的场地清理、未来搬迁和场地修复成本或罚款支出金额已经能够确定，查询有关索赔或可能的索赔事项。

（八）检查与环境事项相关的会计估计

本准则第三十五条规定，在检查与环境事项相关的会计估计时，注册会计师应当遵守《中国注册会计师审计准则第1321号——会计估计的审计》的有关规定。注册会计师应当复核并测试管理层作出与环境事项相关的会计估计的过程，包括：

（1）如果管理层聘请环境专家为其作出会计估计提供依据，注册会计师应当评价专家开展工作的适当性；

（2）复核管理层作出会计估计所依据的资料；

（3）评价会计估计依据的数据的准确性、完整性和相关性；

（4）评价会计估计依据的各种假设之间的一致性以及这些假设与支持性资料、相关历史资料及行业资料之间的一致性；

（5）评估因被审计单位业务或所处行业的变化，是否会引起其他因素的相应变化，而这些因素将对假设产生重大影响；

（6）评估被审计单位以前期间的经营状况以及未来的经营计划，复核管理层在作出会计估计时所依据假设的持续适当性；

（7）对于特定假设的复核，应当考虑利用环境专家的工作；

（8）评价管理层作出会计估计的计算过程；

（9）考虑管理层是否已经复核并批准关于环境事项的重大会计估计。

如果认为管理层作出的会计估计不恰当，注册会计师可以自行作出或从其他渠道取得与环境事项相关的独立估计，并与管理层作出的会计估计进行比较；如果存在差异，注册会计师应当确定企业是否需要调整该项差异。

注册会计师在评价管理层对未来搬迁和场地修复成本作出的会计估计时，可以考虑与以下数据信息进行比较：

（1）其他地方对类似环境事项引发的负债的估计；

（2）在类似地点实际发生的成本；

（3）当期类似地段的出售价格中环境负债的成本估计。

（九）检查财务报表列报的适当性

对于被审计单位就影响财务报表的环境事项的披露的适当性，注册会计师应当进行检查和复核。

（十）获取管理层关于环境事项的书面声明

本准则第三十七条规定，注册会计师应当就环境事项向管理层获取下列书面声明：（1）没有发现由环境事项引起的重大负债和或有负债（包括因违法行为或潜在违法行为产生的重大负债和或有负债）；（2）没有发现对财务报表产生重大影响的其他环境事项；（3）如果发现上述第（1）项或第（2）项所述的环境事项，已在财务报表中进行了恰当的列报。

根据《中国注册会计师审计准则第1341号——管理层声明》的要求，如果合理预期不存在其他充分、适当的审计证据，注册会计师应当就对财务报表具有重大影响的事项向管理层获取书面声明。由于注册会计师就环境事项取得的审计证据多为说服性而非结论性的，因此，注册会计师需要获取管理层关于环境事项的书面声明。

由于环境事项的确认、计量和列报较多涉及负债和或有负债，注册会计师仅仅通过检查账簿资料可能难以发现，获取管理层声明书可以提醒管理层告知其全部的环境事项。

三、职业判断

本准则第二十八条指出，由于确认和计量环境事项的结果存在下列困难，注册会计师运用职业判断显得尤为重要：

1.环境问题从发生到被识别通常经历较长的时间。通常情况下，企业当期生产经营活动对环境破坏所造成的后果可能并不明显，从发生到被识别可能需要经历比较长的时间。例如，1942年至1953年期间，胡克（Hooker）化学工厂及塑料（Plastics）公司在纽约州北部居民区先后掩埋了约19 000吨高毒且致癌的化学废弃物，并在化学废弃物上覆盖一层黏土和表土以利于植物生长。1953年，胡克化学工厂将掩埋有化学废弃物的土地以一美元的价格卖给纽约市政府，并要求对将来可能发生之灾害免除其法律责任。随后，该土地经过处理和建设，被开发成为住宅区。1976年附近居民开始抱怨空气中的化学异臭味，随着某些地面的下陷，装着废弃物的铁桶容器及废弃物本身也逐渐暴露。1978年调查报告证实该地区居民患癌症和出生缺陷的比率高于其他地区。为此，美国政府动用了联邦基金处理这一历史遗留的环境问题，并制定了《全面环境响应补偿及责任法》，该法案认定环境责任具有可追溯性。在该案例中，环境问题从发生到被发现，经历了三十多年的时间。目前，在许多国家的相关法律中都规定，由于环境污染而产生的法律责任都具有追溯性。

2.由于会计估计建立在假设的基础上，假设的数量和性质可能导致会计估计不存在既定的模式，或会计估计在很大的区间内似乎都是合理的。由于会计估计存在较大的不确定性，对同一经济事项，管理层可能有若干种可供选择的方法。基于不同的主观判断，管理层可能会作出不同的估计。例如，因污染物排放量达不到当地环保部门的控制标准，被审计单位应强制淘汰相关固定资产，并对该项固定资产计提相应的减值准备。但管理层认为，虽然按照当地环保部门的规定，该项资产不可再使用，但仍可以高于该项资产账面净值的销售价格销售给环保要求较低地区的企业，因此，不需对该资产计提资产减值准备。

3. 环境法律法规不断变化，对其解释可能面临困难或不明确。随着经济和社会的发展，国家会不断发布实施新的环境法律法规或对旧的环境法律法规进行修订。即使目前严格遵守有关环境法律法规，企业也可能不能减少其所承担的环境风险。例如，由于政府提高了某项环保技术标准，尽管自身的经营行为并没有改变，企业仍将面临由于环保技术标准改变而导致的重大环境风险。因此，在对某些特定资产（如含有石棉成分的资产）进行估价时，有必要就相关法律法规的影响向专家咨询。在实务中，对因已知义务产生的负债作出合理估计也较困难。

4. 除法定义务或合同义务引起的负债外，还可能存在其他情况产生的负债。例如，目前废旧电池对环境造成破坏已成为日益严重的问题。无论裸露在大气中还是深埋在地下，废旧电池的重金属成分都会随着渗液溢出，从而造成地下水和土壤的污染。某电池生产企业出于环境保护的考虑，承诺在商场、住宅小区内设立废旧电池回收箱，并将回收的废旧电池送至企业统一进行处理。为此，企业需要发生与该承诺事项相关的支出，从而形成一项负债。

四、需要注册会计师特别关注的情形

本准则第三十六条列举了可能显示重大错报风险的情形，规定在整个审计过程中（包括了解被审计单位及环境并评估重大错报风险，以及针对评估的重大错报风险实施的程序），如果注意到下列情形显示财务报表存在因环境事项导致的重大错报风险，注册会计师应当对此予以关注：（1）环境专家、环境审计人员或内部审计人员出具的报告中显示有重大环境问题；（2）被审计单位与监管机构的往来函件或监管机构发布的报告中提及存在违反环境法律法规行为；（3）在生态环境恢复的公开记录或规划中列有被审计单位的名称；（4）媒体评论涉及被审计单位的重大环境问题；（5）律师函中对环境事项的评价意见；（6）有证据表明被审计单位购买与环境事项相关的商品或服务，相对于常规业务活动而言属于异常交易；（7）因违反环境法律法规导致诉讼费用、环境咨询费用或罚金增加或异常。

当被审计单位存在上述情况时，表明被审计单位可能支付罚款、赔偿损失，或承担环境恢复义务等，注册会计师应当考虑是否需要重新评估财务报表因环境事项而导致的重大错报风险。如有必要，注册会计师可以咨询环境专家。

第四章 出具审计报告时对环境事项的考虑

本准则第四章（第三十八条至第三十九条），主要说明注册会计师应当如何根据不同情形就环境事项的审计结果出具审计报告。

一、总体要求

本准则第三十八条第一款规定，在形成审计意见时，注册会计师应当考虑被审计单位是否已按照适用的会计准则和相关会计制度的规定对环境事项的影响作出适当的处理，并进行恰当的列报。

二、审计报告的类型

本准则第三十九条规定，注册会计师在判断不确定事项对审计报告的影响时，应当重点考虑管理层对不确定事项的评价及披露程度。如果认为环境事项对财务报表的影响具有重大不确定性或相关披露不充分，或根据职业判断认为环境事项可能导致持续经营假设不再合理，注册会计师应当按照《中国注册会计师审计准则第1502号——非标准审计报告》和《中国注册会计师审计准则第1324号——持续经营》的规定，出具恰当的审计报告。

（一）当环境事项的会计处理不符合适用的会计准则和相关的会计制度时

如果被审计单位就环境事项的会计处理不符合适用的会计准则和相关会计制度的要求，注册会计师应根据其对财务报表的影响程度，出具保留意见或否定意见的审计报告。

（二）当环境事项对财务报表的影响具有重大不确定性时

当环境事项对财务报表的影响具有重大不确定性、但不影响被审计单位的持续经营能力时，如果被审计单位已在财务报表附注中作出充分披露，注册会计师应当在审计意见段之后增加强调事项段，强调环境事项对财务报表的影响具有重大不确定性的事实。

（三）当环境事项影响持续经营能力时

1. 存在可能导致对持续经营能力产生重大疑虑的环境事项，财务报表已作充分披露

如果认为被审计单位在编制财务报表时运用的持续经营假设是适当的，但可能导致对持续经营能力产生重大疑虑的环境事项存在重大不确定性，注册会计师应当考虑：

（1）财务报表是否已充分描述导致对持续经营能力产生重大疑虑的主要环境事项，以及管理层针对这些事项提出的应对计划；

（2）财务报表是否已清楚指明导致对持续经营能力产生重大疑虑的环境事项存在重大不确定性时，被审计单位可能无法在正常的经营过程中变现资产、清偿债务。

如果财务报表已作出充分披露，注册会计师应当出具无保留意见的审计报告，并在审计意见段之后增加强调事项段，强调可能导致对持续经营能力产生重大疑虑的环境事项存在重大不确定性的事实，并提醒财务报表使用者注意财务报表附注中对该等事项的披露。

2. 存在可能导致对持续经营能力产生重大疑虑的环境事项，财务报表未作充分披露

如果认为被审计单位在编制财务报表时运用的持续经营假设是适当的，但可能导致对持续经营能力产生重大疑虑的环境事项存在重大不确定性，被审计单位在财务报表中未能作出充分披露，注册会计师应当出具保留意见或否定意见的审计报告。

3. 因环境事项导致被审计单位将不能持续经营，财务报表仍按持续经营假设编制

如果认为因环境事项导致被审计单位将不能持续经营，但财务报表仍然按照持续经营假设编制，注册会计师应当出具否定意见的审计报告。

三、其他与环境事项有关的信息

《中国注册会计师审计准则第1521号——含有已审计财务报表的文件中的其他信息》要求注册会计师阅读其他信息，以识别其他信息与已审计财务报表存在的重大不一致。基于此，本准则第三十八条第二款规定，注册会计师应当阅读含有已审计财务报表的文件中的其他信息所涉及的环境事项，以识别其是否与已审计财务报表存在重大不一致。

例如，管理层在其变更募集资金使用用途的公告中披露，由于现有生产设备排污标准达不到国家规定的环保要求，计划变更募集资金用途购置新型的机器设备，该项变更已经股东大会批准并于近期内实施，而在已审计财务报表中，管理层并未对现有设备可能出现的减值作出估计，注册会计师通过阅读该信息，应考虑以前获取的审计证据是否适当，并确定是否需要提请被审计单位修改已审计财务报表。

附录 1631-1

中国证监会关于上市公司环境事项的信息披露规定

《公开发行证券的公司信息披露内容与格式准则第 1 号——招股说明书》（2006 年修订）	第四节　风险因素 **第二十八条**　发行人应披露的风险因素包括但不限于下列内容： （五）投资项目在市场前景、技术保障、产业政策、环境保护、土地使用、融资安排、与他人合作等方面存在的问题，因营业规模、营业范围扩大或者业务转型而导致的管理风险、业务转型风险，因固定资产折旧大量增加而导致的利润下滑风险，以及因产能扩大而导致的产品销售风险等。 （六）由于财政、金融、税收、土地使用、产业政策、行业管理、环境保护等方面法律、法规、政策变化引致的风险。 第六节　业务和技术 **第四十四条**　发行人应根据重要性原则披露主营业务的具体情况，包括： （七）存在高危险、重污染情况的，应披露安全生产及污染治理情况、因安全生产及环境保护原因受到处罚的情况、近三年相关费用成本支出及未来支出情况，说明是否符合国家关于安全生产和环境保护的要求。 第十三节　募集资金运用 **第一百零六条**　募集资金直接投资于固定资产项目的，发行人可视实际情况并根据重要性原则披露以下内容： （五）投资项目可能存在的环保问题、采取的措施及资金投入情况。
《公开发行证券的公司信息披露内容与格式准则第 9 号——首次公开发行股票并上市申请文件》（2006 年修订）	第九章　其他文件 　9-4 发行人生产经营和募集资金投资项目符合环境保护要求的证明文件（重污染行业的发行人需提供省级环保部门出具的证明文件）
《公开发行证券的公司信息披露编报规则第 12 号——公开发行证券的法律意见书和律师工作报告》	**第四十条**　发行人的重大债权债务 （三）发行人是否有因环境保护、知识产权、产品质量、劳动安全、人身权等原因产生的侵权之债，如有，应说明对本次发行上市的影响。 **第四十六条**　发行人的环境保护和产品质量、技术等标准 （二）近 3 年是否因违反环境保护方面的法律、法规和规范性文件而被处罚。

附录 1631-2

重污染行业主要环境风险示例

行业	公司名称及代码	主要环境风险
石油天然气	扬子石化 000866	作为石油化工企业，本发行人在生产过程中产生的废气、废液、废渣及有害化学物质均会对环境产生污染。尽管本发行人生产装置的技术水平达到了20世纪90年代初的国际先进水平，主要环保指标均达到国家和南京市的有关标准，但依然存在因环保设备的技术故障而导致排污超标的可能
化工	扬农化工 600486	本公司为农药化工企业，农药化工产品的生产过程中会产生一定数量的废渣、废液、废气，上述废弃物在处理不善时，将会影响周边环境。随着国家对环保要求的提高，公司将加大对环保方面的投入，这在一定程度上会增加企业的经营成本；如果国家环保政策有所改变、环保标准提高，所制定的标准超过公司"三废"处理能力，本公司的生产将会受到一定的限制
制药	康美药业 600518	本公司扩建原有生产线与新建甲磺酸多沙唑嗪、盐酸丙哌维林等新药的生产线项目后，会产生一定量的污废水、废气、噪声、废渣及部分含丁醇、乙醇、甲苯等物质的有机溶剂，这些均是周边环境的污染源。随着国家对环保的重视及有关环保指标的要求不断提高，本公司在环境保护方面可能面临着新的问题
冶金	厦门钨矿 600549	钨冶炼行业以及公司生产经营可能造成的具体污染包括：(1)废水、废气污染源，废水中主要污染物为氨氮、悬浮物和磷酸盐等，废气污染源主要来自燃油锅炉、氨回收、焙烧和母液闭路循环产生的废气；(2)噪声污染源，噪声污染源为振动球磨机、空压机、风机及各类泵，其中主要的噪声源为振动球磨机；(3)固体废弃物污染源，固体废弃物主要是压滤工序之后排出的钨渣
采矿	西藏矿业 000762	在开采过程中，有些矿种会产生放射性污染，而且矿山开采过程中会产生粉尘污染，如不采取有力措施加以控制，有可能因违反国家环保政策而受到制裁
造纸	银鸽投资 600069	制浆造纸工业生产过程中产生的高浓度有机废水如果未经处理直接排放，会对水环境造成污染
制革	金牛实业 600199	本公司的生产存在不同程度的污染，污染物主要为废水、废渣等，其中制革废水对环境污染比较严重。治理污染需要增加投资、配备专门人员，加大了公司的生产成本
印染、纺织	庆丰股份 600576	公司在生产过程中，会有一定的噪声、粉尘污染。虽然公司已经购置了消音、除尘等环保设备并达到了国家规定的环保标准，但是本次募集资金投向的特阔幅印染后整理技改项目和收购维新漂染资产项目，主要涉及印染行业，生产过程中会产生一定量的废水、废气、废渣及噪声，对环境产生较大污染，从而使公司的生产和发展受到一定程度的影响
公用事业	长春燃气 600333	由于本公司以煤炭为焦炉煤气的生产原料，煤炭燃烧过程中释放出来的二氧化硫等有害物质对环境造成一定的污染，在政府对环境问题日益重视的今天，本公司在努力提高经济效益的同时，必须更加认真地关心环境保护问题

（续表）

行业	公司名称及代码	主要环境风险
煤炭	郑州煤电 600121	煤炭是地下开采，开采前地面建筑物需要搬迁，开采时有废弃物——煤矸石，排放矿井水含有浮悬物，开采后会引起地表沉陷；开采到地面的部分煤炭要在地面短时存放，还会影响大气环境质量；煤矿和电厂的锅炉会产生烟尘与噪声污染；煤矿和电厂生产设备运行过程中产生的噪声对周围环境也有一定影响。因此，国家环境保护法律、法规的变化对本公司的运营可能会提出更高要求
火电	内蒙华电 600863	火电厂的污染主要来自排放的废气和灰渣等，公司在其灰场区储存粉煤灰，厂区锅炉向周围排放烟尘。根据环保法规，超标排污将受到处罚
建材	海螺水泥 000914	一般水泥生产工序均会产生粉尘，本公司已按照国内现行的环保法规和行政规章在各下属企业及生产基地配置了必要的保护设施，进行水泥粉尘的收集和再利用。尽管如此，随着环保法规的进一步健全及全民环保意识的增强，水泥类企业将面临更为严格的环保要求，可能会使本公司在环保方面的开支相应增加，从而影响公司的经营业绩
酿造	古越龙山 600059	由于黄酒生产需大量质量可靠的生产用水，并有大量发酵后的污水需要处理，更由于当地工业的迅猛发展，这种不良的水源环流对本公司产生了双向的环保压力
发酵	星湖科技 600866	味精、肌苷的生产存在废水、废气、粉尘等环境污染问题，这些问题若不予解决，会面临环保部门罚款和限期改正处理的风险

附录 1631-3

与环境事项相关的内部控制调查表

调查问题	答案			
	是	弱	否	不适用
一、控制环境				
1. 是否根据被审计单位的业务性质设置了适当的组织结构或对原组织结构进行调整，以处理与环境事项相关的活动？				
2. 是否针对与环境事项有关的活动进行了适当的职责分离和权限分配？				
2.1 生产规划部门在编制被审计单位规划时是否同时编制环境保护发展规划？				
2.2 生产规划部门在审查重大项目立项时，对未履行环保影响评价或未得到政府部门批准的项目，是否不予立项？				
2.3 生产规划部门在编制年度生产计划时，是否包括环境保护的项目和计划指标？				

（续表）

调查问题	答案			
	是	弱	否	不适用
2.4 生产运行部门是否把环境保护指标和环保设施的运行情况列入生产统计报表？				
2.5 科研开发部门在组织研究新产品、新工艺时是否选择无污染或少污染的产品和工艺？				
2.6 对环境有影响的项目，财务部门是否必须取得环境保护主管部门的审批同意后方可支付建设资金？				
2.7 对于有毒有害物品的贮运，供销贮运部门是否采取了必要的安全和防止污染措施？				
3. 对负责环境事项的高级管理人员是否有明确业绩考核指标，使其知悉需要达到的指标和承担的责任？				
4. 是否针对负责环境事项的关键岗位人员招聘实施了资格检查、技能测评、专家组评审等程序？				
5. 是否定期或不定期地评价负责处理环境事项的相关人员的能力？				
6. 为了保证员工的基本能力和做好环境保护工作，是否针对被审计单位的生产特点和性质进行必要的培训？				
7. 管理层是否愿意发布环境绩效报告，并经独立第三方认证？				
二、控制程序				
1. 是否按国家规定的排放标准排放废弃物？				
2. 是否对排放废弃物进行申报登记和定量管理？				
3. 对生产过程中产生的废水、废气等，是否经处理后排放？				
4. 含有特殊有害物、剧毒物和放射性废物，是否严格按国家规定进行特殊处理？				
5. 是否建立了环境保护设施管理制度，对污水、废气、废渣处理设备进行定期维护保养？				
6. 是否设立环境监测部门，对被审计单位的排污情况、环境保护设施运行情况以及所在区域的主要环境因素进行监测分析？				
7. 是否制定了污染事故处理的管理规定？				
8. 是否执行ISO14000标准并取得认证？				
9. 是否实行清洁生产，并经审核认证？				
10. 是否建立了处理员工及第三方投诉的管理制度？				
11. 是否为减少环境污染可能造成的损失而投保环境商业保险？				

(续表)

调查问题	答案			
	是	弱	否	不适用
12. 是否制定相应的程序，将被审计单位所采购的产品或服务中的重要环境要求，通知供应商和承包商，并确保其能够达到要求？				
三、对控制的监督				
1. 是否及时评价与环境事项相关的内部控制的设计和运行以及环境法律的遵守情况？				
2. 内部审计人员是否保持了适当的独立性和专业胜任能力？				
3. 是否制定了内部环境事项审核程序？				
4. 在确定审计方案时，是否考虑被审计区域的状况、重要性，以及以前年度的审计情况？				
5. 对于内部审计所发现的不合格事项是否及时采取了措施？这些措施是否有效？				
6. 是否对所采取的措施进行验证并报告？				
四、风险评估				
1. 管理层是否意识到以下因素的存在及它们对财务报表的影响：				
1.1 土地、地下水或地表水污染导致的责任风险				
1.2 空气污染导致的责任风险				
1.3 来自雇员或第三方关于环境事项的尚未解决的投诉				
2. 管理层是否对过去发生的污染事故进行评价，以确定纠正措施和预防措施？				
3. 对于可能对环境产生影响的事故和紧急情况，是否进行充分识别并制定了应急措施？				
五、信息系统与沟通				
1. 是否建立了适当的信息系统，以记录：				
1.1 排放物和有害废弃物的数量				
1.2 产品的环境特征				
1.3 员工或第三方投诉				
1.4 监管机构的监测结果				
1.5 环保事故发生次数及造成的经济损失				
2. 是否建立了环境信息报告制度，使得高层管理人员能够及时取得与环境事项相关的信息？				

（续表）

调查问题	答案			
	是	弱	否	不适用
3.是否建立、实施和保持内部、外部就环境事项的沟通程序？				
4.是否主动接受来自各方的质疑、提问，所关注的问题或其他方面的信息等，并予以考虑和答复？				
5.是否就必要的预防性措施与员工、顾客进行适当沟通？				
初步评价：				

《中国注册会计师审计准则第 1632 号 ——衍生金融工具的审计》应用指南

（2007 年 11 月 29 日修订）

第一章 总 则

《中国注册会计师审计准则第 1632 号——衍生金融工具的审计》（以下简称本准则）第一章（第一条至第三条），主要说明本准则的制定目的、适用范围和最终使用者的含义。

一、本准则的制定目的

随着经营环境不确定性的日益增加，包括金融企业在内的许多企业开始利用衍生金融工具来转移风险或获取收益，衍生金融工具变得越来越复杂，其使用范围越来越普遍，在财务报表中列报和披露的要求也日渐增加。衍生工具的价值波动可能很大。大幅的和突然的价值降低可能增加使用衍生金融工具企业的损失超过在财务报表中所记录的金额（如果财务报表中有记录的话）的风险。而且，由于衍生活动的复杂性，管理层可能并不完全理解使用衍生工具的风险。

本准则第一条指出，为了规范注册会计师针对与衍生金融工具相关的财务报表认定计划和实施审计程序，制定本准则。

二、本准则的适用范围

本准则第二条规定，本准则适用于注册会计师在财务报表审计中，对被审计单位作为最终使用者持有的衍生金融工具的审计。

本准则第三条指出，最终使用者是指为了达到套期、资产负债管理或投机目的，通过交易所或经纪商进行金融交易的单位。最终使用者可以是工商企业、政府机构、机构投资者和包括商业银行在内的各类金融机构以及其他机构。例如，如果金融机构为规避资产、负债的利率或汇率等风险而进行套期，或为获利进行衍生产品交易，则该金融机构从事此类业务时被视为衍生金融工具的最终使用者；如果金融机构向客户（包括金融机构）提供衍生金融工具交易服务，则金融机构从事此类业务时被视为衍生金融工具的交易商，其中能够对其他交易商和客户提供衍生产品报价和交易服务的交易商被视为衍生金融工具的做市商（market-maker）。除金融机构外，非金融企业也是衍生市场的重要参与者，因为衍生活动往往与生产经营息息相关。例如，处于扩张期的工商企业为了防范利率波动的风险而利用利率上限期权或远期利率合同等来锁定借款利率；外向型企业可能利用外汇期货等规避汇率风险。

在本准则的适用范围中强调最终使用者的意义在于，与衍生金融工具发行和交易相关的会计系统和内部控制问题，可能不同于与衍生金融工具使用相关的会计系统和内部控制问题。

第二章　衍生金融工具及活动

本准则第二章（第四条至第七条），主要说明衍生金融工具的含义、品种和类别、被审计单位从事衍生活动的主要目的以及衍生金融工具的主要风险特征等内容。

一、衍生金融工具的含义

本准则第四条界定了衍生金融工具的含义和类别，指出衍生金融工具是指同时具备下列特征，并形成一个单位的金融资产及其他单位的金融负债或权益工具的合同：（1）其价值随特定利率、金融工具价格、商品价格、汇率、价格指数、费率指数、信用等级、信用指数或其他类似变量的变动而变动；变量为非金融变量的，该变量与合同的任一方不存在特定关系；（2）不要求初始净投资，或与对市场情况变化有类似反应的其他类型合同相比，要求很少的初始净投资；（3）在未来某一日期结算。

衍生金融工具属于衍生工具（Derivatives）的一种。衍生工具还包括某些同时满足上述三个特征的合同。这些合同一般称为衍生商品工具（Derivative Commodity Instruments），主要包括商品期货（Commodity Futures）、商品远期（Commodity Forwards）和商品互换（Commodity Swaps）以及商品期权（Commodity Options）等。

从衍生金融工具的含义来看，衍生金融工具一般包含如下要素。

（一）标的、名义金额和支付条款

1. 标的（Underlying）。标的可以是特定利率、汇率、金融工具价格、商品价格、价格指数、费率指数、信用指数、信用等级或其他类似变量（见表1632-1）。变量为非金融变量的，该变量与合同的任一方不存在特定的关系，如特定地区的地震灾害指数或特定城市的温度指数等。需要注意的是，标的可以是一项资产或负债的价格或比率，但绝不是资产或负债本身，而且本身也不能独立地确定衍生金融工具的价值或结算金额。标的和名义金额共同决定金融工具的结算。从理论上看，任何可观测的变量都可以成为标的，包括金融变量和非金融变量，如降雨量或温度等各种物理变量。此外，还有一些衍生金融工具不参考名义金额而是包含了一个根据标的的特定变动方式来结算的支付条款。例如，可能要求当参考利率上升到特定基点时进行结算。衍生金融工具的衍生性主要表现为其价值取决于或来自标的如利率、汇率、权益价格或商品价格等的变化，即其价值具有附着性特征。

2. 名义金额（Notional Amounts）。衍生金融工具通常具有固定或者可确定的名义金额。名义金额通常与一定数量的货币、股份、蒲式耳、磅或其他单位挂钩。衍生金融工具的结算决定于名义金额和标的。例如，一项利率互换合同根据适用利率和名义本金额的乘积计算得出。需要注意的是，名义金额并不是衍生金融工具的本质特征。例如，在利率互换交易中，名义本金额并不实行交换，交换的只是按照设定利率和名义本金额计算的利息流。

3. 支付条款（Payment Provisions）。支付条款规定当标的以特定方式变化时支付固定或可确定的金额。标的和名义金额的乘积或其他算术结果确定衍生金融工具的结算金额。但是，也有一些衍生金融工具不含有名义金额，而只有支付条款。例如，一项衍生金融工具可以约定当伦敦银行间同业拆借利率（以下简称 LIBOR）上升若干个基点时，合同一方向另一方支付一定数额的款项。因此，衍生金融工具的价值变化可以由名义金额决定，也可以由支付条款决定。

表 1632-1　某些衍生金融工具的标的

衍生金融工具类型	主要定价——结算变量（标的变量）
利率互换	利率
货币互换（外汇互换）	汇率
商品互换	商品价格
权益互换	权益价格（另一主体的权益）
信用互换	信用评级、信用指数或信用价格
总回报互换	参考资产和负债的公允价值总额
购入或签出国债期权（买入/卖出）	利率
购入或签出外汇期权（买入/卖出）	汇率
购入或签出商品期权（买入/卖出）	商品价格
购入或签出股票期权（买入/卖出）	权益价格（另一主体的权益）
与政府债务关联的利率期货（国债期货）	利率
货币期货	汇率
商品期货	商品价格
与政府债务关联的利率远期（国债远期）	利率
货币远期	汇率
商品远期	商品价格
权益远期	权益价格（另一主体的权益）

资料来源：International Accounting Standard Board；IAS39 Financial Instruments：Recognition and Measurement–Implementation Guidance–Implementation Guidance，2006.

（二）初始净投资（Initial Net Investment）

一些衍生金融工具不需要初始净投资，即不需要持有者或者签发者在合同开始时投入或收到名义金额，例如远期和互换。有一些则要求初始净投资，但与对市场情况变化有类似反应的其他类型合同相比，要求很少的初始净投资。例如，期权合约的期权费

(Premium)大大低于为获取与期权合同相关的潜在金融工具的所需投资额。某些衍生金融工具在开始时互换资产,此时的初始净投资为互换资产的公允价值之差,如货币互换。没有初始净投资或初始净投资相对较小,导致衍生金融工具具有较强的杠杆性以及由此带来的高投机性。

（三）在未来某一日期结算

衍生金融工具一般不需要立即执行,通常在未来某一特定日期或期间通过交付现金而不是合同中的实物资产进行结算。

此外,净额结算(Net Settlement)在一些情况下也构成衍生金融工具的重要特征。该特征将某些同时满足上述三个特征的合约排除在外。例如,传统人寿保险合同和财产保险合同以及某些财务担保合同等。

衍生金融工具之所以在资产负债表中列报,是因为衍生金融工具代表了相应的权利和义务。在有利状态下结算一项衍生金融工具而收取现金、其他金融资产或非金融资产的权利,是具有获取未来经济利益的证据,因此应当在资产负债表中列为资产;在不利状态下结算一项衍生金融工具而付出现金、其他金融资产或非金融资产的义务,是具有牺牲未来经济利益的证据,因此应当在资产负债表中列为负债。

二、衍生金融工具的品种和类别

本准则第四条第三款规定,衍生金融工具包括金融远期合同、金融期货合同、金融互换和期权,以及具有金融远期合同、金融期货合同、金融互换和期权中一种或一种以上特征的工具。

1. 金融远期合同。金融远期合同是指双方为了购买和销售特定数量的金融工具,以合同签订时商定的特定价格在未来特定日期交割和结算的合同。金融远期合同一般包括远期外汇合同和远期利率合同。其中远期外汇合同是指交易双方约定在确定的未来某一日期进行外币资产或负债交易的合同;远期利率合同(Forward Rate Agreements,FRA),是指双方商定交换由未来特定日期的利率差和名义本金所决定的金额的合同。未来特定日期的利率差是基于一个商定利率与一个参考利率(如LIBOR或国库券利率等)之间的差额确定的。远期利率合同是企业管理利率风险的重要工具。在结算日,如果按照参考利率计算的利息大于按照商定利率计算的利息,则远期利率合同的出售者向购买者支付利息差额;如果按照参考利率计算的利息小于按照商定利率计算的利息,则远期利率合同的购买者向出售者支付利息差额。因此,FRA购买者可以将利率锁定为某一商定利率。

在远期合同中,同意在未来某个确定日期以某个确定价格购买标的资产的一方称为多头(Long Position),而同意在同样日期以相同价格出售该标的资产的一方称为空头(Short Position)。在远期合同签署时,所选择的交割价格使得远期合约的价值对合约双方为零,这意味着无需成本就可以处于多头或空头状态。在合约签订后,随着标的资产价格的变动,远期合同的价值可能为正,也可能为负。如果标的资产价格上涨,则远期合同多头的价值为正而空头的价值为负。

2. 金融期货合同。金融期货合同是指在交易所交易的、约定在未来特定日期或期间按照特定的价格或收益率(Yield)买卖或交付特定金融工具的合同。根据标的不同,金融期货合同可以划分为利率期货、外汇期货和股票指数期货等。

与远期合同相比，期货合同具有四个方面的重要差别：（1）期货合同通常在交易所内交易；（2）期货合同是标准化的合同。例如，美国国债期货合约的交割数量为票面价值100 000美元的债券，交割日期为3月、6月、9月和12月的最后一个交易日；（3）期货合同并不总是指定确切的交割日期。期货合同是按照交割月划分的，并由交易所指定交割月中必须进行交割的交割期限；（4）期货合同需要进行盯市（mark-to-market）结算。在盯市制度下，一笔交易是在该交易发生日结束时首次进行盯市结算的，并在后续期间的每个交易日结束时进行盯市结算。在交割日，期货空头方进行交割，收取的价格通常为合约最后盯市时的期货价格。期货合约的损益直接体现在保证金的增减变动方面。

3. 金融互换。金融互换是指双方同意在未来一段期间交换现金流的合同。互换的形式包括利率互换和货币互换等，其中，利率互换是指合约双方就特定期间内互换名义金额（称为名义本金）上的、以固定利率和浮动利率计算的利息支付而签订的合同；货币互换是指双方在一定期限内交换一种货币的本金和利息与另一种货币的本金和利息。从本质上看，互换是一种债券的多头和另一种债券的空头的组合，或者可以视为一系列远期合同的组合。

互换是发展最为迅速的衍生产品，这可以用比较优势原理来解释。例如，在利率互换中，A公司在固定利率市场具有比较优势而B公司在浮动利率市场具有比较优势。但是，A公司实际需要浮动利率贷款而B公司则需要固定利率贷款，则A公司和B公司可以将固定利率贷款和浮动利率借款相互交换来获取比较利益。互换有利于企业管理利率风险和汇率风险。

4. 期权。期权是指给予合同持有者（或购买方）在一个特定的期间或在特定日期购买或销售特定或标准商品或金融工具的权利而非义务的合同。

期权有两种基本类型：（1）看涨期权或买入期权（Call Option）。看涨期权的持有者有权在某一确定日期或期间以确定的价格购买标的资产；（2）看跌期权或卖出期权（Put Option）。看跌期权的持有者有权在某一确定日期或期间以确定的价格卖出标的资产。许多期权是以金融工具为基础的，例如股票期权、外汇期权、指数期权和期货期权等。

此外，还可以根据期权的执行时间将期权分为美式期权（American Options）和欧式期权（European Options）。美式期权可在期权有效期内的任何时间执行，而欧式期权只能在到期日执行。

期权的根本特征是风险和报酬的不对称性。在一份期权合同下，期权持有者（或购买者）收到的潜在利益可能远远大于承担的损失，但是签发者（或出售者）的收益仅限于收到的期权费。这主要是因为期权是一种选择权，持有者有权利在潜在有利条件下执行期权，并在潜在不利条件下放弃执行。例如，当标的资产（如股票）的市场价格低于执行价格时，买入期权的持有者可以不执行该期权。但是，持有者在购买期权合同时必须向签发者支付期权费，以补偿其可能遭受的损失。在其他因素不变的情况下，标的资产的市场价格波动越大，持有者需要支付的期权费也越多。

期权的价值可以划分为内在价值（Intrinsic Value）和时间价值（Time Value）。其中，内在价值是期权合同标的的市场价格大于（买入期权）或小于（卖出期权）执行价格的部分，而时间价值则反映了标的的市场价格超过（买入期权）或低于（卖出期权）执行价格的可能性。例如，某股票买入期权的执行价格为30元，当前标的股票的市场价格为40元，则该股票期权的内在价值为 10 元。如果当前标的股票的市场价格为 30 元,则内在价值为 0。此时,如果该期权的市场价值为 5 元,则时间价值为 5 元。时间价值可以表示为市场价值与内在价值之差。

利率类期权也是企业管理利率风险的重要工具。例如,当市场利率超过上限利率时,上限期权(Caps)的持有者可以通过行权从签发者处收到等于利差与名义本金额乘积的款项;当利率下降时,则可以不行权,从而获得利率下降的好处。

本准则第四条列举的衍生金融工具品种可以按照不同标准划分为不同的类别:(1)从衍生合约权利义务对等情况来看,可以分为基于远期的衍生金融工具和基于期权的衍生金融工具。前者包括远期、期货和互换,后者包括各种期权类衍生金融工具;(2)从衍生金融工具的交易地点来看,衍生金融工具还可以分为交易所交易的衍生金融工具(Exchange-Traded Derivatives)和场外交易的(Over-The-Counter Derivatives)衍生金融工具。交易所交易的衍生金融工具具有标准化特征,例如期货合约和某些期权;场外交易的衍生金融工具一般是根据客户的特定需要开发的,例如互换、期权和远期合同。交易所制度的最大优点在于将信用风险降至最低。

此外,衍生金融工具还可以根据独立性分为独立衍生金融工具和嵌入衍生金融工具,后者主要有可转换公司债券、反向浮动债券、杠杆反向浮动债券、信用敏感债券和通货膨胀债券等形式。

三、被审计单位从事衍生活动的主要目的

与衍生金融工具最终使用者的含义一致,本准则第五条规定,被审计单位从事衍生活动的主要目的包括:(1)管理当前或预期的与经营和财务状况有关的风险;(2)通过未平仓或投机性头寸从预期市场变化中获利。其中,前者主要出于风险管理目的,如通过远期利率合同来对某项金融资产进行套期保值,其目的在于应付或转移利率变动的风险;后者主要出于投资或者投机目的,主动利用风险的预期变化来获取利益。此外,某些企业可能不仅仅是从公司理财的角度使用衍生工具,其衍生活动也可能与商品的生产或使用有关。

根据企业从事衍生活动的主要目的,可以将从事衍生活动的企业分为三种类别:

1. 套期者(Hedger)。套期者的根本目标在于通过管理当前或预期的、与经营和财务状况相关的风险来降低损失风险和未来结果的波动性。套期者一般通过签订一项衍生合约,使得衍生金融工具公允价值或现金流量变动的财务影响预期尽可能地抵消资产、负债或未来交易等公允价值或现金流量变动的财务影响。套期者一般包括工商企业、商业银行和保险公司等金融机构以及非营利组织等。

2. 投机者(Speculator)。与套期者从事衍生交易的目的不同,投机者主动利用资产、负债或未来交易等公允价值或现金流量的变动,并通过建立衍生金融工具多头或空头在预期市场变化中追逐利润。然而,现实中,投机者和套期者有时可能是难以区分的。

3. 套利者(Arbitrager)。套利者通过同时签订买卖实质上相同的金融工具合约来试图锁定无风险利润。套利者和投机者的根本差别在于前者获取的是无风险收益。

企业从事衍生活动的主要目的不同,相应会计处理也存在相当大的差异。例如,衍生金融工具利得或损失的会计处理取决于衍生金融工具是否被指定为套期、被指定套期的类型和套期的有效性。当未被指定为套期工具时,衍生金融工具属于交易性金融资产

或交易性金融负债。但是，被指定为套期工具且是有效套期的衍生金融工具则按照套期会计的不同要求分别对利得或损失进行相应的会计处理。

四、衍生金融工具的主要风险特征

所有的金融工具都具有一定的风险，但衍生金融工具通常所具有的下列四个方面的特征能显著地放大风险，从而具有高杠杆效应。本准则第六条指出了衍生金融工具所具有的四个方面的主要风险特征：

1. 在交易到期前不要求现金流出或流入，或只要很少的现金流出或流入。与"常规方式"证券交易（"Regular-Way" Security Trades）、普通购买（Normal Purchases）或普通销售（Normal Sales）不同，衍生金融工具具有很强的杠杆性和投机性，具体表现为初始净投资很少，或者没有。例如，期货合同、远期合同和互换合同一般不需要初始净投资，期权合同虽然需要支付一定的期权费，但相对于期权合同的潜在价值是很小的。相比之下，购买一定证券的合同则需要支付给交易对方相当于市场价格的款项。

2. 不要求支付或收取本金或其他固定的金额。衍生金融工具是面向未来的、代表权利义务关系的合同，其价值来源于标的的变化，但是并不要求交付标的本身。例如，在利率互换合同中，交易双方不需要交换名义本金额，而只需要在每个结算日交换利息差额；在金融期货交易中，交易对方一般在期货合同到期前对冲，很少出现实物交割。

3. 潜在的风险和回报可能远远大于目前的支出。衍生金融工具的高杠杆性导致其蕴含的潜在风险和回报可能远远大于目前的支出，这种情况在权利义务不对等条件下尤为显著。例如，因签出期权（Written Option）收到的期权费可能远远小于潜在的无限损失。

4. 衍生金融资产或负债的价值可能超过其在财务报表中已确认的金额，特别是那些在财务报表中未采用公允价值计量的衍生金融工具。交易所内交易的衍生金融工具一般存在公开的市场报价，但是场外交易的衍生金融工具通常需要专门的估值技术确定其公允价值。标的（如利率和汇率）的高度波动性和模型风险的存在使得衍生金融工具在财务报表中已确认的价值可能小于其实际价值。在财务报表中未采用公允价值计量的衍生金融工具，主要是与在活跃市场中没有报价且其公允价值不能可靠计量的权益工具投资挂钩并须通过交付该权益工具结算的衍生金融资产，该衍生金融资产需要以成本计量。

鉴于衍生金融工具所具有的以上四个方面的主要风险特征，本准则第七条进一步规定，衍生金融工具和衍生活动的固有特征可能导致某些被审计单位经营风险的增加，注册会计师应当关注由此增加的审计风险。

第三章 管理层和治理层的责任

本准则第三章（第八条至第十条），主要说明在针对与衍生金融工具相关的财务报表认定设计和实施审计程序时，被审计单位管理层和治理层承担的责任。

一、管理层的责任

衍生金融工具变得日益复杂，且其种类和使用范围日趋扩大。除在交易所进行的标准化衍生金融工具合同外，大量场外交易的衍生金融工具具有满足特定需求的"客户化"（Customized）特征。这些"客户化"衍生金融工具的公允价值需要借助于现代化的计算机技术和金融模型来确定，如现金流量折现模型和期权定价模型［如布莱克—斯科尔斯—

默顿期权定价模型（Black-Scholes-Merton Option Pricing Model）]等。这对被审计单位管理层和治理层管理风险的能力提出了巨大挑战。

对于衍生金融工具及活动，以及与之相关的财务报表，治理层和管理层分别承担监督和执行方面的责任。

本准则第八条规定，按照适用的会计准则和相关会计制度的规定编制财务报表是被审计单位管理层的责任。在编制财务报表时，管理层需要作出下列与衍生金融工具相关的认定：

（1）在财务报表中记录的所有衍生金融工具是存在的；
（2）在资产负债表日不存在未记录的衍生金融工具；
（3）在财务报表中记录的衍生金融工具得到恰当的计价和列报；
（4）在财务报表中作出了所有与衍生金融工具相关的披露。

二、治理层的责任

治理层制定被审计单位的战略方向，以及监督管理层履行经营管理责任，包括对财务报告过程进行监督。

本准则第九条规定，被审计单位治理层通过监督管理层对下列方面负责：

1. 设计和实施内部控制，以便对风险和财务控制进行监督，合理保证被审计单位在其风险管理政策允许的范围内使用衍生金融工具，以及确保被审计单位遵守适用的法律法规。

2. 确保财务报告信息系统的完备性，以保证衍生活动的财务报告的可靠性。

被审计单位管理层和治理层的责任与注册会计师的责任之间不能相互替代。本准则第十条进一步指出，财务报表审计不能减轻被审计单位管理层和治理层的责任。

第四章　注册会计师的责任

本准则第三章（第十一条至第十四条），主要说明在针对与衍生金融工具相关的财务报表认定设计和实施审计程序时，注册会计师应当承担的责任。

一、总体要求

《中国注册会计师审计准则第1101号——财务报表审计的目标和一般原则》规定，按照中国注册会计师审计准则的规定对财务报表发表审计意见是注册会计师的责任。本准则第十一条规定，在财务报表审计中，注册会计师对审计衍生金融工具的责任是，考虑管理层作出的与衍生金融工具相关的认定是否使得已编制的财务报表符合适用的会计准则和相关会计制度的规定。

财务报表审计的目标是注册会计师通过执行审计工作，对财务报表的下列方面发表审计意见：（1）财务报表是否按照适用的会计准则和相关会计制度的规定编制；（2）财务报表是否在所有重大方面公允反映被审计单位的财务状况、经营成果和现金流量。本准则第十二条进一步指出，财务报表审计的目标是对财务报表发表审计意见，而不是对被审计单位与衍生活动相关的风险管理或控制的充分性提供保证。注册会计师应当考虑和管理层讨论与衍生活动相关的审计工作的性质和范围，以免发生误解。

二、特殊的知识和技能要求

衍生金融工具越来越复杂，各种"客户化"的复合衍生金融工具蕴含着很大的风险，如估值风险。除了其他要求之外，《中国注册会计师职业道德规范指导意见》要求注册会计师提供专业服务时应当具有胜任能力并勤勉尽责；此外，注册会计师还应当具有足够的专业知识和技术，并以应有的关注完成其职责。

在实施衍生金融工具审计时，本准则第十三条规定，注册会计师可能需要特殊的知识和技能，以计划和实施与衍生金融工具相关的特定认定的审计程序。

这些特殊的知识和技能主要包括下列五个方面：

1. 了解被审计单位所处行业的经营特征和风险状况。

2. 了解被审计单位使用的衍生金融工具及其特征。例如，所使用的衍生金融工具的性质和风险特征（如信用风险、流动性风险或市场风险等风险）。

3. 了解被审计单位关于衍生金融工具的信息系统，包括服务机构提供的服务。例如，期货经纪公司或投资银行等提供的服务。当关于衍生金融工具的重要信息通过计算机系统形式被传递、处理、保存或获取时，注册会计师还可能需要具备与计算机应用相关的特别知识和技术。

4. 了解衍生金融工具的估值方法。估值方法主要包括：（1）参考熟悉情况并自愿交易的各方最近进行的市场交易中使用的价格；（2）参照实质上相同的其他金融工具的当前公允价值；（3）采用估值模型计算衍生金融工具的价值，如现金流量折现法和期权定价模型（例如布莱克—斯科尔斯—默顿模型）等。

5. 熟悉适用的会计准则和相关会计制度有关衍生金融工具的规定。主要包括：（1）熟悉满足分拆条件的嵌入衍生金融工具应当进行单独会计处理的规定；（2）熟悉与衍生金融工具相关的利得或损失的会计处理规定；（3）熟悉套期会计的应用条件、评价套期有效性的方法和不同类型套期的相应会计处理等。此外，注册会计师还应注意，复杂的定价模式可能增加按公允价值计量衍生工具所采用的假设的复杂性。而且，相关会计准则和会计制度的规定也可能因衍生工具的类型、交易的性质和企业的类型而不同。

三、考虑利用专家的工作

注册会计师不是金融专家，也不是风险管理专家。本准则第十四条规定，在下列情形下，注册会计师应当考虑利用专家的工作，以提高审计效率和效果：

1. 衍生金融工具本身非常复杂。例如，该衍生金融工具由多个基本衍生金融工具复合而成。

2. 简单的衍生金融工具应用于复杂的情形。例如，利用利率类衍生金融工具对利率风险进行组合套期。

3. 衍生金融工具交易活跃，即被审计单位从事衍生交易的频率较高，而不是很少从事交易。

4. 衍生金融工具的估值基于复杂的定价模型。例如，在对不存在活跃市场的场外衍生金融工具或复合衍生金融工具的公允价值进行估值时可能采用十分复杂的估值模型。

当考虑利用专家的工作时，注册会计师应当了解专家使用的重大假设和估值方法，并基于对被审计单位情况的了解和实施其他审计程序的结果，考虑这些重大假设和估值方法是否适当、完整。

第五章 了解可能影响衍生活动及其审计的因素

本准则第五章（第十五条至第二十三条），主要说明注册会计师应当了解的可能影响衍生活动及其审计的因素。

一、总体要求

本准则第十五条规定，注册会计师应当从九个方面了解可能对衍生活动及其审计产生影响的因素，这些因素包括：（1）经济环境；（2）行业状况；（3）被审计单位相关情况；（4）主要财务风险；（5）与衍生金融工具认定相关的错报风险；（6）持续经营；（7）会计处理方法；（8）会计信息系统；（9）内部控制。

从逻辑关系上看，本准则第十五条统驭第十六条至第四十条。本章主要说明注册会计师应当了解的前八个方面的因素，对内部控制的了解则在第六章单独说明。

二、经济环境

经济环境可能对被审计单位从事衍生活动的性质和范围产生影响。例如，当利率可能上升时，被审计单位可能会试图通过使用利率互换、远期利率合同和上限期权锁定借款利率。

本准则第十六条规定，注册会计师应当了解经济环境对衍生活动的影响。这些经济环境因素主要包括：

1. 经济活动的总体水平。经济周期和经济活动总体水平能够决定宏观经济变量如利率、汇率和价格总体水平及其走向等。这些变量的变动和衍生金融工具的价值是直接相关的。注册会计师可能需要了解的反映经济活动总体水平的主要指标包括经济增长率、货币供给量、物价总水平和生产资料价格指数等。

2. 利率（包括利率的期限结构）和融资的可获得性。利率是十分重要的经济变量，能调节投资和储蓄的总量和结构，进而调节整个宏观经济运行。融资的可获得性与利率的变动直接相关。当资金市场供求发生变化时，市场利率水平也相应地发生变化。利率风险是金融市场中最重要的风险。由于利率是资金的使用成本，汇率和股票价格的决定均离不开利率；同时，由于信贷资产是银行的重要资产项目，因此，利率风险也是银行经营活动中面临的最主要风险之一。随着我国利率市场化进程的加快，利率风险将成为我国金融机构面临的最主要风险。与利率相关的衍生金融工具是衍生市场的主体，常见的利率衍生金融工具有利率互换、远期利率合同、利率期货和利率互换期权等。

3. 通货膨胀和币值调整。通货膨胀在一定程度上是一种货币现象。当通货膨胀率上升时，货币将会发生贬值。衡量通货膨胀水平的主要指标有消费价格指数和生产资料价格指数等。通货膨胀水平与利率水平和汇率水平等密切相关。市场利率的重要组成内容是通货膨胀补偿率。实际利率等于名义利率与通货膨胀率之差。例如，当名义利率为10%时，如果通货膨胀率为8%，则实际利率为2%。通货膨胀也是决定汇率水平的重要因素。

4. 汇率和外汇管制。在完全竞争市场中，汇率的变化最终是由对利率和通货膨胀的预期变化决定的，其中利率的作用可以用利率平价来解释，通货膨胀的作用可以用购买力平价来解释。汇率风险也是市场风险的重要组成部分。随着人民币汇率形成机制的进一步完善，市场因素在汇率形成机制中的作用会进一步加大，我国企业面临的汇率风险也将进一步增加。汇率水平的波动直接影响一些以汇率为标的的衍生金融工具的价值，如外汇远期和货币互换等。

5. 与被审计单位使用的衍生金融工具相关的市场特征，包括该市场的流动性和波动性。各种衍生市场具有不同的流动性和波动性。例如，期货市场是高度标准化的市场，交易对方可以容易地购买合同并进行反向对冲，而且保证金机制有效地保证了交易合约的履行。相比之下，场外衍生市场如远期和互换则流动性较差，且存在一定的信用风险。例如，互换业务通常需要借助于金融机构的中介作用。此外，不同衍生合同的期限差别也较大。例如，相比之下，期货合同和远期合同一般期限较短，而互换合同一般期限较长，可以从二到十年不等。

三、行业状况

被审计单位所处行业的经济状况可能影响其开展衍生活动。如果被审计单位所属行业为季节性或周期性行业，则精确地预测其面临的利率、汇率或偿债风险就可能较为困难。当被审计单位经营出现突然大幅度增长或下降时，也可能使得对一般经营活动水平以及衍生活动水平的预测变得更加困难。本准则第十七条规定，注册会计师应当了解被审计单位所处行业状况对衍生活动的影响。

被审计单位所处行业状况主要包括：

1. 价格风险。价格波动是市场经济正常运行的必要条件，但是价格变动又使被审计单位暴露在很大的市场风险之中。价格风险越大，被审计单位越有可能利用衍生金融工具来转移或控制风险。例如，当利率或汇率波动较大时，金融资产和金融负债的价值也必然发生较大波动。在其他条件不变的情况下，当市场利率上扬时，债券的市场价格必然下跌，也影响以利率为标的的衍生金融工具的价值，如利率远期、利率期货、利率互换和利率期权等。

2. 市场和竞争。衍生工具的重要作用之一在于转移风险。市场和竞争状况必然影响市场价格的走向，以及被审计单位为应对竞争压力和追逐利润而采用的战略和政策。例如，在市场利率波动较大的情况下，持有大量证券投资的金融企业可能会签订远期利率合同或期货合同来锁定价格变化。此外，市场全球化在实现资源配置全球化的同时，也在很大程度上将被审计单位置于更大风险之中。跨国企业通常面临相当大的汇率风险、利率风险和国家风险等。

3. 生产经营的季节性和周期性。如果被审计单位所属行业为季节性或周期性的行业，那么可能难以精确地预测其面临的利率、汇率或偿债风险。例如，农业企业和商业零售企业的生产经营具有强烈的季节性和周期性，可能导致难以准确地预测资金需求、未来期间的利率或汇率水平及其走向，以及可能面临的偿债风险。生产经营的季节性和周期性可能促使被审计单位利用衍生金融工具来锁定价格波动的风险。例如，对很可能发生的预期销售或预期购买进行现金流量套期。

4. 经营业务的扩张或衰退。经营规模的扩张可能导致被审计单位在资本结构中更多地利用债务资金，进而影响被审计单位的资金需求及其资金成本。但是，对债务资金的高度依赖性也将使被审计单位面临更大的破产风险。例如，当实行跨国并购时，必然要面临汇率风险，被审计单位可能会对这些外汇风险进行境外经营净投资套期。又如，被审计单位可能因规模扩张而大量举债，而为了规避利率风险，被审计单位可以通过利率期货、利率远期或者互换来"锁定"未来期间利率的变化水平。

5. 外币交易、折算或经济风险。当被审计单位为外向型企业时，购买原材料或销售产成品将受到汇率波动的影响。当被审计单位具有境外控股子公司或合营企业时，还要面临外币折算问题和所在国家或地区的经济风险，如所在国家或地区正处于恶性通货膨胀或经济危机。

四、被审计单位相关情况

为了对被审计单位衍生活动获得充分的了解，以识别和理解可能会对财务报表或审计报告产生重大影响的交易和事项，注册会计师应当了解被审计单位的相关情况对衍生活动的影响。由于衍生活动通常支持企业的经营活动，因此那些影响其日常经营的因素也会对其衍生活动产生影响。例如，企业可能会签订一份期货合同对其存货的成本进行套期。类似地，衍生活动对企业的经营和生存能力也具有重要影响。

本准则第十八条规定，注册会计师应当了解被审计单位的相关情况对衍生活动的影响。被审计单位的相关情况主要包括：

1. 管理层、治理层的知识和经验。衍生金融工具一般十分复杂，通常只有拥有专门人才的企业才能从事衍生交易。管理层和治理层在确定能否从事衍生产品交易、从事何种衍生产品以及交易规模时，应当根据本企业的经营目标、资本实力、管理能力和衍生产品的风险特征来考虑。在管理层经验较少或缺乏经验时，各种衍生金融工具合同或协议的复杂性可能对被审计单位产生重大不利影响。例如，被审计单位可能无意识地签订涉及嵌入衍生工具的合约。因此，注册会计师应当考虑管理层和治理层对衍生活动风险的理解程度和采取的风险管理策略，以及被审计单位是否具备足够的专门人才，主要包括具备特定资格认定的衍生交易人员、风险控制人员和会计人员等。大量地使用衍生工具，尤其是复杂的衍生工具，但在企业内部却没有相关的专业人才和技能，就会增加重大错报风险。在这种情况下，注册会计师需要考虑被审计单位是否存在充分的管理控制，及其对风险的评估结果和审计测试的性质、范围和时间的影响。

2. 及时和可靠的管理信息的可获得性。衍生活动和相关的决策在很大程度上取决于及时和可靠的管理信息流。此外，大型企业一般实行分散经营和集中管理，且经营范围和经营区域十分广泛。因此，与衍生活动有关的控制风险可能随着对这些经营活动的分权程度的增加而增加，而且收集和汇总这些信息的困难程度也将随着被审计单位所涉及的经营活动的数量增加而增加。及时和可靠的管理信息的可获得性还要求被审计单位能够通过独立的风险管理部门和完善的检查报告系统，随时获取有关衍生产品交易风险状况的信息，并在此基础上进行相应的监督与指导。

3. 利用衍生金融工具的目标。本准则第五条指出，被审计单位参与衍生活动的主要目的有两个：一是管理当前或预期的、与经营和财务状况相关的风险；二是通过未平仓或投机性头寸从预期市场变化中获利。被审计单位从事衍生活动的主要目的在一定程度上决定了所制定的风险管理策略以及采用的风险管理工具。因此，注册会计师应当了解被审计单位采用衍生金融工具背后的战略行为和动机，并确定其衍生活动处于套期和投机两个极端间的具体位置。

目前我国监管部门将国有企业从事衍生活动的范围限定在套期，不允许从事高风险的投机活动。《国有企业境外期货套期保值业务管理办法》和《国有企业境外期货套期保值业务管理制度指导意见》均规定，企业只能从事套期保值交易，不得进行投机交易，并要求建立严格、有效的内部管理和风险控制制度，明确规定境外期货交易的决策人员、交易指令执行人员、资金管理人员或风险管理人员的职责范围，不得交叉或越权行使这些职责；同时也对交易的品种、持仓量、持有头寸的时间等作出明确的限定。

五、与衍生活动相关的主要财务风险

对许多企业来说，衍生金融工具的使用一方面降低了其面临的汇率变动、利率变动和商品价格变动风险以及其他风险，但另一方面，衍生活动和衍生金融工具的固有特征和风险也可能导致企业经营风险的增加，这反过来增加了审计风险，使注册会计师面临新的挑战。

本准则第十九条第一款规定，注册会计师应当了解与衍生活动相关的主要财务风险。与衍生活动相关的主要财务风险包括：

1. 市场风险。市场风险是指因权益工具价格、利率、汇率、商品价格或其他市场因素的变动导致衍生金融工具公允价值的不利变动而引起损失的风险，包括价格风险、流动性风险、模型风险、基准风险等。具体来说：（1）价格风险与因利率、汇率的变动（或其他与标的费率、指数或价格的市场波动相关的因素发生变化）导致的价格水平的变动有关。价格风险包括利率风险、汇率风险等；（2）流动性风险与被审计单位销售或处置衍生金融工具能力的变动有关。衍生金融工具可能承担着额外的风险，即因缺少可利用的合同或交易对方而使被审计单位很难完成一项衍生交易，或者签订一份对冲合同，以致造成较大的损失。例如，如果衍生金融工具要求实物交割时，而被审计单位难以获得所要求交割的证券、商品或其他交割物，流动性风险就可能增加；（3）模型风险与函数或参数的不恰当设置有关，特别是与相关假设的主观性和不完美性相关，也与模型的不恰当使用相关。只要采用估价模型而非根据活跃市场报价来确定衍生金融工具的公允价值，作为估价风险组成部分的模型风险都会存在。当某项衍生金融工具为多项衍生金融工具复合而成时，模型风险更加突出；（4）基准风险是指当套期合同未平仓时基准发生变化，导致被套期项目和套期工具的价格并不完全相关的风险。基准是指被套期项目价格与相关套期工具价格之差。基准风险受到被套期项目或套期工具缺少流动性的影响。

2. 信用风险。信用风险是指客户或交易对方在到期时或之后期间内没有全额履行义务的风险。信用风险与客户或交易对方在到期日或之后的任何时间均不能全额履行义务有关。标的的急剧波动，加上特定衍生金融工具的结构，可能导致衍生金融工具的市场价值处于波动之中，因此被审计单位所面临的信用风险也处于波动之中。通常，只有当所持有的衍生金融工具的市场价值大于零时，衍生金融工具才会面临信用风险。衍生金融工具大于零的价值代表了交易对方的义务，因此，如果交易对方不能履行其义务，被审计单位的经济利益就会丧失。此外，衍生工具的市场价值可能快速波动，从而在正值和负值之间变换。价格急剧波动的可能性，加上特定衍生工具的结构，也可能影响信用风险敞口。例如，具有高度杠杆作用的衍生工具或所涉及期间较长的衍生工具可能使信用风险敞口在衍生交易发生后迅速增大。通常，场内交易的衍生金融工具有良好的机制

来控制信用风险。例如，当从事期货交易时，参与者每日根据头寸的价值变动来调整保证金，从而能够有效地降低信用风险。但是，对于场外交易的衍生金融工具，信用风险可能会很大。衍生金融工具的信用风险与其他金融工具（如贷款）信用风险的根本区别在于：衍生金融工具的信用风险是随机波动的。随着标的资产市场价格发生变动，在其他条件不变的情况下，当持有的衍生金融工具的正价值越大，交易对手违约的影响也越大。

控制信用风险的有效办法之一是选择合格的交易对手。在选择交易对手时，企业应当评价交易对手是否充分了解合约的条款以及履行合约的责任。对于高风险的衍生产品交易种类，还应当对交易对手的资格和条件作出专门规定。在交易所交易的衍生工具通常消除了单个交易对方风险，并用结算组织作为结算对方。其他最小化信用风险的方法包括要求交易对方提供担保，或根据每个交易对方的信用等级指定其信用限额等，或者选择适当的方法和模型对信用风险进行持续评估，并采取相应的风险控制措施。

3. 结算风险。结算风险是指被审计单位已履行交易义务，但没有从客户或交易对方收到对价的风险。最小化结算风险的方法之一是签订一份总互抵协议，该协议允许交易各方在结算时互相抵消其所有相关的应付和应收头寸。

4. 偿债风险。偿债风险是指被审计单位在付款承诺到期时没有资金履行承诺的风险。例如，盯市制度下期货合同的不利价格波动需要被审计单位不断补充保证金，而当被审计单位无法满足该要求，此时交易所将进行强行平仓处理。

5. 法律风险。法律风险是指某项法律法规或监管措施阻止被审计单位或交易对方执行合同条款或相关总互抵协议，或使其执行无效，从而给被审计单位带来损失的风险。法律风险可能来自合同文档资料的不齐全、在破产情况下无法执行互抵协议、税法的不利变化，或禁止投资于某些类型衍生金融工具的法律规定等。当衍生金融工具涉及跨国交易时，交易对方的法律地位和交易资格以及交易对方出现违约时可能采取的必要法律手段的可操作性等因素也是产生法律风险的主要原因。

需要指出的是，上述五种风险并不是截然分开的，一种衍生金融工具可能要同时面临若干种风险，并且这些风险可能是相互影响的，因此难以有效地分解这些风险。对风险的分类虽然也存在其他方法，但它们都是这些基本分类的不同组合。例如，复合衍生金融工具可能导致被审计单位可能同时面临信用风险、利率风险或汇率风险等，而这些风险的相互影响进一步增加了复合衍生金融工具估值的复杂性。此外，对于商品而言还存在另外一种风险，即商品的质量不能满足要求的风险。

六、与衍生金融工具认定相关的错报风险

认定是指管理层对财务报表各组成要素的确认、计量、列报作出的明确或隐含的表达。《中国注册会计师审计准则第1301号——审计证据》规定，注册会计师应当详细运用各类交易、账户余额、列报认定，作为评估重大错报风险以及设计与实施进一步审计程序的基础。

针对衍生金融工具，认定主要包括：（1）存在：财务报表中列报和披露的衍生金融工具在资产负债表日是存在的；（2）发生：产生衍生金融工具的交易发生在财务报告期内，且与被审计单位有关；（3）权利和义务：被审计单位拥有与在财务报表中报告的衍生金融工具相关的权利和义务；（4）完整性：所有的衍生金融工具均通过列报或披露的方式在财务报表中报告；（5）计价：财务报表中报告的衍生金融工具的金额恰当，与衍生金融工具相关的利得或损失被分配至正确的财务报告期间；（6）列报与披露：财务报表中衍生金融工具的分类、描述和披露符合适用的会计准则和相关会计制度的规定。

本准则第二十条规定，注册会计师应当考虑下列七项因素，以了解与衍生金融工具认定相关的错报风险：

1. 衍生活动的经济和业务目的。被审计单位从事衍生活动的目的处于减少或消除风险（套期）到最大化利润（投机）两极之间。注册会计师应了解被审计单位经营活动的性质，以及从事衍生活动的商业目的，所有这些都可能影响被审计单位买进、卖出或持有衍生金融工具的决策。

2. 衍生金融工具的复杂性。通常，衍生金融工具越复杂，公允价值就越难确定。除基本衍生金融工具外，更为复杂的衍生金融工具不断涌现。例如，除基本的期权品种外，许多企业利用新型期权（Exotic Option）来满足其特殊风险管理需求，包括打包期权、非标准美式期权和任选期权等。一些衍生金融工具的公允价值（如在交易所交易的期权），可通过独立的价格信息来源，如财经出版物或与被审计单位不存在关联关系的经纪—交易商（Broker-Dealer）处获得。但是，如果交易是为了满足单个使用者的需求而设计的，就很难确定该衍生金融工具的公允价值。如果衍生工具并不是经常性的交易，或只在不公开市场价格或没有市场标价的市场上交易，管理层可能会使用估价模型确定公允价值。

值得注意的是，只要采用估价模型而不是根据市场报价来确定衍生金融工具的公允价值，作为估价风险组成部分的模型风险都会存在。模型风险是指与这些模型及其相关假设的主观性和不完美性相关的风险。估价风险和模型风险构成衍生金融工具计价认定上重大错报风险的组成部分。

3. 交易是否产生了涉及现金交换的衍生金融工具。许多衍生金融工具在交易开始时并不涉及现金流动，或者可能涉及包括不规则现金流量或期末现金流量的合同。这些合同未被识别，或仅仅部分被识别并在财务报表中报告的风险可能较高。

4. 被审计单位在衍生金融工具方面的经验。如果被审计单位大量采用衍生金融工具来转移风险或进行投资，但是却缺少相关的专业知识，则重大错报风险将会增加。通常，为了开展衍生活动，被审计单位从事衍生活动的相关人员，包括公司治理层、管理层、代表被审计单位实际进行衍生交易的内部人员，参与风险控制的人员和负责记录与交易结算的会计人员等，应当具备必要的专业知识和背景。此外，一次性或很少发生的衍生交易，可能导致管理层更容易忽略相关会计处理和披露问题。

5. 衍生金融工具是否嵌入在一项协议中。嵌入衍生工具，是指嵌入到非衍生工具（即主合同）中，使混合工具的全部或部分现金流量随特定利率、金融工具价格、商品价格、汇率、价格指数、费率指数、信用等级、信用指数或其他类似变量的变动而变动的衍生工具。嵌入衍生工具与主合同构成混合工具，如可转换公司债券等。嵌入衍生工具更加不易被管理层识别，并按照适用的会计准则和相关会计制度的规定进行列报。因此，嵌入衍生工具增加了这些衍生金融工具完整性认定上的重大错报风险。

6. 外部因素是否影响认定。通常，与属于衰退期行业的企业相关的信用风险增加，将可能增加那些衍生金融工具计价认定上的重大错报风险。另外，利率的重大调整或波动及其趋势也将影响与利率相关的衍生金融工具的计价认定。

7. 衍生金融工具是在国内交易所交易还是跨国交易。不同的法律法规、汇率风险，或不同的经济状况增加了跨国交易衍生金融工具的风险，并影响衍生金融工具的权利和义务认定以及计价认定。

七、持续经营

持续经营是被审计单位编制财务报表的基本假设之一。《中国注册会计师审计准则第1324号——持续经营》规定，在计划和实施审计程序以及评价其结果时，注册会计师应当考虑管理层在编制财务报表时运用持续经营假设的适当性。衍生金融工具的价值衍生性和高杠杆效应使得企业面临巨大的市场风险。因此，许多衍生金融工具导致的潜在损失可能超过在资产负债表中确认的该衍生金融工具金额（如果已确认的话），特别是以成本计量的、与在活跃市场中没有报价且其公允价值不能可靠计量的权益工具投资挂钩并须通过交付该权益工具结算的衍生金融资产。例如商品市场价格的突然下跌可能迫使企业确认损失并结清该商品上的远期头寸。

本准则第二十一条规定，衍生金融工具潜在的损失可能足以引起对被审计单位持续经营能力的重大疑虑，注册会计师应当按照《中国注册会计师审计准则第1324号——持续经营》的规定，考虑被审计单位持续经营假设的合理性。

此外，被审计单位可能实施敏感性分析或风险价值分析技术来评估市场风险对衍生金融工具的可能影响。注册会计师在评估被审计单位管理层对企业持续经营能力的评价时，可以考虑这些分析的结果。

八、会计处理方法

衍生金融工具利得或损失的会计处理，取决于衍生金融工具的计划用途及其结果。被审计单位所采用的会计处理方法影响特定的审计程序。

本准则第二十二条规定，注册会计师应当了解被审计单位对衍生金融工具的会计处理方法，包括是否将衍生金融工具指定为套期工具并采用套期会计，以及套期关系是否高度有效。这主要是因为衍生金融工具会计处理尤其是套期会计的复杂性，增加了其列报（包括披露）认定上的重大错报风险。根据企业会计准则，衍生金融工具一般作为交易性金融资产，其公允价值的变化计入当期损益。但如果衍生工具是满足一定标准的套期关系的一部分，则套期关系符合套期会计的特别要求，按套期会计方法，应确认衍生金融工具与被套期项目对净损益的抵消影响。例如，当满足套期会计条件时，对于公允价值套期，套期工具公允价值变动形成的利得或损失应当计入当期损益，同时被套期项目因被套期风险形成的利得或损失也计入当期损益。对于现金流量套期，套期工具利得或损失中属于有效套期的部分，先在所有者权益中确认，待被套期项目影响损益时再转入损益。只有无效套期部分才直接计入当期损益。作为套期的衍生工存在因市场条件变化导致套期关系不再有效，因此不再符合套期关系的条件的风险。如果套期被评估并确定为并非高度有效，套期关系将不再符合套期会计的条件。继续使用套期会计将会把利得和损失不恰当地排除在当期净损益之外。

九、会计信息系统

会计信息系统的主要职能在于：（1）识别与记录所有的有效交易；（2）及时、详细地描述交易，以便在财务报告中对交易作出恰当分类；（3）恰当计量交易，以便在财务报告中对交易的金额作出准确记录；（4）恰当确定交易生成的会计期间；（5）在财务报表中恰当列报交易。衍生金融工具的复杂性增加了相应会计处理的复杂性，尤其是套期会计处理。

本准则第二十三条第一款规定，注册会计师应当了解被审计单位会计信息系统的设计、变更及其运行。被审计单位对衍生金融工具的使用程度和这些工具的相对复杂程度，是决定其信息系统（包括会计信息系统）和控制程序所需精密程度的重要因素。此外，一些衍生金融工具活动可能涉及大量的会计记录。虽然用来处理衍生交易的会计系统很可能需要一些人工干预，但会计系统最好能够在最小人工干预情况下准确地处理这些分录。随着衍生金融工具复杂性的增加，会计信息系统的复杂性也会增加。

本准则第二十三条第二款进一步规定，如果认为会计信息系统或其中的某些方面较为薄弱，注册会计师应当关注是否有必要修改审计方案。

第六章　了解内部控制

本准则第六章（第二十四条至第四十条），主要说明注册会计师如何从控制环境、控制活动、内部审计和服务机构等四个方面了解可能影响衍生活动及其审计的主要因素。

第一节　控制环境

一、治理层和管理层对衍生活动的总体态度和关注程度

控制环境包括治理职能和管理职能，以及治理层和管理层对内部控制及其重要性的态度、认识和措施。控制环境为内部控制提供结构和基础，影响被审计单位的控制基调及其员工的控制意识，并对被审计单位经营活动的结构、目标的确定和风险评估具有广泛的影响。控制环境要素一般包括：（1）对诚信和道德价值观念的沟通与落实；（2）对胜任能力的重视；（3）治理层的参与程度；（4）管理层的理念和经营风格；（5）组织结构；（6）职权与责任的分配；（7）人力资源政策与实务。注册会计师在评价与衍生金融工具相关的控制环境的设计时，应当考虑上述因素，以及这些要素是如何被纳入被审计单位业务流程之中的。

本准则第二十四条规定，注册会计师在了解控制环境及其变化时，应当考虑治理层、管理层对衍生活动的总体态度和关注程度。治理层负责确定被审计单位对风险的态度，管理层负责监控和管理被审计单位面临的风险。注册会计师应当了解衍生金融工具的控制环境如何对管理层的风险评估结果作出反应。

为了有效地监督和管理所面临的风险，企业应当采用下列结构：（1）该结构是适当的，它与治理层所确定的对风险的态度一致；（2）对于可能从事的不同类型的衍生工具和交易限定授权批准的层级，并说明这些工具和交易的目的。所允许的工具和批准层级应该与参与这些衍生活动人员的专业技能相匹配；（3）对每种类型的风险（包括经批准的交易对方）设定恰当的所容许的最大风险敞口。容许的风险敞口可能因风险类型及交易对方的不同而不同；（4）对财务风险和控制程序提供独立和及时的监控，并及时和独立地报告所面临的风险敞口、相关风险以及衍生活动在管理风险方面的结果。

控制环境要素中的职权与责任的分配在衍生活动风险管理方面具有十分重要的作用。为了有效地监督和管理衍生金融工具所导致的各种风险，被审计单位一般采取下列措施：（1）董事会应定期对现行的衍生产品风险管理政策和程序进行评价，确保其与本企业的资本实力、管理水平一致;(2)负责衍生产品业务风险管理和控制的高级管理人员必须与负责衍生产品交易或营销的高级管理人员分开,不得相互兼任;(3)从事风险计量、监测和控制的工作人员必须与从事衍生产品交易或营销的人员分开,不得相互兼任。此外,风险计量、监测或控制人员可直接向高级管理层报告风险状况;(4)书面明确衍生产品交易主管和交易员的权限以及责任,实行严格的问责制,对在交易活动中有越权或违规行为的交易员及其主管,要有明确的惩处制度。

二、特别考虑的方面

管理层应当制定适当的操作规范以确保衍生活动满足企业的需要。在制定适当的操作规范时,管理层应当明确规定允许负责衍生活动的人员参与衍生工具市场的程度。有了这样的操作规范和规定后,管理层可运用适当的系统管理和控制风险。本准则第二十五条规定,注册会计师应当特别关注控制环境的下列三个方面对衍生活动控制的潜在影响:

1. 管理层是否通过清晰表述的既定政策,指导衍生金融工具的买进、卖出和持有。这些政策应从管理层明确论述其风险管理活动的目标,以及对能满足这些目标的可供使用的投资和套期工具的分析开始。然后考虑以下因素:(1)管理层的相关专业知识水平,如是否充分了解所从事的衍生交易的风险;(2)被审计单位内部控制和监控系统的复杂程度,如组织结构和风险报告流程等;(3)资产负债结构;(4)保持流动性和消化损失的能力;(5)管理层认为符合其目标的衍生金融工具的类型;(6)对管理层认为符合其目标的衍生金融工具的使用,如衍生金融工具是否可以被指定为用作投机目的或套期目的。

2. 衍生活动的交易、结算和记录的职责是否适当分离。任何一项衍生活动都可以分为三个独立的环节:交易(代表被审计单位作出交易)、结算(支付现金或接受现金)和记录(在会计记录中正确地记录所有的交易,包括衍生工具的估价)。三个环节的职责应当截然分开。许多重大的衍生活动损失都与三个环节的混同直接相关。例如,巴林银行(Barings Bank)破产案中,里森同时负责交易和结算,从而能够长期隐瞒巨额损失。如果企业太小以至于无法适当地分离这些职责时,管理层可能在监督衍生活动方面扮演更为积极的角色。

此外,一些被审计单位还设置了第四个环节:风险控制,来专门报告和监督衍生活动。风险控制的主要责任包括四个方面:(1)制定和监督风险管理政策;(2)设计风险限额结构;(3)设定"灾难性情境"并对未平仓的头寸进行敏感性分析,包括复核头寸上的非正常变动;(4)复核和分析新的衍生金融工具产品。当被审计单位没有设置单独的风险控制环节时,报告和监督衍生活动可能是会计部门的责任或管理层总体责任的一部分。

3. 总体控制环境是否已经影响负责衍生活动的人员。被审计单位可能具有一个维系高水平内部控制的控制文化。但是,由于一些财务和衍生活动的复杂性,这种文化可能并未在负责衍生活动的全体人员中普遍存在,或者,由于衍生活动的财务风险放大效应,被审计单位可能对此实施更为严格的控制环境。

三、对激励机制的考虑

本准则第二十六条规定,如果被审计单位对涉及衍生活动的人员实施激励机制,注册会计师应当考虑被审计单位是否已经制定适当的规范、限额和控制，以确定执行的激励机制是否可能导致背离总体风险管理战略目标的交易。例如，一些被审计单位的治理层或管理层可能出于自身利益考虑（如激励合同），默许进行投机活动。当存在以业绩为考核标准的情形时，注册会计师应当保持高度警觉。《中资银行衍生金融交易业务风险提示》规定，商业银行要制定合理的成本和资产分析测算制度和激励约束机制，不得将衍生产品交易和风险管理人员的薪酬与衍生产品交易盈利简单挂钩，避免其过度追求利益而增加交易风险。

四、对电子商务的考虑

电子商务是指被审计单位利用互联网等公共网络从事的商品购买和销售、劳务接受和提供等交易活动。当被审计单位广泛使用电子商务从事衍生交易时，可能会产生新的风险因素。本准则第二十七条规定，如果被审计单位采用电子商务进行衍生金融工具交易，注册会计师应当按照《中国注册会计师审计准则第1633号——电子商务对财务报表审计的影响》的规定，考虑被审计单位如何处理与公共网络使用相关的安全和控制问题。

第二节 控制活动

一、总体要求

控制活动是指有助于确保管理层的指令得以执行的政策和程序，包括与授权、业绩评价、信息处理、实物控制和职责分离等相关的活动。对衍生交易的内部控制应能防止或发现阻碍企业实现其目标的问题。这些目标可能属于经营、财务报告或遵循法规要求的领域，而内部控制是防止或发现每个领域内问题所必需的。

本准则第二十八条规定，注册会计师应当了解与衍生金融工具相关的控制活动，包括充分的职责分离、风险管理监控、管理层的监督和其他为实现控制目标而设计的政策和程序。例如，分管衍生交易和风险控制的管理人员应适当分离，以及交易授权、会计处理和执行相互分离等。需要注意的是，许多针对衍生金融工具的控制活动可能是直接由高级管理人员实现的。在这种情况下，注册会计师应当对高级管理人员滥用或超越政策和程序的行为保持高度警觉。

与衍生交易相关的控制目标一般包括：（1）交易的执行经过适当授权。衍生交易应根据被审计单位已经批准的政策和程序执行；（2）完整、准确的信息。包括公允价值信息在内的、与衍生金融工具有关的信息应及时记录，并且在进入会计信息系统时应是完整和准确的，同时也应适当分类、描述和披露；（3）防止和发现错误。能及时地防止和发现衍生金融工具会计信息处理过程中的错报；（4）持续监督。涉及衍生金融工具的活动应在持续的基础上进行监督，以确认和计量影响相关财务报表认定的事项。例如，被审计单位财务负责人或相关部门定期复核衍生交易情况，包括套期有效性，以及将根据交易地点、交易对方或类型划分的衍生金融工具头寸与已确定的限额相比较等；（5）计价。衍生金融工具价值的改变应适当地记录，并披露给适当的相关人员。计价可能是被审计单位持续监督活动的一部分。此外，对于那些被指定为套期工具的衍生金融工具，内部控制应确保这些衍生工具在套期开始和之后符合套期会计的标准。例如，《企业会计准则第24号——套期保值》规定，企业至少应当在编制中期或年度财务报告时对套期有效性进行评价。

二、影响与衍生金融工具相关的内部控制复杂程度的主要因素

本准则第二十九条规定，与衍生金融工具的买入、卖出和持有相关的内部控制的复杂程度因下列事项而存在差异：

1. 衍生金融工具的复杂程度和错报风险；
2. 相对于使用的资本，衍生交易的风险敞口；
3. 交易量。如果被审计单位衍生交易量不大，也可能不需要复杂的会计信息系统和内部控制。

随着衍生活动复杂性的增加，内部控制的复杂性也应增加。在某些情况下，被审计单位可能在没有对其内部控制进行相应调整的情况下扩展其所从事的衍生活动的类型。针对这种情况，本准则第三十条规定，如果被审计单位在未对内部控制进行相应调整的情况下扩展其衍生活动类型，注册会计师应当对此予以关注。

三、计算机信息系统的影响

一些企业可能使用精密化的计算机信息系统记录衍生交易情况，并能确保在到期时结算。更为复杂的计算机信息系统可能会自动结清有关头寸以监督现金的变动。因此，对交易处理过程的适当控制有助于确保衍生活动正确地反映于企业的记录中。此外，计算机信息系统还可能被设计用来生成违规事项报告，以提醒管理层关注衍生金融工具未在授权的范围内使用的情况，或所进行的交易超出为特定交易对方设定的限额的情况。但即使一个复杂的计算机信息系统也不能确保衍生交易的完整性。

因其特定的性质，衍生工具可能涉及大额资金转入或转出企业。通常，这些转移在到期时发生。在很多情况下，银行仅收到适当的付款指令或收账通知。某些企业可能会使用电子资金转账系统。这些系统可能包括复杂的密码和验证控制，标准的付款凭单和现金收集和提款设施。本准则第三十一条规定，注册会计师应当考虑计算机信息系统环境对审计工作的影响，了解计算机信息系统活动的复杂性和重要程度、数据的可获得性以及资金转账的方法。

四、调节程序

定期编制与衍生活动相关的调节表是控制活动的一个重要方面。被审计单位应当定期编制调节表，以确保与衍生金融工具相关的财务记录处于适当的控制之下，而且所有的会计分录应当及时编制，交易者在正式代表被审计单位进行在法律意义上有约束力的交易之前已有充分和准确的头寸信息。此外，调节表还应当得到适当保管并进行独立复核。

本准则第三十二条规定，注册会计师应当了解与衍生活动相关的调节程序。调节程序主要包括下列类型：

1. 交易员的记录与用于持续监控过程的记录以及与在总分类账中反映的头寸或利得和损失的调节。
2. 明细分类账与总分类账的调节。包括存储于计算机数据库的明细分类账与总分类账的调节。
3. 为保证所有尚未结清的项目及时得到识别和结算，所有的结算账户、银行账户与

经纪商对账单的调节。

4.在适用的情况下,被审计单位会计记录与服务机构持有记录的调节。

五、初始成交记录

初始成交记录应明确地反映单笔交易的详细情况。本准则第三十三条规定,注册会计师应当了解被审计单位的初始成交记录是否明确反映单笔交易的性质和目的,以及每个衍生合同产生的权利和义务。

除基本财务信息外,注册会计师还应当关注下列信息:(1)交易员的身份;(2)记录交易人员的身份;(3)交易的日期和具体时间;(4)交易的性质和目的,包括是否为了某项敞口进行套期;(5)在采用套期会计时,符合套期会计要求的信息。例如,套期的指定,包括套期的类型、确定的用于评估套期有效性的标准和套期关系中的被套期项目以及被套期风险。

六、交易记录

交易记录通常可用来提供会计信息,包括在财务报表中的披露信息,以及其他风险管理的信息,如针对既定限额遵守情况的风险报告。因此,对交易记录的输入、处理和维护过程施以适当的控制是必要的。

衍生金融工具的交易记录通常保存在数据库、各种备查登记簿或明细分类账中,这些记录应与从交易对方收到的独立确认信息相核对,以印证其正确性。本准则第三十四条规定,注册会计师应当了解被审计单位是否将衍生金融工具的交易记录保存在数据库、登记簿或明细分类账中,并就记录的准确性与从交易对方收到的独立的确认信息相核对。

此外,本准则第三十五条规定,注册会计师应当了解与保持衍生交易记录完整性相关的控制,包括被审计单位是否将自身记录与交易对方的确认函进行独立比较和核对。应要求交易对方直接将确认函回复给企业内部独立于交易员的员工,以防止交易员隐藏确认函以隐瞒交易;确认函的所有内容均应与企业的记录相核对。独立于交易员的员工应解决在确认函中出现的任何例外事项,并对任何未收到的确认函进行充分调查。

第三节 内部审计

一、总体要求

内部审计是对控制进行监督的重要内容。内部审计是指由被审计单位内部机构或人员,对其内部控制的有效性、财务信息的真实性和完整性以及经营活动的效率和效果等开展的一种评价活动。在一些企业,内部审计是高级管理人员对衍生金融工具所使用的相关控制程序进行复核和评估的风险控制功能的重要组成部分。《中国注册会计师审计准则第1411号——考虑内部审计工作》规定,注册会计师应当考虑内部审计活动及其可能对注册会计师审计程序的影响。因为内部审计和注册会计师审计用以实现各自目标的某些手段通常是相似的,注册会计师应当考虑内部审计工作的某些方面是否有助于评价重大错报风险、实现审计目标。

本准则第三十六条规定,注册会计师应当按照《中国注册会计师审计准则第1411

号——考虑内部审计工作》的规定,考虑内部审计人员是否具备与审计衍生活动相适应的知识和技能,以及内部审计工作范围涵盖衍生活动的程度。

二、可能与注册会计师审计相关的内部审计工作

对很多企业而言,内部审计是能使高级管理层对关于衍生工具使用的相关控制程序进行复核和评估的风险控制功能的必要组成部分。本准则第三十七条规定,内部审计工作可能有助于注册会计师评价内部控制,进而评价重大错报风险。

可能与注册会计师审计衍生金融工具相关的内部审计工作包括:(1)编制衍生金融工具使用范围的概况;(2)复核与衍生金融工具相关的政策和程序的适当性及管理层的遵守情况;(3)复核相关控制程序的有效性;(4)复核用以处理衍生交易的会计信息系统;(5)复核与衍生活动相关的系统;(6)确保被审计单位所有部门及人员,尤其是最有可能产生风险敞口的经营部门,完全了解衍生金融工具的管理目标;(7)评价与衍生金融工具相关的新风险是否能够被即时识别、评估和管理;(8)评价衍生金融工具的会计处理是否符合适用的会计准则和相关会计制度的规定,包括采用套期会计处理的衍生金融工具是否满足套期关系的条件;(9)进行定期复核,以向管理层提供衍生活动得到恰当控制的保证,并确保新风险及为管理这些风险使用的衍生金融工具被即时识别、评估和管理。

注册会计师利用内部审计工作是为了实现审计目标。内部审计的一些特定方面可能有助于注册会计师确定审计程序的性质、时间和范围。当有情况表明存在此种可能性时,注册会计师在计划审计的过程中应当充分了解内部审计活动,并对内部审计职能进行初步的评估。因此,本准则第三十八条规定,当拟利用内部审计的特定工作时,注册会计师应当评价和测试其适当性,以确定能否满足审计目标。

需要注意的是,注册会计师应当对发表的审计意见独立承担责任,其责任不因为利用内部审计工作而减轻。注册会计师应当对与财务报表审计有关的所有重大事项独立地作出职业判断,不应完全依赖内部审计工作。

第四节 服 务 机 构

服务机构是指接受被审计单位委托,为被审计单位记录交易和处理相关数据,或为其执行交易并履行受托责任的机构。衍生金融工具的复杂性可能导致被审计单位在从事衍生活动时更多使用服务机构。

本准则第三十九条第一款指出,被审计单位可能使用服务机构进行衍生金融工具的买入、卖出或代为记录衍生交易。例如,服务机构根据被审计单位的通知进行衍生产品交易,或者保持交易记录,或者以纸制或电子形式向被审计单位提供有关衍生金融工具公允价值的定价服务。此外,使用服务机构也有可能加强对衍生金融工具的控制。例如,服务机构的员工可能具有更多关于衍生活动的知识和经验。使用服务机构也能够使不相容职责更大程度地分离。但是,由于存在不同的控制文化或在远离被审计单位的地点处理交易,使用服务机构也可能增加风险。

本准则第三十九条第二款规定,注册会计师应当按照《中国注册会计师审计准则第1212号——对被审计单位使用服务机构的考虑》的规定,考虑使用服务机构对被审计单位内部控制的影响。

本准则第四十条规定，如果服务机构担任被审计单位的投资顾问，注册会计师应当考虑与服务机构相关的风险。在评价该风险时，注册会计师应当考虑的因素包括：（1）被审计单位如何监督服务机构提供的服务；（2）用以保护信息完备性及保密性的程序；（3）应急安排；（4）如果服务机构是被审计单位的关联方，又同时作为交易对方与被审计单位进行衍生交易，将产生关联方交易的问题。

第七章 控制测试

本准则第七章（第四十一条至第四十四条），主要说明在针对与衍生金融工具相关的财务报表认定实施审计时，注册会计师如何在评估重大错报风险的基础上实施控制测试。

一、总体要求

《中国注册会计师审计准则第1231号——针对评估的重大错报风险实施的程序》规定，注册会计师应当针对评估的财务报表层次重大错报风险确定总体应对措施，并针对评估的认定层次重大错报风险设计和实施进一步审计程序，以将审计风险降至可接受的低水平。进一步审计程序是指注册会计师针对评估的各类交易、账户余额、列报（包括披露）认定层次重大错报风险实施的审计程序，包括控制测试和实质性程序。

本准则第四十一条规定，在了解相关内部控制后，如果预期控制运行是有效的，注册会计师应当实施控制测试，以获取支持重大错报风险评估结果的证据。如果认为仅实施实质性程序获取的审计证据无法将认定层次的重大错报风险降至可接受的低水平，注册会计师应当实施相关的控制测试，以获取控制运行有效性的审计证据。

此外，注册会计师在进行控制测试时，还应当考虑被审计单位衍生活动发生的频率。例如，被审计单位可能在报告期内只进行了很少的衍生交易。因此，本准则第四十一条第三款进一步规定，当被审计单位只进行少数几笔的衍生交易，或相对被审计单位整体规模而言，衍生金融工具具有特别的重要性，注册会计师应当考虑主要实施实质性方案，包括在某些情况下结合实施控制测试。

控制风险的评估取决于注册会计师对于控制环境质量和正在实施的控制程序质量的判断。在作出有关控制测试的性质、时间和范围的决定之前，注册会计师应当考虑下列因素：（1）衍生活动对被审计单位的重要性；（2）衍生交易的性质、频率和交易量；（3）已发现的控制程序中的薄弱环节所导致的潜在影响；（4）所测试的控制的类型；（5）执行这些控制的频率；（6）执行的证据。

为细节测试所选择项目的总体并不仅限于会计记录。被测试的项目可能来自其他的来源，例如交易对方的确认函和交易凭证，从而测试交易在记录程序中被忽略的可能性。

二、控制测试的重点

控制测试的目的在于获取内部控制运行有效性的审计证据。本准则第四十二条规定，注册会计师在实施控制测试时，应当选取适当规模的交易样本，重点对下列方面进行评价：

1.衍生金融工具是否根据既定的政策、操作规范并在授权范围内使用。例如，董事会授权管理层出于套期目的而签订衍生合约,并定期收到有关衍生金融工具用途和套期有效性的报告。

2.适当的决策程序是否已得到运用,交易的原因是否可以清楚理解。例如,任何重大的交易或新的衍生产品业务都得到董事会或由董事会指定的高级管理人员的批准。

3.执行的交易是否符合衍生交易政策,包括条款、限额、跨境交易或关联方交易。例如,执行衍生交易时是否严格按照既定的分级授权和风险敞口管理制度。

4.交易对方是否具有适当的信用风险等级。例如,交易对方是否具有独立的法律地位和交易资格,以及是否符合已确定的资格和条件等。

5.衍生金融工具是否由独立于交易员的其他人员适当、及时地计量,并报告风险敞口。例如,由会计部门负责衍生交易的会计处理。

6.是否已将确认函发给交易对方。

7.是否已对交易对方的确认回函进行适当比较、核对和调节。

8.衍生金融工具的提前终止或延期是否受到与新的衍生交易同样的控制。

9.投机或套期的指定及其变更是否经过适当授权。

10.是否适当地记录交易,并将其完整、准确地反映在会计信息系统中。

11.是否有足够措施保证电子资金转账密码的安全。

三、控制测试的程序

本准则第四十三条分别从两个方面规定注册会计师如何实施控制测试。这些程序包括:

1.阅读治理层的会议纪要,以获取被审计单位定期复核衍生活动和套期有效性并遵守既定政策的证据。例如,在测试衍生交易是否按照已确定的政策执行时,注册会计师可以通过阅读董事会或相关专业委员会(如财务委员会、公司治理委员会、资产负债管理委员会和风险管理委员会等)的会议纪要,并将其与实际发生的衍生交易相比较。通过阅读治理层的会议纪要,还可以了解到被审计单位是否建立了清晰且具有内在一致性的风险管理政策。

2.将衍生交易(包括已结算的衍生交易)与被审计单位政策相比较,以确定这些政策是否得到遵守。本准则第四十四条规定,在确定衍生交易的政策是否得到遵守时,注册会计师应当考虑以下因素:(1)测试交易是否依据被审计单位政策中的特定授权执行;(2)测试买入前是否进行相关投资政策要求的敏感性分析;(3)测试交易,以确定被审计单位是否获得了从事相关交易的批准以及是否仅使用了经授权的经纪商或交易对方;(4)向管理层询问衍生金融工具及相关交易是否得到及时监控和报告,并阅读相关支持文件;(5)测试已记录的衍生金融工具的买入交易,包括测试衍生金融工具的分类、价格以及相关分录;(6)测试是否及时调查和解决调节的差异,测试是否由监督人员复核和批准调节事项。例如,衍生交易发生频繁的被审计单位可能要求每日进行调节和复核;(7)测试与未记录交易相关的控制,包括检查被审计单位的第三方确认函,及其对确认函中例外事项的处理;(8)测试与数据安全和备份相关的控制,并考虑被审计单位对电子化记录场所进行年度检查和维护的程序,以确保在发生灾难时能充分恢复。

第八章 实质性程序

本准则第八章（第四十五条至第五十九条），主要说明注册会计师如何在评估与衍生金融工具相关的重大错报风险的基础上，实施实质性程序。

第一节 总体要求

注册会计师应当在考虑重大错报风险的基础上，设计和实施实质性程序的性质、时间和范围，发现认定层次的重大错报，以将审计风险降至可接受的低水平。

一、确定重要性水平

注册会计师应当按照《中国注册会计师审计准则第1221号——重要性》的规定，在财务报表层次和各类交易、账户余额和列报（包括披露）认定层次上考虑重要性水平。注册会计师的判断可能包括对单独的资产负债表、利润表和现金流量表中重要项目的评估，或者是对于财务报表整体的评估。

但是，由于衍生金融工具性质特殊，与衍生工具有关的重要性很难评估。重要性不能仅仅根据资产负债表金额确定，因为衍生工具对资产负债表的影响可能很小，虽然它可能产生很大的风险。本准则第四十五条规定，注册会计师在确定重要性时，除了考虑资产负债表金额外，还应当考虑衍生金融工具对财务报表中各类交易或账户余额的潜在影响。与那些杠杆作用小或较简单的衍生金融工具相比，杠杆作用很高，或更为复杂的衍生金融工具更有可能对财务报表产生重大影响。当进行衍生交易所适用的风险敞口限额较高时，对财务报表的潜在影响也更大。

需要注意的是，在计划审计工作时，由于衍生金融工具所具有的某些特征，与衍生金融工具有关的重要性可能难以有效评估。

二、设计实质性程序时应当考虑的因素

实施实质性审计程序是为了获取审计证据，以发现财务报表中的重大错报。实质性审计程序包括两种类型：（1）对交易和余额的细节测试；（2）实质性分析程序。

本准则第四十六条规定，注册会计师在设计衍生金融工具的实质性程序时，应当考虑下列因素：

1. 会计处理的适当性。实质性审计程序的主要目的是确定被审计单位对衍生金融工具会计处理的适当性。注册会计师应当考虑被审计单位是否按照适用的会计准则和相关会计制度的规定对衍生交易进行会计处理。例如，当企业进行套期会计处理时，必须要符合进行套期会计处理的规定条件，而且公允价值套期、现金流量套期和对外经营净投资套期也应当分别采用不同的会计处理方法。

2. 服务机构的参与程度。在计划衍生金融工具的实质性程序时，注册会计师应考虑是否由服务机构持有被审计单位的衍生金融工具，或为被审计单位的衍生活动提供服务（如定价），或者既持有其衍生金融工具也为其提供相关服务。如果认为服务机构的活动对被审计单位具有重大影响，并且与衍生金融工具的审计相关，注册会计师应当充分了解服务机构的活动对被审计单位及其环境的影响，以识别和评估重大错报风险，并针

对评估的重大错报风险设计和实施进一步的审计程序。

3. 期中实施的审计程序。在资产负债表日前执行实质性程序时，注册会计师应当考虑在中期测试日和资产负债表日之间的市场波动情况。一些衍生金融工具的价值可能会在相对较短的期间内发生大幅波动，甚至可能在正价值和负价值之间快速波动。当账户的金额、相对重要性或构成变得难以预测时，中期测试的意义就不大。

4. 衍生交易是常规还是非常规交易。许多金融交易是企业与交易对方经谈判达成的合同，但如果衍生交易属于非常规的、正常经营活动之外的交易，实质性程序可能是实现审计目标的最有效方法。

5. 在财务报表其他领域实施的程序。在财务报表其他领域执行的程序可能为衍生交易的完整性提供证据。这些程序可能包括期后现金的收入和支出的测试，以及搜寻未记录的负债。

三、分析程序

本准则第四十七条第一款规定，在审计衍生活动时，注册会计师可能将分析程序作为实质性程序，以获取有关被审计单位经营业务的信息。实施分析程序可能揭示关于被审计单位衍生活动的信息。此外，分析程序在评估关于衍生金融工具的特定风险管理政策（如信贷限额）和评估套期活动的有效性等方面可能是有用的。

本准则第四十七条第二款进一步规定，由于影响衍生金融工具价值的各种因素之间复杂的相互作用往往掩盖可能出现的异常趋势，分析程序本身通常不能提供衍生金融工具相关认定的充分证据。此外，一些衍生金融工具的会计处理是基于一定的假设，主观性很强，在某些情况下可能难以或者不适合实施分析程序。

被审计单位负责衍生活动的人员可能整理汇总了对所有衍生活动结果进行分析的资料。由于这些人员能够参与到日常衍生活动中，因此能够捕捉到衍生金融工具交易量和市场价格变动对财务状况的影响。也有一些被审计单位可能在其报告和监督活动中使用分析性技术。本准则第四十八条规定，如果获得了负责衍生活动人员对衍生活动结果分析的资料，注册会计师应当在评价其完整性和准确性以及分析人员的能力和经验的基础上，考虑利用这些资料，进一步了解被审计单位的衍生活动。在利用这些资料时，注册会计师寻求对信息可靠性的满意度，即信息是由客观的人员从基本会计记录中提取出来的，因而公允地反映了企业的经营活动。

当被审计单位没有这样的分析资料而注册会计师又希望进行分析时，分析程序的有效程度往往取决于管理层能够提供的关于所进行衍生活动的详细分类信息的程度。如果无法获得这些信息，分析程序只有在简单、交易量小的环境中确定财务趋势和关系时才有效。因为随着经营活动数量和复杂性的增加，除非能获得详细的信息，否则由于影响收入和成本的因素太多，致使难以进行有意义的分析程序，分析程序的价值也就下降。在这种情况下，分析程序不大可能发现不适当的会计处理。此外，在适当的情况下，注册会计师可能使用计算机软件来执行分析程序。

针对套期会计处理的复杂性，本准则第四十九条进一步规定，如果被审计单位在套期策略中使用衍生金融工具，而分析程序的结果表明已发生大额的利得或损失，注册会计师应当怀疑套期的有效性，以及运用套期会计的合理性和恰当性。

四、评价审计证据

本准则第五十条规定，由于存在下列原因，注册会计师在评价与衍生金融工具认定相关的审计证据时，需要运用较多的职业判断：

1. 衍生金融工具的性质特殊。例如，一些衍生交易可能涉及非常复杂的交易安排。
2. 适用的会计政策和会计处理方法复杂。
3. 相关认定尤其是计价认定依据高度主观的假设作出，或对基本假设的变化极其敏感。例如，计价认定可能是基于对未来事件的发生的假设，然而这些未来事件的发生或者不发生是难以预计的；或者计价是基于预期将存在很长时间的条件假设。因此，即使注册会计师均具有满足要求的特殊知识和技能，但不同的注册会计师关于公允价值的估计也可能得出不同的结论。

总之，由于衍生金融工具的性质和适用的会计准则和相关会计制度的规定都十分复杂，评价关于衍生金融工具认定的审计证据，也需要相当多的判断。《中国注册会计师审计准则第1231号——针对评估的重大错报风险实施的程序》规定，注册会计师对重大错报风险的评估是一种判断，可能无法充分识别所有的重大错报风险，并且由于内部控制存在固有局限性，无论评估的重大错报风险结果如何，注册会计师都应当针对所有重大的各类交易、账户余额、列报实施实质性程序。

第二节 存在和发生认定

本准则第五十一条规定，对衍生金融工具存在和发生认定实施的实质性程序通常包括：（1）向衍生金融工具持有者或交易对方进行函证，以确定衍生金融工具是否发生或存在；（2）检查支持报告金额的协议或其他支持文件，包括被审计单位收到的有关报告金额的书面或电子形式的确认函；（3）检查报告期后实现或结算的支持文件；（4）询问和观察。

第三节 权利和义务认定

本准则第五十二条规定，注册会计师对衍生金融工具权利和义务认定实施的实质性程序通常包括：（1）向衍生金融工具的持有者或交易对方函证重要的条款，以确定经济利益流入或流出的可能性；（2）检查书面或电子形式的协议和其他支持文件。

此外，注册会计师还可以考虑通过其他审计程序发现的结果，如复核董事会或相关委员会的会议记录、查阅合同和其他协议等，确定是否能为权利和义务认定提供审计证据。

第四节 完整性认定

衍生金融工具没有初始净投资，或初始净投资相对较小，这可能导致完整性认定发生重大错报风险的可能性较高。

本准则第五十三条规定，注册会计师对衍生金融工具完整性认定实施的实质性程序通常包括：

1. 向衍生金融工具的持有者或交易对方进行函证，要求其提供所有与被审计单位相关的衍生金融工具和交易的详细信息。在发出确认函时，注册会计师应判断交易对方的哪个部门会进行回复,以及回复者是否代表其经营的所有方面进行回复。

2. 对余额为零的衍生金融工具账户,向可能的持有者或交易对方发出询证函,以测试财务记录中记录的衍生工具的完整性。资产负债表日余额为零但报告期间发生频繁交易的账户,可能隐藏着一些重大问题,注册会计师应当予以关注。

3. 复核经纪商的对账单以测试是否存在被审计单位未记录的衍生交易和持有的头寸。

4. 复核收到的但与交易记录不匹配的交易对方的询证函回函。

5. 复核尚未解决的调节事项。

6. 检查贷款或权益协议、销售合同等,以了解这些协议或合同是否包含嵌入衍生金融工具。

7. 检查报告期后发生的活动的纸质或电子形式的支持文件。

8. 询问和观察。

9. 阅读治理层的会议纪要,以及治理层收到的与衍生活动相关的文件和报告等其他信息。

如果存在一个或一个以上服务机构为被审计单位提供服务,且作为被审计单位与衍生活动相关的信息系统的一部分,在没有获取这些服务机构控制运行有效性的审计证据的情况下,注册会计师可能难以将与衍生金融工具完整性认定相关的审计风险降至可接受的低水平。

第五节 计 价 认 定

一、对衍生金融工具计价认定实施的实质性程序

计价认定针对的是在财务报表中报告的衍生金融工具的金额是否恰当。计价认定的核心是如何确定衍生金融工具的公允价值。

本准则第五十四条规定,注册会计师应当根据计量或披露所采用的估值方法设计计价认定的实质性程序。

对衍生金融工具计价认定实施的实质性程序通常包括:(1)检查买入价格的支持文件;(2)向衍生金融工具的持有者或交易对方进行函证;(3)复核交易对方的信用状况;(4)对按照公允价值计量或披露的衍生金融工具,获取支持其公允价值的证据。

二、对衍生金融工具公允价值来源渠道的考虑

注册会计师应当获取关于按照公允价值计量和披露的衍生金融工具公允价值的支持证据。确定公允价值的方法可能因所在行业或企业的性质而有所差异。这些差异可能与从不活跃市场取得的报价、流动性折价、控制溢价、佣金和其他在处置衍生金融工具时将要发生的成本有关。确定公允价值的方法也可能因资产或负债的类型而发生变化。

衍生金融工具的公允价值可以从不同渠道获取。例如,当存在衍生金融工具的活跃市场时,可以从财经出版物或交易所获取其市场报价。此外,还可以从衍生金融工具交易对方、经纪商或其他第三方获取公允价值信息。

1. 由交易对方提供的衍生金融工具公允价值信息。一些场外交易的衍生金融工具的

公允价值信息可能由交易对方提供，其客观性可能值得怀疑。本准则第五十五条规定，如果公允价值信息由衍生金融工具交易对方提供，注册会计师应当考虑这些信息的客观性。在某些情况下，注册会计师需要从独立的第三方获取对公允价值的估计结果。例如，从独立的定价服务机构获取衍生金融工具的公允价值信息。

2. 从财经出版物或交易所获取的衍生金融工具价值信息。一些在交易所交易的衍生金融工具的市场报价可从诸如财经出版物或交易所获得。存在活跃市场的衍生金融工具的市场报价是其公允价值的最佳证据。本准则第五十六条第一款规定，从财经出版物或交易所获得的市场报价通常被认为可为衍生金融工具的价值提供充分的证据。但注册会计师在使用市场报价测试计价认定时，可能需要对报价形成的环境有特别的了解。例如，由交易对方提供的某项进行衍生金融工具交易的期权报价可能不是基于最近的交易。

本准则第五十六条第二款进一步规定，在某些情况下，注册会计师可能认为有必要从经纪商或其他第三方获得公允价值的估计。如果某一价格来源与被审计单位可能存在损害客观性的关系，注册会计师应当考虑从多个价格来源获取估计结果。

三、对估值模型的考虑

某些场外交易或为客户"量身定做"的衍生金融工具通常没有活跃的市场报价，需要借助于估值模型来确定其公允价值。这些模型既可以是第三方开发的，也可以是被审计单位内部开发或购买的。但是，估计衍生金融工具的公允价值是被审计单位管理层的责任。如果被审计单位使用估值模型估计一些复杂衍生金融工具的公允价值，注册会计师不能担当评估师的角色，其作出的专业判断不能代替被审计单位管理层的判断。估值模型主要有预期未来现金流量折现模型（the Present Value of Expected Cash Flows）、期权定价模型（Option-Pricing Models）、矩阵定价模型（Matrix Pricing）、期权调整差价模型（Option-Spread Adjusted Models）和基础分析法（Fundamental Analysis）。需要注意的是，在对非标准的场外衍生金融工具进行估值时，要对估值模型所使用的市场参数深入研究和验证，保证其正确性和合理性，而不是简单地套用国外金融市场或境外交易对方提供的模型及参数。

本准则第五十七条规定，如果被审计单位使用估值模型估计衍生金融工具的价值，注册会计师可以通过下列程序，测试运用模型确定的公允价值的相关认定：

1. 评价估值模型的合理性和适当性。注册会计师首先应确定所使用的模型是否适用，其次确定被审计单位所使用的市场变量和假设是否合理，是否有恰当的支持，以及所使用的市场变量和假设是否被一致地应用，新发生的条件是否为正在使用的市场变量和假设的变动提供了理由。评估估值模型和模型中所使用的每个变量和假设的适当性需要相当的判断，和关于估价技术、影响价值的市场因素以及市场状况，尤其是与类似金融工具有关的市场状况有关的知识。因此，在评估估值模型时可能需要利用专家的工作。

2. 使用自身或专家开发的估值模型进行重新计算，以印证公允价值的合理性。在利用专家开发的估值模型时，注册会计师应当考虑专家是否理解公允价值的定义，所使用的方法是否符合适用的会计准则和相关会计制度的规定。当专家对衍生金融工具公允价值估计所使用的方法与适用的会计准则和相关会计制度的规定不一致时，注册会计师通常通过与专家交流或查阅专家出具的相关报告来考虑这些情形。

3. 将被审计单位估计的公允价值与最近交易价格或结算相比较，确定其符合或偏离程度。

4. 考虑估值对变量和假设变动的敏感性。在敏感性方面，应当综合考虑净利润、资产总额、负债总额、所有者权益总额（适用于公允价值变动计入所有者权益的情形）等因素。例如，在应用最广泛使用的布莱克—斯科尔斯—默顿模型对期权进行估值时，进行敏感性分析应当考虑五个方面的因素：（1）标的股票的市场价格；（2）期权的执行价格或敲定价格；（3）期权有效期的长短；（4）无风险利率；（5）标的股票价格的波动性。这五个因素中，期权的执行价格或敲定价格、期权有效期的长短和无风险利率可以很容易地取得；如果标的股票公开上市交易，其市场价格也可以取得；只有股票价格的波动性这一因素的主观性最大而且难以估计。因此，在进行敏感性分析时，注册会计师尤其应当关注股票价格的波动性对期权估值的影响。

5. 检查报告期后发生的衍生交易实现和结算的支持文件，以获取有关资产负债表日估值的进一步证据。

大部分衍生金融工具的公允价值是可以确定的。注册会计师应当收集审计证据，以确定被审计单位管理层是否未采用衍生工具公允价值能够可靠确定的假设，以及衍生金融工具是否按照适用的会计准则和相关会计制度的规定进行恰当的会计处理。但是，某些与在活跃市场中没有报价且其公允价值不能可靠地计量的权益工具投资挂钩、并须通过交付该权益工具结算的衍生金融资产，采用公允价值计量不适当，或者不可行。这些衍生金融资产需要以成本计量。

本准则第五十八条第一款规定，当管理层确定衍生金融工具公允价值能够可靠地计量的假定不成立时，注册会计师应当获取支持管理层作出这些决定的审计证据，并确定衍生金融工具是否按照适用的会计准则和相关会计制度的规定进行相应的会计处理。如果管理层不能提出该假定不成立的合理理由，注册会计师应当出具保留意见或否定意见的审计报告。

本准则第五十八条第二款规定，如果无法获取充分的审计证据确定该假定是否成立，注册会计师应当将其视为审计工作范围受到限制，出具保留意见或无法表示意见的审计报告。

第六节 列报认定

列报认定针对的是财务报表中衍生金融工具的分类、描述和披露是否符合适用的会计准则和相关会计制度的规定。管理层有责任根据适用的会计准则和相关会计制度的规定编制和列报财务报表，包括公允和完整地列报和披露衍生交易的结果和相关会计政策。《企业会计准则第 37 号——金融工具列报》规定了应列报和披露的金融工具（包括衍生金融工具）信息。例如，在公允价值披露方面，被审计单位应当按照每类金融资产和金融负债披露如下信息：（1）确定公允价值所采用的方法，包括全部或部分直接参考活跃市场中的报价或采用估值技术等。采用估值技术的，应当按照各类金融资产或金融负债分别披露相关估值假设，包括提前还款率、预计信用损失率、利率或折现率等；（2）公允价值是否全部或部分采用估值技术确定，而该估值技术没有以相同金融工具的当前公开交易价格和易于获得的市场数据作为估值假设。这种估值技术对估值假设具有重大敏感性的，被审计单位应当披露这一事实和改变估值假设可能产生的影响，同时披露采用这种估值技术确定的公允价值的本期变动额计入当期损益的数额。

本准则第五十九条规定，注册会计师应当通过对下列事项的判断，评价衍生金融工具的列报（包括披露）是否符合适用的会计准则和相关会计制度的规定：（1）选用的会计政策和会计处理方法是否符合适用的会计准则和相关会计制度的规定；（2）会计政策和会计处理方法是否与具体情况相适应；（3）财务报表（包括相关附注）是否提供了可能影响其使用和理解的事项的信息；（4）披露是否充分，以确保被审计单位完全遵守适用的会计准则和相关会计制度对披露的规定；（5）财务报表列报信息的分类和汇总是否合理；（6）财务报表是否在能够合理和可行地获取信息的范围内列报财务状况、经营成果和现金流量，从而反映相关的交易和事项。

第九章　对套期活动的额外考虑

本准则第九章（第六十条至第六十一条），主要说明注册会计师在针对与衍生金融工具相关的财务报表认定实施审计程序时，如何对套期活动进行额外考虑。

一、总体要求

本准则第六十一条规定，注册会计师应当获取审计证据，以确定管理层是否遵守适用的会计准则和相关会计制度中有关套期会计处理的规定，包括指定要求和记录要求。

注册会计师应当获取审计证据以证实管理层的预期，即在套期交易开始和后续期间，套期关系是高度有效的。如果管理层没有编制所要求的记录，则财务报表可能不符合相关会计准则，注册会计师应当出具保留意见或否定意见。此外，注册会计师在获取相关记录文件的同时，也应当考虑取得管理层关于使用套期会计和套期会计有效性的声明。被审计单位编制的记录的性质和范围可能因被套期项目和套期工具的性质而异。如果没有获得充分的审计证据以支持管理层对套期会计的使用，审计范围就可能受到限制，注册会计师可能要出具保留意见或无法表示意见。

二、套期关系的指定和记录

衍生金融工具的重要功能之一在于实现套期工具的公允价值或现金流量变动高度有效地抵消被套期项目的公允价值或现金流量变动。套期会计处理中，对套期关系的指定和记录是非常重要的。如果允许被审计单位有权在任何需要的时候，自由地指定套期工具、被套期交易或选择评价套期有效性的方法，则净利润就会丧失可靠性。例如，当并非为套期保值而持有的衍生金融工具出现重大损失时，被审计单位管理层可能追溯指定其为现金流量套期，从而将该损失递延。

本准则第六十条规定，注册会计师应当考虑被审计单位进行会计处理时，管理层是否在交易之初指定衍生金融工具为套期，并记录下列事项：

1. 套期关系，即套期工具和被套期项目之间的关系。
2. 套期风险管理目标和战略。《企业会计准则第24号——套期保值》规定，在套期开始时，企业对套期关系（即套期工具和被套期项目之间的关系）有正式指定，并准备了关于套期关系、风险管理目标和套期策略的正式书面文件。该文件至少载明了以下内容：（1）套期工具，主要是衍生金融工具。对外汇风险套期时，还可以将非衍生金融资产或非衍生金融负债指定为套期工具；（2）被套期项目，主要包括单项或一组具有类似风险特征的已确认资产、已确认负债、确定承诺，很可能发生的预期交易，或者境外经营净投资，或者是分担同一被套期利率风险的金融资产或金融负债组合的一部分（仅适用于利率风险公允价值组合套期）；（3）被套期风险的性质，主要是外汇风险、利率风险、商品价格风险和信用风险等；（4）套期有效性评价方法。注册会计师应当收集充分、适当的审计证据，以证实管理层的预期，即在套期交易时和之后的期间，套期关系是高度有效的。在获取被审计单位管理层编制的上述文件的同时，注册会计师也应当考虑取得管理层关于使用套期会计和套期有效性的声明。需要注意的是，被审计单位编制的文件的性质和范围因被套期项目和套期工具的不同而不同。

3. 被审计单位如何评估套期工具抵消被套期项目公允价值变动风险或被套期交易现金流量变动风险的有效性。套期有效性的评价是采用套期会计的关键条件之一。例如，《企业会计准则第 24 号——套期保值》关于运用套期会计的五项条件中有三条涉及套期有效性，并明确了套期高度有效的数量标准。

在实务中，常见的评价套期有效性的方法主要有三种：（1）回归分析法。回归分析法通过数理统计方法来分析套期工具和被套期项目的价值变动之间是否具有高度相关性来判断套期是否有效；（2）主要条款比较法。主要条款比较法通过比较套期工具和被套期项目的主要条款来判断套期是否有效；（3）比率分析法。比率分析法通过比较被套期风险引起的套期工具和被套期项目公允价值或现金流量变动比率来判断套期是否有效。回归分析法的核心在于计算相关系数 $R2$，$R2$ 的取值介于 0 和 1 之间；比率分析法的核心在于计算以百分比表示的抵消效果。

第十章 管理层声明

本准则第十章（第六十二条至第六十三条），主要说明被审计单位管理层关于衍生金融工具声明的主要内容。

一、总体要求

《中国注册会计师审计准则第 1341 号——管理层声明》规定，如果合理预期不存在其他充分、适当的审计证据，注册会计师应当就对财务报表具有重大影响的事项向被审计单位获取书面声明。此外，被审计单位管理层对其口头声明的书面确认可以减少注册会计师与管理层之间产生误解的可能性。

由于衍生金融工具的复杂性，注册会计师应当从被审计单位管理层获得适当的声明。本准则第六十二条规定，尽管管理层声明书通常由被审计单位负责人及财务负责人签署，注册会计师仍应当考虑向被审计单位负责衍生活动的人员获取关于衍生活动的声明。

有时，对于衍生工具的某些方面，管理层的声明可能是仅有的能合理预期获得的审计证据。但是，管理层声明不能代替注册会计师预期能获得的其他审计证据。如果注册会计师预期能获得的审计证据不能取得，这构成了审计范围受到限制，注册会计师应当考虑其对审计报告的影响。

二、管理层关于衍生金融工具声明的主要内容

本准则第六十三条规定，管理层关于衍生金融工具声明的主要内容通常包括：

1. 持有衍生金融工具的目的。如，该衍生金融工具是用于套期目的还是投机目的。被审计单位持有衍生工具的目的不同，相应的会计处理也差别较大。管理层声明中应当明确说明被审计单位持有衍生工具的主要目的。

2. 关于衍生金融工具的财务报表认定，包括已记录所有的衍生交易、已识别所有的嵌入衍生金融工具、估值模型已采用合理的假设和方法。

3. 所有的交易是否按照正常公平交易条件和公允市价进行。

4. 衍生交易的条款。

5. 是否存在与衍生金融工具相关的附属协议。

6. 是否订立签出期权。

7. 是否符合适用的会计准则和相关会计制度有关套期的记录要求。

第十一章　与管理层和治理层的沟通

本准则第十一章（第六十四条至第六十五条），主要说明注册会计师如何就与衍生金融工具审计相关的事项与被审计单位管理层和治理层进行沟通。

一、关于内部控制重大缺陷的沟通

在了解被审计单位内部控制以及进行控制测试的过程中，注册会计师可能发现需要与管理层或治理层沟通的内部控制在设计或运行方面存在的重大缺陷。本准则第六十四条规定，如果注意到与衍生金融工具相关的内部控制在设计或运行方面存在重大缺陷，注册会计师应当按照《中国注册会计师审计准则第1151号——与治理层的沟通》的规定，尽早与治理层和管理层进行沟通。

二、应当考虑与治理层沟通的事项

本准则第六十五条规定，在审计衍生金融工具时，注册会计师应当考虑与治理层职责相关的下列事项，并及时与治理层沟通：

1. 与衍生金融工具相关的内部控制在设计或运行方面存在的重大缺陷。例如，被审计单位管理层没有严格执行既定的分级授权和敞口风险管理制度，或者在没有得到董事会批准的情况下，开展重大的交易或新的衍生产品业务，或者是在因市场变化或决策失误出现账面浮亏时，没有严格执行既定的止损制度等。

2. 管理层对衍生活动的性质、范围以及相关风险缺乏了解。对衍生活动的高杠杆性和高风险性缺乏了解，有可能导致被审计单位处于破产风险之中。

3. 缺乏关于使用衍生金融工具的目标和战略的全面政策，包括业务控制、对套期关系有效性的界定、风险敞口监控以及财务报告政策，以及没有建立与衍生产品交易及其风险管理相称的原则、程序、组织、权限的综合管理框架。

4.不相容职务缺乏分离。主要包括：（1）交易、记录和清算职责未能明确分离；（2）负责衍生金融工具业务风险管理和控制的高级管理人员没有与负责衍生金融工具交易或营销的高级管理人员相互分离；（3）从事风险计量、监测和控制的工作人员与从事衍生金融工具交易或营销的人员相互兼任等。

《中国注册会计师审计准则第 1633 号 ——电子商务对财务报表审计的影响》 应用指南

（2007 年 11 月 29 日修订）

第一章 总 则

《中国注册会计师审计准则第 1633 号——电子商务对财务报表审计的影响》（以下简称本准则）第一章（第一条至第五条），主要说明电子商务的概念，注册会计师在财务报表审计中考虑电子商务的目的和总体要求。

本准则与《中国注册会计师审计准则第 1201 号——计划审计工作》《中国注册会计师审计准则第 1211 号——了解被审计单位及其环境并评估重大错报风险》以及《中国注册会计师审计准则第 1231 号——针对评估的重大错报风险实施的程序》的运用密切相关。

一、电子商务的含义

本准则第三条明确了电子商务的定义。本准则所称电子商务，是指被审计单位利用互联网等公共网络从事的商品购买和销售、劳务接受和提供等交易活动。

"电子商务"一词的英文通常有两种写法，即"e-commerce"和"e-business"。对于这些术语尚无已被普遍接受的定义。e-commerce 和 e-business 两个词经常是相通的，但细究起来也有一些区别。e-commerce 通常仅指交易活动（譬如货物、劳务的购买和销售），即狭义概念上的电子商务；e-business 则指所有的业务活动，包括交易性的和非交易性的，譬如顾客关系与沟通等，即广义概念上的电子商务。本准则所指的电子商务更偏重于其作为"交易活动"的含义，也就是狭义的概念。

二、电子商务的类型

1. 按照交易对象分类，电子商务可分为以下五类：

（1）企业对消费者（Business to Customer）：利用计算机网络使消费者直接参与经济活动的形式，基本等同于电子化零售。

（2）发生于非特定企业之间：在开放的网络中寻找最佳交易对象，并与交易对象进行从订购到结算的全部交易行为。

（3）发生于特定企业之间：在过去一直有交易关系或者今后确定要继续交易的企业间，为了相同的经济利益，利用信息网络共同进行设计开发或全面进行市场及库存管理的行为。

以上（2）（3）两项一般统称为 Business to Business。

（4）发生于企业与政府之间，如电子化的政府采购以及电子政务等。

（5）发生于企业与其员工之间。

2. 按照交易活动的内容分类，电子商务可分为以下两类：

（1）间接电子商务。间接电子商务是对企业的传统业务活动的补充。企业通过网络实现的仅是传统业务活动中的一个或若干个交易环节，其他交易环节仍需在网下以传统方式完成。间接电子商务所交易的一般是具有实物形态的货物和产品。

（2）直接电子商务。直接电子商务代表一种新的业务活动类别。从事这种商务活动的企业借助互联网，通过网站出售和交付数字产品，全部交易环节从订购、交货到付款，均在互联网上完成，并且其所交易的是不具备实物形态的数字产品。

三、注册会计师在财务报表审计中对电子商务考虑的总体要求

使用计算机和网络进行沟通和交易（如商业活动经常涉及与远程计算机的交互作用，使用计算机网络或电子数据交换）并不是商业环境的新特征。但据本准则第四条规定，广泛使用互联网从事电子商务，产生了新的风险因素，需要被审计单位有效应对。注册会计师应当考虑电子商务在被审计单位业务活动中的重要性，以及对重大错报风险评估的影响。

电子商务在很多情况下是通过以互联网为代表的公共网络实现的。互联网是由计算机网络组合而成的世界范围内的共享公共网络，可以实现与世界范围内的其他实体和个人的通信。它具有可共同操作和共同使用的特点，该特点意味着任何一台连入互联网的计算机都可以与其他任何一台连入互联网的计算机通信。互联网作为一个公共网络，与那些只允许经过授权的单位或个人访问的私人网络是不同的。使用这种公共网络从事电子商务可能产生以下新的风险因素：

（1）数据高度集中于电子商务系统，易导致机密数据被他人拷贝，甚至可能被非法改动而且不留下任何痕迹；

（2）电子商务系统设计上存在缺陷，致使其无法判断某些事件是否符合逻辑，因此对不合理的事项也会照样处理；

（3）电子商务系统主要以磁盘、磁带、光盘等存储介质作为信息载体，记录于这些存储介质上的信息是肉眼不可见的，必须借助计算机的"翻译"，才能以人可以理解的形式表现出来，但同一信息可能被"翻译"成不同的形式；

（4）利用磁性介质难以实现诸如签字、盖章等这些使信息证据化的操作，必须使用专用的电子签名、电子印鉴等形式才能实现；

（5）电子商务系统对错误的处理具有重复性和连续性；

（6）电子商务系统中许多不相容职责相对集中，加大了舞弊的风险；

（7）系统设计时可能没有考虑到审计工作的需要，没有留下充分的审计线索；

（8）可能遭受计算机病毒的入侵和"黑客"对电子商务系统的故意破坏。

上述因素都可能使财务报表出现重大错报的风险增大。此外，如果被审计单位广泛使用互联网从事电子商务但对风险缺乏应有的关注，可能会影响注册会计师对风险的评估。为此，如果电子商务对被审计单位的经营活动具有重大影响，则注册会计师在了解

被审计单位及其环境并评估重大错报风险,以及确定针对评估的重大错报风险实施的程序的性质、时间和范围时,均应考虑这些因素。

在被审计单位广泛使用互联网从事电子商务的情形下,注册会计师应当考虑信息技术的运用,及其可能导致的被审计单位信息系统与业务流程难以融合等风险;在风险评估以及设计和实施进一步审计程序时,应当考虑内部控制的人工和自动化特征及其影响;应当了解与信息处理有关的控制活动,包括信息技术一般控制和应用控制;应当关注信息技术战略与经营战略不协调、信息技术环境发生变化、安装新的与财务报告有关的重大信息技术系统等事项和情况可能表明的被审计单位重大错报风险。

信息技术的应用情况也是确定控制测试的性质、时间和范围时的重要考虑因素之一。其中,由于信息技术处理过程的内在一贯性,注册会计师可以利用自动化应用控制得以执行的审计证据和信息技术一般控制(特别是对系统变动的控制)运行有效性的审计证据,作为支持该项控制在相关期间运行有效性的重要审计证据。除非系统发生变动,注册会计师通常不需要增加自动化控制的测试范围。信息技术一般控制的有效性也是确定利用以前审计获取的有关控制运行有效性的审计证据是否适当,以及再次测试控制的时间间隔时需要考虑的因素之一。

四、在财务报表审计中考虑电子商务的目的

本准则第五条明确了注册会计师在财务报表审计中考虑电子商务的目的。注册会计师按照本准则的规定对电子商务进行考虑,旨在对财务报表形成审计意见,而非对电子商务系统或活动本身提出鉴证结论或咨询意见。

在财务报表审计中,注册会计师对电子商务的考虑仅限于其与财务报表编制和注册会计师审计有关的部分,服务于财务报表审计的目标。其目的是确定所需实施的财务报表审计程序的性质、时间及范围,而不是对电子商务进行专门的审核。因此,仅根据其在财务报表审计中所获取的关于电子商务的审计证据,注册会计师通常尚不足以对电子商务系统或活动本身提出鉴证结论或咨询意见。

本准则主要针对被审计单位通过互联网等公共网络开展商务活动,但大部分条款也适用于被审计单位使用私人网络的情况。类似地,尽管本准则的大部分内容有助于审计那些主要从事电子商务业务的公司,但并不能解决这类公司审计过程中的所有问题。

第二章 知识和技能的要求

本准则第二章(第六条至第七条),主要说明在被审计单位开展电子商务的情况下,对注册会计师知识和技能的要求,以及对利用相关专家工作的一般要求。

一、对注册会计师知识和技能的要求

了解电子商务对审计的影响所需要的知识和技能随被审计单位电子商务活动复杂程度的不同而不同,注册会计师应当考虑分派的人员是否具备完成审计工作所需的信息技术和互联网商务知识。本准则第六条规定,当电子商务对被审计单位的业务活动具有重大影响时,注册会计师应当具备适当水平的信息技术和互联网商务知识,以实现下列目的:

(1)了解开展电子商务对财务报表的影响;
(2)确定审计程序的性质、时间和范围,评价审计证据;

（3）考虑被审计单位依赖电子商务的程度对持续经营能力的影响。

注册会计师在了解开展电子商务对财务报表影响的时候，应考虑的内容包括：（1）电子商务战略和电子商务活动；（2）开展电子商务活动所需要的技术以及相关人员的知识和技能；（3）与从事电子商务有关的风险及管理风险的措施，尤其是内部控制系统是否充分，包括对财务报告过程有影响的安全基础架构及相关控制。

专业胜任能力是对注册会计师职业道德的一项基本要求，是指注册会计师能够在实务工作环境中按照设定的标准完成工作任务。专业素质是专业胜任能力的基础，而专业知识又是专业素质的基本组成部分。《中国注册会计师胜任能力指南》将信息技术知识作为注册会计师应当具备的专业知识的三大方面之一。注册会计师考虑电子商务应当基于一定的计算机技能和网络知识。电子商务使传统的审计线索、内部控制、审计内容、审计方法和技术等发生了改变，因而对注册会计师的知识和技能提出了更高的要求。不懂得信息技术和电子商务知识，可能会因为审计线索的改变而无法跟踪审计；不懂得电子商务的特点和风险，可能不能了解和测试其内部控制。因此，在被审计单位广泛使用互联网从事电子商务的情况下，注册会计师不仅要精通会计、审计、税务等知识，而且要掌握一定的计算机、网络、通讯、电子商务等知识与技能。

二、对利用专家工作的一般要求

本准则第七条规定，由于电子商务的特殊性和复杂性，必要时，注册会计师应当考虑利用专家的工作。

电子商务具有特殊性和复杂性的特征，涉及信息技术、法律、税务、贸易和外汇管理等多个领域，其中不少领域是高度专门化的。如果被审计单位的电子商务系统高度复杂，或者存在其他高度专门化的问题，注册会计师应当考虑利用专家的工作。例如，如果注册会计师认为有必要通过试图穿透被审计单位信息技术系统的安全防护层进行控制测试（称为"弱点攻击测试"或"穿透测试"），此时就可能需要利用专家的工作。又如，在评价与电子商务相关的法律问题对财务报表的可能影响时，注册会计师可能需要咨询熟悉电子商务相关法律事务的律师。

在利用专家的工作时，注册会计师应当遵循《中国注册会计师审计准则第1421号——利用专家的工作》的规定，获取充分、适当的审计证据，以确信专家的工作可以满足审计的需要。注册会计师还应当考虑如何将专家的工作与审计项目组内的其他成员所实施的审计工作结合起来，以及针对专家工作所识别出的风险，需要实施哪些程序。

第三章 对被审计单位电子商务的了解

本准则第三章（第八条至第十五条），主要说明注册会计师对被审计单位电子商务了解的总体要求，以及对被审计单位的业务活动和所处行业、电子商务战略、开展电子商务的程度、外包安排等方面了解的具体要求。

第一节 总体要求

在被审计单位开展电子商务的情况下，电子商务的发展可能对被审计单位的传统经营环境产生重大影响。本准则第八条规定，注册会计师应当考虑电子商务导致的被审计单位经营环境的变化，以及识别出的对财务报表产生影响的电子商务风险。

《中国注册会计师审计准则第1211号——了解被审计单位及其环境并评估重大错报风险》要求注册会计师充分了解被审计单位以识别和了解对财务报表或审计报告有重大影响的事项、交易和活动，包括总体了解被审计单位所处的经济、行业状况。电子商务的增长可能对被审计单位的传统经营环境产生重大影响。

本准则第九条进一步规定，在了解被审计单位及其环境时，注册会计师应当考虑下列事项对财务报表的影响：

（1）业务活动和所处行业；
（2）电子商务战略；
（3）开展电子商务的程度；
（4）外包安排。

注册会计师了解被审计单位，对于评价电子商务对被审计单位经营活动以及对审计风险的影响至关重要。尽管注册会计师获取的大量信息是通过询问负责被审计单位财务报告事务的人员而得到的，但询问电子商务的直接参与者（例如首席信息官）也可能有用。

第二节　被审计单位的业务活动和所处行业

本准则第十条规定，在了解被审计单位的业务活动和所处行业时，注册会计师应当关注与电子商务相关的下列特点：

1. 电子商务可能是对传统业务活动的补充，也可能是新的业务类型。如前所述，电子商务按照交易活动的内容分类，可分为间接电子商务和直接电子商务两大类。对于间接电子商务而言，电子商务是对被审计单位传统业务活动的补充，例如，被审计单位可能使用互联网销售传统的有形产品（如书籍和光盘），在互联网上签署合同，同时使用传统交货方式以履行合同。而直接电子商务则代表着一种新的业务活动类别，从订购、交货到付款的全部交易环节均在互联网上完成，并且所交易的是不具备实物形态的数字产品，例如，互联网上的收费音乐、电影下载服务等。

2. 电子商务不具备货物和服务等实体贸易所具有的清晰、固定的运送路线这一传统特征。清晰、固定的运送路线是很多实体货物和服务的贸易的传统特征之一，而这一点是互联网所缺乏的。在很多情况下，尤其是在货物和服务可通过互联网交付的情况下，电子商务可以减少或消除很多因时间、距离方面的原因而产生的限制，从而降低交易成本和方便交易的进行。但另一方面，这一点也可能导致缺乏有形的、清晰可见的审计线索，从而增加获取审计证据的难度。

3. 某些行业运用电子商务的程度较高，可能增大对财务报表产生影响的经营风险。某些行业对电子商务的运用已进入了较为成熟的发展阶段。如计算机软件、证券交易、银行业、旅游服务、书籍与杂志出版、影视、广告、新闻媒体、教育等行业。这些行业受到互联网电子商务的重大影响，可能增大对财务报表产生影响的经营风险。在审计处于这些行业的单位的财务报表时，注册会计师应当重点关注被审计单位开展电子商务的情况及其对财务报表的影响。

注册会计师在了解被审计单位所处行业的电子商务运用情况的基础上，还需要进一步对与特定行业相关的电子商务管理法规有一总体了解。目前我国已对网上银行、互联网出版、卷烟网上交易、网络传播视听节目、互联网文化产品、互联网药品信息和药品交易服务、互联网新闻信息服务、互联网电子邮件服务等一系列电子商务活动颁布了相应的管理法规。对这些法律法规的总体了解也是了解被审计单位所处行业的电子商务活动的一个重要组成部分。

第三节 被审计单位的电子商务战略

本准则第十一条规定，被审计单位的电子商务战略，包括在电子商务中运用信息技术的方式以及对可接受风险水平的评估，可能对财务记录的安全性和相关财务信息的完整性与可靠性产生影响。

在考虑被审计单位的电子商务战略时，注册会计师应当结合对控制环境的了解，关注下列事项：

1. 在整合电子商务与总体经营战略的过程中，治理层的参与程度。治理层是指对被审计单位战略方向以及管理层履行经营管理责任负有监督责任的人员或组织。治理层的责任包括对财务报告过程的监督。被审计单位的治理层对完善公司治理、设定被审计单位的总体经营战略并监控其实施起着重要的作用。在整合电子商务与总体经营战略的过程中，治理层的参与程度，在一定程度上反映了治理层对电子商务的了解和重视，这是被审计单位控制环境的重要组成部分。在这一过程中，治理层的参与程度越高，表明其对这一过程的控制越强，通常控制也就越有效。

2. 被审计单位开展电子商务的目的，是为新业务提供支持，还是提高现有业务的效率，抑或为现有业务开辟新的市场。被审计单位开展电子商务的目的直接决定其电子商务战略。如果开展电子商务是为了提高现有业务的效率或者为现有业务开辟新的市场，则电子商务仅仅是其拓展传统业务的一种手段，通常不会对企业整体经营战略产生根本性的影响（除非通过电子商务手段获得的销售订单占到全部销售订单的大多数）。如果开展电子商务是为了给新的数字产品销售等业务提供支持，且新业务占被审计单位全部业务量的比重很大，则电子商务的开展将在很大程度上改变被审计单位的业务模式和总体经营战略，并可能直接导致新的经营风险和财务报表重大错报风险。

3. 被审计单位的收入来源及其正在发生的变化。例如，当作为所售货物或劳务的交易当事人时，被审计单位需要承担与所售货物或劳务的所有权相关的全部风险和报酬；当作为代理人或者仅提供交易平台时，被审计单位仅就其所提供的中介服务赚取佣金收入或手续费收入。很明显，获取这两类不同来源的收入，被审计单位所承担的风险和报酬是大不相同的，因而其收入确认、成本结转和损益确定也不相同，相应地，也会影响到相关资产、负债的确认和计量。

4. 管理层对电子商务如何影响盈利状况和财务需求的评价。被审计单位管理层对电子商务如何影响盈利状况和财务需求的评价，以及对于这些影响是否重大、相关财务需求能否获得满足的考虑，决定了他们对于电子商务的基本态度，因此也会对电子商务战略产生明显的影响。这一影响应当结合被审计单位的总体经营战略予以考虑。如果被审计单位对电子商务的未来获利前景比较看好，希望进一步扩大电子商务活动的规模，则可能通过公开募集股份或者引入战略投资者、风险投资机构等获得所需的资金。在这一过程中，被审计单位管理层可能会出于吸引潜在投资者的考虑而粉饰财务报表，由此可能导致财务报表重大错报风险增加。对于已上市的公司而言，也可能出于维持股价或者获得再融资资格等考虑而导致财务报表重大错报风险的增加。对此，注册会计师应予以关注。

5. 管理层对风险的态度及其对风险总体状况可能产生的影响。与传统的业务模式相比，电子商务的广泛应用导致了新的风险因素。与电子商务相关的风险因素在很多情况下与传统业务模式下的风险因素是不相同的。管理层对于与电子商务相关的风险的态度主要取决于其风险偏好、对电子商务业务的熟悉程度和对风险的掌控能力等因素。如果管理层可以接受甚至偏好较高的风险水平，则财务报表重大错报风险的水平可能会相应上升；如果管理层偏好较低的风险水平，则会采取较为严格的经营风险控制措施，相应地，财务报表重大错报风险的水平也可能较低。

6. 管理层在多大程度上识别出电子商务战略所描述的机遇和风险，或者管理层仅在机遇和风险出现时才临时制定应对措施。对电子商务的机遇与风险，管理层可能在一定程度上事先识别出来，并将其体现于成文的、有适当控制提供支持的战略中；也可能在机遇和风险出现时，管理层才临时制定应对措施，确定电子商务的发展方向。对电子商务机遇与风险的应对与处理体现了管理层是否具有前瞻性的眼光，有无全局性的战略考虑。一般认为，临时制定的应对策略可能不成熟，与企业的总体经营战略出现矛盾的可能性也相对较大。事先制定电子商务战略也可能表明管理层希望在电子商务发展中采取主动的行动，甚至希望对本行业电子商务的发展起到引领的作用，而不仅仅是被动接受机遇和风险的来临。

7. 管理层对执行相关最佳实务规则或者网络签章程序的信守程度。最佳实务规则是对于某一个法律、法规、规章尚无明文规定的领域，由此领域的参与者约定俗成并获得一致公认的最佳做法和惯例。电子商务虽然近几年内在世界范围内发展很快，但是与传统商务模式相比毕竟属于新兴领域，很多方面尚未完全定型和发展成熟，法律法规监管的"空白点"也比较多。在此情况下，开展电子商务的被审计单位对于本领域内约定俗成的最佳实务规则的信守，可以在最大程度上降低因操作流程和业务规则不恰当而引发的经营风险，因而特别重要。

网络签章是电子签名的一种形式。电子签名是指数据电文中以电子形式所含、所附用于识别签名人身份并表明签名人认可其中内容的数据。民事活动中的合同或者其他文件、单证等文书，当事人可以约定使用或者不使用电子签名、数据电文。当事人约定使用电子签名、数据电文的文书，不得仅因为其采用电子签名、数据电文的形式而否定其法律效力。可靠的电子签名与手写签名或者盖章具有同等的法律效力。

为了确保电子签名的可靠性，在使用电子签名（网络签章）的情况下，管理层应当建立适当的内部控制，包括电子签名制作数据的保管规则和电子签名的具体操作流程等，并予以严格执行，以确保电子签名数据的安全性和可靠性。如果电子签名经过有资质的第三方认证，也有助于提高其可信赖程度。

第四节 被审计单位开展电子商务的程度

本准则第十二条、第十三条规范了注册会计师对被审计单位开展电子商务的程度的考虑。本准则第十二条规定，不同的被审计单位可能以不同的方式开展电子商务。电子商务可能用于下列方面：

1. 仅提供关于被审计单位及其活动的信息，供投资者、顾客、供应商、资金提供者和员工等访问。例如，仅仅提供企业介绍、产品和服务介绍等信息，或者提供资料下载服务。这些属于完全以提供信息为目的的单向沟通，不提供论坛、网上订购、网上付款等交互功能。

2. 通过互联网处理交易，方便已有的顾客。这类业务模式是将全部或部分与现有特定顾客之间的交易通过网络完成，本质上仍然是传统交易模式的延伸。由于交易对象是原先在网下发展的顾客，被审计单位可以对其信用状况较为了解，不涉及身份认证和信用度评价等问题，交易的信用风险一般较低。

3. 通过在互联网上提供信息和处理交易，开拓新市场和发展新客户。此类交易模式是借助互联网提供的便利，实现低成本的市场开拓，或者借助互联网开拓那些使用传统手段无法获得的市场。此类业务模式下，所交易的仍然是传统产品，但是市场开拓工作通过网络完成，交易双方可能未在网下进行过沟通和交流，因此，对客户的身份认证和信用风险评估是以此类方式承接客户时的重要考虑因素。

4. 访问应用服务提供商。应用服务提供商（Application Service Provider，ASP）是一种以互联网为媒介的、租赁式的企业级管理应用系统服务模式。ASP平台由系统运营商集中建立（数据中心），通过广域网络向企业提供基于软件的服务和解决方案。企业可以通过租赁的方式实现企业内部生产、管理、商务流程等所有需要的应用系统和跨组织的网络协同合作。

从本质上说，ASP是企业将其对信息技术的需求全部或部分外包的一种形式。ASP运营商可以是向其顾客提供服务的企业，也可以是向最终用户提供支持的非营利性组织或者政府部门。ASP运营商可分为以下五种类型：

（1）企业级ASP：提供较为高端的商务应用服务；

（2）本地/区域ASP：为本地区的中小企业提供范围广泛的应用服务；

（3）专家ASP：针对特定需求提供应用服务，例如网站服务或者人力资源管理服务等；

（4）垂直市场ASP：为某一特定行业内的上下游企业提供服务；

（5）批量服务ASP：以事先制作的软件包的形式，为一般中小企业提供非定制的应用服务。

ASP平台的特点是：

（1）企业无需构建完善的网络硬件环境和服务器，ASP运营商为企业提供高效、安全的网络应用环境；

（2）企业可能无需配备专门的网络IT管理和复合型的专业技术人才，所有的维护工作全部由ASP运营商承担，这样既整合了社会信息化的物质资源又整合了具有复合型技术的人才资源；

（3）企业只需面对ASP运营商一家单位即可满足多方面的信息化应用需求，既省时又省力；

（4）企业无需承担应用系统被淘汰、网络结构被淘汰、网络硬件和软件系统被淘汰和系统性能降低的风险，事实上所有的风险都由ASP运营商承担并化解。

5. 创立一种全新的经营模式。例如，通过网络销售和交付数字产品，整个交易的全过程都通过网络完成。如前所述，此类交易模式可以消除传统交易模式对于时间、空间的依赖和限制。

电子商务的开展程度影响被审计单位需要应对的风险的性质。只要被审计单位建立了网站，就会遇到安全问题。即使不存在第三方交互式访问，仅仅提供信息的网页也可能为访问被审计单位的财务记录提供一个入口。如果网站被用于与商业伙伴进行交易，或系统高度集成，则安全基础架构和相关控制预期将会更加复杂。

因此，本准则第十三条规定，随着被审计单位开展电子商务程度的加深，以及内部系统更加集成化和复杂化，新的交易方式与传统业务活动的差异可能更加明显，并可能导致新的风险。

注册会计师应当了解电子商务的开展程度如何影响被审计单位需要应对的风险的性质。

第五节　被审计单位的外包安排

本准则第十四条、第十五条规范了注册会计师对被审计单位与电子商务相关的外包安排的考虑。

一、被审计单位使用服务机构工作的情形

本准则第十四条规定，被审计单位可能在下列方面使用服务机构的工作：

（1）提供电子商务运作所需的全部或部分信息技术支持；

（2）与电子商务相关的其他工作，包括订单履行、商品交付、呼叫中心运转，以及某些会计工作等。

许多被审计单位并不具备建立和运营电子商务所需的内部系统的技术知识，因此可能需要依赖服务机构，例如互联网服务提供商（ISP）、应用服务提供商（ASP）和数据服务公司，以提供电子商务运作所需的全部或部分信息技术支持。另外，被审计单位也可能使用服务机构从事与电子商务相关的其他工作，例如订单履行、货物交付、呼叫中心运转，以及某些会计工作等。由此可见，被审计单位与电子商务相关的服务外包可能包括两部分：一是以获取信息技术支持为目的的外包；二是与信息技术没有直接联系的普通服务外包。

在满足信息技术需求方面，被审计单位使用的服务机构包括互联网服务提供商、应用服务提供商和数据服务公司等。本章第四节对应用服务提供商（ASP）已作介绍，这里再简单介绍一下互联网服务提供商和数据服务公司。

互联网服务提供商又称为互联网接入服务提供商（Internet Access Provider，IAP），是提供互联网接入服务的机构。这类机构通常向电信运营商租入网络和电信码号资源，然后再以一定的租费将用户名、登录账号、密码、登录方式等提供给用户，用户即可按此登录到互联网。ISP除了向个人提供服务以外，也为大企业提供服务，即可以通过企业的内部网直接访问互联网。各个不同的ISP之间也可通过网络访问点（Network Access Point）实现互联互通。

数据服务公司又称为数据托管公司，依托电信运营商的网络平台，为企业提供业务、财务等方面数据的托管服务，使企业可以更专注于业务的拓展与开发，同时节省企业运作成本。其主要优势在于：一是节省企业的信息技术基础设施建设费用；企业无须建立自己的中心电脑机房以放置核心路由器及服务器，也不用担心由于搬迁而造成的资源再建设费用；二是节省企业的人力资源，即可以更精简的技术人员配置完成用户企业的网络需求，从而降低了对用户企业自身信息技术资源和能力的要求。

二、注册会计师对被审计单位使用服务机构的考虑的总体要求

本准则第十五条规定,在被审计单位使用服务机构的情况下,服务机构采用和保持的某些政策、程序和记录可能与被审计单位财务报表审计相关,注册会计师应当按照《中国注册会计师审计准则第1212号——对被审计单位使用服务机构的考虑》的规定,考虑被审计单位的外包安排及相关风险的应对措施,以确定其对审计的影响。

第四章　识别风险

本准则第四章(第十六条至第二十一条),主要说明注册会计师如何识别与电子商务相关的风险,如何审核被审计单位的风险识别和应对措施,以及对与电子商务相关的法律法规事项的考虑。

第一节　与电子商务相关的经营风险

一、与电子商务相关的经营风险的主要类型

本准则第十六条列举了管理层可能面临的下列各种与电子商务相关的经营风险。

(一)无法保证交易的完备性

所谓交易的完备性,是指被审计单位记录和处理财务记录所依据的信息的完整性、准确性、及时性和是否经过授权。在电子商务环境下,由于信息技术的固有特点,一方面可以提高被审计单位处理交易的效率和效果,另一方面也会产生以下特定风险:

(1)系统或程序未能正确处理数据,或处理了不正确的数据,或两种情况同时并存;

(2)在未得到授权情况下访问数据,可能导致数据的毁损或对数据不恰当的修改,包括记录未经授权或不存在的交易,或不正确地记录了交易;

(3)信息技术人员可能获得超越其履行职责以外的数据访问权限,破坏了系统应有的职责分工;

(4)未经授权改变主文档的数据;

(5)未经授权改变系统或程序;

(6)未能对系统或程序作出必要的修改;

(7)不恰当的人为干预;

(8)数据丢失的风险或不能访问所需要的数据。

上述特定风险的存在,使电子商务环境下保证交易完备性的难度比传统业务模式下的难度更大。尤其在缺少充分的审计轨迹(无论是纸质还是电子形式)时,该风险的影响将更大。

(二)电子商务安全风险

电子商务安全风险,包括顾客、员工和其他人士通过未经授权的访问实施舞弊的可能性,以及病毒攻击等,是一类广泛存在的风险。目前用于支持互联网应用的操作系统和应用程序或多或少都存在安全漏洞,绝对安全的系统是不存在的。互联网的广泛应用,使计算机病毒的传播较以往更快,典型的电子邮件病毒可以在几小时内扩散到全世界,造成大面积的网络瘫痪。同时,某些人出于谋取不正当经济利益或者炫耀自己的网络技术等不良动机,可能会对网站实施非法的访问或者攻击,窃取或者篡改网络上存储的机

密数据，即所谓黑客行为。

（三）运用不恰当的会计政策

电子商务的运用，可能导致运用不恰当的会计政策，包括收入确认、网站开发成本等支出的处理、与产品质量保证相关的预计负债的确认、外币折算等问题。

1. 收入确认问题。

（1）被审计单位在交易中是当事人还是代理人，销售收入应当是总额确认还是仅仅将佣金确认为收入；

（2）如果允许其他单位或个人使用本单位网站上的广告空间，那么如何确定和结算广告收入，如使用非货币性资产交换方式等；

（3）数量折扣和促销优惠的处理，如免费提供一定价值的货物；

（4）截止的恰当性，如是否只有当货物和劳务已提供后才确认收入。

2. 网站开发成本等支出的资本化或费用化处理。根据《企业会计准则第6号——无形资产》第八条、第九条的规定，企业内部研究开发项目研究阶段的支出，应当于发生时计入当期损益；企业内部研究开发项目开发阶段的支出，同时满足5项条件的，才能确认为无形资产。因此对于网站开发成本支出的资本化或费用化问题，在很大程度上取决于被审计单位和注册会计师的职业判断。

3. 与产品质量保证相关的预计负债的确认问题。是否需要确认与产品质量保证相关的预计负债，首先取决于根据所签署的交易合同，被审计单位是否承担与产品质量保证相关的责任和风险。在电子商务环境下，由于交易平台和交易方式的复杂性，对这一问题的判断可能较为复杂。其次，某些产品和劳务只能通过直接电子商务的方式提供（例如网上收费的软件使用许可、网上收费的音乐下载等），这些产品的特性不同于传统产品，从而在产品质量保证责任的估计方面也可能导致新的问题出现。

4. 外币折算问题。由于互联网"无国界"的特点，通过互联网完成的电子商务交易中跨国或跨地区交易所占比重较大。相应地，外币折算问题也就比较多见。

（四）未能遵守税法和其他法律法规

目前，世界上尚无一部比较完整、系统、得到各国公认的电子商务交易基本法律或者国际公约。各国对于电子商务的规范，主要还是依据本国的国内法。传统的商事法律是以传统交易模式为基础制定的，由于电子商务交易形式的特殊性，传统商事法律在某些方面可能不适用，因而可能存在一些法律法规监管的"空白地带"，相应地，交易各方之间出现纠纷的可能性也相对较大。另外，对于电子商务交易的征税问题，各国的规定也很不相同。因此，被审计单位应当注意防范与电子商务相关的税务风险，尤其在通过互联网开展跨国或跨地区电子商务交易时更容易出现此类情况。

（五）无法保证仅以电子形式存在的合同具有约束力

根据《中华人民共和国电子签名法》第三条的规定，当事人约定使用电子签名、数据电文的文书，不得仅因为其采用电子签名、数据电文的形式而否定其法律效力。第七条规定，数据电文不得仅因为其是以电子、光学、磁或者类似手段生成、发送、接收或者储存的而被拒绝作为证据使用。这些规定为仅以电子形式存在的合同具有约束力提供了法律依据，但是该法同时为数据电文如何才能具备法律效力规定了一定的条件。被审计单位在电子商务活动中，只有确保仅以电子形式存在的合同完全符合《中华人民共和国电子签名法》的有关规定，才能保证该合同具有约束力（如果涉及跨国、跨地区的电子商务交易，则还需要符合对方所在国家或地区的相关法律法规）。如果由于内部控制不完善、制度设计不合理等原因，导致仅以电子形式存在的合同因不符合《中华人民共和国电子签名法》的有关规定而不具有法律效力，则被审计单位可能面临较大的经营风险。

为此，注册会计师在审计中应当关注仅以电子形式存在的重要合同的法律效力问题，必要时应当咨询信息技术专家和熟悉电子商务相关法律事务的律师。

（六）过度依赖电子商务

被审计单位过度依赖电子商务的重要表现之一是将重要的经营系统置于互联网上，或将重要商业交易通过互联网完成。电子商务的开展固然可以提升交易的效率和效益，增强企业的获利能力。但是过度依赖电子商务（例如全部交易均通过电子商务形式实现），可能导致经营风险总体水平增大。

（七）系统和基础架构失效或崩溃

电子商务是建立在现代信息技术基础上的。目前，计算机信息技术已经比较成熟并获得广泛应用，但是仍然不能排除系统或者基础架构失效或崩溃的可能性。例如，网站可能由于硬件故障、网络连接中断、瞬间的高流量等原因而在一段时间内无法访问，或者可能发生服务器操作系统的"死机"和数据丢失等软件故障。这些情况将会对电子商务活动的正常进行产生不利影响。因此，被审计单位需要建立数据即时备份、服务器备份等制度，以使此类问题对企业可能造成的损失降至最低限度。

二、识别电子商务中可能导致经营风险的事项、交易和惯例

由于存在上述导致经营风险的事项，本准则第十七条规定，注册会计师应当利用对被审计单位及其环境的了解，识别电子商务中可能导致经营风险的事项、交易和惯例。

注册会计师应当考虑哪些经营风险可能导致财务报表出现重大错报，或对注册会计师应实施的审计程序或所出具的审计报告有重大影响。

三、考虑被审计单位的风险应对措施

本准则第十八条规定，注册会计师应当关注被审计单位是否运用适当的安全基础架构和相关控制，应对电子商务中出现的某些经营风险。

这些安全基础架构和相关控制一般包括旨在实现下列目的的措施：

（1）验证顾客和供应商的身份；

（2）确保交易的完备性；

（3）就交易条款（包括交货、信用条款、争议解决程序等）达成一致，其中可能涉及对交易和程序的执行情况留下线索，以确保交易的一方事后不能否认曾经就特定条款达成协议；

（4）获得顾客的付款，或确保对顾客授信的安全性；

（5）建立信息保密机制，订立信息保护协议。

第二节 与电子商务相关的法律法规事项

一、与电子商务环境密切相关的法律法规

任何商务活动都是在一定的法律法规框架下进行的，电子商务也不例外。但是，由

于电子商务的特殊性，它面临着一些不同于传统商务模式下的特有法律法规事项。本准则第十九条规定，注册会计师应当考虑被审计单位是否已恰当处理与电子商务环境密切相关的下列法律法规问题：

1. 隐私权保护。隐私权保护的核心是确保用户网上注册信息和其他个人信息的私密性，未经用户同意或者法律法规特别要求，不得泄露给第三方。

2. 对特定行业的管制。我国已经针对一些特定行业（如网上银行、互联网出版等）的网上交易制定了专门的法律法规。对于从事这些特定行业的电子商务活动的被审计单位，注册会计师应当关注其对相关法律法规的遵守情况。

3. 合同的强制执行效力。如前所述，仅以电子形式存在的合同，必须符合《中华人民共和国电子签名法》对数据电文和电子签名有效性条件的各项规定，才能具有法律效力。

4. 特殊交易或事项的合法性。例如，在某些国家或地区，通过互联网进行博彩活动可能是合法的，但在大部分国家和地区则被认为是非法的。因此，对于交易各方均处于同一国家或地区的电子商务活动，必须符合所在国家或地区的法律法规规定；对于跨国或者跨地区的电子商务活动，应当确保同时符合所有交易各方所在国家或地区的相关法律法规，只有这样才能最大限度地降低违反法律法规的风险。

5. 反洗钱。洗钱是指将毒品犯罪、黑社会性质的组织犯罪、恐怖活动犯罪、走私犯罪、贪污贿赂犯罪、破坏金融管理秩序犯罪、金融诈骗犯罪的违法所得及其产生的收益，通过各种手段掩饰、隐瞒其来源和性质，使其在形式上合法化的行为。由于互联网的便捷和"无国界"的特点，在互联网上通过各种貌似合法的手段进行洗钱活动（甚至是跨国或跨地区的洗钱活动）也远较传统交易模式快速、方便。因此，对于网上银行等通过互联网从事金融业务的企业，需要关注和及时报告大额和可疑的交易，反洗钱的任务将比以往传统交易模式下更为繁重。同时，从事其他电子商务交易的企业，也要防范他人利用与本企业的交易或者本企业所提供的交易平台进行洗钱的可能性，依法履行法律法规规定的报告义务。

6. 知识产权保护。近年来，互联网上的侵犯知识产权案件时有发生。例如，提供盗版软件或者盗版音像制品的下载等，严重侵犯了知识产权所有人的权益。为此，各国普遍加大了对互联网上的侵犯知识产权行为的打击力度。我国已经出台《信息网络传播权保护条例》，对信息网络上的著作权和其他知识产权的保护专门作出规范。被审计单位在从事电子商务时，应注意避免侵犯（包括非故意地损害）他人所拥有的知识产权。

由于与电子商务相关的法律法规事项的重要性和复杂性，在某些情况下，当考虑由被审计单位的电子商务活动所产生的法律法规事项时，注册会计师可能需要征询在电子商务方面具有特殊专长的律师的意见。

二、对与电子商务相关的税务事项的考虑

在第十九条对与电子商务相关的法律法规事项作了总体规范的基础上，本准则第二十条规定注册会计师应当对跨国或跨地区电子商务涉及的不同司法管辖区内的税务事项予以考虑。

目前尚不存在一个综合性、国际性的电子商务法律框架，也不存在可以对这样的框架提供支持的高效率的基础架构，如电子签章、文档注册、争议解决和消费者保护机制等。不同司法管辖区的法律框架在电子商务的确认方面是存在差异的。与跨国或跨地区电子

商务活动相关的法律法规事项的一个重要特征就是不同国家和地区在电子商务立法方面存在一定差异。所以，在跨国或跨地区的电子商务中，注册会计师应当考虑被审计单位是否对电子商务涉及的不同司法管辖区内的法律法规差异有足够的了解，并遵守所有适用的法律法规。

由于电子商务具有一系列不同于传统商务活动的特点，因此原先主要以传统商务活动为依据的税务法规可能不完全适用于电子商务。目前，有些国家和地区已经制定了专门针对电子商务的税收法律法规，而有些国家尚未制定。不同国家针对电子商务的税收法律法规的规定也不尽一致。因此，从事电子商务的企业不仅要熟悉本国或本地区关于电子商务的税收法律法规的规定，而且，如果从事跨国或者跨地区的电子商务，还要熟悉交易对方所在国家或地区的相关税收法律法规。

注册会计师尤其要考虑被审计单位有无适当的程序确认其在不同司法管辖区内的纳税义务（特别是营业税、增值税等流转税）。

可能导致电子商务交易产生相应纳税义务的因素包括：

（1）被审计单位的法定注册地；
（2）被审计单位的实际经营所在地；
（3）被审计单位网络服务器所在地；
（4）商品和服务的来源地；
（5）顾客所在地，或商品交付地和劳务提供地。

不同司法管辖区可能根据上述各项因素中的一项或者多项作为判断在本司法管辖区内是否承担纳税义务的标准。注册会计师应当根据适用的税收法律法规的规定，结合电子商务交易的实际情况，确定被审计单位是否已经充分、恰当地确认了在不同司法管辖区内的纳税义务，是否存在低估应交税金和相关成本费用的情形。

三、对与电子商务有关的违反法律法规行为的考虑

本准则第二十一条规定，注册会计师应当按照《中国注册会计师审计准则第1142号——财务报表审计中对法律法规的考虑》的规定，实施相关程序，充分考虑被审计单位可能存在的违反与电子商务有关的法律法规的行为及其可能对财务报表产生的重大影响。必要时，应当考虑征询法律意见。

按照《中国注册会计师审计准则第1142号——财务报表审计中对法律法规的考虑》的规定，注册会计师应当：

（1）在设计和实施审计程序以及评价和报告审计结果时，充分关注被审计单位违反法规行为可能对财务报表产生重大影响；
（2）在计划审计工作时，总体了解适用于被审计单位及其所处行业的法律法规，以及被审计单位如何遵守这些法律法规；
（3）在获得总体了解时，特别关注某些法律法规可能导致对被审计单位经营活动产生重要影响的经营风险，即违反法律法规可能导致被审计单位停业或对其持续经营产生重大影响。

注册会计师在前述总体了解的基础上实施进一步审计程序，有助于识别被审计单位在编制财务报表时应当考虑的违反法规行为。如果根据职业判断，某一法律法规事项可能导致财务报表产生重大错报，或对注册会计师所实施的程序或所出具的审计报告产生

重大影响，注册会计师应当考虑管理层对此问题所作的反应。

第五章　对内部控制的考虑

本准则第五章（第二十二条至第三十一条），主要说明在电子商务环境下注册会计师考虑被审计单位内部控制的总体要求，以及注册会计师对安全性控制、交易完备性控制和流程整合的考虑。

第一节　总体要求

一、考虑与电子商务相关的内部控制的设计

本准则第二十二条要求注册会计师应当按照《中国注册会计师审计准则第1211号——了解被审计单位及其环境并评估重大错报风险》和《中国注册会计师审计准则第1231——针对评估的重大错报风险实施的程序》的规定，考虑被审计单位在电子商务中运用的与审计相关的内部控制。

在电子商务环境下，内部控制的一个重要特点是基于信息技术的自动化控制所占比重较大，很多关键的控制功能是通过内置于被审计单位用于支持电子商务的信息技术系统中的应用控制实现的。同时，网络环境也对内部控制的完备性和可靠性提出了更高的要求，尤其需要通过内部控制保证数据和系统的安全性和交易的完备性。电子商务环境下内部控制的复杂程度与信息技术系统的复杂程度直接相关，电子商务系统与其他信息技术系统的一体化程度越高，控制也就越复杂。

信息技术通常可以在某些方面提高被审计单位内部控制的效率和效果，但是也会使内部控制产生特定风险。因此，注册会计师应当充分考虑电子商务环境下内部控制的特点，关注被审计单位内部控制的设计是否完善（尤其是其中人工成分和自动化成分的划分是否恰当），是否得到一贯执行，以及运行是否稳定、可靠。

二、考虑实施控制测试

在要求考虑与电子商务相关的内部控制的设计的基础上，本准则第二十二条进一步规定，在某些情况下，仅依靠实施实质性程序不足以将审计风险降至可接受的低水平，注册会计师应当实施控制测试，并考虑使用计算机辅助审计技术。这些情况主要包括：

（1）电子商务系统高度自动化；
（2）交易量过大；
（3）未保留包含审计轨迹的电子证据。

在电子商务系统高度自动化的情况下，审计证据可能仅以电子形式存在，其充分性和适当性通常取决于自动化信息系统相关控制的有效性，注册会计师应当考虑仅通过实施实质性程序不能获取充分、适当审计证据的可能性。

三、电子商务环境下注册会计师需重点考虑的控制

本准则第二十三条规定，当被审计单位从事电子商务时，注册会计师应当考虑与电子商务相关的安全性控制、交易完备性控制和流程整合。注册会计师还应当考虑下列内部控制中与审计特别相关的方面。

1. 在快速变化的电子商务环境中保持控制程序的完备性。电子商务作为一个新兴的领域，很多方面尚未完全定型，而作为其基础的信息技术的发展更是一日千里。从事电子商务的被审计单位不仅与传统企业一样面临着市场环境的变化，需要相应调整其经营方式和经营策略，还要根据信息技术的发展情况及时进行系统升级和相应的流程调整。前已述及，电子商务环境下内部控制的重要特点之一是自动化成分所占比重大，而自动化控制主要是固化于相关信息技术系统中的。在信息技术系统升级和流程调整过程中，必然需要对控制程序进行相应的更新和优化，使之与新的系统、流程相适应和相衔接。此时如何保持控制程序的完备性，避免出现控制漏洞，是被审计单位和注册会计师都需要关注的重要问题。

2. 确保能够访问相关记录，以满足被审计单位和注册会计师审计的需要。能随时访问电子商务系统的相关数据库记录，既是被审计单位有效开展经营活动的需要，也是注册会计师在审计中及时获取所需数据的需要。注册会计师应当关注在被审计单位的信息技术系统中检索相关数据的便捷性、响应速度，以及访问结果的正确性和完整性。

第二节　安全性控制

一、考虑安全基础架构和相关控制

当外部有关方面可使用公共网络（如互联网）访问被审计单位的信息系统时，被审计单位的安全基础架构和相关控制就构成了其内部控制系统的一个极其重要的组成部分。根据本准则第二十四条的规定，在这种情况下，注册会计师应当考虑被审计单位的安全基础架构和相关控制是否足以应对与电子商务交易的记录和处理相关的安全性风险。

衡量信息安全与否，主要看其是否满足有关合法授权、真实性、保密性、完整性、不可否认性及可获得性等方面的要求。被审计单位通常通过建立安全基础架构和相关控制来应对与电子商务交易的记录和处理相关的安全性风险。安全基础架构和相关控制通常包括信息安全政策、信息安全风险评估，以及在引入和维护各系统的过程中均应遵循的标准、措施、实务惯例和程序，包括针对实物的安全防护措施，以及逻辑与其他技术方面的安全保护措施，例如用户身份识别、密码和防火墙等。

二、考虑相关事项对财务报表认定的潜在影响

本准则第二十五条规定，注册会计师应当考虑下列事项对财务报表认定的潜在影响：

（1）有效使用防火墙和病毒防护软件，以保护其系统免受未经授权或有害的软件、数据或其他电子形式的材料的入侵；

（2）有效使用加密技术，例如，通过对解密密钥的授权等措施，确保信息在传递过程中的私密性和安全性；通过对私人解密密钥的控制和安全防护等措施，防止加密技术的不当使用；

（3）对用于支持电子商务活动的系统的开发和运行的控制，此类控制是信息技术一般控制的重要组成部分，是包括自动化控制在内的信息技术应用控制有效发挥作用的基础；

（4）当出现的新技术可能危害互联网安全时，现有的安全控制是否仍然有效；

（5）控制环境能否对所采用的控制程序提供支持。控制环境包括治理职能和管理职能，以及治理层和管理层对内部控制及其重要性的态度、认识和措施。控制环境在内部控制的各要素中居于基础地位，同时内部控制的各要素之间也应当互相适应和配合。没有恰当的控制环境，单纯的技术措施是难以有效发挥应有作用的。例如，虽然某些控制程序（如基于数字证书的加密系统）在技术上是先进的，但是如果控制环境薄弱（如证书保管不善，密码任意泄露，员工之间任意互相串用计算机等），这些控制程序可能难以有效地发挥作用。

上述各事项反映了被审计单位的安全性控制在设计方面的完备性和在执行方面的有效性，对被审计单位财务报表各项目及其相关认定均有不同程度的影响。

第三节 交易完备性控制

一、交易完备性控制包含的内容

本准则第二十六条规定，注册会计师应当考虑交易完备性控制，包括被审计单位会计处理所依据信息的完整性、准确性、及时性以及是否经过授权。

被审计单位电子商务活动的性质与复杂程度，会影响与电子商务交易的记录、处理相关的风险的性质和大小。

二、针对信息完备性所实施的审计程序

本准则第二十七条规定，注册会计师针对会计系统中与电子商务交易相关的信息完备性所实施的审计程序，主要涉及评估用于采集和处理此类信息的系统的可靠性。

在一个复杂的系统中，一个起因事件（如通过互联网接收到顾客的订单）会自动启动该项交易处理流程中的其他各项步骤。因此，针对复杂的电子商务实施的审计程序与针对传统业务活动实施的审计程序不同，后者通常侧重于与交易信息的采集和处理有关的每一阶段的控制流程；而在针对复杂电子商务实施审计程序时，注册会计师应当重点考虑在交易信息的采集和即时自动化处理中与交易完备性相关的自动化控制。

三、与交易完备性相关的控制

本准则第二十八条规定，在电子商务环境中，与交易完备性相关的控制通常用于下列方面。

1. 验证输入。即通过事先设定的合理性校验条件（如数据类型、金额等数字的取值范围等），使系统拒绝接受不符合校验条件的输入。例如，系统规定金额字段必须为数值型数据，如果用户在金额字段中输入文字，系统应拒绝接受并予以提示；又如，规定某一金额的取值范围在 0.01 ~ 10 000 之间，如果用户输入了负数或零，或者大于 10 000 的数字，系统也应拒绝接受。

对于较为复杂的输入内容，为了尽最大可能防范输入差错，常使用冗余位数校验的方法对输入的正确性自动进行合理性检查。例如，我国现行的居民身份证号码为 18 位，其中最右边一位就是校验码。在具有居民身份证号码合理性校验功能的系统中，用户输入 18 位的居民身份证号码后，系统可以对其前面的 17 位按照一定的规则进行运算，将

运算结果与校验码相比较，如果不符，则表明可能存在输入错误，此时系统将显示提示信息，要求用户再次检查输入的正确性。当然，自动化系统中的此类校验功能只是一种逻辑合理性的检查，并不能完全预防和发现所有可能的输入差错。

2.防止交易的重复记录或遗漏。例如，通过设置关键字的唯一性控制，如果用户在两条记录的同一字段（如订单号码）中输入了相同的关键字，系统就应当及时发现并给出诸如"关键字重复"的提示信息。对于防止交易记录的遗漏，可采用控制总数等控制程序实现。

3.确保在处理订单之前，交易双方已就交货条件和信用条件等交易条款达成一致。有些企业的交易条款还可能要求在签订单时即支付款项。

4.区分顾客的浏览（如一般性的询价）和正式订单，确保交易的一方事后不能否认已达成一致的特定条款，必要时还应确保交易是与经核准的交易方进行的。例如，检查交易对方是否已被列入"可信任的顾客清单"，或者检查本次交易金额是否在规定的交易限额以内，或者该顾客的应收账款余额是否未超过信用管理部门设定的限额等。

5.确保所有步骤均已完成并得以记录，或拒绝未完成所有步骤的订单，以防止出现处理不完整的情况。例如，在一项企业对顾客的交易中，订单已接受、款项已收到、货物已交付或劳务已提供、会计系统中的数据已相应更新，这时的处理是完整的。

6.确保交易的详细信息在同一网络内的多个系统之间适当分配。例如，某企业的局域网中设有多个功能相仿的数据处理系统，数据采集通过统一的入口集中进行，再将采集到的信息自动传递给不同的资源管理者以执行交易。这时，数据采集与分配系统的智能化程度就会对所采集的数据在这些系统之间的分配和处理情况产生较大的影响，从而最大限度地促进合理利用网络和计算机软、硬件资源。

7.确保记录得到适当保管、备份和保护。用于实现这一目标的控制既有信息技术一般控制，也有应用控制。一般控制包括建立定期备份制度，以及对备份信息的保存方式、保存地点、保存期限和相关安全防护措施作出的规定等。应用控制包括在应用系统中设置强制备份或者即时备份模块等。

第四节 流程整合

一、关于流程整合

本准则第二十九条指出，流程整合是指将多个信息技术系统集成，使之实质上如同一个系统运转的过程。

在电子商务环境中，由被审计单位的网站生成的交易应当由被审计单位的内部系统（如会计系统、客户关系管理系统、存货管理系统等，通常称为"后台办公室"系统）予以适当处理。许多网站并非自动地与这些内部系统集成在一起。网站与被审计单位内部系统的自动集成程度越高，数据处理的效率也就越高。但与此同时，前后台系统之间联系的紧密，也可能导致以下风险的增加，需要被审计单位建立适当的控制加以应对：

（1）因系统过于复杂而导致出错可能性提高的风险，对系统的可靠性提出了更高的要求；

（2）因前后台系统直接集成，而导致未经授权的人士通过前台系统进入后台系统窃取商业秘密数据，或者进行未经授权的增加、修改、删除操作的可能性增大；

（3）因过滤无效数据的控制存在欠缺，导致前台系统接受的错误输入直接进入后台的业务处理系统和会计系统，其造成的后果远较集成程度较低时严重。

二、关注采集和传递电子商务交易数据可能产生的影响

本准则第三十条规定，注册会计师应当关注被审计单位采集电子商务交易数据并将其传递至会计系统的方式可能对下列事项产生影响：

1. 交易处理和信息存储的完整性和准确性。如前所述，流程整合对交易处理和信息存储的完整性和准确性的影响是两面的。在自动化控制健全的情况下，可以通过减少人工干预提高交易处理和信息存储的完整性和准确性；而另一方面，也可能增大安全性方面的风险。

2. 销售收入、采购和其他交易的确认时点。例如，系统可能将该交易最初在系统内部发起的时间作为确认时点，也可能将交易的完成时间作为确认时点。注册会计师应当关注系统内的相关业务处理规则是否符合适用的会计准则和相关会计制度的规定。

3. 有争议交易的识别和记录。例如，可以对有争议的交易加上特殊的标识，并通过系统之间的数据传递，将该交易存在争议的信息传递到其他相关系统中，实现不同系统中数据的同步更新。同时，借助不同系统之间的数据和信息共享，也可以更方便地发现有争议的交易。

三、注册会计师应当考虑的其他事项

本准则第三十一条规定，当下列控制与财务报表认定相关时，注册会计师应当予以考虑：

1. 针对电子商务交易与内部系统的集成实施的控制。此类控制主要是针对集成后系统的特点，为了保证数据处理的正确性和数据的安全性、完备性而设置的控制，基本上属于对常规事项的控制。例如，加强对前台系统中输入数据的合理性检查，有效使用防火墙和病毒防护软件等安全技术措施等。

2. 针对系统改变和数据转换实施的控制。此类控制主要是针对系统的开发和实施过程设置的控制，具有非常规性的特点。在系统升级或者转换到新的系统时，需要注意新旧系统的衔接问题。为此，被审计单位可能需要成立专门的工作小组，并制定详细的方案，进行周密的准备，包括数据的整理、新系统的测试、相关人员的培训、新旧系统处理的恰当截止等，以确保新旧系统平稳过渡，而不至于导致业务、财务处理的中断。

其中，旧系统中存储的数据如何平稳地转入新系统是一个需要重点关注的问题。为了提高转换的效率，避免重复输入，此类工作一般由新系统的实施人员在比较新旧系统数据结构差异的基础上，通过编写一次性使用的专用转换程序实现批量转换。针对此类转换程序的编制所实施的控制可能不会像针对新系统的设计所实施的控制那样严密，因此出错的可能性相对较高。为此，一方面，在数据转换前，需要对转换程序进行尽可能严密的测试；另一方面，在转换完成后，需要对转换结果的正确性进行选择性测试或全面的检查和复核，并检查新系统能否在转换后的数据基础上正常运行。

第六章 电子记录对审计证据的影响

本准则第六章（第三十二条至第三十三条），主要说明注册会计师对于电子记录对审计证据的影响的考虑。

一、对证据收集程序的性质、时间和范围的考虑

在证据收集程序的性质、时间和范围方面，注册会计师可能需要注意运用计算机辅助审计技术（如通用或专用的审计软件等）获取和分析审计证据。计算机辅助审计技术可用于对电子化的交易和账户文档进行更广泛的测试，包括从主要电子文档中选取交易样本，或按照某一特征对交易进行分类，或对总体而非样本进行测试。

计算机辅助审计技术可以用于执行各种审计程序，包括：

1. 执行交易和余额的细节测试。例如，利用审计软件测试计算机文件中的全部（或抽样的）交易。
2. 执行分析程序。例如，利用审计软件鉴定非正常的波动或项目。
3. 信息系统一般控制执行情况的测试。例如，利用测试数据对程序库的存取程序进行测试。
4. 信息系统应用控制执行情况的测试。例如，利用测试数据测试程序过程的功能。

一些计算机文件，例如详细的业务文件，往往只留置较短时间，当注册会计师需要时，可能得不到机器可读形式的数据。因此，注册会计师必须对其所要求的数据保存作出安排，或者为了获取这些数据而需要改变其对工作的时间安排。

在应用计算机辅助审计技术时，如何取得被审计单位计算机信息系统中的交易和财务数据是首先需要解决的问题。目前较为可行的方法是借助国家或者地方颁布的会计核算软件数据接口标准。基本操作模式是先将被审计单位的信息系统中的数据导出并转换到审计软件可识别的格式（该格式通常即是由数据接口标准所规定的），然后由审计软件接收，读入审计软件自身的数据库中。这种方法的突出优点是使审计软件接收被审计单位会计信息系统中的数据将不再受到被审计单位信息系统的不同数据结构的制约，大大降低应用难度和审计成本。

二、对电子证据充分性和适当性的考虑

在电子证据的充分性和适当性方面，由于电子商务交易记录可能不以纸质形式存在，与纸质记录相比，电子形式的记录更容易在未留下线索的情况下被销毁或改动，从而影响注册会计师获取的审计证据的充分性和适当性。

因此，本准则第三十二条规定，注册会计师应当考虑被审计单位实施的信息安全政策和安全控制措施，是否足以防止未经授权修改会计系统或会计记录，或修改向会计系统提供数据的系统。对此，注册会计师需要考虑本准则第五章所述的安全性控制和交易完备性控制是否可以实现这一目标。

本准则第三十三条进一步明确，在考虑电子证据的充分性和适当性时，注册会计师可能需要测试自动化控制（如记录完备性检查、电子日戳、数字签章和版本控制），并

根据对这些控制的评价结论,考虑是否需要实施追加的审计程序,比如向第三方函证交易细节或账户余额。

注册会计师应当按照《中国注册会计师审计准则第 1231 号——针对评估的重大错报风险实施的程序》的规定计划和实施适当的控制测试程序,以测试自动化控制。如需要向第三方函证的,应当按照《中国注册会计师审计准则第 1312 号——函证》的有关规定处理。

《中国注册会计师审阅准则第 2101 号 ——财务报表审阅》应用指南

（2007 年 11 月 29 日修订）

第一章 总 则

《中国注册会计师审阅准则第 2101 号——财务报表审阅》（以下简称本准则）第一章（第一条至第六条），主要说明本准则的制定目的，财务报表审阅的目标和总体要求。

本准则主要用于规范财务报表审阅业务，但也在可行的范围内适用于对财务信息或其他信息的审阅。中国注册会计师审计准则中所给出的有关指引也有助于注册会计师遵照本准则执行审阅业务。

一、财务报表审阅的目标

本准则第二条指出，财务报表审阅的目标，是注册会计师在实施审阅程序的基础上，说明是否注意到某些事项，使其相信财务报表没有按照适用的会计准则和相关会计制度的规定编制，未能在所有重大方面公允反映被审阅单位的财务状况、经营成果和现金流量。

在财务报表审阅业务中，要求注册会计师将审阅风险降至该业务环境下可接受的水平（高于财务报表审计中可接受的低水平），对审阅后的财务报表提供低于高水平的保证（即有限保证），在审阅报告中对财务报表采用消极方式提出结论。

审计、审阅业务属于鉴证业务，商定程序属于相关服务。业务目标的差异是审计、审阅、商定程序这三类业务的最根本差异。其他差异，如对独立性的要求、所使用的程序与方法等，都是从业务目标的差异派生出来的。三者的比较如表 2101-1 所示。

表 2101-1 审计、审阅、商定程序三类业务主要差异一览表

项目	财务报表审计	财务报表审阅	执行商定程序
目标	注册会计师通过执行审计工作，对财务报表的下列方面发表审计意见：（1）财务报表是否按照适用的会计准则和相关会计制度的规定编制；（2）财务报表是否在所有重大方面公允反映被审计单位的财务状况、经营成果和现金流量	注册会计师在实施审阅程序的基础上，说明是否注意到某些事项，使其相信财务报表没有按照适用的会计准则和相关会计制度的规定编制，未能在所有重大方面公允反映被审阅单位的财务状况、经营成果和现金流量	注册会计师对特定财务数据、单一财务报表或整套财务报表等财务信息执行与特定主体商定的具有审计性质的程序，并就执行的商定程序及其结果出具报告

（续表）

项目	财务报表审计	财务报表审阅	执行商定程序
业务性质	合理保证的鉴证业务	有限保证的鉴证业务	相关服务（非鉴证业务）
执业标准	中国注册会计师审计准则	中国注册会计师审阅准则第2101号——财务报表审阅	中国注册会计师相关服务准则第4101号——对财务信息执行商定程序
对注册会计师独立性的要求	作为鉴证业务，注册会计师在执行审计、审阅业务时必须具有形式上和实质上的独立		不对商定程序业务提出独立性要求，但如果业务约定书或委托目的对注册会计师应当从其规定。如果注册会计不具有独立性，应当在商定程序业务报告中说明这一事实
所使用的程序和方法	审计程序的实施范围较广，程度较深，各类较多，包括检查记录或文件、检查有形资产、观察、询问、函证、重新计算、重新执行、分析程序等	以询问和分析程序为主，只有当有理由相信所审阅的财务报表可能存在重大错报时才需要追回其他程序	视执行商定程序的对象和委托目的而定，可能使用询问和分析、重新计算、比较和其他核对方法，观察，检查函证等方法中的全部或者一部分
注册会计师提供的保证程度	以积极方式提供合理保证	以消极方式提供有限保证	不提供任何保证
结论的类型	无保留意见、保留意见、无法表示意见、否定意见四种，其中无保留意见和保留意见可以加强事项段	类似于审计意见的类型，包括无保留、保留、否定、无法提供任何程度的保证四种	只要求在报告中说明执行程序的结果，包括详细说明发现的错误和例外事项，不要求提出鉴证结论

二、职业道德要求

本准则第三条规定，注册会计师应当遵守相关的职业道德规范，恪守独立、客观、公正的原则，保持专业胜任能力和应有的关注，并对执业过程中获知的信息保密。外，注册会计师还应当遵守职业行为规范和与所执行的业务相关的技术标准。

三、执业标准

本准则第四条规定，注册会计师应当按照本准则的规定执行财务报表审阅业务。注册会计师应当按照本准则的规定签订业务约定书，计划审阅工作，确定审阅程序,记录为审阅报告提供证据的重大事项和按本准则规定执行审阅业务的证据,形成审阅结论,出具审阅报告。

四、职业怀疑态度

本准则第五条要求,在计划和实施审阅工作时,注册会计师应当保持职业怀疑态度,充分考虑可能存在导致财务报表发生重大错报的情形。

职业怀疑态度是指注册会计师以质疑的思维方式评价所获取证据的有效性,并对相互矛盾的证据,以及引起对文件记录或管理层和治理层提供的信息的可靠性产生怀疑的证据保持警觉。

职业怀疑态度要求注册会计师不应忽略可能存在异常情况的迹象;不能因轻信管理层和治理层的诚信而满足于证明力不够的证据;不应以管理层声明替代预期能够获取的其他充分、适当的审阅证据;在有理由相信财务报表存在重大错报时,实施追加的或更广泛的程序等。

五、获取充分、适当的审阅证据

本准则第六条规定,注册会计师应当主要通过询问和分析程序获取充分、适当的证据,作为得出审阅结论的基础。

在财务报表审阅业务中,注册会计师提供的保证水平低于在财务报表审计业务中提供的保证水平。因此,与审计相比,审阅在证据收集程序的性质、时间、范围等方面是有意识地加以限制的。注册会计师通常无须执行在审计业务中执行的某些程序,例如对内部控制进行测试,对存货进行监盘,对应收款项实施函证等,注册会计师只是对财务报表实施以询问和分析程序为主的程序,这就决定了所获取的审阅证据无论在数量和质量上通常都不如审计证据。但注册会计师实施的证据收集程序至少应当足以获取有意义的保证水平,作为以消极方式提出结论的基础。

第二章 审阅范围和保证程度

本准则第二章(第七条至第八条),主要说明审阅范围的含义,以及审阅业务中所提供的保证的性质和表达方式。

一、审阅范围的含义

本准则第七条指出,审阅范围是指为实现财务报表审阅目标,注册会计师根据本准则和职业判断实施的恰当的审阅程序的总和。

注册会计师应当根据本准则确定执行财务报表审阅业务所要求的程序。必要时,还应当考虑业务约定条款的要求。

注册会计师应当根据本准则、有关的法律法规以及与委托人签订的业务约定书确定执行财务报表审阅业务所要求的程序。

二、保证程度

本准则第八条规定,由于实施审阅程序不能提供在财务报表审计中要求的所有证据,审阅业务对所审阅的财务报表不存在重大错报提供有限保证,注册会计师应当以消极方式提出结论。

审阅程序以询问和分析程序为主，通常只有在有理由相信财务报表可能存在重大错报的情况下，注册会计师才会实施追加的或更为广泛的程序。由于审阅程序有限，注册会计师通过实施审阅程序，通常不能获取足以支持较高程度保证（即合理保证）的证据，而只能获取支持有限保证的证据。为了表明保证程度低于合理保证，有限保证应当以消极方式表达审阅结论。

第三章 业务约定书

本准则第三章（第九条至第十条），主要说明业务约定书的内容。

一、签订业务约定书

本准则第九条规定，注册会计师应当与被审阅单位就业务约定条款达成一致意见，并签订业务约定书。

业务约定书是由会计师事务所和委托人签订的，用以记录和确认审阅业务的委托与受托关系、审阅目标和范围、双方的责任以及报告的格式等事项的书面协议。签订业务约定书有助于注册会计师更好地计划审阅工作，明确注册会计师和委托人（通常即为被审阅单位）各自的责任，避免在审阅业务的目标和范围等方面产生误解，维护双方的合法权益。

二、业务约定书的主要内容

本准则第十条规定，业务约定书应当包括下列内容：

1. 审阅业务的目标。审阅业务的目标是注册会计师在实施审阅程序的基础上，说明是否注意到某些事项，使其相信财务报表没有按照适用的会计准则和相关会计制度的规定编制，未能在所有重大方面公允反映被审阅单位的财务状况、经营成果和现金流量。

2. 管理层对财务报表的责任。按照适用的会计准则和相关会计制度的规定编制财务报表是管理层的责任，这种责任包括：（1）设计、实施和维护与财务报表相关的内部控制，以使财务报表不存在由于舞弊或错误而导致的重大错报风险；（2）选择和运用恰当的会计政策；（3）作出合理的会计估计。

3. 审阅范围。审阅范围应提及按照本准则的规定执行审阅工作。

4. 注册会计师不受限制地接触审阅业务所要求的记录、文件和其他信息。被审阅单位应当及时、完整地向注册会计师提供为执行审阅业务所要求的全部资料，为审阅工作提供必要的工作条件和协助。在业务约定书中明确注册会计师不受限制地接触审阅业务所要求的记录、文件和其他信息，是确保注册会计师的审阅范围不受限制的一个重要方面。

5. 预期提交的报告样本。财务报表审阅业务与审计业务存在一定的区别。由于实施的程序不同，提供的保证程度也不同。因此，两者的最终工作成果，即所提交的报告也不一样。为了便于委托人理解审阅与审计的区别，注册会计师应当在业务约定书中加入预定的报告格式，或者将预定的报告格式作为业务约定书的附件。

6. 说明不能依赖财务报表审阅揭示错误、舞弊和违反法规行为。注册会计师执行财务报表审阅业务，并非为了揭示错误、舞弊和违反法规行为。由于审阅业务实施的程序有限，提供的保证程序相对较低，因此，委托人不能依赖财务报表审阅揭示错误、舞弊和违反法规行为。

7. 说明没有实施审计，因此注册会计师不发表审计意见，不能满足法律法规或第三方对审计的要求。注册会计师实施审阅程序最终形成的是审阅结论，没有实施审计，因此不发表审计意见。委托人或其他使用人如果要求注册会计师提供财务报表审计服务，需要与会计师事务所另行签订审计业务约定书。

一份完整的业务约定书还应当包含其他内容，例如，签约双方的名称、业务收费金额及支付方式、出具报告的时间要求、报告的使用责任、业务约定书的有效期间、违约责任、签约日期、双方法定代表人（或其授权人）的签名盖章等。另外，在某些情况下，注册会计师还可以与委托人约定，审阅报告仅限于特定使用者或者特定方面使用，或者仅用于特定用途。此时，应当在业务约定书和审阅报告中对该项分发和使用限制予以明确说明。审阅业务约定书参考格式见附录2101-1。

第四章 审阅计划

本准则第四章（第十一条至第十二条），主要说明计划审阅工作的总体要求和对被审阅单位及其环境的了解。

一、计划审阅工作的总体要求

本准则第十一条规定，注册会计师应当计划审阅工作，以有效执行审阅业务。

计划审阅工作对注册会计师顺利完成审阅工作和控制审阅风险具有重要意义。充分的审阅计划有助于注册会计师关注重点审阅领域、及时发现和解决潜在的问题及恰当地组织和管理审阅工作，以使审阅工作更加有效。同时充分的审阅计划还可以帮助注册会计师对项目组成员进行恰当的分工和监督指导，并复核其工作，还有助于协调其他注册会计师和专家的工作。

二、了解被审阅单位及其环境

本准则第十二条规定，在计划审阅工作时，注册会计师应当了解被审阅单位及其环境，或更新以前了解的内容，包括考虑被审阅单位的组织结构、会计信息系统、经营管理情况以及资产、负债、收入和费用的性质等。

了解被审阅单位及其环境是一个连续和动态地收集、更新与分析信息的过程，贯穿于整个审阅过程的始终。注册会计师应当了解与财务报表审阅相关的事项，如果以前对被审阅单位实施过审计或审阅，则应当根据了解到的新情况更新以前的了解。注册会计师了解被审阅单位的情况主要包括被审阅单位的组织结构、会计信息系统、经营管理情况以及资产、负债、收入和费用的性质等。其中，组织结构主要指被审阅单位的内部管理架构及分支机构的设置，会计信息系统是被审阅单位进行会计核算时确认、计量、记录和报告交易和事项的流程，经营管理情况包括被审阅单位的生产流程和产品的分销方法、产品的大类、营业地点和关联方等。对上述情况了解，使注册会计师能够有针对性地进行询问和设计适当的程序，并对作出的答复与获取的其他信息作出评价。

三、审阅计划的基本要素和编制要求

审阅计划由总体审阅策略和具体审阅计划两部分构成。总体审阅策略用以确定审

阅的范围、时间和方向，并指导制定具体审阅计划。具体审阅计划比总体审阅策略更加详细，包括为获取充分、适当的审阅证据以将审阅风险降至可接受的水平，项目组拟实施的审阅程序的性质、时间和范围等。由于审阅计划的基本要素和编制要求与审计计划类似，在编制审阅计划时可参照《中国注册会计师审计准则第1201号——计划审计工作》及其指南。

第五章 审阅程序和审阅证据

本准则第五章（第十三条至第十九条），主要说明确定审阅程序的性质、时间和范围时应考虑的因素，主要的审阅程序，对其他注册会计师和专家工作的利用，以及形成审阅业务工作记录等。

一、确定审阅程序的性质、时间和范围时应考虑的因素

本准则第十三条规定，在确定审阅程序的性质、时间和范围时，注册会计师应当运用职业判断。

审阅程序的性质是指实施审阅程序的目的和类型，审阅程序的时间是指注册会计师何时实施审阅程序或审阅证据适用的期间和时点，审阅程序的范围是指实施审阅程序的数量，包括选取的样本量。注册会计师在确定审阅程序的性质、时间和范围时，应当考虑下列因素：

1. 以前期间执行财务报表审计或审阅所了解的情况。注册会计师可以充分运用以前期间执行该被审阅单位财务报表审计或审阅业务了解的情况，考虑被审阅单位容易出现错报或者经常发生错报的领域和以前期间重大的调整，从而确定本次工作的重点审阅领域。

2. 对被审阅单位及其环境的了解，包括适用的会计准则和相关会计制度、行业惯例。注册会计师对被审阅单位的财务报表进行审阅，必须了解被审阅单位所处行业状况与法律环境、被审阅单位性质、被审阅单位相关经营风险，以及被审阅单位财务业绩的衡量和评价等；同时，应当充分了解被审阅单位适用的会计准则和相关会计制度，以及一些行业通行的做法，以便在审阅报告中说明是否注意到某些事项，使其相信财务报表没有按照适用的会计准则和相关会计制度的规定编制，未能在所有重大方面公允反映被审阅单位的财务状况、经营成果和现金流量等。

3. 会计信息系统。由于被审阅单位的业务不同，会计信息系统在确认、计量、记录和报告各环节的具体要求也不同。了解会计系统，有助于注册会计师识别和理解被审阅单位重要的财务报表项目、交易和事项的主要类别、主要交易和事项的发生及会计处理过程。此外，被审阅单位是否采用信息技术系统，也对会计信息系统影响较大，从而影响注册会计师的审阅工作。

4. 管理层的判断对特定项目的影响程度。根据权责发生制原则，被审阅单位应当对其发生的交易和事项进行确认、计量、记录和报告。由于经济活动内在不确定性因素的影响，被审阅单位在会计核算时需要作出会计估计，在一定的假设基础上，根据既有的数据，使用适当的公式，对某些交易和事项予以估计入账。另外，对另一些交易和事项而言，管理层的意图是确定会计处理方法的重要依据之一。

涉及会计估计的主要项目包括各项资产减值准备、预计负债、存货、固定资产、在

建工程、无形资产、长期待摊费用、建造合同的合同收入等。会计处理受到管理层意图影响较大的项目的典型例子是金融资产和负债的分类及其计量模式的选择。这些项目在很大程度上受到管理层的主观判断的影响，注册会计师在确定审阅程序的性质、时间和范围时，应当充分考虑其影响。

5. 各类交易和账户余额的重要性。重要性是指被审阅单位财务报表中错报的严重程度，这一程度在特定环境下可能影响财务报表使用者的判断或者决策。确定各类交易和账户余额的重要性，应当考虑各类交易和账户余额的金额、性质和发生错报的可能性，以及与财务报表层次重要性水平的关系。账户余额和各类交易的重要性，关系到审阅风险的高低和审阅证据的收集，从而影响到审阅程序的性质、时间和范围的确定。

二、对重要性水平的考虑

与审计业务类似，在执行审阅业务时也需要考虑重要性水平问题。本准则第十四条规定，在考虑重要性水平时，注册会计师应当采用与执行财务报表审计业务相同的标准。

《中国注册会计师审计准则第1221号——重要性》第六条规定，在计划审计工作时，注册会计师应当确定一个可接受的重要性水平，以发现在金额上重大的错报。尽管由于审阅程序有限，保证程度较低，未能发现重大错报的风险大于审计业务中的同类风险，但对于重要性水平，注册会计师判断的依据是错报是否影响到信息使用者根据财务报表所作出的决策，而不是所提供的保证程度。因此，在财务报表审阅中注册会计师采用的重要性水平应当与对财务报表执行审计业务时相同。也就是说，如果注册会计师对某企业执行财务报表审计业务时可能将20万元作为重要性水平，那么注册会计师对该企业执行审阅业务时，也要采用20万元作为重要性水平。

三、审阅程序

本准则第十五条第一款规定，财务报表审阅程序通常包括：

1. 了解被审阅单位及其环境。注册会计师可以采用多种方法了解被审阅单位及其环境。例如，利用以往提供服务获取的经验；与被审阅单位的高级管理人员、内部审计人员等讨论；与曾为被审阅单位及其所处行业其他单位提供服务的注册会计师、律师以及被审阅单位以外的有关专家、监管机构、金融机构、客户等讨论；查阅法规与相关资料等。

注册会计师在审阅业务中应当了解被审阅单位及其环境的情况主要包括：市场供求与竞争；经营的周期性或季节性；产品生产技术的变化；经营风险；行业的现状及发展趋势；行业的关键指标及统计数据；环保要求及问题；行业适用的法律法规；行业特定会计惯例及问题；行业其他特殊惯例等。

2. 询问被审阅单位采用的会计准则和相关会计制度、行业惯例。注册会计师不仅要了解适用于被审阅单位的会计准则和相关会计制度以及行业惯例，而且要明确被审阅单位具体采用了哪些会计准则、相关会计制度和行业惯例。一些会计准则和会计制度的适用范围不同，在具体会计政策方面给予了企业更多的选择自主权，注册会计师应当询问被审阅单位采用的会计准则和相关会计制度，包括采用的会计政策和作出的会计估计，并判断其是否符合有关规定和要求。

3. 询问被审阅单位对交易和事项的确认、计量、记录和报告的程序。被审阅单位对交易和事项进行确认、计量、记录和报告的程序，即财务信息系统中的处理流程。通过询问了解财务信息系统，注册会计师可以识别和理解交易和事项的主要类别，各类主要交易和事项的会计处理过程。

4. 询问财务报表中所有重要的认定。财务报表中认定通常包括存在或发生、完整性、权利与义务、计价与分摊等。对于不同的财务报表项目，注册会计师关注的认定也不相同。注册会计师尤其要关注那些具有重大错报风险的项目的认定，如存货、应收账款等。

5. 实施分析程序，以识别异常关系和异常项目。分析程序是指注册会计师通过研究不同财务数据之间以及财务数据与非财务数据之间的内在关系，对财务信息作出评价。分析程序还包括调查识别出的、与其他相关信息不一致或与预期数据严重偏离的波动和关系。对于审阅业务中分析程序的具体运用，参见《中国注册会计师审计准则第1313号——分析程序》及其指南。但通常应当包括：将本期财务报表与前期财务报表比较；将财务报表与预期的经营成果和财务状况比较；确定某些特定财务报表要素之间的关系是否符合根据被审阅单位的经验或行业常规预期应当存在的某种可预测的模式，等等。在运用分析程序时，注册会计师应当考虑以前期间需要进行会计调整的事项的类型。

6. 询问股东会、董事会以及其他类似机构决定采取的可能对财务报表产生影响的措施。被审阅单位的重大经营活动和决策，一般都会反映在其股东大会、董事会（包括下设的诸如审计委员会、提名委员会、薪酬和考核委员会、风险管理委员会等专门委员会）的会议纪要中。注册会计师应当获取和查阅这些会议纪要，并就其中可能对财务报表产生影响的措施询问被审阅单位的董事、监事和相关高级管理人员。

7. 阅读财务报表，以考虑是否遵循指明的编制基础。财务报表的编制基础通常需要在报表附注中披露。注册会计师应当关注财务报表的实际编制基础与被审阅单位在财务报表附注中披露的编制基础是否一致。

8. 获取其他注册会计师对被审阅单位组成部分财务报表出具的审计报告或审阅报告。被审阅单位的组成部分，是指被审阅单位的部门、分支机构、子公司、合营企业和联营企业等，其会计信息包含于主审注册会计师所审阅的财务报表中。注册会计师在作为主审注册会计师时，应当获取其他注册会计师为被审阅单位组成部分出具的审计报告或审阅报告，关注这些报告的意见类型及其对所审阅财务报表的影响，以决定审阅报告的结论类型。

上述第1项至第8项程序是注册会计师通常应当执行的财务报表审阅程序。本指南附录–2提供了审阅程序表的参考范例。但该表没有穷尽所有的审阅程序，也不应当将其中的所有程序均运用到每一项审阅业务中。

四、应当特别询问的事项

本准则第十五条第二款及第十六条对询问程序作了进一步的规定。

（一）向负责财务会计事项的人员询问的事项

本准则第十五条第二款规定，注册会计师应当向负责财务会计事项的人员询问下列事项：

（1）所有交易是否均已记录；

（2）财务报表是否按照指明的编制基础编制；

（3）被审阅单位业务活动、会计政策和行业惯例的变化；

（4）在实施前述第十五条第一款第（1）项至第（8）项程序时所发现的问题。

（二）询问期后事项

本准则第十六条规定，注册会计师应当询问在资产负债表日后发生的、可能需要在财务报表中调整或披露的期后事项。注册会计师没有责任实施程序以识别审阅报告日后发生的事项。

期后事项是指资产负债表日至审阅报告日之间发生的事项以及审阅报告日后发现的事实。注册会计师应当就有关期后事项询问被审阅单位管理层和有关人员；有关未决诉讼等法律事项，还可以询问被审阅单位的律师或法律顾问。在向管理层询问可能影响财务报表的期后事项时，注册会计师询问的内容主要包括：

（1）根据初步或尚无定论的数据作出会计处理的项目的现状；
（2）是否发生新的担保、借款或承诺；
（3）是否出售或购进资产，或者计划出售或购进资产；
（4）是否已发行或计划发行新的股票或债券，是否已签订或计划签订合并或清算协议；
（5）资产是否被政府征用或因不可抗力而遭受损失；
（6）在风险领域和或有事项方面是否有新进展；
（7）是否已作出或考虑作出异常的会计调整；
（8）是否已发生或可能发生影响会计政策适当性的事项。

对于已识别出的对财务报表产生重大影响的期后事项，注册会计师应当视其性质分别作出恰当的处理。对能为资产负债表日已经存在的情况提供新的或进一步证据的事项，提请被审阅单位调整财务报表；对资产负债表日后新发生的情况或事项，提请被审阅单位在财务报表中作出充分披露。

五、财务报表可能存在重大错报时的处理

本准则第十七条规定，如果有理由相信所审阅的财务报表可能存在重大错报，注册会计师应当实施追加的或更为广泛的程序，以便能够以消极方式提出结论或确定是否出具非无保留结论的报告。

在实施审阅程序后，如果获悉在审阅过程中所获取的信息有不正确、不完整，或者在其他方面不能令人满意的情况，注册会计师应当实施其认为必要的更为广泛的程序。

在扩大询问范围和获取额外解释之后，如果仍然存在重大疑问，且该疑问可能显示财务报表存在重大错报，注册会计师应当实施其认为必要的追加程序，以便能够以消极方式提出结论或确定是否出具非无保留结论的报告。

六、利用其他注册会计师和专家的工作

与审计工作类似，注册会计师在执行审阅业务时也可能需要利用其他注册会计师和专家的工作。比较典型的例子有：

（1）在执行分析程序时，可能需要根据设备的产能、原材料的耗用与产成品产量的比例关系等来分析营业收入和存货的合理性，此时可能需要利用专家对设备产能、投入产出比等的咨询结果和分析资料。

（2）如果被审阅单位的某一被投资单位对财务报表具有重大影响，且该被投资单

位的财务报表已经其他注册会计师审计或者审阅，注册会计师在审阅中可能需要获取已经审计或审阅的财务报表，以及相关的审计报告或审阅报告，作为对该项投资所获取的审阅证据之一。

针对这一情况，本准则第十八条规定，在利用其他注册会计师或专家的工作时，注册会计师应当考虑其工作是否满足财务报表审阅的需要。

七、获取管理层声明

本准则第十五条第三款规定，在执行审阅业务的过程中，必要时，注册会计师应当获取管理层书面声明。

（一）获取管理层声明的意义和作用

管理层对其口头声明的书面确认可以减少注册会计师与管理层之间产生误解的可能性。由于审阅主要通过询问和分析程序获取证据，要求管理层就其对注册会计师的询问所作的回答以书面声明形式予以确认就显得更为重要。

（二）管理层声明的内容

当要求管理层提供声明书时，注册会计师应当就管理层声明中的具体内容与管理层进行沟通，确保管理层已经充分了解相关内容的真正含义与相关责任。如果管理层的某项声明与其他审阅证据相矛盾，或者管理层拒绝就对财务报表有重大影响的事项提供书面声明，或者管理层拒绝就重要的口头声明予以书面确认，注册会计师应当进行调查，必要时，重新考虑管理层其他声明的可靠性。

管理层声明书通常由管理层中对被审阅单位及其财务负主要责任的人员签署。在某些情况下，注册会计师也可以向管理层中的其他人员获取管理层声明书。管理层声明书标明的日期通常与审阅报告日一致。但在某些情况下，注册会计师也可能在审阅过程中或审阅报告日后就某些交易或事项获取单独的声明书。有关管理层声明的获取和使用可参见《中国注册会计师审计准则第1341号——管理层声明》及其指南。本指南附录2101-3提供了管理层声明的范例。

八、形成审阅工作记录

本准则第十九条规定，注册会计师应当记录为审阅报告提供证据的重大事项，以及按照本准则的规定执行审阅业务的证据。

某一事项是否属于重大事项，需要注册会计师根据具体情况作出判断。重大事项通常包括：（1）引起特别风险的事项；（2）实施审阅程序的结果，该结果表明财务信息可能存在重大错报，或需要修正以前对重大错报风险的评估和针对这些风险拟采取的应对措施；（3）导致注册会计师难以实施必要审阅程序的情形；（4）导致出具非无保留结论的事项。除重大事项外，注册会计师还应当记录按照本准则的要求签订业务约定书，制定审阅计划，实施审阅程序，获取审阅证据，形成审阅结论，出具审阅报告的过程。

第六章 结论和报告

本准则第六章（第二十条至第三十条），主要说明形成审阅结论和出具审阅报告的总体要求、审阅报告的要素，以及审阅结论的类型。

一、审阅报告的总体要求

本准则第二十条规定，审阅报告应当清楚地表达有限保证的结论。注册会计师应当复核和评价根据审阅证据得出的结论，以此作为表达有限保证的基础。

本准则第二十一条规定，根据已实施的工作，注册会计师应当评估在审阅过程中获知的信息是否表明财务报表没有按照适用的会计准则和相关会计制度的规定编制，未能在所有重大方面公允反映被审阅单位的财务状况、经营成果和现金流量。

财务报表审阅报告应当描述业务范围，以便使用者能够理解所实施工作的性质，并清楚地表明，注册会计师没有执行审计，因而不发表审计意见。

在实施审阅程序后，注册会计师通常可以获取大量审阅证据。对于这些审阅证据，注册会计师应当运用职业判断进行分析和评价，在此基础上形成审阅结论，按业务约定书约定的时间出具审阅报告。

注册会计师应当实施下列程序，以最终复核并评价由审阅证据得出的结论，作为对财务报表提出审阅结论的基础：

1. 复核审阅证据是否充分、适当。注册会计师应当确定审阅工作是否按照审阅计划完成，并根据发现错报的领域判断原审阅计划是否存在缺陷。如果认为获取的审阅证据不足以对财务报表形成结论，注册会计师应当通过实施追加的或进一步的审阅程序获取额外的审阅证据，或者出具保留结论或无法提出结论的审阅报告。

2. 复核财务报表整体反映的恰当性。注册会计师应当确定财务报表整体的反映是否恰当，是否有证据表明财务报表没有按照适用的会计准则和相关会计制度的规定编制，未能在所有重大方面公允反映被审阅单位的财务状况、经营成果和现金流量。

3. 复核审阅中发现的错报。对审阅中发现的重要错报，注册会计师应当提请被审阅单位进行调整。对于不重要的错报，要进行汇总，并评价汇总后的金额是否重要。当累计错报超过重要性水平时，注册会计师应当提请被审阅单位调整财务报表。如果被审阅单位拒绝调整，注册会计师应当出具保留结论或否定结论的审阅报告。

4. 复核审阅工作底稿。根据质量控制准则的相关规定，业务人员编制的审阅工作底稿应当经过复核。确定复核人员的基本原则是由经验较为丰富的人员复核经验较少的人员编制的审阅工作底稿。

二、审阅报告的要素

本准则第二十二条明确了审阅报告应当包括的要素。下面结合第二十三条至第三十条的规定，对审阅报告应包括的各个要素作一说明。

（一）标题

本准则第二十三条规定，审阅报告的标题应当统一规范为"审阅报告"。

（二）收件人

收件人是审阅报告的致送对象。本准则第二十四条规定，审阅报告的收件人应当为审阅业务的委托人。审阅报告应当载明收件人的全称。

（三）引言段

本准则第二十五条规定，审阅报告的引言段应当说明下列内容：

1. 所审阅财务报表的名称。审阅报告的引言段应当指明所审阅财务报表的名称。例如，某一时点的资产负债表、某一期间的利润表和现金流量表，以及相关的财务报表附注等。需要注意的是，审阅报告中提及的所审阅财务报表的名称、日期或涵盖的期间应与报告后所附的经过管理层批准报出的财务报表一致。

2.管理层的责任和注册会计师的责任。注册会计师应当在审阅报告引言段中说明："这些财务报表的编制是××公司管理层的责任，我们的责任是在实施审阅工作的基础上对这些财务报表出具审阅报告"。

需要注意的是，如果无法对所审阅财务报表提供任何保证，则应当删除本段中对注册会计师责任的表述。

（四）范围段

本准则第二十六条规定，审阅报告的范围段应当说明审阅的性质，包括下列内容：

（1）审阅业务所依据的准则；

（2）审阅主要限于询问和实施分析程序，提供的保证程度低于审计；

（3）没有实施审计，因而不发表审计意见。

注册会计师应当在审阅报告中说明审阅范围，以便信息使用者更准确地理解所实施的审阅工作的性质，并着重指明注册会计师并未实施审计，因此不发表审计意见。

范围段中应当清楚说明财务报表审阅业务与审计业务的差异。由于财务报表审阅的范围一般限于实施询问和分析程序，提供的保证程度与审计相比较低，注册会计师有必要在审阅报告中予以说明，以提示委托人和审阅报告的其他使用者，避免不恰当地使用或者依赖审阅报告。

需要注意的是，如果无法对财务报表提供任何保证，在审阅报告中应当删除本段内容。

（五）结论段

审阅报告的结论段是表述注册会计师所形成的审阅结论的段落。结论段中应当说明：根据注册会计师的审阅，是否注意到某些事项，使注册会计师相信财务报表没有按照适用的会计准则和相关会计制度的规定编制，未能在所有重大方面公允反映被审阅单位的财务状况、经营成果和现金流量。这与审阅业务的目标相对应。

（六）注册会计师的签名和盖章

本准则第二十八条规定，审阅报告应当由注册会计师签名并盖章。

（七）会计师事务所的名称、地址及盖章

本准则第二十九条规定，审阅报告应当载明会计师事务所的名称和地址，并加盖会计师事务所公章。

需要注意的是，对于会计师事务所地址，一般只需标注到其所在城市的名称，这与审计报告的要求是类似的。

（八）报告日期

本准则第三十条规定，审阅报告应当注明报告日期。审阅报告的日期是指注册会计师完成审阅工作的日期，不应早于管理层批准财务报表的日期。

注册会计师在确定审阅工作完成日时，应当考虑：

（1）针对截至报告日止的事项实施的程序是否已经完成；

（2）要求被审阅单位调整或披露的事项是否已经提出，被审阅单位是否已经作出或拒绝作出调整或披露；

(3) 被审阅单位管理层是否已经正式签署财务报表。

审阅报告应当后附已审阅的财务报表。为了避免审阅报告的误用，审阅报告一般应与已审阅的财务报表一并使用。

在某些情况下，如果注册会计师与委托人约定，审阅报告仅限于特定使用者或者特定方面使用，或者仅限于特定用途，则应当在审阅报告的结论段后增设一段，对审阅报告的分发和使用限制予以明确说明。

三、审阅结论的类型及其适用条件

本准则第二十七条规定，注册会计师应当根据实施审阅程序的情况，在审阅报告的结论段中提出下列之一的结论。

（一）无保留结论

注册会计师对所审阅财务报表提出无保留结论，应当同时满足以下条件：

（1）注册会计师没有注意到任何事项使其相信财务报表没有按照适用的会计准则和相关会计制度的规定编制，未能在所有重大方面公允反映被审阅单位的财务状况、经营成果和现金流量；

（2）注册会计师已经按照本准则的规定计划和实施审阅工作，在审阅过程中未受到限制。

（二）保留结论

注册会计师对所审阅财务报表提出保留结论适用于以下两种情况：

（1）注册会计师注意到某些事项使其相信财务报表没有按照适用的会计准则和相关会计制度的规定编制，未能在所有重大方面公允反映被审阅单位的财务状况、经营成果和现金流量。这些事项虽然影响重大，但其影响尚未达到"非常重大和广泛"的程度，尚不足以导致注册会计师提出否定结论。

（2）注册会计师的审阅存在重大的范围限制。该范围限制虽然影响重大，但其影响尚未达到"非常重大和广泛"的程度，尚不足以导致注册会计师无法提供任何保证。

在上述（2）种情况下，注册会计师还需要在审阅报告的范围段中提及审阅范围受限制的情况，典型的措辞如："除下段（注：即说明段）所述事项外，我们按照《中国注册会计师审阅准则第2101号——财务报表审阅》的规定执行了审阅业务"。

在提出保留结论的情况下，审阅报告的结论段中需使用"除了上述……所造成的影响外"等术语。

（三）否定结论

如果注册会计师注意到某些事项使其相信财务报表没有按照适用的会计准则和相关会计制度的规定编制，未能在所有重大方面公允反映被审阅单位的财务状况、经营成果和现金流量，且这些事项对财务报表的影响非常重大和广泛，以至于注册会计师认为仅提出保留结论不足以揭示财务报表的误导性或错报的严重程度，注册会计师应当对财务报表提出否定结论，即财务报表没有按照适用的会计准则和相关会计制度的规定编制，未能在所有重大方面公允反映被审阅单位的财务状况、经营成果和现金流量。

由此可见，导致注册会计师提出否定结论的事项，就其类型而言与前述保留结论的第（1）种情况是类似的，但是根据注册会计师的职业判断，认为其影响的程度和范围较导致提出保留结论的事项更为重大和广泛，以至于所审阅财务报表整体已经不再符合适用的会计准则和相关会计制度,仅提出保留结论不足以表明所审阅财务报表的误导性和错报的严重程度。

在提出否定结论时,注册会计师应使用"由于受到前段所述事项的重大影响""财务报表未能按照企业会计准则和《××会计制度》的规定编制"等术语。

（四）无法提供任何保证

如果存在重大的范围限制,且该范围限制的影响非常重大和广泛,以至于注册会计师认为不能提供任何程度的保证时,不应提供任何保证。

由此可见,导致注册会计师无法提供任何保证的事项,就其类型而言与前述保留结论的第（2）种情况是类似的,但是根据注册会计师的职业判断,认为其影响的程度和范围较导致提出保留结论的事项更为重大和广泛,以至于注册会计师认为不能提供任何程度的保证。

在无法提供任何保证的审阅报告中,注册会计师应当删除引言段中对于注册会计师责任的表述,删除范围段,在说明段中说明审阅范围受限的情况,并在结论段中使用"由于受到前段所述事项的重大影响""我们无法对财务报表提供任何保证"等术语。

第七章　中期财务信息审阅的补充规定

执行中期财务信息审阅业务的注册会计师如果对该客户也曾经执行审计业务,应当参照《国际审阅准则第 2410 号——注册会计师对审计客户执行中期财务信息审阅》的规定办理。

《国际审阅准则第 2410 号——注册会计师对审计客户执行中期财务信息审阅》见本指南附录 2101-6。

附录 2101-1

审阅业务约定书参考格式

审阅业务约定书

甲方：ABC 股份有限公司
乙方：×× 会计师事务所

兹由甲方委托乙方对 20×1 年度财务报表进行审阅,经双方协商,达成以下约定。

一、业务范围与审阅目标

1. 乙方接受委托,对甲方按照企业会计准则和《××会计制度》编制的 20×1 年 12 月 31 日的资产负债表,20×1 年度的利润表、股东权益变动表和现金流量表以及财务报表附注（以下统称财务报表）进行审阅。

2. 乙方在实施审阅程序的基础上,说明是否注意到某些事项,使乙方相信所审阅财务报表没有按照企业会计准则和《××会计制度》的规定编制,未能在所有重大方面公允反映甲方的财务状况、经营成果和现金流量。

二、甲方的责任与义务

（一）甲方的责任

1. 根据《中华人民共和国会计法》和《企业财务会计报告条例》，甲方及甲方负责人有责任保证会计资料的真实性和完整性。因此，甲方管理层有责任妥善保存和提供会计记录（包括但不限于会计凭证、会计账簿和其他会计资料），这些记录必须真实、完整地反映甲方的财务状况、经营成果和现金流量。

2. 按照企业会计准则和《××会计制度》的规定编制财务报表是甲方管理层的责任，这种责任包括：（1）设计、实施和维护与财务报表编制相关的内部控制，以使财务报表不存在由于舞弊或错误而导致的重大错报；（2）选择和运用恰当的会计政策；（3）作出合理的会计估计。

（二）甲方的义务

1. 及时为乙方的审阅工作提供其所要求的全部会计资料和其他有关资料（在20×2年×月×日之前提供审阅所需的全部资料），并保证所提供资料的真实性和完整性。

2. 确保乙方不受限制地接触审阅业务所要求的记录、文件和其他信息。

3. 甲方管理层对其作出的与审阅有关的声明予以书面确认。

4. 为乙方派出的有关工作人员提供必要的工作条件和协助，主要事项将由乙方于外勤工作开始前提供清单。

5. 如有未经乙方审阅但需按权益法核算或纳入合并报表范围内的组成部分，应协调其他注册会计师配合乙方的工作。

6. 按本约定书的约定及时足额支付审阅费用以及乙方人员在审阅期间的交通、食宿和其他相关费用。

三、乙方的责任与义务

（一）乙方的责任

1. 乙方的责任是在实施审阅工作的基础上对财务报表提出审阅结论。乙方按照《中国注册会计师审阅准则第2101号——财务报表审阅》（以下简称审阅准则）的规定进行审阅。审阅准则要求注册会计师遵守职业道德规范，计划和实施审阅工作，以对所审阅财务报表不存在重大错报提供有限保证，并以消极方式提出结论。

2. 审阅工作涉及实施审阅程序，以获取有关财务报表金额和披露的审阅证据。所实施的审阅程序以询问和分析程序为主，具体取决于乙方的判断。

3. 乙方需要合理计划和实施审阅工作，以使乙方能够获取充分、适当的审阅证据，以支持所表达的有限保证的审阅结论。

4. 乙方有责任在审阅报告中指明所发现的甲方在重大方面没有按照企业会计准则和《××会计制度》编制财务报表且未按乙方的建议进行调整的事项。

5. 由于财务报表审阅并非审计，与审计相比保证程度较低，乙方没有按照中国注册会计师审计准则的规定实施审计，因而将不发表审计意见，不能满足法律法规或第三方对审计的要求，也不能依赖审阅揭示错误、舞弊和违反法规行为。

6. 乙方的审阅不能减轻甲方及甲方管理层的责任。

（二）乙方的义务

1. 按照约定的时间完成审阅工作，出具审阅报告。乙方应于20×2年×月×日前出具审阅报告。

2. 除下列情况外，乙方应当对执行业务过程中知悉的甲方信息予以保密：（1）取得甲方的授权；（2）根据法律法规的规定，为法律诉讼准备文件或提供证据，以及向监管机构报告发现的违反法规的行为；（3）接受行业协会和监管机构依法进行的质量检查；（4）监管机构对乙方进行行政处罚（包括监管机构处罚前的调查、听证）以及乙方对此提起行政复议。

四、审阅收费

1. 本次审阅服务的收费是以乙方各级别工作人员在本次工作中所耗费的时间为基础计算的。乙方预计本次审阅服务的费用总额为人民币××万元。

2. 甲方应于本约定书签署之日起×日内支付×%的审阅费用，剩余款项于[审阅报告草稿完成日]结清。

3. 如果由于无法预见的原因，致使乙方从事本约定书所涉及的审阅服务实际时间较本约定书签订时预计时间有明显的增加或减少时，甲乙双方应通过协商，相应调整本约定书第四条第1项下所述的审阅费用。

4. 如果由于无法预见的原因，致使乙方人员抵达甲方的工作现场后，本约定书所涉及的审阅服务不再进行，甲方不得要求退还预付的审阅费用；如上述情况发生于乙方人员完成现场审阅工作，并离开甲方的工作现场之后，甲方应另行向乙方支付人民币××元的补偿费，该补偿费应于甲方收到乙方的收款通知之日起×日内支付。

5. 与本次审阅有关的其他费用（包括交通费、食宿费等）由甲方承担。

五、审阅报告和审阅报告的使用

1. 乙方按照《中国注册会计师审阅准则第2101号——财务报表审阅》规定的格式和类型出具审阅报告。

2. 乙方向甲方出具审阅报告一式××份。该审阅报告仅限甲方在以下范围内使用：[此处注明审阅报告的预定用途]

若甲方将审阅报告用于上述范围以外的其他用途，甲方须书面征得乙方同意。由于使用不当所造成的后果，与乙方及签署审阅报告的注册会计师无关。

3. 甲方提交或对外公布审阅报告和已审阅财务报表时，不得修改乙方出具的审阅报告及其后附的已审阅财务报表。当甲方认为有必要修改会计数据、报表附注和所作的说明时，应当事先通知乙方，乙方将考虑有关的修改对审阅报告的影响，必要时，将重新出具审阅报告。

六、本约定书的有效期间

本约定书自签署之日起生效，并在双方履行完毕本约定书约定的所有义务后终止，但本约定书第三（二）2、四、五、八、九、十项并不因本约定书终止而失效。

七、约定事项的变更

如果出现不可预见的情况,影响审阅工作如期完成,或需要提前出具审阅报告时,甲、乙双方均可要求变更约定事项,但应及时通知对方,并由双方协商解决。

八、终止条款

1. 如果根据乙方的职业道德及其他有关专业职责、适用的法律法规或其他任何法定的要求,乙方认为已不适宜继续为甲方提供本约定书约定的审阅服务时,乙方可以采取向甲方提出合理通知的方式终止履行本约定书。

2. 在终止业务约定的情况下,乙方有权就其于本约定书终止之日前对约定的审阅服务项目所做的工作收取合理的审阅费用。

九、违约责任

甲、乙双方按照《中华人民共和国合同法》的规定承担违约责任。

十、适用法律和争议解决

本约定书的所有方面均应适用中华人民共和国法律进行解释并受其约束。本约定书履行地为乙方出具审阅报告所在地,因本约定书所引起的或与本约定书有关的任何纠纷或争议(包括关于本约定书条款的存在、效力或终止,或无效之后果)双方选择第　种解决方式:

(1)向有管辖权的人民法院提起诉讼;
(2)提交××仲裁委员会仲裁。

十一、双方对其他有关事项的约定

本约定书一式两份,甲、乙方各执一份,具有同等法律效力。

附件:预定的报告格式(略)

甲方:ABC股份有限公司(盖章)　　乙方:××会计师事务所(盖章)
　授权代表:(签名并签章)　　　　　　授权代表:(签名并签章)
　　二○×二年×月×日　　　　　　　　二○×二年×月×日

附录2101-2

审阅程序表参考范例

需要注意的是,该参考范例仅列出了注册会计师通常应当考虑实施的审阅程序,并未包括所有应当实施的审阅程序。注册会计师在执行审阅业务时,应当根据被审阅单位具体情况以及财务报表的特点,合理选择需要实施的审阅程序,必要时还应结合实际情况实施追加的审阅程序。

一 般 程 序

1. 项目组与委托人讨论业务约定书的条款并签订业务约定书。
2. 了解被审阅单位的经营活动和记录财务信息及编制财务报表的系统。
3. 询问所有财务信息的入账是否均做到完整、及时,并经过适当授权。
4. 获取试算平衡表,并确定是否与总账和财务报表相符。
5. 考虑财务报表附注披露的内容与格式是否符合适用的会计准则和相关会计制度,以及相关信息披露规范的要求,并将报表附注中的数据与相关明细表核对一致。
6. 考虑以前年度审计和审阅业务的结果,包括以前要求被审阅单位进行的调整。
7. 询问被审阅单位是否发生了重大变化,比如,所有权或资本结构。
8. 询问被审阅单位的会计政策(可要求被审阅单位填列"会计政策、会计估计调查表"),并考虑以下问题:
 (1)会计政策是否符合适用的会计准则和相关会计制度;
 (2)会计政策的运用是否恰当;
 (3)会计政策前后期是否一致,如果不一致,考虑是否已对会计政策变更作出披露。
9. 查阅股东(大)会、董事会及有关委员会的会议纪要,以确定是否存在对财务报表审阅有重大影响的事项。
10. 询问股东(大)会、董事会或者其他重要会议作出的影响财务报表的举措是否已恰当反映在财务报表中。
11. 询问是否存在关联方交易,这些交易是如何进行会计处理的,并确定关联交易是否已作出了恰当披露。
12. 询问或有事项和承诺事项。
13. 询问有无重大资产处置或者处置业务分部的计划。
14. 获取财务报表并与管理层就财务报表有关情况进行讨论。
15. 考虑财务报表及其附注披露的充分性,信息的分类和披露是否恰当。
16. 将所审阅期间的财务信息与上期或以前数期的可比信息进行比较,与被审阅单位的预算、预测数据进行比较。
17. 获取管理层对财务报表中的异常波动或前后期不一致情况的说明。
18. 考虑未调整错报单独或累积的影响,提请管理层关注这些错报,并确定这些错报对审阅报告的影响。
19. 获取管理层声明书。

货 币 资 金

20. 获取银行存款余额调节表,就长期未达账项或异常的调节项目向被审阅单位的有关人员询问。
21. 询问审阅日前后一段时间内的现金账户之间的转账。
22. 询问是否存在限定用途的银行存款。

应收款项（包括应收账款、应收票据和其他应收款）

23. 询问应收款项入账的会计政策，并确定这些交易是否存在折让。
24. 获取应收款项明细表，确定其总额与试算平衡表是否相符。
25. 获取并考虑管理层对账户余额与前期或预期金额相比发生重大变动的说明。
26. 计算本期应收账款周转率，并与上期相比较，以确定是否合理。
27. 获取应收款项账龄分析表，询问异常大额账户、贷方余额账户或其他任何异常余额的原因，询问应收款项的可收回性。
28. 复核带息票据的利息收入确认是否合理。
29. 与管理层讨论应收款项分类的适当性，包括对于长期应收款项、存在贷方净余额的应收账款是否在报表上作了恰当的分类；对于应收股东、董事及其他关联方的款项是否已作出适当披露。
30. 询问管理层确认偿还缓慢的应收账款及坏账准备计提和坏账转销的方法和政策，确定其是否合理。
31. 询问应收款项是否已被抵押、质押或者贴现，或者存在以应收债权为基础的其他出售、融资事项。
32. 询问被审阅单位有哪些确保销售交易和销售退回适当截止的程序。
33. 询问应收款项中有无已发出但尚未收到代销清单的委托代销商品的款项，如有，确定其是否已作调整，将这些交易转回并将这些商品包括在资产负债表"存货"项目中。
34. 询问资产负债表日后是否发生了与本期或前期已确认的收入有关的大额销售退回或折让。
35. 对于期末余额在　元以上的其他应收款明细项目，必要时审阅明细账记录，关注是否系费用、损失挂账。

存　　货

36. 获取存货明细表，确定该明细表是否以盘点结果为依据调整并填列，总额是否与试算平衡表中的余额一致。
37. 询问被审阅单位的存货盘点方法。
38. 如资产负债表日未进行盘点，询问下列问题：
（1）是否采用了永续盘存制，并定期将账面数量与实际数量进行核对并调整；
（2）是否具有完整的、集成化的成本计算系统，该系统过去提供的信息是否可靠。
39. 讨论根据最近一次存货实地盘点结果所作的调整。
40. 询问对存货截止和盘点期间存货移动进行控制的程序。
41. 询问各类存货的计价基础，特别是集团内部各成员企业之间以及各分支机构之间的内部销售所形成的未实现损益的抵消情况，确定存货是否按成本与可变现净值孰低法计价。
42. 考虑存货计价方法运用的一贯性，分别按照材料、人工和制造费用等因素加以分析。
43. 将主要存货类别的金额与前期金额或本期预计金额进行比较，查询重大的波动和差异。

44. 将本期存货周转率与以前各期比较。

45. 询问呆滞、冷背残次存货的认定方法,并确定这些存货是否以可变现净值计价。

46. 询问是否有受托代销的存货。如有,询问是否将其排除在被审阅单位存货的范围以外。

47. 询问是否有存货被抵押或存放他处,或委托他人代销,并考虑对此类交易的会计处理是否恰当。

股权和债权投资

48. 获取资产负债表日的投资明细表,并确定其是否与试算平衡表相一致。

49. 询问投资所采用的会计政策。

50. 询问投资的账面价值,并确定是否存在计价方面的问题。

51. 考虑投资持有期间的利息和股利收益以及投资处置损益的会计处理是否恰当。

52. 对债权性投资的利息收益的合理性及其与投资本金之间的关系实施分析程序。对于股权性投资,也可进行类似的复核。

53. 询问各类投资性资产如何归类为恰当类别的金融资产,获取表明管理层意图的书面文件,考虑分类是否合理。

固定资产与累计折旧、在建工程

54. 获取列有成本、累计折旧和减值准备及其本期内增减变动情况的固定资产明细表,并确定其是否与试算平衡表相一致。

55. 询问关于折旧计提以及区分资本性支出与收益性支出的会计政策,考虑固定资产是否发生了重大的永久性减值。

56. 询问被审阅单位的借款费用资本化政策,并估算本期内资本化的借款费用是否合理。

57. 与管理层讨论本期内固定资产的增减变动情况,以及固定资产处置或报废的损益的会计处理,询问此类交易是否均已入账。特别关注本期内已达到预定可使用状态的在建工程是否均已结转固定资产并计提折旧。

58. 询问折旧政策(包括折旧方法、折旧年限、预计净残值率等)的运用是否遵循了一贯性原则,并将本期计提的折旧额与上年同期进行比较。

59. 结合固定资产的折旧政策,计算各类固定资产的本年度折旧额占全年平均原值余额的比例,或实施其他分析程序,确定折旧的计提是否合理。

60. 询问固定资产是否被留置、抵押或者设置其他担保权益。如有,是否已在财务报表附注中恰当披露。

61. 与管理层讨论租赁的会计处理,确定是否根据会计准则和会计制度的规定,将租赁事项恰当地反映在财务报表中。

待摊费用、无形资产、长期待摊费用及其他资产

62. 获取这些资产的明细表,与管理层讨论资产的可回收性。

63. 询问这些资产项目的入账基础和所采用的摊销政策。对摊销费用的合理性执行

分析程序（包括将本期摊销额与上年同期相比较、计算摊销额与原价平均余额之间的关系、将明细表所示摊销额与相关费用明细科目的发生额核对一致等），如发现重大异常的波动，要求管理层解释原因。

64. 与管理层讨论将此类资产在流动、非流动之间划分的标准，并确定这些标准是否得到恰当遵循。

65. 与管理层讨论将费用予以递延应当满足的条件，并确定账面上的待摊费用、无形资产和长期待摊费用余额是否均满足这些条件。

长期借款和短期借款

66. 向管理层获取借款明细表，并确定其总额是否与试算平衡表一致。

67. 询问是否存在没有遵循借款合同条款的情况，如有，询问管理层采取的措施并且是否已经在财务报表中做出了相应的调整。

68. 计算利息费用占借款本金的比例，与借款合同规定的利率相比较，确定其是否合理。

69. 询问借款是否提供抵押、担保、质押。

70. 询问借款是否已经划分为长期和短期借款。对于一年内到期的长期借款，在资产负债表上的列示是否恰当。

应付账款与应付票据

71. 获取应付款项明细表，并确定其总额是否与试算平衡表一致。

72. 获取并考虑应付款项账户余额与前期或预期账户余额存在重大差异的说明。

73. 询问应付账款入账的会计政策，以及被审阅单位在这些交易中是否有权享受折扣。

74. 询问应付账款余额是否与供应商寄来的对账单核对一致，并编制差异调节表。计算应付账款周转率并与以前年度相比较。

75. 考虑是否存在重要的尚未入账的负债。

76. 考虑应付股东、董事或其他关联方的款项是否已单独披露。

77. 复核带息应付票据的利息计提是否合理。

78. 计算应付账款和应付票据的周转率（即全年贷方发生额除以全年平均余额），与以前年度相比较，确定是否合理。如果周转突然变慢的，是否表明存在财务问题。

应计负债、预提费用、应付职工薪酬、预计负债、其他应付款

79. 获取应计负债明细表，并确定其总额是否与试算平衡表一致。

80. 将各应计负债科目明细表所示的本期贷方发生额与相关费用科目核对一致，并将各应计负债科目的余额、发生额与上年度相比较。

81. 询问管理层对本类各科目的计提是否有授权批准，并了解其支付条款，这些条款是否得到遵循，是否有担保，这些科目的归类是否恰当。

82. 询问确定应计负债的方法。

83. 对于应付职工薪酬，将本期计提、支付额与以前年度相比较，关注有无重大波动；

检查应付工资的计提额与按照工资总额的一定比例计提的其他费用的计提额之间是否存在合理的比例关系。

84. 询问或有负债、预计负债和承诺中各项目内容的性质。

85. 询问是否有尚未入账的负债或者未作披露的或有负债，如有，询问管理层是否应当计提入账，或在财务报告附注中作出披露。

86. 对于期末余额在　元以上的其他应付款明细项目，必要时审阅明细账记录，关注是否属于隐匿利润。

应交税费、递延税款

87. 询问是否存在对被审阅单位的应交税金可能产生重大影响的事项，包括与税务部门之间的争议等。

88. 计算各类税金的应交数与相应税基之间的比例，与被审阅单位的适用税费率相比较，确定其是否合理，是否遵循了税法的规定。

89. 询问管理层已入账的应交税费（包括属于流动负债的应交税费以及递延税款），确定计提是否充足（包括针对以前期间的应税收入、应税行为或者应税所得应当计提的应交税费）。

期后事项

90. 从管理层获取最近一期的中期财务报表并与所审阅财务报表相比较，也可与上年同期相比较。

91. 询问资产负债表日后是否发生可能对财务报告产生重大影响的事项，特别关注是否出现了以下情况：
（1）资产负债表日后是否发生重大的承诺事项和／或具有不确定性的事项；
（2）截至询问日，股本（实收资本）、长期负债或流动资金是否发生重大变动；
（3）资产负债表日至询问日之间是否有异常的调整。
考虑上述事项是否需要在财务报表中作出调整或披露。

92. 获取并审阅资产负债表日后召开的股东（大）会、董事会和相关委员会会议的纪要。

诉讼和或有事项

93. 询问管理层被审阅单位是否面临诉讼（包括极可能提起的、未决或进行中的诉讼），考虑对财务报表的影响。

所有者权益（或股东权益）

94. 获取所有者权益变动表，考虑所有者权益科目中发生的所有交易，包括新发行、增资扩股、减资、利润分配和股利支付等业务，是否已经过适当的会计处理。

95. 询问留存收益的分配或其他权益科目是否存在限制。

收入与费用

96. 将本期经营成果与前期或本期预测数相比较，并与管理层讨论重大差异的原因。

97. 讨论主要收入和费用项目的确认是否遵循了配比原则，并恰当截止。

98. 逐项考虑重大的非经常性损益项目。

99. 考虑收入、费用类科目中存在相关关系的各类项目之间的关系是否正常（例如"营业税金及附加"科目与营业收入中的营业税、消费税、资源税应税收入之间的关系；按照营业收入一定比例计提的质保金与营业收入之间的关系；城建税、教育费附加与应纳流转税金之间的关系等），并与管理层就此问题进行讨论。结合与前期可比数据的比较及掌握的其他信息，判断这些关系是否合理。

100. 将本期所得税费用与利润总额之比与前期相比较，以及与被审阅单位实际执行的所得税税率相比较，与管理层讨论重大差异的原因。结合实施其他审阅程序中的重大纳税调整事项，分析所得税费用计提和相关递延所得税资产/负债确认的合理性。

附录2101-3

管理层声明书范例

以下是审阅业务中要求被审阅单位管理层提供的声明书范例。注册会计师在具体操作中，应根据被审阅单位和财务报表的具体情况对该范例作出相应调整。

管理层声明书

××会计师事务所并××注册会计师：

本公司已委托贵事务所对本公司20×1年12月31日的资产负债表，20×1年度的利润表、股东权益变动表和现金流量表以及财务报表附注进行审阅，并出具审阅报告。

为配合贵事务所的审阅工作，本公司作出如下声明：

1. 本公司承诺，按照企业会计准则和《××会计制度》的规定编制财务报表是我们的责任。

2. 本公司已按照企业会计准则和《××会计制度》的规定编制20×1年度财务报表，财务报表的编制基础与上年度保持一致，本公司管理层对上述财务报表的真实性、合法性和完整性承担责任。

3. 设计、实施和维护内部控制制度，保证本公司资产安全和完整，防止或发现并纠正错报，是本公司管理层的责任。

4. 本公司承诺财务报表符合适用的会计准则和相关会计制度的规定，公允地反映本公司的财务状况、经营成果和现金流量情况，不存在重大错报。贵事务所在审阅过程中发现的未更正错报，无论是单独还是汇总起来，对财务报表整体均不具有重大影响。未更正错报汇总（见附件）附后。

5. 本公司确认知晓：

（1）财务报表审阅的目标是贵事务所及相关注册会计师在实施审阅程序的基础上，说明是否注意到某些事项，使贵事务所及相关注册会计师相信所审阅的财务报表没有按照适用的会计准则和相关会计制度的规定编制，未能在所有重大方面公允反映本公司的财务状况、经营成果和现金流量。

（2）由于财务报表审阅并非审计，贵事务所将不会根据中国注册会计师审计准则的规定实施审计，因而与审计相比保证程度较低，贵事务所将不发表审计意见，不能满足法律法规或第三方对审计的要求，同时也不能依赖财务报表审阅揭示错误、舞弊和违反法规行为。

6. 本公司已向贵事务所提供了：

（1）全部财务信息和其他数据；

（2）全部重要的决议、合同、章程、纳税申报表等相关资料；

（3）全部股东会和董事会的会议记录。

7. 本公司所有经济业务均已按规定入账，不存在账外资产或未计负债。

8. 本公司认为所有与公允价值计量相关的重大假设是合理的，恰当地反映了本公司的意图和采取特定措施的能力；用于确定公允价值的计量方法符合《企业会计准则》的规定，并在使用上保持了一贯性；本公司已在财务报表中对上述事项作出恰当披露。

9. 本公司不存在导致重述比较数据的任何事项。

10. 本公司已提供所有与关联方和关联方交易相关的资料，并已根据《企业会计准则》和《××会计制度》的规定识别和披露了所有重大关联方交易。

11. 本公司已提供全部或有事项的相关资料。除财务报表附注中披露的或有事项外，本公司不存在其他应披露而未披露的诉讼、赔偿、背书、承兑、担保等或有事项。

12. 除财务报表附注披露的承诺事项外，本公司不存在其他应披露而未披露的承诺事项。

13. 本公司不存在未披露的影响财务报表公允性的重大不确定事项。

14. 本公司已采取必要措施防止或发现舞弊及其他违反法规行为，不存在对财务报表产生重大影响的舞弊和其他违反法规行为。

15. 本公司严格遵守了合同规定的条款，不存在因未履行合同而对财务报表产生重大影响的事项。

16. 本公司对资产负债表上列示的所有资产均拥有合法权利，除已披露事项外，无其他被抵押、质押资产。

17. 本公司编制财务报表所依据的持续经营假设是合理的，没有计划终止经营或破产清算。

18. 本公司已提供全部资产负债表日后事项的相关资料，除财务报附注中披露的资产负债表日后事项外，本公司不存在其他应披露而未披露的重大资产负债表日后事项。

19. 本公司管理层确信：

（1）未收到监管机构有关调整或修改财务报表的通知，也不存在其他未更正的重大会计差错。对于已发现的会计差错，其更正均依据企业会计准则和《××会计制度》的规定进行，同时已作出充分披露；

（2）无税务纠纷。

20. 其他事项

［注册会计师认为重要而需声明的事项，或者管理层认为必要而声明的事项。如：

1. 本公司在银行存款或现金的运用方面未受到任何限制。

2. 本公司对存货均已按照《××会计制度》的规定予以确认和计量；受托代销商品或不属于本公司的存货均未包括在会计记录内；在途物资或由代理商保管的货物均已确认为本公司存货。

3. 本公司不存在未披露的大股东及关联方占用资金和担保事项。］

×× 有限责任公司（盖章）
法定代表人（签名并盖章）
财务负责人（签名并盖章）
二〇×二年×月×日

附件：未更正错报汇总（略）

附录 2101-4

审阅事项完成情况核对表参考范例

本参考范例列示了《中国注册会计师鉴证业务基本准则》和本准则对审阅业务各环节的基本要求和应执行的基本程序。会计师事务所可将其作为一项内部质量控制的工具使用，用于监控审阅业务的执行是否符合本准则的规定。

内容	是	否	不适用
业务约定书的签订			
1. 是否在正式开展业务前签订了审阅业务约定书？	□	□	□
2. 业务约定书是否已具备《中国注册会计师审阅准则第 2101 号——财务报表审阅》规定的必备内容？	□	□	□
审阅计划			
3. 在制定审阅计划前，是否了解被审阅单位的组织结构、会计信息系统、经营管理情况以及资产、负债、收入和费用的性质等基本情况？	□	□	□
4. 是否按要求确定了总体审阅策略并选取了适当的审阅程序？	□	□	□

（续表）

内容	是	否	不适用
5. 是否合理确定了审阅的重要性水平（确定方法与财务报表审计相同）？	□	□	□
审阅程序的执行			
6. 是否调查确定被审阅单位的会计政策，并了解该企业所在行业的特殊业务会计处理惯例？	□	□	□
7. 是否针对审阅范围内的报表，根据审阅程序表的要求执行了较为完备的分析程序，并将结果记录于工作底稿？	□	□	□
8. 是否针对审阅范围内的报表，根据审阅程序表的要求执行了较为完备的询问程序，并将结果记录于工作底稿？	□	□	□
9. 审阅程序表中所列的其他程序是否均已执行，并将结果记录于工作底稿？	□	□	□
10. 对审阅过程中发现的问题是否实施了追回审阅程序？	□	□	□
11. 是否查阅股东大会、董事会以及其他重要会计的会议纪要？	□	□	□
12. 如审阅对象是否合并财务报表或者汇兑财务报表，而部分子公司或者分支机构是由其他会计师事务所审计或审阅的，是否获取其他事务所出具的被审阅单位组成部分的审计报告或审阅报告，并考虑其他事务所的审计意见或者审阅结论的影响？	□	□	□
13. 是否就审阅中发现的问题与被审阅单位管理当局和相关人员沟通？	□	□	□
14. 是否获取了管理层的书面声明？	□	□	□
15. 是否询问了资产负债表日后发生的、可能需要在财务报表中调整或披露的期后事项？	□	□	□
16. 是否对重大的关联方交易、或有事项、承诺事项等重要事项进行了必要的询问？	□	□	□
审阅总结的编制			
17. 是否编制了审阅总结？	□	□	□
审阅报告的编制和复核			
18. 是否复核和评价根据审阅证据得出的结论，并在此基础上出具审阅报告？	□	□	□
19. 审阅报告的标题是否是"审阅报告"？	□	□	□
20. 审阅报告的收件人是否为审阅业务的委托人？审阅报告是否载明收件人的全称？	□	□	□
21. 审阅报告的引言段是否说明所审阅财务报表的名称，以及管理层和注册会计师的责任？	□	□	□
22. 审阅报告的范围段是否说明了以下各项内容：			
（1）审阅业务所依据的准则，即《中国注册会计师审阅准则第2101号——财务报表审阅》；	□	□	□
（2）审阅主要限于询问和实施分析程序，提供的保证程度低于审计；	□	□	□

（续表）

内容	是	否	不适用
（3）注册会计师没有实施审计，因而不发表审计意见。	□	□	□
23. 审阅报告的结论段是否说明：注册会计师是否注意到某些事项，使其相信财务报表没有按照适用的会计准则和相关会计制度的规定编制，未能在所有重大方面公允反映被审阅单位的财务状况、经营成果和现金流量？	□	□	□
24. 如需发表非无保留的审阅结论，是否符合《中国注册会计师审阅准则第2101号——财务报表审阅》关于各类审阅结论的适用条件、报告格式和应使用的术语的规定？	□	□	□
25. 审阅报告的日期是否为审阅工作结束日（审阅报告日期不应早于被审阅单位管理当局确认和签署财务报表的日期）？	□	□	□
26. 对于审阅工作底稿和审阅报告，是否已按照相关质量控制准则的要求和会计师事务所质量控制制度的规定，由相关人员进行了复核？复核中发现的问题是否均已妥善解决？	□	□	□

附录 2101-5

审阅报告参考格式

1. 无保留结论的审阅报告

审 阅 报 告

ABC 股份有限公司全体股东：

我们审阅了后附的 ABC 股份有限公司（以下简称 ABC 公司）财务报表，包括 20×1 年 12 月 31 日的资产负债表，20×1 年度的利润表、股东权益变动表和现金流量表以及财务报表附注。这些财务报表的编制是 ABC 公司管理层的责任，我们的责任是在实施审阅工作的基础上对这些财务报表出具审阅报告。

我们按照《中国注册会计师审阅准则第 2101 号——财务报表审阅》的规定执行了审阅业务。该准则要求我们计划和实施审阅工作，以对财务报表是否不存在重大错报获取有限保证。审阅主要限于询问公司有关人员和对财务数据实施分析程序，提供的保证程度低于审计。我们没有实施审计，因而不发表审计意见。

根据我们的审阅，我们没有注意到任何事项使我们相信财务报表没有按照企业会计准则和《××会计制度》的规定编制，未能在所有重大方面公允反映被审阅单位的财务状况、经营成果和现金流量。

××会计师事务所　　　　　　　　　　中国注册会计师：×××
　　（盖章）　　　　　　　　　　　　　　　（签名并盖章）

中国注册会计师：×××
(签名并盖章)

中国××市

二〇×二年×月×日

2. 保留结论的审阅报告

审 阅 报 告

ABC股份有限公司全体股东：

我们审阅了后附的ABC股份有限公司（以下简称ABC公司）财务报表，包括20×1年12月31日的资产负债表，20×1年度的利润表、股东权益变动表和现金流量表以及财务报表附注。这些财务报表的编制是ABC公司管理层的责任，我们的责任是在实施审阅工作的基础上对这些财务报表出具审阅报告。

我们按照《中国注册会计师审阅准则第2101号——财务报表审阅》的规定执行了审阅业务。该准则要求我们计划和实施审阅工作，以对财务报表是否不存在重大错报获取有限保证。审阅主要限于询问公司有关人员和对财务数据实施分析程序，提供的保证程度低于审计。我们没有实施审计，因而不发表审计意见。

公司管理层告知我们，存货以高于可变现净值的成本计价。由ABC公司管理层编制并经过我们审阅的计算表显示，如果根据企业会计准则规定的成本与可变现净值孰低法计价，存货的账面价值将减少××元，净利润和股东权益将减少××元。

根据我们的审阅，除了上述存货价值高估所造成的影响外，我们没有注意到任何事项使我们相信财务报表没有按照适用的会计准则和相关会计制度的规定编制，未能在所有重大方面公允反映被审阅单位的财务状况、经营成果和现金流量。

××会计师事务所
（盖章）

中国注册会计师：×××
（签名并盖章）

中国注册会计师：×××
（签名并盖章）

中国××市

二〇×二年×月×日

3. 否定结论的审阅报告

审 阅 报 告

ABC股份有限公司全体股东：

我们审阅了后附的ABC股份有限公司（以下简称ABC公司）财务报表，包括20×1年12月31日的资产负债表，20×1年度的利润表、股东权益变动表和现金流量表以及财务报表附注。这些财务报表的编制是 ABC 公司管理层的责任，我们的责任是在实施审阅工作的基础上对这些财务报表出具审阅报告。

我们按照《中国注册会计师审阅准则第 2101 号——财务报表审阅》的规定执行了审阅业务。该准则要求我们计划和实施审阅工作，以对财务报表是否不存在重大错报获取有限保证。审阅主要限于询问公司有关人员和对财务数据实施分析程序，提供的保证程度低于审计。我们没有实施审计，因而不发表审计意见。

如财务报表附注所述，ABC 公司在编制财务报表时对各合营企业的长期股权投资以成本法核算。根据企业会计准则的规定，ABC 公司应当对各合营企业的长期股权投资采用权益法核算。

根据我们的审阅，由于受到前段所述事项的重大影响，财务报表未能按照企业会计准则和《××会计制度》的规定编制。

　　　××会计师事务所　　　　　　　　　　中国注册会计师：×××
　　　　（盖章）　　　　　　　　　　　　　　（签名并盖章）
　　　　　　　　　　　　　　　　　　　　　中国注册会计师：×××
　　　　　　　　　　　　　　　　　　　　　　（签名并盖章）

　　　中国××市　　　　　　　　　　　　二○×二年×月×日

4.无法提供任何保证的审阅报告

审 阅 报 告

ABC 股份有限公司全体股东：

我们接受委托，对后附的 ABC 股份有限公司（以下简称 ABC 公司）财务报表（包括 20×1 年 12 月 31 日的资产负债表，20×1 年度的利润表、股东权益变动表和现金流量表以及财务报表附注）进行审阅。这些财务报表的编制是 ABC 公司管理层的责任。

为了审阅的需要，我们向 ABC 公司管理层及有关人员就若干重大事项进行了询问，但 ABC 公司管理层及有关人员拒绝对我们的询问作出回答。我们的审阅范围受到了严重限制，我们无法确定该事项对 ABC 公司财务报表整体合法性的影响程度。

由于受到前段所述事项的重大影响，我们无法对财务报表提供任何保证。

　　　××会计师事务所　　　　　　　　　　中国注册会计师：×××
　　　　（盖章）　　　　　　　　　　　　　　（签名并盖章）
　　　　　　　　　　　　　　　　　　　　　中国注册会计师：×××
　　　　　　　　　　　　　　　　　　　　　　（签名并盖章）

　　　中国××市　　　　　　　　　　　　二○×二年×月×日

附录 2101-6

国际审阅准则第 2410 号
——注册会计师对审计客户执行的中期财务信息审阅

引言

1. 本准则旨在为注册会计师对审计客户执行中期财务信息审阅业务时的职业责任以及审阅报告的格式和内容建立标准和提供指南。本准则中使用"注册会计师"一词,并非因其执行审计业务,而是因为本准则的范围仅限于注册会计师对审计客户所执行的中期财务信息审阅业务。

2. 本准则所称中期财务信息是指按照适用的财务报告框架的规定编制和列报的财务信息,并且由一套完整的或者简明的期间财务报表组成,该期间短于审计客户的会计年度。

3. 注册会计师应当遵照本准则执行中期财务信息审阅业务。通过执行年度财务报表审计,注册会计师了解被审计单位及其环境,包括其内部控制。在注册会计师执行中期财务信息审阅的过程中,通过询问等程序获得的信息会对上述了解进行更新,从而有助于注册会计师将精力集中在可实施的询问、分析程序及其他审阅程序。执行中期财务信息审阅的注册会计师如果未曾对该客户执行审计业务,则应按照《国际审阅准则第 2400 号——财务报表审阅》执行审阅业务。由于执行中期财务信息审阅的注册会计师与曾经执行审计业务的注册会计师对于同一客户及其环境(包括其内部控制)的了解通常有所不同,执行中期财务信息审阅的注册会计师需要执行不同的询问及其他审阅程序,以满足审阅目标。

中期财务信息审阅的一般原则

4. 注册会计师应当遵守与年度财务报表审计相关的职业道德要求。这些道德要求规范了注册会计师在下列领域的职业责任:独立、公正、客观、专业胜任能力和应有的关注、保密、职业行为和技术准则。

5. 注册会计师应当实施适用于单项业务的质量控制程序。与单项业务相关的质量控制要素包括对于审阅业务质量的领导责任、职业道德要求、客户关系和具体业务的承接和保持、项目组的职责分配、业务执行以及监控。

6. 注册会计师应当以职业怀疑态度计划和实施审阅工作,考虑可能存在导致中期财务信息进行重大调整以使其编制能够在所有重大方面遵循适用的财务报告框架规定的情形。职业怀疑态度是指注册会计师以质疑的思维方式评价所获取证据的可靠性,并对相互矛盾的证据,以及引起对文件记录或管理层所作声明的可靠性产生怀疑的证据保持警觉。

中期财务信息审阅的目标

7. 中期财务信息审阅的目标,是使注册会计师能够在实施审阅程序的基础上,针对是否注意到任何事项，使其相信中期财务信息在所有重大方面没有按照适用的财务报告框架的规定编制发表审阅结论。注册会计师实施询问、分析程序以及其他的审阅程序，以将中期财务信息存在重大错报而注册会计师发表不恰当审阅结论的风险降至可接受的水平。

8. 中期财务信息审阅的目标与根据国际审计准则执行审计的目标有显著的不同。

中期

财务信息审阅不能够为财务信息是否按照适用的财务报告框架的规定编制并在所有重大方面给出真实公允的表达或公允反映发表意见提供基础。

9. 与审计不同，审阅不能够对于中期财务信息不存在重大错报获取合理保证。审阅工作涉及实施主要针对财务会计负责人的询问、实施分析程序及其他审阅程序。审阅可以使注册会计师注意到影响中期财务信息的重大事项，但是不能够提供审计所要求的所有证据。

签订业务约定书

10. 注册会计师应当与被审阅单位就业务约定条款达成一致意见。

11. 达成一致的业务约定条款通常记录在业务约定书中。这种沟通有助于避免双方在业务性质、审阅的目标与范围、管理层的责任、注册会计师的责任范围、获取的保证程度以及报告的性质和形式等方面产生误解。这一沟通通常涵盖下列事项：

（1）中期财务信息审阅业务的目标；
（2）审阅范围；
（3）管理层对中期财务信息的责任；
（4）管理层建立和保持与中期财务信息编制相关的有效内部控制的责任；
（5）管理层为注册会计师提供全部财务记录和相关信息的责任；
（6）管理层同意提供给注册会计师书面声明以确认审阅过程中的口头声明以及被审阅单位记录中隐含的声明；
（7）预期提交的审阅报告样本，包括审阅报告收件人的身份；
（8）管理层承诺在所有含有已审阅中期财务信息的文件中都附有注册会计师的审阅报告。

本准则附录2101-6-1是业务约定书的参考格式。中期财务信息审阅业务约定书也可以包括在年度财务报表审计业务约定书中。

中期财务信息的审阅程序

了解被审阅单位及其环境，包括其内部控制：

12. 注册会计师应当充分了解被审阅单位及其环境，包括其内部控制，因为这与年度财务信息和中期财务信息的编制都有关，便于计划和执行审阅业务以能够：

（1）识别潜在的重大错报的类型并考虑其发生的可能性；
（2）选取询问、分析程序及其他审阅程序为注册会计师是否注意到中期财务信息没有在所有重大方面按照适用的财务报告框架的规定编制提供一个报告基础。

13. 如《国际审计准则第315号——了解被审计单位及其环境并评估重大错报风险》

所要求的那样，已对被审计单位财务报表执行过一年或多年审计工作的注册会计师已经了解被审计单位及其环境（包括内部控制）。在计划中期财务信息的审阅业务时，注册会计师需要更新上述了解。注册会计师还需要充分了解与中期财务信息的编制有关的内部控制，因为这些内部控制可能不同于那些与年度财务信息有关的内部控制。

14. 注册会计师通过了解被审阅单位及其环境（包括内部控制），确定进一步实施的询问、分析程序以及其他审阅程序，从而能够识别出这些程序可能指向的特定事项、交易或者认定。

15. 注册会计师为更新对被审阅单位及其环境（包括内部控制）的了解所实施的程序通常包括：

（1）阅读以前年度审计或者当年已完成的中期财务信息审阅以及以前年度相应的中期财务信息审阅的工作底稿，以识别可能影响当期中期财务信息的事项；

（2）考虑任何重大风险，包括在以前年度财务报表审计过程中识别出的管理层凌驾于控制之上的风险；

（3）阅读最近的年度财务信息和以前期间可比的中期财务信息；

（4）考虑与中期财务信息相关的适用的财务报告框架的重要性，以确定拟实施的审阅程序的性质和范围并评估错报的影响；

（5）考虑前期财务报表中的任何已更正重大错报和任何已识别未更正非重大错报的性质；

（6）考虑可能具有持续重要性的重大财务会计和报告事项，如内部控制的重大缺陷；

（7）考虑当年财务报表审计中执行的所有审计程序的结果；

（8）考虑所有内部审计的结果以及管理层随后采取的措施；

（9）询问管理层有关其对于中期财务信息可能存在舞弊导致的重大错报风险所作的评估结果；

（10）询问管理层公司经营活动变化带来的影响；

（11）询问管理层有关内部控制的重大变动以及这些变动对于中期财务信息编制带来的潜在影响；

（12）询问管理层中期财务信息编制的过程及中期财务信息所依据的会计记录的可靠性。

16. 注册会计师确定被审阅单位组成部分的中期财务信息审阅程序的性质，并将有关事项与参与审阅的其他注册会计师进行沟通。沟通的事项包括被审阅单位组成部分的中期财务信息的重要性和错报风险，以及注册会计师对有关这些中期财务信息的内部控制集中度或分散度的了解。

17. 为了计划和执行中期财务信息审阅，最近接受委托的注册会计师如果尚未按照国际审计准则的要求执行年度财务报表审计业务，应当了解与年度财务信息和中期财务信息的编制均有关的被审阅单位及其环境（包括其内部控制）。

18. 对被审阅单位及其环境（包括其内部控制）进行了解，有助于注册会计师在按照本准则执行中期财务信息审阅业务时专注实施询问、分析程序及其他审阅程序。作为获取了解的一部分，注册会计师通常可以询问前任注册会计师、查阅前任注册会计师对以前年度财务报表审计的工作底稿，以及前任注册会计师对当年前期的中期财务信息审阅的工作底稿。在此过程中，注册会计师应当考虑所有已更正错报和前任注册会计师已汇总的未更正错报的性质、任何重大风险（包括管理层凌驾于控制之上的风险），以及具有持续重要性的重大会计和报告事项，如内部控制的重大缺陷。

询问、分析程序和其他审阅程序

19. 注册会计师应当主要向负责财务会计工作的人员实施询问，并实施分析程序及其他审阅程序，使注册会计师能够在所实施程序的基础上说明是否注意到任何事项，使其相信中期财务信息没有在所有重大方面按照适用的财务报告框架的规定编制。

20. 审阅通常不要求通过检查、观察或函证来测试会计记录。中期财务信息审阅程序通常局限于主要向负责财务会计工作的人员实施询问，并实施分析程序和其他审阅程序，而并非确证有关中期财务信息的重大会计事项的信息。注册会计师了解被审阅单位及其环境（包括其内部控制）、与前期审计相关的风险评估结果以及对与中期财务信息有关的重要性的考虑，将会影响拟实施的询问、分析程序和其他审阅程序的性质和范围。

21. 注册会计师通常执行下列审阅程序：

（1）阅读股东会、治理层会议以及其他有关委员会会议的会议纪要，以识别可能影响中期财务信息的事项，并询问会议纪要中不包括的可能影响中期财务信息的事项。

（2）考虑在前期审计或者审阅工作中需要修改审计报告、审阅报告的事项以及会计调整事项或者未调整错报的影响。

（3）在适当的时候，与执行被审阅单位组成部分中期财务信息审阅业务的其他注册会计师进行沟通。

（4）针对下列事项询问负责财务会计工作的管理层成员以及其他人员：

- 中期财务信息是否按照适用的财务报告框架的规定编制和列报。
- 会计原则及其应用方法是否有变化。
- 新的交易是否需要应用新的会计原则。
- 中期财务信息是否包含已知的未更正错报。
- 可能影响中期财务信息的异常或者复杂的情况，如业务合并或者出售某个业务部门。
- 与公允价值计量或披露有关的重大假设以及管理层代表被审阅单位执行特定行动的意图和能力。
- 关联方交易是否在中期财务信息中适当地披露。
- 承诺和合同责任的重大变化。
- 包括诉讼或索赔在内的或有负债的重大变化。
- 债务契约的遵守情况。
- 与执行审阅程序过程中出现的问题有关的事项。
- 在本中期的最后几天或下一个中期的头几天内发生的重大交易。
- 对涉及被审阅单位以下人员的舞弊或疑似舞弊的了解：
  ——管理层；
  ——在内部控制中发挥重要作用的雇员；
  ——可能对中期财务信息产生重大影响的舞弊涉及的其他人员。
- 与员工、前任员工、分析师、监管者或者其他相关人员进行沟通，获得的影响中期财务信息的舞弊或者疑似舞弊的情况。

• 对中期财务信息可能有重大影响的违反法规或可能违反法规的情况。

（5）对中期财务信息实施分析程序以识别异常的及可能反映中期财务信息重大错报的关系和个别项目。分析程序可能包括比率分析和统计技术分析（如趋势分析或回归分析），并可能通过手工或者计算机辅助技术进行运算。本准则附录2601-6-2是注册会计师在执行中期财务信息审阅时所实施分析程序的举例。

（6）阅读中期财务信息，并考虑是否注意到任何事项，使其相信中期财务信息没有在所有重大方面按照适用的财务报告框架的规定编制。

22. 注册会计师可以在被审阅单位编制中期财务信息之前或与之同步执行很多审阅程序。例如，可以在中期期末前更新其对于被审阅单位及其环境（包括内部控制）的了解，并开始阅读有关会议纪要。注册会计师在该中期期间之前执行某些审阅程序也可以尽早识别和考虑影响中期财务信息的重大会计事项。

23. 执行中期财务信息审阅业务的注册会计师也可以接受委托执行被审阅单位的年度财务报表审计。为了更便利和有效，注册会计师可以在执行中期财务信息审阅的同时执行某些审计程序。例如，在中期财务信息审阅过程中，从阅读董事会会议纪要中获取的信息也可以用于年度财务报表审计。注册会计师还可以在执行中期财务信息审阅时实施年度财务报表审计所需的审计程序。例如，对于当期发生的重大或异常交易如企业合并、重组或者重大的收入交易事项等实施审计程序。

24. 中期财务信息审阅通常不要求对诉讼或索赔事项的询问进行确认。因此，不需要注册会计师向被审阅单位的律师寄送询证函。当注册会计师注意到某些事项，使其相信中期财务信息没有在所有重大方面按照适用的财务报告框架的规定编制，并且认为被审阅单位的律师可能掌握有关信息时，可以就诉讼或索赔事项与被审阅单位的律师进行直接沟通。

25. 注册会计师应当获取中期财务信息与有关会计记录一致的证据。注册会计师可以通过追踪中期财务信息至以下记录，获取中期财务信息与有关会计记录一致的证据：

（1）会计记录，如总账或与会计记录一致的整合表；

（2）被审阅单位记录中其他必要的支持性数据。

26. 注册会计师应当询问管理层是否已经识别出截至审阅报告日所有需要在中期财务信息中调整或披露的事项。注册会计师无需执行其他程序以识别审阅报告日后发生的事项。

27. 注册会计师应当询问管理层是否改变了其对被审阅单位持续经营能力的评估。当注册会计师对被审阅单位持续经营能力产生怀疑时，应当：

（1）询问管理层基于其对被审阅单位持续经营能力评估结果而将采取的措施，这些措施的可行性以及管理层是否确信这些措施的结果能够改善目前的状况。

（2）考虑中期财务信息中对上述事项的披露的充分性。

28. 导致注册会计师怀疑被审阅单位持续经营能力的事项或情况可能存在于年度财务报表日或者在询问管理层或实施其他审阅程序的过程中被识别出来。当注册会计师注意到这些事项或情况时，需要询问管理层计划采取的措施，如计划清算资产、借款或者债务重组、减少或延缓开支或者增资。注册会计师还需要询问管理层这些计划采取的措施的可行性以及管理层是否相信这些措施的结果能够改善目前的状况，但是通常并不需要对此进行确证。

29. 当注册会计师注意到某一事项，使其怀疑中期财务信息是否需要进行重大调整，以使其在所有重大方面按照适用的财务报告框架的规定编制时，注册会计师应当实施追加的询问程序或其他程序，从而使注册会计师能够在审阅报告中发表结论。例如，如果注册会计师实施的审阅程序使其怀疑一笔重大的销售交易是否按照适用的财务报告框架的规定进行记录，就需要实施追加的审阅程序以消除疑虑，如与高级销售人员或者高级财务人员讨论这笔交易的条款，或者阅读销售合同。

评估错报

30. 注册会计师应当单独并汇总评估其已经注意到的未更正错报对中期财务信息是否重要。

31. 与审计业务不同，中期财务信息审阅不需要对中期财务信息不存在重大错报提供合理保证。但是，注册会计师应当单独并汇总评估注意到的错报（包括披露不充分），以决定是否需要对中期财务信息进行重大调整，使其在所有重大方面按照适用的财务报告框架的规定编制。

32. 注册会计师在评估被审阅单位未更正的错报的重要性时，需要运用职业判断。注册会计师考虑的事项包括错报的性质、原因和金额，错报是否发生于以前年度或者当年的以前中期，以及错报对于未来中期或者年度的潜在影响。

33. 注册会计师可以确定一个错报不需要合计的金额下限，因为其期望合计后的错报金额对中期财务信息不会产生重大影响。在此情况下，注册会计师考虑重要性的决定因素包括数量和质量的某些相对较小金额的错报对于中期财务信息也可能产生重大影响两方面。

管理层声明

34. 注册会计师应当从管理层获取以下书面声明：
（1）管理层承认其对设计和实施内部控制以防止和发现舞弊和错误的责任；
（2）中期财务信息是按照适用的财务报告框架的规定编制和列报的；
（3）管理层承认注册会计师在审阅过程中合计的未更正错报，无论是单独还是汇总起来，对于中期财务信息的影响都是不重要的。对这些事项的总结应当列入管理层声明书中或者附在管理层声明书后；
（4）管理层已向注册会计师披露已知的与可能影响被审阅单位的舞弊或疑似舞弊有关的所有重大事项；
（5）管理层已向注册会计师披露其对于中期财务信息可能由舞弊导致的重大错报风险的评估结果；
（6）管理层已向注册会计师披露所有已知的违反或可能违反法规的事项；
（7）管理层已向注册会计师披露所有资产负债表日之后至审阅报告日前发生的所有需要在中期财务信息中调整或披露的重大事项。

35. 注册会计师还可以获取有关被审阅单位业务或行业特殊事项的其他适当的声明。

本准则附录 2101-6-3 提供了管理层声明书的范例。

注册会计师对于其他信息的责任

36. 注册会计师应当阅读中期财务信息所附的其他信息，以发现这些信息是否与中期财务信息存在重大不一致。如果注册会计师发现了重大不一致，要考虑中期财务信息或其他信息是否需要修改。如果需要对中期财务信息进行修改而管理层拒绝修改，注册会计师要考虑对审阅报告的影响。如果需要对其他信息进行修改而管理层拒绝修改，注册会计师要考虑在审阅报告中增加一段来描述这一重大不一致，或者采取其他措施，如拒绝出具审阅报告或者解除业务约定。例如，管理层可能提出盈余计量的其他方法，该方法会夸大中期财务信息中的财务业绩，并且管理层过分突出这种计量方法，没有给其明确的定义，或者与中期财务信息明显不一致，以至于让人不解或者造成潜在的误导。

37. 注册会计师如果发现其他信息中存在重大错报，应当与被审阅单位的管理层进行讨论。在为了发现重大不一致而阅读其他信息时，注册会计师可能发现明显的重大错报（例如，与中期财务信息无关的事项的信息没有正确地陈述或列报）。注册会计师与被审阅单位的管理层讨论这些事项时，考虑其他信息的有效性以及管理层对于注册会计师的询问所作出的反应，是否存在判断或观点上的正常差异，以及是否需要管理层征询第三方意见来解决这些对事实的明显错报。如果需要对事实的重大错报进行修改而管理层拒绝修改，注册会计师考虑采取进一步的适当措施，如通知治理层和征求法律意见。

沟通

38. 注册会计师在中期财务信息审阅的过程中，如果注意到某些事项，使其相信中期财务信息未能在所有重大方面按照适用的财务报告框架的规定编制，应当尽快与适当层次的管理层进行沟通。

39. 如果认为管理层没有在合理的期间内作出适当的反应，注册会计师应当通知治理层。这种沟通以口头或者书面的形式尽快进行。注册会计师根据需沟通事项的性质、敏感度及重要性、沟通的时间等因素来决定采用口头沟通还是书面沟通。如果采用口头沟通，注册会计师需要进行记录。

40. 如果认为治理层没有在合理的期间内作出适当的反应，注册会计师应当考虑以下事项：
（1）是否修改中期财务信息审阅报告；
（2）解除中期财务信息审阅业务约定的可能性；
（3）解除年度财务报表审计业务约定的可能性。

41. 注册会计师如果在中期财务信息审阅的过程中发现被审阅单位存在舞弊或者违反法规的情况，应当尽快与适当层级的管理层进行沟通。注册会计师应当根据管理层串通舞弊的可能性决定拟与之沟通的管理层的层级。注册会计师还要考虑向治理层报告的必要性并考虑在审阅报告中说明。

42. 注册会计师应当将产生于中期财务信息审阅中的有关治理层治理的事项与治理层进行沟通。注册会计师如果在中期财务信息审阅过程中注意到那些对于治理层监督财务报告和披露过程而言重要且相关的事项，应当与治理层进行沟通。

对中期财务信息审阅的性质、范围和结果的报告

43. 注册会计师出具的书面审阅报告应当包括以下内容：

（1）标题；

（2）收件人，按照业务约定书中的要求；

（3）指明所审阅中期财务信息的名称，包括指明完整财务报表或者简明财务报表所包括的每个报表的标题和中期财务信息所属的期间和日期；

（4）如果中期财务信息包括一套完整的按照以公允列报为目的的财务报告框架的规定编制的通用目的财务报表，审阅报告中应当声明按照适用的财务报告框架的规定编制和公允列报中期财务信息是管理层的责任；

（5）在其他情况下，仅需要声明按照适用的财务报告框架的规定编制和列报中期财务信息是管理层的责任；

（6）声明注册会计师是基于对中期财务信息的审阅发表审阅结论的；

（7）声明中期财务信息的审阅是按照《国际审阅准则第2410号——注册会计师对审计客户执行的中期财务信息审阅》来执行的，以及声明上述审阅工作涉及实施了主要针对财务会计负责人的询问、实施了分析程序和其他审阅程序；

（8）声明由于审阅业务的范围远小于根据国际审计准则执行的审计业务的范围，注册会计师执行审阅业务时不能保证其已经注意到了所有可能在审计过程中识别的重大事项，因此不能发表审计意见；

（9）如果中期财务信息中包括一套完整的按照以公允列报为目的的财务报告框架的规定编制的通用目的财务报表，审阅的结论应当声明注册会计师是否已经注意到任何事项，使其相信中期财务信息没有按照适用的财务报告框架（若适用的财务报告框架不是国际财务报告准则，则需对其来源予以说明）的规定编制，未真实而公允地反映（或未在所有重大方面公允地反映）；

（10）在其他情况下，审阅的结论仅需要声明注册会计师是否已经注意到任何事项，使其相信中期财务信息在所有重大方面没有按照适用的财务报告框架（若适用的财务报告框架不是国际财务报告准则则需对其来源予以说明）的规定编制；

（11）报告的日期；

（12）业务执行地区或者国家的地址；

（13）注册会计师的签名。本准则附录2101-6-4提供了无保留结论的中期财务信息审阅报告的参考格式。

44. 某些国家或地区有关中期财务信息审阅的法规中对于注册会计师审阅结论的用词可能与本准则第43段的（9）（10）有所不同，但注册会计师发表审阅结论的责任都是相同的。

背离适用的财务报告框架

45. 如果注册会计师注意到任何事项，使其相信中期财务信息未在所有重大方面按照适用的财务报告框架的规定编制从而需要进行重大调整，应当发表保留或者否定的结论。

46. 如果注册会计师注意到任何事项，使其相信中期财务信息由于背离了使用的财务

报告框架而受到或者可能受到重大影响，而管理层拒绝更正中期财务信息，应当出具非标准的审阅报告。非标准的审阅报告中说明这种背离的性质及其对于中期财务信息的影响。如果中期财务信息中没有对注册会计师认为必要的信息进行充分披露，注册会计师应当出具非标准的审阅报告，并在报告中说明这些需要充分披露的信息。注册会计师通常在非标准审阅报告中增加说明段，并提出保留结论。本准则附录 2101-6-5 是这类保留结论审阅报告的参考格式。

47. 如果上述背离对于中期财务信息的影响非常重大和广泛，以至于认为提出保留结论不足以揭示中期财务信息的误导性和不完整性，注册会计师应当对中期财务信息提出否定结论。本准则附录 2101-6-7 提供了否定结论审阅报告的参考格式。

范围限制

48. 注册会计师由于范围受限而不能完成审阅工作。

49. 在由于范围受限而不能完成审阅时，注册会计师应当以书面的形式与被审阅单位适当层级的管理层和治理层进行沟通，查明审阅工作不能完成的原因，并考虑是否能够出具审阅报告。

50. 如果审阅范围受到被审阅单位管理层的限制而不能完成时，注册会计师不应接受中期财务信息审阅的业务委托。

51. 如果在接受业务委托之后，管理层对于注册会计师审阅工作的范围进行限制，注册会计师要求解除这种限制。如果管理层拒绝解除限制，注册会计师就不能完成审阅工作并发表审阅结论。在这种情况下，注册会计师应与适当层级的管理层和治理层进行书面沟通，查明审阅工作不能完成的原因。然而，如果注意到任何事项，使其相信中期财务信息未在所有重大方面按照适用的财务报告框架的规定编制而需要进行重大调整，注册会计师按照本准则第 38~40 段的要求进行沟通。

52. 注册会计师还要考虑其在法律法规方面的责任，包括法律法规中是否要求注册会计师出具审阅报告。如果存在这种要求，注册会计师可以拒绝发表审阅结论，并在审阅报告中说明审阅工作不能完成的原因。然而，如果注意到任何事项，使其相信中期财务信息未在所有重大方面按照适用的财务报告框架的规定编制从而需要进行重大调整，注册会计师应在审阅报告中进行说明。

范围受限的其他情况

53. 除了管理层的限制之外，审阅范围受限还可能有其他原因，使注册会计师不能完成审阅工作和发表审阅结论，这时需要按照本准则第 51~52 段的规定去做。还可能出现一些由于少数特殊事项而使注册会计师的审阅工作受限的情况，这些特殊情况虽然重要，但是注册会计师认为对于中期财务信息的影响并不广泛，因此注册会计师发表非标准的审阅报告，在报告中说明除了说明段中提到的事项之外，审阅工作是按照国际审阅准则来执行的，并提出保留结论。本准则附录 2101-6-6 提供了这类保留结论审阅报告的参考格式。

54. 注册会计师可能由于审计范围受限而对最近一期的年度财务报表审计发表了保留意见。注册会计师考虑这种范围受限的情况是否仍然存在，若存在则在审阅报告中予以说明。

持续经营和重大不确定性

55. 在某些情况下，注册会计师可以在审阅报告中增加强调事项段，该段内容是为了强调中期财务信息附注中被广泛讨论的事项，而不影响注册会计师的审阅结论。强调事项段通常位于无保留结论段之后。

56. 如果中期财务信息充分披露了可能导致对被审阅单位持续经营能力产生重大疑虑的事项或情况，注册会计师应当在审阅报告中增加强调事项段对此予以强调。

57. 如果存在可能导致对被审阅单位持续经营能力产生重大疑虑的事项或情况，注册会计师在前期的审阅或审计报告中增加强调事项段对此予以强调。如果这种重大不确定性仍然存在，并已在中期财务信息中充分披露，注册会计师在当前的中期财务信息审阅报告中增加强调事项段，强调这种持续的重大不确定性。

58. 如果注册会计师通过询问或其他审阅程序，发现存在可能导致对被审阅单位持续经营能力产生重大疑虑的事项或情况，且在中期财务信息中已经充分披露，注册会计师也在审阅报告中增加强调事项段对此予以强调。

59. 如果中期财务信息没有充分披露可能导致对被审阅单位持续经营能力产生重大疑虑的事项或情况，注册会计师应当发表保留或者否定意见。审阅报告中应当特别提到存在这些重大不确定事项。

60. 如果存在可能对中期财务信息产生重大影响的不确定事项（持续经营问题除外），注册会计师应当考虑在审阅报告中增加强调事项段对此予以强调。

其他考虑

61. 在中期财务信息审阅的业务约定书中，管理层保证在任何含有已审阅的中期财务信息的文件中都附有中期财务信息的审阅报告。若管理层未将审阅报告放入这些文件中，注册会计师考虑征询法律意见以决定在此情况下可以采取的措施。

62. 如果注册会计师已经对中期财务信息出具了非标准审阅报告，而管理层公布中期财务信息时没有包含这份审阅报告，注册会计师考虑征询法律意见以决定在此情况下可以采取的措施以及解除年度财务报表审计业务约定的可能性。

63. 中期财务信息包括简明财务报表（不需要包括一套完整的财务报表中所包含的所有信息），但更有可能披露一个有关对于了解被审阅单位自年度财务报告日始的财务状况和经营成果的变化十分重要的事项或变化的解释性说明。这是因为上市公司中期财务信息的使用者可以接触到最近一期的已审计财务报表。另外，注册会计师与管理层讨论中期财务信息中是否需要声明其需要和最近一期的已审计财务报表一同阅读。如果没有这一声明，注册会计师考虑如果不提及最近一期的已审计财务报表，中期财务信息是否会对信息使用者造成误导，并是否需要在审阅报告中说明这一情况。

记录

64. 注册会计师应当对审阅工作进行充分适当的记录，从而为其审阅结论提供基础并证明其审阅工作是依照国际审阅准则和适用的法律法规的要求进行的。注册会计师的记录可以帮助其他有经验但以前未参与这项业务的注册会计师了解其所作的询问、分析程序以及其他审阅程序的性质、时间和范围,了解已知的信息以及其他在审阅过程中考虑过的重大事项及其处理结果。

生效日期

65. 本准则对 2006 年 12 月 15 日或其以后期间的中期财务信息审阅业务有效,也可在此之前采用。

附录 2101-6-1

中期财务信息审阅业务约定书参考格式

以下是本准则第 10 段所提到的中期财务信息审阅业务约定书的参考格式,注册会计师应当根据业务的具体要求和具体情况作出修改。

董事会(或高级管理层的适当代表):

我们提供本约定书以接受委托,对贵公司编制的 20×1 年 6 月 30 日的中期资产负债表、相应 6 个月的利润表、股东权益变动表和现金流量表进行审阅。

我们按照《国际审阅准则第 2410 号——注册会计师对审计客户执行的中期财务信息审阅》的规定进行审阅。我们会在实施审阅程序的基础上,报告是否注意到任何事项,使我们相信中期财务信息没有在所有重大方面按照(指出适用的财务报告框架,若适用的财务报告框架不是国际财务报告准则,则需对其来源予以说明)的规定编制。审阅工作涉及实施主要针对财务会计负责人的询问、实施分析程序及其他审阅程序,但通常不要求确证所获取的信息。中期财务信息审阅的范围远小于根据国际审计准则执行的审计业务的范围,中期财务信息审阅的目标也不同于审计的目标,因此我们不发表审计意见。

我们期望对于中期财务信息出具以下报告:

[包括报告范例的内容]

编制中期财务信息并作出充分披露是被审阅单位管理层的责任,这种责任包括:(1)设计、实施和维护与财务报表编制相关的内部控制,以使中期财务信息不存在由于舞弊或错误而导致的重大错报;(2)选择和运用恰当的会计政策;(3)作出合理的会计估计。在审阅过程中,我们需要获取管理层对其作出的与审阅有关的声明的书面确认。我们还要求在任何含有已审阅中期财务信息的文件中都应附有我们的审阅报告。

中期财务信息审阅不能保证能够注意到审计中可能识别的所有重大事项,并且不能依赖我们所执行的业务得以揭示出所有舞弊、错误或者违法行为。但是我们将会告知您所有我们注意到的重大事项。

我们希望与您通力合作,并且相信贵公司能够确保我们不受限制地接触审阅业务所要求的记录、文件和其他信息。

［插入业务收费约定等附加信息］

本约定书除发生终止、修改或者被取代（若适用）之外的持续生效。

如果您同意本中期财务信息审阅业务约定书，请签名并交回本约定书的复印件。

ABC 公司
姓名和职务
日期

附录 2101-6-2

注册会计师执行中期财务信息审阅时可能考虑的分析程序

注册会计师可以在中期财务信息审阅业务中执行下列分析程序：

1. 将本中期财务信息与最近中期的财务信息、以前年度相应期间的中期财务信息、管理层当期预测的中期财务信息以及最近已审计的年度财务报表中的信息进行比较。

2. 将本中期财务信息与以前预算或预测的结果进行比较（例如，将本中期财务信息中的有关信息，如本中期财务信息中的税项结余以及备付所得税与税前收益的关系，与用期望比率计算的预算或者以前期间的财务信息进行比较）。

3. 将本中期财务信息与相关的非财务信息进行比较。

4. 将记录的金额或比率与注册会计师的期望值进行比较。注册会计师通过了解被审阅单位及其行业特征而识别并应用这些合理预期的期望值。

5. 将本中期财务信息中的比率和指标与同一行业的其他公司进行比较。

6. 将本中期财务信息中各因素之间的关系与以前期间中期财务信息中的相应关系进行比较，例如，各种费用占销售收入的比率、各种资产占总资产的比率以及销售收入对应收账款的敏感系数。

7. 比较分类数据。下面是对数据作出分类的举例：

（1）根据期间划分，如收入或费用的季度、月度或周数据；

（2）根据生产线或者收入的来源划分；

（3）根据分部的所在地划分；

（4）根据交易的特征划分，例如设计师、建筑师或图纸设计师带来的收入；

（5）根据交易的多类特征划分，例如按照产品或者月度来划分销售收入。

附录 2101-6-3

管理层声明书范例

以下是审阅业务中要求被审阅单位管理层提供的声明书范例。管理层声明书应根据被审阅单位和每个期间的具体情况作出相应调整。

（被审阅单位信笺抬头）

××会计师事务所：　　　　　　　　　　　　日期

中期财务信息中包含简明财务报表时采用以下语句：

本公司已委托贵事务所对本公司20×1年3月31日的简明资产负债表，相应3个月的简明利润表、股东权益变动表和现金流量表进行审阅，以使贵事务所对于是否注意到任何事项，使你们相信中期财务信息没有在所有重大方面按照（指出适用的财务报告框架，若适用的财务报告框架不是国际财务报告准则，则需要对期来源予以说明）的规定编制，发表审阅结论。

本公司承诺，按照（指出适用的财务报告框架）的规定编制中期财务信息是我们的责任。

中期财务信息中包含一套完整的按照公允列报的财务报告框架的规定编制的通用目的财务报表时采用以下语句：

本公司已委托贵事务所对本公司20×1年3月31日的资产负债表，相应3个月的简明利润表、股东权益变动表和现金流量表进行审阅，以使贵事务所对于是否注意到任何事项，使你们相信中期财务信息没有在所有重大方面按照（指出适用的财务报告框架，若适用的财务报告框架不是国际财务报告准则，则需要对期来源予以说明）的规定编制，未能真实而公允地反映（或在所有重大方面公允地反映）本公司20×1年3月31日的财务状况、经营成果和现金流量，发表审阅结论。

本公司承诺，按照（指出适用的财务报告框架）的规定编制中期财务信息是我们的责任。

本公司提供以下声明：

（1）上述中期财务信息是按照（指出适用的财务报告框架）的规定编制的。

（2）本公司已向贵事务所提供了所有会计账簿和相关的支持性文件，以及所有股东会议和董事会的会议纪要（列举会议的名称和日期）。

（3）中期财务信息的相关会计记录中没有遗漏或不当地记录任何重大交易。

（4）没有由于已知或可能与法律法规不一致而对中期财务信息产生重大影响的事项。

（5）本公司确认设计和实施内部控制制度，防止或发现舞弊和错报，是本公司管理层的责任。

（6）本公司已向贵事务所披露了所有已知的与舞弊或疑似舞弊有关的重大事项。

（7）本公司已向贵事务所披露了管理层对于中期对财务信息可能由舞弊导致的重大错报所作的风险评估的结果。

（8）本公司确信，本声明所附的未更正错报汇总，无论是个别还是整体而言，对中期财务信息的影响都是不重要的。

（9）本公司不存在未披露的关联方。

（10）下列事项已被适当记录，并在中期财务信息中予以充分适当地披露。

①关联方交易，包括关联方之间的销售、购买、贷款、转让、租赁和担保以及应收应付的往来账项；

②书面或者口头方式的能够使本公司承担或有债务的担保；

③资产售后回购的协议或选择权。

（11）对于资产和负债的公允价值计量是按原（指出适用的财务报告框架）进行列报和披露的。这一假设反映了本公司执行公允价值计量和披露的决心和能力。

（12）本公司没有可能对中期财务信息中反映的资产和负债的分类和价值产生重大影响的计划或意图。

（13）本公司没有取消生产线或者其他可能导致存货多余或者报废的计划或意图，本公司也没有以超过合理价值列报的存货。

（14）本公司对其所有资产都有所有权，不存在被留置资产或抵押的资产。

（15）本公司已经适当地记录或披露了所有存在及或有负债。

（16）［首次执行新会计准则以及执行与中期财务信息有关的新的国际审计准则时的附加声明。］

本公司确信，资产负债表日后至本声明日前发生的事项中没有需要在前述的中期财务信息中披露或调整的事项。

高级执行官

（签名）

高级财务官

（签名）

附录2101-6-4

中期财务信息审阅报告参考格式

1. 一套完整的按照以公允列报为目的的财务报告框架编制的通用目的财务报表［见本准则第43段（9）］

中期财务信息审阅报告

［适当的收件人］

引言

我们审阅了后附的ABC公司的财务报表，包括20×1年3月31日的资产负表，相应3个月的利润表、股东权监变动表和现金流量表以及财务报表附注。按照（指出适用的财务报告框架）的规定编制和公允列报这些中期财务信息是ABC公司管理层的责任，我们的责任是在实施审阅工作的基础上对这些中期财务信息发表审阅结论。

审阅范围

我们按照《国际审阅准则第2410号——注册会计师对审计客户执行的中期财务信审阅》的规定执行了审阅业务。审阅工作涉及实施主要针对财务会计负责人的询问、实施分析程序及其他审阅程序。由于审阅的范围远小于根据国际审计准则执行的审计业务的范围,我们执行审阅业务时不可能保证已经注意到了所有可能在审计过程中识别的重大事项,因此不发表审计意见。

结论

根据我们的审阅,我们没有注意到任何事项使我们相信该中期财务信息没有按照(指出适用的财务报告框架,若适用的财务报告框架不是国际财务报告准则,则需对其来源予以说明)的规定编制,未能真实而公允地反映(或在所有重大方面公允地反映)被审阅单位20×1年3月31日的财务状况及相应3个月的经营成果和现金流量。

××会计师事务所
日期
地址

2. 其他中期财务信息[见本准则第43段(10)]

中期财务信息审阅报告

[适当的收件人]

引言

我们审阅了后附的ABC公司的简明财务报表,包20×1年3月31日的[简明]资产负债表,相应3个月的[简明]利润表、股东权益变动表和现金流量表以及财务报表附注。按照(指出适用的财务报告框架)的规定编制和公允列报这些中期财务信息是ABC公司管理层的责任,我们的责任是在实施审阅工作的基础上对这些中期财务信息发表审阅结论。

审阅范围

我们按照《国际审阅准则第2410号——注会计师对审计客户执行的中期财务信息审阅》的规定执行了审阅业务。审阅工作涉及实施主要针对财务会计负责人的询问、实施分析程序及其他审阅程序。由于审阅的范围远小于根据国际审计准则执行的审计业务的范围,我们执行审阅业务时不可能保证已经注意到了所有可能在审计过程中识别的重大事项,因此不发表审计意见。

结论

根据我们的审阅,我们没有注意到任何事项使我们相信该中期财务信息在所有重大方面没有按照（指出适用的财务报告框架，若适用的财务报告框架不是国际财务报告准则，则需对其来源予以说明）的规定编制。

××会计师事务所
日期
地址

附录2101-6-5

因背离适用的财务报告框架而发表保留结论的审阅报告范例

1. 一套完整的按照以公允列报为目的的财务报告框架编制的通用目的财务报表［准则第43段（9）］

中期财务信息审阅报告

［适当的收件人］

引言

我们审阅了后附的ABC公司的财务报表，包括20×1年3月31日的资产负债表，相应3个月的利润表、股东权益变动表和现金流量表以及财务报表附注。按（指出适用的财务报告框架）的规定编制和公允列报这些中期财务信息是ABC公司管理层的责任，我们的责任是在实施审阅工作的基础上对这些中期财务信息发表审阅结论。

审阅范围

我们按照《国际阅准则第2410号——注册会计师对审计客户执行的中期财务信息审阅》的规定执行了审阅业务。审阅工作涉及实施主要针对财务会计负责人的询问、实施分析程序及其他审阅程序。由于审阅的范围远小于根据国际审计准则执行的审计业务的范围，我们执行审阅业务时不可能保证已经注意到了所有可能在审计过程中识别的重大事项，因此不发表审计意见。

发表保留结论的原因

ABC公司的管理层告知我们，ABC公司不存在按照（指出适用的财务报告框架）的规定需要进行资本化的权益和融资租赁负债。如果这些融资租赁负债在20×1年3月31日被资本化，权益将增加＿＿美元，长期负债将增加＿＿美元，并且相应3个月的每股净收入和每股净利润（基本和摊薄）将分别增加（或者减少）＿＿＿＿美元，＿＿＿＿美元，＿＿＿美元，＿＿＿美元。

保留结论

根据我们的审阅，除了前段事项外，我们没有注意到任何事项使我们相信该中期财务信息没有按照（指出适用的财务报告框架，若适用的财务报告框架不是国际财务报告准则，则需对其来源予以说明）的规定编制，未能真实而公允地反映（或在所有重大方面公允地反映）被审阅单位20×1年3月31日的财务状况及相应3个月的经营成果和现金流量。

××会计师事务所

日期

地址

2．其他中期财务信息〔见本准则第43段（10）〕

中期财务信息审阅报告

〔适当的收件人〕

引言

我们审阅了后附的ABC公司的〔简明〕财务报表，包20×1年3月31日的〔简明〕资产负债表，相应3个月的〔简明〕利润表、股东权益变动表和现金流量表以及财务报表附注。按照（指出适用的财务报告框架）的规定编制和公允列报这些中期财务信息是ABC公司管理层的责任，我们的责任是在实施审阅工作的基础上对这些中期财务信息发表审阅结论。

审阅范围

我们按照《国际审阅准则第2410号——注会计师对审计客户执行的中期财务信息审阅》的规定执行了审阅业务。审阅工作涉及实施主要针对财务会计负责人的询问、实施分析程序及其他审阅程序。由于审阅的范围远小于根据国际审计准则执行的审计业务的范围，我们执行审阅业务时不可能保证已经注意到了所有可能在审计过程中识别的重大事项，因此不发表审计意见。

发表保留结论的原因

ABC公司的管理层告知我们，ABC公司不存在按照（指出适用的财务报告框架）的规定需要进行资本化的权益和融资租赁负债。如果这些融资租赁负债在20×1年3月31日被资本化，权益将增加____美元，长期负债将增加____美元，并且相应3个月的每股净收入和每股净利润（基本和摊薄）将分别增加（或者减少）____美元，____美元，____美元，____美元。

保留结论

根据我们的审阅,除了前段事项外,我们没有注意到任何事项使我们相信该中期务信息在所有重大方面没有按照(指出适用的财务报告框架,若适用的财务报告框架不是国际财务报告准则,则需对其来源予以说明)的规定编制。

××会计师事务所
日期
地址

附录 2101-6-6

非管理层原因导致的审阅范围受限
而发表保留结论的审阅报告范例

1. 一套完整的按照以公允列报为目的的财务报告框架编制的通用目的财务报表 [见本准则第 43 段(9)]

中期财务信息审阅报告

[适当的收件人]

引言

我们审阅了后附的 ABC 公司的财务报表,包括 20×1 年 3 月 31 日的资产负表,相应 3 个月的利润表、股东权益变动表和现金流量表以及财务报表附注。按照(指出适用的财务报告框架)的规定编制和公允列报这些中期财务信息是 ABC 公司管理层的责任,我们的责任是在实施审阅工作的基础上对这些中期财务信息发表审阅结论。

审阅范围

我们按照《国际审阅准则第 2410 号——注册会计师对审计客户执行的中期财务信息审阅》的规定执行了审阅业务。审阅工作涉及实施主要针对财务会计负责人的询问、实施分析程序及其他审阅程序。由于审阅的范围远小于根据国际审计准则执行的审计业务的范围,我们执行审阅业务时不可能保证已经注意到了所有可能在审计过程中识别的重大事项,因此不发表审计意见。

发表保留结论的原因

由于××日 ABC 公司的某分部发生的一场火灾毁坏了其应收账款的记录,我们无法完成对于中期财务信息中列报的总额为_____美元的应收账款的审阅。ABC 公司正在重新整理这些记录但不能确定是否能够支持上述金额,也无法确定相关的坏账准备。如果我们能完成对于应收账款的审阅,可能使我们注意到需要对中期财务信息作出调整的事项。

保留结论

根据我们的审阅,除了前段所述的情况,需要对中期财务信息进行调整的事项外,我们没有注意到任何事项使我们相信该中期财务信息在所有重大方面没有按照(指出适用的财务报告框架,若适用的财务报告框架不是国际财务报告准则,则需对其来源予以说明)的规定编制,未能真实而公允地反映(或在所有重大方面公允地反映)被阅单位20×1 年 3 月 31 日的财务状况及相应 3 个月的经营成果和现金流量。

××会计师事务所
日期
地址

2. 其他中期财务信息［见本准则第 43 段（10）］

中期财务信息审阅报告

［适当的收件人］

引言

我们审阅了后附的 ABC 公司的财务报表,包括 20×1 年 3 月 31 日的［简明］资产负债表,相应 3 个月的［简明］利润表、股东权益变动表和现金流量表以及财务报表附注。按照(指出适用的财务报告框架)的规定编制和公允列报这些中期财务信息是 ABC 公司管理层的责任,我们的责任是在实施审阅工作的基础上对这些中期财务信息发表审阅报告结论。

审阅范围

我们按照《国际审阅准则第 2410 号——注册会计师对审计客户执行的中期财务信息审阅》的规定执行了审阅业务。审阅工作涉及实施主要针对财务会计负责人的询问、实施分析程序及其他审阅程序。由于审阅的范围远小于根据国际审计准则执行的审计业务的范围,我们执行审阅业务时不可能保证已经注意到了所有可能在审计过程中识别的重大事项,因此不发表审计意见。

发表保留结论的原因

由于××日 ABC 公司的某分部发生的一场火灾毁坏了其应收账款的记录,我们无法完成对于中期财务信息中列报的总额为＿＿＿＿美元的应收账款的审阅。ABC公司正在重新整理这些记录但不能确定是否能够支持上述金额，也无法确定相关的坏账准备。如果我们能完成对于应收账款的审阅，可能使我们注意到需要对中期财务信息作出调整的事项。

保留结论

根据我们的审阅，除了前段所述的情况，需要对中期财务信息进行调整的事项外我们没有注意到任何事项使我们相信该中期财务信息在所有重大方面没有按照（指出适用的财务报告框架，若适用的财务报告框架不是国际财务报告准则，则需对其来源予以说明）的规定编制。

××会计师事务所
日期
地址

附录2101-6-7

因背离适用的财务报告框架而发表否定结论的审阅报告范例

1. 一套完整的按照以公允列报为目的的财务报告框架编制的通用目的财务报表［见本准则第43段（9）］

中期财务信息审阅报告

［适当的收件人］

引言

我们审阅了后附的ABC公司的财务报表，包括20×1年3月31日的资产负债表，相应3个月的利润表、股东权益变动表和现金流量表以及财务报表附注。按照（指出适用的财务报告框架）的规定编制和公允列报这些中期财务信息是ABC公司管理层的责任，我们的责任是在实施审阅工作的基础上对这些中期财务信息发表审阅结论。

审阅范围

我们按照《国际审阅准则第2410号——注册会计师对审计客户执行的中期财务信息审阅》的规定执行了审阅业务。审阅工作涉及实施主要针对财务会计负责人的询问、实施分析程序及其他审阅程序。由于审阅的范围远小于根据国际审计准则执行的审计业务的范围，我们执行审阅业务时不可能保证已经注意到了所有可能在审计过程中识别的重大事项，因此不发表审计意见。

发表否定结论的原因

从本期开始，由于子公司存在重大的少数股东权益，ABC 公司的管理层终止合并子公司的财务报表。这不符合（指出适用的财务报告框架，包括对于适用的财务报告框架不是国际财务报告准则的地区或国家的财务报告框架来源的说明）的规定。如果编制合并财务报表，中期财务信息中的每项金额都应当进行重大调整。

否定结论

根据我们的审阅，由于前段所述 ABC 公司对于在子公司的投资没有编制合并报表，该中期财务信息没有按照（指出适用的财务报告框架，包括对于适用的财务报告框架不是国际财务报告准则的地区或国家的财务报告框架来源的说明）的规定编制，未能真实而公允地反映（或在所有重大方面公允地反映）被审阅单位20×1年3月31日的财务状况及相应3个月的经营成果和现金流量。

××会计师事务所
日期
地址

2. 其他中期财务信息［见本准则第43段（10）］

中期财务信息审阅报告

［适当的收件人］

引言

我们审阅了后附的 ABC 公司的财务报表，包括20×1年3月31日的［简明］资产负债表，相应3个月的［简明］利润表、股东权益变动表和现金流量表以及财务报表附注。按照（指出适用的财务报告框架）的规定编制和公允列报这些中期财务信息是 ABC 公司管理层的责任，我们的责任是在实施审阅工作的基础上对这些中期财务信息发表审阅结论。

审阅范围

我们按照《国际审阅准则第2410号——注册会计师对审计客户执行的中期财务信息审阅》的规定执行了审阅业务。审阅工作涉及实施主要针对财务会计负责人的询问、实施分析程序及其他审阅程序。由于审阅的范围远小于根据国际审计准则执行的审计业务的范围，我们执行审阅业务时不可能保证已经注意到了所有可能在审计过程中识别的重大事项，因此不发表审计意见。

发表否定结论的原因

从本期开始，由于子公司存在重大的少数股东权益，ABC 公司的管理层终止合并子公司的财务报表。这不符合（指出适用的财务报告框架，若适用的财务报告框架不是国际财务报告准则，则需对其来源予以说明）的规定。如果编制合并财务报表，中期财务信息中的每项金额都应当进行重大调整。

否定结论

根据我们的审阅，由于前段所述 ABC 公司对于在子公司的投资没有编制合并报表，该中期财务信息在所有重大方面没有按照（指出适用的财务报告框架，若适用的财务报告框架不是国际财务报告准则，则需对其来源予以说明）的规定编制。

××会计师事务所
日　期
地　址

《中国注册会计师其他鉴证业务准则第 3101 号——历史财务信息审计或审阅以外的鉴证业务》应用指南

（2007 年 11 月 29 日修订）

第一章 总 则

《中国注册会计师其他鉴证业务准则第 3101 号——历史财务信息审计或审阅以外的鉴证业务》（以下简称本准则）第一章（第一条至第四条），主要说明本准则的制定目的、适用范围和总体要求，以及其他鉴证业务的保证程度。

一、本准则的适用范围

本准则第二条指出，本准则适用于注册会计师执行历史财务信息审计或审阅以外的鉴证业务（以下简称其他鉴证业务）。

其他鉴证业务是指除历史财务信息审计和审阅业务以外的鉴证业务。如果将历史财务信息审计和审阅看作是 基本 的鉴证业务，那么其他鉴证业务便是鉴证对象相对 特殊 的业务。简单地说，其他鉴证业务的鉴证对象信息不是历史财务信息。

二、注册会计师执行其他鉴证业务的总体要求

本准则第三条规定，注册会计师执行其他鉴证业务，应当遵守《中国注册会计师鉴证业务基本准则》和其他鉴证业务准则，以及职业道德规范和会计师事务所质量控制准则。

（一）遵守《中国注册会计师鉴证业务基本准则》和其他鉴证业务准则

中国注册会计师鉴证业务准则由鉴证业务基本准则统领，按照鉴证业务提供的保证程度和鉴证对象的不同，分为审计准则、审阅准则和其他鉴证业务准则。

《中国注册会计师鉴证业务基本准则》与本准则之间存在上下级次关系。《中国注册会计师鉴证业务基本准则》统驭历史财务信息审计和审阅业务以及其他鉴证业务。注册会计师在阅读、理解和运用本准则时，应当结合《中国注册会计师鉴证业务基本准则》。

其他鉴证业务准则用以规范注册会计师执行历史财务信息审计或审阅以外的其他鉴证业务，根据鉴证业务的性质和业务约定书的要求，提供有限保证或合理保证。其他鉴证业务主要包括预测性财务信息的审核、内部控制鉴证等。本准则统驭其他鉴证业务。注册会计师在执行其他鉴证业务时，应当遵循本准则和相关具体准则的要求。尽管审计准则和审阅准则不适用于其他鉴证业务准则所涵盖的业务，但它们仍然可以为注册会计

师提供指南。

（二）遵守职业道德规范

中国注册会计师职业道德规范主要包括《中国注册会计师职业道德基本准则》和《中国注册会计师职业道德规范指导意见》。注册会计师在执行鉴证业务时应当遵守这两个文件中的相关规定。

《中国注册会计师职业道德基本准则》和《中国注册会计师职业道德规范指导意见》要求注册会计师在执行鉴证业务时，恪守独立、客观、公正的原则，保持专业胜任能力和应有的关注，并对执业过程中获知的信息保密。

《中国注册会计师职业道德规范指导意见》为项目组和会计师事务所提供了一个原则性的框架。运用该框架，项目组和会计师事务所可以识别对独立性的威胁，包括：评估这些威胁的重要程度；如果这些威胁并非明显不重要，确定并运用防护措施以消除这些威胁或将其降至可接受水平，以使得项目组和会计师事务所在形式上和实质上的独立性不受损害。

（三）遵守质量控制准则

质量控制准则用以规范会计师事务所在执行各类业务时应当遵守的质量控制政策和程序，是对会计师事务所质量控制提出的制度要求。

会计师事务所应当根据质量控制准则并结合具体情况，制定合适的质量控制制度，包括质量控制政策和程序，以合理实现质量控制的两大目标：（1）保证会计师事务所及其人员遵守法律法规、中国注册会计师职业道德规范以及中国注册会计师审计准则、中国注册会计师审阅准则、中国注册会计师其他鉴证业务准则和中国注册会计师相关服务准则的规定；（2）会计师事务所和项目负责人根据具体情况出具恰当的报告。

目前，财政部已发布两个质量控制准则，即《会计师事务所质量控制准则第5101号——业务质量控制》和《中国注册会计师审计准则第1121号——历史财务信息审计的质量控制》，前者从会计师事务所层面上进行规范，适用于包括其他鉴证业务在内的各项业务，要求会计师事务所建立质量控制系统，以合理保证会计师事务所及其成员遵守执业准则和法律法规的要求，以及会计师事务所或项目合伙人根据具体情况出具适当的鉴证报告；与业务相关的质量控制要素包括对业务质量承担的领导责任，职业道德规范，客户关系和具体业务的接受与保持，项目组工作委派，业务执行以及监控。后者从执行审计项目的负责人层面上进行规范，仅适用于历史财务信息审计业务。这两项准则联系紧密，前者是后者的制定依据。

注册会计师应当遵守财政部发布的会计师事务所质量控制准则以及本所制定的质量控制制度。

三、其他鉴证业务的目标

本准则第四条指出，其他鉴证业务的保证程度分为合理保证和有限保证。

合理保证的其他鉴证业务的目标是注册会计师将鉴证业务风险降至该业务环境下可接受的低水平，以此作为以积极方式提出结论的基础。例如，注册会计师将内部控制鉴证作为合理保证的其他鉴证业务予以承接。在该业务中，要求注册会计师将鉴证业务风险降至可接受的低水平，对鉴证后的内部控制的有效性提供高水平保证（合理保证），在鉴证报告中以积极方式提出结论。

有限保证的其他鉴证业务的目标是注册会计师将鉴证业务风险降至该业务环境下可接受的水平，以此作为以消极方式提出结论的基础。例如，在预测性财务信息审核业务中，要求注册会计师将鉴证业务风险降至可接受的水平，对鉴证后的管理层采用的假设的合理性提供低于高水平的保证（有限保证），在鉴证报告中以消极方式提出结论。

有限保证的其他鉴证业务的风险水平高于合理保证的其他鉴证业务的风险水平。

第二章　承接与保持业务

本准则第二章（第五条至第十条），主要说明注册会计师在承接与保持其他鉴证业务以及业务变更时应当遵循的基本要求。

一、承接与保持业务的条件

本准则第五条规定，只有符合下列所有条件，会计师事务所才能承接或保持其他鉴证业务。

（一）鉴证对象由预期使用者和注册会计师以外的第三方负责

鉴证业务涉及三方关系人：注册会计师、责任方和预期使用者。在其他鉴证业务中，应当存在除责任方之外的其他预期使用者。如果某项业务不存在除责任方之外的其他预期使用者，但在其他所有方面符合本准则的要求，注册会计师和责任方可以协商运用本准则的原则。在这种情况下，注册会计师应当在鉴证报告中注明该报告仅供责任方使用。

（二）在初步了解业务环境的基础上，未发现不符合职业道德规范和《中国注册会计师鉴证业务基本准则》要求的情况

职业道德规范要求注册会计师在承接和执行鉴证业务时，应当恪守独立、客观、公正的原则，保持专业胜任能力和应有的关注，并对执业过程中获知的信息保密。

《中国注册会计师鉴证业务基本准则》要求注册会计师拟承接的业务必须具备以下五项特征：

（1）鉴证对象适当；

（2）使用的标准适当且预期使用者能够获取该标准；

（3）注册会计师能够获取充分、适当的证据以支持其结论；

（4）注册会计师的结论以书面报告形式表述，且表述形式与所提供的保证程度相适应；

（5）该业务具有合理的目的。

如果鉴证业务的工作范围受到重大限制，或委托人试图将注册会计师的名字和鉴证对象不适当地联系在一起，则该业务可能不具有合理的目的。这都是注册会计师在初步了解业务环境时应当考虑的因素。

另外，如果聘请注册会计师的一方（委托方）不是责任方，注册会计师应当考虑这一情况对获取记录、文件以及完成业务所需的其他信息的影响。

（三）确信执行其他鉴证业务的人员在整体上具备必要的专业胜任能力

注册会计师可能需要针对各种鉴证对象执行其他鉴证业务。某些鉴证对象所要求的专业知识和技能可能会超出注册会计师通常的能力范围，此时，注册会计师可以考虑利用专家的工作。但会计师事务所如果打算承接或者保持该项业务，应当确保执行业务的项目组（包括专家）在整体上具备必要的专业胜任能力。

二、获取责任方声明

在其他鉴证业务中,责任方声明对于承接与保持业务具有重要意义。本准则第六条规定,注册会计师应当向责任方获取书面声明,以明确责任方对鉴证对象的责任。

责任方可能是预期使用者之一,但不是唯一的预期使用者。因此,责任方声明为恰当关系的存在提供了证据,也为共同理解各自的责任奠定了基础。书面声明是记录责任方理解的最恰当的形式,它准确载明责任方对鉴证对象的具体责任,避免相关各方因责任界定不清而引发分歧。

在某些情况下,注册会计师可能无法获取责任方的书面声明。本准则第六条还规定,如果无法获取责任方的书面声明,注册会计师应当考虑:

1. 承接业务是否适当,法律法规或合同是否明确了相关责任。注册会计师可以考虑获取其他支持以明确责任方责任,也可以考虑放弃该项业务。如果法律法规或业务约定书中明确了责任方的责任,注册会计师承接该项业务便有据可循,可以考虑承接该项业务。

2. 如果承接业务,是否在鉴证报告中披露该情况。无法获取责任方声明,可能是因为委托人与责任方不是同一方,责任方拒绝配合注册会计师的工作。在这种情况下,鉴证业务风险将大大提高,注册会计师应当考虑是否在鉴证报告中披露该情况。

三、独立性和专业胜任能力

注册会计师在承接和保持其他鉴证业务时,应当保持独立性和专业胜任能力。

本准则第七条规定,注册会计师应当考虑职业道德规范中有关独立性的要求,以及拟承接的其他鉴证业务是否具备《中国注册会计师鉴证业务基本准则》第十条规定的所有特征。

本准则第八条规定,在某些情况下,鉴证对象要求的专业知识和技能可能超出注册会计师通常具有的专业胜任能力。在这种情况下,注册会计师应当考虑利用专家工作或拒绝接受业务委托。如果决定利用专家工作,注册会计师应当确保执行业务的项目组(包括专家)在整体上具备必要的专业胜任能力。

四、签订业务约定书

本准则第九条规定,注册会计师应当在其他鉴证业务开始前,与委托人就其他鉴证业务约定条款达成一致意见,并签订业务约定书,以避免双方对其他鉴证业务的理解产生分歧。业务约定书一方面可以作为签约各方检查鉴证工作完成情况的依据;另一方面,当涉及法律诉讼时,业务约定书又是区分签约各方责任的主要依据。在某些情况下,可能有相关的法律或法规规定能够满足双方对业务条款达成一致的要求,即便如此,业务约定书对注册会计师和业务委托方仍然具有重要意义。

业务约定书的具体内容可能因鉴证对象特征和保证程度的不同而存在差异。业务约定书的内容主要包括下列方面:

(1)其他鉴证业务的目标;

(2)责任方的责任;

(3)采用的标准;

(4)鉴证范围,包括指明在执行其他鉴证业务时遵守的其他鉴证业务准则;

（5）鉴证工作的安排，包括出具鉴证报告的时间要求；

（6）鉴证报告格式和对鉴证结果的其他沟通形式；

（7）由于测试的性质和鉴证的其他固有限制，不可避免地存在某些重大错报可能仍然未被发现的风险；

（8）责任方为注册会计师提供必要的工作条件和协助；

（9）注册会计师不受限制地接触任何与鉴证对象有关的记录、文件和所需要的其他信息；

（10）责任方对其作出的与鉴证有关的声明予以书面确认；

（11）注册会计师对执业过程中获知的信息保密；

（12）其他鉴证业务的收费，包括收费的计算基础和收费安排；

（13）违约责任；

（14）解决争议的方法；

（15）签约双方法定代表人或其授权代表的签字盖章，以及签约双方加盖的公章。

此外，如果情况需要，注册会计师应当考虑在其他鉴证业务约定书中列明下列内容：

（1）在某些方面对利用其他注册会计师和专家工作的安排；

（2）与鉴证涉及的被鉴证单位员工工作的协调；

（3）预期向被鉴证单位提交的其他函件或报告；

（4）注册会计师与被鉴证单位之间需要达成进一步协议的事项等。

本准则第九条还规定，如果委托人与责任方不是同一方，业务约定书的性质和内容可以有所不同。

五、业务变更

本准则第十条第一款规定，在完成其他鉴证业务之前，如果委托人要求将其他鉴证业务变更为非鉴证业务，或将合理保证的其他鉴证业务变更为有限保证的其他鉴证业务，注册会计师应当考虑这一要求的合理性。如果没有合理的理由，注册会计师不应当同意这一变更。

本准则第十条第二款规定，当业务环境变化影响到预期使用者的需求，或预期使用者对该项业务的性质存在误解时，注册会计师可以应委托人的要求，考虑同意变更该项业务。

可见，只有当变更理由存在于预期使用者一方时，变更理由才可能是正当的。如果预期使用者的需求发生变化，或预期使用者对该项业务的性质存在误解，则意味着鉴证报告不能满足预期使用者的真实需求，注册会计师提供的服务可能是没有实际价值的。

如果有迹象表明，业务变更要求与错误的、不完整的或者不能令人满意的信息有关，注册会计师不应当认为该变更是合理的。例如，注册会计师发现鉴证对象信息存在重大错报，或者注册会计师的执业范围受到来自责任方的重大限制，这些情况都不能成为委托人提出业务变更的理由。

如果存在上述合理的理由，同意将保证程度较高的业务变更为保证程度较低的业务，注册会计师应当对此保持应有的关注。本准则第十条第二款还规定，如果发生变更，注册会计师不应忽视变更前获取的证据。

如果没有上述合理的理由，注册会计师不应当同意变更业务。如果不同意变更业务，委托人又不允许继续执行原鉴证业务，注册会计师应当解除业务约定，并考虑是否有义务向有关方面（例如委托单位董事会或股东会）说明解除业务约定的理由。

此外，注册会计师还需考虑变更业务对法律责任或业务约定条款的影响。如果变更业务引起业务约定条款的变更，注册会计师应当与委托人就新条款达成一致意见。

第三章 计划与执行业务

本准则第三章（第十一条至第二十六条），主要说明注册会计师计划和执行其他鉴证业务的总体要求，包括评价鉴证对象和标准适当性，以及对重要性和鉴证业务风险的考虑。

第一节 总体要求

一、计划工作的作用和内容

本准则第十一条第一款规定，注册会计师应当计划其他鉴证业务工作，以有效执行其他鉴证业务。充分的计划不仅有助于注册会计师适当关注业务的重要领域，及时发现潜在问题并适当组织和管理业务；也有助于注册会计师向项目组成员委派工作，并对他们的工作进行指导、监督和复核。此外，当利用专家工作时，计划工作还有助于协调项目组其他成员和专家的工作。

本准则第十一条第二款规定，计划工作包括总体策略和具体计划。总体策略包括确定其他鉴证业务的范围、重点、时间安排和实施。具体计划包括拟执行的证据收集程序的性质、时间和范围以及选择这些程序的理由。

二、计划工作时应当考虑的主要因素

本准则第十一条第三款规定，计划工作的性质和范围因被鉴证单位的规模、复杂程度以及注册会计师的相关经验等情况的不同而存在差异。在计划其他鉴证业务工作时，注册会计师应当考虑下列主要因素。

（一）业务约定条款

执行其他鉴证业务之前，注册会计师应当就业务约定条款与委托人达成一致理解，明确委托与受托关系、业务目标和范围、双方的责任以及报告的格式等事项，避免双方对业务约定条款存在误解。业务约定条款是注册会计师在计划审计工作时应当考虑的首要因素。

（二）鉴证对象特征和既定标准

鉴证对象具有不同的特征，可能表现为定性或定量、客观或主观、历史或预测、时点或期间。这些特征会对鉴证对象评价或计量结果的准确性、证据的说服力产生影响，进而影响到注册会计师证据收集程序的性质、时间和范围。

注册会计师应当结合具体的其他鉴证业务评价既定标准的适当性和适用性。对于相同的鉴证对象，可以有不同的适用标准。例如，对于消费者满意度这一鉴证对象，某一责任方可能会选择消费者投诉的数量作为衡量标准；而另外的责任方可能会选择消费者在初始购买后的三个月内重复购买的数量这一指标作为标准。

（三）其他鉴证业务的实施过程和可能的证据来源

通过制定总体策略，注册会计师应当明确鉴证对象特征、其他鉴证业务的目标以及影响业务执行的重要因素。具体计划则确定了注册会计师应当实施哪些证据收集程序，以及这些证据收集程序的性质、时间和范围。

（四）对被鉴证单位及其环境的了解，包括对鉴证对象信息可能存在重大错报风险的了解

对被鉴证单位及其环境的了解可以为注册会计师识别和评估重大错报风险提供重要基础。对被鉴证单位及其环境的了解还有助于注册会计师确定重要性水平、识别需要特别考虑的领域、确定在实施分析程序时所使用的预期值等。

（五）确定预期使用者及其需要，考虑重要性以及鉴证业务风险要素

预期使用者是指预期使用鉴证报告的组织或人员。责任方可能是预期使用者，但不是唯一的预期使用者。例如，在IT系统鉴证服务中，鉴证报告的使用者可能包括被鉴证单位的管理层、股东、债权人、消费者和供应商等。通常，注册会计师可以通过不同的方式确认预期使用者。例如，根据法律法规的规定确认预期使用者、根据与委托人签订的协议确认预期使用者等。不同的预期使用者通常存在不同的需求。

注册会计师还应当考虑重要性以及鉴证业务风险。重要性和预期使用者的需求是紧密相关的，如果一项错报单独或连同其他错报可能影响预期使用者依据鉴证对象信息作出的经济决策，则该项错报是重大的。重要性与鉴证业务风险之间存在反向关系。重要性水平越高，鉴证业务风险越低；重要性水平越低，鉴证业务风险越高。注册会计师在确定鉴证程序的性质、时间和范围时应当考虑这种反向关系。

（六）对参与业务的人员及其技能的要求，包括专家参与的性质和范围

在制定计划时，注册会计师应当明确既定业务对于项目组独立性和专业胜任能力的要求，据此委派具有独立性、专业胜任能力的人员（包括专家），以确信项目组能够在约定的时间内，按照法律法规、职业道德规范和相关鉴证业务准则的规定执行业务，出具适当的鉴证报告。

三、计划工作的持续性

本准则第十二条指出，计划其他鉴证业务工作不是一个孤立阶段，而是整个其他鉴证业务中持续的、不断修正的过程。

由于未预期事项、业务情况变化或获取的证据等因素，注册会计师可能需要在业务实施过程中修订总体策略和具体计划，进而修改计划实施的进一步程序的性质、时间和范围。

四、保持职业怀疑态度

本准则第十三条规定，在计划和执行其他鉴证业务时，注册会计师应当保持职业怀疑态度，以识别可能导致鉴证对象信息发生重大错报的情况。

职业怀疑态度是指注册会计师以质疑的思维方式评价所获取证据的有效性，并对相互矛盾的证据，以及引起对文件记录或责任方提供的信息的可靠性产生怀疑的证据保持警觉。

五、识别和评估重大错报风险

本准则第十四条规定，注册会计师应当了解鉴证对象和其他业务环境事项，以足够识别和评估鉴证对象信息发生重大错报的风险，并设计和实施进一步的证据收集程序。

六、计划和执行业务时涉及的职业判断

本准则第十五条规定，在计划和执行其他鉴证业务时，注册会计师应当了解鉴证对象和其他业务环境事项。其他的业务环境事项包括的内容比较广泛，涉及其他鉴证业务的各个方面，如业务约定条款、鉴证对象特征、使用的标准、预期使用者的需求、责任方及其环境的有关特征，以及可能对其他鉴证业务产生重大影响的事项、交易、条件以及惯例。

本准则第十五条还指出，对鉴证对象和其他业务环境事项的了解可以为注册会计师在下列关键环节作出职业判断提供重要基础：

（1）考虑鉴证对象特征；
（2）评估标准的适当性；
（3）确定需要特殊考虑的领域，比如显示存在舞弊的迹象、需要特殊技能或利用专家工作的领域；
（4）确定重要性水平，评价其数量的持续适当性，并考虑其性质因素；
（5）实施分析程序时确定期望值；
（6）设计和实施进一步的证据收集程序，以将鉴证业务风险降至适当水平；
（7）评价证据，包括评价责任方口头声明和书面声明的合理性。

注册会计师的上述职业判断应当贯穿整个计划和执行业务的过程。通过了解鉴证对象和其他的业务环境事项，注册会计师可以对其他鉴证业务形成整体印象。通过对这些印象、信息的整理和消化，构建职业判断的基础。

本准则第十六条规定，注册会计师应当运用职业判断，确定需要了解鉴证对象及其他业务环境事项的程度，并考虑这种了解是否足以评估鉴证对象信息发生重大错报的风险。通常，注册会计师了解的深度不及责任方。

第二节 评估鉴证对象的适当性

一、适当的鉴证对象应当具备的条件

本准则第十七条规定，注册会计师应当评估鉴证对象的适当性。
根据《中国注册会计师鉴证业务基本准则》，适当的鉴证对象应当具备下列所有条件：
（1）鉴证对象可以识别；
（2）不同的组织或人员按照既定标准对鉴证对象进行评价或计量的结果合理一致；
（3）注册会计师能够收集与鉴证对象有关的信息，获取充分、适当的证据，以支持其提出适当的鉴证结论。

二、对鉴证对象评估结果的处理

本准则第十八条第一款规定，只有当对业务环境的初步了解表明鉴证对象适当时，

会计师事务所才能承接其他鉴证业务。

本准则第十八条第二款规定，在承接其他鉴证业务后，如果认为鉴证对象不适当，注册会计师应当出具保留结论、否定结论或无法提出结论的报告。必要时，注册会计师应当考虑解除业务约定。

可见，在承接与保持业务阶段以及计划与执行业务阶段，注册会计师都需要对鉴证对象的适当性进行评估。但这两个阶段的评估目的是不同的。

承接与保持业务阶段，注册会计师评估鉴证对象是否适当的目的是确定某项业务是否能够作为一项其他鉴证业务承接，这是在初步了解业务环境的基础上进行的评估。

注册会计师在计划与执行业务阶段的评估是对承接与保持业务阶段评估的补充和深入，是降低鉴证业务风险的必要应对措施。随着对鉴证对象以及其他业务环境事项了解的深入，注册会计师了解的新情况、掌握的新证据可能表明该鉴证对象并不适当。例如，当鉴证对象由多个部分组成时，注册会计师可能会发现，某些组成部分是适当的，而其他的组成部分不适当。在这种情况下，注册会计师应当根据具体情况，出具保留结论、否定结论或无法提出结论的鉴证报告。必要时，注册会计师应当考虑解除业务约定。

第三节　评估标准的适当性

一、适当的标准应当具备的特征

本准则第十九条规定，注册会计师应当评估用于评价或计量鉴证对象的标准的适当性。

适当的标准应当具备下列所有特征：

（1）相关性：相关的标准有助于得出结论，便于预期使用者作出决策；

（2）完整性：完整的标准不应忽略业务环境中可能影响得出结论的相关因素，当涉及列报时，还包括列报的基准；

（3）可靠性：可靠的标准能够使能力相近的注册会计师在相似的业务环境中，对鉴证对象作出合理一致的评价或计量；

（4）中立性：中立的标准有助于得出无偏向的结论；

（5）可理解性：可理解的标准有助于得出清晰、易于理解、不会产生重大歧义的结论。

注册会计师基于自身的预期、判断和个人经验对鉴证对象进行的评价和计量，不构成适当的标准。

在具体实务中，对标准各项特征相对重要性的评价属于职业判断。注册会计师还应当考虑所采用的标准是否适用于具体业务。

二、对标准评估结果的处理

本准则第二十条规定，只有当对业务环境的初步了解表明使用的标准适当时，会计师事务所才能承接该项其他鉴证业务。

在承接其他鉴证业务后，如果认为使用的标准不适当，注册会计师应当出具保留结论、否定结论或无法提出结论的报告。必要时，注册会计师应当考虑解除业务约定。

与评估鉴证对象的适当性类似，对标准适当性的评估也存在两个阶段，即承接与保持业务阶段和计划与执行业务阶段。

在承接与保持业务阶段，如果注册会计师发现标准不适当，则不应当将该项业务作为其他鉴证业务予以承接。

在计划与执行业务阶段，随着了解的深入，注册会计师可能会改变对标准适当性的认识。注册会计师可能会发现，在某些方面采用的标准是适当的，而在其他方面采用的标准并不适当。在这种情况下，注册会计师应当根据具体情况，出具保留结论、否定结论或无法提出结论的鉴证报告。必要时，注册会计师应当考虑解除业务约定。

三、对不同类型标准的考虑

本准则第二十一条和第二十二条对不同类型的标准进行了规定。

本准则第二十一条第一款规定，标准可能是由法律法规规定的，或由政府主管部门或国家认可的专业团体依照公开、适当的程序发布的（以下简称公开发布标准），也可能是专门制定的。在通常情况下，只有当与预期使用者的需求相关时，公开发布的标准才是适当的。

第二十一条第二款规定，如果某鉴证对象存在公开发布标准，而特定的预期使用者出于特定目的使用其他标准（例如，对内部控制有效性的评估可以采用其他框架作为公开发布的标准），或专门建立一套标准满足其特殊需要（如满足其风险监管的需要），在这种情况下，注册会计师应当在鉴证报告中指明：

（1）使用的标准不是公开发布标准；

（2）使用的标准仅供特定的预期使用者使用，且仅适用于特殊目的。

本准则第二十二条规定，对某些鉴证对象，可能不存在公开发布标准，而需要专门制定标准。注册会计师应当考虑专门制定的标准是否会导致鉴证报告对预期使用者产生误导。注册会计师应当尽可能使预期使用者或委托人确认专门制定的标准符合预期使用者的目的。

如果未获得对专门制定标准的确认，注册会计师应当考虑这种情况对评估既定标准适当性的影响，以及对鉴证报告中有关该标准的信息的影响。

第四节 重要性与鉴证业务风险

本准则第二十三条规定，在计划和执行其他鉴证业务时，注册会计师应当考虑重要性和鉴证业务风险。第二十四条至第二十六条分别对重要性和鉴证业务风险的考虑进行了具体规定。

一、对重要性的考虑

本准则第二十四条第一款规定，在确定证据收集程序的性质、时间和范围，评价鉴证对象信息是否不存在错报时，注册会计师应当考虑重要性。

本准则第二十四条第二款规定，在考虑重要性时，注册会计师应当了解并评价哪些因素可能会影响预期使用者的决策。例如，当既定的标准允许鉴证对象信息有不同的列报方法时，注册会计师应当考虑所采用的列报方法可能会如何影响预期使用者的决策。也就是说，注册会计师要站在预期使用者的立场上，从预期使用者决策的角度考虑，判断这些错报是否可能使预期使用者在特定情况下由于信赖了错报信息而使其决策受到影响。

本准则第二十四条第三款规定，注册会计师应当综合数量和性质因素考虑重要性（例如，相对数量，这些因素对鉴证对象评价或计量的影响程度、性质和范围，以及预期使用者的利益）。在具体业务中，注册会计师需要运用职业判断，评估重要性以及数量和性质因素的相对重要程度。

在鉴证业务开始时，对重要性进行初步判断有助于注册会计师计划确定实施的证据收集程序的性质、时间和范围。因此，在计划阶段，注册会计师应当对重要性作出初步估计，了解、评估可能影响预期使用者决策的各种因素。例如，某项标准允许鉴证对象信息采取多种列报方式，注册会计师应当考虑不同的列报方式对预期使用者产生的影响。在执行业务过程中，注册会计师可能改变对重要性的初步判断，由此可能会修正证据收集程序。

二、对鉴证业务风险的考虑

本准则第二十五条规定，注册会计师应当将鉴证业务风险降至该业务环境下可接受的水平。

在合理保证的其他鉴证业务中，注册会计师应当将鉴证业务风险降至该业务环境下可接受的低水平，以此作为以积极方式提出结论的基础。

由于证据收集程序的性质、时间和范围不同，有限保证的其他鉴证业务的风险水平高于合理保证的其他鉴证业务的风险水平。但在有限保证的其他鉴证业务中，证据收集程序的性质、时间和范围应当至少足以使注册会计师获得某种有意义的保证水平，以此作为注册会计师以消极方式提出结论的基础。

当注册会计师获取的保证水平很有可能在一定程度上增强预期使用者对鉴证对象信息的信任时，这种保证水平是有意义的保证水平。

三、鉴证业务风险的内容

在计划和执行其他鉴证业务时，注册会计师应当考虑鉴证业务风险。鉴证业务风险是指在鉴证对象信息存在重大错报的情况下，注册会计师提出不恰当结论的可能性。

本准则第二十六条规定，鉴证业务风险通常体现为重大错报风险和检查风险。重大错报风险是指鉴证对象信息在鉴证前存在重大错报的可能性。检查风险是指注册会计师未能发现存在的重大错报的可能性。

本准则第二十六条还规定，注册会计师对重大错报风险和检查风险的考虑受具体业务环境的影响，特别是受鉴证对象性质，以及所执行的是合理保证还是有限保证的其他鉴证业务的影响。

第四章 利用专家的工作

本准则第四章（第二十七条至第三十三条），主要说明注册会计师利用专家工作时的基本要求，以及注册会计师对专家工作的了解和评价。

一、利用专家工作的领域

本准则第二十七条规定，在收集和评价证据时，对于某些其他鉴证业务的鉴证对象和相关标准，可能需要运用特殊知识和技能，这些知识和技能往往超出了注册会计师的专业胜任能力。在这种情况下，注册会计师应当考虑利用专家的工作。

注册会计师利用专家工作的领域主要包括：

1. 对特定资产的估价。例如，对土地、建筑物、厂房、机器设备、特殊用途存货、高科技材料或设备、医药产品、复杂的金融工具、不可流通证券、艺术品、宝石等资产价值进行评估，这可能需要利用资产评估师的工作。

2. 对资产的数量和实物状况的测定。例如，地面上堆积的各种物质（如煤炭、木材）的数量和体积的测量，地下矿藏（如石油、煤、金矿）储量、成分、等级的测定、厂房和设备剩余使用年限的确定等，通常需要工程师来协助完成。

3. 需用特殊技术或方法的金额测算。例如，保险赔偿金额的计算、社会保险金和退休养老金的计算等，可能涉及利用精算师的工作。

4. 未完成合同中已完成和未完成工作的计量。例如，计量工程的进度、合同的执行情况、计算机软件开发的进度等，可能涉及利用IT专家和工程师的工作。

5. 涉及法律法规和合同的法律意见。例如，关于合同、协议、章程的解释，对未决诉讼和法律纠纷进展情况和处理结果的分析，对合同或其他法律文书的潜在重要性的解释等，通常需要律师的帮助。

某些业务由注册会计师和一名或多名专家共同负责和报告，本准则未对该种业务如何利用专家工作提供指南。

二、利用专家工作的基本要求

（一）专业胜任能力

本准则第二十八条规定，当利用专家的工作收集和评价证据时，注册会计师与专家作为一个整体，应当具备与鉴证对象和标准相关的足够的专业知识和技能，以便注册会计师能够确定是否获取了充分、适当的证据。

（二）应有的关注

本准则第二十九条规定，参与其他鉴证业务的所有人员（包括专家），都应当保持应有的关注。

在执行其他鉴证业务时，尽管并不要求专家在所有方面与注册会计师具备同样的专业知识和技能，但注册会计师应当确定专家已充分了解其他鉴证业务准则，以使专家能够按照具体业务目标开展工作。参与鉴证业务的专家应当承担分派给其的职责。执行鉴证业务必需的执业能力因其承担职责性质的不同而不同。

（三）实施质量控制程序

本准则第三十条规定，注册会计师应当实施质量控制程序，明确执行其他鉴证业务人员的责任，包括专家的工作责任，以确保其遵守其他鉴证业务准则。

（四）充分参与鉴证业务、了解和评价专家工作

本准则第三十一条规定，注册会计师应当充分参与其他鉴证业务和了解专家所承担的工作，以足以对鉴证对象信息形成的结论承担责任。

在形成鉴证结论时，注册会计师应当考虑利用专家工作的程度是否合理。

三、了解专家的工作

在利用专家工作的情况下，由于专家工作是形成鉴证结论的依据之一，而对鉴证结

论承担责任的是注册会计师,因此,注册会计师应当充分了解专家所承担的工作。

本准则第三十二条规定,尽管并不期望注册会计师具备与专家相同的专业知识和技能,但注册会计师应当具备足够的知识和技能,以实现下列目的。

(一)界定专家工作的目标及其如何与鉴证业务目标相联系

注册会计师应当清晰界定专家工作的目标。专家工作的目标是指利用专家做什么。

注册会计师还应当确定专家工作的目标如何与鉴证业务目标相联系。例如,在IT系统鉴证业务中,注册会计师需要对IT系统的可应用性、安全性、完整性和可维护性等方面提出鉴证结论,注册会计师可以利用专家工作来评价被鉴证单位IT系统的安全性,那么,专家工作就是和鉴证业务目标紧密相连的。

(二)考虑专家使用的假设、方法和原始数据的合理性

专家使用的假设、方法和原始数据的合理性是其工作结果合理与否的重要影响因素。对这些因素进行考虑,有助于注册会计师评价专家的工作。

(三)考虑专家发现的问题和得出结论的合理性

注册会计师利用专家工作,究其实质,是利用专家获取那些必须使用特殊技能才能获取的证据,为形成鉴证结论提供支持。因此,专家发现的问题和得出结论的合理性应当引起注册会计师的关注。注册会计师应当结合其他证据,评价专家工作的合理性。对于那些具有重要影响的专家结论,注册会计师应当考虑其对鉴证结论的影响。

四、评价专家的工作

本准则第三十三条规定,注册会计师应当获取充分、适当的证据,确定专家的工作是否符合其他鉴证业务的目标。

在评估专家提供证据的充分性和适当性时,注册会计师应当对以下方面进行评价。

(一)专家的专业胜任能力,包括专家的经验和客观性

注册会计师可以从两方面评价专家的专业胜任能力:专家是否具有适当职业团体授予的专业资格或执业许可证,或是否为适当职业团体的会员;在注册会计师寻求证据的领域中,专家具备的经验和声望。例如,在养老服务质量鉴证业务中,注册会计师往往需要借助医疗人员的帮助,那些具有较高声誉的医学专家通常能够提供更权威的帮助。

此外,注册会计师还应当评价专家的客观性。当存在下列情况时,专家的客观性可能会受到损害:专家受雇于被鉴证单位;专家在其他方面与被鉴证单位存在关联关系,如经济上依赖于被鉴证单位或投资于被鉴证单位等。

(二)专家使用的假设、方法和原始数据的合理性

注册会计师不具备与专家同等的专业技能,对专家选择的假设和方法提出异议存在一定的困难。但是,注册会计师应当了解专家选择的假设和方法,并根据对被鉴证单位的了解和实施其他鉴证程序的结果,考虑专家选择的假设和方法是否适当和合理,是否与以前期间一致。如果被鉴证单位存在对专家职责范围作出规定的书面文件,该书面文件中通常会对专家拟使用的假设和方法作出说明,注册会计师可以核对专家实际使用的假设和方法与书面声明是否一致。

在考虑专家使用的原始数据是否合理时,注册会计师应当考虑实施下列程序:询问专家为确信原始数据是否相关和可靠而实施的程序;复核或测试专家使用的原始数据。

（三）在业务环境和注册会计师鉴证结论的背景下，专家的发现的合理性及其重要性

注册会计师应当考虑专家的工作结果与注册会计师对被鉴证单位的了解和实施其他鉴证程序的结果是否相符。

如果两者相符，则表明专家发现的问题和得出结论可能是合理的；如果两者不符，注册会计师应当考虑采取其他措施，例如与被鉴证单位和专家讨论，实施追加的鉴证程序，出具非无保留意见的鉴证报告等。

第五章 获取证据

本准则第五章（第三十四条至第四十四条），主要说明注册会计师获取证据的总体要求，以及与责任方声明相关的事项。

第一节 总体要求

一、证据的充分性和适当性

本准则第三十四条至第三十六条是对证据充分性和适当性的说明。

本准则第三十四条规定，注册会计师应当获取充分、适当的证据，据此形成鉴证结论。

证据的充分性是对证据数量的衡量。证据的适当性是对证据质量的衡量，即证据的相关性和可靠性。

本准则第三十五条规定，注册会计师可以考虑获取证据的成本与所获取信息有用性之间的关系，但不应仅以获取证据的困难和成本为由减少不可替代的程序。

本准则第三十六条规定，在评价证据的充分性和适当性以支持鉴证结论时，注册会计师应当运用职业判断，并保持职业怀疑态度。

二、考虑用作证据的信息的可靠性

本准则第三十七条第一款规定，其他鉴证业务通常不涉及鉴定文件记录的真伪，注册会计师也不是鉴定文件记录真伪的专家，但应当考虑用作证据的信息的可靠性，包括考虑与信息生成和维护相关的控制的有效性。

本准则第三十七条第二款规定，如果在执行业务过程中识别出的情况使其认为文件记录可能是伪造的或文件记录中的某些条款已发生变动，注册会计师应当作进一步调查，包括直接向第三方询证，或考虑利用专家的工作，以评价文件记录的真伪。

三、合理保证的其他鉴证业务的证据收集程序

本准则第三十八条规定，在合理保证的其他鉴证业务中，注册会计师应当通过下列不断修正的、系统化的执业过程，获取充分、适当的证据：

（1）了解鉴证对象及其他的业务环境事项，必要时包括了解内部控制；

（2）在了解鉴证对象及其他业务环境事项的基础上，评估鉴证对象信息可能存在的重大错报风险；

（3）应对评估的风险，包括制定总体应对措施以及确定进一步程序的性质、时间和范围；

（4）针对识别的风险实施进一步程序，包括实施实质性程序，以及在必要时测试控制运行的有效性；

（5）评价证据的充分性和适当性。

四、合理保证不等于绝对保证

本准则第三十九条规定，合理保证提供的保证水平低于绝对保证。由于存在下列因素，将鉴证业务风险降至零几乎不可能，也不符合成本效益原则：

1. 选择性测试方法的运用。注册会计师要在合理的时间内以合理的成本完成鉴证任务，通常只能采用选取特定项目和抽样等选择性测试的方法对被鉴证单位的信息进行检查。选取特定项目实施鉴证程序的结果不能推断至总体；抽样也可能产生误差，在采用这两种方法的情况下，都不能百分之百地的保证鉴证对象信息不存在重大错报。

2. 内部控制的固有局限性。例如，在决策时人为判断可能出现错误和由于人为失误而导致内部控制失效；内部控制可能由于两个或更多的人员进行串通或管理层凌驾于内部控制之上而被规避。小型企业拥有的员工通常较少，限制了其职责分离的程度，业主凌驾于内部控制之上的可能性更大。

3. 大多数证据是说服性而非结论性的。证据的性质决定了注册会计师依靠的并非完全可靠的证据。不同类型的证据，其可靠程度存在差异，即使是可靠程度最高的证据也有其自身的缺陷。例如，对应收账款进行函证，虽然提供的证据相对比较可靠，但受到被询证者是否认真对待询证函、是否能够保持独立性和客观性、是否熟悉所函证事项等诸多因素的影响。尽管注册会计师在设计询证函时要考虑这些因素，但是很难百分之百地保证函证结果的可靠性。

4. 在获取和评价证据以及由此得出结论时涉及大量判断。在获取证据时，注册会计师可以选择获取何种类型和何种来源的证据；获取证据之后，注册会计师要依据职业判断，对其充分性和适当性进行评价；最后依据证据得出结论时，更是离不开注册会计师的职业判断。

5. 在某些情况下鉴证对象具有特殊性。例如，鉴证对象是矿产资源的储量、艺术品的价值、计算机软件开发的进度等。

五、不同类型其他鉴证业务中证据收集程序的区别与联系

本准则第四十条规定，合理保证的其他鉴证业务和有限保证的其他鉴证业务都需要运用鉴证技术和方法，收集充分、适当的证据。

有限保证提供的保证水平低于合理保证，但应当至少能够增加鉴证对象信息的可信度。由于两类业务的保证程度不同，对证据收集程序的要求也存在差别。

证据的收集是一个不断修正的、系统化的执业过程，包括了解鉴证对象和其他业务环境。对于某些鉴证对象，可能存在专门的准则为有限保证鉴证业务中的收集证据程序提供指南。在缺乏专门准则的情况下，收集充分、适当证据的程序将随着业务环境的变化而变化，特别是随着鉴证对象、预期使用者和委托方需要的变化（包括考虑时间和成本的约束）而变化。

本准则第四十条还规定，与合理保证的其他鉴证业务相比，有限保证的其他鉴证业务在证据收集程序的性质、时间、范围等方面是有意识地加以限制的。

本准则第四十一条规定，无论是合理保证还是有限保证的其他鉴证业务，如果注意到某事项可能导致对鉴证对象信息是否需要作出重大修改产生疑问，注册会计师应当执行其他足够的程序，追踪这一事项，以支持鉴证结论。

第二节 责任方声明

一、责任方声明的作用

本准则第四十二条第一款规定，注册会计师在必要时应当向责任方获取声明。责任方声明包括书面声明和口头声明。责任方对口头声明的书面确认，可以减少注册会计师和责任方之间产生误解的可能性。

本准则第四十二条第二款规定，注册会计师应当要求责任方就其按照既定标准对鉴证对象进行评价或计量出具书面声明，无论该声明作为责任方的认定能否为预期使用者获取。

二、无法获取责任方声明时的处理

在某些情况下，注册会计师可能无法获取责任方的声明。因此本准则第四十二条第二款还规定，如果无法获取该项书面声明，注册会计师应当根据工作范围受到限制的程度，考虑出具保留结论或无法提出结论的鉴证报告，并考虑是否需要对鉴证报告的使用作出限制。

如果不能获取责任方声明，注册会计师应当考虑缺乏该项声明对鉴证工作和结论产生的影响。如果无法获取相关的佐证证据，注册会计师就无法执行该项鉴证业务。对于某些鉴证对象而言，即使存在相关佐证证据，但如果无法获取责任方声明，注册会计师也无法确信能否获取在正常情况下能够获取的充分、适当的证据，以支持其鉴证结论。这都构成了注册会计师的工作范围受到限制的原因。

三、针对重要责任方声明执行的程序

本准则第四十三条规定，在其他鉴证业务中，责任方可能主动提供声明或以回复注册会计师询问的方式提供声明。当责任方声明与某一事项相关，且该事项对鉴证对象的评价或计量有重大影响时，注册会计师应当实施下列程序。

（一）评价责任方声明的合理性及其与其他证据（包括其他声明）的一致性

责任方声明是被鉴证单位的相关人员出具的，其证明力相对有限，注册会计师应当对其合理性保持警觉。注册会计师尤其应当关注责任方声明中与其他证据（包括其他声明）不一致的部分，这些部分可能表明存在重大错报风险。

（二）考虑作出声明的人员是否充分知晓所声明的特定事项

例如，在IT系统鉴证业务中，由被鉴证单位的财务经理对IT系统的可应用性、安全性、完整性和可维护性作出声明，由于财务与IT专业差别较大，财务经理就不一定充分知晓所声明的特定事项。

（三）在合理保证的其他鉴证业务中，获取佐证性的证据；在有限保证的其他鉴证业务中，考虑是否有必要寻求佐证性的证据

与合理保证的其他鉴证业务相比，有限保证的其他鉴证业务在证据收集程序的性质、

时间和范围等方面是有意识地加以限制的。因此，在合理保证的其他鉴证业务中，注册会计师应当获取佐证性的证据；而在有限保证的其他鉴证业务中，注册会计师则可以根据已获取证据的情况，判断是否需要进一步收集佐证性的证据。

四、责任方声明不能替代注册会计师合理预期能够获取的其他证据

责任方声明作为来自被鉴证单位内部的证据，其证明力相对有限。本准则第四十四条规定，责任方声明不能替代注册会计师合理预期能够获取的其他证据。如果某事项对评价或计量鉴证对象产生重大影响或可能产生重大影响，且对该事项无法获取在正常情况下能够获取的充分、适当的证据，即使已从责任方获取相关声明，注册会计师应将其视为工作范围受到限制。

第六章　考虑期后事项

本准则第六章（第四十五条至第四十六条），主要说明注册会计师在执行其他鉴证业务时对期后事项的考虑。

一、期后事项的界定

本准则第四十五条规定，在执行其他鉴证业务时，注册会计师应当考虑截至鉴证报告日发生的事项对鉴证对象信息和鉴证报告的影响。

此处注册会计师需要考虑的期后事项与注册会计师在执行审计业务时需要考虑的期后事项在范围上有所不同。《中国注册会计师审计准则第1332号——期后事项》明确了审计业务的期后事项，是指资产负债表日至审计报告日之间发生的事项以及审计报告日后发现的事实。这一界定表明，审计业务中的期后包括三个时间段：资产负债表日至审计报告日，审计报告日至财务报表报出日，财务报表报出日后。而注册会计师在执行其他鉴证业务时，只需考虑截至鉴证报告日发生的事项。

二、注册会计师对期后事项的考虑

本准则第四十六条第一款规定，注册会计师对期后事项的考虑程度，取决于这些事项对鉴证对象信息和鉴证结论适当性的潜在影响。

本准则第四十六条第二款规定，在某些其他鉴证业务中，由于鉴证对象性质特殊，注册会计师可能无需考虑期后事项。如对某一时点统计报表的准确性提出鉴证结论。例如，在某项其他鉴证业务中，注册会计师需要对某一时点股价指数的准确性提出结论，发生在该时点和鉴证报告出具日之间的事项不会影响到鉴证结论，因此，注册会计师无需考虑这些事项。

第七章　形成工作记录

本准则第七章（第四十七条至第四十九条），主要说明注册会计师在形成工作记录时应当注意的事项，包括记录重大事项、编制和保存工作底稿。

一、记录重大事项

工作记录是用来体现注册会计师的执业轨迹，记载注册会计师对重大事项的思考、分析和判断过程的。需要指明的是，工作记录并不是事无巨细，无所不及，记录执行其

他鉴证业务过程中的所有事项既无必要、也不可能。本准则第四十七条规定，注册会计师应当记录重大事项，以提供证据支持鉴证报告，并证明其已按照其他鉴证业务准则的规定执行业务。

至于某一事项是否属于重大事项，需要注册会计师根据具体情况进行判断。重大事项通常包括：

（1）引起特别风险的事项；

（2）实施鉴证程序的过程和结果，该结果表明鉴证对象信息可能存在重大错报，或需要修正以前对重大错报风险的评估和针对这些风险拟采取的应对措施；

（3）导致注册会计师难以实施必要程序的情形；

（4）导致提出非无保留结论的事项。

本准则第四十八条规定，对需要运用职业判断的所有重大事项，注册会计师应当记录推理过程和相关结论。如果对某些事项难以进行判断，注册会计师还应当记录得出结论时已知悉的有关事实。

二、编制和保存工作底稿

本准则第四十九条第一款规定，注册会计师应当将鉴证过程中考虑的所有重大事项记录于工作底稿。将注册会计师考虑的所有事项记录于工作底稿是既无必要也不可行的。

本准则第四十九条第二款规定，在运用职业判断确定工作底稿的编制和保存范围时，注册会计师应当考虑，使未曾接触该项其他鉴证业务的有经验的专业人士了解实施的鉴证程序，以及作出重大决策的依据（但不包括该业务的所有细节）。有经验的专业人士可能仅能够通过与编制工作底稿的注册会计师进行讨论，才能了解该业务的所有细节。

有经验的专业人士，是指对下列方面有合理了解的人士：

（1）鉴证过程；

（2）相关法律法规和鉴证业务准则的规定；

（3）被鉴证单位所处的经营环境；

（4）与其他鉴证业务或鉴证对象信息相关的专业问题。

第八章 编制鉴证报告

本准则第八章（第五十条至第七十四条），主要说明注册会计师编制其他鉴证业务鉴证报告的相关要求，包括编制鉴证报告的总体要求、鉴证报告的主要内容，以及保留结论、否定结论和无法提出结论的适用情形。

第一节 总体要求

一、鉴证结论的形成

本准则第五十条第一款规定，注册会计师应当判断是否已获取充分、适当的证据，以支持鉴证结论。

如果尚未获取充分、适当的证据，注册会计师就不能形成鉴证结论，而需要重新执行或追加证据收集程序，直至获取足以支持鉴证结论的充分、适当的证据。如果由于工作范围受到业务环境、责任方或委托人的限制，不能获取必要的证据，注册会计师应当出具保留结论或无法提出结论的报告。

本准则第五十条第二款规定，在形成鉴证结论时，注册会计师应当考虑所有相关的证据，包括能够印证鉴证对象信息的证据和与之相矛盾的证据。注册会计师应当保持职业怀疑态度，对于与鉴证对象信息相矛盾的证据，应当获取额外的证据予以解决，并考虑其对鉴证结论的影响。

二、短式报告和长式报告

本准则第五十一条规定，注册会计师应当以书面报告形式提出鉴证结论，鉴证报告应当清晰表述注册会计师对鉴证对象信息提出的结论。如果没有书面报告的支持，以口头和其他形式提出结论可能会产生误解。因此，在没有同时提供最终书面报告且该报告易于获取的情况下，注册会计师不应当以口头形式出具报告。

其他鉴证业务的鉴证报告可以分为短式报告和长式报告。

本准则第五十二条规定，注册会计师应当根据具体业务环境选择短式报告或长式报告，将信息有效地传达给预期使用者。

短式报告通常包括本准则第五十三条所述的鉴证报告的基本内容。长式报告除包括基本内容外，还包括对业务约定条款的详细说明、在特定方面发现的问题以及提出的相关建议。

在长式报告中，注册会计师应当将发现的问题及相关建议与鉴证结论清楚分开，并以适当措辞指出这些问题和建议不会影响鉴证结论。注册会计师还可以使用标题、段落编号、排印技术（如粗体）以及其他一些方法增强报告的清晰性和可读性。

第二节 鉴证报告的内容

一、鉴证报告的基本内容

本准则第五十三条至第七十一条是对鉴证报告基本内容的规定。

其中，本准则第五十三条总括了鉴证报告的内容，规定鉴证报告应当包含下列基本内容：

（1）标题；
（2）收件人；
（3）对鉴证对象信息（适当时也包括鉴证对象）的界定与描述；
（4）使用的标准；
（5）适当时，对按照标准评价或计量鉴证对象存在的所有重大固有限制的说明；
（6）必要时，对报告使用者和使用目的的限定；
（7）责任方的界定以及对责任方和注册会计师各自责任的说明；
（8）按照其他鉴证业务准则的规定执行业务的说明；
（9）工作概述；
（10）鉴证结论；
（11）注册会计师的签名及盖章；
（12）会计师事务所的名称、地址及盖章；
（13）报告日期。

二、鉴证报告的标题

本准则第五十四条规定，鉴证报告的标题应当清晰表述其他鉴证业务的性质。

适当的标题还有助于区别注册会计师出具的鉴证报告与其他人员出具的报告。例如，不必遵循注册会计师职业道德要求的人员出具的报告。

三、鉴证报告的收件人

本准则第五十五条规定，鉴证报告的收件人是指鉴证报告应当提交的对象。在可行的情况下，鉴证报告的收件人应当明确为所有的预期使用者。但在某些情况下，可能还存在其他的预期使用者。

四、对鉴证对象信息的界定与描述

本准则第五十六条第一款规定，鉴证报告中对鉴证对象信息（适当时也包括鉴证对象）的界定与描述主要包括：

（1）与评价或计量鉴证对象相关的时点或期间；

（2）鉴证对象涉及的被鉴证单位或其组成部分的名称；

（3）对鉴证对象或鉴证对象信息的特征及其影响的解释，包括解释这些特征如何影响对鉴证对象按照既定标准进行评价或计量的准确性，以及如何影响所获取证据的说服力。例如，鉴证对象信息是定性的还是定量的，是主观的还是客观的，是历史的还是预期的。又如，鉴证对象或其他业务环境的变动，该变动可能会影响鉴证对象信息的期间可比性。

本准则第五十六条第二款规定，如果在鉴证结论中提及责任方认定，注册会计师应当将该认定附于鉴证报告后，或在鉴证报告中复述该认定，或指明预期使用者能够从何处获取该认定。

五、对标准的说明与披露

鉴证对象信息是按照标准对鉴证对象进行评价和计量的结果。在其他鉴证业务中，注册会计师应当根据既定标准对责任方认定进行再评价或计量，或直接对鉴证对象进行评价或计量，据此提出鉴证结论。

本准则第五十七条规定，鉴证报告应当指出评价或计量鉴证对象所使用的标准，以使预期使用者能够了解注册会计师提出结论的依据。

注册会计师可以直接在鉴证报告中说明相关的标准。如果预期使用者能够获取责任方认定，且该认定中已说明相关标准，或容易从其他来源获取该标准，注册会计师也可以仅在鉴证报告中提及该标准。

本准则第五十八条规定，注册会计师应当根据具体业务环境考虑是否披露：

（1）标准的来源，以及标准是否为公开发布的标准，如果不是公开发布的标准，应当说明使用该标准的理由；

（2）当标准允许选用多种计量方法时，采用的计量方法；

（3）使用标准时作出的重要解释；

（4）采用的计量方法是否发生变更。

所谓公开发布的标准,是指在法律法规中进行表述,或由公认或授权的专业机构通过透明的程序所发布的标准。

六、对重大固有限制的说明

在某些情况下,鉴证报告的使用者可能并不了解按照标准评价或计量鉴证对象存在的重大固有限制。因此,在鉴证报告中对固有限制作出明确说明是必要的。

本准则第五十九条规定,如果根据标准评价或计量鉴证对象存在重大固有限制,且预期鉴证报告的使用者不能充分理解,注册会计师应当在鉴证报告中明确提及该限制。例如,在内部控制鉴证报告中,注册会计师应当提醒鉴证报告使用者关注,内部控制具有固有限制,存在由于错误或舞弊而导致错报发生且未被发现的可能性。此外,由于情况的变化可能导致内部控制变得不恰当,或降低对控制政策、程序遵循的程度,根据内部控制评价结果推测未来内部控制有效性具有一定的风险。

七、对报告使用者或使用目的的限定

本准则第六十条规定,如果用于评价或计量鉴证对象的标准仅能为特定使用者所获取,或仅与特定目的相关,注册会计师应当在鉴证报告中指明该鉴证报告的使用仅限于特定使用者或特定目的。

例如,行业协会发布标准可能仅能为本行业内部的预期使用者获取;合同条款仅能为合同双方获取,且仅适用于合同约定事项。在这种情况下,鉴证报告的使用也应限于这些特定的预期使用者或特定目的。

八、对注册会计师和责任方各自责任的界定

本准则第六十一条规定,注册会计师应当在鉴证报告中界定责任方以及责任方和注册会计师各自的责任。

对于直接报告业务,注册会计师可能无法获取责任方认定。在这种情况下,注册会计师应当在鉴证报告中指明责任方对鉴证对象负责。对于基于认定的业务,注册会计师应当获取责任方认定,并针对责任方认定提出鉴证结论。在这种情况下,注册会计师应当在鉴证报告中指明责任方对鉴证对象信息负责。

注册会计师的责任是对鉴证对象信息独立地提出结论。

九、按照其他鉴证业务准则的规定执行业务的说明

本准则第六十二条规定,注册会计师应当在鉴证报告中说明,该项其他鉴证业务是按照其他鉴证业务准则的规定执行的。如果存在针对该项其他鉴证业务的具体准则,注册会计师应当根据该准则的规定决定是否在鉴证报告中特别提及该准则。

十、工作概述

本准则第六十三条第一款规定,为使预期使用者了解鉴证报告所表达的保证性质,注册会计师应当参照相关的审计准则和审阅准则,在鉴证报告中概述已执行的鉴证工作。

例如,注册会计师可以以如下方式概述已执行的工作:"我们按照×准则的规定

执行了鉴证业务。该准则要求我们计划和实施鉴证工作，以对鉴证对象信息是否不存在重大错报获取合理保证。在鉴证过程中，我们实施了包括了解、测试和评价 × 系统设计的合理性和执行的有效性，以及我们认为必要的其他程序。我们相信，我们的鉴证工作为发表意见提供了合理的基础"。

本准则第六十三条第二款规定，如果没有相关的鉴证业务准则对特定鉴证对象的证据收集程序作出规定，注册会计师应当在概述时更具体地说明已执行的工作。

本准则第六十四条第一款规定，在有限保证的其他鉴证业务中，为使预期使用者理解以消极方式表达的结论所传达的保证性质，注册会计师对已执行工作的概述通常比在合理保证的其他鉴证业务中的概述更加详细。

本准则第六十四条第二款规定，在有限保证的其他鉴证业务中，对已执行工作的概述应当包括下列内容：

（1）指出证据收集程序的性质、时间和范围存在的限制，必要时，说明没有执行合理保证的其他鉴证业务中通常实施的程序；

（2）说明由于证据收集程序比合理保证的其他鉴证业务更为有限，因此，获得的保证程度低于合理保证的其他鉴证业务的保证程度。

例如，在有限保证的其他鉴证业务报告中，注册会计师可以以如下方式概述已执行的工作："我们按照 × 准则的规定执行了鉴证业务。该准则要求我们计划和实施鉴证工作，以对鉴证对象信息是否不存在重大错报获取有限保证。我们的鉴证工作主要限于询问责任方有关人员和对有关数据实施分析程序，提供的保证水平为有限保证，其保证程度低于合理保证。我们没有执行合理保证的其他鉴证业务中通常实施的程序，因而不发表合理保证的鉴证意见。"

十一、鉴证结论

本准则第六十五条第一款规定，注册会计师应当在鉴证报告中清楚地说明鉴证结论。如果鉴证对象信息由多个方面组成，注册会计师可就每个方面分别提出结论。

本准则第六十五条第二款规定，虽然提出这些结论并非都需要执行相同水平的证据收集程序，但注册会计师应当根据某一方面执行的工作是合理保证还是有限保证，决定该方面结论的适当表达方式。例如，在预测性财务信息审核业务中，注册会计师对预测性财务信息所依据的假设的合理性进行评价时，由于所能获取的证据类型所限，因此，当对管理层采用的假设的合理性发表意见时，注册会计师仅提供有限保证。与此同时，注册会计师还需要对预测性财务信息是否依据假设恰当编制，并按照适用的会计准则和相关会计制度的规定进行列报发表意见。对这一事项，注册会计师通常提供合理保证。因此，在同一份预测性财务信息审核报告中往往会出现两种保证水平共存的情况，即对于假设的合理性提供有限保证，而对预测性财务信息的编制与假设的一致性，以及是否按照适用的会计准则和相关会计制度的规定进行列报提供合理保证。

十二、对背景的说明

本准则第六十六条规定，在适当情况下，注册会计师应当在鉴证报告中告知预期使用者提出该结论的背景。比如注册会计师的结论中可能包括"本结论是在受到鉴证报告中指出的固有限制的条件下形成的"的措辞。当鉴证报告中包含了对鉴证对象信息特征的解释，预期使用者应当了解这种特征时，对背景的说明尤其重要。

十三、鉴证结论的不同表达方式

合理保证和有限保证提供的保证水平不同，鉴证后鉴证对象信息的可信性也不同，为了使预期使用者能够清楚了解两者的区别，两者提出结论的方式也不同。

本准则第六十七条规定，在合理保证的其他鉴证业务中，注册会计师应当以积极方式提出结论，如"我们认为，根据 × 标准，内部控制在所有重大方面是有效的"或"我们认为，责任方作出的'根据 × 标准，内部控制在所有重大方面是有效的'这一认定是公允的"。

本准则第六十八条规定，在有限保证的其他鉴证业务中，注册会计师应当以消极方式提出结论，如"基于本报告所述的工作，我们没有注意到任何事项使我们相信，根据 × 标准，× 系统在任何重大方面是无效的"或"基于本报告所述的工作，我们没有注意到任何事项使我们相信，责任方作出的'根据 × 标准，× 系统在所有重大方面是有效的'这一认定是不公允的"。

十四、对提出非无保留结论理由的说明

本准则第六十九条规定，如果提出无保留结论之外的其他结论，注册会计师应当在鉴证报告中清楚说明提出该结论的理由。例如，注册会计师的工作范围受到业务环境、责任方或委托人的限制，注册会计师无法获取必要的证据将鉴证业务风险降至适当水平。在这种情况下，注册会计师应当在鉴证报告中说明由于工作范围受到限制，因此出具保留结论或无法提出结论的鉴证报告。

十五、报告日期

本准则第七十条规定，鉴证报告应当注明报告日期，以使预期使用者了解注册会计师已考虑截至报告日发生的事项对鉴证对象信息和鉴证报告的影响。

十六、注册会计师的姓名以及会计师事务所的名称、地址及盖章

会计师事务所的地址通常标明的是会计师事务所中对鉴证业务负有责任的办事处所在的城市，以向预期使用者告知对该业务承担责任的个人及事务所。

十七、对其他信息或解释的说明

本准则第七十一条第一款规定，注册会计师可以在鉴证报告中增加不会影响鉴证结论的其他信息或解释。这些信息或解释主要包括：

（1）注册会计师和其他参加具体业务的人员的资格和经验；
（2）重要性水平；
（3）在该业务的特定方面发现的问题及相关建议。

本准则第七十一条第二款规定，鉴证报告中是否包含此类信息取决于该信息对预期使用者需求的重要程度。增加的信息应当与注册会计师的结论清楚分开，并在措辞上不影响鉴证结论。

第三节 保留结论、否定结论和无法提出结论

一、不应当提出无保留结论的情况

本准则第七十二条规定,如果存在下列事项,且判断该事项的影响重大或可能重大,注册会计师不应当提出无保留结论:

(1)由于工作范围受到业务环境、责任方或委托人的限制,注册会计师不能获取必要的证据将鉴证业务风险降至适当水平,在这种情况下,应当出具保留结论或无法提出结论的报告;

(2)如果结论提及责任方认定,且该认定未在所有重大方面作出公允表达,注册会计师应当提出保留结论或否定结论;如果结论直接提及鉴证对象及标准,且鉴证对象信息存在重大错报,注册会计师应当提出保留结论或否定结论;

(3)在承接业务后,如果发现标准或鉴证对象不适当,可能误导预期使用者,注册会计师应当提出保留结论或否定结论;如果发现标准或鉴证对象不适当,造成工作范围受到限制,注册会计师应当出具保留结论或无法提出结论的报告。

二、提出保留结论的情况及措辞

本准则第七十三条规定,如果某事项造成影响的重大与广泛程度不足以导致出具否定结论或无法提出结论的报告,注册会计师应当提出保留结论,并在报告中使用"除……的影响外"等措辞。

三、关于保留结论、否定结论和无法提出结论情况的要点概括

表3101-1说明了在各种情况下,注册会计师应当提出的鉴证结论类型。

表 3101-1 提出不同类型鉴证结论的情形

该事项的影响可能重大	保留结论	否定结论	无法提出结论
1. 工作范围受到限制	√		√
2. 在基于责任方认定的业务中,责任方认定未在重大方面作出公开公允表达;在直接报告业务中,鉴证对象信息存在重大错报	√	√	
3. 标准或鉴证对象不适当,可能误导预期使用者	√	√	
4. 标准或鉴证对象不适当,造成工作范围受到限制	√		√

四、责任方认定指明存在错报时的鉴证结论

本准则第七十四条规定,如果责任方认定已指出并适当说明鉴证对象信息存在重大错报,注册会计师应当选择下列一种方式提出鉴证结论:

(1)直接对鉴证对象和使用的标准提出保留结论或否定结论;

(2)如果业务约定条款特别要求针对责任方认定提出结论,注册会计师应当提出

无保留结论,并在鉴证报告中增加强调事项段,说明鉴证对象信息存在重大错报且责任方认定已对此作出了适当说明。

第九章 其他报告责任

本准则第九章(第七十五条至第七十六条),主要说明注册会计师对其他报告责任的考虑。

一、考虑其他报告责任

本准则第七十五条第一款规定,注册会计师应当考虑其他报告责任,包括考虑就执行业务过程中注意到的与治理层责任相关的事项与治理层沟通的适当性。

在本准则中,"治理"是指受托对责任方进行监督、控制和指导的人员所承担的职能。治理层通常有责任确保本组织实现其目标,并对相关利益团体负责。

在本准则中,"与治理层责任相关的事项"是指在其他鉴证业务中出现的,与治理层相关并且重大的事项。相关事项仅包括执行其他鉴证业务过程中引起注册会计师注意的事项。

本准则第七十五条第二款规定,如果委托人并非责任方,注册会计师直接与责任方或责任方的治理层沟通可能是不适当的。

二、关于其他报告责任的特别提示

本准则第七十六条规定,如果业务约定条款对此没有特殊要求,注册会计师不必设计专门的程序以识别与治理层责任相关的事项。

《中国注册会计师其他鉴证业务准则第 3111 号——预测性财务信息的审核》应用指南

（2007 年 11 月 29 日修订）

第一章 总 则

《中国注册会计师其他鉴证业务准则第 3111 号——预测性财务信息的审核》（以下简称本准则）第一章（第一条至第四条），主要说明本准则制定目的、与本准则相关的几个重要概念以及预测性财务信息审核的总体要求。

一、预测性财务信息的含义

本准则第二条明确了预测性财务信息的含义。预测性财务信息是指被审核单位依据对未来可能发生的事项或采取的行动的假设而编制的财务信息。

预测性财务信息可能包括财务报表整体（即包含资产负债表、利润表、股东权益变动表和现金流量表以及财务报表附注在内的一套完整的财务报表）或财务报表的一项或多项要素（例如，其中的某一张财务报表，或者某一张财务报表中的一个或者多个项目等）。对于那些以一套完整的财务报表形式出现的预测性财务信息，通常称为预测性财务报表。在列报预测性财务报表时，一般需要在附注中提供编制该预测性财务报表所依据的重要假设和会计政策。

预测性财务信息可用于如下目的：

（1）作为内部管理工具，如用于评价拟进行的资本投资；

（2）提供给其他人员作为决策所需的信息，如向潜在投资者提供未来预期的信息；作为向股东、监管机构和其他利益相关方提供的年度报告的一部分；向贷款者提供的现金流量预测之类的文件。

预测性财务信息所涵盖的期间可以有一部分是历史期间（例如，在 2006 年 4 月编制 2006 年全年的预测性财务报表时，其中 1～3 月份的数据是已实现数），但不能全部是历史期间，必须至少有一部分属于未来期间。

由于预测性财务信息所涉及的是截至目前尚未发生的事项，因此不可避免地带有高度的主观性，并且在编制过程中需要作出大量的估计和判断。这是预测性财务信息的一项重要特征。

二、最佳估计假设和推测性假设

根据本准则第二条的规定，编制预测性财务信息所依据的假设可以分为两类：

1. 最佳估计假设，是指截至编制预测性财务信息日，管理层对预期未来发生的事项和采取的行动作出的假设。

2. 推测性假设，是指管理层对未来事项和采取的行动作出的假设，该事项或行动预期在未来未必发生。例如，企业尚处于营业初期，未来经营状况的不确定性较大；或者管理层正在考虑进行重大的业务转型，而该转型的效果尚有较大的不确定性等。

可以看出，最佳估计假设和推测性假设的主要区别在于管理层对于假设的事项或行动在未来发生的可能性的判断不同。预测性财务信息所依据的假设需要在这两类假设之间作出恰当的分类，这是由于假设的类别直接决定了以之为基础的预测性财务信息的分类，也决定了注册会计师评价假设时采用的审核程序以及是否需要获取支持性的证据。

三、预测与规划

本准则第二条第二款明确指出，预测性财务信息可以表现为预测、规划或两者的结合。

（一）预测

本准则第二条第三款指出，预测是指管理层在最佳估计假设的基础上编制的预测性财务信息。

盈利预测是一种最典型的预测，是指被审核单位（如证券发行人）的管理层在对未来经营业绩所作最佳估计假设的基础上编制的预测性财务信息。

（二）规划

本准则第二条第四款指出，规划是指管理层基于推测性假设，或同时基于推测性假设和最佳估计假设编制的预测性财务信息。

规划信息多见于"如果……那么……"的分析中，即在给定的推测性假设下估算相关财务指标在预测性财务信息编制日的可能结果。例如，假定市场占有率分别为5%、10%和20%，在此基础上分别推算各种情况下可能获得的净利润。这时，假定的市场占有率数据属于推测性假设，所预测的财务信息属于规划。

（三）预测与规划的结合

在很多情况下，预测性财务信息可以表现为预测和规划的结合。例如，管理层可以编制2007年度的预测和2008—2012年各年度的规划，并在同一份文件中同时列报。

预测和规划所依据的假设的性质不同，如果在同一份文件中既包含预测，又包含规划，应当清楚地标明哪些信息属于预测，哪些信息属于规划。

区分预测和规划的标准是其所依据假设的性质，而不是涵盖期间的长短。当然，随着涵盖期间的延长，管理层作出最佳估计假设的能力会逐步减弱，因而涵盖期间长的预测性财务信息被定性为规划的可能性相对较大，但这并不表明涵盖时间长的预测性财务信息必然是规划，涵盖时间短的预测性财务信息必然是预测。

四、预测性财务信息审核的总体要求

注册会计师在执行预测性财务信息审核业务的过程中，应当遵守相关的职业道德规范，恪守独立、客观、公正的原则，保持专业胜任能力和应有的关注，并对执业过程中

获知的信息保密。

注册会计师应当在了解被审核单位的情况以及预测性财务信息涵盖期间的基础上，实施相应的审核程序，获取充分、适当的审核证据，作为形成审核结论和发表审核意见的基础。

本准则第三条规定，在执行预测性财务信息审核业务时，注册会计师应当就下列事项获取充分、适当的证据：

（1）管理层编制预测性财务信息所依据的最佳估计假设并非不合理；在依据推测性假设的情况下，推测性假设与信息的编制目的是相适应的；

（2）预测性财务信息是在假设的基础上恰当编制的；

（3）预测性财务信息已恰当列报，所有重大假设已充分披露，包括说明采用的是推测性假设还是最佳估计假设；

（4）预测性财务信息的编制基础与历史财务报表一致，并选用了恰当的会计政策。

五、管理层的责任与注册会计师的责任

本准则第四条界定了管理层和注册会计师对预测性财务信息各自的责任。

（一）管理层的责任

本准则第四条第一款规定，管理层负责编制和披露预测性财务信息，包括识别和披露预测性财务信息依据的假设。

由于预测性财务信息能否最终实现取决于多种因素，其中一些因素对管理层而言是不可控的，因此，管理层无法对预测性财务信息的未来可实现程度作出保证。但是，管理层对被审核单位的业务最为了解，且能够对被审核单位的经营活动施加控制或者影响，因此有能力对各项关键因素作出合理、适当的假设，并对编制预测性财务信息的假设进行识别和披露。

（二）注册会计师的责任

本准则第四条第二款规定，注册会计师接受委托对预测性财务信息实施审核并出具报告，可增强该信息的可信赖程度。

注册会计师的责任不包括对预测性财务信息的结果能否实现发表意见，但需要对管理层采用假设是否合理发表有限保证的审核意见，对预测性财务信息是否依据这些假设恰当编制并按照适用的会计准则和相关会计制度的规定进行列报发表合理保证的审核意见。

注册会计师应当通过业务约定书、管理层声明书等形式提请管理层确认应由其承担的责任，并且在出具的预测性财务信息审核报告中对管理层的责任作出清晰的界定，借以提示预测性财务信息的使用者。

六、本准则的适用范围

本准则适用于对预测性财务信息（如预测性财务报表）执行的鉴证业务，包括对其所依据的最佳估计假设和推测性假设的审核程序。尽管本准则所列示的很多程序可能适用于以文字叙述方式表述的预测性财务信息（如年度报告"管理层讨论与分析"部分中披露的未来年度盈利预测）的审核，但本准则不适用于对这类预测性财务信息的审核业务。

第二章 保 证 程 度

本准则第二章（第五条至第六条），主要说明注册会计师在预测性财务信息审核业务中对不同事项提供的保证程度。

一、不对预测性财务信息的结果能否实现发表意见

预测性财务信息是被审核单位管理层对未来所作的预计和测算，很大程度上受到主观判断的影响，所涉及的事项和行动通常并非如预期的那样发生，并且变动可能重大，实际结果可能与预测性财务信息存在差异。此外，尽管可能获得证据，以支持编制预测性财务信息所适用的假设，但这类证据通常是"未来导向"的，具有推测性质，明显不同于在历史财务信息审计中所获得的证据。因此，本准则第五条规定，注册会计师不应对预测性财务信息的结果能否实现发表意见。

二、对管理层采用假设的合理性提供有限保证

鉴证业务的保证程度分为合理保证和有限保证，有限保证的保证程度低于合理保证。在对预测性财务信息所依据假设的合理性进行评价时，根据所能获取的支持性证据，注册会计师很难以积极方式就假设不存在重大错报发表意见，而只能判断有无任何证据表明假设不合理。因此，本准则第六条明确，当对管理层采用的假设的合理性发表意见时，注册会计师仅提供有限保证。然而，假如注册会计师根据职业判断认为能够获得足够的满意程度，则也可以针对假设以积极方式提供保证。

三、提供合理保证的事项

在预测性财务信息审核业务中，注册会计师需要对预测性财务信息是否依据假设恰当编制，并按照适用的会计准则和相关会计制度的规定进行列报发表意见。对这一事项，注册会计师通常提供合理保证。

因此，在同一份预测性财务信息审核报告中往往会出现两种保证共存的情况，即对于假设的合理性提供有限保证，同时对预测性财务信息的编制与假设的一致性，以及是否按照适用的会计准则和相关会计制度的规定进行列报提供合理保证。注册会计师应当注意区分不同性质的保证及其各自的适用范围，避免混淆。

第三章 接受业务委托

本准则第三章（第七条至第九条），主要说明注册会计师承接预测性财务信息审核业务前应当考虑的因素、不适合承接业务的情形以及业务约定书的内容。

一、承接预测性财务信息审核业务前应当考虑的因素

为了明确预测性财务信息的性质、范围、委托目的，以及对可能因承接业务而面临的执业风险作出有根据的判断，本准则第七条规定，在承接预测性财务信息审核业务前，注册会计师应当考虑下列因素。

（一）信息的预定用途

管理层编制预测性财务信息，可能是为了内部使用，也可能是为了对外提供。以下

是一些预测性财务信息用途的典型例子：

（1）作为被审核单位内部管理的工具，例如，为评价一项拟议中的资本性支出提供参考；

（2）按照证券发行相关信息披露规范的要求，在招股说明书、募集说明书中向潜在投资者提供关于发行人未来发展前景的信息；

（3）在年报和其他定期报告中向股东、监管机构和其他方面提供信息；

（4）向债权人提供信息，例如，申请贷款时向银行提供未来现金流量的预测。

（二）信息是广为分发还是有限分发

信息是广为分发还是有限分发，是指信息的使用者是否限于已知的特定对象。如果发生与审核业务相关的诉讼，可能会影响到注册会计师需要承担的法律责任的大小。注册会计师应当考虑预测性财务信息的性质与其预期使用者的范围是否相称。

在广为分发的情形下（如为了公开发行证券而公告盈利预测信息），由于其使用者不能直接向被审核单位提出关于预测性财务信息列报方面的要求，因此，最有用的预测性财务信息是被审核单位对预期财务状况、经营成果和现金流量的最佳估计，通常需要被审核单位提供预测而不是规划。

在有限分发的情形下（如为申请贷款而向银行提供现金流量预测，以及限于企业内部使用的预测性财务信息），被审核单位提供的预测性财务信息的类型主要取决于信息使用者的特定需求，可能在某些情况下提供预测，而在另一些情况下提供规划。

如果预测性财务信息属于有限分发，应当在业务约定书中指明审核报告的具体致送对象。

（三）假设的性质

假设的性质，即假设是最佳估计假设还是推测性假设，这直接决定了预测性财务信息的类型、注册会计师应当实施的审核程序以及需要获取的审核证据。

在多数情况下，一项预测性财务信息会同时以多项假设作为基础，其中可能有部分假设属于最佳估计假设，部分属于推测性假设。在以多项假设为基础的情况下，各项假设之间很可能并不是互相独立的，而是存在某种联系。假设之间是否存在矛盾之处，是注册会计师在审核假设时应予以重点关注的问题之一。

（四）信息中包含的要素

信息中包含的要素，即信息中所包含的内容及其性质。例如，预测性财务信息是一整套财务报表、部分财务报表还是财务报表中的若干项目，或是其他财务信息等。信息中包含的要素将会影响注册会计师需要实施的审核程序的性质、时间和范围。

（五）信息涵盖的期间

信息涵盖的期间直接影响管理层所作假设的可靠性。随着涵盖时间的延长，假设的主观性将会增加，审核风险也会相应增加。注册会计师尤其应当关注预测性财务信息的涵盖期间是否超过了管理层作出合理假设的期间。

二、不适合承接业务的情形

本准则第八条规定，注册会计师在承接业务时，或者在业务的执行过程中，如果发现假设明显不切实际，或认为预测性财务信息并不适合预定用途，应当拒绝接受业务委托，或解除业务约定。

之所以要这样做，是因为在上述情况下，预测性财务信息或者没有合理的基础，或者容易误导信息使用者。注册会计师如果执行此类预测性财务信息的审核业务，很可能会导致自身的风险被不恰当地放大。

在已签订业务约定书的情况下解除业务约定，由于可能涉及违约责任等法律问题，注册会计师在决定解除业务约定之前，应当考虑征询法律意见。

三、签订业务约定书

本准则第九条规定，注册会计师应当与委托人就业务约定条款达成一致意见，并签订业务约定书。

业务约定书是会计师事务所与被审核单位签订的，用以记录和确认审核业务的委托与受托关系、审核目标和范围、双方的责任以及报告的格式等事项的书面协议。业务约定书中除了明确注册会计师在承接业务时应予考虑的各项因素外，还对管理层的责任作出说明和约定。签订业务约定书，有助于双方避免误解。

本指南附录3111-2提供了预测性财务信息审核业务约定书的参考格式。

第四章 了解被审核单位情况

本准则第四章（第十条至第十二条），主要说明注册会计师应当了解被审核单位的情况，包括管理层是否识别出编制预测性财务信息所要求的全部重要假设、预测性财务信息的编制过程、编制预测性财务信息时对历史财务信息的依赖。

一、了解管理层是否识别出编制预测性财务信息所要求的全部重要假设

本准则第十条第一款规定，注册会计师应当充分了解被审核单位情况，以评价管理层是否识别出编制预测性财务信息所要求的全部重要假设。

注册会计师可以通过一些途径了解被审核单位的基本情况，例如，询问被审核单位的管理层；从提供类似服务中获得经验；向熟悉被审核单位所处行业的人士进行咨询；阅读行业出版物、期刊或其他资料以及证券分析师撰写的行业分析报告等。

如果注册会计师同时向被审核单位提供审计或审阅服务，或者在以前年度向被审核单位提供过预测性财务信息的审核服务，也可以参考执行这些业务时获得的对被审核单位情况的了解。但需要注意的是，在审计或审阅业务中，注册会计师的了解偏重于历史情况，预测性财务信息审核业务则偏重于与预测性财务信息相关的未来发展趋势，因此，对于审计、审阅业务而言已属足够的了解，对预测性财务信息的审核而言可能尚不充分，还需就某些方面作进一步的了解。

例如，在盈利预测审核业务中，注册会计师需要重点了解的事项包括：

1.能否获得开展经营活动所需的资源，包括原材料、劳动力、短期和长期融资、固定资产、无形资产等，以及获取这些资源所需付出的成本。

2.被审核单位提供的产品或劳务的销售状况和市场状况。如果被审核单位并不直接面向最终消费者销售其产品或劳务，还应了解最终消费市场的有关情况。

3.与被审核单位所处行业有关的特定风险因素。例如，行业竞争状况、对宏观经济形势变化的敏感程度、特殊的会计政策和会计实务惯例、特殊的监管要求、技术进步情况等。

4. 有关被审核单位过去的经营业绩的情况，或与被审核单位具有可比性的其他企业的过去经营业绩的情况。例如收入和成本的变化趋势、资产周转状况、固定资产的产能及其实际利用情况和管理政策等。

在对被审核单位进行了解的基础上，注册会计师应当考虑被审核单位是否已识别出对预测性财务信息可能产生重大影响的所有主要因素，并为每一主要因素在该预测性财务信息涵盖期间内的变化情况建立了相应的假设。注册会计师还需要考虑被审核单位识别出的假设对于该预测性财务信息是否具有相关性。分析以前期间的历史财务数据有助于注册会计师识别影响预测性财务信息的主要因素。

二、了解预测性财务信息的编制过程

在了解被审核单位基本情况的基础上，本准则第十条第二款进一步要求注册会计师还应当通过考虑下列事项，熟悉被审核单位编制预测性财务信息的过程：

1. 与编制预测性财务信息相关的内部控制，以及负责编制预测性财务信息的人员的专业技能和经验。与编制预测性财务信息相关的内部控制主要包括：（1）有关支持预测性财务信息假设所依据的原始信息的收集、筛选制度及其可靠性的甄别制度；（2）预测性财务信息所依据假设的编制、复核、归类和审核制度；（3）依据假设编制和列报预测性财务信息的操作流程，以及相关的内部复核、审核和督导制度。

负责编制预测性财务信息的人员的专业技能和经验也会直接影响预测性财务信息的可靠性以及列报的合规性。对此，注册会计师应当关注这些人员以前有无在被审核单位及其所处行业工作的相关经验，是否能深入理解被审核单位的计划和预测性财务信息的编制流程等。

2. 支持管理层作出假设的文件的性质。支持管理层作出假设的文件，主要是指管理层据以作出假设的支持性证据的信息来源，包括被审核单位的相关内部文档、行业分析报告、有关的外部公开资料等。这些文件的性质决定假设的性质（即最佳估计假设或推测性假设）及其合理性。

3. 运用统计、数学方法及计算机辅助技术的程度。注册会计师应当了解这些方法和技术，如有可能，获取管理层对这些方法的描述和说明。如果这些方法或技术较为复杂，注册会计师应当考虑是否需要利用相关领域专家的工作。

4. 形成和运用假设时使用的方法。即被审核单位将假设所依据的支持性证据转换为假设并将其表述出来的方法，以及依据这些假设编制预测性财务信息的方法。

5. 以前期间编制预测性财务信息的准确性，及其与实际情况出现重大差异的原因。如果被审核单位以前编制过预测性财务信息，注册会计师应当考虑将过去编制的预测性财务信息与其所预测期间内的历史财务信息相比较，并对差异原因进行分析。此外，还应当考虑管理层是否已根据差异原因的分析结果，对编制预测性财务信息的流程和程序作出相应修正和完善。例如，如果发现该差异是由原先未识别出的影响因素导致的，注册会计师在以后编制类似的预测性财务信息时应考虑该因素的可能影响。

三、了解编制预测性财务信息时对历史财务信息的依赖

本准则第十一条规定，注册会计师应当考虑被审核单位编制预测性财务信息时依赖历史财务信息的程度是否合理。

注册会计师应当了解被审核单位的历史财务信息，以评价预测性财务信息与历史财务信息的编制基础是否一致，并为考虑管理层假设提供历史基准。这里的编制基础包括会计主体的确定、合并财务报表范围的确定、资产和负债的计量基础，以及所采用的其他会计政策等。如果编制基础不一致，就会降低管理层编制的预测性财务信息的可信赖程度。了解被审核单位的历史财务信息，还可以为注册会计师考虑管理层假设的合理性提供历史基准。

注册会计师应当关注历史财务信息本身的可靠性。为此，本准则第十一条第三款规定，注册会计师应当确定相关历史财务信息是否已经审计或审阅，是否选用了恰当的会计政策。

本准则第十二条规定，如果对上期历史财务信息出具了非标准审计报告或非标准审阅报告，或被审核单位尚处于营业初期，注册会计师应当考虑各项相关的事实及其对预测性财务信息审核的影响。

在过去的一段时间内，如果被审核单位与预测性财务信息相关的财务状况、经营成果和现金流量基本保持了一个较为稳定的模式或发展趋势，则历史财务信息中所表现出的趋势与预测性财务信息的相关度就较高。也就是说，注册会计师应当考虑历史财务信息中所体现的发展变化模式是否具有典型性。如果被审核单位尚处于营业初期（或筹建期），或者被审核单位的主要产品是目前市场前景尚不明朗的新产品，则注册会计师应当考虑各项相关的事实及其对预测性财务信息审核的影响。

第五章 涵盖期间

本准则第五章（第十三条至第十四条），主要说明注册会计师考虑预测性财务信息涵盖的期间，以及从哪些方面考虑涵盖期间的合理性。

一、考虑预测性财务信息涵盖的期间

本准则第十三条规定，注册会计师应当考虑预测性财务信息涵盖的期间。

随着涵盖期间的延长，假设的主观性将会增加，管理层作出最佳估计假设的能力将会减弱，预测性财务信息与最终实际情况不符的风险将会加大。因此，预测性财务信息涵盖的期间不应超过管理层可作出合理假设的期间。

二、考虑涵盖期间是否合理

本准则第十四条规定，注册会计师可以从下列方面考虑预测性财务信息涵盖的期间是否合理：

（一）经营周期

某些被审核单位的经营活动具有较明显的季节性、周期性特征，此时，预测性财务信息最好能涵盖一个完整的经营周期，以向信息使用者展示一个经营周期内其财务状况、经营成果和现金流量变动的全貌，避免对信息使用者产生误导。

例如，被审核单位是建筑施工企业，承接了一项重大的施工项目，则该施工项目的预计工期可能就是预测性财务信息涵盖期间的最合适长度。

（二）假设的可靠程度

在确保预测性财务信息合理性的前提下，预测性财务信息所依据假设的可靠程度越

高，预测性财务信息可以涵盖的期间也就越长。

例如，被审核单位正在推出一种新产品，市场前景尚不完全明朗，预测性财务信息涵盖期间的长度应当以短为宜，并可进一步细分为较短的时间单位，如以"周"或"月"为单位。如果被审核单位拥有一处不动产，其全部业务就是该不动产的出租，签订的租约都是长期合同，那么，将预测性财务信息的涵盖期间设定为一个较长的期间也是合理的。

（三）使用者的需求

预测性财务信息的使用者出于自身作出决策的需要，可能会对预测性财务信息的涵盖期间提出一定的要求。一般地，对于有限分发的预测性财务信息而言，信息使用者可以就此问题直接向被审核单位管理层提出要求；对于广为分发的预测性财务信息而言，对其涵盖期间长度的要求一般在法律法规中明确。注册会计师应当考虑预测性财务信息的涵盖期间是否可以满足使用者的需求或相关法律法规的规定。当然，使用者的需求仅仅是确定最合理的涵盖期间时应考虑的一个方面，注册会计师还需要考虑这一需求是否超出被审核单位管理层作出最佳估计假设的能力。

例如，被审核单位编制预测性财务信息的目的是向银行申请贷款，则向贷款银行提交的现金流量预测的涵盖期间应当与申请的贷款期间一致，以证明在贷款期内被审核单位拥有足以偿付全部贷款本息的净现金流量。

第六章　审　核　程　序

本准则第六章（第十五条至第二十二条），主要说明注册会计师在预测性财务信息审核中实施的审核程序，包括确定审核程序时考虑的因素、评价假设、评价预测性财务信息是否依据假设进行恰当编制、关注敏感领域、在某些特殊情况下如何实施审核程序、获取管理层书面声明。

一、确定审核程序的性质、时间和范围时应考虑的因素

实施审核程序的目标是获取充分、适当的审核证据，出具审核报告，增强所审核的预测性财务信息的可信赖程度。注册会计师应当通过确定和实施恰当的审核程序来实现这一目标。

本准则第十五条规定，在确定审核程序的性质、时间和范围时，注册会计师应当考虑下列因素：

（1）重大错报的可能性；
（2）以前期间执行业务所了解的情况；
（3）管理层编制预测性财务信息的能力；
（4）预测性财务信息受管理层判断影响的程度；
（5）基础数据的恰当性和可靠性。

二、评估最佳估计假设

本准则第十六条规定，注册会计师应当评估支持管理层作出最佳估计假设的证据的来源和可靠性。注册会计师可以从内部或外部来源获取支持这些假设的充分、适当的证据。

这里所说的内部来源包括预算、劳动合同、专利许可使用协议、已签订但尚未履行的购销合同、债务协议和董事会拟定的公司战略计划等；外部来源可能包括政府公报、

专业机构的研究报告、行业出版物、宏观经济预测、相关法律法规（包括正处于立法进程中的新法律法规）以及关于技术进步问题的报告等。

注册会计师应当评估形成假设信息的可靠性，包括根据历史财务信息考虑这些假设，以及评价这些假设是否依据被审核单位有能力实现的计划。同时，注册会计师还要考虑历史非财务信息。

需要指出的是，评价假设是否得到了适当的支持，需要同时考虑所获取的支持性证据的数量和证明力。由于在形成假设时需要运用判断，不同的人依据相同的信息可能形成不同的假设，而这些假设的合理程度可能是一样的。如果遇到这种情况，注册会计师应当关注管理层从这些假设中最终选择作为编制预测性财务信息假设的理由是否充分和合理，是否有更为合理的假设而没有采用，必要时提请管理层充分披露其他假设，或修改预测性财务信息的表述方式，即采用区间方式而不是点估计方式。如果能较为合理地预计各种情况出现的概率，也可提请管理层在预测性财务信息中予以披露。如果各个假设的合理程度相同，但各个假设对同一事项的估计存在较大差异，这样做就更为必要。

三、评估推测性假设

本准则第十七条第一款规定，当使用推测性假设时，注册会计师应当确定这些假设的所有重要影响是否已得到考虑。例如，预期未来销售量将超过被审核单位现有设备的生产能力，则预测性财务信息就需要考虑新增设备投资的影响，或者为达到预期销售量可采取的其他方法（例如将部分生产环节外包）对成本的影响。

本准则第十七条第二款进一步明确，对推测性假设，注册会计师不需要获取支持性的证据，但应当确定这些假设与编制预测性财务信息的目的相适应，并且没有理由相信这些假设明显不切合实际。

在确定推测性假设时，不能出于不当目的而选取过于乐观或者过于谨慎的假设。其他假设必须建立在该推测性假设成立的前提下，并且各假设之间不存在矛盾，也就是说，其他假设应当可以描述在该推测性假设成立的前提下可能出现的情况。

例如，某项规划对市场占有率分别为5%、10%和20%时被审核单位的净利润水平进行测算。除了市场占有率外，编制该规划时还依据下列假设和信息：

（1）本企业现有生产设备的年生产能力为1000件，如果年度销售量超过年生产能力，则需扩建现有生产线；

（2）预计未来一段时间内，该产品的市场年度总需求量为1万件；

（3）如果扩建现有生产线，则需要相应的资本支出（估计为100万元），相应折旧成本总额将上升，但由于产量增加导致的固定成本摊薄效应，单位固定成本将会下降2%。

本例中所用到的市场占有率属于推测性假设，因为无法获取关于未来市场占有率的最佳估计数据；（1）中所指的现有设备年生产能力数据是真实的历史数据，不属于假设；而（2）和（3）中未来产品的总需求量、未来资本支出金额和单位固定成本的下降幅度等数据都应当是建立在给定的市场占有率下对未来情况的最佳估计基础上的，所以应当属于最佳估计假设。

相应地，在审核过程中，注册会计师对于市场占有率数据无需获取支持性证据，但应考虑按照该企业的目前状况和历史趋势，是否有明显证据表明这里所假设的市场占有率显著脱离实际（明显偏高或者偏低）。对于（2）和（3）两项假设，注册会计师需获取支持性证据，即在给定的市场占有率下，（2）和（3）两项假设是否合理；同时还需要关注（2）和（3）两项假设是否与给定的市场占有率假设相矛盾，以及（2）和（3）两项假设之间是否存在矛盾（例如，根据本案例中给出的数据，应该是只有在市场占有率为20%时才需要发生扩建现有生产线的资本支出，以及出现单位固定成本下降的情况）。

如果推测性假设与编制预测性财务信息的目的不相适应，或者有理由相信这些假设明显不切合实际，注册会计师应提请管理层修正这些假设。如果管理层拒绝作出修正，注册会计师应当考虑这些假设对审核报告的影响，出具保留或否定意见的审核报告，或者解除业务约定。

四、评价假设时应重点关注的对象

注册会计师在评价编制预测性财务信息所依据的假设时，应当重点关注具有以下特征的假设：

（1）对预测性财务信息具有重大影响的假设；
（2）对内外部因素的变化特别敏感的假设；
（3）与历史模式或趋势不相符的假设；
（4）存在重大不确定性的假设。

注册会计师可以通过下列程序，识别具有上述特征的假设：

（1）分析被审核单位的有关文档资料及其中的原始数据，确定可能对被审核的预测性财务信息产生重大影响的关键因素；
（2）获取与被审核单位类似单位的预测性财务信息，识别这些单位的预测性财务信息中的关键假设；
（3）分析以前期间的经营成果，识别可能对经营成果产生重要影响的因素；
（4）获取和查阅已批准报出的财务报表、公开媒体报道、正式计划、董事会会议纪要等文件，注意其中是否包含关于将来的计划、合同或者具有法律约束力的协议等事项的信息；
（5）询问管理层，确定是否还存在其他需要考虑的因素，以及已作出的关于这些关键因素的假设是否可能发生变化；
（6）利用对被审核单位及其所处行业的了解，分析被审核单位经营活动中风险特别高或者特别敏感的领域；
（7）与相关行业的专家讨论，确定所依据的假设哪些存在上述情形，以帮助判断这些假设的合理性。

五、评价预测性财务信息是否依据管理层确定的假设恰当编制

本准则第十八条规定，注册会计师应当通过检查数据计算准确性和内在一致性等，确定预测性财务信息是否依据管理层确定的假设恰当编制。

这里所说的计算准确性是指预测性财务信息编制过程中不存在数据计算错误、誊抄错误等机械性错误。内在一致性是指管理层拟采取的各项行动相互之间不存在矛盾，以及根据共同的变量（如利率等）确定的金额之间不存在不一致。

六、关注敏感领域对预测性财务信息的影响

本准则第十九条规定,注册会计师应当关注对变化特别敏感的领域,并考虑该领域影响预测性财务信息的程度。

这里所说的"对变化特别敏感的领域"是指那些一旦发生变化(可能只是很微小的变化)就可能对预测性财务信息及其所依据的假设产生重大影响的领域。例如,被审核单位的销售高度依赖于少数重要客户,且其所处行业内各企业争夺客户的竞争相当激烈,而在编制预测性财务信息时,被审核单位依据的假设是能够在预测期间留住现有的所有重要客户。注册会计师对这一领域就应当特别关注。

如果被审核单位存在对变化特别敏感的领域,注册会计师通常应当实施更详细的审核程序,以获取适当的证据;同时还应当提请被审核单位在预测性财务信息中充分披露该领域的有关情况。

七、审核预测性财务信息的一项或多项要素时的考虑

本准则第二十条规定,当接受委托审核预测性财务信息的一项或多项要素时(例如一张单独的财务报表),注册会计师应当考虑该要素与财务信息其他要素之间的关联关系。

财务信息系统本身是一个完整的体系,各要素之间相互关联、相互影响。例如,注册会计师受托审核一份预测资产负债表,在审核应收账款等项目的预测时,需要关注预测期内销售收入的变化对应收账款余额的可能影响。

八、预测性财务信息包含本期部分历史信息时的考虑

本准则第二十一条规定,当预测性财务信息包括本期部分历史信息时,注册会计师应当考虑对历史信息需要实施的程序的范围。

如果预测性财务信息的涵盖期间有一部分是历史期间,且针对该历史期间的历史财务数据是可以获取的,注册会计师应当考虑该历史财务数据相对于预测性财务信息整体的重要性,例如该历史期间的长度占预测性财务信息的整个涵盖期间的比例。

如果该历史期间构成了预测性财务信息涵盖期间的重要组成部分,注册会计师应根据相关审计、审阅准则的规定,对该历史期间的财务数据实施必要的审计或者审阅程序,并提请管理层将已经过审计或审阅的历史财务数据作为预测性财务信息中该历史期间的数据。

九、假设的有效性取决于信息使用者的行动时的考虑

在某些情况下,预测性财务信息依据的某项重要假设与该预测性财务信息的使用者未来将采取的行动直接相关。例如,某项假设可能涉及股票或者债券发行后公司的财务状况、经营业绩,而编制该预测性财务信息本身就是为了此次募集资金;又如,某项假设可能涉及某项议案被股东大会通过后公司的有关状况,而编制该项预测性财务信息就是供股东在股东大会上对该议案投票的决策依据之一。在此情况下,注册会计师可能难以获取关于该项假设的支持性证据。

如果该假设涉及事项最终可能有多种结果(例如在前述的第一个例子中,公司最终募集资金的数额并不确定),注册会计师应当要求被审核单位提供对该假设的支持性证据,

否则不能出具无保留意见的审核报告。

如果该假设涉及事项最终结果只有两种（例如在前述的第二个例子中，该议案要么通过，要么被否决），则只要该假设不存在明显不合理的情形，注册会计师就可以在不要求获取关于该假设的支持性证据的情况下出具审核报告。在此情况下，如果信息使用者并未实际采取假设所涉及的行动（因而假设并未实现），信息使用者就不应当继续依赖该预测性财务信息；相应地，只要在预测性财务信息中披露了对该信息有用性和用途的上述限制，注册会计师所出具的审核报告就可以免受该假设缺乏支持性证据这一事实的影响。

十、获取管理层书面声明

本准则第二十二条规定，注册会计师应当就下列事项向管理层获取书面声明：
（1）预测性财务信息的预定用途；
（2）管理层作出的重大假设的完整性；
（3）管理层认可对预测性财务信息的责任。

此外，管理层书面声明还可以包括注册会计师认为必要的其他信息，例如，假设是否属于发生可能性很小的事项；如果预测性财务信息包含一个区间，管理层对于该区间的选择是否不带偏见，是否不至于产生误导等。

管理层书面声明通常由管理层中对被审核单位及其财务（包括预测性财务信息）负主要责任的人员签署。在某些情况下，注册会计师也可以向管理层中的其他人员获取管理层声明书。

管理层书面声明的日期通常即为注册会计师出具审核报告的日期。对于需经被审核单位董事会或者类似权力机构批准报出方为有效的预测性财务信息，审核报告的日期不应早于（但可以晚于）被审核单位董事会或者类似权力机构批准被审核的预测性财务信息的日期。如果管理层书面声明的日期晚于预测性财务信息的编制完成日或批准日，则可在管理层书面声明中添加以下内容："自预测性财务信息编制完成日（或董事会批准日）起至本声明书签署之日止的期间内，本公司管理层未曾获知该预测性财务信息编制所依据的原始数据、假设和内外部环境因素发生过重大变化的情况。"

如果管理层拒绝提供注册会计师认为必要的声明，注册会计师应当将其视为审核范围受到限制，出具保留意见或无法表示意见的审核报告。在这种情况下，注册会计师应当评价审核过程中获取的管理层其他声明的可靠性，并考虑管理层拒绝提供声明是否可能对审核报告产生影响。

本指南的附录3111-4针对预测审核和规划审核分别提供了管理层书面声明的范例。

第七章 列 报

本准则第七章（第二十三条），主要说明注册会计师在评价预测性财务信息的列报时应当考虑的事项。

在评价预测性财务信息的列报（包括披露）时，注册会计师除考虑相关法律法规的具体要求外，还应当考虑下列事项：
（1）预测性财务信息的列报是否提供有用信息且不会产生误导；

（2）预测性财务信息的附注中是否清楚地披露会计政策；

（3）预测性财务信息的附注中是否充分披露所依据的假设，是否明确区分最佳估计假设和推测性假设；对于涉及重大且具有高度不确定性的假设，是否已充分披露该不确定性以及由此导致的预测结果的敏感性；

（4）预测性财务信息的编制日期是否得以披露，管理层是否确认截至该日期止，编制该预测性财务信息所依据的各项假设仍然适当（即使支持性信息可能已经积累了一段时间）；

（5）当预测性财务信息的结果以区间表示时，是否已清楚说明在该区间内选取若干点的基础，该区间的选择是否不带偏见或不产生误导；

（6）从最近历史财务信息披露以来，会计政策是否发生变更、变更的原因及其对预测性财务信息的影响。

第八章 审核报告

本准则第八章（第二十四条至第二十九条），主要说明审核报告的内容和审核结论的类型。

一、审核报告的要素

根据本准则第二十四条的规定，注册会计师对预测性财务信息出具的审核报告应当包括下列内容：

1. 标题。标题一般统一规范为"审核报告"。

2. 收件人。收件人是注册会计师致送审核报告的对象。一般为审核业务约定书中的委托人，也可能是审核业务约定书中指明的其他致送对象。审核报告应当载明收件人的全称。

3. 指出所审核的预测性财务信息。即对预测性财务信息作出的界定与描述。应特别注意的是，审核报告中提及的预测性财务信息的各项识别特征（如报表或者所涉及项目的名称、日期、涵盖期间等）应与后附的管理层签署的预测性财务信息一致。

4. 提及审核预测性财务信息时依据的准则。

5. 说明管理层对预测性财务信息（包括编制该信息所依据的假设）负责。

6. 适当时，提及预测性财务信息的使用目的和分发限制。指明预测性财务信息仅限于已经明确识别的特定主体使用，或者仅限用于在业务约定书中明确的用途。

7. 以消极方式说明假设是否为预测性财务信息提供合理基础。

8. 对预测性财务信息是否依据假设恰当编制，并按照适用的会计准则和相关会计制度的规定进行列报发表意见。

9. 对预测性财务信息的可实现程度作出适当警示。典型的措辞如："由于预期事项通常并非如预期那样发生，并且变动可能重大，实际结果可能与预测性财务信息存在差异。"该警示表明注册会计师不对该预测性财务信息未来的可实现程度作出保证。

10. 注册会计师的签名及盖章。

11. 会计师事务所的名称、地址及盖章。

12. 报告日期。报告日期应为完成审核工作的日期。报告日期不应早于被审核单位管理层批准和签署预测性财务信息的日期。

二、审核报告中应提出的结论根据

本准则第二十五条的规定,注册会计师在预测性财务信息的审核报告中应当说明:

1. 根据对支持假设的证据的检查,注册会计师是否注意到任何事项,导致其认为这些假设不能为预测性财务信息提供合理基础。此项结论应采用消极方式表述。

2. 对预测性财务信息是否依据这些假设恰当编制,并按照适用的会计准则和相关会计制度的规定进行列报发表意见。此项结论应当采用积极方式表述。

另外,注册会计师在确定预测性财务信息审核报告及审核意见的表述形式时需要注意,报告的形式应当与预测性财务信息的列报方式相对应。例如,预测性财务信息以列表方式列报,其中每一列分别代表一个特定的细分期间(例如共有 5 列,分别代表 2007—2011 年五年中每一年度的预测数据),则注册会计师应当分别针对该预测性财务信息列表中涉及的每一个细分期间提出审核结论。

如果预测性财务信息只有一列,仅列示整个涵盖期间的总金额而不分别列示其中每一细分期间的预测数据(例如预测性财务信息中仅列示 2007—2011 年的预测销售总额,而不分别列示其中每一年的预测销售额),注册会计师提出的审核结论仅仅针对整个涵盖期间的总金额。

三、对信息使用者的警示

为了防止对审核报告和经审核的预测性财务信息的不恰当依赖和不恰当使用,注册会计师在审核报告中应当对信息使用者作出警示。

本准则第二十六条规定,审核报告还应当说明:

1. 由于预期事项通常并非如预期那样发生,并且变动可能重大,实际结果可能与预测性财务信息存在差异;同样,当预测性财务信息以区间形式表述时,对实际结果是否处于该区间内不提供任何保证。

2. 在审核规划的情况下,编制预测性财务信息是为了特定目的(列明具体目的)。在编制过程中运用了一整套假设,包括有关未来事项和管理层行动的推测性假设,而这些事项和行动预期在未来未必发生。因此,提醒信息使用者注意,预测性财务信息不得用于该特定目的以外的其他目的。

四、预测性财务信息的列报不恰当时的处理

本准则第二十七条规定,如果认为预测性财务信息的列报不恰当,注册会计师应当对预测性财务信息出具保留或否定意见的审核报告,或解除业务约定。

该情形的一个典型例子是,预测性财务信息依据的一项或者多项假设对内外部因素的变化相当敏感,且可能对预测性财务信息产生重大影响。对于这一事实,预测性财务信息中并未予以披露。

五、假设不能为预测性财务信息提供合理基础时的处理

本准则第二十八条规范了当假设不能为预测性财务信息提供合理基础时,注册会计

师如何进行处理。由于注册会计师对两类预测性财务信息发表的意见不同，因此注册会计师所需考虑的问题也相应地有所不同。

在预测性财务信息属于预测的情况下，如果认为一项或者多项重大假设不能为依据最佳估计假设编制的预测性财务信息提供合理基础，注册会计师应当对预测性财务信息出具否定意见的审核报告，或解除业务约定。

在预测性财务信息属于规划的情况下，通常并不能验证推测性假设是否为规划提供一个合理的基础，但注册会计师应当考虑除推测性假设以外的其他重要假设是否能在推测性假设成立的前提下为规划提供合理的基础。在给定的推测性假设下，如果认为一项或者多项重大假设不能为依据推测性假设编制的预测性财务信息提供合理基础，注册会计师应当对预测性财务信息出具否定意见的审核报告，或解除业务约定。

六、审核范围受到限制时的处理

本准则第二十九条规定，如果审核范围受到限制，导致无法实施必要的审核程序，注册会计师应当解除业务约定，或出具无法表示意见的审核报告，并在报告中说明审核范围受到限制的情况。

注册会计师的审核范围受到限制可能是由于以下两方面的原因：
（1）被审核单位施加的限制，导致一项或多项必要的审核程序无法实施；
（2）外部环境因素导致的限制，例如，难以获取适当的支持性证据以评价假设的合理性。

附录3111-1

预测性财务信息审核报告的参考格式

1.无保留意见审核报告（以预测为基础）

审 核 报 告

ABC股份有限公司：

我们审核了后附的ABC股份有限公司（以下简称ABC公司）编制的预测（列明预测涵盖的期间和预测的名称）。我们的审核依据是《中国注册会计师其他鉴证业务准则第3111号——预测性财务信息的审核》。ABC公司管理层对该预测及其所依据的各项假设负责。这些假设已在附注×中披露。

根据我们对支持这些假设的证据的审核，我们没有注意到任何事项使我们认为这些假设没有为预测提供合理基础。而且，我们认为，该预测是在这些假设的基础上恰当编制的，并按照××编制基础的规定进行了列报。

由于预期事项通常并非如预期那样发生，并且变动可能重大，实际结果可能与预测性财务信息存在差异。

××会计师事务所　　　　　　　　　　中国注册会计师：×××
　　（盖章）　　　　　　　　　　　　　　（签名并盖章）
　　　　　　　　　　　　　　　　　　中国注册会计师：×××
　　　　　　　　　　　　　　　　　　　　（签名并盖章）
　　中国××市　　　　　　　　　　　　二〇×二年×月×日

2.无保留意见审核报告（以规划为基础）

审 核 报 告

ABC股份有限公司：

　　我们审核了后附的ABC股份有限公司（以下简称ABC公司）编制的规划（列明规划涵盖的期间和规划的名称）。我们的审核依据是《中国注册会计师其他鉴证业务准则第3111号——预测性财务信息的审核》。ABC公司管理层对该规划及其所依据的各项假设负责。这些假设已在附注×中披露。

　　ABC公司编制规划是为了××目的。由于ABC公司尚处于营业初期，在编制规划时运用了一整套假设，包括有关未来事项和管理层行动的推测性假设，而这些事项和行动预期在未来未必发生。因此，我们提醒信息使用者注意，该规划不得用于××目的以外的其他目的。

　　根据我们对支持这些假设的证据的审核，在推测性假设（列明推测性假设）成立的前提下，我们没有注意到任何事项使我们认为这些假设没有为规划提供合理基础。我们认为，该规划是在这些假设的基础上恰当编制的，并按照××编制基础的规定进行了列报。

　　即使在推测性假设中所涉及的事项发生，但由于预期事项通常并非如预期那样发生，并且变动可能重大，因此实际结果仍然可能与预测性财务信息存在差异。

××会计师事务所　　　　　　　　　　中国注册会计师：×××
　　（盖章）　　　　　　　　　　　　　　（签名并盖章）
　　　　　　　　　　　　　　　　　　中国注册会计师：×××
　　　　　　　　　　　　　　　　　　　　（签名并盖章）
　　中国××市　　　　　　　　　　　　二〇×二年×月×日

3. 预测性财务信息为一个区间时的无保留意见审核报告（以预测为基础）

审 核 报 告

ABC 股份有限公司：

我们审核了后附的 ABC 股份有限公司（以下简称 ABC 公司）编制的预测（列明预测涵盖的期间和预测的名称）。我们的审核依据是《中国注册会计师其他鉴证业务准则第 3111 号——预测性财务信息的审核》。ABC 公司管理层对该预测及其所依据的各项假设负责。这些假设已在附注 × 中披露。

如预测性财务信息附注"编制所依据的重要假设"所述，贵公司管理层预测 20×× 年度的销售收入额将在 ×× 元和 YY 元之间，而没有对 20×× 年度的销售收入额作出一个单点估计。该预测区间是基于 ABC 公司管理层关于 ABC 公司的产品市场占有率处于 A% 和 B% 之间的估计而得出的。相应地，本报告后附的 20×× 年度预测财务报表也反映了当 ABC 公司产品的预期市场占有率处于该区间内时，贵公司 20×× 年 12 月 31 日的预期财务状况以及 20×× 年度的预期经营成果和现金流量。但是，我们对于 ABC 公司产品 20×× 年度的实际市场占有率是否处于 A% 至 B% 之间不提供任何保证。

根据我们对支持这些假设的证据的审核，我们没有注意到任何事项使我们认为这些假设没有为预测提供合理基础。而且，我们认为，该预测是在这些假设的基础上恰当编制的，并按照 ×× 编制基础的规定进行了列报。

由于预期事项通常并非如预期那样发生，并且变动可能重大，实际结果可能与预测性财务信息存在差异。

×× 会计师事务所　　　　　　　　　　　　中国注册会计师：×××
　（盖章）　　　　　　　　　　　　　　　　　（签名并盖章）
　　　　　　　　　　　　　　　　　　　　中国注册会计师：×××
　　　　　　　　　　　　　　　　　　　　　（签名并盖章）
中国 ×× 市　　　　　　　　　　　　　　二〇×二年×月×日

4. 保留意见审核报告（以预测为基础）

审 核 报 告

ABC 股份有限公司：

我们审核了后附的 ABC 股份有限公司（以下简称 ABC 公司）编制的预测（列明预测涵盖的期间和预测的名称）。我们的审核依据是《中国注册会计师其他鉴证业务准则第 3111 号——预测性财务信息的审核》。ABC 公司管理层对该预测及其所依据的各项假设负责。这些假设已在附注 × 中披露。

根据《企业会计准则第 18 号——所得税》的有关规定，ABC 公司应当披露所得税费用（收益）与会计利润关系的说明。但ABC公司在该预测中对此未予披露。

根据我们对支持这些假设的证据的审核，我们没有注意到任何事项使我们认为这些假设没有为预测提供合理基础。另外，除了前段所述的ABC公司未在该预测中披露所得税费用（收益）与会计利润关系的说明以外，该预测是在这些假设的基础上恰当编制的，并按照××编制基础的规定进行了列报。

由于预期事项通常并非如预期那样发生，并且变动可能重大，实际结果可能与预测性财务信息存在差异。

　　××会计师事务所　　　　　　　　中国注册会计师：×××
　　　　（盖章）　　　　　　　　　　　　　（签名并盖章）
　　　　　　　　　　　　　　　　　　中国注册会计师：×××
　　　　　　　　　　　　　　　　　　　　　（签名并盖章）

　　中国××市　　　　　　　　　　　二〇×二年×月×日

5. 否定意见审核报告（以预测为基础）

审 核 报 告

ABC股份有限公司：

我们审核了后附的ABC股份有限公司（以下简称ABC公司）编制的预测（列明预测涵盖的期间和预测的名称）。我们的审核依据是《中国注册会计师其他鉴证业务准则第3111号——预测性财务信息的审核》。ABC公司管理层对该预测及其所依据的各项假设负责。这些假设已在附注×中披露。

如该预测的附注"本预测所依据的重要假设的说明"所示，ABC公司对该预测期间内的销售收入额的预测所依据的重要假设之一是在该预测期间内，相关政府部门向ABC公司的订货量能够继续维持目前的水平。但是，ABC公司目前与相关政府部门之间的供货合同将在20××年5月份期满，截至目前尚未签订新的供货合同，也并未就签订新的购货合同进行接洽。并且，相关政府部门已就采购目前由ABC公司供应的货物的相关事宜，与另一家公司签订了合同。

由于前段所述事项的重大影响，我们认为这些假设没有为预测提供合理基础。并且，该预测的列报不符合××编制基础的规定。

　　××会计师事务所　　　　　　　　中国注册会计师：×××
　　　　（盖章）　　　　　　　　　　　　　（签名并盖章）
　　　　　　　　　　　　　　　　　　中国注册会计师：×××
　　　　　　　　　　　　　　　　　　　　　（签名并盖章）

　　中国××市　　　　　　　　　　　二〇×二年×月×日

6. 无法表示意见审核报告（以预测为基础）

审 核 报 告

ABC 股份有限公司：

我们接受委托，对后附的 ABC 股份有限公司（以下简称 ABC 公司）编制的预测（列明预测涵盖的期间和预测的名称）进行审核。ABC 公司管理层对该预测及其所依据的各项假设负责。这些假设已在附注 × 中披露。

如该预测的附注"本预测所依据的重要假设的说明"部分所示，该预测所示的预测期内预计净利润中包含来自按照权益法核算的被投资单位 XYZ 公司的投资收益，即按照 ABC 公司在 XYZ 公司中所持有的股权比例计算的在 XYZ 公司预测期内的净利润中所享有的份额。该项来自 XYZ 公司的投资收益占该预测所示的预测期内 ABC 公司净利润的比例为 60%。由于 XYZ 公司并未编制和提供该期间内的盈利预测，因此，我们无法获取该项假设的充分、适当的支持性证据。

由于我们未能对前段所述的假设以及与之相关的其他假设实施审核程序，我们无法对这些假设是否为预测提供合理基础，以及该预测的编制和列报是否符合 ×× 编制基础的规定发表意见。

×× 会计师事务所　　　　　　　　　　中国注册会计师：×××
　　（盖章）　　　　　　　　　　　　　　　（签名并盖章）
　　　　　　　　　　　　　　　　　　中国注册会计师：×××
　　　　　　　　　　　　　　　　　　　　　（签名并盖章）

中国 ×× 市　　　　　　　　　　　　　二〇×二年×月×日

附录 3111-2

预测性财务信息审核业务约定书参考格式

（合同格式，以预测的审核业务为例）

预测性财务信息审核业务约定书

甲方：ABC 股份有限公司
乙方：×× 会计师事务所

兹由甲方委托乙方对本约定书第一条第 1 款所指的预测性财务信息进行审核，经双方协商，达成以下约定。

一、业务范围与审核目标

1. 乙方接受甲方委托，对甲方按照企业会计准则和《××会计制度》编制的20××年12月31日的预测资产负债表，20××年度预测利润表、预测股东权益变动表、预测现金流量表以及财务报表附注（以下统称预测性财务信息）进行审核。

2. 乙方通过执行审核工作，对预测性财务信息的下列方面提出审核结论：（1）根据对支持假设的证据的检查，是否注意到任何事项，导致乙方认为这些假设不能为预测性财务信息提供合理基础；（2）预测性财务信息是否依据这些假设恰当编制，并按照企业会计准则和《××会计制度》的规定进行列报。

二、甲方的责任与义务

（一）甲方的责任

1. 编制预测性财务信息，包括识别和披露预测性财务信息依据的假设。

2. 甲方管理层应确保：（1）预测性财务信息是依据截至编制该信息日所能获得的所有信息，对其涵盖期间内的财务状况、经营成果和现金流量所作的最佳估计假设编制；（2）预测性财务信息是建立在该信息的涵盖期间内管理层对预期未来发生的事项和采取的行动的基础之上；（3）预测性财务信息所依据的重要假设、编制时选用的重要会计政策和其他可能对预测性财务信息产生重大影响的事实已作出充分披露。

（二）甲方的义务

1. 及时为乙方的审核工作提供其所要求的全部会计资料和其他有关资料（在20××年×月×日前提供审核工作所需的全部资料），并保证所提供资料的真实性和完整性。

2. 确保乙方不受限制地接触任何与审核有关的记录、文件和所需的其他信息。

3. 甲方管理层对其作出的与审核有关的声明予以书面确认。

4. 为乙方派出的有关工作人员提供必要的工作条件和协助，主要事项将由乙方于审核工作开始前提供清单。

5. 按本约定书的约定及时足额支付审核费用以及乙方人员在审核期间的交通、食宿和其他相关费用。

三、乙方的责任与义务

（一）乙方的责任

1. 乙方的责任是根据甲方提供的信息，在实施审核工作的基础上对预测性财务信息提出审核结论。乙方按照《中国注册会计师其他鉴证业务准则第3111号——预测性财务信息的审核》（以下简称审核准则）的规定进行审核。审核准则要求注册会计师遵守职业道德规范，计划和实施审核工作，以对预测性财务信息提出审核结论。

2. 审核工作涉及实施审核程序，以获取有关预测性财务信息编制和列报（包括披露）的证据，选择的程序取决于乙方的判断，包括对下列事项作出评价：（1）甲方管理层编制预测性财务信息时所依据假设；（2）预测性财务信息是否在假设的基础上编制；（3）预测性财务信息是否已恰当列报。

3. 乙方应当合理计划和实施审核工作，以使乙方能够获取充分、适当的证据，对甲方管理层采用假设的合理性提供有限保证，并对预测性财务信息的编制与假设的一致性，以及是否按照企业会计准则和《××会计制度》的规定进行列报提供合理保证。

4. 如果乙方在执行审核工作的过程中发现下列事项，应在审核报告出具前与甲方管理层进行必要的沟通：（1）预测性财务信息依据的假设没有为其提供合理基础；（2）预测性财务信息并未在假设的基础上恰当编制；（3）预测性财务信息的列报不符合企业会计准则和《××会计制度》的规定。如果甲方对上述事项未按乙方的建议进行调整，乙方有责任在审核报告中予以指明。

5. 由于预期事项通常并非如预期那样发生，并且变动可能重大，实际结果可能与预测性财务信息存在差异。乙方在出具的审核报告中应对这一点作出必要的警示。

6. 如果审核报告日后出现新的情况，乙方没有责任根据这些情况对审核报告进行修改或更新。

7. 乙方对预测性财务信息的审核不能减轻甲方及甲方管理层的责任。

（二）乙方的义务

1. 按照约定的时间完成审核工作，出具审核报告。乙方应于20××年×月×日前出具审核报告。

2. 除下列情况外，乙方应当对执行业务过程中知悉的甲方信息予以保密：（1）取得甲方的授权；（2）根据法律法规的规定，为法律诉讼准备文件或提供证据，以及向监管机构报告发现的违反法规的行为；（3）接受行业协会和监管机构依法进行的质量检查；（4）监管机构对乙方进行行政处罚（包括监管机构处罚前的调查、听证）以及乙方对此提起行政复议。

四、审核收费

1. 本次审核服务的收费是以乙方各级别工作人员在本次工作中所耗费的时间为基础计算的。乙方预计本次审核服务的费用总额为人民币×万元。

2. 甲方应于本约定书签署之日起×日内支付××%的审核费用，其余款项于［审核报告草稿完成日］结清。

3. 如果由于无法预见的原因，致使乙方从事本约定书所涉及的审核工作实际时间较本约定书签订时预计时间有明显的增加或减少时，甲乙双方应通过协商，相应调整本约定书第四条第1项下所述的审核费用。

4. 如果由于无法预见的原因，致使乙方人员抵达甲方的工作现场后，本约定书所涉及的审核服务不再进行，甲方不得要求退还预付的审核费用；如上述情况发生于乙方人员完成现场审核工作，并离开甲方的工作现场之后，甲方应另行向乙方支付人民币××元的补偿费，该补偿费应于甲方收到乙方的收款通知之日起×日内支付。

5. 与本次审核有关的其他费用（包括交通费、食宿费等）由甲方承担。

五、审核报告和审核报告的使用目的与责任

1. 乙方按照《中国注册会计师其他鉴证业务准则第3111号——预测性财务信息的审核》规定的格式和类型出具审核报告。

2. 乙方向甲方致送审核报告一式××份，该审核报告仅供＿＿＿＿＿＿＿＿＿＿（列明使用目的）。

若甲方将预测性财务信息审核报告用于上述范围以外的其他用途，则甲方须书面征

得乙方同意。由于使用不当所造成的后果，与乙方以及签署审核报告的注册会计师无关。

3. 甲方在提交或对外公布审核报告和已经过审核的预测性财务信息时，不得修改乙方出具的审核报告以及经审核的预测性财务信息。当甲方认为有必要修改会计数据、报表附注或所作的说明时，应当事先告知乙方，乙方将考虑有关的修改对审核报告的影响，必要时，将重新出具报告。

六、本约定书的有效期间

本约定书自签署之日起生效，并在双方履行完毕本约定书约定的所有义务后终止，但其中第三（二）2、四、五、八、九、十项并不因本约定书终止而失效。

七、约定事项的变更

如果出现不可预见的情况，影响审核工作如期完成，或需要提前出具审核报告时，甲、乙双方均可要求变更约定事项，但应及时通知对方，并由双方协商解决。

八、终止条款

1. 如果根据乙方的职业道德及其他有关专业职责、适用的法律法规或其他任何法定的要求，乙方认为已不适宜继续为甲方提供本约定书约定的审核服务时，乙方可以采取向甲方提出合理通知的方式终止履行本约定书。

2. 在终止业务约定的情况下，乙方有权就其于约定书终止之日前对约定的审核服务项目所做的工作收取合理的审核费用。

九、违约责任

甲、乙双方按照《中华人民共和国合同法》的规定承担违约责任。

十、适用法律和争议解决

本约定书的所有方面均适用中华人民共和国法律进行解释并受其约束。本约定书的履行地为乙方出具审核报告所在地，因本约定书所引起的或与本约定书有关的任何纠纷或争议（包括关于本约定书条款的存在、效力或终止，或无效之后果），双方选择第_____种解决方式：

（1）向有管辖权的人民法院提起诉讼；
（2）提交××仲裁委员会仲裁。

十一、双方对其他有关事项的约定

本约定书一式两份，甲、乙方各执一份，具有同等法律效力。

甲方：ABC 股份有限公司（盖章）　　乙方：××会计师事务所（盖章）
授权代表：（签名并盖章）　　　　　　授权代表：（签名并盖章）
　　二〇××年×月×日　　　　　　　　　二〇××年×月×日

附录 3111-3

审核程序表参考范例

下文所列是一份对预测性财务信息进行审核的程序表参考范例。该程序表可作为注册会计师计划预测性财务信息审核工作的参考。本程序表并未涵盖所有可能需要执行的程序，同时，对某一项特定的预测性财务信息审核业务而言，可能也并不需要执行其中所列的全部程序。注册会计师在计划预测性财务信息审核工作时，应当结合被审核单位和被审核的预测性财务信息的具体情况，并运用职业判断，对本程序表作出必要的增删和修改。

本程序表所列的审核程序包含以下三类：
（1）用于确定审核工作范围的程序；
（2）用于对假设进行评价的程序；
（3）用于对预测性财务信息的编制和列报进行评价的程序。

一、用于确定审核工作范围的程序

1.通过以下方法了解被审核单位的业务：
（1）询问被审核单位的有关人员以及其他熟悉被审核单位所处行业的人士；
（2）查阅行业出版物、期刊等相关资料；
（3）分析被审核单位或其所处行业中类似企业的财务报表；
（4）利用以前为被审核单位或者其所处行业中的其他企业提供服务时所了解的情况。

在了解被审核单位的业务时，考虑以下因素：
（1）被审核单位能否获取开展经营活动所需的资源，以及取得这些资源所需花费的成本，包括原材料、劳动力、资金、固定资产（例如生产设备的产能）；
（2）被审核单位产品（或劳务）的主要市场的性质和状况，包括：
• 市场的性质，即直接面向最终消费者，还是通过批发商、零售商、代理商等渠道销售；
• 被审核单位所占的市场份额；
• 广告和市场营销计划等。
（3）影响被审核单位所处行业的特定风险因素，包括：
• 竞争状况；
• 对宏观经济形势变化的敏感程度；
• 会计政策；
• 特殊的监管要求；
• 技术进步状况等。
（4）被审核单位或类似企业过去的经营业绩及其发展趋势，包括：
• 收入、成本、费用的变动趋势；
• 资产周转状况；
• 生产设备和其他固定资产的产能及其实际利用状况；
• 管理层的政策。

2.向管理层获取需审核的预测性财务信息,包括其所依据的全部重要假设及其说明。

3.复核管理层用于编制预测性财务信息的程序,以了解管理层识别关键因素和形成预测性财务信息所依据的重要假设时所遵循的基本原则,以及了解管理层在这些假设的基础上具体编制预测性财务信息的流程。注册会计师应当注意了解以下问题:

(1)对于编制预测性财务信息的流程有无充分、适当的文档记录,以便追踪数据在整个流程中的流动和转换状况。注册会计师可以通过编制一份该流程的简要文字描述或者流程图加深对这一过程的了解;

(2)被审核单位过去是否运用过该流程编制预测性财务信息,如是,则过去的经验是否表明该流程是有效的;

(3)在该流程中,有哪些程序可以合理地保证所有可能对预测性财务信息产生重要影响的因素均已在假设中予以考虑;

(4)在该流程中,有哪些程序可以合理地保证预测性财务信息是在经过管理层(或其他责任方,下同)批准的假设基础上编制的;

(5)用于采集、计算和汇总预测数据的方法;

(6)在该流程中,使用了哪些方法识别假设所涉及因素发生变动时的可能影响,并将该影响予以量化;

(7)在该流程中,有哪些程序用于识别会计政策变更的影响,并将其体现于预测性财务信息中;

(8)如果以前运用过该流程编制预测性财务信息,被审核单位是否设计了必要的程序,将过去编制的预测性财务信息与其所预测期间内的实际历史财务信息相比较,并对差异原因进行分析,据以对编制预测性财务信息的流程和程序相应作出修正和完善;

(9)管理层对预测性财务信息的复核、批准程序是怎样的;

(10)上述流程如何防范和修正错误。

4.识别所使用的模型和编制方法。如有可能,获取管理层对这些模型和方法的描述和说明。

5.在对管理层用于编制预测性财务信息的程序进行复核的基础上,分析该程序有无重大缺陷。

6.考虑被审核单位内负责编制预测性财务信息的人员是否具有与其在预测性财务信息的编制流程和整个被审核单位的经营流程中所起的作用相称的能力和经验。应考虑的因素包括:

(1)职位高低和授权大小;

(2)以前有无在被审核单位及其所处行业内的其他企业工作的相关经验;

(3)是否能深入理解被审核单位的计划和预测性财务信息的编制流程等。

7.审核关于预测性财务信息和编制该预测性财务信息所运用的流程的书面文档记录,或者以其他合理方式确定:

(1)是否存在由管理层对预测性财务信息及其所依据的假设的复核、批准程序;

(2)对于各项主要假设,是否存在用于确定其波动的相对影响的程序;

(3)对会计政策和相关行业会计惯例的选择和运用是否恰当。

8.对编制流程中在识别和防范错误(包括计算错误等机械性错误)方面起重要作用

的环节进行测试。

9. 如被审核单位将以前编制的预测性财务信息与该预测性财务信息的涵盖期间内的实际历史财务信息进行过比较，则应审阅该项比较的相关文档记录，并考虑以下问题：

（1）比较时是否使用了正确的、具有可比性的数据，对于所发现的差异有无相关文档记录和证据支持；

（2）必要时，是否根据比较、分析的结果对预测性财务信息的编制流程进行必要的调整；

（3）被审核单位以往用于编制预测性财务信息的程序是否恰当地反映了被审核单位的计划；

（4）是否注意到被审核单位以往编制预测性财务信息时因始终存在的偏好或偏见而导致的偏差，且该偏差的方向始终是相同的。

10. 根据实施前述各项程序时所掌握的信息，设计用于对假设进行评价的程序和用于对预测性财务信息的编制和列报进行评价的程序。

二、用于对假设进行评价的程序

1. 识别对被审核的预测性财务信息产生重大影响的关键因素。

（1）分析被审核单位的有关文档资料，根据其中所列的原始数据，分析哪些因素属于可能对预测性财务信息产生重大影响的关键因素，将这些关键因素的清单与预测性财务信息中所披露的假设相对照，确定预测性财务信息中所披露的关键假设是否均已考虑到了这些关键因素。

需要考虑的因素包括：
- 被审核单位业务活动中的风险；
- 对变化的敏感程度；
- 各项特定因素对各假设的影响程度。

（2）获取与被审核单位类似企业的预测性财务信息（如有），考虑这些企业预测性财务信息中所识别的关键因素在被审核的预测性财务信息中是否已经予以考虑。

（3）分析以前期间的经营成果，以识别可能对经营成果产生重要影响的因素。如果可获取最近的历史财务信息，应考虑预测性财务信息是否与历史财务信息所显示的模式、趋势等有重大差异。如有，应分析原因。

（4）审阅已批准报出的财务报表、公开媒体报道、正式计划、董事会会议纪要等文件，注意其中是否包含关于将来的计划、合同或者具有法律约束力的协议等信息。

（5）询问被审核单位管理层，确定是否还存在其他需考虑的因素，以及已作出的关于这些关键因素的假设是否可能发生变化。

（6）利用对被审核单位及其所处行业的了解，分析被审核单位经营活动中风险特别高或者特别敏感的领域，包括市场走向，竞争状况，即将颁布实施的法律法规，经济、政治和技术等方面因素的影响，对主要顾客和供应商的依赖等。

2. 评价假设有无证据为其提供适当的支持。

［注：如果预测性财务信息属于规划，则下列各条旨在评价假设的支持性证据的程序不适用于推测性假设，但仍应对除推测性假设以外的其他各项假设实施这些程序。此外，注册会计师还应当确定这些假设与编制预测性财务信息的目的是否相

适应,并且没有理由相信这些假设明显不切合实际。]

(1)评价各项假设的支持性证据。应特别关注具有以下特征的假设:
- 对预测性财务信息具有重大影响的;
- 对内外部因素的变化特别敏感的;
- 与历史模式或趋势不相符的;
- 不确定性特别大的。

(2)对于关键假设,应获取被审核单位在形成这些假设时所使用的内外部信息来源的清单。通过抽查,确定在形成这些假设时是否已考虑这些信息。

(3)选取若干关键因素,从假设追溯到相关的支持性证据,以确定在形成假设时是否用到了这些来源所提供的原始信息,并评价现有的支持性证据是否恰当。如果原始信息是由被审核单位内部提供的,应对相关原始信息的可靠性、真实性进行测试。

(4)审阅被审核单位管理层关于未来行动计划的有关文档资料,如预算、内部政策文件、合同和协议等,询问这些计划的预期目标,考虑未来行动计划及其目标与预测性财务信息所依据假设的关系。

(5)调查其他相关信息来源,了解这些信息来源中获得的信息是否也可以对假设起到支持作用。

(6)就编制预测性财务信息时所用到的历史财务数据进行询问和分析,以确定:
- 该历史财务信息是否具有可比性;
- 编制该历史财务信息时所采用的会计政策和会计估计与预测性财务信息的涵盖期间预期将采用的会计政策、会计估计是否一致;
- 该历史财务信息是否具有足够的可靠度。

(7)如果预测性财务信息的涵盖期间有一部分是历史期间,且针对该历史期间已编制了历史财务报表,注册会计师应当阅读该期间的财务报表,并考虑纳入预测性财务信息的该历史期间数据与历史财务报表所示的实际数据是否一致。

(8)如果预测性财务信息是以其涵盖期间内某一段历史期间的历史财务数据为基础编制的,且该段历史期间相对于整个预测性财务信息涵盖期间而言影响是重大的,注册会计师应考虑对该历史财务数据实施必要的审计或者审阅程序。

(9)考虑通过其他途径获取的信息能否同样为预测性财务信息所依据的假设提供支持。例如,被审核单位对未来销售收入总额的预测方法是由每一位业务人员分别对其未来的销售业绩作出预测,然后再加总各位业务人员的预测数;对此,注册会计师可以根据整个公司销售收入额的历史变动趋势推算预测期间的销售额,对被审核单位编制的预测加以佐证。同时,注册会计师还应考虑运用其他模型和估计方法。

(10)评价预测性财务信息的涵盖期间是否过长,从而在其涵盖期间的后期可能难以获取必要的支持性证据。需考虑的因素包括:
- 被审核单位所处行业的性质;
- 被审核单位以及其他类似企业过去的经营业绩、财务状况、现金流量的模式和变动趋势。

(11)必要时,考虑向外部信息来源函证对假设起支持作用的信息(例如,如果已签约但尚未交货的订单是一项对预测性财务信息起支持作用的重要证据,但无充分证据支持,可考虑向被审核单位的顾客寄发书面询证函,以验证这些订单的真实性)。

（12）如果对关键假设的支持性证据是专家（如律师、工程师、经济学家、投资银行家、建筑师等）的意见，应实施下列程序：
• 考虑专家在其所处的职业领域中的声望；
• 考虑通过该领域中其他专家的意见加以佐证；
• 审阅被审核单位为获取该专家意见而提交给专家的数据、计划等，确定其与被审核的预测性财务信息和注册会计师所获得的相关数据是否一致。

（13）如果关于未来拟进行的交易的税务处理的假设对预测性财务信息具有重大影响，应通过实施以下程序获取相关税务假设的支持性证据：
• 根据所适用的税务法律法规，判断该假设的合理性；
• 向被审核单位的税务顾问、其他注册会计师等了解对相关税务事项处理的意见，必要时与被审核单位的主管税务机关沟通。

（14）获取被审核单位的管理层声明书。

（15）考虑从被审核单位的律师处获取一份声明，该声明应涉及下列事项：
• 截至审核报告日止，与被审核的预测性财务信息相关的诉讼、索赔等或有事项的进展情况及对未来发展的估计；
• 截至审核报告日止，被审核单位计划中的重大变化和重大行动（例如重大的营销活动、涉及知识产权和环境保护的有关事项等）的合法性，以及拟出台的法律法规对被审核单位及其所处行业可能产生的重大影响。

三、用于对预测性财务信息的编制和列报进行评价的程序

1. 测试预测性财务信息编制过程中相关数学运算的准确性（即机械准确性）。
2. 实施以下程序，以评价对数据的汇总是否正确：
（1）评价所使用的数学方程式、统计学方法和模型是否恰当；
（2）抽取部分数据进行重新计算；
（3）追查汇总数据到预测性财务信息。
3. 确定预测性财务信息的附注中所列示的假设是否即为编制预测性财务信息时所用到的假设。
4. 对于每一项假设，确定其对预测性财务信息中与之相关的各项目的影响数是否均已在所列报的预测性财务信息中得以反映。
5. 确定各假设之间是否存在矛盾或者不一致的情形。
6. 运用适当的数学方法和判断方法，审核财务数据与其他相关数据之间的关系是否合理。
7. 审阅对数据所作的调整，结合其他可获取的信息，考虑这些调整事项是否合理，有无依据，并确定这些调整事项的影响是否均已在预测性财务信息中得以恰当反映。
8. 如果预测性财务信息的涵盖期间有一部分是历史期间，注册会计师应当将该历史期间的历史财务会计记录与包含于预测性财务信息中的该历史期间数据核对一致。
9. 确定预测性财务信息的列报是否符合相关规定。应考虑以下事项：
（1）预测性财务信息的列报形式是否与该预测性财务信息涵盖期间的历史财务报表预期将使用的列报形式一致，如果不是，则其列报形式是否符合关于该类预测性财务信息列报的内容与格式规范；

（2）评价编制预测性财务信息所使用的会计政策：
- 会计政策与编制历史财务报表时所使用的会计政策是否一致；
- 会计政策与预期将用于编制未来期间的历史财务报表的会计政策是否一致，是否已考虑了目前已知的未来会计政策将发生的变化；
- 会计政策是否符合被审核单位适用的会计准则和相关会计制度，或者是依据其他特殊编制基础编制的。

（3）评价预测性财务信息的编制基础：
- 是否与对应的历史财务信息的编制基础一致；
- 如果不同于对应的历史财务信息的编制基础，是否已经提供了不同编制基础所导致差异的调节表，或者对差异的具体情况进行了披露。

（4）对假设的披露是否充分；

（5）是否识别出那些对内外部因素的变动特别敏感的假设，并恰当披露有关情况；

（6）如果已披露了与某项假设相关的内外部因素的变动可能产生的影响，其表述是否恰当；

（7）在同时包含预测性财务信息和历史财务信息的文件中，预测性财务信息和历史财务信息之间有无清晰的界限加以区分。

此外，对于规划，还应补充下列审核程序：

（1）是否已充分披露该规划的编制目的，以及对其用途、分发对象等的限制；

（2）会计政策的选用是否与列报该规划的目的相一致；

（3）是否存在推测性假设数量过多的问题；

（4）对于所识别的推测性假设，是否已经清楚标明其属于推测性假设。

附录3111—4

管理层声明书范例

1. 适用于预测审核的管理层声明书

［以下是对一套完整的预测性财务报表（属于预测而非规划）进行审核时要求被审核单位管理层提供的声明书的范例。在具体操作中，需结合被审核单位和预测性财务信息的具体情况作出相应调整。］

关于预测审核的管理层声明书

××会计师事务所并××注册会计师：

本公司已委托贵事务所对本公司编制的20××年12月31日预测资产负债表、20××年度预测利润表、预测股东权益变动表和20××年度预测现金流量表（以下统称为"预测性财务信息"）及其编制所依据的假设进行审核，并出具审核报告。

本公司承诺对上述预测性财务信息的编制和列报负责，包括识别和披露上述预测性财务信息所依据的假设。

本公司就已知的全部事项，作出如下声明：

1. 上述预测性财务信息反映了管理层对其涵盖期间内本公司的财务状况、经营成果和现金流量的预期。其编制和列报所采用的会计政策符合企业会计准则和《××会计制度》的规定，并且与编制本公司历史财务报表时所使用的会计政策相一致。

2. 上述预测性财务信息是在管理层确定的假设的基础上编制的。这些假设反映了管理层根据目前所能获取的信息，对于该预测性财务信息涵盖期间内的预期未来状况和预期将采取的行动所作出的判断和最佳估计。本公司确信上述预测性财务信息所依据的假设具有充分、适当的支持性证据，为预测性财务信息提供了合理的基础，且所依据的重大假设已在该预测性财务信息的附注中完整、充分披露。

3. 本公司已向贵事务所完整地提供了下列资料，并对这些资料的真实性、合法性和完整性承担全部责任：

（1）需审核的预测性财务信息及其所依据的各项基本假设和编制时所选用的会计政策。

（2）有关预测数、基本假设以及基础数据的支持性证据。

（3）预测性财务信息的附注说明。包括：编制所依据的假设；公司经营环境、市场情况和生产经营情况，以及影响公司未来上述预测性财务信息涵盖期间内财务状况、经营成果和现金流量的关键因素的资料。包括：

①本公司的历史背景、行业性质、生产经营方式、市场竞争能力、有关法律法规及会计政策的特殊要求；

②本公司的产品或劳务的市场占有率及营销计划；

③本公司生产经营所需要的人、财、物等资源的供应情况和成本水平；

④本公司以前年度的财务状况、经营成果、现金流量状况及其发展趋势；

⑤宏观经济的影响等。

4. 根据截至目前所掌握的信息，本公司确信上述预测性财务信息所依据的历史数据是真实的，预测所采用的数学和统计学方法、模型是合理的，并且预测的编制方法是适当的。

5. 上述预测性财务信息已获得本公司董事会批准。

6. 本公司将确保上述预测性财务信息和贵事务所对其出具的审核报告仅供本公司[或业务约定书中指明的其他致送对象]用于本公司与贵事务所于____年____月____日签署的《预测性财务信息审核业务约定书》第五条第2款中指明的用途。

ABC公司（盖章）
法定代表人（签名并盖章）
财务负责人（签名并盖章）
二〇××年×月×日

2. 适用于规划审核的管理层声明书

[以下是对一套完整的预测性财务报表（属于规划而非预测）进行审核时要求被审核单位管理层提供的声明书的参考范例。在具体操作中，需根据被审核单位和规划的具

体情况作出相应调整。]

关于规划审核的管理层声明书

××会计师事务所及××注册会计师：

　　本公司已委托贵事务所对本公司编制的20××年12月31日规划资产负债表、20××年度规划利润表、规划股东权益变动表和20××年度规划现金流量表（以下统称预测性财务信息）及其编制所依据的假设进行审核，并出具审核报告。

　　本公司管理层承诺对上述预测性财务信息的编制和列报负责，包括识别和披露上述预测性财务信息所依据的假设，以及将假设合理归类为最佳估计假设和推测性假设。

　　本公司就已知的全部事项，作出如下声明：

　　1. 上述预测性财务信息反映了管理层在给定的推测性假设成立的前提下，对其涵盖期间内本公司的财务状况、经营成果和现金流量的预期。其编制和列报所采用的会计政策符合企业会计准则和《××会计制度》的规定，并且与编制本公司历史财务报表时所使用的会计政策相一致。

　　2. 上述预测性财务信息是在管理层确定的假设的基础上编制的。本公司已将上述预测性财务信息所依据的重大假设归类为推测性假设和其他假设，并已将这些假设及其归类情况在该预测性财务信息的附注中完整、恰当地披露。本公司确信，上述预测性财务信息所依据的重大假设的归类是合理的，并且其中所涉及的推测性假设均不属于发生可能性很小的事项。

　　本公司确信：这些假设反映了管理层根据目前所能获取的信息，对于推测性假设成立的前提下该预测性财务信息涵盖期间内的预期未来状况和预期将采取的行动所作出的判断。在上述预测性财务信息所依据的假设中，推测性假设与编制预测性财务信息的目的相适应，并且是切合实际的；其他假设均具有充分、适当的支持性证据，为预测性财务信息提供了合理的基础。

　　3. 本公司已向贵事务所完整地提供了下列资料，并对这些资料的真实性、合法性和完整性承担全部责任：

　　（1）需审核的预测性财务信息及其所依据的各项基本假设和编制时所选用的会计政策。

　　（2）有关规划数、基本假设以及基础数据的支持性证据。

　　（3）预测性财务信息的附注说明。包括：编制所依据的假设；公司经营环境、市场情况和生产经营情况以及影响公司未来上述预测性财务信息涵盖期间内财务状况、经营成果和现金流量的关键因素的资料。包括：

　　• 本公司的历史背景、行业性质、生产经营方式、市场竞争能力、有关法律法规及会计政策的特殊要求；

　　• 本公司的产品或劳务的市场占有率及营销计划；

　　• 本公司的生产经营所需要的人、财、物等资源的供应情况和成本水平；

　　• 本公司以前年度的财务状况、经营成果、现金流量状况及其发展趋势；

　　• 宏观经济的影响等。

4. 根据截至目前所掌握的信息，本公司确信上述预测性财务信息所依据的历史数据是真实的，预测所采用的数学和统计学方法、模型是合理的，并且规划的编制方法是适当的。

5. 上述预测性财务信息已获得本公司董事会批准。

6. 本公司将确保上述预测性财务信息和贵事务所对其出具的审核报告仅供本公司[或业务约定书中指明的其他致送对象]用于本公司与贵事务所于____年____月____日签署的《预测性财务信息审核业务约定书》第五条第 2 款中指明的用途。

ABC 公司（盖章）

法定代表人（签名并盖章）

财务负责人（签名并盖章）

二〇××年×月×日

《中国注册会计师相关服务准则第 4101 号——对财务信息执行商定程序》应用指南

(2007 年 11 月 29 日修订)

第一章 总 则

《中国注册会计师相关服务准则第 4101 号——对财务信息执行商定程序》(以下简称本准则)第一章(第一条至第七条),主要说明本准则的制定目的、适用范围、对财务信息执行商定程序的目标、特定主体的含义等基本概念,并对注册会计师执行商定程序业务提出总体要求。

一、本准则的适用范围

根据本准则第一条的规定,本准则适用于注册会计师对财务信息执行商定程序业务。

本准则第十七条又指出,如果注册会计师具备专业胜任能力,且存在合理的判断标准,可参照本准则对非财务信息执行商定程序业务。

二、对财务信息执行商定程序的目标

本准则第二条第一款指出,对财务信息执行商定程序的目标是注册会计师对特定财务数据、单一财务报表或整套财务报表等财务信息执行与特定主体商定的具有审计性质的程序,并就执行的商定程序及其结果出具报告。

上述目标可从以下几个方面加以理解:

1. 商定程序业务执行的程序是与特定主体协商确定的。注册会计师执行商定程序业务的前提是与特定主体协商需要执行哪些程序,以达到某一特定的目的。与审计业务的明显差别是,审计中执行的程序是由注册会计师按照审计准则的要求和职业判断确定的,为实现审计目标,注册会计师可以使用各种审计程序。而商定程序业务中执行的程序,是由注册会计师与特定主体协商确定的。

2. 执行商定程序的对象是财务信息。财务信息涉及的范围很广,通常包括特定财务数据、单一财务报表或整套财务报表等。特定财务数据通常包括财务报表特定项目、特定账户或特定账户的特定内容。特定财务数据可能直接出现在财务报表或其附注中,也可能是通过分析、累计、汇总等计算间接得出的,还可能直接取自会计记录。

3. 注册会计师就执行的程序及其结果出具报告。商定程序业务报告只报告所执行的商定程序及其结果,不发表任何鉴证意见。

三、特定主体的含义

本准则第二条第二款指出，特定主体是指委托人和业务约定书中指明的报告致送对象。

委托人是委托注册会计师执行商定程序业务并与会计师事务所签订业务约定书的一方，是注册会计师报告的致送对象。委托人与被执行商定程序的主体可能是同一主体，也可能不是同一主体。

商定程序业务报告的致送对象除了委托人之外，可能还有其他人。例如，企业为满足其债权人的需要，委托注册会计师对该企业的有关财务信息执行商定程序，报告致送对象不仅包括企业，而且还包括企业的多个债权人。需要注意的是，除委托人之外的其他报告致送对象仅指业务约定书中所指明的报告致送对象。

四、仅报告执行的程序及结果

本准则第三条指出，注册会计师执行商定程序业务，仅报告执行的商定程序及其结果，并不提出鉴证结论。报告使用者自行对注册会计师执行的商定程序及其结果作出评价，并根据注册会计师的工作得出自己的结论。

五、报告的使用限制

本准则第四条规定，商定程序业务报告仅限于参与协商确定程序的特定主体使用，以避免不了解商定程序的人对报告产生误解。这是因为注册会计师所执行的商定程序是与特定主体协商确定的，而其他人由于不了解为什么要执行这些程序，可能会对注册会计师报告的结果产生误解。

六、职业道德要求

本准则第五条规定，注册会计师执行商定程序业务，应当遵守相关职业道德规范，恪守客观、公正的原则，保持专业胜任能力和应有的关注，并对执业过程中获知的信息保密。

根据本准则第六条的规定，由于商定程序业务不以提供保证为目的，不属于鉴证业务，本准则不对商定程序业务提出独立性要求；但如果业务约定书或委托目的对注册会计师的独立性提出要求，注册会计师应当从其规定。

如果注册会计师不具有独立性，应当在商定程序业务报告中说明这一事实。

七、注册会计师的责任

本准则第七条规定，注册会计师应当按照本准则的规定和业务约定书的要求执行商定程序业务。

由于商定程序业务与审计业务相比有许多特殊之处，其委托目的、执行的程序及其时间、范围等，需要在业务约定书中详细加以约定。在执行此类业务时，注册会计师除遵循本准则的要求外，还必须执行与特定主体约定的程序。为了控制和减少风险，注册会计师应当对执行程序、确定结果、编制报告的过程进行适当的计划、监督，并保持应有的职业谨慎。

八、商定程序业务与鉴证业务的比较

为便于理解,我们可以通过表 4101-1 比较商定程序业务与审计、审阅等鉴证业务的区别。

表 4101-1 商定程序业务与审计、审阅业务的比较

业务各类	证据收集程序的性质和范围	保证程度	结论表达方式	报告分发
审计	不断修订的、系统化的证据收集过程	合理保证	积极方式	普遍
审阅	一般限于询问和分析程序	有限保证	消极方式	普遍/限制
商定程序	取决于商定结果	不提供保证	不提供保证,仅报告工作结果	限制

第二章 业务约定书

本准则第二章(第八条至第十条),主要说明注册会计师在接受商定程序业务委托时与特定主体的沟通,以及业务约定书的主要内容。

一、签订业务约定书的基本前提

本准则第八条第一款规定,注册会计师应当与特定主体进行沟通,确保其已经清楚理解拟执行的商定程序和业务约定条款。

鉴于商定程序业务的特点,在接受业务委托前,注册会计师应当与特定主体就拟执行的程序、相关责任等业务约定事项进行沟通,协商拟执行程序的性质、时间和范围等,确保双方都已经清楚地了解拟执行的商定程序。如果执行商定程序的报告除提供给委托人外,还要提供给其他的业务约定书中指明的致送对象,注册会计师还应当与这些报告使用人沟通。

注册会计师接受商定程序业务委托的前提条件包括:(1)注册会计师和特定主体清楚地了解拟执行的程序;(2)注册会计师与特定主体就拟执行的程序达成一致意见;(3)商定程序业务的对象(财务信息)存在明确、合理的评价或判断标准,且具有一定的事实证据,以使注册会计师能够据以执行商定程序和报告执行程序得出的结果。当需要运用重要性原则时,注册会计师还应根据委托目的与特定主体预先商定重要性水平;(4)报告的分发和使用仅限于特定主体。

二、与特定主体沟通的事项

根据本准则第八条第二款的规定,注册会计师应当就下列事项与特定主体沟通,并达成一致意见:

1. 业务性质,包括说明执行的商定程序并不构成审计或审阅,不提出鉴证结论。为区别于审计、审阅业务,注册会计师在业务约定书中,应当说明执行的商定程序并不构成审计或审阅,不发表审计或审阅意见。

2. 委托目的。商定程序业务的委托目的取决于委托人的需要。不同的委托人会有不同的需求，因而不同委托项目的委托目的可能千差万别。由于委托目的不同，注册会计师执行商定程序的对象、执行的程序、报告的内容等均会有所不同。注册会计师在签约前必须弄清委托人的要求和委托目的，并应在业务约定书中予以明确。

3. 拟执行商定程序的财务信息。执行商定程序的对象（财务信息）因委托目的的不同而不同，需要注册会计师在业务约定书中指明拟执行商定程序的具体财务信息。

4. 拟执行的具体程序的性质、时间和范围。注册会计师执行商定程序业务，最为重要的是要与特定主体协商需要执行哪些程序，并确定程序的性质、时间和范围。不同特定主体的需求可能差别很大，所商定的程序在性质、时间和范围等方面差异也会很大。业务约定书中必须详细列明拟执行的程序以及执行程序的时间和范围。在描述程序时，不应使用含糊的词语。

5. 预期的报告样本。由于商定程序业务的特殊性，注册会计师执行的程序、出具的报告等与审计业务存在差异。为了使委托人及其他特定主体了解商定程序业务与审计业务的区别以及商定程序业务报告的格式，注册会计师在向委托人递交业务约定书时，应当附送一份预期的报告样本，以免特定主体对注册会计师的工作及报告产生误解。

6. 报告分发和使用的限制。注册会计师执行的商定程序是与特定主体协商确定的，而其他人由于不了解为什么要执行这些程序，可能会对注册会计师报告的结果产生误解，所以商定程序业务的报告应仅限于同意执行商定程序的特定主体依据委托目的使用，不能用于其他目的及分发给其他单位或个人。如果报告除提供给委托人使用外，还需要分发给其他特定使用人，应当在业务约定书中予以指明。

上述与特定主体沟通的事项是业务约定书的主要内容，但并非业务约定书应当包括的全部内容，业务约定书还应当包括签约双方的名称、签约双方的责任、出具报告的时间要求、报告的使用责任、业务收费、约定书的有效期间、违约责任和签约时间等。对财务信息执行商定程序业务约定书参考格式见附录4101-1。

三、与特定主体沟通的方式

通常，注册会计师应当就拟执行的程序直接与每一报告致送对象（特定主体）进行讨论。

本准则第九条规定，如果无法与所有的报告致送对象直接讨论拟执行的商定程序（比如当在监管部门、企业界代表和会计师行业代表之间已商定程序的情况下），注册会计师应当考虑采取下列措施：

（1）与报告致送对象的代表讨论拟执行的商定程序；
（2）查阅来自报告致送对象的相关信函和文件；
（3）向报告致送对象提交报告样本。

本准则第十条规定，如果接受委托，注册会计师应当与委托人就双方达成一致的事项签订业务约定书，以避免双方对商定程序业务的理解产生分歧。

签订业务约定书旨在确定委托、受托关系，明确委托目的、业务性质、双方的责任以及报告的用途、分发范围和使用责任等。

第三章 计划、程序与记录

本准则第三章（第十一条至第十四条），主要说明商定程序的类型，并对商定程序业务的计划、实施和记录提出基本要求。

一、合理制定工作计划

本准则第十一条规定，注册会计师应当合理制定工作计划，以有效执行商定程序业务。

执行商定程序业务与执行审计业务一样也应编制工作计划。注册会计师可以参照相关审计准则的要求，对工作作出合理安排，以有效执行商定程序。

二、程序的类型

本准则第十三条规定，执行商定程序业务运用的程序通常包括：
（1）询问和分析；
（2）重新计算、比较和其他核对方法；
（3）观察；
（4）检查；
（5）函证。

注册会计师执行的商定程序与审计程序基本相同。但需要注意的是，实际执行商定程序业务时，可能仅执行上述程序中的一种或几种或某种程序中的一部分，究竟执行哪些程序取决于注册会计师与特定主体商定的结果。

另外，由于商定程序具有灵活性，注册会计师可执行的程序也不一定限于上述五种程序，可能会因特定主体的特殊需要执行上述程序以外的其他程序。

三、对程序和证据的要求

本准则第十二条规定，注册会计师应当执行商定的程序，并将获取的证据作为出具报告的基础。

注册会计师只有按照业务约定书的要求，全部完成商定的程序后，才能就执行商定程序的结果出具报告。如果应当执行的程序没有执行或执行不充分，报告的结果就缺少合理的依据。虽然注册会计师执行商定程序的性质、时间和范围取决于与特定主体商定的结果，但在与特定主体协商时，注册会计师不应同意执行过于主观并可能因此产生多种理解的程序。

证据是支持注册会计师报告的基础。注册会计师只有通过执行商定的程序，获取适当的证据，才能据以得出恰当的工作结果。但是，注册会计师不需要为了获取额外的证据，在委托范围之外执行额外的程序。

下面列举了一些恰当和不恰当程序的例子：

（一）恰当的程序
（1）在商定相关的参数后，进行抽样；
（2）检查能证明某些交易的文件或检查交易的详细情况；

（3）向第三方函证特定信息；
（4）将文件、清单或分析的结果与特定的实际情况相比较；
（5）就他人进行的工作执行特定程序（如内审人员的工作）；
（6）进行计算。

（二）不恰当的程序
（1）只查阅某一财务报表认定或某特定信息就据以出具报告；
（2）只查阅他人的工作结果就据以出具报告，或者将他人的工作结果直接作为自己的工作结果进行报告；
（3）解释注册会计师专业知识范围以外的信息。

四、执行程序的限制

当执行商定程序受到客观条件的限制时，注册会计师应当征得特定主体的同意来修改程序。如果得不到特定主体的同意（例如，程序是监管机构规定的，不能修改），注册会计师应在报告中说明执行程序所受到的限制，或者解除业务约定。

五、工作记录

本准则第十四条规定，注册会计师应当记录支持商定程序业务报告的重大事项，并记录按照本准则的规定和业务约定书的要求执行商定程序的证据。

工作底稿是注册会计师收集的证据和工作记录的载体。注册会计师在执行商定程序业务时，应当将与其工作过程和结果有关的所有重要事项记录于工作底稿。工作底稿可以为注册会计师出具报告提供支持证据，可以为注册会计师的工作是按照本准则和业务约定书的要求执行的提供证明。

注册会计师在编制工作底稿时可以参照《中国注册会计师审计准则第1131号——审计工作底稿》的规定执行。会计师事务所在管理工作底稿时应当遵照《会计师事务所质量控制准则第5101号——业务质量控制》的有关规定执行。

第四章 报 告

本准则第四章（第十五条至第十六条），主要说明执行商定程序业务的报告应包括的基本内容。

一、编制报告的基本要求

（一）详细说明业务目的和商定的程序

本准则第十五条规定，商定程序业务报告应当详细说明业务的目的和商定的程序，以便使用者了解所执行工作的性质和范围。这要求注册会计师在其报告中具体说明所执行的业务的目的，并详细列示所执行的具体程序。

（二）恰当报告得出的结果

在实施了商定的程序，取得适当的证据后，注册会计师应当以获取的证据为依据，恰当地报告执行程序得出的结果。

1. 注册会计师应当仅报告对特定财务信息执行商定程序的结果及发现的问题，而不应对该财务信息发表鉴证意见或者提供可信性保证。

2. 注册会计师应当报告其执行程序所发现的一切问题。执行商定程序业务一般不使用重要性原则，除非与特定主体商定了重要性水平的范围。如果运用了重要性原则，注册会计师应当在报告中说明所商定的重要性水平。

3. 注册会计师应当避免在报告中使用模棱两可的词语。表 1401-2 列举了在描述执行商定程序得出的结果时的恰当和不当的例子。

表 4101-2　描述执行商定程序得出的结果时的恰当和不当的例子

商定的程序	对工作结果的恰当描述	对工作结果的不当描述
在某一日期的银行存款余额调节表中找出未付款支票，查看在随后一个月的银行对账单中这些支票是否已结清	除了以下情况，银行存款余额调节表中所有未付款的支票都在随后一个月的银行对账中表明已结清（列出例外的情况）	执行该程序未发现任何情况
将某一日期、特定顾客的应收账款账龄明细表中"超过90天"一栏所列的金额，与未收款的发票金额、日期相比较，判断金额是否相符，发票日期是否比编制明细表的日期早90天以上	所有未收款的发票与明细表中"超过90天"一栏所列金额相符，并且这些发票的日期比编制明细表的日期早90天以上	未收款发票的金额与明细表中"超过90天"一栏所列金额大致相符，对于这些发票的日期是否比编制明细表的日期早90天以上，没有发现任何值得注意的情况

二、报告的基本内容

本准则第十六条规定，商定程序业务报告应当包括下列内容：

（1）标题；
（2）收件人；
（3）说明执行商定程序的财务信息；
（4）说明执行的商定程序是与特定主体协商确定的；
（5）说明已按照本准则的规定和业务约定书的要求执行了商定程序；
（6）当注册会计师不具有独立性时，说明这一事实；
（7）说明执行商定程序的目的；
（8）列出所执行的具体程序；
（9）说明执行商定程序的结果，包括详细说明发现的错误和例外事项；
（10）说明所执行的商定程序并不构成审计或审阅，注册会计师不提出鉴证结论；
（11）说明如果执行商定程序以外的程序，或执行审计或审阅，注册会计师可能得出其他应报告的结果；
（12）说明报告仅限于特定主体使用；
（13）在适用的情况下，说明报告仅与执行商定程序的特定财务数据有关，不得扩展到财务报表整体；
（14）注册会计师的签名和盖章；
（15）会计师事务所的名称、地址及盖章；

（16）报告日期。

上述16项基本内容构成了商定程序业务报告的内容，注册会计师编制报告时应当予以充分关注。以下几点需要特别说明：（1）标题。与审计报告不同，本准则并未要求商定程序业务的报告必须统一标题。这是因为商定程序业务的委托目的多种多样，报告的标题也不宜强求统一。注册会计师在出具商定程序业务报告时，可以根据实际需要自行确定报告的标题，如"对××执行商定程序的报告"。（2）收件人。商定程序业务报告的收件人应当是特定主体，一般是委托人，也可以包括业务约定书中指明的其他的报告致送对象。（3）在对特定财务数据执行商定程序业务时，说明报告仅与执行商定程序的特定财务数据有关，不得扩展到财务报表整体。（4）报告日期。是指注册会计师完成商定程序的日期。对财务信息执行商定程序的报告参考格式见附录4101-2。

附录4101-1

对财务信息执行商定程序业务约定书参考格式

以下是对财务信息执行商定程序业务约定书的参考格式，注册会计师可以根据客户的具体情况对该业务约定书进行适当的修改。

业 务 约 定 书

甲方：ABC公司

乙方：××会计师事务所

兹由甲方委托乙方对……（特定财务信息）执行商定程序业务，经双方协商，达成以下约定。

一、委托目的与工作范围

1. 乙方接受甲方委托，为了协助甲方……（具体目的），对……（特定财务信息）执行经甲、乙双方共同协商确定的程序。

2. 乙方对……(特定财务信息)执行下列由双方商定的程序并向甲方报告得出的结果。（详细列出拟执行的程序的性质、时间和范围）

3. 乙方执行的是商定程序业务，并不构成审计或审阅，因此乙方不发表任何审计或审阅意见。

二、甲方的责任和义务

（一）甲方的责任

根据《中华人民共和国会计法》和《企业财务会计报告条例》，甲方及甲方负责人有责任保证会计资料的真实性和完整性。因此，甲方管理层有责任妥善保存和提供和本业务有关的全部资料，这些资料必须是真实的和完整的。

（二）甲方的义务

1. 及时为乙方执行上述商定程序提供所要求的全部会计资料和其他有关资料。

2. 为乙方派出的有关工作人员提供必要的工作条件和协助，主要事项将由乙方于业务工作开始前提供清单。

3. 按本约定书的约定及时足额支付业务费用以及乙方人员在执行业务期间的交通、食宿和其他相关费用。

三、乙方的责任和义务

（一）乙方的责任

按照《中国注册会计师相关服务准则第4101号——对财务信息执行商定程序》的规定和本约定书的要求，对……（特定财务信息）执行上述双方商定的程序，并对实施程序的结果出具报告。

（二）乙方的义务

1. 按照约定时间完成商定程序业务，出具报告。乙方应于20×2年×月×日前出具报告。

2. 除下列情况外，乙方应当对执行业务过程中知悉的甲方信息予以保密：（1）取得甲方的授权；（2）根据法律法规的规定，为法律诉讼准备文件或提供证据，以及向监管机构报告发现的违反法规行为；（3）接受行业协会和监管机构依法进行的质量检查；（4）监管机构对乙方进行行政处罚（包括监管机构处罚前的调查、听证）以及乙方对此提起行政复议。

四、业务收费

1. 本次业务收费是以乙方各级别工作人员在本次业务中所耗费的时间为基础计算的，乙方预计本次业务的费用总额为人民币××元。

2. 甲方应于本约定书签署之日起×日内支付×%的业务费用，剩余款项于［报告草稿完成日］结清。

3. 如果由于无法预见的原因，致使乙方从事本约定书所涉及的业务服务实际时间较本约定书签订时预计的时间有明显的增加或减少时，甲乙双方应通过协商，相应调整本约定书第四条第1项下所述的业务费用。

4. 如果由于无法预见的原因，致使乙方人员抵达甲方的工作现场后，本约定书所涉及的业务服务不再进行，甲方不得要求退还预付的业务费用；如上述情况发生于乙方人员完成现场工作，并离开甲方的工作现场之后，甲方应另行向乙方支付人民币××元的补偿费，该补偿费应于甲方收到乙方的收款通知之日起×日内支付。

5. 与本次业务有关的其他费用（包括交通费、食宿费等）由甲方承担。

五、业务报告和报告的分发与使用的限制

1. 乙方按照《中国注册会计师相关服务准则第4101号——对财务信息执行商定程序》的规定和本约定书的要求，出具报告。预定的报告格式附后。

2. 乙方向甲方致送……（报告标题）一式××份，供甲方（如果报告还需分发给其他特定使用人，应在此说明）为上述委托目的使用，不得用于其他目的及分发给其他单

位或个人。

3. 甲方在提交或对外公布……（报告标题）时，不得修改或删节乙方出具……（报告标题）的任何内容。

六、本约定书的有效期间

本约定书自签署之日起生效，并在双方履行完毕本约定书约定的所有义务后终止。但其中第三（二）2、四、五、八、九、十项并不因本约定书终止而失效。

七、约定事项的变更

如果出现不可预见的情况，影响业务工作如期完成，或需要提前出具业务报告时，甲、乙双方均可要求变更约定事项，但应及时通知对方，并由双方协商解决。

八、终止条款

1. 如果根据乙方的职业道德及其他有关专业职责、适用的法律、法规或其他任何法定的要求，乙方认为已不适宜继续为甲方提供本约定书约定的业务服务时，乙方可以采取向甲方提出合理通知的方式终止履行本约定书。

2. 在终止业务约定的情况下，乙方有权就其于本约定书终止之日前对约定的业务服务项目所做的工作收取合理的业务费用。

九、违约责任

甲乙双方按照《中华人民共和国合同法》的规定承担违约责任。

十、适用法律和争议解决

本约定书的所有方面均应适用中华人民共和国法律进行解释并受其约束。本约定书履行地为乙方出具业务报告所在地，因本约定书所引起的或与本约定书有关的任何纠纷或争议（包括关于本约定书条款的存在、效力或终止，或无效之后果），双方选择第　种解决方式：

（1）向有管辖权的人民法院提起诉讼；
（2）提交××仲裁委员会仲裁。

十一、双方对其他有关事项的约定

本约定书一式两份，甲、乙方各执一份，具有同等法律效力。

甲方：ABC公司（盖章）　　　　　乙方：××会计师事务所（盖章）
授权代表：（签名并盖章）　　　　授权代表：（签名并盖章）
　二〇×二年×月×日　　　　　　　二〇×二年×月×日

附录 4101-2

对财务信息执行商定程序的报告参考格式

1. 对应收账款明细表执行商定程序

注册会计师执行商定程序的报告

ABC 公司：

我们接受委托，对 Y 公司 20×1 年 12 月 31 日的应收账款明细表执行了与贵公司商定的程序。这些程序经贵公司同意，其充分性和适当性由贵公司负责。我们的责任是按照《中国注册会计师相关服务准则第 4101 号——对财务信息执行商定程序》和业务约定书的要求执行商定程序，并报告执行程序的结果。本业务的目的仅是为了协助贵公司评价 Y 公司应收账款记录的正确性。现将执行的程序及得出的结果报告如下：

一、执行的程序

1. 取得 Y 公司编制的 20×1 年 12 月 31 日的应收账款明细表，验算合计数，并与总分类账核对是否相符。
2. 从应收账款明细表中抽取 50 家客户，检查对应的销售发票与主营业务收入明细账是否相符。抽取方法是从第 10 家客户开始，每隔 20 家抽取 1 家。
3. 对应收账款明细表中余额较大的前 200 家客户进行函证。
4. 对未回函的客户，检查销售发票、发运凭证和订货单是否相符。
5. 对回函金额不符的客户，取得 Y 公司编制的差异调节表，并检查差异调节是否适当。

二、执行程序的结果

1. 执行第 1 项程序，我们发现应收账款明细表合计数正确，并与总分类账核对相符。
2. 执行第 2 项程序，我们发现销售发票与主营业务收入明细账相符，抽取余额占应收账款明细表合计数的 10.5%。
3. 执行第 3 项程序，我们对应收账款明细表中余额较大的前 200 家客户发出询证函，函证余额占应收账款明细表合计数的比例为 80%。收到 180 家客户的回函，回函金额××元，差异××元（其中正差××元，负差××元），其余 20 家客户未回函。
4. 执行第 4 项程序，我们发现未回函的 20 家客户的销售发票、发运凭证和订货单相符。
5. 执行第 5 项程序，我们发现除以下回函金额不符外，其他差异通过差异调节表调节消失（列出回函金额不符的应收账款）。

上述已执行的商定程序并不构成审计或审阅，因此我们不对上述应收账款明细表发表审计或审阅意见。如果执行商定程序以外的程序、或执行审计或审阅，我们可能得出其他应报告的结果。

本报告仅供贵公司用于第一段所述目的，不应用于其他目的及分发给其他单位或个人。本报告仅与上述特定财务数据有关,不应将其扩大到 Y 公司财务报表整体。

××会计师事务所	中国注册会计师:×××
(盖章)	(签名并盖章)
	中国注册会计师:×××
	(签名并盖章)
中国××市	二○×二年×月×日

2. 与并购计划相关的报告

注册会计师执行商定程序的报告

ABC 公司:

我们接受委托执行了下面所列程序。这些程序经贵公司管理层同意,其充分性和适当性由贵公司管理层负责。我们的责任是按照《中国注册会计师相关服务准则第 4101 号——对财务信息执行商定程序》和业务约定书的要求执行商定程序,并报告执行程序的结果。本业务的目的仅仅是为了帮助贵公司管理层了解对 Y 公司截至 20×1 年 12 月 31 日的并购计划。

我们所执行的程序及其结果如下:

(一)货币资金

1. 我们从以下银行取得了银行询证函回函。通过比较,我们发现银行确认的存款余额与 Y 公司银行存款余额调节表中相应金额一致。我们通过计算检查了银行存款余额调节表的编制,并将计算得到的各银行存款账户余额与相应的总账余额进行了比较。

银行	20×1 年 12 月 31 日的总账余额
D 银行	¥5 000
E 银行	¥13 776
XYZ 信托公司——一般账户	¥86 912
XYZ 信托公司——工资账户	¥5 000
	¥110 688

执行上述程序我们未发现任何异常。

(二)应收账款

1. 我们加总了列在应收账款账龄分析表中所有顾客的账户余额(以 A 标识),并将得到的总额与总账余额进行了比较。

我们未发现差异。

2. 我们对应收账款账龄分析表中列示的各个顾客在 20×1 年 12 月 31 日的账户余额(以 A 标识)与应收账款明细账的余额进行了比较。

比较的结果没有发现异常。

3. 我们在以 A 标识的账户余额中抽取了 50 家顾客进行追查,包括查找应收账款明细账对应的未收款发票。顾客的抽取方式是从第 8 家顾客开始,每隔 15 家抽取一家。

对所抽取的 50 家顾客账户余额进行追查,没有发现异常。抽取的余额共占顾客账户总余额的 9.8%。

4. 我们对应收账款分析表中余额较大的前 150 家顾客发出了询证函,得到的询证结果在下面予以说明。我们还对没有作出答复的顾客余额进行了追查,查看了有关的发票和运单。按照与贵公司管理层的约定,单笔余额差异在 300 美元以下的视为不重要,对其不再执行进一步程序。

我们发出询证函的 150 家顾客中,有 140 家作出了答复,10 家没有作出答复。根据收到的询证答复,我们发现其中 120 家顾客不存在异常,其他 20 家存在差异,一部分差异的金额视为不重要(如前面所界定的),另一部分差异通过调节表的调整后消失。根据账龄汇总的询证结果如下:

上述已执行的商定程序并不构成审计或审阅,因此我们不发表审计或审阅意见。如果执行商定程序以外的程序、或执行审计或审阅,我们可能得出其他应报告的结果。

本报告仅供贵公司管理层用于第一段所述目的,不应用于其他目的及分发给其他单位或个人。本报告仅与上述特定财务数据有关,不应将其扩大到 Y 公司财务报表整体。

账龄	20×1 年 12 月 31 日的应收账款		
	顾客的账户余额	发出的询证金额	得到的询证结果
未到期的	¥156 000	¥76 000	¥65 000
过期的:			
少于 1 个月	¥60 000	¥30 000	¥19 000
1~3 个月	¥36 000	¥8 000	¥10 000
超过 3 个月	¥48 000	¥48 000	¥8 000
合计	¥300 000	¥162 000	¥102 000

××会计师事务所　　　　　　　　　　　中国注册会计师:×××
（盖章）　　　　　　　　　　　　　　　（签名并盖章）
　　　　　　　　　　　　　　　　　　　中国注册会计师:×××
　　　　　　　　　　　　　　　　　　　（签名并盖章）
中国××市　　　　　　　　　　　　　　二〇×二年×月×日

3. 与债权人要求相关的报告

注册会计师执行商定程序的报告

XYZ公司的托管人：

我们接受委托执行了下面所列的程序。这些程序是经XYZ公司的托管人同意的，这些程序的充分性和适当性由XYZ公司的托管人负责。我们的责任是按照《中国注册会计师相关服务准则第4101号——对财务信息执行商定程序》和业务约定书的要求执行商定程序，并报告执行程序的结果。本业务的目的仅是为了帮助债权人确认20×1年5月31日在XYZ公司的债权（列示在所附的明细表A中）（略）。

现将执行的程序及得出的结果报告如下：

1. 取得XYZ公司编制的20×1年5月31日的应付账款试算表，验算余额的合计数，与相关的总账余额相比较。

应付账款试算表的余额总计，与相关的总账余额相符。

2. 将债权人申报的金额（见XYZ公司提供的债权文件）与应付账款试算表的相应金额比较。根据债权申报文件及XYZ公司应付账款明细记录中的数据，编制应付账款账户余额调节表。

明细表A的第3栏中列出了所有的差异。除了明细表A中第4栏所列示的金额，所有差异都已得到适当的调节。

3. 检查债权人用以确认其债权而提交的文件，将其与XYZ公司的文件（包括发票、收货单和其他收到货物或服务的证据）相比较。

通过这些比较，我们没有发现异常。

上述已执行的商定程序并不构成审计或审阅，因此我们不发表审计或审阅意见。如果执行商定程序以外的程序、或执行审计或审阅，我们可能得出其他应报告的结果。

本报告仅供XYZ公司的托管人用于第一段所述目的，不应用于其他目的及分发给其他单位或个人。本报告仅与上述特定财务数据有关，不应将其扩大到XYZ公司财务报表整体。

××会计师事务所	中国注册会计师：×××
（盖章）	（签名并盖章）
	中国注册会计师：×××
	（签名并盖章）
中国××市	二〇×二年×月×日

《中国注册会计师相关服务准则第 4111 号——代编财务信息》应用指南

(2007 年 11 月 29 日修订)

第一章 总 则

《中国注册会计师相关服务准则第 4111 号——代编财务信息》(以下简称本准则)第一章(第一条至第五条),主要说明本准则的制定目的、代编业务的目标、注册会计师执行代编业务应遵循的职业道德要求和必须出具代编报告的情形。

一、代编业务的目标

本准则第二条第一款指出,代编业务的目标是注册会计师运用会计而非审计的专业知识和技能,代客户编制一套完整或非完整的财务报表,或代为收集、分类和汇总其他财务信息。第二款进一步指出,注册会计师执行代编业务使用的程序并不旨在、也不能对财务信息提出任何鉴证结论。

理解代编业务的目标还需要注意以下几点:

1. 代编业务通常是将详细的信息整理成可理解、可管理的形式,而不要求对这些信息包含的认定进行测试;

2. 由于注册会计师执行业务时能够保持专业胜任能力和应有的关注,信息使用者通常可以因注册会计师提供代编财务信息服务而获得某些益处;

3. 如果注册会计师在客户编制财务报表过程中仅提供有限协助(例如会计政策的选择),就不构成代编财务信息业务。根据本条规定,代编业务既非审计业务也非审阅业务,不包含任何保证成分,因此不属于鉴证业务。表 4111-1 列示了代编业务与鉴证业务的区别。

表 4111-1 代编业务与鉴证业务的区别例解

业务类型区别	代编财务信息	鉴证业务(以历史财务信息审计为例)
业务关系人	只涉及注册会计师和责任方两方关系人	涉及注册会计师、被审计单位和预期使用者三方关系人
业务关注的焦点	财务信息的收集、分类和汇总	财务信息的质量
保证程度	不对财务信息提供任何程度的保证	对财务报表不存在重大错报提供合理保证

（续表）

业务类型区别	代编财务信息	鉴证业务（以历史财务信息审计为例）
独立性的要求	不对独立性提出要求，但如果不独立，应当在代编业务报告中说明这一事实	要求注册会计师从实质上和形式上独立于被审计单位
对象	可能是历史财务信息，也可能是预测性财务信息	历史财务信息，通常是历史财务报表
标准	客户指定的编制基础，可以是法定的，也可以是非法定的	适用的会计准则和相关会计制度
证据	对证据未提出要求	获取足以支付审计意见的充分、适当的审计证据
报告	如果注册会计师的姓名与代编财务信息相关联，需要出具代编业务报告，但在报中不提出鉴证结论	以书面形式提供审计报告，并在报告中就财务报表整体是否不存在重大错报发表审计意见

二、注册会计师执行代编业务的职业道德要求

本准则第三条规定，注册会计师执行代编业务，应当遵守相关职业道德规范，恪守客观、公正的原则，保持专业胜任能力和应有的关注，并对执业过程中获知的信息保密。

客观原则要求注册会计师在执行代编业务时，对所执行的代编信息保持客观的态度，以全面考虑拥有的各类信息和资源。

公正原则要求注册会计师在执行代编业务时，要讲诚信，公平对待客户和相关事实，不受自身利益和其他方利益的影响。

专业胜任能力和应有的关注要求注册会计师具备执行代编业务所要求的专业知识和技能，保持应有的职业谨慎，并在必要时寻求专家帮助或咨询其他专业人士。

保密要求注册会计师不得泄露在执行代编业务中获知的客户信息。

本准则第四条指出，本准则不对代编业务提出独立性要求。但如果注册会计师不具有独立性，应当在代编业务报告中说明这一事实。

这一条是基于代编业务不提供任何保证而提出的。

注册会计师在承接代编业务时，如果能够满足上述职业道德要求，那么，就不必像执行鉴证业务那样，执行专门的程序来判断自己是否符合独立性要求。然而，一旦注册会计师不具有独立性，比如说，注册会计师与客户之间可能存在潜在的利益冲突，就应当在代编业务报告中予以说明。

三、出具代编业务报告的情形

本准则第五条规定，在任何情况下，如果注册会计师的姓名与代编的财务信息相联系，注册会计师应当出具代编业务报告。

通常，注册会计师是作为鉴证服务提供者出现在信息使用者面前的。因此，如果注册会计师的名字与某项财务信息发生联系，便可能让人产生误解，以为注册会计师对代编的财务信息提供了某种程度的保证。一份措辞适当的代编业务报告，有助于说明注册

会计师在代编业务中所扮演的角色,避免陷入不必要的责任纠纷中。

第二章 业务约定书

本准则第二章(第六条至第七条),主要说明接受客户委托前的工作及代编业务约定书的内容。

一、签约前的工作

本准则第六条规定,注册会计师应当在代编业务开始前,与客户就代编业务约定条款达成一致意见,并签订业务约定书,以避免双方对代编业务的理解产生分歧。注册会计师与客户沟通并签订业务约定书的意义在于:(1)协助注册会计师计划代编业务;(2)明确注册会计师对代编业务的承接;(3)避免双方在诸如业务目的和范围、注册会计师责任、报告格式等方面的误解。

具体地说,注册会计师应当在代编业务开始前与客户就以下事项进行沟通。

(一)委托目的

在接受委托前,注册会计师应当与客户进行沟通,明确客户委托的目的。通常情况下,客户对注册会计师的认识是以提供鉴证服务为主的,客户提出的业务需求也可能以审计、审阅等鉴证需求为主。客户可能并不清楚鉴证业务与代编业务的区别,注册会计师应当与客户认真沟通,识别出客户的真实需求和目的。

(二)代编业务的性质

注册会计师应当与客户进行沟通,明确代编业务的性质。由于代编业务是由注册会计师执行的,无论是在客户还是信息使用者的印象或认识中,往往都将注册会计师与信息保证联系在一起。即便客户明确地提出代编服务的要求,也可能暗含对某种保证的期待。因此,注册会计师必须在业务承接前明确地向客户指明代编业务的性质,即代编业务既非审计也非审阅,代编业务的程序不用于、也无法用来对代编的财务信息提出任何鉴证结论。同时,客户也不能依赖注册会计师的代编服务来揭露可能存在的错误、舞弊以及违反法规的行为,或者内部控制存在的薄弱环节。

(三)客户责任

注册会计师应当与客户进行沟通,明确客户提供信息的范围、性质以及对信息提供承担的责任。也就是说,明确客户应当将哪些信息提供给注册会计师,并对这些信息的真实性和完整性承担责任,以确保注册会计师代编的财务信息是真实和完整的。例如,在代编符合合同条款要求的财务信息时,客户提供的信息应当包括合同条款的原始信息,以及其他经营管理方面的信息,当然,还应当包括已有的会计记录,这样才能确保编制的财务信息符合合同要求。

(四)编制基础

所谓编制基础,通俗地说,就是注册会计师按照什么样的标准,对客户提供的信息进行收集、分类和汇总,以编制满足客户需求的财务信息。编制基础既可以是法定的,也可以是非法定的。法定的编制基础可以是适用的会计准则和相关会计制度,也可以是政府监管部门颁布的、特殊的财务信息要求。非法定的编制基础可能是客户治理层或管理层制定的考核要求和计算规则、金融机构制定的贷款条款等。

注册会计师应当就客户采用的编制基础与客户进行沟通,并向客户指明:(1)采用的编制基础将在代编的财务信息中进行披露,如在财务报表附注中予以说明;(2)如果注册会计师出具了代编业务报告,报告中也将相应地说明采用的编制基础。

同时,注册会计师还应向客户说明,如果代编财务信息存在与选定编制基础背离的情形,也将在代编财务信息和代编业务报告中予以披露。例如,某小企业客户选择《企业会计制度》作为代编财务信息的基础,根据《企业会计制度》规定,开办费用自正式生产经营之日起一次性摊销,而客户一定要在3年内摊销,则注册会计师应当在编制的财务报表和出具的代编业务报告中予以说明。

在这一点上,代编业务也与鉴证业务有所不同:如果客户坚持偏离选定的编制基础,执行代编业务的注册会计师只需在代编财务信息和代编业务报告中对此予以说明;如果是鉴证业务,则注册会计师要说明这一偏离对鉴证对象信息的影响,并提出鉴证结论。

就客户采用的编制基础的沟通还包括将编制基础与客户的委托目的相结合,判断两者是否一致。如果编制基础与委托目的不一致,注册会计师应当提请客户采用与委托目的相适应的编制基础。

(五)代编信息的预期用途、分发范围和代编业务报告

注册会计师在承接业务时,还需要就代编财务信息的预期用途、分发范围,以及可能出具的代编业务报告与客户进行沟通。

一旦注册会计师知道自己的名字将与代编的财务信息发生联系,就必须出具代编业务报告。例如,外商投资企业在给国外股东的财务报告中可能说明"本财务报表是委托××会计师事务所按照国际财务报告框架编制的"。为了避免信息使用者产生误解,以为经过注册会计师之手,就有某种保证,注册会计师应当出具代编业务报告,说明执行的业务既非审计、也非审阅,因此不对代编的财务信息提出鉴证结论。注册会计师应当将代编业务报告与代编的财务信息一并提供给客户。

二、业务约定书的内容

本准则第七条规定了业务约定书的主要内容,即业务约定书应当包括下列主要事项:

(1)业务的性质,包括说明拟执行的业务既非审计也非审阅,注册会计师不对代编的财务信息提出任何鉴证结论;

(2)说明不能依赖代编业务揭露可能存在的错误、舞弊以及违反法规行为;

(3)客户提供的信息的性质;

(4)说明客户管理层应当对提供给注册会计师的信息的真实性和完整性负责,以保证代编财务信息的真实性和完整性;

(5)说明代编财务信息的编制基础,并说明将在代编财务信息和出具的代编业务报告中对该编制基础以及任何重大背离[①]予以披露;

(6)代编财务信息的预期用途和分发范围;

(7)如果注册会计师的姓名与代编的财务信息相联系,说明注册会计师出具的代编业务报告的格式;

(8)业务收费;

(9)违约责任;

---

① 对编制基础的任何背离都属于重大背离,下同。

（10）解决争议的方法；

（11）签约双方法定代表人或其授权代表的签字盖章，以及签约双方加盖的公章。

注册会计师与客户就沟通事项达成一致意见之后，应当签订业务约定书，以明确双方对委托事项的理解和达成的约定，保护双方的利益。业务约定书的格式可以是合同式，也可以是信函式。合同式代编业务约定书的参考格式见附录4111-1。

第三章 计划、程序与记录

本准则第三章（第八条至第十六条），主要说明代编业务计划、代编业务程序，发生重大错报的情形及其处理以及工作记录。

一、代编业务计划

本准则第八条规定，注册会计师应当制定代编业务计划，以有效执行代编业务。

注册会计师在与客户签订业务约定书之后，应当制定代编业务计划，详细计划代编业务的程序、时间和人员安排等事项，以便能够将资源合理分配到代编业务的重要领域，有效率地完成代编业务。代编业务计划随着委托项目的规模、复杂程度、注册会计师与客户的交往经验以及对客户业务的熟悉程度的不同而不同。

二、了解客户

本准则第九条和第十条规定注册会计师应当了解客户的内容和方法。本准则第九条规定了注册会计师应当从行业层面了解客户。即了解客户的业务和经营情况，熟悉其所处行业的会计政策和惯例，以及与具体情况相适应的财务信息的形式和内容。本准则第十条第一款规定了注册会计师应当具体了解客户。即了解客户业务交易的性质、会计记录的形式和财务信息的编制基础等相关信息。本准则第十条第二款规定了注册会计师了解客户的方法。注册会计师通常利用以前经验、查阅文件记录或询问客户的相关人员，获取对这些事项的了解。

三、代编业务程序

本准则第十一条指出，除本准则规定的程序外，注册会计师通常不需要执行下列程序：

（1）询问管理层，以评价所提供信息的可靠性和完整性；

（2）评价内部控制；

（3）验证任何事项；

（4）验证任何解释。

第十二条第一款规定了需要执行上述程序的情形，指出如果注意到管理层提供的信息不正确、不完整或在其他方面不令人满意，注册会计师应当考虑执行本准则第十一条提及的程序，并要求管理层提供补充信息。第二款则进一步规定，如果管理层拒绝提供补充信息，注册会计师应当解除该项业务约定，并告知客户解除业务约定的原因。

四、发生重大错报的情形及其处理

本准则第十三条和第十四条分别规定了发生重大错报情形和注册会计师应采取的措施。

本准则第十三条第一款规定，注册会计师应当阅读代编的财务信息，并考虑形式是否恰当，是否不存在明显的重大错报。第二款指出，本条前款所述的重大错报包括下列情形：

（1）错误运用编制基础；

（2）未披露所采用的编制基础和获知的重大背离；

（3）未披露注册会计师注意到的其他重大事项。

第十三条第三款则规定，注册会计师应当在代编财务信息中披露采用的编制基础和获知的重大背离，但不必报告背离的定量影响。

注册会计师在执行代编业务时，可能由于计算或文字错误、运用编制基础不恰当、疏忽等原因导致代编财务信息存在重大错报。因此，注册会计师在完成财务信息的代编工作之后，应当执行本准则第十三条的规定。此时，注册会计师应当将代编的财务信息与客户选定的编制基础、提供的信息进行检查、核对，以发现不符合编制基础的重大错报。

注册会计师在执行第十三条规定并注意到存在重大错报时，就应当按照第十四条的规定执行。即如果注意到存在重大错报，注册会计师应当尽可能与客户就如何恰当地更正错报达成一致意见。如果重大错报仍未得到更正，并且认为财务信息存在误导，注册会计师应当解除该项业务约定。

五、管理层声明

本准则第十五条规定了管理层声明的内容和形式，指出注册会计师应当从管理层获取其承担恰当编制财务信息和批准财务信息的责任的书面声明。该声明还应当包括管理层对会计数据的真实性和完整性负责，以及已向注册会计师完整提供所有重要且相关的信息。

管理层声明的内容和格式详见附录4111-2。

六、工作记录

本准则第十六条规定了执行代编业务的记录要求，指出注册会计师应当记录重大事项，以证明其已按照本准则的规定和业务约定书的要求执行代编业务。

重大事项通常包括：

（1）业务约定书；

（2）代编业务计划；

（3）执行的代编程序；

（4）发现的重大错报；

（5）客户管理层声明书；

（6）代编财务信息的最终成果；

（7）出具的代编业务报告（如果适用）。

第四章　代编业务报告

本准则第四章（第十七条至第十八条），主要说明代编业务报告的基本内容和特别要求。

一、代编业务报告的基本内容

本准则第十七条规定，代编业务报告应当包括以下内容：
（1）标题；
（2）收件人；
（3）说明注册会计师已按照本准则的规定执行代编业务；
（4）当注册会计师不具有独立性时，说明这一事实；
（5）指出财务信息是在管理层提供信息的基础上代编的，并说明代编财务信息的名称、日期或涵盖的期间；
（6）说明管理层对注册会计师代编的财务信息负责；
（7）说明执行的业务既非审计，也非审阅，因此不对代编的财务信息提出鉴证结论；
（8）必要时，应当增加一个段落，提醒注意代编财务信息对采用的编制基础的重大背离；
（9）注册会计师的签名及盖章；
（10）会计师事务所的名称、地址及盖章；
（11）报告日期。

此外，在代编业务报告中还可能需要提及代编此信息的特殊目的，或提及为哪些使用者代编此信息。作为另一种选择或补充，在代编业务报告中可以增加某种形式的提醒，以保证代编信息不会被用于上述用途之外。

代编业务报告的参考格式见附录4111-3。

二、代编业务报告的特别要求

本准则第十八条规定了代编业务报告的特别要求，指出注册会计师应当在代编财务信息的每页或一套完整的财务报表的首页明确标示"未经审计或审阅""与代编业务报告一并阅读"等字样。

这条规定可以让信息使用者知晓注册会计师提供的是会计专业知识和技能的服务，明确告知使用者，注册会计师在代编服务中不提出任何鉴证结论。

第五章 附 则

本准则第五章（第十九条至第二十条），主要说明本准则的适用范围和生效日期。

本准则第十九条规定，注册会计师执行代编非财务信息业务，除有特定要求者外，应当参照本准则办理。

在注册会计师运用会计专业知识和技能为客户提供编制财务信息的服务时，注册会计师必须遵循本准则的所有规定。

如果注册会计师具备必要的专业知识和技能，也可以为客户提供代编非财务信息的服务。例如，根据客户提供某产品的经济技术统计信息和国家相关标准，为客户编制某产品的经济技术报表。此时除有特定要求者外，注册会计师应当参照本准则办理。

附录 4111-1

代编业务约定书参考格式

以下是代编业务约定书的参考格式，注册会计师可以根据客户的具体情况对该业务约定书进行适当的修改。

代编业务约定书

甲方：ABC 有限公司
乙方：XYZ 会计师事务所

兹由甲方委托乙方代编 20×1 年度财务报表，经双方协商，达成以下约定：

1. 业务范围

在甲方提供信息的基础上，依据《中国注册会计师相关服务准则第 4111 号——代编财务信息》的规定，按照企业会计准则和《××会计制度》，代编甲方 20×1 年 12 月 31 日的资产负债表，20×1 年度的利润表、股东权益变动表、现金流量表以及财务报表附注。

2. 甲方的责任及义务

（1）根据《中华人民共和国会计法》及《企业财务会计报告条例》，甲方及甲方负责人有责任保证会计资料的真实性和完整性。因此，甲方管理层有责任妥善保存和提供会计记录（包括但不限于会计凭证、会计账簿及其他会计资料）。

（2）及时为乙方的代编工作提供其所要求的全部会计资料和其他有关资料（在 20×2 年×月×日之前提供代编所需的全部资料），并保证所提供资料的真实性和完整性。

（3）确保乙方不受限制地接触任何与代编有关的记录、文件和所需的其他信息。

（4）甲方管理层对其作出的与代编有关的声明予以书面确认。该声明应当包括管理层对会计数据的真实性和完整性负责，以及已向乙方完整地提供所有重要且相关的信息。

（5）为乙方派出的有关工作人员提供必要的工作条件和协助，主要事项将由乙方在代编工作开始前提供清单。

（6）按本约定书的约定及时足额支付代编费用以及乙方人员在代编期间的交通、食宿和其他相关费用。

3. 乙方的责任及义务

（1）乙方的责任是在甲方提供信息的基础上，依据《中国注册会计师相关服务准则第 4111 号——代编财务信息》（以下简称代编业务准则）的规定，按照企业会计准则和《××会计制度》，代编甲方 20×1 年 12 月 31 日的资产负债表，20×1 年度的利润表、股东权益变动表、现金流量表以及财务报表附注，并出具代编业务报告。

任何对企业会计准则和《××会计制度》的背离都将在财务报表中披露；必要时，也会在乙方的代编业务报告中披露。

（2）乙方的代编工作将依据代编业务准则进行。代编业务准则要求注册会计师遵守相关职业道德规范，恪守客观、公正的原则，保持专业胜任能力和应有的关注，并对代编过程中获知的信息保密。

（3）乙方不对代编的财务报表执行审计或审阅程序。因此，乙方不对代编的财务报表提出鉴证结论。

（4）乙方对财务报表的代编不能减轻甲方及甲方管理层的责任；甲方及甲方管理层也不能依赖代编业务揭露可能存在的错误、舞弊以及违反法规行为。

（5）乙方将按照双方约定时间于20×2年×月×日完成本项代编业务。

（6）除下列情况外，乙方对代编业务过程中知悉的甲方信息予以保密：①取得甲方的授权；②根据法律法规的规定，为法律诉讼准备文件或提供证据，以及向监管机构报告发现的违反法规行为；③接受行业协会和监管机构依法进行的质量检查；④监管机构对乙方进行行政处罚（包括监管机构处罚前的调查、听证）以及乙方对此提起行政复议。

4. 代编收费

（1）本次代编服务的收费是以乙方各级别工作人员在本次工作中所耗费的时间为基础计算的。乙方预计本次代编服务的费用总额为人民币××元。

（2）甲方应于本约定书签署之日起×日内支付×%的代编费用人民币××元，其余款项于［代编财务报表草稿完成日］结清。

（3）与本次代编有关的其他费用（包括交通费、食宿费等）由甲方承担。

5. 乙方报告的使用责任

（1）乙方按照《中国注册会计师相关服务准则第4111号——代编财务信息》规定的格式出具代编业务报告。

（2）乙方将向甲方致送代编的财务报表一式××份，该财务报表将用于＿＿＿（填写具体用途）。

（3）甲方在提交或对外公布财务报表时，不得修改乙方出具的代编财务报表业务报告以及所代编的财务信息。如甲方认为有必要修改，应当事先通知乙方，乙方将考虑有关的修改对代编业务报告的影响，必要时，将重新出具报告。

6. 本约定书的有效期间

本约定书自签署之日起生效，并在双方履行完毕本约定书约定的所有义务后终止，但其中第3（6）、5、6、7、8、9、10条并不因本约定书终止而失效。

7. 约定事项的变更

如果出现不可预见的情况，影响代编工作如期完成，甲、乙双方均可要求变更约定事项，但应及时通知对方，并由双方协商解决。

8. 终止条款

（1）如果根据乙方的职业道德及其他有关专业职责、适用的法律法规或其他任何法定的要求，乙方认为已不适宜继续为甲方提供本约定书约定的代编服务时，乙方可以采取向甲方提出合理通知的方式终止履行本约定书。

（2）在终止业务约定的情况下，乙方有权就其本约定书终止之日前对约定的代编服务项目所做的工作收取合理的代编费用。

9. 违约责任

甲、乙双方按照《中华人民共和国合同法》的规定承担违约责任。

10. 适用法律和争议解决

本约定书的所有方面均应适用中华人民共和国法律进行解释并受其约束。本约定书履行地为乙方出具代编报告所在地，因本约定书所引起的或与本约定书有关的任何纠纷或争议（包括关于本约定书条款的存在、效力或终止，或无效之后果），双方选择第种解决方式：
（1）有管辖权的人民法院提起诉讼；
（2）交××仲裁委员会仲裁。
11. 双方对其他有关事项的约定
本约定书一式两份，甲、乙双方各执一份，具有同等法律效力。

甲方：ABC有限公司（盖章）　　　　乙方：XYZ会计师事务所（盖章）
授权代表：（签名并盖章）　　　　　　授权代表：（签名并盖章）
二〇×二年×月×日　　　　　　　　　二〇×二年×月×日

附录4111-2

管理层声明书范例

以下是代编业务管理层声明书的参考格式，注册会计师应该根据客户的具体情况对该说明书进行适当的修改。

管理层声明书

XYZ会计师事务所：

本公司已委托贵事务所按照企业会计准则的规定代编本公司20×1年12月31日的资产负债表，20×1年度的利润表、股东权益变动表和现金流量表以及财务报表附注。根据本公司与贵事务所于20×2年×月×日签订的代编业务约定书，本公司就已知的全部事项作出如下声明：

1. 本公司确认，按照企业会计准则的规定编制财务报表是我们的责任。设计、实施和维护内部控制，保证本公司资产安全和完整，防止或发现并纠正错报，是本公司管理层的责任。

2. 本公司已批准贵事务所按照企业会计准则编制的20×1年12月31日的资产负债表，20×1年度的利润表、股东权益变动表和现金流量表以及财务报表附注。

3. 本公司确认，贵事务所代编的财务报表符合企业会计准则的规定，公允反映了本公司20×1年12月31日的财务状况、20×1年度的经营成果和现金流量情况，不存在重大错报。本公司管理层对上述财务报表的真实性、合法性和完整性承担责任。

4. 根据《中华人民共和国会计法》及《企业财务会计报告条例》的规定，本公司管理层保证本公司会计资料的真实性、合法性和完整性。

5. 本公司已向贵事务所提供了全部会计资料和其他相关信息，并保证所提供资料的真实性和完整性。

6.本公司的所有经济业务已按规定入账，不存在账外资产或未计负债。

（需要管理层声明的其他事项）

ABC 有限公司（公章）
法定代表人（签名并盖章）
财务负责人（签名并盖章）
二○×二年×月×日

附录 4111-3

代编业务报告的参考格式

1.代编财务报表业务报告，无任何附加说明

代编财务报表业务报告

（收件人名称）：

在 ABC 公司管理层提供信息的基础上，我们按照《中国注册会计师相关服务准则第 4111 号——代编财务信息》的规定，代编了 ABC 公司 20×1 年 12 月 31 日的资产负债表，20×1 年度的利润表、股东权益变动表和现金流量表以及财务报表附注。管理层对这些财务报表负责。我们未对这些财务报表进行审计或审阅，因此不对其提出鉴证结论。

××会计师事务所	中国注册会计师：×××
（盖章）	（签名并盖章）
中国××市	二○×二年×月×日

2.代编财务报表业务报告，增加段落以引起对背离编制基础的关注

代编财务报表业务报告

（收件人名称）：

在 ABC 公司管理层提供信息的基础上并根据 20×× 年×月×日签订的代编业务约定书中约定的代编基础——企业会计准则和《××会计制度》，我们按照《中国注册会计师相关服务准则第 4111 号——代编财务信息》的规定，代编了 ABC 公司 20×1 年 12 月 31 日的资产负债表，20×1 年度的利润表、股东权益变动表和现金流量表以及财务报表附注。管理层对这些财务报表负责。我们未对这些财务报表进行审计或审阅，因此

不对其提出鉴证结论。

我们提请注意，如财务报表附注×所述，管理层对融资租赁的机器设备未予资本化，该事项不符合企业会计准则和《××会计制度》的规定。

  ××会计师事务所　　　　　　　　　　　中国注册会计师：×××
    （盖章）　　　　　　　　　　　　　　　（签名并盖章）
  中国××市　　　　　　　　　　　　　　二〇×二年×月×日

3.代编财务报表业务报告，附加不具有独立性的说明

代编财务报表业务报告

（收件人名称）：

  在ABC公司管理层提供信息的基础上，我们按照《中国注册会计师相关服务准则第4111号——代编财务信息》的规定，代编了ABC公司20×1年12月31日的资产负债表，20×1年度的利润表、股东权益变动表和现金流量表以及财务报表附注。管理层对这些财务报表负责。我们未对这些财务报表进行审计或审阅，因此不对其提出鉴证结论。

  我们不独立于ABC公司。

  ××会计师事务所　　　　　　　　　　　中国注册会计师：×××
    （盖章）　　　　　　　　　　　　　　　（签名并盖章）
  中国××市　　　　　　　　　　　　　　二〇×二年×月×日

《会计师事务所质量管理准则第 5101 号——业务质量管理》应用指南

(2021 年 11 月 1 日修订)

一、本准则与其他准则的关系（参见本准则第三条至第四条）

1. 本准则和《会计师事务所质量管理准则第 5102 号——项目质量复核》规范的是在会计师事务所层面实施的质量管理。《中国注册会计师审计准则第 1121 号——对财务报表审计实施的质量管理》规范的是在审计项目层面实施的质量管理。除《中国注册会计师审计准则第 1121 号——对财务报表审计实施的质量管理》外，其他一些准则也涉及在项目层面实施质量管理的相关规定。例如，《中国注册会计师审计准则第 1401 号——对集团财务报表审计的特殊考虑》规定了集团项目合伙人对项目质量承担的相关责任；《中国注册会计师审阅准则第 2101 号——财务报表审阅》和《中国注册会计师其他鉴证业务准则第 3101 号——历史财务信息审计或审阅以外的鉴证业务》分别针对财务报表审阅和其他鉴证业务在项目层面实施质量管理作出了相关规定。

2. 中国注册会计师职业道德守则规定了注册会计师应当遵守的相关职业道德要求，以帮助注册会计师履行维护公众利益的职责。本准则第三十条指出，会计师事务所持续高质量地执行业务是服务公众利益的内在要求。因此，本准则与中国注册会计师职业道德守则都体现了维护公众利益的要求。

二、本准则的结构和效力（参见本准则第六条）

3. 本准则第二章中的定义，在本准则框架下对某些术语提供了解释说明，旨在帮助会计师事务所和注册会计师前后一贯地理解和运用这些术语。法律法规和其他准则对这些术语的定义可能与本准则有所不同，如果出现这种情况，本准则中的定义并不能取代法律法规或其他准则中的定义。

4. 本准则第三章中的目标，说明了本准则中各项要求的制定背景和预期要达到的效果，旨在使会计师事务所认识到需要完成的工作，以及为完成这些工作需要采用的恰当方法。

5. 本准则第四章"要求"部分出现的"应当""不应当"或"不得"等词，意在提出要求或作出禁止性规定。

6. 本准则的附录和应用指南旨在提供进一步解释、指引和示例，以有助于正确理解和执行本准则中的相关条款。具体包括：

（1）解释某些条款的确切含义或所针对的情形；

（2）说明某些条款的制定目的或背景信息；

（3）为理解和执行特定条款提供必要的指引和示例。附录和应用指南并不对会计师事务所和注册会计师提出要求，但所提供的解释、指引和示例有助于正确理解和遵守本准则中的相关要求。

三、定义

（一）应对措施（参见本准则第十一条）

7. 政策的执行通常包括以下两种情形：

（1）受该政策约束的人员（本段所指的人员，包括本准则第二十三条定义的人员，也包括会计师事务所外部的相关人员）采取符合该政策的行动；

（2）受该政策约束的人员避免采取可能与该政策产生冲突的行动。

8. 程序可能是通过正式文件或其他形式明确规定的，也可能是会计师事务所组织文化中约定俗成的。程序的实施可能采取手工方式，也可能采取自动化方式。

9. 会计师事务所在其质量管理体系或业务执行中如果利用了外部人员的工作，则可能需要针对这些人员设计专门的政策和程序。《〈中国注册会计师审计准则第1121号——对财务报表审计实施的质量管理〉应用指南》第23段至第25段对在财务报表审计中，会计师事务所针对外部人员设计专门的政策和程序提供了相关指引。

（二）会计师事务所质量管理体系的缺陷（参见本准则第十二条）

10. 会计师事务所通过评价发现的情况（参见本准则第十三条的定义）来识别缺陷。缺陷可能是通过评价单项情况识别出来的，也可能是通过综合评价多项情况识别出来的。

11. 会计师事务所如果未能识别出或恰当评估一项或多项质量风险（表明其质量管理体系存在缺陷），则可能并未针对这些质量风险采取应对措施，也可能虽已采取应对措施但该措施并未得到恰当的设计或执行。

12. 本准则第十二条第（四）项所说的"质量管理体系的某些方面"通常包括：

（1）相关角色和人员的职责分配（参见本准则第三十九条至第四十一条）；

（2）会计师事务所的风险评估程序；

（3）监控和整改程序；

（4）对质量管理体系的评价。

13. 举例来说，与质量管理体系的某些方面相关的缺陷可能包括：

（1）会计师事务所的风险评估程序未能识别出某些信息，这些信息表明会计师事务所及其业务的性质和具体情况已经发生变化，因而会计师事务所需要设定额外的质量目标、调整之前评估的质量风险或采取的应对措施。

（2）会计师事务所监控和整改程序的设计和实施未能实现以下目的：

①就质量管理体系的设计、实施和运行情况提供相关、可靠、及时的信息；

②使会计师事务所能够采取适当的行动以应对识别出的缺陷，以使该缺陷能够得到及时整改。

（3）对质量管理体系承担最终责任的人员（即会计师事务所的主要负责人，下同）未能做到至少每年一次对质量管理体系进行评价。

（三）发现的情况（参见本准则第十三条）

14. 发现的情况主要有以下三种来源：

（1）会计师事务所通过实施监控活动获取和积累的信息；

（2）会计师事务所从外部检查中获取和积累的信息；

（3）会计师事务所通过其他相关来源获取和积累的信息，例如，从客户关系和具体业务的接受与保持过程中获取的信息，或者从项目组成员、项目质量复核人员处获取的信息等。

在上述获取和积累信息的过程中，会计师事务所可能了解到与质量管理体系相关的其他情况，例如，该体系的运行取得积极成效，或发现了进一步改进和强化质量管理体系的机会。本指南第 178 段就会计师事务所如何在质量管理体系中利用这些信息提供了进一步指引。

15. 本指南第 163 段对通过其他相关来源获取和积累的信息提供了示例。

16. 监控活动包括在项目层面实施的监控，如对特定项目的检查。从外部检查和其他相关来源获取的信息也可能与特定项目相关。因此，本准则第十三条所称的"与质量管理体系设计、实施和运行相关的信息"也包括在项目层面发现的、与质量管理体系相关的情况。

（四）外部检查（参见本准则第十四条）

17. 除本准则第十四条所述的检查外，外部监管机构还可能实施其他类型的检查。例如，选定某些会计师事务所，聚焦其审计业务的特定方面（如函证程序的实施情况）或针对其全所业务实施专项检查。

（五）相关职业道德要求（参见本准则第十六条和第五十五条）

18. 质量管理体系中的相关职业道德要求因会计师事务所及其业务的性质和具体情况有所不同。例如，如果会计师事务所执行上市实体审计业务，则中国注册会计师职业道德守则中与上市实体审计业务有关的规定可能与本所质量管理体系相关；如果会计师事务所不向审计客户提供非鉴证服务，则中国注册会计师职业道德守则中与向审计客户提供非鉴证服务有关的规定可能与本所质量管理体系无关。中国注册会计师职业道德守则所称的注册会计师，有时也指其所在的会计师事务所。

19. 根据《中国注册会计师职业道德守则第 1 号——职业道德基本原则》第三条的规定，如果某些法律法规的规定与职业道德守则的相关条款不一致，注册会计师应当注意到这些差异。除非法律法规禁止，注册会计师应当按照其中更严格的规定执行。

20. 相关职业道德要求中的某些规定只适用于业务执行所涉及的相关人员，而非会计师事务所。例如，中国注册会计师职业道德守则中的某些条款仅适用于为客户提供专业服务的注册会计师个人，而非会计师事务所。当然，即使相关职业道德要求中的某些条款仅适用于注册会计师个人，会计师事务所质量管理体系也可能需要考虑这些职业道德要求。

21. 举例来说，以下条款只适用于注册会计师个人，而非会计师事务所：

（1）《中国注册会计师职业道德守则第 4 号——审计和审阅业务对独立性的要求》第十章关于家庭和私人关系的规定；

（2）《中国注册会计师职业道德守则第 4 号——审计和审阅业务对独立性的要求》第十一章关于审计项目团队成员最近曾担任审计客户的董事、高级管理人员或特定员工的规定。

（六）网络和网络事务所（参见本准则第二十条至第二十一条、第九十四条）

22. 网络和网络事务所可能采取多种组织方式。举例来说，从会计师事务所质量管理体系的角度，网络和网络事务所可能存在以下组织方式：

（1）网络对会计师事务所质量管理体系提出相关要求，或向会计师事务所提供相关服务，供其在质量管理体系或业务执行中予以遵守或加以利用；

（2）网络事务所可能向会计师事务所提供服务（如提供资源），供其在质量管理体系或业务执行中加以利用；

（3）网络中的其他组织可能对会计师事务所质量管理体系提出相关要求或提供相关服务。

上述任何一方提出的要求或提供的服务，都属于本准则所称的"网络要求"或"网络服务"。

（七）服务提供商（参见本准则第二十二条）

23. 如果会计师事务所拟利用服务提供商提供的服务或资源，需要确保该服务提供商具备必要的专业胜任能力并满足适用的职业道德要求，以保证会计师事务所质量管理体系的运行和执业质量。

24. 在集团审计中，如果组成部分注册会计师来自本所所属网络以外的其他会计师事务所，则该组成部分注册会计师符合本准则第二十二条关于"服务提供商"的定义。

（八）人员（参见本准则第二十三条）

25. 虽然本准则将"人员"定义为"会计师事务所的合伙人和员工"，但会计师事务所在执行质量管理体系中的活动或执行业务时，也可能利用会计师事务所外部人员的工作。这里所说的"会计师事务所外部人员"，可能包括来自网络事务所的人员（例如，来自网络事务所服务提供中心的人员），或来自服务提供商的人员（例如，为会计师事务所提供信息技术支持的人员，该人员不属于本会计师事务所及其网络、网络事务所）。

26. 本准则所称的"人员"，包括本会计师事务所服务提供中心、分所或分部等机构的合伙人和员工。

（九）项目组（参见本准则第二十五条）

27. 针对在财务报表审计中如何界定审计项目组，《〈中国注册会计师审计准则第1121号——对财务报表审计实施的质量管理〉应用指南》第15段至第25段提供了进一步指引。

四、本准则的适用性（参见本准则第三十一条）

28. 本准则适用于各种规模、组织结构和业务类型的会计师事务所。会计师事务所在设计、实施和运行质量管理体系时，需要考虑本所及其业务的具体情况。实务中，由于会计师事务所之间以及业务之间存在差异，质量管理体系，尤其是该体系的复杂和规范程度，也可能存在差异。

29. 本指南分别针对较不复杂的会计师事务所和较为复杂的会计师事务所提供了一些示例，供实务中参考。需要说明的是，较不复杂和较为复杂的会计师事务所之间的界限并不是非常清晰的，实务中，会计师事务所需要根据本所的实际情况和质量管理的需要来恰当运用这些示例。通常来说，在判断会计师事务所是否较为复杂时，可以考虑下列方面：

（1）会计师事务所的规模。

（2）会计师事务所的组织结构。组织结构越复杂，会计师事务所通常越复杂。举例来说，如果一个会计师事务所设有分所或分部，通常属于较为复杂的会计师事务所。

（3）会计师事务所的业务类型。业务类型越多，或其业务涉及公众利益越多，则会计师事务所通常越复杂。举例来说，执行公众利益实体审计业务的会计师事务所通常属于较为复杂的会计师事务所。

30. 举例来说，在下列情况下，本准则中的某些要求可能与本会计师事务所不相关：

（1）如果会计师事务所不执行公众利益实体审计业务，则本准则第五十七条和第五十八条有关公众利益实体审计业务的要求可能不相关；

（2）对于仅提供相关服务业务的会计师事务所（即该会计师事务所不执行任何类型的鉴证业务），如果该服务或服务相关方没有要求会计师事务所保持独立性，则本准则第五十六条第（三）项"至少每年一次向所有需要按照相关职业道德要求保持独立性的人员获取其已遵守独立性要求的书面确认"的要求可能不相关。

五、质量管理体系

（一）质量管理体系的概念（参见本准则第八条、第二十九条、第三十四条和第三十六条）

31. 本准则第三十四条规定了质量管理体系的框架和组成要素，供会计师事务所参考。实务中，会计师事务所需要根据本准则的规定，结合本所及其业务的性质和具体情况，"量身订制"适合本所的质量管理体系。例如，会计师事务所可以使用与本准则不同的名称来描述质量管理体系的组成要素，也可以根据实际情况调整这些要素，但调整的范围仅限于更改要素的名称、将某个要素进行拆分或将某些要素进行合并。会计师事务所需要确保其质量管理体系遵守本准则的各项要求（除非某项要求与本所不相关）、满足本所质量管理的需要，并切实有效发挥作用，防止流于形式。

32. 针对质量管理体系各组成要素的有效衔接、互相支撑、协同运行，举例如下：

（1）会计师事务所的风险评估程序，能够明确会计师事务所在其质量管理体系中采用风险导向的方法应当遵循的程序。

（2）治理和领导层，能够为质量管理体系的设计、实施和运行营造良好的环境，为该体系提供支持。

（3）资源、信息与沟通，能够使质量管理体系的设计、实施和运行落到实处。

（4）监控和整改程序，能够监控会计师事务所质量管理体系的设计、实施和运行，识别质量管理体系的缺陷，并针对该缺陷采取相应的整改措施。监控和整改程序的结果，能够为会计师事务所的风险评估程序提供相关的信息。

（5）质量管理体系的特定方面之间可能相互关联。例如，相关职业道德要求中的某些方面可能与客户关系和具体业务的接受与保持相关。

33. 合理保证是一种高水平的保证。当质量管理体系能够将不能实现其目标（参见本准则第二十九条第（一）项和第（二）项）的风险降低至可接受的低水平时，就获取了合理保证。由于质量管理体系存在固有限制，合理保证并非绝对保证。这种固有限制包括：

（1）决策过程中的判断可能出现错误；

（2）由于人为干扰或失误，或者信息系统应用程序发生故障，导致质量管理体系未能有效发挥作用。

（二）质量管理体系的设计、实施和运行（参见本准则第三十三条和第三十八条）

34. 质量管理不是孤立的，它是会计师事务所以质量为导向的组织文化与其战略、经营活动和业务流程相结合的产物。因此，在设计质量管理体系时，将会计师事务所的经营活动和业务流程统筹考虑，有助于实现协同管理，强化质量管理的有效性。

35. 会计师事务所在运用职业判断时，如果作出职业判断的人员保持一种探究的态度，则通常有助于提高职业判断质量。这种态度可能体现在下列方面：

（1）针对所获取的与质量管理体系相关的信息，包括与会计师事务所及其业务的性质和具体情况相关的信息，考虑其来源、相关性和充分性；

（2）对是否需要作出进一步调查或采取其他行动保持开放和警觉的态度。

（三）相关人员的职责分配［参见本准则第三十九条、第四十条、第四十九条第（五）项和附录］

36. 根据本准则第四十九条第（五）项的规定，治理和领导层的质量目标之一是，会计师事务所的组织结构以及对相关人员角色、职责、权限的分配是恰当的，能够满足质量管理体系设计、实施和运行的需要。

37. 尽管会计师事务所按照本准则第三十九条的要求对质量管理体系相关人员进行了职责分配，会计师事务所仍然需要对质量管理体系承担最终责任，并压实相关人员对向其分配的各项职责承担的责任。

38. 按照本准则第三十九条的规定对相关方面承担责任的人员通常是会计师事务所的合伙人，以确保其能够符合本准则第四十条第（二）项要求的条件，即在会计师事务所内具有履行其责任所需要的权威性和影响力。然而，在某些情况下，符合条件的人员不一定是会计师事务所的合伙人（例如，会计师事务所未采用合伙制组织形式；或者会计师事务所或其所属网络存在正式的人员安排，使某些不处于合伙人职位的人员也具有履行职责所需要的权威性和影响力）。在这些情况下，这些人员也可以承担本准则第三十九条规定的相关责任。

39. 不同会计师事务所对相关角色、职责、权限的分配可能不同。法律法规可能对会计师事务所的领导层、管理架构或职责权限划分作出相关规定。本准则第三十九条规定的质量管理领导层中的三类人员（即主要负责人、对质量管理体系的运行承担责任的人员、对质量管理体系特定方面的运行承担责任的人员）可以进一步将其职责分解为若干具体任务，并分配给其他人员，以协助其履行职责。然而，质量管理领导层人员仍然应当对会计师事务所向其分配的职责承担责任。

40. 以下是不同类型会计师事务所分配相关角色和职责的示例：

（1）对于较不复杂的会计师事务所，主要负责人可以同时承担本准则第三十九条规定的三项质量管理领导层职责，即既对质量管理体系承担最终责任，又对质量管理体系的运行承担责任，同时还对遵守独立性要求、监控和整改程序等特定方面的运行承担责任。

（2）对于较为复杂的会计师事务所，其组织结构可能包含多个领导层级，也可能设立管理委员会或类似机构承担会计师事务所的管理和监督职责。在这种情况下，主要负责人通常是在会计师事务所的管理和监督中具有最高话语权的人员。除主要负责人对质量管理体系承担最终责任外，会计师事务所还可以将对质量管理体系的运行承担责任、对质量管理体系特定方面的运行承担责任的职责分配给其他专门人员，并且，上述"质量管理体系特定方面"可以不局限于遵守独立性要求、监控和整改程序这两个方面，还可以包括质量管理体系的其他要素，或者管理会计师事务所的某一业务条线等。本准则附录提供了较为复杂会计师事务所的质量管理领导层示例。

41. 遵守独立性要求对于会计师事务所执行财务报表审计业务、财务报表审阅业务、其他鉴证业务至关重要，也符合利益相关者的期望。对遵守独立性要求承担责任的人员通常需要监督与独立性相关的所有事项，以确保会计师事务所能够设计和实施扎实、持续有效的政策和程序，以应对与独立性有关的事项。

42. 除本准则第四十条规定的条件外，法律法规或其他职业准则也可能对质量管理领导层人员的任职条件作出规定，如与执业资格、职业教育或继续教育相关的规定。

43. 就对质量管理体系的运行承担责任的人员来说，具备适当的知识和经验通常包括了解会计师事务所的战略决策和行动，并在会计师事务所的运营方面具有丰富的经验。

六、会计师事务所的风险评估程序

（一）风险导向的质量管理理念（参见本准则第四十四条）

44. 会计师事务所的性质和具体情况，包括其组织结构，可能影响会计师事务所风险评估程序的设计。以下是不同类型会计师事务所风险评估程序的示例：

（1）对于较不复杂的会计师事务所，对质量管理体系的运行承担责任的人员更容易充分了解会计师事务所及其业务，从而能够执行风险评估程序。此外，对质量目标、质量风险和应对措施的记录也可能较为简单（例如，可能记录在专门的文档中）。

（2）对于较为复杂的会计师事务所，其风险评估程序可能较为正式，涉及较多人员和活动。风险评估程序可能是集中的（例如，为所有业务单元、职能部门和业务条线集中设定质量目标、识别和评估质量风险、设计和采取应对措施），也可能是分散的（例如，在各业务单元、职能部门或业务条线层面分别设定质量目标、识别和评估质量风险、设计和采取应对措施，并将其结果汇总至会计师事务所层面）。会计师事务所所属的网络也可能为会计师事务所设定质量目标、识别和评估质量风险、设计和采取应对措施，供会计师事务所在其质量管理体系中采用。

45. 在风险评估程序中，会计师事务所设定质量目标、识别和评估质量风险、设计和采取应对措施是一个不断完善和优化的过程。例如：

（1）在识别和评估质量风险时，会计师事务所可能发现需要设定额外的质量目标；

（2）在设计和采取应对措施时，会计师事务所可能发现某一质量风险未能得到识别和评估。

46. 会计师事务所在设定质量目标、识别和评估质量风险、设计和采取应对措施的过程中，需要各种来源的信息。这些信息属于质量管理体系"信息与沟通"要素的一部分，包括下列方面：

（1）会计师事务所实施监控和整改程序的结果（参见本准则第八十六条和本指南第192段）；

（2）来自网络或服务提供商的信息，包括：

①关于网络要求或网络服务的信息（参见本准则第九十四条）；

②其他来自网络的信息，包括与网络针对本网络中所有事务所实施监控活动的结果相关的信息（参见本准则第九十六条至第九十七条）。

（3）来自会计师事务所内部或外部的其他方面的信息，例如：

①由于未能按照适用的法律法规、职业准则的要求执行业务，或由于未能遵守会计师事务所按照本准则要求制定的政策和程序，而引发的投诉和指控；

②外部检查的结果；

③会计师事务所可以从监管机构获取与会计师事务所执业对象相关的信息，例如，会计师事务所从证券监管部门获取的与执业对象相关的信息（如客户财务报表不合规或未遵守证券监管规定）；

④质量管理体系中影响质量管理体系其他方面的变化，例如，会计师事务所在资源方面发生的变化；

⑤其他外部来源的信息，例如，针对本会计师事务所的监管或诉讼，或者，虽然是针对其他会计师事务所的监管或诉讼，但该监管或诉讼可能提示本会计师事务所需要关注或考虑的事项。

（二）设定质量目标（参见本准则第四十五条）

47. 法律法规或职业准则的规定可能导致会计师事务所需要设定额外的质量目标。例如，法律法规可能要求会计师事务所在其质量管理体系中将不相容岗位或职责予以分离，会计师事务所可能有必要针对该项要求设定额外的质量目标。

48. 在某些情况下，由于会计师事务所及其业务的性质和具体情况，会计师事务所可能认为没有必要设定额外的质量目标。在这种情况下，会计师事务所仍然需要设定本准则规定的质量目标。

49. 会计师事务所可以设定子目标，以强化识别和评估质量风险、设计和采取应对措施。举例来说，针对本准则第四十九条第（三）项提及的质量目标（即"会计师事务所领导层通过实际行动展示其对质量的重视"），会计师事务所可以将其细化为如下子目标：

（1）会计师事务所领导层能够了解到所有与本会计师事务所执业质量相关的内外部投诉和举报及其处理情况；

（2）对于涉及会计师事务所执业质量的重大问题，会计师事务所领导层亲自参与相关决策过程，并且在全所范围内形成一种"质量至上"的示范效应。

（三）识别和评估质量风险（参见本准则第四十六条）

50. 除本准则第四十六条第（一）项所述的事项或情况（包括相关人员的作为或不作为，下同）外，其他事项或情况也可能对实现质量目标产生不利影响。

51. 并非所有风险都属于本准则所称的质量风险，具体取决于事项或情况可能对实现质量目标产生不利影响的方式和程度。在确定一项风险是否属于质量风险时，会计师事务所需要运用职业判断，并考虑该风险的发生是否具有合理可能性，并且该风险一旦发生，是否将单独或连同其他风险对质量目标的实现产生不利影响。

52. 以下是可能对实现质量目标产生不利影响的事项或情况，以及可能产生的质量风险示例。

会计师事务所了解到的、可能对实现质量目标产生不利影响的事项或情况示例	可能产生的质量风险示例
会计师事务所在战略和运营方面的决策与行动、业务流程及业务模式：会计师事务所的总体财务目标过分依赖于向客户提供本准则适用范围以外的服务。	对于"治理和领导层"要素来说，这可能产生多项质量风险，例如：（1）会计师事务所的资源被优先分配给本准则适用范围以外的服务，从而不利于保证本准则适用范围以内的服务（即财务报表审计、财务报表审阅、其他鉴证业务和相关服务业务）的质量；（2）会计师事务所对财务和运营方面优先事项的决策并未充分考虑对于本准则适用范围以内的服务而言，质量的重要性。
领导层的特征和管理风格：会计师事务所规模较小，项目合伙人人数有限，并且这些项目合伙人的权限存在重叠。	对于"治理和领导层"要素来说，这可能产生多项质量风险，例如：（1）领导层各成员的职责划分不清，对质量的责任没有明确界定；（2）如果领导层成员的行为不利于质量，可能无人提出质疑。
会计师事务所的复杂程度和经营特征：会计师事务所最近合并了另一家会计师事务所。	对于"资源"要素来说，这可能产生多项质量风险，例如：（1）参与合并的两家会计师事务所，其技术资源可能不相兼容；（2）项目组可能使用的是会计师事务所在合并之前开发的知识资源，而这些知识资源已经不再与合并之后的会计师事务所新的方法论一致。

53. 由于质量管理体系不断发生变化，会计师事务所设计和采取的应对措施可能会产生一些新的事项或情况，而这些事项或情况又可能产生新的质量风险。例如，为应对审计中的某些质量风险，会计师事务所可能开发了一套新的审计软件（属于本准则中的技术资源），而利用该软件又可能产生新的质量风险（如软件设计存在缺陷或运行不当的风险）。

54. 一项风险单独或连同其他风险可能在多大程度上对质量目标的实现产生不利影响，通常取决于产生该风险的事项或情况。举例来说，在评估不利影响的程度时，会计师事务所可以考虑下列方面：

（1）这些事项或情况将如何影响质量目标的实现；

（2）这些事项或情况预期发生的频繁程度；

（3）这些事项或情况自发生起至产生影响所需要的时间，以及在这段时间内，会计师事务所是否有机会采取措施减轻这些影响；

（4）这些事项或情况一旦发生，对实现质量目标产生的不利影响将可能持续多长时间。

对质量风险的评估不一定必须采取正式的评级或评分方式。如果会计师事务所认为有必要，也可以选择采取这种方式。

（四）设计和采取相应的应对措施（参见本准则第十一条和第四十七条）

55. 应对措施的性质、时间安排和范围取决于相关质量风险的评估结果及其理由，即风险发生的可能性以及风险对实现一项或多项质量目标可能产生的影响。

56. 应对措施可能在会计师事务所层面执行，可能在项目层面执行，也可能同时需要在上述两个层面执行。举例来说，会计师事务所可以制定下列与咨询相关的政策和程序：

（1）要求会计师事务所委派具有适当资质和经验的人员为项目组提供咨询；

（2）明确项目组向哪些人员进行咨询以及就哪些具体事项进行咨询；

（3）要求项目组识别需要咨询的事项、进行咨询并落实咨询形成的结论。

57. 对于人员众多或办公地点较为分散的会计师事务所，为了保持全所范围内的一致性，通常需要以书面形式制定更加正式的政策和程序。

58. 本准则明确规定的某些应对措施可以应对多个质量风险，这些质量风险可能与质量管理体系的多个要素、多项质量目标相关。例如，针对投诉和指控制定的政策和程序（这是一项应对措施）可以应对与资源（如相关人员对质量的重视）、相关职业道德要求、治理和领导层等要素的质量目标相关的质量风险。本准则明确规定的应对措施，对于实现质量管理体系的目标而言可能是不充分的，此时，会计师事务所还需要设计和采取额外的应对措施。

（五）会计师事务所或其业务的性质和具体情况发生变化（参见本准则第四十八条）

59. 根据本准则第四十八条的规定，会计师事务所应当制定政策和程序，以识别表明会计师事务所或其业务的性质和具体情况发生变化的信息。不同类型的会计师事务所，相关政策和程序可能不同，以下是一些示例：

（1）对于较不复杂的会计师事务所，由于负责设定质量目标、识别和评估质量风险、设计和采取应对措施的人员通常更容易在其日常工作中识别出上述发生变化的信息，上述政策和程序可能不需要太正式。

（2）对于较为复杂的会计师事务所，可能需要制定更为正式的政策和程序以识别和应对上述发生变化的信息。举例来说，这些政策和程序可能包括定期审视与会计师事务所及其业务的性质和具体情况相关的信息，如持续跟踪会计师事务所内外部环境中的相关趋势和事件。

60. 根据本准则第八十六条的规定，会计师事务所应当针对识别出的缺陷，设计和采取整改措施。作为整改措施的一部分，会计师事务所可能需要设定额外的质量目标、识别和评估额外的质量风险或调整已评估的质量风险、设计和采取额外的应对措施或调整已采取的应对措施。

61. 除本准则明确规定的质量目标外，会计师事务所可能还设定了额外的质量目标。之后，会计师事务所可能识别出某些信息，表明不再需要这些额外的质量目标，或需要对这些目标作出调整。

七、治理和领导层

（一）质量至上的文化［参见本准则第四十九条第（一）项］

62. 会计师事务所的文化是影响其人员行为的重要因素。中国注册会计师职业道德守则规范了职业道德基本原则，质量管理体系中的"相关职业道德要求"要素则进一步落实这些职业道德基本原则。本准则第四十九条第（一）项所述的职业价值观和职业态度可能包括下列方面：

（1）职业品质，如及时、礼貌、尊重、负责、反应迅速、可靠等；

(2)团队合作;

(3)对职业环境中新的或不同的观点保持开放;

(4)追求卓越;

(5)致力于持续进步(例如,设定高于最低要求的期望水平,并重视持续学习);

(6)承担社会责任。

63. 会计师事务所的战略决策流程,包括经营战略的制定,可能包含若干事项,例如,财务和运营方面的决策、财务目标、财务资源管理、市场份额的增长、聚焦于特定行业或新业务拓展等。会计师事务所在财务和运营方面对优先事项的安排可能直接或间接影响会计师事务所对质量的追求,例如,会计师事务所可能有动机以牺牲业务质量为代价,优先承接超出本所风险承受能力的项目以获取较高收益。

(二)领导层[参见本准则第四十九条第(二)项至第(四)项]

64. 为确保领导层对质量负责,会计师事务所需要设计和采取相应的应对措施,其中包括本准则第一百零二条规定的业绩评价措施。

65. 领导层通过实际行动为会计师事务所设定高层基调。会计师事务所内部各层级之间清晰、一致、经常的行动和沟通,将有助于协同优化会计师事务所的文化并体现出会计师事务所对质量的不懈追求。

(三)组织结构[参见本准则第四十九条第(五)项]

66. 会计师事务所的组织结构可能包括其运营单元、运营流程、部门划分、地理位置分布、其他结构等。在某些情况下,会计师事务所可以设立一个服务提供中心(如函证集中处理中心),由该中心集中或统一处理各种活动和流程。在这种情况下,本准则所称的项目组,还可能包括来自该服务提供中心、负责执行与本项目相关的重复性工作或特定工作的人员。

(四)会计师事务所的资源需求[参见本准则第四十九条第(六)项]

67. 大多数情况下,会计师事务所主要负责人以及对质量管理体系的运行承担责任的人员,都能够影响会计师事务所获取、开发、维护、利用的资源,以及资源的分配,包括利用资源的时间安排。

68. 由于资源需求通常随时间发生变动,会计师事务所可能难以预测其所有的资源需求。会计师事务所的资源计划可能包括确定当前的资源需求、预测未来的资源需求,并建立相关程序以应对始料未及的资源需求。

(五)合伙人管理(参见本准则第五十二条至第五十四条)

69. 本准则第五十三条第二款要求会计师事务所针对合伙人晋升建立和实施质量"一票否决"制度。质量"一票否决"是指,如果相关人员在一定期间内执业有重大质量问题,不得被提名晋升为合伙人。会计师事务所的政策和程序可以明确上述期间的起始日期和长度,以及重大质量问题的标准,并对该人员的执业质量予以持续关注。实务中,会计师事务所可以综合考虑重大质量问题的性质和影响程度,该问题是否表明相关人员缺乏必要的胜任能力和职业道德,以及相关人员的整改情况等因素。如果在经过适当的期间后,会计师事务所认为该人员的执业质量已经得到全面提升,能够满足晋升合伙人的标准,该人员可以恢复晋升机会。此外,会计师事务所还可以建立与执业质量挂钩的合伙人奖惩机制。

八、相关职业道德要求

（一）相关质量目标（参见本准则第十六条和第五十五条）

70. 中国注册会计师职业道德守则规定了注册会计师应当遵循的职业道德基本原则，为注册会计师的行为制定了道德标准。这些职业道德基本原则包括：诚信、客观公正、独立性、专业胜任能力和勤勉尽责、保密、良好职业行为。中国注册会计师职业道德守则还规定了职业道德概念框架，即注册会计师用于解决职业道德问题的思路和方法。此外，中国注册会计师职业道德守则还针对各种情形下的职业道德问题作出了具体规定。除中国注册会计师职业道德守则外，某些法律法规也可能针对相关职业道德要求（包括独立性要求）作出具体规定。例如，法律法规可能涉及对相关信息的保密要求。

71. 在某些情况下，会计师事务所质量管理体系的规定可以比相关职业道德要求更严格、具体，或作为相关职业道德要求的补充。例如：

（1）质量管理体系禁止审计项目团队成员接受来自审计客户的所有款待，即使能够采取防范措施将对独立性的不利影响降低至可接受的水平；

（2）质量管理体系针对所有项目合伙人都作出了定期轮换的规定，而不仅限于公众利益实体审计项目的项目合伙人，或者质量管理体系针对所有项目组高级别成员都作出了定期轮换的规定，而不仅限于关键审计合伙人。

72. 质量管理体系的其他要素也可能影响"相关职业道德要求"要素，或与之相关。以下是"相关职业道德要求"要素与其他要素之间联系的示例：

（1）"信息与沟通"要素可能涉及与"相关职业道德要求"要素有关的各种沟通，包括：

①会计师事务所向其所有人员以及会计师事务所以外受独立性要求约束的其他人员传达独立性要求；

②会计师事务所人员和项目组向会计师事务所沟通相关信息，如可能对独立性产生不利影响或违反相关职业道德要求的事项或情况，而不必担心遭受打击报复。

（2）针对"资源"要素，会计师事务所可能采取下列措施：

①委派相关人员负责管理和监控相关职业道德要求的遵守情况或就与相关职业道德要求有关的事项提供咨询；

②运用信息技术手段监控相关职业道德要求的遵守情况，包括监控和记录与独立性要求遵守情况有关的信息。

73. 对于其他组织或人员，适用的相关职业道德要求取决于相关职业道德要求自身的规定，以及会计师事务所在其质量管理体系或业务执行中利用这些组织或人员工作的方式。以下是适用于其他组织或人员的相关职业道德要求示例：

（1）适用于网络事务所及其人员的相关职业道德要求。例如，《中国注册会计师职业道德守则第4号——审计和审阅业务对独立性的要求》中的相关规定，同样适用于网络事务所及其人员。

（2）相关职业道德要求可能对项目组或其他类似概念作出定义，根据该定义，项目组可能包括所有实施鉴证程序的人员，例如，在偏远地区实施存货监盘程序的组成部分注册会计师或服务提供商。在这种情况下，适用于项目组的相关职业道德要求也可能同时适用于这些人员。

（3）当网络、网络事务所、服务提供商有可能接触到会计师事务所获取的客户信息时，同样需要遵循保密原则。

（二）明确规定的应对措施（参见本准则第五十六条）

74. 相关职业道德要求可能规定注册会计师如何识别、评价和应对对遵循职业道德基本原则的不利影响。例如，《中国注册会计师职业道德守则第2号——职业道德概念框架》规定了职业道德概念框架，即注册会计师用于解决职业道德问题的思路和方法，并要求注册会计师在运用职业道德概念框架时，实施理性且掌握充分信息的第三方测试。中国注册会计师职业道德守则术语表解释了"理性且掌握充分信息的第三方测试"这一术语的含义。

75. 相关职业道德要求可能规定会计师事务所如何应对违反职业道德的情形。中国注册会计师职业道德守则针对违反该守则的情形作出明确规定。例如，《中国注册会计师职业道德守则第4号——审计和审阅业务对独立性的要求》第二章第九节，针对违反独立性要求的情形作出了具体规定，其中要求会计师事务所在某些情况下与外部各方沟通。

76. 针对违反相关职业道德要求的情况，会计师事务所可以考虑下列方面：

（1）向适当人员沟通违反相关职业道德要求的情况；

（2）评价违反相关职业道德要求的严重程度以及对遵守相关职业道德要求的影响；

（3）为恰当应对违反相关职业道德要求的后果采取适当行动，以及尽可能快地采取这些行动；

（4）确定是否向外部各方报告违反相关职业道德要求的情况，如向相关监管机构或与该事项相关的客户治理层报告这些情况；

（5）确定需要对违反相关职业道德要求的责任人采取哪些适当措施。

九、客户关系和具体业务的接受与保持

（一）业务的性质和具体情况以及客户的诚信和道德价值观［参见本准则第五十九条第（一）项第1点］

77. 业务的性质和具体情况可能包括下列方面：

（1）客户所属行业及监管环境；

（2）客户的性质，例如，客户的组织结构、运营方式、所有权和治理结构、商业模式和融资方式等；

（3）客户相关人员的胜任能力；

（4）鉴证对象的性质以及鉴证业务适用的标准。

78. 会计师事务所获取的、用于支持其对客户的诚信和道德价值观进行判断的信息，可能包括客户主要所有者、实际控制人、关键管理人员及治理层的身份和商业信誉。举例来说，下列因素可能影响会计师事务所针对客户的诚信和道德价值观所获取的信息：

（1）客户的性质，包括其所有权结构和治理结构的复杂程度；

（2）客户的运营方式，包括其业务模式；

（3）客户主要所有者、实际控制人、关键管理人员及治理层对于某些事项的态度，这些事项可能包括内部控制环境或激进的会计处理等；

（4）客户是否强烈希望将会计师事务所的收费维持在尽可能低的水平；

（5）是否有迹象表明客户对会计师事务所工作的范围施加限制；
（6）是否有迹象表明客户可能涉足洗钱或其他犯罪活动；
（7）客户委托本会计师事务所而不是继续委托前任会计师事务所的原因；
（8）客户的关联方及其商业信誉。

79.会计师事务所可以从内外部各种渠道获取相关信息，例如：
（1）针对现有客户，从当前正在执行或以前执行的业务（如适用）中获取信息，或者询问其他为该客户提供过服务的人员。
（2）针对新客户，根据相关职业准则要求，询问当前或以前为该客户提供服务的现任或前任注册会计师。
（3）与其他第三方沟通，如银行、法律顾问或行业同行。
（4）通过搜索相关数据库（该数据库可能属于本准则所称的知识资源）等方式进行背景调查。在某些情况下，会计师事务所可以利用服务提供商实施背景调查。

80.会计师事务所在接受与保持客户关系和具体业务的过程中获取的信息，通常与项目组计划和执行该业务是相关的。职业准则特别要求项目组获取或考虑这些信息。例如，《中国注册会计师审计准则第1121号——对财务报表审计实施的质量管理》第三十三条明确要求项目合伙人在按照审计准则的规定计划和执行审计工作时，应当考虑在客户关系和审计业务的接受与保持环节获取的信息。

81.法律法规或职业准则中可能有某些具体规定，需要会计师事务所在接受或保持某项客户关系或具体业务之前遵守，也可能要求会计师事务所在承接某项业务时询问现任或前任注册会计师。例如，《中国注册会计师审计准则第1153号——前任注册会计师和后任注册会计师的沟通》规范了前任注册会计师和后任注册会计师在财务报表审计中的沟通责任。再如，根据《中国注册会计师审计准则第1201号——计划审计工作》第十三条第（二）项的规定，如果被审计单位变更了会计师事务所，则在首次审计业务开始前，注册会计师应当按照相关审计准则和职业道德要求的规定，与前任注册会计师进行沟通。又如，《中国注册会计师职业道德守则第3号——提供专业服务的具体要求》第七条明确规定，注册会计师在承接新的客户、业务或发生商业关系前，应当采取合理措施识别可能产生利益冲突，进而对遵循职业道德基本原则产生不利影响的情形，该守则第三十八条进一步规定，在财务报表审计和审阅业务中，拟接任注册会计师应当要求现任或前任注册会计师提供已知的相关事实或情况。

（二）会计师事务所执行业务的能力［参见本准则第五十九条第（一）项第2点］

82.会计师事务所按照适用的法律法规和职业准则的规定执行业务的能力可能受下列因素影响：
（1）会计师事务所能否获取适当资源以执行业务；
（2）会计师事务所能否获取执行业务所需的信息，或者是否能够接触到提供这些信息的人员；
（3）会计师事务所和项目组能否履行与遵守相关职业道德要求有关的责任。

83.举例来说，会计师事务所在确定能否获取适当资源以执行业务时，可以考虑下列因素：
（1）业务的具体情况以及报告的截止期限；
（2）会计师事务所是否拥有具备适当胜任能力（包括充足的时间）以执行业务的

人员，包括：

①对业务的指导和监督承担总体责任的人员；

②在客户所处相关行业、鉴证对象、编制鉴证对象信息所采用的标准、相关监管和报告要求等方面，具备充分知识和经验的人员；

③在集团审计中，对组成部分财务信息实施审计程序的人员。

（3）是否需要利用专家的工作，如需要，能否取得专家的支持；

（4）如果需要实施项目质量复核，会计师事务所是否拥有能够满足《会计师事务所质量管理准则第5102号——项目质量复核》所规定的任职资质要求的人员；

（5）是否需要相关技术资源，例如，是否需要相关软件以使项目组能够对客户的某些数据实施相关程序；

（6）是否需要相关知识资源，例如，与执行业务相关的方法论、具体行业或鉴证对象的相关指引、相关信息的获取渠道等。

（三）会计师事务所在财务和运营方面对优先事项的安排［参见本准则第五十九条第（二）项］

84. 会计师事务所在运营方面的优先事项可能包括一些战略重点领域，如市场份额的增长、聚焦于特定行业或新业务拓展等。会计师事务所在财务方面的优先事项可能更多关注其盈利能力。业务的收费水平可能影响会计师事务所的财务资源，即使会计师事务所满意某项业务的报价，也可能由于存在某些情况（如客户缺乏诚信和道德价值观），使得会计师事务所承接或保持该项业务可能是不适当的。

85. 在某些情况下，针对业务的性质和具体情况，客户的报价过低，这可能降低会计师事务所按照适用的法律法规和职业准则的规定执行业务的能力。《中国注册会计师职业道德守则第3号——提供专业服务的具体要求》第五章针对收费作出了具体规定。该守则第四十四条明确：收费报价水平可能影响注册会计师按照职业准则提供专业服务的能力。如果报价水平过低，以致注册会计师难以按照适用的职业准则执行业务，则可能因自身利益对专业胜任能力和勤勉尽责原则产生不利影响。

86. 会计师事务所可以制定相关政策和程序，防止以过低的价格承接业务，从而可能对本所的执业质量造成不利影响。举例来说，会计师事务所可以设置相关考核指标（如项目回报率＝项目收费÷预计成本），并设定最低标准值，对于低于该标准值的项目，分析其原因，并考虑是否承接。

（四）会计师事务所在接受或保持某一客户关系或具体业务后知悉的信息（参见本准则第六十条）

87. 会计师事务所在接受或保持某一客户关系或具体业务后知悉的信息可能包括两类：

（1）会计师事务所在决定接受或保持该客户关系或具体业务时已经存在的信息，但会计师事务所当时并未知悉；

（2）会计师事务所在决定接受或保持该客户关系或具体业务之后出现的新信息。

88. 举例来说，针对本准则第六十条第（一）项所述的情形，会计师事务所可以制定下列政策和程序：

（1）在会计师事务所内部或向法律顾问咨询；

（2）考虑相关法律法规或职业准则是否要求会计师事务所在这种情形下继续执

行业务；

（3）与客户管理层和治理层中适当级别的人员，或与业务的相关方讨论会计师事务所根据相关事实和情况可能采取的措施；

（4）如果会计师事务所认为拒绝接受或保持该客户关系或具体业务是适当的，则需要采取下列措施：

①将这一决定及其理由告知客户管理层和治理层，或者业务的相关方；

②考虑相关法律法规或职业准则是否要求会计师事务所向相关监管机构报告这一决定及其理由。

89. 如果会计师事务所知悉了本来可能导致其拒绝接受或保持该客户关系或业务的信息，但按照法律法规的规定，会计师事务所有义务接受或保持该客户关系或业务，按照本准则第六十条第（二）项的规定，会计师事务所应当制定相关政策和程序。举例来说，这些政策和程序可能涉及下列方面：

（1）会计师事务所考虑这些信息对业务执行的影响；

（2）会计师事务所向项目合伙人沟通这些信息，并要求项目合伙人扩大对项目组成员进行指导、监督、复核的范围，并提高指导、监督、复核的频繁程度；

（3）会计师事务所向项目组分派经验更为丰富的人员；

（4）会计师事务所决定对该项目实施项目质量复核。

十、业务执行

（一）项目组的责任以及指导、监督和复核［参见本准则第六十四条第（一）项至第（二）项］

90. 法律法规或职业准则可能对项目合伙人的总体责任作出具体规定。例如，《中国注册会计师审计准则第1121号——对财务报表审计实施的质量管理》规定了审计项目合伙人管理和实现审计质量的总体责任以及充分、适当地参与整个审计过程的责任，包括适当地指导、监督审计项目组并复核其工作的责任。

91. 指导、监督和复核的例子包括：

（1）对项目组的指导和监督，可能包括：

①跟踪项目的进展；

②考虑项目组成员是否理解对其作出的指令，以及是否严格按照项目计划执行相关工作；

③应对业务执行过程中遇到的各种事项，考虑其重要程度并相应调整项目计划；

④识别需要咨询的事项或需要由经验更为丰富的项目组成员加以考虑的事项。

（2）对项目组的工作进行复核，可能包括考虑下列方面：

①该工作是否按照适用的法律法规、职业准则以及会计师事务所的政策和程序执行；

②是否已将重大事项提请作出进一步考虑；

③是否已进行适当咨询，咨询结论是否已得到恰当落实和记录；

④是否需要调整拟执行工作的性质、时间安排和范围；

⑤已执行的工作是否能够支持得出的结论并已得到恰当记录；

⑥在鉴证业务中获取的相关证据是否充分、适当，能够为鉴证报告提供支持；

⑦实施的各项程序是否已达到目标。

92. 在某些情况下,会计师事务所可能利用本所服务提供中心或网络事务所服务提供中心的人员来实施业务中的某些程序(此时这些人员属于项目组成员),例如,会计师事务所建立了函证集中处理中心,由该中心统一执行本所函证的收发工作。在这些情况下,会计师事务所可能需要专门针对这些人员的指导、监督和复核制定政策和程序。举例来说,这些政策和程序可能包括:

(1)业务中的哪些方面可以被分配给服务提供中心的人员;

(2)项目合伙人或其授权的人员如何对服务提供中心的人员进行指导、监督和复核;

(3)项目组与服务提供中心的人员进行沟通的相关规定。

(二)职业判断和职业怀疑[参见本准则第六十四条第(三)项]

93. 在鉴证业务中保持职业怀疑,可以为高质量的职业判断提供支持,并通过这些高质量的职业判断,进而为项目组执行鉴证业务的总体效果提供支持。某些准则及应用指南可能涉及在项目层面运用职业判断和保持职业怀疑的具体规定。例如,《〈中国注册会计师审计准则第1121号——对财务报表审计实施的质量管理〉应用指南》第33段至第35段提供了一些示例,如在审计项目层面运用职业怀疑的阻碍、可能阻碍注册会计师保持职业怀疑的无意识倾向,以及审计项目组为克服这些阻碍而可能采取的行动。

(三)咨询[参见本准则第六十四条第(四)项]

94. 咨询通常涉及会计师事务所相关人员就困难或有争议的事项,与会计师事务所内部或外部具有某些专长的人员,在适当的专业层面进行的讨论。会计师事务所营造一个重视和鼓励咨询的环境,有助于形成质量至上的文化。

95. 需要咨询的困难或有争议事项可能是会计师事务所政策和程序明确规定的,也可能是项目组或项目质量复核人员识别出来的。会计师事务所的政策和程序可以明确规定如何就咨询结论达成一致意见并予以落实,以及如何对咨询情况作出适当记录。

96.《中国注册会计师审计准则第1121号——对财务报表审计实施的质量管理》第四十七条规定了项目合伙人针对审计项目中需要咨询的事项应当承担的责任。

(四)意见分歧[参见本准则第六十四条第(五)项]

97. 会计师事务所可以鼓励尽早识别出意见分歧,并明确规定提出和解决意见分歧的相关步骤,包括如何解决意见分歧、如何将解决意见分歧达成的结论予以落实以及如何进行记录等。在某些情况下,为解决意见分歧,会计师事务所可能需要向相关监管机构、职业组织、其他会计师事务所或注册会计师进行咨询。

(五)业务工作底稿[参见本准则第六十四条第(六)项]

98. 法律法规或职业准则可能针对特定类型的业务,规定了完成工作底稿归档的最终期限。对于不存在此类规定的业务类型,会计师事务所可以确定本所的归档期限。《中国注册会计师审计准则第1131号——审计工作底稿》第十七条第二款和第三款规定,审计工作底稿的归档期限为审计报告日后六十天内,如果注册会计师未能完成审计业务,审计工作底稿的归档期限为审计业务中止后的六十天内。财务报表审阅或其他鉴证业务可以参照此规定。

99. 业务工作底稿的保存和维护可能包括对基础数据的安全、完整、可访问性、可追溯性以及相关技术实施管理。业务工作底稿的保存和维护可能涉及信息技术的应用。如果未经授权对业务工作底稿进行修改、增加或删除,或者业务工作底稿发生永久性丢失或损坏，可能破坏业务工作底稿的安全、完整。

100. 法律法规或职业准则可能规定业务工作底稿的保存期限。如果没有此类规定，会计师事务所可以考虑业务的性质和本所的具体情况，包括是否需要这些工作底稿以记录对未来执行业务具有持续重要性的事项，来决定业务工作底稿的保存期限。《中国注册会计师审计准则第1131号——审计工作底稿》第十九条规定，会计师事务所应当自审计报告日起，对审计工作底稿至少保存十年，如果注册会计师未能完成审计业务，会计师事务所应当自审计业务中止日起，对审计工作底稿至少保存十年。财务报表审阅或其他鉴证业务可以参照此规定。

（六）项目质量复核

法律法规要求实施项目质量复核的业务［参见本准则第六十五条第（二）项］

101. 法律法规可能要求对某些业务实施项目质量复核，例如下列实体的审计业务：

（1）法律法规或职业准则界定的公众利益实体；

（2）接受政府提供资金的实体；

（3）特定行业中的实体，例如，商业银行、保险公司、公募基金等金融机构；

（4）资产需要满足某些门槛条件的实体；

（5）处于法院或司法程序管理之下的实体，如处于清算状态下的实体。

为应对质量风险而有必要实施项目质量复核的业务［参见本准则第六十五条第（三）项］

102. 根据本准则第四十六条第（一）项的规定，会计师事务所在识别和评估质量风险时，应当了解可能对实现质量目标产生不利影响的事项或情况。会计师事务所对这些事项或情况的了解需要结合业务的性质和具体情况。在设计和采取应对措施以应对质量风险时，会计师事务所需要考虑这些质量风险的评估结果及其理由，确定实施项目质量复核是否是一项适当的应对措施。举例来说，在下列情况下，实施项目质量复核可能是适当的应对措施：

（1）高度复杂或涉及较多判断的业务，例如：

①某些财务报表审计业务，被审计单位所处行业通常涉及具有高度估计不确定性的会计估计（例如，某些大型金融机构或矿产企业），或者被审计单位的某些事项或情况存在重大不确定性，从而可能导致其持续经营能力存在重大疑虑。

②某些鉴证业务，运用适当的标准对其鉴证对象进行衡量或评价需要特殊知识和技能（例如，在温室气体排放鉴证业务中，与温室气体排放情况有关的报告是该业务的鉴证对象，该报告中披露的温室气体排放量可能存在重大不确定性）。

（2）遇到问题的业务。例如，遇到下列问题的审计业务：在内外部检查中反复发现问题、内部控制存在重大缺陷且未整改、财务报表中的比较信息发生重大重述等。

（3）会计师事务所在客户关系和具体业务的接受或保持过程中识别出异常情况的业务（例如，某一新承接的客户，该客户与其前任注册会计师之间存在重大分歧）。

（4）某些业务要求会计师事务所对向监管机构提交的财务或非财务信息出具报告，并且这些信息可能涉及较高程度的判断（例如，招股说明书中的备考财务信息）。

（5）客户处于新兴行业，或会计师事务所对客户所处行业缺乏经验。

（6）在会计师事务所与监管机构的沟通中，监管机构对客户表示关注。

（7）客户虽然属于非上市实体，但可能涉及公众利益。例如：

①以受托人身份为大量利益相关者持有大量资产,如商业银行、保险公司、公募基金等金融机构;

②具有较高社会知名度,或者其管理层或所有者具有较高社会知名度;

③拥有大量且广泛的利益相关者。

103. 除项目质量复核外,会计师事务所为应对质量风险而采取的应对措施还可能包括其他形式的复核。例如,在财务报表审计中,会计师事务所的应对措施可能包括由具备特定专长的人员复核项目组针对特别风险实施的审计程序或某些重大判断。在某些情况下,这些其他形式的复核可能作为项目质量复核的补充。

104. 针对本准则第六十五条第(三)项的规定,在某些情况下,会计师事务所可能认为不存在为应对一项或多项质量风险而有必要实施项目质量复核或本指南第 103 段提及的其他形式复核的情形。

(七)投诉和指控(参见本准则第七十一条)

105. 投诉和指控可能来自会计师事务所内部,也可能来自外部(如客户、组成部分注册会计师或网络事务所人员)。在某些情况下,投诉和指控可能被提交给了项目组成员或会计师事务所其他人员,该项目组成员或其他人员需要按照会计师事务所的政策和程序,将该投诉和指控转交给会计师事务所内负责处理投诉和指控的部门或人员。

106. 会计师事务所领导层需要重视并妥善处理与会计师事务所执业质量相关的投诉和指控。为此,会计师事务所可能需要制定相关政策和程序,包括相关机制和处理流程,使投诉和指控能够得到积极、公平、恰当的处理,并鼓励会计师事务所人员能够积极、通畅地反映与执业质量相关的问题而不用担心遭受打击报复。

107. 针对投诉和指控制定相关政策和程序,可以帮助会计师事务所防止项目组出具不恰当的业务报告。此外,还可以帮助会计师事务所:

(1)发现和处理不利于持续高质量执行业务的人员和行为,包括会计师事务所领导层及其行为;

(2)识别质量管理体系中的缺陷。

108. 会计师事务所可以委派相关人员对投诉和指控进行调查。该人员需要同时满足下列条件:

(1)拥有充分、适当的经验;

(2)在会计师事务所内部拥有适当的权威性;

(3)不参与被投诉和指控的业务。

必要时,该人员可以邀请法律顾问参与调查。

十一、资源

(一)资源的种类(参见本准则第七十二条)

109. 本准则所称的资源主要包括以下种类:

(1)人力资源;

(2)技术资源,如信息技术基础设施、信息技术应用程序等;

(3)知识资源,如书面的政策和程序、方法论或业务指引等。

除上述资源外,财务资源也与质量管理体系相关,因为财务资源对会计师事务所获取、开发和维护人力资源、技术资源和知识资源来说,都是必要的。考虑到财务资源的管理和分配在很大程度上受领导层影响，本准则将财务资源放在与"治理和领导层"要素相关的质量目标中处理，参见本准则第四十九条第（六）项规定的质量目标。

110. 资源可能来自会计师事务所内部，也可能从网络、网络事务所或服务提供商处获取。资源可能用于执行质量管理体系中的各项工作，也可能用于执行具体业务（"业务执行"也是质量管理体系的一个要素）。针对会计师事务所从网络或网络事务所获取资源的情况，为实现与"资源"要素相关的质量目标，本准则第四章第十一节规定了会计师事务所可以设计和采取的部分应对措施。

（二）人力资源

人员的招聘、培养和留住以及人员的胜任能力［参见本准则第七十二条第（一）项和第（四）项］

111. 胜任能力是相关人员担任某种角色、承担某种责任的能力，这种能力不仅仅是了解相关原则、标准、概念、事实和情况，而是对知识、经验、技术、专业技能、职业道德、职业价值观和职业态度的综合运用。获取和培养胜任能力有多种途径，包括职业教育、继续教育、培训、工作经历，或者由经验较为丰富的项目组成员对经验相对较为缺乏的项目组成员进行指导等。

112. 法律法规或职业准则可能对相关人员的胜任能力作出规定，如要求项目合伙人具备相应的执业资质，并对其接受职业教育和继续教育的情况提出要求。

113. 举例来说，与人员的招聘、培养和留住相关的政策和程序可能包括：

（1）招聘具备适当胜任能力或能被培养出这些胜任能力的人员；

（2）为相关人员提供培训和职业继续教育，以培养其胜任能力；

（3）建立评价机制，以适当的时间间隔定期对相关人员的胜任能力和业绩实施评价；

（4）建立针对所有人员的薪酬、晋升和其他激励机制，包括项目合伙人和在质量管理体系中承担相应角色和职责的人员。

人员对质量的重视以及会计师事务所的问责或认可［参见本准则第七十二条第（二）项］

114. 及时的评价和反馈有助于相关人员持续发展和提高其胜任能力。在某些情况下，如会计师事务所的人员较少时，会计师事务所的评价和反馈不一定很正式。

115. 会计师事务所可以通过多种方式鼓励和认可其人员采取的重视质量的积极行动，如增加薪酬、晋升或其他奖励措施。在某些情况下，简单、非正式、非物质的奖励也可能是适当的。

116. 如果会计师事务所人员的行为对质量产生了负面影响，例如，对质量漠不关心、未能获取和保持与其角色和职责相适应的胜任能力、未能恰当采取已设计好的应对措施等，会计师事务所可以通过多种方式对其问责。这些方式可能取决于相关人员行为的性质，包括该行为的严重程度以及该行为发生的频繁程度。当会计师事务所人员的行为对质量产生负面影响时，会计师事务所可以采取下列措施：

（1）对其进行培训或开展其他形式的教育；

（2）考虑对相关人员的业绩评价、薪酬、晋升或其他激励措施的影响；

（3）对其进行适当的惩戒。

从外部获取的人力资源［参见本准则第七十二条第（三）项］

117. 职业准则可能规定了项目合伙人与资源适当性相关的责任。例如，《中国注册会计师审计准则第 1121 号——对财务报表审计实施的质量管理》第三十五条规定,项目合伙人应当按照会计师事务所的政策和程序,确定充分、适当的资源已被及时分配给审计项目组用于执行审计项目,或使审计项目组能够及时获取这些资源。

为每项业务分派项目组成员［参见本准则第七十二条第（四）项］

118.项目组成员可能有下列来源:

（1）来自本会计师事务所,包括本所的服务提供中心;

（2）当会计师事务所利用网络或网络事务所人员执行业务中的某些程序时（例如,作为组成部分注册会计师执行某些程序时）,项目组成员可能来自网络或网络事务所,包括网络或网络事务所的服务提供中心;

（3）当会计师事务所利用服务提供商的人员执行业务中的某些程序时（例如,会计师事务所利用其他会计师事务所的人员作为组成部分注册会计师,而该会计师事务所与本会计师事务所不属于同一网络）,项目组成员可能来自该服务提供商。

119.《中国注册会计师审计准则第 1121 号——对财务报表审计实施的质量管理》第三十六条规定,项目合伙人应当确保审计项目组成员以及审计项目组成员以外提供直接协助的外部专家或内部审计人员,作为一个集体拥有适当的胜任能力（包括充足的时间）执行审计项目。《中国注册会计师审计准则第 1401 号——对集团财务报表审计的特殊考虑》规范了在集团审计中,如何遵守《中国注册会计师审计准则第 1121 号——对财务报表审计实施的质量管理》的相关规定。会计师事务所针对项目组成员的胜任能力设计和采取的应对措施,可能包括与下列方面相关的政策和程序:

（1）项目合伙人在确定项目组成员,包括来自网络、网络事务所或服务提供商的人员,具有执行业务所需的胜任能力时,需要获取的相关信息和需要考虑的相关因素;

（2）当对项目组成员,尤其是来自网络、网络事务所或服务提供商的人员的胜任能力存在疑虑时,如何解决这些疑虑。

120.如果会计师事务所在执行业务时利用网络或网络事务所人员的工作（包括将其作为组成部分注册会计师,参见本指南第 204 段）,本准则第四章第十一节的规定同样适用。

（三）技术资源［参见本准则第七十二条第（六）项］

121.本准则所称的技术资源,通常是指会计师事务所的信息技术应用程序,该程序构成会计师事务所信息化环境的一部分。除信息技术应用程序外,技术资源还包括为信息技术应用程序提供支持的基础设施、信息技术相关流程以及该流程涉及的人力资源等。具体来说:

（1）信息技术应用程序是一套软件或一系列软件,用于直接为用户提供特定功能,在某些情况下,也可能用于为其他软件提供特定功能;

（2）为信息技术应用程序提供支持的基础设施包括信息技术网络、操作系统、数据库以及相关软硬件设施;

（3）信息技术相关流程是指会计师事务所用于对信息化环境访问权限、软件程序的变化、信息化环境的变化、信息技术的运行（包括信息化环境监控）等实施管理的流程。

122.一项技术资源可能服务于会计师事务所的多个方面,其中某些方面可能与质量管理体系并不相关。就本准则而言,下列技术资源与质量管理体系相关:

（1）直接用于质量管理体系设计、实施或运行的技术资源。

（2）项目组在执行业务时直接使用的技术资源。

（3）对上述第（1）项和第（2）项技术资源的有效运行起着至关重要作用的其他技术资源。例如，针对某项信息技术应用程序来说，信息技术基础设施和信息技术流程对该程序的有效运行至关重要。

123. 针对不同类型的会计师事务所，与本准则相关的技术资源可能不同，以下是一些示例：

（1）对于较不复杂的会计师事务所，技术资源可能是从服务提供商处购买的、供项目组使用的商业化应用程序，以及为支持该程序的有效运行而建立的信息技术流程（例如，授权访问信息技术应用程序的流程以及升级信息技术应用程序的流程），该流程可能非常简单。

（2）对于较为复杂的会计师事务所，技术资源通常较为复杂，可能由下列方面构成：

①多种信息技术应用程序，包括定制化开发的应用程序或由网络开发的应用程序。例如，供项目组使用的信息技术应用程序（如项目软件、自动化审计工具等）或者会计师事务所开发并用于质量管理体系各个方面（如监控独立性要求的遵守情况或向项目组分配人员）的信息技术应用程序。

②为支持这些应用程序的有效运行而建立的信息技术流程，包括负责管理信息技术基础设施和信息技术流程的人员，以及会计师事务所为管理信息技术应用程序的更新换代而建立的相关流程。

124. 会计师事务所在获取、开发、维护、利用某种信息技术应用程序时，可能需要考虑下列方面：

（1）输入数据是否完整和适当；

（2）数据的保密性是否受到保护；

（3）该信息技术应用程序是否按照设计的方式运行，并能够达到预期目的；

（4）该信息技术应用程序的输出结果能否达到其使用目的；

（5）为支持该信息技术应用程序持续按照设计的方式运行而必需的信息技术一般控制是否适当；

（6）有效利用该信息技术应用程序所需的专业技能，包括对即将使用该信息技术应用程序的人员进行的适当培训；

（7）是否需要针对该信息技术应用程序的运行方式制定相关政策和程序。

125. 会计师事务所在确定某些信息技术应用程序或其中的某些功能能够运行适当并通过会计师事务所的批准之前，可以明确禁止使用该应用程序或功能。会计师事务所也可以制定相关政策和程序，以应对项目组使用未经会计师事务所批准的信息技术应用程序的情况。这些政策和程序可以要求项目组在使用信息技术应用程序之前，考虑本指南第124段所述的各个方面，确定其可用性。《中国注册会计师审计准则第1121号——对财务报表审计实施的质量管理》第四章第四节规范了审计项目合伙人与业务资源相关的责任。

（四）知识资源［参见本准则第七十二条第（七）项］

126. 知识资源包括会计师事务所为运行质量管理体系和持续高质量地执行业务而使用的信息。举例来说，会计师事务所的知识资源可能包括：

（1）书面的政策和程序；

（2）业务方法论；

（3）针对特定行业或特定业务对象制定的业务指引；

（4）会计指引；

（5）标准化文档；

（6）获取信息的来源（例如，在某些网站上订阅的内容，用于提供有关客户的深度信息，或在执行业务中通常会用到的信息）。

127. 知识资源可能通过技术资源获取。例如，会计师事务所可能将其业务方法论内置于计划和执行业务所使用的信息技术应用程序中。

128. 对于执行财务报表审计业务的会计师事务所，审计方法论是一项非常重要的知识资源。会计师事务所需要重视并加强审计方法论的开发与培训，将职业准则中的要求转化成切实适合本所具体情况、能够在本所落地实施的方法论（如审计手册等），并确保审计人员真正理解和掌握该方法论的精神实质，避免机械执行职业准则中的要求。

（五）技术资源和知识资源的利用［参见本准则第七十二条第（六）项至第（七）项］

129. 会计师事务所可以针对技术资源和知识资源的利用制定相关政策和程序。这些政策和程序可以：

（1）要求相关人员在执行业务时，或涉及业务的其他方面（如业务文件的归档）时，利用某些技术资源或知识资源。

（2）明确规定相关人员在利用这些资源时需要具备的资质或经验，包括对相关专家或培训的需求。例如，针对某数据分析软件，考虑到该软件运行结果的解读需要具备特殊技能，会计师事务所可以明确规定使用该软件的人员所必须具备的资质或专长。

（3）明确规定项目合伙人与利用技术资源和知识资源相关的责任。

（4）明确规定如何利用技术资源和知识资源，包括相关人员如何与信息技术应用程序互动，如何应用知识资源，以及在利用技术资源和知识资源的过程中可以获得的相关支持和协助。

（六）服务提供商［参见本准则第二十二条和第七十二条第（八）项］

130. 在某些情况下，会计师事务所可以利用服务提供商提供的资源，尤其是当会计师事务所内部无法获取相关资源时。然而，会计师事务所仍然需要对其质量管理体系负责。

131. 举例来说，服务提供商提供资源的情况可能包括：

（1）会计师事务所聘请外部人员为会计师事务所执行监控活动、实施项目质量复核或就相关技术问题提供咨询；

（2）会计师事务所购买商业化软件用于执行审计业务；

（3）会计师事务所利用外部人员实施业务中的某些程序，例如，利用来自其他会计师事务所（与本所不属于同一网络）的注册会计师在偏远地区实施存货监盘；

（4）会计师事务所利用外部专家为审计项目组获取审计证据提供协助。

132. 根据本准则第四十六条第（一）项第1点的规定，会计师事务所在识别和评估质量风险时，应当了解可能对实现质量目标产生不利影响的事项或情况，这些事项或情况包括与服务提供商相关的事项或情况。在了解时，会计师事务所可以考虑下列方面，以识别和评估与利用服务提供商提供的资源相关的质量风险：

（1）服务提供商提供的资源的性质；

（2）会计师事务所拟如何利用这些资源，在多大程度上利用这些资源；

（3）为本所提供服务的服务提供商（例如，各种类型的专业服务机构）所具有的特征（如信誉、规模、市场份额、信息技术基础设施等）。

133. 在确定从服务提供商获取的资源能否适用于质量管理体系的运行和业务的执行时，会计师事务所可以通过多种渠道获取与服务提供商及其提供的资源相关的信息。举例来说，会计师事务所可以考虑下列方面：

（1）相关质量目标和质量风险。例如，如果会计师事务所使用服务提供商提供的方法论，则本准则第七十二条第（七）项所述的质量目标可能面临质量风险，如该服务提供商未按照适用的法律法规和职业准则的变化及时更新该方法论的风险。

（2）资源的性质和范围，以及相关服务的条款。例如，针对某信息技术应用程序来说，相关服务的条款包括该软件的更新频率、该应用程序在使用方面的限制以及服务提供商如何解决数据保密性问题。

（3）该资源在会计师事务所多大范围内使用，会计师事务所拟如何利用该资源以及该资源是否适用于这一目的。

（4）该资源在多大程度上是针对本所定制的。

（5）会计师事务所以前利用该服务提供商的情况。

（6）该服务提供商在相关行业中的经验及市场声誉。

134. 为使资源有效发挥作用，会计师事务所可能有责任就利用某服务提供商提供的资源采取进一步行动。例如，会计师事务所可能需要向该服务提供商沟通相关信息，或者，对于某些信息技术应用程序，会计师事务所可能需要确保为该应用程序提供支持的信息技术基础设施和信息技术流程能够有效发挥作用。

（七）质量管理体系团队（参见本准则第七十三条）

135. 本准则第七十三条所述的"质量管理体系团队"，目的在于执行会计师事务所质量管理领导层分配的各项工作，并为业务执行和质量管理体系的运行提供支持。该团队需要根据本所及其业务的具体情况"量身订制"，可能包括会计技术团队、审计技术团队、职业道德团队（包括独立性团队）、信息技术支持团队、业务风险管理团队、监控团队等。

（八）与业务操作规程、业务软件等有关的指引（参见本准则第七十六条）

136. 本准则第七十六条要求会计师事务所应当避免执业人员仅简单勾画程序表格、未实质性执行程序等问题，其目的在于要求执业人员充分运用知识、经验和专业技能，结合业务的具体情况和职业判断，把相关程序执行到位，而不是仅为满足相关工作底稿记录要求而机械地记录某些程序已执行。

十二、信息与沟通

（一）"信息与沟通"要素与其他要素的广泛相关性（参见本准则第七十七条）

137. 信息的获取、生成与沟通通常是一个持续的过程，涉及会计师事务所的所有人员，并且涉及信息在会计师事务所内部和外部的传播。质量管理体系的所有其他要素都与"信息与沟通"要素广泛相关。

（二）会计师事务所的信息系统［参见本准则第七十七条第（一）项］

138. 相关和可靠的信息包括使会计师事务所质量管理体系能够恰当发挥作用，并能够支持质量管理体系中相关决策的信息。这些信息需要具备准确性、完整性、及时性和有效性。

139. 会计师事务所的信息系统可能同时使用人工和信息技术，这可能影响信息的识别、获取、处理、维护和沟通方式。信息的识别、获取、处理、维护和沟通可能通过信息技术应用程序的方式实施，在某些情况下，可能嵌入会计师事务所针对质量管理体系其他要素设计和采取的应对措施中。此外，数字化的记录可能会取代传统介质记录或对其进行补充。

140. 不同类型的会计师事务所，信息系统的复杂程度可能不同。举例来说，较不复杂的会计师事务所人员较少，并且领导层直接参与其执业活动，可能并不需要针对信息的识别、获取、处理和维护制定特别严密的政策和程序。

（三）会计师事务所内部的沟通［参见本准则第七十七条第（二）项至第（三）项］

141. 会计师事务所可以建立沟通渠道，促进会计师事务所内部的信息沟通，以落实和强化会计师事务所人员及项目组与会计师事务所之间，以及这些人员及项目组彼此之间沟通信息的责任。举例来说，会计师事务所、项目组、会计师事务所人员之间沟通信息的情况可能包括：

（1）会计师事务所向项目组及相关人员沟通信息，要求其对执行会计师事务所的应对措施承担责任。

（2）会计师事务所向项目组及相关人员沟通与这些项目组及人员的职责相关的、质量管理体系的变化情况，以使这些项目组及人员根据其职责迅速采取适当行动。

（3）会计师事务所向项目组沟通在业务的接受或保持过程中获取的、与项目组计划和执行业务相关的信息。

（4）项目组向会计师事务所沟通下列信息：

①项目组在执行业务过程中获取的客户信息，如果在接受或保持该客户关系或业务之前获取这些信息，将可能导致会计师事务所拒绝接受或保持该客户关系或业务。

②与应对措施的执行情况有关的信息（例如，与会计师事务所在各项目之间进行人员分配有关的质疑），这些信息可能表明会计师事务所质量管理体系存在缺陷。

（5）项目组向项目质量复核人员或为项目组提供咨询的人员沟通信息。

（6）集团项目组按照会计师事务所的政策和程序向组成部分注册会计师沟通信息，包括与在项目层面实施质量管理相关的信息。

（7）对遵守独立性要求承担运行责任的人员向项目组以及会计师事务所相关人员沟通独立性要求发生的变化，以及会计师事务所为应对这些变化而制定的政策和程序。

（四）与外部各方的沟通

会计师事务所向网络、在网络中或向服务提供商传递信息［参见本准则第七十七条第（四）项第1点］

142. 会计师事务所除向网络、在网络中或向服务提供商传递信息外，也可能需要从网络、网络事务所或服务提供商获取信息，以支持质量管理体系的设计、实施和运行。举例来说，会计师事务所需要从网络或网络事务所获取与网络事务所的客户有关的信息，这些信息可能与会计师事务所遵守独立性要求相关。

向外部传递信息〔参见本准则第七十七条第（四）项第2点〕

143. 在某些情况下，会计师事务所可能需要按照法律法规或职业准则的要求向外部传递信息，以下是一些示例：

（1）会计师事务所意识到客户可能存在违反法律法规行为，按照《中国注册会计师职业道德守则第3号——提供专业服务的具体要求》第八章的规定，在某些情况下，会计师事务所可能需要向外部的适当机构报告该违反法律法规行为；

（2）法律法规或职业准则可能要求会计师事务所与客户治理层沟通某些信息，例如，《中国注册会计师审计准则第1151号——与治理层的沟通》明确规定了注册会计师应当与治理层沟通的事项。

144. 在某些情况下，法律法规可能禁止会计师事务所向外部沟通与其质量管理体系相关的信息。以下是一些示例：

（1）与数据保护或保密相关的法律法规可能禁止会计师事务所对外披露某些信息；

（2）法律法规或相关职业道德要求可能涉及相关保密要求。

与向外部各方沟通信息相关的政策和程序（参见本准则第七十八条）

145. 会计师事务所与利益相关方进行相关、可靠、透明的沟通，向其传递有关会计师事务所如何持续高质量执行业务的信息，有助于强化和保持利益相关方对会计师事务所高质量执行业务的信心。

146. 会计师事务所及其业务的性质和具体情况不同，使用其质量管理体系相关信息的外部各方可能不同，外部各方对这些信息的兴趣也可能不同。例如：

（1）客户管理层或治理层可能使用这些信息来决定是否委托该会计师事务所执行业务；

（2）相关监管机构可能使用这些信息，以有助于了解会计师事务所的工作并履行其监管职责；

（3）在执行业务中（如集团审计中）利用本会计师事务所工作的其他会计师事务所可能使用这些信息；

（4）业务报告的其他使用者（如相关投资者）可能使用这些信息。

147. 向外部各方沟通的与质量管理体系有关的信息，包括针对质量管理体系如何为持续高质量地执行业务提供支撑而向客户治理层沟通的信息，可能涉及下列方面：

（1）会计师事务所的性质和具体情况，例如组织结构、商业模式、运营环境、战略规划等；

（2）会计师事务所的治理和领导层，例如组织文化，重视质量的表现形式，质量管理体系中的各种角色、职责、权限划分等；

（3）会计师事务所如何履行与相关职业道德要求（包括独立性要求）有关的责任；

（4）对业务质量起促进作用的因素，此类信息通常采用业务质量指标的形式，并配有相关解释说明；

（5）会计师事务所实施监控活动的结果和外部检查的结果，以及会计师事务所如何整改识别出的缺陷或应对这些缺陷；

（6）会计师事务所按照本准则第九十九条和第一百条的规定，对质量管理体系能否合理保证该体系的目标得以实现进行的评价，以及评价得出的结论，包括会计师事务所在实施该项评价和得出结论的过程中作出判断的依据；

（7）会计师事务所如何应对本所及其业务的发展变化，包括如何调整其质量管理体系以适应这些变化；

（8）会计师事务所与所属网络之间的联系、网络的整体架构、网络要求与网络服务、会计师事务所与网络各自的责任（例如，会计师事务所对其质量管理体系承担最终责任）、网络针对本网络中所有事务所实施的监控活动的总体范围和结果。

与客户治理层的沟通［参见本准则第七十八条第（一）项］

148. 会计师事务所如何与客户的治理层沟通（例如，在会计师事务所层面还是项目层面沟通）可能取决于会计师事务所的相关政策和程序以及业务的具体情况。

149. 《中国注册会计师审计准则第1151号——与治理层的沟通》及其应用指南规范了注册会计师在财务报表审计中与治理层沟通的责任，其中涉及注册会计师如何确定与被审计单位治理结构中的哪些适当人员进行沟通以及沟通的过程。在某些情况下，对于非上市实体审计客户（或者非审计客户）而言，注册会计师与客户的治理层沟通本准则第七十八条第（一）项所述事项也可能是适当的。例如，对于可能涉及公众利益的非上市实体，与其治理层进行沟通也可能是适当的。举例来说，这些实体可能包括本指南第102段第（7）项所列举的三类实体。

确定在何种情况下向外部各方沟通与质量管理体系相关的信息是适当的［参见本准则第七十八条第（二）项］

150. 会计师事务所在确定何时向外部各方沟通与质量管理体系相关的信息较为适当时，需要运用职业判断。举例来说，下列方面可能影响会计师事务所的职业判断：

（1）会计师事务所的业务类型，以及这些业务所针对的客户类型；

（2）会计师事务所的性质和具体情况；

（3）会计师事务所的经营环境，如本国的商业惯例以及会计师事务所服务的资本市场的特征；

（4）会计师事务所按照相关法律法规的要求，已与外部各方进行沟通的程度（也就是说，会计师事务所按照相关法律法规的要求已与外部各方进行过沟通，这里需要考虑是否需要进一步沟通，如需要，进一步沟通哪些事项）；

（5）利益相关者的期望，包括外部各方对本会计师事务所执行的业务及执业流程的了解情况，以及他们对此表现出来的兴趣；

（6）国内的发展趋势（如监管的发展趋势或利益相关方的信息需求发展趋势）；

（7）已经向外部各方公开的信息；

（8）外部各方可能如何使用这些信息，以及外部各方对质量管理体系、会计师事务所业务（即财务报表审计业务、财务报表审阅业务、其他鉴证业务、相关服务业务）的一般理解；

（9）与外部各方沟通对公众利益的益处，以及按照合理预期，这种益处是否会超过沟通成本（这种成本既可能是经济方面的，也可能是其他方面的）。

上述事项也可能影响会计师事务所沟通的内容，以及沟通的性质、时间安排、范围和适当形式。

沟通的性质、时间安排、范围和适当形式［参见本准则第七十八条第（三）项］

151. 会计师事务所在准备拟向外部各方沟通的信息时，可以考虑下列方面：

（1）这些信息需要反映会计师事务所的具体情况。将沟通的事项与会计师事务所的具体情况直接联系起来，可能有助于尽量避免信息过于标准化或随时间推移变得不那么有用的可能性。

（2）沟通方式需要清晰明了，既不会产生误导，也不会对信息使用者造成不当影响（例如，信息的沟通方式适当兼顾所沟通事项的积极方面和消极方面）。

（3）这些信息在所有重大方面需要准确、完整，不存在误导性。

（4）这些信息需要考虑沟通对象的信息需求。举例来说，可以考虑的事项有：信息详细到何种程度对使用者来说是有意义的；使用者能否通过其他渠道（如会计师事务所官方网站）获取相关信息。

152. 与外部各方的沟通可能采取口头或书面形式。会计师事务所在确定具体情况下需要采取的形式（包括在上市实体财务报表审计中与治理层沟通需要采取的形式）时，需要运用职业判断。因此，在不同情况下，沟通的形式也可能不同。以下是一些沟通形式示例：

（1）发布出版物，如透明度报告或审计质量报告；

（2）向特定利益相关者发出有针对性的书面沟通函，例如，针对会计师事务所监控和整改程序实施结果的信息发出书面沟通函；

（3）与外部各方进行直接对话，例如，项目组直接与治理层对话；

（4）发布相关网站信息；

（5）采用其他形式的数字媒体，如社交媒体，视频、广播等形式的采访或宣传。

十三、监控和整改程序

（一）监控和整改程序的作用（参见本准则第七十九条）

153. 除有助于对质量管理体系进行评价外，监控和整改程序还能够促进会计师事务所积极持续地提高业务质量、改进其质量管理体系。例如：

（1）由于质量管理体系存在固有限制，会计师事务所通常能够识别出缺陷，识别缺陷也是质量管理体系的重要方面，因为尽早识别出缺陷可以使会计师事务所及时有效地采取整改措施，也有利于会计师事务所形成持续改进的组织文化。

（2）实施监控活动可以为会计师事务所提供相关信息，使其能够未雨绸缪，及时应对监控发现的各种情况，防止其发展成缺陷。

（二）设计和实施监控活动（参见本准则第八十条至第八十二条）

154. 会计师事务所的监控活动由持续实施的监控活动和定期实施的监控活动组成。持续实施的监控活动通常是日常性的活动，已经嵌入会计师事务所的内部程序中，针对具体情况的变化而随时实施。定期实施的监控活动则由会计师事务所每隔一段时间就定期实施。在大多数情况下，持续实施的监控活动能够更为及时地提供与质量管理体系相关的信息。

155. 监控活动可能包括对正在执行中的业务实施检查。这种检查的目的在于监控质量管理体系的某些方面是否按照预期目的得以设计、实施和运行。在某些情况下，质量管理体系中也可能包含一些应对措施，要求对正在执行中的业务实施复核（例如，为了发现质量管理体系的问题或不足而实施复核，这种复核的目的在于防止发生某项质量风险)。这种复核看起来类似于前面所述的"对正在执行中的业务实施检查"。二者的主要区别在于目的不同,进而导致其设计和实施,以及在质量管理体系中的方位也不同(也就是说,一种属于对正在执行中的业务实施检查的监控活动,另一种是对业务实施的复核,属于为应对质量风险而采取的应对措施)。

156. 监控活动的性质、时间安排和范围也可能受其他方面影响,例如:
（1）会计师事务所的规模、结构和组织形式；
（2）会计师事务所所属网络对监控活动的参与程度；
（3）会计师事务所在监控活动中拟利用的资源,例如,是否使用信息化手段实施监控。

157. 会计师事务所在实施监控活动时,可能认为有必要对该监控活动的性质、时间安排和范围作出调整。例如,在实施监控活动时发现的某些情况可能表明会计师事务所需要扩大监控活动的范围。

会计师事务所风险评估程序以及监控和整改程序的设计［参见本准则第八十一条第（三）项］

158. 会计师事务所风险评估程序的设计（例如,采用集中化还是分散化的方式,或实施复核的频繁程度）可能影响监控活动的性质、时间安排和范围,包括针对会计师事务所风险评估程序实施监控活动的性质、时间安排和范围。

159. 监控和整改程序的设计（即会计师事务所根据其性质和具体情况,所实施监控和整改程序的性质、时间安排和范围）可能影响会计师事务所为确定监控和整改程序能否实现本准则第七十九条设定的质量目标而采取的监控活动。以下是不同类型会计师事务所采取的监控活动示例：
（1）对于较不复杂的会计师事务所,监控活动可能较为简单。其原因在于,会计师事务所领导层通常可以与质量管理体系进行频繁互动,了解已采取监控活动的性质、时间安排、范围和结果以及会计师事务所针对该结果采取的行动等信息,通过这种互动,会计师事务所领导层通常已经能够获取与监控和整改程序相关的信息。
（2）对于较为复杂的会计师事务所,监控活动可能需要经过周密的设计,以确保监控和整改程序能够提供相关、可靠、及时的信息,并使会计师事务所能够恰当应对识别出的缺陷。

质量管理体系发生的变化［参见本准则第八十一条第（四）项］

160. 质量管理体系可能发生下列变化：
（1）为了应对质量管理体系中识别出的缺陷而作出的改变；
（2）由于会计师事务所及其业务的性质和具体情况发生变化,而对质量目标、质量风险或应对措施作出的改变。

一旦质量管理体系发生变化,会计师事务所以前实施的监控活动可能不再能够为会计师事务所提供支持其评价质量管理体系的信息。此时,会计师事务所的监控活动可能需要包括对发生变化的领域实施监控。

以前实施的监控活动［参见本准则第八十一条第（五）项］

161. 以前实施监控活动的结果可以提示出质量管理体系可能存在缺陷的领域,特别是以前曾经识别出缺陷的领域。

162. 以前实施的监控活动可能不再能够为会计师事务所提供支持其评价质量管理体系的信息。即使以前实施监控活动所针对的质量管理体系的领域并未发生变化，这种监控活动也可能不再能够为会计师事务所提供支持其评价质量管理体系的信息，特别是当上次实施监控活动已经过了很长时间的情况下。

其他相关信息［参见本准则第八十一条第（六）项］

163. 除本准则第八十一条第（六）项所述的信息外，其他相关信息还可能包括：

（1）会计师事务所所属网络按照本准则第九十六条第（三）项和第九十七条第（二）项的规定，沟通的与质量管理体系有关的信息，包括在质量管理体系中包含的网络要求或网络服务；

（2）由服务提供商沟通的有关会计师事务所在其质量管理体系中使用的资源的信息；

（3）从监管机构获取的有关客户的信息，例如，从监管机构获取的关于客户财务报表不合规的信息。

164. 外部检查的结果或其他内外部相关信息可能表明会计师事务所以前实施的监控活动未能识别出质量管理体系中的缺陷。这些信息可能影响会计师事务所对监控活动性质、时间安排和范围的考虑。

165. 外部检查并不能代替会计师事务所内部的监控活动。然而，外部检查的结果可能影响监控活动的性质、时间安排和范围。

（三）对已完成项目的检查（参见本准则第八十二条）

166. 举例来说，会计师事务所在选择已完成的项目进行检查时，可以考虑下列方面：

（1）产生质量风险的事项或情况，例如：

①会计师事务所的业务类型，以及对执行这些类型的业务是否具备丰富经验；

②客户的类型，如客户是否属于上市实体、新兴产业实体，客户所属行业是否涉及较高程度的复杂性和判断，会计师事务所针对该行业是否缺乏经验；

③项目合伙人已经任职的时间及经验。

（2）以前对已完成的项目实施检查的结果，包括以前对每位项目合伙人实施检查的结果。

（3）其他相关信息，例如：

①针对某项目合伙人的投诉和指控；

②外部检查的结果，包括对每位项目合伙人实施外部检查的结果；

③会计师事务所针对每位项目合伙人对质量的重视情况实施评价的结果。

167. 除对已完成项目的检查外，会计师事务所还可能实施其他多种监控活动，主要目的在于确定所执行的业务是否符合相关政策和程序。这些监控活动可能针对项目实施，也可能针对项目合伙人实施。在确定下列事项时，会计师事务所可以利用这些监控活动的性质、范围和结果：

（1）选择哪些已完成的项目进行检查；

（2）选择哪些项目合伙人进行检查；

（3）选择某一合伙人进行检查的频繁程度；

（4）在对已完成的项目进行检查时，考虑该项目的哪些方面。

168. 周期性地选取项目合伙人已完成的项目进行检查，有助于会计师事务所监控项目合伙人是否履行了其在管理和实现业务的高质量方面承担的总体责任。举例来说，会计师事务所可以制定下列政策和程序，周期性地选取每个项目合伙人已完成的项目进行检查：

（1）设定标准检查周期。例如，会计师事务所可以制定相关政策和程序，要求对于执行上市实体财务报表审计业务的所有项目合伙人，每三年一个周期对其已完成的项目实施检查，对于执行其他类型业务的项目合伙人，每五年一个周期对其已完成的项目实施检查。

（2）设定用于选择已完成项目的标准。例如，相关政策和程序可以要求，对于执行财务报表审计业务的项目合伙人，所选择的项目应当包括审计项目。

（3）要求在选择项目合伙人时采用具有不可预测性的方法。

（4）规定在何种情况下有必要或允许在选择项目合伙人时，所采用的周期短于或长于上述第（1）项中设定的标准周期。

169. 举例来说，在下列情况下，会计师事务所选择项目合伙人进行检查时，可以采用比标准周期更短的检查周期：

（1）会计师事务所已识别出多项经评价认为较为严重的缺陷，认为有必要针对所有项目合伙人采用更短的检查周期；

（2）某项目合伙人服务的客户所属行业涉及较高程度的复杂性和判断；

（3）已针对某项目合伙人执行的某项业务实施了其他类型的监控活动，但这些监控活动的结果不理想；

（4）某项目合伙人对所执行项目的客户所属行业缺乏经验；

（5）某项目合伙人是新委派的项目合伙人，或者最近刚从其他会计师事务所或者其他国家或地区转入本所。

170. 举例来说，在同时满足下列情况时，会计师事务所可以考虑延长选择项目合伙人进行检查的周期（例如，可以比标准周期延长一年）：

（1）在标准周期内，已针对某项目合伙人执行的某项业务实施了其他类型的监控活动，如外部监管机构实施的执业质量检查；

（2）这些监控活动的结果能够提供关于该项目合伙人的充分信息（也就是说，如果再对该项目合伙人已完成的项目实施检查，将很可能无法提供更进一步的信息）。

对于执行上市实体审计业务的项目合伙人，在同时满足上述情况时，会计师事务所也可以考虑适当延长选择项目合伙人实施检查的周期。

171. 虽然外部检查并不能代替会计师事务所内部的监控活动，但外部检查的结果可能影响监控活动的性质、时间安排和范围。举例来说，在标准周期内，如果外部检查已经选取某项目合伙人执行的某项业务实施了检查，并且会计师事务所评估后认为该外部检查的性质、范围以及检查结果可以满足会计师事务所监控活动的目的，则会计师事务所可以认为已针对该项目合伙人在标准周期内完成了所需的监控活动，并重新计算新的标准周期。

172. 在某些情况下，某合伙人在标准周期内并未连续在本会计师事务所作为项目合伙人执行审计业务，而是存在一年以上的间隔期。例如，该合伙人可能借调至网络中的其他事务所执行审计业务，可能借调至监管机构协助其执行外部检查，也可能从事非审计工作。在这些情况下，会计师事务所可以考虑基于该合伙人在间隔期内具体从事工作的内容和性质，适当延长对该合伙人的检查周期。

173. 会计师事务所在对某项目实施检查时，所需要考虑的事项取决于该项检查的结果将如何被用于监控质量管理体系。一般来说，对某个项目的检查通常包括确定在项目层面采取的应对措施（例如，针对业务执行制定的相关政策和程序）是否符合最初的设计以及是否运行有效。

（四）执行监控活动的人员［参见本准则第八十三条第（二）项］

174. 会计师事务所的政策和程序可以明确执行监控活动的人员所需的胜任能力和权威性。

175. 执行监控活动的人员的客观性与相关职业道德要求是相通的。在下列情况下，相关人员的客观性可能因自我评价受到不利影响：

（1）对于某财务报表审计项目来说，实施检查的人员是该项目的项目组成员或项目质量复核人员，或者将在下期成为该项目的项目组成员或项目质量复核人员；

（2）对于某非财务报表审计项目来说，实施检查的人员是该项目的项目组成员或项目质量复核人员；

（3）执行除检查以外其他类型监控活动的人员，参与了受监控应对措施的设计、实施或运行。

会计师事务所需要评价不利影响的严重程度，必要时采取防范措施消除该不利影响或将其降低至可接受的水平。如果无法消除该不利影响或将其降低至可接受的水平，会计师事务所需要考虑改由其他人员执行监控活动。

176. 在某些情况下，例如，在较不复杂的会计师事务所，可能缺乏具有胜任能力、时间和客观性的人员来实施监控活动。在这些情况下，会计师事务所可以考虑利用网络服务或服务提供商来实施监控活动。

（五）评价发现的情况和识别缺陷（参见本准则第十二条、第八十四条至第八十五条）

177. 发现的情况可能来源于会计师事务所实施监控活动的结果、外部检查或其他方面。

178. 会计师事务所通过监控活动、外部检查和其他渠道积累的信息也可能揭示出有关质量管理体系其他方面的信息，例如：

（1）某些行动、行为或条件可能会对质量产生积极的效果，或者促进质量管理体系的有效运行；

（2）会计师事务所针对某些业务发现了一些情况，而针对类似性质的业务并未发现这些情况。

这些信息对会计师事务所可能是有用的，有助于其调查缺陷的根本原因，指出会计师事务所可以支持或广泛应用（如应用于所有业务）的实务做法，或揭示出会计师事务所强化其质量管理体系的契机。

179. 会计师事务所在确定发现的情况单独或汇总起来是否构成质量管理体系的缺陷

时，需要运用职业判断。在作出判断时，会计师事务所可能需要结合相关质量目标、质量风险、应对措施或质量管理体系的其他方面来考虑这些情况的相对重要程度。会计师事务所的职业判断可能受到与这些情况相关的定性和定量因素的影响。在某些情况下，会计师事务所可能认为需要就这些情况获取更多信息，以确定质量管理体系是否存在缺陷。并非所有发现的情况都会表明存在缺陷，即使是与业务相关的情况。

180. 举例来说，会计师事务所在确定发现的情况是否表明质量管理体系存在缺陷时，可以考虑下列定性或定量因素：

（1）与质量风险和应对措施有关的因素，例如，如果发现的情况与某项应对措施有关，可以考虑下列方面：

①应对措施是如何设计的。例如，应对措施的性质、需要采取应对措施的频繁程度（如适用），以及应对措施对于应对质量风险和实现质量目标而言的重要程度。

②应对措施所针对的质量风险的性质，以及发现的情况表明质量风险尚未得到有效应对的程度。

③针对同一质量风险是否还采取了其他应对措施，以及采取这些应对措施发现了什么情况。

（2）发现的情况的性质及其广泛性，具体来说：

①发现的情况的性质。例如，涉及会计师事务所领导层行为的情况，由于这些情况可能对质量管理体系整体产生广泛影响，因此，这些情况就性质来说可能是重要的。

②发现的情况单独或汇总起来是否可能表明存在一种趋势或系统性问题。例如，如果针对多项业务发现了相似的情况，可能表明存在系统性问题。

（3）实施监控活动的范围以及发现情况的比例，具体来说：

①会计师事务所实施监控活动的范围，包括所选定实施监控活动的项目数量或项目规模。

②发现情况的比例，即相对于被选定实施监控活动的项目总量来说，发现相关情况的项目数量所占的比例，以及该比例相对于会计师事务所预先设定的偏差率而言，偏离的程度。例如，对于选取已完成的项目进行检查来说，是指发现相关情况的项目数量占所选取项目总量的比例，以及该比例与会计师事务所预期的偏差率相比所显示出来的严重程度。

181. 评价发现的情况，识别出缺陷，评价缺陷的严重程度和广泛性，包括调查缺陷的根本原因，这一系列措施是一个不断完善和优化的过程，并非机械执行、一成不变的。举例来说：

（1）会计师事务所在就某个已识别出的缺陷调查根本原因时，可能发现该缺陷出现的情形与之前某些情形类似，但在之前的情形下未考虑将相关发现的情况界定为缺陷。据此，会计师事务所需要调整对之前发现情况的评价结果，将其界定为缺陷。

（2）会计师事务所在评价已识别出的缺陷的严重程度和广泛性时，可能发现某个趋势或系统性问题，而该趋势或系统性问题与之前未被界定为缺陷的某些情况相关联。为此，会计师事务所需要调整之前对这些情况的评价结果，将其界定为缺陷。

182. 监控活动的结果、外部检查的结果以及其他相关信息（例如，由网络实施的监控活动、投诉或指控）可能揭示出有关监控和整改程序运行有效性的信息。例如，外部检查的结果可能为会计师事务所提供与质量管理体系有关，但未能由监控和整改程序识别出的信息，这些信息可能表明监控和整改程序存在缺陷。

（六）评价识别出的缺陷（参见本准则第八十五条）

183. 会计师事务所在评价识别出的缺陷的严重程度和广泛性时，可以考虑下列因素：

（1）缺陷的性质，包括该缺陷与质量管理体系的哪个要素相关，以及该缺陷存在于质量管理体系的哪个环节（设计、实施或运行）中；

（2）针对与应对措施有关的缺陷，是否存在补偿性措施以应对相关质量风险；

（3）缺陷的根本原因；

（4）导致识别出缺陷的事项是否频繁发生；

（5）缺陷的重大程度、相关情况导致缺陷的速度、该缺陷存在并对质量管理体系产生影响的时间长度。

184. 缺陷的严重程度和广泛性会影响会计师事务所主要负责人对质量管理体系的评价结果。

缺陷的根本原因 [参见本准则第八十五条第（一）项]

185. 调查缺陷根本原因的目的在于了解具体由于哪些情况导致存在这些缺陷，这使得会计师事务所能够：

（1）评价缺陷的严重程度和广泛性；

（2）采取适当的措施整改这些缺陷。

举例来说，针对某项质量风险，会计师事务所采取的应对措施未能有效发挥作用，根本原因可能是该应对措施本身在设计上不合理，也可能是该应对措施虽然设计合理，但执行中出现了偏差。通过对根本原因进行分析，会计师事务所得以有针对性地采取措施整改这一缺陷。

会计师事务所在分析缺陷的根本原因时，需要基于可获得的证据并运用职业判断。

186. 会计师事务所在调查和分析缺陷的根本原因时，所实施程序的性质、时间安排和范围可能受会计师事务所性质和具体情况的影响，例如：

（1）会计师事务所的复杂程度和经营特征；

（2）会计师事务所的规模；

（3）会计师事务所的地理位置分布；

（4）会计师事务所的组织结构；

（5）会计师事务所内部各种流程和活动的集中化程度。

187. 以下举例说明缺陷的性质和严重程度以及会计师事务所的性质和具体情况可能如何影响会计师事务所为调查和分析缺陷的根本原因而实施程序的性质、时间安排和范围：

（1）缺陷的性质：如果会计师事务所发现针对某上市实体审计业务出具的审计报告是不恰当的，或者会计师事务所领导层的行为对于质量是不利的，则针对上述情况，会计师事务所需要实施较为严密的程序来调查和分析缺陷的根本原因。

（2）缺陷的严重程度：如果会计师事务所针对多项业务识别出相同的缺陷，或者发现相关政策和程序并没有得到很好的遵守，则针对上述情况，会计师事务所需要实施较为严密的程序来调查和分析缺陷的根本原因。

（3）会计师事务所的性质和具体情况：

①如果会计师事务所组织结构较为简单，并且只有一处办公地点，则为调查和分析缺陷的根本原因而实施的程序可能较为简单。这是因为，在这种情况下，用于调查和分析根本原因的信息通常是集中化的且较容易获取，因而根本原因可能较为显而易见。

②如果会计师事务所组织结构较为复杂，并且办公地点较多且分散，则为调查和分析缺陷的根本原因而实施的程序可能包括由经过特别培训的人员实施调查和分析，也可能针对如何调查和分析缺陷的根本原因开发一套正式的办法。

188. 在调查缺陷的根本原因时，会计师事务所可能需要考虑在其他类似情形下，缺陷为什么没有发生。这一信息对于会计师事务所确定如何对缺陷进行整改也可能是有用的。举例来说，会计师事务所对其业务进行抽样，并在多个样本项目中发现了类似的情况，因而识别出一项缺陷。然而，这种情况并未在所有样本项目中发生。通过对这些样本项目进行比较，会计师事务所可能得出结论认为缺陷的根本原因在于项目合伙人没有能够适当地参与到项目的关键环节中。

189. 识别出具有针对性的根本原因有助于会计师事务所对缺陷进行整改。举例来说，会计师事务所发现审计项目组未能针对具有高度主观性的会计估计获取充分、适当的审计证据。在这种情况下，尽管会计师事务所看到的现象是，这些项目组未能保持适当的职业怀疑，但其根本原因可能在于其他方面，如会计师事务所的组织文化并不鼓励项目组成员对具有权威性的人员提出质疑，或者对这些项目的指导、监督、复核不够。

190. 会计师事务所的监控和整改程序除识别出缺陷外，还可能发现一些积极因素。在这种情况下，会计师事务所除需要调查缺陷的根本原因外，还可以考虑调查这种积极因素的根本原因，这样做通常能够揭示出进一步强化和完善质量管理体系的契机。

（七）应对识别出的缺陷（参见本准则第八十六条）

191. 整改措施的性质、时间安排和范围可能取决于诸多因素，例如：

（1）缺陷的根本原因。

（2）缺陷的严重程度和广泛性，这决定了应对缺陷的急迫程度。

（3）针对根本原因所采取的整改措施的有效性。例如，会计师事务所是否有必要实施多项整改措施，以更好地应对缺陷的根本原因；或者，会计师事务所是否有必要先采取一些临时救急性的整改措施，等时机成熟后再采取更为有效的整改措施。

192. 在某些情况下，整改措施可能包括设定额外的质量目标、识别和评估额外的质量风险或调整之前对质量风险的评估结果，或者设计和采取额外的应对措施或调整之前设计和采取的应对措施。这是因为，在这些情况下，原质量目标、质量风险、应对措施可能不再适当。

193. 如果确定某个缺陷的根本原因与服务提供商提供的某项资源有关，会计师事务所可以：

（1）考虑是否继续利用该服务提供商提供的资源；

（2）就此事项与该服务提供商沟通。在上述情况下，会计师事务所负责应对该事项对质量管理体系的影响,并采取措施阻止该缺陷在质量管理体系中再次发生。然而,会计师事务所通常没有责任代替服务提供商对缺陷进行整改,也没有责任进一步调查服务提供商端缺陷的根本原因。

针对特定业务发现的情况(参见本准则第八十九条)

194. 如果发现的情况表明某项业务在执行过程中遗漏了应当实施的程序,或者出具的报告可能不适当,会计师事务所采取的行动可能包括:

(1)向适当的人员进行咨询;

(2)与客户管理层或治理层沟通;

(3)补充实施被遗漏的程序;

(4)考虑对业务报告或专业意见的影响,例如,如果出具的报告不适当,可能需要重新出具业务报告。

采取上述措施并不能减轻会计师事务所针对质量管理体系中发现的相关情况进一步采取措施的责任,这些责任包括评价发现的情况以识别缺陷,并调查缺陷的根本原因。

195. 如果会计师事务所未实施某项程序,在判断是否构成"遗漏了应当实施的程序"时,会计师事务所需要考虑这种情况是否可能违反相关法律法规和职业准则的要求,以及是否可能导致注册会计师获取的证据不再充分、适当。如果会计师事务所运用职业判断,认为这种情况并不违反相关法律法规和职业准则的要求,并且仍然能够获取充分、适当的证据,则不属于"遗漏应当实施的程序"的情形。

(八)有关监控和整改程序的沟通(参见本准则第九十条)

196. 本准则第九十条规定,对监控和整改程序的运行承担责任的人员,应当及时与会计师事务所主要负责人沟通,这种沟通需要持续或定期进行。这种沟通所提供的信息可能有多种用途,例如:

(1)有助于向相关人员进一步强化质量的重要性;

(2)有助于相关人员根据其角色承担责任并接受问责;

(3)及时识别出质量管理体系需要重点关注的关键领域。这些信息也可能为会计师事务所按照本准则第九十九条至第一百条的规定评价质量管理体系提供依据。

(九)对相关人员的问责(参见本准则第九十二条)

197. 本准则第九十二条规定,对执业中存在重大缺陷的项目合伙人,会计师事务所应当对其是否具备从事相关业务的职业道德水平和专业胜任能力作出评价。会计师事务所的政策和程序可以根据本所的实际情况和质量管理需要,综合考虑对本所执业的影响、相关监管机构的处罚等方面,明确"重大缺陷"的判定标准。

十四、网络要求或网络服务

(一)相关概念(参见本准则第九十四条)

198. 在某些情况下,会计师事务所可能加入某一网络。网络可能就会计师事务所质量管理体系提出相关要求,也可能提供相关服务或资源,供会计师事务所在设计、实施和运行其质量管理体系时选择加以利用。网络提出这些要求、提供这些服务或资源,其目的可能在于促进本网络中所有成员所能够一致且持续地提供高质量的服务。网络将在多大程度上为会计师事务所设定质量目标、识别和评估质量风险、设计和采取应对措施,取决于会计师事务所与网络之间的协议安排。

199. 举例来说，网络要求可能包括：

（1）要求会计师事务所在其质量管理体系中设定额外的质量目标、识别和评估额外的质量风险，这些质量目标和质量风险普遍适用于本网络中的事务所。

（2）要求会计师事务所在其质量管理体系中包含普遍适用于本网络中所有事务所的应对措施。这些应对措施由网络统一制定，可能包括一些对领导层的角色和职责作出明确规定的政策和程序。例如，网络期望会计师事务所如何配置相关资源（如由网络统一制定的业务方法论或由网络统一开发的信息技术应用程序）以及相关人员的职责和权限。

（3）要求会计师事务所接受网络实施的监控活动。这些监控活动可能是专门针对网络要求的遵守情况实施的（例如，会计师事务所是否恰当执行了网络统一制定的方法论），也可能是针对质量管理体系实施的。

200. 网络服务是指由网络提供的，供会计师事务所在设计、实施或运行其质量管理体系或执行业务时选择实施或利用的服务或资源。例如：

（1）网络自愿向其成员所提供培训课程；

（2）网络为会计师事务所提供组成部分注册会计师或专家；

（3）网络建立服务提供中心，或由一个或多个网络事务所建立服务提供中心，为会计师事务所提供服务。

201. 网络可能就会计师事务所实施网络要求或网络服务作出规定。例如：

（1）要求会计师事务所具备一定程度的信息技术基础设施和流程，以确保能够使用网络统一提供的信息技术应用程序；

（2）要求会计师事务所对网络提供的方法论在全所范围内实施培训，包括对其更新内容的培训。

202. 会计师事务所可以通过向网络进行询问或查阅相关文件等方式，了解网络中存在的网络要求或网络服务，以及会计师事务所与这些要求或服务相关的责任。举例来说，会计师事务所可以：

（1）询问网络的治理和领导层；

（2）了解网络要求或网络服务设计、实施和运行的相关流程；

（3）了解网络如何识别和应对影响网络要求或网络服务的相关变化或其他方面的信息，例如，职业准则发生的变化、表明网络要求或网络服务存在缺陷的信息等；

（4）了解网络如何监控网络要求或网络服务的适当性，这可能包括在网络层面针对本网络中所有事务所实施的监控活动，以及网络为整改识别出的缺陷而采用的流程。

（二）与质量管理体系相关的网络要求或网络服务（参见本准则第九十五条）

203. 网络要求和网络服务都属于会计师事务所在识别和评估质量风险时需要了解和考虑的事项或情况。例如，网络可能要求所有成员所在接受和保持客户关系和具体业务时使用标准化的信息技术应用程序，如果这些应用程序并未涵盖本国家或地区法律法规和职业准则要求考虑的所有事项，则可能产生质量风险。

204. 网络要求的目的之一可能在于促进网络中的各成员所能够一致且持续地提供高质量的服务。尽管网络可能要求会计师事务所执行网络要求，然而，会计师事务所可能有必要对这些要求进行调整或补充，使之能够与本所及其业务的性质和具体情况相适应。

网络服务也是如此,以下针对会计师事务所如何对网络要求或网络服务进行调整或补充提供示例:

网络要求或网络服务	对网络要求或网络服务的调整或补充
网络要求其成员所在质量管理体系中应对某项质量风险,因而网络中的所有成员所都需要应对该质量风险。	会计师事务所针对该质量风险设计和采取应对措施,作为对网络要求的补充。
网络要求其成员所设计和采取某些应对措施。	会计师事务所在设计和采取应对措施时,考虑下列方面: (1)这些应对措施针对的是哪些质量风险。 (2)根据会计师事务所的性质和具体情况,如何将这些应对措施嵌入质量管理体系中。这可能包括对这些应对措施进行适当调整,使之能够适应本所及其业务的性质和具体情况(例如,根据当地法律法规和职业准则的要求对方法论进行调整或补充)。
在集团审计中,组成部分注册会计师来自网络事务所。网络要求致力于推动各成员所的质量管理体系具有高度的一致性。网络要求包括在集团审计中适用于被委派对组成部分实施审计工作的人员的具体标准。	会计师事务所制定相关政策和程序,要求集团项目组向该网络事务所确认,被委派对组成部分实施审计工作的人员能否满足网络要求中的具体标准。

205. 在某些情况下,会计师事务所在调整或补充网络要求或网络服务时,可能发现需要改进的地方。在这种情况下,会计师事务所可以就此与网络进行沟通。

(三)网络实施监控活动的结果[参见本准则第九十六条第(三)项]

206. 举例来说,网络针对会计师事务所质量管理体系实施监控活动的结果可能包括下列信息:

(1)实施监控活动的具体情况,包括其性质、时间安排和范围;

(2)发现的情况、识别出的缺陷,以及对会计师事务所质量管理体系的其他评价(例如,积极的结果,或者会计师事务所可以进一步改善其质量管理体系的契机);

(3)网络对缺陷根本原因的调查和分析结果、对缺陷可能造成的影响的评估结果,以及建议会计师事务所采取的整改措施。

(四)网络针对本网络中所有事务所实施的监控活动[参见本准则第九十七条第(二)项]

207. 对于网络针对本网络中所有事务所实施的监控活动,本准则第九十七条第(二)项要求会计师事务所至少每年一次从网络获取该类监控活动的总体结果的相关信息(如可行),这类信息可能是对本指南第206段所述信息的累积或汇总,包括网络针对所有网络事务所识别出的缺陷所呈现出的某种趋势或共性问题,或者可以在所有网络事务所复制和推广的积极因素。举例来说,这些信息可能有下列用途:

(1)供会计师事务所用于下列方面:

①识别和评估质量风险;

②确定本所质量管理体系中采用的网络要求或网络服务是否存在缺陷。

（2）在集团审计中，如果组成部分注册会计师来自网络事务所，并受相同的网络要求（如共同的质量目标、质量风险和应对措施）约束，则在考虑该组成部分注册会计师的胜任能力时，这些信息可以传递给集团项目合伙人。

208. 在某些情况下，会计师事务所可能能够通过网络获取到一些关于某网络事务所质量管理体系存在缺陷的信息，而这一缺陷可能会影响本会计师事务所。网络也可能从其成员所处了解到针对该成员所质量管理体系实施外部检查的结果。法律法规可能禁止网络或网络事务所之间共享信息，也可能对这些信息在某些方面（如敏感内容）施加限制。

209. 如果网络并不提供针对所有事务所实施监控活动的总体结果相关信息，会计师事务所可以考虑采取进一步行动，例如：

（1）与网络进行沟通；

（2）确定对本所业务的影响，并就该影响与项目组沟通。

（五）网络要求或网络服务中的缺陷（参见本准则第九十八条）

210. 既然会计师事务所可能在其质量管理体系中包含网络要求或网络服务，这些网络要求或网络服务就需要受监控和整改程序相关要求的约束。网络和会计师事务所都可能对网络要求或网络服务进行监控，二者也可以联合起来进行，如由网络在网络层面实施监控活动，会计师事务所在本所的应用层面实施监控活动。例如，网络在网络层面针对统一的方法论实施监控，会计师事务所则通过对项目进行检查的方式，针对该方法论在项目中的具体运用实施监控。

211. 会计师事务所在设计和采取整改措施以应对网络要求或网络服务中识别出的缺陷时，可以考虑下列方面：

（1）了解网络计划采取的整改措施，包括会计师事务所是否有义务执行这些整改措施；

（2）考虑会计师事务所是否有必要针对缺陷及其根本原因补充采取一些其他整改措施。

举例来说，在下列情况下，会计师事务所可能有必要补充采取其他整改措施：

（1）网络尚未采取适当的整改措施；

（2）网络采取的整改措施需要花费一定时间才能达到有效应对缺陷的效果。

十五、评价质量管理体系

（一）基本要求（参见本准则第九十九条）

212. 会计师事务所主要负责人在对质量管理体系进行评价时，可以利用其他人员提供协助。然而，主要负责人仍然需要对该评价承担责任。

213. 会计师事务所开始实施评价的时点可能取决于会计师事务所的具体情况，该时点的确定，可以考虑会计师事务所财务年度的截止日或会计师事务所完成一轮年度监控的日期。

214. 实施评价所需要依据的信息包括相关人员按照本准则第九十条的规定，向会计师事务所主要负责人沟通的各项信息。不同类型的会计师事务所，信息的获取方式可能不同，以下是一些示例：

（1）对于较不复杂的会计师事务所，主要负责人可能直接参与对质量管理体系的监控和整改，因而通常能够直接获取这些信息；

（2）对于较为复杂的会计师事务所，主要负责人可能需要建立相关流程，用于整理、总结和沟通这些信息。

（二）对质量管理体系的评价结论（参见本准则第一百条）

215. 会计师事务所质量管理体系的运行需要从整体上合理保证其目标得以实现。会计师事务所主要负责人在对质量管理体系得出评价结论时，可以结合实施监控和整改程序的结果，并考虑下列方面：

（1）已识别出的缺陷的严重程度和广泛性，及其对实现质量管理体系目标的影响；

（2）会计师事务所是否已设计和采取整改措施，截止到实施评价的时点，这些整改措施是否有效；

（3）已识别出的缺陷对质量管理体系的影响是否已得到适当纠正，例如，是否采取了本准则第八十九条所规定的适当行动。

216. 如果已识别出的缺陷较为严重且具有广泛性，但该缺陷在会计师事务所对质量管理体系实施评价之前已被适当整改，并且正常运行了一段适当的期间，其影响也已得到适当纠正，则主要负责人可以得出结论认为质量管理体系能够合理保证该体系的目标得以实现。

217. 已识别出的缺陷可能对质量管理体系的设计、实施和运行产生广泛影响，以下是一些示例：

（1）该缺陷影响质量管理体系的多个要素或多个方面；

（2）该缺陷虽然只局限于质量管理体系的特定要素或特定方面，但对质量管理体系来说至关重要；

（3）该缺陷影响会计师事务所的多个业务单元或多个分所（或分部）；

（4）该缺陷虽然只局限于某一业务单元或者某个分所（或分部），但该业务单元或分所（或分部）对会计师事务所整体至关重要；

（5）该缺陷影响会计师事务所某一类型或某一性质业务的较大比例。

218. 在某些情况下，会计师事务所可能认为已识别出的缺陷较为严重但不具有广泛性。例如，会计师事务所在某一小型分所中识别出一项缺陷，该缺陷涉及违反会计师事务所的多项政策和程序。会计师事务所认为该分所的组织文化，尤其是领导层过度强调经济利益优先，是造成这一缺陷的根本原因。在这种情况下，会计师事务所可能认为该缺陷的影响：

（1）严重程度较高，因为涉及分所的组织文化以及对会计师事务所政策和程序的遵守；

（2）不具有广泛性，因为只局限于该小型分所。

219. 如果识别出的缺陷较为严重且具有广泛性，并且针对这些缺陷采取的整改措施并不适当，这些缺陷所造成的影响也未得到恰当纠正，则会计师事务所主要负责人可以得出结论认为质量管理体系不能合理保证该体系的目标得以实现。例如，会计师事务所在某一分所中识别出一项缺陷，该分所是本所最大的分所，并且负责为其所在区域的所有分所提供财务、运营和技术方面的支持。所识别出的缺陷涉及违反会计师事务所多项政策和程序。会计师事务所认为该分所的组织文化，尤其是领导层过度强调经济利益优先，是造成这一缺陷的根本原因。在这种情况下，会计师事务所可能认为该缺陷的影响：

（1）严重程度较高，因为涉及分所的组织文化以及对会计师事务所政策和程序的遵守；

（2）具有广泛性，因为该分所是本所最大的分所，并且负责为很多其他分所提供财务、运营和技术方面的支持，该分所违反会计师事务所的政策和程序可能对其他分所产生广泛影响。

220. 对较为严重且具有广泛性的缺陷进行整改可能需要一定时间。在这段时间内，如果缺陷的广泛性有所降低，导致该缺陷变得不再具有广泛性，但仍然较为严重，则会计师事务所主要负责人可能得出结论认为，质量管理体系的设计、实施和运行存在严重但不具有广泛影响的缺陷，除与该缺陷相关的事项外，质量管理体系能够合理保证该体系的目标得以实现。

221. 会计师事务所可以考虑取得关于其质量管理体系的外部独立鉴证报告。

（三）迅速采取适当行动以及进一步的沟通（参见本准则第一百零一条）

222. 根据本准则第一百零一条第（一）项的规定，如果会计师事务所主要负责人得出本准则第一百条第（二）项或第（三）项的结论，应当迅速采取适当行动。举例来说，这些行动可能包括：

（1）为业务执行提供更多支持（如向项目组分配更多资源、开发更多业务指引等），并确保会计师事务所出具的业务报告适合业务的具体情况，直到相关缺陷得到适当整改为止。会计师事务所还需要向项目组沟通这些措施。

（2）征询法律建议。

223. 某些会计师事务所可能有一个独立的治理机构，负责监督会计师事务所的各项事务，但并不参与事务的执行。在这种情况下，本准则第一百零一条第（二）项所述的沟通可能包括与该治理机构的沟通。

224. 本准则第一百零一条第（三）项要求会计师事务所与外部各方沟通。举例来说，适用这一要求的情形可能包括：

（1）会计师事务所属于某一网络。

（2）会计师事务所为其网络事务所执行了某些工作。例如，在集团审计中，网络事务所是集团注册会计师，会计师事务所是组成部分注册会计师。

（3）由于质量管理体系失效，导致会计师事务所出具的某项业务报告是不适当的，在这种情况下，会计师事务所需要告知客户的管理层或治理层。

（4）法律法规要求会计师事务所向某些监管机构沟通。

（四）业绩评价（参见本准则第一百零二条）

225. 定期实施业绩评价有助于对相关人员进行问责。会计师事务所在对某个人员实施业绩评价时，可以考虑下列方面：

（1）会计师事务所在对质量管理体系实施监控活动时，针对该人员职责所涉及的方面实施监控活动的结果。在某些情况下,会计师事务所可以为该人员的业绩规定一些明确的目标,并通过将监控活动的结果与这些目标相对比的方式来衡量该人员的业绩。

(2)该人员为应对识别出的、与其职责有关的缺陷而采取的相关措施,包括这些措施的及时性和有效性。

226. 不同类型的会计师事务所,业绩评价方法也可能不同,以下是一些示例:

(1)较不复杂的会计师事务所可以聘请服务提供商来实施业绩评价,会计师事务所实施监控活动的结果通常也可以作为评价某人员业绩的指标;

(2)较为复杂的会计师事务所可能由其治理机构中一位独立且不参与执行的人员实施业绩评价,或者由其治理机构监督下的特定委员会实施业绩评价。

227. 如果对某人员的业绩评价较好,会计师事务所可以通过晋升、加薪或其他激励措施来进行奖励,以表彰该人员对高质量的追求。相反,如果对某人员的业绩评价较差,会计师事务所需要及时采取措施进行纠正,以防止其影响到质量目标的实现。

十六、对质量管理体系的记录(参见本准则第一百零三条至第一百零五条)

228. 对质量管理体系的记录可以为会计师事务所遵守了相关法律法规和本准则的规定以及相关职业道德要求提供证据。这些记录还可以用于向相关人员和项目组进行培训、在会计师事务所内部传承相关经验和做法、就与质量管理体系相关的决策保存历史记录等。会计师事务所没有必要也不可能对其考虑的所有事项、作出的所有判断都形成记录。此外,质量管理体系的"信息与沟通"要素、相关文件档案或书面材料、内嵌在质量管理体系各要素中的信息技术应用程序,也可以为会计师事务所遵守本准则的规定提供相关证据。

229. 对质量管理体系的记录可能采取多种形式,如正式的操作手册、各种表格和核对表等,这些记录可能未经过正式归档(例如,可能体现在电子邮件或在互联网上发布的各种公告中),也可能保存在信息技术应用程序中或采用其他电子形式(如数据库)保存。会计师事务所在就记录的形式、内容和范围,以及多长时间需要更新等方面作出判断时,可能需要考虑下列方面:

(1)会计师事务所的复杂程度以及办公地点的多少;

(2)会计师事务所的组织形式及其业务的复杂程度;

(3)会计师事务所客户的性质以及为这些客户提供服务的性质;

(4)所记录事项的性质和复杂程度,例如,该事项是否涉及质量管理体系中发生变化的某些方面,或者质量风险较高的某些领域,以及针对这些事项需要进行判断的复杂程度;

(5)质量管理体系是否经常发生变化以及变化幅度的大小。对于较不复杂的会计师事务所,可能没有必要对相关沟通事项作出记录,因为非正式的沟通方法可能是有效的。然而,如果该会计师事务所为了证明这些沟通真实发生过,则对其进行记录可能是必要的。

230. 相关职业道德要求可能针对记录规定了某些额外要求。例如,中国注册会计师职业道德守则要求注册会计师对某些特定事项形成工作记录,这些事项包括与利益冲突有关的事项、涉嫌违反法律法规的事项、违反独立性要求的事项等。

231. 本准则并不要求会计师事务所记录其针对所有质量目标或所有可能引发质量风险的事项或情况作出的考虑。然而，会计师事务所在记录质量风险以及会计师事务所如何应对该风险时，需要记录对质量风险的评估结果及其理由（也就是说，该风险预期发生的可能性以及对实现一项或多项质量目标可能产生的影响），这种记录有助于会计师事务所持续有效地采取应对措施。举例来说，在记录风险预期发生的可能性时，会计师事务所可以将该可能性分为若干等级，采用诸如"高""中""低"等方式予以描述。

232. 本准则第一百零五条要求会计师事务所记录的事项，可以由网络、网络事务所，或者网络中的其他组织提供。

《会计师事务所质量管理准则第 5102 号——项目质量复核》应用指南

（2021 年 11 月 1 日发布）

一、项目质量复核人员的委派和资质要求

（一）委派项目质量复核人员的职责（参见本准则第十八条）

1. 本准则第十八条要求会计师事务所将委派项目质量复核人员的职责分配给具有履行该职责所需的胜任能力及适当权威性的人员。履行该职责所需的胜任能力包括该人员了解下列方面：

（1）项目质量复核人员的职责；

（2）本准则第十九条至第二十一条所规定的项目质量复核人员应当满足的条件；

（3）项目质量复核所针对的客户以及项目的性质和具体情况，包括项目组的构成。

2. 负责委派项目质量复核人员的人员需要独立于项目组。因此，会计师事务所的政策和程序可以明确规定，对于接受项目质量复核的项目，其项目组成员不能负责委派本项目的项目质量复核人员。

3. 会计师事务所可以指定多个人员负责委派项目质量复核人员。例如，会计师事务所的政策和程序可以区分上市实体审计业务、非上市实体审计业务或其他类型的业务，针对不同类型的业务分别规定不同委派项目质量复核人员的流程，并由不同的人员分别负责各流程。

（二）项目质量复核人员的任职资质要求（参见本准则第十九条和第二十条）

4. 对于较不复杂的会计师事务所，在某些情况下，例如会计师事务所规模较小时，会计师事务所内部可能没有合伙人或其他人员能够满足项目质量复核人员的任职资质要求。在这些情况下，会计师事务所可以考虑聘请外部人员实施项目质量复核。这些外部人员可能来自网络事务所、网络中的其他组织，或者服务提供商。如果会计师事务所聘请这些人员实施项目质量复核，则适用《会计师事务所质量管理准则第 5101 号——业务质量管理》中与网络要求、网络服务、服务提供商有关的规定。会计师事务所需要制定相关政策和程序，确保所聘请实施项目质量复核的外部人员满足本准则第十九条规定的任职资质要求。对于较为复杂的会计师事务所，如执行公众利益实体审计业务的会计师事务所，如果其内部拥有能够满足项目质量复核人员任职资质要求的合伙人或其他人员，则不需要从外部聘请项目质量复核人员。

5. 会计师事务所可以考虑基于所执行业务的类型、风险以及需要实施项目质量复核的业务范围，通过建立并维护"合格项目质量复核人员"名单的方法，确定哪些人员可以担任项目质量复核人员，以及可以担任哪些类型业务的项目质量复核人员。

(三)项目质量复核人员应当满足的条件

适当的胜任能力,包括充足的时间[参见本准则第十九条第(一)项]

6.《〈会计师事务所质量管理准则第 5101 号——业务质量管理〉应用指南》第 111 段探讨了胜任能力的概念,即对知识、经验、技术、专业技能、职业道德、职业价值观和职业态度的综合运用。举例来说,会计师事务所在确定某人员是否具备实施项目质量复核所必需的胜任能力时,可以考虑下列方面:

(1)该人员是否了解与拟复核项目有关的法律法规、职业准则以及会计师事务所的政策和程序;

(2)该人员是否了解客户所处行业;

(3)该人员是否了解具有类似性质和复杂程度的项目,并具备相关经验;

(4)该人员是否了解项目质量复核人员在实施项目质量复核并编制有关工作底稿方面的职责。可以通过会计师事务所的相关培训来获得或加强这方面的了解。

7.会计师事务所在确定针对某个项目实施项目质量复核所需要具备的胜任能力时,可以考虑的一个重要因素是:哪些事项或情况(包括相关人员的作为或不作为,下同)使得会计师事务所确定实施项目质量复核是应对一项或多项质量风险的适当应对措施。除此之外,会计师事务所在确定拟委派的项目质量复核人员是否具备适当的胜任能力和充足的时间,以评价项目组作出的重大判断及据此得出的结论时,可以考虑的其他因素包括:

(1)客户的性质。

(2)客户所处行业或监管环境的特殊性和复杂程度。

(3)该项目涉及特殊知识和技能的程度。例如,某些项目可能涉及信息技术或会计审计的特殊领域,某些鉴证业务项目还可能涉及自然科学和工程学方面的知识和技能。本指南第 20 段探讨了为项目质量复核人员提供协助的人员可能需要具备相关专业知识和技能。

8.会计师事务所在评价拟委派的项目质量复核人员的胜任能力时,下列考虑因素也可能是相关的:

(1)会计师事务所实施监控活动发现的情况。例如,对该人员作为项目合伙人或项目质量复核人员的项目实施检查发现的情况。

(2)外部检查的结果。

9.缺乏适当的胜任能力将会影响项目质量复核人员在实施复核时运用职业判断的能力。例如,针对某项复杂的、涉及特定行业的会计或审计事项,如果项目质量复核人员缺乏相关行业经验,就可能不具备必要的能力和信心来评价或质疑项目组作出的重大判断和运用的职业怀疑。

适当的权威性[参见本准则第十九条第(一)项]

10.会计师事务所层面的相关措施可能有助于建立项目质量复核人员的权威性。例如,在会计师事务所内营造一种尊重项目质量复核人员的文化,可以使项目质量复核人员较少受到项目合伙人或其他人员不当影响项目质量复核结果的压力。在某些情况下,项目质量复核人员的权威性可以通过会计师事务所为解决意见分歧而制定的政策和程序得到加强,这些政策和程序可能包括当项目质量复核人员与项目组发生意见分歧时可以采取的相关行动。

11. 在下列情况下，项目质量复核人员的权威性可能被削弱：

（1）会计师事务所的文化仅提倡尊重职务层级较高人员的权威性。

（2）项目质量复核人员需要向项目合伙人汇报工作。例如，项目合伙人处于会计师事务所的领导层职位，或负责决定项目质量复核人员的薪酬。

相关职业道德要求［参见本准则第十三条和第十九条第（二）项］

12. 根据项目质量复核所针对的客户和项目在性质和具体情况方面的不同，实施项目质量复核时适用的相关职业道德要求也可能不同。相关职业道德要求中的某些规定可能仅适用于注册会计师个人，如项目质量复核人员，而非会计师事务所。

13. 相关职业道德要求可能包括适用于注册会计师个人（如项目质量复核人员）的独立性要求，也可能包括与审计或鉴证客户长期存在业务关系而对会计师事务所或注册会计师的独立性产生不利影响的相关规定。这些规定与本准则第二十一条关于冷却期的规定不同，但在实施过程中可能需要一并考虑。例如，《中国注册会计师职业道德守则第4号——审计和审阅业务对独立性的要求》第十五章第四节规定了与公众利益实体审计客户关键审计合伙人轮换相关的冷却期要求，这里的冷却期不同于本准则第二十一条所规定的冷却期，前者适用于关键审计合伙人与公众利益实体审计客户长期存在业务关系而对独立性产生的不利影响，后者适用于前任项目合伙人被委任为项目质量复核人员而对客观性产生的不利影响。《中国注册会计师职业道德守则第4号——审计和审阅业务对独立性的要求》第一百一十三条第三款针对后者作出了规定。

对项目质量复核人员客观性的不利影响［参见本准则第十九条第（二）项］

14. 项目质量复核人员的客观性可能受多种因素影响，例如：

（1）如果项目质量复核人员曾经参与项目组作出的重大判断，尤其是曾经作为项目合伙人或项目组其他成员参与这些重大判断，则可能因自我评价对客观性产生不利影响。

（2）如果项目质量复核人员是项目合伙人或项目组其他成员的近亲属，或与上述人员存在密切的私人关系，则可能因密切关系或自身利益对客观性产生不利影响。

（3）如果项目质量复核人员面临各种压力，无论这种压力是实际存在的还是感知到的，都可能因外在压力对客观性产生不利影响。例如，当项目合伙人性格较为强势或处于较高地位时，或者项目质量复核人员需要向项目合伙人汇报工作时，都可能产生这种不利影响。

15. 相关职业道德要求可能规定会计师事务所或注册会计师如何识别、评估和应对对客观性的不利影响。例如，中国注册会计师职业道德守则对下列方面作出规定：

（1）当注册会计师被委派为项目质量复核人员时，可能对客观性产生不利影响的情形；

（2）评价该不利影响的严重程度时需要考虑的因素；

（3）可能有助于应对不利影响的措施，包括相关防范措施。

在同一年度内交叉实施项目质量复核（参见本准则第二十二条）

16. 在同一年度内交叉实施项目质量复核，可能对项目质量复核人员的客观性产生不利影响。本准则第二十二条的规定，是为了尽量避免这种不利影响。然而，会计师事务所在委派项目质量复核人员时，仍然需要平衡考虑相关人员的胜任能力和客观性。在某些特殊情况下，避免交叉实施项目质量复核可能导致会计师事务所无法委派具有足够胜任能力的人员。举例来说，在某一财务报表审计业务中，由于被审计单位处于特殊行业，或被审计单位的业务高度复杂，财务报表涉及较高程度的主观判断，并且会计师事务所难以找到其他适当的人员实施该项目的项目质量复核，在这种情况下，会计师事务所综合考虑相关人员的胜任能力、客观性和权威性等因素之后，可能认为交叉实施项目质量复核是难以避免的。对于在特殊情况下出现的交叉实施项目质量复核的情况，会计师事务所可以制定相关政策和程序，例如，要求取得质量管理主管合伙人和业务主管合伙人的批准，并至少每年重新评估和批准一次。

与项目质量复核人员任职资质要求相关的法律法规［参见本准则第十九条第（三）项］

17. 法律法规可能对项目质量复核人员的任职资质要求作出额外规定，例如，要求项目质量复核人员持有某些资格证书或符合规定条件。

（四）前任项目合伙人担任项目质量复核人员的冷却期（参见本准则第二十一条）

18. 对于连续承接的业务，涉及重大判断的事项通常不会发生变化。因此，以前期间作出的重大判断可能会持续影响项目组在以后期间的判断。如果项目质量复核人员在以前期间曾经作为项目合伙人参与过项目中的重大判断，随后又作为项目质量复核人员对这些重大判断作出评价，则客观评价的能力将会受到影响。在这种情况下，有必要采取适当的防范措施，将对客观性的不利影响，特别是因自我评价产生的不利影响降低至可接受的水平。因此，本准则要求会计师事务所制定相关政策和程序，明确规定一段冷却期，并要求在冷却期结束之前，前任项目合伙人不得担任该项目的项目质量复核人员。

19. 会计师事务所的政策和程序可以规定项目合伙人以外的项目组其他成员，在能够被委派为该项目的项目质量复核人员之前，是否适用冷却期要求。对此，会计师事务所可以考虑该人员在该项目中承担的角色，以及该人员曾经参与重大判断的程度。例如，会计师事务所可以规定，在集团审计中，曾经负责对组成部分财务信息实施审计程序的项目合伙人在冷却期内不得被委派为整个集团审计的项目质量复核人员，因为该项目合伙人曾经参与过影响集团审计业务的重大判断。

（五）为项目质量复核人员提供协助的人员（参见本准则第二十三条至第二十四条）

20. 在某些情况下，项目质量复核人员可能需要某些具备相关专业知识和技能的人员或团队提供协助。例如，在某些情况下，这些人员或团队所具备的高度专业化的知识和技能可能有助于项目质量复核人员深入理解客户所从事的某项交易，从而能够帮助项目质量复核人员评价项目组针对该项交易作出的重大判断。

21. 会计师事务所在制定政策和程序，以应对为项目质量复核人员提供协助的人员在客观性方面可能受到的不利影响时，可以考虑参考本指南第 14 段。

22. 如果为项目质量复核人员提供协助的人员来自会计师事务所外部，会计师事务所可以通过与该人员签订合同或其他协议等方式，对其职责（包括与遵守相关职业道德要求有关的职责）加以规定。

23. 会计师事务所的政策和程序可以规定项目质量复核人员的下列职责：

（1）考虑提供协助的人员是否理解项目质量复核人员发出的指令，以及是否按照项目质量复核人员的计划执行相关工作；

（2）处理提供协助的人员提出的各种事项，考虑这些事项的重要程度并适当调整之前的计划。

（六）项目质量复核人员不再符合任职资质要求的情况（参见本准则第二十五条至第二十六条）

24. 会计师事务所在考虑项目质量复核人员是否不再符合任职资质要求时，可以考虑下列方面：

（1）项目具体情况发生的变化是否导致项目质量复核人员不再具备适当的胜任能力或客观性；

（2）项目质量复核人员承担的其他职责发生的变化是否导致其不再具备充足的时间以执行项目质量复核；

（3）项目质量复核人员按照本准则第二十六条的规定，就其不再符合任职资质要求的情况发出的通知。

25. 针对项目质量复核人员不再符合任职资质要求的情况，会计师事务所可以制定相关政策和程序，就如何确定符合任职资质要求的替代人选作出规定。这些政策和程序也可以规定替代人选的职责，即按照本准则有关实施项目质量复核的规定实施复核程序。这些政策和程序还可以进一步就在这种情形下是否需要进行相关咨询作出规定。

二、实施项目质量复核

（一）项目合伙人与项目质量复核相关的责任［参见本准则第二十七条第（二）项］

26.《中国注册会计师审计准则第1121号——对财务报表审计实施的质量管理》第四十八条规定，项目合伙人对于需要实施项目质量复核的审计项目应当承担下列责任：

（1）确定会计师事务所已委派项目质量复核人员；

（2）配合项目质量复核人员的工作，并告知审计项目组其他成员有责任配合项目质量复核人员的工作；

（3）与项目质量复核人员讨论在审计中遇到的重大事项和重大判断，包括在项目质量复核过程中识别出的重大事项和重大判断；

（4）只有完成项目质量复核，才签署审计报告。

（二）项目质量复核人员与项目组之间的讨论［参见本准则第二十七条第（三）项］

27. 项目组与项目质量复核人员在整个项目过程中经常进行沟通有助于提高项目质量复核的有效性和及时性。然而，上述沟通可能对项目质量复核人员的客观性产生不利影响，具体取决于项目质量复核人员与项目组就某一重大判断进行沟通的时间安排和范围。会计师事务所可以制定相关政策和程序，规定项目质量复核人员或项目组在这种情况下可以采取的措施，以避免出现项目质量复核人员代替项目组作出决策或被认为代替项目组作出决策的情况。例如，在这种情况下，会计师事务所可以要求相关人员按照本所与咨询有关的政策和程序，就这些重大判断向其他相关人员咨询。

（三）项目质量复核人员实施的程序（参见本准则第二十八条至第三十条）

28. 会计师事务所的政策和程序可以明确规定项目质量复核人员所实施程序的性质、时间安排和范围，也可以强调项目质量复核人员在实施复核时运用职业判断的重要性。

29. 项目质量复核人员实施程序的时间安排可能取决于客户或项目的性质和具体情况，包括需要复核的事项的性质。项目质量复核人员在项目的各个阶段（如计划阶段、执行阶段和报告阶段）及时复核业务工作底稿，可以使相关问题能够在报告日或报告日之前得到迅速、满意的解决。例如，项目质量复核人员可以在计划阶段完成时，针对项目的总体策略和具体计划实施复核程序。及时实施项目质量复核也可以强化项目组在计划和执行项目的过程中对职业判断和职业怀疑的运用。

30. 对具体项目来说，项目质量复核人员所实施程序的性质、时间安排和范围可能取决于下列方面：

（1）相关质量风险的评估结果及其理由。例如，针对新兴行业的实体或交易较为复杂的实体，质量风险可能较高。

（2）会计师事务所通过实施监控和整改程序识别出的缺陷和为应对这些缺陷而采取的整改措施，以及会计师事务所发布的相关指引，上述事项可能提示出项目质量复核人员需要实施更为详细复核程序的领域。

（3）项目的复杂程度。

（4）客户的性质和规模，包括客户是否属于上市实体。

（5）与项目有关的发现。例如，监管机构以前实施检查的结果，或者项目组工作质量引发的其他关注。

（6）会计师事务所在客户关系和具体业务接受与保持中获取的相关信息。

（7）在鉴证业务中，项目组对重大错报风险的识别、评估和应对。

（8）项目组成员是否配合项目质量复核人员的工作。会计师事务所可以制定相关政策和程序，规定在项目组成员不配合的情况下，项目质量复核人员可以采取的措施。例如，告知会计师事务所内部的适当人员，以采取适当措施解决这一问题。

31. 项目质量复核人员实施程序的性质、时间安排和范围可能需要根据实施项目质量复核时遇到的情况进行调整。

对集团审计的特殊考虑

32. 对于集团财务报表审计项目的项目质量复核，会计师事务所可能需要对项目质量复核人员的委派作出额外考虑，具体取决于集团的规模和复杂程度。本准则第二十四条第（一）项规定，会计师事务所的政策和程序应当要求项目质量复核人员对实施项目质量复核承担总体责任。为了承担这一责任，对于规模较大且较复杂的集团审计项目，集团项目质量复核人员可能需要与集团项目组以外其他项目组的关键成员（例如，负责对组成部分财务信息实施审计程序的关键成员）讨论重大事项和重要判断。在上述情况下，该项目质量复核人员可能需要由相关人员提供协助。在此情况下，本指南第23段的指引可能是有帮助的。

33. 在某些情况下，某一项目质量复核人员可能只负责对某实体或业务单元（该实体或业务单元属于集团的组成部分）的审计业务实施复核。例如，如果该实体或业务单元的审计业务是法律法规要求的或者是由于其他原因而执行的，就可能出现这些情况。在这些情况下，该项目质量复核人员与集团审计的项目质量复核人员进行沟通，可能有助于集团项目质量复核人员履行其对实施集团项目质量复核承担的总体责任。例如，如果出于集团审计目的，该实体或业务单元被识别为一个组成部分，并且在组成部分层面作出的某些重大判断与集团审计相关，则只负责对该实体或业务单元的审计业务实施项目质量复核的人员，可能需要与集团项目质量复核人员进行沟通。

与项目组和会计师事务所的沟通［参见本准则第二十八条第（一）项］

34. 项目质量复核人员按照本准则第二十八条第（一）项的规定，与项目组和会计师事务所沟通获取的信息，可能有助于其了解该项目预期可能涉及的重大判断，也可能有助于其针对该项目在计划、实施和报告阶段涉及的重大事项和重大判断与项目组进行讨论。例如，会计师事务所通过实施监控，对其他项目组就某些会计估计作出的重大判断发现了一些情况，从而识别出一项缺陷，在这种情况下，上述沟通获取的信息可能与该项目中针对类似会计估计作出的重大判断相关，因而项目质量复核人员获取这些信息可能有助于其按照本准则第二十八条第（二）项的规定与项目组进行讨论。

重大事项和重大判断［参见本准则第二十八条第（二）项至第（三）项］

35. 针对财务报表审计业务，《中国注册会计师审计准则第1121号——对财务报表审计实施的质量管理》第四十二条要求项目合伙人应当复核与下列方面相关的工作底稿：

（1）重大事项；

（2）重大判断，包括与在审计中遇到的困难或有争议事项相关的判断，以及得出的结论；

（3）根据项目合伙人的职业判断，与项目合伙人的职责有关的其他事项。

36. 针对财务报表审计业务，《〈中国注册会计师审计准则第1121号——对财务报表审计实施的质量管理〉应用指南》第89段提供了审计项目合伙人可能认为涉及重大判断的例子，这些例子分别与总体审计策略和具体审计计划、审计业务的执行以及审计项目组得出的总体结论有关。

37. 对于财务报表审计以外的业务，项目组作出的重大判断可能取决于客户或项目的性质和具体情况。例如，对于根据《中国注册会计师其他鉴证业务准则第3101号——历史财务信息审计或审阅以外的鉴证业务》执行的鉴证业务，项目组在确定编制鉴证对象信息所使用的标准是否适用于该项目时，可能有必要作出重大判断。

38. 在实施项目质量复核时，项目质量复核人员可能会注意到一些原本预期项目组会作出重大判断，而项目组未作出重大判断的其他领域，项目质量复核人员可能需要针对项目组实施的程序和得出的结论获取进一步信息。在这种情况下，项目组在与项目质量复核人员进行讨论后，可能认为需要实施额外的程序。

39. 项目质量复核人员通过实施本准则第二十八条第（一）项至第（二）项程序获取的信息，以及对所选取的业务工作底稿进行的复核，有助于其评价项目组作出的重大判断。其他方面的考虑也可能与项目质量复核人员的评价相关，举例来说，这些考虑可能包括：

（1）客户或项目的性质和具体情况发生变化，可能导致项目组的重大判断发生变化，

项目质量复核人员需要保持警觉;

(2)项目质量复核人员在评价项目组作出的答复时,采取一种不偏不倚的态度;

(3)项目质量复核人员对下列出现不一致的情况予以跟进:

①项目质量复核人员在复核业务工作底稿时发现的不一致;

②项目组针对与重大判断相关的问题作出的答复不一致。

40.会计师事务所可以制定相关政策和程序,明确规定哪些工作底稿需要由项目质量复核人员复核。这些政策和程序还可以指出,项目质量复核人员可以运用职业判断,选择部分与项目组作出重大判断相关的工作底稿进行复核。

41.项目质量复核人员与项目合伙人和项目组其他成员(如适用)讨论重大判断和业务工作底稿,可能有助于其评价项目组在作出这些重大判断的过程中,保持职业怀疑的情况。

42.对于财务报表审计业务,《〈中国注册会计师审计准则第1121号——对财务报表审计实施的质量管理〉应用指南》第33段至第35段举例说明了在项目层面运用职业怀疑的障碍、可能阻碍注册会计师运用职业怀疑的无意识倾向,以及项目组为克服在项目层面运用职业怀疑的障碍可能采取的措施。

43.对于财务报表审计业务,其他一些审计准则及应用指南也针对注册会计师在审计中需要运用职业怀疑的领域,以及可能有助于为注册会计师保持职业怀疑提供证据的工作底稿提供了指引和示例。这些指引和示例有助于项目质量复核人员评价项目组对职业怀疑的运用。

是否已遵守相关职业道德要求中与独立性相关的要求[参见本准则第二十八条第(四)项]

44.根据《中国注册会计师审计准则第1121号——对财务报表审计实施的质量管理》第三十一条的规定,项目合伙人在签署审计报告前,应当负责确定相关职业道德要求(包括独立性要求)已经得到遵守。

是否已就疑难问题或争议事项、涉及意见分歧的事项进行适当咨询[参见本准则第二十八条第(五)项]

45.《会计师事务所质量管理准则第5101号——业务质量管理》第六十四条第(四)项至第(五)项,以及该准则应用指南第94段至第97段针对下列方面作出了规定并提供了指引:

(1)对困难或有争议事项进行的咨询;

(2)项目组内部、项目组与项目质量复核人员之间(如适用),以及项目组与会计师事务所内负责执行质量管理体系相关活动的人员之间存在的意见分歧。

项目合伙人充分、适当地参与审计过程[参见本准则第二十八条第(六)项]

46.根据《中国注册会计师审计准则第1121号——对财务报表审计实施的质量管理》第五十二条第(一)项的规定,项目合伙人在签署审计报告之前,应当确定其已充分、适当地参与了审计项目的全过程,以使其能够确定:根据审计项目的性质和具体情况,审计项目组作出的重大判断和据此得出的结论是适当的。该准则应用指南第115段也指出,对项目合伙人参与情况的工作底稿记录可能采取多种形式。项目质量复核人员通过与项目组进行讨论并复核这些工作底稿,可能有助于评价项目合伙人确定其已充分、适当地参与项目全过程的依据。

复核鉴证对象信息和业务报告〔参见本准则第二十八条第（七）项〕

47. 对于财务报表审计业务，项目质量复核人员对财务报表和审计报告的复核可能包括考虑下列两者之间是否一致：

（1）对与项目组重大判断相关的事项的列报（包括披露）；

（2）项目质量复核人员通过对选取的业务工作底稿进行复核并与项目组进行沟通所获得的了解。

在复核财务报表时，项目质量复核人员也可能会注意到原本预期项目组会作出重大判断，而项目组未作出重大判断的其他领域，项目质量复核人员可能需要针对项目组实施的程序和得出的结论获取进一步信息。本段同样适用于审阅业务和审阅报告。

48. 对于其他鉴证业务和相关服务业务，项目质量复核人员对鉴证对象信息（如适用）和业务报告的复核需要考虑的事项与本指南第47段的事项类似（例如，对与项目组重大判断相关的事项的列报与描述，与项目质量复核人员通过实施复核程序所获得的对这些事项的理解是否一致）。

项目质量复核人员的怀疑未得到解决（参见本准则第二十九条）

49. 会计师事务所可以制定相关政策和程序，在本所内部指定一位或多位专门人员，当项目质量复核人员怀疑项目组作出的重大判断或据此得出的结论不恰当，并且未得到满意的解决时，可以告知这些人员。这些人员可以包括负责委派项目质量复核人员的人员。针对这种未得到解决的怀疑，会计师事务所的政策和程序也可以要求在会计师事务所内部或外部（如监管机构或职业组织）进行咨询。

三、工作底稿（参见本准则第三十一条至第三十三条）

50. 《会计师事务所质量管理准则第5101号——业务质量管理》第一百零三条至第一百零六条针对质量管理体系的记录作出了规定。由于项目质量复核是质量管理体系中的一项应对措施，因此，项目质量复核人员按照本准则的要求实施的项目质量复核也需要遵守上述规定。

51. 举例来说，项目质量复核工作底稿的格式、内容和范围可能取决于下列因素：

（1）项目的性质和复杂程度；

（2）客户的性质；

（3）所复核事项的性质和复杂程度；

（4）所复核业务工作底稿的范围。

52. 项目质量复核的实施和已完成的通知可以采用多种方式在工作底稿中记录。例如，项目质量复核人员可以在业务执行所使用的信息技术应用程序中以电子形式记录对业务工作底稿的复核，也可以采用备忘录的形式记录复核情况。项目质量复核人员实施的复核程序也可以采用其他方式进行记录，例如，在项目质量复核人员出席的项目组讨论会纪要中进行记录。

53. 本准则第二十七条第（二）项规定，会计师事务所应当制定相关政策和程序，禁止项目合伙人在项目质量复核完成之前签署业务报告，而完成项目质量复核意味着项目质量复核人员提出的所有问题都已得到解决。如果与实施项目质量复核相关的所有要求都已得到遵守，则项目质量复核工作底稿可以在业务报告日后，但在最终业务档案归档之前完成。然而，会计师事务所可以制定相关政策和程序，明确要求项目质量复核工作底稿需要在业务报告日或之前完成。